中国语言资源保护工程

中国语言资源集·陕西　编委会

主　任

赵昶葆

副主任

陈　娟　李　强

主　编

黑维强　邢向东

副主编

高　峰　柯西钢　陈荣泽

编委（按音序排列）

白振有　卜晓梅　陈荣泽　崔有第　付新军　高　峰　谷丽娟
韩承红　韩　夏　贺雪梅　黑维强　柯西钢　雷　勇　李　婷
马燕娜　孟万春　孙建华　孙立新　谭湘衡　吴　媛　邢向东
姚亦登　张　璐　张　攀　张永哲　赵萍君　周　政　朱富林

秘　书

曹军平

参编人员

侯治中　俄华楠　莫昱鼎

教育部语言文字信息管理司
陕　西　省　教　育　厅　指导

中国语言资源保护研究中心　统筹

本书由中国语言资源保护工程、

陕西师范大学中国语言文学“世界一流学科建设”经费资助出版

中国语言资源集

陕西

词汇卷（一）

黑维强 邢向东 主编
高 峰 柯西钢 陈荣泽 副主编

陕西新华出版·陕西人民出版社

图书在版编目（CIP）数据

中国语言资源集. 陕西. 词汇卷 / 黑维强，邢向东主编. —西安：陕西人民出版社，2023. 11

ISBN 978-7-224-14710-0

Ⅰ. ①中… Ⅱ. ①黑… ②邢… Ⅲ. ①西北方言—词汇—方言研究—陕西 Ⅳ. ①H17

中国版本图书馆 CIP 数据核字(2022)第 186351 号

责任编辑 王 辉 贾西周
封面设计 杨亚强

中国语言资源集·陕西·词汇卷（全二册）

主　　编 黑维强 邢向东
出版发行 陕西人民出版社
（西安市北大街 147 号 邮编:710003)
印　　刷 西安市建明工贸有限责任公司
开　　本 787mm×1092mm 1/16
印　　张 53. 75
字　　数 950 千字
版　　次 2024 年 1 月第 1 版
印　　次 2024 年 1 月第 1 次印刷
书　　号 ISBN 978-7-224-14710-0
定　　价 198. 00 元

如有印装质量问题，请与本社联系调换。电话：029-87205094

《中国语言资源集·陕西》方言点分布图

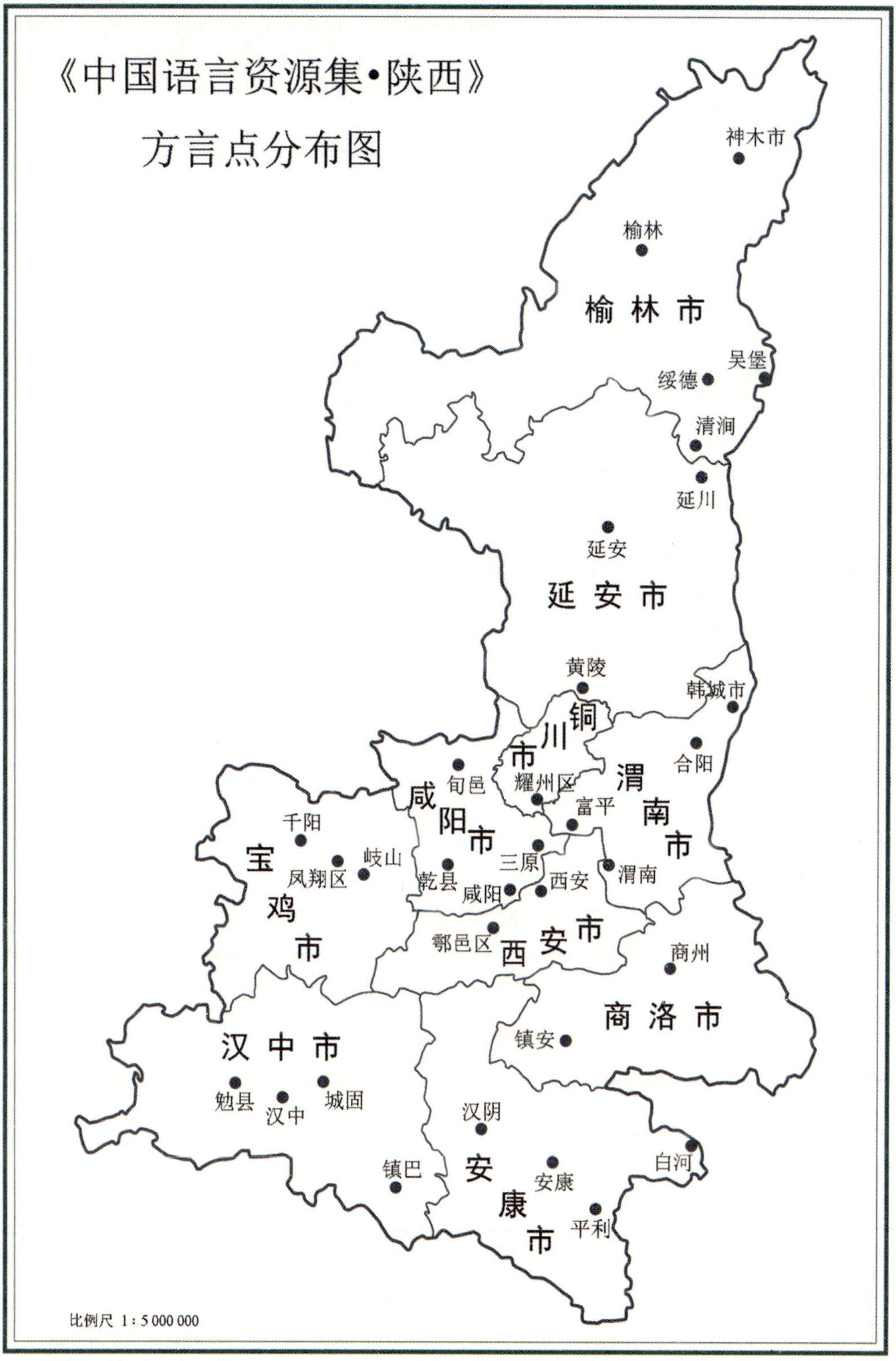

审图号：陕S（2022）021号

总　序

教育部、国家语言文字工作委员会于2015年5月发布《教育部 国家语委关于启动中国语言资源保护工程的通知》（教语信司〔2015〕2号），启动中国语言资源保护工程（以下简称“语保工程”），在全国范围开展以语言资源调查、保存、展示和开发利用等为核心的各项工作。

在教育部、国家语委统一领导下，经各地行政主管部门、专业机构、专家学者和社会各界人士共同努力，至2019年年底，语保工程超额完成总体规划的调查任务。调查范围涵盖包括港澳台在内的全国所有省份和123个语种及其主要方言。汇聚语言和方言原始语料文件数据1000多万条，其中音视频数据各500多万条，总物理容量达100TB，建成世界上最大规模的语言资源库和展示平台。

语保工程所获得的第一手原始语料具有原创性、抢救性、可比性和唯一性，是无价之宝，亟待开展科学系统的整理加工和开发应用，使之发挥应有的重要作用。编写《中国语言资源集（分省）》（以下简称“资源集”）是其中的一项重要工作。

早在2016年，教育部语言文字信息管理司（以下简称“语信司”）就委托中国语言资源保护研究中心（以下简称“语保中心”）编写了《中国语言资源集（分省）编写出版规范（试行）》。2017年1月，语信司印发《关于推进中国语言资源集编写的通知》（教语信司函〔2017〕6号），要求“各地按照工程总体要求和本地区进展情况，在资金筹措、成果设计等方面早设计、早谋划、早实施，积极推进分省资源集编写出版工作”，“努力在第一个‘百年’到来之际，打造标志性的精品成果”。2018年5月，又印发了《关于启动中国语言资源集（分省）编写出版试点工作的通知》（教语信司函〔2018〕27号），部署在北京、上海、山西等地率先开展资源集编写出版试点工作，并明确“中国语言资源集（分省）编写出版工作将于2019年在全国范围内全面铺开”。2019年3月，教育部办公厅印发《关于部署中国语言资源保护工程2019年度汉语方言调查及中国语言资源集编制工作的通知》（教语信厅函〔2019〕2号），要求“在试点基础上，在全国范围内开展资源集编制工作”。

为科学有效开展资源集编写工作，语信司和语保中心通过试点、工作会、研讨会等形式，广泛收集意见建议，不断完善工作方案和编写规范。语信司于2019年7月印发了修订后的《中国语言资源集（分省）实施方案》和《中国语言资源集（分省）编写出版规范》（教语信司函〔2019〕30号）。按规定，资源集收入本地区所有调查点的全部字词句语料，并列表对照排列。该方案和规范既对全国作出统一要求，保证了一致性和可比性，也兼顾各地具体情况，保持了一定的灵活性。

各省（区、市）语言文字管理部门高度重视本地区资源集的编写出版工作，在组织领导、管理监督和经费保障等方面做了大量工作，给予大力支持。各位主编认真负责，严格要求，专家团队团结合作，协同作战，保证了资源集的高水准和高质量。我们有信心期待《中国语言资源集》将成为继《中国语言文化典藏》《中国濒危语言志》之后语保工程的又一重大标志性成果。

语保工程最重要的成果就是语言资源数据。各省（区、市）的语言资源按照国家统一规划规范汇集出版，这在我国历史上尚属首次。而资源集所收调查点数之多，材料之全面丰富，编排之统一规范，在全世界范围内亦未见出其右者。从历史的眼光来看，本系列资源集的出版无疑具有重大意义和宝贵价值。我本人作为语保工程首席专家，在此谨向多年来奋战在语保工作战线上的各位领导和专家学者致以崇高的敬意！

曹志耘

2020年10月5日

序

2015年，教育部、国家语委启动了中国语言资源集保护工程。陕西省由教育厅语言文字工作处负责项目管理，黑维强教授和我担任首席专家。语保工程动员了陕西全省的方言研究力量，先后调查了32个方言点，于2019年圆满完成调查任务。《中国语言资源集·陕西》（以下简称《资源集》）就是工程一期的标志性成果。

语保工程是继20世纪50年代全国方言普查之后，第二个由政府主导的全国性语言资源调查工程，目的是记录、保存、开发中国境内珍贵的语言文化资源，为继承和弘扬中华优秀传统文化提供活态的资源，为保护世界语言多样性做出贡献。语保工程在统一的实施方案、调查提纲、规范标准下开展语言文化资源的调查、保存和保护，是中国语言文化建设和中国语言学发展史上的大事件。作为方言学工作者，我们躬逢其盛，并能参与其中，深切感受到自己肩上的责任。在语保工程进行过程中，方言学工作者和发音合作人组成了一个特殊的群体——“语保人”。为了实现共同的目标，“语保人”不但要贡献专业知识和智力，还必须有体力和意志，克服许多难以想象的困难。由于课题组负责人和成员都是高校教师，调查、摄录工作基本上是在寒暑假进行。暑假期间酷热难当，为了避免噪音干扰，达到规范标准的要求，摄录场所既不能开窗户，也不能开空调，必须闷在屋里工作。有的组甚至是在夜深人静的时候摄录的。个中辛苦和喜悦，非局外人所能想见。参加语保工程给我最深的感受是：“痛并快乐着！”

在《资源集》编写阶段，各点负责人高度配合，核实材料；三位副主编尽心尽责，分头把关；我同维强兄配合默契，亲力亲为；大家同心协力，保证书稿的质量。在此，谨向参加语保工程和《资源集》工作的所有“语保人”，道一声“谢谢”！

语保工程培养了一批年轻的方言学者，提高了大家的专业水平，尤其是田野调查能力，培养了大家的责任感和问题意识，做到了工程育人、项目育人。这是语保工程的一项重要成果。

经过一年多的编纂工作，《资源集》就要出版了。全书共四卷七册，前三卷分五册收录了32个方言点的调查成果，包括调查点音系、1000个单字音、1200条词汇、50条语法例句，除各地音系外，其他三项内容都用对照表列出，方便专家和读者使用。第四卷分两册收录了地方口头文化，将调查中获得的所有口头材料全部转写出来，并加注国际音标，以尽量反映各地的方言文化特点，兼顾以后深入研究的需要。这是陕西方言文化有史以来最系统的调查成果，系统地反映了境内代表性方言的面貌和整体面貌。在工程项目选点上，按照方言区划、方言特点和使用现状综合平衡的原则，我们反复斟酌，力求选出具有代表性的方言点，做到重点突出，区域、类型平衡。调查点包括了晋语、中原官话、西南官话在陕西境内的所有方言片。其中，晋语4个片7个点，分布在榆林、延安两市；中原官话3个片21个点，分布在榆林之外的其他市县，以关中为主，陕南地区包括白河、平利、镇安等方言分布比较复杂的县；西南官话2个片2个点，分布在安康和汉中。陕南境内还分布着江淮官话黄孝片、赣语太湖片、客家话方言岛，由语保工程的“濒危汉语方言”项目进行调查。

语保工程与个人研究相比，有自己的特点。其中最重要的是各课题组对相关现象的处理原则要一致，比如声韵调表及音变描写的格式、标音法的宽严尺度、方言词语用字，都必须做到全省统一。同时，工程的调查成果与以往的调查成果可能存在一定的差异。造成这种差异的原因，一是方言现象本身发生了变化，调查结果要与时俱进；二是发音合作人有些个人特点，或摄录环境下发音人比较紧张，也可能导致调查结果不同；三是语言现象没有变，但调查人对同一现象的认识有所差异，调查结果也会不同；四是工程项目在中检、验收时，验收专家提出了一些处理意见，我们必须充分尊重他们的建议，结果也可能跟我们以往的调查结果有所不同。总之，我们在调查、编写过程中尽力寻求传承与创新、统一与灵活的平衡。书稿可能还存在这样那样的缺点，欢迎专家和读者提出批评意见。

《资源集》既是语保工程的标志性成果，又是方言应用研究的重大成果。她的出版不仅将大大促进陕西方言乃至整个西北方言的调查研究，而且对推广和应用国家通用语言文字、实施乡村振兴战略、传承和弘扬中华优秀传统文化，都产生积极影响。以此为基础，今后语保工程和语言文化研究可从以下几方面进一步深化和推进。第一，继续深入调查、保存、开发方言文化资源，调查重心则可由方言为主向方言和民俗文化并重转移。比如，开展“陕西方言口传文化遗产典藏与综合研究”，调查和整理、典藏各地丰富多彩的口头文化现象（目前该项目已开始实施）；扩大《中国语言文化典藏》在陕西的调查范围，编写、出版一批文化典藏类成果，探索方言文化研究的新范式。第二，进一步开发方言文化资源，挖掘其中的社会价值和经济价值，编写为推广应用国家通用语言文字服务的普及性教材和读物，为西北地区的乡村振兴和经济建设服务。第三，充分利用《资源集》的成果，编写为中小学服务的方言文化教材和地方文化读物，深入挖掘地域文化和老百姓中潜藏的优秀传统文化内涵，为中华优秀传统文化传承发展工程服务。第四，以语保工程中发现的方言事实、语言问题为引导，强化问题意识，深化西北方言研究，力争出版一批区域性方言研究的新成果，加大培养方言学人才和语言学人才的力度，为西部发展新格局和西北地区高校的语言学科发展贡献力量。

在本书即将付梓之际，我代表编写组同仁，深切感谢所有参与语保工程调查的课题组成员、发音合作人和研究生的辛勤付出，感谢中国语言资源保护研究中心对我们的指导和支持，感谢陕西师范大学中国语言文学“世界一流学科建设”项目对出版这项成果的资助，感谢陕西人民出版社出版本套丛书，感谢责任编辑王辉专业、细致的工作。我们虚心期待着来自各方面的意见和建议。

是为序。

邢向东

2021 年 10 月 11 日

陕西方言概况

一、陕西省概况

陕西省简称“陕”或“秦”，位于我国西北地区东部的黄河中游，地处东经105°29′~111°15′和北纬31°42′~39°35′之间，东隔黄河与山西相望，西连甘肃、宁夏，北邻内蒙古，南连四川、重庆，东南与河南、湖北接壤。全省地域南北长、东西窄，南北长约880公里，东西宽约160~490公里。全省以秦岭为界，南北河流分属长江水系和黄河水系。主要有渭河、泾河、洛河、无定河和汉江、丹江、嘉陵江等。

陕西是中华民族古代文明发祥地之一。大约在80万年前，蓝田猿人就生活在这块土地上。1963年发现的“蓝田猿人”，是我国发现的时间最早、最为完整的猿人头盖骨化石。约三四万年前，关中地区的原始人类逐步进入氏族公社时期。1953年发现的西安半坡村遗址，是六七千年前母系氏族公社的一座定居村落。大约在公元前28世纪，传说夏部落的始祖黄帝、炎帝都曾在陕西活动过。公元前21世纪至前16世纪的夏朝时期，陕西有扈国、骆国出现。公元前11世纪，周武王灭商，在陕西建立西周王朝。此后，又有秦、西汉、东汉、西晋、前赵、前秦、后秦、西魏、北周、隋、唐、大夏等13个王朝先后在陕西建都，时间长达1100多年。此外，还有刘玄、赤眉、黄巢、李自成4次农民起义在此建立政权计11年。1935年10月19日，红军长征到达陕北吴起镇。从此，中共中央在陕北战斗、生活了13年，领导了全国的抗日战争和解放战争。延安成为中国革命的圣地。

陕西地方行政区划始于春秋战国时期。战国时，魏国在洛河下游设上郡，楚国在汉江中游设汉中郡，秦在陕北设上郡。秦始皇统一六国后，分天下为36郡，陕西境内除保留上郡和汉中郡外，在渭河流域另设内史，与郡同级。西汉沿袭秦制，保留上郡与汉中郡，另将秦的内史分为3个相当于郡的政区：京兆尹、左冯翊、右扶风，称为“三辅”，治所均在长安。三国时期，今陕西地区的大部分由雍州、荆州、益州管辖。西晋时大致和三国相仿。东晋至隋统一的二百多年间，南北分裂，战争频繁，行政区划十分混乱。唐初全国共设10道，今关中、陕北属关内道，陕南属山南道。宋改道为路，今陕西大部属永兴军路，治所在今西安市；另有部分地区属秦凤路、利州路、京西南路、河东路。金仍用路制，完全设在陕西境内的有京兆府路、鄜延路。元代属陕西行省。明代称陕西布政使司，辖地包括今陕西全境、甘肃嘉峪关以东各地、宁夏和内蒙古伊克昭盟的大部、青海湖以东部分。清代仍称陕西行省，清初陕西仍辖今甘肃、宁夏和青海东部。康熙二年（1663）移陕西右布政使驻巩昌，五年（1666）改为甘肃布政使，移驻兰州。从此陕、甘两省分治。自元代起，陕西的省治一直在今西安市。

陕西也是我国对外开放最早的地区之一。著名的“丝绸之路”就以古长安为起点。从两汉时期起，以长安为中心，同南亚、西亚、欧洲各国进行政治、经济、文化交流。

2019年全省常住人口3876.21万人。除汉族外，还有回、满、蒙古、壮、藏族等42个少数民族，其中人口最多的是回族，占少数民族人口的89.1%。

二、陕西省汉语方言的分区

陕西省的汉语方言包括晋语、中原官话、西南官话、江淮官话以及少量赣语等。

1. 晋语。晋语指“山西及其毗连地区有入声的方言”（李荣1985）。晋语分布在山西、陕西、内蒙古、河南、河北五省区。陕西晋语分布在陕北榆林市、延安市的19个区市县，人口约437万，分属五台片、吕梁片、大包片、志延片。

（1）五台片：包括陕西北部的7个县市。

榆林市：府谷县、神木市、靖边县、米脂县、绥德县、子洲县。

延安市：子长市。

（2）吕梁片：包括榆林市中部黄河沿岸的3个县：佳县、吴堡县、清涧县。延安市的1个县：延川县。

（3）大包片：包括榆林市中部的2个区：市辖区（榆阳区）、横山区。

（4）志延片：包括延安市6个区县：市辖区（宝塔区）、志丹县、吴起县、安塞区、延长县、甘泉县。

2. 中原官话。中原官话横跨江苏、安徽、山东、河南、河北、山西、陕西、甘肃、宁夏、新疆、青海等11个省区。陕西境内的中原官话分别属于汾河片、关中片、秦陇片和南鲁片。分布在66个市区县。

（1）汾河片解州小片：共4个市县。

延安市：宜川县。

渭南市：韩城市、合阳县、大荔县。

（2）关中片：分布在关中、陕北、陕南的43个市区县。

西安市：市辖区、长安区、鄠邑区、高陵区、蓝田县、周至县。

铜川市：市辖区、耀州区、宜君县。

咸阳市：市辖区、礼泉县、泾阳县、永寿县、淳化县、三原县、彬州市、兴平市、乾县、旬邑县、武功县。

延安市：洛川县、黄陵县、黄龙县。

渭南市：市辖区、蒲城县、白水县、华阴市、澄城县、华州区、富平县、潼关县。

汉中市：城固县、洋县、西乡县县城及北部。

安康市：市辖区（汉滨区）市区及部分、旬阳市市区及部分、白河县县城及部分、平利县县城、老县镇、大贵镇等。

商洛市：市辖区、洛南县、山阳县县城及部分、丹凤县县城及南部、镇安县县城及东部。

（3）秦陇片：分布在19个区县。

宝鸡市：市辖区、陈仓区、岐山县、凤翔区、扶风县、千阳县、麟游县、眉县、陇县、太白县、凤县。

咸阳市：长武县。

延安市：富县。

榆林市：定边县。

汉中市：市辖区（汉台区）北关、西关、勉县、略阳县、南郑区区及北部、宁强县北部。

（4）南鲁片：分布在商洛市商南县。

3. 西南官话。西南官话分布在四川、重庆、云南、贵州、湖北、广西、湖南、陕西、甘肃、江西等10个省市区。陕西境内的西南官话分别属于成渝片和鄂北片，分布在陕南汉中、安康2市。

（1）成渝片：分布在汉中市辖区东关、南关、佛坪县、留坝县、镇巴县、宁强县县城及南部、南郑区南部、西乡县西南部7个区县，以及城固县二里镇、大盘乡，勉县漆树坝乡、小河庙乡等。

（2）鄂北片：分布在安康市宁陕县、石泉县、汉阴县、岚皋县、紫阳县、镇坪县6县，以及旬阳市的蜀河镇、仙河乡，白河县的冷水镇等。

4. 江淮官话。江淮官话分布在江苏、安徽、湖北、陕西4省。陕西境内的江淮官话属于竹柞片。主要分布在安康、商洛市6个区县，与湖北竹山、竹溪的江淮官话连成一片。此外，还包括商州市辖区东岳庙、牛槽、砚池河、松树嘴四乡，山阳县小河口镇，宁陕县丰富乡、龙王镇、金川镇，镇坪县斐河乡，岚皋县晓道乡、佐龙镇，紫阳县双安乡。列举如下：

商洛市：柞水县、镇安县西部、旬阳市部分。

安康市：市辖区部分、白河县部分、平利县部分。

5. 赣语方言。根据目前调查的结果，陕南的赣语方言有两片和两岛，分布在商洛、安康东部山区的 5 个县区。

（1）商南、丹凤赣语方言：涉及 2 县 25 个乡镇。

分布在商南、丹凤北部蟒岭山区，包括商南县城关（除西关）、曹营、五里镇、张家岗、徐家店、党马、富水、龙窝、青山、试马、清泉、清油河、西岔河、沙坪等乡镇，使用人口占全县 70%以上；丹凤县峦庄、峡河、黄柏岔、桃坪、马家坪、南石门、炉道、庾家河、蔡川、北赵川、梨园岔等乡镇。

（2）山阳南部赣语方言：分布在山阳县鹘岭以南的山区，包括南宽坪、板岩、长沟、莲花池、延坪、法官、西泉、石佛寺等乡镇。

（3）木王赣语方言岛：分布在镇安县西部木王镇。

（4）牛蹄赣语方言岛：分布在汉滨区西南牛蹄乡。

6. 客家话方言岛：分布在商洛市 3 个县区。

商州区：罗湾、闫坪、川明、西联。

柞水县：蓝家湾、肖台、西北沟。

镇安县：安乐。

三、晋语和中原官话的分界

延安市宝塔区、延长、甘泉三县，处在晋语和中原官话的过渡地带，方言具有两种方言的特点。李荣先生（1985）划归晋语，《中国语言地图集》划归中原官话秦陇片。这些方言在读字音时基本不保留入声，但口语中仍有入声字，均属高频词。以甘泉为例，共保留 5 个入声韵：［əʔ iəʔ uəʔ yəʔ iɛʔ］，分布在中古深臻宕曾梗通 6 摄。列举如下，深开：十拾；臻摄：膝实室不没突骨窟忽黑黢出术；宕开：胳；曾开：直值食饰；梗开：席隻赤尺石觅吃；通合：木哭福复竹叔熟。除了古入声字以外，还有下列口语成分读入声：①高频的非入声字读入声，即舒声促化，如：可［kʰəʔ^{4}］、去［kʰəʔ^{4}/kəʔ^{21}］、什（么）［səʔ^{4}（ma^{21}）］、的［təʔ^{4}］、蝙［pʰiəʔ^{21}］夜~蝠儿、锢［kuəʔ^{4}］~露匠。这一点和其他陕北晋语相同。②分音词前字和表音词头读入声。甘泉话共有 8 个读入声的分音词前字，“圪”头词、“忽”头词等很多，共有 6 个读入声的表音词头。此外，连读变调近于陕北而远于关中，词汇中存在大量陕北方言词，如“脑阳平，指脑袋、猴小、窊住、而格现在、搊扛、解下懂了、知道、解不下不懂、不知道”等，使得这三地方言从语感上更像陕北晋语。近年来，随着榆林、延安两市之间相互移民和交往越来越频繁，这三个区县的入声字似乎有进一步扩大的趋势。

根据上述事实，《中国语言地图集》（第 2 版）将延安、延长、甘泉方言划归晋语志延片。此外，本书根据高峰的调查研究，将延川方言划归晋语吕梁片。

四、陕西方言的语音、词汇、语法特点

1. 陕西方言的语音特点（陕南方言语音复杂，语音特点难以尽述。略）

陕西省在地理上可以分为三大块：陕北、关中、陕南；方言归属上可以分为四大方言：晋语、中原官话、西南官话、江淮官话，以及赣语、客家话方言岛。

（1）陕北方言的语音特点

第一，古全浊声母今一律清化，大多数方言古平声字送气，仄声字不送气，如五台片、大包片。但黄河沿岸以及靠近关中的方言，部分古全浊声母仄声字——吴堡以北是古浊入字，逢今塞音、塞擦音时读送气清声母。如：吕梁片的佳县、吴堡、清涧、延川方言，志延片安塞、延安、延长、甘泉方言。

第二，绝大多数方言古知组二等和庄组及章组止摄三等今开口呼字，与精组字合流读［ts tsʰ s］；知组三等和章组（止摄除外）今开口呼字读［tʂ tʂʰ ʂ ʐ］，属于北方方言中分［ts tʂ］类型的昌徐型。知系合口字今读为［tʂ tʂʰ ʂ ʐ］声母、合口呼韵母，如绥德、榆林、神木、佳县、延安等；少数方言读［ts tsʰ s］，如吴堡话。

第三，绝大多数方言不分尖团音。但吴堡话古精组字在齐齿呼韵母前读［ts tsʰ s］声母，同见晓组字有区别，即分尖团。清涧、子长话古精组、见晓组字，其他方言读 i 韵的字，韵母合流后进一步高化为舌尖音 ɿ，声母变为［ts tsʰ s］。

第四，复元音韵母有单元音化趋势，即古蟹摄、效摄韵母今读，韵干部分动程很小，几乎为单元音。如“该、开、乖、怪、高、考、包、到、交”。

第五，深臻与曾梗通摄舒声韵合流，即不分前后鼻韵母。这是晋语的共同特点。

第六，保留入声韵。入声韵收喉塞尾，一般有两套，分别为［ɑʔ əʔ］组。个别如榆林话有三套入声韵。

第七，保留入声调。这是晋语的共同特点，是晋语与中原官话的区别性特征。其中属于五台片、大包片、志延片的神木、榆林、绥德、延安等，只有一个入声调，一般调值为［3］［4］，促声。属于吕梁片的佳县、吴堡、清涧分阴阳入，调值阴高阳低。延川话分长入、短入。

需要指出的是，陕北晋语中入声调的存废，与古韵摄有着密切关联。如绥德及其以南的方言，古咸山宕江梗（二等）摄的入声调全部舒声化，深臻曾梗（三四等）通摄的入声调保留得比较完整。志延片方言口语中保留入声的也都属于深臻曾梗通摄入声字。

第八，有 4~6 个单字调，其中五台片绥德、神木、米脂、子洲等阴平与上声单字调合流，有 4 个单字调；大包片榆林、横山阳平、上声合流，4 个单字调；志延片吴起等阴平、阳平合流，延长上声、去声合流，都是 4 个单字调。吕梁片佳县、吴堡、清

涧有阴平、阳平、上声、去声、阴入、阳入 6 个单字调。延川话上声去声合流，入声分长入、短入，5 个单字调。

（2）关中方言的语音特点

第一，古全浊声母今一律清化。大多数关中片方言古全浊声母今逢塞音、塞擦音时，平声字送气，仄声字不送气。但属于汾河片、秦陇片的关中东、西两翼的韩城、合阳、岐山、凤翔等方言，在白读中大部分古全浊声母仄声字也读送气音。总的来看，距离西安等关中核心较远的方言，古全浊声母仄声字今读送气的较多。

第二，绝大多数方言古知组二等和庄组及章组止摄三等今开口呼字，与精组字合流读［ts tsʰ s］母；知组三等和章组字（止摄除外）读［tʂ tʂʰ ʂ ʐ］，属于北方方言中分［ts tʂ］类型的昌徐型。

第三，知系合口字的读音分化严重，其中西安、长安、周至、韩城、合阳等 8 个县市读［pf pfʰ f v］，咸阳、三原、高陵、泾阳等关中核心地区，读为［tʃ tʃʰ ʃ ʒ］、合口呼韵母，宝鸡市属于秦陇片的方言读［tʂ tʂʰ ʂ ʐ］、开口呼韵母。就知系合口字与精组今合口呼字的关系看，大多数方言精、知有别，但鄠邑、商州、渭南等精、知合流。

第四，古端精见组今读齐齿呼的字，声母的分合非常复杂，如“钉、精、经”。其中合阳、彬县等少数点，端、精、见三组有别：钉≠精≠经｜听≠清≠轻｜西≠稀；西安、鄠邑等端组独立，精见合流，即不分尖团音：钉≠精＝经｜听≠清＝轻｜西＝稀；岐山、凤翔、澄城等，端精合流，见组独立，心邪与晓匣合流：钉＝精≠经｜听＝清≠轻｜小≠晓；渭南、蓝田、长安等，端精见组齐齿呼字大合流：钉＝精＝经｜听＝清＝轻｜小＝晓。老百姓常用“天地钉钉铁”来形容这组字在长安、蓝田一带的读音。

第五，古精组合口一等字“钻、窜、酸”的声母，东府渭南等方言读［tɕ tɕʰ ɕ］；而西部旬邑等不少方言合口三等字“全、宣”等读［tsʰ s］母。

第六，复元音韵母有单元音化趋势，即古蟹摄、效摄韵母今读，韵干部分动程很小，几乎为单元音。如“该、开、乖、怪、高、考、包、到”。

第七，古咸山、深臻摄舒声韵均发生鼻化。宕江曾梗通舒声韵韵尾保留，但发音较松。

第八，关中大多数地区深臻与曾梗通舒声韵有别，即前后鼻韵母有区别：根≠庚｜心≠星｜魂≠红｜蹲≠东。宝鸡市范围内的秦陇片方言不分前后鼻韵母；这也是关中片和秦陇片的主要区别。

第九，有 4 个单字调，没有曲折调：一般为阴平［21/31］，阳平［24/35］，上声［53］，去声［44］。听起来很硬。

2. 陕西方言的词汇特点

（1）陕西方言词汇的共同特点

第一，表名词、量词的小称义用重叠式。例如：

“AA”式：绳绳　桌桌　盆盆　刀刀　水水　馍馍　沫沫　窝窝棉鞋　纂纂用铁丝做的妇女发髻

“ABB”式：毛蛋蛋婴儿　六指指　心尖尖心爱的人　药面面　瓶盖盖瓶盖儿　花心心

“AAB”式：蜗蜗牛蜗牛　毛毛钱零钱　锅锅烟水烟　毛毛雨　瓶瓶酒　把把烟

第二，有一些全省大致相同的词语。例如：

炭煤　年时去年　馍（馍）馒头　娃孩子　咥大吃　嫽好　瞎坏

闪忽悠、耽搁　不敢别　圪蹴蹲　日鬼胡乱做　日蹋糟蹋　日眼讨厌

（2）陕北方言的词汇特点

第一，有大批分音词。例如：

棒—不浪　绊—不烂　摆—不来　角—圪崂　罐—圪拉

岗—圪梁　腔—壳郎　巷—黑浪　糊—忽路　埂—圪楞

第二，有大批“圪”头词。例如：

名词：圪虫　圪蛋　圪丁　圪堆　圪杈　圪台台

动词：圪搅　圪挤　圪吵　圪低　圪拧　圪凑

形容词：圪瘾　圪搐　圪探探　圪晃晃　圪爬爬

象声词：圪噔　圪噌　圪叭叭　圪嘣嘣　圪嘟嘟

量词：圪瘩　圪抓　圪卷　圪堆儿　圪撮儿

第三，有一批“日”头词。例如：

日怪惊异、奇怪　日能过于能干，喜欢显能　日精过于精明　日脏肮脏　日闪戏弄

第四，有一些典型的方言特色词。例如：

脑/骷子头　憨憨傻子　精精精人　山药/山蔓菁/山蔓儿土豆

后老子继父　婆姨妻子/妇女　汉丈夫　婆姨汉夫妻　子父老子父子　稻黍高粱

金稻黍/玉稻黍玉米　黍子软糜子　倒衩衩口袋儿

解下/解开懂，认识　解不下/解不开不懂，不认识

抬藏　吼叫　照看　覷 ts^hu^{55} 近看　瞭远看　窚住　灺灭　搉扛　做营生干活儿

难活有病　病瘥了病痊愈了　猴小　灰/苶傻　儿野蛮　甜淡　扯遍

（3）关中方言的词汇特点

第一，有一些特殊的方言特色词。例如：

额 sa^{24} 头　御麦玉米　崖哇哇回声　沟子客马屁精　□$nəu^{21}$ 待　立站　躁发怒　着气生气

毕完　善 tʃã^{53}好/对　善 tʃã^{53}活舒服　碎小　惜（小孩、女子）漂亮　歪厉害　争厉害　瓜傻　毛 mu^{24}乱麻烦、烦乱、郁闷

扎表程度高的补语：嫽扎了　吃扎了　欺负扎了

第二，有大量“AA 子”式名词。例如：

刀刀子　道道子　盖盖子　桌桌子　匣匣子　凳凳子

瞎瞎子　坏坏子　反反子　斜斜子　横横子　顺顺子

第三，数量词“一个”合音为□iɛ^{31}：~牛，~猪，~羊。

第四，亲属称谓的面称、背称，多用单音节，有些方言声调一致，但背称与面称之间，声调不同。如合阳：爷、婆、大、妈、哥、姐、伯、叔、姑、姨。

（4）陕南方言的词汇特点

陕南地区分布着中原官话、西南官话、江淮官话、赣语、客家话方言岛等。方言词汇差异较大。此处比较几个方言的词语，以体现其复杂的面貌。其中汉滨、旬阳代表中原官话，紫阳、石泉代表西南官话，平利、白河代表江淮官话及混合性方言。例如：

汉滨、旬阳	**紫阳、石泉**	**平利、白河**
中原官话	**西南官话**	**江淮官话**
大	爹	嗳爷
妈	伯娘	依
外爷	卫爷	家公
外婆	卫婆	家婆
大前年	上前年	向前年
晏黑	昨晚夕	昨晚上
脖项	颈口	颈脖子
恶噪	好凶	好歪
知不道	不晓得	找不到
实在的	当真的	硬是
栽跤	搭跤	绊跤子
背地里	阴倒	暗地里
睡觉	睡瞌睡	睏醒
兀	咧里	贝儿

3. 陕西方言的语法特点

（1）陕北方言的语法特点

第一，“的”放在亲属称谓后，表示一种特殊的“被领属形式”，相当于“第三人称代词+亲属称谓”。如：

老子的　娘的　儿的/小子的　女子的　外爷的　外婆的　舅舅的　妗子的　姑姑的　姨姨的　婶婶的

第二，第三人称代词少用“他、他们”，用“那、那个、那些”。如：

那可是个好人。

这事你问那，那甚也解下嘞。

那些就要教我去嘞。

第三，问东西的疑问代词用“甚”。如：

你说甚嘞？

做甚去也？

第四，形容性状的程度，常用状中结构“可+A+语气词”，是晋语的基本句法格式之一。例如绥德：

天可烧热嘞。

肚子可疼嘞。

窑里可凉快嘞。

第五，“来”表过去时，“也 ia^{0}”表将来时。例如神木：

我榆林串去来了我去榆林转去了。

我放羊去来了。

我觑你大去来了我看望你爸去了。

你见我大来了没？——见来了。

我榆林串去也。

我放羊去也。

我毕业了教书也。

可不敢偷人了，教人家捉住打死着也被人家抓住会打死的。

你走也？——走也。

（2）关中方言的语法特点

第一，不少方言用声调区分人称代词的单、复数。一般单数读上声调，复数读阴平调。如西安：我 $ŋɤ^{53}$，你 ni^{53}，他 $t^{h}a^{53}$；我 $ŋɤ^{21}$我们，你 ni^{21}你们，他 $t^{h}a^{21}$他们。

第二，第三人称代词单数用 uo^{53}，一般写成“咊”，有人认为是“兀个”的合音。

这一特点反映关中方言与陕北话的一个共同点：远指代词兼指第三人称代词。如：

咻满不听话他老不听话。

咻从来把工作不当回事情。

第三，指示代词有三分倾向。多数关中方言有“这、那、兀”三个指示代词，其中“那、兀”表远指，但往往略有区别。例如：

这个/这搭　兀个/兀搭　那个/那搭

“这搭”表近指，后两个都可表远指，但所指对象距离说话人的远近不完全一样，在一部分关中话里，“兀搭”指略近的、能看得见的东西、处所，“那搭”指更远的、不在当面的东西、处所。

第四，少用程度状语，多用程度补语。关中方言少有“很+A”的说法，一般用“A 得+很/太”的方式，表示状态的程度高，有的地方可以说“A 得太太”。这种“A+得+程度副词”结构是关中方言乃至整个西北官话的句法特征之一。例如：

这人嫽得很/嫽得太（太）。

这娃长得惜人得很/惜人得太（太）。

这两天心里毛乱得很/毛乱得太（太）。

第五，否定词与程度副词、把字结构、给字结构的语序比较特殊，“不”放到它们的后面。例如：

今天的葡萄甚不贵今天的葡萄不太贵。

老王甚不爱说话老王不太喜欢说话。

我把伢的话没听明白我没听明白他的话。

李二狗给田大明不还钱李二狗不给田大明还钱。

参考文献

高　峰 2018　再论晋语志延片的地域分布及其特点，《语文研究》第 3 期。

李　荣 1985　官话方言的分区，《方言》第 1 期。

邢向东 2007　陕西省的汉语方言，《方言》第 4 期。

中国社会科学院和澳大利亚人文科学院 1987　《中国语言地图集》，（香港）朗文出版（远东）有限公司。

中国社会科学院语言研究所、中国社会科学院民族学与人类学研究所、香港城市大学语言资讯研究中心 2012　《中国语言地图集》（第 2 版），商务印书馆。

邢向东

目　录

词汇对照表　一

词汇对照表 二

词汇对照表（上）

说　明

1. 本卷为《中国语言资源调查手册·汉语方言》“叁　词汇”的1200条词语对照。

2. 每页横排3个词目，竖排32个调查点。词目以《调查手册》“叁　词汇”为序。调查点排列次序同语音卷。

3. 表格中词条有多种说法都予列出，常见的说法排列在前。

4. 有异读的，不同读音之间用“/”分隔。例如“0001 太阳”，延安“日头 $ʐʅ^{21}$/ $ər^{21}t^{h}ou^{53}$”。

5. 尽量使用本字。本字不明的，写同音字，在字的右上角用“=”表示，例如“0030 田埂”，千阳“盖⁼塄”；合音字用“［ ］”表示，后跟国际音标，例如“1150 这么”，绥德“［这么］个 $tʂəu^{24}kuəʔ^{0}$”；没有合适的字，用“□”表示。

6. 释义文字较多的，以页下注形式列在当页表下。例如“0038 池塘”，绥德“水池：专指人工修的池子”。

	0001 太阳~下山了	0002 月亮~出来了	0003 星星
榆林	日头 ʐəʔ^{3}tʰəu^{33} 太阳 tʰɛe^{52}iɑ̃^{0}	月 yʌʔ^{3} 月亮 yʌʔ^{3}liɑ̃^{52}	星宿 ɕiɤɣ̃^{33}ɕiəu^{52}
神木	日头儿 ʌɯ^{21}tʰʌɯ^{53} 阳婆 iɑ̃^{44}pʰuo^{0} 太阳 tʰEe^{53}iɑ̃^{0}	月儿 yʌɯ^{44}	星宿 ɕiɤ̃^{24}ɕiəu^{53}
绥德	日头 ʐəʔ^{3}tʰəu^{33} 太阳 tʰai^{52}iɑ̃^{0}	月儿 yər^{33}	星宿 ɕiəɣ̃^{21}ɕiəu^{52}
吴堡	太爷 tʰɑe^{53}iɑ^{0}	月明 yəʔ^{21}mɛe^{33}	星宿 sɛe^{21}ɕiɑo^{33}
清涧	日头儿 ʐɤ^{53}tʰəur^{0}	月明 y^{53}mi^{0}	星宿 ɕi^{31}ɕiəu^{53}
延安	日头 ʐʅ^{21}/ər^{21}tʰou^{53} 热头 ʐə^{21}tʰou^{53}	月亮 yo^{21}liaŋ^{443}	星星 ɕiəŋ^{21}ɕiəŋ^{53}
延川	热头儿 ʐə^{42}tʰəur^{35}	月明 yɛ^{42}mi^{35}	星宿 ɕi^{21}ɕiəu^{53}
黄陵	日头 ər^{31}tʰəu^{0} 太阳 tʰE^{55}iɑŋ^{0}	月亮 yɤ^{31}liɑŋ^{0}	星星 ɕiəŋ^{31}ɕiəŋ^{0}
渭南	太阳 tʰae^{44}iɑŋ^{0} 爷 iɛ^{44}	月亮 yə^{53}liɑŋ^{0}	星星 ɕiəŋ^{53}ɕiəŋ^{0}
韩城	日头 ʐʅ^{44}tʰəu^{0} 日头爷 ʐʅ^{44}tʰəu^{0}iɑ^{24}	宝宝爷 pɑu^{31}pɑu^{53}iɑ^{24} 月明 yE^{44}miE^{0}	星星 ɕiE^{31}ɕiəŋ^{0}
合阳	日头 ər^{31}tʰou^{0}	月儿 yə^{52}ər^{0} 月亮 yə^{31}liɑŋ^{31}	星星 ɕiɛ^{31}ɕiɛ^{0}
富平	太阳 tʰɛe^{55}iɑɣ̃^{31}	月亮 yɛ^{53}liɑɣ̃^{31}	星星 siəɣ̃^{53}siəɣ̃^{31}
耀州	爷 iɛ^{44} 日头 ər^{21}tʰou^{0}	月明爷 yɛ^{52}miŋ^{0}iɛ^{44} 月亮 yɛ^{52}liɑŋ^{0}	星星 ɕiŋ^{52}ɕiŋ^{0}
咸阳	太阳 tʰæ^{44}iɑŋ^{0}	月亮 yo^{31}liɑŋ^{0}	星星 ɕiəŋ^{31}ɕiəŋ^{0}
旬邑	日头 ər^{52}tʰəu^{0} 太阳爷 tʰɛi^{24}iɑŋ^{0}iɛ^{24}	月亮 yo^{52}liɑŋ^{0} 月亮婆 yo^{52}liɑŋ^{0}pa^{24}	星星 siəŋ^{52}siəŋ^{0}
三原	日头 ər^{52}tʰou^{0} 太阳 tʰai^{44}iɑŋ^{0}	月亮 yɤ^{52}liɑŋ^{0}	星星 ɕiəŋ^{52}ɕiəŋ^{0}

	0001 太阳~下山了	0002 月亮~出来了	0003 星星
乾县	日头 ʐʅ⁵³tʰou²¹ 太阳 tʰɛ⁵⁵iaŋ²¹	月亮 yə⁵³liaŋ²¹ 光光爷 kuaŋ²⁴kuaŋ²¹iə⁵⁵	星星 ɕiɤŋ⁵³ɕiɤŋ²¹ 宿宿 ɕiou⁵³ɕiou²¹
岐山	日头 ər⁵³tʰou²¹ 太阳 tʰE⁴⁴iɑŋ⁵³	月亮 yɛ⁵³liɑŋ²¹	宿宿 siou⁵³siou²¹
凤翔	日头爷 ər⁴⁴tʰəu⁰ie⁰	月亮 ye⁵³liɑŋ⁰	星星 siŋ⁵³siŋ⁰ 宿宿 siəu⁵³siəu⁰
千阳	日头爷 ər⁴⁴tʰou⁰ie⁰	月亮 ye⁵³liɑŋ⁰	宿宿 siou⁵³siou⁰
西安	日头 ər²¹tʰou⁰	月亮 yɛ²¹liaŋ⁰	星星儿 ɕiəŋ²¹ɕiə̃r⁰
户县	日头 ɯ³¹tʰɤu³¹ 日头爷 ɯ³¹tʰɤu³¹iɛ⁵⁵	月亮 yɛ³¹liaŋ³¹ 月亮爷 yɛ³¹liaŋ³¹iɛ⁵⁵	星星 ɕiŋ³¹ɕiŋ⁰
商州	爷 iɛ⁴⁴ 日头爷 ʐʅ⁵³tʰou⁰iɛ⁴⁴	月亮 yɛ⁵³liɑŋ⁰	星星 ɕiəŋ⁵³ɕiəŋ⁰
镇安	太阳 tʰai³²²iʌŋ³³	月亮 ʐʮɛ⁵³liʌŋ⁰	星星儿 ɕin⁵³ɕiər⁰
安康	太阳 tʰæ⁴⁴iaŋ⁰	月亮 ye³¹liaŋ⁰	星星儿 ɕin³¹ɕiər⁰
白河	太阳 tʰai⁴²iaŋ⁰	月亮 yE²¹liaŋ⁰	星宿 ɕiən²¹ɕiəu⁰ 星星 ɕiən²¹ɕiən⁰
汉阴	太阳 tʰae²¹iɑŋ⁰	月亮 yE⁴²liɑŋ⁰	星星儿 ɕin³³ɕiar⁰
平利	日头 ər⁴³tʰou⁰ 太阳 tʰai²⁴iaŋ⁰	月亮 ʮE⁴³liaŋ⁰	星宿 ɕin⁴³ɕiou⁰
汉中	太阳 tʰai²¹iɑŋ⁰	月亮 yɤ⁵⁵liɑŋ⁰	星星 ɕin⁵⁵ɕin⁰
城固	日头 ə⁴⁴tʰəu⁰	月亮 yɛ⁴⁴liɑŋ⁰	星星 siŋ⁴⁴səŋ⁰
勉县	日头 ər⁴⁴tʰəu⁰ 太阳 tʰɑi²¹iɑŋ³⁵	月亮 yɤ⁴⁴liɑŋ⁰	星宿 ɕin⁴⁴ɕiəu⁰ 星星 ɕin⁴⁴ɕin⁰
镇巴	太阳 tʰai²¹³iaŋ⁵²	月亮 yɛ³¹liaŋ⁵⁵	星宿 ɕin³⁵ɕiəu²¹³

	0004 云	0005 风	0006 台风
榆林	云彩 yɤɣ̃^{24}ts^{h}ɛe^{0}	风 fɤɣ̃^{33}	台风 t^{h}ɛe^{24}fɤɣ̃^{0}
神木	云 yɣ̃^{44}	风 fɣ̃^{213}	（无）
绥德	云彩 yəɣ̃^{33}ts^{h}ai^{0}	风 fəɣ̃^{213}	台风 t^{h}ai^{33}fəɣ̃^{0}
吴堡	云彩 yəŋ^{33}ts^{h}ɑe^{0}	风 fəŋ^{213}	（无）
清涧	云彩 yəɣ̃^{24}ts^{h}ai^{0}	风 fəɣ̃^{312}	台风 t^{h}ai^{24}fəɣ̃^{312}
延安	云 yəŋ^{24}	风 fəŋ^{213}	台风 t^{h}ai^{24}fəŋ^{213}
延川	云彩 yŋ^{35}ts^{h}ai^{0}	风 fəŋ^{213}	（无）
黄陵	云 yẽ^{24}	风 fəŋ^{31}	（无）
渭南	云 yə̃^{24}	风 fəŋ^{31}	（无）
韩城	云 yɛ̃^{24}	风 fəŋ^{31}	台风 t^{h}æe^{24}fəŋ^{31}
合阳	云 yẽ^{24}	风 fəŋ^{31}	台风 t^{h}æe^{24}fəŋ^{31}
富平	云 yɛ̃^{24}	风 fəɣ̃^{31}	台风 t^{h}ɛe^{24}fəɣ̃^{31}
耀州	云 yei^{24}	风 fəŋ^{21}	台风 t^{h}æi^{24}fəŋ^{21}
咸阳	云 yɛ̃^{24}	风 fəŋ^{31}	台风 t^{h}æ^{24}fəŋ^{31}
旬邑	云 yɛ̃^{24}	风 fəŋ^{21}	台风 t^{h}ɛi^{24}fəŋ^{0}
三原	云 yẽ^{24}	风 fəŋ^{31}	台风 t^{h}ai^{24}fəŋ^{31}

	0004 云	0005 风	0006 台风
乾县	云 yẽ^{24}	风 fɤŋ^{21}	台风 t^{h}ɛ^{24}fɤŋ^{21}
岐山	云 yŋ^{24} 云朵 yŋ^{24}tuo^{53}	风 fəŋ^{31}	（无）
凤翔	云 yŋ^{24}	风 fəŋ^{31}	台风 t^{h}E^{24}fəŋ^{31}
千阳	云 yŋ^{24}	风 fəŋ^{31}	台风 t^{h}E^{24}fəŋ^{31}
西安	云 yən^{24}	风 fəŋ^{21}	台风 t^{h}ai^{24}fəŋ^{21}
户县	云 yẽ^{35}	风 fəŋ^{31}	台风 t^{h}æ^{35}fəŋ^{31}
商州	云 yẽ^{35}	风 fəŋ^{31}	台风 t^{h}ai^{31}fəŋ^{53}
镇安	云 ʐuən^{33}	风 fɤŋ^{53}	台风 t^{h}ai^{21}fɤŋ^{53}
安康	云 yən^{35}	风 fəŋ^{31}	台风 t^{h}æ^{35}fəŋ^{31}
白河	云 yən^{44} 云彩 yən^{44}ts^{h}ai^{0}	风 fəŋ^{213}	（无）
汉阴	云 yn^{42}	风 χoŋ^{33}	（无）
平利	云 ɥən^{52}	风 fəŋ^{43}	（无）
汉中	云 yn^{42}	风 fən^{55}	（无）
城固	云 yən^{311}	风 fəŋ^{53}	台风 t^{h}ai^{31}fəŋ^{53}
勉县	云 ioŋ^{21}	风 fəŋ^{42}	（无）
镇巴	云 yn^{31}	风 foŋ^{35}	台风 t^{h}ai^{31}foŋ^{55}

	0007 闪电名词	0008 雷	0009 雨
榆林	闪 ʂɛ^{213}	雷 luei^{213}	雨 y^{213}
神木	闪 ʂɛ^{213}	雷 luei^{44}	雨 y^{213}
绥德	闪 ʂæ^{213}	雷 luei^{33}	雨 y^{213}
吴堡	闪 ʂie^{412}	雷 luɑe^{33}	雨 ʉ^{412}
清涧	闪 ʂei^{53}	雷 luai^{24}	雨 zʮ^{53}
延安	闪 ʂæ̃^{423}	雷 luei^{24}	雨 y^{52}
延川	闪 ʂɯɛ^{53}	雷 luai^{35}	雨 zʮ^{53}
黄陵	闪电 ʂæ̃^{52}tɕiæ̃^{55}	雷 luei^{24} 呼雷 xu^{31}luei^{0}	雨 y^{52}
渭南	闪电 ʂæ̃^{53}tɕiæ̃^{44}	雷 luei^{24}	雨 y^{53}
韩城	闪电 ʂã^{53}tiã^{44}	呼雷 xu^{44}lɪi^{0}	雨 y^{53}
合阳	闪电 ʂã^{52}tiã^{55}	雷 lei^{24} 呼 xu^{55}	雨 y^{52}
富平	闪电 ʂæ̃^{53}tiæ̃^{55}	雷 lueɪ^{24}	雨 y^{53}
耀州	闪电 ʂæ̃^{52}tiæ̃^{44}	雷 luei^{24}	雨 y^{52}
咸阳	(闪)电(ʂã^{53}) tiã^{44}	雷 luei^{24}	雨 y^{53}
旬邑	闪电 ʂã^{52}tiã^{44}	呼噜爷 xu^{52}lu^{0}iɛ^{0} 雷 luei^{24}	雨 y^{52}
三原	闪电 ʂã^{52}tɕiã^{44}	雷 luei^{24}	雨 y^{52}

	0007 闪电名词	0008 雷	0009 雨
乾县	闪电 ʂæ̃^{53}tiæ̃^{55}	雷 lue^{24}	雨 y^{53}
岐山	闪电 ʂæ̃^{53}ȶiæ̃^{44}	呼噜爷 xu^{53}lu^{0}iɛ^{21}	雨 y^{53}
凤翔	闪电 ʂæ̃^{53}tsiæ̃^{44}	呼噜爷 xu^{53}lu^{0}ie^{0} 雷 luei^{24}	雨 y^{53}
千阳	闪电 ʂæ̃^{53}tiæ̃^{44}	呼噜爷 xu^{53}lu^{0}ie^{0} 雷 luei^{24}	雨 y^{53}
西安	闪电 ʂã^{53}tʰiã^{44}	呼噜爷 xu^{21}lu^{0}iɛ^{44} 雷 luei^{24}	雨 y^{53}
户县	闪电 ʂã^{51}tiã^{55}	雷 luei^{35}	雨 y^{51}
商州	闪电 ʂã^{44}tiã^{44}	雷 luei^{35}	雨 y^{53}
镇安	电tian^{322}	雷 lᴇi^{33}	雨 ʐʯ^{35}
安康	扯闪 tʂʰɤ^{53} ʂan^{53}	雷 luei^{35}	雨 y^{53}
白河	闪 ʂan^{35}	雷 lei^{44}	雨 y^{35}
汉阴	闪 ʂan^{45}	雷 luei^{42}	雨 y^{45}
平利	扯闪tʂʰᴇ^{44} ʂan^{445}	雷 lei^{52}	雨 ʯ^{445}
汉中	闪电 ʂan^{35}tian^{0}	雷 luei^{42}	雨 y^{354}
城固	闪电 ʂan^{24}tʰian^{0} 闪 ʂan^{44}	雷 luei^{311}	雨 y^{44}
勉县	闪电 sɑn^{35}tiɑn^{0}	雷 luei^{21}	雨 y^{35}
镇巴	闪 san^{52}	雷 luei^{31}	雨 y^{52}

	0010 下雨	0011 淋衣服被雨~湿了	0012 晒~粮食
榆林	下雨 xa^{52}y^{0} 滴答 tiʌʔ^{3}taʔ^{0}	淋 liɤɣ̃^{213} 下 xa^{52}	晒 sɛe^{52}
神木	下雨 xa^{53}y^{213}	淋 liɤ̃^{44} 下 xa^{53}	晾 liɑ̃^{53} 晒 sᴇɛ^{53}
绥德	下雨 xɑ^{52}y^{213} 滴嗒 tie^{33}tɑ^{0}	淋 liəɣ̃^{33} 下 xɑ^{52}	晒 sai^{52}
吴堡	下雨 xɑ^{53}ʉ^{412}	淋 liəŋ^{33}	晒 sɑe^{53}
清涧	下雨 xɑ^{44}zɥ^{53}	淋 liəɣ̃^{24}	晒 sai^{42}
延安	下雨 xa^{443}y^{423}	淋 liəŋ^{24}	晒 sai^{443}
延川	下雨 xa^{53}zɥ^{0}	淋 liŋ^{35}	晒 sai^{53}
黄陵	下雨 xɑ^{55}y^{52}	淋 liẽ^{24} 下 xɑ^{55}	晒 sᴇ^{55}
渭南	下雨 xɑ^{44}y^{53}	淋 luə̃^{24}	晒 sae^{44}
韩城	下雨 xɑ^{44}y^{53}	淋 liəŋ^{24}	晒 sæe^{44}
合阳	下雨 xɑ^{55}y^{52}	淋 liẽ^{24}	晒 sæe^{55}
富平	下雨 ɕiɑ^{55}y^{53}	淋 luẽ^{24}	晾 liɑɣ̃^{55}
耀州	下雨 xa^{44}y^{52}	淋 liei^{24}	晒 sæi^{44}
咸阳	下雨 ɕia^{44}y^{53}	淋 lyẽ^{24}	晒 sæ^{44}
旬邑	下哩 ɕia^{24}li^{0} 下雨 ɕia^{44}y^{52}	着 tʂʰɤ^{24} 淋 liẽ^{24}	晒 sɛi^{44} 晾 liɑŋ^{44}
三原	下雨 ɕiɑ^{44}y^{52}	淋 luẽ^{24}	晒 sai^{44}

	0010 下雨	0011 淋衣服被雨~湿了	0012 晒~粮食
乾县	下雨 ɕia^{55}y^{53}	淋 liẽ^{24}	晒 sɛ^{55}
岐山	下雨 ɕiA^{44}y^{53}	淋 lyŋ^{24}	晒 sE^{44}
凤翔	下雨 ɕia^{44}y^{53}	淋 lyŋ^{24}	晒 sE^{44}
千阳	下雨 ɕia^{44}y^{53}	淋 lyŋ^{24}	晒 sE^{44}
西安	下雨 xa^{44}y^{53}	淋 luən^{24}	晒 sai^{44}
户县	下雨 xa^{55}y^{51}	淋 luẽ^{35}	晒 sæ^{55}
商州	下雨 xɑ^{44}y^{53}	淋 liẽ^{35}	晒 sai^{44}
镇安	下雨 ɕia^{322}ʐʯ^{35}	□ tʂʰua^{322} 淋 lin^{33}	晒 sai^{214}
安康	下雨 ɕia^{44}y^{53}	□ pfʰa^{35}	晒 ʂæ^{44}
白河	下雨 ɕia^{42}y^{35}	□ tʂʰua^{44}	晒 ʂai^{41}
汉阴	下雨 ɕiɑ^{21}y^{45}	□ tsʰuɑ^{42}	晒 sae^{214}
平利	下雨 ɕia^{24}ʯ^{445} 落雨 lo^{43}ʯ^{445}	□ tʂʰʯa^{52}	晒 ʂai^{214}
汉中	下雨 ɕia^{21}y^{354}	淋 yn^{42}	晒 sai^{213}
城固	下雨 ɕia^{31}y^{44}	淋 yən^{311}	晒 sai^{213}
勉县	下雨 ɕiɑ^{21}y^{35}	淋 lioŋ^{21}	晒 sɑi^{213}
镇巴	下雨 ɕia^{213}y^{52}	□ tsʰua^{31}	晒 sai^{213}

	0013 雪	0014 冰	0015 冰雹
榆林	雪 ɕyʌʔ^{3} 雪花儿 ɕyʌʔ^{3}xuɐr^{0}	冰 piɤɣ̃^{33}	冷子 lɤɣ̃^{21}tsəʔ^{0}
神木	雪 ɕyəʔ^{4}	冰 piɤ̃^{213}	冷子 lɤ̃^{21}tsəʔ^{4}
绥德	雪 ɕye^{33}	冰 piəɣ̃^{213} 冻冰 tuəɣ̃^{52}piəɣ̃^{213}	冷子 ləɣ̃^{21}tsɤ^{33}
吴堡	雪 ɕyəʔ^{3}	冰凌 piəŋ^{21}ȵiɑ^{33} 冻凌 tuəŋ^{21}ȵiɑ^{33}	冷雨 liɑ^{24}ʉ^{412}
清涧	雪 ɕy^{53}	冻 tuəɣ̃^{312}	冷子 ləɣ̃^{53}tsəʔ^{0}
延安	雪 ɕyo^{213}	冰 piəŋ^{213}	冷子 ləŋ^{52}tsəʔ^{0}
延川	雪 ɕyɛ^{423}	冻 tuŋ^{213}	冷雨 la^{53}zʮ^{213} 冷子 ləŋ^{53}tsəʔ^{0}
黄陵	雪 ɕyɤ^{31}	冰 piəŋ^{31}	冷子 ləŋ^{52}tsɿ^{0}
渭南	雪 ɕyə^{31}	冰 piəŋ^{31}	冷子 ləŋ^{53}tsɿ^{0}
韩城	雪 ɕyE^{31}	冰 piəŋ^{31}	冷子 liɑ^{31}tsɿ^{0}
合阳	雪 ɕyə^{31}	冰 piŋ^{31}	冷子 ləŋ^{31}tsɿ^{0}
富平	雪 ɕyɛ^{31}	冰 piəɣ̃^{31}	冷子 ləɣ̃^{53}tsɿ^{31}
耀州	雪 ɕyɛ^{21}	冰 piŋ^{21}	冷子 ləŋ^{52}tsɿ^{0}
咸阳	雪 ɕyo^{31}	冰 piəŋ^{31} 冰溜子 piəŋ^{31}liou^{44}tsɿ^{0}	冷子 ləŋ^{53}tsɿ^{0}
旬邑	雪 ɕyo^{21}	墩墩 tuɛ̃^{52}tuɛ̃^{0} 冰 piəŋ^{21}	冷子 ləŋ^{52}tsɿ^{0} 冰雹 piəŋ^{24}pau^{0}
三原	雪 ɕyɤ^{31}	冰□ piəŋ^{52}liɑŋ^{0}	冷子 ləŋ^{52}tsɿ^{0}

	0013 雪	0014 冰	0015 冰雹
乾县	雪 ɕyə^{21}	冰 piɤŋ^{21}	冷子 nɤŋ^{53}tsɿ^{21} 冰雹 piɤŋ^{24}pɔ^{21}
岐山	雪 ɕyɛ^{31}	冰 piŋ^{31}	冷子 ləŋ^{44}tsɿ^{21} 冰雹 piŋ^{24}pɔ^{31}
凤翔	雪 ɕye^{31}	冰溜 piŋ^{53}liəu^{0}	冷子 ləŋ^{44}tsɿ^{0} 硬雨 ȵiŋ^{45}y^{0}
千阳	雪 ɕye^{31}	冰溜 piŋ^{53}liou^{0}	冷子 ləŋ^{44}tsɿ^{0} 硬雨 ȵiŋ^{45}y^{0}
西安	雪 ɕyɛ^{21}	冰 piəŋ^{21}	冷子 ləŋ^{53}tsɿ^{0}
户县	雪 ɕyɛ^{31}	冰 piŋ^{31}	冷子 ləŋ^{51}tsɿ^{0}
商州	雪 ɕyɛ^{31}	冰 piəŋ^{31}	冷子 ləŋ^{31}tsɿ^{0}
镇安	雪 ɕiɛ^{53}	凌冰 lin^{21}pin^{21}	冷子 lən^{35}tsɿ^{0}
安康	雪 ɕye^{31}	冰 pin^{31}	冷子 ləŋ^{53}tsɿ^{0}
白河	雪 ɕyE^{213}	冰 piən^{213}	冷子 lən^{35}tsɿ^{0} 冰雹 piən^{35}pɔu^{213}
汉阴	雪 ɕyE^{42}	凌冰子 lin^{21}pin^{0}tsɿ^{0}	冷子 lən^{45}tsɿ^{0}
平利	雪 ɕiE^{43}	冰 pin^{43}	冷子 lən^{45}tsɿ^{0} 冰雹 pin^{43}pau^{0}
汉中	雪 ɕyɤ^{55}	冰 pin^{55}	冷子 lən^{35}tsɿ^{0}
城固	雪 ɕyɛ^{53}	冰 piŋ^{53}	冷子 ləŋ^{24}tsɿ^{0}
勉县	雪 ɕyɤ^{42}	冰 pin^{42}	冷子 lən^{35}tsɿ^{0} 硬雨 ȵin^{21}y^{35}
镇巴	雪 ɕyɛ^{31}	凌 lin^{213}	冷子 lən^{45}tsɿ^{52}

	0016 霜	0017 雾	0018 露
榆林	霜 ʂuɑ̃^{33}	雾 vu^{52}	露水 ləu^{52} ʂuei^{0}
神木	霜 ʂuɑ̃^{213}	雾 vu^{53}	露水 ləu^{53} ʂuei^{0}
绥德	霜 ʂuɑ̃^{213}	雾 u^{52}	露水 ləu^{52} ʂuei^{0}
吴堡	霜 suɤu^{213}	雾 u^{53}	露水 lɑo^{53} suɛe^{0}
清涧	霜 su^{312}	雾 vʊ^{42}	露水 ləu^{42} ʂuei^{0}
延安	霜 ʂuaŋ^{213}	雾 vu^{443}	露水 lou^{443} ʂuei^{0}
延川	霜 ʂuɑŋ^{213}	雾 vu^{53}	露水 ləu^{53} ʂɥ^{0}
黄陵	霜 suɑŋ^{31}	雾 u^{55}	露水 ləu^{55} suei^{0}
渭南	霜 ʃɑŋ^{31}	雾 vu^{44}	露水 ləu^{44} ʃei^{0}
韩城	霜 fɑŋ^{31}	雾 vu^{44}	露水 ləu^{44} fu^{0}
合阳	霜 fɑŋ^{31}	雾 vu^{55}	露水 lou^{55} fu^{31}
富平	霜 ʃuɑɣ̃^{31}	雾 v^{55}	露水 lou^{55} ʃueɪ^{31}
耀州	霜 ʃuɑŋ^{21}	雾 u^{44}	露水 lou^{44} ʃuei^{0}
咸阳	霜 ʃuɑŋ^{31}	雾 u^{44}	露水 lou^{44} ʃuei^{0}
旬邑	霜 ʃɑŋ^{21}	雾 u^{44}	露水 ləu^{24} ʃei^{0}
三原	霜 ʃuɑŋ^{31}	雾 vu^{44}	露 lou^{44}

	0016 霜	0017 雾	0018 露
乾县	霜 ʃuaŋ^{21}	雾 vu^{55}	露 nu^{55}
岐山	霜 ʂɑŋ^{31}	烟雾 iæ̃^{53}vu^{21} 雾 vu^{44}	露水 lu^{44}ʂei^{53}
凤翔	霜 ʂɑŋ^{31}	烟雾 iæ̃^{53}vu^{0} 雾 vu^{44}	露水 lu^{45}ʂei^{0}
千阳	霜 ʃɑŋ^{31}	烟雾 iæ̃^{53}vu^{0}	露水 lu^{45}ʃei^{0}
西安	霜 faŋ^{21}	雾 vu^{44}	露 lou^{44}
户县	霜 suaŋ^{31}	雾 vu^{55} 雾气 vu^{55}tɕʰi^{55}	露水 lɤu^{55}suei^{0}
商州	霜 ʃuɑŋ^{31}	雾 u^{44}	露水 lou^{44}ʃuei^{0}
镇安	霜 ʂuʌŋ^{53}	雾罩子 vu^{33}tsɔo^{21}tsɿ^{0} 雾 vu^{322}	露水 ləu^{322}ʂuᴇi^{0}
安康	霜 faŋ^{31}	雾 u^{44}	露水 lou^{44}fei^{21}
白河	霜 ʂuaŋ^{213}	雾 u^{41}	露水 ləu^{42}ʂuei^{0}
汉阴	霜 suaŋ^{33}	雾罩子 u^{24}tsɑo^{21}tsɿ^{0} 雾 u^{214}	露 ləu^{214} 露水 ləu^{21}suei^{45}
平利	霜 ʂɥaŋ^{43}	雾气 u^{24}tɕʰi^{0} 雾 u^{214}	露水 lou^{24}ʂɥei^{445}
汉中	霜 suɑŋ^{55}	雾 u^{213}	露水 lu^{21}suei^{0}
城固	霜 ʃuɑŋ^{53}	雾 vu^{213} 罩 tsɔ^{213}	露水 ləu^{31}ʃuei^{0}
勉县	霜 fɑŋ^{42}	雾子 vu^{21}tsɿ^{35}	露水 lu^{21}fei^{35}
镇巴	霜 suaŋ^{35}	罩子 tsau^{21}tsɿ^{52} 雾罩 u^{213}tsau^{213}	露水 lu^{21}suei^{52}

	0019 虹统称	0020 日食	0021 月食
榆林	水贯 ʂuei^{21}kuɛ^{52} 虹 tɕiɑ̃^{213}	天狗吃太阳 tʰiɛ^{33}kəu^{0} tʂʰəʔ^{3}tʰɛe^{52}iɑ̃^{213}	天狗吃月亮 tʰiɛ^{33}kəu^{0} tʂʰəʔ^{3}yʌʔ^{3}liɑ̃^{52}
神木	虹 tɕiɑ̃^{213}	天狗吃太阳 tʰiɛ^{24}kəu^{0} tʂʰəʔ^{4}tʰEe^{53}iɑ̃^{0} 日食 ʐəʔ^{2}ʂəʔ^{4}	月食 yəʔ^{2}ʂəʔ^{4}
绥德	水贯 ʂuei^{21}kuæ^{52} 彩虹 tsʰai^{21}xuəɣ̃^{33}	天狗吃太阳 tʰie^{24}kəu^{0} tʂʰəʔ^{3}tʰai^{52}iɑ̃^{0}	金蛤蟆吃月儿 tɕiəɣ̃^{21} kəʔ^{3}mɑ^{33}tʂʰəʔ^{3}yər^{33}
吴堡	水贯子 suɛe^{41}kuɤ^{53}tsəʔ^{0}	金圪蟆儿吃太爷 tɕiəŋ^{21} kəʔ^{3}mɐr^{53}tʂʰəʔ^{3}tʰɑe^{53}iɑ^{0}	金圪蟆儿吃月明 tɕiəŋ^{21} kəʔ^{3}mɐr^{53}tʂʰəʔ^{3}yəʔ^{21}mɛe^{33}
清涧	虹 tɕiɒ̃^{42}	金蛤蟆吃热头儿 tɕiəɣ̃^{31} xəʔ^{4}mɑ^{0}tʂʰəʔ^{54}ʐɤ^{53}tʰəur^{0}	天狗吃月明 tʰi^{31}kəu^{53} tʂʰəʔ^{54}y^{53}mi^{0}
延安	虹 tɕiaŋ^{52}	天狗吃太阳 tʰiæ̃^{24}kou^{423} tʂʰəʔ^{5}tʰai^{443}iaŋ^{0}	天狗吃月亮 tʰiæ̃^{24}kou^{423} tʂʰəʔ^{5}yo^{21}liaŋ^{443}
延川	虹 tɕiɑŋ^{53}	日食 ʐəʔ^{42}ʂəʔ^{54}	月食 yɛ^{42}ʂəʔ^{54}
黄陵	虹 tɕiɑŋ^{55}	天狗吃太阳 tɕʰiæ̃^{31}kəu^{52} tʂʰʅ^{31}tʰE^{55}iɑŋ^{0} 日食 ʐʅ^{31}ʂʅ^{24}	天狗吃月亮 tɕʰiæ̃^{31}kəu^{52} tʂʰʅ^{24}yɤ^{31}liɑŋ^{0} 月食 yɤ^{31}ʂʅ^{24}
渭南	虹 tɕiɑŋ^{44}	日食 ər^{31}ʂʅ^{0}	月食 yə^{31}ʂʅ^{0}
韩城	虹 tɕiɑŋ^{44}	天狗吃日头 tʰiɑ̃^{31}kəu^{53} tʂʰʅ^{31}ʐʅ^{44}tʰəu^{0}	天狗吃月明 tʰiɑ̃^{31}kəu^{53} tʂʰʅ^{31}yE^{44}miE^{0}
合阳	虹 tɕiɑŋ^{55}	日食 ər^{31}ʂʅ^{31}	月食 yə^{31}ʂʅ^{31}
富平	虹 tɕiɑɣ̃^{55}	日食 ər^{31}ʂʅ^{24}	月食 yɛ^{31}ʂʅ^{24}
耀州	虹 tɕiɑŋ^{44}	天狗吃日头 tɕʰiæ̃^{21}kou^{52} tʂʰʅ^{24}ər^{52}tʰou^{0}	天狗吃月明爷 tɕʰiæ̃^{21} kou^{52}tʂʰʅ^{21}yɛ^{52}miŋ^{0}iɛ^{44}
咸阳	虹 tɕiɑŋ^{44}	日食 ər^{31}ʂʅ^{0}	月食 yo^{31}ʂʅ^{0}
旬邑	虹 tɕiɑŋ^{44}	天狗吃日头 tsʰiɑ̃^{21}kəu^{52} tʂʰʅ^{21}ər^{52}tʰəu^{0}	天狗吃月亮 tsʰiɑ̃^{21}kəu^{52} tʂʰʅ^{21}yo^{52}liɑŋ^{0}
三原	虹 tɕiɑŋ^{44}	日食 ər^{52}ʂʅ^{0}	月食 yɤ^{52}ʂʅ^{0}

	0019 虹统称	0020 日食	0021 月食
乾县	虹 xoŋ^{24}	日食 zʅ^{53} ʂʅ^{21}	月食 yə^{53} ʂʅ^{21}
岐山	虹 tɕiɑŋ^{44}	日食 zʅ^{53} ʂʅ^{21}	月食 yɛ^{53} ʂʅ^{21}
凤翔	虹 tsiɑŋ^{44}	日食 zʅ^{53} ʂʅ^{0}	月食 ye^{53} ʂʅ^{0}
千阳	虹 tɕiɑŋ^{44}	日食 zʅ^{53} ʂʅ^{0} 天黑地暗 tsʰiæ̃^{24}xei^{31}ti^{44} ŋæ̃^{44}	天狗吃月亮 tsʰiæ̃^{31}kou^{53} tʂʰʅ^{31}ye^{53}liɑŋ^{0} 月食 ye^{53} ʂʅ^{0}
西安	虹 xoŋ^{24}	日食 ər^{21} ʂʅ^{24}	月食 yɛ^{21} ʂʅ^{24}
户县	虹 tɕiɑŋ^{55}	天狗吃日头 tʰiã^{31}kɤu^{51} tʂʰʅ^{35}ɯ^{31}tʰɤu^{31} 日食 ɯ^{31} ʂʅ^{35}	天狗吃月亮 tʰiã^{31}kɤu^{51} tʂʰʅ^{35}yɛ^{31}liɑŋ^{31} 月食 yɛ^{31} ʂʅ^{35}
商州	虹 tɕiɑŋ^{44}	日食 zʅ^{53} ʂʅ^{0}	天狗吃月亮 tʰiã^{31}kou^{53} tʂʰʅ^{31}yɛ^{53}liɑŋ^{0}
镇安	虹 kʌŋ^{214}	天狗吃日 tʰian^{21}kəu^{53} tʂʰʅ^{21}ər^{53}	天狗吃月 tʰian^{21}kəu^{53} tʂʰʅ^{21}ʐʮɛ^{53}
安康	虹 tɕiaŋ^{44}	天狗吃太阳 tʰian^{31}kou^{53} tʂʰʅ^{31}tʰæ^{44}iaŋ^{0}	天狗吃月亮 tʰian^{31}kou^{53} tʂʰʅ^{35}ye^{31}liaŋ^{0}
白河	虹 kaŋ^{41}	（无）	（无）
汉阴	虹 kaŋ^{214}	黑天 χE^{42}tʰian^{33}	天狗吃月亮 tʰian^{33}kəu^{45} tʂʰʅ^{42}yE^{42}liɑŋ^{0}
平利	虹 kaŋ^{214}	天狗吃日 tʰian^{43}kou^{45} tʂʰʅ^{43}ər^{43}	天狗吃月 tʰian^{43}kou^{45} tʂʰʅ^{43}ʮE^{43}
汉中	虹 kaŋ^{213}	天狗吃日头 tʰian^{55}kəu^{0} tʂʰʅ^{55}ər^{55}tʰəu^{0} 日食 zʅ^{55} ʂʅ^{0}	天狗吃月亮 tʰian^{55}kəu^{0} tʂʅ^{55}yɤ^{55}liɑŋ^{0} 月食 yɤ^{55} ʂʅ^{0}
城固	虹 tɕiɑŋ^{213}	日食 zʅ^{44} ʂʅ^{0}	天狗吃月亮 tʰian^{44}kəu^{0} tʂʅ^{53}yɛ^{44}liɑŋ^{0}
勉县	虹 tɕiɑŋ^{213}	天狗吃太阳 tʰiɑn^{44}kəu^{0} tsʰɿ^{44}tʰɑi^{21}iɑŋ^{0}	天狗吃月亮 tʰiɑn^{44}kəu^{0} tsʰɿ^{44}yɤ^{44}liɑŋ^{0}
镇巴	虹 kaŋ^{213}	太阳落难 tʰai^{213}iaŋ^{52}lo^{31} lan^{213}	天狗吃月 tʰian^{35}kəu^{52} tsʰɿ^{31}yɛ^{31}

	0022 天气	0023 晴天~	0024 阴天~
榆林	天 tʰiɛ^{33} 天气 tʰiɛ^{33}tɕʰi^{52}	好 xɔo^{213} 晴 tɕʰiɤɣ̃^{213}	不好 pəʔ^{3}xɔo^{0} 阴寒 iɤɣ̃^{33}xɛ^{33}
神木	天气 tʰiɛ^{24}tɕʰi^{53}	好 xɔo^{213}	阴 iɤ̃^{213}
绥德	天 tʰie^{213} 天道 tʰie^{21}tao^{52}	好 xao^{213} 晴 tɕʰiəɣ̃^{33}	不好 pəʔ^{5}xao^{0} 阴 iəɣ̃^{213}
吴堡	天气 tʰie^{21}tɕʰi^{53}	晴 tsʰɛe^{33}	阴 iəŋ^{213}
清涧	天 tʰi^{312}	晴 tɕʰi^{24}	阴 iəɣ̃^{312}
延安	天 tʰiæ̃^{213}	晴 tɕʰiəŋ^{24}	阴 iəŋ^{213}
延川	天气 tʰiɛ^{21}tsʰɿ^{53}	晴 tɕʰi^{35}	阴 iŋ^{213}
黄陵	天气 tɕʰiæ̃^{31}tɕʰi^{55}	好 xɔ^{52} 晴 tɕʰiəŋ^{24}	阴 ȵiẽ^{31}
渭南	天气 tɕʰiæ̃^{31}tɕʰi^{44}	晴 tɕʰiəŋ^{24}	阴 ȵiə̃^{31}
韩城	天气 tʰiã^{31}tɕʰi^{0}	晴 tɕʰiᴇ^{24}	阴 ȵiəŋ^{31}
合阳	天气 tʰiɑ̃^{31}tɕʰi^{55}	晴 tsʰiɛ^{24}	阴 ȵiẽ^{31}
富平	天爷 tʰiæ̃^{53}iɛ^{31}	晴 tʰiəɣ̃^{24}	阴 ȵiɛ̃^{31}
耀州	天气 tɕʰiæ̃^{21}tɕʰi^{44}	晴 tɕʰiŋ^{24} 亮 liɑŋ^{44}	阴 iei^{21} 暗 ŋæ̃^{44}
咸阳	天气 tʰiã^{31}tɕʰi^{44}	晴 tɕʰiəŋ^{24}	阴 iɛ̃^{31}
旬邑	天爷 tsʰiã^{52}iɛ^{0} 天 tsʰiã^{21}	光 kuɑŋ^{21} 晴 tɕʰiəŋ^{24}	阴 ȵiɛ̃^{21}
三原	天气 tɕʰiã^{31}tɕʰi^{44}	晴 tɕʰiəŋ^{24}	阴 ȵiẽ^{31}

	0022 天气	0023 晴天~	0024 阴天~
乾县	天气 tʰiæ̃^{21}tɕʰi^{55}	晴 tɕʰiɤŋ^{24}	阴 ȵiẽ^{21}
岐山	天气 ȶʰiæ̃^{53}tɕʰi^{21}	晴 ȶʰiŋ^{24}	阴 ȵiŋ^{31}
凤翔	天爷 tsʰiæ̃^{53}ie^{0}	晴 tsʰiŋ^{24}	阴 ȵiŋ^{31}
千阳	天爷 tsʰiæ̃^{53}ie^{0}	晴 tsʰiŋ^{24}	阴 ȵiŋ^{31}
西安	天气 tʰiã^{21}tɕʰi^{44}	晴 tɕʰiəŋ^{24}	阴 in^{21}
户县	天气 tʰiã^{31}tɕʰi^{55}	晴 tɕʰiŋ^{35}	阴 iẽ^{31}
商州	天气 tʰiã^{31}tɕʰi^{44}	晴 tɕʰiəŋ^{35}	阴 ȵiẽ^{31}
镇安	天气 tʰian^{53}tɕʰi^{0}	晴 tɕʰin^{33}	阴 in^{53}
安康	天气 tʰian^{31}tɕʰi^{44}	晴 tɕʰin^{35}	阴 in^{31}
白河	天气 tʰian^{21}tɕʰi^{0}	晴 tɕʰiən^{44}	阴 iən^{213}
汉阴	天气 tʰian^{33}tɕʰi^{0}	晴 tɕʰin^{42}	阴 in^{33}
平利	天气 tʰian^{43}tɕʰi^{0}	晴 tɕʰin^{52}	阴 in^{43}
汉中	天气 tʰian^{55}tɕʰi^{0}	晴 tɕʰin^{42}	阴 in^{55}
城固	天 tʰian^{53}	晴 tɕʰiŋ^{311} 大日头 ta^{31}ə^{44}tʰəu^{0}	阴 in^{53} 阴阴天 in^{44}in^{0}tʰian^{31}
勉县	天气 tʰiɑn^{44}tɕʰi^{0}	晴 tɕʰin^{21}	阴 in^{42}
镇巴	天时 tʰian^{35}sɿ^{31}	晴 tɕʰin^{31}	阴 in^{35}

	0025 旱天~	0026 涝天~	0027 天亮
榆林	旱 xɛ^{52}	涝 lɔo^{52} 阴雨大 iɤɣ̃^{33}y^{0}ta^{52}	天明 t^{h}iɛ^{33}miɤɣ̃^{213} 天亮 t^{h}iɛ^{33}liɑ̃^{52}
神木	旱 xɛ^{53}	涝 lɔo^{53}	天明 t^{h}iɛ^{24}miɤ̃^{44}
绥德	旱 xæ^{52}	涝 lao^{52}	天明 t^{h}ie^{21}miəɣ̃^{33}
吴堡	旱 çie^{53}	雨涝 ʉ^{41}lo^{53}	天明 t^{h}ie^{21}mɛe^{33}
清涧	天旱 t^{h}i^{31}çi^{42}	雨涝 zʮ^{53}lɔo^{44}	天明 t^{h}i^{31}mi^{24}
延安	旱 xæ̃^{443}	涝 lɔ^{443}	天明 t^{h}iæ̃^{21}miəŋ^{24}
延川	旱 xɤ^{53}	涝 lao^{53}	天明 tç^{h}iɛ^{21}mi^{35}
黄陵	旱 xæ̃^{55}	涝 lɔ^{55}	天明 tç^{h}iæ̃^{31}miəŋ^{24}
渭南	旱 xæ̃^{44}	涝 lɔo^{44}	天明 tç^{h}iæ̃^{31}miəŋ^{24}
韩城	旱 xã^{44} 干 kã^{31}	涝 lɑu^{44}	天明 t^{h}iã^{31}miᴇ^{24}
合阳	旱 xɑ̃^{55}	涝 lɔo^{55}	天明 t^{h}iɑ̃^{31}miɛ^{24} 天亮 t^{h}iɑ̃^{31}liɑŋ^{55}
富平	旱 xæ̃^{55}	涝 lɑo^{55}	天明 t^{h}iæ̃^{31}miəɣ̃^{24}
耀州	旱 xæ̃^{44} 干 kæ̃^{21}	涝 lɔu^{44}	天明 tç^{h}iæ̃^{21}miŋ^{24}
咸阳	旱 xã^{44}	涝 lɔ^{44}	天亮 t^{h}iã^{31}liɑŋ^{44}
旬邑	旱 xã^{44} 干 kã^{21}	淹 ȵiã^{21} 涝 lau^{44}	天明 ts^{h}iã^{21}miəŋ^{24} 天亮 ts^{h}iã^{21}liɑŋ^{44}
三原	旱 xã^{44} 干 kã^{31}	涝 lɑɔ^{44}	天明 tç^{h}iã^{31}miəŋ^{24}

	0025 旱天~	0026 涝天~	0027 天亮
乾县	旱 xæ̃^{55}	涝 nɔ^{55}	天亮 tʰiæ̃^{21}liaŋ^{55}
岐山	旱 xæ̃^{44}	涝 lɔ^{44}	天明 ȶʰiæ̃^{31}miŋ^{24} 天亮 ȶʰiæ̃^{31}liɑŋ^{44}
凤翔	旱 xæ̃^{44}	涝 lɔ^{44}	天明 tsʰiæ̃^{31}miŋ^{24} 天亮 tsʰiæ̃^{31}liɑŋ^{44}
千阳	旱 xæ̃^{44} 干 kæ̃^{31}	涝 lɔ^{44}	天明 tsʰiæ̃^{31}miŋ^{24}
西安	旱 xã^{44}	涝 lau^{44}	天明 tʰiã^{21}miəŋ^{24}
户县	旱 xã^{55} 干 kã^{31}	涝 lau^{55} 雨涝 y^{51}lau^{55}	天明 tʰiã^{31}miŋ^{35} 天亮 tʰiã^{31}liaŋ^{55}
商州	旱 xã^{44}	涝 lɑo^{44}	天明 tʰiã^{31}miəŋ^{35}
镇安	干 kan^{53}	涝 lɔo^{322}	天亮 tʰian^{53}liʌŋ^{322}
安康	天干 tʰian^{35}kan^{31}	雨涝 y^{53}lau^{44}	见亮 tɕian^{44}liaŋ^{44}
白河	干 kan^{213}	雨水多 y^{35}ʂuei^{0}tuo^{213}	天明 tʰian^{21}miən^{44} 天亮 tʰian^{21}liaŋ^{41}
汉阴	干 kan^{33}	连阴雨 lian^{42}in^{33}y^{45}	天亮 tʰian^{33}liɑŋ^{214}
平利	旱 xan^{214} 干 kan^{43}	雨涝 ɥ^{45}lau^{214}	天亮 tʰian^{43}liaŋ^{214}
汉中	干 kan^{55}	涝 lɑo^{213}	天亮 tʰian^{55}liɑŋ^{213}
城固	干 kan^{53}	涝 lɔ^{213}	天明 tʰian^{53}miŋ^{311} 天亮 tʰian^{53}liaŋ^{213}
勉县	干 kɑn^{42}	□ lin^{213}	天亮 tʰiɑn^{44}liɑŋ^{213}
镇巴	干 kan^{35}	淹 ŋan^{35}	天亮 tʰian^{35}liaŋ^{213}

	0028 水田	0029 旱地浇不上水的耕地	0030 田埂
榆林	水地 ʂuei^{21}ti^{52}	旱地 xɛ^{52}ti^{52}	地埂埂 ti^{52}kɤɣ̃^{21}kɤɣ̃^{33}
神木	水地 ʂuei^{21}ti^{53}	旱地 xɛ^{53}ti^{53}	地圪塄塄 ti^{53}kəʔ^{0}lɤ̃^{44}lɤ̃^{0}
绥德	水地 ʂuei^{21}ti^{52}	旱地 xæ^{52}ti^{52}	堎子 lyəɣ̃^{21}tsɤ^{33}
吴堡	水地 suɛe^{41}tɛe^{53} 塬子 ye^{33}tsəʔ^{0}	旱地 ɕie^{53}tɛe^{53}	地畔 tɛe^{53}pɤ^{53}
清涧	水地 ʂuei^{53}tsʰɿ^{42}	旱地 ɕi^{42}tsʰɿ^{44}	地界儿 tsʰɿ^{42}tɕiər^{44}
延安	水地 ʂuei^{52}tʰi^{443}	旱地 xə^{443}tʰi^{0}	土梁梁 tʰu^{52}liaŋ^{24}liaŋ^{21} 土圪塄 tʰu^{52}kəʔ^{5}ləŋ^{24}
延川	水地 ʂʮ^{42}tɕʰi^{53}	旱地 xɤ^{53}tɕʰi^{42}	圪塄儿 kəʔ^{21}lʌr^{35}
黄陵	水地 suei^{52}tɕʰi^{55}	旱地 xæ̃^{55}tɕʰi^{55}	地塄 tɕʰi^{55}ləŋ^{24} 地畔 tɕʰi^{55}pʰæ̃^{55}
渭南	水地 ʃei^{53}tɕʰi^{44}	旱地 xæ̃^{44}tɕʰi^{44}	梁子 liɑŋ^{24}tsɿ^{0}
韩城	水地 fu^{53}tʰi^{0}	旱地 xã^{44}tʰi^{0}	圪檩 kɯ^{31}liɛ̃^{53}
合阳	水田 fei^{52}tʰi^{55}	旱地 xɑ̃^{55}tʰi^{55}	塄坎 ləŋ^{24}kʰɑ̃^{31}
富平	水地 ʃueɪ^{53}ti^{55}	旱地 xæ̃^{55}ti^{55}	地畔子 ti^{55}pʰæ̃^{55}tsɿ^{31}
耀州	水地 ʃuei^{52}ti^{44}	旱地 xæ̃^{44}ti^{44}	畔子 pʰæ̃^{44}tsɿ^{0}
咸阳	水地 ʃuei^{53}ti^{44}	旱地 xã^{44}ti^{0}	畦子 ɕi^{44}tsɿ^{0}
旬邑	水浇地 ʃei^{52}tɕiau^{21}tɕʰi^{44}	旱地 xã^{44}tɕʰi^{44}	畔子 pʰã^{44}tsɿ^{0} 塄子 ləŋ^{24}tsɿ^{0}
三原	水地 ʃuei^{52}tɕi^{44}	旱地 xã^{44}tɕi^{44}	地畔子 tɕi^{44}pã^{44}tsɿ^{0} 梁子 liɑŋ^{24}tsɿ^{0}

	0028 水田	0029 旱地浇不上水的耕地	0030 田埂
乾县	水田 ʃue^{53}t^{h}iæ̃^{24}	旱地 xæ̃^{55}ti^{55}	地畔子 ti^{55}pæ̃^{55}tsɿ^{21} 畦子 ɕi^{55}tsɿ^{21}
岐山	水田 ʂei^{53}ȶ^{h}iæ̃^{24}	旱地 xæ̃^{44}ȶ^{h}i^{44} 旱田 xæ̃^{44}ȶ^{h}iæ̃^{24}	塄坎 ləŋ^{44}k^{h}æ̃^{53} 塄塄 ləŋ^{44}ləŋ^{53}
凤翔	水地 ʂei^{44}tsi^{0}	旱地 xæ̃^{45}tsi^{0}	塄塄 ləŋ^{45}ləŋ^{0} 塄 ləŋ^{44}
千阳	水地 ʃei^{44}ts^{h}i^{0}	旱地 xæ̃^{45}ts^{h}i^{0}	盖$^{=}$塄 kᴇ^{45}ləŋ^{0}
西安	水地 fei^{53}ti^{44}	旱地 xã^{44}ti^{44}	地畔 ti^{44}p^{h}ã^{44}
户县	水地 suei^{51}ti^{55}	旱地 xã^{55}ti^{55}	地坎 ti^{55}k^{h}ã^{51}
商州	水地 ʃuei^{53}ti^{44}	旱地 xã^{44}ti^{44}	地梁子 ti^{44}liã^{44}tsɿ^{0}
镇安	秧田 iʌŋ^{21}t^{h}ian^{33}	旱地 xan^{33}ti^{33}	田埂埂儿 t^{h}ian^{33}kən^{35}kər^{53}
安康	水田 fei^{53}t^{h}ian^{35}	旱地 xan^{44}ti^{44}	田坎 t^{h}ian^{35}k^{h}an^{53}
白河	稻田 tɔu^{42}t^{h}ian^{44}	干地 kan^{21}ti^{41}	田坎儿 t^{h}ian^{44}k^{h}ɐr^{35}
汉阴	秧田 iɑŋ^{33}t^{h}ian^{42}	干地 kan^{33}ti^{214}	田坎 t^{h}ian^{42}k^{h}an^{45}
平利	水田 ʂɥei^{45}t^{h}ian^{52} 田坝 t^{h}ian^{52}pa^{214}	旱地 xan^{24}ti^{214} 坡地 p^{h}o^{52}ti^{214}	田坎 t^{h}ian^{52}k^{h}an^{445}
汉中	秧田 iɑŋ^{55}t^{h}ian^{0}	地 ti^{213}	田坎 t^{h}ian^{42}k^{h}an^{0}
城固	水田 ʃuei^{44}t^{h}ian^{311}	地 ti^{213}	田坎 t^{h}ian^{31}k^{h}an^{24}
勉县	田 t^{h}iɑn^{21}	地 ti^{213}	田埂子 t^{h}iɑn^{21}kən^{35}tsɿ^{0}
镇巴	田 t^{h}ian^{31} 秧田 iaŋ^{35}t^{h}ian^{52}	地 ti^{213}	田坎 t^{h}ian^{31}k^{h}an^{52}

	0031 路野外的	0032 山	0033 山谷
榆林	小路 ɕiɔo^{21}ləu^{52}	山 sɛ^{33}	山圪拉儿 sɛ^{33}kəʔ^{3}lɐr^{52}
神木	路 ləu^{53}	山 sɛ^{213}	山圪拉 sɛ^{24}kəʔ^{4}la^{53}
绥德	路 ləu^{52}	山 sæ^{213}	山沟 sæ^{24}kəu^{213} 沟圪槽 kəu^{24}kəʔ^{3}tsʰao^{33}
吴堡	路 lɑo^{53}	山 sɑ̃^{213}	沟 kɑo^{213}
清涧	路 ləu^{42}	山 sɛ^{312}	山圪拉 sɛ^{31}kəʔ^{4}lɑ^{0}
延安	路 lou^{443}	山 sæ̃^{213}	沟渠 kou^{21}tɕʰy^{24}
延川	路 ləu^{53}	山 sæ̃^{213}	山圪拉儿 sæ̃^{21}kəʔ^{54}lar^{0}
黄陵	路 ləu^{55}	山 sæ̃^{31}	沟 kəu^{31}
渭南	路 ləu^{44}	山 sæ̃^{31}	山沟 sæ̃^{24}kəu^{31}
韩城	路 ləu^{44}	山 sɑ̃^{31}	山沟沟 sɑ̃^{24}kəu^{31}kəu^{0}
合阳	路 lou^{55}	山 sɑ̃^{31}	山沟 sɑ̃^{24}kou^{31}
富平	路 lou^{55}	山 sæ̃^{31}	峪 y^{31}
耀州	小道 ɕiɔu^{52}tɔu^{44}	山 sæ̃^{21}	山沟沟儿 sæ̃^{24}kou^{52}kour^{0}
咸阳	路 lou^{44}	山 sɑ̃^{31}	山谷 sɑ̃^{24}ku^{31}
旬邑	小路 ɕiau^{52}ləu^{0}	山 sɑ̃^{21}	沟 kəu^{21}
三原	路 lou^{44}	山 sɑ̃^{31}	山沟 sɑ̃^{24}kou^{31}

	0031 路野外的	0032 山	0033 山谷
乾县	路 nu^{55}	山 sæ̃^{21}	沟 kou^{21}
岐山	小路 siɔ^{53}lu^{44}	山 sæ̃^{31}	山沟沟 sæ̃^{31}kou^{53}kou^{21}
凤翔	小路 siɔ^{44}lu^{0}	山 sæ̃^{31}	山沟 sæ̃^{24}kəu^{31}
千阳	小路 siɔ^{44}lu^{0}	山 sæ̃^{31}	山沟 sæ̃^{24}kou^{31}
西安	路 lou^{44}	山 sã^{21}	山搭⁼ sã^{21}tɕ^{h}ia^{44}
户县	路 lɤu^{55}	山 sã^{31}	山沟 sã^{35}kɤu^{31}
商州	路 lou^{44}	山 sã^{31}	沟 kou^{35}
镇安	路 ləu^{33}	山 san^{53}	山谷 san^{21}ku^{53}
安康	路路儿 lou^{44}lour^{0}	山 ʂan^{31}	山谷 ʂan^{35}ku^{31}
白河	毛狗子路 mɔu^{44}kəu^{35}tsɿ^{0}ləu^{41}	山 ʂan^{213}	山沟儿 ʂan^{35}kər^{213}
汉阴	路 ləu^{214}	山 san^{33}	山沟 san^{33}kəu^{33} 山卡卡儿 san^{33}tɕ^{h}iɑ^{21}tɕ^{h}iar^{0}
平利	路 lou^{214}	山 ʂan^{43}	山沟沟 ʂan^{43}kou^{43}kou^{0}
汉中	路 lu^{213}	山 san^{55}	山沟 san^{55}kəu^{55}
城固	路 ləu^{213}	山 san^{53}	山沟 san^{53}kəu^{53}
勉县	路 lu^{213}	山 sɑn^{42}	山沟沟 sɑn^{44}kəu^{44}kəu^{0}
镇巴	毛路 mau^{31}lu^{213}	山 san^{35}	山沟 san^{35}kəu^{55}kəu^{55}

	0034 江大的河	0035 溪小的河	0036 水沟儿较小的水道
榆林	大河 ta^{53}xuə^{213}	小河 ɕiɔo^{21}xuə^{213}	水壕子 ʂuei^{21}xɔo^{24}tsəʔ^{0}
神木	大河 ta^{52}xuo^{21}	小河儿 ɕiɔo^{21}xuʌɯ^{53}	水壕 ʂuei^{21}xɔo^{44} 水沟 ʂuei^{21}kəu^{24}
绥德	河 xɯ^{33}	小河儿 ɕiɔɤ^{21}xər^{33}	水沟沟 ʂuei^{21}kəu^{24}kəu^{0}
吴堡	河 xɤu^{33}	水沟 suɛe^{41}kɑo^{213}	水渠渠 suɛe^{41}tɕʰʉ^{33}tɕʰʉ^{0}
清涧	江 tɕiɒ̃^{312}	小河 ɕiɔo^{53}xɯ^{24}	水沟儿 ʂuei^{53}kəur^{312}
延安	江 tɕiaŋ^{213}	小水沟 ɕiɔ^{24}ʂuei^{52}kou^{213}	水沟儿 ʂuei^{52}kour^{213}
延川	江 tɕiaŋ^{213}	小河 ɕiɑo^{53}xei^{35}	水渠 ʂuei^{53}tsʰɥ^{0}
黄陵	江 tɕiaŋ^{31}	小河儿 ɕiɔ^{52}xuɤr^{24}	水渠儿 suei^{52}tɕʰyər^{24}
渭南	河 xuə^{24}	河渠子 xuə^{24}tɕʰy^{24}tsɿ^{0}	水沟 ʃei^{53}kəu^{31}
韩城	江 tɕiaŋ^{31}	碎河儿 sɪi^{44}xuɤr^{24} 小河儿 ɕiɑu^{53}xuɤr^{24}	水渠儿 fu^{53}tɕyr^{24}
合阳	江 tɕiaŋ^{31}	河渠子 xuo^{24}tɕʰy^{24}tsɿ^{0}	水沟 fu^{52}kou^{31}
富平	大河 tɑ^{55}xuo^{24}	渠 tɕʰy^{24}	水渠 ʃueɪ^{53}tɕʰy^{24}
耀州	河 xuo^{24}	碎河 ʃuei^{44}xuo^{24}	水渠 ʃuei^{52}tɕʰy^{24} 水沟沟儿 ʃuei^{52}kou^{52}kour^{0}
咸阳	江 tɕiaŋ^{31}	小河 ɕiɔ^{53}xuo^{24}	水沟儿 ʃuei^{53}kour^{0}
旬邑	江 tɕiaŋ^{21}	碎河渠 suei^{44}xuo^{24}tɕʰy^{24}	水渠 ʃei^{52}tɕʰy^{24}
三原	河 xuə^{24}	泉子 tsʰuã^{24}tsɿ^{0} 河 xuo^{24}	水沟儿 ʃuei^{52}kour^{31}

	0034 江大的河	0035 溪小的河	0036 水沟儿较小的水道
乾县	江 tɕiaŋ^{21}	河 xuɤ^{24}	水渠 ʃue^{53}tɕʰy^{24}
岐山	河 xuo^{24}	河 xuo^{24}	水沟沟 ʂei^{53}kou^{53}kou^{21}
凤翔	大河 ta^{44}xuo^{24}	小河 siɔ^{53}xuo^{24}	河渠 xuo^{31}tɕʰy^{53}
千阳	大河 ta^{44}xuo^{24}	小河 siɔ^{53}xuo^{24}	河渠 xuo^{31}tɕʰy^{0}
西安	江 tɕiaŋ^{21}	小河 ɕiau^{53}xuo^{24}	水渠 fei^{53}tɕʰy^{24}
户县	江 tɕiaŋ^{31}	河渠子 xuɤ^{35}tɕʰy^{35}tsɿ^{0}	水沟沟 suei^{55}kɤu^{31}kɤu^{0}
商州	大河 tɑ^{44}xuə^{35}	小河 ɕiɑo^{53}xuə^{35}	水渠渠儿 ʃuei^{53}tɕʰy^{31}tɕʰyər^{0}
镇安	江 tɕiʌŋ^{53}	小沟沟儿 ɕiɔo^{33}kəu^{53}kər^{0}	水沟沟儿 ʂuᴇi^{33}kəu^{53}kər^{0}
安康	江河 tɕiaŋ^{31}xuo^{35}	小河 ɕiau^{53}xuo^{35}	水沟沟儿 fei^{53}kou^{31}kour^{0}
白河	大河 ta^{42}xuo^{44}	小河 ɕiɔu^{35}xuo^{44}	水沟 ʂuei^{35}kəu^{213}
汉阴	大河坝 tɑ^{24}χo^{42}pɑ^{214}	小河坝 ɕiɑo^{45}χo^{42}pɑ^{214}	水渠 suei^{45}tɕʰy^{42}
平利	江 tɕiaŋ^{43}	河沟 xo^{52}kou^{43}	小水沟 ɕiau^{45}ʂɥei^{45}kou^{43}
汉中	河 xɤ^{42}	河 xɤ^{42}	水沟沟 suei^{35}kəu^{55}kəu^{0}
城固	江 tɕiɑŋ^{53}	河 xuə^{311}	水沟沟 ʃuei^{44}kəu^{44}kəu^{0} 水渠渠 ʃuei^{44}tɕʰy^{31}tɕʰy^{0}
勉县	河 xɤ^{21}	小河 ɕiɑɔ^{35}xɤ^{0}	水沟沟 fei^{35}kəu^{44}kəu^{0}
镇巴	江 tɕiaŋ^{35}	河沟 xo^{31}kəu^{55}	堰沟 ian^{21}kəu^{55}

	0037 湖	0038 池塘	0039 水坑儿地面上有积水的小洼儿
榆林	海子 xɛe^{21}tsəʔ^{0}	水池子 ʂuei^{21}tʂʰʅ^{24}tsəʔ^{0}	水泊子 ʂuei^{24}puə^{21}tsəʔ^{0}
神木	湖 xu^{44} 淖儿 nʌɯ^{53}	水泊子 ʂuei^{21}pəʔ^{4}tsəʔ^{0}	水圪泊 ʂuei^{21}kəʔ^{4}pəʔ^{4} 水坑坑 ʂuei^{21}kʰɣ̃^{24}kʰɣ̃^{0}
绥德	湖 xu^{33}	水泊子 ʂuei^{21}pɤ^{33}tsəʔ^{0} 水池 ʂuei^{21}tʂʰʅ^{33}①	水泊泊 ʂuei^{24}pɤ^{21}pɤ^{33} 水窟窟 ʂuei^{21}kʰuəʔ^{5}kʰuəʔ^{0}
吴堡	（无）	水窟窟 suɛe^{41}kʰuəʔ^{3}	水泊子 suɛe^{41}pəʔ^{4}tsəʔ^{0} 水窟窟 suɛe^{41}kʰuəʔ^{4}kʰuəʔ^{0}
清涧	湖 xʊ^{24}	水窟 ʂuei^{24}kuɤ^{53}	水泊子 ʂuei^{24}pɤ^{53}tsəʔ^{0}
延安	湖 xu^{24}	水池子 ʂuei^{52}tʂʰʅ^{24}tsəʔ^{0}	水泊子 ʂuei^{24}puo^{21}tsəʔ^{5} 水坑 ʂuei^{52}kʰəŋ^{213}
延川	湖 xu^{35}	水池 sʮ^{53}tʂʰʅ^{0}	水窟 ʂuei^{35}kʰuə^{423}
黄陵	湖 xu^{24}	潦池 lɔ^{55}tsʰɿ^{0}	水坑 suei^{52}kʰəŋ^{31} 水窝儿 suei^{52}uɤr^{31}
渭南	（无）	瓜=潭 kuɑ^{31}tʰæ̃^{24} 水池子 ʃei^{53}tʂʰʅ^{24}tsɿ^{0}	水坑 ʃei^{53}kʰəŋ^{31}
韩城	湖 xu^{24}	渊 yɑ^{31} 潦水 lɑu^{53}fu^{0}	水渊 fu^{53}yɑ^{0}
合阳	湖 xu^{24}	潦池 lɔo^{55}tsʰɿ^{0}	水坑 fu^{52}kʰəŋ^{31}
富平	湖 xu^{24}	潦池 lɑo^{55}tʂʰʅ^{31}	水坑坑 ʃueɪ^{53}kʰəɣ̃^{53}kʰəɣ̃^{31}
耀州	湖 xu^{24}	潦池 lɔu^{52}tʂʰʅ^{0}	水坑坑 ʃuei^{52}kʰəŋ^{52}kʰəŋ^{0}
咸阳	湖 xu^{24}	潦池 lɔ^{44}tʂʰʅ^{0}	水坑 ʃuei^{53}kʰəŋ^{31}
旬邑	湖 xu^{24}	潦池 lau^{44}tʃʰʅ^{0}	水壕 ʃei^{52}xau^{24} 水窝子 ʃei^{52}uo^{52}tsɿ^{0}
三原	湖 xu^{24}	潦池 lɑɔ^{44}tsʰɿ^{0}	水窝窝儿 ʃuei^{52}uə^{24}uər^{0}

①水池：专指人工修的池子。

	0037 湖	0038 池塘	0039 水坑儿地面上有积水的小洼儿
乾县	湖 xu^{24}	潦池 nɔ^{55}tʂʰʅ^{21}	水洼洼 ʃue^{53}ua^{53}ua^{21}
岐山	湖 xu^{24}	潦池 lɔ^{44}tʂʰʅ^{53}	水坑 ʂei^{53}kʰəŋ^{31} 水坑坑 ʂei^{53}kʰəŋ^{53}kʰəŋ^{21}
凤翔	湖 xu^{24}	潦坝 lɔ^{45}pa^{0} 潦池 lɔ^{45}tʂʰʅ^{0}	水滩 ʂei^{44}tʰæ̃^{0}
千阳	湖 xu^{24}	潦坝 lɔ^{45}pa^{0}	水滩窝 ʃei^{44}tʰæ̃^{0}vo^{0}
西安	池 tʂʰʅ^{24}	潦池 lau^{44}tʂʰʅ^{0}	水坑 fei^{53}kʰəŋ^{21}
户县	湖 xu^{35}	潦子 lau^{55}tsɿ^{0}	水坑坑 suei^{55}kʰəŋ^{31}kʰəŋ^{0}
商州	湖 xu^{35}	潦池 lɑo^{44}tʂʰʅ^{0}	水潭 ʃuei^{53}tʰã^{35}
镇安	湖 xu^{33}	潦池 lɔo^{322}tʂʅ^{33}	水坑 ʂuᴇi^{33}kʰən^{53}
安康	江湖 tɕiaŋ^{31}xu^{35}	堰塘 ian^{44}tʰaŋ^{35}	水坑坑儿 fei^{53}kʰən^{31}kʰər^{0}
白河	（无）	水塘 ʂuei^{35}tʰaŋ^{44} 塘子 tʰaŋ^{44}tsɿ^{0}	水凼儿 ʂuei^{35}tɐr^{41}
汉阴	湖 χu^{42}	堰塘 ian^{24}tʰɑŋ^{42}	水滩滩儿 suei^{45}tʰan^{33}tʰar^{0}
平利	湖 xu^{52}	堰塘 ian^{24}tʰaŋ^{52}	水坑 ʂʮei^{44}kʰən^{43}
汉中	湖 xu^{42}	塘 tʰaŋ^{42}	水坑坑 suei^{35}kʰən^{55}kʰən^{0}
城固	湖 xu^{311}	堰塘 ian^{31}tʰaŋ^{0} 池塘 tʂʰʅ^{31}tʰaŋ^{0}	水坑坑 ʃuei^{44}kʰəŋ^{44}kʰəŋ^{0}
勉县	湖 xu^{21}	塘子 tʰɑŋ^{21}tsɿ^{0}	水坑坑 fei^{35}kən^{44}kən^{0}
镇巴	湖 xu^{31}	堰塘 ian^{213}tʰaŋ^{52}	水滩滩 suei^{45}tʰan^{55}tʰan^{55}

	0040 洪水	0041 淹被水~了	0042 河岸
榆林	洪水 xuɤɣ̃^{24} ʂuei^{0}	淹 iɛ^{33}	河畔 xuə^{24}pɛ^{52}
神木	山水 sɛ^{24} ʂuei^{0}	淹 iɛ^{213}	河畔 xuo^{44}pɛ^{53}
绥德	山水 sæ^{24} ʂuei^{0}	淹 ie^{213} 漫 mæ^{52}	河畔 xɯ^{33}pæ^{52}
吴堡	山水 sã^{24} suɛe^{0}	推 t^{h}uɑe^{213} 淹 ȵiã^{213}	河畔 xɤu^{33}pɤ^{53}
清涧	山水 sɛ^{31} ʂuei^{53}	淹 ŋɛ^{312}	河畔 xɯ^{24}p^{h}u^{44}
延安	山水 sæ̃^{21} ʂuei^{53} 洪水 xuəŋ^{443} ʂuei^{423}	淹 iæ̃^{213}	河边 xuo^{24}piæ̃^{213}
延川	山水 sæ̃^{21} ʂʮ^{53}	淹 iɛ^{213}	河边 xei^{35}piɛ^{213}
黄陵	大水 tɑ^{55}suei^{52}	淹 ȵiæ̃^{31}	河畔 xuɤ^{24}p^{h}æ̃^{55} 河岸 xuɤ^{24}ŋæ̃^{55}
渭南	大水 tɑ^{44}ʃei^{53}	淹 ȵiæ̃^{31}	河边里 xuə^{24}piæ̃^{31}li^{0}
韩城	山水 sã^{31}fu^{53}	淹 ȵiɑŋ^{31}	河岸 xuɤ^{24}ŋã^{44}
合阳	大水 tɑ^{55}fu^{52}/ tɑ^{55}fei^{52}	淹 ȵiɑ̃^{31}	河岸 xuo^{24}ŋɑ̃^{55}
富平	大水 tɑ^{55}ʃueɪ^{53}	淹 ȵiæ̃^{31}	河沿 xuo^{24}iæ̃^{55}
耀州	山水 sæ̃^{21}ʃuei^{0}	淹 ȵiæ̃^{21}	河畔 xuo^{24}p^{h}æ̃^{44} 河岸 xuo^{24}ŋæ̃^{44}
咸阳	洪水 xuəŋ^{24}ʃuei^{53}	淹 ȵiã^{31}	河岸 xuo^{24}ŋã^{44}
旬邑	洪水 xuəŋ^{24}ʃei^{52}	淹 ȵiã^{21} 吹$^{=}$ tʃ^{h}ei^{21}	河畔 xuo^{24}p^{h}ã^{44} 河塄 xuo^{24}ləŋ^{24}
三原	大水 tɑ^{44}ʃuei^{52} 洪水 xuəŋ^{24}ʃuei^{52}	淹 ȵiã^{31}	河岸 xuə^{24}ŋã^{44} 河边边儿 xuə^{24}piã^{52}piɑ̃r^{0}

	0040 洪水	0041 淹被水～了	0042 河岸
乾县	洪水 xoŋ^{24}ʃue^{53}	淹 ȵiæ̃^{21}	河岸 xuɤ^{24}ŋæ̃^{55}
岐山	大水 tA^{44}ʂei^{53} 洪水 xuŋ^{44}ʂei^{53}	淹 ȵiæ̃^{31}	河堤 xuo^{24}ȶʰi^{24} 河岸 xuo^{24}ŋæ̃^{44}
凤翔	洪水 xuŋ^{45}ʂei^{0}	淹 ȵiæ̃^{31}	河边 xuo^{31}piæ̃^{53}
千阳	大水 ta^{44}ʃei^{53} 稠泥水 tʂʰou^{31}ȵi^{44}ʃei^{0}	淹 ȵiæ̃^{31}	河边 xuo^{31}piæ̃^{0}
西安	大水 ta^{44}fei^{53}	淹 iã^{21}	河岸 xuo^{24}ŋã^{44}
户县	大水 ta^{55}suei^{51}	淹 ȵiã^{31}	河岸 xuɤ^{35}ŋã^{55} 河堰 xuɤ^{35}iã^{55} 河梁子 xuɤ^{35}liaŋ^{55}tsɿ^{0}
商州	大水 tɑ^{44}ʃuei^{53}	淹 ȵiã^{31}	河梁 xuə^{35}liã^{44}
镇安	大水 ta^{322}ʂuEi^{35}	淹 ȵian^{53}	河边 xuə^{33}pai^{35}
安康	洪水 xuŋ^{35}fei^{53}	淹 ian^{31}	河坎 xuo^{35}kʰan^{53} 河边边儿 xuo^{35}pian^{31}piar^{0}
白河	大水 ta^{42}ʂuei^{0}	淹 ian^{213}	河边儿 xuo^{44}piɐr^{0}
汉阴	大水 tɑ^{21}suei^{45}	淹 ian^{33}	河边上 χo^{42}pian^{33}ʂɑŋ^{0}
平利	洪水 xoŋ^{52}ʂɥei^{45}	淹 ian^{43}	河边 xo^{52}pian^{43}
汉中	大水 tA^{21}suei^{354}	淹 ian^{55}	河坎 xɤ^{42}kʰan^{354}
城固	大水 ta^{31}ʃuei^{44}	淹 ȵian^{53}	河坎 xuə^{31}kʰan^{0}
勉县	大水 tɑ^{21}fei^{35}	淹 iɑn^{42}	河坝 xɤ^{21}pɑ^{0}
镇巴	大水 ta^{21}suei^{52}	淹 ŋan^{35}	河边边 xo^{31}pian^{55}pian^{55}

	0043 坝拦河修筑拦水的	0044 地震	0045 窟窿小的
榆林	坝 pɑ^{52} 水坝 ʂuei^{21}pɑ^{52}	土牛翻身 t^{h}u^{21}niəu^{24}fɛ^{33}ʂɤɣ̃^{33} 土牛眨眼 t^{h}u^{21}niəu^{24}tsɛ^{24}iɛ^{0} 地震 ti^{52}tʂɤɣ̃^{52}	窟窿 k^{h}uəʔ^{3}luɤɣ̃^{52} 眼眼 iɛ^{21}iɛ^{33}
神木	坝 pɑ^{53}	土牛翻身 t^{h}u^{21}ȵiəu^{44}fɛ^{24}ʂɤ̃^{213} 地震 ti^{53}tʂɤ̃^{53}	窟子 k^{h}uəʔ^{4}tsəʔ^{0} 窟窿 k^{h}uəʔ^{2}luɤ̃^{24}
绥德	坝 pɑ^{52}	土牛翻身 t^{h}u^{21}niəu^{33}fæ^{24}ʂəɣ̃^{213} 地震 ti^{52}tʂəɣ̃^{52}	窟窿儿 k^{h}uəʔ^{3}lɤ̃r^{52} 眼眼 ie^{21}ie^{33}
吴堡	坝 pɑ^{53}	土牛翻身 t^{h}u^{41}ȵiɑo^{33}fã^{24}ʂəŋ^{213}	窟窿 k^{h}uəʔ^{3}luəŋ^{412}
清涧	坝 pɑ^{42}	土牛翻身 t^{h}ʋ^{53}ȵiəu^{24}fɛ^{24}ʂəɣ̃^{312}	窟窿 k^{h}uəʔ^{41}ləɣ̃^{24}
延安	坝 p^{h}ɑ^{443}	地动 t^{h}i^{443}t^{h}uəŋ^{443}	窟窿 k^{h}uəʔ^{5}luəŋ^{53}
延川	坝 pɑ^{53}	地震 tɕ^{h}i^{53}tʂəŋ^{53}	窟窿 k^{h}uəʔ^{53}luŋ^{213}
黄陵	坝 pɑ^{55}	地震 tɕ^{h}i^{55}tʂẽ^{55} 地动儿 tɕ^{h}i^{55}t^{h}uə̃r^{55}	窟窿 k^{h}u^{31}luŋ^{0} 洞洞 t^{h}uŋ^{55}t^{h}uŋ^{0}
渭南	坝 pɑ^{44}	地震 tɕi^{44}tʂə̃^{44}	窟窿 k^{h}u^{31}luəŋ^{0}
韩城	坝 pɑ^{44} 河堤 xuɤ^{24}t^{h}i^{24}	地动 t^{h}i^{44}t^{h}əŋ^{44}	窟窿 k^{h}u^{31}ləŋ^{53}
合阳	坝 pɑ^{55} 河坝 xuo^{24}pɑ^{55}	地震 t^{h}i^{55}tʂẽ^{55} 地动 t^{h}i^{55}t^{h}uŋ^{55}	窟窿 k^{h}u^{31}luŋ^{31}
富平	坝面 pɑ^{55}miæ̃^{53}	地震 ti^{55}tʂɛ̃^{55}	窟窿 k^{h}u^{31}luəɣ̃^{31}
耀州	土坝 t^{h}ou^{52}pa^{44} 码子 ma^{52}tsɿ^{0}	地震 ti^{44}tʂei^{44} 地动 ti^{44}tuŋ^{44}	窟窿 k^{h}u^{21}luŋ^{0} 洞洞 tuŋ^{44}tuŋ^{0}
咸阳	坝 pɑ^{44}	地震 ti^{44}tʂɛ̃^{44}	窟窿 fu^{53}luəŋ^{0}
旬邑	坝 pɑ^{44} 水坝 ʃei^{52}pɑ^{44}	地动 tɕ^{h}i^{44}t^{h}uəŋ^{44} 地摇 tɕ^{h}i^{44}iau^{24}	窟窿 fu^{21}ləŋ^{0}
三原	坝 pɑ^{44}	地震 tɕi^{44}tʂẽ^{44} 地动 tɕi^{44}tuəŋ^{44}	碎窟窿儿 suei^{44}k^{h}u^{31}luə̃r^{0} 眼眼儿 ȵiã^{52}ȵiɑ̃r^{0}

	0043 坝拦河修筑拦水的	0044 地震	0045 窟窿小的
乾县	坝 pa^{55}	地震 ti^{55}ʈẽ^{55}	窟窿 kʰu^{53}noŋ^{21} 洞洞 toŋ^{55}toŋ^{21}
岐山	坝 pA^{44}	地震 ȶi^{44}tʂəŋ^{44}	眼眼 ȵiæ̃^{44}ȵiæ̃^{21} 窟窿 kʰu^{31}luŋ^{21}
凤翔	坝 pa^{44}	地震 tsi^{44}tʂəŋ^{44}	窝窝 vo^{53}vo^{0} 眼眼 ȵiæ̃^{44}ȵiæ̃^{0}
千阳	坝 pa^{44}	地震 ti^{44}tʂəŋ^{44} 地动 tsʰi^{44}tuŋ^{44}	窟窿 fu^{31}ləŋ^{0} 眼眼 ȵiæ̃^{44}ȵiæ̃^{0}
西安	坝 pa^{44}	地震 ti^{44}tʂən^{44}	窟窿儿 kʰu^{21}luə̃r^{0}
户县	坝 pa^{55} 河坝 xuɤ^{35}pa^{55}	地震 ti^{55}tʂẽ^{55} 地动 ti^{55}tuəŋ^{55}	窟窿 fu^{31}luəŋ^{31} 眼眼 ȵiã^{51}ȵiã^{0}
商州	河坝 xuə^{35}pɑ^{44}	地震 ti^{44}tʂẽ^{44}	碎窟窿 ʃuei^{44}kʰu^{31}luəŋ^{0}
镇安	坝 pa^{322}	地震 ti^{33}tʂən^{322}	眼眼儿 ȵian^{35}ȵiɐr^{53} 洞洞儿 tɤŋ^{21}tɤ̃r^{0}
安康	坝 pa^{44}	地动 ti^{44}tuŋ^{44}	窟窿 kʰu^{31}luŋ^{0}
白河	河堤 xuo^{44}tʰi^{44}	地震 ti^{42}tʂən^{41}	窟眼儿 kʰu^{21}iɐr^{35} 窟窿儿 kʰu^{21}lər^{0}
汉阴	拦河坝 lan^{42}χo^{42}pɑ^{214}	地动 ti^{24}toŋ^{214} 恶鱼翻身 ŋo^{42}y^{0}χuan^{33}ʂən^{33}	洞 toŋ^{214} 洞洞儿 toŋ^{21}tuar^{0}
平利	坝 pa^{214}	地震 ti^{24}tʂən^{445}	窟窿 kʰu^{43}loŋ^{0} 洞 toŋ^{214}
汉中	坝 pA^{213}	地震 ti^{35}tʂən^{213}	洞洞 toŋ^{21}toŋ^{0} 窟窿 kʰu^{55}loŋ^{0}
城固	坝 pa^{213}	地震 ti^{24}tʂən^{213}	眼眼 ȵian^{24}ȵian^{0}
勉县	坝 pɑ^{213}	地震 ti^{35}tsən^{213} 地动 ti^{35}toŋ^{213}	眼眼 ȵiɑn^{35}ȵiɑn^{0} 洞洞 toŋ^{21}toŋ^{35}
镇巴	拦水坝 lan^{31}suei^{52}pa^{213}	地震 ti^{213}tsən^{213}	眼眼儿 ian^{45}iɐr^{52}

	0046 缝儿统称	0047 石头统称	0048 土统称
榆林	圪拉拉 kəʔ^{3}la^{52}la^{0} 缝缝 fɤɣ̃^{52}fɤɣ̃^{0}	石头 ʂəʔ^{3}t^{h}əu^{33}	土 t^{h}u^{213}
神木	圪拉拉 kəʔ^{4}la^{53}la^{0} 缝缝 fɤ̃^{53}fɤ̃^{0} 缝子 fɤ̃^{53}tsəʔ^{0}	石头 ʂəʔ^{4}t^{h}əu^{44}	土 t^{h}u^{213}
绥德	圪拉儿 kəʔ^{3}lɐr^{52} 缝缝 fəɣ̃^{52}fəɣ̃^{0}	石头 ʂəʔ^{3}t^{h}əu^{33}	土 t^{h}u^{213}
吴堡	缝缝 fəŋ^{53}fəŋ^{0}	石头 ʂəʔ^{21}t^{h}ɑo^{33}	土 t^{h}u^{412}
清涧	缝缝儿 fəɣ̃^{42}fəɣ̃r^{0}	石头 ʂəʔ^{4}t^{h}əu^{0}	土 t^{h}ʋ^{53}
延安	圪拉 kəʔ^{5}la^{53} 缝儿 fər^{53} 缝子 fəŋ^{443}tsəʔ^{5}	石头 ʂəʔ^{5}t^{h}ou^{0}	土 t^{h}u^{52}
延川	圪拉儿 kəʔ^{32}lar^{53}	石头 ʂəʔ^{54}t^{h}əu^{0}	土 t^{h}u^{53}
黄陵	缝儿 fə̃r^{55}	石头 ʂʅ^{24}t^{h}əu^{0}	土 t^{h}u^{52}
渭南	缝儿 fə̃r^{53}	石头 ʂʅ^{24}t^{h}əu^{0}	土 t^{h}əu^{53}
韩城	璺儿 vɛ̃r^{53}	特石 t^{h}ɪi^{31} ʂʅ^{53}	土 t^{h}u^{53}
合阳	缝子 fəŋ^{55}tsɿ^{0} 璺子 vẽ^{55}tsɿ^{0}	石头 ʂʅ^{24}t^{h}ou^{0}	土 t^{h}u^{52}
富平	缝缝儿 fəɣ̃^{55}fə̃r^{31}	石头 ʂʅ^{31}t^{h}ou^{53}	土 t^{h}ou^{53}
耀州	缝缝子 fəŋ^{44}fəŋ^{0}tsɿ^{0}	石头 ʂʅ^{24}t^{h}ou^{0}	土 t^{h}ou^{52}
咸阳	缝缝儿 fəŋ^{44}fuər^{0}	石头 ʂʅ^{24}t^{h}ou^{0}	土 t^{h}u^{53}
旬邑	缝子 fəŋ^{44}tsɿ^{0}	石头 ʂʅ^{21}t^{h}əu^{0}	土 t^{h}u^{52}
三原	缝儿 fəŋ^{44}fə̃r^{0}	石头 ʂʅ^{24}t^{h}ou^{0}	土 t^{h}ou^{52}

	0046 缝儿统称	0047 石头统称	0048 土统称
乾县	缝缝 fɤŋ^{55}fɤŋ^{21}	石头 ʂʅ^{24}t^{h}ou^{21}	土 t^{h}u^{53}
岐山	缝缝 fəŋ^{44}fəŋ^{53} 缝子 fəŋ^{44}tsɿ^{53}	石头 ʂʅ^{31}t^{h}ou^{53}	土 t^{h}u^{53}
凤翔	缝缝 fəŋ^{45}fəŋ^{0} 缝子 fəŋ^{45}tsɿ^{0}	石头 ʂʅ^{31}t^{h}əu^{53}	土 t^{h}u^{53}
千阳	缝缝 fəŋ^{45}fəŋ^{0} 缝子 fəŋ^{45}tsɿ^{0}	石头 ʂʅ^{31}t^{h}ou^{0}	土 t^{h}u^{53}
西安	缝缝儿 fəŋ^{44}fə̃r^{0}	石头 ʂʅ^{24}t^{h}ou^{0}	土 t^{h}u^{53}
户县	缝缝 fəŋ^{55}fəŋ^{0} 缝子 fəŋ^{55}tsɿ^{0}	石头 ʂʅ^{35}t^{h}ɤu^{31}	土 t^{h}ɤu^{51}
商州	缝缝儿 fəŋ^{44}fə̃r^{0}	石头 ʂʅ^{31}t^{h}ou^{0}	土 t^{h}ou^{53}
镇安	缝缝儿 fɤŋ^{21}fɤ̃r^{0}	石头 ʂʅ^{322}t^{h}əu^{0}	土 t^{h}əu^{35} 土巴 t^{h}əu^{35}pa^{53}
安康	缝缝儿 fəŋ^{44}fəŋr^{0}	石头 ʂʅ^{35}t^{h}ou^{0}	土巴 t^{h}u^{53}pa^{0}
白河	缝 fəŋ^{41}	石头 ʂʅ^{44}t^{h}əu^{0}	土 t^{h}əu^{35}
汉阴	坼 ts^{h}E^{42}	石头 ʂʅ^{42}t^{h}əu^{0}	泥巴 ȵi^{42}pɑ^{0}
平利	缝 fəŋ^{214}	石头 ʂʅ^{52}t^{h}ou^{0}	土巴 t^{h}ou^{45}pa^{0}
汉中	缝缝 fən^{21}fən^{0}	石头 ʂʅ^{42}t^{h}əu^{0}	土 t^{h}u^{354}
城固	缝缝 fəŋ^{31}fəŋ^{0} 口口 k^{h}əu^{24}k^{h}əu^{0}	石头 ʂʅ^{31}t^{h}əu^{0}	土 t^{h}u^{44}
勉县	缝缝 fəŋ^{21}fəŋ^{35}	石头 sɿ^{21}t^{h}əu^{0}	土 t^{h}u^{35}
镇巴	缝缝儿 foŋ^{21}fɐr^{55}	鹅包石 o^{31}pau^{55}sɿ^{31}	土 t^{h}u^{52}

	0049 泥湿的	0050 水泥旧称	0051 沙子
榆林	泥 ni^{213}	洋灰 iɑ̃^{24}xuei^{33}	沙 sa^{33}
神木	泥 ȵi^{44}	洋灰 iɑ̃^{44}xuei^{213}	沙 sa^{213}
绥德	泥 ni^{33}	洋灰 iɑ̃^{24}xuei^{0}	沙 sɑ^{213}
吴堡	泥 ȵi^{33}	洋灰 iã^{33}xuɑe^{213}	沙 sɑ^{213}
清涧	泥 zɿ^{24}	洋灰 iɒ̃^{24}xuai^{312}	沙 sɑ^{312}
延安	泥 ȵi^{24}	洋灰 iaŋ^{24}xuei^{213}	沙 sa^{213}
延川	泥 mɿ^{35}	洋灰 iɑŋ^{35}xuai^{0}	沙 sa^{213}
黄陵	泥 ȵi^{24}	洋灰 iɑŋ^{24}xuei^{31}	沙子 sɑ^{31}tsɿ^{0} 沙 sɑ^{31}
渭南	泥 ȵi^{24}	洋灰 iɑŋ^{24}xuei^{31}	沙子 sɑ^{31}tsɿ^{0}
韩城	泥 ȵi^{24}	洋灰 iɑŋ^{24}xuɪi^{31} 水泥 fɪi^{53}ȵi^{24}	沙子 sɑ^{31}tsɿ^{0}
合阳	稀泥 ɕi^{31}ȵi^{24} 稠泥 tsʰou^{24}ȵi^{24}	洋灰 iɑŋ^{24}xuei^{31}	沙子 sɑ^{31}tsɿ^{0}
富平	泥 ȵi^{24}	洋灰 iɑɣ̃^{24}xueɪ^{31}	沙子 sɑ^{53}tsɿ^{31} 泥沙 ȵi^{24}sɑ^{31}
耀州	泥 ȵi^{24}	洋灰 iɑŋ^{24}xuei^{21}	沙子 sa^{52}tsɿ^{0}
咸阳	泥 ȵi^{24}	洋灰 iɑŋ^{24}xuei^{31}	沙子 sa^{31}tsɿ^{0}
旬邑	泥 ȵi^{24}	洋灰 iɑŋ^{24}xuei^{21}	沙子 sa^{52}tsɿ^{0}
三原	泥 ȵi^{24}	洋灰 iɑŋ^{24}xuei^{31}	沙子 sa^{52}tsɿ^{0}

	0049 泥湿的	0050 水泥旧称	0051 沙子
乾县	泥 ȵi^{24}	水泥 ʃue^{53}ȵi^{24}	沙子 sa^{53}tsɿ^{21}
岐山	泥 ȵi^{24}	洋灰 iɑŋ^{24}xuei^{31}	沙子 sA^{53} tsɿ^{21}
凤翔	泥 ȵi^{24}	洋灰 iɑŋ^{24}xuei^{31}	沙子 sa^{53}tsɿ^{0} 沙 sa^{31}
千阳	泥 ȵi^{24}	洋灰 iɑŋ^{24}xuei^{31}	沙子 sa^{53}tsɿ^{0} 沙 sa^{31}
西安	泥 ȵi^{24}	洋灰 iaŋ^{24}xuei^{0} 灰 xuei^{21}	沙子 sa^{21}tsɿ^{0}
户县	泥 ȵi^{35}	洋灰 iaŋ^{35}xuei^{31} 洋石灰 iaŋ^{35} ʂʅ^{35}xuei^{31}	沙子 sa^{31}tsɿ^{0}
商州	泥 ȵi^{35}	洋灰 iɑŋ^{35}xuei^{31}	沙 sɑ^{31}
镇安	泥巴 ȵi^{33}pa^{0}	水泥 ʂuEi^{33}ȵi^{33}	沙子 sa^{53}tsɿ^{0}
安康	泥巴 ȵi^{35}pa^{0}	洋灰 iaŋ^{35}xuei^{31}	沙子 ʂa^{31}tsɿ^{0}
白河	泥巴 ȵi^{44}pa^{0}	水泥 ʂuei^{35}ȵi^{44}	沙 ʂa^{213}
汉阴	湿泥巴 ʂʅ^{33}ȵi^{42}pɑ^{0}	洋灰 iɑŋ^{42}χuei^{33}	沙子 sɑ^{33}tsɿ^{0}
平利	泥巴 ȵi^{52}pa^{0}	洋灰 iaŋ^{52}xuei^{43} 水泥 ʂʮei^{45}ȵi^{52}	沙子 ʂa^{43}tsɿ^{0}
汉中	泥巴 ȵi^{42}pA^{0}	洋灰 iaŋ^{42}xuei^{55}	沙子 sA^{55}tsɿ^{0}
城固	泥巴 ȵi^{31}pa^{0}	洋灰 iaŋ^{31}xuei^{53}	沙子 sa^{44}tsɿ^{0}
勉县	泥巴 ȵi^{21}pɑ^{0}	洋灰 iaŋ^{21}xuei^{42}	沙子 sɑ^{44}tsɿ^{0}
镇巴	泥巴 ȵi^{31}pa^{55}	洋灰 iaŋ^{31}xuei^{55}	沙 sa^{35}

	0052 砖整块的	0053 瓦整块的	0054 煤
榆林	砖 tʂuɛ^{33}	瓦 va^{213}	炭 t^{h}ɛ^{52}
神木	砖 tʂuɛ^{213}	瓦 va^{213}	炭 t^{h}ɛ^{53}
绥德	砖 tʂuæ^{213}	瓦 vɑ^{213}	炭 t^{h}æ^{52}
吴堡	砖 tsuɤ^{213}	瓦 uɑ^{412}	炭 t^{h}ã^{53}
清涧	砖 tʂu^{312}	瓦 uɑ^{53}	炭 t^{h}ɛ^{42}
延安	砖 tʂuæ̃^{213}	瓦 va^{52}	炭 t^{h}æ̃^{443} 石炭 ʂəʔ^{5}t^{h}æ̃^{0}
延川	砖 tʂuɤ^{213}	瓦 va^{53}	炭 t^{h}æ̃^{53}
黄陵	砖 tsuæ̃^{31}	瓦 uɑ^{52}	炭 t^{h}æ̃^{55}
渭南	砖 tʃæ̃^{31}	瓦 uɑ^{53}	炭 t^{h}æ̃^{44}
韩城	砖 pfã^{31}	瓦 uɑ^{53}	炭 t^{h}ã^{44}
合阳	浑砖 xuẽ^{24}pfɑ̃^{31}	浑瓦 xuẽ^{24}uɑ^{52}	炭 t^{h}ɑ̃^{55}
富平	砖 tʃuæ̃^{31}	瓦 uɑ^{53}	炭 t^{h}æ̃^{55}
耀州	浑砖 xuei^{24}tʃuæ̃^{21}	瓦 ua^{52}	炭 t^{h}æ̃^{44}
咸阳	砖 tʃuã^{31}	瓦 ua^{53}	炭 t^{h}ã^{44}
旬邑	砖 tʃã^{21} 砖头 tʃã^{52}t^{h}əu^{0}	瓦 ua^{52}	炭 t^{h}ã^{44} 煤 mei^{24}
三原	浑砖 xuẽ^{24}tʃuã^{31}	浑瓦 xuẽ^{24}uɑ^{52}	炭 t^{h}ã^{44}

	0052 砖整块的	0053 瓦整块的	0054 煤
乾县	砖 tʃuæ̃^{21}	瓦 ua^{53}	炭 tʰæ̃^{55}
岐山	砖 tʂæ̃^{31} 浑砖 xuŋ^{24}tʂæ̃^{31}	瓦 vA^{53}	炭 tʰæ̃^{44}
凤翔	砖 tʂæ̃^{31} 砖头 tʂæ̃^{53}tʰəu^{0}	瓦 va^{53}	炭 tʰæ̃^{44} 煤 mei^{24}
千阳	砖 tʃæ̃^{31} 砖头 tʃæ̃^{53}tʰou^{0}	瓦 va^{53}	煤 mei^{24}
西安	砖 pfã^{21}	瓦 ua^{53}	炭 tʰã^{44}
户县	砖 tsuã^{31}	瓦 ua^{51}	炭 tʰã^{55}
商州	砖 tʃuã^{31}	瓦 vɑ^{53}	煤 mei^{35}
镇安	砖 tʂuan^{53}	瓦 va^{35}	煤 mEi^{33}
安康	砖头 pfan^{31}tʰou^{0}	瓦片儿 ua^{53}pʰiar^{53}	石炭 ʂʅ^{35}tʰan^{44}
白河	砖 tʂuan^{213}	瓦 ua^{35}	煤 mei^{44}
汉阴	火砖 χo^{45}tsuan^{33}	青瓦 tɕʰin^{33}uɑ^{45} 瓦 uɑ^{45}	石炭 ʂʅ^{42}tʰan^{214}
平利	砖 tʂʮan^{43}	瓦 ua^{445}	煤 mei^{52}
汉中	砖 tsuan^{55}	瓦 uA^{354}	煤 mei^{42}
城固	砖头 tʃuan^{44}tʰəu^{0}	瓦 ua^{44}	煤 mei^{311}
勉县	砖 tsuɑn^{42}	瓦 vɑ^{35}	煤 mei^{21}
镇巴	砖 tsuan^{35}	瓦 ua^{52}	煤 mei^{31}

	0055 煤油	0056 炭木~	0057 灰烧成的
榆林	煤油 mei^{24}iəu^{213}	木炭 məʔ^{3}tʰɛ^{52}	灰 xuei^{33}
神木	石油 ʂəʔ^{4}iəu^{44}	木炭 məʔ^{4}tʰɛ^{53}	灰 xuei^{213}
绥德	石油 ʂəʔ^{3}iəu^{33}	木炭 məʔ^{3}tʰæ^{52}	灰 xuei^{213}
吴堡	石油 ʂəʔ^{3}iɑo^{33} 煤油 mɑe^{33}iɑo^{33}	炭 tʰã^{53}	灰 xuɑe^{213}
清涧	石油 ʂəʔ^{4}iəu^{24}	木炭 məʔ^{4}tʰɛ^{42}	灰 xuai^{312}
延安	石油 ʂʅ^{24}iou^{24} 煤油 mei^{24}iou^{24}	木炭 mu^{21}tʰæ̃^{443}	灰 xuei^{213}
延川	石油 ʂəʔ^{54}iəu^{0}	木炭 məʔ^{21}tʰæ̃^{53}	灰 xuai^{213}
黄陵	洋油 iɑŋ^{24}iəu^{24} 煤油 mẽ^{24}iəu^{24}	木炭 mu^{31}tʰæ̃^{0}	灰 xuei^{31}
渭南	煤油 mei^{24}iəu^{24}	柴炭 tsʰae^{24}tʰæ̃^{0}	灰 xuei^{31}
韩城	煤油 mɪi^{24}iəu^{24}	木炭 mu^{31}tʰã^{0}	灰 xuɪi^{31}
合阳	煤油 mei^{24}iou^{24}	木炭 mu^{31}tʰɑ̃^{31}	灰 xuei^{31}
富平	石油 sʅ^{24}iou^{24}	炭 tʰæ̃^{55}	灰 xueɪ^{31}
耀州	煤油 mei^{24}iou^{24}	木炭 mu^{21}tʰæ̃^{44}	灰 xuei^{21}
咸阳	煤油 mei^{24}iou^{24}	炭 tʰã^{44}	灰 xuei^{31}
旬邑	煤油 mei^{24}iəu^{24}	木炭 mu^{52}tʰã^{0}	灰 xuei^{21}
三原	煤油 mei^{24}iou^{24}	柴炭 tsʰai^{24}tʰã^{0}	灰 xuei^{31}

	0055 煤油	0056 炭木~	0057 灰烧成的
乾县	煤油 me^{24}iou^{24}	炭 t^{h}æ̃^{55}	灰 xue^{21}
岐山	煤油 mei^{24}iou^{24}	木炭 mu^{53}t^{h}æ̃^{21}	煤灰 mei^{24}xuei^{31} 灰 xuei^{31}
凤翔	煤油 mei^{24}iəu^{24}	木炭 mu^{53}t^{h}æ̃^{0}	灰 xuei^{31}
千阳	煤油 mei^{24}iou^{24}	木炭 mu^{53}t^{h}æ̃^{0}	灰 xuei^{31}
西安	煤油 mei^{24}iou^{24}	木炭 mu^{21}t^{h}ã^{44}	灰 xuei^{21}
户县	煤油 mei^{35}iɤu^{35}	木炭 mu^{31}t^{h}ã^{55}	灰 xuei^{31}
商州	洋油 iɑŋ^{35}iou^{35}	木炭 mu^{31}t^{h}ã^{44}	灰 xuei^{31}
镇安	煤油 mEi^{33}iəu^{33}	炭 t^{h}an^{214}	灰 xuEi^{53} 火灰 xuə^{35}xuEi^{53}
安康	洋油 iaŋ^{35}iou^{35}	木炭 mu^{31}t^{h}an^{44}	灰 xuei^{31}
白河	煤油 mei^{44}iəu^{44}	炭 t^{h}an^{41}	灰 xuei^{213}
汉阴	洋油 iɑŋ^{42}iəu^{42}	木炭 mo^{42}t^{h}an^{214} 炭 t^{h}an^{214}	灰 χuei^{33}
平利	洋油 iaŋ^{52}iou^{52} 煤油 mei^{52}iou^{52}	木炭 mo^{43}t^{h}an^{0} 钢炭 kaŋ^{43}t^{h}an^{0}	灰 xuei^{43}
汉中	洋油 iaŋ^{42}iəu^{42} 煤油 mei^{42}iəu^{42}	炭 t^{h}an^{213}	灰 xuei^{55}
城固	洋油 iaŋ^{31}iəu^{311}	炭 t^{h}an^{213} 浮$^{=}$燥$^{=}$ fu^{44}tsɔ^{0}	灰 xuei^{53}
勉县	煤油 mei^{21}iəu^{21}	炭 t^{h}ɑn^{213}	灰 xuei^{42}
镇巴	煤油 mei^{33}iəu^{31}	木炭 mu^{31}t^{h}an^{213}	灰 xuei^{35}

	0058 灰尘桌面上的	0059 火	0060 烟烧火形成的
榆林	灰尘 xuei^{33}tʂʰɤɣ̃^{33}	火 xuə^{213}	烟 iɛ^{33}
神木	灰尘 xuei^{24}tʂʰɤ̃^{44}	火 xuo^{213}	烟 iɛ^{213}
绥德	灰 xuei^{213}	火 xuo^{213}	烟 ie^{213}
吴堡	黄尘 xu^{33}tʂʰəŋ^{33}	火 xu^{412}	烟 ie^{213}
清涧	灰尘 xuai^{31}tʂʰəɣ̃^{24}	火 xu^{53}	烟 i^{312}
延安	灰 xuei^{213} 灰尘 xuei^{21}tʂʰəŋ^{53}	火 xuo^{52}	烟 iæ̃^{213}
延川	黄尘 xu^{35}tʂʰəŋ^{0}	火 xuə^{53}	烟 iɛ^{213}
黄陵	灰 xuei^{31} 尘土 tʂʰẽ^{24}tʰu^{0}	火 xuɤ^{52}	烟 iæ̃^{31}
渭南	尘土 tʂʰə̃^{24}tʰəu^{0}	火 xuə^{53}	烟 iæ̃^{31}
韩城	灰 xuɪi^{31}	火 xuɤ^{53}	烟 iɑ̃^{31}
合阳	灰尘 xuei^{31}tsʰiɑ̃^{31}	火 xuo^{52}	烟 iɑ̃^{31}
富平	尘土 tʂʰɛ̃^{24}tʰou^{53}	火 xuo^{53}	烟 iæ̃^{31}
耀州	灰纤⁼xuei^{21}tɕʰiæ̃^{21}	火 xuo^{52}	烟 iæ̃^{21}
咸阳	尘土 tʂʰɛ̃^{24}tʰu^{0}	火 xuo^{53}	烟 iɑ̃^{31}
旬邑	搪⁼土 tʰɑŋ^{24}tʰu^{52} 土 tʰu^{52}	火 xuo^{52}	烟 iɑ̃^{21}
三原	灰纤⁼xuei^{31}tɕʰiɑ̃^{31}	火 xuə^{52}	烟 iɑ̃^{31}

	0058 灰尘桌面上的	0059 火	0060 烟烧火形成的
乾县	灰 xue^{21}	火 $xuɤ^{53}$	烟 $iæ̃^{21}$
岐山	搪⁼土 $t^haŋ^{31}t^hu^{53}$ 灰尘 $xuei^{53}tʂ^həŋ^{21}$	火 xuo^{53}	烟 $iæ̃^{31}$
凤翔	搪⁼土 $t^hɑŋ^{31}t^hu^{53}$ 尘土 $tʂ^həŋ^{31}t^hu^{53}$	火 xuo^{53}	烟 $iæ̃^{31}$
千阳	搪⁼土 $t^hɑŋ^{31}t^hu^{0}$	火 xuo^{53}	烟 $iæ̃^{31}$
西安	灰 $xuei^{21}$	火 xuo^{53}	烟 $iã^{21}$
户县	灰纤⁼ $xuei^{31}tɕ^hiã^{31}$ 土 $t^hɤu^{51}$	火 $xuɤ^{51}$	烟 $iã^{31}$
商州	漆⁼灰 $tɕ^hi^{31}xuei^{31}$	火 $xuə^{53}$	烟 $iã^{31}$
镇安	灰 $xuEi^{53}$ 灰尘 $xuEi^{53}tʂ^hən^{0}$	火 $xuə^{35}$	烟子 $ian^{53}tsɿ^{0}$
安康	土 t^hu^{53} 灰尘 $xuei^{31}tʂ^hən^{0}$	火 xuo^{53}	烟子 $ian^{31}tsɿ^{0}$
白河	灰 $xuei^{213}$	火 xuo^{35}	烟子 $ian^{21}tsɿ^{0}$
汉阴	灰 $χuei^{33}$	火 $χo^{45}$	烟子 $ian^{33}tsɿ^{0}$
平利	灰 $xuei^{43}$ 灰尘 $xuei^{43}tʂ^hən^{0}$	火 xo^{445}	烟 ian^{43}
汉中	灰 $xuei^{55}$	火 $xuɤ^{354}$	烟子 $ian^{55}tsɿ^{0}$
城固	灰 $xuei^{53}$	火 $xuə^{44}$	烟烟 $ian^{44}ian^{0}$
勉县	灰灰 $xuei^{44}xuei^{0}$	火 $xuɤ^{35}$	烟子 $iɑn^{44}tsɿ^{0}$
镇巴	灰灰 $xuei^{35}xuei^{55}$	火 xo^{52}	烟子 $ian^{35}tsɿ^{52}$

	0061 失火	0062 水	0063 凉水
榆林	着火 tʂuə^{24}xuə^{213}	水 ʂuei^{213}	冷水 lɤɣ̃^{24}ʂuei^{0} 凉水 liɑ̃^{24}ʂuei^{0}
神木	着火 tʂəʔ^{4}xuo^{213}	水 ʂuei^{213}	冷水 lɤ̃^{24}ʂuei^{0} 凉水 liɑ̃^{44}ʂuei^{0}
绥德	着火 tʂʰɤ^{33}xuo^{213}	水 ʂuei^{213}	冷水 ləɣ̃^{24}ʂuei^{0} 凉水 liɑ̃^{33}ʂuei^{0}
吴堡	着火 tʂʰəʔ^{3}xu^{412}	水 suɛe^{412}	冷水 liɑ^{33}suɛe^{0}
清涧	胤火 iəɣ̃^{42}xu^{53}	水 ʂuei^{53}	冷水 ləɣ̃^{31}ʂuei^{53} 凉水 liɯ^{24}ʂuei^{53}
延安	着火 tʂʰuo^{24}xuo^{423}	水 ʂuei^{52}	凉水 liaŋ^{24}ʂuei^{423}
延川	着火 tʂʰɤ^{35}xuə^{0}	水 ʂɥ^{53}	冷水 lei^{35}ʂɥ^{0}
黄陵	着火 tʂʰuɤ^{24}xuɤ^{52}	水 suei^{52}	凉水 liɑŋ^{24}suei^{0}
渭南	着火 tɕʰyə^{24}xuə^{53}	水 ʃei^{53}	凉水 liɑŋ^{24}ʃei^{0}
韩城	着火 tʂʰuɤ^{24}xuɤ^{53}	水 fu^{53}	凉水 liɑŋ^{31}fu^{53}
合阳	着火 tʂʰuo^{24}xuo^{52}	水 fu^{52}	凉水 liɑŋ^{24}fu^{31}
富平	着火 tʂʰuo^{24}xuo^{53}	水 ʃueɪ^{53}	凉水 liɑɣ̃^{24}ʃueɪ^{53}
耀州	着火 tʃʰuo^{24}xuo^{52}	水 ʃuei^{52}	凉水 liɑŋ^{24}ʃuei^{52} 冰水 piŋ^{21}ʃuei^{52}
咸阳	失火 ʂʅ^{31}xuo^{0}	水 ʃuei^{53}	凉水 liɑŋ^{24}ʃuei^{0}
旬邑	着火 tʃʰuo^{21}xuo^{52} 起火 tɕʰi^{52}xuo^{52}	水 ʃei^{52}	凉水 liɑŋ^{24}ʃei^{52} 冰水 piəŋ^{21}ʃei^{52}
三原	着火 tʂʰuə^{24}xuə^{52}	水 ʃuei^{52}	凉水 liɑŋ^{24}ʃuei^{0}

	0061 失火	0062 水	0063 凉水
乾县	着火 tʃʰuɤ^{24}xuɤ^{53}	水 ʃue^{53}	凉水 liaŋ^{24}ʃue^{21}
岐山	着火 tʂʰuo^{24}xuo^{53}	水 ʂei^{53}	冷水 ləŋ^{31} ʂei^{53} 凉水 liaŋ^{24} ʂei^{53}
凤翔	着火 tʂʰuo^{24}xuo^{53} 失火 ʂʅ^{31}xuo^{53}	水 ʂei^{53}	冷水 ləŋ^{31} ʂei^{53} 凉水 liaŋ^{31} ʂei^{53}
千阳	失火 ʂʅ^{31}xuo^{0}	水 ʃei^{53}	凉水 liaŋ^{31}ʃei^{0} 冰水 piŋ^{31}ʃei^{53}
西安	着火 pfo^{24}xuo^{53}	水 fei^{53}	凉水 liaŋ^{24}fei^{53}
户县	失火 ʂʅ^{31}xuɤ^{31}	水 suei^{51}	凉水 liaŋ^{35}suei^{31}
商州	着火 tʂʰuə^{35}xuə^{53}	水 ʃuei^{53}	冷水 ləŋ^{31}ʃuei^{53}
镇安	失火 ʂʅ^{21}xuə^{35}	水 ʂuᴇi^{35}	冷水 lən^{35} ʂuᴇi^{35}
安康	失火 ʂʅ^{35}xuo^{53}	水 fei^{53}	冷水 ləŋ^{53}fei^{53} 凉水 liaŋ^{35}fei^{53}
白河	失火 ʂʅ^{44}xuo^{35}	水 ʂuei^{35}	冷水 lən^{35} ʂuei^{35}
汉阴	遭火灾 tsɑo^{33}χo^{45}tsae^{0}	水 suei^{45}	冷水 lən^{45}suei^{45} 凉水 liaŋ^{42}suei^{45}
平利	失火 ʂʅ^{52}xo^{445} 火烧了 xo^{45} ʂau^{43}liau^{0}	水 ʂɥei^{445}	冷水 lən^{45} ʂɥei^{445}
汉中	失火 ʂʅ^{55}xuɤ^{354}	水 suei^{354}	冷水 lən^{35}suei^{0} 凉水 liaŋ^{42}suei^{0}
城固	着了 tʂʰə^{31}lɔ^{0}	水 ʃuei^{44}	冷水 ləŋ^{44}ʃuei^{44}
勉县	着火 tsuɤ^{21}xuɤ^{35}	水 fei^{35}	冷水 lən^{35}fei^{0}
镇巴	起火 tɕʰi^{45}xo^{52}	水 suei^{52}	冷水 lən^{45}suei^{52}

	0064 热水 如洗脸的热水，不是指喝的开水	0065 开水 喝的	0066 磁铁
榆林	热水 ʐʌʔ^{3} ʂuei^{0}	滚水 kuɤɣ̃^{24} ʂuei^{0} 开水 kʰɛe^{33} ʂuei^{0}	吸铁 ɕiəʔ^{3}tʰiʌʔ^{0}
神木	温温水 vɤ̃^{24}vɤ̃^{0} ʂuei^{0} 滚水 kuɤ̃^{24} ʂuei^{0}	暴水 pɔo^{53} ʂuei^{0} 暴滚水 pɔo^{53}kuɤ̃^{24} ʂuei^{0}	吸铁 ɕiəʔ^{4}tʰiəʔ^{0}
绥德	热水 ʐɤ^{33} ʂuei^{0}	滚水 kuəɣ̃^{24} ʂuei^{0} 开水 kʰai^{24} ʂuei^{0}	吸铁 ɕiəʔ^{5}tʰie^{0}
吴堡	温温水 uəŋ^{24}uəŋ^{0}suɛe^{412}	滚水 kuəŋ^{24}suɛe^{0}	吸铁 ɕiəʔ^{3}tʰiəʔ^{3}
清涧	温温儿水 uəɣ̃^{24}uəɣ̃r^{53} ʂuei^{53}	滚水 kuəɣ̃^{31} ʂuei^{53}	吸铁 ɕiəʔ^{4}tʰi^{53}
延安	热水 ʐə^{24}suei^{423}	煎水 tɕiæ̃^{21} ʂuei^{53} 白开水 pʰei^{24}kʰai^{24} ʂuei^{423}	磁石 tsʰɿ^{24} ʂʅ^{24} 吸铁石 ɕi^{24}tʰiɛ^{21} ʂʅ^{24}
延川	热水 ʐɤ^{42} ʂʮ^{53}	煎水 tɕiɛ^{21} ʂʮ^{53}	吸铁 ɕiəʔ^{54}tɕʰiɛ^{0}
黄陵	温水 vẽ^{31}suei^{52} 热水 ʐɤ^{31}suei^{52}	煎水 tɕiæ̃^{31}suei^{0} 开水 kʰE^{31}suei^{52}	吸铁石 ɕi^{31}tɕʰiɛ^{31} ʂʅ^{24}
渭南	热水 ʂə^{31}ʃei^{53}	喝的 xuə^{31}tɕi^{0} 开水 kʰae^{31}ʃei^{53}	吸铁石 ɕi^{31}tɕʰiɛ^{31} ʂʅ^{24}
韩城	热水 ʐʅE^{31}fu^{53}	煎水 tɕiã^{31}fu^{0}	吸铁石 ɕi^{24}tʰiE^{31} ʂʅ^{24}
合阳	热水 ʐɤ^{24}fu^{52}/ ʐɤ^{24}fei^{52}	煎水 tsiɑ̃^{24}fu^{31}	吸铁石 ɕi^{24}tʰiɛ^{31} ʂʅ^{24}
富平	热水 ʐɤ^{31}ʃueɪ^{53}	煎水 tiæ̃^{31}ʃueɪ^{53}	吸铁石 ɕi^{31}tʰiɛ^{31} ʂʅ^{24}
耀州	温水 uei^{21}ʃuei^{52}	煎水 tɕiæ̃^{21}ʃuei^{52}	吸铁石 ɕi^{21}tɕʰiɛ^{21} ʂʅ^{24}
咸阳	温水 uɛ̃^{31}ʃuei^{0}	开水 kʰæ^{31}ʃuei^{53}	吸铁石 ɕi^{31}tʰiɛ^{31} ʂʅ^{24}
旬邑	温水 uɛ̃^{21}ʃei^{52} 沙$^{=}$温子水 sa^{21}uɛ̃^{21}tsɿ^{0}ʃei^{52}	煎水 tɕiã^{21}ʃei^{52} 开水 kʰɛi^{21}ʃei^{52}	吸铁石 ɕi^{21}tʰiɛ^{21} ʂʅ^{24}
三原	热水 ʐɤ^{31}ʃuei^{52}	汤 tʰɑŋ^{31}	吸铁石 ɕi^{31}tɕʰiɛ^{31} ʂʅ^{24}

	0064 热水如洗脸的热水，不是指喝的开水	0065 开水喝的	0066 磁铁
乾县	热水 ʐɤ^{21}ʃue^{21}	开水 kʰɛ^{21}ʃue^{21}	吸铁石 ɕi^{21}tʰiə^{21} ʂʅ^{24}
岐山	热水 ʐɤ^{31} ʂei^{53}	煎水 ȶiæ̃^{31} ʂei^{53} 开水 kʰᴇ^{31} ʂei^{53}	吸铁石 ɕi^{31}ȶʰiɛ^{21} ʂʅ^{24} 磁铁 tsʰʅ^{24}ȶʰiɛ^{31}
凤翔	热水 ʐʅə^{31} ʂei^{53}	煎水 tsiæ̃^{31} ʂei^{53} 开水 kʰᴇ^{31} ʂei^{53}	吸铁石 ɕi^{31}tsʰie^{0} ʂʅ^{24}
千阳	热水 ʐə^{31}ʃei^{53}	煎水 tsiæ̃^{31}ʃei^{53} 开水 kʰᴇ^{31}ʃei^{53}	吸铁石 ɕi^{31}tsʰie^{0} ʂʅ^{24}
西安	热水 ʐɤ^{21}fei^{53}	煎水 tɕiã^{21}fei^{53}	吸铁石 ɕi^{24}tʰiɛ^{21} ʂʅ^{24}
户县	热水 ʐʅɛ^{31}suei^{51} 温水 uẽ^{31}suei^{51}	滚水 kuẽ^{31}suei^{51} 开水 kʰæ^{31}suei^{51}	吸铁石 ɕi^{31}tʰiɛ^{31} ʂʅ^{35}
商州	温都$^{=}$子水 vẽ^{31}tou^{31}tsʅ^{0}ʃuei^{53}	煎水 tɕiã^{31}ʃuei^{31}	吸铁 ɕi^{31}tʰiɛ^{31}
镇安	热水 ʐʮɛ^{53} ʂuᴇi^{35}	开水 kʰai^{53} ʂuᴇi^{35}	吸铁石 ɕi^{21}tʰiɛ^{21}ʂʅ^{35}
安康	热水 ʐɤ^{31}fei^{21}	开水 kʰæ^{31}fei^{53}	吸铁石 ɕi^{31}tʰie^{31}ʂʅ^{35}
白河	热水 ʐᴇ^{21} ʂuei^{35}	水 ʂuei^{35} 开水 kʰai^{21} ʂuei^{35}	吸铁石 ɕi^{44}tʰiᴇ^{213}ʂʅ^{44}
汉阴	热水 ʐᴇ^{42}suei^{45}	开水 kʰae^{33}suei^{0}	吸铁石 ɕi^{33}tʰiᴇ^{42}ʂʅ^{42}
平利	热水 ʮᴇ^{43}ʂʮei^{445}	开水 kʰai^{43}ʂʮei^{445}	吸铁石 ɕi^{43}tʰiᴇ^{43}ʂʅ^{52}
汉中	热水 ʐɤ^{55}suei^{0}	开水 kʰai^{55}suei^{0}	吸铁石 ɕi^{55}tʰiᴇ^{0}ʂʅ^{0}
城固	温温水 uən^{44}uən^{0}ʃuei^{0}	开水 kʰai^{44}ʃuei^{0}	吸铁石 ɕi^{44}tʰiɛ^{0}ʂʅ^{0}
勉县	热水 zɤ^{44}fei^{0}	开水 kʰɑi^{44}fei^{0}	吸铁 ɕi^{44}tʰiɛ^{0}
镇巴	热水 zɛ^{31}suei^{52}	开水 kʰai^{35}suei^{52}	吸铁 ɕi^{35}tʰɛ^{52}

	0067 时候吃饭的~	0068 什么时候	0069 现在
榆林	时候儿 sɿ^{24}xəur^{52}	多会儿 tuə^{33}xuər^{33} 什么时候儿 ʂəʔ^{3}ma^{0}sɿ^{24}xəur^{52}	兀时 vu^{24}sɿ^{33} 而个 ər^{24}kəʔ^{0} 现在 ɕiɛ^{52}tsɛe^{52}
神木	时候 sɿ^{44}xəu^{0} 时光儿 sɿ^{44}kuʌɯ^{0}	甚会儿 ʂɤ̃^{53}xuʌɯ^{53}	而今 ʌɯ^{44}tɕiəʔ^{0} 而真⁼ ʌɯ^{44}tʂɤ̃^{0}
绥德	时工儿 sɿ^{33}kuɤ̃r^{0} 时光儿 sɿ^{33}kuɒ̃r^{0}	多乎儿 təɣ̃^{21}xur^{33} 多嗒乎儿 təɣ̃^{24}tsæ^{21}xur^{33} 甚嗒乎儿 ʂəɣ̃^{52}tsæ^{21}xur^{33}	而个 ər^{33}kəʔ^{0} 现在 ɕie^{52}tsai^{52}
吴堡	时光儿 sɿ^{33}kur^{0}	甚会儿 ʂəŋ^{53}xuər^{0}	而今 ər^{33}tʂəʔ^{0}
清涧	时间儿 sɿ^{24}tɕiər^{0}	多乎儿 tɯ^{31}xur^{42}	而个 ər^{24}kəʔ^{0}
延安	时辰 sɿ^{24}tʂʰəŋ^{0} 时候 sɿ^{24}xou^{0}	什么时辰 ʂəʔ^{5}ma^{21}sɿ^{24}tʂʰəŋ^{0} 什么时候 ʂəʔ^{5}ma^{21}sɿ^{24}xou^{0}	而个 ər^{24}kə^{213}
延川	时候 sɿ^{35}xəu^{0}	多乎儿 tei^{21}xur^{53}	这会儿 tʂei^{53}xuer^{0}
黄陵	时候 sɿ^{24}xəu^{0}	啥时候 sɑ^{55}sɿ^{24}xəu^{0} 多会儿 tuɤ^{31}xuər^{55}	真⁼ tʂẽ^{24} 现在 ɕiæ̃^{55}tsʰE^{55}
渭南	时候 sɿ^{24}xəu^{0}	啥时候 sɑ^{44}sɿ^{24}xəu^{0}	真⁼忙⁼ tʂə̃^{31}mɑŋ^{24}
韩城	时节 sɿ^{31}tɕiE^{53}	几当⁼ tɕi^{31}tɑŋ^{0}	□iəŋ^{24}
合阳	时候 sɿ^{24}xou^{31} 时间 sɿ^{24}tɕiã^{31}	多会 tuo^{31}xuei^{31}	真⁼ tʂẽ^{31}
富平	时候 sɿ^{24}xou^{53}	啥时候 sɑ^{55}sɿ^{31}xou^{53}	长⁼番 tʂɑɣ̃^{53}fæ̃^{31}
耀州	时候 sɿ^{24}xou^{0} 时间 sɿ^{24}tɕiæ̃^{0}	啥时候 sa^{44}sɿ^{24}xou^{0} 啥时间 sa^{44}sɿ^{24}tɕiæ̃^{0}	现在 ɕiæ̃^{44}tsæi^{44} 这时候 tʂɤ^{44}sɿ^{24}xou^{0}
咸阳	时候儿 sɿ^{24}xour^{0}	啥时候儿 sa^{44}sɿ^{24}xour^{0}	现在 ɕiã^{44}tsæ^{44}
旬邑	时景 sɿ^{21}tɕiəŋ^{52} 时候 sɿ^{21}xəu^{52}	啥时景 ʃɤ^{44}sɿ^{21}tɕiəŋ^{52} 啥时候 ʃɤ^{44}sɿ^{21}xəu^{52}	任⁼个 ʐɛ̃^{24}kei^{0} 现在 ɕiã^{44}tsɛi^{44}
三原	时候 sɿ^{24}xou^{0}	啥时儿 sɑ^{44}sər^{24}	真⁼真⁼ tʂẽ^{24}tʂẽ^{0}

	0067 时候吃饭的～	0068 什么时候	0069 现在
乾县	时候 sɿ^{24}xou^{21}	啥时候儿 sa^{55}sɿ^{24}xour^{21}	现在 ɕiæ̃^{55}tsɛ^{55}
岐山	时候 sɿ^{31}xou^{53}	啥乎 ʂA^{44}xu^{53} 啥时候 ʂA^{44}sɿ^{31}xou^{53}	这乎 tʂʅ^{44}xu^{53}
凤翔	些 sie^{0}	啥会 ʂa^{45}xuei^{0} 几时 tɕi^{44}sɿ^{0}	这会 tʂʅ^{45}xuei^{0} 这更 tʂʅ^{45}kəŋ^{0}
千阳	会 xuei^{0}	啥会 ʃa^{45}xuei^{0} 几时 tɕi^{44}sɿ^{0}	任⁼更 ʐəŋ^{31}kəŋ^{0} 这会 tʂʅ^{45}xuei^{0}
西安	时候儿 sɿ^{24}xər^{0}	啥时候儿 sa^{44}sɿ^{24}xər^{0}	阵⁼儿 tʂər^{53}
户县	时候儿 sɿ^{35}xəɯ^{0} 时间 sɿ^{35}tɕiã^{31}	啥[时间]儿 sa^{55}sə^{35} 几时 tɕi^{51}sɿ^{31}	若⁼乎 ʐʅɛ^{35}xu^{31} 这儿[时间]儿 tʂə^{51}sə^{35}
商州	时候儿 sɿ^{31}xour^{53}	几时 tɕi^{53}sɿ^{0}	这喒儿 tʂẽ^{44}tsãr^{0}
镇安	时候 ʂʅ^{21}xəu^{33}	啥时候 sa^{21}ʂʅ^{33}xəu^{0}	这下儿 tʂɛ^{21}xɐr^{33} 现在 ɕian^{33}tsai^{322}
安康	时候儿 ʂʅ^{35}xur^{0}	啥时候儿 ʂa^{44}ʂʅ^{35}xur^{0}	现在 ɕian^{44}tsæ^{44}
白河	时候儿 ʂʅ^{44}xuər^{0}	啥时间 ʂa^{42}ʂʅ^{44}tɕian^{0}	这时候儿 tʂE^{42}ʂʅ^{44}xuər^{0}
汉阴	时候 ʂʅ^{42}χəu^{0}	啥时候 ʂɑ^{24}ʂʅ^{42}χəu^{0} 几时 tɕi^{45}ʂʅ^{42}	这阵 tʂE^{24}tʂən^{214}
平利	时候 ʂʅ^{52}xou^{0}	啥时候 ʂa^{24}ʂʅ^{52}xou^{0}	现在 ɕian^{24}tsai^{214}
汉中	时候 tsɑŋ^{35}xu^{0}	啥时候 sA^{42}tsɑŋ^{35}xu^{0}	这阵 tʂɤ^{35}tʂən^{0}
城固	喒候 tsɑŋ^{24}xu^{0}	啥喒候 ʃua^{31}tsaŋ^{24}xu^{0}	这喒 tʂʅ^{31}tsɑŋ^{0}
勉县	时候 sɿ^{21}xəu^{0} 喒乎 tsɑŋ^{21}xu^{35}	啥时候 sɑ^{21}sɿ^{21}xəu^{0}	这阵 tsɑi^{35}tsən^{0} 这喒乎 tsɑi^{21}tsɑŋ^{35}xu^{0}
镇巴	时候 sɿ^{31}xəu^{213}	啥时候 sa^{213}sɿ^{31}xəu^{213}	这歇 tsɛ^{213}ɕiɛ^{52}

	0070 以前十年~	0071 以后十年~	0072 一辈子
榆林	以前 i^{21}tɕʰiɛ^{213}	以后 i^{21}xəu^{52}	一辈子 iəʔ^{3}pei^{52}tsəʔ^{0}
神木	以前 i^{21}tɕʰiɛ^{44} 前 tɕʰiɛ^{44}	以后 i^{21}xəu^{53}	一辈子 iəʔ^{4}pei^{53}tsəʔ^{0}
绥德	以前 i^{21}tɕʰie^{33}	以后 i^{21}xəu^{52}	一辈子 iəʔ^{3}pei^{52}tsəʔ^{0}
吴堡	以前 i^{41}tɕʰie^{33} 兀会儿 uɛe^{24}xuər^{53}	以后 i^{41}xɑo^{53}	一辈子 iəʔ^{3}pɑe^{53}tsəʔ^{0}
清涧	以前 zʅ^{53}tɕʰi^{24}	以后 zʅ^{53}xəu^{42}	一辈子 iəʔ^{4}pai^{31}tsəʔ^{0}
延安	前 tɕʰiæ̃^{24}	后 xou^{443}	一辈子 iəʔ^{5}pei^{52}tsəʔ^{0} 一生 iəʔ^{5}səŋ^{213}
延川	以前 zʅ^{53}tɕʰiɛ^{213}	以后 zʅ^{21}xəu^{53}	一辈子 iəʔ^{54}pei^{21}tsəʔ^{0}
黄陵	以前 i^{31}tɕʰiæ̃^{24} 前 tɕʰiæ̃^{24}	以后 i^{31}xəu^{55} 后 xəu^{55}	一辈子 i^{31}pei^{55}tsʅ^{0}
渭南	头里 tʰəu^{24}li^{0}	以后 i^{31}xəu^{44}	一辈子 i^{31}pei^{44}tsʅ^{0}
韩城	原先 yã^{24}ɕiã^{31} 早先 tsɑu^{53}ɕiã^{31}	以后 i^{31}xəu^{44}	一辈儿 i^{31}pɪir^{53}
合阳	之前 tsʅ^{31}tsʰiã^{24}	之后 tsʅ^{31}xou^{55}	一辈子 i^{31}pei^{55}tsʅ^{0} 一生 i^{24}səŋ^{31}
富平	以前 i^{31}tʰiæ̃^{24}	以后 i^{31}xou^{55}	一辈子 i^{31}peɪ^{55}tsʅ^{31}
耀州	原先 yæ̃^{24}ɕiæ̃^{21} 以前 i^{21}tɕʰiæ̃^{24}	以后 i^{21}xou^{44}	一辈子 i^{21}pei^{44}tsʅ^{0}
咸阳	老早儿 lɔ^{31}tsɔr^{53}	以后 i^{31}xou^{44}	一辈子 i^{31}pei^{44}tsʅ^{0}
旬邑	原先 yã^{24}ɕiã^{0} 先头 ɕiã^{21}tʰəu^{0}	日后 ər^{21}xəu^{44} 后头 xɯ^{44}tʰəu^{0}	一辈子 i^{21}pei^{44}tsʅ^{0} 一世 i^{21}ʂʅ^{44}
三原	前 tɕʰiã^{24}	后 xou^{44}	一辈子 i^{31}pei^{44}tsʅ^{0}

	0070 以前十年~	0071 以后十年~	0072 一辈子
乾县	以前 i^{21}tɕʰiæ̃^{24}	以后 i^{21}xou^{55}	一辈子 i^{21}pe^{55}tsɿ^{21}
岐山	以前 i^{31}ȶʰiæ̃^{24}	以后 i^{31}xou^{44}	一辈子 i^{31}pei^{44}tsɿ^{53} 一世 i^{31}ʂʅ^{44}
凤翔	以前 i^{31}tsʰiæ̃^{24}	以后 i^{31}xəu^{44}	一辈子 i^{31}pei^{45}tsɿ^{0}
千阳	以前 i^{31}tsʰiæ̃^{24}	以后 i^{31}xou^{44}	一辈子 i^{31}pei^{45}tsɿ^{0}
西安	前 tɕʰiã^{24}	后 xou^{44}	一辈子 i^{21}pei^{44}tsɿ^{0}
户县	以前 i^{31}tɕʰiã^{35} 前 tɕʰiã^{35}	以后 i^{31}xɤu^{55} 后 xɤu^{55}	一辈子 i^{31}pei^{55}tsɿ^{0}
商州	前 tɕʰiã^{35}	后 xou^{44}	一辈子 i^{31}pei^{44}tsɿ^{0}
镇安	往前 vʌŋ^{35}tɕʰian^{33}	往后 vʌŋ^{35}xəu^{322}	一辈子 i^{33}pᴇi^{21}tsɿ^{0}
安康	以前 i^{53}tɕʰian^{35}	以后 i^{53}xou^{44}	一生 i^{35}ʂən^{31}
白河	往传儿 uaŋ^{35}tʂʰuɐr^{0} 以前 i^{35}tɕʰian^{44}	以后 i^{35}xəu^{41}	一辈子 i^{44}pei^{42}tsɿ^{0}
汉阴	以前 i^{45}tɕʰian^{42} 前 tɕʰian^{42}	后 χəu^{214} 过后 ko^{24}χəu^{214}	一辈子 i^{42}pei^{21}tsɿ^{0}
平利	以往 i^{45}uaŋ^{445} 以前 i^{45}tɕʰian^{52}	以后 i^{45}xou^{214}	一辈子 i^{43}pei^{24}tsɿ^{21}
汉中	前 tɕʰian^{42}	后 xəu^{213}	一辈子 i^{21}pei^{21}tsɿ^{0}
城固	前 tɕʰian^{311}	后 xəu^{213}	一辈 i^{31}pei^{213}
勉县	前 tɕʰiɑn^{21}	以后 i^{35}xəu^{213} 后 xəu^{213}	一辈子 i^{21}pei^{21}tsɿ^{35}
镇巴	前 tɕʰian^{31}	过后 ko^{213}xəu^{213} 以后 i^{35}xəu^{213}	一辈子 i^{33}pei^{31}tsɿ^{52}

	0073 今年	0074 明年	0075 后年
榆林	今年 tɕiɤɣ̃^{33}niɛ^{33}	明年 miɤɣ̃^{24}niɛ^{0}	后年 xəu^{52}niɛ^{0}
神木	真⁼年 tʂɤ̃^{24}ȵiɛ^{44}	明年 miɤ̃^{44}ȵiɛ^{0} 来年 lᴇe^{44}ȵiɛ^{0}	后年 xəu^{53}ȵiɛ^{0}
绥德	今年 tɕiəɣ̃^{21}nie^{33}	明年 miəɣ̃^{33}nie^{0}	后年 xəu^{52}nie^{0}
吴堡	今年 tɕiəŋ^{21}ȵie^{33}	明年 mɛe^{33}ȵie^{0}	后年 xɑo^{53}ȵie^{0}
清涧	今年 tɕiəɣ̃^{31}ȵi^{24}	明年 mi^{24}ȵi^{0}	后年 xəu^{44}ȵi^{24}
延安	今年 tɕiəŋ^{21}ȵiæ̃^{53}	明年 miəŋ^{24}ȵiæ̃^{0}	后年 xou^{443}niæ̃^{0}
延川	今年 tɕiŋ^{21}ȵiɛ^{35}	明年 mi^{35}ȵiɛ^{0}	后年 xəu^{53}ȵiɛ^{213}
黄陵	今年 tɕiẽ^{31}ȵiæ̃^{0}	明年 miəŋ^{24}ȵiæ̃^{0}	后年 xəu^{55}ȵiæ̃^{0}
渭南	今年 tɕiə̃^{31}ȵiæ̃^{0}	明年 miəŋ^{24}ȵiæ̃^{0}	后年 xəu^{44}ȵiæ̃^{0}
韩城	今年 tɕiəŋ^{31}ȵiã^{0}	明年 miᴇ^{31}ȵiã^{53}	后年 xəu^{44}ȵiã^{0}
合阳	真⁼年 tʂẽ^{31}ȵiɑ̃^{24}	明年 miɛ^{24}ȵiɑ̃^{31} 来年 læe^{24}ȵiɑ̃^{31}	后年 xou^{55}ȵiɑ̃^{31}
富平	今年 tɕi^{53}ȵiæ̃^{31}	明年 miəɣ̃^{24}ȵiæ̃^{53}	后年 xou^{55}ȵiæ̃^{31}
耀州	今年 tɕiei^{21}ȵiæ̃^{24}	明年 miŋ^{24}ȵiæ̃^{52}	后年 xou^{44}ȵiæ̃^{24}
咸阳	今年 tɕiẽ^{31}ȵiã^{24}	明年 miəŋ^{24}ȵiã^{0}	后儿年 xour^{53}ȵiã^{0}
旬邑	今年 tɕiẽ^{52}ȵiã^{0}	明年 miəŋ^{21}ȵiã^{52}	后年 xəu^{24}ȵiã^{0}
三原	今年 tɕiẽ^{31}ȵiã^{24}	明年 miəŋ^{24}ȵiã^{0}	后年 xou^{44}ȵiã^{0}

	0073 今年	0074 明年	0075 后年
乾县	今年 tɕiẽ^{21}ȵiæ̃^{24}	明年 miɤŋ^{24}ȵiæ̃^{21}	后年 xou^{55}ȵiæ̃^{21}
岐山	今年 tɕiŋ^{31}ȵiæ̃^{24}	明年 miŋ^{31}ȵiæ̃^{53}	后年 xou^{44}ȵiæ̃^{53}
凤翔	今年 tɕiŋ^{53}ȵiæ̃^{0}	明年 miŋ^{31}ȵiæ̃^{53} 过年 kuo^{45}ȵiæ̃^{0}	后年 xəu^{45}ȵiæ̃^{0}
千阳	今年 tɕiŋ^{31}ȵiæ̃^{24}	明年 miŋ^{31}ȵiæ̃^{0}	后年 xou^{45}ȵiæ̃^{0}
西安	今年 tɕin^{21}ȵiã^{0}	明年 miəŋ^{21}ȵiã^{0}	后年 xou^{44}ȵiã^{0}
户县	今年 tɕiẽ^{31}ȵiã^{31}	明年 miŋ^{35}ȵiã^{31} 过年儿 kuɤ^{55}ȵiə^{35}	后年 xɤu^{55}ȵiã^{31}
商州	今年 tɕiẽ^{53}ȵiã^{0}	明年 miəŋ^{31}ȵiã^{0}	后年 xou^{44}ȵiã^{0}
镇安	今年 tɕin^{53}ȵian^{0}	明年 min^{33}ȵian^{0}	后年 xəu^{322}ȵian^{0}
安康	今年个 tɕin^{31}ȵian^{35}kɤ^{0}	明年个 min^{35}ȵian^{35}kɤ^{0}	后年个 xou^{44}ȵian^{35}kɤ^{0}
白河	今年 tɕiən^{21}ȵian^{0}	明年 miən^{44}ȵian^{0}	后年 xəu^{42}ȵian^{0}
汉阴	今年 tɕin^{33}ȵian^{0}	明年 min^{42}ȵian^{0} 明年子 min^{42}ȵian^{0}tsɿ^{0}	后年 χəu^{24}ȵian^{42} 后年子 χəu^{21}ȵian^{0}tsɿ^{0}
平利	今年 tɕin^{43}ȵian^{0}	明年 mən^{52}ȵian^{0}/min^{52}ȵian^{0}	后年 xou^{24}ȵian^{0}
汉中	今年 tɕin^{55}ȵian^{0}	明年 min^{21}ȵian^{0}	后年 xəu^{21}ȵian^{35}
城固	今年 tɕin^{44}ȵian^{0}	明年 min^{31}ȵian^{0}	后年 xəu^{31}ȵian^{0}
勉县	今年 tɕin^{44}ȵiɑn^{0}	明年 min^{21}ȵiɑn^{0}	后年 xəu^{21}ȵiɑn^{35}
镇巴	今年 tɕin^{35}ȵian^{52} 今年子 tɕin^{35}ȵian^{52}tsɿ^{31}	明年 min^{33}ȵian^{31} 明年子 min^{33}ȵian^{31}tsɿ^{31}	后年 xəu^{213}ȵian^{52} 后年子 xəu^{213}ȵian^{52}tsɿ^{31}

	0076 去年	0077 前年	0078 往年过去的年份
榆林	年时 niɛ^{24}sɿ^{52}	前年 tɕ^{h}iɛ^{24}niɛ^{0}	循年 ɕyɤɣ̃^{24}niɛ^{213}
神木	年时 ȵiɛ^{44}sɿ^{53}	前年 tɕ^{h}iɛ^{44}ȵiɛ^{0}	往年 vɑ̃^{21}ȵiɛ^{44} 往每年 vɑ̃^{24}mei^{21}ȵiɛ^{44}
绥德	年时 nie^{33}sɿ^{52}	前年 tɕ^{h}ie^{33}nie^{0}	往每年 vɑ̃^{24}məʔ^{5}nie^{0} 常年年 tʂ^{h}ɑ̃^{33}nie^{33}nie^{0}
吴堡	年时 ȵie^{33}sɿ^{0}	前年 tɕ^{h}ie^{33}ȵie^{0}	往每年 uã^{24}mɑe^{41}ȵie^{33}
清涧	年时 ȵi^{24}sɿ^{0}	前年 tɕ^{h}i^{24}ȵi^{0}	往每年 vɒ̃^{31}mai^{44}ȵi^{24}
延安	年时 niæ̃^{24}sɿ^{0}	前年 tɕ^{h}iæ̃^{24}ȵiæ̃^{0}	往年 vAŋ^{52}ȵiæ̃^{0} 往每年 vAŋ^{52}mu^{21}ȵiæ̃^{0}
延川	年时 ȵiɛ^{35}sɿ^{0}	前年 tɕ^{h}iɛ^{35}ȵiɛ^{0}	往年 vɑŋ^{53}ȵiɛ^{213}
黄陵	年时 ȵiæ̃^{24}sɿ^{0}	前年 tɕ^{h}iæ̃^{24}ȵiæ̃^{0}	往年 vɑŋ^{52}ȵiæ̃^{24}
渭南	年时 ȵiæ̃^{24}sɿ^{0}	前年 tɕ^{h}iæ̃^{24}ȵiæ̃^{0}	往年 uɑŋ^{53}ȵiæ̃^{0}
韩城	年时 ȵiã^{31}sɿ^{53}	前年 tɕ^{h}iã^{31}ȵiã^{53}	那几年 næe^{44}tɕi^{53}ȵiã^{24}
合阳	年时 ȵiɑ̃^{24}sɿ^{31}	前年 ts^{h}iɑ̃^{24}ȵiɑ̃^{31}	往年 uɑŋ^{52}ȵiɑ̃^{24}
富平	年时 ȵiæ̃^{24}sɿ^{53}	前年 t^{h}iæ̃^{31}ȵiæ̃^{53}	老早里 lɑo^{31}tsɑo^{53}li^{31}
耀州	年时 ȵiæ̃^{24}sɿ^{52}	前年 tɕ^{h}iæ̃^{24}ȵiæ̃^{52}	那几年 næi^{44}tɕi^{52}ȵiæ̃^{24} 前些年 tɕ^{h}iæ̃^{24}ɕiɛ^{21}ȵiæ̃^{24}
咸阳	年时个 ȵiã^{24}sɿ^{31}kɤ^{0}	前年 tɕ^{h}iã^{24}ȵiã^{0}	往年 uɑŋ^{53}ȵiã^{24}
旬邑	年时 ȵiã^{21}sɿ^{52}	前年 tɕ^{h}iã^{21}ȵiã^{52}	前几年 tɕ^{h}iã^{24}tɕi^{21}ȵiã^{0} 往年 vɑŋ^{52}ȵiã^{0}
三原	年时 ȵiã^{24}sɿ^{0}	前年 tɕ^{h}iã^{24}ȵiã^{0}	往年 vɑŋ^{52}ȵiã^{24}

	0076 去年	0077 前年	0078 往年过去的年份
乾县	年时 ȵiæ̃^{24}sɿ^{21}	前年 tɕʰiæ̃^{24}ȵiæ̃^{21}	往年 vaŋ^{53}ȵiæ̃^{21}
岐山	年时 ȵiæ̃^{31}sɿ^{53}	前年 ȶʰiæ̃^{31}ȵiæ̃^{53}	前几年 ȶʰiæ̃^{24}tɕi^{53}ȵiæ̃^{24} 往年 vɑŋ^{44}ȵiæ̃^{21}
凤翔	年时个 ȵiæ̃^{31}sɿ^{44}kɔ^{0} 年时 ȵiæ̃^{31}sɿ^{53}	前年 tsʰiæ̃^{31}ȵiæ̃^{53} 前年个 tsʰiæ̃^{31}ȵiæ̃^{44}kɔ^{0}	往年 vɑŋ^{44}ȵiæ̃^{0}
千阳	年时个 ȵiæ̃^{31}sɿ^{44}kɔ^{0} 年时 ȵiæ̃^{31}sɿ^{0}	前年个 tsʰiæ̃^{31}ȵiæ̃^{44}kɔ^{0} 前年 tsʰiæ̃^{31}ȵiæ̃^{0}	往年 vɑŋ^{44}ȵiæ̃^{0}
西安	年时个 ȵiã^{24}sɿ^{0}kɤ^{0}	前年个 tɕʰiã^{24}ȵiã^{0}kɤ^{0}	老早 lau^{21}tsau^{53}
户县	年时个儿 ȵiã^{35}sɿ^{31}kə^{0}	前年 tɕʰiã^{35}ȵiã^{31} 前年个儿 tɕʰiã^{35}ȵiã^{31}kə^{0}	往年 vaŋ^{51}ȵiã^{35}
商州	年时 ȵiã^{31}sɿ^{53}	前年 tɕʰiã^{31}ȵiã^{0}	往年 vɑŋ^{53}ȵiã^{0}
镇安	去年 tʂʰʮ^{322}ȵian^{33}	前年 tɕʰian^{33}ȵian^{0}	往年 vʌŋ^{35}ȵian^{53}
安康	去年个 tɕʰy^{44}ȵian^{35}kɤ^{0}	前年个 tɕʰian^{35}ȵian^{35}kɤ^{0}	往年个 uaŋ^{53}ȵian^{35}kɤ^{0}
白河	去年 tɕʰy^{42}ȵian^{0}	前年 tɕʰian^{44}ȵian^{0}	往年 uaŋ^{35}ȵian^{0}
汉阴	去年 tɕʰy^{21}ȵian^{0} 去年子 tɕʰy^{21}ȵian^{0}tsɿ^{0}	前年 tɕʰian^{42}ȵian^{0}	往年 uɑŋ^{45}ȵian^{0} 往年子 uɑŋ^{45}ȵian^{0}tsɿ^{0}
平利	去年 tʂʰʮ^{24}ȵian^{0}	前年 tɕʰian^{52}ȵian^{0}	往年 uaŋ^{45}ȵian^{0} 过去 ko^{24}tʂʰʮ^{214}
汉中	年时个 ȵian^{42}sɿ^{0}kɤ^{0}	前年 tɕʰian^{42}ȵian^{0}	往年 uɑŋ^{35}ȵian^{0}
城固	年时 ȵian^{31}sɿ^{24}	前年 tsʰian^{31}ȵian^{24}	往年 vɑŋ^{24}ȵian^{0}
勉县	年时个 ȵiɑn^{21}sɿ^{0}kɤ^{0}	前年个 tɕʰiɑn^{21}ȵian^{21}kɤ^{0}	往年 vɑŋ^{35}ȵiɑn^{0}
镇巴	昨年 tso^{33}ȵian^{31}	前年 tɕʰian^{33}ȵian^{31}	往年 uaŋ^{45}ȵian^{52} 往年子 uaŋ^{45}ȵian^{52}tsɿ^{31}

	0079 年初	0080 年底	0081 今天
榆林	刚过罢年 tɕiɑ̃33kuə52pa52niɛ0	年根底 niɛ24kɯ33ti0	今儿 tɕiə̃r33
神木	年初 ȵiɛ44tʂʰuo0	年底 ȵiɛ44ti0	真=儿 tʂʌɯ213
绥德	刚过年 tɕiɑ̃21kuo52nie33	年底 nie33ti0	今儿 tɕiɤ̃r213
吴堡	刚过年 tɕiɤu21ku53ȵie33	临过年 liəŋ33ku53ȵie33	今儿 tɕiər213
清涧	开过年儿 kʰai31ku44ȵiər42	临过年 liəɣ̃24ku44ȵi24	今儿 tɕiəɣ̃r312
延安	年初 ȵiæ̃24tʂʰu0	年底 ȵiæ̃24ti52	今儿 tɕiər213
延川	年初 ȵiɛ35tʂʰʮ0	年底 ȵiɛ35ti0	今儿 tɕiʌr213
黄陵	年初 ȵiæ̃24tsʰəu31	年底 ȵiæ̃24tɕi52	今儿 tɕiẽr31
渭南	年初 ȵiæ̃24tsʰəu31	年底 ȵiæ̃24tɕi53	今儿 tɕiə̃r31
韩城	刚过年 kɑŋ24kuɤ44ȵiɑ̃24	快过年的了 kʰuæe44kuɤ44ȵiɑ̃31ti53lɑ0	今儿个 tɕiə̃r31kɤ0
合阳	年初 ȵiɑ̃24tsʰou31 开年 kʰæe31ȵiɑ̃24	年跟前 ȵiɑ̃24kɑ̃31tsʰiɑ̃31 年把把 ȵiɑ̃24pɑ52pɑ0	今个 tɕiẽ31kɤ31 真=个 tʂẽ31kɤ31
富平	开年 kʰɛe31ȵiæ̃24 开春 kʰɛe24tʃʰuɛ̃31	年底 ȵiæ̃24ti53	今儿个 tɕiẽr31kɤ31
耀州	刚过年 kɑŋ24kuo44ȵiæ̃24 过完年 kuo44uæ̃24ȵiæ̃24	年底 ȵiæ̃24ti52 快过年 kʰuæi44kuo44ȵiæ̃24	今个 tɕiei21kɤ0 今儿 tɕier21
咸阳	年初 ȵiɑ̃24tʃʰu31	年跟前 ȵiɑ̃24kɛ̃31tɕʰiɑ̃0	今儿个 tɕiər31kɤ0
旬邑	正月初上 tʂəŋ21yo21tsʰəu52ʂɑŋ0 年初 ȵiɑ̃24tsʰəu21	年尽 ȵiɑ̃24tɕʰiɛ̃44 年根底 ȵiɑ̃24kɛ̃21ti52	今儿 tɕiɛ̃r21
三原	年初 ȵiɑ̃24tsʰou31	年底 ȵiɑ̃24tɕi52	今儿 tɕiə̃r31

	0079 年初	0080 年底	0081 今天
乾县	年头的 ȵiæ̃^{24}tʰou^{24}ti^{21}	年底下 ȵiæ̃^{24}ti^{53}xɤ^{21} 年末 ȵiæ̃^{24}muɤ^{21}	今儿 tɕiẽ^{21}ɐr^{21}
岐山	年头 ȵiæ̃^{24}tʰou^{24} 年初 ȵiæ̃^{24}tʂʰʅ^{31}	年底 ȵiæ̃^{24}ȶi^{53}	今儿 tɕiər^{31}
凤翔	过年咧儿天 kuo^{44}ȵiæ̃ː^{24}vE^{45}tɕi^{0}tsʰiæ̃^{0}	年根下 ȵiæ̃^{31}kəŋ^{53}xa^{0} 腊月根根下 la^{31}ye^{0}kəŋ^{53}kəŋ^{0}xa^{0}	今儿 tɕiə̃r^{31} 今个 tɕiŋ^{31}kɔ^{0}
千阳	过年咧儿天 kuo^{44}ȵiæ̃ː^{253}vE^{45}tɕi^{0}tsʰiæ̃^{0}	年根下 ȵiæ̃^{31}kəŋ^{44}xa^{0}	今个 tɕiŋ^{31}kɔ^{0}
西安	年初 ȵiã^{24}pfʰu^{21}	年底 ȵiã^{24}ti^{53}	今儿 tɕiər^{21}
户县	年头 ȵiã^{35}tʰɤu^{35}	年底 ȵiã^{35}ti^{51} 年末 ȵiã^{35}mɤ^{31}	今儿 tɕiɯ^{31} 今儿个 tɕiɯ^{31}kɤ^{31}
商州	年过了 ȵiã^{35}kuə^{44}lɑo^{0}	年跟前 ȵiã^{35}kẽ^{53}tɕʰiã^{0}	今儿 tɕiər^{53}
镇安	开年 kʰai^{53}ȵian^{0} 年头 ȵian^{33}tʰəu^{33}	年底 ȵian^{33}ti^{35} 年尾 ȵian^{33}vEi^{35}	今儿 tɕiər^{53} 今儿个 tɕiər^{53}kuə^{0}
安康	年初 ȵian^{35}tsʰou^{31}	年底 ȵian^{35}ti^{53}	今儿个 tɕiər^{31}kɤ^{0}
白河	年头儿 ȵian^{44}tʰər^{44}	年尾儿 ȵian^{44}uər^{35} 年跟前 ȵian^{44}kən^{21}tɕʰian^{0}	今儿 tɕiər^{213}
汉阴	开年 kʰae^{33}ȵian^{42} 年头 ȵian^{42}tʰəu^{42}	年底 ȵian^{42}ti^{45}	今天 tɕin^{33}tʰian^{33}
平利	年初 ȵian^{52}tsʰou^{43}	年底 ȵian^{52}ti^{445}	今天 tɕin^{43}ȵian^{43}
汉中	年初 nian^{42}tsʰu^{55}	年底 ȵian^{42}ti^{354}	今天 tɕin^{55}tʰian^{0}
城固	开了年 kʰai^{44}lɔ^{0}ȵian^{311}	年底 ȵian^{31}ti^{44} 年尽月满 ȵian^{31}tsin^{31}yɛ^{31}man^{44}	今儿 tɕiər^{31}
勉县	开年 kʰɑi^{44}ȵiɑn^{21} 年头 ȵiɑn^{21}tʰəu^{21}	年底 ȵiɑn^{21}ti^{35}	今儿 tɕin^{44}ər^{0}
镇巴	开年 kʰai^{35}ȵian^{31}	年尾 ȵian^{31}uei^{52}	今天 tɕin^{35}tʰian^{55}

	0082 明天	0083 后天	0084 大后天
榆林	明儿 miə̃r^{213}	后儿 xəur^{52}	外后儿 vɛe^{52}xəur^{0}
神木	明儿 miʌɯ^{53}	后儿 xʌɯ^{53}	外后儿 vᴇe^{53}xʌɯ^{53}
绥德	明儿 miɤ̃r^{33}	后儿 xəur^{52}	外后儿 vai^{52}xəur^{0}
吴堡	明儿 mər^{53}	后儿 xɑor^{53}	外后儿 uɑe^{53}xɑor^{53}
清涧	明儿 miəɣ̃r^{42}	后儿 xəur^{42}	外后儿 uai^{42}xəur^{0}
延安	明儿 miər^{24}	后儿 xour^{53}	大后儿 ta^{443}xour^{0} 外后儿 vai^{44}xour^{0}
延川	明儿 miər^{35}	后儿 xəur^{53}	老后天 lɑo^{53}xəu^{53}tɕʰiɛ^{0}
黄陵	明儿 miə̃r^{24}	后儿 xəur^{55}	外后儿 vᴇ^{55}xəur^{0} 大后儿 tɑ^{55}xəur^{55}
渭南	明儿 miə̃r^{24}	后儿 xəur^{53}	大后儿 tɑ^{44}xəur^{53}
韩城	明儿个 miᴇr^{24}kɤ^{0}	后儿个 xəur^{53}kɤ^{0}	大后儿个 tɑ^{44}xəur^{53}kɤ^{0}
合阳	明早 miɛ^{24}tsɔo^{31} 明个 miɛ^{24}kɤ^{31}	后日 xou^{55}ʐʅ^{31} 后个 xou^{55}kɤ^{31}	老后日 lɔo^{52}xou^{55}ʐʅ^{31} 外后日 uei^{55}xou^{55}ʐʅ^{31}
富平	明儿个 miə̃r^{24}kɤ^{31}	后儿个 xor^{53}kɤ^{31}	大后儿个 tɑ^{55}xor^{53}kɤ^{31}
耀州	明儿 miə̃r^{24} 明个 miŋ^{24}kɤ^{52}	后儿 xour^{52} 后个 xou^{44}kɤ^{0}	外后儿 uæi^{44}xour^{0}
咸阳	明儿个 miər^{24}kɤ^{0}	后儿个 xour^{53}kɤ^{0}	外后儿 uæ^{44}xour^{0}
旬邑	明儿 miə̃r^{24}	后儿 xəur^{52}	外后儿 vɛi^{24}xəur^{0}
三原	明儿 miə̃r^{24}	后儿 xour^{52} 后个儿 xou^{52}kər^{0}	外后儿 uai^{44}xɑɔr^{52}

	0082 明天	0083 后天	0084 大后天
乾县	明儿 miẽ^{24}ɐr^{21}	后儿 xour^{53}	大后天 ta^{55}xou^{55}tʰiæ̃^{21}
岐山	明儿个 miər^{24}kɤ^{21} 明儿日 miər^{24}ər^{21}	后儿 xou^{44}ər^{21}	外后儿 vei^{44}xou^{44}ər^{21}
凤翔	明儿 mie^{31}ər^{53} 明儿个 mier^{24}kɔ^{0}	后儿 xəur^{53} 后个 xəu^{44}kɔ^{0}	外后儿 vᴇ^{45}xəur^{0}
千阳	明个 miŋ^{24}kɔ^{0}	后个 xou^{44}kɔ^{0}	外后 vᴇ^{45}xou^{0}
西安	明儿 miə̃r^{24}	后儿 xər^{53}	大后儿 ta^{44}xər^{53}
户县	明儿 miɯ^{35} 明儿个 miɯ^{35}kɤ^{31}	后儿 xəɯ^{51} 后儿个 xəɯ^{51}kɤ^{31}	外后儿 uæ^{55}xəɯ^{0}
商州	明儿 miə̃r^{35}	后儿 xour^{53}	外后儿 vai^{44}xour^{31}
镇安	明儿 miər^{33} 明儿个 miər^{33}kuə^{0}	后儿 xər^{322} 后儿个 xər^{322}kuə^{0}	外后儿 vai^{322}xər^{0}
安康	明儿个 mər^{35}kɤ^{0}	后儿个 xour^{53}kɤ^{0}	大后儿个 ta^{44}xour^{53}kɤ^{0}
白河	明儿 mər^{44}	后儿 xər^{42}	老后儿天 lɔu^{35}xər^{42}tʰian^{0}
汉阴	明天 min^{42}tʰian^{33}	后天 χəu^{21}tʰian^{0}	外后天 uae^{24}χəu^{24}tʰian^{33} 大后天 tɑ^{24}χəu^{24}tʰian^{33}
平利	明天 mən^{52}tʰian^{0}/min^{52}tʰian^{0}	后天 xou^{24}tʰian^{0}	大后天 ta^{24}xou^{24}tʰian^{0}
汉中	明天 min^{42}tʰian^{0}	后天 xəu^{21}tʰian^{0}	大后天 tᴀ^{35}xəu^{21}tʰian^{0}
城固	明儿 miər^{24}	后儿 xəur^{31}	外后天 uai^{31}xəu^{24}tʰian^{0}
勉县	明儿 min^{21}ər^{0}	后儿 xəu^{21}ər^{35}	外儿 vɑi^{21}ər^{35}
镇巴	明天 min^{31}tʰian^{55}	后天 xəu^{21}tʰian^{55}	外天 uai^{21}tʰian^{55}

	0085 昨天	0086 前天	0087 大前天
榆林	夜儿 iər^{52} 夜天 iɛ^{52}tʰiɛ^{0}	前儿 tɕʰiɐr^{213}	先前儿 ɕiɛ^{21}tɕʰiɐr^{213}
神木	夜儿 iʌɯ^{53} 夜里 iɛ^{53}ləʔ^{0}	前儿 tɕʰiʌɯ^{53}	先前儿 ɕiɛ^{21}tɕʰiʌɯ^{53}
绥德	夜儿 iər^{52} 夜天 ie^{52}tʰie^{0}	前儿 tɕʰiər^{33}	先前儿 ɕie^{21}tɕʰiər^{33}
吴堡	夜儿 iɐr^{53}	前儿 tɕʰiər^{53}	先前儿 ɕie^{21}tɕʰiər^{53}
清涧	夜里 iɑ^{44}li^{0}	前儿 tɕʰiər^{42}	先前儿 ɕi^{53}tɕʰiər^{42}
延安	夜儿 iɛr^{53}	前儿 tɕʰiar^{24}	大前儿 ta^{443}tɕʰiar^{0}
延川	夜来 ia^{42}lai^{213}	前儿 tɕʰiɛr^{35}	老前儿天 lɑo^{53}tɕʰiɛr^{35}tɕʰiɛ^{213}
黄陵	夜了 iɑ^{24}liɔ^{0}	前儿 tɕʰiæ̃r^{24} 前天 tɕʰiæ̃^{24}tɕʰiæ̃^{31}	大前儿 tɑ^{55}tɕʰiæ̃r^{24} 大前天 tɑ^{55}tɕʰiæ̃^{24}tɕʰiæ̃^{31}
渭南	夜里 iɛ^{24}li^{0}	前儿 tɕʰiæ̃r^{24}	大前儿 tɑ^{44}tɕʰiæ̃r^{24}
韩城	夜儿个 iɑ^{53}kɤ^{0}	前儿个 tɕʰiã r^{24}kɤ^{0}	大前儿个 tɑ^{44}tɕʰiãr^{24}kɤ^{0}
合阳	夜日 iɑ^{55}ʐʅ^{31} 夜个 iɑ^{55}kɤ^{31}	前日 tsʰiɑ̃^{24}ʐʅ^{31} 前个 tsʰiɑ̃^{24}kɤ^{31}	大前日 tɑ^{55}tsʰiɑ̃^{24}ʐʅ^{31} 老前个 lɔo^{52}tsʰiɑ̃^{24}kɤ^{24}
富平	夜来 iɑ^{31}lɛe^{31} 夜个 iɑ^{31}kɤ^{31}	前个 tʰiæ̃^{24}kɤ^{31}	先前个 ɕiæ̃^{31}tʰiæ̃^{24}kɤ^{31}
耀州	夜个 iɛ^{21}kɤ^{0}	前儿个 tɕʰiæ̃r^{24}kɤ^{0}	大前儿个 ta^{44}tɕʰiæ̃r^{24}kɤ^{0}
咸阳	夜儿个 iər^{53}kɤ^{0}	前儿个 tɕʰiər^{24}kɤ^{0}	大前儿个 ta^{44}tɕʰiər^{24}kɤ^{0} 上前儿个ʂɑŋ^{44}tɕʰiər^{24}kɤ^{0}
旬邑	夜来 iɛ^{24}lɛi^{0} 昨天 tsuo^{21}tsʰiã^{52}	前儿 tɕʰiãr^{24}	上前儿ʂɑŋ^{44}tɕʰiãr^{24}
三原	夜个儿 iɛ^{24}kər^{0}	前儿个 tɕʰiɑ̃r^{24}kɤ^{0}	大前儿个 tɑ^{44}tɕʰiɑ̃r^{24}kɤ^{0}

	0085 昨天	0086 前天	0087 大前天
乾县	夜儿 iə^{55}ɐr^{21}	前儿 tɕʰiæ̃^{24}ɐr^{21}	大前天 ta^{55}tɕʰiæ̃^{24}tʰiæ̃^{21}
岐山	夜 iɛ^{44} 夜来 iɛ^{44}lᴇ^{21}	前天 ȶʰiæ̃^{31}ȶʰiæ̃^{53} 先天 siæ̃^{31}ȶʰiæ̃^{31}	大前天 tᴀ^{44}ȶʰiæ̃^{31}ȶʰiæ̃^{53}
凤翔	夜个 ie^{44}kɔ^{0} ［夜来］ieː^{454}	前儿个 tsʰiæ̃r^{24}kɔ^{0} 先一天 siæ̃^{31}i^{0}tsʰiæ̃^{0}	上前儿个 ʂɑŋ^{44}tsʰiæ̃r^{24}kɔ^{0}
千阳	夜个 ie^{44}kɔ^{0}	前个 tsʰiæ̃^{24}kɔ^{0} 才个 tsʰᴇ^{24}kɔ^{0}	上前个 ʂɑŋ^{44}tsʰiæ̃^{24}kɔ^{0} 上才个 ʂɑŋ^{44}tsʰᴇ^{24}kɔ^{0}
西安	夜儿个 iɐr^{53}kɤ^{0}	前儿个 tɕʰiɐr^{24}kɤ^{0}	大前儿个 ta^{44}tɕʰiɐr^{24}kɤ^{0}
户县	［夜日］个儿 iɛ^{51}kə^{0}	前儿个儿 tɕʰiə^{35}kə^{0}	上前儿个儿 ʂaŋ^{55}tɕʰiə^{35}kə^{0}
商州	夜里 iɛ^{44}li^{0}	前儿 tɕʰiãr^{35}	三前儿 sã^{44}tɕʰiãr^{0}
镇安	昨儿 tsər^{322} 昨儿个 tsər^{322}kuə^{0}	前儿 tɕʰiɐr^{33} 前儿个 tɕʰiɐr^{33}kuə^{0}	向前儿 ɕiʌŋ^{322}tɕʰiɐr^{33} 向前儿个 ɕiʌŋ^{322}tɕʰiɐr^{33}kuə^{0}
安康	昨儿个 tsuor^{35}kɤ^{21}	前儿个 tɕʰiar^{35}kɤ^{21}	大前儿个 ta^{44}tɕʰiar^{35}kɤ^{21}
白河	昨儿 tsuər^{44}	前儿 tɕʰiɐr^{44}	大前儿天 ta^{42}tɕʰiɐr^{44}tʰian^{0}
汉阴	昨天 tso^{42}tʰian^{33}	前天 tɕʰian^{42}tʰian^{33}	大前天 tɑ^{24}tɕʰian^{42}tʰian^{33}
平利	昨天 tso^{52}tʰian^{21}	前天 tɕʰian^{52}tʰian^{21}	大前天 ta^{24}tɕʰian^{52}tʰian^{21} 向前天 ɕiaŋ^{24}tɕʰian^{52}tʰian^{21}
汉中	昨天 tsuɤ^{42}tʰian^{0}	前天 tɕʰian^{42}tʰian^{0}	大前天 tᴀ^{35}tɕian^{42}tʰian^{0}
城固	夜个儿 ian^{24}kər^{0}	前那个 tsʰian^{31}la^{24}kə^{0}	上前天 ʂɑŋ^{24}tsʰian^{31}tʰian^{24}
勉县	夜儿 iɛ^{21}ər^{35}	前儿 tɕʰiɑn^{21}ər^{0}	上前儿 sɑŋ^{35}tɕʰiɑn^{21}ər^{0}
镇巴	昨天 tso^{31}tʰian^{55}	前天 tɕʰian^{33}tʰian^{55}	上前天 saŋ^{213}tɕʰian^{31}tʰian^{55}

	0088 整天	0089 每天	0090 早晨
榆林	一天 iəʔ^{3}tʰiɛ^{33}	天每儿 tʰiɛ^{33}mər^{0}	清大早起 tɕʰiɤɣ̃^{33}ta^{52} tsɔo^{24}tɕʰi^{0}
神木	成天 tʂʰɤ̃^{44}tʰiɛ^{0}	天日儿 tʰiɛ^{24}iʌɯ^{53} 日儿日儿 iʌɯ^{53}iʌɯ^{53}	早起 tsɔo^{24}tɕʰi^{0}/tsɔo^{21}tɕʰi^{24} 早晨 tsɔo^{24}ʂɤ̃^{0}/tsɔo^{21}ʂɤ̃^{24}
绥德	一天 iəʔ^{5}tʰie^{213} 成天 tʂʰəɣ̃^{33}tʰie^{0}	天每儿 tʰie^{24}mər^{0} 天天 tʰie^{24}tʰie^{0}	早起 tsao^{24}tɕʰi^{0}
吴堡	直一天 tʂʰəʔ^{21}iəʔ^{3}tʰie^{213}	天每儿 tʰie^{24}mər^{412} 天每日儿 tʰie^{24}mɑe^{41}iər^{53}	早起儿 tso^{24}tɕʰiɪr^{412}
清涧	满天 mu^{53}tʰi^{312}	天日儿 tʰi^{31}iər^{42} 天天 tʰi^{31}tʰi^{53}	早起 tsɔo^{31}tsʰɿ^{53}
延安	整天 tʂəŋ^{52}tʰiæ̃^{213}	天天 tʰiæ̃^{24}tʰiæ̃^{0}	早起 tsɔ^{21}tɕʰi^{53}
延川	整天 tʂəŋ^{53}tɕʰiɛ^{213}	天天 tɕʰiɛ^{21}tɕʰiɛ^{53}	早上 tsɑo^{53}ʂei^{213}
黄陵	整天 tʂəŋ^{52}tɕʰiæ̃^{31} 成天 tʂʰəŋ^{24}tɕʰiæ̃^{31}	天天 tɕʰæ̃^{31}tɕʰiæ̃^{0}	早起 tsɔ^{31}tɕʰi^{0} 早晨 tsɔ^{52}tʂʰẽ^{0}
渭南	整天 tʂəŋ^{53}tɕʰiæ̃^{31}	见天 tɕiæ̃^{44}tɕʰiæ̃^{31}	清早 tɕʰiəŋ^{31}tsɔo^{53} 赶早 kæ̃^{31}tsɔo^{53}
韩城	成天 tʂʰəŋ^{24}tʰiɑ̃^{31}	天天 tʰiɑ̃^{24}tʰiɑ̃^{31} 见天 tɕiɑ̃^{44}tʰiɑ̃^{31}	早起 tsɑu^{31}tɕʰi^{53}
合阳	一天 i^{24}tʰiɑ̃^{31} 成天 tʂʰəŋ^{24}tʰiɑ̃^{31}	每天 mei^{52}tʰiɑ̃^{31} 每日 mei^{52}ʐʅ^{31}	早上 tsɔo^{52}ʂɑŋ^{31} 早起 tsɔo^{31}tɕʰi^{52}
富平	成天 tʂʰəɣ̃^{24}tʰiæ̃^{31}	天天 tʰiæ̃^{31}tʰiæ̃^{31}	[清晌] 午 tʰiɑɣ̃^{31}ku^{31}
耀州	成天 tʂʰəŋ^{24}tɕʰiæ̃^{21}	天天 tɕʰiæ̃^{21}tɕʰiæ̃^{0} 见天 tɕiæ̃^{44}tɕʰiæ̃^{21}	早上 tsɔu^{52}ʂɑŋ^{0} 早起 tsɔu^{21}tɕʰi^{52}
咸阳	整天 tʂəŋ^{53}tʰiɑ̃^{0}	天天儿 tʰiɑ̃^{24}tʰiɐr^{0}	赶早 kɑ̃^{31}tsɔ^{53}
旬邑	成天 tʂʰəŋ^{24}tsʰiɑ̃^{21} 整天 tʂəŋ^{52}tsʰiɑ̃^{21}	天天 tsʰiɑ̃^{24}tsʰiɑ̃^{0}	早间 tsɑu^{52}tɕiɑ̃^{0}
三原	成天 tʂʰəŋ^{24}tɕʰiɑ̃^{31}	见天 tɕiɑ̃^{44}tɕʰiɑ̃^{31}	早晨 tsɑɔ^{52}ʂẽ^{0} 赶早 kɑ̃^{31}tsɑɔ^{52}

	0088 整天	0089 每天	0090 早晨
乾县	整天 tɤŋ^{53}tʰiæ̃^{21}	每天 me^{53}tʰiæ̃^{21}	清早 tɕʰiɤŋ^{21}tsɔ^{53} 大清早 ta^{55}tɕʰiɤŋ^{21}tsɔ^{21}
岐山	一天 i^{24}ȶʰiæ̃^{31} 成天 tʂʰəŋ^{24}ȶʰiæ̃^{31}	天天天 ȶʰiæ̃^{31}ȶʰiæ̃^{24}ȶʰiæ̃^{31} 天天 ȶʰiæ̃^{31}ȶʰiæ̃^{21}	早上 tsɔ^{44}sɑŋ^{21} 早晨 tsɔ^{44}ʂəŋ^{21}
凤翔	成天 tʂʰəŋ^{24}tsʰiæ̃^{31}	天天 tsʰiæ̃^{31}tsʰiæ̃^{0}	早上 tsɔ^{44}ʂɑŋ^{0} [早上]晨 tsɑŋ^{44}ʂəŋ^{0}
千阳	成[天家]tʂʰəŋ^{24}tsʰiæ̃ː^{533}	天天 tsʰiæ̃^{24}tsʰiæ̃^{31}	早上 tsɔ^{44}ʂɑŋ^{0} 赶早 kæ̃^{31}tsɔ^{0}
西安	一天 i^{24}tʰiã^{21}	成天 tʂʰəŋ^{24}tʰiã^{21}	赶早 kã^{21}tsau^{53}
户县	成天 tʂʰəŋ^{35}tʰiã^{31}	天天 tʰiã^{35}tʰiã^{31} 见天 tɕiã^{55}tʰiã^{31}	早起 tsau^{31}tɕʰi^{51}
商州	一天 i^{35}tʰiã^{31}	成天 tʂʰəŋ^{35}tʰiã^{31}	早晨 tsɑo^{53}ʂẽ^{0}
镇安	一天 i^{21}tʰian^{53}	天天 tʰian^{53}tʰian^{0}	早上 tsɔo^{35}ʂʌŋ^{53}
安康	成天 tʂʰən^{35}tʰian^{31}	每天 mei^{53}tʰian^{31}	早上 tsau^{53}ʂaŋ^{21}
白河	一天到晚 i^{44}tʰian^{21}tɔu^{42}uan^{35}	天天 tʰian^{35}tʰian^{0} 成天 tʂʰəŋ^{44}tʰian^{0}	早上 tsɔu^{35}ʂaŋ^{0} 早起 tsɔu^{35}tɕʰi^{0}
汉阴	一天 i^{42}tʰian^{33} 亘天 kən^{45}tʰian^{33}	天天 tʰian^{33}tʰian^{33} 每天 mei^{45}tʰian^{33}	早上 tsɑo^{45}ʂɑŋ^{0}
平利	一天 i^{43}tʰian^{43} 亘天 kən^{45}tʰian^{43}	每天 mei^{45}tʰian^{43}	早上 tsau^{45}ʂaŋ^{21}
汉中	成天 tʂʰən^{42}tʰian^{55} 整天 tʂən^{35}tʰian^{55}	见天 tɕian^{21}tʰian^{55}	早晨 tsɑo^{35}ʂən^{0}
城固	一天 i^{31}tʰian^{53}	天天 tʰian^{44}tʰian^{0}	早晨 tsɔ^{24}ʂən^{0}
勉县	一天 i^{21}tʰiɑn^{42}	天天 tʰiɑn^{44}tʰiɑn^{0}	赶早 kɑn^{21}tsɑɔ^{35} 早起 tsɑɔ^{35}tɕʰi^{0}
镇巴	亘天 kən^{52}tʰian^{55} 闷⁼天 mən^{35}tʰian^{55}	天天 tʰian^{35}tʰian^{55}	早晨 tsau^{45}sən^{31}

	0091 上午	0092 中午	0093 下午
榆林	早起 tsɔo^{21}tɕʰi^{33}	晌午儿 ʂɑ̃^{21}vuər^{33}	后儿晌 xəur^{52}ʂɑ̃^{0}
神木	前晌 tɕʰiɛ^{44}ʂɑ̃^{0}	晌午 ʂɑ̃^{21}vuo^{24}	后晌 xəu^{53}ʂɑ̃^{0}
绥德	前晌 tɕʰie^{33}ʂɑ̃^{0}	晌午 ʂɑ̃^{21}xu^{33}	后晌 xəu^{52}ʂɑ̃^{0}
吴堡	前晌儿 tɕʰie^{33}ʂɤur^{213}	晌午 ʂɤ^{41}xu^{33}	后晌儿 xɑo^{53}ʂɤur^{213}
清涧	前晌里 tɕʰi^{24}ʂəʔ^{4}li^{0}	晌午 ʂɒ̃^{53}vʊ^{0}	后晌里 xəu^{44}ʂəʔ^{4}li^{0}
延安	前晌 tɕʰiæ̃^{24}ʂaŋ^{0}	晌午 ʂaŋ^{52}vu^{0} 中午 tʂuəŋ^{24}vu^{0}	后晌 xou^{443}ʂaŋ^{0}
延川	前晌 tɕʰiɛ^{35}ʂei^{0}	晌午 ʂɑŋ^{53}vu^{213}	后晌 xəu^{53}ʂei^{0}
黄陵	前晌 tɕʰiæ̃^{24}ʂɑŋ^{0}	晌午 ʂɑŋ^{31}u^{0}	后晌 xəu^{55}ʂɑŋ^{0}
渭南	清早 tɕʰiəŋ^{31}tsɔo^{53} 赶早 kæ̃^{31}tsɔo^{53}	晌 ʂɑŋ^{31}	［后晌］ xuɑŋ^{53}
韩城	半早起 pã^{44}tsɑu^{31}tɕʰi^{53} 半晌午 pã^{44}ʂɑŋ^{31}xuɤ^{0}	晌午 ʂɑŋ^{31}xuɤ^{0}	后晌 xəu^{44}ʂuɤ^{0}
合阳	前半天 tsʰiã^{24}pã^{55}tʰiã^{31} 前半晌 tsʰiã^{2}pã^{55}ʂuo^{55}	晌午 ʂɑŋ^{31}xu^{31}	后晌 xou^{55}ʂɑŋ^{31}
富平	早上 tsɑo^{53}ʂɑɣ̃^{31}	晌午端 ʂɑɣ̃^{31}u^{24}tuæ̃^{31}	后晌 xou^{55}ʂɑɣ̃^{31}
耀州	打［起来］ta^{24}tɕʰiɛ^{52}	晌午 ʂɑŋ^{21}u^{52}	后晌 xou^{44}ʂɑŋ^{21}
咸阳	晌午 ʂɑŋ^{53}u^{0}	晌午端 sɑŋ^{24}u^{53}tuã^{31}	后半晌 xou^{44}pã^{31}ʂɑŋ^{0}
旬邑	半前 pã^{44}tɕʰiã^{24} 上午 ʂɑŋ^{24}u^{0}	晌午 ʂɑŋ^{21}u^{0} 中午 tʃəŋ^{21}u^{0}	后晌 xəu^{24}ʂɑŋ^{0} 下午 ɕia^{24}u^{0}
三原	上午 ʂɑŋ^{44}u^{52}	晌午 ʂɑŋ^{31}u^{0} 晌午端 ʂɑŋ^{31}u^{24}tuã^{31}	后晌 xou^{44}ʂɑŋ^{31} 晌午偏 ʂɑŋ^{31}u^{24}pʰiã^{31}

	0091 上午	0092 中午	0093 下午
乾县	晌午 ʂaŋ^{21}u^{21}	晌午 ʂaŋ^{21}u^{21}	后晌 xoŋ^{55}ʂaŋ^{21}
岐山	吃了饭 tʂ^{h}ɤː^{31}fæ̃^{44} 上午 ʂaŋ^{44}vu^{53}	晌午 ʂɑŋ^{31}vu^{21} 晌午端 ʂɑŋ^{31}vu^{24}tuæ̃^{31}	后晌 xou^{44}ʂɑŋ^{53}
凤翔	[吃了]饭 tʂ^{h}ʅə^{31}fæ̃^{44} 上午 ʂaŋ^{45}vu^{0}	晌午 ʂɑŋ^{31}vu^{0} 中午 tʂəŋ^{31}vu^{53}	后晌 xəu^{45}ʂɑŋ^{0} 下午 ɕia^{45}vu^{0}
千阳	[吃了]饭 tʂ^{h}ə^{31}fæ̃^{44}	晌午 ʂɑŋ^{31}vu^{0}	后晌 xou^{45}ʂɑŋ^{0}
西安	早上 tsau^{53}ʂaŋ^{0}	晌午 ʂaŋ^{21}u^{0}	后晌 xou^{44}ʂaŋ^{0}
户县	前半儿 tɕ^{h}iã^{35}pə^{0}	晌午 ʂaŋ^{31}u^{31} 晌[午里] ʂaŋ^{31}uei^{31}	后半儿 xɤu^{55}pə^{0} 后晌 xɤu^{55}ʂaŋ^{31}
商州	晌午 ʂɑŋ^{31}xu^{0}	后晌 xuəŋ^{44}ʂɑŋ^{31}	后晌 xuəŋ^{44}ʂɑŋ^{31}
镇安	上午 ʂʌŋ^{33}vu^{35}	晌午 ʂʌŋ^{35}vu^{21}	下昼 xa^{33}tʂəu^{214}
安康	上午 ʂaŋ^{44}u^{53}	中午 pfəŋ^{31}u^{53}	下午 ɕia^{44}u^{53}
白河	前半儿 tɕ^{h}ian^{44}pɐr^{0}	晌午 ʂaŋ^{35}u^{0}	后半儿 xəu^{42}pɐr^{0}
汉阴	上半天 ʂɑŋ^{24}pan^{24}t^{h}ian^{33}	晌午 ʂɑŋ^{45}u^{0}	下午 χɑŋ^{21}u^{45}
平利	前半天 tɕ^{h}ian^{52}pan^{24}t^{h}ian^{21} 上午 ʂaŋ^{24}u^{445}	晌午 ʂaŋ^{45}u^{445} 中午 tʂoŋ^{43}u^{445}	后半天 xou^{24}pan^{24}t^{h}ian^{43} 下午 ɕia^{24}u^{445}
汉中	上午 ʂɑŋ^{21}u^{354}	中午 tsoŋ^{55}u^{354}	下午 ɕiA^{21}u^{354}
城固	早晨 tsɔ^{24}ʂən^{0}	晌午 ʂaŋ^{44}u^{0}	下午 xa^{31}u^{0}
勉县	上半天 sɑŋ^{21}pɑn^{0}t^{h}iɑn^{0} 早晨 tsɑɔ^{35}sən^{0}	中午 tsoŋ^{44}vu^{35}	晌午 sɑŋ^{35}vu^{0}
镇巴	早晨 tsau^{45}sən^{31}	中午 tsoŋ^{35}u^{52}	下午 ɕia^{21}u^{52}

	0094 傍晚	0095 白天	0096 夜晚与白天相对，统称
榆林	黄昏儿 xuɑ̃^{24}xuə̃r^{0}	白儿 piɐr^{213}	黑地 xəʔ^{3}ti^{52} 黑儿 xər^{52}
神木	昏黄 xuɤ̃^{24}xuɑ̃^{44} 擦黑 tsʰaʔ^{4}xəʔ^{4}	白天 piɛ^{44}tʰiɛ^{0} 白日儿 piɛ^{44}iʌɯ^{53}	黑地 xəʔ^{4}ti^{53} 黑夜 xəʔ^{4}iɛ^{53}
绥德	临黑价 liəɣ̃^{33}xəʔ^{5}tɕiɑ^{0} 一摸黑儿 iəʔ^{3}muo^{52}xər^{33} 麻子眼儿 mɑ^{33}tsəʔ^{0}iər^{213}	白日 pi^{33}ʐəɣ̃^{0}	黑地 xəʔ^{3}ti^{52} 黑里 xəʔ^{5}li^{0}
吴堡	昏黄 xuəŋ^{21}xu^{33}	白日儿 pʰiəʔ^{21}iər^{53}	黑地儿 xəʔ^{3}tər^{53} 黑间儿 xəʔ^{3}tɕiɐr^{213}
清涧	随黑儿 sʮ^{24}xər^{53} 临黑价 liəɣ̃^{24}xəʔ^{4}tɕi^{0}	白日儿 pʰi^{24}ʐər^{53}	黑咾 xəʔ^{4}lɔo^{0}
延安	临黑 liəŋ^{24}xei^{213} 麻麻黑 ma^{24}ma^{21}xei^{213} 一抹黑 iəʔ^{5}muo^{21}xei^{213}	白天 pʰei^{24}tʰiæ̃^{213}	黑地 xei^{21}tʰi^{443}
延川	临黑 liŋ^{35}xəʔ^{0}	白儿里 pʰər^{53}li^{0}	黑咾 xəʔ^{32}lao^{213}
黄陵	擦黑儿 tsʰɑ^{24}xər^{31}	白儿 pʰər^{24}	黑了 xei^{31}liɔ^{0} 晚上 uæ̃^{52}ʂɑŋ^{0}
渭南	[后晌]黑 xuɑŋ^{44}xei^{31}	白儿 pʰər^{24}	黑来 xei^{53}lae^{0}
韩城	快黑的啦 kʰuæe^{44}xɯ^{31}ti^{0}lɑ^{0}	白天 pʰɪi^{24}tʰiã^{0}	黑咾 xɯ^{31}lɑu^{0}
合阳	擦黑 tsʰɑ^{24}xɯ^{31}	白天 pʰei^{24}tʰiɑ̃^{31}	黑咾 xɯ^{31}lɔo^{31}
富平	麻擦黑 mɑ^{31}tsʰɑ^{53}xeɪ^{31}	白日 peɪ^{24}ʐɛ̃^{53}	黑来 xeɪ^{31}lɛe^{31}
耀州	擦黑的 tsʰa^{24}xei^{52}ti^{0}	白天 pei^{24}tɕʰiæ̃^{0}	黑咾 xei^{21}lɔu^{0} 晚上 uæ̃^{52}ʂɑŋ^{0}
咸阳	后晌黑 xou^{44}ʂɑŋ^{24}xei^{31}	白天 pei^{24}tʰiɑ̃^{0}	黑咧 xei^{31}liɛ^{0}
旬邑	半后晌 pɑ̃^{44}xəu^{24}ʂɑŋ^{0} 快黑了 kʰuɛi^{44}xei^{21}la^{0}	白儿 pʰeir^{24} 白天 pʰei^{21}tsʰiɑ̃^{52}	黑啦 xei^{21}la^{0} 晚上 vɑ̃^{44}ʂɑŋ^{0}
三原	麻麻黑儿 mɑ^{24}mɑ^{24}xər^{52}	白儿 pʰər^{24}	黑啦 xei^{31}lɑ^{0}

	0094 傍晚	0095 白天	0096 夜晚与白天相对，统称
乾县	才黑 tsʰɛ^{24}xe^{21}	白天 pe^{24}tʰiæ̃^{21}	黑咧 xe^{21}liə^{21} 晚上 væ̃^{53}ʂaŋ^{21}
岐山	傍晚 pʰɑŋ^{24}væ̃^{53}	白天 pʰei^{31}ȶʰiæ̃^{53} 一天 i^{24}ȶʰiæ̃^{31}	一黑 i^{24}xei^{31} 晚上 væ̃^{44}ʂɑŋ^{21}
凤翔	黑得下 xei^{53}tei^{0}xa^{0} 擦黑下 tsʰa^{31}xei^{53}xa^{0}	白天 pei^{31}tsʰiæ̃^{53}	黑了 xei^{31}liɔ^{0} 晚上 væ̃^{44}ʂɑŋ^{0}
千阳	黑得了 xei^{53}tei^{0}liɔ^{0}	一天 i^{24}tsʰiæ̃^{31}	黑了 xei^{31}liɔ^{0} 晚上 væ̃^{44}ʂɑŋ^{0}
西安	后半儿 xou^{44}pɐr^{0}	白儿 pər^{24} 白儿里 pər^{24}ȵi^{0}	黑咧 xei^{21}liɛ^{0}
户县	才黑 tsʰæ^{35}xei^{31} 后晌黑 xɤu^{55}ʂaŋ^{35}xei^{31}	白儿 pəɯ^{35}	黑咧 xei^{31}liɛ^{0}
商州	麻麻儿黑 mɑ^{31}mɐr^{0}xei^{31}	白儿 pər^{35}	黑咾 xei^{31}lɑo^{0}
镇安	煞黑 sa^{21}xɛ^{53} 麻影子 ma^{33}in^{35}tsɿ^{53}	白儿的 pər^{322}ti^{0}	黑地 xɛ^{53}ti^{0}
安康	营$^{=}$黑儿 in^{35}xər^{31} 擦黑儿 tsʰa^{35}xər^{31}	白天 pei^{35}tʰian^{31}	夜里 ie^{44}li^{53}
白河	后半儿黑的 xəu^{42}pɐr^{0}xᴇ^{213}ti^{0} 打麻影儿 ta^{35}ma^{44}iər^{35}	白儿天 pər^{44}tʰian^{0}	晚上 uan^{35}ʂaŋ^{0}
汉阴	擦黑 tsʰɑ^{42}χᴇ^{42} 打麻影子 tɑ^{45}mɑ^{42}in^{45}tsɿ^{0}	白天 pᴇ^{42}tʰian^{0}	晚上 uan^{45}ʂɑŋ^{0}
平利	天快黑了 tʰian^{43}kʰuai^{24}xei^{43}liau^{0} 煞黑 sa^{43}xei^{43}	白天 pᴇ^{52}tʰian^{0}	晚上 uan^{45}ʂan^{0}
汉中	擦黑 tsʰA^{21}xei^{55}	白天 pei^{42}tʰian^{0}	黑咾 xei^{55}lɑo^{0}
城固	天黑□tʰian^{31}xei^{53}tsaŋ^{0}	白天 pei^{31}tʰian^{24}	黑咾 xei^{44}lɔ^{0}
勉县	擦黑子 tsʰɑ^{44}xei^{44}tsɿ^{0} 麻影子 mɑ^{21}in^{0}tsɿ^{0}	白天 pei^{21}tʰiɑn^{0}	黑咾 xei^{44}lɑɔ^{0}
镇巴	擦黑 tsʰa^{33}xɛ^{31}	白天 pɛ^{31}tʰian^{55}	晚上 uan^{45}saŋ^{213}

	0097 半夜	0098 正月农历	0099 大年初一农历
榆林	黑天半夜 xəʔ^{3}t^{h}iε^{0} pε^{52}iε^{52}	正月 tʂɤɣ̃^{33}yʌʔ^{0} 正头正月 tʂɤɣ̃^{33}t^{h}əu^{33} tʂɤɣ̃^{33}yʌʔ^{0}	大年初一 ta^{52}niε^{0}tʂ^{h}uə^{33}iəʔ^{0}
神木	半夜 pε^{53}iε^{53}	正月 tʂɤ̃^{24}yəʔ^{0}	大年初一 ta^{53}ȵiε^{0}tʂ^{h}uo^{24}iəʔ^{4} 正月初一 tʂɤ̃^{24}yəʔ^{0}tʂ^{h}uo^{24}iəʔ^{4}
绥德	半夜 pæ^{52}i^{52}	正月 tʂəɣ̃^{24}ye^{0} 正头半月 tʂəɣ̃^{21}t^{h}əu^{33}pæ^{52} ye^{0}	正月初一 tʂəɣ̃^{24}ye^{0}tʂ^{h}uo^{21}iɤ^{33}
吴堡	半夜 pɤ^{53}iɑ^{53}	正月 tʂεe^{24}yəʔ^{0}	正月初一 tʂεe^{24}yəʔ^{0}ts^{h}u^{24}iəʔ^{0}
清涧	半夜 pε^{44}iɑ^{44}	正月 tʂəɣ̃^{31}y^{53}	正月初一 tʂəɣ̃^{31}y^{24}tʂ^{h}ʯ^{31}iəʔ^{54}
延安	半夜 pæ̃^{443}iε^{443}	正月 tʂəŋ^{21}yo^{53}	大年初一 ta^{443}ȵiæ̃^{24}tʂ^{h}u^{21}i^{53} 正月初一 tʂəŋ^{21}yo^{443}tʂ^{h}u^{21}i^{53}
延川	半夜 pæ̃^{53}ia^{0}	正月 tʂəŋ^{21}yε^{53}	正月初一 tʂəŋ^{21}yε^{53}tʂ^{h}ʯ^{21}iəʔ^{423}
黄陵	半夜 pæ̃^{55}iε^{55}	正月 tʂəŋ^{31}yɤ^{0}	正月初一 tʂəŋ^{31}yɤ^{0}ts^{h}əu^{24}i^{31} 初一 ts^{h}əu^{24}i^{31}
渭南	半夜 pæ̃^{44}iε^{44}	正月 tʂəŋ^{31}yə^{31}	大年初一 tɑ^{44}ȵiæ̃^{24}tsəu^{24}i^{31}
韩城	半夜 pã^{44}iɑ^{44}	正月 tʂəŋ^{31}yE^{0}	大年初一 tɑ^{44}ȵiã^{24}ts^{h}əu^{31}i^{24}
合阳	半夜 pɑ̃^{55}iɑ^{55}	正月 tʂəŋ^{31}yə^{31}	大年初一 tɑ^{55}ȵiɑ̃^{24}ts^{h}ou^{24}i^{31}
富平	半夜 pæ̃^{55}iε^{55}	正月 tʂəɣ̃^{31}yε^{31}	大年初一儿 tɑ^{55}ȵiæ̃^{24}ts^{h}ou^{24}ir^{53}
耀州	半夜 pæ̃^{44}iε^{44} 半晚上 pæ̃^{44}uæ̃^{52}ʂɑŋ^{0}	正月 tʂəŋ^{21}yε^{21}	正月初一 tʂəŋ^{21}yε^{21}ts^{h}ou^{24}i^{21}
咸阳	半夜 pã^{44}iε^{44}	正月 tʂəŋ^{31}yo^{0}	年初一 ȵiã^{24}tʃ^{h}u^{31}i^{0}
旬邑	半晚些 pã^{44}vã^{44}ɕiε^{0} 半夜 pã^{44}iε^{44}	正月 tʂəŋ^{21}yo^{21}	过年哩 kuo^{44}ȵiã^{21}li^{0} 大年初一 ta^{44}ȵiã^{24}tʃ^{h}ʅ^{21}i^{21}
三原	半夜 pã^{44}iε^{44}	正月 tʂəŋ^{31}yε^{31}	初一儿 ts^{h}ou^{24}iər^{52}

	0097 半夜	0098 正月农历	0099 大年初一农历
乾县	半晚上 pæ̃55væ̃53ʂaŋ21	正月 ʈɤŋ21yə21	大年初一 ta55ȵiæ̃24tʃʰu21i21
岐山	半夜 pæ̃44iɛ44 半晚上 pæ̃44væ̃44ʂɑŋ21	正月 tʂəŋ31yɛ21	初一 tʂʰʅ31i21
凤翔	半夜 pæ̃45ie0	正月 tʂəŋ31ye0	大年初一 ta44ȵiæ̃24tʂʰʅ31i0 正月初一 tʂəŋ31ye24tʂʰʅ31i0
千阳	半夜 pæ̃45ie0	正月 tʂəŋ31ye0	大年初一 ta44ȵiæ̃24tʃʰʅ31i0 正月初一 tʂəŋ31ye24tʃʰʅ31i0
西安	半夜 pã44iɛ44	正月 tʂəŋ21yɛ0	初一 pfu24i21
户县	半夜 pã55iɛ55	正月 tʂəŋ31yɛ35	大年初一 ta55ȵiã35tsʰɤu31i31 正月初一 tʂəŋ31yɛ31tsʰɤu31i31
商州	半夜 pã44iɛ44	正月 tʂəŋ31yɛ31	初一 tsʰou35i31
镇安	半夜 pan33iɛ322	正月 tʂən53ʐʮɛ0	正月初一 tʂən21ʐʮɛ0tsʰəu21i53 初一 tsʰəu21i53
安康	半夜 pan44ie44	正月 tʂən31ye31	大年初一 ta44ȵian35tsʰou35i31
白河	半夜 pan42iE41	正月 tʂən21yE213	正月初一 tʂən21yE0tsʰəu21i44
汉阴	半晚上 pan21uan45ʂɑŋ0	正月 tʂən33yE0	大年初一 tɑ24ȵian42tsʰəu33i42 正月初一 tʂən33yE0tsʰəu33i42
平利	半夜 pan24iE214	正月 tʂən43ʮE0	正月初一 tʂən43ʮE0tsou43i43
汉中	半夜 pan35iE213	正月 tʂən55yɤ0	大年初一 tA21ȵian0tsʰu55i0
城固	半夜 pan24iɛ213	正月 tʂəŋ44yɛ0	正月初一 tʂəŋ44yɛ0tʃʰu44i0
勉县	半夜 pɑn35iɛ213	正月 tsən44yɤ0	大年初一 tɑ21ȵiɑn35tsʰu44i0
镇巴	半晚上 pan213uan45saŋ213	正月 tsən35yɛ31	初一天 tsʰu35i31tʰian55

	0100 元宵节	0101 清明	0102 端午
榆林	正月十五 tʂɤɣ̃^{33}yʌʔ^{0}ʂəʔ^{3}vu^{0}	清明 tɕ^{h}iɤɣ̃^{33}miɤɣ̃^{213}	五月端午 vu^{21}yʌʔ^{0}tɛ^{33}vu^{0}
神木	正月十五 tʂɤ̃^{24}yəʔ^{0}ʂəʔ^{4}vu^{0}	清明 tɕ^{h}iɤ̃^{24}miɤ̃^{44}	五月端午 vu^{21}yəʔ^{4}tuɛ^{24}vu^{0}
绥德	正月十五 tʂəɣ̃^{24}ye^{0}ʂəʔ^{5}u^{0}	清明 tɕ^{h}iəɣ̃^{21}miəɣ̃^{33}	端午 tuæ^{24}u^{0}
吴堡	正月十五 tʂɛe^{24}yəʔ^{0}ʂəʔ^{4}uəʔ^{213}	清明 tɕ^{h}iəŋ^{21}miəŋ^{33}	端午 tuɤ^{24}uəʔ^{0}
清涧	正月十五 tʂəɣ̃^{31}y^{24}ʂəʔ^{4}vʊ^{53}	清明 tɕ^{h}iəɣ̃^{31}miɣ̃^{24}	端午 tu^{31}vʊ^{53}
延安	正月十五 tʂəŋ^{21}yo^{443}ʂəʔ^{5}vu^{423}	清明 tɕ^{h}iəŋ^{21}miəŋ^{53}	端午 tuæ̃^{21}vu^{53}
延川	正月十五 tʂəŋ^{21}yɛ^{53}ʂəʔ^{54}vu^{0}	清明 tɕ^{h}iŋ^{21}miŋ^{53}	端午 tuɤ^{21}vu^{53}
黄陵	正月十五 tʂəŋ^{31}yɤ^{0}ʂʅ^{24}u^{52}	清明 tɕ^{h}iəŋ^{31}miəŋ^{0}	端午 tuæ̃^{31}u^{0}
渭南	正月十五 tʂəŋ^{31}yə^{31}ʂʅ^{31}u^{53}	清明 tɕ^{h}iəŋ^{31}miəŋ^{0}	端午 tuæ̃^{31}u^{0} 五月节 u^{53}yə^{24}tɕiɛ^{31}
韩城	正月十五 tʂəŋ^{31}yE^{31}ʂʅ^{24}u^{53}	清明 tɕ^{h}iəŋ^{31}miəŋ^{0}	端午 tã^{31}u^{0}
合阳	正月十五 ts^{h}əŋ^{31}yə^{31}ʂʅ^{24}u^{52}	清明 ts^{h}iŋ^{31}miŋ^{31}	端午 tɑ̃^{31}u^{31}
富平	正月十五 tʂəɣ̃^{31}yɛ^{31}ʂʅ^{31}u^{53}	清明 t^{h}iəɣ̃^{53}miəɣ̃^{31}	端午节 tuæ̃^{31}u^{24}tiɛ^{31}
耀州	正月十五 tʂəŋ^{21}yɛ^{21}ʂʅ^{24}u^{52}	清明 tɕ^{h}iŋ^{52}miŋ^{21}	端午 tuæ̃^{21}u^{0} 端阳 tuæ̃^{21}iɑŋ^{24}
咸阳	正月十五 tʂəŋ^{31}yo^{31}ʂʅ^{24}u^{53}	清明 tɕ^{h}iəŋ^{31}miəŋ^{0}	端午 tuã^{31}u^{0}
旬邑	十五 ʂʅ^{24}u^{52}	清明 tɕ^{h}iəu^{52}miəŋ^{0}/ tɕ^{h}iəŋ^{52}miəŋ^{0}	端午 tuã^{21}u^{21}
三原	正月十五 tʂəŋ^{31}yɤ^{31}ʂʅ^{31}u^{52}	清明 tɕ^{h}iəŋ^{52}miəŋ^{0}	端午节 tuã^{31}u^{24}tɕiɛ^{31}

	0100 元宵节	0101 清明	0102 端午
乾县	正月十五 ʈɤŋ^{21}yə^{21}ʂʅ^{24}u^{53}	清明 tɕʰiɤŋ^{53}miɤŋ^{21}	端午 tuæ̃^{21}u^{21}
岐山	十五 ʂʅ^{24}vu^{53}	清明 ȶʰiŋ^{53}miŋ^{21}	端午 tuæ̃^{31}vu^{21} 五月端午 vu^{44}yɛ^{24}tuæ̃^{31}vu^{21}
凤翔	正月十五 tʂəŋ^{31}ye^{0}ʂʅ^{31}vu^{53} 十五 ʂʅ^{31}vu^{53}	清明 tsʰiŋ^{53}miŋ^{0}	端午 tuæ̃^{31}vu^{0} 五月端午 vu^{44}ye^{24}tuæ̃^{31}vu^{0}
千阳	正月十五 tʂəŋ^{31}ye^{0}ʂʅ^{31}vu^{0} 十五 ʂʅ^{31}vu^{0}	清明 tsʰiŋ^{53}miŋ^{0}	端午 tæ̃^{31}vu^{0} 五月端午 vu^{44}ye^{24}tæ̃^{31}vu^{0}
西安	十五 ʂʅ^{24}u^{53}	清明 tɕʰiəŋ^{21}miəŋ^{0}	端午 tuã^{21}u^{0}
户县	十五 ʂʅ^{35}u^{51}	寒食 xã^{35}ʂʅ^{31} 清明 tɕʰiŋ^{31}miŋ^{31}	五月[端午]u^{51}yɛ^{35}tau^{31} 五月节 u^{51}yɛ^{35}tɕiɛ^{31}
商州	正月十五 tʂəŋ^{31}yɛ^{31}ʂʅ^{35}u^{53}	清明 tɕʰiəŋ^{53}miəŋ^{0}	五月端午 u^{53}yɛ^{31}tuã^{31}u^{0}
镇安	正月十五 tʂən^{21}ʐɥɛ^{0}ʂʅ^{21}vu^{35}	清明 tɕʰin^{53}min^{0}	五月端阳 vu^{53}ʐɥɛ^{0}tan^{53}iʌŋ^{0} 端阳 tan^{53}iʌŋ^{0}
安康	正月十五 tʂən^{31}ye^{31}ʂʅ^{35}u^{53}	清明 tɕʰin^{31}min^{0}	五月节 u^{53}ye^{35}tɕie^{31} 端阳节 tuan^{31}iaŋ^{35}tɕie^{31}
白河	正月十五 tʂən^{21}yᴇ^{0}ʂʅ^{44}u^{35}	清明 tɕʰiən^{21}miən^{44}	端阳儿 taŋ^{21}iɐr^{0}
汉阴	正月十五 tʂən^{33}yᴇ^{0}ʂʅ^{42}u^{45} 十五 ʂʅ^{42}u^{45}	清明 tɕʰin^{33}min^{42} 清明节 tɕʰin^{33}min^{42}tɕiᴇ^{42}	端阳节 tuan^{33}iɑŋ^{0}tɕiᴇ^{42} 五月端阳 u^{45}yᴇ^{0}tuan^{33}iɑŋ^{0}
平利	正月十五 tʂən^{43}ɥᴇ^{21}ʂʅ^{52}u^{445}	清明 tɕʰin^{43}min^{0}	端午 tan^{43}u^{0}
汉中	正月十五 tʂən^{55}yɤ^{0}ʂʅ^{42}u^{354}	清明 tɕʰin^{55}min^{21}	五月端午 u^{35}yɤ^{0}tuan^{55}u^{0} 端午节 tuan^{55}u^{0}tɕiᴇ^{55}
城固	正月十五 tʂəŋ^{44}yɛ^{0}ʂʅ^{31}u^{44}	清明 tsʰiŋ^{44}miŋ^{0}	端午 tuan^{44}u^{0} 五月端午 u^{24}yɛ^{0}tuan^{44}u^{0}
勉县	正月十五 tsən^{44}yɤ^{0}sɿ^{21}vu^{35}	清明 tɕʰin^{44}min^{0}	五月端午 vu^{35}yɤ^{0}tɑn^{44}vu^{0}
镇巴	十五 sɿ^{31}u^{52} 元宵节 yan^{31}ɕiau^{55}tɕiɛ^{31}	清明 tɕʰin^{35}min^{52}	端午 tuan^{35}u^{52} 端阳 tuan^{35}iaŋ^{52}

	0103 七月十五农历，节日名	0104 中秋	0105 冬至
榆林	七月十五 tɕʰiəʔ^{3}yʌʔ^{0}ʂəʔ^{3}vu^{0}	八月十五 paʔ^{3}yʌʔ^{0}ʂəʔ^{3}vu^{0}	过冬 kuə^{52}tuɤɣ̃^{33}
神木	七月十五 tɕʰiəʔ^{4}yəʔ^{0}ʂəʔ^{4}vu^{0}	八月十五 paʔ^{4}yəʔ^{0}ʂəʔ^{4}vu^{0}	冬至 tuɤ̃^{24}tsɿ^{53}
绥德	七月十五 tɕʰiəʔ^{5}ye^{0}ʂəʔ^{5}u^{0}	八月十五 pɑ^{33}ye^{0}ʂəʔ^{5}u^{0}	冬至 tuəɣ̃^{21}tsɿ^{52}
吴堡	七月十五 tɕʰiəʔ^{4}yəʔ^{21}ʂəʔ^{4}uəʔ^{0}	八月十五 pɑʔ^{4}yəʔ^{21}ʂəʔ^{4}uəʔ^{213}	冬至 tuəŋ^{21}tsɿ^{53}
清涧	七月十五 tɕʰiəʔ^{4}y^{24}ʂəʔ^{4}vʊ^{53}	八月十五 pɑ^{53}y^{24}ʂəʔ^{4}vʊ^{53}	冬至 tuəɣ̃^{31}tsɿ^{42}
延安	七月十五 tɕʰi^{24}yɛ^{443}ʂəʔ^{5}vu^{423}	八月十五 pa^{24}yɛ^{443}ʂəʔ^{5}vu^{423}	冬至 tuəŋ^{21}tsɿ^{53}
延川	七月十五 tɕʰiəʔ^{21}yɛ^{0}ʂəʔ^{54}vu^{0}	八月十五 paʔ^{21}yɛ^{0}ʂəʔ^{54}vu^{0}	冬至 tuŋ^{21}tsɿ^{53}
黄陵	（无）	八月十五 pɑ^{31}yɤ^{0}ʂʅ^{24}u^{52}	冬至 tuŋ^{31}tsɿ^{55}
渭南	（无）	八月十五 pɑ^{31}yə^{31}ʂʅ^{31}u^{53}	冬至 tuəŋ^{31}tsɿ^{44}
韩城	（无）	八月十五 pɑ^{31}yE^{0}ʂʅ^{24}u^{53}	冬至 təŋ^{31}tʂʅ^{53}
合阳	（无）	八月十五 pɑ^{31}yə^{31}ʂʅ^{24}u^{52}	冬至 tuŋ^{31}tsɿ^{55}
富平	（无）	八月十五 pɑ^{31}yɛ^{31}ʂʅ^{31}u^{53}	冬至 tuəɣ̃^{31}tsɿ^{55}
耀州	（无）	八月十五 pa^{21}yɛ^{21}ʂʅ^{24}u^{52}	冬至 tuŋ^{21}tsɿ^{44}
咸阳	（无）	八月十五 pa^{31}yo^{31}ʂʅ^{24}u^{53}	冬至 tuəŋ^{31}tsɿ^{53}
旬邑	（无）	八月十五 pa^{52}yo^{21}ʂʅ^{24}u^{52} 中秋 tʃəŋ^{24}tɕʰiəu^{21}	冬至 tuəŋ^{21}tsɿ^{44}
三原	（无）	八月十五 pɑ^{31}yɤ^{31}ʂʅ^{31}u^{52}	冬至 tuəŋ^{31}tsɿ^{44}

	0103 七月十五农历，节日名	0104 中秋	0105 冬至
乾县	中元节 tʃoŋ21yæ̃24tɕiə21	八月十五 pa21yə21ʂʅ24u53	冬至 toŋ21tsʅ55
岐山	（无）	八月十五 pA31yɛ0ʂʅ24vu53 中秋节 tʂəŋ31ȶʰiou24ȶiɛ31	冬至 tuŋ31tsʅ44
凤翔	（无）	八月十五 pa31ye0ʂʅ31vu53	数九 ʂʅ31tɕiəu53
千阳	（无）	八月十五 pa31ye0ʂʅ31vu0	数九 ʃʅ31tɕiou0
西安	（无）	八月十五 pa21yɛ21ʂʅ24u53	冬至 toŋ21tsʅ44
户县	七月半 tɕʰi31yɛ31pã55	八月十五 pa31yɛ31ʂʅ35u51	冬至 tuəŋ31tsʅ55
商州	七月十五 tɕʰi31yɛ31ʂʅ35u53	八月十五 pɑ31yɛ31ʂʅ35u53	冬至 tuəŋ31tsʅ44
镇安	七月半 tɕʰi53ʐʮɛ0pan214	八月十五 pa53ʐʮɛ0ʂʅ21vu35	冬至 tɤŋ21tʂʅ214
安康	七月半 tɕʰi31ye31pan44	八月节 pa35ye35tɕie31 中秋节 pfəŋ31tɕʰiou35tɕie31	冬至 tuŋ31tʂʅ44
白河	七月半儿 tɕʰi44yE0pɐr41	八月十五 pa44yE0ʂʅ44u35	冬至 təŋ21tʂʅ41
汉阴	七月半 tɕʰi42yE0pan214	八月十五 pɑ42yE0ʂʅ42u45 中秋节 tsoŋ33tɕʰiəu33tɕiE42	冬至 toŋ33tʂʅ214
平利	七月半 tɕi43ʮE43pan214	八月十五 pa43ʮE43ʂʅ52u445	冬至 toŋ43tʂʅ214
汉中	七月半 tɕʰi55yɤ0pan213	八月十五 pA55yɤ0ʂʅ42u354	冬至 toŋ55tʂʅ213
城固	七月半 tsʰi44yɛ0pan213	八月十五 pa44yɛ0ʂʅ31u44	冬至 tuŋ53tsʅ213
勉县	七月半 tɕʰi44yɤ0pɑn213	八月十五 pɑ44yɤ0sʅ21vu35	冬至 toŋ44tsʅ0
镇巴	七月半 tɕʰi33yɛ31pan213	八月十五 pa33yɛ31sʅ31u52	冬至 toŋ35tsʅ213

	0106 腊月农历十二月	0107 除夕农历	0108 历书
榆林	腊月 laʔ^{3}yʌʔ^{0}	大年三十 ta^{52}niɛ^{24}sɛ^{33}ʂəʔ^{0}	黄历 xuɑ̃^{24}li^{52}
神木	腊月 laʔ^{4}yəʔ^{0}	大年三十儿 ta^{53}ȵiɛ^{0}sɛ^{24}ʂʌɯ^{0} 月尽 yəʔ^{4}tɕiɤ̃^{53}	黄历 xuɑ̃^{44}liɤ̃^{0}
绥德	腊月 lɑ^{33}ye^{0}	月尽儿 ye^{33}tɕiɤ̃r^{52}	黄历 xuɑ̃^{33}liəʔ^{0}
吴堡	腊月 lɑʔ^{4}yəʔ^{0}	月尽 yəʔ^{21}tɕiəŋ^{53}	年历 ȵie^{33}liəʔ^{0} 日历 ʐəʔ^{4}liəʔ^{0}
清涧	腊月 lɑ^{53}y^{0}	过年 ku^{44}ȵi^{24}	历头书 liəʔ^{4}tʰəu^{24}ʂʮ^{312}
延安	腊月 la^{21}yo^{53}	月尽儿 yo^{21}tɕʰiər^{53}	老黄历 lɔ^{52}xuaŋ^{24}li^{443}
延川	腊月 la^{42}yɛ^{213}	大年三十 tei^{53}ȵiɛ^{35}sæ̃^{31}ʂəʔ^{54}	日历 ʐəʔ^{35}liəʔ^{0}
黄陵	腊月 lɑ^{31}yɤ^{0}	月尽儿 yɤ^{31}tɕʰiẽr^{55} 年三十儿 ȵiæ̃^{24}sæ̃^{31}ʂər^{24}	历头 li^{31}tʰəu^{0} 黄历 xuɑŋ^{24}li^{31}
渭南	腊月 lɑ^{31}yə^{31}	年三十儿 ȵiæ̃^{24}sæ̃^{31}ʂər^{24}	历头 li^{31}təu^{0} 农历 luəŋ^{24}li^{0}
韩城	腊月 lɑ^{31}yE^{0}	月尽 yE^{31}tɕʰiE^{44}	黄历 xuɑŋ^{24}lɪi^{44}
合阳	腊月 lɑ^{31}yə^{31}	月尽 yə^{31}tsʰiẽ^{55}	黄历 xuɑŋ^{24}li^{31}
富平	腊月 lɑ^{31}yɛ^{31}	大年三十儿 tɑ^{55}ȵiæ̃^{24}sæ̃^{31}ʂʅr^{24}	黄历 xuɑɣ̃^{24}li^{31}
耀州	腊月 la^{21}yɛ^{21}	年三十儿 ȵiæ̃^{24}sæ̃^{21}ʂʅər^{24}	黄历 xuɑŋ^{24}li^{21}
咸阳	腊月 la^{31}yo^{0}	年三十儿 ȵiɑ̃^{24}sɑ̃^{31}ʂʅər^{24}	历书 li^{31}ʃu^{31}
旬邑	腊月 la^{21}yo^{21}	腊月三十儿 la^{21}yo^{21}sɑ̃^{21}ʂʅər^{24}	历头 li^{52}tʰəu^{0} 老黄历 lau^{52}xuɑŋ^{24}li^{21}
三原	腊月 lɑ^{31}yɤ^{31}	年三十儿 ȵiɑ̃^{24}sɑ̃^{31}ʂər^{24}	黄历 xuɑŋ^{24}li^{24}

	0106 腊月农历十二月	0107 除夕农历	0108 历书
乾县	腊月 na^{21}yə^{21}	大年三十儿 ta^{55}ȵiæ̃^{24}sæ̃^{21}ʂʅɐr^{242}	老黄历 nɔ^{53}xuaŋ^{24}li^{21}
岐山	腊月 lA^{31}yɛ^{21}	年三十儿 ȵiæ̃^{24}sæ̃^{31}ʂʅ^{24}ər^{21} 三十儿 sæ̃^{31}ʂʅ^{24}ər^{21}	历头 li^{53}tʰou^{21}
凤翔	腊月 la^{31}ye^{0}	大年三十 ta^{44}ȵiæ̃^{24}sæ̃^{31}ʂʅ^{24} 年三十 ȵiæ̃^{24}sæ̃^{31}ʂʅ^{24}	历书 li^{31}ʂʅ^{0} 黄历 xuaŋ^{24}li^{31}
千阳	腊月 la^{31}ye^{0}	大年三十 ta^{44}ȵiæ̃^{24}sæ̃^{31}ʂʅ^{24} 年三十 ȵiæ̃^{24}sæ̃^{31}ʂʅ^{24}	历头 li^{53}tʰu^{0} 历书 li^{31}ʃʅ^{0}
西安	腊月 la^{21}yɛ^{0}	三十儿 sã^{21}ʂər^{24}	历书 li^{44}fu^{0}
户县	腊月 la^{31}yɛ^{35}	三十儿黑咧 sã^{31}ʂəɯ^{35}xei^{31}liɛ^{0}	历头 li^{31}tʰɤu^{31} 黄历 xuaŋ^{35}li^{31}
商州	腊月 lɑ^{31}yɛ^{31}	腊月三十儿 lɑ^{31}yɛ^{31}sã^{31}ʂər^{35}	黄历 xuɑŋ^{35}li^{0}
镇安	腊月 la^{53}ʐʮɛ^{0}	三十晚上 san^{53}ʂʅ^{0}vAn^{35}ʂʌŋ^{53}	黄历 xuʌŋ^{33}li^{53}
安康	腊月 la^{31}ye^{31}	年三十 ȵian^{35}san^{31}ʂʅ^{35}	黄历本儿 xuaŋ^{35}li^{31}pər^{53}
白河	腊月 la^{21}yE^{0}	大年三十 ta^{42}ȵian^{44}san^{21}ʂʅ^{44}	日历 ər^{35}li^{213}
汉阴	腊月 lɑ^{42}yE^{42}	三十晚上 san^{33}ʂʅ^{42}uan^{45}ʂɑŋ^{0} 大年三十 tɑ^{24}ȵian^{42}san^{33}ʂʅ^{42}	黄历 χuɑŋ^{42}li^{0}
平利	腊月 la^{43}ʮE^{43}	腊月三十 la^{43}ʮE^{0}san^{43}ʂʅ^{52} 三十晚上 san^{43}ʂʅ^{0}uan^{45}ʂaŋ^{0}	黄历本儿 xuaŋ^{52}li^{0}pər^{445}
汉中	腊月 lA^{55}yɤ^{0}	大年三十 tA^{21}ȵian^{0}san^{55}ʂʅ^{0}	黄历 xuɑŋ^{42}li^{0}
城固	腊月间 la^{44}yɛ^{0}tɕian^{0}	大年三十 ta^{31}ȵian^{0}san^{44}ʂʅ^{0}	黄历 xuaŋ^{31}li^{213}
勉县	腊月 lɑ^{44}yɤ^{0}	大年三十 tɑ^{21}ȵiɑn^{0}sɑn^{44}sʅ^{0}	黄历 xuɑŋ^{21}li^{0}
镇巴	腊月 la^{33}yɛ^{31} □月 lia^{31}yɛ^{31}	三十天 san^{35}sʅ^{31}tʰian^{55}	黄历 xuaŋ^{33}li^{31}

	0109 阴历	0110 阳历	0111 星期天
榆林	阴历 iɤɣ̃^{33}li^{52}	阳历 iɑ̃^{24}li^{52}	礼拜天 li^{21}pɛe^{52}tʰiɛ^{0} 星期天 ɕiɤɣ̃^{33}tɕʰi^{33}tʰiɛ^{0}
神木	阴历 iɤ̃^{24}liəʔ^{4}	阳历 iɑ̃^{44}liəʔ^{4}	礼拜天 li^{21}pᴇe^{53}tʰiɛ^{0} 礼拜 li^{21}pᴇe^{53} 星期 ɕiɤ̃^{24}tɕʰi^{44}
绥德	阴历 iəɣ̃^{24}liəʔ^{0}	阳历 iɑ̃^{33}liəʔ^{0}	礼拜天 li^{21}pai^{52}tʰie^{0} 星期天 ɕiəɣ̃^{24}tɕʰi^{21}tɕʰie^{0}
吴堡	农历 luəŋ^{33}liəʔ^{3} 古历 ku^{41}liəʔ^{3}	阳历 iã^{33}liəʔ^{3}	星期天 ɕiəŋ^{24}tɕʰi^{0}tʰie^{213}
清涧	农历 luəɣ̃^{24}liəʔ^{54} 古历 ku^{24}liəʔ^{54}	阳历 iɒ̃^{24}liəʔ^{54}	礼拜天 li^{53}pai^{42}tʰi^{312}
延安	阴历 iəŋ^{21}li^{443}	阳历 iaŋ^{24}li^{443}	礼拜天 li^{52}pai^{443}tʰiæ̃^{213}
延川	阴历 iŋ^{35}liəʔ^{0}	阳历 iɑŋ^{35}liəʔ^{0}	礼拜天 li^{53}pai^{44}tɕʰiɛ^{0}
黄陵	阴历 iẽ^{31}li^{0} 农历 luŋ^{24}li^{0}	阳历 iɑŋ^{24}li^{0}	礼拜天 li^{52}pᴇ^{0}tɕʰiæ̃^{31} 星期 ɕiəŋ^{31}tɕʰi^{0}
渭南	阴历 ȵiã^{31}li^{0} 农历 luəŋ^{24}li^{0}	阳历 iɑŋ^{24}li^{0}	礼拜 li^{53}pae^{0}
韩城	阴历 ȵiɛ̃^{31}lɪi^{0} 农历 ləŋ^{24}lɪi^{0}	阳历 iɑŋ^{24}lɪi^{0}	礼拜天 lɪ^{53}pæe^{0}tʰiɑ̃^{31}
合阳	阴历 ȵiẽ^{31}li^{31}	阳历 iɑŋ^{24}li^{31} 公历 kuŋ^{31}li^{31}	礼拜日 li^{52}pæe^{55}ər^{31} 星期天 siŋ^{31}tɕʰi^{24}tʰiɑ̃^{31}
富平	阴历 iɛ̃^{31}li^{31}	阳历 iɑɣ̃^{24}li^{31}	礼拜天 li^{53}pɛe^{31}tʰiæ̃^{31}
耀州	阴历 iei^{21}li^{21} 农历 luŋ^{24}li^{21}	阳历 iɑŋ^{24}li^{21}	礼拜天 li^{52}pæi^{0}tɕʰiæ̃^{21} 星期日 ɕiŋ^{21}tɕʰi^{24}ər^{21}
咸阳	阴历 iɛ̃^{31}li^{31}	阳历 iɑŋ^{24}li^{31}	礼拜 li^{53}pæ^{0}
旬邑	阴历 iɛ̃^{21}li^{21} 农历 luəŋ^{24}li^{21}	阳历 iɑŋ^{24}li^{21} 公历 kuəŋ^{52}li^{21}	礼拜日 li^{52}pɛi^{0}ər^{21} 星期 siəŋ^{52}tɕʰi^{0}
三原	阴历 iẽ^{31}li^{0}	阳历 iɑŋ^{24}li^{0}	星期天 ɕiəŋ^{31}tɕʰi^{24} tɕʰiɑ̃^{31}

	0109 阴历	0110 阳历	0111 星期天
乾县	阴历 iẽ^{21}li^{21}	阳历 iaŋ^{24}li^{21}	礼拜天 li^{53}pɛ^{24}t^{h}iæ̃^{21}
岐山	阴历 iŋ^{31}li^{21} 农历 luŋ^{24}li^{31}	阳历 iɑŋ^{24}li^{21} 公历 kuŋ^{24}li^{31}	礼拜天 li^{44}pE^{21}ȶ^{h}iæ̃^{31}
凤翔	阴历 iŋ^{31}li^{0} 农历 luŋ^{24}li^{31}	阳历 iɑŋ^{24}li^{31} 公历 kuŋ^{31}li^{0}	礼拜天 li^{44}pE^{0}ts^{h}iæ̃^{0} 星期天 siŋ^{53}tɕ^{h}i^{0}ts^{h}iæ̃^{0} 礼拜日 li^{44}pE^{0}ər^{0}
千阳	阴历 iŋ^{31}li^{0} 农历 luŋ^{24}li^{31}	阳历 iɑŋ^{24}li^{31}	礼拜 li^{44}pE^{0} 星期日 siŋ^{53}tɕ^{h}i^{0}zʅ^{0}
西安	阴历 in^{21}li^{0}	阳历 iaŋ^{24}li^{0}	礼拜天 li^{53}pa^{24}t^{h}iã^{21}
户县	阴历 iẽ^{31}li^{31}	阳历 iaŋ^{35}li^{31}	星期日 ɕiŋ^{31}tɕ^{h}i^{35}ɯ^{31} 星期 ɕiŋ^{31}tɕ^{h}i^{31}
商州	农历 luəŋ^{35}li^{0}	阳历 iɑŋ^{35}li^{0}	礼拜日 li^{53}pai^{0}ər^{0}
镇安	阴历 in^{53}li^{0}	阳历 iʌŋ^{33}li^{0}	礼拜日 li^{33}pai^{0}ər^{53} 礼拜天 li^{33}pai^{0}t^{h}ian^{53}
安康	阴历 in^{31}li^{31}	阳历 iaŋ^{35}li^{31}	星期日 ɕin^{31}tɕ^{h}i^{31}ər^{31}
白河	农历 ləŋ^{44}li^{213}	公历 kuəŋ^{35}li^{213}	星期 ɕiən^{35}tɕ^{h}i^{213} 星期天 ɕiən^{21}tɕ^{h}i^{0}t^{h}ian^{213}
汉阴	阴历 in^{33}li^{0}	阳历 iɑŋ^{42}li^{0}	星期日 ɕin^{33}tɕ^{h}i^{0}ar^{42} 星期天 ɕin^{33}tɕ^{h}i^{0}t^{h}ian^{33}
平利	阴历 in^{43}li^{0} 农历 loŋ^{52}li^{0}	阳历 iaŋ^{52}li^{0}	礼拜天 li^{45}pai^{24}t^{h}ian^{43} 礼拜日 li^{45}pai^{24}ər^{43}
汉中	阴历 in^{55}li^{0}	阳历 iɑŋ^{42}li^{0}	礼拜天 li^{35}pai^{0}t^{h}ian^{0}
城固	阴历 in^{53}li^{213}	阳历 iaŋ^{24}li^{213}	礼拜天 li^{24}pai^{0}t^{h}ian^{0}
勉县	阴历 in^{44}li^{0}	阳历 iɑŋ^{21}li^{0}	礼拜天 li^{35}pɑi^{0}t^{h}iɑn^{42} 星期日 ɕin^{44}tɕ^{h}i^{0}ər^{42}
镇巴	阴历 in^{35}li^{52} 农历 loŋ^{33}li^{31}	阳历 iaŋ^{33}li^{31}	礼拜天 li^{35}pai^{21}t^{h}ian^{55} 星期天 ɕin^{35}tɕ^{h}i^{55}t^{h}ian^{55}

	0112 地方	0113 什么地方	0114 家里
榆林	地方 ti^{52}fɑ̃^{0}	什么地方 ʂəʔ^{3}ma^{52}ti^{52}fɑ̃^{0}	家伙$^{=}$ tɕia^{33}xuə^{0} 家伙$^{=}$头 tɕia^{33}xuə^{21}tʰəu^{213} 家里头 tɕia^{33}li^{21}tʰəu^{213}
神木	地方儿 ti^{53}fʌɯ^{0} 地势儿 ti^{53}ʂʌɯ^{0}	哪哪儿 na^{21}nʌɯ^{213} 甚地方儿 ʂɤ̃^{53}ti^{53}fʌɯ^{0} 什么地方儿 ʂəʔ^{4}ma^{44}ti^{53}fʌɯ^{0}	家里 tɕia^{24}ləʔ^{4}
绥德	地方儿 ti^{52}fɒ̃r^{0}	哪哪儿 lɑ^{21}nɐr^{33} 甚地方儿 ʂəɣ̃^{52}ti^{52}fɒ̃r^{0} 什么地方儿 ʂəʔ^{3}mɑ^{33}ti^{52}fɒ̃r^{0}	家里 tɕiɑ^{24}li^{0}
吴堡	地势 tɛe^{53}ʂɛe^{0} 地方 tɛe^{53}fɤu^{0}	甚地势 ʂəŋ^{53}tɛe^{53}ʂɛe^{0} 甚地方 ʂəŋ^{53}tɛe^{53}fɤu^{0}	家里 tɕiɑ^{24}lɛe^{0}
清涧	地势 tsʰʅ^{42}ʂʅ^{0}	什么地势 ʂəʔ^{4}mɑ^{24}tsʰʅ^{42}ʂʅ^{0}	家里 tɕiɑ^{31}li^{53}
延安	地方 tʰi^{443}faŋ^{0}	什么地方 ʂəʔ^{5}ma^{0}tʰi^{443}faŋ^{0}	窑里 iɔ^{24}li^{0} 屋里 vu^{443}li^{0}
延川	地方儿 tʰi^{53}fɑr^{0}	什么地方儿 ʂəʔ^{21}ma^{24}tʰi^{53}fɑr^{0}	窑里 iɑo^{35}lei^{0}
黄陵	地方 tɕʰi^{55}fɑŋ^{31}	啥地方 suɤ^{55}tɕʰi^{55}fɑŋ^{31}/sɑ^{55}tɕʰi^{55}fɑŋ^{31}	屋里 u^{31}li^{0}
渭南	地方 tɕi^{44}fɑŋ^{31}	啥地方 sɑ^{44}tɕi^{44}fɑŋ^{31}	屋里 u^{31}li^{0}
韩城	地方 tʰi^{44}fɑŋ^{0}	哪搭 nɑ^{31}tɑ^{53}	屋的 u^{31}ti^{53}
合阳	地方 tʰi^{55}fɑŋ^{31}	啥地方 suo^{55}tʰi^{55}fɑŋ^{31}	屋里 u^{31}li^{31}
富平	地方 ti^{55}fɑɣ̃^{31}	啥地方 sɑ^{55}ti^{55}fɑɣ̃^{31}	屋里 u^{53}li^{31}
耀州	地方 ti^{44}fɑŋ^{0}	阿搭 a^{24}ta^{0} 啥地方 sa^{44}ti^{44}fɑŋ^{0}	屋里 u^{52}li^{0}
咸阳	地方 ti^{44}fɑŋ^{0}	啥地方 sa^{44}ti^{0}fɑŋ^{0}	屋里 u^{31}ȵi^{0}
旬邑	地方 tɕʰi^{24}fɑŋ^{0}	啥地方 ʃɤ^{44}tɕʰi^{24}fɑŋ^{0}	屋里 u^{52}li^{0} 家里 tɕia^{52}li^{0}
三原	地方 tɕi^{44}fɑŋ^{0}	啥地方 sɑ^{44}tɕi^{0}fɑŋ^{0}	屋里 u^{31}li^{0}

	0112 地方	0113 什么地方	0114 家里
乾县	地方 ti^{55}faŋ^{21}	啥地方 sa^{55}ti^{44}faŋ^{21}	屋里 u^{21}li^{53}
岐山	地方 ȶi^{44}fɑŋ^{53}	搭里 tA^{24}li^{21} 哪搭 lA^{44}tA^{53}	屋里 vu^{53}li^{21}
凤翔	地方 tsi^{45}fɑŋ^{0}	啥地方 ʂa^{44}tsi^{45}fɑŋ^{0}	屋里 vu^{53}li^{0}
千阳	地方 ti^{45}fɑŋ^{0}	啥地方 ʃa^{44}ti^{45}fɑŋ^{0}	屋里 vu^{53}li^{0}
西安	地方 ti^{44}faŋ^{0}	啥地方 sa^{44}ti^{44}faŋ^{0}	屋里 u^{21}ȵi^{0}
户县	地方 ti^{55}faŋ^{31}	哪搭儿 a^{35}tə^{0} 啥地方 sa^{55}ti^{55}faŋ^{31}	［屋里］uei^{31}
商州	地儿 tiər^{53}	啊搭 ɑ^{53}tɑ^{0}	屋里 u^{53}li^{0}
镇安	地方 ti^{322}fʌŋ^{0}	啥地方 sa^{35}ti^{322}fʌŋ^{0}	屋的 vu^{53}ti^{0}
安康	地方儿 ti^{44}far^{31}	啥地方儿 ʂa^{44}ti^{44}far^{31}	屋里 u^{31}li^{0}
白河	地方儿 ti^{42}fɐr^{0}	哪个地方儿 la^{35}kɤ^{0}ti^{42}fɐr^{0} 啥地方 ʂa^{41}ti^{42}fɐr^{0}	屋的 u^{21}ti^{0}
汉阴	地方 ti^{21}χuɑŋ^{0}	啥地方 ʂɑ^{24}ti^{21}χuɑŋ^{0}	屋里 u^{42}li^{0}
平利	地方 ti^{24}faŋ^{43}	啥地方 ʂa^{24}ti^{24}faŋ^{43}	屋里 u^{43}li^{0}
汉中	地方 ti^{21}faŋ^{0}	啥地方 sA^{35}ti^{21}faŋ^{0}	屋里 u^{55}li^{0}
城固	地方 ti^{31}faŋ^{0}	啥地方 ʃua^{24}ti^{31}faŋ^{0}	屋里 u^{44}li^{0}
勉县	地方 ti^{21}fɑŋ^{35} 塌$^{=}$塌$^{=}$ tʰɑ^{42}tʰɑ^{0}	啥地方 sɑ^{35}ti^{21}fɑŋ^{35}	屋里 vu^{44}li^{0}
镇巴	地头 ti^{213}tʰəu^{52}	啥地头 sa^{213}ti^{213}tʰəu^{52} 哪个塌$^{=}$塌$^{=}$ la^{45}ko^{21}tʰa^{31}tʰa^{31}	家的 tɕia^{35}ti^{52} 屋的 u^{33}ti^{31}

	0115 城里	0116 乡下	0117 上面从~滚下来
榆林	城伙$^{=}$头 tʂʰɤɣ̃^{24}xuə^{21}tʰəu^{213} 城里头 tʂʰɤɣ̃^{24}li^{21}tʰəu^{213}	乡儿 ɕiɒ̃r^{33} 乡儿外 ɕiɒ̃r^{33}vɛe^{52}	浮起 fu^{24}tɕʰi^{0} 浮上 fu^{24}ʂɑ̃^{52} 浮头 fu^{24}tʰəu^{0}
神木	城里 tʂʰɤ̃^{44}ləʔ^{0}	乡里 ɕiɑ̃^{24}ləʔ^{0} 农村 luɤ̃^{44}tsʰuɤ̃^{213}	浮起 fu^{44}tɕʰi^{0} 浮上 fu^{44}ʂɑ̃^{53} 上头 ʂɑ̃^{53}tʰəu^{0}
绥德	城里 tʂʰəɣ̃^{33}li^{0}	乡里 ɕiɑ̃^{24}li^{0}	浮起 fu^{33}tɕʰi^{0} 上面儿 ʂɑ̃^{52}miər^{0}
吴堡	城里 tʂʰəŋ^{33}lɛe^{0}	乡里 ɕiɑ̃^{24}lɛe^{0}	浮头 fu^{33}tʰɑo^{213} 上头 ʂɤu^{53}tʰɑo^{213}
清涧	城里 tʂʰəɣ̃^{24}li^{0}	乡里 ɕiɒ̃^{31}li^{53}	浮头 fʊ^{24}tʰəu^{0} 上头 ʂɯ^{44}tʰəu^{24}
延安	城里 tʂʰəŋ^{24}li^{0}	乡里 ɕiaŋ^{21}li^{53}	上头 ʂaŋ^{443}tʰou^{0}
延川	城里 tʂʰəŋ^{35}li^{0}	乡里 ɕiɑŋ^{21}lei^{53}	上头 ʂei^{42}tʰəu^{213}
黄陵	城伙$^{=}$tʂʰəŋ^{24}xuɤ^{52} 城里首 tʂʰəŋ^{24}li^{52}ʂəu^{0}	乡里 ɕiɑŋ^{31}li^{0}	上岸 ʂɑŋ^{55}ŋæ̃^{0} 上头 ʂɑŋ^{55}tʰəu^{0} 上边 ʂɑŋ^{55}piæ̃^{31}
渭南	城里 tʂʰəŋ^{24}li^{0}	乡里 ɕiɑŋ^{31}li^{0}	上头 ʂɑŋ^{44}tʰəu^{0}
韩城	城里头 tʂʰəŋ^{24}lɪi^{53}tʰəu^{0}	农村 ləŋ^{24}tɕʰyɛ̃^{31}	上头 ʂuɤ^{44}tʰəu^{0}
合阳	城里 tʂʰəŋ^{24}li^{31}	乡里 ɕiɑŋ^{31}li^{31} 乡下 ɕiɑŋ^{31}ɕiɑ^{55}	上岸 ʂuo^{55}ŋɑ̃^{31} 上头 ʂuo^{55}tʰou^{31}
富平	城里 tʂʰəɣ̃^{31}li^{53}	乡里 ɕiɑɣ̃^{53}li^{31}	上头 ʂɑɣ̃^{55}tʰou^{31}
耀州	街里 tɕiæi^{52}li^{0} 城里 tʂʰəŋ^{24}li^{0}	乡里 ɕiɑŋ^{52}li^{0} 农村 luŋ^{24}tɕʰyei^{21}	上头 ʂɑŋ^{44}tʰou^{0}
咸阳	城里 tʂʰəŋ^{24}ȵi^{0}	乡下 ɕiɑŋ^{31}ɕia^{44}	上头 ʂɑŋ^{44}tʰou^{0}
旬邑	城里 tʂʰəŋ^{21}li^{0}	乡里 ɕiɑŋ^{52}li^{0} 农村 luəŋ^{24}tsʰuɛ̃^{21}	上岸子 ʂɑŋ^{24}ŋɑ̃^{0}tsɿ^{0} 上头 ʂɑŋ^{24}tʰəu^{0}
三原	城里 tʂʰəŋ^{24}li^{0}	乡里 ɕiɑŋ^{52}li^{0}	上岸 ʂɑŋ^{44}ŋɑ̃^{0}

	0115 城里	0116 乡下	0117 上面从~滚下来
乾县	城里 tʂ^{h}ɤŋ^{24}li^{21}	乡的 ɕiaŋ^{53}ti^{21} 农村 noŋ^{24}ts^{h}uẽ^{21}	上头 ʂaŋ^{55}t^{h}ou^{21}
岐山	城里 tʂ^{h}əŋ^{31}li^{53}	乡里 ɕiaŋ^{53}li^{21} 农村 luŋ^{24}ts^{h}uŋ^{31}	上头 ʂaŋ^{44}t^{h}ou^{53} 头起 t^{h}ou^{31}tɕ^{h}iɛ^{53}
凤翔	城里 tʂ^{h}əŋ^{31}li^{53}	乡里 ɕiaŋ^{53}li^{0} 乡下 ɕiaŋ^{31}ɕia^{44}	上头 ʂaŋ^{45}t^{h}əu^{0}
千阳	街上 tɕie^{53}ʂaŋ^{0} 城里 tʂ^{h}əŋ^{31}li^{0}	乡里 ɕiaŋ^{53}li^{0}	上头 ʂaŋ^{45}t^{h}ou^{0}
西安	城里 tʂ^{h}əŋ^{24}ȵi^{0}	乡下 ɕiaŋ^{21}ɕia^{44}	上头 ʂaŋ^{44}t^{h}ou^{0}
户县	城里 tʂ^{h}əŋ^{35}li^{51}	乡里 ɕiaŋ^{31}li^{51} 乡下 ɕiaŋ^{31}ɕia^{55}	上头 ʂaŋ^{55}t^{h}ɤu^{31} 高头 kau^{31}t^{h}ɤu^{31}
商州	城里 tʂ^{h}əŋ^{31}li^{0}	乡里 ɕiaŋ^{53}li^{0}	上头 ʂaŋ^{44}t^{h}ou^{0}
镇安	城里 tʂ^{h}ən^{33}li^{0}	乡下 ɕiʌŋ^{53}xa^{0}	上头 ʂʌŋ^{322}t^{h}əu^{0} 高头 kɔo^{53}t^{h}əu^{0}
安康	城里 tʂ^{h}ən^{35}li^{53}	乡下 ɕiaŋ^{31}ɕia^{44}	上头 ʂaŋ^{44}t^{h}ou^{21} 高头 kau^{31}t^{h}ou^{21}
白河	城的 tʂ^{h}ən^{44}ti^{0}	乡的 ɕiaŋ^{21}ti^{0}	上头 ʂaŋ^{42}t^{h}əu^{0} 高头 kɔu^{21}t^{h}əu^{0}
汉阴	城里 tʂ^{h}ən^{42}li^{0}	乡里 ɕiaŋ^{33}li^{0}	上头 ʂaŋ^{21}t^{h}əu^{0} 高头 kao^{33}t^{h}əu^{0}
平利	城里头 tʂ^{h}ən^{52}li^{45}t^{h}ou^{0}	乡下 ɕiaŋ^{43}ɕia^{0} 农村 loŋ^{52}ts^{h}ən^{0}	上边 ʂaŋ^{24}pian^{43} 上头 ʂaŋ^{24}t^{h}ou^{0}
汉中	城里 tʂ^{h}ən^{42}li^{0}	乡里 ɕiaŋ^{55}li^{0}	高头 kao^{55}t^{h}əu^{0}
城固	城里 tʂ^{h}əŋ^{31}li^{24}	乡里 siaŋ^{44}li^{0}	高头 kɔ^{44}t^{h}əu^{0}
勉县	城里 ts^{h}ən^{21}li^{0}	乡里 ɕiaŋ^{44}li^{0}	高头 kaɔ^{44}t^{h}əu^{0}
镇巴	城里头 ts^{h}ən^{31}i^{45}t^{h}əu^{31}	乡的 ɕiaŋ^{35}ti^{52}	上头 saŋ^{213}t^{h}əu^{52} 高头 kau^{35}t^{h}əu^{52}

	0118 下面从~爬上去	0119 左边	0120 右边
榆林	底下 ti^{21}xa^{213}	左半掐= tsuə^{21}pɛ^{52}tɕ^{h}iaʔ^{0} 左面 tsuə^{21}miɛ^{52}	右半掐= iəu^{52}pɛ^{52}tɕ^{h}iaʔ^{0} 右面 iəu^{52}miɛ^{0}
神木	下头 xa^{53}t^{h}əu^{0} 下里 xa^{53}li^{21} 底下 ti^{21}xa^{24}	左面 tsuo^{21}miɛ^{53}	右面 iəu^{53}miɛ^{0}
绥德	底里 ti^{21}li^{33} 底下 ti^{21}xɑ^{33}	左面儿 tsəɣ̃^{21}miər^{52}	右面儿 iəu^{52}miər^{0}
吴堡	下头 xɑ^{53}t^{h}ɑo^{213}	左面儿 tsɤu^{41}miər^{53}	右面儿 iɑo^{53}miər^{53}
清涧	下头 xɑ^{44}t^{h}əu^{24} 底下 tsɿ^{53}xɑ^{0}	左面儿 tsɯ^{53}miər^{0}	右面儿 iəu^{42}miər^{0}
延安	下头 xa^{443}t^{h}ou^{0}	左岸儿 tsuo^{52}ŋar^{0}	右岸儿 iou^{443}ŋar^{0}
延川	下头 xa^{42}t^{h}əu^{213}	左面儿 tsei^{53}miɛr^{0}	右面儿 iəu^{53}miɛr^{0}
黄陵	下头 xɑ^{55}t^{h}əu^{0} 底子 tɕi^{52}tsɿ^{0} 底下 tɕi^{52}xɑ^{0}	左岸 tsuɤ^{55}ŋæ̃^{0} 左边 tsuɤ^{55}piæ̃^{31}	右岸 iəu^{55}ŋæ̃^{0} 右边 iəu^{55}piæ̃^{31}
渭南	底下 tɕi^{53}xɑ^{0}	左边 tʃə^{44}piæ̃^{31}	右边 iəu^{44}piæ̃^{31}
韩城	下头 xɑ^{44}t^{h}əu^{0}	左岸儿 tsuɤ^{44}ŋɑ̃r^{0}	右岸儿 iəu^{44}ŋɑ̃r^{0}
合阳	下头 xɑ^{55}t^{h}ou^{31} 底下 ti^{52}xɑ^{31}	左岸 tɕyə^{55}ŋɑ̃^{31} 左边 tɕyə^{55}piɑ̃^{31}	右岸 iou^{55}ŋɑ̃^{31} 右边 iou^{55}piɑ̃^{31}
富平	底下 ti^{53}xɑ^{31}	左岸儿 tsuo^{53}ŋæ̃r^{31}	右岸儿 iou^{55}ŋæ̃r^{31}
耀州	下头 xa^{44}t^{h}ou^{0}	左岸 tsuo^{52}ŋæ̃^{0} 左邦 tsuo^{52}pɑŋ^{0}	右岸 iou^{44}ŋæ̃^{0} 右邦 iou^{44}pɑŋ^{0}
咸阳	下头 xa^{44}t^{h}ou^{0}	左首 tsuo^{53}ʂou^{0}	右首 iou^{44}ʂou^{0}
旬邑	下头 xa^{24}t^{h}əu^{0} 底子 ti^{44}tsɿ^{0}	左邦跟 tsuo^{24}pɑŋ^{21}kɛ̃^{0} 左边 tsuo^{24}piɑ̃^{21}	右邦跟 iəu^{24}pɑŋ^{21}kɛ̃^{0} 右边 iəu^{24}piɑ̃^{21}
三原	下岸 xɑ^{44}ŋɑ̃^{0}	左邦 tsuə^{52}pɑŋ^{0}	右邦 iou^{44}pɑŋ^{0}

	0118 下面从~爬上去	0119 左边	0120 右边
乾县	下头 xa^{55}tʰou^{21} 下头 ɕia^{55}tʰou^{21}	左边 tsuɤ^{53}piæ̃^{21}	右边 iou^{55}piæ̃^{21}
岐山	下头 ɕiA^{44}tʰou^{53} 底下 ȶi^{44}xA^{21}	左面 tsuo^{44}miæ̃^{21} 左手 tsuo^{44}ʂou^{21}	右面 iou^{44}miæ̃^{21} 右手 iou^{44}ʂou^{21}
凤翔	下头 xa^{45}tʰəu^{0} 底下 tsi^{44}xa^{0}	左面 tsuo^{45}miæ̃^{0} 左邦 tsuo^{45}pɑŋ^{0}	右面 iəu^{45}miæ̃^{0} 右邦 iəu^{45}pɑŋ^{0}
千阳	下头 xa^{45}tʰou^{0}	左面 tsuo^{45}miæ̃^{0}	右面 iou^{45}miæ̃^{0}
西安	下头 xa^{44}tʰou^{0}	左岸儿 tsuo^{53}ŋɐr^{0}	右岸儿 iou^{44}ŋɐr^{0}
户县	[底下]头 tia^{51}tʰɤu^{31} 下头 xa^{55}tʰɤu^{31}	左面 tsuɤ^{51}miã^{31} 左手 tsuɤ^{51}ʂɤu^{31}	右面 iɤu^{55}miã^{31} 右手 iɤu^{55}ʂɤu^{31}
商州	下头 xɑ^{44}tʰou^{0}	左岸儿 tʃuə^{53}ŋãr^{0}	右岸儿 iou^{44}ŋãr^{0}
镇安	下头 xa^{322}tʰəu^{0}	左边 tsuə^{35}pian^{53}	右边 iəu^{322}pian^{0}
安康	下头 xa^{44}tʰou^{0} 底下 ti^{53}xa^{0}	左岸扎$^{=}$ tsuo^{53}ŋan^{44}tʂa^{0} 左边 tsuo^{53}pian^{31}	右岸扎$^{=}$ iou^{44}ŋan^{44}tʂa^{0} 右边 iou^{44}pian^{31}
白河	下头 ɕia^{42}tʰəu^{0} 底下 ti^{35}ɕia^{0}	左边儿 tsuo^{35}piɐr^{0}	右边儿 iəu^{42}piɐr^{0}
汉阴	下头 χɑ^{21}tʰəu^{0} 底下 ti^{45}χɑ^{0}	左岸子 tso^{45}ŋan^{0}tsɿ^{0}	右岸子 iəu^{21}ŋan^{0}tsɿ^{0}
平利	下边 ɕia^{24}pian^{0} 下头 ɕia^{24}tʰou^{0}	左边 tsuo^{45}pian^{0}	右边 iou^{24}pian^{0}
汉中	底下 ti^{35}xA^{0}	左面 tsuɤ^{35}mian^{0}	右面 iəu^{21}mian^{0}
城固	下头 xa^{31}tʰəu^{0} 底下 ti^{24}xa^{0}	左面 tʃuə^{24}mian^{0}	右面 iəu^{31}mian^{0}
勉县	底下 ti^{35}xɑ^{0}	左面 tsuɤ^{35}miɑn^{0} 左手里 tsuɤ^{35}səu^{0}li^{0}	右面 iəu^{21}miɑn^{35} 右手里 iəu^{21}səu^{35}li^{0}
镇巴	下头 ɕia^{213}tʰəu^{52} 底下 ti^{45}xa^{33}	左岸 tso^{45}ŋan^{213}	右岸 iəu^{21}ŋan^{55}

	0121 中间排队排在~	0122 前面排队排在~	0123 后面排队排在~
榆林	当停 tã^{33}t^{h}iɤỹ^{33} 当中 tã^{33}tʂuɤỹ^{33}	前头 tɕ^{h}iɛ^{24}t^{h}əu^{0}	后头 xəu^{52}t^{h}əu^{0}
神木	当中 tã^{24}tʂuɤ̃^{0}	头前 t^{h}əu^{44}tɕ^{h}iɛ^{0} 前面 tɕ^{h}iɛ^{44}miɛ^{53}	后头 xəu^{53}t^{h}əu^{0} 后面 xəu^{53}miɛ^{0}
绥德	当停 tã^{21}t^{h}iəỹ^{33} 当中 tã^{24}tʂuəỹ^{0}	前头 tɕ^{h}ie^{33}t^{h}əu^{0}	后头 xəu^{52}t^{h}əu^{0}
吴堡	中间 tsuəŋ^{24}tɕiã^{0}	前头 tɕ^{h}ie^{33}t^{h}ɑo^{213}	后头 xɑo^{53}t^{h}ɑo^{213}
清涧	当中 tɯ^{31}tʂ^{h}uəỹ^{42}	前里 tɕ^{h}i^{24}li^{0}	后头 xəu^{44}t^{h}əu^{24} 后背 xəu^{42}pai^{0}
延安	当中 taŋ^{24}tʂuəŋ^{213}	前头 tɕ^{h}iæ̃^{24}t^{h}ou^{0} 前岸儿 tɕ^{h}iaŋ^{24}ŋar^{0}	后头 xou^{443}t^{h}ou^{0} 后岸儿 xou^{44}ŋar^{0}
延川	当中 tei^{21}tʂuŋ^{53}	前头 tɕiɛ^{35}t^{h}əu^{0}	后头 xəu^{42}t^{h}əu^{213}
黄陵	当中 taŋ^{24}tsuŋ^{31} 中间 tsuŋ^{24}tɕiæ̃^{31}	前头 tɕ^{h}iæ̃^{24}t^{h}əu^{0}	后头 xəu^{55}t^{h}əu^{0}
渭南	中间 tʃəŋ^{24}tɕiæ̃^{31}	前头 tɕ^{h}iæ̃^{24}t^{h}əu^{0}	后头 xɯ^{44}t^{h}əu^{0}
韩城	当中 taŋ^{24}pf^{h}əŋ^{31}	前头 tɕ^{h}iɑ̃^{31}t^{h}əu^{53}	后头 xəu^{44}t^{h}əu^{31}
合阳	当中 taŋ^{24}pf^{h}əŋ^{31} 中间 pfəŋ^{24}tɕiɑ̃^{31}	前头 ts^{h}iɑ̃^{24}t^{h}ou^{31} 前岸 ts^{h}iɑ̃^{24}ŋɑ̃^{31}	后头 xou^{55}t^{h}ou^{31} 后岸 xou^{55}ŋɑ̃^{31}
富平	中间 tʃuəỹ^{24}tɕiæ̃^{31}	前头 t^{h}iæ̃^{24}t^{h}ou^{53}	后首 xɯ^{55}ʂou^{31} 后头 xɯ^{55}t^{h}ou^{31}
耀州	中间里 tʃuŋ^{24}tɕiæ̃^{52}li^{0}	前头 tɕ^{h}iæ̃^{24}t^{h}ou^{0} 前邦个 tɕ^{h}iæ̃^{24}paŋ^{21}kɤ^{0}	后头 xou^{44}t^{h}ou^{0} 后邦个 xou^{44}paŋ^{21}kɤ^{0}
咸阳	中间儿 tʃuəŋ^{24}tɕiɐr^{31}	前头 tɕ^{h}iɑ̃^{24}t^{h}ou^{0}	后头 xou^{44}t^{h}ou^{0}
旬邑	当中 taŋ^{24}tʃəŋ^{21} 中间 tʃəŋ^{24}tɕiɑ̃^{21}	前头 tɕ^{h}iɑ̃^{21}t^{h}əu^{52} 前岸子 tɕ^{h}iɑ̃^{21}ŋɑ̃^{44}tsɿ^{0}	后头 xɯ^{44}t^{h}əu^{0} 后岸子 xəu^{24}ŋɑ̃^{0}tsɿ^{0}
三原	中间 tʃuŋ^{24}tɕiɑ̃^{31} 当中里 taŋ^{31}tʃ^{h}uŋ^{24}li^{0}	前头 tɕ^{h}iɑ̃^{24}t^{h}ou^{0}	后头 xou^{44}t^{h}ou^{0}

	0121 中间排队排在~	0122 前面排队排在~	0123 后面排队排在~
乾县	中间 tʃoŋ^{24}tɕiæ̃^{21}	前头 tɕʰiæ̃^{24}tʰou^{21} 前岸 tɕʰiæ̃^{24}ŋæ̃^{21}	后头 xou^{55}tʰou^{21} 后岸 xou^{55}ŋæ̃^{21}
岐山	当中 tɑŋ^{53}tʂʰəŋ^{31}	前头 ȶʰiæ̃^{31}tʰou^{53}	后头 xou^{44}tʰou^{53} 背后 pei^{44}xou^{53}
凤翔	当中 tɑŋ^{31}tʂəŋ^{24}	前头 tsʰiæ̃^{31}tʰəu^{53} 头里 tʰəu^{31}li^{53}	后头 xəu^{45}tʰəu^{0} 后面 xəu^{45}miæ̃^{0}
千阳	当向 tɑŋ^{31}ɕiɑŋ^{44}	前头 tsʰiæ̃^{31}tʰou^{0} 头里 tʰou^{31}li^{0}	后头 xou^{45}tʰou^{0}
西安	当中间 taŋ^{24}pfəŋ^{0}tɕʰiã^{0} 中间 pfəŋ^{24}tɕʰiã^{0}	前头 tɕʰiã^{24}tʰou^{0}	后头 xɯ^{44}tʰou^{0}
户县	当中儿 taŋ^{35}tsuɯ^{35} 中间 tsuəŋ^{35}tɕiã^{31}	前头 tɕʰiã^{35}tʰɤu^{31}	后头 xɤu^{55}tʰɤu^{31}
商州	中间 tʃuəŋ^{31}tɕiã^{35}	前头 tɕʰiã^{31}tʰou^{0}	后头 xɯ^{44}tʰou^{0}
镇安	中间 tʂuoŋ^{21}tɕian^{53}	前头 tɕʰian^{33}tʰəu^{0}	后头 xəu^{322}tʰəu^{0}
安康	中间 pfəŋ^{35}tɕian^{31}	前头 tɕʰian^{35}tʰou^{0}	后头 xou^{44}tʰou^{0}
白河	中间 tsuəŋ^{21}tɕian^{35}	前头 tɕʰian^{44}tʰəu^{0}	后头 xəu^{42}tʰəu^{0}
汉阴	中间 tsoŋ^{33}tɕian^{33} 半中拉腰 pan^{24}tsoŋ^{33}lɑ^{33}iɑo^{33}	前岸 tɕʰian^{42}tʰəu^{0}	后头 χəu^{21}tʰəu^{0}
平利	中间 tʂoŋ^{43}tɕian^{43}	前头 tɕʰian^{52}tʰou^{0}	后头 xou^{24}tʰou^{0}
汉中	中间 tsoŋ^{55}tɕian^{55}	前头 tɕʰian^{42}tʰəu^{0}	后头 xəu^{21}tʰəu^{0}
城固	当中 taŋ^{53}tʃuŋ^{53} 中间 tʃuŋ^{44}tɕian^{0}	前头 tsʰian^{31}tʰəu^{24}	后头 xəu^{31}tʰəu^{0}
勉县	当中 tɑŋ^{44}tsoŋ^{42}	前头 tɕʰiɑn^{21}tʰəu^{0}	后头 xəu^{21}tʰəu^{35}
镇巴	当中 taŋ^{35}tsoŋ^{55}	前头 tɕʰian^{33}tʰəu^{31} 前岸 tɕʰian^{31}ŋan^{213}	后头 xəu^{213}tʰəu^{52} 后岸 xəu^{21}ŋan^{55}

	0124 末尾排队排在~	0125 对面	0126 面前
榆林	㞘把把 tuəʔ^{3}pa^{52}pa^{0} 㞘把子 tuəʔ^{3}pa^{52}tsəʔ^{0} 最后头 tsuei^{52}xəu^{52}tʰəu^{0}	当打对面 tɑ̃^{33}ta^{21}tuei^{52}miɛ^{52}	眼跟前 iɛ^{21}kɯ^{33}tɕʰiɛ^{33}
神木	尾巴 i^{21}pa^{24} 尾巴梢梢上 i^{21}pa^{24}sɔo^{24}sɔo^{0}ʂɑ̃^{53}	对面 tuei^{53}miɛ^{53}	跟前 kɤ̃^{24}tɕʰiɛ^{44}
绥德	最后头 tsuei^{52}xəu^{52}tʰəu^{0}	对面儿 tuei^{52}miər^{52}	当面儿 tɑ̃^{21}miər^{52}
吴堡	后背 xɑo^{53}pɑe^{0} 尾巴上 i^{41}pɑ^{24}ʂɤu^{53}	对面 tuɑe^{53}mie^{0}	前头 tɕʰie^{33}tʰɑo^{213}
清涧	拉把子 lɑ^{31}pɑ^{44}tsəʔ^{0}	对面儿 tuai^{42}miər^{0}	面前 mi^{44}tɕʰi^{24}
延安	最后头 tsuei^{443}xou^{443}tʰou^{0} 最后岸 tsuei^{443}xou^{443}ŋar^{0}	对岸儿 tuei^{443}ŋar^{443}	面前 miæ̃^{443}tɕʰiæ̃^{24} 眼前 ȵiæ̃^{52}tɕʰiæ̃^{24}
延川	黑老巴儿 xəʔ^{54}lɑo^{21}pɐr^{0}	对面儿 tuai^{53}miɛr^{0}	面前 miɛ^{42}tɕʰiɛ^{213}
黄陵	把把 pɑ^{55}pɑ^{0} 尾巴 i^{52}pɑ^{0}	对岸儿 tuei^{55}ŋæ̃r^{55}	跟前 kẽ^{31}tɕʰiæ̃^{0} 当面 tɑŋ^{31}miæ̃^{55}
渭南	尾巴 i^{53}pɑ^{31}	对过儿 tuei^{44}kuər^{53}	面前 miæ̃^{44}tɕʰiæ̃^{0}
韩城	尾巴 i^{53}pɑ^{0}	对岸儿 tɪi^{44}ŋɑ̃r^{53}	跟前 kɛ̃^{31}tɕʰiɑ̃^{53}
合阳	尾巴 i^{52}pɑ^{31}	对过 tuei^{55}kuo^{55} 对面 tuei^{55}miɑ̃^{55}	面前 miɑ̃^{55}tsʰiɑ̃^{31} 当面 tɑŋ^{31}miɑ̃^{55}
富平	把把尾儿 pɑ^{55}pɑ^{31}ir^{53}	对岸儿 tueɪ^{55}ŋæ̃r^{53}	面前 miæ̃^{55}tʰiæ̃^{31}
耀州	尾巴 i^{52}pa^{0}	对岸儿 tuei^{44}ŋæ̃r^{52}	跟前 kei^{52}tɕʰiæ̃^{0}
咸阳	把把尾儿 pa^{44}pa^{0}iər^{24}	对面儿 tuei^{44}miɐr^{53}	跟前 kɛ̃^{31}tɕʰiɑ̃^{0}
旬邑	巴子 pa^{44}tsɿ^{0} 把把尾儿 pa^{24}pa^{0}iər^{52}	对岸子 tuei^{44}ŋɑ̃^{44}tsɿ^{0} 对面 tuei^{44}miɑ̃^{44}	面跟前 miɑ̃^{44}kɛ̃^{52}tɕʰiɑ̃^{0} 面前 miɑ̃^{24}tɕʰiɑ̃^{0}
三原	梢梢 sɑɔ^{52}sɑɔ^{0} 把把尾儿 pɑ^{44}pɑ^{44}iər^{24}	对岸儿 tuei^{44}ŋɑ̃r^{52}	面前 miɑ̃^{44}tɕʰiɑ̃^{0}

	0124 末尾排队排在～	0125 对面	0126 面前
乾县	最后头 tsue^{55}xou^{55}tʰou^{21}	对面儿 tue^{55}miæ̃^{55}ɐr^{21}	跟前 kẽ^{53}tɕʰiæ̃^{21}
岐山	老后头 lɔ^{53}xou^{44}tʰou^{53}	对面 tui^{44}miæ̃^{44}	跟前 kəŋ^{53}ȶʰiæ̃^{21} 面前 miæ̃^{44}ȶʰiæ̃^{53}
凤翔	最后 tsuei^{44}xəu^{44} 老老后头 lɔ^{31}lɔ^{24}xəu^{45}tʰəu^{0}	对面 tuei^{44}miæ̃^{44}	当面 tɑŋ^{31}miæ̃^{44} 端前 tuæ̃^{31}tsʰiæ̃^{24}
千阳	末尾 mo^{31}vei^{53} 最后 tsuei^{44}xou^{44}	对面 tuei^{44}miæ̃^{44}	面前 miæ̃^{45}tsʰiæ̃^{0}
西安	最后头 tsuei^{44}xɯ^{44}tʰou^{0} 把把尾儿 pa^{44}pa^{0}iər^{53}	对岸儿 tuei^{44}ŋɐr^{53}	跟前 kʰən^{21}tɕʰiã^{0}
户县	后把尾儿 xɤu^{55}pa^{0}iɯ^{51} 把把轮⁼儿 pa^{55}pa^{0}luɯ^{35}	对面儿 tuei^{55}miə^{51}	当面 taŋ^{31}miã^{55} 跟前 kʰẽ^{31}tɕʰiã^{31}
商州	最后头 tʃuei^{44}xɯ^{44}tʰou^{0}	对岸儿 tuei^{44}ŋãr^{53}	跟前 kẽ^{53}tɕʰiã^{0}
镇安	梢把里儿 sɔo^{21}pa^{0}liər^{35} 尾巴 vᴇi^{35}pa^{53}	前头 tɕʰian^{33}tʰəu^{0}	对面儿 tᴇi^{33}miɐr^{0}
安康	末家把儿 muo^{31}tɕia^{31}par^{35}	对岸扎⁼ tuei^{44}ŋan^{44}tʂa^{21} 对面儿 tuei^{44}mian^{53}	面前 mian^{44}tɕʰian^{35}
白河	末了儿 mo^{21}liɐr^{35} 最后 tsei^{42}xəu^{41}	对面儿 tᴇ^{42}miɐr^{41}	眼面前 ian^{35}mian^{0}tɕʰian^{44}
汉阴	老后头 lɑo^{45}χəu^{21}tʰəu^{0} 落把把 lo^{33}pɑ^{33}pɑ^{0}	对面儿 tuei^{24}miar^{214}	跟前 kən^{33}tɕʰian^{0}
平利	老后头 lau^{45}xou^{24}tʰou^{21} 最后头 tsei^{24}xou^{24}tʰou^{21}	对门 tei^{24}mən^{52}	面前 mian^{24}tɕʰian^{52}
汉中	把把尾 piᴀ^{21}piᴀ^{0}uei^{354} 顶后头 tin^{35}xəu^{21}tʰəu^{0}	对面 tuei^{35}mian^{213}	面前 mian^{21}tɕʰian^{0} 跟前 kən^{55}tɕʰian^{0}
城固	顶后头 tiŋ^{44}xəu^{31}tʰəu^{0}	对时⁼面 tuei^{31}sɿ^{24} mian^{0}	跟前 kən^{44}tsʰian^{0}
勉县	把把尾 pɑ^{21}pɑ^{0}i^{35}	对面 tuei^{35}miɑn^{213}	跟前 kən^{44}tɕʰiɑn^{0}
镇巴	最后头 tsuei^{213}xəu^{213}tʰəu^{52}	对门 tuei^{213}mən^{52}	面前 mian^{213}tɕʰian^{52}

	0127 背后	0128 里面躲在~	0129 外面衣服晒在~
榆林	后背 xəu^{52}pei^{0}	里头 li^{21}t^{h}əu^{33}	外起 vεe^{52}tɕ^{h}i^{0} 外头 vεe^{52}t^{h}əu^{0}
神木	背后 pei^{53}xəu^{53}	里头 li^{21}t^{h}əu^{44}	外起 vEe^{53}tɕ^{h}i^{0} 外头 vEe^{53}t^{h}əu^{0}
绥德	背后 pei^{52}xəu^{52} 背地里 pei^{52}ti^{52}li^{0}	里首 li^{21}ʂəu^{33} 里头 li^{21}t^{h}əu^{33}	外起 vAi^{53}tɕ^{h}i^{0} 外面儿 vEe^{53}miər^{0}
吴堡	脊背后 tsəʔ^{3}pɑe^{41}xu^{33}	里头 lεe^{41}t^{h}ɑo^{33}	外头 uɑe^{53}t^{h}ɑo^{0}
清涧	后背 xəu^{44}pai^{44}	里头 li^{53}t^{h}əu^{0}	外头 vãi^{44}t^{h}əu^{24}
延安	背后 p^{h}ei^{443}xou^{0}	里头 li^{52}t^{h}əu^{0} 里岸儿 li^{52}ŋar^{0}	外头 vãi^{443}t^{h}əu^{0} 外岸儿 vãi^{443}ŋar^{0}
延川	背后 pai^{53}xəu^{0}	里头 lei^{53}t^{h}əu^{213}	外头 vãi^{42}t^{h}əu^{213}
黄陵	背后 pei^{55}xou^{55} 背地里 pei^{55}tɕ^{h}i^{55}li^{0}	里岸 li^{52}ŋæ̃^{0} 里首 li^{52}ʂəu^{0} 里头 li^{52}t^{h}əu^{0}	外岸 vãi^{55}ŋæ̃^{0} 外首 vãi^{55}ʂəu^{0} 外头 vãi^{52}t^{h}əu^{0}
渭南	脊背后头 tɕi^{31}pei^{31}xɯ^{44}t^{h}əu^{0}	里头 li^{53}t^{h}əu^{0}	外天 uae^{44}tɕ^{h}iæ̃^{0} 外头 uae^{44}t^{h}əu^{0}
韩城	后头 xəu^{44}t^{h}əu^{0}	里头 lɪi^{53}t^{h}əu^{0}	外头 uɪi^{44}tɕ^{h}iã^{0}
合阳	后头 xou^{55}t^{h}ou^{31}	里岸 li^{52}ŋɑ̃^{31} 里头 li^{52}t^{h}ou^{31} 里首 li^{52}ʂou^{31}	外岸 uæe^{55}ŋɑ̃^{31} 外头 uæe^{55}t^{h}ou^{31}
富平	背后 peɪ^{55}xou^{31}	黑首 xɯ^{31}ʂou^{31}	外头 uεe^{55}t^{h}ou^{31}
耀州	后头 xou^{44}t^{h}ou^{0}	里头 li^{52}t^{h}ou^{0} 里首 li^{52}ʂou^{0}	外头 uæi^{44}t^{h}ou^{0} 外首 uæi^{44}ʂou^{0}
咸阳	背后 pei^{44}xou^{0}	里头 li^{53}t^{h}ou^{0}	外头 uæ^{44}t^{h}ou^{0}
旬邑	后岸子 xəu^{24}ŋã^{0}tsɿ^{0} 背后 pei^{24}xəu^{0}	里岸子 li^{44}ŋã^{0}tsɿ^{0} 里头 li^{44}t^{h}əu^{0}	外岸子 vεi^{24}ŋã^{0}tsɿ^{0} 外头 vεi^{24}t^{h}əu^{0}
三原	背后 pei^{44}xu^{0}	里首 li^{52}ʂou^{0}	外首 uai^{44}ʂou^{0}

	0127 背后	0128 里面躲在~	0129 外面衣服晒在~
乾县	背后 pe^{55}xou^{21}	里面 li^{53}miæ̃^{21}	外面 uɛ^{55}miæ̃^{21}
岐山	背后 pei^{44}xou^{53}	黑头 xei^{44}t^{h}ou^{21} 里头 li^{44}t^{h}ou^{21}	外前 vE^{44}ȶ^{h}iæ̃^{53} 外头 vE^{44}t^{h}ou^{53}
凤翔	背后 pei^{45}xəu^{0} 后头 xəu^{45}t^{h}əu^{0}	黑头 xei^{44}t^{h}əu^{0} 里面 li^{44}miæ̃^{0}	外前 vE^{45}ts^{h}iæ̃^{0} 外头 vE^{45}t^{h}əu^{0}
千阳	背后 pei^{45}xou^{0}	里头 li^{44}t^{h}ou^{0}	外头 vE^{45}t^{h}ou^{0}
西安	后头 xɯ^{44}t^{h}ou^{0}	里头 li^{53}t^{h}ou^{0}	外头 uai^{44}t^{h}ou^{0}
户县	背后 pei^{55}xɤu^{55} 脊背后头 tɕi^{31}pei^{31}xɤu^{55} 后头 xɯ^{55}t^{h}ɤu^{31}	黑头 xɯ^{51}t^{h}ɤu^{31} 里头 li^{51}t^{h}ɤu^{31} 喜⁼头 ɕi^{51}t^{h}ɤu^{31}	外面 uæ^{55}miã^{31} 外头 uæ^{55}t^{h}ɤu^{31} 外首 uæ^{55}ʂɤu^{31}
商州	后头 xɯ^{44}t^{h}ou^{0}	里头 li^{53}t^{h}ou^{0}	外头 vai^{44}t^{h}ou^{0}
镇安	后头 xəu^{322}t^{h}əu^{0}	里头 li^{35}t^{h}əu^{53}	外头 vai^{322}t^{h}əu^{0}
安康	背后 pei^{44}xou^{44}	里头 li^{53}t^{h}ou^{21}	外头 uæ^{44}t^{h}ou^{21}
白河	后头 xəu^{42}t^{h}əu^{0}	里头 li^{35}t^{h}əu^{0}	外头 uai^{42}t^{h}əu^{0}
汉阴	后头 χəu^{21}t^{h}əu^{0}	里头 li^{45}t^{h}əu^{0}	外头 uae^{21}t^{h}əu^{0}
平利	背后 pei^{24}xou^{214}	里头 li^{45}t^{h}ou^{21}	外头 uai^{24}t^{h}ou^{21}
汉中	背后 pei^{21}xəu^{0}	里头 li^{35}t^{h}əu^{0}	外头 uai^{21}t^{h}əu^{0}
城固	背后 pei^{31}xəu^{0}	里头 li^{24}t^{h}əu^{0}	外头 uai^{31}t^{h}əu^{0}
勉县	脊背后头 tɕi^{21}pei^{0}xəu^{21}t^{h}əu^{35}	里头 li^{35}t^{h}əu^{0}	外头 vɑi^{21}t^{h}əu^{35}
镇巴	后头 xəu^{213}t^{h}əu^{52} 背后头 pei^{213}xəu^{213}t^{h}əu^{52}	里岸 i^{45}ŋan^{213} 里头 i^{45}t^{h}əu^{31}	外岸 uai^{21}ŋan^{55} 外头 uai^{213}t^{h}əu^{52}

	0130 旁边	0131 上碗在桌子~	0132 下凳子在桌子~
榆林	半掐$^{=}$坬 pε^{52}tɕ^{h}iaʔ^{3}va^{52}	上头 ʂɑ̃^{52}t^{h}əu^{0} 上面 ʂɑ̃^{52}miε^{0}	底下 ti^{21}xa^{213} 下头 xa^{52}t^{h}əu^{0}
神木	跟前 kɤ̃^{24}tɕ^{h}iε^{44} 侧旁 ts^{h}əʔ^{4}p^{h}ɑ̃^{44}	上 ʂɑ̃^{53}	底下 ti^{21}xa^{213}
绥德	旁里 p^{h}ɑ̃^{33}li^{0} 边边 pie^{24}pie^{0}	上 ʂɑ̃^{52}	底下 ti^{21}xɑ^{33} 底里 ti^{21}li^{33}
吴堡	跟前 kəŋ^{21}tɕ^{h}ie^{33}	上 ʂɤu^{53}	下头 xɑ^{53}t^{h}ɑo^{213}
清涧	挨地 ŋai^{31}ts^{h}ɿ^{42}	上 ʂɯ^{42}	下头 xɑ^{44}t^{h}əu^{44}
延安	旁岸儿 p^{h}aŋ^{24}ŋar^{0} 旁边 p^{h}aŋ^{24}piar^{213}	上 ʂaŋ^{443}	下 xa^{443}
延川	跟前 kəŋ^{21}tɕ^{h}iε^{33}	上 ʂei^{53}	下 xa^{53}
黄陵	跟前 kẽ^{31}tɕ^{h}iæ̃^{0} 旁边 p^{h}ɑŋ^{24}piæ̃^{31}	上 ʂɑŋ^{55}	底下 tɕi^{52}xɑ^{0} 下头 xɑ^{55}t^{h}əu^{0}
渭南	偏岸儿 p^{h}iæ̃^{24}ŋæ̃r^{53}	上头 ʂɑŋ^{44}t^{h}əu^{0}	底下 tɕi^{53}xɑ^{0}
韩城	跟前 kɛ̃^{31}tɕ^{h}iã^{53}	上 ʂuɤ^{0}	下 xa^{0}
合阳	边头 piã^{31}t^{h}ou^{31} 旁边 p^{h}ɑŋ^{24}piã^{31}	上 ʂuo^{55}/ʂɑŋ^{44}	底下 ti^{52}xɑ^{31}
富平	偏岸儿 p^{h}iæ̃^{53}ŋæ̃r^{31}	上 ʂɑɣ̃^{55}	底下 ti^{53}xɑ^{31}
耀州	偏岸儿 p^{h}iæ̃^{52}ŋæ̃r^{0} 边岸儿 piæ̃^{52}ŋæ̃r^{0}	上 ʂɑŋ^{44}	下 xa^{44}
咸阳	边边儿 piã^{31}piɐr^{0}	上 ʂɑŋ^{44}	下 xa^{44}
旬邑	偏岸子 p^{h}iã^{21}ŋã^{44}tsɿ^{0} 偏邦跟 p^{h}iã^{52}pɑŋ^{21}kɛ̃^{0}	上头 ʂɑŋ^{24}t^{h}əu^{0}	下头 xa^{24}t^{h}əu^{0}
三原	偏岸儿 p^{h}iã^{31}ŋɑ̃r^{52}	上头 ʂɑŋ^{44}t^{h}ou^{0}	底下 tɕi^{52}xɑ^{0} 下头 xɑ^{44}t^{h}ou^{0}

	0130 旁边	0131 上碗在桌子~	0132 下凳子在桌子~
乾县	旁边 p^{h}aŋ^{24}piæ̃^{21}	上 ʂaŋ^{55}	下 xa^{55}
岐山	偏把 p^{h}iæ̃^{53}pA^{21} 旁边 p^{h}ɑŋ^{31}piæ̃^{53}	上头 ʂɑŋ^{44}t^{h}ou^{53}	底下 ȶi^{44}xA^{21}
凤翔	邦里 pɑŋ^{53}li^{0}	上 ʂɑŋ^{0}	底下 tsi^{44}xa^{0}
千阳	邦里 pɑŋ^{53}li^{0}	上 ʂɑŋ^{0}	下 xa^{0}
西安	旁岸儿 p^{h}aŋ^{24}ŋɐr^{0}	上头 ʂaŋ^{44}t^{h}ou^{0}	底下 ti^{53}xa^{0} 下头 xa^{44}t^{h}ou^{0}
户县	一边 i^{35}piã^{31} 一偏 i^{35}p^{h}iã^{31}	上 ʂaŋ^{55} 上头ʂaŋ^{55}t^{h}ɤu^{31}	下 xa^{55} 下头 xa^{55}t^{h}ɤu^{31}
商州	偏岸儿 p^{h}iã^{53}ŋãr^{0}	上头 ʂɑŋ^{44}t^{h}ou^{0}	底下 ti^{53}xɑ^{31}
镇安	边上 pian^{53}ʂʌŋ^{0}	上 ʂʌŋ^{322}	下 ɕia^{322}
安康	挨身儿 ŋæ^{35}ʂər^{31}	上头 ʂaŋ^{44}t^{h}ou^{0}	底下 ti^{53}xa^{0}
白河	边儿的 piɐr^{21}ti^{0} 跟前 kən^{21}tɕ^{h}ian^{0}	高头 kɔu^{21}t^{h}əu^{0}	底下 ti^{35}ɕia^{0} 下头 ɕia^{42}t^{h}əu^{0}
汉阴	侧边儿 tsE^{42}piar^{33} 侧岸子 tsE^{42}ŋan^{21}tsɿ^{0}	上头 ʂɑŋ^{21}t^{h}əu^{0}	底下 ti^{45}χɑ^{0} 下头 χɑ^{21}t^{h}əu^{0}
平利	边上 pian^{43}ʂaŋ^{0}	上 ʂaŋ^{214}	下 ɕia^{214}
汉中	边边上 pian^{55}pian^{0}ʂɑŋ^{0} 跟前 kən^{55}tɕ^{h}ian^{0}	高头 kɑo^{55}t^{h}əu^{0} 上 ʂɑŋ^{213}	底下 ti^{35}xA^{0}
城固	跟搭 kən^{44}ta^{0} 肋巴 lei^{44}pa^{0}	高头 kɔ^{44}t^{h}əu^{0}	底下 ti^{24}xa^{0}
勉县	肋巴里 lei^{44}pɑ^{44}li^{0}	高头 kɑɔ^{44}t^{h}əu^{0}	底下 ti^{35}xɑ^{0}
镇巴	侧岸 tsɛ^{31}ŋan^{213}	高头 kau^{35}t^{h}əu^{52} 上岸 saŋ^{21}ŋan^{55}	底下 ti^{45}xa^{33} 下头 ɕia^{213}t^{h}əu^{52}

	0133 边儿桌子的~	0134 角儿桌子的~	0135 上去他~了
榆林	棱棱 lɤɣ̃^{24}lɤɣ̃^{0}	角角 tɕiaʔ^{3}tɕiaʔ^{0}	上去 ʂɑ̃^{52}kəʔ^{0}
神木	边边 piɛ^{24}piɛ^{0} 畔畔 pɛ^{53}pɛ^{0}	角角 tɕyaʔ^{4}tɕyaʔ^{0} 拐子 kuᴇe^{21}tsəʔ^{4}	上去 ʂɑ̃^{53}kəʔ^{0}
绥德	边边 pie^{24}pie^{0}	角角 tɕie^{33}tɕie^{0}	上去 ʂɑ̃^{52}kʰəʔ^{0}
吴堡	边边 pie^{24}pie^{0}	角角 tɕyɑʔ^{4}tɕyɑʔ^{0}	上去 ʂɤu^{53}kəʔ^{0}
清涧	边边儿 pi^{31}piər^{53}	角角儿 tɕi^{53}tɕiər^{0}	上去 ʂɯ^{44}kəʔ^{0}
延安	边儿 piar^{213} 边边儿 piæ̃^{21}piar^{53}	角儿 tɕyor^{213} 角角儿 tɕyo^{21}tɕyor^{53}	上去 ʂaŋ^{443}kʰəʔ^{0}
延川	沿沿上 iɛ^{53}iɛ^{21}ʂei^{0}	角角上 tɕiɛ^{53}tɕiɛ^{0}ʂei^{53}	上去 ʂei^{42}kʰɤ^{213}
黄陵	边边 piæ̃^{31}piæ̃^{0}	角角 tɕyɤ^{31}tɕyɤ^{0}	上去 ʂɑŋ^{55}tɕʰi^{0}
渭南	边边儿 piæ̃^{53}piæ̃r^{0}	角角儿 tɕyə^{53}tɕyər^{0}	上去 ʂɑŋ^{44}tɕʰi^{0}
韩城	棱儿 lə̃r^{24}	角角儿 tɕiɤ^{31}tɕiɤr^{0}	上去 ʂuɤ^{44}tɕʰi^{0}
合阳	边边 piɑ̃^{31}piɑ̃^{31} 棱棱 ləŋ^{24}ləŋ^{24}	角角 tɕyə^{31}tɕyə^{31}	上去 ʂuo^{55}tɕʰi^{31}
富平	边边儿 piæ̃^{53}piæ̃r^{31}	角角儿 tɕyɛ^{53}tɕyər^{31}	上去 ʂɑɣ̃^{55}tɕʰi^{31}
耀州	边边儿 piæ̃^{52}piæ̃r^{0}	角角儿 tɕyo^{52}tɕyor^{0}	上去 ʂɑŋ^{44}tɕʰi^{0}
咸阳	边边儿 piɑ̃^{31}piɐr^{0}	角角儿 tɕyo^{31}tɕyər^{0}	上去 ʂɑŋ^{44}tɕʰi^{0}
旬邑	边子 piɑ̃^{52}tsɿ^{0} 邦子 pɑŋ^{52}tsɿ^{0}	角子 tɕyo^{52}tsɿ^{0} 角角 tɕyo^{52}tɕyo^{0}	上去 ʂɑŋ^{24}tɕʰi^{0}
三原	边边儿 piɑ̃^{31}piɑ̃r^{24}	角角儿 tɕyɤ^{52}tɕyər^{0}	上去 ʂɑŋ^{44}tɕʰi^{0}

	0133 边儿桌子的~	0134 角儿桌子的~	0135 上去他~了
乾县	边边 piæ̃^{53}piæ̃^{21}	角角 tɕyə^{53}tɕyə^{21}	上去 ʂɑŋ^{55}tɕʰi^{21}
岐山	边边 piæ̃^{53}piæ̃^{21}	角角 tɕyo^{53}tɕyo^{21}	上去 ʂɑŋ^{44}tɕʰi^{21}
凤翔	边边 piæ̃^{53}piæ̃^{0} 边里 piæ̃^{53}li^{0}	角角 tɕyo^{53}tɕyo^{0}	上去 ʂɑŋ^{45}tɕʰi^{0}
千阳	边里 piæ̃^{53}li^{0}	角里 tɕyo^{53}li^{0}	上去 ʂɑŋ^{45}tɕʰi^{0}
西安	边边儿 piã^{21}piɐr^{24}	角角儿 tɕyo^{21}tɕyɐr^{24}	上去 ʂaŋ^{44}tɕʰi^{0}
户县	边边 piã^{31}piã^{0} 沿沿 iã^{35}iã^{31}	角角 tɕyɤ^{31}tɕyɤ^{0} 棱棱 ləŋ^{35}ləŋ^{31}	上去 ʂaŋ^{55}tɕʰi^{31}
商州	边边儿 piã^{53}piãr^{0}	角角儿 tɕyɛ^{31}tɕyɛr^{0}	上去 ʂɑŋ^{44}tɕʰi^{0}
镇安	边边儿 pian^{53}piɐr^{0} 沿沿儿 ian^{33}iɐr^{0}	拐拐儿 kuai^{35}kuɐr^{53}	上去 ʂʌŋ^{322}tɕʰi^{0}
安康	沿沿儿 ian^{35}iar^{0}	角角儿 tɕyo^{31}tɕyor^{0}	上去 ʂaŋ^{44}tɕʰi^{0}
白河	边儿 piɐr^{213}	角儿 kuər^{213}	上去 ʂaŋ^{42}tɕʰi^{0}
汉阴	边边儿 pian^{33}piar^{0}	角角儿 ko^{42}kuar^{0}	上去 ʂɑŋ^{21}tɕʰi^{0}
平利	边 pian^{43}	角角儿 ko^{43}kor^{0}/tɕio^{43}tɕior^{0}	上去 ʂaŋ^{24}tɕʰi^{0}
汉中	边边 pian^{55}pian^{0}	角角 tɕyɤ^{55}tɕyɤ^{0}	上去 ʂɑŋ^{21}tɕʰi^{0}
城固	边边 pian^{44}pian^{0}	角角 tɕyɛ^{44}tɕyɛ^{0}	上去 ʂaŋ^{31}tɕʰi^{0}
勉县	边边 piɑn^{44}piɑn^{0}	角角 tɕyɤ^{44}tɕyɤ^{0}	上去 sɑŋ^{21}tɕʰi^{35}
镇巴	边边 pian^{35}pian^{55}	角角 ko^{33}ko^{31}	上去 saŋ^{21}tɕʰi^{55}

	0136 下来他~了	0137 进去他~了	0138 出来他~了
榆林	下来 xa^{52}lɛe^{0}	里头去 li^{21}tʰəu^{24}kəʔ^{0} 进去 tɕiɤɣ̃^{52}kəʔ^{0}	出来 tʂʰuəʔ^{3}lɛe^{33}
神木	下来 xa^{53}lᴇe^{44}	进去 tɕiɤ̃^{53}kəʔ^{0}	出来 tʂʰuəʔ^{4}lᴇe^{44}
绥德	下来 xɑ^{52}lai^{0}	里首去 li^{21}ʂəu^{33}kʰəʔ^{0} 进去 tɕiəɣ̃^{52}kʰəʔ^{0}	出来 tʂʰuəʔ^{3}lai^{33}
吴堡	下来 xɑ^{53}lɑe^{0}	里去 lɛe^{41}kəʔ^{3}	出来 tsʰuəʔ^{3}lɑe^{33}
清涧	下来 xɑ^{44}lai^{24}	里去 li^{53}kəʔ^{0}	出来 tʂʰuəʔ^{54}lai^{24}
延安	下来 xa^{443}lai^{0}	进去 tɕiəŋ^{443}kʰəʔ^{0}	出来 tʂʰuəʔ^{5}lai^{53}
延川	下来 xa^{42}lai^{213}	里去 li^{53}kʰɤ^{213}	出来 tʂʰuəʔ^{43}lai^{213}
黄陵	下来 xɑ^{55}lᴇ^{0}	里去 li^{52}tɕʰi^{0} 进去 tɕiẽ^{55}tɕʰi^{0}	出来 tsʰɥ^{31}lᴇ^{0}
渭南	下来 xɑ^{44}lae^{0}	进去 tɕiə̃^{44}tɕʰi^{0}	出来 tʃʰʒ^{53}lae^{0}
韩城	下来 xɑ^{44}lɑ^{0}	进去 tɕiɛ̃^{44}tɕʰi^{0}	出来 pfʰu^{31} lɑ^{0}
合阳	下来 xɑ^{55}læe^{31}	里去 li^{52}tɕʰi^{31} 进去 tsiẽ^{55}tɕʰi^{31}	出来 pfʰu^{31}læe^{31}
富平	下来 xɑ^{55}lɛe^{31}	进去 tiɛ̃^{55}tɕʰi^{31}	出来 tʃʰu^{53}lɛe^{31}
耀州	下来 xa^{44}læi^{0}	进去 tɕiei^{44}tɕʰi^{0}	出来 tʃʰu^{52}læi^{0}
咸阳	下来 xa^{44}læ^{0}	进去 tɕiɛ̃^{44}tɕʰi^{0}	出来 tʃʰu^{31}læ^{0}
旬邑	下来 xa^{24} lɛi^{0}	入去 ʒʅ^{52}tɕʰi^{0}	出来 tʃʰʅ^{52}lɛi^{0}
三原	下来 xɑ^{44}lai^{0}	进去 tɕiẽ^{44}tɕʰi^{0}	出来 tʃʰʒ^{52}lai^{0}

	0136 下来他~了	0137 进去他~了	0138 出来他~了
乾县	下来 xa^{55}lɛ^{21}	进去 tɕiẽ^{55}tɕʰi^{21}	出来 tʃʰu^{53}lɛ^{21}
岐山	下来 xA^{44}lE^{21}	进去 ȶiŋ^{44}tɕʰi^{21}	出来 tʂʰʅ^{53}lE^{21}
凤翔	下来 xa^{45}lE^{0}	进去 tsiŋ^{45}tɕʰi^{0}	出来 tʂʰʅ^{53}lE^{0}
千阳	下来 xa^{45}lE^{0}	进去 tsiŋ^{45}tɕʰi^{0}	出来 tʃʰʅ^{53}lE^{0}
西安	下来 xa^{44}lai^{0}	进去 tɕin^{44}tɕʰi^{0}	出来 pfʰu^{21}lai^{0}
户县	下来 xa^{55}læ^{31}	进去 tɕiẽ^{55}tɕʰi^{31}	出来 tsʰu^{31}læ^{31}
商州	下来 xɑ^{44}lai^{0}	进去 tɕiẽ^{44}tɕʰi^{0}	出来 tʃʰu^{53}lai^{0}
镇安	下来 xa^{322}lai^{0}	进去 tɕin^{322}tɕʰi^{0}	出来 tʂʰɥ^{53}lai^{0}
安康	下来 xa^{44}læ^{0}	进去 tɕin^{44}tɕʰi^{0}	出来 pfʰu^{31}læ^{0}
白河	下来 ɕia^{42}lai^{0}	进去 tɕiən^{42}tɕʰi^{0}	出来 tʂʰu^{44}lai^{0}
汉阴	下来 χɑ^{21}lae^{0}	进去 tɕin^{21}tɕʰi^{0}	出来 tsʰɥ^{42}lae^{0}
平利	下来 ɕia^{24}lai^{0}	进去 tɕin^{24}tɕʰi^{0}	出来 tʂʰɥ^{43}lai^{0}
汉中	下来 xA^{21}lai^{0}	进去 tɕin^{21}tɕʰi^{0}	出来 tsʰu^{55}lai^{0}
城固	下来 xa^{31}lai^{0}	进去 tsin^{31}tɕʰi^{0}	出来 tʃʰu^{44}lai^{0}
勉县	下来 xɑ^{21}lɑi^{0}	进去 tɕin^{21}tɕʰi^{35}	出来 tsʰu^{44}lɑi^{0}
镇巴	下来 ɕia^{213}lai^{52}	进去 tɕin^{21}tɕʰi^{55}	出来 tsʰu^{33}lai^{31}

	0139 出去他~了	0140 回来他~了	0141 起来天冷~了
榆林	出去 tʂʰuəʔ^{3}kəʔ^{0}	回来 xuei^{33}lɛe^{33}	起 tɕʰi^{213} 上 ʂã^{52}
神木	出去 tʂʰuəʔ^{4}kəʔ^{0}	回来 xuei^{44}lEe^{44}	起 tɕʰi^{213}
绥德	出去 tʂʰuəʔ^{5}kʰəʔ^{0}	回来 xuei^{33}lai^{0}	脱 tʰuo^{33} 上 ʂã^{52}
吴堡	出去 tsʰuəʔ^{4}kəʔ^{0}	回来 xuəʔ^{3}lɑe^{33}	起 tɕʰi^{412}
清涧	出去 tʂʰuəʔ^{4}kəʔ^{0}	回来 xuai^{24}lai^{0}	起 tsʰɿ^{53}
延安	出去 tʂʰuəʔ^{5}kʰəʔ^{0}	回来 xuei^{24}lai^{0}	起来 tɕʰi^{52}lai^{0}
延川	出去 tʂʰuəʔ^{32}kʰə^{423}	回来 xuei^{35}lai^{0}	起来 tsʰɿ^{53}lai^{01}
黄陵	出去 tʂʰʮ^{31}tɕʰi^{0}	回来 xuei^{24}lE^{0}	起来 tɕʰi^{52}lE^{0}
渭南	出去 tʃʰʒ^{53}tɕʰi^{0}	回来 xuei^{24}lae^{0}	[起来] tɕʰiɛ^{0} 下 xɑ^{0}
韩城	出去 pfʰu^{31}tɕʰi^{0}	回 xuɪ^{24}	开 kʰæe^{31}
合阳	出去 pfʰu^{31}tɕʰi^{31}	回来 xuei^{24}lɑ^{31}	起来 tɕʰi^{52}lɑ^{31}
富平	出去 tʃʰu^{53}tɕʰi^{31}	回来 xueɪ^{31}lɛe^{53}	开 kʰɛe^{31}
耀州	出去 tʃʰu^{52}tɕʰi^{0}	回来 xuei^{24}læi^{0}	[起来] tɕʰiɛ^{52}
咸阳	出去 tʃʰu^{31}tɕʰi^{0}	回来 xuei^{24}læ^{0}	起来 tɕʰi^{53}læ^{0}
旬邑	出去 tʃʰʅ^{52}tɕʰi^{0}	回 xuei^{24} 回来 xuei^{21}lɛi^{52}	开 kʰɛi^{21}
三原	出去 tʃʰʒ^{52}tɕʰi^{0}	回来 xuei^{24}lai^{0}	起来 tɕʰiɛ^{52}lai^{0}

	0139 出去他~了	0140 回来他~了	0141 起来天冷~了
乾县	出去 tʃʰu^{53}tɕʰi^{21}	回来 xuɛ^{24}lɛ^{21}	起来 tɕʰiə^{53}lɛ^{21}
岐山	出去 tʂʰʅ^{53}tɕʰi^{21}	回来 xuei^{31}lᴇ^{53}	开 kʰᴇ^{31}
凤翔	出去 tʂʰʅ^{53}tɕʰi^{0}	回来 xuei^{31}lᴇ^{53}	开 kʰᴇ^{0}
千阳	出去 tʃʰʅ^{53}tɕʰi^{0}	回来 xuei^{31}lᴇ^{0}	下 xa^{0}
西安	出去 pfʰu^{21}tɕʰi^{0}	回来 xuei^{24}lai^{0}	起来 tɕʰi^{53}lai^{0}
户县	出去 tsʰu^{31}tɕʰi^{31}	回来 xuei^{35}læ^{31}	开 kʰæ^{31}
商州	出去 tʃʰu^{53}tɕʰi^{0}	回来 xuei^{31}lai^{0}	开 kʰai^{31}
镇安	出去 tʂʰʯ^{53}tɕʰi^{0}	回来 xuᴇi^{33}lai^{0}	开 kʰai^{53}
安康	出去 pfʰu^{31}tɕʰi^{0}	回来 xuei^{35}læ^{0}	起来 tɕʰie^{53}læ^{0}
白河	出去 tʂʰu^{44}tɕʰi^{0}	回来 xuei^{44}lai^{0}	起来 tɕʰi^{35}lai^{0}
汉阴	出去 tsʰɥ^{42}tɕʰi^{0}	回来 χuei^{42}lae^{0}	开 kʰae^{33}
平利	出去 tʂʰʯ^{43}tɕʰi^{0}	回来 xuei^{52}lai^{0}	起来 tɕʰi^{45}lai^{0}
汉中	出去 tsʰu^{55}tɕʰi^{0}	回来 xuei^{42}lai^{0}	开 kʰai^{55}
城固	出去 tʃʰu^{44}tɕʰi^{0}	回来 xuei^{31}lai^{24}	开 kʰai^{53}
勉县	出去 tsʰu^{44}tɕʰi^{0}	回来 xuei^{21}lɑi^{0}	开 kʰɑi^{42}
镇巴	出去 tsʰu^{33}tɕʰi^{31}	回来 xuei^{33}lai^{31} 转来 tsuan^{45}lai^{31}	开 kʰai^{35} 起来 tɕʰi^{45}lai^{31}

	0142 树	0143 木头	0144 松树统称
榆林	树 ʂu^{52}	木头 məʔ^{3}t^{h}əu^{33}	松树 suɤɣ̃^{33}ʂu^{52}
神木	树 ʂu^{53}	木植 məʔ^{4}ʂəʔ^{0}	松树 suɣ̃^{24}ʂu^{53}
绥德	树 ʂʮ^{52}	木植 məʔ^{5}ʂəʔ^{0}	松树 suəɣ̃^{21}ʂʮ^{52}
吴堡	树 su^{53}	木植 məʔ^{21}ʂəʔ^{3}	松树 suəŋ^{21}su^{53}
清涧	树 ʂʮ^{44}	木植 məʔ^{54}ʂəʔ^{43}	松树 suəɣ̃^{31}ʂʮ^{42}
延安	树 ʂu^{443}	木植 mu^{21}ʂəʔ^{5} 木头 mu^{21}t^{h}ou^{53}	松树 suəŋ^{21}ʂu^{443}
延川	树卜 ʂʮ^{53}pɤ^{423}	木植 məʔ^{21}ʂəʔ^{54}	松树 suŋ^{21}ʂʮ^{53}
黄陵	树 sʮ^{55}	木植 mu^{31}ʂʅ^{0} 木头 mu^{31}t^{h}əu^{0}	松树 suŋ^{31}sʮ^{55}
渭南	树 ʃʒ^{44}	木头 mu^{31}t^{h}əu^{0}	松树 ʃəŋ^{31}ʃʒ^{44}
韩城	树 fu^{44}	木头 mu^{44}t^{h}əu^{0}	松树 səŋ^{31}fu^{0}
合阳	树 fu^{55}	木头 mu^{31}t^{h}ou^{0}	松树 yŋ^{31}fu^{31}
富平	树 ʃu^{55}	木头 mu^{53}t^{h}ou^{31}	松树 suəɣ̃^{31}ʃu^{55}
耀州	树 ʃu^{44}	木头 mu^{52}t^{h}ou^{0} 木材 mu^{21}ts^{h}æi^{24}	松树 ʃuŋ^{52}ʃu^{0}
咸阳	树 ʃu^{44}	木头 mu^{31}t^{h}ou^{0}	松树 suəŋ^{31}ʃu^{0}
旬邑	树 ʃʅ^{44}	木头 mu^{52}t^{h}əu^{0}	松树 suəŋ^{52}ʃʅ^{0}
三原	树 ʃʒ^{44}	木头 mu^{52}t^{h}ou^{0}	松树 suŋ^{52}ʃʒ^{0}

	0142 树	0143 木头	0144 松树统称
乾县	树 ʃu⁵⁵	木头 mu⁵³tʰou²¹	松树 soŋ²¹ʃu⁵⁵
岐山	树 ʂʅ⁴⁴	木头 mu⁵³tʰou²¹	松树 suŋ⁵³ʂʅ²¹
凤翔	树 ʂʅ⁴⁴	木头 mu⁵³tʰəu⁰	松树 suŋ⁵³ʂʅ⁰
千阳	树 ʃʅ⁴⁴	木头 mu⁵³tʰou⁰	松树 suŋ⁵³ʃʅ⁰
西安	树 fu⁴⁴	木头 mu²¹tʰou⁰	松树 soŋ²¹fu⁴⁴
户县	树 su⁵⁵	木头 mu³¹tʰɤu³¹	松树 suəŋ³¹su⁵⁵
商州	树 ʃu⁴⁴	木头 mu⁵³tʰou⁰	松树 ʃuəŋ³¹ʃu⁴⁴
镇安	树 ʂʮ³²²	木植 muə⁵³ʂʅ⁰	松树 sɤŋ⁵³ʂʮ³²²
安康	树 fu⁴⁴	木头 mu³¹tʰou⁰	松树 suŋ³¹fu⁴⁴
白河	树 ʂu⁴¹	木头 mo²¹tʰəu⁰	松树 səŋ²¹ʂu⁴¹
汉阴	树 sʮ²¹⁴	木头 mo⁴²tʰəu⁰	松树 soŋ³³sʮ²¹⁴
平利	树 ʂʮ²¹⁴	木头 mo⁴³tʰou⁰	枞树 tsoŋ⁵²ʂʮ⁰
汉中	树 su²¹³	木头 mu⁵⁵tʰəu⁰	松树 soŋ⁵⁵su⁰
城固	树 ʃu²¹³	木头 mu⁴⁴tʰəu⁰	松树 ʃuŋ⁴⁴ʃu⁰
勉县	树 fu²¹³	木头 mu⁴⁴tʰəu⁰	松树 soŋ⁴⁴fu⁰
镇巴	树 su²¹³	木料 mu³¹liau²¹³	松树 soŋ³⁵su²¹³

	0145 柏树统称	0146 杉树	0147 柳树
榆林	柏树 piʌʔ^{3}ʂu^{52}	（无）	柳树 liəu^{21}ʂu^{52}
神木	柏树 piəʔ^{4}ʂu^{53}	（无）	柳树 liəu^{21}ʂu^{53}
绥德	柏树 pie^{33}ʂʮ^{52}	（无）	柳树 liəu^{21}ʂʮ^{52}
吴堡	柏树 piəʔ^{3}su^{53}	（无）	柳树 liɑo^{41}su^{53}
清涧	柏树 pi^{53}ʂʮ^{44}	（无）	柳树 liəu^{53}ʂʮ^{44}
延安	柏树 pei^{21}ʂu^{443}	杉树 sæ̃^{21}ʂu^{443}	柳树 liou^{52}ʂu^{443}
延川	柏树 pəʔ^{21}ʂʮ^{53}	杉树 sæ̃^{21}ʂʮ^{53}	柳树 liəu^{53}ʂʮ^{213}
黄陵	柏树 pei^{31}sʮ^{55}	杉树 sæ̃^{31}sʮ^{55}	柳树 liəu^{52}sʮ^{55}
渭南	柏树 pei^{31}ʃʒ^{44}	杉树 sɑ^{31}ʃʒ^{44}	柳树 liəu^{53}ʃʒ^{44}
韩城	柏树 pɪi^{31}fu^{0}	杉树 sɑ^{31}fu^{0}	柳树 liəu^{53}fu^{0}
合阳	柏树 pei^{31}fu^{31}	杉树 sɑ^{31}fu^{31}	柳树 liou^{52}fu^{31}
富平	柏树 peɪ^{53}ʃu^{31}	（无）	柳树 liou^{53}ʃu^{31}
耀州	柏树 pei^{52}ʃu^{0}	杉树 sæ̃^{52}ʃu^{0}	柳树 liou^{52}ʃu^{0}
咸阳	柏树 pei^{31}ʃu^{0}	杉树 sã^{31}ʃu^{0}	柳树 liou^{53}ʃu^{44}
旬邑	柏树 pei^{52}ʃʅ^{0}	杉树 sã^{21}ʃʅ^{0}	柳树 liəu^{44}ʃʅ^{0}
三原	柏树 pei^{52}ʃʒ^{0}	杉树 sã^{31}ʃʒ^{0}	柳树 liou^{52}ʃʒ^{0}

	0145 柏树统称	0146 杉树	0147 柳树
乾县	柏树 pe^{21}ʃu^{21}	杉树 sæ̃^{21}ʃu^{21}	柳树 liou^{53}ʃu^{21}
岐山	柏树 pei^{53}ʂʅ^{21}	杉树 sᴀ^{53}ʂʅ^{21}	柳树 liou^{44}ʂʅ^{21}
凤翔	柏树 pei^{53}ʂʅ^{0}	杉树 sa^{53}ʂʅ^{0}	柳树 liəu^{44}ʂʅ^{0}
千阳	柏树 pei^{53}ʃʅ^{0}	（无）	柳树 liou^{44}ʃʅ^{0}
西安	柏树 pei^{21}fu^{44}	杉树 sã^{21}fu^{44}	柳树 liou^{53}fu^{44}
户县	柏树 pei^{31}su^{55}	杉树 sã^{31}su^{55}	柳树 liɤu^{51}su^{55}
商州	柏树 pei^{31}ʃu^{44}	（无）	柳树 liou^{53}ʃu^{44}
镇安	柏树 pai^{53}ʂʮ^{322}	杉树 sa^{53}ʂʮ^{322}	柳树 liəu^{35}ʂʮ^{322}
安康	柏树 pei^{31}fu^{44}	杉树 ʂa^{31}fu^{44}	柳树 liou^{53}fu^{44}
白河	柏树 pᴇ^{21}ʂu^{41}	杉树 ʂa^{21}ʂu^{41}	柳树 liəu^{35}ʂu^{41}
汉阴	柏树 pᴇ^{42}sʮ^{214}	杉树 sɑ^{33}sʮ^{214}	柳树 liəu^{45}sʮ^{214}
平利	柏树 pᴇ^{43}ʂʮ^{0}	杉树 ʂa^{43}ʂʮ^{0}	杨柳树 iaŋ^{52}liou^{45}ʂʮ^{0}
汉中	柏树 pei^{55}su^{0}	杉树 sᴀ^{55}su^{0}	柳树 liəu^{35}su^{0}
城固	柏树 pei^{44}ʃu^{0}	杉树 sa^{44}ʃu^{0}	柳树 liəu^{24}ʃu^{0}
勉县	柏树 pei^{44}fu^{0}	杉树 sɑ^{44}fu^{0}	柳树 liəu^{35}fu^{0}
镇巴	柏树 pɛ^{31}su^{213}	杉树 sa^{35}su^{213}	柳树 liəu^{45}su^{213}

	0148 竹子统称	0149 笋	0150 叶子
榆林	竹子 tʂuəʔ^{3}tsəʔ^{0}	竹笋 tʂuəʔ^{3}suɤɣ̃^{0}	叶子 iʌʔ^{3}tsəʔ^{0} 叶叶 iʌʔ^{3}iʌʔ^{0}
神木	竹子 tʂuəʔ^{4}tsəʔ^{0}	笋 suɣ̃^{213}	叶子 iəʔ^{4}tsəʔ^{0}
绥德	竹子 tʂuəʔ^{5}tsəʔ^{0}	竹笋 tʂuəʔ^{5}suəɣ̃^{0}	叶子 ie^{33}tsəʔ^{0} 叶叶 ie^{33}ie^{0}
吴堡	竹子 tsuəʔ^{4}tsəʔ^{0}	笋 suəŋ^{412}	叶子 iəʔ^{21}tsəʔ^{213}
清涧	竹子 tʂuəʔ^{4}tsəʔ^{0}	笋 suəɣ̃^{53}	叶子 i^{53}tsəʔ^{0}
延安	竹子 tʂu^{21}tsəʔ^{5}	笋 suəŋ^{52}	叶子 iɛ^{21}tsəʔ^{5} 叶儿 iɛr^{213}
延川	竹子 tʂuəʔ^{43}tsəʔ^{213}	笋 suŋ^{53}	叶子 iɛ^{42}tsəʔ^{213}
黄陵	竹子 tsəu^{31}tsɿ^{0}	笋 ɕyẽ^{52}	叶子 iɛ^{31}tsɿ^{0}
渭南	竹子 tsəu^{31}tsɿ^{0}	笋 ɕyə̃^{53}	叶子 iɛ^{31}tsɿ^{0}
韩城	竹子 tsəu^{31}tsɿ^{0}	笋 ɕyɛ̃^{53}	叶子 iE^{31}tsɿ^{0} 叶叶儿 iE^{31}iEr^{0}
合阳	竹子 tsou^{31}tsɿ^{0}	笋 ɕyẽ^{52}	叶 iɛ^{31}tsɿ^{0} 叶叶 iɛ^{31}iɛ^{0}
富平	竹子 tsou^{53}tsɿ^{31}	笋 ɕyɛ̃^{53}	叶叶儿 iɛ^{53}iər^{31}
耀州	竹子 tsou^{52}tsɿ^{0}	笋 ɕyei^{52}	叶子 iɛ^{52}tsɿ^{0} 叶叶 iɛ^{52}iɛ^{0}
咸阳	竹子 tʃu^{31}tsɿ^{0}	笋 suɛ̃^{53}	叶子 iɛ^{31}tsɿ^{0}
旬邑	竹子 tsəu^{52}tsɿ^{0}	笋 suɛ̃^{52}	叶子 iɛ^{52}tsɿ^{0} 叶叶 iɛ^{52}iɛ^{0}
三原	竹子 tsou^{52}tsɿ^{0}	笋 suẽ^{52}	叶叶儿 iɛ^{52}iɛr^{0}

	0148 竹子统称	0149 笋	0150 叶子
乾县	竹子 tʃu^{53}tsɿ^{21}	笋 suẽ^{53}	叶子 iə^{53}tsɿ^{21}
岐山	竹子 tʂʅ^{53}tsɿ^{21}	竹笋 tʂʅ^{31}suŋ^{53}	叶子 iɛ^{53}tsɿ^{21} 叶叶 iɛ^{53}iɛ^{31}
凤翔	竹子 tʂʅ^{53}tsɿ^{0}	竹笋 tʂʅ^{31}suŋ^{53}	叶子 ie^{53}tsɿ^{0} 叶叶 ie^{53}ie^{0}
千阳	竹子 tʃʅ^{53}tsɿ^{0}	竹笋 tʃʅ^{31}suŋ^{53}	叶子 ie^{53}tsɿ^{0} 叶叶 ie^{53}ie^{0}
西安	竹子 pfu^{21}tsɿ^{0}	笋 suən^{53}	叶叶儿 iɛ^{21}iɐr^{0}
户县	竹子 tsɤu^{31}tsɿ^{0}	竹笋 tsɤu^{31}suẽ^{51}	叶叶 iɛ^{31}iɛ^{0}
商州	竹子 tsou^{53}tsɿ^{0}	笋 ɕyẽ^{53}	叶叶儿 iɛ^{53}iɛr^{0}
镇安	竹子 tʂəu^{53}tsɿ^{0}	笋 sən^{35}	叶子 iɛ^{53}tsɿ^{0} 叶叶儿 iɛ^{53}iɐr^{0}
安康	竹子 pfu^{31}tsɿ^{0}	笋子 suən^{53}tsɿ^{0}	叶叶儿 ie^{31}iər^{0}
白河	竹子 tʂəu^{21}tsɿ^{0} 青竹 tɕʰiən^{35}tʂəu^{213}	笋子 sən^{35}tsɿ^{0} 竹笋 tʂəu^{21}sən^{35}	叶子 iᴇ^{21}tsɿ^{0}
汉阴	竹子 tʂəu^{42}tsɿ^{0}	笋子 suən^{45}tsɿ^{0}	树叶子 sʮ^{24}iᴇ^{42}tsɿ^{0}
平利	竹子 tʂou^{43}tsɿ^{0}	笋子 sən^{45}tsɿ^{0}	树叶 ʂʮ^{24}iᴇ^{43}
汉中	竹子 tsu^{55}tsɿ^{0}	笋子 suən^{35}tsɿ^{0}	叶子 iᴇ^{55}tsɿ^{0}
城固	竹子 tʃu^{44}tsɿ^{0}	笋 ʃuən^{44}	叶叶 iɛ^{44}iɛ^{0}
勉县	竹子 tsu^{44}tsɿ^{0}	竹笋 tsu^{44}soŋ^{35}	叶叶 iɛ^{44}iɛ^{0}
镇巴	竹子 tsu^{33}tsɿ^{31}	笋子 sən^{45}tsɿ^{52}	叶子 iɛ^{33}tsɿ^{31}

	0151 花	0152 花蕾花骨朵	0153 梅花
榆林	花儿 xuɐr^{33}	花儿圪都儿 xuɐr^{33}kəʔ^{3}tur^{213}	梅花儿 mei^{24}xuɐr^{0}
神木	花儿 xuʌɯ^{213}	花儿圪都 xuʌɯ^{24}kəʔ^{2}tu^{24}	梅花 mei^{44}xua^{0}
绥德	花儿 xuɐr^{213}	花儿圪蛋蛋 xuɐr^{24}kəʔ^{0}tæ^{52}tæ^{0} 花儿圪都都 xuɐr^{24}kəʔ^{0}tu^{24}tu^{0}	梅花儿 mei^{33}xuɐr^{0}
吴堡	花儿 xuɐr^{213}	花圪都儿 xuɑ^{24}kəʔ^{21}tur^{213}	梅花儿 mɑe^{33}xuɐr^{0}
清涧	花儿 xuʌr^{312}	花儿圪瘩瘩 xuʌr^{31}kəʔ^{4}tɑ^{31}tɑ^{0}	梅花儿 mai^{24}xuʌr^{0}
延安	花儿 xuar^{213}	花圪都儿 xua^{21}kəʔ^{5}tur^{0}	梅花 mei^{24}xua^{213}
延川	花 xua^{213}	花疙瘩 xua^{21}kəʔ^{54}ta^{0}	梅花 mai^{35}xua^{0}
黄陵	花儿 xuɐr^{31}	花骨都 xuɑ^{24}ku^{31}tu^{0}	梅花 mei^{24}xuɑ^{31}
渭南	花儿 xuɐr^{31}	花骨都 xuɑ^{24}ku^{31}təu^{0}	梅花儿 mei^{24}xuɐr^{31}
韩城	花儿 xuɑr^{31} 花子 xuɑ^{31}tsɿ^{0}	花骨朵儿 xuɑ^{31}ku^{31}tuər^{53}	梅花儿 mɪi^{31}xuɑr^{53}
合阳	花 xuɑ^{31}	花苞苞 xuɑ^{31}pɔo^{24}pɔo^{0} 花骨都 xuɑ^{31}ku^{31}tu^{0}	梅花 mei^{24}xuɑ^{31}
富平	花 xuɑ^{31}	花骨都儿 xuɑ^{24}ku^{53}tor^{31}	梅花 mɛ̃^{24}xuɑ^{53}
耀州	花 xua^{21}	花骨都 xua^{24}ku^{52}tou^{0} 花蕾 xua^{21}luei^{24}	梅花 mei^{24}xua^{0}
咸阳	花儿 xuɐr^{31}	花儿骨都儿 xuɐr^{24}ku^{31}tour^{0}	梅花儿 mei^{24}xuɐr^{31}
旬邑	花 xua^{21}	花苞子 xua^{21}pau^{52}tsɿ^{0} 花疙瘩 xua^{21}kɯ^{52}ta^{0}	梅花 mei^{21}xua^{52}
三原	花儿 xuɐr^{31}	花骨都 xuɑ^{24}ku^{52}tou^{0}	梅花儿 mei^{24}xuɐr^{31}

	0151 花	0152 花蕾花骨朵	0153 梅花
乾县	花 xua^{21} 花儿 xua^{21}ɐr^{21}	花骨都 xua^{24}ku^{53}tu^{21}	梅花 me^{24}xua^{21}
岐山	花 xuA^{31}	花骨都 xuA^{31}ku^{53}tu^{21}	梅花 mei^{31}xuA^{53}
凤翔	花 xua^{31}	花苞 xua^{31}pɔ^{0} 花骨都 xua^{31}ku^{0}tu^{0}	梅花 mei^{31}xua^{53}
千阳	花 xua^{31}	花苞都 xua^{53}pɔ^{0}tu^{0}	梅花 mei^{31}xua^{0}
西安	花 xua^{21}	花骨朵儿 xua^{24}ku^{21}tər^{0}	梅花儿 mei^{24}xuɐr^{0}
户县	花 xua^{31}	花骨朵儿 xua^{31}ku^{31}təɯ^{35}	梅花 mei^{35}xua^{31}
商州	花 xuɑ^{31}	花骨都儿 xuɑ^{31}ku^{53}tur^{0}	梅花儿 mei^{31}xuɐr^{53}
镇安	花 xua^{53}	花苞苞儿 xua^{21}pɔo^{53}pɔor^{0}	梅花儿 mEi^{33}xuɐr^{0}
安康	花儿 xuar^{31}	花苞苞儿 xua^{35}pau^{31}paur^{0} 花骨朵儿 xua^{35}ku^{31}tuor^{0}	梅花儿 mei^{35}xuar^{31}
白河	花 xua^{213}	花苞苞儿 xua^{35}pɔu^{21}pɐr^{0}	梅花儿 mei^{44}xuɐr^{0}
汉阴	花儿 χuar^{33}	花苞苞儿 χuɑ^{33}pɑo^{33}par^{0}	梅花儿 mei^{42}χuar^{33}
平利	花 xua^{43}	花苞苞儿 xua^{43}pau^{45}paur^{0}	梅花 mei^{52}xua^{0}
汉中	花 xuA^{55}	花苞苞 xuA^{55}pɑo^{55}pɑo^{0}	腊梅花 lA^{55}mei^{0}xuA^{0}
城固	花 xua^{53}	花苞苞 xua^{53}pɔ^{44}pɔ^{0}	梅花 mei^{31}xua^{24}
勉县	花 xuɑ^{42}	花苞苞 xuɑ^{44}pɑɔ^{44}pɑɔ^{0}	梅花 mei^{21}xuɑ^{0}
镇巴	花 xua^{35}	花苞苞 xua^{35}pau^{55}pau^{55}	梅花 mei^{31}xua^{55}

	0154 牡丹	0155 荷花	0156 草
榆林	牡丹 mɔo^{21}tɛ^{33}/mu^{21}tɛ^{33}	莲花儿 liɛ^{24}xuɐr^{0}	草 tsʰɔo^{213}
神木	牡丹 mu^{21}tɛ^{24}	荷花 xuo^{44}xua^{0}	草 tsʰɔo^{213}
绥德	牡丹 mu^{21}tæ^{213}	荷花儿 xɯ^{33}xuɐr^{0}	草 tsʰao^{213}
吴堡	牡丹 mo^{41}tã^{213}	莲花儿 lie^{33}xuɐr^{0}	草 tsʰɑo^{412}
清涧	牡丹 mu^{53}tɛ^{312}	荷花儿 xɯ^{24}xuʌr^{0}	草 tsʰɔo^{53}
延安	牡丹 mu^{52}tæ̃^{213}	荷花 xuo^{24}xua^{213}	草 tsʰɔ^{52}
延川	牡丹 mu^{53}tæ̃^{213}	荷花 xɤ^{35}xua^{0}	草 tsʰɑo^{53}
黄陵	牡丹 mu^{52}tæ̃^{31}	荷花儿 xuɤ^{24}xuɐr^{31}	草 tsʰɔ^{52}
渭南	牡丹 mu^{53}tæ̃^{31}	莲花儿 liæ̃^{24}xuɐr^{31}	草 tsʰɔo^{53}
韩城	牡丹 mu^{53}tã^{0}	荷花儿 xuɤ^{31}xuɑr^{53}	草 tsʰɑu^{53}
合阳	牡丹 mu^{31}tɑ̃^{31}	荷花 xuo^{24}xuɑ^{31}	草 tsʰɔo^{52}
富平	牡丹 mu^{53}tæ̃^{31}	荷花 xuo^{24}xuɑ^{31}	草 tsʰɑo^{53}
耀州	牡丹 mu^{52}tæ̃^{0}	荷花 xɤ^{24}xua^{21} 莲花 liæ̃^{24}xua^{21}	草 tsʰɔu^{52}
咸阳	牡丹 mu^{53}tã^{31}	荷花儿 xuo^{24}xuɐr^{0}	草 tsʰɔ^{53}
旬邑	牡丹花 mu^{52}tã^{0}xua^{21}	荷花 xuo^{24}xua^{21}	草 tsʰau^{52}
三原	牡丹 mu^{52}tã^{31}	莲花儿 liã^{24}xuɐr^{31} 荷花儿 xuə^{24}xuɐr^{31}	草 tsʰɑɔ^{52}

	0154 牡丹	0155 荷花	0156 草
乾县	牡丹 mu^{53}tæ̃^{21}	莲花儿 liæ̃^{24}xua^{21}	草 ts^{h}ɔ^{53}
岐山	牡丹 mu^{44}tæ̃^{21}	莲花 liæ̃^{31}xuA^{53}	草 ts^{h}ɔ^{53}
凤翔	牡丹 mu^{44}tæ̃^{0}	莲花 liæ̃^{31}xua^{53}	草 ts^{h}ɔ^{53}
千阳	牡丹花 mu^{44}tæ̃^{0}xua^{0}	莲花 liæ̃^{31}xua^{0}	草 ts^{h}ɔ^{53}
西安	牡丹 mu^{53}tã^{0}	荷花儿 xuo^{24}xuɐr^{0}	草 ts^{h}au^{53}
户县	牡丹 mu^{51}tã^{31}	莲花 liã^{35}xua^{31}	草 ts^{h}au^{51}
商州	牡丹 mu^{53}tã^{31}	莲花儿 liã^{31}xuɐr^{53}	草 ts^{h}ɑo^{53}
镇安	牡丹 mɔo^{35}tan^{53}	莲花 lian^{33}xua^{0}	草 ts^{h}ɔo^{35}
安康	牡丹 mau^{53}tan^{31}	荷花儿 xuo^{35}xuar^{31}	草草儿 ts^{h}au^{53}ts^{h}aur^{0}
白河	牡丹花儿 mo^{35}tan^{41}xuɐr^{0}	莲花儿 lian^{44}xuɐr^{0}	草 ts^{h}ɔu^{35}
汉阴	牡丹 mo^{45}tan^{0}	莲花儿 lian^{42}χuar^{33}	草 ts^{h}ɑo^{45}
平利	牡丹 mau^{45}tan^{0}	莲花 lian^{52}xua^{0}	草 ts^{h}au^{445}
汉中	牡丹花 mu^{35}tan^{0}xuA^{0}	荷花 xɤ^{42}xuA^{0} 莲花 lian^{42}xuA^{0}	草 ts^{h}ɑo^{354} 草草 ts^{h}ɑo^{35}ts^{h}ɑo^{0}
城固	牡丹 mu^{24}tan^{0}	荷花 xə^{31}xua^{24}	草草 ts^{h}ɔ^{24}ts^{h}ɔ^{0}
勉县	牡丹 mu^{35}tɑn^{0}	藕莲花 ŋəu^{35}liɑn^{21}xuɑ^{0}	草 ts^{h}ɑɔ^{35}
镇巴	牡丹花 mau^{45}tan^{55}xua^{55}	藕花 ŋəu^{45}xua^{55}	草 ts^{h}au^{52}

	0157 藤	0158 刺名词	0159 水果
榆林	秧秧 iɑ̃^{33}iɑ̃^{0} 蔓蔓 vɛ^{52}vɛ^{0}	刺 tsʰɿ^{52}	瓜桃儿李枣 kua^{33}tʰɔr^{33}li^{24}tsɔo^{0}
神木	藤条 tʰɣ̃^{24}tʰiɔo^{44}	刺 tsʰɿ^{53}	瓜桃李枣 kua^{24}tʰɔo^{44}li^{24}tsɔo^{0}
绥德	蔓子 væ^{52}tsəʔ^{0}	刺 tsʰɿ^{52}	青货 tɕʰiəɣ̃^{21}xuo^{52}
吴堡	蔓子 uã^{53}tsəʔ^{0}	刺 tsʰɿ^{53}	青货 tsʰɛe^{21}xu^{53}
清涧	蔓蔓儿 vɛ^{42}vɛr^{0}	刺 tsʰɿ^{42}	青货 tɕʰi^{31}xu^{42}
延安	藤 tʰəŋ^{24}	刺 tsʰɿ^{443}	水果 ʂuei^{24}kuo^{423}
延川	蔓蔓儿 væ̃^{53}væ̃r^{42}	刺 tsʰɿ^{53}	水果儿 ʂuei^{35}kuər^{0}
黄陵	蔓 væ̃^{55}	刺儿 tsʰər^{55}	果木 kuɤ^{52}muɤ^{31} 水果 suei^{31}kuɤ^{52}
渭南	蔓 væ̃^{44}	刺 tsʰɿ^{44}	水果 ʃei^{31}kuə^{53}
韩城	蔓 vã^{44}	刺 tsʰɿ^{44}	水果 fɪi^{31}kuɤ^{53}
合阳	蔓 vɑ̃^{55}	刺 tsʰɿ^{55}	水果 fei^{24}kuo^{52}
富平	藤条 tʰəɣ̃^{31}tʰiɑo^{53}	刺 tsʰɿ^{55}	果木 kuo^{53}mu^{31}
耀州	蔓 uæ̃^{44} 藤 tʰəŋ^{24}	刺 tsʰɿ^{44}	水果 ʃuei^{21}kuo^{52}
咸阳	藤 tʰəŋ^{24}	刺 tsʰɿ^{44}	水果 ʃuei^{31}kuo^{53}
旬邑	蔓 vã^{44}	刺子 tsʰɿ^{52}tsɿ^{0}	果木 kuo^{44}mo^{0} 水果 ʃei^{21}kuo^{52}
三原	蔓 vã^{44}	刺 tsʰɿ^{44}	水果 ʃuei^{31}kuə^{52}

	0157 藤	0158 刺名词	0159 水果
乾县	蔓 væ̃^{55} 秧子 iaŋ^{53}tsɿ^{21}	刺 tsʰɿ^{55}	水果 ʃue^{21}kuɤ^{53}
岐山	蔓 væ̃^{44} 蔓蔓 væ̃^{44}væ̃^{53}	刺 tsʰɿ^{44}	水果 ʂei^{31}kuo^{53}
凤翔	藤条 tʰəŋ^{31}tsʰiɔ^{53} 藤 tʰəŋ^{24}	刺 tsʰɿ^{44}	水果 ʂei^{31}kuo^{53}
千阳	（无）	刺 tsʰɿ^{44}	水果 ʃei^{31}kuo^{0}
西安	蔓 vã^{44}	刺 tsʰɿ^{44}	水果 fei^{21}kuo^{53}
户县	蔓 vã^{55}	刺 tsʰɿ^{55}	水果 suei^{31}kuɤ^{51} 果子 kuɤ^{51}tsɿ^{0}
商州	蔓 vã^{44}	刺 tsʰɿ^{44}	果木 kuə^{53}muə^{0}
镇安	蔓 van^{214}	刺 tsʰɿ^{214}	果木 kuə^{35}muə^{53}
安康	葛条 kɤ^{31}tʰiau^{35}	刺 tsʰɿ^{44}	果木 kuo^{53}muo^{31}
白河	藤 tʰən^{44}	刺儿 tsʰər^{41}	果木 kuo^{35}mo^{0} 水果 ʂuei^{35}kuo^{35}
汉阴	藤藤子 tʰən^{42}tʰən^{0}tsɿ^{0}	刺 tsʰɿ^{214}	水果 suei^{45}ko^{45}
平利	藤子 tʰən^{52}tsɿ^{0}	刺 tsʰɿ^{214}	果木 ko^{45}mo^{0}
汉中	藤 tʰən^{42} 藤藤 tʰən^{42}tʰən^{0}	刺 tsʰɿ^{213}	果木 kuɤ^{35}mu^{0}
城固	蔓蔓 van^{31}van^{0}	刺 tsʰɿ^{213}	水果 ʃuei^{44}kuə^{44}
勉县	蔓蔓 vɑn^{21}vɑn^{35}	刺 tsʰɿ^{213}	水果 fei^{35}kuɤ^{35}
镇巴	藤子 tʰən^{33}tsɿ^{31}	刺 tsʰɿ^{213}	果木子 ko^{45}mu^{33}tsɿ^{31}

	0160 苹果	0161 桃子	0162 梨
榆林	苹果 p^{h}iɤɣ̃^{24}kuə^{0}	桃儿 t^{h}ɔr^{213}	梨 li^{213}
神木	苹果 p^{h}iɣ̃^{44}kuo^{0}	桃儿 t^{h}ʌɯ^{53}	梨 li^{44}/liʌɯ^{53}
绥德	苹果 p^{h}iəɣ̃^{33}kuə^{0}	桃儿 t^{h}aor^{33}	梨儿 liər^{33}
吴堡	果子 ku^{41}tsəʔ^{3}	桃儿 t^{h}or^{53}	梨儿 liər^{53}
清涧	果子 ku^{53}tsəʔ^{0}	桃儿 t^{h}ɔr^{42}	梨儿 liər^{42}
延安	苹果 p^{h}iəŋ^{24}kuo^{423}	桃儿 t^{h}ɔr^{24}	梨儿 liər^{24}
延川	苹果 p^{h}iŋ^{35}kuɤ^{0}	桃儿 t^{h}ɔr^{35}	梨儿 liər^{35}
黄陵	苹果 p^{h}iəŋ^{24}kuɤ^{0}	桃儿 t^{h}ɔr^{24}	梨 li^{24}
渭南	苹果 p^{h}iəŋ^{24}kuə^{0}	桃 t^{h}ɔo^{24}	梨 li^{24}
韩城	果子 kuɤ^{53}tsɿ^{0}	桃 t^{h}ɑu^{24}	梨 lɪi^{24}
合阳	苹果 p^{h}iẽ^{24}kuo^{31}	桃 t^{h}ɔo^{24}	梨 li^{24}
富平	苹果 p^{h}iəɣ̃^{31}kuo^{53}	桃 t^{h}ɑo^{24}	梨 li^{24}
耀州	苹果 p^{h}iŋ^{24}kuo^{52}	桃 t^{h}ɔu^{24}	梨 li^{24}
咸阳	苹果 p^{h}iəŋ^{24}kuo^{0}	桃 t^{h}ɔ^{24}	梨 li^{24}
旬邑	苹果 p^{h}iəŋ^{21}kuo^{52} 果子 kuo^{44}tsɿ^{0}	桃 t^{h}au^{24}	梨 li^{24}
三原	苹果 p^{h}iəŋ^{24}kuə^{0}	桃 t^{h}ɑɔ^{24}	梨 li^{24}

	0160 苹果	0161 桃子	0162 梨
乾县	苹果 pʰiɤŋ^{24}kuɤ^{21}	桃 tʰɔ^{24}	梨 li^{24}
岐山	苹果 pʰiŋ^{31}kuo^{53}	桃 tʰɔ^{24}	梨 li^{24}
凤翔	苹果 pʰiŋ^{31}kuo^{53}	桃儿 tʰɔ^{31}ər^{53}	梨 li^{24}
千阳	苹果 pʰiŋ^{31}kuo^{0}	桃 tʰɔ^{24}	梨 li^{24}
西安	苹果 pʰiəŋ^{24}kuo^{0}	桃 tʰau^{24}	梨 li^{24}
户县	苹果 pʰiŋ^{35}kuɤ^{31}	桃 tʰau^{35}	梨 li^{35}
商州	苹果 pʰiəŋ^{31}kuə^{53}	桃 tʰɑo^{35}	梨 li^{35}
镇安	苹果 pʰin^{33}kuə^{35}	桃子 tʰɔo^{33}tsɿ^{0}	梨子 li^{33}tsɿ^{0}
安康	苹果 pʰin^{35}kuo^{53}	桃儿 tʰaur^{35}	梨儿 liər^{35}
白河	苹果 pʰiən^{44}kuo^{35}	桃子 tʰɔu^{44}tsɿ^{0}	梨子 li^{44}tsɿ^{0}
汉阴	苹果 pʰin^{42}ko^{45}	桃子 tʰɑo^{42}tsɿ^{0}	梨子 li^{42}tsɿ^{0}
平利	苹果 pʰin^{52}ko^{445}	桃子 tʰau^{52}tsɿ^{21}	梨子 li^{52}tsɿ^{21}
汉中	苹果 pin^{42}kuɤ^{354}	桃子 tʰɑo^{42}tsɿ^{0}	梨 li^{42}
城固	苹果 piŋ^{31}kuə^{24}	桃儿 tʰər^{311}	梨 li^{311}
勉县	苹果 pʰin^{21}kuɤ^{35}	桃儿 tʰɑɔ^{21}ər^{0}	梨儿 lin^{21}ər^{0}
镇巴	苹果 pʰin^{31}ko^{52}	桃儿 tʰau^{33}ər^{31}	梨儿 liɐr^{31}

	0163 李子	0164 杏	0165 橘子
榆林	李子 li^{21}tsəʔ^{0}	杏儿 xər^{52}	橘子 tɕyəʔ^{3}tsəʔ^{0}
神木	李子 li^{21}tsəʔ^{4}	杏儿 xʌɯ^{53}	橘子 tɕyəʔ^{4}tsəʔ^{0}
绥德	李子 li^{21}tsɤ^{33}	杏儿 xər^{52}	橘子 tɕyəʔ^{5}tsəʔ^{0}
吴堡	李子 lɛe^{41}tsəʔ^{3}	杏儿 ɕiɐr^{53}	橘子 tɕyəʔ^{4}tsəʔ^{0}
清涧	李子 li^{53}tsəʔ^{0}	杏儿 xʌr^{44}	橘子 tɕyəʔ^{4}tsəʔ^{0}
延安	李子 li^{52}tsəʔ^{0}	杏儿 xər^{53}	橘子 tɕy^{21}tsəʔ^{5}
延川	李子 li^{53}tsɤ^{213}	杏儿 xʌr^{423}	橘子 tɕyəʔ^{54}tsəʔ^{0}
黄陵	李子 li^{31}tsɿ^{0}	杏儿 xə̃r^{55}	橘子 tɕy^{31}tsɿ^{0}
渭南	梅子 mei^{24}tsɿ^{0}	杏 xəŋ^{44}	橘子 tɕy^{31}tsɿ^{0}
韩城	李子 lɪi^{53}tsɿ^{0}	杏 xɑ^{44}	橘子 tɕy^{31}tsɿ^{0}
合阳	李子 li^{31}tsɿ^{0}	杏 ɕiɛ^{55}	橘子 tɕy^{31}tsɿ^{0}
富平	梅李子 mẽ^{24}li^{53}tsɿ^{31}	杏 xəɣ̃^{55}	橘子 tɕy^{53}tsɿ^{31}
耀州	梅李子 mei^{24}li^{52}tsɿ^{0} 灰枣儿 xuei^{21}tsɔur^{52}	杏 xəŋ^{44}	橘子 tɕy^{21}tsɿ^{0}
咸阳	梅李子 mei^{24}li^{53}tsɿ^{0}	杏 xəŋ^{44}	橘子 tɕy^{31}tsɿ^{0}
旬邑	梅李子 mei^{21}li^{52}tsɿ^{0}	杏 xəŋ^{44}	橘子 tɕy^{21}tsɿ^{0}
三原	梅李子 mei^{24}li^{31}tsɿ^{0}	杏 xəŋ^{44}	橘子 tɕy^{31}tsɿ^{0}

	0163 李子	0164 杏	0165 橘子
乾县	李梅 li^{53}me^{21}	杏 xɤŋ^{55}	橘子 tɕy^{21}tsʅ^{21}
岐山	李子 li^{53}tsʅ^{21}	杏 xəŋ^{44}/ɕiŋ^{44}	橘子 tɕy^{53}tsʅ^{21}
凤翔	李子 li^{53}tsʅ^{0}	杏儿 xə̃r^{45}	橘子 tɕy^{53}tsʅ^{0}
千阳	李子 li^{31}tsʅ^{0}	杏 xəŋ^{44}	橘子 tɕy^{53}tsʅ^{0}
西安	李子 li^{21}tsʅ^{0}	杏 xəŋ^{44}	橘子 tɕy^{21}tsʅ^{0}
户县	梅李 mei^{35}li^{31}	杏 xəŋ^{55} 杏儿 xəɯ^{51}	橘子 tɕy^{31}tsʅ^{0}
商州	李梅 li^{44}mei^{0}	杏 xəŋ^{44}	橘子 tɕy^{53}tsʅ^{0}
镇安	李子 li^{35}tsʅ^{53}	杏子 xən^{322}tsʅ^{0}	橘子 tʂʮ^{53}tsʅ^{0}
安康	李子 li^{53}tsʅ^{0}	杏儿 xər^{53}	橘子 tɕy^{31}tsʅ^{0}
白河	李子 li^{35}tsʅ^{0}	杏子 xən^{42}tsʅ^{0}	橘子 tɕy^{21}tsʅ^{0}
汉阴	李子 li^{45}tsʅ^{0}	杏子 χən^{21}tsʅ^{0}	橘子 tɕy^{42}tsʅ^{0}
平利	李子 li^{45}tsʅ^{0}	杏子 xən^{24}tsʅ^{0}	橘子 tʂʮ^{43}tsʅ^{0}
汉中	李子 li^{35}tsʅ^{0}	杏子 xən^{21}tsʅ^{0}	橘子 tɕy^{55}tsʅ^{0}
城固	李 li^{53}	杏儿 xər^{213}	橘 tɕy^{311}
勉县	李子 li^{35}tsʅ^{0}	杏儿 xən^{21}ər^{35}	橘子 tɕy^{44}tsʅ^{0}
镇巴	李子 li^{45}tsʅ^{52}	杏儿 xɐr^{213}	橘子 tɕy^{33}tsʅ^{31}

	0166 柚子	0167 柿子	0168 石榴
榆林	柚子 iəu^{52}tsəʔ^{0}	柿子 sɿ^{52}tsəʔ^{0}	石榴儿 ʂəʔ^{3}liəur^{52}
神木	柚子 iəu^{53}tsəʔ^{0}	柿子 sɿ^{53}tsəʔ^{0}	石榴 ʂəʔ^{4}liəu^{44}
绥德	柚子 iəu^{52}tsəʔ^{0}	柿子 sɿ^{52}tsəʔ^{0}	石榴儿 ʂəʔ^{3}liəur^{33}
吴堡	柚子 iɑo^{53}tsəʔ^{0}	柿子 sɿ^{53}tsəʔ^{0}	石榴儿 ʂəʔ^{21}liɑor^{53}
清涧	柚子 iəu^{44}tsəʔ^{0}	柿子 sɿ^{44}tsəʔ^{0}	石榴儿 ʂəʔ^{4}liəur^{0}
延安	柚子 iou^{443}tsəʔ^{0}	柿子 sɿ^{443}tsəʔ^{0}	石榴 ʂəʔ^{5}liou^{0}
延川	柚子 iəu^{53}tsəʔ^{0}	柿子 sɿ^{53}tsɤ^{213}	石榴 ʂəʔ^{54}liəu^{0}
黄陵	柚子 iəu^{55}tsɿ^{0}	柿子 sɿ^{55}tsɿ^{0}	石榴 ʂʅ^{24}liəu^{0}
渭南	柚子 iəu^{44}tsɿ^{0}	柿子 sɿ^{44}tsɿ^{0}	石榴 ʂʅ^{24}liəu^{0}
韩城	柚子 iəu^{44}tsɿ^{0}	柿子 sɿ^{44}tsɿ^{0}	石榴 ʂʅ^{31}liəu^{53}
合阳	柚子 iou^{55}tsɿ^{0}	柿子 sɿ^{55}tsɿ^{0}	石榴 ʂʅ^{24}liou^{31}
富平	柚子 iou^{55}tsɿ^{31}	柿子 sɿ^{55}tsɿ^{31}	石榴 ʂʅ^{31}liou^{53}
耀州	柚子 iou^{44}tsɿ^{0}	柿子 sɿ^{44}tsɿ^{0} 蛋柿 tæ̃^{44}sɿ^{0}	石榴 ʂʅ^{24}liou^{0}
咸阳	柚子 iou^{24}tsɿ^{0}	柿子 sɿ^{44}tsɿ^{0}	石榴 ʂʅ^{24}liou^{0}
旬邑	柚子 iəu^{44}tsɿ^{0}	柿子 sɿ^{24}tsɿ^{0}	石榴 ʂʅ^{21}liəu^{52}
三原	柚子 iou^{44}tsɿ^{0}	柿子 sɿ^{44}tsɿ^{0}	石榴 ʂʅ^{24}liou^{0}

	0166 柚子	0167 柿子	0168 石榴
乾县	柚子 iou^{55}tsɿ^{21}	柿子 sɿ^{55}tsɿ^{21}	石榴 ʂʅ^{24}liou^{21}
岐山	柚子 iou^{44}tsɿ^{53}	柿子 sɿ^{44}tsɿ^{53}	石榴 ʂʅ^{31}liou^{53}
凤翔	柚子 iəu^{45}tsɿ^{0}	柿柿 sɿ^{45}sɿ^{0}	石榴 ʂʅ^{31}liəu^{53}
千阳	柚子 iou^{45}tsɿ^{0}	柿子 sɿ^{45}tsɿ^{0}	石榴 ʂʅ^{31}liou^{0}
西安	柚子 iou^{44}tsɿ^{0}	柿子 sɿ^{44}tsɿ^{0} 柿柿 sɿ^{44}sɿ^{0}	石榴 ʂʅ^{24}liou^{0}
户县	柚子 iɤu^{55}tsɿ^{0}	柿子 sɿ^{55}tsɿ^{0}	石榴 ʂʅ^{35}liɤu^{31}
商州	柚子 iou^{44}tsɿ^{0}	柿子 sɿ^{44}tsɿ^{0}	石榴 ʂʅ^{31}liou^{53}
镇安	柚子 iəu^{322}tsɿ^{0}	柿柿 sɿ^{322}sɿ^{0}	石榴 ʂʅ^{21}liəu^{214}
安康	柚子 iou^{44}tsɿ^{0}	柿子 ʂʅ^{44}tsɿ^{0}	石榴 ʂʅ^{35}liou^{31}
白河	柚子 iəu^{42}tsɿ^{0}	柿子 ʂʅ^{42}tsɿ^{0}	石榴 ʂʅ^{44}liəu^{0}
汉阴	枹 p^{h}ɑo^{33} 枹瓜 p^{h}ɑo^{33}kuɑ^{33}	柿子 ʂʅ^{21}tsɿ^{0}	石榴 ʂʅ^{42}liəu^{0}
平利	柚子 iou^{24}tsɿ^{0}	柿子 ʂʅ^{24}tsɿ^{0}	石榴 ʂʅ^{24}liou^{445}
汉中	柚子 iəu^{21}tsɿ^{0}	柿子 sɿ^{21}tsɿ^{0}	石榴 ʂʅ^{42}liəu^{0}
城固	柚 iəu^{213}	柿 sɿ^{213}	石榴 ʂʅ^{31}liəu^{24}
勉县	柚子 iəu^{21}tsɿ^{35}	柿子 sɿ^{21}tsɿ^{35}	石榴 sɿ^{21}liəu^{0}
镇巴	柚子 iəu^{21}tsɿ^{52}	柿子 sɿ^{21}tsɿ^{52}	石榴 sɿ^{33}liəu^{31}

	0169 枣	0170 栗子	0171 核桃
榆林	枣儿 tsɔr^{213}	毛栗子 mɔo^{24}li^{52}tsəʔ^{0}	核桃 kəʔ^{3}t^{h}ɔo^{52}
神木	枣儿 tsʌɯ^{213}	栗子 liəʔ^{4}tsəʔ^{0}	核桃 kəʔ^{4}t^{h}ɔo^{44}
绥德	枣儿 tsaor^{213}	毛栗子 mao^{33}li^{52}tsəʔ^{0}	核桃 kəʔ^{3}t^{h}ao^{33}
吴堡	枣儿 tsor^{412}	栗子 lɛe^{53}tsəʔ^{0}	核桃 kəʔ^{3}t^{h}o^{33}
清涧	枣儿 tsɔor^{53}	（无）	核桃 k^{h}əʔ^{4}t^{h}ɔo^{24}
延安	枣儿 tsɔr^{52}	毛栗子 mɔ^{24}li^{21}tsəʔ^{0}	核桃 k^{h}əʔ^{5}t^{h}ɔ^{0}
延川	枣儿 tsɔr^{53}	栗子 lei^{53}tsɤ^{213}	核桃 k^{h}əʔ^{54}t^{h}ao^{0}
黄陵	枣儿 tsɔr^{52}	毛栗子 mɔ^{24}li^{31}tsɿ^{0}	核桃 xɯ^{24}t^{h}ɔ^{0}
渭南	枣 tsɔo^{53}	毛栗子 mɔo^{24}lei^{31}tsɿ^{0}	核桃 xɯ^{24}t^{h}ɔo^{53}
韩城	枣 tsɑu^{53}	栗子 lɪi^{31}tsɿ^{0}	核桃 k^{h}ɯ^{31}t^{h}ɑu^{53}
合阳	枣 tsɔo^{52}	毛栗 mɔo^{24}li^{31}	核桃 k^{h}ɯ^{24}t^{h}ɔo^{31}
富平	枣儿 tsɑor^{53}	板栗 pæ̃^{53}li^{31}	核桃 xɯ^{31}t^{h}ɑo^{53}
耀州	枣儿 tsɔur^{52}	毛栗子 mɔu^{24}li^{21}tsɿ^{0}	核桃 xɯ^{24}t^{h}ɔu^{0}
咸阳	枣儿 tsɔr^{53}	栗子 li^{31}tsɿ^{0}	核桃 xɯ^{24}t^{h}ɔ^{0}
旬邑	枣儿 tsaur^{52}	板栗子 pã^{44}li^{21}tsɿ^{0}	核桃 xɯ^{21}t^{h}au^{52}
三原	枣 tsɑɔ^{52}	栗子 li^{31}tsɿ^{0}	核桃 xɯ^{24}t^{h}ɑɔ^{0}

	0169 枣	0170 栗子	0171 核桃
乾县	枣儿 tsɔ^{53}ɐr^{21}	毛栗 mɔ^{24}li^{21} 板栗 pæ̃^{53}li^{21}	核桃 xɯ^{24}t^{h}ɔ^{21}
岐山	枣儿 tsɔr^{53} 大枣 tA^{44}tsɔ^{53}	毛栗 mɔ^{31}li^{53} 板栗 pæ̃^{44}li^{21}	核桃 xei^{31}t^{h}ɔ^{53}
凤翔	枣儿 tsɔr^{53}	毛栗儿 mɔ^{31}lir^{53}	核桃 xei^{31}t^{h}ɔ^{53}
千阳	枣 tsɔ^{53}	毛栗 mɔ^{31}li^{0} 毛栗豆豆 mɔ^{31}li^{0}tou^{45}tou^{0}	核桃 xuo^{31}t^{h}ɔ^{0}
西安	枣儿 tsɐr^{53}	毛栗子 mau^{24}li^{21}tsɿ^{0}	核桃 xɯ^{24}t^{h}au^{0}
户县	枣儿 tsə^{51}	栗子 li^{31}tsɿ^{0} 板栗 pã^{51}li^{31}	核桃 xɯ^{35}t^{h}au^{31}
商州	枣 tsɑo^{53}	栗子 li^{53}tsɿ^{0}	核桃 xɯ^{31}t^{h}ɑo^{53}
镇安	枣子 tsɔo^{35}tsɿ^{53}	毛栗 mɔo^{33}li^{53}	核桃 xɛ^{21}t^{h}ɔo^{322}
安康	枣儿 tsaur^{53}	板栗子 pan^{53}li^{31}tsɿ^{0}	核桃 xɤ^{35}t^{h}au^{0}
白河	枣子 tsɔu^{35}tsɿ^{0}	栗子 li^{21}tsɿ^{0}	核桃 xE^{44}t^{h}ɔu^{0}
汉阴	枣子 tsɑo^{45}tsɿ^{0}	板栗子 pan^{45}li^{42}tsɿ^{0}	核桃 χE^{42}t^{h}ɑo^{0}
平利	枣子 tsau^{45}tsɿ^{0}	板栗子 pan^{45}li^{52}tsɿ^{0}	核桃 xE^{52}t^{h}au^{0}
汉中	枣子 tsɑo^{35}tsɿ^{0}	板栗 pan^{35}li^{0}	核桃 xɤ^{42}t^{h}ɑo^{0}
城固	枣儿 tsər^{44}	板栗 pan^{24}li^{0}	核桃儿 xə^{31}t^{h}ər^{0}
勉县	枣儿 tsɑɔ^{35}ər^{0}	板栗子 pɑn^{35}li^{0}tsɿ^{0}	核桃 xɤ^{21}t^{h}ɑɔ^{0}
镇巴	枣儿 tsau^{45}ər^{31}	栗板儿 li^{33}pɐr^{31}	核桃 xɛ^{33}t^{h}au^{31}

	0172 银杏白果	0173 甘蔗	0174 木耳
榆林	（无）	甘蔗 kɛ^{33}tʂəʔ^{0}	［木耳］mər^{52}
神木	银杏 iɤ̃^{44}ɕiɤ̃^{53}	甜棒棒 tʰiɛ^{44}pɑ̃^{53}pɑ̃^{0} 甘蔗 kɛ^{24}tʂəʔ^{4}	耳子 ʌɯ^{21}tsəʔ^{4} 木耳 məʔ^{4}ʌɯ^{0}
绥德	（无）	甘蔗 kæ^{24}tʂɤ^{0}	［木耳］mər^{52}
吴堡	（无）	糖棒 tã^{33}pɤu^{53}	［木耳］mər^{213}
清涧	银杏儿 iəɣ̃^{24}ɕiʌr^{44}	甘蔗 kɛ^{24}tʂəʔ^{54}	［木耳］mər^{53}
延安	银杏 iəŋ^{24}ɕiər^{53}	甘蔗 kæ̃^{24}tʂə^{0}	［木耳］mur^{24} 木耳 mu^{24}ər^{423}
延川	银杏 ȵiŋ^{35}ɕiŋ^{53}	甘蔗 kæ̃^{35}tʂɤ^{0}	木耳 mu^{35}ər^{0}
黄陵	银杏儿 ȵiẽ^{24}xə̃r^{55}	甘蔗 kæ̃^{31}tʂɤ^{55}	木耳 mu^{31}ər^{0}
渭南	白果 pʰei^{24}kuə^{53}	甘蔗 kæ̃^{31}tʂə^{44}	木耳 mu^{31}ər^{0}
韩城	银杏 ȵiᴇ^{24}ɕiəŋ^{44}	甘蔗 kã^{31}tʂʅᴇ^{24}	［木耳］muər^{31}
合阳	银杏 ȵiẽ^{24}ɕiɛ^{55}	甘蔗 kɑ̃^{31}tʂɤ^{55}	木耳 mu^{31}ər^{31}
富平	银杏 iɛ̃^{24}xəɣ̃^{55}	甘蔗 kæ̃^{31}tʂɤ^{24}	木耳 mu^{31}ər^{31}
耀州	银杏 iei^{24}xəŋ^{44}	甘蔗 kæ̃^{21}tʂɤ^{24} 甜甘 tɕʰiæ̃^{24}kæ̃^{0}	木耳 mu^{21}ər^{0}
咸阳	银杏 iɛ̃^{24}xəŋ^{44}	甘蔗 kã^{31}tʂɤ^{24}	木耳 mu^{24}ər^{53}
旬邑	（无）	甜甜甘子 tsʰiã^{21}tsʰiã^{52}kã^{52}tsɿ^{0} 甘蔗 kã^{21}tʂɤ^{24}	［木耳］muər^{21}
三原	白果儿 pei^{24}kuər^{52}	甘蔗 kã^{31}tʂɤ^{24}	木耳 mu^{31}ər^{0}

	0172 银杏白果	0173 甘蔗	0174 木耳
乾县	银杏 iẽ^{24}ɕiɤŋ^{55}	甘蔗 kæ̃^{21}tʂɤ^{24}	木耳 mu^{55}ɐr^{21}
岐山	白果 pʰei^{31}kuo^{53}	甘蔗 kæ̃^{31}tʂɤ^{24}	木耳 mu^{31}ər^{21}
凤翔	银杏 iŋ^{24}ɕiŋ^{44} 银杏果儿 iŋ^{24}ɕiŋ^{44}kuor^{53}	甘蔗 kæ̃^{31}tʂʅə^{24}	木耳 mu^{31}ər^{0}
千阳	（无）	甘蔗 kæ̃^{31}tʂə^{24}	木 mu^{31}
西安	银杏 in^{24}xəŋ^{44}	甘蔗 kã^{21}tʂɤ^{24}	［木耳］ mər^{21}
户县	银杏 iẽ^{35}xəŋ^{55}	甘蔗 kã^{31}tʂʅɛ^{35}	［木耳］ məɯ^{31}
商州	银杏 iẽ^{35}xəŋ^{44}	甘蔗 kã^{31}tʂə^{35}	木耳 mu^{31}ər^{0}
镇安	白果 pɛ^{322}kuə^{35}	甘蔗 kan^{21}tsa^{214}	耳子 ər^{35}tsɿ^{53}
安康	白果儿 pei^{35}kər^{35}	甘蔗 kan^{31}tʂɤ^{44}	耳子 ər^{53}tsɿ^{0}
白河	白果儿 pᴇ^{44}kuər^{35}	甘蔗 kan^{21}tʂa^{0}	耳子 ər^{35}tsɿ^{0}
汉阴	白果 pᴇ^{42}ko^{45}	甘蔗 kan^{33}tʂᴇ^{214}	耳子 ar^{45}tsɿ^{0}
平利	白果 pᴇ^{52}kuo^{445}	甘蔗 kan^{43}tʂᴇ^{52}	耳子 ər^{45}tsɿ^{0}
汉中	白果 pei^{42}kuɤ^{0}	甘蔗 kan^{42}tʂɤ^{0}	耳子 ər^{35}tsɿ^{0}
城固	白果 pei^{31}kuə^{24}	甘蔗 kan^{53}tʂər^{0}	木耳 mu^{31}ə^{44}
勉县	白果 pei^{21}kuɤ^{0}	甘蔗 kɑn^{44}tsɤ^{0}	耳子 ər^{35}tsɿ^{0}
镇巴	白果 pɛ^{31}ko^{52}	甘蔗 kan^{213}tsɛ^{52}	耳子 ər^{45}tsɿ^{52}

	0175 **蘑菇**野生的	0176 **香菇**	0177 **稻子**指植物
榆林	蘑菇 muə^{24}ku^{0}	香菇 ɕiɑ̃^{33}ku^{33}	稻子 tɔo^{52}tsəʔ^{0}
神木	蘑菇 muo^{44}ku^{53}	香菇 ɕiɑ̃^{24}ku^{213}	稻子 tɔo^{53}tsəʔ^{0}
绥德	蘑菇 muo^{33}ku^{0}	香菇 ɕiɑ̃^{24}ku^{0}	水稻 ʂuei^{21}tao^{52}
吴堡	蘑菇 mo^{33}ku^{0}	香菇 ɕiɑ̃^{24}ku^{0}	水稻 suɛe^{41}to^{53}
清涧	蘑菇 mɔo^{42}kʊ^{312}	香菇儿 ɕiɒ̃^{24}kʊr^{312}	稻子 tɔo^{44}tsəʔ^{0}
延安	蘑菇 mɔ^{24}ku^{0}/muo^{24}ku^{0}	香菇 ɕiaŋ^{24}ku^{0}	稻子 tɔ^{443}tsəʔ^{0}
延川	蘑菇 mɤ^{35}ku^{0}	香菇 ɕiɑŋ^{35}ku^{0}	稻子 tʰɑo^{53}tsəʔ^{0}
黄陵	蘑菇儿 muɤ^{24}kur^{31}	香菇儿 ɕiɑŋ^{24}kur^{31}	稻子 tʰɔ^{52}tsɿ^{0}
渭南	蘑菇 mə^{24}ku^{31}	香菇 ɕiɑŋ^{24}ku^{31}	稻子 tʰɔo^{53}tsɿ^{0}
韩城	蘑菇 mɑu^{31}ku^{53}	香菇 ɕiɑŋ^{24}ku^{31}	稻子 tʰɑu^{53}tsɿ^{0}
合阳	蘑菇 mɔo^{24}ku^{31}/ mo^{24}ku^{31}	香菇 iɑŋ^{24}ku^{31}	稻子 tʰɔo^{52}tsɿ^{0}
富平	蘑菇 mo^{24}ku^{31}	香菇 ɕiɑɣ̃^{24}ku^{31}	稻子 tʰɑo^{53}tsɿ^{31}
耀州	蘑菇 muo^{24}ku^{21} 毛葫芦儿 mɔu^{24}xu^{24}lur^{52}	香菇 ɕiɑŋ^{24}ku^{21}	稻子 tʰɔu^{52}tsɿ^{0}
咸阳	蘑菇 mo^{24}ku^{0}	香菇 ɕiɑŋ^{24}ku^{0}	稻子 tʰɔ^{53}tsɿ^{0}
旬邑	蘑菇 mo^{24}ku^{0} 毛葫芦 mau^{21}xu^{44}lu^{0}	香菇 ɕiɑŋ^{24}ku^{0}	稻子 tʰau^{44}tsɿ^{0}
三原	蘑菇 mɤ^{24}ku^{31}	香菇 ɕiɑŋ^{24}ku^{31}	水稻 ʃuei^{31}tʰɑɔ^{52}

	0175 **蘑菇**野生的	0176 **香菇**	0177 **稻子**指植物
乾县	蘑菇 muɤ^{24}ku^{21}	香菇 ɕiaŋ^{24}ku^{21}	稻子 tɔ^{53}tsɿ^{21}
岐山	蘑菇 mo^{31}ku^{53}	香菇 ɕiaŋ^{31}ku^{21}	稻子 tʰɔ^{44}tsɿ^{21}
凤翔	野蘑菇 ie^{53}mo^{31}ku^{53} 老鼠伞 lɔ^{31}ʂʅ^{0}sæ̃^{53}	香菇 ɕiaŋ^{31}ku^{0}	稻子 tʰɔ^{44}tsɿ^{0}
千阳	狗尿尿 kou^{53}ȵiɔ^{44}ȵiɔ^{44}	香菇 ɕiaŋ^{24}ku^{31}	稻子 tʰɔ^{44}tsɿ^{0}
西安	蘑菇 mo^{24}ku^{0}	香菇 ɕiaŋ^{24}ku^{0}	稻子 tʰau^{53}tsɿ^{0}
户县	蘑菇 mɤ^{35}ku^{31}	香菇 ɕiaŋ^{35}ku^{31}	稻子 tʰau^{51}tsɿ^{0}
商州	狗尿苔 kou^{53}ȵiao^{44}tʰai^{0}	香菇 ɕiaŋ^{31}ku^{31}	稻子 tʰao^{53}tsɿ^{0}
镇安	蘑菇 muə^{33}ku^{0}	蘑菇 muə^{33}ku^{0}	谷子 ku^{53}tsɿ^{0}
安康	菌子 tɕyən^{44}tsɿ^{0}	香菇 ɕiaŋ^{31}ku^{31}	稻谷 tau^{53}ku^{31}
白河	菌子 tɕyən^{42}tsɿ^{0}	香菇 ɕiaŋ^{21}ku^{0}	稻谷 tɔu^{42}ku^{0}
汉阴	菌子 tɕyn^{21}tsɿ^{0}	菌子 tɕyn^{21}tsɿ^{0}	秧子 iaŋ^{33}tsɿ^{0}
平利	菌子 tʂʮən^{24}tsɿ^{21}	香菇 ɕiaŋ^{43}ku^{43}	水稻 ʂʮei^{45}tau^{214}
汉中	菌子 tɕyn^{21}tsɿ^{0}	香菇 ɕiaŋ^{55}ku^{0}	水稻 suei^{35}tao^{354}
城固	蘑菇 muə^{31}ku^{24}	香菇 ɕiaŋ^{44}ku^{0}	稻谷 tɔ^{24}ku^{0}
勉县	菌子 tɕioŋ^{21}tsɿ^{35}	香菇 ɕiaŋ^{44}ku^{42}	水稻 fei^{35}taɔ^{35}
镇巴	菌儿 tɕyər^{213}	香菇 ɕiaŋ^{35}ku^{55}	秧子 iaŋ^{35}tsɿ^{52}

	0178 稻谷指子实（脱粒后是大米）	0179 稻草脱粒后的	0180 大麦指植物
榆林	稻米 tɔo^{52}mi^{0}	稻草 tɔo^{52}tsʰɔo^{0}	大麦 ta^{52}miʌʔ^{0}
神木	稻子 tɔo^{53}tsəʔ^{0}	稻草 tɔo^{53}tsʰɔo^{0}	大麦 ta^{53}miəʔ^{0}
绥德	稻子 tao^{52}tsəʔ^{0}	稻草 tao^{52}tsʰao^{0}	麦子 mie^{33}tsəʔ^{0}
吴堡	大米 tɑ^{53}mi^{412}	稻草 to^{53}tsʰo^{412}	大麦 tɤu^{53}miəʔ^{213}
清涧	稻谷 tɔo^{42}kuəʔ^{54}	稻草 tɔo^{42}tsʰɔo^{53}	大麦 tɑ^{42}mi^{53}
延安	稻谷 tɔ^{443}ku^{0}	稻草 tɔ^{443}tsʰɔ^{423}	大麦 ta^{443}mei^{0}
延川	稻谷 tʰɑo^{53}kuɤ^{423}	稻草 tʰɑo^{53}tsʰɑo^{53}	大麦 ta^{53}mɤ^{0}
黄陵	稻谷 tʰɔ^{52}ku^{0}	稻草 tʰɔ^{31}tsʰɔ^{52}	大麦 tɑ^{55}mei^{31}
渭南	稻子 tʰɔo^{53}tsɿ^{0}	稻草 tʰɔo^{31}tsʰɔo^{31}	大麦 tɑ^{44}mei^{31}
韩城	稻子 tʰɑu^{53}tsɿ^{0}	稻草 tʰɑu^{31}tsʰɑu^{53}	大麦 tʰuɤ^{44}mɪi^{31}
合阳	稻颗子 tʰɔo^{52}kʰuo^{52}tsɿ^{0}	稻草 tʰɔo^{24}tsʰɔo^{52}	大麦 tɑ^{55}mei^{31}
富平	稻子 tʰɑo^{53}tsɿ^{31}	稻草 tʰɑo^{31}tsʰɑo^{31}	大麦 tɑ^{55}mɛ̃^{31}
耀州	稻谷 tʰɔu^{52}ku^{21}	稻草 tʰɔu^{21}tsʰɔu^{0}	大麦 tɑ^{44}mei^{21}
咸阳	稻粒儿 tʰɔ^{53}liər^{24}	稻草 tʰɔ^{31}tsʰɔ^{0}	大麦 tɑ^{44}mei^{31}
旬邑	稻谷 tʰau^{52}ku^{21}	稻草 tʰau^{21}tsʰau^{0}	大麦 tɑ^{24}mei^{21}
三原	稻谷 tʰɑɔ^{52}ku^{31}	稻草 tʰɑɔ^{31}tsʰɑɔ^{0}	大麦 tɑ^{44}mei^{31}

	0178 **稻谷**指子实（脱粒后是大米）	0179 **稻草**脱粒后的	0180 **大麦**指植物
乾县	稻谷 tɔ^{53}ku^{21}	稻草 t^{h}ɔ^{21}ts^{h}ɔ^{21}	大麦 ta^{55}me^{21}
岐山	稻子 t^{h}ɔ^{44}tsɿ^{21}	稻草 t^{h}ɔ^{31}ts^{h}ɔ^{21}	大麦 tA^{44}mei^{53}
凤翔	稻子 t^{h}ɔ^{44}tsɿ^{0}	稻草 t^{h}ɔ^{31}ts^{h}ɔ^{0}	大麦 ta^{45}mei^{0}
千阳	稻子 t^{h}ɔ^{44}tsɿ^{0}	稻草 t^{h}ɔ^{31}ts^{h}ɔ^{0}	大麦 ta^{45}mei^{0}
西安	稻子 t^{h}au^{53}tsɿ^{0}	稻草 t^{h}au^{21}ts^{h}au^{53}	大麦 ta^{44}mei^{0}
户县	稻子颗儿 t^{h}au^{51}tsɿ^{0}k^{h}uə^{51}	稻草 t^{h}au^{31}ts^{h}au^{31}	大麦 ta^{55}mei^{31}
商州	稻谷 t^{h}ɑo^{53}ku^{0}	稻草 t^{h}ɑo^{31}ts^{h}ɑo^{31}	大麦 tɑ^{44}mei^{31}
镇安	谷子 ku^{53}tsɿ^{0}	稻草 tɔo^{21}ts^{h}ɔo^{35}	洋麦 iʌŋ^{33}mɛ^{0}
安康	谷子 ku^{31}tsɿ^{0}	稻草 tau^{44}ts^{h}au^{53}	麦子 mei^{31}tsɿ^{0}
白河	谷子 ku^{21}tsɿ^{0}	稻草 tɔu^{42}ts^{h}ɔu^{35}	（无）
汉阴	谷子 ku^{42}tsɿ^{0}	稻谷草 tɑo^{21}ku^{0}ts^{h}ɑo^{45}	燕麦 ian^{24}mE^{42}
平利	谷子 ku^{43}tsɿ^{0}	稻草 tau^{24}ts^{h}au^{445}	洋麦子 iaŋ^{52}mE^{43}tsɿ^{0}
汉中	谷子 ku^{55}tsɿ^{0}	稻草 tɑo^{21}ts^{h}ɑo^{354}	大麦 tA^{21}mei^{55}
城固	谷子 ku^{44}tsɿ^{0}	稻草 tɔ^{31}ts^{h}ɔ^{44}	大麦 ta^{31}mei^{0}
勉县	谷子 ku^{44}tsɿ^{0}	稻草 tɑɔ^{21}ts^{h}ɑɔ^{35}	大麦 tɑ^{21}mei^{35}
镇巴	谷子 ku^{33}tsɿ^{31}	谷草 ku^{31}ts^{h}au^{52}	大麦 ta^{213}mɛ^{52}

	0181 小麦指植物	0182 麦秸脱粒后的	0183 谷子指植物(子实脱粒后是小米)
榆林	小麦 ɕiɔo^{21}miʌʔ^{0}	麦秸 miʌʔ^{3}kɛe^{33}	谷子 kuəʔ^{3}tsəʔ^{0}
神木	小麦 ɕiɔo^{21}miəʔ^{4}	麦秸 miəʔ^{2}tɕiɛ^{24}	谷子 kuəʔ^{4}tsəʔ^{0}
绥德	小麦儿 ɕiɔɤ^{21}miər^{33}	麦秸 mie^{21}kai^{213}	谷子 kuəʔ^{5}tsəʔ^{0}
吴堡	麦子 miəʔ^{21}tsəʔ^{3}	麦秸 miəʔ^{21}tɕiɑe^{213}	谷儿 kuər^{53}
清涧	麦子 mi^{53}tsəʔ^{0}	麦秸 mi^{53}tɕi^{0}	谷 kuəʔ^{54}
延安	麦子 mei^{21}tsəʔ^{5} 小麦 ɕiɔ^{52}mei^{213}	麦秆儿 mei^{24}kar^{423}	谷子 ku^{21}tsəʔ^{5}
延川	小麦 ɕiɑo^{35}mɤ^{0}	麦秸 məʔ^{42}tɕiɛ^{213}	谷 kuɤ^{423}
黄陵	麦 mei^{31} 麦子 mei^{31}tsɿ^{0} 小麦 ɕiɔ^{52}mei^{0}	麦秸 mei^{31}tɕiæ̃^{0}	谷 ku^{31} 谷子 ku^{31}tsɿ^{0}
渭南	麦 mei^{31}	麦秸 mei^{53}tɕiæ̃^{0}	谷 ku^{31}
韩城	小麦 ɕiɑu^{53}mɪi^{31}	麦秸 mɪi^{31}tɕiã^{0}	谷 ku^{31}
合阳	麦 mei^{31} 小麦 siɔo^{52}mei^{31}	麦秸 mei^{31}tɕiɑ̃^{31} 麦草 mei^{24}tsʰɔo^{52}	谷 ku^{31}
富平	小麦 siɑo^{53}mɛ̃^{31}	麦秆儿 mɛ̃^{31}kæ̃r^{31}	谷 ku^{31}
耀州	麦 mei^{21} 麦子 mei^{21}tsɿ^{0}	麦秸 mei^{52}tɕiæ̃^{0}	谷 ku^{21}
咸阳	小麦 ɕiɔ^{53}mei^{31}	麦秸 mei^{31}tɕiã^{0}	谷 ku^{31}
旬邑	麦 mei^{21} 小麦 ɕiau^{44}mei^{21}	麦秸 mei^{52}tɕia^{0} 麦草 mei^{21}tsʰau^{0}	谷 ku^{21} 谷子 ku^{21}tsɿ^{0}
三原	麦 mei^{31}	麦秸 mei^{52}tɕiã^{0}	谷 ku^{31}

	0181 **小麦**指植物	0182 **麦秸**脱粒后的	0183 **谷子**指植物（子实脱粒后是小米）
乾县	麦 me^{21}	麦秆 me^{21}kæ̃^{21}	谷 ku^{53}
岐山	麦 mei^{31} 麦子 mei^{53}tsɿ^{21}	麦草 mei^{31}ts^{h}ɔ^{21}	谷 ku^{31}
凤翔	麦 mei^{31} 麦子 mei^{53}tsɿ^{0}	麦草 mei^{31}ts^{h}ɔ^{0}	谷子 ku^{53}tsɿ^{0}
千阳	麦 mei^{31} 小麦 siɔ^{44}mei^{0}	麦草 mei^{31}ts^{h}ɔ^{0}	谷子 ku^{53}tsɿ^{0}
西安	小麦 ɕiau^{53}mei^{0}	麦秸 mei^{21}tɕiã^{0}	谷子 ku^{21}tsɿ^{0}
户县	麦 mei^{31} 小麦 ɕiau^{51}mei^{31}	麦秸 mei^{31}tɕia^{31}	谷 ku^{31}
商州	麦 mei^{31}	麦秸 mei^{31}tɕiã^{0}	谷 ku^{31}
镇安	麦子 mɛ^{53}tsɿ^{0}	麦草 mɛ^{21}ts^{h}ɔo^{35}	谷子 ku^{53}tsɿ^{0}
安康	小麦 ɕiau^{53}mei^{31}	麦秆儿 mei^{31}kar^{53}	谷子 ku^{31}tsɿ^{0}
白河	麦子 miᴇ^{21}tsɿ^{0}	麦草 miᴇ^{21}ts^{h}ɔu^{35}	谷子 ku^{21}tsɿ^{0}
汉阴	麦子 mᴇ^{42}tsɿ^{0}	麦秆秆儿 mᴇ^{42}kan^{45}kar^{0} 麦草 mᴇ^{42}ts^{h}ɑo^{45}	（无）
平利	麦子 mᴇ^{43}tsɿ^{0}	麦秆儿 mᴇ^{43}kar^{445} 麦草 mᴇ^{43}ts^{h}au^{445}	谷子 ku^{43}tsɿ^{0}
汉中	麦子 mei^{55}tsɿ^{0}	麦秆 mei^{55}kan^{0}	粟米 ɕy^{55}mi^{0}
城固	麦 mei^{53}	麦秆 mei^{44}kan^{0}	（无）
勉县	麦子 mei^{44}tsɿ^{0}	麦草 mei^{44}ts^{h}ɑɔ^{0}	（无）
镇巴	麦子 mɛ^{33}tsɿ^{31}	麦秆儿 mɛ^{31}kɐr^{52}	小米 ɕiau^{45}mi^{52}

	0184 高粱指植物	0185 玉米指成株的植物	0186 棉花指植物
榆林	稻黍 tʰɔo^{52}ʂu^{0}	顺$^{=}$顺$^{=}$麦 ʂuɤỹ^{52}ʂuɤỹ^{0}miʌʔ^{0} 玉米 y^{52}mi^{0}	棉花 miɛ^{24}xua^{0}
神木	稻黍 tʰɔo^{53}ʂu^{0}	金稻黍儿 tɕiɤ̃^{24}tʰɔo^{53}ʂuʌɯ^{0}	棉花 miɛ^{44}xua^{0}
绥德	稻黍 tʰao^{52}ʂʮ^{0}	金稻黍 tɕiəɣ̃^{21}tʰao^{52}ʂʮ^{0}	棉花 mie^{33}xuɑ^{0}
吴堡	稻黍 tʰo^{53}su^{0}	玉稻黍 ʉ^{53}tʰo^{53}su^{0}	棉花 mie^{33}xuɑ^{0}
清涧	稻黍 tʰɔo^{42}ʂʮ^{0}	御麦 zʮ^{42}mi^{53}	棉花 mi^{24}xuɑ^{0}
延安	稻黍 tʰɔ^{443}ʂu^{0}	御麦 y^{443}mei^{0} 包谷 pɔ^{24}ku^{0}	棉花 miæ̃^{24}xua^{0}
延川	稻黍 tʰɑo^{53}ʂʮ^{0}	御麦 zʮ^{53}mɤ^{0}	花 xua^{213}
黄陵	稻黍 tʰɔ^{31}sʮ^{0}	御麦 y^{55}mẽ^{31} 包谷 pɔ^{31}ku^{0}	棉花 miæ̃^{24}xuɑ^{31}
渭南	稻黍 tʰɔo^{31}ʃʒ^{0}	包谷 pɔo^{31}ku^{31}	花 xuɑ^{31}
韩城	稻黍 tʰɑu^{31}fu^{0} 高粱 kɑu^{31}liɑŋ^{0}	御麦 y^{44}mɪi^{31}	棉花 miã^{31}xuɑ^{53}
合阳	稻黍 tʰɔo^{31}fu^{31}	御麦 y^{55}mei^{31}	花 xuɑ^{31} 棉花 miã^{24}xuɑ^{31}
富平	稻黍 tʰɑo^{31}ʃu^{31}	御麦 y^{55}mɛ̃^{31} 包谷 pɑo^{31}ku^{31}	棉花 miæ̃^{31}xuɑ^{53}
耀州	稻黍 tʰɔu^{21}ʃu^{0} 高粱 kɔu^{52}liɑŋ^{0}	御麦 y^{44}mei^{0} 包谷 pɔu^{21}ku^{0}	棉花 miæ̃^{21}xua^{52}
咸阳	稻黍 tʰɔ^{31}ʃu^{0}	御麦 y^{44}mei^{31}	棉花 miã^{24}xua^{31}
旬邑	稻黍 tʰau^{21}ʃʅ^{21} 高粱 kau^{52}liɑŋ^{0}	御麦 y^{24}mei^{21} 包谷 pau^{21}ku^{21}	棉花 miã^{21}xua^{52}
三原	稻黍 tʰɑɔ^{31}ʃʒ^{0}	御麦 y^{44}mei^{31} 包谷 pɑɔ^{31}ku^{31}	棉花 miã^{24}xuɑ^{31} 花 xuɑ^{31}

	0184 高粱指植物	0185 玉米指成株的植物	0186 棉花指植物
乾县	稻黍 tʰɔ^{21}ʃu^{21}	包谷 pɔ^{21}ku^{21}	棉花 miæ̃^{24}xua^{21}
岐山	稻黍 tʰɔ^{31}ʂʅ^{21}	包谷 pɔ^{31}ku^{21}	棉花 miæ̃^{31}xuA^{53}
凤翔	稻黍 tʰɔ^{31}ʂʅ^{0}	御麦 y^{45}mei^{0} 包谷 pɔ^{31}ku^{0}	棉花 miæ̃^{31}xua^{53}
千阳	高粱 kɔ^{53}liɑŋ^{0}	番麦 fæ̃^{31}mei^{0} 棒棒 pɑŋ^{45}pɑŋ^{0}	棉花 miæ̃^{31}xua^{0}
西安	高粱 kau^{21}liaŋ^{0}	包谷 pau^{21}ku^{0}	棉花 miau^{24}xua^{0}
户县	稻黍 tʰau^{31}su^{31}	御麦 y^{55}mei^{31} 包谷 pau^{31}ku^{31}	棉花 mia^{35}xua^{31}
商州	稻黍 tʰɑo^{31}ʃu^{0}	包谷 pɑo^{31}ku^{0}	棉花 miã^{31}xuɑ^{53}
镇安	稻黍 tʰɔo^{35}ʂʮ^{53}	包谷 pɔo^{53}ku^{0}	棉花 mian^{33}xua^{0}
安康	稻黍 tʰau^{31}fu^{31}	包谷 pau^{31}ku^{31}	棉花 mian^{35}xua^{31}
白河	高粱 kɔu^{21}liaŋ^{0}	包谷 pɔu^{21}ku^{0}	棉花 mian^{44}xua^{0}
汉阴	稻黍 tʰɑo^{33}sʮ^{214} 高粱 kɑo^{33}liɑŋ^{0}	包谷 pɑo^{33}ku^{0}	棉花 mian^{42}χuɑ^{0}
平利	稻黍 tʰau^{43}ʂʮ^{0}	包谷 pau^{43}ku^{0}	棉花 mian^{52}xua^{0}
汉中	高粱 kɑo^{55}liaŋ^{0}	包谷 pɑo^{55}ku^{0}	棉花 mian^{42}xuA^{0}
城固	高粱 kɔ^{44}liaŋ^{0}	包谷 pɔ^{44}ku^{0}	棉花 mian^{31}xua^{24}
勉县	高粱 kɑɔ^{44}liɑŋ^{0}	包谷 pɑɔ^{44}ku^{0}	棉花 miɑn^{21}xuɑ^{0}
镇巴	高粱 kau^{35}liaŋ^{52}	包谷 pau^{35}ku^{52}	棉花 mian^{31}xua^{55}

	0187 油菜油料作物，不是蔬菜	0188 芝麻	0189 向日葵指植物
榆林	（无）	芝麻 tsɿ33ma33	葵花 kʰuei24xua0 向日葵 ɕiɑ̃52ʐəʔ3kʰuei213
神木	油菜 iəu44tsʰEe53	芝麻 tsɿ24ma44	葵花 kʰuei24xua0 向日葵 ɕiɑ̃53ʐəʔ4kʰuei0
绥德	油菜 iəu33tsʰai52	芝麻 tsɿ21mɑ33	向阳花 ɕiɑ̃52iɑ̃33xuɑ0
吴堡	油菜 iɑo33tsʰɑe53	芝麻 tsɿ21mɑ33	向日葵 ɕiɑ̃53ʐəʔ21kʰuɛe213
清涧	油菜 iəu24tsʰai0	芝麻 tsɿ31mɑ0	向日葵 ɕiɒ̃53ʐɤ0kʰuei312
延安	油菜 iou24tsʰai0	芝麻 tsɿ21ma53	葵花 kʰuei24xua0 向阳花 ɕiaŋ443iaŋ24xua0
延川	油菜 iəu35tsʰai0	芝麻 tsɿ21ma35	向日葵 ɕiɑŋ53ʐəʔ21kʰuei0
黄陵	菜籽 tsʰE55tsɿ0	芝麻 tsɿ31mɑ0	葵花 kʰuei24xuɑ31
渭南	菜籽 tsʰae44tsɿ0	芝麻 tsɿ31mɑ0	[向日]葵 ɕiɑ̃r53kʰuei24
韩城	菜籽 tsʰæe44tsɿ0	芝麻 tsɿ31mɑ0	太阳花 tʰæe44iɑŋ0xuɑ31
合阳	菜籽 tsʰæe55tsɿ31	芝麻 tsɿ31mɑ31	葵花 kʰuei24xuɑ31 向日葵 ɕiɑŋ55ʐʅ31kʰuei24
富平	菜籽 tsʰɛe55tsɿ31	芝麻 tsɿ53mɑ31	向葵 ɕiɑɣ̃53kʰueɪ24
耀州	菜籽 tsʰæi44tsɿ0	芝麻 tsɿ52ma0	葵花 kʰuei24xua0 向日葵 ɕiɑŋ44ər21kʰuei24
咸阳	油菜 iou24tsʰæ44	芝麻 tsɿ31ma0	向葵 ɕiɑŋ53kʰuei24
旬邑	油菜 iəu24tsʰɛi44 菜籽 tsʰɛi24tsɿ0	芝麻 tsɿ52ma0	[向日]葵 ɕiɑ̃r52kʰuei24
三原	菜籽 tsʰai44tsɿ0	芝麻 tsɿ52mɑ0	向日葵 ɕiɑŋ44ər0kʰuei24

	0187 油菜油料作物，不是蔬菜	0188 芝麻	0189 向日葵指植物
乾县	油菜 iou^{24}tsʰɛ^{55}	芝麻 tsɿ^{53}ma^{21}	葵花 kʰue^{24}xua^{21}
岐山	油菜 iou^{24}tsʰᴇ^{44} 菜籽 tsʰᴇ^{44}tsɿ^{21}	芝麻 tsɿ^{53}mᴀ^{21}	向日葵 ɕiɑŋ^{44}ər^{53}kʰuei^{24}
凤翔	油菜 iəu^{24}tsʰᴇ^{44} 菜籽 tsʰᴇ^{45}tsɿ^{0}	芝麻 tsɿ^{53}ma^{0}	葵花 kʰuei^{31}xua^{53} 向日葵 ɕiɑŋ^{45}ʐʅ^{0}kʰuei^{24}
千阳	油菜 iou^{24}tsʰᴇ^{44} 菜籽 tsʰᴇ^{45}tsɿ^{0}	芝麻 tsɿ^{53}ma^{0}	向日葵 ɕiɑŋ^{45}ʐʅ^{0}kʰuei^{24}
西安	油菜 iou^{24}tsʰai^{44}	芝麻 tsɿ^{21}ma^{0}	向日葵 ɕiaŋ^{44}ər^{21}kʰuei^{24}
户县	菜籽 tsʰæ^{55}tsɿ^{0}	芝麻 tsɿ^{31}ma^{31}	大葵 ta^{55}kʰuei^{35}
商州	油菜 iou^{31}tsʰai^{53}	芝麻 tsɿ^{53}mɑ^{0}	向日葵 ɕiɑŋ^{44}ər^{0}kʰuei^{35}
镇安	油菜 iəu^{33}tsʰai^{214}	芝麻 tʂʅ^{53}ma^{0}	葵花 kʰuᴇi^{33}xua^{53}
安康	油菜 iou^{35}tsʰæ^{44}	芝麻 tʂʅ^{31}ma^{0}	向日葵 ɕiar^{53}ər^{31}kʰuei^{35}
白河	油菜 iəu^{44}tsʰai^{0}	芝麻 tʂʅ^{21}ma^{0}	葵花 kʰuei^{44}xua^{0}
汉阴	油菜 iəu^{42}tsʰae^{0}	芝麻 tʂʅ^{33}mɑ^{0}	葵花儿 kʰuei^{42}χuar^{0}
平利	油菜 iou^{52}tsʰai^{214}	芝麻 tʂʅ^{43}ma^{0}	葵花 kʰuei^{52}xua^{0}
汉中	菜麻 tsʰai^{21}mᴀ^{0}	芝麻 tsɿ^{55}mᴀ^{0}	向日葵 ɕiaŋ^{21}ər^{0}kʰuei^{42}
城固	油菜 iəu^{31}tsʰai^{24}	芝麻 tsɿ^{44}ma^{0}	向葵 ɕiaŋ^{24}kʰuei^{311}
勉县	菜麻 tsʰɑi^{21}mɑ^{35}	芝麻 tsɿ^{44}mɑ^{0}	向日葵 ɕiɑŋ^{21}ər^{0}kʰuei^{21}
镇巴	菜籽 tsʰai^{213}tsɿ^{52}	芝麻 tsɿ^{35}ma^{52}	向日葵 ɕiaŋ^{213}ər^{213}kʰuei^{52}

	0190 蚕豆	0191 豌豆	0192 花生指果实，注意婉称
榆林	大豆 ta^{52}təu^{52}	豌豆 vɛ^{33}təu^{52}	花生 xua^{33}sɤɣ̃^{33}
神木	大豆 ta^{53}təu^{53}	豌豆 vɛ^{24}təu^{53}	花生 xua^{24}sɣ̃^{0}
绥德	大豆 tɑ^{52}təu^{52}	豌豆 væ^{21}təu^{52}	落花生 lɤ^{33}xuɑ^{21}səɣ̃^{0} 花生 xuɑ^{24}səɣ̃^{0}
吴堡	大豆 tɑ^{53}tɑo^{53}	豌豆 uɤ^{21}tɑo^{33}	花生 xuɑ^{24}səŋ^{0}
清涧	刀豆 tɔo^{31}təu^{42}	豌豆 u^{31}təu^{42}	花生 xuɑ^{31}səɣ̃^{53}
延安	蚕豆 tsʰæ̃^{24}tou^{443}	豌豆 væ̃^{21}tou^{443}	花生 xua^{443}səŋ^{0}
延川	蚕豆 tsʰæ̃^{35}təu^{0}	豌豆 və^{21}təu^{53}	花生 xua^{21}səŋ^{53}
黄陵	蚕豆 tsʰæ̃^{24}tʰəu^{0}	豌豆 uæ̃^{31}tʰəu^{0}	落花生 luɤ^{31}xuɑ^{24}sẽ^{31} 花生 xuɑ^{24}sẽ^{31}
渭南	蚕豆儿 tsʰæ̃^{24}təur^{53}	豌豆 uæ̃^{31}tʰəu^{0}	花生 xuɑ^{24}sə̃^{31}
韩城	蚕豆 tsʰã^{31}tʰəu^{53}	豌豆 uã^{31}tʰəu^{0}	落花生 luɤ^{31}xuɑ^{53}səŋ^{0}
合阳	蚕豆 tsʰɑ̃^{24}tʰou^{31}	豌豆 uɑ̃^{31}tʰou^{31}	花生 xuɑ^{24}sẽ^{31} 落花生 luo^{31}xuɑ^{24}sẽ^{31}
富平	蚕豆 tsʰæ̃^{24}tou^{53}	豌豆 uæ̃^{53}tou^{31}	落生生 luo^{31}xuɑ^{24}sɛ̃^{31}
耀州	蚕豆 tsʰæ̃^{24}tou^{0}	豌豆 uæ̃^{21}tou^{0}	落花生 luo^{21}xua^{24}səŋ^{21} 花生 xua^{24}səŋ^{21}
咸阳	蚕豆 tsʰã^{24}tou^{0}	豌豆 uã^{53}tou^{0}	花生儿 xua^{24}sər^{31}
旬邑	蚕豆 tsʰã^{21}təu^{0}	豌豆 uã^{52}təu^{0}	花生 xua^{24}səŋ^{0} 落花生 luo^{21}xua^{24}səŋ^{0}
三原	蚕豆儿 tsʰã^{24}tour^{52}	豌豆 uã^{52}tou^{0}	花生 xuɑ^{24}səŋ^{52}

	0190 蚕豆	0191 豌豆	0192 花生指果实，注意婉称
乾县	蚕豆 ts^{h}æ̃^{24}tou^{55}	豌豆 uæ̃^{53}tou^{21}	花生 xua^{24}sɤŋ^{21}
岐山	蚕豆 ts^{h}æ̃^{24}tou^{44}	豌豆 væ̃^{53}tou^{21}	花生 xuA^{31}səŋ^{31}
凤翔	大豆 ta^{44}təu^{44} 蚕豆 ts^{h}æ̃^{24}təu^{44}	豌豆 væ̃^{53}təu^{0}	花生 xua^{31}səŋ^{0}
千阳	大豆 ta^{44}tou^{44}	豌豆 væ̃^{53}tou^{0}	花生 xua^{31}səŋ^{0}
西安	蚕豆 ts^{h}ã^{24}tou^{0}	豌豆 uã^{21}tou^{0}	花生 xua^{24}səŋ^{0}
户县	蚕豆 ts^{h}ã^{35}tɤu^{55}	豌豆 uã^{31}tɤu^{31}	花生儿 xua^{35}səɯ^{0} 落花生儿 luɤ^{31}xua^{35}səɯ^{0}
商州	蚕豆 ts^{h}ã^{35}tou^{44}	豌豆 vã^{53}tou^{0}	花生 xuɑ^{35}səŋ^{31}
镇安	蚕豆儿 ts^{h}an^{33}tər^{322}	豌豆儿 vAn^{53}tər^{322}	花生儿 xua^{21}sər^{21}
安康	胡豆儿 xu^{35}tour^{53}	豌豆 uan^{31}tou^{44}	花生 xua^{44}ʂən^{31}
白河	蚕豆 ts^{h}an^{44}təu^{0}	豌豆 uan^{21}təu^{0}	花生 xua^{35}sən^{213}
汉阴	胡豆 χu^{42}təu^{214}	豌豆 uan^{33}təu^{214}	花生 χuɑ^{33}sən^{33}
平利	胡豆 xu^{52}tou^{0}	豌豆 uan^{43}tou^{0}	花生 xua^{43}sən^{43}
汉中	胡豆 xu^{42}təu^{0}	豌豆 uan^{55}təu^{0}	花生 xuA^{55}sən^{0}
城固	胡豆 xu^{31}təu^{24}	豌豆 uan^{44}təu^{0}	花生 xua^{44}səŋ^{0}
勉县	胡豆 xu^{21}təu^{0}	豌豆 vɑn^{44}təu^{0}	花生 xuɑ^{44}sən^{0}
镇巴	胡豆 xu^{31}təu^{213}	豌豆 uan^{35}təu^{213}	花生 xua^{35}sən^{55}

	0193 黄豆	0194 绿豆	0195 豇豆长条形的
榆林	黄豆 xuã^{24}təu^{52}	绿豆 luəʔ^{3}təu^{52}	豇豆 tɕiã^{33}təu^{52}
神木	白黑豆 piɛ^{44}xəʔ^{0}tʌɯ^{0} 黄豆 xuã^{44}təu^{53}	绿豆 luəʔ^{4}təu^{53}	豇豆 tɕiã^{24}təu^{53}
绥德	白黑豆 pi^{33}xəʔ^{3}təu^{52} 黄豆 xuã^{33}təu^{52}	绿豆 luəʔ^{3}təu^{52}	豇豆 tɕiã^{21}təu^{52}
吴堡	白黑豆 p^{h}iəʔ^{21}xəʔ^{3}tɑo^{33}	绿豆 luəʔ^{21}tɑo^{53}	豇豆 tɕiɤu^{21}tɑo^{53}
清涧	白黑豆 p^{h}i^{24}xəʔ^{54}təu^{42}	绿豆 luəʔ^{54}təu^{42}	豇豆 tɕiɒ̃^{31}təu^{42}
延安	黄豆 xuaŋ^{24}tou^{443}	绿豆 liou^{21}tou^{443}	豇豆 tɕiaŋ^{21}tou^{443}
延川	白黑豆 p^{h}əʔ^{54}xəʔ^{21}təu^{0}	绿豆 luəʔ^{21}təu^{213}	豇豆 tɕiaŋ^{21}təu^{53}
黄陵	黄豆 xuɑŋ^{24}t^{h}əu^{0}	绿豆 liəu^{31}t^{h}əu^{0}	豇豆 tɕiɑŋ^{31}t^{h}əu^{0}
渭南	白豆 p^{h}ei^{24}t^{h}əu^{0}	绿豆 liəu^{53}t^{h}əu^{0}	豇豆 tɕiɑŋ^{31}t^{h}əu^{0}
韩城	黄豆 xuɑŋ^{31}t^{h}əu^{53}	绿豆 liəu^{31}t^{h}əu^{0}	豇豆 tɕiɑŋ^{31}t^{h}əu^{0}
合阳	黄豆 xuɑn^{24}t^{h}ou^{31}	绿豆 liou^{31}t^{h}ou^{31}	豇豆 tɕiɑŋ^{31}t^{h}ou^{31}
富平	黄豆 xuɑɣ̃^{24}tou^{53}	绿豆 liou^{53}tou^{31}	豇豆 tɕiɑɣ̃^{53}tou^{31}
耀州	黄豆 xuɑŋ^{24}tou^{0} 豆子 tou^{44}tsɿ^{0}	绿豆 liou^{52}tou^{0}	豇豆 tɕiɑŋ^{52}tou^{0} 长豆角 tʂ^{h}ɑŋ^{24}tou^{44}tɕyo^{21}
咸阳	黄豆 xuɑŋ^{24}tou^{0}	绿豆 liou^{31}tou^{0}	豇豆 tɕiɑŋ^{53}tou^{0}
旬邑	黄豆 xuɑŋ^{21}təu^{0}	绿豆 liəu^{52}təu^{0}	豇豆 tɕiɑŋ^{52}təu^{0}
三原	黄豆 xuɑŋ^{24}tou^{0}	绿豆 liou^{52}tou^{0}	豇豆 tɕiɑŋ^{52}tou^{0}

	0193 黄豆	0194 绿豆	0195 豇豆长条形的
乾县	黄豆 xuaŋ^{24}tou^{55}	绿豆 liou^{53}tou^{21}	豇豆 tɕiaŋ^{53}tou^{21}
岐山	白豆 p^{h}ei^{31}tou^{53}	绿豆 ly^{53}tou^{21} 摘绿 tsei^{31}liou^{31}	豇豆 tɕiɑŋ^{53}tou^{21}
凤翔	黄豆 xuɑŋ^{31}təu^{53}	绿豆 liəu^{53}təu^{0}	豇豆 tɕiɑŋ^{53}təu^{0}
千阳	黄豆 xuɑŋ^{31}tou^{0}	绿豆 liou^{53}tou^{0}	豇豆 tɕiɑŋ^{53}tou^{0}
西安	黄豆 xuaŋ^{24}tou^{0}	绿豆 liou^{21}tou^{0}	豇豆 tɕiaŋ^{21}tou^{0}
户县	黄豆儿 xuaŋ^{35}təɯ^{51}	绿豆 liɤu^{31}tɤu^{31}	豇豆 tɕiaŋ^{31}tɤu^{31}
商州	黄豆 xuɑŋ^{31}tou^{0}	绿豆 liou^{53}tou^{0}	豇豆 tɕiɑŋ^{53}tou^{0}
镇安	黄豆儿 xuʌŋ^{33}tər^{322}	绿豆儿 ləu^{53}tər^{322}	豇豆儿 tɕiʌŋ^{53}tər^{322}
安康	黄豆 xuaŋ^{35}tou^{0}	绿豆 liou^{31}tou^{0}	豇豆 tɕiaŋ^{31}tou^{0}
白河	黄豆 xuaŋ^{44}təu^{41}	绿豆 ləu^{21}təu^{41}	豇豆 tɕiaŋ^{21}təu^{41}
汉阴	黄豆 χuɑŋ^{42}təu^{214}	绿豆 liəu^{42}təu^{214}	豇豆 tɕiɑŋ^{33}təu^{214}
平利	黄豆 xuaŋ^{52}tou^{0}	绿豆 lou^{43}tou^{0}	豇豆 tɕiaŋ^{43}tou^{0}
汉中	豆子 təu^{21}tsɿ^{0}	绿豆 liəu^{55}təu^{0}	豇豆 tɕiaŋ^{55}təu^{0}
城固	黄豆 xuaŋ^{31}təu^{0}	绿豆 liəu^{44}təu^{0}	豇豆 tɕiaŋ^{44}təu^{0}
勉县	豆子 təu^{21}tsɿ^{35}	绿豆 liəu^{44}təu^{0}	豇豆 tɕiɑŋ^{44}təu^{0}
镇巴	黄豆 xuaŋ^{31}təu^{213}	绿豆 liəu^{35}təu^{213}	豇豆 tɕiaŋ^{35}təu^{213}

	0196 大白菜东北～	0197 包心菜 卷心菜，圆白菜，球形的	0198 菠菜
榆林	马腿菜 ma^{24}t^{h}uei^{21}ts^{h}εe^{52}	莲花菜 liε^{24}xua^{0}ts^{h}εe^{52}	菠菜 puə^{33}ts^{h}εe^{52}
神木	白菜 piε^{44}ts^{h}Ee^{53}	茴子白 xuei^{24}tsəʔ^{0}piε^{44} 莲花白 liε^{44}xua^{0}piε^{44}	菠菜 puo^{24}ts^{h}Ee^{53}
绥德	白菜 pi^{33}ts^{h}ai^{52}	茴子白 xuei^{33}tsəʔ^{0}pi^{33} 莲花菜 lie^{33}xuɑ^{0}ts^{h}ai^{52}	菠菜 puo^{21}ts^{h}ai^{52}
吴堡	白菜 p^{h}iəʔ^{21}ts^{h}ɑe^{53}	茴子白 xuɑe^{33}tsəʔ^{0}pɑe^{213}	菠菜 pɤu^{21}ts^{h}ɑe^{53}
清涧	白菜 p^{h}i^{24}ts^{h}ai^{44}	茴子白 xuai^{24}tsəʔ^{0}p^{h}i^{24}	菠菜 pu^{31}ts^{h}ai^{42}
延安	大白菜 ta^{443}p^{h}ei^{24}ts^{h}ai^{0}	包包菜 pɔ^{21}pɔ^{53}ts^{h}ai^{443}	菠菜 puo^{21}ts^{h}ai^{443}
延川	白菜 p^{h}əʔ^{54}ts^{h}ai^{0}	茴子白 xuai^{35}tsəʔ^{21}pei^{0}	菠菜 pei^{21}ts^{h}ai^{53}
黄陵	老白菜 lɔ^{52}p^{h}ei^{24}ts^{h}E^{0}	洋白菜 iɑŋ^{24}p^{h}ei^{24}ts^{h}E^{0}	菠菜 puɤ^{31}ts^{h}E^{0}
渭南	白菜 p^{h}ei^{24}ts^{h}ae^{0}	莲花白 liæ̃^{24}xuɑ^{31}p^{h}ei^{24}	菠菜 pə^{31}ts^{h}ae^{0}
韩城	白菜 p^{h}ɪi^{31}ts^{h}æe^{53}	莲花白 liã^{31}xuɑ^{53}p^{h}ɪi^{24}	菠菜 puɤ^{31}ts^{h}æe^{0}
合阳	大白菜 t^{h}uo^{55}p^{h}ei^{24}ts^{h}æe^{31}	莲花白 liɑ̃^{24}xuɑ^{31}p^{h}ei^{24}	菠菜 po^{31}ts^{h}æe^{31}
富平	白菜 peɪ^{24}ts^{h}εe^{53}	莲花白 liæ̃^{31}xuɑ^{53}peɪ^{24}	菠菜 po^{53}ts^{h}εe^{31}
耀州	白菜 pei^{24}ts^{h}æi^{0}	莲花白 liæ̃^{24}xua^{21}pei^{24} 甘蓝 kæ̃^{21}læ̃^{24}	菠菜 puo^{52}ts^{h}æi^{0}
咸阳	白菜 pei^{24}ts^{h}æ^{0}	莲花儿白 liã^{24}xuɐr^{31}pei^{24}	菠菜 po^{31}ts^{h}æ^{0}
旬邑	白菜 p^{h}ei^{21}ts^{h}εi^{0}	包包白 pau^{52}pau^{21}p^{h}ei^{24} 莲花白 liã^{21}xua^{52}p^{h}ei^{24}	菠菜 po^{52}ts^{h}εi^{0}
三原	白菜 pei^{24}ts^{h}ai^{0}	莲花儿白 liã^{24}xuɐr^{31}pei^{24}	菠菜 pɤ^{52}ts^{h}ai^{0}

	0196 大白菜东北~	0197 包心菜 卷心菜，圆白菜，球形的	0198 菠菜
乾县	大白菜 ta^{55}pe^{24}ts^{h}ɛ^{21}	莲花白 liæ̃^{24}xua^{21}pe^{24}	菠菜 puɤ^{53}ts^{h}ɛ^{21}
岐山	白菜 p^{h}ei^{31}ts^{h}E^{53}	莲花白 liæ̃^{31}xuA^{53}p^{h}ei^{24} 包包菜 pɔ^{53}pɔ^{21}ts^{h}E^{44}	菠菜 po^{53}ts^{h}E^{21}
凤翔	白菜 pei^{31}ts^{h}E^{53}	包包菜 pɔ^{53}pɔ^{0}ts^{h}E^{44} 甘蓝 kæ̃^{31}læ̃^{24}	菠菜 po^{53}ts^{h}E^{0}
千阳	白菜 pei^{31}ts^{h}E^{0}	包包菜 pɔ^{53}pɔ^{0}ts^{h}E^{44} 甘蓝 kæ̃^{31}læ̃^{24}	菠菜 po^{53}ts^{h}E^{0}
西安	白菜 pei^{24}ts^{h}ai^{0}	莲花白 liã^{24}xua^{21}pei^{24}	菠菜 po^{21}ts^{h}ai^{0}
户县	白菜 pei^{35}ts^{h}æ^{31} 大白菜 ta^{55}pei^{35}ts^{h}æ^{31}	莲花白 liã^{35}xua^{31}pei^{35}	菠菜 pɤ^{31}ts^{h}æ^{55} 青菜 tɕ^{h}iŋ^{31}ts^{h}æ^{55}
商州	白菜 pei^{31}ts^{h}ai^{0}	疙瘩白 kɯ^{53}tɑ^{0}pei^{35} 莲花白 liã^{31}xuɑ^{0}pei^{35}	菠菜 puə^{53}ts^{h}ai^{0}
镇安	白菜 pɛ^{33}ts^{h}ai^{214}	疙瘩白 kɛ^{53}ta^{0}pɛ^{322} 莲花白 lian^{33}xua^{33}pɛ^{322}	菠菜 puə^{53}ts^{h}ai^{0}
安康	大包包儿菜 ta^{44}pau^{31}paur^{21}ts^{h}æ^{35}	卷心儿白 tɕyan^{53}ɕiər^{31}pei^{35}	菠菜 pə^{31}ts^{h}æ^{44}
白河	白菜 pE^{44}ts^{h}ai^{0}	包包儿菜 pɔu^{21}pɐr^{0}ts^{h}ai^{0}	菠菜 po^{21}ts^{h}ai^{0}
汉阴	白菜 pE^{42}ts^{h}ae^{214}	包包儿菜 pɑo^{33}par^{0}ts^{h}ae^{214}	菠菜 po^{33}ts^{h}ae^{214}
平利	白菜 pE^{52}ts^{h}ai^{0}	包包儿菜 pau^{43}paur^{0}ts^{h}ai^{213}	菠菜 po^{43}ts^{h}ai^{0}
汉中	白菜 pei^{42}ts^{h}ai^{0}	包包菜 pɑo^{55}pɑo^{0}ts^{h}ai^{0}	菠菜 pɤ^{55}ts^{h}ai^{0}
城固	白菜 pei^{31}ts^{h}ai^{24}	包包菜 pɔ^{53}pɔ^{0}ts^{h}ai^{213}	菠菜 pə^{44}ts^{h}ai^{0}
勉县	白菜 pei^{21}ts^{h}ɑi^{0}	包包菜 pɑɔ^{44}pɑɔ^{0}ts^{h}ɑi^{213}	菠菜 pɤ^{44}ts^{h}ɑi^{0}
镇巴	白菜 pɛ^{31}ts^{h}ai^{213}	包包菜 pau^{35}pau^{55}ts^{h}ai^{213}	菠菜 po^{35}ts^{h}ai^{213}

	0199 芹菜	0200 莴笋	0201 韭菜
榆林	芹菜 tɕʰiɤɣ̃^{24}tsʰɛe^{52}	莴笋 vuə^{33}suɤɣ̃^{0}	韭菜 tɕiəu^{21}tsʰɛe^{52}
神木	芹菜 tɕʰiɤ̃^{44}tsʰEe^{53}	莴笋 vuo^{24}suɤ̃^{0}	韭菜 tɕiəu^{21}tsʰEe^{53}
绥德	芹菜 tɕʰiəɣ̃^{33}tsʰai^{52}	莴笋 uo^{24}suəɣ̃^{0}	韭菜 tɕiəu^{21}tsʰai^{52}
吴堡	芹菜 tɕʰiəŋ^{33}tsʰɑe^{53}	莴笋 u^{21}suəŋ^{412}	韭菜 tɕiɑo^{41}tsʰɑe^{53}
清涧	芹菜 tɕʰiəɣ̃^{24}tsʰai^{0}	莴笋 vʊ^{24}suəɣ̃^{53}	韭菜 tɕiəu^{53}tsʰai^{0}
延安	芹菜 tɕʰiəŋ^{24}tsʰai^{0} 芹子 tɕʰiəŋ^{24}tsəʔ^{0}	莴笋 vuo^{21}suəŋ^{53}	韭菜 tɕiou^{52}tsʰai^{0}
延川	芹菜 tɕʰiŋ^{35}tsʰai^{0}	莴笋 vu^{21}suŋ^{53}	韭菜 tɕiəu^{53}tsʰai^{213}
黄陵	芹菜 tɕʰiẽ^{24}tsʰE^{0}	笋 ɕyẽ^{52}	韭菜 tɕiəu^{52}tsʰE^{0}
渭南	芹菜 tɕʰiə̃^{24}tsʰae^{0}	笋 ɕyə̃^{53}	韭菜 tɕiəu^{53}tsʰae^{0}
韩城	芹菜 tɕʰiɛ̃^{31}tsʰæe^{53}	笋子 yɛ̃^{53}tsɿ^{0}	韭菜 tɕiəu^{53}tsʰæe^{0}
合阳	芹菜 tɕʰiẽ^{24}tsʰæe^{31}	莴笋 uo^{24}ɕyẽ^{52}	韭菜 tɕʰie^{24}tsʰæe^{31}
富平	芹菜 tɕʰiɛ̃^{24}tsʰɛe^{53}	莴笋 uo^{31}ɕyɛ̃^{53}	韭菜 tɕiou^{53}tsʰɛe^{31}
耀州	芹菜 tɕʰiei^{24}tsʰæi^{0}	莴笋 uo^{21}ɕyei^{52}	韭菜 tɕiou^{52}tsʰæi^{0}
咸阳	芹菜 tɕʰiɛ̃^{24}tsʰæ^{0}	莴笋 uo^{31}suɛ̃^{0}	韭菜 tɕiou^{53}tsʰæ^{0}
旬邑	芹菜 tɕʰiɛ̃^{21}tsʰɛi^{52}	笋 suɛ̃^{52}	韭菜 tɕiəu^{44}tsʰɛi^{0}
三原	芹菜 tɕʰiẽ^{24}tsʰai^{0}	莴笋 uə^{31}suẽ^{0}	韭菜 tɕiou^{52}tsʰai^{0}

	0199 芹菜	0200 莴笋	0201 韭菜
乾县	芹菜 tɕʰiẽ^{24}tsʰɛ^{21}	莴笋 uɤ^{21}suẽ^{21}	韭菜 tɕiou^{53}tsʰɛ^{21}
岐山	芹菜 tɕʰiŋ^{31}tsʰE^{53}	莴笋 vo^{31}suŋ^{21}	韭菜 tɕiou^{44}tsʰE^{21}
凤翔	芹菜 tɕʰiŋ^{31}tsʰE^{53}	笋子 suŋ^{44}tsɿ^{0}	韭菜 tɕiəu^{44}tsʰE^{0}
千阳	芹菜 tɕʰiŋ^{31}tsʰE^{0}	笋子 suŋ^{44}tsɿ^{0}	韭菜 tɕiou^{44}tsʰE^{0}
西安	芹菜 tɕʰin^{24}tsʰai^{0}	莴笋 uo^{21}suən^{0}	韭菜 tɕiou^{53}tsʰai^{0}
户县	芹菜 tɕʰiẽ^{35}tsʰæ^{31}	莴笋 uɤ^{31}suẽ^{31}	韭菜 tɕiɤu^{51}tsʰæ^{31}
商州	芹菜 tɕʰiẽ^{31}tsʰai^{0}	笋 ɕyẽ^{53}	韭菜 tɕiou^{53}tsʰai^{0}
镇安	芹菜 tɕʰin^{33}tsʰai^{0}	笋子 sən^{35}tsɿ^{53}	韭菜 tɕiəu^{35}tsʰai^{53}
安康	芹菜 tɕʰin^{35}tsʰæ^{0}	莴笋 uo^{31}suən^{53}	韭菜 tɕiou^{53}tsʰæ^{0}
白河	芹菜 tɕʰiən^{44}tsʰai^{0}	莴笋 uo^{21}sən^{35}	韭菜 tɕiəu^{35}tsʰai^{0}
汉阴	芹菜 tɕʰin^{42}tsʰae^{214}	莴笋 uo^{33}suən^{45}	韭菜 tɕiəu^{45}tsʰae^{214}
平利	芹菜 tɕʰin^{52}tsʰai^{0}	莴笋 uo^{43}sən^{445}	韭菜 tɕiou^{45}tsʰai^{0}
汉中	芹菜 tɕʰin^{42}tsʰai^{0}	莴笋 uɤ^{55}suən^{0}	韭菜 tɕiəu^{35}tsʰai^{0}
城固	芹菜 tɕʰin^{31}tsʰai^{24}	莴笋 uə^{44}ʃuən^{0}	韭菜 tɕiəu^{24}tsʰai^{0}
勉县	芹菜 tɕʰin^{21}tsʰɑi^{0}	莴笋 uɤ^{44}soŋ^{0}	韭菜 tɕiəu^{35}tsʰɑi^{0}
镇巴	芹菜 tɕʰin^{31}tsʰai^{213}	莴笋 uo^{35}sən^{52}	韭菜 tɕiəu^{45}tsʰai^{213}

	0202 香菜芫荽	0203 葱	0204 蒜
榆林	芫荽 iɛ^{24}suei^{0}	葱儿 ts^{h}uə̃r^{33}	蒜 suɛ^{52}
神木	芫荽 iɛ^{44}suei^{53}	葱儿 ts^{h}uʌɯ^{213}	蒜 suɛ^{53}
绥德	芫荽 ie^{33}suei^{52}	葱儿 ts^{h}uɤ̃r^{213}	蒜 suæ^{52}
吴堡	芫荽 ie^{33}suɛe^{412}	葱儿 ts^{h}uər^{213}	蒜 suɤ^{53}
清涧	芫荽 i^{24}suei^{0}	葱儿 ts^{h}uəɣ̃r^{312}	蒜 su^{42}
延安	芫荽 iæ̃^{24}suei^{0}	葱儿 ts^{h}uər^{213}	蒜 suæ̃^{443}
延川	芫荽 iɛ^{35}sʮ^{31}	葱儿 ts^{h}uʌr^{213}	蒜 suɤ^{53}
黄陵	芫荽 iæ̃^{24}ɕy^{0}	葱 ts^{h}uŋ^{31}	蒜 ɕyæ̃^{55}
渭南	芫荽 iæ̃^{24}ɕy^{0}	葱 tʃ^{h}əŋ^{31}	蒜 ɕyæ̃^{44}
韩城	芫荽 iã^{31}ɕy^{53}	葱 ts^{h}əŋ^{31}	蒜 ɕyã^{44}
合阳	芫荽 iɑ̃^{24}ɕy^{31} 香菜 ɕiɑŋ^{31}ts^{h}æe^{55}	葱 tɕ^{h}yŋ^{31}	蒜 ɕyɑ̃^{55} 蒜头 ɕyɑ̃^{55}t^{h}ou^{24}
富平	芫荽 iæ̃^{24}ɕy^{53}	葱 ts^{h}uəɣ̃^{31}	蒜 ɕyæ̃^{55}
耀州	芫荽 iei^{21}ɕyei^{52} 香菜 ɕiɑng^{21}ts^{h}æi^{44}	葱 ts^{h}uŋ^{21}	蒜 ɕyæ̃^{44} 大蒜 ta^{44}ɕyæ̃^{44}
咸阳	芫荽 yã^{24}suei^{31}	葱 ts^{h}uəŋ^{31}	蒜 suã^{44}
旬邑	芫荽 iã^{21}ɕy^{52} 香菜 ɕiɑŋ^{21}ts^{h}ɛi^{44}	葱 ts^{h}uəŋ^{21}	蒜 suã^{44}
三原	芫荽 iã^{24}ɕy^{0}	葱 ts^{h}uŋ^{31}	蒜 suã^{44}

	0202 香菜芫荽	0203 葱	0204 蒜
乾县	芫荽 iæ̃^{24}sue^{21}	葱 ts^{h}oŋ^{21}	蒜 suæ̃^{55}
岐山	芫荽 iæ̃^{31}suei^{53}	葱 ts^{h}uŋ^{31}	蒜 suæ̃^{44}
凤翔	芫荽 iæ̃^{31}suei^{53}	葱 ts^{h}uŋ^{31}	蒜 suæ̃^{44}
千阳	芫荽 iæ̃^{31}suei^{0}	葱 ts^{h}uŋ^{31}	蒜 suæ̃^{44}
西安	芫荽 iã^{24}suei^{0}	葱 ts^{h}oŋ^{21}	蒜 suã^{44}
户县	芫荽 iã^{35}suei^{31} 香菜 ɕiaŋ^{31}ts^{h}æ^{55}	葱 ts^{h}uəŋ^{31}	蒜 suã^{55}
商州	芫荽 iã^{31}ɕyẽ^{53}	葱 tʃ^{h}uəŋ^{31}	蒜 ɕyã^{44}
镇安	芫荽 ian^{33}ɕi^{0}	葱 ts^{h}uoŋ^{53}	大蒜 ta^{33}san^{214}
安康	香菜 ɕiaŋ^{31}ts^{h}æ^{44}	葱 ts^{h}uŋ^{31}	蒜 suan^{44}
白河	芫荽 ian^{44}ɕi^{0}	葱 ts^{h}əŋ^{213}	大蒜 ta^{42}san^{41}
汉阴	芫荽 ian^{42}ɕy^{0}	葱 ts^{h}oŋ^{33}	大蒜 tɑ^{24}suan^{214}
平利	芫荽 ian^{52}ɕi^{0}	葱 ts^{h}oŋ^{43}	蒜 san^{214} 大蒜 ta^{24}san^{214}
汉中	芫荽 ian^{42}ɕy^{0}	葱 ts^{h}oŋ^{55}	蒜 suan^{213}
城固	芫荽 ian^{31}ʃuei^{24}	葱 tʃ^{h}uŋ^{53}	蒜 ʃuan^{213}
勉县	芫荽 iɑn^{21}ɕy^{0}	葱 ts^{h}oŋ^{42}	蒜 suɑn^{213}
镇巴	芫荽子 ian^{33}ɕy^{31}tsɿ^{31}	葱子 ts^{h}oŋ^{35}tsɿ^{52}	蒜 suan^{213}

	0205 姜	0206 洋葱	0207 辣椒统称
榆林	姜 tɕiã^{33}	洋葱儿 iã^{24}ts^{h}uə̃r^{33}	辣子 laʔ^{3}tsəʔ^{0}
神木	姜 tɕiã^{213}	葱儿薤子 ts^{h}uʌɯ^{24}xEe^{53}tsəʔ^{0} 洋葱 iã^{44}ts^{h}uɤ̃^{213}	辣子 laʔ^{4}tsəʔ^{0}
绥德	姜 tɕiã^{213}	洋葱 iã^{24}ts^{h}uəɣ̃^{0}	辣子 lɑ^{33}tsəʔ^{0}
吴堡	姜 tɕiã^{213}	洋葱儿 iã^{33}ts^{h}uər^{213}	辣子 lɑʔ^{21}tsəʔ^{3}
清涧	姜 tɕiɒ̃^{312}	洋葱儿 iɒ̃^{24}ts^{h}uəɣ̃r^{312}	辣子 lɑ^{53}tsəʔ^{0}
延安	姜 tɕiaŋ^{213}	洋葱儿 iaŋ^{24}ts^{h}uər^{213}	辣子 la^{21}tsəʔ^{21}
延川	生姜 səŋ^{35}tɕiɑŋ^{0}	洋葱 iɑŋ^{35}ts^{h}uŋ^{0}	辣子 la^{42}tsɤ^{213}
黄陵	姜 tɕiɑŋ^{31}	洋葱 iɑŋ^{24}ts^{h}uŋ^{31}	辣子 lɑ^{31}tsɿ^{0}
渭南	生姜 səŋ^{31}tɕiɑŋ^{31}	洋葱 iɑŋ^{24}tʃ^{h}əŋ^{31}	辣子 lɑ^{53}tsɿ^{0}
韩城	生姜 səŋ^{24}tɕiɑŋ^{31}	洋葱 iɑŋ^{24}ts^{h}əŋ^{31}	辣子 lɑ^{31}tsɿ^{0}
合阳	姜 tɕiɑŋ^{31} 生姜ʂəŋ^{31}tɕiɑŋ^{31}	洋葱 iɑŋ^{24}tɕ^{h}yŋ^{31}	辣子 lɑ^{31}tsɿ^{0}
富平	生姜 səɣ̃^{31}tɕiɑɣ̃^{31}	洋葱 iɑɣ̃^{24}ts^{h}uəɣ̃^{31}	辣子 lɑ^{53}tsɿ^{31}
耀州	生姜 səŋ^{21}tɕiɑŋ^{0}	洋葱 iɑŋ^{24}ts^{h}uŋ^{21} 葱头儿 ts^{h}uŋ^{21}t^{h}our^{24}	辣子 lɑ^{52}tsɿ^{0}
咸阳	生姜 səŋ^{31}tɕiɑŋ^{0}	洋葱 iɑŋ^{24}ts^{h}uəŋ^{31}	辣子 lɑ^{31}tsɿ^{0}
旬邑	生姜 səŋ^{21}tɕiɑŋ^{21}	洋葱 iɑŋ^{24}ts^{h}uəŋ^{21} 葱头 ts^{h}uəŋ^{21}t^{h}əu^{24}	辣子 lɑ^{52}tsɿ^{0}
三原	姜 tɕiɑŋ^{31}	洋葱 iɑŋ^{24}ts^{h}uəŋ^{31}	辣子 lɑ^{52}tsɿ^{0}

	0205 姜	0206 洋葱	0207 辣椒统称
乾县	姜 tɕiaŋ^{21}	洋葱 iaŋ^{24}tsʰoŋ^{21}	辣子 na^{53}tsɿ^{21}
岐山	姜 tɕiɑŋ^{31}	洋葱 iɑŋ^{24}tsʰuŋ^{31} 葱头 tsʰuŋ^{31}tʰou^{24}	辣子 lᴀ^{53}tsɿ^{21}
凤翔	生姜 səŋ^{31}tɕiɑŋ^{0}	洋葱 iɑŋ^{24}tsʰuŋ^{31} 葱头 tsʰuŋ^{31}tʰəu^{24}	辣子 la^{53}tsɿ^{0}
千阳	生姜 səŋ^{31}tɕiɑŋ^{0}	洋葱 iɑŋ^{24}tsʰuŋ^{31} 葱头 tsʰuŋ^{31}tʰou^{24}	辣子 la^{53}tsɿ^{0}
西安	姜 tɕiaŋ^{21}	洋葱 iaŋ^{24}tsʰoŋ^{21}	辣子 la^{21}tsɿ^{0}
户县	姜 tɕiaŋ^{31} 生姜 səŋ^{31}tɕiaŋ^{31}	洋葱 iaŋ^{35}tsʰuəŋ^{31}	辣子 la^{31}tsɿ^{0}
商州	生姜 səŋ^{31}tɕiɑŋ^{31}	洋葱 iɑŋ^{35}tʃʰuəŋ^{31}	辣子 lɑ^{31}tsɿ^{0}
镇安	生姜 sən^{53}tɕiʌŋ^{0}	洋葱 iʌŋ^{33}tsʰɤŋ^{53}	辣子 la^{53}tsɿ^{0}
安康	生姜 ʂən^{31}tɕiaŋ^{31}	洋葱 iaŋ^{35}tsʰuŋ^{31}	辣子 la^{31}tsɿ^{0}
白河	生姜 sən^{35}tɕiaŋ^{213}	洋葱 iaŋ^{44}tʂəŋ^{213}	辣子 la^{21}tʂɿ^{0}
汉阴	生姜 sən^{33}tɕiɑŋ^{33}	洋葱 iɑŋ^{42}tsʰoŋ^{33}	辣子 lɑ^{42}tsɿ^{0}
平利	生姜 sən^{43}tɕiaŋ^{43}	洋葱 iaŋ^{52}tsʰoŋ^{43}	辣子 la^{43}tsɿ^{0}
汉中	姜 tɕiaŋ^{55}	洋葱 iaŋ^{42}tsʰoŋ^{55}	辣子 lᴀ^{55}tsɿ^{0}
城固	姜 tɕiaŋ^{53}	洋葱 iaŋ^{31}tʃʰuŋ^{53}	辣子 la^{44}ə^{0}
勉县	姜 tɕiɑŋ^{42}	洋葱 iɑŋ^{21}tsʰoŋ^{42}	辣子 lɑ^{44}tsɿ^{0}
镇巴	生姜 sən^{35}tɕiaŋ^{55}	洋葱 iaŋ^{31}tsʰoŋ^{55}	辣子 la^{33}tsɿ^{31}

	0208 茄子统称	0209 西红柿	0210 萝卜统称
榆林	茄子 tɕʰiɛ^{24}tsəʔ^{0}	洋柿子 iã^{24}sɿ^{52}tsəʔ^{0} 柿子 sɿ^{52}tsəʔ^{0}	萝卜 luə^{24}pu^{52}
神木	茄子 tɕʰiɛ^{44}tsəʔ^{0}	洋柿子 iã^{44}sɿ^{53}tsəʔ^{0} 柿子 sɿ^{53}tsəʔ^{0} 西红柿 ɕi^{24}xuɤ̃^{44}sɿ^{53}	萝卜 luo^{44}pu^{53}
绥德	茄子 tɕʰi^{33}tsəʔ^{0}	洋柿子 iã^{21}sɿ^{52}tsəʔ^{0} 柿子 sɿ^{52}tsəʔ^{0}	萝卜 ləɣ̃^{33}pu^{52}
吴堡	茄子 tɕʰiɑ^{33}tsəʔ^{0}	洋柿子 iã^{33}sɿ^{53}tsəʔ^{0}	萝卜 lɤu^{33}pʰɤu^{0}
清涧	茄子 tɕʰiɑ^{24}tsəʔ^{0}	洋柿子 iɒ̃^{24}sɿ^{44}tsəʔ^{0}	萝卜 lɯ^{24}pʰʋ^{0}
延安	茄子 tɕʰiɛ^{24}tsəʔ^{5}	洋柿子 iaŋ^{24}sɿ^{443}tsəʔ^{5}	萝卜 luo^{24}pʰu^{0}
延川	茄子 tɕʰia^{35}tsəʔ^{0}	洋柿子 iaŋ^{35}sɿ^{21}tsəʔ^{0}	萝卜 lei^{35}pʰu^{0}
黄陵	茄子 tɕʰiɛ^{24}tsɿ^{0}	洋柿子 iɑŋ^{24}sɿ^{55}tsɿ^{0} 西红柿 ɕi^{31}xuŋ^{24}sɿ^{55}	萝卜 luɤ^{24}pʰu^{0}
渭南	茄子 tɕʰiɛ^{24}tsɿ^{0}	洋柿子 iɑŋ^{24}sɿ^{44}tsɿ^{0}	萝卜 luə^{24}pʰu^{0}
韩城	茄子 tɕʰiɑ^{31}tsɿ^{53}	洋柿子 iɑŋ^{24}sɿ^{44}tsɿ^{0}	萝卜 luɤ^{31}pʰu^{53}
合阳	茄子 tɕʰiɑ^{24}tsɿ^{0}	洋柿子 iɑŋ^{24}sɿ^{55}tsɿ^{0}	萝卜 luo^{24}pʰo^{31}
富平	茄子 tɕʰiɛ^{24}tsɿ^{53}	洋柿子 iɑɣ̃^{24}sɿ^{55}tsɿ^{31}	萝卜 luo^{24}pʰu^{53}
耀州	茄子 tɕʰiɛ^{24}tsɿ^{0}	洋柿子 iɑŋ^{24}sɿ^{44}tsɿ^{0}	萝卜 luo^{24}pʰu^{0}
咸阳	茄子 tɕʰiɛ^{24}tsɿ^{0}	洋柿子 iɑŋ^{24}sɿ^{44}tsɿ^{0}	萝卜 luo^{24}pu^{0}
旬邑	茄子 tɕʰiɛ^{21}tsɿ^{0}	洋柿子 iɑŋ^{24}sɿ^{44}tsɿ^{0}	萝卜 luo^{21}pʰu^{52}
三原	茄子 tɕʰiɛ^{24}tsɿ^{0}	洋柿子 iɑŋ^{24}sɿ^{44}tsɿ^{0}	萝卜 luə^{24}pʰu^{0}

	0208 茄子统称	0209 西红柿	0210 萝卜统称
乾县	茄子 tɕ^{h}iə^{24}tsɿ^{21}	洋柿子 iaŋ^{24}sɿ^{55}tsɿ^{21}	萝卜 luɤ^{24}pu^{21}
岐山	茄子 tɕ^{h}iɛ^{31}tsɿ^{53}	洋柿子 iɑŋ^{24}sɿ^{44}tsɿ^{53}	萝卜 luo^{31}p^{h}u^{53}
凤翔	茄子 tɕ^{h}ie^{31}tsɿ^{53}	洋柿柿 iɑŋ^{24}sɿ^{45}sɿ^{0}	萝卜 luo^{31}p^{h}u^{53}
千阳	茄子 tɕ^{h}ie^{31}tsɿ^{0}	洋柿子 iɑŋ^{24}sɿ^{45}tsɿ^{0}	萝卜 luo^{31}p^{h}u^{0}
西安	茄子 tɕ^{h}iɛ^{24}tsɿ^{0}	洋柿子 iaŋ^{24}sɿ^{44}tsɿ^{0} 洋柿柿 iaŋ^{24}sɿ^{44}sɿ^{0}	萝卜 luo^{24}pu^{0}
户县	茄子 tɕ^{h}iɛ^{35}tsɿ^{0}	洋柿子 iaŋ^{35}sɿ^{55}tsɿ^{0} 番茄 fã^{31}tɕ^{h}iɛ^{35}	萝卜 luɤ^{35}pu^{31}
商州	茄子 t^{h}iɛ^{31}tsɿ^{0}	洋柿子 iɑŋ^{35}sɿ^{44}tsɿ^{0}	萝卜 luə^{31}p^{h}u^{0}
镇安	茄子 tɕ^{h}iɛ^{33}tsɿ^{0}	洋柿柿 iʌŋ^{33}sɿ^{21}sɿ^{0}	萝卜 luə^{33}pu^{0}
安康	茄子 tɕ^{h}ie^{35}tsɿ^{0}	洋柿子 iaŋ^{35}ʂʅ^{44}tsɿ^{0}	萝卜 luo^{35}pu^{0}
白河	茄子 tɕ^{h}yᴇ^{44}tsɿ^{0}	西红柿 ɕi^{21}xuəŋ^{44}ʂʅ^{41}	萝卜 luo^{44}pu^{0}
汉阴	茄子 tɕ^{h}iᴇ^{42}tsɿ^{0}	洋柿子 iɑŋ^{42}ʂʅ^{21}tsɿ^{0}	萝卜 lo^{42}pu^{0}
平利	茄子 tʂ^{h}ʮᴇ^{52}tsɿ^{0}	西红柿 ɕi^{43}xoŋ^{52}ʂʅ^{214}	萝卜 lo^{52}pu^{0}
汉中	茄子 tɕ^{h}iᴇ^{42}tsɿ^{0}	海柿子 xai^{35}sɿ^{0}tsɿ^{0}	萝卜 luɤ^{42}pu^{0}
城固	茄 tɕ^{h}iɛ^{311} 茄娃 tɕ^{h}iɛ^{31}ua^{24}	海柿 xai^{44}sɿ^{213}	萝卜 luə^{31}pu^{24}
勉县	茄子 tɕ^{h}iɛ^{21}tsɿ^{0}	海柿子 xɑi^{35}sɿ^{0}tsɿ^{0}	萝卜 luɤ^{21}pu^{0}
镇巴	茄子 tɕ^{h}iɛ^{33}tsɿ^{31}	西红柿 ɕi^{35}xoŋ^{31}sɿ^{213} 洋茄儿 iaŋ^{33}tɕ^{h}iər^{31}	萝卜 lo^{31}pu^{213}

	0211 胡萝卜	0212 黄瓜	0213 丝瓜无棱的
榆林	红萝儿卜儿 $xu\gamma\tilde{\text{ɣ}}^{24}lu\text{ə}r^{24}pur^{52}$	黄瓜 $xu\tilde{\text{ɑ}}^{24}ku\text{ɑ}^{0}$	丝瓜 $s\text{ɿ}^{33}ku\text{ɑ}^{0}$
神木	红萝卜 $xu\tilde{\text{ɤ}}^{44}luo^{44}pu^{53}$	黄瓜 $xu\tilde{\text{ɑ}}^{44}ku\text{ɑ}^{0}$	丝瓜 $s\text{ɿ}^{24}ku\text{ɑ}^{0}$
绥德	红萝卜 $xu\text{ə}\tilde{\text{ɣ}}^{33}l\text{ə}\tilde{\text{ɣ}}^{33}pu^{52}$	黄瓜 $xu\tilde{\text{ɑ}}^{33}ku\text{ɑ}^{0}$	丝瓜 $s\text{ɿ}^{24}ku\text{ɑ}^{0}$
吴堡	黄萝卜 $xu^{33}l\text{ɤ}^{33}p^{h}\text{ɤ}u^{0}$	黄瓜 $xu^{33}ku\text{ɑ}^{0}$	丝瓜 $s\text{ɿ}^{24}ku\text{ɑ}^{0}$
清涧	胡萝卜 $xu^{24}l\text{ɯ}^{24}p^{h}\text{ʋ}^{0}$	黄瓜 $xu\tilde{\text{ɑ}}^{24}ku\text{ɑ}^{0}$	丝瓜 $s\text{ɿ}^{24}ku\text{ɑ}^{312}$
延安	红萝卜 $xu\text{ə}\text{ŋ}^{24}luo^{24}p^{h}u^{0}$	黄瓜 $xu\text{ɑ}\text{ŋ}^{24}ku\text{ɑ}^{0}$	丝瓜 $s\text{ɿ}^{21}ku\text{ɑ}^{53}$
延川	胡萝卜 $xu^{35}lei^{21}p^{h}u^{0}$	黄瓜 $xu\text{ɑ}\text{ŋ}^{35}ku\text{ɑ}^{0}$	丝瓜 $s\text{ɿ}^{21}ku\text{ɑ}^{53}$
黄陵	红萝卜 $xu\text{ŋ}^{24}lu\text{ɤ}^{24}p^{h}u^{0}$	黄瓜 $xu\text{ɑ}\text{ŋ}^{24}ku\text{ɑ}^{31}$	丝瓜 $s\text{ɿ}^{31}ku\text{ɑ}^{0}$
渭南	红萝卜 $xu\text{ə}\text{ŋ}^{24}lu\text{ə}^{24}p^{h}u^{0}$	黄瓜 $xu\text{ɑ}\text{ŋ}^{24}ku\text{ɑ}^{31}$	丝瓜 $s\text{ɿ}^{31}ku\text{ɑ}^{31}$
韩城	红萝卜 $xu\text{ə}ng^{31}lu\text{ɤ}^{53}p^{h}u^{0}$	黄瓜 $xu\text{ɑ}\text{ŋ}^{31}ku\text{ɑ}^{53}$	丝瓜 $s\text{ɿ}^{31}ku\text{ɑ}^{0}$
合阳	红萝卜 $xu\text{ŋ}^{24}luo^{24}p^{h}o^{31}$ 黄萝卜 $xu\text{ɑ}\text{ŋ}^{24}luo^{24}p^{h}o^{31}$	黄瓜 $xu\text{ɑ}\text{ŋ}^{24}ku\text{ɑ}^{31}$	丝瓜 $s\text{ɿ}^{31}ku\text{ɑ}^{31}$
富平	红萝卜 $xu\text{ə}\tilde{\text{ɣ}}^{24}luo^{24}p^{h}u^{53}$	黄瓜 $xu\text{ɑ}\tilde{\text{ɣ}}^{24}ku\text{ɑ}^{53}$	丝瓜 $s\text{ɿ}^{31}ku\text{ɑ}^{31}$
耀州	红萝卜 $xu\text{ŋ}^{24}luo^{24}p^{h}u^{0}$	黄瓜 $xu\text{ɑ}\text{ŋ}^{24}ku\text{ɑ}^{0}$	丝瓜 $s\text{ɿ}^{21}ku\text{ɑ}^{0}$
咸阳	红萝卜 $xu\text{ə}\text{ŋ}^{24}luo^{24}pu^{0}$	黄瓜 $xu\text{ɑ}\text{ŋ}^{24}ku\text{ɑ}^{31}$	丝瓜 $s\text{ɿ}^{31}ku\text{ɑ}^{31}$
旬邑	红萝卜 $xu\text{ə}\text{ŋ}^{24}luo^{21}p^{h}u^{52}$	黄瓜 $xu\text{ɑ}\text{ŋ}^{21}ku\text{ɑ}^{52}$	丝瓜 $s\text{ɿ}^{21}ku\text{ɑ}^{21}$
三原	红萝卜 $xu\text{ə}\text{ŋ}^{24}lu\text{ə}^{24}p^{h}u^{0}$	黄瓜 $xu\text{ɑ}\text{ŋ}^{24}ku\text{ɑ}^{31}$	丝瓜 $s\text{ɿ}^{31}ku\text{ɑ}^{31}$

	0211 胡萝卜	0212 黄瓜	0213 丝瓜无棱的
乾县	红萝卜 xoŋ^{24}luɤ^{24}pu^{21}	黄瓜 xuaŋ^{24}kua^{21}	丝瓜 sɿ^{21}kua^{21}
岐山	红萝卜 xuŋ^{24}luo^{31}p^{h}u^{53}	黄瓜 xuɑŋ^{31}kuᴀ^{53}	抹布瓜 mᴀ^{53}p^{h}u^{24}kuᴀ^{31}
凤翔	红萝卜 xuŋ^{31}luo^{44}p^{h}u^{0}	黄瓜 xuɑŋ^{31}kua^{53}	抹布瓜 ma^{53}pu^{24}kua^{31} 丝瓜 sɿ^{31}kua^{0}
千阳	红萝卜 xuŋ^{31}luo^{44}p^{h}u^{0}	黄瓜 xuɑŋ^{31}kua^{0}	丝瓜 sɿ^{31}kua^{0}
西安	红萝卜 xoŋ^{24}luo^{24}pu^{0}	黄瓜 xuaŋ^{24}kua^{0}	丝瓜 sɿ^{21}kua^{0}
户县	腊八萝卜 la^{31}pa^{31}luɤ^{35}pu^{31}	黄瓜 xuaŋ^{35}kua^{31}	丝瓜 sɿ^{31}kua^{31}
商州	红萝卜 xuəŋ^{35}luə^{31}p^{h}u^{0}	黄瓜 xuɑŋ^{31}kuɑ^{0}	丝瓜 sɿ^{31}kuɑ^{0}
镇安	红萝卜 xuoŋ^{33}luə^{33}pu^{0}	黄瓜 xuʌŋ^{33}kua^{53}	丝瓜 sɿ^{53}kua^{0}
安康	红萝卜 xuŋ^{35}luo^{35}pu^{0}	黄瓜 xuaŋ^{35}kua^{0}	丝瓜 sɿ^{31}kua^{0}
白河	胡萝卜 xu^{44}luo^{44}pu^{0}	黄瓜 xuaŋ^{44}kua^{0}	丝瓜 sɿ^{21}kua^{0}
汉阴	红萝卜 χoŋ^{42}lo^{42}pu^{0}	黄瓜 χuɑŋ^{42}kuɑ^{33}	丝瓜 sɿ^{33}kuɑ^{33}
平利	红萝卜 xoŋ^{52}lo^{52}pu^{0}	黄瓜 xuaŋ^{52}kua^{0}	丝瓜 sɿ^{43}kua^{0}
汉中	红萝卜 xoŋ^{42}luɤ^{42}pu^{0}	黄瓜 xuɑŋ^{42}kuᴀ^{0}	丝瓜 sɿ^{55}kuᴀ^{0}
城固	红萝卜 xuŋ^{31}luə^{24}pu^{0}	黄瓜 xuaŋ^{31}kua^{24}	丝瓜 sɿ^{44}kua^{0}
勉县	红萝卜 xoŋ^{21}luɤ^{21}pu^{0}	黄瓜 xuɑŋ^{21}kuɑ^{0}	丝瓜 sɿ^{44}kuɑ^{0}
镇巴	红萝卜 xoŋ^{33}lo^{31}pu^{213}	黄瓜 xuaŋ^{31}kua^{55}	丝瓜 sɿ^{35}kua^{55}

	0214 南瓜扁圆形或梨形，成熟时赤褐色	0215 荸荠	0216 红薯统称
榆林	倭瓜 vuə^{33}kua^{0}	（无）	红薯 xuɤɣ̃^{24}ʂu^{0}
神木	倭瓜 vuo^{24}kua^{0} 番瓜子 fɛ^{24}kua^{21}tsəʔ^{4}	（无）	红薯 xuɤ̃^{44}ʂu^{0}
绥德	瓜儿 kuɐr^{213} 云瓜 yəɣ̃^{33}kuɑ^{0}	（无）	红薯 xuəɣ̃^{33}ʂʮ^{0}
吴堡	南瓜 nã^{33}kuɑ^{0}	（无）	红薯 xuəŋ^{33}su^{0}
清涧	番瓜儿 fɛ^{31}kuʌr^{53}	（无）	红薯 xuəɣ̃^{24}ʂʮ^{0}
延安	倭瓜 vuo^{21}kua^{53} 南瓜 næ̃^{24}kua^{0}	（无）	红薯 xuəŋ^{24}ʂu^{0}
延川	南瓜 næ̃^{35}kua^{0}	（无）	红薯 xuŋ^{35}ʂʮ^{0}
黄陵	倭瓜 uɤ^{31}kuɑ^{0} 南瓜 næ̃^{24}kuɑ^{31}	（无）	红薯 xuŋ^{24}sʮ^{0} 红苕 xuŋ^{24}ʂɔ^{24}
渭南	南瓜 næ̃^{24}kuɑ^{31}	（无）	红苕 xuəŋ^{24}ʂɔo^{24}
韩城	南瓜 nã^{31}kuɑ^{53}	（无）	红薯 xuəŋ^{31}fu^{53} 红苕 xuəŋ^{24}ʂɑu^{24}
合阳	南瓜 nã^{24}kuɑ^{31}/lɑŋ^{24}kuɑ^{31}	（无）	红薯 xuŋ^{24}fu^{31} 地瓜 tʰi^{55}kuɑ^{31}
富平	南瓜 næ̃^{24}kuɑ^{53}	荸荠 pi^{31}tɕi^{31}	红苕 xuəɣ̃^{24}ʂɑo^{24}
耀州	番瓜 fæ̃^{21}kua^{0}	（无）	红苕 xuŋ^{24}ʂɔu^{24}
咸阳	南瓜 nã^{24}kua^{31}	荸荠 pi^{31}tɕi^{0}	红芋 xuəŋ^{24}y^{24}
旬邑	番瓜 fã^{21}kua^{21}	（无）	红芋 xuəŋ^{24}y^{44} 红苕 xuəŋ^{24}ʂau^{24}
三原	南瓜 nã^{24}kuɑ^{31}	（无）	红苕 xuəŋ^{24}ʂɑɔ^{24}

	0214 南瓜扁圆形或梨形，成熟时赤褐色	0215 荸荠	0216 红薯统称
乾县	南瓜 næ̃^{24}kua^{21}	（无）	红芋 xoŋ^{24}y^{55} 红苕 xoŋ^{24}ʂɔ^{24}
岐山	南瓜 læ̃^{31}kuᴀ^{53} 番瓜 fæ̃^{31}kuᴀ^{31}	（无）	红芋 xuŋ^{24}y^{44}
凤翔	南瓜 læ̃^{31}kua^{53} 倭瓜 vo^{31}kua^{0}	（无）	红芋 xuŋ^{24}y^{44} 红苕 xuŋ^{24}ʂɔ^{24}
千阳	南瓜 læ̃^{31}kua^{0}	（无）	红芋 xuŋ^{24}y^{44}
西安	南瓜 nã^{24}kua^{0}	荸荠 pi^{21}tɕi^{0}	红苕 xoŋ^{24}ʂau^{24}
户县	北瓜 pei^{31}kua^{31}	荸荠 pi^{31}tɕi^{31}	红芋 xuəŋ^{35}y^{55} 红苕 xuəŋ^{35}ʂau^{35}
商州	北瓜 pei^{31}kuɑ^{0}	（无）	红薯 xuəŋ^{31}ʃu^{53} 红苕 xuəŋ^{35}ʂɑo^{35}
镇安	南瓜 nan^{33}kua^{0}	（无）	红苕 xuoŋ^{33}ʂɔo^{33}
安康	南瓜 lan^{35}kua^{0}	荸荠儿 pu^{31}tɕiər^{53}	红苕 xuŋ^{35}ʂau^{35}
白河	南瓜 laŋ^{44}kua^{0}	荸荠儿 pu^{44}tɕiər^{41}	红薯 xuəŋ^{44}ʂu^{0}
汉阴	南瓜 lan^{42}kuɑ^{33}	荸荠子 pu^{42}tɕi^{0}tsɿ^{0}	红苕 χoŋ^{42}ʂɑo^{42}
平利	南瓜 lan^{52}kua^{0}	荸荠儿 pu^{24}tɕiər^{214}	红苕 xoŋ^{52}ʂau^{52}
汉中	北瓜 pei^{55}kuᴀ^{0}	荸荠 pu^{42}tɕi^{0}	苕 ʂɑo^{42}
城固	北瓜 pei^{44}kua^{0}	荸荠 pu^{31}tsi^{24}	红苕 xuŋ^{31}ʂɔ^{311}
勉县	北瓜 pei^{44}kuɑ^{0}	荸荠 pu^{21}tɕi^{0}	苕 sɑɔ^{21}
镇巴	瓜儿 kua^{35}ər^{55} 南瓜 lan^{31}kua^{55}	（无）	苕 sau^{31}

	0217 马铃薯	0218 芋头	0219 山药圆柱形的
榆林	蔓蔓 mε^{24}mε^{0}	（无）	山药 sε^{33}iɔo^{52}
神木	山蔓菁儿 sε^{24}mε^{44}tɕiʌɯ^{53} 山药 sε^{24}iəʔ^{0}/sε^{24}i^{0}	（无）	长山药 tʂ^{h}ɑ̃^{44}sε^{24}iəʔ^{0}
绥德	山蔓儿 sæ^{21}mær^{33}	（无）	山药 sæ^{24}ie^{0}
吴堡	山蔓儿 sã^{21}mɤr^{53}	（无）	山药 sã^{24}ie^{0}
清涧	洋芋 iɒ̃^{24}zʮ^{0}	（无）	山药 sε^{24}i^{53}
延安	洋芋 iaŋ^{24}y^{443}	（无）	山药 sæ̃^{21}yo^{443}
延川	洋芋 iɑŋ^{35}zʮ^{0}	芋头 zʮ^{42}t^{h}əu^{213}	山药 sæ̃^{35}iε^{0}
黄陵	洋芋 iɑŋ^{24}y^{55}	芋头儿 y^{55}t^{h}əur^{0}	山药 sæ̃^{31}yɤ^{0}
渭南	洋芋 iɑŋ^{24}y^{44}	（无）	山药 sæ̃^{31}yə^{31}
韩城	洋芋 iɑŋ^{31}y^{53}	（无）	山药 sã^{31}iɤ^{0}
合阳	洋芋 iɑŋ^{24}y^{55} 土豆 t^{h}u^{52}t^{h}ou^{55}	芋头 y^{55}t^{h}ou^{24}	山药 sɑ̃^{24}yə^{31}
富平	洋芋 iɑɣ̃^{24}y^{55}	（无）	山药 sæ̃^{31}yε^{31}
耀州	洋芋 iɑŋ^{24}y^{44} 土豆儿 t^{h}ou^{52}tour^{52}	芋头 y^{44}t^{h}ou^{0}	山药 sæ̃^{21}yo^{21}
咸阳	洋芋 iɑŋ^{24}y^{24}	芋头儿 y^{24}t^{h}our^{0}	山药 sɑ̃^{31}yo^{0}
旬邑	洋芋 iɑŋ^{24}y^{44} 土豆儿 t^{h}u^{52}təur^{52}	（无）	山药 sɑ̃^{21}yo^{21}
三原	洋芋 iɑŋ^{24}y^{44}	芋头 y^{44}t^{h}ou^{0}	山药 sɑ̃^{31}yɤ^{31}

	0217 马铃薯	0218 芋头	0219 山药圆柱形的
乾县	洋芋 iaŋ^{24}y^{55}	芋头 y^{55}t^{h}ou^{21}	山药 sæ̃^{24}yə^{21}
岐山	洋芋 iɑŋ^{24}y^{44} 土豆儿 t^{h}u^{53}tou^{44}ər^{21}	芋头 y^{44}t^{h}ou^{53}	山药 sæ̃^{31}yo^{21}
凤翔	洋芋 iɑŋ^{24}y^{44} 土豆 t^{h}u^{53}təu^{44}	（无）	山药 sæ̃^{31}yo^{0}
千阳	洋芋 iɑŋ^{24}y^{44}	（无）	山药 sæ̃^{31}yo^{0}
西安	洋芋 iaŋ^{24}y^{44}	芋头 y^{44}t^{h}ou^{0}	山药 sã^{21}yo^{0}
户县	洋芋 iaŋ^{35}y^{55}	芋头 y^{55}t^{h}ɤu^{31}	山药 sã^{31}yɤ^{31}
商州	洋芋 iɑŋ^{35}y^{44} 芋头 y^{44}t^{h}ou^{0}	芋头 y^{44}t^{h}ou^{0}	山药 sã^{31}yə^{31}
镇安	洋芋 iʌŋ^{33}ʐʮ^{322}	（无）	山药 san^{53}iə^{0}
安康	洋芋 iaŋ^{35}y^{44}	芋头 y^{44}t^{h}ou^{0}	山药 ʂan^{31}yo^{0}
白河	洋芋 iaŋ^{44}y^{0}	芋头 y^{42}t^{h}əu^{0}	山药 ʂan^{21}yo^{0}
汉阴	洋芋 iɑŋ^{42}y^{0}	芋头 y^{21}t^{h}əu^{0}	山苕 san^{33}ʂɑo^{42}
平利	洋芋 iaŋ^{52}ʮ^{0}	芋头 ʮ^{214}t^{h}ou^{0}	山药 ʂan^{43}io^{0}
汉中	洋芋 iɑŋ^{42}y^{0}	芋头 y^{21}t^{h}əu^{0}	山药 san^{55}yɤ^{0}
城固	洋芋 iaŋ^{31}y^{24}	芋头 y^{31}t^{h}əu^{0}	山药 san^{44}yɛ^{0}
勉县	洋芋 iɑŋ^{21}y^{0}	芋子 y^{21}tsɿ^{35}	山药 sɑn^{44}yɤ^{0}
镇巴	洋芋 iaŋ^{31}y^{213}	芋头 y^{213}t^{h}əu^{52}	山苕 san^{213}sau^{52}

	0220 藕	0221 老虎	0222 猴子
榆林	莲根 liɛ^{24}kɯ^{33}	老虎 lɔo^{24}xu^{0}	猴儿 xəur^{213}
神木	莲藕 liɛ^{44}ŋəu^{0}	老虎 lɔo^{24}xu^{0}	猴子 xəu^{44}tsəʔ^{0}
绥德	藕 ŋəu^{213}	老虎 lao^{24}xu^{0}	猴儿 xəur^{33} 毛猴儿 mao^{33}xəur^{0}
吴堡	藕根 ŋɑo^{41}kəŋ^{213}	老虎 lo^{24}xu^{0}	毛猴儿 mo^{33}xɑor^{33}
清涧	藕 ŋəu^{53}	老虎 lɔo^{31}xʊ^{53}	猴儿 xəur^{42}
延安	藕 ŋou^{52}	老虎 lɔ^{21}xu^{53}	猴儿 xour^{24}
延川	藕 ŋəu^{53}	老虎 lɑo^{21}xu^{53}	猴儿 xəur^{35}
黄陵	莲菜 liæ̃^{24}ts^{h}E^{0}	老虎 lɔ^{31}xu^{0}	猴儿 xəur^{24}
渭南	莲菜 liæ̃^{24}ts^{h}ae^{0}	老虎 lɔo^{31}xu^{0}	猴 xəu^{24}
韩城	莲菜 liã^{31}ts^{h}æe^{53}	老虎 lɑu^{31}xu^{0}	猴 xəu^{24}
合阳	莲菜 liã^{24}ts^{h}æe^{31}	虎 xu^{52} 老虎 lɔo^{31}xu^{31}	猴 xou^{24}
富平	莲菜 liæ̃^{31}ts^{h}ɛe^{53}	老虎 lɑo^{31}xu^{31}	猴 xou^{24}
耀州	莲菜 liæ̃^{24}ts^{h}æi^{0}	虎 xu^{52} 老虎 lɔu^{21}xu^{0}	猴 xou^{24} 猴子 xou^{24}tsɿ^{0}
咸阳	莲菜 liã^{24}ts^{h}æ^{0}	老虎 lɔ^{53}xu^{0}	猴 xou^{24}
旬邑	莲菜 liã^{21}ts^{h}ɛi^{52}	虎 xu^{52} 老虎 lau^{21}xu^{0}	猴 xəu^{24} 猴子 xəu^{21}tsɿ^{52}
三原	莲菜 liã^{24}ts^{h}ai^{0}	老虎 lɑɔ^{31}xu^{0}	猴 xou^{24}

	0220 藕	0221 老虎	0222 猴子
乾县	莲菜 liæ̃²⁴tsʰɛ²¹	老虎 nɔ²¹xu²¹	猴子 xou²⁴tsɿ²¹
岐山	藕 ŋou⁵³ 莲藕 liæ̃³¹ŋou⁵³	老虎 lɔ³¹xu²¹	猴 xou²⁴
凤翔	莲菜 liæ̃³¹tsʰE⁵³	老虎 lɔ³¹xu⁰	猴 xəu²⁴
千阳	莲菜 liæ̃³¹tsʰE⁰	老虎 lɔ³¹xu⁰	猴 xou²⁴
西安	莲菜 liã²⁴tsʰai⁰	老虎 lau²¹xu⁰	猴子 xou²⁴tsɿ⁰
户县	莲藕 liã³⁵ŋɤu³¹ 莲菜 liã³⁵tsʰæ³¹	老虎 lau³¹xu³¹	猴 xɤu³⁵
商州	莲菜 liã³¹tsʰai⁰	老虎 lɑo³¹xu³¹	猴 xou³⁵
镇安	莲菜 lian³³tsʰai²¹⁴	老虎 lɔo³⁵xu⁵³	猴子 xəu³³tsɿ⁰
安康	藕 ŋou⁵³	老虎 lau³¹xu⁰	猴三儿 xou³⁵sar³¹
白河	莲菜 lian⁴⁴tsʰai⁰	老虎 lɔu³⁵xu⁰	猴子 xəu⁴⁴tsɿ⁰
汉阴	莲藕 lian⁴²ŋəu⁴⁵	老虎 lɑo⁴⁵χu⁰	猴子 χəu⁴²tsɿ⁰
平利	莲菜 lian⁵²tsʰai⁰ 莲藕 lian⁵²ŋou⁴⁴⁵	老虎 lau⁴⁴xu⁰	猴子 xou⁵²tsɿ⁰
汉中	藕 ŋəu³⁵⁴	老虎 lɑo⁵⁵xu⁰	猴娃子 xəu⁴²uA⁰tsɿ⁰
城固	藕 ŋəu⁴⁴	老虎 lɔ⁴⁴xu⁰	猴娃 xəu³¹ua²⁴
勉县	藕 ŋəu³⁵	老虎 lɑɔ⁴⁴xu⁰	猴娃子 xəu²¹uɑ⁰tsɿ⁰
镇巴	藕 ŋəu⁵²	老虎 lau⁴⁵xu⁵²	猴子 xəu³³tsɿ³¹ 三儿 sɐr³⁵

	0223 蛇统称	0224 老鼠家里的	0225 蝙蝠
榆林	蛇 ʂə^{213}	老鼠 lɔo^{24}ʂu^{52}	蝙蝠 p^{h}iɛ^{21}fəʔ^{0}
神木	蛇 ʂʅə^{44}	老鼠 lɔo^{24}ʂu^{0}	夜蝙蝠儿 iɛ^{53}p^{h}iəʔ^{2}fʌɯ^{24}
绥德	蛇 ʂəɣ̃^{33}	圪崂儿家 kəʔ^{5}laor^{24}tɕiɑ^{0} 老鼠 lao^{24}ʂʮ^{0}	夜蝙蝠儿 ie^{52}pie^{21}fur^{33}
吴堡	蛇 ʂɑ^{33}	老鼠 lo^{41}su^{412}	夜蝙蝠儿 iɑ^{53}p^{h}iəʔ^{21}fur^{53}
清涧	蛇 ʂɑ^{24}	老鼠 lɔo^{24}ʂʮ^{53}	夜蝙蝠儿 iɑ^{44}p^{h}iəʔ^{4}fʊr^{0}
延安	蛇 sə^{24}	老鼠 lɔ^{21}ʂu^{53}	夜蝙蝠 iɛ^{443}p^{h}iæ̃^{21}fu^{0}
延川	蛇 ʂa^{35}	老鼠 lɑo^{21}ʂʮ^{53}	夜蝙蝠儿 ia^{53}p^{h}iɛ^{53}fur^{0}
黄陵	长虫 tʂ^{h}ɑŋ^{24}ts^{h}uŋ^{0} 蛇 ʂɤ^{24}	老鼠 lɔ^{31}sʮ^{0}	蝙蝠儿 piɛ^{31}fə̃r^{0}
渭南	长虫 tʂ^{h}ɑŋ^{24}tʃ^{h}əŋ^{0}	老鼠 lɔo^{31}ʃʒ^{0}	夜标$^{=}$虎儿 iɛ^{44}piɔo^{31}xur^{0}
韩城	长虫 tʂ^{h}ɑŋ^{31}pf^{h}əŋ^{53} 蛇 ʂɑ^{24}	老鼠 lɑu^{31}fu^{0}	夜标$^{=}$虫 iɑ^{44}p^{h}iE^{31}pf^{h}əŋ^{0}
合阳	蛇 ʂiɑ^{24}	老鼠 lɔo^{31}fu^{31}	夜蝙蝠 iɑ^{55}piɔo^{31}fu^{31}
富平	长虫 tʂ^{h}ɑɣ̃^{31}tʃ^{h}uəɣ̃^{53}	老鼠 lɑo^{31}ʃu^{31}	檐蝙蝠 iæ̃^{24}piæ̃^{53}fu^{31}
耀州	长虫 tʂ^{h}ɑŋ^{24}tʃ^{h}uŋ^{52} 蛇 ʂɤ^{24}	老鼠 lɔu^{21}ʃu^{0} 耗子 xɔu^{44}tsɿ^{0}	夜蝙婆 iɛ^{44}piæ̃^{21}p^{h}uo^{0}
咸阳	长虫 tʂ^{h}ɑŋ^{24}tʃ^{h}uəŋ^{0}	老鼠 lɔ^{53}ʃu^{0}	夜蝙虎儿 iɛ^{44}piã^{31}xuər^{0}
旬邑	长虫 tʂ^{h}ɑŋ^{21}tʃ^{h}əŋ^{52} 蛇 ʂɤ^{24}	老鼠 lau^{21}ʃʅ^{21}	夜蝙虎 iɛ^{24}piã^{21}xu^{0}
三原	长虫 tʂ^{h}ɑŋ^{24}tʃ^{h}uəŋ^{0}	老鼠 lɑɔ^{31}ʃʒ^{0}	夜蝙蜂 iɛ^{44}piã^{31}fəŋ^{0}

	0223 蛇统称	0224 老鼠家里的	0225 蝙蝠
乾县	蛇 ʂɤ^{24}	老鼠 nɔ^{21}ʃu^{21}	夜兵⁼虎儿 iə^{55}piɤŋ^{21}xuər^{53}
岐山	长虫 tʂ^{h}ɑŋ^{31}tʂ^{h}əŋ^{53}	老鼠 lɔ^{31}ʂʅ^{21}	夜蝙蝠 iɛ^{44}piɛ^{31}fu^{21}
凤翔	长虫 tʂ^{h}ɑŋ^{31}tʂ^{h}əŋ^{53} 蛇 ʂʅə^{24}	老鼠 lɔ^{31}ʂʅ^{0} 耗子 xɔ^{45}tsʅ^{0}	夜蝙蝠 ie^{45}pie^{0}fu^{0}
千阳	长虫 tʂ^{h}ɑŋ^{31}tʃ^{h}əŋ^{0} 蛇 ʂə^{24}	老鼠 lɔ^{31}tʃ^{h}ʅ^{0}	夜蝙蝠 ie^{45}pie^{0}fu^{0}
西安	长虫 tʂ^{h}aŋ^{24}pfəŋ^{0}	老鼠 lau^{21}fu^{0}	夜标⁼虎儿 iɛ^{44}piau^{21}xuər^{0}
户县	长虫 tʂ^{h}aŋ^{35}ts^{h}uəŋ^{31}	老鼠 lau^{31}su^{31}	夜兵⁼飞 iɛ^{55}piŋ^{31}su^{31}
商州	长虫 tʂ^{h}ɑŋ^{31}tʃ^{h}uəŋ^{53}	老鼠 lɑo^{31}ʃu^{31}	夜标⁼蝠 iɛ^{44}piɑo^{31}fu^{31}
镇安	长虫 tʂ^{h}ʌŋ^{33}tʂ^{h}ɤŋ^{0}	老鼠 lɔo^{35}ʂʮ^{53}	檐老鼠 ian^{33}lɔo^{35}ʂʮ^{53}
安康	长虫 tʂ^{h}aŋ^{35}pf^{h}əŋ^{0}	老鼠子 lau^{31}fur^{31}tsʅ^{0}	檐老鼠儿 ian^{35}lau^{53}fur^{0}
白河	长虫 tʂ^{h}aŋ^{44}tʂ^{h}uəŋ^{0} 蛇 ʂe^{44}	老鼠 lɔu^{35}ʂu^{0}	檐老鼠 ian^{44}lɔu^{35}ʂu^{35}
汉阴	长虫 tʂ^{h}ɑŋ^{42}ts^{h}oŋ^{0} 蛇 ʂe^{42}	老鼠子 lɑo^{45}sʮ^{0}tsʅ^{0}	檐老鼠儿 ian^{42}lɑo^{45}sʮar^{45}
平利	长虫 tʂ^{h}aŋ^{52}tʂ^{h}oŋ^{0} 蛇 ʂe^{52}	老鼠 lau^{44}ʂʮ^{0}	檐老鼠 ian^{52}lau^{44}ʂʮ^{45}
汉中	长虫 tʂ^{h}ɑŋ^{42}ts^{h}oŋ^{0}	老鼠 lɑo^{55}su^{0}	檐老鼠 ian^{42}lɑo^{0}su^{0}
城固	长虫 tʂ^{h}aŋ^{31}tʃ^{h}uŋ^{24}	老鼠 lɔ^{44}ʃu^{0}	檐蝙蝠 iɛ^{31}piɛ^{24}fu^{0} 檐老鼠 ian^{31}lɔ^{24}ʃu^{0}
勉县	长虫 ts^{h}ɑŋ^{21}ts^{h}oŋ^{21}	老鼠子 lɑɔ^{44}ts^{h}u^{0}tsʅ^{0}	檐蝙蝠 iɛ^{21}piɛ^{35}fu^{0}
镇巴	长虫 ts^{h}aŋ^{33}ts^{h}oŋ^{31} 蛇 sɛ^{31}	老鼠子 lau^{45}su^{52}tsʅ^{31}	檐老鼠儿 ian^{31}lau^{45}suɐr^{52}

	0226 鸟儿飞鸟，统称	0227 麻雀	0228 喜鹊
榆林	雀儿 tɕʰiɔr^{213}	雀儿 tɕʰiɔr^{213} 老家雀儿 lɔo^{21}tɕia^{33}tɕʰiɔr^{33}	野鹊子 iɛ^{21}tɕʰiɔo^{52}tsəʔ^{0}
神木	雀儿 tɕʰiʌɯ^{213}	雀儿 tɕʰiʌɯ^{213} 麻雀儿 ma^{44}tɕʰiʌɯ^{0}	野鹊子 iɛ^{21}tɕʰiəʔ^{4}tsəʔ^{0}
绥德	雀雀 tɕʰiɔɤ^{21}tɕʰiɔɤ^{33}	老家贼 lao^{21}tɕiɑ^{0}tsai^{33} 老家雀儿 lao^{21}tɕiɑ^{24}tɕʰiɔər^{0}	野鹊儿 iɑ^{21}tɕʰiɔər^{52}
吴堡	雀雀 tɕʰiɤ^{41}tɕʰiɤ^{213}	雀儿 tɕʰiɤr^{412}	野鹊子 iɑ^{41}tɕʰiɤ^{53}tsəʔ^{0}
清涧	雀雀儿 tɕʰiɔo^{53}tɕʰiɔor^{0}	雀儿 tɕʰiɔor^{53}	野鹊儿 iɑ^{53}tɕʰiɔor^{44}
延安	雀儿 tɕʰiɔr^{53}	麻雀儿 ma^{24}tɕʰiɔr^{0}	野鹊儿 ia^{21}tɕʰiɔr^{53}
延川	鸟儿 ȵiɔr^{53}	雀儿 tɕʰiɔr^{53}	野鹊子 ia^{53}tɕʰiɑo^{21}tsəʔ^{54}
黄陵	鸟儿 ȵiɔr^{52}	雀儿 tɕʰiɔr^{52}	野鹊 iɑ^{52}tɕʰiɔ^{0}
渭南	鸟儿 ȵiɔor^{53} 雀儿 tɕʰiɔor^{53}	宿$^{=}$子 sɔu^{31}tsɿ^{0}	野鹊儿 iɑ^{53}tɕʰiɔor^{0}
韩城	鸭$^{=}$鸭$^{=}$子 ȵiɑ^{31}ȵiɑ^{0}tsɿ^{0}	飞虫 ɕi^{31}pfʰəŋ^{0}	野鹊子 iɑ^{53}tɕʰiɤ^{31}tsɿ^{0}
合阳	鸟 niɔo^{52} 鸟鸟 niɔo^{52}ȵiɔo^{31}	飞虫 ɕi^{31}pfʰəŋ^{31}	嘎鹊 kɑ^{52}tɕʰyə^{31} 野鹊 iɑ^{52}tɕʰyə^{31}
富平	雀雀儿 tʰiɑo^{53}tʰiɑor^{31}	宿$^{=}$子儿 sou^{53}tsɿr^{31}	嘎嘎 kɑ^{53}kɑ^{31} 喜鹊 ɕi^{53}tɕʰyɛ^{31}
耀州	鸟儿 ȵiɔur^{52} 雀儿 tɕʰiɔur^{52}	宿$^{=}$子 sou^{52}tsɿ^{0}	嘎鹊儿 ka^{52}tɕʰiɔur^{0} 喜鹊 ɕi^{52}ɕyɛ^{21}
咸阳	雀儿 tɕʰiɔr^{31}	雀儿 tɕʰiɔr^{31}	喜鹊儿 ɕi^{53}tɕʰyər^{0}
旬邑	鸟儿 ȵiaur^{52}	雀儿 tɕʰiaur^{52}	野鹊儿 iɛ^{44}tɕʰiaur^{0} 喜鹊 ɕi^{52}tɕʰyo^{0}
三原	鸟儿 ȵiɑɔr^{52}	雀儿 tɕʰiɑɔr^{52} 宿$^{=}$子 sou^{52}tsɿ^{0}	喜鹊 ɕi^{52}tɕʰyɤ^{0}

	0226 鸟儿飞鸟，统称	0227 麻雀	0228 喜鹊
乾县	鸟儿 ȵiɔ^{53}ɐr^{21} 雀儿 tɕʰiɔr^{53}	雀儿 tɕʰiɔr^{53}	喜鹊 ɕi^{53}tɕʰyə^{21}
岐山	雀雀 ȶʰiɔ^{44}ȶʰiɔ^{21}	宿⁼宿⁼ ɕy^{53}ɕy^{21}	野鹊 iɛ^{44}ȶʰiɔ^{21}
凤翔	鸟鸟 ȵiɔ^{44}ȵiɔ^{0} 雀雀 tsʰiɔ^{44}tsʰiɔ^{0}	宿⁼宿⁼ ɕy^{53}ɕy^{0}	野鹊 ie^{44}tsʰiɔ^{0}
千阳	鸟鸟 ȵiɔ^{44}ȵiɔ^{0}	宿⁼宿⁼ ɕy^{53}ɕy^{0}	野鹊 ie^{44}tsʰiɔ^{0}
西安	鸟儿 ȵiɐr^{53}	雀儿 tɕʰiɐr^{53}	喜鹊儿 ɕi^{53}tɕʰyər^{0}
户县	鸟鸟 ȵiau^{51}ȵiau^{0}	雀儿 tɕʰiə^{51}	鸦鹊 ia^{51}tɕʰiau^{31}
商州	鸟鸟 ȵiɑo^{53}ȵiɑo^{0}	宿⁼子 ɕiou^{31}tsɿ^{0}	喜鹊 ɕi^{53}tɕʰyə^{0}
镇安	鸟 ȵiɔo^{35}	麻雀儿 ma^{33}tɕʰiər^{0}	鸦鹊儿 ȵia^{53}tɕʰiər^{0}
安康	雀儿 tɕʰyor^{53}	麻雀儿 ma^{35}tɕʰyor^{53}	喜鹊儿 ɕi^{53}tɕʰyor^{31}
白河	鸟儿 ȵiɐr^{35}	麻雀儿 ma^{44}tɕʰyər^{35}	喜鹊儿 ɕi^{35}tɕʰyər^{0}
汉阴	雀雀儿 tɕʰio^{45}tɕʰior^{0}	麻雀儿 mɑ^{42}tɕʰiar^{45}	鸦鹊子 iɑ^{45}tɕʰio^{0}tsɿ^{0} 喜鹊儿 ɕi^{45}tɕʰiar^{0}
平利	鸟 ȵiau^{445}	麻雀儿 ma^{52}tɕʰior^{445}	鸦鹊 ia^{45}tɕʰio^{21}
汉中	鸟 ȵiɑo^{354}	麻雀 mA^{42}tɕʰyɤ^{0}	喜鹊 ɕi^{35}tɕʰyɤ^{0} 鸦鹊 iA^{35}tɕʰyɤ^{0}
城固	鸟 ȵiɔ^{44}	雀雀 tɕʰyɛ^{24}tɕʰyɛ^{0}	喜鸹 ɕi^{24}ua^{0}
勉县	雀雀 tɕʰyɤ^{35}tɕʰyɤ^{0}	麻雀子 mɑ^{21}tɕʰyɤ^{21}tsɿ^{0}	鸦鹊子 iɑ^{35}tɕʰiɑɔ^{21}tsɿ^{0}
镇巴	雀儿 tɕʰio^{33}ər^{31}	麻雀 ma^{33}tɕʰio^{31}	鸦鹊子 ia^{35}tɕʰio^{31}tsɿ^{31}

	0229 乌鸦	0230 鸽子	0231 翅膀鸟的，统称
榆林	黑老鸹 xəʔ^{3}lɔo^{21}va^{0} 乌鸦 vu^{33}ia^{0}	鸽子 kʌʔ^{3}tsəʔ^{0}	膀膀 pɑ̃^{21}pɑ̃^{33}
神木	老鸹 lɔo^{21}va^{53}	鸽子 kəʔ^{4}tsəʔ^{0} 木鸽子 məʔ^{4}kəʔ^{4}tsəʔ^{0}	膀子 pɑ̃^{21}tsəʔ^{4} 翅膀 tsʰɿ^{53}pɑ̃^{0}
绥德	黑老鸹 xəʔ^{5}lao^{21}vɑ^{0} 鸦儿 iɐr^{213}	鸽儿 kər^{33}	膀膀 pɑ̃^{21}pɑ̃^{33} 膀子 pɑ̃^{21}tsɤ^{33}
吴堡	黑老鸹 xəʔ^{4}lo^{53}uɑ^{0}	木鸽儿 məʔ^{3}kər^{53}	翅膀儿 tsʰɿ^{53}pʰɐr^{0}
清涧	鸦儿 ȵiʌr^{312}	鸽子 kɤ^{53}tsəʔ^{0}	翎膀儿 li^{24}pɒr^{0}
延安	老鸹 lɔ^{52}va^{0} 黑老鸹 xei^{24}lɔ^{52}va^{0}	鸽子 kuo^{21}tsəʔ^{5}	膀膀 paŋ^{52}paŋ^{0}
延川	黑老鸹 xəʔ^{54}lɑo^{53}va^{31}	鸽子 kɤ^{42}tsəʔ^{213}	翎膀儿 lei^{35}pʰɔr^{0}
黄陵	老鸹 lɔ^{52}vɑ^{0}	鹁鸽儿 pʰu^{24}kɤr^{31} 鸽子 kɤ^{31}tsɿ^{0}	翅膀 tsʰɿ^{55}pʰɑŋ^{0}
渭南	黑老鸹 xei^{31}lɔo^{53}uɑ^{31}	鹁鸽儿 pʰu^{24}kər^{53}	翅膀 tsʰɿ^{44}pɑŋ^{0}
韩城	老鸹 lɑu^{53}uɑ^{0}	鹁鸽子 pʰu^{31}kɤ^{53}tsɿ^{0}	翅膀 tsʰɿ^{44}pʰɑŋ^{0}
合阳	老鸦 lɔo^{52}uɑ^{31}	鹁鸽 pʰu^{24}kɤ^{31}	翅膀 tsʰɿ^{55}pɑŋ^{31}
富平	黑老鸹 xeɪ^{31}lɑo^{53}uɑ^{31} 老鸹 lɑo^{53}uɑ^{31}	鹁鸽儿 pʰu^{24}kər^{53}	翅膀儿 tsʰɿ^{55}pɑ̃r^{31}
耀州	老鸹 lɔu^{52}ua^{0} 乌鸦 u^{21}ia^{21}	鹁羔⁼ pʰu^{24}kɔu^{0} 鸽子 kɤ^{52}tsɿ^{0}	膀子 pɑŋ^{52}tsɿ^{0}
咸阳	老鸹 lɔ^{53}ua^{0}	鹁鸽儿 pu^{24}kər^{0}	翅膀 tsʰɿ^{53}pɑŋ^{0}
旬邑	嘎鸹 ka^{44}ua^{21} 老鸹 lau^{44}ua^{21}	鹁鸽 pʰu^{21}kɤ^{52} 鸽子 kɤ^{21}tsɿ^{0}	翅膀 tsʰɿ^{24}pɑŋ^{0}
三原	黑老鸹 xei^{31}lɑɔ^{52}uɑ^{31}	鹁鸽儿 pʰu^{24}kər^{0}	翅膀 tsʰɿ^{44}pɑŋ^{0}

	0229 乌鸦	0230 鸽子	0231 翅膀鸟的，统称
乾县	乌鸦 u^{21}ia^{21}	鸽子 kɤ^{53}tsɿ^{21}	翅膀 ts^{h}ɿ^{53}paŋ^{21}
岐山	老鸹 lɔ^{44}vA^{21}	鹁鸽 p^{h}u^{31}kuo^{53}	翅膀 ts^{h}ɿ^{44}pɑŋ^{53}
凤翔	老鸹 lɔ^{44}va^{0}	鹁鸽 p^{h}u^{31}kuo^{53}	膀子 pɑŋ^{44}tsɿ^{0} 翅膀 ts^{h}ɿ^{45}pɑŋ^{0}
千阳	老鸹 lɔ^{44}va^{0}	鹁鸽 p^{h}u^{31}kuo^{0}	翎膀 liŋ^{31}pɑŋ^{0}
西安	老鸹 lau^{53}ua^{0}	鸽鹁 kɯ^{24}po^{0}	膀子 paŋ^{53}tsɿ^{0}
户县	老鸹 lau^{51}ua^{31}	鸽鹁儿 kɯ^{35}pə^{0}	膀子 paŋ^{51}tsɿ^{0}
商州	老鸹 lɑo^{53}vɑ^{31}	鹁鸽儿 p^{h}u^{31}kɤr^{53}	翅膀 ts^{h}ɿ^{44}paŋ^{31}
镇安	老鸹 lɔo^{35}va^{53}	鹁鸽儿 pu^{21}kər^{35}	翅膀 tʂʅ^{322}pʌŋ^{35}
安康	老鸦 lau^{53}ua^{31}	鸽子 kɤ^{31}tsɿ^{0}	翅膀 ts^{h}ɿ^{44}paŋ^{31}
白河	老鸹 lɔu^{35}ua^{213}	鸽子 kuo^{21}tsɿ^{0}	翅膀儿 ts^{h}ɿ^{42}pɐr^{0}
汉阴	老鸹 lɑo^{45}uɑ^{0}	鸽子 ko^{42}tsɿ^{0}	翅膀 tʂʅ^{21}pɑŋ^{0}
平利	老鸦 lau^{45}ua^{43}	鸽子 ko^{43}tsɿ^{0}	翅膀 tʂʅ^{24}paŋ^{445}
汉中	老鸹 lɑo^{35}uA^{0}	鹁鸽 pu^{42}kɤ^{0}	翅膀 ts^{h}ɿ^{21}pɑŋ^{0}
城固	老鸹 lɔ^{24}ua^{0}	鹁鸽 pu^{31}kə^{24}	膀膀 paŋ^{24}paŋ^{0}
勉县	老鸹 lɑɔ^{35}uɑ^{0}	鹁鸽 pu^{21}kɤ^{0}	翅膀 ts^{h}ɿ^{21}pɑŋ^{35}
镇巴	老鸹 lau^{45}ua^{31}	鸽子 ko^{33}tsɿ^{31}	翅膀 tsɿ^{21}paŋ^{52}

	0232 爪子鸟的，统称	0233 尾巴	0234 窝鸟的
榆林	爪爪 tʂua^{21}tʂua^{33} 爪子 tʂua^{21}tsəʔ^{0}	尾巴儿 i^{21}pɐr^{33}	窝儿 vuər^{33}
神木	爪子 tʂua^{21}tsəʔ^{4}	尾巴 i^{21}pa^{24}	窝 vuo^{213}
绥德	爪爪 tʂuɑ^{21}tʂuɑ^{33} 爪子 tʂuɑ^{21}tsɤ^{33}	尾巴 i^{21}pɑ^{213}	窝儿 uor^{213}
吴堡	爪子 tsuɑ^{41}tsəʔ^{3}	尾巴 i^{41}pɑ^{213}	窝 u^{213}
清涧	爪子 tʂuɑ^{53}tsəʔ^{0}	尾巴 zɿ^{53}pɑ^{0}	窝儿 ur^{312}
延安	爪子 tʂua^{52}tsəʔ^{5}	尾巴 i^{21}pa^{53} 尾巴 vei^{52}pa^{0}	窝 vuo^{213}
延川	爪子 tʂua^{53}tsəʔ^{0}	尾巴 zɿ^{53}pa^{213}	窝儿 vuər^{213}
黄陵	爪爪 tsɔ^{52}tsɔ^{0} 爪子 tsuɑ^{52}tsɿ^{0}	尾巴 i^{52}pɑ^{0}	窝 uɤ^{31}
渭南	爪子 tʃɑ^{53}tsɿ^{0}	尾巴 i^{53}pɑ^{0}	窝 uə^{31}
韩城	爪儿 tsɑur^{53}	尾巴 i^{53}pa^{0}	窝儿 uɤr^{31}
合阳	爪子 pfɑ^{52}tsɿ^{0}	尾巴 i^{52}pɑ^{31}	窝 uo^{31}
富平	爪爪儿 tʃuɑ^{53}tʃuɑr^{31}	尾巴 i^{53}pɑ^{31}	窝 uo^{31}
耀州	爪爪子 tsɔu^{52}tsɔu^{0}tsɿ^{0}	尾巴 i^{52}pa^{0}	窝 uo^{21} 巢儿 tsʰɔur^{24}
咸阳	爪子 tʃua^{53}tsɿ^{0}	尾巴 i^{53}pa^{0}	窝 uo^{31}
旬邑	爪子 tsau^{52}tsɿ^{0}	尾巴 i^{44}pa^{0}	鸟窝 ȵiau^{52}uo^{21}
三原	爪子 tʃuɑ^{52}tsɿ^{0}	尾巴 i^{52}pɑ^{0}	窝 uə^{31}

	0232 爪子鸟的，统称	0233 尾巴	0234 窝鸟的
乾县	爪子 tʃua^{53}tsɿ^{21}	尾巴 i^{53}pa^{21}	窝 uɤ^{21}
岐山	爪爪 tsɔ^{44}tsɔ^{21}／tʂA^{44}tʂA^{21}	尾巴 i^{44}p^{h}A^{21}	窝 vo^{31}
凤翔	爪爪 tʂa^{44}tʂa^{0} 爪子 tʂa^{44}tsɿ^{0}	尾巴 i^{44}pa^{0}	鸟鸟窝 ȵiɔ^{44}ȵiɔ^{24}vo^{31}
千阳	爪爪 tʃa^{44}tʃa^{0}	尾巴 i^{44}p^{h}a^{0}	鸟鸟窝 ȵiɔ^{44}ȵiɔ^{24}vo^{31}
西安	爪子 pfa^{53}tsɿ^{0}	尾巴 i^{53}pa^{0}	窝 uo^{21}
户县	爪爪 tsua^{51}tsua^{0}	尾巴 i^{51}pa^{31}	窝 uɤ^{31}
商州	爪子 tʃuɑ^{53}tsɿ^{0}	尾巴 i^{53}pɑ^{0}	窝 və^{31}
镇安	爪子 tʂua^{35}tsɿ^{53}	尾巴 vEi^{35}pa^{53}	窝 vuə^{53}
安康	爪子 pfa^{53}tsɿ^{0}	尾巴 i^{53}pa^{0}	窝儿 uor^{31}
白河	爪子 tʂua^{35}tsɿ^{0}	尾巴 i^{35}pa^{0}	窝 uo^{213}
汉阴	爪爪儿 tsuɑ^{45}tsuar^{0} 爪子 tsuɑ^{45}tsɿ^{0}	尾巴 i^{45}pɑ^{0}	雀雀儿窝 tɕ^{h}io^{45}tɕ^{h}iar^{0}uo^{33}
平利	爪子 tʂʮa^{45}tsɿ^{0}	尾巴 i^{45}pa^{0}	窝 uo^{43}
汉中	爪爪 tsɑo^{35}tsɑo^{0}	尾巴 iE^{35}pA^{0}	窝 uɤ^{55}
城固	爪爪 tsɔ^{24}tsɔ^{0}	尾巴 i^{24}pa^{0}	窝 uə^{53}
勉县	爪爪 tsɑɔ^{35}tsɑɔ^{0}	尾巴 iɛ^{35}pɑ^{0}	窝 uɤ^{42}
镇巴	爪爪 tsau^{45}tsau^{52}	尾巴 i^{45}pa^{55}	窝 uo^{213}

	0235 虫子统称	0236 蝴蝶统称	0237 蜻蜓统称
榆林	虫儿 tʂʰuɑ̃r^{213}	蝉蝉 ʂɛ^{21}ʂɛ^{33}	水棒槌 ʂuei^{21}pɑ̃^{52}tʂʰuei^{0}
神木	虫子 tʂʰuɤ̃^{44}tsəʔ^{0}	蛾儿 ŋuʌɯ^{53}	红火柱 xuɤ̃^{44}xuo^{21}tʂu^{53}
绥德	虫虫 tʂʰuəɣ̃^{33}tʂʰuəɣ̃^{0}	蝉蝉 ʂæ^{33}ʂæ^{0}	棒螂儿 pɑ̃^{52}lɒ̃r^{33} 棒儿 pɒ̃r^{52}
吴堡	圪虫 kəʔ^{3}tsʰuəŋ^{33}	蛾蛾 ŋɤu^{33}ŋɤu^{0}	棒螂 pɤu^{21}lɤu^{33}
清涧	虫 tʂʰuəɣ̃^{24}	蝉儿 ʂʅ^{42}	棒儿 pɒr^{42}
延安	虫 tʂʰuəŋ^{24}	蝉儿 ʂar^{24} 蝉蝉 ʂæ̃^{24}ʂæ̃^{0}	水卜螂儿 ʂuei^{52}pəʔ^{5}lar^{0} 水棒槌 ʂuei^{52}paŋ^{443}tʂʰuei^{0}
延川	虫 tʂʰuŋ^{35}	蝉蝉 ʂɤ^{35}ʂɤ^{0}	棒儿 pʰɐr^{53}
黄陵	虫 tsʰuŋ^{24}	蛾儿 ŋuɤr^{242} 蝴蝶 xu^{24}tɕiɛ^{0}	蜻蜓 tɕʰiəŋ^{31}tɕʰiəŋ^{0}
渭南	虫 tʃʰəŋ^{24}	蝴蝶儿 xu^{24}tɕiɛr^{0}	蚂螂儿 mɑ^{24}lɐr^{0}
韩城	虫虫子 pfʰəŋ^{31}pfʰəŋ^{53}tsɿ^{0}	蛾儿 ŋɤr^{24} 蝴蝶儿 xu^{31}tʰiᴇr^{53}	棒槌子 pʰɑŋ^{44}fu^{31}tsɿ^{0}
合阳	虫虫 pfʰəŋ^{24}pfʰəŋ^{31}	蝉禅 sɑ̃^{24}sɑ̃^{31}	蜻蜓 tsʰiŋ^{24}tʰiŋ^{52}
富平	虫虫儿 tʃʰuəɣ̃^{31}tʃʰuə̃r^{53}	蝴蝶儿 xu^{24}tiər^{53}	蜓蜓 tʰiəɣ̃^{53}tʰiəɣ̃^{31}
耀州	虫虫儿 tʃʰuŋ^{24}tʃʰuə̃r^{52}	蛾儿 ŋɤr^{24} 蝴蝶 xu^{24}tiɛ^{0}	蜻蜓 tɕʰiŋ^{24}tɕʰiŋ^{52}
咸阳	虫 tʃʰuəŋ^{24}	蛾儿 ŋər^{24}	蚂螂 ma^{24}lɑŋ^{0}
旬邑	虫 tʃʰəŋ^{24} 虫子 tʃʰəŋ^{24}tsɿ^{0}	花姑娘 xua^{21}ku^{52}ȵiɑŋ^{0} 蝴蝶儿 xu^{21}tiɛr^{52}	蜻蜓 tsʰiəŋ^{52}tɕʰiəŋ^{0}
三原	虫虫儿 tʃʰuəŋ^{24}tʃʰuɑ̃r^{0}	蝴蝶儿 xu^{24}tɕiɛr^{0}	蜻蜓 tɕʰiəŋ^{52}tɕʰiəŋ^{0}

	0235 虫子统称	**0236 蝴蝶**统称	**0237 蜻蜓**统称
乾县	虫虫儿 tʃʰɤŋ^{24}tʃʰə̃r^{21}	蝴蝶 xu^{24}tiə^{21}	蜻蜓 tɕʰiɤŋ^{21}tʰiɤŋ^{53}
岐山	虫 tʂʰəŋ^{24}	蛾儿 ŋɤ^{24}ər^{53} 蝴蝶 xu^{31}ȶiɛ^{53}	蜻蜓 ȶʰiŋ^{53}ȶʰiŋ^{21}
凤翔	虫 tʂʰəŋ^{24}	蝴蝶儿 xu^{31}tsier^{53}	蜻蜓 tsʰiŋ^{53}tsʰiŋ^{0}
千阳	虫 tʃʰəŋ^{24}	蛾蛾 ŋuo^{31}ŋuo^{0}	长虫蚊噆 tʂʰɑŋ^{31}tʃʰəŋ^{0}vəŋ^{31}tsæ̃^{0}
西安	虫虫儿 pfʰəŋ^{24}pʰə̃r^{0}	蝴蝶儿 xu^{24}tiɐr^{0}	蚂螂 ma^{24}laŋ^{0}
户县	虫虫 tsʰuəŋ^{35}tsʰuəŋ^{31}	蝴蝶儿 xu^{35}tiə^{0}	蚂螂 ma^{35}laŋ^{31}
商州	虫虫儿 tʃʰuəŋ^{31}tʃʰuə̃r^{0}	蝴蝶儿 xu^{31}tiɛr^{53}	蚂螂 mɑ^{31}lɑŋ^{53}
镇安	虫虫儿 tʂʰuoŋ^{33}tʂʰuər^{0}	蝴蝶儿 xu^{33}tʰiɐr^{0}	蚂螂 ma^{21}lʌŋ^{33}
安康	虫虫儿 pfʰəŋ^{35}pfʰəŋr^{0}	蝴蝶儿 xu^{35}tʰiər^{31}	蚂螂 ma^{35}laŋ^{31}
白河	虫虫儿 tʂʰuəŋ^{44}tʂʰuər^{0}	蝴蝶儿 xu^{44}tʰiər^{213}	蜻蜓 tɕʰiən^{21}tʰiən^{44}
汉阴	虫虫儿 tsʰoŋ^{42}tsʰuar^{0}	蝴蝶儿 χu^{42}tʰiar^{0}	蚂螂 mɑ^{42}lɑŋ^{0}
平利	虫虫儿 tʂʰoŋ^{52}tʂʰoŋr^{0}	蝴蝶 xu^{52}tʰiE^{0}	蚂螂 ma^{52}laŋ^{214}
汉中	虫虫 tsʰoŋ^{42}tsʰoŋ^{0}	蝴蝶 xu^{42}tiE^{0}	蚂螂 mA^{42}lɑŋ^{0}
城固	虫虫 tʃʰuŋ^{31}tʃʰuŋ^{0}	蛾蛾 ŋə^{31}ŋə^{24}	蚂螂 ma^{31}laŋ^{311}
勉县	虫虫 tsʰoŋ^{21}tsʰoŋ^{0}	蛾蛾 ŋɤ^{21}ŋɤ^{0}	蚂螂 mɑ^{21}lɑŋ^{0}
镇巴	虫虫 tsʰoŋ^{33}tsʰoŋ^{31}	飞蛾儿 fei^{35}ŋuɐr^{52}	洋丁丁儿 iaŋ^{31}tin^{55}tiɐr^{55}

	0238 蜜蜂	0239 蜂蜜	0240 知了统称
榆林	蜜蜂儿 miəʔ^{3}fə̃r^{0}	蜂糖 fɤɣ̃^{33}tʰã^{33}	（无）
神木	蜂儿 fʌɯ^{213}	蜂糖 fɤ̃^{24}tʰã^{44} 蜂蜜 fɤ̃^{24}miəʔ^{0}	叫蚂蚱 tɕiɔo^{53}ma^{21}tsəʔ^{4}
绥德	蜜蜂儿 miəʔ^{21}fɤ̃r^{213}	蜂糖 fəɣ̃^{21}tʰã^{33}	叫蚂蚱蚱 tɕiɔɤ^{52}mɑ^{21}tsɑ^{52}tsɑ^{0}
吴堡	蜜蜂儿 miəʔ^{21}fər^{213}	蜂蜜 fəŋ^{24}miəʔ^{0}	伏蝉儿 fəʔ^{3}tʂʰʅr^{53}
清涧	蜂儿 fəɣ̃r^{312}	蜂糖 fəɣ̃^{31}tʰɒ̃^{24}	畏午 vei^{42}vʊ^{0}
延安	蜂儿 fər^{24}	蜂儿蜜 fər^{24}mi^{0}	畏午 vei^{443}vu^{423} 蝉儿 tʂʰar^{24}
延川	蜂儿 fʌr^{213}	蜂糖 fəŋ^{21}tʰɑŋ^{35}	叫蚂吱吱 tɕiao^{35}məʔ^{21}tsɿ^{53}tsɿ^{0}
黄陵	蜂 fəŋ^{31}	蜂糖 fəŋ^{31}tʰɑŋ^{0} 蜂蜜 fəŋ^{31}mi^{0}	知了 tsɿ^{24}lɔ^{31}
渭南	蜂 fəŋ^{31}	蜂糖 fəŋ^{31}tʰɑŋ^{0} 蜂蜜 fəŋ^{31}mi^{0}	知了儿 tsɿ^{24}lɔor^{0}
韩城	蜜蜂 mi^{44}fəŋ^{31}	蜂蜜 fəŋ^{24}mi^{31}	知了 tsɿ^{31}lɑu^{53}
合阳	蜜蜂 mi^{31}fəŋ^{31}	蜂糖 fəŋ^{31}tʰɑŋ^{31} 蜂蜜 fəŋ^{31}mi^{31}	知了 tsɿ^{31}lɔo^{0}
富平	蜜蜂儿 mi^{31}fə̃r^{31}	蜂糖 fəɣ̃^{53}tʰɑɣ̃^{31}	知了 tsɿ^{31}lɑo^{53}
耀州	蜂 fəŋ^{21} 蜜蜂 mi^{21}fəŋ^{0}	蜂糖 fəŋ^{52}tʰɑŋ^{0}	知了 tsɿ^{24}lɔu^{0}
咸阳	蜜蜂 mi^{31}fəŋ^{0}	蜂蜜 fəŋ^{31}mi^{0}	知了 tsɿ^{24}lɔ^{0}
旬邑	蜂 fəŋ^{21} 蜜蜂 mi^{21}fəŋ^{21}	蜂糖 fəŋ^{21}tʰɑŋ^{0} 蜂蜜 fəŋ^{21}mi^{21}	乌蝇 u^{21}iəŋ^{52} 知了 tʂʅ^{21}liau^{0}
三原	蜜蜂 mi^{31}fəŋ^{0}	蜂糖 fəŋ^{52}tʰɑŋ^{0} 蜂蜜 fəŋ^{31}mi^{31}	知了儿 tsɿ^{24}lɑɔr^{0}

	0238 蜜蜂	0239 蜂蜜	0240 知了统称
乾县	蜜蜂 mi^{21}fɤŋ^{21}	蜂糖 fɤŋ^{53}tʰaŋ^{21}	知了 tʂʅ^{24}lɔ^{21}
岐山	蜂 fəŋ^{31}	蜂蜜 fəŋ^{31}mi^{21}	知了 tsɿ^{31}lɔ^{53}
凤翔	蜂 fəŋ^{31}	蜂蜜 fəŋ^{31}mi^{0}	知了 tsɿ^{31}lɔ^{53}
千阳	蜂 fəŋ^{31}	蜂蜜 fəŋ^{31}mi^{0}	知了 tsɿ^{44}lɔ^{0}
西安	蜜蜂儿 mi^{21}fə̃r^{0}	蜂蜜 fəŋ^{21}mi^{0}	知了 tsɿ^{24}liau^{0}
户县	蜜蜂 mi^{31}fəŋ^{31}	蜂糖 fəŋ^{31}tʰaŋ^{31}	知了儿 tsɿ^{35}lə^{35} 绵$^{=}$了儿 miã^{35}lə^{35}
商州	蜂 fəŋ^{31}	蜂糖 fəŋ^{53}tʰɑŋ^{31}	知螂$^{=}$ tsɿ^{31}lɑŋ^{53}
镇安	糖蜂子 tʰʌŋ^{33}fɤŋ^{53}tsɿ^{0}	蜂糖 fɤŋ^{21}tʰʌŋ^{33}	知喇$^{=}$子 tsɿ^{322}la^{35}tsɿ^{53}
安康	蜂子 fəŋ^{31}tsɿ^{0}	蜂糖 fəŋ^{31}tʰaŋ^{35}	知了儿 tʂʅ^{35}laur^{31}
白河	蜜蜂 mi^{35}fəŋ^{213}	蜂糖 fəŋ^{21}tʰaŋ^{44}	知喇$^{=}$子 tʂʅ^{21}la^{0}tsɿ^{0}
汉阴	糖蜂子 tʰɑŋ^{42}χoŋ^{33}tsɿ^{0}	蜂糖 χoŋ^{33}tʰɑŋ^{42}	知喇$^{=}$子 tsɿ^{42}lɑ^{0}tsɿ^{0}
平利	糖蜂子 tʰaŋ^{52}fəŋ^{43}tsɿ^{0}	蜂糖 fəŋ^{43}tʰaŋ^{52}	知了子 tʂʅ^{43}lau^{24}tsɿ^{0}
汉中	蜂子 fən^{55}tsɿ^{0}	蜂糖 fən^{55}tʰɑŋ^{0}	知了 tsɿ^{42}lɑo^{0}
城固	蜂子 fəŋ^{53}ə^{0}	蜂糖 fəŋ^{44}tʰaŋ^{0}	知了 tsɿ^{31}lɔ^{24}
勉县	蜂子 fəŋ^{44}tsɿ^{0}	蜂糖 fəŋ^{44}tʰɑŋ^{0}	蝉娃子 sɑn^{21}vɑ^{0}tsɿ^{0}
镇巴	蜂子 foŋ^{35}tsɿ^{52}	蜂糖 foŋ^{35}tʰaŋ^{52}	蚍□子 pi^{35}ŋa^{55}tsɿ^{52}

	0241 蚂蚁	0242 蚯蚓	0243 蚕
榆林	蚂蚁 ma^{24}i^{0}	蛐蚕 tɕ^{h}yəʔ^{3}tʂ^{h}ɛ^{213}	蚕 tʂ^{h}ɛ^{213}
神木	蚂蚁儿 ma^{24}iʌɯ^{0}	蚯蚓 tɕ^{h}iəu^{24}iɤ̃^{0}	蚕 tʂ^{h}ɛ^{44}
绥德	蚂蚁儿 mɑ^{24}iər^{0}	蚯蚓 tɕ^{h}iəu^{24}iəɣ̃^{0}	蚕儿 ts^{h}ær^{33}
吴堡	蚂蚁儿 mɑ^{24}iɪr^{0}	蚯蚓 tɕ^{h}iɑo^{24}iəŋ^{213}	蚕儿 ts^{h}ɐr^{53}
清涧	蚂蚁儿 mɑ^{31}zɿər^{24}	蛐蜒 iəu^{24}i^{0}	蚕儿 ts^{h}ɛr^{42}
延安	蚂蚁儿 ma^{21}iər^{53}	蚯蛇 tɕ^{h}iou^{21}ʂə^{24}	蚕 ts^{h}æ̃^{24}
延川	蚂蚁儿 ma^{53}zɿər^{213}	蚯蛇儿 tɕ^{h}iəu^{21}ʂər^{35}	蚕儿 ts^{h}æ̃r^{35}
黄陵	蚍蜂蚂 p^{h}i^{24}fəŋ^{31}mɑ^{31} 蚂蚁 mɑ^{31}i^{0}	搐虫 ts^{h}ʮ^{31}ts^{h}uŋ^{0} 蚯蚓 tɕ^{h}iəu^{31}iẽ^{52}	蚕儿 ts^{h}æ̃r^{24}
渭南	蚍司$^{=}$蚂儿 p^{h}i^{24}sɿ^{31}mɐr^{53}	蛐蜒 iəu^{24}iæ̃^{0}	蚕 ts^{h}æ̃^{24}
韩城	蚂蚂 mɑ^{53}ma^{0}	蛐□ tɕ^{h}y^{31}tɕ^{h}iã^{0}	蚕 ts^{h}ã^{24}
合阳	蚂蚂 mɑ^{31}mɑ^{31} 蚍蜂蚂 p^{h}i^{24}fəŋ^{31}mɑ^{31}	蚯蚓 tɕ^{h}iou^{24}iẽ^{52}	蚕 ts^{h}ɑ̃^{24}
富平	蚍司$^{=}$蚂 p^{h}i^{55}sɿ^{31}mɑ^{53}	蛐蜒 iou^{31}yæ̃^{53}	蚕 ts^{h}æ̃^{24}
耀州	蚍蜉蚂 p^{h}i^{24}fu^{52}ma^{0} 蚂蚁 ma^{21}i^{0}	搐蟮 tʃ^{h}u^{52}ʃæ̃^{0} 蚯蚓 tɕ^{h}iou^{21}iei^{52}	蚕 ts^{h}æ̃^{24}
咸阳	蚂蚁 ma^{31}i^{0}	蛐蜒 iou^{24}iã^{0}	蚕儿 ts^{h}ɐr^{24}
旬邑	蚍蜂蚂 p^{h}i^{21}fəŋ^{44}ma^{0} 蚂蚁 ma^{21}i^{0}	蛐蟮 tʃ^{h}ʅ^{52}ʂã^{21} 蚯蚓 tɕ^{h}iəu^{21}iɛ̃^{52}	蚕 ts^{h}ã^{24}
三原	蚍蚂蜂 p^{h}i^{24}mɑ^{52}fəŋ^{44}	蛐蜒 iou^{24}iã^{0}	蚕 ts^{h}ã^{24}

	0241 蚂蚁	0242 蚯蚓	0243 蚕
乾县	蚂蚁 $ma^{21}i^{21}$	蚯蚓 $tɕ^{h}iou^{21}iẽ^{53}$	蚕儿 $ts^{h}æ̃^{24}ɐr^{21}$
岐山	蚍蜉蚂 $p^{h}i^{21}fəŋ^{44}mA^{31}$ 蚂蚁 $mA^{31}i^{21}$	搐蟮 $tʂ^{h}ʅ^{53}ʂæ̃^{21}$	蚕儿 $ts^{h}æ̃^{24}ər^{31}$
凤翔	蚍蜉蚂 $p^{h}i^{31}fəŋ^{44}ma^{0}$	搐蟮 $tʂ^{h}ʅ^{53}ʂæ̃^{0}$	蚕 $ts^{h}æ̃^{24}$
千阳	蚍蜉蚂 $p^{h}i^{31}fəŋ^{44}ma^{0}$	搐蟮 $tʃ^{h}ʅ^{53}ʂæ̃^{0}$	蚕 $ts^{h}æ̃^{24}$
西安	蚂蚁 $ma^{21}i^{53}$	蚰蜒 $iou^{24}iã^{0}$	蚕 $ts^{h}ã^{24}$
户县	蚂蚁 $ma^{31}i^{51}$	蛐蟮 $tɕ^{h}y^{31}ʂã^{35}$	虫儿 $ts^{h}uɯ^{35}$
商州	蚂蚁 $mɑ^{31}iɛ^{31}$	搐蟮 $tʃ^{h}u^{31}ʂẽ^{31}$	蚕 $ts^{h}ã^{35}$
镇安	蚂蚁 $ma^{35}ȵi^{53}$	蛐蟮子 $tʂ^{h}ɥ^{53}tʂ^{h}an^{21}tsɿ^{0}$	蚕 $ts^{h}an^{33}$
安康	蚂蚁子 $ma^{53}ie^{31}tsɿ^{0}$	蛐蟮 $tɕ^{h}y^{31}ʂan^{31}$	蚕子 $ts^{h}an^{35}tsɿ^{0}$
白河	蚂蚁 $ma^{35}ȵi^{0}$	蛐蜷 $tɕ^{h}y^{44}tɕ^{h}yan^{0}$	蚕 $ts^{h}an^{44}$
汉阴	蚂蚁子 $mɑ^{45}ȵi^{0}tsɿ^{0}$	蛐蟮子 $tɕ^{h}y^{42}ʂan^{0}tsɿ^{0}$	蚕子 $ts^{h}an^{42}tsɿ^{0}$
平利	蚂蚁子 $ma^{45}ȵi^{24}tsɿ^{0}$	蛐蟮子 $tʂ^{h}ɥ^{43}ʂan^{43}tsɿ^{0}$	蚕子 $ts^{h}an^{52}tsɿ^{0}$
汉中	蚂蚁 $mA^{55}i^{0}$	蛐蟮 $tɕ^{h}y^{42}ʂan^{0}$	蚕子 $ts^{h}an^{42}tsɿ^{0}$
城固	蚂蚁 $ma^{44}iɛ^{0}$	蛐蟮 $tɕ^{h}y^{44}ʂan^{0}$	蚕儿 $ts^{h}ər^{24}$
勉县	蚂蚁子 $mɑ^{21}i^{0}tsɿ^{0}$	蛐蟮 $tɕ^{h}y^{42}sɑn^{0}$	蚕娃子 $ts^{h}ɑn^{21}vɑ^{0}tsɿ^{0}$
镇巴	蚂蚁子 $ma^{45}iɛ^{52}tsɿ^{31}$	蛐蟮儿 $tɕ^{h}y^{31}sɐr^{213}$	蚕 $ts^{h}an^{31}$ 蚕儿 $ts^{h}an^{33}ər^{31}$

	0244 蜘蛛会结网的	0245 蚊子统称	0246 苍蝇统称
榆林	蛛蛛 tʂu^{33}tʂu^{0}	蠓子 mɤɣ̃^{21}tsəʔ^{0}	蝇子 iɤɣ̃^{24}tsəʔ^{0}
神木	蛛蛛 tʂu^{24}tʂu^{0}	蠓子 mɤ̃^{21}tsəʔ^{4}	蝇子 iɤ̃^{44}tsəʔ^{0}
绥德	蛛蛛 tʂʮ^{24}tʂʮ^{0}	蠓子 məɣ̃^{21}tsɤ^{33}	蝇子 iəɣ̃^{33}tsəʔ^{0}
吴堡	蛛蛛 tsu^{24}tsu^{0}	蠓子 məŋ^{41}tsəʔ^{3}	蝇子 i^{33}tsəʔ^{0}
清涧	蛛蛛 tʂʮ^{31}tʂʮ^{53}	蠓子 məɣ̃^{53}tsəʔ^{0}	蝇子 iəɣ̃^{24}tsəʔ^{0}
延安	蛛蛛 tʂu^{21}tʂu^{53}	蠓子 məŋ^{52}tsəʔ^{0}	蝇子 iəŋ^{24}tsəʔ^{5}
延川	蛛蛛 tʂʮ^{21}tʂʮ^{53}	蠓子 məŋ^{53}tsəʔ^{0}	苍蝇 tsʰei^{21}iŋ^{53}
黄陵	蛛蛛 tsʮ^{31}tsʮ^{0}	蠓子 məŋ^{52}tsɿ^{0}	蝇子 iəŋ^{24}tsɿ^{0}
渭南	蛛蛛 tʃʒ^{53}tʃʒ^{0}	蚊子 vã^{24}tsɿ^{0}	蝇子 iəŋ^{24}tsɿ^{0}
韩城	蛛蛛 pfu^{31}pfu^{0}	长腿子 tʂʰuɤ^{31}tʰɪi^{53}tsɿ^{0}	蝇母子 iəŋ^{31}mu^{53}tsɿ^{0}
合阳	蛛蛛 pfu^{31}pfu^{31}	蚊子 vẽ^{24}tsɿ^{0}	蝇 iŋ^{24} 苍蝇 tsʰɑŋ^{31}iŋ^{31}
富平	蛛蛛 tʃu^{53}tʃu^{31}	蚊子 vɛ̃^{24}tsɿ^{53}	蝇子 iəɣ̃^{24}tsɿ^{53}
耀州	蛛蛛 tʃu^{52}tʃu^{0}	蚊子 uei^{24}tsɿ^{0}	蝇子 iŋ^{24}tsɿ^{0}
咸阳	蛛蛛 tʃu^{31}tʃu^{0}	蚊子 vɛ̃^{24}tsɿ^{0}	蝇子 iəŋ^{24}tsɿ^{0}
旬邑	蛛蛛 tʃʅ^{52}tʃʅ^{0}	么$^{=}$子 mo^{52}tsɿ^{0}	蝇子 iəŋ^{21}tsɿ^{0} 苍蝇 tsʰɑŋ^{52}iəŋ^{0}
三原	蛛蛛 tʃʒ^{52}tʃʒ^{0}	蚊子 vẽ^{24}tsɿ^{0}	蝇子 iəŋ^{24}tsɿ^{0}

	0244 **蜘蛛**会结网的	0245 **蚊子**统称	0246 **苍蝇**统称
乾县	蜘蛛 tʂʅ^{21}tʃu^{21}	蚊子 vẽ^{24}tsɿ^{21}	蝇子 iɤŋ^{24}tsɿ^{21}
岐山	蛛蛛 tʂʰʅ^{53}tʂʰʅ^{21}	蚊子 vəŋ^{31}tsɿ^{53}	蝇子 iŋ^{31}tsɿ^{53} 苍蝇 tsʰɑŋ^{53}iŋ^{21}
凤翔	蛛蛛 tʂʅ^{53}tʂʅ^{0}	蚊子 vəŋ^{31}tsɿ^{53}	蝇子 iŋ^{31}tsɿ^{53}
千阳	蛛蛛 tʃʅ^{53}tʃʅ^{0}	蚊噆 vəŋ^{31}tsæ̃^{0} 蚊子 vəŋ^{31}tsɿ^{0}	蝇子 iŋ^{31}tsɿ^{0}
西安	蛛蛛 pfu^{21}pfu^{0}	蚊子 vən^{24}tsɿ^{0}	蝇子 iəŋ^{24}tsɿ^{0}
户县	蛛蛛 tsu^{31}tsu^{35}	蚊子 vẽ^{35}tsɿ^{0}	蝇子 iŋ^{35}tsɿ^{0}
商州	蛛蛛 tʃu^{53}tʃu^{0}	么$^{=}$子 muə^{53}tsɿ^{0}	蝇子 iəŋ^{31}tsɿ^{0}
镇安	蛰蛛 tʂɛ^{53}tʂʮ^{0}	夜蚊子 iɛ^{322}vən^{21}tsɿ^{0}	饭蚊子 fan^{322}vən^{21}tsɿ^{0} 屎蚊子 ʂʅ^{35}vən^{21}tsɿ^{0}
安康	蛛蛛儿 pfu^{31}pfur^{0}	蚊子 uən^{35}tsɿ^{0}	苍蝇子 tsʰaŋ^{31}in^{35}tsɿ^{0}
白河	蜘蛛 tʂʅ^{21}tʂu^{0}	夜蚊子 iᴇ^{42}uən^{44}tsɿ^{0}	饭蚊子 fan^{42}uən^{44}tsɿ^{0}
汉阴	蜘蛛子 tʂʅ^{42}tsʮ^{0}tsɿ^{0}	夜蚊子 iᴇ^{24}uən^{42}tsɿ^{0}	蚊子 uən^{42}tsɿ^{0}
平利	蜘蛛 tʂʅ^{43}tʂʮ^{0}	蚊子 uən^{52}tsɿ^{0} 夜蚊子 iᴇ^{24}uəu^{52}tsɿ^{0}	蚊子 uən^{52}tsɿ^{0}
汉中	蜘蛛 tʂʅ^{55}tsu^{0}	么$^{=}$子 mɤ^{55}tsɿ^{0}	苍蝇 tsʰɑŋ^{55}in^{0} 蝇子 in^{42}tsɿ^{0}
城固	蛛蛛 tʃu^{44}tʃu^{0}	么$^{=}$子 mə^{53}ə^{0}	蝇 iŋ^{311}
勉县	螂娃蛛蛛 lɑŋ^{21}vɑ^{0}tsu^{44}tsu^{0}	么$^{=}$子 mɤ^{44}tsɿ^{0}	苍蝇 tsʰɑŋ^{44}in^{0}
镇巴	虼蛛 kɛ^{33}tsu^{31} 虼蛛子 kɛ^{33}tsu^{31}tsɿ^{31}	蚊子 un^{33}tsɿ^{31}	蚊子 un^{33}tsɿ^{31}

	0247 跳蚤咬人的	0248 虱子	0249 鱼
榆林	虼蚤 kəʔ^{3}tsɔo^{52}	虱子 saʔ^{3}tsəʔ^{0}	鱼 y^{213}
神木	虼蚤 kəʔ^{4}tsɔo^{53}	虱子 səʔ^{4}tsəʔ^{0}	鱼 y^{44}
绥德	虼蚤 kəʔ^{3}tsao^{52}	虱虱 sɤ^{33}sɤ^{0} 虱子 sɤ^{33}tsəʔ^{0}	鱼 y^{33}
吴堡	虼蚤 kəʔ^{4}tso^{412}	虱子 ʂɑʔ^{4}tsəʔ^{0}	鱼儿 nʉr^{53}
清涧	虼蚤 kəʔ^{4}tsɔo^{53}	虱 sɛe^{53}	鱼儿 zʮr^{42}
延安	虼蚤 kəʔ^{5}tsɔ^{213}	虱 sei^{213}	鱼 y^{24}
延川	虼蚤 kəʔ^{32}tsɑ^{0}	虱虱 səʔ^{42}səʔ^{213}	鱼儿 zʮr^{35}
黄陵	虼蚤 kɯ^{31}tsɔ^{0}	虱 sei^{31}	鱼 y^{24}
渭南	虼蚤 kɯ^{53}tsɔo^{0}	虱 sei^{31}	鱼 y^{24}
韩城	虼蚤 kɯ^{31}tsɑu^{53}	虱 sɪi^{31}	鱼 ȵy^{24}
合阳	虼蚤 kɯ^{31}tsɔo^{31}	虱 sei^{31}	鱼 y^{24}/ȵy^{24}
富平	虼蚤 kɯ^{31}tsɑo^{31}	虱 seɪ^{31}	鱼 y^{24}
耀州	虼蚤 kɯ^{52}tsɔu^{0}	虱 sei^{21}	鱼 y^{24}
咸阳	虼蚤 kɯ^{31}tsɔ^{0} 跳蚤 tʰiɔ^{44}tsɔ^{0}	虱 sei^{31}	鱼 y^{24}
旬邑	虼蚤 kɯ^{52}tsau^{0}	虱 sei^{21}	鱼 y^{24}
三原	虼蚤 kɯ^{31}tsɑɔ^{0}	虱 sei^{31}	鱼 y^{24}

	0247 跳蚤咬人的	0248 虱子	0249 鱼
乾县	虼蚤 $kɯ^{21}tsɔ^{21}$	虱 se^{21}	鱼 y^{24}
岐山	虼蚤 $kei^{31}tsɔ^{21}$ 跳蚤 $ȶ^{h}iɔ^{31}tsɔ^{53}$	虱 sei^{31}	鱼 y^{24}
凤翔	虼蚤 $kei^{31}tsɔ^{0}$	虱 sei^{31}	鱼 y^{24}
千阳	虼蚤 $kuo^{31}tsɔ^{0}$	虱 sei^{31}	鱼 y^{24}
西安	虼蚤 $kɯ^{21}tsau^{0}$	虱 sei^{21}	鱼 y^{24}
户县	虼蚤 $kɯ^{31}tsau^{31}$	虱 sei^{31}	鱼 y^{35}
商州	虼蚤 $kɯ^{31}tsɑo^{31}$	虱 sei^{31}	鱼 y^{35}
镇安	虼蚤 $kɛ^{21}tsɔo^{35}$	虱子 $sɛ^{53}tsɿ^{0}$	鱼 $ʐʮ^{33}$
安康	虼蚤 $kɤ^{31}tsau^{31}$	虱子 $ʂei^{31}tsɿ^{0}$	鱼 y^{35}
白河	虼蚤 $kᴇ^{21}tsɔu^{35}$	虱子 $sᴇ^{21}tsɿ^{0}$	鱼 y^{44}
汉阴	虼蚤子 $kᴇ^{42}tsɑo^{0}tsɿ^{0}$	虱子 $sᴇ^{42}tsɿ^{0}$	鱼 y^{42}
平利	虼蚤 $kᴇ^{43}tsau^{445}$	虱子 $sᴇ^{43}tsɿ^{0}$	鱼 $ʮ^{52}$
汉中	虼蚤 $kɤ^{42}tsɑo^{0}$	虱子 $sei^{55}tsɿ^{0}$	鱼 y^{42}
城固	虼蚤 $kə^{31}tsɔ^{24}$	虱子 $sei^{44}tsɿ^{0}$	鱼 y^{311}
勉县	虼蚤 $kɤ^{21}tsɑɔ^{0}$	虱 sei^{42}	鱼 y^{21}
镇巴	虼蚤子 $kɛ^{33}tsau^{31}tsɿ^{31}$	虱子 $sɛ^{33}tsɿ^{31}$	鱼 y^{31}

	0250 鲤鱼	0251 鳙鱼胖头鱼	0252 鲫鱼
榆林	鲤鱼 li²¹y²¹³	（无）	鲫鱼 tɕiəʔ³y³³
神木	鲤鱼 li²¹y⁴⁴	（无）	鲫鱼 tɕi⁵³y⁴⁴
绥德	鲤鱼 li²¹y³³	（无）	鲫鱼 tɕi⁵²y⁰
吴堡	鲤鱼儿 lɛe⁴¹nʉr⁵³	（无）	（无）
清涧	鲤鱼儿 li⁵³zʮr⁰	（无）	（无）
延安	鲤鱼 li⁵²y²⁴	（无）	鲫鱼 tɕi²¹y²⁴
延川	鲤鱼儿 li⁵³zʮr³⁵	（无）	鲫鱼儿 tsɿ²¹zʮr³⁵
黄陵	鲤鱼 li⁵²y⁰	（无）	鲫鱼 tɕi³¹y²⁴
渭南	鲤鱼 li⁵³y²⁴	（无）	鲫鱼 tɕi³¹y²⁴
韩城	鲤鱼 lɪi⁵³ȵy²⁴	（无）	鲫鱼 tɕi⁴⁴ȵy²⁴
合阳	鲤鱼 li⁵²y²⁴/li⁵²ȵy²⁴	花鲢 xuɑ³¹liɑ̃²⁴	鲫鱼 tsi³¹ȵy²⁴
富平	鲤鱼 li⁵³y²⁴	（无）	鲫鱼 tɕi³¹y²⁴
耀州	鲤鱼 li⁵²y²⁴	（无）	鲫鱼 tɕi²¹y²⁴
咸阳	鲤鱼 li⁵³y²⁴	（无）	鲫鱼 tɕi³¹y²⁴
旬邑	鲤鱼 li⁵²y²⁴	（无）	（无）
三原	鲤鱼 li⁵²y²⁴	鳙鱼 yŋ³¹y²⁴	鲫鱼 tɕi³¹y²⁴

	0250 鲤鱼	0251 鳙鱼胖头鱼	0252 鲫鱼
乾县	鲤鱼 li^{53}y^{24}	鳙鱼 yoŋ^{24}y^{21}	青鱼 tɕ^{h}iɤŋ^{21}y^{21}
岐山	鲤鱼 li^{53}y^{24}	花鲢 xuᴀ^{31}liæ̃^{24} 鲢鱼 liæ̃^{24}y^{24}	鲫鱼 tɕi^{31}y^{24}
凤翔	鲤鱼 li^{53}y^{24}	花鲢 xua^{31}liæ̃^{24}	鲫鱼 tɕi^{31}y^{24}
千阳	鲤鱼 li^{53}y^{24}	（无）	（无）
西安	鲤鱼 li^{53}y^{24}	（无）	鲫鱼 tɕi^{21}y^{24}
户县	鲤鱼 li^{51}y^{35}	花鲢 xua^{31}liã^{35}	鲫鱼 tɕi^{31}y^{35}
商州	鲤鱼 li^{53}y^{35}	（无）	鲫鱼 tɕi^{31}y^{35}
镇安	鲤鱼 li^{35}ʐʮ^{33}	（无）	鲫鱼 tɕi^{53}ʐʮ^{33}
安康	鲤鱼 li^{53}y^{35}	大头鱼 ta^{44}t^{h}ou^{35}y^{35} 鲢鱼 lian^{35}y^{35}	鲫鱼 tɕi^{44}y^{35}
白河	鲤鱼 li^{35}y^{44}	胖头鱼 p^{h}aŋ^{21}t^{h}əu^{44}y^{44}	（无）
汉阴	鲤鱼 li^{45}y^{42}	大脑壳儿鱼 tɑ^{21}lɑo^{45}k^{h}ar^{0}y^{42}	鲫壳子 tɕi^{42}k^{h}o^{0}tsɿ^{0}
平利	鲤鱼 li^{45}ʮ^{52}	（无）	鲫鱼 tɕi^{24}ʮ^{52}
汉中	鲤鱼 li^{35}y^{0}	大头鱼 tᴀ^{35}t^{h}əu^{42}y^{42}	鲫鱼 tɕi^{55}y^{0}
城固	鲤鱼 li^{24}y^{0}	大头鱼 ta^{31}t^{h}əu^{0}y^{311}	鲫鱼 tɕi^{44}y^{0}
勉县	鲤鱼 li^{35}y^{0}	大头鱼 tɑ^{21}t^{h}əu^{35}y^{21}	鲫鱼 tɕi^{44}y^{0}
镇巴	鲤鱼 li^{45}y^{31}	（无）	鲫壳子 tɕi^{33}k^{h}o^{31}tsɿ^{31}

	0253 甲鱼	0254 鳞鱼的	0255 虾统称
榆林	鳖 piʌʔ^{3}	鱼刺 y^{24}ts^{h}ʅ^{52}	虾 ɕia^{33}
神木	鳖盖 piəʔ^{4}kEe^{53}	鱼鳞 y^{44}liɣ̃^{44}	虾 ɕia^{44}
绥德	鳖 pie^{33} 甲鱼 tɕiɑ^{21}y^{33}	鱼鳞 y^{33}liəɣ̃^{33}	虾 ɕiɑ^{33}
吴堡	鳖 piəʔ^{3}	鱼鳞子 nʉ^{33}lɛe^{33}tsəʔ^{0}	虾 ɕiɑʔ^{3}
清涧	鳖 pi^{42}	鳞 liəɣ̃^{24}	虾 ɕia^{24}
延安	鳖 piɛ^{213}	鳞 liəŋ^{24}	虾 ɕia^{213}
延川	鳖 piɛ^{423}	鱼鳞儿 zʮ^{35}liər^{35}	虾 ɕia^{213}
黄陵	鳖 piɛ^{31}	鳞 liẽ^{24}	虾 ɕiɑ^{31}
渭南	王八 uɑŋ^{24}pɑ^{31} 鳖 piɛ^{31}	鱼鳞甲 y^{24}liə̃^{24}tɕiɑ^{31}	虾 ɕiɑ^{31}
韩城	鳖 piE^{31}	鱼鳞 ȵy^{24}liɛ̃^{24}	虾 ɕiɑ^{31}
合阳	鳖 piɛ^{31} 甲鱼 tɕiɑ^{31}ȵy^{24}	鱼鳞 y^{24}liẽ^{24} 鱼鳞 ȵy^{24}liẽ^{24}	虾 ɕiɑ^{31}
富平	鳖 piɛ^{31}	鳞片 liɛ̃^{24}p^{h}iæ̃^{53}	虾 ɕiɑ^{31}
耀州	鳖 piɛ^{21} 王八 uɑŋ^{24}pa^{0}	鳞片 liei^{24}p^{h}iæ̃^{0}	虾 ɕia^{21}
咸阳	鳖 piɛ^{31}	鳞 liɛ̃^{24}	虾 ɕiɑ^{31}
旬邑	鳖 piɛ^{21}	鱼甲 y^{24}tɕia^{0} 鳞 liɛ̃^{24}	虾 ɕiɑ^{21}
三原	鳖 piɛ^{31}	鱼鳞甲 y^{24}liẽ^{24}tɕiɑ^{52}	虾 ɕiɑ^{31}

	0253 甲鱼	0254 鳞鱼的	0255 虾统称
乾县	甲鱼 $tɕia^{21}y^{21}$	鳞 $li\tilde{e}^{24}$	虾 $ɕia^{21}$
岐山	鳖 $piɛ^{31}$	鱼鳞 $y^{24}liŋ^{24}$	虾 $ɕia^{31}$
凤翔	鳖 pie^{31}	鳞 $liŋ^{24}$ 鱼鳞 $y^{24}liŋ^{24}$	虾 $ɕia^{31}$
千阳	鳖 pie^{31}	鱼鳞 $y^{24}liŋ^{24}$	虾 $ɕia^{31}$
西安	鳖 $piɛ^{21}$	鳞 lin^{24}	虾 $ɕia^{21}$
户县	鳖 $piɛ^{31}$	甲 $tɕia^{31}$	虾米 $ɕia^{31}mi^{31}$ 虾 $ɕia^{31}$
商州	鳖 $piɛ^{31}$	鳞 $li\tilde{e}^{35}$	虾 $ɕiɑ^{31}$
镇安	鳖 $piɛ^{53}$	鳞 lin^{33}	虾 $ɕia^{53}$
安康	鳖 pie^{31}	鳞甲 $lin^{35}tɕia^{0}$	虾米 $ɕia^{31}mi^{0}$
白河	鳖 $piᴇ^{213}$	鳞甲 $liən^{44}tɕia^{0}$	麻虾 $ma^{44}ɕia^{213}$
汉阴	鳖娃子 $piᴇ^{42}uɑ^{0}tsɿ^{0}$ 鳖 $piᴇ^{42}$	鱼甲 $y^{42}tɕiɑ^{42}$	虾米 $ɕiɑ^{33}mi^{0}$
平利	鳖 $piᴇ^{43}$	鳞甲 $lin^{52}tɕia^{0}$	虾米 $ɕia^{52}mi^{0}$
汉中	鳖 $piᴇ^{55}$	甲 $tɕiᴀ^{55}$	虾 $ɕiᴀ^{55}$
城固	鳖 $piɛ^{53}$	甲 $tɕia^{53}$	虾 $ɕia^{53}$
勉县	鳖 $piɛ^{42}$	甲 $tɕiɑ^{42}$	虾 $ɕiɑ^{42}$
镇巴	团鱼 $t^{h}uan^{33}y^{31}$	甲 $tɕia^{31}$	虾 $ɕia^{35}$

	0256 **螃蟹**统称	0257 **青蛙**统称	0258 **癞蛤蟆**表皮多疙瘩
榆林	螃蟹 p^{h}ɑ̃^{24}çiɛ^{0}	蛤蟆儿 xəʔ^{3}mɐr^{33}	旱蛤蟆儿 xɛ^{52}xəʔ^{3}mɐr^{0}
神木	螃蟹 p^{h}ɑ̃^{44}çiɛ^{0}	蛤蟆 xəʔ^{4}ma^{44}	疥圪泡 tçiɛ^{53}kəʔ^{2}p^{h}ɔo^{24}
绥德	螃蟹 p^{h}ɑ̃^{33}çie^{0}	蛤蟆 kəʔ^{3}mɑ^{33}	旱蛤蟆 xæ^{52}kəʔ^{3}mɑ^{33}
吴堡	螃蟹 p^{h}ã^{33}çie^{53}	蛤蟆 kəʔ^{3}mɑ^{33}	旱蛤蟆 çie^{53}kəʔ^{3}mɑ^{33}
清涧	螃蟹 p^{h}ɒ̃^{24}çi^{0}	蛤蟆 xəʔ^{4}mɑ^{0}	旱蛤蟆 çi^{44}xəʔ^{4}mɑ^{0}
延安	螃蟹 p^{h}aŋ^{24}çiɛ^{0}	蛤蟆 xəʔ^{5}ma^{0}	癞蛤蟆 lai^{443}xəʔ^{5}ma^{0}
延川	螃蟹 p^{h}ɑŋ^{35}çiɛ^{0}	蛤蟆 xəʔ^{54}ma^{0}	癞蛤蟆 lai^{53}xəʔ^{54}ma^{0}
黄陵	螃蟹 p^{h}ɑŋ^{24}xE^{0}	蛤蟆 xɯ^{24}mɑ^{0}	疥蛤蟆 tçiE^{55}xɯ^{24}mɑ^{0}
渭南	螃蟹儿 p^{h}ɑŋ^{24}xɐr^{53}	蛤蟆 xɯ^{24}mɑ^{0}	蚧蚪子 tçiae^{44}təu^{0}tsɿ^{0}
韩城	螃蟹 p^{h}ɑŋ^{31}xæe^{53} 横蟹子 çyɑ^{31}xɑ^{53}tsɿ^{0}	蛤蟆 xɯ^{31}mɑ^{53}	蛤蟆 xɯ^{31}mɑ^{53}
合阳	螃蟹 p^{h}ɑŋ^{24}xæe^{31}	蛤蟆 xɯ^{24}mɑ^{31}	癞蛤蟆 læe^{55}xɯ^{24}mɑ^{31}
富平	螃蟹 p^{h}ɑɣ̃^{31}xɛe^{53}	蛤蟆 xɯ^{31}mɑ^{53}	疥蛤蟆 tçiɛ^{55}xɯ^{31}mɑ^{53}
耀州	螃蟹 p^{h}ɑŋ^{24}xæi^{0}	蛤蟆 xɯ^{24}ma^{0}	疥蛤蟆 tçiɛ^{44}xɯ^{24}ma$^{52\ 0}$ 疥疙瘩 tçiɛ^{44}kɯ^{21}ta^{0}
咸阳	螃蟹 p^{h}ɑŋ^{24}xæ^{0}	青蛙 tç^{h}iəŋ^{31}ua^{0}	疥蛙 tçiɛ^{44}ua^{0}
旬邑	螃蟹 p^{h}ɑŋ^{21}xɛi^{52}	疥蛤蛙 tçiɛ^{24}kɤ^{0}ua^{44} 疥肚子 tçiɛ^{24}t^{h}u^{21}tsɿ^{0}	疥蛤蛙 tçiɛ^{24}kɤ^{0}ua^{44} 疥肚子 tçiɛ^{24}t^{h}u^{21}tsɿ^{0}
三原	螃蟹 p^{h}ɑŋ^{24}xai^{0}	蛤蟆蛙 xɯ^{24}mɑ^{52}uɑ^{44}	疥疙瘩 tçiɛ^{44}kɯ^{31}tɑ^{24}

	0256 螃蟹统称	0257 青蛙统称	0258 癞蛤蟆表皮多疙瘩
乾县	螃蟹 p^{h}aŋ^{24}ɕiə^{21}	疥蛤蛙 tɕiə^{55}kɯ^{21}ua^{24}	癞蛤蟆 nɛ^{55}xa^{24}ma^{21}
岐山	螃蟹 p^{h}ɑŋ^{31}ɕiɛ^{53}	青蛙 tɕ^{h}iŋ^{53}vA^{21}	疥蛙 tɕiɛ^{44}vA^{44}
凤翔	螃蟹 p^{h}ɑŋ^{31}ɕie^{53}	青蛙 ts^{h}iŋ^{53}va^{0}	疥疤⁼肚 tɕie^{45}pa^{0}t^{h}u^{0} 癞蛤蟆 lE^{44}xa^{31}ma^{53}
千阳	螃甲 p^{h}ɑŋ^{31}tɕia^{0}	青蛙 ts^{h}iŋ^{53}va^{0}	疥蟆肚 tɕye^{45}ma^{0}t^{h}ou^{0}
西安	螃蟹 p^{h}aŋ^{24}xã^{0}	嘎肚子 ka^{44}tu^{21}tsɿ^{0}	疥肚子 tɕiɛ^{44}tu^{21}tsɿ^{0}
户县	夹拔 tɕia^{31}pa^{35}	疥豆蛙 tɕiɛ^{55}tɤu^{31}ua^{55}	蟆疥 ma^{35}tɕiɛ^{55}
商州	螃夹子 p^{h}ɑŋ^{31}tɕiɑ^{53}tsɿ^{0}	蛤蟆 xɯ^{31}mɑ^{53}	疥肚子 tɕiai^{44}tou^{31}tsɿ^{0} 癞蛤蟆 lai^{44}xɯ^{31}mɑ^{0}
镇安	螃蟹 p^{h}ʌŋ^{21}xai^{35}	蛤蟆 k^{h}ɛ^{33}ma^{0}	癞袋⁼鼓 lai^{322}tai^{322}ku^{35} 癞肚子 lai^{322}təu^{21}tsɿ^{0}
安康	螃蟹 p^{h}an^{35}xæ^{31}	蛤蟆儿 k^{h}ɤ^{35}mar^{0}	癞肚子 læ^{44}tu^{31}tsɿ^{0}
白河	螃蟹 p^{h}an^{44}xai^{35}	蛤蟆 k^{h}E^{44}ma^{0}	癞肚 lai^{42}təu^{0} 癞肚鼓 lai^{42}təu^{35}ku^{35}
汉阴	螃蟹 p^{h}ɑŋ^{42}χae^{0}	蛤蟆 k^{h}E^{42}mɑ^{0}	癞肚子 lae^{21}təu^{45}tsɿ^{0} 癞蛤蟆 lae^{24}k^{h}E^{42}mɑ^{0}
平利	螃蟹 p^{h}an^{52}xai^{445}	蛤蟆 k^{h}E^{52}ma^{0}	癞肚子 lai^{24}tou^{45}tsɿ^{0}
汉中	螃蟹 p^{h}ɑŋ^{42}xai^{0}	青蛙 tɕ^{h}in^{55}uA^{0}	疥疤⁼子 kai^{21}pA^{35}tsɿ^{0} 疥肚子 kai^{21}tu^{35}tsɿ^{0}
城固	螃蟹 p^{h}an^{31}xai^{24}	青蛙 ts^{h}iŋ^{44}ua^{0}	疥疤⁼kai^{31}pa^{24}
勉县	螃蟹 p^{h}ɑn^{21}xɑi^{0}	青蛙 tɕ^{h}in^{44}vɑ^{0}	疥疤⁼子 kɑi^{21}pɑ^{35}tsɿ^{0}
镇巴	螃蟹 p^{h}aŋ^{33}xai^{31}	蛤蟆子 k^{h}ɛ^{33}ma^{31}tsɿ^{31}	癞蛤包 lai^{213}k^{h}ɛ^{31}pau^{55}

	0259 马	0260 驴	0261 骡
榆林	马 mɑ^{213}	驴 ly^{213} 毛驴 mɔo^{24}ly^{213}	骡子 luə^{24}tsəʔ^{0}
神木	马 mɑ^{213}	毛驴 mɔo^{44}ly^{44}	骡子 luo^{44}tsəʔ^{0}
绥德	马 mɑ^{213}	驴 ly^{33}	骡子 ləɣ̃^{33}tsəʔ^{0}
吴堡	马 mɑ^{412}	驴 ʉ^{33}	骡子 lɤu^{33}tsəʔ^{0}
清涧	马 mɑ^{53}	驴 zʮ^{24}	骡子 lɯ^{24}tsəʔ^{0}
延安	马 ma^{52}	驴 ly^{24}	骡子 luo^{24}tsəʔ^{0}
延川	马 ma^{53}	驴 zʮ^{35}	骡 lei^{35}
黄陵	马 mɑ^{52}	驴 y^{24}	骡子 luɤ^{24}tsɿ^{0}
渭南	马 mɑ^{53}	驴 ly^{24}	骡子 luə^{24}tsɿ^{0}
韩城	马 mɑ^{53}	驴 y^{24}	骡子 luɤ^{31}tsɿ^{53}
合阳	马 mɑ^{52}	驴 y^{24}	骡子 luo^{24}tsɿ^{0}
富平	马 mɑ^{53}	驴 ly^{24}	骡子 luo^{24}tsɿ^{53}
耀州	马 ma^{52}	驴 ly^{24}	骡子 luo^{24}tsɿ^{0}
咸阳	马 ma^{53}	驴 ly^{24}	骡子 luo^{24}tsɿ^{0}
旬邑	马 ma^{52}	驴 ly^{24}	骡子 luo^{21}tsɿ^{0}
三原	马 mɑ^{52}	驴 ly^{24}	骡子 luə^{24}tsɿ^{0}

	0259 马	0260 驴	0261 骡
乾县	马 ma^{53}	驴 ly^{24}	骡 luɤ^{24}
岐山	马 mᴀ^{53}	驴 ly^{24}	骡子 luo^{31}tsɿ^{53}
凤翔	马 ma^{53}	驴 ly^{24}	骡子 luo^{31}tsɿ^{53}
千阳	马 ma^{53}	驴 ly^{24}	骡子 luo^{31}tsɿ^{0}
西安	马 ma^{53}	驴 ly^{24}	骡子 luo^{24}tsɿ^{0}
户县	马 ma^{51}	驴 ly^{35}	骡子 luɤ^{35}tsɿ^{0}
商州	马 mɑ^{53}	驴 ly^{35}	骡子 luə^{31}tsɿ^{0}
镇安	马 ma^{35}	驴驴儿 li^{33}liər^{0}	骡子 luə^{33}tsɿ^{0}
安康	马 ma^{53}	驴 ly^{35}	骡子 luo^{35}tsɿ^{0}
白河	马 ma^{35}	驴子 ly^{44}tsɿ^{0}	骡子 luo^{44}tsɿ^{0}
汉阴	马 mɑ^{45}	驴驴儿 ly^{42}lyar^{0}	骡子 lo^{42}tsɿ^{0}
平利	马 ma^{445}	驴 ɳʮ^{52}	骡子 lo^{52}tsɿ^{0}
汉中	马 mᴀ^{354}	驴 ly^{42}	骡子 luɤ^{42}tsɿ^{0}
城固	马 ma^{44}	毛驴 mɔ^{44}y^{0}	骡子 luə^{31}tsɿ^{0}
勉县	马 mɑ^{35}	毛驴子 mɑɔ^{21}ly^{21}tsɿ^{0}	骡子 luɤ^{21}tsɿ^{0}
镇巴	马 ma^{52}	毛驴子 mau^{33}ly^{31}tsɿ^{31}	骡子 lo^{33}tsɿ^{31}

	0262 牛	0263 公牛统称	0264 母牛统称
榆林	牛 niəu^{213} 牛哞儿 niəu^{24}mər^{33}①	犍牛 tɕiɛ^{33}niəu^{33}	母牛 mu^{21}niəu^{213}
神木	牛 ȵiəu^{44}	犍牛 tɕiɛ^{24}niəu^{44} 㹀牛 pʰəʔ^{4}ȵiəu^{44}	騇牛 ʂʅə^{21}ȵiəu^{44}
绥德	哞儿 mər^{33} 牛 niəu^{33}	犍牛 tɕie^{21}niəu^{33}	㹚牛 səɣ̃^{21}niəu^{33}
吴堡	牛 ȵiɑo^{33}	牛公子 ȵiɑo^{33}kuəŋ^{24}tsəʔ^{0}	騇牛儿 ʂɑ^{41}ȵiɑor^{33}
清涧	牛 ȵiəu^{24}	牛公子 ȵiəu^{24}kuəɣ̃^{31}tsəʔ^{53}未骟 犍牛 tɕi^{31}ȵiəu^{24}已骟	㹚牛 səɣ̃^{53}ȵiəu^{24}
延安	牛 ȵiou^{24}	牛公子 ȵiou^{24}kuəŋ^{24}tsɿ^{0} 犍牛 tɕiæ̃^{21}ȵiou^{24}	母牛 mu^{52}ȵiou^{24} 㹚牛 səŋ^{21}ȵiou^{24}
延川	牛 ȵiəu^{35}	犍牛 tɕiɛ^{21}ȵiəu^{35} 牛公子 ȵiəu^{35}kuŋ^{21}tsəʔ^{0}	騇牛 sa^{53}ȵiəu^{35}
黄陵	牛 ȵiəu^{24}	犍牛 tɕiæ̃^{31}ȵiəu^{24} 㹀牛 pʰuɤ^{31}ȵiəu^{24}	㹚牛 səŋ^{52}ȵiəu^{24}
渭南	牛 ȵiəu^{24}	公牛 kuəŋ^{31}ȵiəu^{24}	乳牛 ʒ^{53}ȵiəu^{24}
韩城	牛 ŋəu^{24}	犍牛 tɕiã^{31}ŋəu^{24}	乳牛 vu^{53}ŋəu^{24}
合阳	牛 ŋou^{24}	犍牛 tɕiã^{31}ŋou^{24} 㹀牛 pʰo^{31}ŋou^{24}	乳牛 vu^{52}ŋou^{24}
富平	牛 ȵiou^{24}	公牛 kuəɣ̃^{31}ȵiou^{24}	母牛 mu^{53}ȵiou^{24}
耀州	牛 ȵiou^{24}	犍牛 tɕiæ̃^{21}ȵiou^{24}	乳牛 ʒu^{52}ȵiou^{24}
咸阳	牛 ȵiou^{24}	犍牛 tɕiã^{53}ȵiou^{24}	乳牛 ʒu^{53}ȵiou^{24}
旬邑	牛 ȵiəu^{24}	犍牛 tɕiã^{21}ȵiəu^{24}	乳牛 ʒʅ^{52}ȵiəu^{24}
三原	牛 ȵiou^{24}	犍牛 tɕiã^{31}ȵiou^{24}	乳牛 ʒ^{52}ȵiou^{24}

①与儿童对话时语。

	0262 牛	0263 公牛统称	0264 母牛统称
乾县	牛 ȵiou^{24}	公牛 koŋ^{21}ȵiou^{21}	母牛 mu^{53}ȵiou^{21}
岐山	牛 ȵiou^{24}	犍牛 tɕiæ̃^{53}ȵiou^{21}	乳牛 ʐʅ^{53}ȵiou^{21}
凤翔	牛 ȵiəu^{24}	犍牛 tɕiæ̃^{53}ȵiəu^{0}	乳牛 ʒʅ^{44}ȵiəu^{0}
千阳	牛 ȵiou^{24}	犍牛 tɕiæ̃^{53}ȵiou^{0}	乳牛 ʒʅ^{44}ȵiou^{0}
西安	牛 ȵiou^{24}	公牛 koŋ^{21}ȵiou^{24}	母牛 mu^{53}ȵiou^{24}
户县	牛 ȵiɤu^{35}	犍牛 tɕiã^{31}ȵiɤu^{35} ⿰牜菐牛 pʰɤ^{31}ȵiɤu^{35} 牛公子 ȵiɤu^{35}kuəŋ^{31}tsɿ^{0}	乳牛 zu^{51}ȵiɤu^{35}
商州	牛 ȵiou^{35}	犍牛 tɕiã^{53}ȵiou^{0}	乳牛 ʒu^{53}ȵiou^{0}
镇安	牛 ȵiəu^{33}	牯子牛 ku^{35}tsɿ^{21}ȵiəu^{33} 犍牛 tɕian^{53}ȵiəu^{33}	母牛 muə^{21}ȵiəu^{21}
安康	牛 ȵiou^{35}	犍牛 tɕian^{31}ȵiou^{35}	母牛 mə^{53}ȵiou^{35}
白河	牛 ȵiəu^{44}	犍牛 tɕian^{21}ȵiəu^{44}	母牛 mo^{42}ȵiəu^{44}
汉阴	牛 ȵiəu^{42}	犍牛 tɕian^{24}ȵiəu^{42}	母牛 mo^{24}ȵiəu^{42}
平利	牛 ȵiou^{52}	犍牛 tɕian^{43}ȵiou^{52}	母牛 mo^{24}ȵiou^{52}
汉中	牛 ȵiəu^{42}	骚牛 sɑo^{55}ȵiəu^{0}	母牛 mu^{35}ȵiəu^{42}
城固	牛 ȵiəu^{311}	公牛 kuŋ^{44}ȵiəu^{0}	母牛 mu^{24}ȵiəu^{0}
勉县	牛 ȵiəu^{21}	牯牛 ku^{35}ȵiəu^{0}	牸牛 tsɿ^{21}ȵiəu^{35}
镇巴	牛 ȵiəu^{31}	牯牛 ku^{45}ȵiəu^{31} 骚牛 sau^{35}ȵiəu^{52}	牸牛 tsɿ^{213}ȵiəu^{52}

	0265 放牛	0266 羊	0267 猪
榆林	拦牛 lɛ^{24}niəu^{213}	羊 iɑ̃^{213}	猪 tʂu^{33}
神木	放牛 fɑ̃^{53}ȵiəu^{44}	羊 iɑ̃^{44}	猪 tʂu^{213}
绥德	拦牛 læ^{33}niəu^{33}	羊 iɑ̃^{33}	猪 tʂʮ^{213}
吴堡	拦牛 lɑ̃^{33}ȵiɑo^{33}	羊 iɤu^{33}	猪 tsu^{213}
清涧	拦牛 lɛ^{24}ȵiəu^{24}	羊 iɯ^{24}	猪 tʂʮ^{312}
延安	拦牛 læ̃^{24}ȵiou^{24}	羊 iɑŋ^{24}	猪 tʂu^{213}
延川	拦牛 læ̃^{35}ȵiəu^{0}	羊 i^{35}	猪 tʂʮ^{213}
黄陵	放牛 fɑŋ^{55}ȵiəu^{24}	羊 iɑŋ^{24}	猪 tsʮ^{31}
渭南	放牛 fɑŋ^{44}ȵiəu^{24}	羊 iɑŋ^{24}	猪 tʃʒ^{31}
韩城	放牛 fɑŋ^{44}ŋəu^{24}	羊 iɤ^{24}	猪 pfu^{31}
合阳	放牛 fɑŋ^{55}ŋou^{24}	羊 iɑŋ^{24}	猪 pfu^{31}
富平	放牛 fɑɣ̃^{55}ȵiou^{24}	羊 iɑɣ̃^{24}	猪 tʃu^{31}
耀州	放牛 fɑŋ^{44}ȵiou^{24}	羊 iɑŋ^{24}	猪 tʃu^{21}
咸阳	放牛 fɑŋ^{44}ȵiou^{24}	羊 iɑŋ^{24}	猪 tʃu^{31}
旬邑	放牛 fɑŋ^{44}ȵiəu^{24}	羊 iɑŋ^{24}	猪 tʃʅ^{21}
三原	放牛 fɑŋ^{44}ȵiou^{24}	羊 iɑŋ^{24}	猪 tʃʒ^{31}

	0265 放牛	0266 羊	0267 猪
乾县	放牛 faŋ^{55}ȵiou^{21}	羊 iaŋ^{24}	猪 tʃu^{21}
岐山	放牛 fɑŋ^{44}ȵiou^{24}	羊 iɑŋ^{24}	猪 tʂʅ^{31}
凤翔	放牛 fɑŋ^{44}ȵiəu^{24}	羊 iɑŋ^{24}	猪 tʂʅ^{31}
千阳	放牛 fɑŋ^{44}ȵiou^{24}	羊 iɑŋ^{24}	猪 tʃʅ^{31}
西安	放牛 faŋ^{44}ȵiou^{24}	羊 iaŋ^{24}	猪 pfu^{21}
户县	放牛 faŋ^{55}ȵiɤu^{35}	羊 iaŋ^{35}	猪 tsu^{31}
商州	放牛 fɑŋ^{44}ȵiou^{35}	羊 iɑŋ^{35}	猪 tʃu^{31}
镇安	放牛 fʌŋ^{322}ȵiəu^{33}	羊 iʌŋ^{33}	猪 tʂʯ^{53}
安康	放牛 faŋ^{44}ȵiou^{35}	羊 iaŋ^{35}	猪 pfu^{31}
白河	放牛 faŋ^{42}ȵiəu^{44}	羊子 iaŋ^{44}tsɿ^{0}	猪 tʂu^{213}
汉阴	放牛 χuɑŋ^{24}ȵiəu^{42}	羊 iɑŋ^{42}	猪 tsʯ^{33}
平利	放牛 faŋ^{24}ȵiou^{52}	羊子 iaŋ^{52}tsɿ^{0}	猪 tʂʯ^{43}
汉中	放牛 fɑŋ^{35}ȵiəu^{42}	羊 iɑŋ^{42}	猪 tsu^{55}
城固	放牛 faŋ^{24}ȵiəu^{0}	羊 iaŋ^{311}	猪 tʃu^{53}
勉县	放牛 fɑŋ^{35}ȵiəu^{21}	羊 iɑŋ^{21}	猪 tsu^{42}
镇巴	放牛 faŋ^{213}ȵiəu^{52}	羊子 iaŋ^{33}tsɿ^{31}	猪 tsu^{35}

	0268 种猪配种用的公猪	0269 公猪成年的，已阉的	0270 母猪成年的，未阉的
榆林	羯猪 tɕiʌʔ^{3}tʂu^{0}	牙猪 ia^{24}tʂu^{0}	母猪 mu^{21}tʂu^{33}
神木	羯猪子 tɕiəʔ^{2}tʂu^{24}tsəʔ^{0}	牙猪 ia^{44}tʂu^{0}	老母猪 lɔo^{24}mu^{21}tʂu^{24} 窠婆 kʰuo^{24}pʰuo^{44}
绥德	羯猪 tɕie^{21}tʂʮ^{213}	牙猪 iɑ^{33}tʂʮ^{0}	母猪 mu^{21}tʂʮ^{213}
吴堡	猪公子 tsu^{21}kuəŋ^{24}tsəʔ^{0}	童猪儿 tʰuəŋ^{33}tsur^{213}	婆猪 pʰɤu^{33}tsu^{213}
清涧	羯猪 tɕiː^{53}tʂʮ^{312}	牙猪 ȵiɑ^{24}tʂʮ^{312}	母猪 mu^{53}tʂʮ^{312}
延安	种猪 tʂuəŋ^{52}tʂu^{0} 猪公子 tʂu^{24}kuəŋ^{21}tsəʔ^{5}	牙猪 ȵia^{24}tʂu^{0}	母猪 mu^{52}tʂu^{0}
延川	羯猪子 tɕiɛ^{53}tʂʮ^{21}tsəʔ^{53}	牙猪 ȵia^{35}tʂʮ^{0}	老母猪 lɑo^{21}mu^{53}tʂʮ^{0}
黄陵	角猪 tɕyɤ^{31}tsʮ^{0}	牙猪 ȵiɑ^{24}tsʮ^{31}	猪婆 tsʮ^{31}pʰuɤ^{0}
渭南	猪公子 tʃʒ^{24}kuəŋ^{53}tsɿ^{0}	牙猪 ȵiɑ^{24}tʃʒ^{31}	草猪 tsʰɔo^{53}tʃʒ^{31}
韩城	角猪子 tɕiɤ^{44}pfu^{31}tsɿ^{0}	牙猪 ȵiɑ^{31}pfu^{53}	草猪 tsʰɑu^{53}pfu^{31}
合阳	角猪 tɕyə^{55}pfu^{31} 种猪 pfəŋ^{52}pfu^{31}	肉猪 zou^{55}pfu^{31}	母猪 mu^{52}pfu^{31}
富平	种猪 tʃuəɣ̃^{53}tʃu^{31}	牙猪 ȵiɑ^{24}tʃu^{31}	母猪 mu^{53}tʃu^{31}
耀州	猪公子 tʃu^{24}kuŋ^{21}tsɿ^{0}	牙猪子 ȵia^{24}tʃu^{52}tsɿ^{0}	草猪子 tsʰɔu^{52}tʃu^{21}tsɿ^{0}
咸阳	角猪 tɕyo^{31}tʃu^{0}	牙猪 ȵia^{24}tʃu^{0}	母猪 mu^{53}tʃu^{0}
旬邑	角猪子 tɕyo^{21}tʃʅ^{21}tsɿ^{0}	牙猪 ȵia^{21}tʃʅ^{52}	猪婆 tʃʅ^{52}pʰo^{0}
三原	角猪 tɕyɤ^{31}tʃʒ^{31}	牙猪 ȵiɑ^{24}tʃʒ^{31}	母猪 mu^{52}tʃʒ^{31}

	0268 **种猪**配种用的公猪	0269 **公猪**成年的，已阉的	0270 **母猪**成年的，未阉的
乾县	种猪 tʃoŋ^{53}tʃu^{21}	公猪 koŋ^{21}tʃu^{21}	母猪 mu^{53}tʃu^{21}
岐山	角猪 tɕyo^{31}tʂʅ^{21} 种猪 tʂʰəŋ^{53}tʂʅ^{31}	克郎猪 kʰɤ^{53}lɑŋ^{21}tʂʅ^{31}	茬茬 tsʰA^{31}tsʰA^{53}
凤翔	角猪 tɕyo^{31}tʂʅ^{0}	牙猪 ia^{31}tʂʅ^{53}	茬茬 tsʰa^{31}tsʰa^{53} 茬茬猪 tsʰa^{31}tsʰa^{53}tʂʅ^{31}
千阳	角猪 tɕyo^{31}tʃʅ^{0}	牙猪 ia^{31}tʃʅ^{0}	茬茬猪 tsʰa^{31}tsʰa^{0}tʃʅ^{31} 母猪 mu^{44}tʃʅ^{0}
西安	种猪 pfəŋ^{53}pfu^{21}	公猪 koŋ^{21}pfu^{21}	母猪 mu^{53}pfu^{21}
户县	角猪 tɕyɤ^{31}tsu^{31} 猪公子 tsu^{35}kuəŋ^{31}tsɿ^{0}	牙猪 ȵia^{35}tsu^{31}	母猪 mu^{51}tsu^{31} 茬茬 tsʰa^{35}tsʰa^{31}
商州	角猪子 tɕyə^{31}tʃu^{31}tsɿ^{0}	牙猪 ȵiɑ^{31}tʃu^{53}	母猪 mu^{53}tʃu^{31}
镇安	角猪 tɕiə^{53}tʂʮ^{0}	相猪 ɕiʌŋ^{53}tʂʮ^{0}	母猪 muə^{35}tʂʮ^{53}
安康	角猪子 tɕyo^{31}pfu^{31}tsɿ^{0}	牙猪子 ia^{35}pfu^{31}tsɿ^{0}	草猪子 tsʰau^{53}pfu^{31}tsɿ^{0}
白河	角猪 tɕyo^{35}tʂu^{213}	牙猪 ia^{44}tʂu^{213}	草猪 tsʰɔu^{35}tʂu^{213}
汉阴	角猪子 tɕio^{42}tsʮ^{33}tsɿ^{0} 牙猪 iɑ^{42}tsʮ^{33}	青$^{=}$猪 tɕʰin^{33}tsʮ^{33}	母猪 mo^{45}tsʮ^{33} 草猪 tsʰɑo^{45}tsʮ^{33}
平利	角猪 tɕio^{43}tʂʮ^{43}	相猪 ɕiaŋ^{43}tʂʮ^{43}	草猪 tsʰau^{45}tʂʮ^{43} 母猪 mo^{44}tʂʮ^{43}
汉中	角猪 tɕyɤ^{55}tsu^{0}	青$^{=}$猪 tɕʰin^{55}tsu^{0}	母猪 mu^{35}tsu^{0}
城固	角猪 tɕyɛ^{44}tʃu^{0}	牙猪 ia^{31}tʃu^{24}	奶结$^{=}$ lai^{24}tɕiɛ^{0}
勉县	角猪子 tɕyɤ^{44}tsu^{0}tsɿ^{0}	牙猪 iɑ^{21}tsu^{0}	奶劁子 lɑi^{35}tɕʰiɑɔ^{0}tsɿ^{0}
镇巴	角猪 tɕio^{31}tsu^{55}	牙猪 ia^{31}tsu^{55}	母猪 mu^{35}tsu^{55}

	0271 猪崽	0272 猪圈	0273 养猪
榆林	猪娃子 tʂu^{33}va^{33}tsəʔ^{0}	猪圈 tʂu^{33}tɕyɛ^{52} 猪窝 tʂu^{33}vuə^{33}	喂猪 vei^{52}tʂu^{33}
神木	猪儿子 tʂu^{24}ʌɯ^{44}tsəʔ^{0} 猪啦子 tʂu^{24}la^{44}tsəʔ^{0}	猪圈 tʂu^{24}tɕyɛ^{53}	喂猪 vei^{53}tʂu^{213}
绥德	猪娃娃 tʂʮ^{21}uɑ^{33}uɑ^{0} 猪儿子 tʂʮ^{21}ər^{33}tsəʔ^{0}	猪圈 tʂʮ^{21}tɕye^{52} 猪窝儿 tʂʮ^{24}uor^{213}	喂猪 vei^{52}tʂʮ^{213}
吴堡	猪儿子 tsu^{21}ər^{33}tsəʔ^{0}	猪圈 tsu^{21}tɕye^{53}	喂猪 ʉ^{53}tsu^{213}
清涧	猪儿子 tʂʮ^{31}ər^{24}tsəʔ^{0}	猪圈 tʂʮ^{31}tɕʰy^{42}	喂猪 vei^{42}tʂʮ^{312}
延安	猪娃儿 tʂu^{21}var^{24}	猪圈 tʂu^{21}tɕʰyæ̃^{443}	养猪 iaŋ^{52}tʂu^{213} 喂猪 vei^{443}tʂu^{213}
延川	猪儿子 tʂʮ^{21}ər^{35}tsəʔ^{0}	猪圈 tʂʮ^{21}tɕʰyɛ^{53}	喂猪 vei^{53}tʂʮ^{0}
黄陵	猪娃儿 tsʮ^{31}uɐr^{24}	猪圈 tsʮ^{31}tɕʰyæ̃^{55}	喂猪 y^{55}tsʮ^{31}/vei^{55}tsʮ^{31}
渭南	猪娃儿 tʃʒ^{31}uɐr^{0}	猪圈 tʃʒ^{31}tɕʰyæ̃^{44}	看猪 kʰæ̃^{24}tʃʒ^{31} 喂猪 y^{44}tʃʒ^{31}
韩城	猪娃子 pfu^{31}uɑ^{0}tsɿ^{0}	猪圈 pʰu^{31}tɕʰyã^{44}	喂猪 y^{44}pfu^{31}
合阳	猪娃 pfu^{31}uɑ^{31} 猪娃子 pfu^{31}uɑ^{24}tsɿ^{0}	猪圈 pfu^{31}tɕʰyɑ̃^{55} 猪栏 pfu^{31}lɑ̃^{24}	喂猪 y^{55}pfu^{31}/uei^{55}pfu^{31}
富平	猪娃儿 tʃu^{53}uɑr^{31}	猪圈 tʃu^{31}tɕʰyæ̃^{55}	养猪 iɑɣ̃^{53}tʃu^{31}
耀州	猪娃子 tʃu^{52}ua^{0}tsɿ^{0}	猪圈 tʃu^{21}tɕʰyæ̃^{44}	看猪 kʰæ̃^{44}tʃu^{21} 喂猪 y^{44}tʃu^{21}
咸阳	猪娃子 tʃu^{53}ua^{31}tsɿ^{0}	猪圈 tʃu^{31}tɕyã^{44}	看猪 kʰã^{24}tʃu^{31}
旬邑	猪娃子 tʃʅ^{52}ua^{0}tsɿ^{0}	猪圈 tʃʅ^{52}tɕʰyã^{21}	看猪 kʰã^{24}tʃʅ^{21}
三原	猪娃儿 tʃʒ^{52}uɐr^{0}	猪圈 tʃʒ^{31}tɕyã^{44}	看猪 kʰã^{24}tʃʒ^{31}

	0271 猪崽	0272 猪圈	0273 养猪
乾县	猪娃 tʃu^{53}ua^{21}	猪圈 tʃu^{21}tɕyæ̃^{55}	养猪 iaŋ^{53}tʃu^{21}
岐山	猪娃 tʂʅ^{53}vᴀ^{21}	猪圈 tʂʅ^{53}tɕ^{h}yæ̃^{21}	养猪 iɑŋ^{53}tʂʅ^{31}
凤翔	猪娃 tʂʅ^{53}va^{0}	猪圈 tʂʅ^{53}tɕ^{h}yæ̃^{0}	看猪 k^{h}æ̃^{24}tʂʅ^{31} 喂猪 vei^{44}tʂʅ^{31}
千阳	猪娃 tʃʅ^{53}va^{0}	猪圈 tʃʅ^{53}tɕ^{h}yæ̃^{0}	看猪 k^{h}æ̃^{24}tʃʅ^{31} 喂猪 vei^{44}tʃʅ^{31}
西安	猪娃子 pfu^{21}ua^{0}tsɿ^{0}	猪圈 pfu^{21}tɕyã^{44}	养猪 iaŋ^{53}pfu^{21}
户县	猪娃儿 tsu^{31}uə^{35}	猪圈 tsu^{31}tɕyã^{55}	看猪 k^{h}ã^{35}tsu^{31}
商州	猪娃子 tʃu^{53}vɑ^{31}tsɿ^{0}	猪圈 tʃu^{31}tɕyã^{44}	看猪 k^{h}ã^{35}tʃu^{31}
镇安	猪娃子 tʂʮ^{21}va^{33}tsɿ^{0}	猪圈 tʂʮ^{21}tʂuan^{214}	喂猪 vᴇi^{33}tʂʮ^{53}
安康	猪娃儿 pfu^{31}uar^{35}	猪圈 pfu^{31}tɕyan^{44}	喂猪 uei^{44}pfu^{31}
白河	猪娃子 tʂu^{21}ua^{44}tsɿ^{0}	猪圈 tʂu^{21}tɕyan^{41}	喂猪 uei^{42}tʂu^{213}
汉阴	猪娃子 tsʮ^{33}uɑ^{0}tsɿ^{0}	猪圈 tsʮ^{33}tɕyan^{214}	喂猪 uei^{24}tsʮ^{33}
平利	猪娃子 tʂʮ^{43}ua^{52}tsɿ^{0}	猪圈 tʂʮ^{43}tʂʮan^{214}	喂猪 uei^{24}tʂʮ^{43}
汉中	猪娃子 tsu^{55}uᴀ^{0}tsɿ^{0}	猪圈 tsu^{55}tɕyan^{213}	喂猪 uei^{21}tsu^{55}
城固	猪娃 tʃu^{44}ua^{0}	猪圈 tʃu^{53}tɕyan^{213}	喂猪 uei^{31}tʃu^{53}
勉县	猪儿子 tsu^{44}ər^{21}tsɿ^{0}	猪圈 tsu^{44}tɕyɑn^{213}	看猪 k^{h}ɑn^{44}tsu^{42}
镇巴	小猪儿 ɕiau^{45}tsu^{55}ər^{31}	猪圈 tsu^{35}tɕyan^{213}	喂猪 uei^{21}tsu^{55}

	0274 猫	0275 公猫	0276 母猫
榆林	猫儿 mɔr^{213}	儿猫 ər^{24}mɔo^{0}	女猫儿 ny^{21}mɔr^{213}
神木	猫儿 mʌɯ^{53}	牙猫儿 ia^{44}mʌɯ^{53}	母猫儿 mu^{21}mʌɯ^{53}
绥德	猫儿 maor^{33}	儿猫 ər^{33}mao^{0} 狸猫 li^{33}mao^{0}	母猫儿 mu^{21}maor^{33}
吴堡	猫儿 mor^{53}	牙猫儿 ȵia^{33}mor^{53}	女猫儿 nʉ^{41}mor^{53}
清涧	猫儿 mɔor^{42}	儿猫儿 ər^{24}mɔor^{42}	女猫儿 zɥ^{53}mɔor^{42}
延安	猫 mɔ^{24}	郎猫 lɑŋ^{24}mɔ^{24}	女猫 mi^{52}mɔ^{24}
延川	猫 mɑo^{35}	儿猫 ər^{35}mɑo^{0}	女猫 nɥ^{53}mɑo^{0}
黄陵	猫 mɔ^{24}	郎猫儿 lɑŋ^{24}mɔr^{24}	女猫儿 mi^{55}mɔr^{24}
渭南	猫 mɔo^{24}	郎猫 lɑŋ^{24}mɔo^{24}	女猫 ny^{53}mɔo^{24}
韩城	猫 mɑu^{24}	儿猫 zʅ^{24}mɑu^{24}	女猫 ȵy^{53}mɑu^{24}
合阳	猫 mɔo^{24}	郎猫 lɑŋ^{24}mɔo^{24}	女猫 ny^{52}mɔo^{24}
富平	猫 mɑo^{24}	郎猫 lɑɣ̃^{24}mɑo^{24}	女猫 mi^{55}mɑo^{24}
耀州	猫 mɔu^{24}	郎猫 lɑŋ^{24}mɔu^{52}	女猫 mi^{44}mɔu^{0}
咸阳	猫 mɔ^{24}	郎猫 lɑŋ^{24}mɔ^{24}	女猫 mi^{44}mɔ^{24}
旬邑	猫 mau^{24}	郎猫 lɑŋ^{21}mau^{52}	女猫 mi^{24}mau^{21}
三原	猫 mɑɔ^{24}	郎猫 lɑŋ^{24}mɑɔ^{24}	女猫 mi^{44}mɑɔ^{24}

	0274 猫	0275 公猫	0276 母猫
乾县	猫 mɔ^{24}	公猫 koŋ^{21}mɔ^{21}	母猫 mu^{53}mɔ^{21}
岐山	猫 mɔ^{24}	公猫 kuŋ^{31}mɔ^{24} 郎猫 lɑŋ^{31}mɔ^{53}	女猫 mi^{44}mɔ^{24}
凤翔	猫 mɔ^{24} 咪咪 mi^{44}mi^{44}	郎猫 lɑŋ^{31}mɔ^{53}	女猫 mi^{45}mɔ^{0}
千阳	猫 mɔ^{24}	郎猫 lɑŋ^{31}mɔ^{0}	女猫 mi^{45}mɔ^{0}
西安	猫 mau^{24}	公猫 koŋ^{21}mau^{24}	女猫 mi^{44}mau^{24}
户县	猫 mau^{35}	郎猫 laŋ^{35}mau^{35}	女猫 mi^{51}mau^{35}
商州	猫 mɑo^{35}	郎猫 lɑŋ^{35}mɑo^{35}	女猫 ȵy^{53}mɑo^{35}
镇安	猫 mɔo^{214}	男猫 nan^{33}mɔo^{214}	女猫 nɥ^{35}mɔo^{214}
安康	猫儿 maur^{35}	郎猫儿 laŋ^{35}maur^{35}	女猫儿 mi^{53}maur^{35}
白河	猫子 mɔu^{21}tsɿ^{0}	男猫儿 lan^{44}mɐr^{213}	女猫儿 ȵy^{35}mɐr^{213}
汉阴	猫子 mɑo^{33}tsɿ^{0}	公猫儿 koŋ^{33}mar^{33}	女猫儿 mi^{45}mar^{33}
平利	猫 mau^{43}	男猫 lan^{52}mau^{43}	女猫 ȵɥ^{45}mau^{43}
汉中	猫 mɑo^{55}	男猫 lan^{42}mɑo^{55}	女猫 ȵy^{35}mɑo^{55}
城固	猫娃 mɔ^{44}ua^{0}	公猫 kuŋ^{44}mɔ^{0}	母猫 mu^{24}mɔ^{0}
勉县	猫 mɑɔ^{42}	男猫 lɑn^{21}mɑɔ^{42}	女猫 ȵy^{35}mɑɔ^{42}
镇巴	猫儿 mau^{35}ər^{55}	男猫 lan^{31}mau^{55}	女猫 ȵy^{45}mau^{55}

	0277 狗统称	0278 公狗	0279 母狗
榆林	狗 kəu^{213}	牙狗儿 ia^{24}kəur^{0}	母狗儿 mu^{24}kəur^{0}
神木	狗 kəu^{213}	牙狗 ia^{44}kəu^{0}	母狗 mu^{24}kəu^{0}
绥德	狗 kəu^{213}	牙狗儿 iɑ^{33}kəur^{0}	母狗儿 mu^{24}kəur^{0}
吴堡	狗 kɑo^{412}	牙狗 ȵiɑ^{33}kɑo^{412}	母狗 mu^{24}kɑo^{412}
清涧	狗 kəu^{53}	牙狗 ȵiɑ^{24}kəu^{53}	母狗 mu^{31}kəu^{53}
延安	狗 kou^{52}	牙狗儿 ȵia^{24}kour^{423}	母狗 mu^{24}kour^{423}
延川	狗 kəu^{53}	牙狗 ȵia^{35}kəu^{0}	母狗 mu^{42}kəu^{53}
黄陵	狗 kəu^{52}	牙狗 ȵiɑ^{24}kəu^{0}	母狗 mu^{31}kəu^{0}
渭南	狗 kəu^{53}	公狗 kuəŋ^{31}kəu^{53} 牙狗 ȵiɑ^{24}kəu^{53}	母狗 mu^{31}kəu^{53}
韩城	狗 kəu^{53}	牙狗 ȵiɑ^{31}kəu^{53}	草狗 tsʰɑu^{31}kəu^{0}
合阳	狗 kou^{52}	牙狗 ȵiɑ^{24}kou^{31}	母狗 mu^{31}kou^{31}
富平	狗 kou^{53}	郎狗 lɑɣ̃^{24}kou^{53}	母狗 mu^{31}kou^{31}
耀州	狗 kou^{52}	牙狗子 ȵia^{24}kou^{52}tsɿ^{0}	母狗子 mu^{21}kou^{52}tsɿ^{0}
咸阳	狗 kou^{53}	牙狗 ȵia^{24}kou^{0}	母狗 mu^{53}kou^{0}
旬邑	狗 kəu^{52}	牙狗子 ȵia^{21}kəu^{52}tsɿ^{0}	草狗子 tsʰau^{21}kəu^{21}tsɿ^{0}
三原	狗 kou^{52}	牙狗 ȵiɑ^{24}kou^{52}	母狗 mu^{31}kou^{52}

	0277 狗统称	0278 公狗	0279 母狗
乾县	狗 kou^{53}	公狗 $koŋ^{21}kou^{21}$	母狗 $mu^{21}kou^{21}$
岐山	狗 kou^{53}	牙狗 $iᴀ^{31}kou^{53}$	草狗 $ts^hɔ^{31}kou^{21}$
凤翔	狗 $kəu^{53}$	牙狗 $ia^{31}kəu^{53}$	草狗 $ts^hɔ^{31}kəu^{0}$
千阳	狗 kou^{53}	牙狗 $ia^{31}kou^{0}$	草狗 $ts^hɔ^{31}kou^{0}$
西安	狗 kou^{53}	公狗 $koŋ^{21}kou^{53}$	母狗 $mu^{53}kou^{53}$
户县	狗 $kɤu^{51}$	牙狗 $ȵia^{35}kɤu^{51}$	母狗 $mu^{31}kɤu^{51}$
商州	狗 kou^{53}	牙狗 $ȵiɑ^{31}kou^{53}$	母狗 $mu^{31}kou^{31}$
镇安	狗 $kəu^{35}$	牙狗 $ȵia^{33}kəu^{35}$	草狗 $ts^hɔo^{35}kəu^{35}$
安康	狗子 $kou^{53}tsɿ^{0}$	牙狗子 $ia^{35}kou^{53}tsɿ^{0}$	母狗子 $mu^{53}kou^{53}tsɿ^{0}$
白河	狗子 $kəu^{35}tsɿ^{0}$	牙狗 $ia^{44}kəu^{35}$	草狗 $ts^hɔu^{35}kəu^{35}$
汉阴	狗子 $kəu^{45}tsɿ^{0}$	牙狗子 $iɑ^{42}kəu^{45}tsɿ^{0}$	母狗子 $mo^{45}kəu^{45}tsɿ^{0}$
平利	狗 kou^{445}	牙狗 $ia^{52}kou^{445}$	母狗 $mo^{45}kou^{445}$
汉中	狗 $kəu^{354}$	公狗 $koŋ^{55}kəu^{0}$ 牙狗 $iᴀ^{42}kəu^{0}$	母狗 $mu^{35}kəu^{0}$ 草狗 $ts^hɑo^{35}kəu^{0}$
城固	狗 $kəu^{44}$	牙狗 $ia^{31}kəu^{24}$	母狗 $mu^{44}kəu^{0}$
勉县	狗 $kəu^{35}$	牙狗 $iɑ^{21}kəu^{0}$	母狗 $mu^{35}kəu^{0}$
镇巴	狗 $kəu^{52}$ 地羊子 $ti^{213}iaŋ^{52}tsɿ^{31}$	牙狗 $ia^{31}kəu^{52}$	草狗 $ts^hau^{45}kəu^{52}$

	0280 叫狗~	0281 兔子	0282 鸡
榆林	咬 niɔo^{213}	兔子 t^{h}u^{52}tsəʔ^{0} 兔儿 t^{h}ur^{52}	鸡 tɕi^{33}
神木	嚎 xɔo^{44}	兔子 t^{h}u^{53}tsəʔ^{0}	鸡儿 tɕiʌɯ^{213}
绥德	咬 niɔɤ^{213}	兔儿 t^{h}ur^{52}	鸡 tɕi^{213}
吴堡	咬 ȵio^{412}	兔儿 t^{h}ur^{53}	鸡 tɕi^{213}
清涧	咬 ȵiɔo^{53}	兔儿 t^{h}ʊr^{44}	鸡 tsɿ^{312}
延安	叫唤 tɕiɔ^{443}xuæ̃^{0}	兔儿 t^{h}ur^{53}	鸡 tɕi^{213}
延川	叫 tɕiɑo^{53}	兔儿 t^{h}ur^{53}	鸡 tsɿ^{213}
黄陵	咬 ȵiɔ^{52} 叫 tɕiɔ^{55}	兔儿 t^{h}ur^{55}	鸡 tɕi^{31}
渭南	咬 ȵiɔo^{53}	兔 t^{h}əu^{44}	鸡 tɕi^{31}
韩城	咬 ȵiɑu^{53}	兔儿 t^{h}uər^{53}	鸡 tɕi^{31}
合阳	叫 tɕiɔo^{55}	兔 t^{h}u^{55}	鸡 tɕi^{31}
富平	叫 tɕiɑo^{55}	兔 t^{h}ou^{55}	鸡 tɕi^{31}
耀州	叫唤 tɕiɔu^{44}xuæ̃^{0}	兔 t^{h}ou^{44} 兔子 t^{h}ou^{44}tsɿ^{0}	鸡 tɕi^{21}
咸阳	叫唤 tɕiɔ^{44}xuã^{0}	兔 t^{h}u^{44}	鸡 tɕi^{31}
旬邑	咬 ȵiau^{52} 叫 tɕiau^{44}	兔 t^{h}u^{44}	鸡 tɕi^{21}
三原	咬 ȵiɑɔ^{52}	兔 t^{h}ou^{44}	鸡 tɕi^{31}

	0280 叫狗~	0281 兔子	0282 鸡
乾县	叫 tɕiɔ^{55}	兔子 t^{h}u^{55}tsʅ^{21}	鸡 tɕi^{21}
岐山	咬 ȵiɔ^{53}	兔娃 t^{h}u^{44}vA^{53}	鸡 tɕi^{31}
凤翔	咬 ȵiɔ^{53}	兔 t^{h}u^{44}	鸡 tɕi^{31}
千阳	咬 ȵiɔ^{53}	兔 t^{h}u^{44}	鸡 tɕi^{31}
西安	叫唤 tɕiau^{44}xuã^{0}	兔子 t^{h}u^{44}tsʅ^{0}	鸡 tɕi^{21}
户县	咬 ȵiau^{51} 叫唤 tɕiau^{55}xuã^{31}	兔 t^{h}ɤu^{55} 兔儿 t^{h}əɯ^{51}	鸡 tɕi^{31}
商州	咬 ȵiɑo^{53}	兔 t^{h}ou^{44}	鸡 tɕi^{31}
镇安	咬 ȵiɔo^{35}	兔子 t^{h}əu^{322}tsʅ^{0}	鸡 tɕi^{53}
安康	咬 ȵiau^{53}	兔儿 t^{h}ur^{53}	鸡 tɕi^{31}
白河	叫 tɕiɔu^{41}	兔子 t^{h}əu^{42}tsʅ^{0}	鸡子 tɕi^{21}tsʅ^{0}
汉阴	咬 ȵiɑo^{45}	兔子 t^{h}əu^{21}tsʅ^{0}	鸡 tɕi^{33}
平利	咬 ŋau^{445}	兔子 t^{h}ou^{24}tsʅ^{21}	鸡子 tɕi^{43}tsʅ^{21}
汉中	咬 ȵiɑo^{354}	兔娃子 t^{h}u^{21}vA^{0}tsʅ^{0}	鸡 tɕi^{55}
城固	咬 ȵiɔ^{44}	兔娃 t^{h}u^{31}ua^{0}	鸡 tɕi^{53}
勉县	□ tsɑi^{42}	兔娃子 t^{h}u^{21}vɑ^{35}tsʅ^{0}	鸡 tɕi^{42}
镇巴	叫唤 tɕiau^{21}xuan^{55}	兔儿 t^{h}u^{213}ər^{52}	鸡子 tɕi^{35}tsʅ^{52}

	0283 公鸡成年的，未阉的	0284 母鸡已下过蛋的	0285 叫公鸡~（即打鸣儿）
榆林	公鸡 kuɤɣ̃^{33}tɕi^{0}	草鸡 tsʰɔo^{21}tɕi^{33}	叫鸣 tɕiɔo^{52}miɤɣ̃^{213}
神木	公鸡 kuɤ̃^{24}tɕi^{0}	草鸡儿 tsʰɔo^{21}tɕiʌɯ^{24}	叫鸣 tɕiɔo^{53}miɤ̃^{44}
绥德	公鸡 kuəɣ̃^{24}tɕi^{0}	草鸡 tsʰao^{21}tɕi^{213}	叫 tɕiɔɤ^{52}
吴堡	公鸡 kuəŋ^{24}tɕi^{0}	草鸡 tsʰo^{41}tɕi^{213}	叫 tɕiɤ^{53}
清涧	老公鸡 lɔo^{53}kuəɣ̃^{31}tsɿ^{53}	草鸡 tsʰɔo^{53}tsɿ^{312}	叫 tɕiɔo^{42}
延安	公鸡 kuəŋ^{21}tɕi^{53}	草鸡 tsʰɔ^{52}tɕi^{0} 母鸡 mu^{52}tɕi^{0}	叫 tɕiɔ^{443}
延川	公鸡 kuŋ^{35}tsɿ^{0}	草鸡 tsʰɑo^{53}tsɿ^{0}	叫 tɕiɑo^{53}
黄陵	公鸡 kuŋ^{31}tɕi^{0} 叫鸣鸡 tɕiɔ^{55}miəŋ^{24}tɕi^{31}	母鸡 mu^{52}tɕi^{31}	叫 tɕiɔ^{55}
渭南	公鸡 kuəŋ^{31}tɕi^{31}	母鸡 mu^{53}tɕi^{31}	叫 tɕiɔo^{44}
韩城	公鸡 kuəŋ^{31}tɕi^{0}	母鸡 mu^{53}tɕi^{0}	叫鸣 tɕiau^{44}miᴇ^{24}
合阳	公鸡 kuŋ^{31}tɕi^{31} 叫鸣鸡 tɕiɔo^{55}miɛ^{24}tɕi^{31}	母鸡 mu^{52}tɕi^{31} 下蛋鸡 xɑ^{55}tʰɑ̃^{55}tɕi^{31}	叫 tɕiɔo^{55} 打鸣 tɑ^{52}miɛ^{24}
富平	公鸡 kuəɣ̃^{31}tɕi^{31}	母鸡 mu^{53}tɕi^{31}	叫鸣 tɕiɑo^{55}miəɣ̃^{24}
耀州	公鸡 kuŋ^{21}tɕi^{21}	母鸡 mu^{52}tɕi^{21}	叫鸣 tɕiɔu^{44}miŋ^{24}
咸阳	公鸡 kuəŋ^{31}tɕi^{0}	草鸡 tsʰɔ^{53}tɕi^{0}	叫鸣儿 tɕiɔ^{44}miər^{24}
旬邑	公鸡 kuəŋ^{21}tɕi^{21}	鸡婆 tɕi^{52}pʰo^{0}	叫鸣 tɕiau^{44}miəŋ^{24}
三原	公鸡 kuəŋ^{31}tɕi^{31}	母鸡 mu^{52}tɕi^{31}	叫 tɕiɑɔ^{44}

	0283 公鸡成年的，未阉的	0284 母鸡已下过蛋的	0285 叫公鸡~（即打鸣儿）
乾县	公鸡 koŋ^{21}tɕi^{21}	母鸡 mu^{53}tɕi^{21}	打鸣 ta^{53}miɤŋ^{24}
岐山	公鸡 kuŋ^{31}tɕi^{31}	老母鸡 lɔ^{31}mu^{44}tɕi^{21}	叫 tɕiɔ^{44}
凤翔	公鸡 kuŋ^{31}tɕi^{0}	母鸡 mu^{44}tɕi^{0}	叫鸣 tɕiɔ^{44}miŋ^{24}
千阳	公鸡 kuŋ^{31}tɕi^{0}	母鸡 mu^{44}tɕi^{0}	叫鸣 tɕiɔ^{44}miŋ^{24}
西安	公鸡 koŋ^{21}tɕi^{0}	母鸡 mu^{53}tɕi^{0}	叫鸣儿 tɕiau^{44}miə̃r^{24}
户县	公鸡 kuəŋ^{31}tɕi^{31}	母鸡 mu^{51}tɕi^{31}	叫鸣 tɕiau^{55}miŋ^{35}
商州	公鸡 kuəŋ^{31}tɕi^{31}	母鸡 mu^{53}tɕi^{31}	叫 tɕiɑo^{44}
镇安	公鸡头子 kuoŋ^{21}tɕi^{21}tʰəu^{33}tsɿ^{0}	老母鸡 lɔo^{33}muə^{33}tɕi^{53}	叫鸣 tɕiɔo^{322}min^{33}
安康	公鸡 kuŋ^{31}tɕi^{31}	母鸡 mu^{53}tɕi^{31}	叫鸣 tɕiau^{44}min^{35}
白河	公鸡头子 kuəŋ^{21}tɕi^{0}tʰəu^{44}tsɿ^{0}	母鸡 mo^{35}tɕi^{213}	叫鸣 tɕiɔu^{42}miən^{44}
汉阴	公鸡 koŋ^{33}tɕi^{33}	母鸡 mo^{45}tɕi^{33}	叫鸣 tɕiɑo^{45}min^{42}
平利	公鸡 koŋ^{43}tɕi^{43}	母鸡 mo^{45}tɕi^{43}	叫鸣 tɕiau^{24}min^{52}
汉中	公鸡 koŋ^{55}tɕi^{0}	母鸡 mu^{35}tɕi^{0}	叫 tɕiɑo^{213}
城固	公鸡 kuŋ^{44}tɕi^{0}	母鸡 mu^{24}tɕi^{0}	叫鸣 tɕiɔ^{24}miŋ^{311}
勉县	公鸡 koŋ^{44}tɕi^{0}	母鸡 mu^{35}tɕi^{0}	叫 tɕiɑɔ^{213}
镇巴	鸡公 tɕi^{35}koŋ^{55}	鸡母 tɕi^{35}mu^{52}	叫鸣 tɕiau^{213}min^{52}

	0286 下鸡~蛋	0287 孵~小鸡	0288 鸭
榆林	下 xa^{52}	菢 pɔo^{52}	鸭子 iaʔ^{3}tsəʔ^{0}
神木	下 xa^{53}	菢 pɔo^{53}	鸭子 iaʔ^{4}tsəʔ^{0}
绥德	下 xɑ^{52}	菢 pao^{52}	鸭子 iɑ^{33}tsəʔ^{0}
吴堡	下 xɑ^{53}	菢 pu^{53}	鸭子 ȵiɑʔ^{4}tsəʔ^{0}
清涧	下 xɑ^{42}	菢 pʰʊ^{42}	鸭子 ȵiɑ^{53}tsəʔ^{0}
延安	下 xa^{443}	菢 pɔ^{443}	鸭子 ȵia^{21}tsəʔ^{5}
延川	下 xa^{53}	菢 pɑo^{53}	鸭子 ȵia^{53}tsəʔ^{213}
黄陵	下 xɑ^{55}	菢 pʰu^{55}	鸭子 ȵiɑ^{31}tsɿ^{0}
渭南	下 xɑ^{44}	暖 luæ̃^{53}	鸭子 ȵiɑ^{53}tsɿ^{0}
韩城	菢 pʰuɤ^{24}	偎 uɪi^{53} 暖 yã^{53}	鸭 ȵiɑ^{31}
合阳	下 xɑ^{55} 生 səŋ^{31}	暖 yɑ̃^{52} 菢 pɔo^{55}	鸭子 ȵiɑ^{31}tsɿ^{0}
富平	下 ɕiɑ^{55}	卵 luæ̃^{53}	鸭子 ȵiɑ^{53}tsɿ^{31}
耀州	下 xa^{44}	暖 lyæ̃^{52} 菢 pʰu^{44}	鸭子 ȵia^{52}tsɿ^{0}
咸阳	下 ɕia^{44}	菢 pu^{53}	鸭子 ȵia^{31}tsɿ^{0}
旬邑	下 ɕia^{44}	菢 pʰu^{44}	鸭子 ȵia^{52}tsɿ^{0}
三原	下 ɕiɑ^{44}	菢 pɑɔ^{44}	鸭子 ȵiɑ^{52}tsɿ^{0}

	0286 下鸡~蛋	0287 孵~小鸡	0288 鸭
乾县	下 xa^{55}	孵 fu^{24}	鸭 ia^{21}
岐山	下 ɕiᴀ^{44}	菢 pʰu^{44}	鸭子 iᴀ^{53}tsʅ^{21}
凤翔	下 ɕia^{44}	菢 pʰu^{44}	鸭子 ia^{53}tsʅ^{0}
千阳	下 ɕia^{44}	菢 pʰu^{44}	鸭子 ia^{53}tsʅ^{0}
西安	下 ɕia^{44}	菢 pau^{44}	鸭子 ia^{21}tsʅ^{0}
户县	下 xa^{55}	菢 pau^{55}	鸭子 ȵia^{31}tsʅ^{0}
商州	下 xɑ^{44}	暖 luã^{53}	鸭子 ȵiɑ^{53}tsʅ^{0}
镇安	下 xa^{322}	菢 pɔo^{322}	鸭子 ȵia^{53}tsʅ^{0}
安康	下 ɕia^{44}	菢 pau^{44}	鸭子 ia^{31}tsʅ^{21}
白河	嬔 fan^{41}	菢 pɔu^{41}	鸭 ia^{213}
汉阴	下 ɕiɑ^{214}	菢 pɑo^{214}	鸭子 iɑ^{42}tsʅ^{0}
平利	下 ɕia^{214}	菢 pau^{214}	鸭子 ia^{43}tsʅ^{21}
汉中	下 ɕiᴀ^{213}	菢 pɑo^{213}	鸭子 iᴀ^{55}tsʅ^{0}
城固	下 ɕia^{213}	菢 pɔ^{213}	鸭子 ia^{44}tsʅ^{0}
勉县	下 ɕiɑ^{213}	菢 pɑɔ^{213}	鸭子 iɑ^{44}tsʅ^{0}
镇巴	下 ɕia^{213}	菢 pau^{213}	鸭子 ia^{33}tsʅ^{31}

	0289 鹅	0290 阉~公的猪	0291 阉~母的猪
榆林	鹅儿 nuər^{33}	骟 ʂɛ^{52}	劁 tɕʰiɔo^{33}
神木	鹅 ŋuo^{44}	劁 tɕʰiɔo^{213}	劁 tɕʰiɔo^{213}
绥德	鹅 ŋɯ^{33}	劁 tɕʰiɔɤ^{213}	劁 tɕʰiɔɤ^{213}
吴堡	鹅 ŋɤu^{33}	骟 ʂie^{53}	劁 tɕʰiɤ^{213}
清涧	鹅 ŋɯ^{24}	劁 tɕʰiɔo^{312}	劁 tɕʰiɔo^{312}
延安	鹅 ŋuo^{24}	劁 tɕʰiɔ^{213}	劁 tɕʰiɔ^{213}
延川	鹅 ŋei^{35}	骟 ʂɤ^{53}	劁 tɕʰiɑo^{213}
黄陵	鹅 ŋuɤ^{24}	劁 tɕʰiɔ^{31} 择 tsʰE^{24}	劁 tɕʰiɔ^{31} 择 tsʰE^{24}
渭南	鹅 ŋə^{24}	骟 ʂæ̃^{44}	劁 tɕʰiɔo^{31}
韩城	鹅 ŋɤ^{24}	骟 ʂã^{44}	劁 tɕʰiɑu^{31}
合阳	鹅 ŋɤ^{24}	骟 sɑ̃^{55}	劁 tʰiɔo^{31}
富平	鹅 ŋɤ^{24}	骟 ʂæ̃^{55}	劁 tʰiɑo^{31}
耀州	鹅 ŋɤ^{24}	骟 ʂæ̃^{44} 劁 tɕʰiɔu^{21}	择 tsʰei^{24} 劁 tɕʰiɔu^{21}
咸阳	鹅 ŋɤ^{24}	骟 ʂã^{44}	劁 tʰiɔ^{31}
旬邑	鹅 ŋɤ^{24}	择 tsʰei^{24} 骟 ʂã^{44}	择 tsʰei^{24} 骟 ʂã^{44}
三原	鹅 ŋɤ^{24}	骟 ʂã^{44}	劁 tɕʰiɑɔ^{31}

	0289 鹅	0290 阉~公的猪	0291 阉~母的猪
乾县	鹅 ŋɤ^{24}	骟 ʂæ̃^{55}	劁 tʰiɔ^{21}
岐山	鹅 ŋɤ^{24}	择 tsʰei^{24}	择 tsʰei^{24}
凤翔	鹅 ŋuo^{24}	择 tsʰei^{24}	择 tsʰei^{24}
千阳	鹅 ŋuo^{24}	择 tsʰei^{24}	择 tsʰei^{24}
西安	鹅 ŋɤ^{24}	骟 ʂã^{44}	骟 ʂã^{44}
户县	鹅 ŋɤ^{35}	劁 tʰiau^{31}	劁 tʰiau^{31}
商州	鹅 ŋə^{35}	挑 tʰiɑo^{31}	挑 tʰiɑo^{31}
镇安	鹅 ŋuə^{214}	骟 ʂan^{214}	劁 tɕʰiɔo^{53}
安康	鹅 ŋɤ^{35}	骟 ʂan^{44}	劁 tɕʰiau^{31}
白河	鹅 ŋuo^{44}	骟 ʂan^{41}	劁 tɕʰiɔu^{213}
汉阴	鹅 ŋo^{42}	骟 ʂan^{214} 劁 tɕʰiɑo^{33}	骟 ʂan^{214} 劁 tɕʰiɑo^{33}
平利	鹅 ŋo^{52}	劁 tɕʰiau^{43}	劁 tɕʰiau^{43}
汉中	鹅 ŋɤ^{42}	骟 ʂan^{213}	骟 ʂan^{213}
城固	鹅 ŋə^{311}	骟 ʂan^{213}	骟 ʂan^{213}
勉县	鹅 ŋɤ^{42}	骟 sɑn^{213}	骟 sɑn^{213}
镇巴	鹅 ŋo^{31}	骟 san^{213}	骟 san^{213}

	0292 阉~鸡	0293 喂~猪	0294 杀猪统称，注意婉称
榆林	（无）	喂 vei^{52}	杀猪 saʔ^{3}tʂu^{33}
神木	（无）	喂 vei^{53}	杀猪 saʔ^{2}tʂu^{24}
绥德	（无）	喂 vei^{52}	杀猪 sɑ^{21}tʂʮ^{213}
吴堡	（无）	喂 ʉ^{53}	杀猪 sɑʔ^{3}tsu^{213}
清涧	（无）	喂 uei^{42}	杀猪 sɑ^{53}tʂʮ^{312}
延安	（无）	喂 vei^{443}	杀猪 sɑ^{24}tʂu^{213}
延川	（无）	喂 vei^{53}	杀猪 sa^{42}tʂʮ^{213}
黄陵	（无）	喂 y^{55}/vei^{55}	杀猪 sɑ^{24}tsʮ^{31}
渭南	（无）	喂 y^{44}	杀猪 sɑ^{24}tʃʒ^{31}
韩城	（无）	喂 y^{44}	杀猪 sɑ^{24}pfu^{31}
合阳	骟 sã^{55}	喂 y^{55}	杀猪 sɑ^{24}pfu^{31} 宰猪 tsæe^{52}pfu^{31}
富平	（无）	喂 y^{55}	杀猪 sɑ^{24}tʃu^{31}
耀州	（无）	喂 y^{44}	杀猪 sa^{24}tʃu^{21} 宰猪 tsæi^{52}tʃu^{21}
咸阳	（无）	喂 uei^{44}	杀猪 sa^{24}tʃu^{31}
旬邑	（无）	喂 y^{44}	杀猪 sa^{24}tʃʅ^{21}
三原	（无）	喂 y^{44}	杀猪 sɑ^{24}tʃʒ^{31}

	0292 阉~鸡	0293 喂~猪	0294 杀猪统称，注意婉称
乾县	（无）	喂 ue^{55}	杀猪 sa^{24}tʃu^{21}
岐山	（无）	喂 vei^{44}	杀猪 sᴀ^{24}tʂʅ^{31}
凤翔	（无）	喂 vei^{44}	杀猪 sa^{24}tʂʅ^{31}
千阳	（无）	喂 vei^{44}	杀猪 sa^{24}tʃʅ^{31}
西安	（无）	喂 uei^{44}	杀猪 sa^{24}pfu^{21}
户县	骟 ʂã^{55}	喂 uei^{55}	杀猪 sa^{35}tsu^{31}
商州	阉 ȵiã^{31}	喂 vei^{44}	杀猪 sɑ^{35}tʃu^{31}
镇安	骟 ʂan^{214}	喂 vᴇi^{214}	杀猪 sa^{21}tʂʮ^{53}
安康	割 kɤ^{31}	喂 uei^{44}	宰猪 tsæ^{53}pfu^{31}
白河	镟 ɕyan^{41}	喂 uei^{41}	杀猪 ʂa^{35}tʂu^{213}
汉阴	劁 tɕ^{h}iɑo^{33}	喂 uei^{214}	杀猪 sɑ^{42}tsʮ^{33}
平利	骟 ʂan^{214}	喂 uei^{214}	杀猪 ʂa^{43}tʂʮ^{43} 洗猪 ɕi^{45}tʂʮ^{43}
汉中	骟 ʂan^{213}	喂 uei^{213}	杀猪 sᴀ^{55}tsu^{55}
城固	（无）	喂 uei^{213}	杀猪 sa^{53}tʃu^{311}
勉县	骟 sɑn^{213}	喂 vei^{213}	杀猪 sɑ^{44}tsu^{42}
镇巴	镟 ɕyan^{213}	喂 uei^{213}	杀猪 sa^{31}tsu^{55} 宰猪 tsai^{45}tsu^{55}

	0295 杀~鱼	0296 村庄一个~	0297 胡同统称：一条~
榆林	劁剥 xuʌʔ^{3}pʌʔ^{0}	庄儿 tʂuɒ̃r^{33} 村子 tsʰuɤɣ̃^{33}tsəʔ^{0}	巷儿 xɒ̃r^{52}
神木	杀 saʔ^{4}	村子 tsʰuɤ̃^{24}tsəʔ^{0}	圪洞 kəʔ^{4}tuɤ̃^{53} 巷子 xɑ̃^{53}tsəʔ^{0}
绥德	拾掇 ʂəʔ^{5}tuo^{0}	庄庄 tʂuɑ̃^{24}tʂuɑ̃^{0} 村子 tsʰuəɣ̃^{24}tsəʔ^{0}	圪巷巷 kəʔ^{3}xɑ̃^{52}xɑ̃^{0} 巷子 xɑ̃^{52}tsəʔ^{0}
吴堡	开剥 kʰɑe^{24}pɑʔ^{213}	村子 tsʰuəŋ^{24}tsəʔ^{0}	圪洞儿 kəʔ^{3}tuər^{53} 圪巷 kəʔ^{3}xɤu^{53}
清涧	杀 sɑ^{53}	村子 tsʰuəɣ̃^{31}tsəʔ^{0}	巷子 xɒ̃^{44}tsəʔ^{0} 圪巷 kʰəʔ^{4}xɒ̃^{44}
延安	杀 sa^{213}	庄子 tʂuaŋ^{21}tsəʔ^{5} 村子 tsʰuəŋ^{21}tsəʔ^{5}	巷儿 xar^{443} 巷子 xaŋ^{443}tsəʔ^{0}
延川	杀 sa^{423}	村子 tsʰuŋ^{21}tsəʔ^{54}	巷子 xɑŋ^{53}tsəʔ^{213}
黄陵	杀 sɑ^{31}	村 tɕʰyẽ^{31}	巷儿 xɑ̃r^{31}
渭南	杀 sɑ^{31}	村 tɕʰyə̃^{31}	巷子 xɑŋ^{31}tsɿ^{0}
韩城	杀 sɑ^{31}	村子 tɕʰyɛ̃^{31}tsɿ^{0}	巷 xɑŋ^{44}
合阳	杀 sɑ^{31}	庄子 pfɑŋ^{31}tsɿ^{0} 村落 tɕʰyẽ^{24}luo^{31}	胡同 kʰu^{24}tʰuŋ^{31} 巷巷 xɑŋ^{31}xɑŋ^{31}
富平	杀 sɑ^{31}	村 tɕʰyɛ̃^{31} 村子 tɕʰyɛ̃^{53}tsɿ^{31}	巷子 xɑɣ̃^{53}tsɿ^{31}
耀州	杀 sa^{21}	村 tɕʰyei^{21} 堡子 pu^{52}tsɿ^{0}	巷子 xɑŋ^{52}tsɿ^{0}
咸阳	剥 po^{31}	堡子 pu^{53}tsɿ^{0}	巷子 xɑŋ^{31}tsɿ^{0}
旬邑	杀 sa^{21}	村 tsʰuɛ̃^{21} 堡子 pu^{52}tsɿ^{0}	胡同 xu^{21}tʰuəŋ^{52} 巷子 xɑŋ^{52}tsɿ^{0}
三原	杀 sɑ^{31}	村 tsʰuẽ^{31} 堡子 pu^{52}tsɿ^{0}	巷子 xɑŋ^{52}tsɿ^{0}

	0295 杀~鱼	0296 村庄一个~	0297 胡同统称：一条~
乾县	杀 sa^{21}	村庄 ts^{h}uẽ^{24}tʃuaŋ^{21}	巷子 xaŋ^{53}tsɿ^{21}
岐山	杀 sᴀ^{31}	村子 ts^{h}uŋ^{53}tsɿ^{21}	巷子 xɑŋ^{53}tsɿ^{21}
凤翔	杀 sa^{31}	村子 ts^{h}uŋ^{53}tsɿ^{0} 庄子 tʂɑŋ^{53}tsɿ^{0}	巷子 xɑŋ^{45}tsɿ^{0} 巷 xɑŋ^{44}
千阳	杀 sa^{31}	庄子 tʃɑŋ^{53}tsɿ^{0}	巷子 xɑŋ^{45}tsɿ^{0}
西安	杀 sa^{21}	村子 ts^{h}uən^{21}tsɿ^{0}	巷子 xaŋ^{21}tsɿ^{0}
户县	杀 sa^{31}	村子 ts^{h}uẽ^{31}tsɿ^{0} 堡子 pu^{51}tsɿ^{0}	巷子 xaŋ^{31}tsɿ^{0}
商州	杀 sɑ^{31}	村 tɕ^{h}yẽ^{31}	巷子 xɑŋ^{53}tsɿ^{0}
镇安	杀 sa^{53}	村子 ts^{h}ən^{53}tsɿ^{0}	巷巷儿 xʌŋ^{53}xʌ̃r^{0}
安康	刺 ts^{h}ɿ^{44}	村子 ts^{h}ən^{31}tsɿ^{0}	道道儿 tau^{35}taur^{0}
白河	剖 p^{h}o^{41}	村子 ts^{h}ən^{21}tsɿ^{0}	道道儿 tɔu^{42}tɐr^{0}
汉阴	破 p^{h}o^{214}	村子 ts^{h}uən^{33}tsɿ^{0}	巷子 χɑŋ^{21}tsɿ^{0} 巷道 χɑŋ^{24}tɑo^{214}
平利	刺 ts^{h}ɿ^{214}	村子 ts^{h}ən^{43}tsɿ^{0}	小巷子 ɕiau^{45}ɕiaŋ^{24}tsɿ^{0}
汉中	破 p^{h}ɤ^{213}	村子 ts^{h}uən^{55}tsɿ^{0}	巷巷 xɑŋ^{55}xɑŋ^{0}
城固	剖 p^{h}uə^{213}	村 tʃ^{h}uən^{53}	巷巷 xaŋ^{44}xaŋ^{0}
勉县	杀 sɑ^{42}	村 ts^{h}oŋ^{42}	道道 tɑɔ^{21}tɑɔ^{35} 巷巷 xɑŋ^{44}xɑŋ^{0}
镇巴	杀 sa^{31}	村 ts^{h}ən^{35}	巷巷 xaŋ^{35}xaŋ^{55}

	0298 街道	0299 盖房子	0300 房子整座的，不包括院子
榆林	街 kɛe^{33}	盖房子 kɛe^{52}fɑ̃^{24}tsəʔ^{0}	地方 ti^{52}fɑ̃^{0}
神木	街 kEe^{213}	盖房子 kEe^{53}fɑ̃^{44}tsəʔ^{0}	房子 fɑ̃^{44}tsəʔ^{0}
绥德	街 kai^{213}	盖房子 kai^{52}fɑ̃^{33}tsəʔ^{0}	房子 fɑ̃^{33}tsəʔ^{0}
吴堡	街上 tɕiɑe^{21}ʂɤu^{53}	盖房子 kɑe^{53}fɤu^{33}tsəʔ^{0}	房子 fɤu^{33}tsəʔ^{0}
清涧	街道 tɕi^{31}tʰɔo^{42}	盖平房 kai^{44}pʰiəɣ̃^{24}fɒ̃^{0}	平房 pʰiəɣ̃^{24}fɒ̃^{0}
延安	街 kai^{213}	盖房子 kai^{443}fɑŋ^{24}tsəʔ^{0}	房子 fɑŋ^{24}tsəʔ^{0}
延川	街道儿 kai^{21}tɔr^{53}	盖房子 kai^{53}fɑŋ^{35}tsəʔ^{0}	房子 fɑŋ^{35}tsəʔ^{0}
黄陵	街上 tɕiɛ^{31}ʂɑŋ^{0}	盖房 kE^{55}fɑŋ^{24}	房子 fɑŋ^{24}tsɿ^{0}
渭南	街道 tɕiae^{31}tʰɔo^{44}	盖房 kae^{44}fɑŋ^{24}	房 fɑŋ^{24}
韩城	街 kæe^{31}	盖房子 kæe^{44}fɑŋ^{31}tsɿ^{53}	房 fɑŋ^{24}
合阳	街道 tɕiæe^{31}tɔo^{55}	盖房子 kæe^{55}fɑŋ^{24}tsɿ^{0} 修房子 siou^{31}fɑŋ^{24}tsɿ^{0}	房子 fɑŋ^{24}tsɿ^{0} 房屋 fɑŋ^{24}u^{31}
富平	街道 tɕiɛe^{31}tɑo^{55}	盖房 kɛe^{55}fɑɣ̃^{24}	房 fɑɣ̃^{24}
耀州	街 tɕiæi^{21} 街道 tɕiæi^{21}tɔu^{44}	盖房 kæi^{44}fɑŋ^{24}	屋 u^{21}
咸阳	街道 tɕiɛ^{31}tɔ^{44}	盖房 kæ^{44}fɑŋ^{24}	房 fɑŋ^{24}
旬邑	街头 tɕiɛi^{52}tʰəu^{0}	盖房 kɛi^{44}fɑŋ^{24} 盖地方 kɛi^{44}tɕʰi^{44}fɑŋ^{0}	屋 u^{21}
三原	街上 tɕiai^{52}ʂɑŋ^{0}	盖房 kai^{44}fɑŋ^{24}	房 fɑŋ^{24}

	0298 街道	0299 盖房子	0300 房子整座的，不包括院子
乾县	街道 tɕiə^{21}tɔ^{55}	盖房子 kɛ^{55}faŋ^{24}tsɿ^{21}	房子 faŋ^{24}tsɿ^{21}
岐山	街道 tɕiɛ^{53}tʰɔ^{21}	盖房 kᴇ^{44}fɑŋ^{24} 盖房子 kᴇ^{44}fɑŋ^{31}tsɿ^{53}	房 fɑŋ^{24}
凤翔	街道 tɕie^{53}tɔ^{0}	盖房 kᴇ^{44}fɑŋ^{24}	房 fɑŋ^{24}
千阳	街道 tɕie^{53}tʰɔ^{0}	盖房 kᴇ^{44}fɑŋ^{24}	房 fɑŋ^{24}
西安	街道 tɕiɛ^{21}tau^{44}	盖房 kai^{44}faŋ^{24}	房 faŋ^{24}
户县	街道 tɕiɛ^{31}tau^{35}	盖房 kæ^{55}faŋ^{35}	房 faŋ^{35}
商州	街里 tɕiai^{53}li^{0}	盖房 kai^{44}fɑŋ^{35}	房 fɑŋ^{35}
镇安	街道 kai^{21}tɔo^{322}	盖屋 kai^{21}vu^{53} 盖房 kai^{21}fʌŋ^{33}	屋 vu^{53}
安康	街道 kæ^{31}tau^{44}	盖房子 kæ^{44}faŋ^{35}tsɿ^{0}	房子 faŋ^{35}tsɿ^{0}
白河	街 kai^{213}	盖房子 kai^{42}faŋ^{44}tsɿ^{0}	房子 faŋ^{44}tsɿ^{0}
汉阴	街道 kae^{33}tɑo^{214}	盖房子 kae^{24}χuɑŋ^{42}tsɿ^{0} 修房子 ɕiəu^{33}χuɑŋ^{42}tsɿ^{0}	房子 χuɑŋ^{42}tsɿ^{0}
平利	街道 tɕiai^{43}tau^{214}	盖房子 kai^{24}faŋ^{52}tsɿ^{0}	房子 faŋ^{52}tsɿ^{0}
汉中	街道 kai^{55}tɑo^{0}	修房 ɕiəu^{55}fɑŋ^{42}	房 fɑŋ^{42}
城固	街 kai^{53}	修房 iəu^{53}faŋ^{311}	房 faŋ^{311}
勉县	街道 kɑi^{44}tɑɔ^{0}	修房 siəu^{44}fɑŋ^{21}	房 fɑŋ^{21}
镇巴	街 kai^{35}	修房子 ɕiəu^{35}faŋ^{52}tsɿ^{31}	房子 faŋ^{33}tsɿ^{31}

	0301 屋子房子里分隔而成的，统称	0302 卧室	0303 茅屋茅草等盖的
榆林	房 fã^{213}	（无）	茅庵庵 mɔo^{24}nɛ^{33}nɛ^{0}
神木	房子 fã^{44}tsəʔ^{0}	耳阁子 ʌɯ^{21}kəʔ^{4}tsəʔ^{0}	茅庵房房 mɔo^{44}ŋɛ^{24}fã^{44}fã^{0} 草房 tsʰɔo^{21}fã^{44}
绥德	房 fã^{33}	（无）	草房房 tsʰao^{21}fã^{33}fã^{0}
吴堡	房子 fɤu^{33}tsəʔ^{0}	（无）	草房子 tsʰo^{41}fɤu^{33}tsəʔ^{0}
清涧	（无）	（无）	草房儿 tsʰɔo^{53}fɒr^{44}
延安	隔室 kei^{21}ʂʅ^{53}	里间 li^{52}tɕiæ̃^{213} 后窑 xou^{443}iɔ^{24}	茅房房 mɔ^{24}faŋ^{24}faŋ^{0}
延川	屋子 vu^{42}tsəʔ^{0}	卧室 vɤ^{53}ʂəʔ^{54}	草房 tsʰɑo^{53}fɑŋ^{35}
黄陵	屋子 u^{31}tsɿ^{0}	卧室 uɤ^{55}ʂʅ^{0}	草房 tsʰɔ^{52}fɑŋ^{24}
渭南	房子 fɑŋ^{24}tsɿ^{0}	房子 fɑŋ^{24}tsɿ^{0}	草房 tsʰɔo^{53}fɑŋ^{24}
韩城	舍 ʂɑ^{44}	卧室 uɤ^{44}ʂʅ^{31}	草房 tsʰɑu^{53}fɑŋ^{24}
合阳	屋里 u^{31}li^{0} 房间 fɑŋ^{24}tɕiã^{0}	卧室 uo^{55}ʂʅ^{31} 碎房子 ɕyei^{55}fɑŋ^{24}tsɿ^{0}	草房 tsʰɔo^{52}fɑŋ^{24} 庵庵房 ŋã^{31}ŋã^{31}fɑŋ^{24}
富平	房子 fɑɣ̃^{24}tsɿ^{53}	房子 fɑɣ̃^{24}tsɿ^{53}	草房 tsʰɑo^{53}fɑɣ̃^{24}
耀州	房子 fɑŋ^{24}tsɿ^{0}	房子 fɑŋ^{24}tsʅ^{0}	草房 tsʰɔu^{52}fɑŋ^{24}
咸阳	房 fɑŋ^{24}	里间儿 li^{53}tɕiɐr^{0}	草房 tsʰɔ^{53}fɑŋ^{24}
旬邑	房子 fɑŋ^{21}tsɿ^{0}	睡处 ʃei^{24}tʃʰʅ^{0}	棚子 pʰəŋ^{24}tsɿ^{0}
三原	房子 fɑŋ^{24}tsɿ^{0}	房子 fɑŋ^{24}tsɿ^{0}	草房房儿 tsʰɑɔ^{52}fɑŋ^{24}fãr^{0}

	0301 **屋子**房子里分隔而成的，统称	0302 **卧室**	0303 **茅屋**茅草等盖的
乾县	屋子 u^{53}tsɿ^{21}	房子 faŋ^{24}tsɿ^{21}	茅屋 mɔ^{24}u^{21}
岐山	房子 fɑŋ^{31}tsɿ^{53}	卧室 vo^{44}ʂʅ^{31}	草房 tsʰɔ^{53}fɑŋ^{24}
凤翔	房子 fɑŋ^{31}tsɿ^{53} 屋子 vu^{53}tsɿ^{0}	房子 fɑŋ^{31}tsɿ^{53}	茅草房 mɔ^{31}tsʰɔ^{53}fɑŋ^{24} 草房 tsʰɔ^{53}fɑŋ^{24}
千阳	房子 fɑŋ^{31}tsɿ^{0}	睡处 ʃei^{45}tʃʰʅ^{0}	茅草房 mɔ^{31}tsʰɔ^{0}fɑŋ^{24}
西安	屋里 u^{21}li^{0}	里间 li^{53}tɕiã^{0}	（无）
户县	房子 faŋ^{35}tsɿ^{0}	房子 faŋ^{35}tsɿ^{0}	草房 tsʰau^{51}faŋ^{35}
商州	小房儿 ɕiɑo^{53}fɑ̃r^{35}	小房儿屋里 ɕiɑo^{53}fɑ̃r^{35}u^{53}li^{0}	草房 tsʰɑo^{53}fɑŋ^{35}
镇安	房子 fʌŋ^{33}tsɿ^{0}	小房子 ɕiɔo^{35}fʌŋ^{33}tsɿ^{0}	草屋 tsʰɔo^{35}vu^{53}
安康	屋子 u^{31}tsɿ^{0}	睡房 fei^{44}faŋ^{0}	草房 tsʰau^{53}faŋ^{35}
白河	屋 u^{213}	房屋 faŋ^{44}u^{0}	茅草房 mɔu^{44}tsʰɔu^{35}faŋ^{44}
汉阴	屋 u^{42}	睡房 suei^{24}χuɑŋ^{42}	茅草房 mɑo^{42}tsʰɑo^{45}χuɑŋ^{42}
平利	房子 faŋ^{52}tsɿ^{0}	睡房 ʂʮei^{24}faŋ^{52} 房屋 faŋ^{52}u^{43}	茅草棚 mau^{52}tsʰau^{45}pʰoŋ^{52} 茅草屋 mau^{52}tsʰau^{45}u^{43}
汉中	屋 u^{55}	睡房 suei^{21}fɑŋ^{35}	草房 tsʰɑo^{35}fɑŋ^{0}
城固	屋 u^{53}	睡房 ʃuei^{31}faŋ^{0}	草房 tsʰɔ^{24}faŋ^{0}
勉县	屋 vu^{42}	睡房 fei^{21}fɑŋ^{35}	草房 tsʰɑɔ^{35}fɑŋ^{0}
镇巴	屋 u^{31}	歇房 ɕiɛ^{33}faŋ^{31}	草房 tsʰau^{45}faŋ^{31}

	0304 厨房	0305 灶统称	0306 锅统称
榆林	灶房 tsɔo^{52}fɑ̃^{0} 伙儿房 xuər^{21}fɑ̃^{213}	灶火 tsɔo^{52}xuə^{0}	锅 kuə^{33}
神木	灶房 tsɔo^{53}fɑ̃^{0} 伙房 xuo^{21}fɑ̃^{44}	锅台 kuo^{24}tʰᴇe^{44} 灶火 tsɔo^{53}xuo^{0}	锅 kuo^{213}
绥德	灶房 tsao^{52}fɑ̃^{0} 伙房 xuo^{21}fɑ̃^{33} 厨房 tʂʰʮ^{33}fɑ̃^{0}	灶火 tsao^{52}xuo^{0}	锅 kuo^{213}
吴堡	做饭房子 tsuəʔ^{3}fɑ̃^{53}fɣu^{33}tsəʔ^{0}	锅灶 kuo^{21}tso^{53}	锅 ku^{213}
清涧	灶房 tsɔo^{44}fɒ̃^{24}	锅灶 ku^{31}tsɔo^{42}	锅 ku^{312}
延安	灶房 tsɔ^{443}faŋ^{0}	灶火 tsɔ^{443}xuo^{0}	锅 kuo^{213}
延川	厨房 tʂʰʮ^{35}fɑŋ^{0}	锅灶 ku^{21}tsɑo^{53}	锅 ku^{213}
黄陵	灶房 tsɔ^{55}fɑŋ^{24}	灶火 tsɔ^{55}xuɤ^{0}	锅 kuɤ^{31}
渭南	灶火 tsɔo^{44}xuə^{0} 灶房 tsɔo^{44}fɑŋ^{24}	锅灶 kuə^{31}tsɔo^{44}	锅 kuə^{31}
韩城	灶房 tsɑu^{44}fɑŋ^{24} 伙房 xuɤ^{53}fɑŋ^{0}	灶火 tsɑu^{44}xuɤ^{0} 炉子 ləu^{31}tsɿ^{53}	锅 kuɤ^{31}
合阳	灶房 tsɔo^{55}fɑŋ^{24} 做饭屋 tsou^{55}fɑ̃^{55}u^{31}	灶火 tsɔo^{55}xuo^{31} 灶台 tsɔo^{55}tʰæe^{24}	锅 kuo^{31}
富平	灶火 tsɑo^{55}xuo^{31}	锅台 kuo^{53}tʰɛe^{31}	锅 kuo^{31}
耀州	灶房 tsɔu^{44}fɑŋ^{24} 伙房 xuo^{52}fɑŋ^{24}	锅头 kuo^{52}tʰou^{0}	锅 kuo^{21}
咸阳	厨房 tʃʰu^{24}fɑŋ^{0}	锅灶 kuo^{31}tsɔ^{44}	锅 kuo^{31}
旬邑	屋里 u^{52}li^{0} 灶房 tsau^{44}fɑŋ^{24}	锅头 kuo^{52}tʰəu^{0}	锅 kuo^{21}
三原	厨房 tʃʰʒ^{24}fɑŋ^{0}	灶火 tsɑɔ^{44}xuə^{0}	锅 kuə^{31}

	0304 厨房	0305 灶统称	0306 锅统称
乾县	灶房 tsɔ^{55}faŋ^{24}	灶 tsɔ^{55}	锅 kuɤ^{21}
岐山	厨房 tʂ^{h}ʅ^{31}fɑŋ^{53} 灶房 tsɔ^{44}fɑŋ^{21}	灶火 tsɔ^{44}xuo^{53}	锅 kuo^{31}
凤翔	灶火 tsɔ^{45}xuo^{0} 灶房 tsɔ^{45}fɑŋ^{0}	锅头 kuo^{53}t^{h}əu^{0} 灶台 tsɔ^{45}t^{h}E^{0}	锅 kuo^{31}
千阳	灶房 tsɔ^{45}fɑŋ^{0}	锅台 kuo^{53}t^{h}E^{0}	锅 kuo^{31}
西安	灶房 tsau^{44}faŋ^{24}	灶 tsau^{44}	锅 kuo^{21}
户县	灶火 tsau^{55}xuɤ^{31} 灶房 tsau^{55}faŋ^{35}	灶 tsau^{55}	锅 kuɤ^{31}
商州	灶房 tsɑo^{44}fɑŋ^{35}	灶火 tsɑo^{44}xuə^{31}	锅 kuə^{31}
镇安	灶房 tsɔo^{21}fʌŋ^{33} 灶屋 tsɔo^{21}vu^{53}	灶 tsɔo^{214}	锅 kuə^{53}
安康	灶火 tsau^{44}xuo^{21}	灶台 tsau^{44}t^{h}æ^{35}	锅 kuo^{31}
白河	厨屋 tʂ^{h}u^{44}u^{0}	灶 tsɔu^{41}	锅 kuo^{213}
汉阴	灶屋 tsɑo^{24}u^{42}	灶 tsɑo^{214}	锅子 ko^{33}tsɿ^{0}
平利	伙房 xo^{45}faŋ^{52} 灶屋 tsau^{24}u^{43}	灶 tsau^{214}	锅 ko^{43}
汉中	灶火 tsɑo^{21}xuɤ^{0}	锅头 kuɤ^{55}t^{h}əu^{0}	锅 kuɤ^{55}
城固	灶火 tsɔ^{31}xuə^{0}	锅头 kuə^{44}t^{h}əu^{0}	锅 kuə^{53}
勉县	灶火 tsɑɔ^{21}xuɤ^{35} 灶房 tsɑɔ^{21}fɑŋ^{35}	锅头 kuɤ^{44}t^{h}əu^{0}	锅 kuɤ^{42}
镇巴	伙房 xo^{45}faŋ^{31} 灶屋 tsau^{213}u^{52}	灶 tsau^{213}	锅 ko^{35}

	0307 **饭锅**煮饭的	0308 **菜锅**炒菜的	0309 **厕所**旧式的，统称
榆林	锅 kuə^{33}	扁锅儿 p^{h}iɛ^{21}kuər^{33}	后院儿 xəu^{52}yɐr^{213} 厕所 ts^{h}aʔ^{3}ʂuə^{0}
神木	大锅 ta^{53}kuo^{0}	小锅 ɕiɔo^{21}kuo^{24}	茅后院 mɔo^{44}xəu^{53}yɛ^{0} 后院 xəu^{53}yɛ^{0}
绥德	锅 kuo^{213}	炒菜锅儿 ts^{h}ao^{21}ts^{h}ai^{52}kuor^{213}	茅口 mao^{33}k^{h}əu^{0} 茅子 mao^{33}tsəʔ^{0}
吴堡	锅 ku^{213}	锅 ku^{213}	茅子 mo^{33}tsəʔ^{0}
清涧	锅 ku^{312}	锅 ku^{312}	茅子 mɔo^{24}tsəʔ^{0} 后楼 xəu^{42}ləu^{0}
延安	饭锅 fæ̃^{443}kuo^{213}	炒锅 ts^{h}ɔ^{52}kuo^{213}	茅子 mɔ^{24}tsəʔ^{0}
延川	饭锅 fæ̃^{53}ku^{0}	菜锅 ts^{h}ai^{53}ku^{0}	茅子 mɑo^{35}tsəʔ^{0}
黄陵	老锅 lɔ^{52}kuɤ^{31} 前锅 tɕ^{h}iæ̃^{24}kuɤ^{31}	后锅 xəu^{55}kuɤ^{31}	茅房 mɔ^{24}fɑŋ^{0} 后院 xəu^{55}yæ̃^{0}
渭南	锅 kuə^{31}	锅 kuə^{31}	茅子 mɔo^{24}tsɿ^{0} 后头 xɯ^{44}t^{h}əu^{0}
韩城	锅 kuɤ^{31}	锅 kuɤ^{31}	舍后 ʂɑ^{44}xəu^{0} 茅子 mɑu^{31}tsɿ^{53}
合阳	锅 kuo^{31} 饭锅 fã^{55}kuo^{31}	炒瓢 ts^{h}ɔo^{52}p^{h}iɔo^{24} 炒锅 ts^{h}ɔo^{52}kuo^{31}	茅子 mɔo^{24}tsɿ^{0} 茅房 mɔo^{24}fɑŋ^{24}
富平	锅 kuo^{31}	锅 kuo^{31}	茅子 mɑo^{24}tsɿ^{53}
耀州	锅 kuo^{21}	炒瓢 ts^{h}ɔu^{52}p^{h}iɔu^{24} 炒锅 ts^{h}ɔu^{52}kuo^{21}	后院 xou^{44}yæ̃^{0} 茅子 mɔu^{24}tsɿ^{0}
咸阳	做饭锅 tsou^{44}fã^{44}kuo^{0}	炒菜锅 ts^{h}ɔ^{53}ts^{h}æ^{44}kuo^{0}	茅子 mɔ^{24}tsɿ^{0}
旬邑	锅 kuo^{21}	炒勺 ts^{h}au^{52}ʃuo^{24}	后院 xəu^{44}yã^{44} 茅房 mau^{21}fɑŋ^{52}
三原	锅 kuə^{31}	锅 kuə^{31}	后头 xɯ^{44}t^{h}ou^{0} 茅子 mɑɔ^{24}tsɿ^{0}

	0307 饭锅煮饭的	0308 菜锅炒菜的	0309 厕所旧式的，统称
乾县	饭锅 fæ̃^{55}kuɤ^{21}	炒瓢 ts^{h}ɔ^{53}p^{h}iɔ^{24}	茅房 mɔ^{24}faŋ^{21} 卫生间 ue^{55}sɤŋ^{24}tɕiæ̃^{21}
岐山	锅 kuo^{31}	炒瓢 ts^{h}ɔ^{44}p^{h}iɔ^{21} 炒锅 ts^{h}ɔ^{44}kuo^{21}	茅房 mɔ^{31}fɑŋ^{53} 后院 xou^{44}yæ̃^{21}
凤翔	前锅 ts^{h}iæ̃^{31}kuo^{53}	（无）	茅房 mɔ^{31}fɑŋ^{53} 后院 xəu^{45}yæ̃^{0}
千阳	前锅 ts^{h}iæ̃^{31}kuo^{0}	后锅 xou^{45}kuo^{0}	后院 xou^{45}yæ̃^{0}
西安	锅 kuo^{21}	锅 kuo^{21}	茅房 mau^{24}faŋ^{24}
户县	饭锅 fã^{55}kuɤ^{31}	爁菜锅 lã^{35}ts^{h}æ^{55}kuɤ^{31} 炒锅 ts^{h}au^{51}kuɤ^{31}	茅子 mau^{35}tsɿ^{0} 后头 xɯ^{55}t^{h}ɤu^{31}
商州	桶子锅 t^{h}uəŋ^{53}tsɿ^{0}kuə^{31}	炒菜锅儿 ts^{h}ɑo^{44}ts^{h}ai^{44}kuər^{31}	茅子 mɑo^{31}tsɿ^{0}
镇安	锅 kuə^{53}	锅 kuə^{53}	茅厕 mɔo^{35}ts^{h}Ei^{53}
安康	锅 kuo^{31}	炒锅 tʂ^{h}au^{53}kuo^{31}	茅厕 mau^{35}sɿ^{31}
白河	锅 kuo^{213}	锅 kuo^{213}	茅厕 mɔu^{44}sɿ^{0}
汉阴	饭锅子 χuan^{24}ko^{33}tsɿ^{0}	炒菜锅 ts^{h}ɑo^{45}ts^{h}ae^{24}ko^{33}	茅厕 mɑo^{42}ʂʅ^{0}
平利	锅 ko^{43}	锅 ko^{43}	茅厕 mau^{52}sɿ^{0}
汉中	锅 kuɤ^{55}	锅 kuɤ^{55}	茅厕 mɑo^{42}sɿ^{0} 茅坑 mɑo^{42}k^{h}ən^{0}
城固	锅 kuə^{53}	锅 kuə^{53}	厕所 ts^{h}ai^{44}ʃuə^{0} 尿坑 ȵiɔ^{31}k^{h}əŋ^{0}
勉县	锅 kuɤ^{42}	锅 kuɤ^{42}	茅厕 mɑɔ^{21}sɿ^{0}
镇巴	罐儿 kuan^{213}ər^{52}	锅儿 ko^{35}ər^{52}	茅厕坑 mau^{31}sɿ^{55}k^{h}ən^{55}

	0310 檩左右方向的	0311 柱子	0312 大门
榆林	檩子 liɤɣ̃^{21}tsəʔ^{0}	柱子 tʂu^{52}tsəʔ^{0}	大门 ta^{52}mɤɣ̃^{0}
神木	檩子 liɤ̃^{21}tsəʔ^{4}	柱子 tʂu^{53}tsəʔ^{0}	大门 ta^{53}mɤ̃^{0}
绥德	檩担子 liəɣ̃^{21}tæ^{52}tsəʔ^{0}	柱子 tʂʮ^{52}tsəʔ^{0}	龙门 ləɣ̃^{33}məɣ̃^{0} 大门 tɑ^{52}məɣ̃^{0}
吴堡	檩子 liəŋ^{41}tsəʔ^{3}	柱子 tsu^{53}tsəʔ^{3}	罗门 lɤu^{33}məŋ^{0}
清涧	檩子 liəɣ̃^{53}tsəʔ^{0}	柱子 tʂʰʮ^{44}tsəʔ^{0}	龙门 ləɣ̃^{24}məɣ̃^{0}
延安	檩子 liəŋ^{52}tsəʔ^{0}	柱子 tʂʰu^{443}tsəʔ^{0}	大门 ta^{443}məŋ^{0}
延川	檩子 liŋ^{53}tsə^{0}	柱子 tʂʰʮ^{53}tsəʔ^{213}	龙门 luŋ^{35}məŋ^{0}
黄陵	檩 liẽ^{52}	柱子 tsʰʮ^{52}tsɿ^{0}	龙门 luŋ^{24}mẽ^{24} 大门 tɑ^{55}mẽ^{24}
渭南	檩 liə̃^{53}	柱子 tʃʰʒ^{53}tsɿ^{0}	楼门 ləu^{24}mə̃^{24} 大门 tɑ^{44}mə̃^{24}
韩城	檩子 liəŋ^{53}tsɿ^{0}	柱子 pfʰu^{44}tsɿ^{0}	大门 tɑ^{44}mɛ̃^{24}
合阳	檩子 liẽ^{52}tsɿ^{0} 檩条 liẽ^{52}tʰiɔo^{31}	柱子 pfʰu^{55}tsɿ^{0} 立柱 li^{31}pfʰu^{55}	道门 tʰɔo^{55}mẽ^{24} 大门 tʰuo^{55}mẽ^{24}
富平	檩 liɛ̃^{53}	柱子 tʃʰu^{55}tsɿ^{31}	大门 tɑ^{55}mɛ̃^{24}
耀州	檩 liei^{52}	柱子 tʃu^{44}tsɿ^{0}	街门 tɕiæi^{21}mei^{24} 大门 ta^{44}mei^{24}
咸阳	檩 liɛ̃^{53}	柱子 tʃu^{44}tsɿ^{0}	大门儿 ta^{44}mer^{24}
旬邑	檩条儿 liɛ̃^{21}tɕʰiaur^{24}	柱子 tʃʰʅ^{24}tsɿ^{0}	梢门 sau^{21}mɛ̃^{24} 头门 tʰəu^{24}mɛ̃^{24}
三原	檩 liẽ^{52}	柱子 tʃʒ^{44}tsɿ^{0}	大门 tɑ^{44}mẽ^{24} 前门 tɕʰiã^{24}mẽ^{24}

	0310 檩左右方向的	0311 柱子	0312 大门
乾县	担子 tæ̃^{55}tsɿ^{21}	柱子 tʃu^{55}tsɿ^{21}	头门 tʰou^{24}mẽ^{24}
岐山	檩条 liŋ^{44}ȶʰiɔ^{21}	柱子 tʂʰʅ^{44}tsɿ^{53}	头门 tʰou^{31}məŋ^{53}
凤翔	檩条 liŋ^{44}tsʰiɔ^{0} 檩子 liŋ^{44}tsɿ^{0}	柱子 tʂʅ^{45}tsɿ^{0}	头门 tʰəu^{31}məŋ^{53}
千阳	檩条 liŋ^{44}tsʰiɔ^{0}	柱子 tʃʰʅ^{45}tsɿ^{0}	街门 tɕie^{53}məŋ^{0}
西安	檩 lin^{53}	柱子 pfu^{44}tsɿ^{0}	大门 ta^{44}mən^{24}
户县	檩 liẽ^{51} 檩条 liẽ^{51}tʰiau^{31}	柱子 tsu^{55}tsɿ^{0}	大门 ta^{55}mẽ^{35}
商州	檩 liẽ^{53}	柱子 tʃu^{44}tsɿ^{0}	楼门 lou^{35}mẽ^{35}
镇安	檩子 lin^{35}tsɿ^{53}	柱子 tʂʮ^{322}tsɿ^{0}	大门 ta^{322}mən^{33}
安康	檩子 lin^{53}tsɿ^{0}	柱头 pfu^{44}tʰou^{0}	大门 ta^{44}mən^{35}
白河	檩子 liən^{35}tsɿ^{0}	柱子 tʂu^{42}tsɿ^{0}	大门儿 ta^{42}mər^{44}
汉阴	檩子 lin^{45}tsɿ^{0}	柱头 tsʮ^{21}tʰəu^{0}	大门 tɑ^{24}mən^{42}
平利	檩子 lin^{45}tsɿ^{0}	柱头 tʂʮ^{24}tʰou^{0}	大门 ta^{24}mən^{52}
汉中	檩条 lin^{35}tʰiɑo^{0}	柱头 tsu^{21}tʰəu^{0}	大门 tA^{21}mən^{0}
城固	檩条 lin^{24}tʰiɔ^{0}	柱 tʃu^{213}	大门 ta^{31}mən^{0}
勉县	檩棒 lin^{35}pɑŋ^{0}	柱头 tsu^{21}tʰəu^{35}	大门 tɑ^{21}məŋ^{35}
镇巴	檩子 lin^{35}tsɿ^{52}	柱头 tsu^{213}tʰəu^{52}	大门 ta^{213}mən^{52}

	0313 门槛儿	0314 窗旧式的	0315 梯子可移动的
榆林	门限 mɤɣ̃^{24}xɛ^{52}	窗子 tʂʰuɑ̃^{33}tsəʔ^{0}	梯子 tʰi^{33}tsəʔ^{0}
神木	门限 mɤ̃^{44}xɛ^{44}/mɤ̃^{44}ɕiɛ^{44}	窗子 tʂʰuɑ̃^{24}tsəʔ^{0}	梯子 tʰi^{24}tsəʔ^{0}
绥德	门限 məɣ̃^{33}xæ^{52}	窗子 tʂʰuɑ̃^{24}tsəʔ^{0}	梯子 tʰi^{24}tsəʔ^{0}
吴堡	门限 məŋ^{33}ɕie^{33}	窗子 tsʰuɤu^{24}tsəʔ^{0}	梯子 tɕʰi^{24}tsəʔ^{0}
清涧	门限 məɣ̃^{24}xɛ^{44}	门窗 məɣ̃^{24}tʂʰuɒ̃^{0}	梯子 tsʰɿ^{31}tsəʔ^{0}
延安	门限 məŋ^{24}xæ̃^{443}	窗子 tʂʰuaŋ^{21}tsəʔ^{5}	梯子 tʰi^{21}tsəʔ^{5}
延川	门限 məŋ^{35}xər^{0}	窗 tʂʰuɑŋ^{213}	梯子 tɕʰi^{21}tsəʔ^{53}
黄陵	门限 mẽ^{24}xæ̃^{55}	窗 tsʰuɑŋ^{31}	梯子 tɕʰi^{31}tsɿ^{0}
渭南	门限 mei^{24}xæ̃^{0}	窗 tʃʰɑŋ^{31}	梯子 tɕʰi^{31}tsɿ^{0}
韩城	门限子 mɛ̃^{31}xã^{53}tsɿ^{0}	窗 pfʰɑŋ^{31}	梯子 tʰi^{31}tsɿ^{0}
合阳	门限 mẽ^{24}xɑ̃^{31}	窗 pfʰɑŋ^{31}	梯子 tʰi^{31}tsɿ^{0}
富平	门限 mɛ̃^{24}xæ̃^{53}	窗 tʃʰuɑɣ̃^{31}	梯子 tʰi^{53}tsɿ^{31}
耀州	门限 mei^{24}xæ̃^{0}	窗 tʃʰuɑŋ^{21} 亮子 liɑŋ^{44}tsɿ^{0}	梯子 tɕʰi^{52}tsɿ^{0}
咸阳	门槛儿 mɛ̃^{24}kʰɐr^{0}	窗子 tʃʰuɑŋ^{31}tsɿ^{0}	梯子 tʰi^{53}tsɿ^{0}
旬邑	门槛 mɛ̃^{21}kʰã^{52}	窗 tʃʰɑŋ^{21}	梯子 tɕʰi^{52}tsɿ^{0}
三原	门槛儿 mei^{24}kʰɑ̃r^{0}	窗 tʃʰuɑŋ^{31}	梯子 tɕʰi^{52}tsɿ^{0}

	0313 门槛儿	0314 窗旧式的	0315 梯子可移动的
乾县	门槛 mẽ^{24}kʰæ̃^{21}	窗 tʃʰuaŋ^{21}	梯子 tʰi^{53}tsɿ^{21}
岐山	门槛 məŋ^{31}kʰæ̃^{53}	木格窗 mu^{24}kei^{31}tʂʰɑŋ^{31}	梯子 ȶʰi^{53}tsɿ^{21}
凤翔	门槛 məŋ^{31}kʰæ̃^{53}	窗子 tʂʰɑŋ^{53}tsɿ^{0}	梯子 tsʰi^{53}tsɿ^{0}
千阳	门槛 məŋ^{31}kʰæ̃^{0}	窗子 tʃʰɑŋ^{53}tsɿ^{0}	梯子 tsʰi^{53}tsɿ^{0}
西安	门槛儿 mən^{24}kʰɐr^{0}	窗子 pfʰaŋ^{21}tsɿ^{0}	梯子 tʰi^{21}tsɿ^{0}
户县	门槛 mẽ^{35}kʰã^{31}	窗子 tsʰuaŋ^{31}tsɿ^{0}	梯子 tʰi^{31}tsɿ^{0}
商州	门限 mẽ^{31}xã^{53}	窗子 tʃʰuɑŋ^{53}tsɿ^{0}	梯子 tʰi^{53}tsɿ^{0}
镇安	门槛 mən^{33}kʰan^{35}	窗子 tʂʰuʌŋ^{53}tsɿ^{0}	楼梯 ləu^{33}tʰi^{53}
安康	门槛儿 mən^{35}kʰar^{53}	窗子 pfʰaŋ^{31}tsɿ^{0}	梯子 tʰi^{31}tsɿ^{0}
白河	门槛儿 mən^{44}kʰɐr^{35}	窗眼儿 tʂʰuaŋ^{21}iɐr^{35}	楼梯 ləu^{44}tʰi^{213}
汉阴	门槛儿 mən^{42}kʰar^{45}	窗子 tsʰuɑŋ^{33}tsɿ^{0}	楼梯 ləu^{42}tʰi^{0}
平利	门槛儿 mən^{52}kʰar^{445}	窗子 tʂʰɥaŋ^{43}tsɿ^{0}	楼梯 lou^{52}tʰi^{0}
汉中	门槛 mən^{42}kʰan^{0}	窗子 tsʰuɑŋ^{55}tsɿ^{0}	梯子 tʰi^{55}tsɿ^{0}
城固	门槛 mən^{31}kʰan^{24}	窗 tʃʰuaŋ^{53}	梯 tʰi^{53}
勉县	门槛 məŋ^{21}kʰɑn^{0}	窗子 tsʰuɑŋ^{44}tsɿ^{0}	梯子 tʰi^{44}tsɿ^{0}
镇巴	门槛 mən^{31}kʰan^{52}	窗子 tsʰuaŋ^{35}tsɿ^{52}	楼梯 ləu^{31}tʰi^{55} 梯子 tʰi^{35}tsɿ^{52}

	0316 扫帚统称	0317 扫地	0318 垃圾
榆林	笤帚 tʰiɔo^{24}tʂu^{52} 扫帚 sɔo^{52}tʂʰu^{0}	扫脚地 sɔo^{21}tɕiʌʔ^{3}ti^{52}	搕捶 nʌʔ^{3}saʔ^{0}
神木	笤帚 tʰiɔo^{44}tʂu^{53} 扫帚 sɔo^{53}tʂu^{0}	扫脚地 sɔo^{21}tɕiəʔ^{4}ti^{53}	搕捶 ŋəʔ^{4}sa^{0}
绥德	笤帚 tʰiɔɤ^{33}tʂʮ^{52} 扫帚 sao^{52}tʂʰʮ^{0}	扫脚地 sao^{21}tɕie^{33}ti^{52}	搕捶 ŋɤ^{33}sɑ^{0}
吴堡	扫帚 so^{53}tsʰu^{0}	扫脚地 so^{41}ɕiəʔ^{3}tɛe^{53}	搕塌土 ŋəʔ^{4}tʰɑʔ^{0}tʰu^{412}
清涧	扫帚 sɔo^{42}tʂʰʮ^{0}	扫脚地 sɔo^{53}tɕi^{24}tsʰɿ^{0}	脏土 tsɒ̃^{24}tʰʊ^{53}
延安	扫帚 sɔ^{443}tʂʰu^{0}	扫地 sɔ^{52}tʰi^{443}	搕捶 ŋuo^{21}sa^{53}
延川	扫帚 sɑo^{53}tʂʰʮ^{0}	扫地 sɑo^{53}tɕʰi^{53}	搕捶 ŋɤ^{53}sa^{213}
黄陵	笤帚 tɕʰiɔ^{24}tsʰʮ^{0} 扫帚 sɔ^{55}tsʰʮ^{0}	扫地 sɔ^{52}tɕʰi^{55}	脏方$^{=}$ tsɑŋ^{31}fɑŋ^{0} 垃圾 lɑ^{31}tɕi^{0}
渭南	扫帚 sɔo^{44}tʃʰʒ^{0}	扫地 sɔo^{53}tɕʰi^{44}	垃圾 lɑ^{31}tɕi^{31}
韩城	扫帚 sɑu^{44}fu^{0}	扫地 sɑu^{53}tʰi^{44}	搕捶 ŋɤ^{31}sɑ^{0}
合阳	扫帚 sɔo^{55}pfʰu^{31} 扫把 sɔo^{55}pɑ^{31}	扫地 sɔo^{52}tʰi^{55} 扫墙跟 sɔo^{52}tɕʰyə^{24}tɕiẽ^{31}	恶物 ŋɤ^{24}vo^{31}
富平	笤帚 tʰiɑo^{24}tʃʰu^{53}	扫地 sɑo^{53}ti^{55}	恶脏 ŋɤ^{31}tsɑɣ̃^{31}
耀州	笤帚 tɕʰiɔu^{24}tʃʰu^{0}	扫地 sɔu^{52}ti^{44}	脏发$^{=}$ tsɑŋ^{21}fa^{21} 垃圾 la^{21}tɕi^{0}
咸阳	扫帚 sɔ^{44}tʃu^{0}	扫地 sɔ^{53}ti^{44}	脏发 tsɑŋ^{31}fa^{0}
旬邑	笤帚 tɕʰiau^{21}tʃʅ^{52} 扫帚 sau^{24}tʃʅ^{0}	扫地 sau^{21}tɕʰi^{44}	渣货 tsa^{52}xuo^{0} 垃圾 la^{21}tɕi^{0}
三原	扫帚 sɑɔ^{44}tʃʰʒ^{0}	扫地 sɑɔ^{52}tɕi^{44}	搕捶 ŋɤ^{52}sɑ^{0}

	0316 扫帚统称	0317 扫地	0318 垃圾
乾县	笤子 tʰiɔ^{24}tsɿ^{21} 扫子 sɔ^{55}tsɿ^{21}	扫地 sɔ^{53}ti^{55}	垃圾 na^{21}tɕi^{21}
岐山	扫帚 sɔ^{44}tʂʰʅ^{53}	扫地 sɔ^{53}ȶʰi^{44}	垃圾 lA^{31}tɕi^{21}
凤翔	扫帚 sɔ^{45}tʂʅ^{0}	扫脚地 sɔ^{53}tɕyo^{31}tsi^{53} □地 tʂʰuo^{31}tsi^{44}	垃圾 la^{31}tɕi^{0}
千阳	扫帚 sɔ^{45}tʃʅ^{0}	扫脚地 sɔ^{53}tɕyo^{31}ti^{0}	垃圾 la^{31}tɕi^{0} 杂啥 tsa^{31}ʃa^{0}
西安	笤帚 tʰiau^{24}fu^{0}	扫地 sau^{53}ti^{44}	垃圾 la^{21}tɕi^{0}
户县	扫子 sau^{55}tsɿ^{0}	扫脚地 sau^{51}tɕyɤ^{35}ti^{31}	脏法⁼ tsaŋ^{31}fa^{31} 土 tʰɤu^{51}
商州	笤帚 tʰiɑo^{31}tʃʰu^{0}	扫地 sɑo^{44}ti^{44}	搕捶 ŋə^{53}sɑ^{31}
镇安	笤把 tʰiɔo^{33}pa^{35}	扫地下 sɔo^{33}ti^{21}xa^{0}	垃圾 la^{53}tɕi^{0}
安康	笤帚 tʰiau^{35}fu^{31}	扫地 sau^{53}ti^{44}	渣滓 tʂa^{31}tsɿ^{0}
白河	笤帚 tʰiɔu^{44}tʂʰu^{0}	扫地 sɔu^{35}ti^{41}	渣滓 tʂa^{21}tsɿ^{0}
汉阴	扫把 sɑo^{21}pɑ^{0}	扫地 sɑo^{45}ti^{214}	渣滓 tsɑ^{33}tsɿ^{0}
平利	扫把 sau^{24}pa^{45}	扫地 sau^{45}ti^{214}	渣滓 tʂa^{43}tsɿ^{0}
汉中	笤帚 tʰiɑo^{42}tsu^{0} 扫把 sɑo^{21}pA^{0}	扫地 sɑo^{35}ti^{213}	渣渣 tsA^{55}tsA^{0}
城固	笤帚 tʰiɔ^{31}tʃu^{24} 扫把 sɔ^{31}pa^{0}	扯⁼地 tʂʰə^{53}ti^{213}	渣渣 tsa^{44}tsa^{0}
勉县	扫把 sɑɔ^{21}pɑ^{35}	扫地 sɑɔ^{35}ti^{213}	渣渣 tsɑ^{44}tsɑ^{0}
镇巴	扫把 sau^{21}pa^{52}	扫地 sau^{52}ti^{213}	渣渣 tsa^{35}tsa^{55}

	0319 家具统称	0320 东西我的~	0321 炕土、砖砌的，睡觉用
榆林	家具 tɕia^{33}tɕy^{52}	东西 tuɤɣ̃^{33}ɕi^{0}	炕 kʰɑ̃^{52}
神木	家具 tɕia^{24}tɕy^{53}	东西 tuɤ̃^{24}ɕi^{0}	炕 kʰɑ̃^{53}
绥德	家具 tɕiɑ^{21}tɕy^{52}	东西 tuəɣ̃^{24}ɕi^{0}	炕 kʰɑ̃^{52}
吴堡	家具 tɕiɑ^{21}tɕʉ^{53} 摆设 pɑe^{41}ʂəʔ^{3}	东西 tuəŋ^{24}sɛe^{0}	炕 kʰɤu^{53}
清涧	家具 tɕiɑ^{31}tsɥ^{42}	东西 tuəɣ̃^{31}sɿ^{53}	炕 kʰɯ^{42}
延安	家具 tɕiɑ^{21}tɕy^{443}	东西 tuəŋ^{21}ɕi^{53}	炕 kʰaŋ^{443}
延川	家具 tɕiɑ^{21}tsɥ^{53}	东西 tuŋ^{21}sɿ^{53}	炕 kʰei^{53}
黄陵	家具 tɕiɑ^{31}tɕy^{55}	东西 tuŋ^{31}ɕi^{0}	炕 kʰɑŋ^{55}
渭南	家具 tɕiɑ^{31}tɕy^{44}	东西 tuəŋ^{31}ɕi^{0}	炕 kʰɑŋ^{44}
韩城	家具 tɕiɑ^{31}tɕy^{44}	东西 təŋ^{31}ɕi^{0}	焙 pʰɪi^{44}
合阳	家具 tɕiɑ^{31}tɕy^{55}	东西 tuŋ^{31}si^{0}	焙 pʰei^{55}
富平	家具 tɕiɑ^{31}tɕy^{55}	东西 tuəɣ̃^{53}si^{31}	炕 kʰɑɣ̃^{55}
耀州	家具 tɕiɑ^{21}tɕy^{44} 摆设 pæi^{52}ʂɤ^{0}	东西 tuŋ^{52}ɕi^{0}	炕 kʰɑŋ^{44} 土炕 tʰou^{52}kʰɑŋ^{44}
咸阳	家具 tɕiɑ^{31}tɕy^{44}	东西 tuəŋ^{53}ɕi^{0}	炕 kʰɑŋ^{44}
旬邑	家具 tɕiɑ^{21}tɕy^{44}	东西 tuəŋ^{52}ɕi^{0}	炕 kʰɑŋ^{44}
三原	家具 tɕiɑ^{31}tɕy^{44}	过活 kuə^{44}xuə^{0} 东西 tuəŋ^{52}ɕi^{0}	炕 kʰɑŋ^{44}

	0319 家具统称	0320 东西我的~	0321 炕土、砖砌的，睡觉用
乾县	家具 tɕia²¹tɕy²⁴	东西 toŋ⁵³ɕi²¹	炕 kʰaŋ⁵⁵
岐山	家具 tɕiᴀ³¹tɕy⁴⁴	东些 tuŋ⁵³siɛ³¹	炕 kʰɑŋ⁴⁴
凤翔	家具 tɕia⁵³tɕy⁰	东西 tuŋ⁵³sie⁰	炕 kʰɑŋ⁴⁴
千阳	家具 tɕia³¹tɕy⁴⁴	东西 tuŋ⁵³si⁰	炕 kʰɑŋ⁴⁴
西安	家具 tɕia²¹tɕy⁴⁴	东西 toŋ²¹ɕi⁰	炕 kʰaŋ⁴⁴
户县	家具 tɕia³¹tɕy⁵⁵	东西 tuəŋ³¹ɕi³¹	炕 kʰaŋ⁵⁵
商州	家具 tɕiɑ³¹tɕy⁴⁴	东西 tuəŋ⁵³ɕi⁰	炕 kʰɑŋ⁴⁴
镇安	家具 tɕia⁵³tʂʮ²¹⁴	东西 tuoŋ⁵³ɕi⁰	炕 kʰʌŋ²¹⁴
安康	家具 tɕia³¹tɕy⁴⁴	东西 tuŋ³¹ɕi⁰	（无）
白河	家业 tɕia²¹ȵiᴇ⁰	东西 təŋ²¹ɕi⁰	（无）
汉阴	家具 tɕiɑ³³tɕy²¹⁴	东西 toŋ³³ɕi⁰	（无）
平利	家具 tɕia⁴³tʂʮ²¹⁴ 家业 tɕia⁴³ȵi⁰	东西 toŋ⁴³ɕi⁰	（无）
汉中	家具 tɕiᴀ⁵⁵tɕy⁰	东西 toŋ⁵⁵ɕi⁰	（无）
城固	家具 tɕia⁴⁴tɕy⁰	东西 tuŋ⁴⁴ɕi⁰	（无）
勉县	家具 tɕiɑ⁴⁴tɕy⁰	东西 toŋ⁴⁴ɕi⁰	（无）
镇巴	家什 tɕia³⁵sɿ⁵²	东西 toŋ³⁵ɕi⁵⁵	炕 kʰaŋ²¹³

	0322 床木制的，睡觉用	0323 枕头	0324 被子
榆林	床 tʂʰuã^{213}	枕头 tʂɤɣ̃^{21}tʰəu^{33}	被子 pi^{52}tsəʔ^{0}
神木	床 tʂʰuã^{44}	枕头 tʂɤ̃^{53}tʰəu^{0}	被子 pi^{53}tsəʔ^{0}
绥德	床 tʂʰuã^{33}	枕头儿 tʂəɣ̃^{21}tʰəur^{33}	被子 pi^{52}tsəʔ^{0}
吴堡	床 tsʰuɤu^{33}	枕头儿 tʂəŋ^{41}tʰɑor^{53}	被子 pɛe^{53}tsəʔ^{0}
清涧	床 tʂʰuɒ̃^{24}	枕头儿 tʂəɣ̃^{53}tʰəur^{0}	被子 pʰʅ^{44}tsəʔ^{0}
延安	床 tʂʰuaŋ^{24}	枕头 tʂəŋ^{52}tʰou^{0}	被子 pʰi^{443}tsəʔ^{0}
延川	床 tʂʰuɑŋ^{35}	枕头 tʂəŋ^{53}tʰəu^{0}	被子 pʰʅ^{53}tsəʔ^{423}
黄陵	床 tsʰuɑŋ^{24}	枕头 tʂẽ^{52}tʰəu^{0}	被子 pʰi^{55}tsɿ^{0}
渭南	床 tʃʰɑŋ^{24}	枕头 tʂə̃^{53}tʰəu^{0}	被子 pʰi^{44}tsɿ^{0}
韩城	床 pfʰɑŋ^{24}	枕头 tʂəŋ^{53}tʰəu^{0}	被子 pʰi^{44}tsɿ^{0}
合阳	床 pfʰɑŋ^{24}	枕头 tʂẽ^{52} tʰou^{31}	被子 pʰi^{55}tsɿ^{0}
富平	床 tʃʰuɑɣ̃^{24}	枕头 tʂẽ^{53}tʰou^{31}	被儿 pir^{53}
耀州	床 tʃʰuɑŋ^{24}	枕头 tʂei^{52}tʰou^{0}	被儿 piər^{52} 被子 pi^{44}tsɿ^{0}
咸阳	床 tʃʰuɑŋ^{24}	枕头 tʂẽ^{53}tʰou^{0}	被儿 piər^{53}
旬邑	床 tʃʰɑŋ^{24}	枕头 tʂẽ^{44}tʰəu^{0}	被儿 piər^{52}
三原	床 tʃʰuɑŋ^{24}	枕头 tʂẽ^{52}tʰou^{0}	被子 piər^{52}

	0322 床木制的，睡觉用	0323 枕头	0324 被子
乾县	床 tʃ^{h}uaŋ^{24}	枕头 ʈẽ^{53}t^{h}ou^{21}	被儿 piər^{53}
岐山	床 tʂ^{h}ɑŋ^{24}	枕头 tʂəŋ^{44}t^{h}ou^{21}	被儿 pi^{44}ər^{53} 被子 pi^{44}tsɿ^{21}
凤翔	床 tʂ^{h}ɑŋ^{24}	枕头 tʂəŋ^{44}t^{h}əu^{0}	被儿 pi^{45}ər^{0}
千阳	床 tʃ^{h}ɑŋ^{24}	枕头 tʂəŋ^{44}t^{h}ou^{0}	被 pi^{44}
西安	床 pf^{h}aŋ^{24}	枕头 tʂən^{53}t^{h}ou^{0}	被儿 piər^{53}
户县	床 ts^{h}uaŋ^{35}	枕头 tʂẽ^{51}t^{h}ɤu^{31}	被儿 piɯ^{51}
商州	床 tʃ^{h}uɑŋ^{35}	枕头 tʂẽ^{53}t^{h}ou^{0}	被子 pi^{44}tsɿ^{0}
镇安	床铺 tʂ^{h}uʌŋ^{33}p^{h}u^{214}	枕头 tʂən^{35}t^{h}əu^{53}	铺盖 p^{h}u^{53}kai^{0}
安康	床 pf^{h}aŋ^{35}	枕头 tʂən^{53}t^{h}ou^{0}	铺盖 p^{h}u^{31}kæ^{0}
白河	床铺 tʂ^{h}uaŋ^{44}p^{h}u^{0}	枕头 tʂən^{35}t^{h}əu^{0}	被褥 pei^{42}u^{0}
汉阴	床铺 ts^{h}uɑŋ^{42}p^{h}u^{0}	枕头 tʂən^{45}t^{h}əu^{0}	铺盖 p^{h}u^{33}kae^{0} 盖铺盖 kae^{24}p^{h}u^{33}kae^{0}
平利	床 tʂ^{h}ʮaŋ^{52} 床铺 tʂ^{h}ʮaŋ^{52}p^{h}u^{0}	枕头 tʂən^{45}t^{h}ou^{0}	铺盖 p^{h}u^{43}kai^{0}
汉中	床 ts^{h}uɑŋ^{42}	枕头 tʂən^{35}t^{h}əu^{0}	铺盖 p^{h}u^{55}kai^{0}
城固	床 tʃ^{h}uɑŋ^{311}	枕头 tʂən^{24}t^{h}əu^{0}	铺盖 p^{h}u^{44}kai^{0}
勉县	床 ts^{h}uɑŋ^{21}	枕头 tsən^{35}t^{h}əu^{0}	铺盖 p^{h}u^{44}kɑi^{0}
镇巴	架架床 tɕia^{21}tɕia^{55}ts^{h}uaŋ^{31}	枕头 tsən^{45}t^{h}əu^{31}	铺盖 p^{h}u^{35}kai^{55}

	0325 棉絮	0326 床单	0327 褥子
榆林	棉花套子 miɛ^{24}xua^{0}t^{h}ɔo^{52}tsəʔ^{0} 网套 vɑ̃^{21}t^{h}ɔo^{52}	褥单子 ʐuəʔ^{3}tɛ^{33}tsəʔ^{0}	褥子 ʐuəʔ^{3}tsəʔ^{0}
神木	棉花套子 miɛ^{44}xua^{0}t^{h}ɔo^{53}tsəʔ^{0}	单子 tɛ^{24}tsəʔ^{0} 褥单 ʐuəʔ^{2}tɛ^{24}	褥子 ʐuəʔ^{4}tsəʔ^{0}
绥德	装的 tʂuɑ̃^{52}təʔ^{0} 棉花套子 mie^{33}xuɑ^{0}t^{h}ao^{52}tsəʔ^{0} 网套 vɑ̃^{21}t^{h}ao^{52}	单子 tæ^{24}tsəʔ^{0} 护单 xu^{52}tæ^{0} 床单 tʂ^{h}uɑ̃^{33}tæ^{0}	褥子 ʐuəʔ^{5}tsəʔ^{0}
吴堡	棉花 mie^{33}xuɑ^{0}	护单 xu^{53}tɑ̃^{0} 单子 tɑ̃^{24}tsəʔ^{0}	褥子 ʐuəʔ^{21}tsəʔ^{3}
清涧	棉花套子 mi^{24}xuɑ^{0}t^{h}ɔo^{42}tsəʔ^{0}	床单儿 tʂ^{h}uɒ̃^{24}tɛr^{0}	褥子 ʐuəʔ^{4}tsəʔ^{0}
延安	棉花 miæ̃^{24}xua^{0}	单子 tæ̃^{21}tsəʔ^{5}	褥子 ʐu^{21}tsəʔ^{5}
延川	棉花 miɛ^{35}xua^{0}	单子 tæ̃^{21}tsəʔ^{53}	褥子 ʐuəʔ^{32}tsəʔ^{213}
黄陵	套子 t^{h}ɔ^{55}tsɿ^{0}	单子 tæ̃^{31}tsɿ^{0}	褥子 zəu^{31}tsɿ^{0}
渭南	套子 t^{h}ɔo^{44}tsɿ^{0}	单子 tæ̃^{53}tsɿ^{0}	褥子 zəu^{53}tsɿ^{0}
韩城	套子 t^{h}ɑu^{44}tsɿ^{0}	单子 tɑ̃^{31}tsɿ^{0}	褥子 vu^{31}tsɿ^{0}
合阳	套子 t^{h}ɔo^{55}tsɿ^{0} 棉絮 miɑ̃^{24}ɕy^{55}	单子 tɑ̃^{31}tsɿ^{0} 床单 pf^{h}ɑŋ^{24}tɑ̃^{31}	褥子 zou^{31}tsɿ^{0}
富平	套子 t^{h}ɑo^{55}tsɿ^{31}	单子 tæ̃^{53}tsɿ^{31}	褥子 zou^{53}tsɿ^{31}
耀州	套子 t^{h}ɔu^{44}tsɿ^{0} 网套 uɑŋ^{52}t^{h}ɔu^{44}	单子 tæ̃^{52}tsɿ^{0}	褥子 zou^{52}tsɿ^{0}
咸阳	网套 vɑŋ^{53}t^{h}ɔ^{44}	单子 tɑ̃^{31}tsɿ^{0}	褥子 ʒu^{31}tsɿ^{0}
旬邑	套子 t^{h}au^{24}tsɿ^{0}	单子 tɑ̃^{52}tsɿ^{0}	褥子 ʒʅ^{52}tsɿ^{0}
三原	套子 t^{h}ɑɔ^{44}tsɿ^{0}	单子 tɑ̃^{52}tsɿ^{0}	褥子 ʐou^{52}tsɿ^{0}

	0325 棉絮	0326 床单	0327 褥子
乾县	套子 tʰɔ^{55}tsɿ^{21} 棉花 miæ̃^{24}xua^{21}	单子 tæ̃^{53}tsɿ^{21}	褥子 ʒu^{53}tsɿ^{21}
岐山	网套 vɑŋ^{53}tɔ^{44}	单子 tæ̃^{53}tsɿ^{21}	褥子 ʐʅ^{53}tsɿ^{21}
凤翔	棉花 miæ̃^{31}xua^{53}	单子 tæ̃^{53}tsɿ^{0}	褥子 ʐʅ^{53}tsɿ^{0}
千阳	棉花 miæ̃^{31}xua^{0}	单子 tæ̃^{53}tsɿ^{0}	褥子 ʒʅ^{53}tsɿ^{0}
西安	棉花套子 miau^{24}xua^{21}tʰau^{44}tsɿ^{0}	单子 tã^{21}tsɿ^{0}	褥子 vu^{21}tsɿ^{0}
户县	套子 tʰau^{55}tsɿ^{0}	单子 tã^{31}tsɿ^{0}	褥子 ʐɤu^{31}tsɿ^{0}
商州	棉花 miã^{31}xuɑ^{53}	单子 tã^{53}tsɿ^{0}	褥子 ʐou^{53}tsɿ^{0}
镇安	棉花 mian^{33}xua^{0}	单子 tan^{53}tsɿ^{0}	垫铺盖 tian^{322}pʰu^{53}kai^{0}
安康	棉花套子 mian^{35}xua^{31}tʰau^{44} tsɿ^{0}	床单儿 pfʰaŋ^{35}tar^{31}	垫铺盖 tian^{44}pʰu^{31}kæ^{0}
白河	棉花 mian^{44}xua^{0}	床单儿 tʂʰuaŋ^{44}tɐr^{213}	垫被子 tian^{41}pei^{42}tsɿ^{0}
汉阴	棉絮套子 mian^{42}ɕy^{0}tʰɑo^{21}tsɿ^{0}	铺盖单子 pʰu^{33}kae^{0}tan^{33}tsɿ^{0}	垫铺盖 tian^{24}pʰu^{33}kae^{0}
平利	棉絮套子 mian^{52}ɕi^{0}tʰau^{24}tsɿ^{0}	单子 tan^{43}tsɿ^{0}	垫铺盖 tian^{24}pʰu^{43}kai^{0}
汉中	棉絮 mian^{42}ɕy^{0}	单子 tan^{55}tsɿ^{0}	坝$^{=}$铺盖 pA^{21}pʰu^{0}kai^{0}
城固	网套 vɑŋ^{44}tʰɔ^{213}	单 tan^{53}	坝$^{=}$铺盖 pa^{31}pʰu^{24}kai^{0}
勉县	棉絮 miɑn^{21}ɕy^{0}	单子 tɑn^{44}tsɿ^{0}	坝$^{=}$铺盖 pɑ^{21}pʰu^{35}kɑi^{0}
镇巴	棉絮 mian^{31}suei^{55}	单子 tan^{35}tsɿ^{52}	坝$^{=}$铺盖 pa^{21}pʰu^{55}kai^{55}

	0328 席子	0329 蚊帐	0330 桌子统称
榆林	席子 ɕiəʔ^{3}tsəʔ^{0}	蚊帐 vɤɣ̃^{24}tʂɑ̃^{52}	桌子 tʂuaʔ^{3}tsəʔ^{0}
神木	席子 ɕiəʔ^{4}tsəʔ^{0}	蚊帐子 vɤ̃^{44}tʂɑ̃^{53}tsəʔ^{0}	桌子 tʂuaʔ^{4}tsəʔ^{0}
绥德	席子 ɕiəʔ^{5}tsəʔ^{0}	蚊帐 vəɣ̃^{33}tʂɑ̃^{52}	桌子 tʂuo^{33}tsəʔ^{0}
吴堡	席子 ɕiəʔ^{21}tsəʔ^{3}	拢帐 luəŋ^{33}tʂã^{53}	桌子 tsuɑʔ^{4}tsəʔ^{0}
清涧	席 ɕiəʔ^{43}	蚊帐 vəɣ̃^{24}tʂɒ̃^{0}	桌子 tʂuɤ^{53}tsəʔ^{0}
延安	席 ɕi^{24}	蚊帐 vəŋ^{24}tʂaŋ^{443}	桌子 tʂuo^{21}tsəʔ^{5}
延川	席 ɕiəʔ^{54}	蚊帐 vəŋ^{35}tʂɑŋ^{0}	桌子 tʂuə^{42}tsəʔ^{213}
黄陵	席 ɕi^{24}	蚊帐 vẽ^{24}tʂɑŋ^{55}	桌子 tsuɤ^{31}tsɿ^{0}
渭南	席 ɕi^{24}	蚊帐 və̃^{24}tʂɑŋ^{44}	桌子 tʃə^{31}sɿ^{0}
韩城	席 ɕi^{24}	蚊帐 vɛ̃^{24}tʂɑŋ^{44}	桌子 pfuɤ^{31}tsɿ^{0}
合阳	席 si^{24}	蚊帐 vẽ^{24}tʂɑŋ^{55}	桌子 pfo^{31}tsɿ^{0}
富平	席 si^{24}	蚊帐 vɛ̃^{24}tʂɑɣ̃^{55}	桌子 tʃuo^{53}tsɿ^{31}
耀州	席 ɕi^{24}	蚊帐 uei^{24}tʂɑŋ^{44}	桌子 tʃuo^{52}tsɿ^{0}
咸阳	席 ɕi^{24}	蚊帐 vɛ̃^{24}tʂɑŋ^{44}	桌子 tʃuo^{31}tsɿ^{0}
旬邑	席 ɕi^{24}	蚊帐 vɛ̃^{24}tʂɑŋ^{44} 帐子 tʂɑŋ^{24}tsɿ^{0}	桌子 tʃɤ^{52}tsɿ^{0}
三原	席 ɕi^{24}	蚊帐 vẽ^{24}tʂɑŋ^{44}	桌子 tʃuə^{52}sɿ^{0}

	0328 席子	0329 蚊帐	0330 桌子统称
乾县	席 ɕi^{24}	蚊帐 vẽ^{24}ʈaŋ^{55}	桌子 tʃuɤ^{53}tsɿ^{21}
岐山	席 si^{24}	蚊帐 vəŋ^{24}tʂɑŋ^{44}	桌子 tʂuo^{53}tsɿ^{21}
凤翔	席 si^{24}	蚊帐 vəŋ^{24}tʂɑŋ^{44} 蚊罩 vəŋ^{24}tsɔ^{44}	桌子 tʂuo^{53}tsɿ^{0}
千阳	席 si^{24}	蚊帐 vəŋ^{24}tʂɑŋ^{44}	桌子 tsuo^{53}tsɿ^{0}
西安	席 ɕi^{24}	蚊帐 vən^{24}tʂaŋ^{44}	桌子 pfo^{21}tsɿ^{0}
户县	席 ɕi^{35}	蚊帐 vẽ^{35}tʂaŋ^{55}	桌子 tsuɤ^{31}tsɿ^{0}
商州	席 ɕi^{35}	蚊帐 vẽ^{35}tʂɑŋ^{44}	桌子 tʃuə^{53}tsɿ^{0}
镇安	席子 ɕi^{322}tsɿ^{0}	蚊帐 vən^{33}tʂʌŋ^{214}	桌子 tʂuə^{53}tsɿ^{0}
安康	席子 ɕi^{35}tsɿ^{0}	帐子 tʂaŋ^{44}tsɿ^{0}	桌子 pfə^{31}tsɿ^{0}
白河	席子 ɕi^{44}tsɿ^{0}	帐子 tʂaŋ^{42}tsɿ^{0}	桌子 tʂuo^{21}tsɿ^{0}
汉阴	席子 ɕi^{42}tsɿ^{0}	帐子 tʂɑŋ^{21}tsɿ^{0}	桌子 tso^{42}tsɿ^{0}
平利	席子 ɕi^{52}tsɿ^{0}	帐子 tʂaŋ^{24}tsɿ^{0}	桌子 tʂo^{43}tsɿ^{0}
汉中	席 ɕi^{42}	帐子 tʂɑŋ^{21}tsɿ^{0}	桌子 tsuɤ^{55}tsɿ^{0}
城固	席 si^{311}	帐 tʂɑŋ^{213}	桌桌 tʃuə^{44}tʃuə^{0}
勉县	席 ɕi^{21}	帐子 tsɑŋ^{21}tsɿ^{35}	桌子 tsuɤ^{44}tsɿ^{0}
镇巴	席子 ɕi^{33}tsɿ^{31}	罩子 tsau^{33}tsɿ^{31}	桌子 tso^{33}tsɿ^{31}

	0331 柜子统称	0332 抽屉桌子的	0333 案子长条形的
榆林	柜子 kuei^{52}tsəʔ^{0}	抽屉 tʂʰəu^{33}tʰi^{33}	条桌 tʰiɔo^{24}tʂuaʔ^{0}
神木	柜子 kuei^{53}tsəʔ^{0} 箱子 ɕiɑ̃^{24}tsəʔ^{0}	抽屉 tʂʰəu^{24}tʰi^{44}	条桌 tʰiɔo^{44}tʂuaʔ^{4}
绥德	柜子 kuei^{52}tsəʔ^{0}	抽屉 tʂʰəu^{21}tʰi^{33}	长桌儿 tʂʰɑ̃^{33}tʂuor^{33}
吴堡	柜子 kuɛe^{53}tsəʔ^{0}	抽斗儿 tʂʰɑo^{24}tɑor^{412}	桌子 tsuɑʔ^{4}tsəʔ^{0}
清涧	柜子 kʰuei^{44}tsəʔ^{0}	抽屉儿 tʂʰəu^{31}tsʰɿər^{42}	桌子 tʂuɤ^{53}tsəʔ^{0}
延安	柜子 kʰuei^{443}tsəʔ^{0}	抽屉儿 tʂʰou^{21}tʰiər^{52}	长溜溜儿桌子 tʂʰaŋ^{24}liou^{443}liour^{21}tʂuo^{21}tsəʔ^{5}
延川	柜子 kʰuei^{53}tsəʔ^{213}	抽头儿 tʂʰəu^{21}tʰəur^{53}	长桌子 tʂʰaŋ^{35}tʂuə^{42}tsəʔ^{213}
黄陵	柜 kʰuei^{55}	抽屉 tʂʰəu^{31}tɕʰi^{0} 抽斗儿 tʂʰəu^{31}təur^{52}	条桌 tɕʰiɔ^{24}tsuɤ^{0}
渭南	柜 kʰuei^{44}	抽屉 tʂʰəu^{53}tɕʰi^{0} 抽匣 tʂʰəu^{53}xæ̃^{0}	案 ŋæ̃^{44}
韩城	柜子 kʰuɪi^{44}tsɿ^{0}	抽匣 tʂʰəu^{31}xɑ^{0}	供桌 kuəŋ^{44}pfuɤ^{0}
合阳	柜 kʰuei^{55}	抽匣 tʂʰou^{31}xɑ^{0} 抽斗 tʂʰou^{31}tou^{52}	条桌 tʰiɔo^{24}pfo^{31}
富平	柜 kʰueɪ^{55}	抽屉 tʂʰou^{53}tʰi^{31} 抽匣 tʂʰou^{53}xɑ^{31}	案 ŋæ̃^{55}
耀州	柜 kʰuei^{44} 柜子 kʰuei^{44}tsɿ^{0}	抽匣 tʂʰou^{52}xæ̃^{0}	案 ŋæ̃^{44} 供桌 kuŋ^{44}tʃuo^{21}
咸阳	柜 kuei^{44}	抽斗儿 tʂʰou^{31}tour^{0}	案 ŋã^{44}
旬邑	柜 kʰuei^{44}	抽屉 tʂʰəu^{52}tɕʰi^{0} 抽斗儿 tʂʰəu^{21}təur^{52}	条桌 tɕʰiau^{21}tʃɤ^{52}
三原	柜 kuei^{44}	抽屉 tʂʰou^{52}tɕʰi^{0}	几桌 tɕi^{31}tʃuə^{31}

	0331 柜子统称	0332 抽屉桌子的	0333 案子长条形的
乾县	柜 kue^{55}	抽屉 tʂʰou^{53}tɕʰi^{21}	案 ŋæ̃^{55}
岐山	柜 kʰuei^{44}	抽屉 tʂʰou^{53}ȶʰi^{21}	条桌 ȶʰiɔ^{31}tʂuo^{53}
凤翔	柜 kuei^{44}	抽匣 tʂʰəu^{53}ɕiæ̃^{0} 抽屉 tʂʰəu^{53}tsʰi^{0}	条桌子 tsʰiɔ^{24}tʂuo^{53}tsɿ^{0} 长桌子 tʂʰɑŋ^{24}tʂuo^{53}tsɿ^{0}
千阳	柜 kʰuei^{44}	抽匣 tʂʰou^{53}ɕiæ̃^{0}	案 ŋæ̃^{44}
西安	柜子 kuei^{44}tsɿ^{0}	抽匣 tʂʰou^{21}xã^{0}	条儿 tʰiau^{24}tɕi^{0}
户县	柜 kuei^{55}	抽匣 tʂʰɤu^{31}xa^{35} 抽屉 tʂʰɤu^{31}tʰi^{31}	条桌 tʰiau^{35}tsuɤ^{31}
商州	柜子 kuei^{44}tsɿ^{0}	抽屉 tʂʰou^{53}tʰi^{31}	条桌子 tʰiɑo^{31}tʃuə^{53}tsɿ^{0}
镇安	柜子 kuᴇi^{322}tsɿ^{0}	抽屉 tʂʰəu^{53}tʰi^{214}	条案 tʰiɔo^{33}ŋan^{214}
安康	柜柜儿 kuei^{44}kuər^{0}	抽屉 tʂʰou^{31}tʰi^{44}	长条儿案子 tʂʰaŋ^{35}tʰiaur^{35} ŋan^{44}tsɿ^{0}
白河	柜子 kuei^{42}tsɿ^{0}	抽屉 tʂʰəu^{21}tʰi^{41}	案子 ŋan^{42}tsɿ^{0}
汉阴	柜子 kuei^{21}tsɿ^{0}	抽匣 tʂʰəu^{33}ɕiɑ^{42}	条桌 tʰiɑo^{42}tso^{42}
平利	柜子 kuei^{24}tsɿ^{0}	抽屉 tʂʰou^{43}tʰi^{214}	案子 ŋan^{24}tsɿ^{0}
汉中	柜子 kuei^{21}tsɿ^{0}	抽匣 tʂʰəu^{55}ɕiᴀ^{0}	案子 ŋan^{21}tsɿ^{0}
城固	柜柜 kuei^{31}kuei^{0}	抽匣 tʂʰəu^{44}ɕia^{0}	案子 ŋan^{31}ə^{0}
勉县	柜柜 kuei^{21}kuei^{35}	抽匣 tsʰəu^{44}ɕiɑ^{0}	案子 ŋɑn^{21}tsɿ^{35}
镇巴	柜子 kuei^{21}tsɿ^{52}	抽屉 tsʰəu^{35}tʰi^{52} 抽抽儿 tsʰəu^{35}tsʰɐr^{55}	条桌儿 tʰiau^{31}tsor^{21}

	0334 椅子统称	0335 凳子统称	0336 马桶有盖的
榆林	椅子 i^{21}tsəʔ^{0}	板凳 pɛ^{21}tɤɣ̃^{52}	（无）
神木	椅子 i^{21}tsəʔ^{4}	凳子 tɤ̃^{53}tsəʔ^{0}	马桶 ma^{24}t^{h}uɤ̃^{0}
绥德	椅子 i^{21}tsɤ^{33}	板凳儿 pæ^{21}tɤ̃r^{52}	马桶 mɑ^{24}t^{h}uəɣ̃^{213}
吴堡	椅子 i^{41}tsəʔ^{3}	板凳 pã^{41}təŋ^{53}	尿罐儿 ȵiɤ^{53}k^{h}uər^{213}
清涧	椅子 zɿ^{53}tsəʔ^{0}	板凳儿 pɛ^{53}təɣ̃r^{44}	尿罐子 ȵiɔo^{42}ku^{44}tsəʔ^{0}
延安	椅子 i^{52}tsəʔ^{0}	凳子 təŋ^{443}tsəʔ^{0}	（无）
延川	椅子 zɿ^{53}tsəʔ^{0}	板凳儿 pæ̃^{53}tʌr^{213}	马桶 ma^{53}t^{h}uŋ^{53}
黄陵	椅子 i^{52}tsɿ^{0}	凳子 təŋ^{55}tsɿ^{0} 板头 pæ̃^{52}t^{h}əu^{0}	马桶 mɑ^{31}t^{h}uŋ^{52}
渭南	椅子 ȵi^{53}tsɿ^{0}	板头 pæ̃^{53}t^{h}əu^{0}	马桶 mɑ^{31}t^{h}uəŋ^{53}
韩城	椅子 ȵi^{53}tsɿ^{0}	凳子 təŋ^{44}tsɿ^{0}	马桶 mɑ^{31}t^{h}əŋ^{53}
合阳	靠子 k^{h}ɔo^{55}tsɿ^{0} 椅子 ȵi^{52}tsɿ^{0}	床床 pf^{h}ɑŋ^{24}pf^{h}ɑŋ^{0} 板头 pã^{52}t^{h}ou^{0}	坐便 tɕ^{h}yə^{55}piã^{55}
富平	椅子 i^{53}tsɿ^{31}	板凳 pæ̃^{53}t^{h}əɣ̃^{31}	（无）
耀州	椅子 i^{52}tsɿ^{0}	板凳 pæ̃^{52}təŋ^{0} 杌子 u^{52}tsɿ^{0}	粪桶 fei^{44}t^{h}uŋ^{52}
咸阳	椅子 i^{53}tsɿ^{0}	杌子 u^{31}tsɿ^{0}	坐便 tsuo^{44}piã^{44}
旬邑	椅子 i^{52}tsɿ^{0}	板床 pã^{44}tʃ^{h}ɑŋ^{0} 凳子 təŋ^{24}tsɿ^{0}	（无）
三原	椅子 i^{52}tsɿ^{0}	凳子 təŋ^{44}tsɿ^{0} 板凳儿 pã^{52}tə̃r^{0}	便桶 piã^{44}t^{h}uəŋ^{52}

	0334 椅子统称	0335 凳子统称	0336 马桶有盖的
乾县	椅子 i^{53}tsɿ^{21}	板凳 pæ̃^{53}tʰɤŋ^{21}	粪桶 fẽ^{55}tʰoŋ^{53} 尿桶 ȵiɔ^{55}tʰoŋ^{53}
岐山	椅子 i^{44}tsɿ^{21}	板凳 pæ̃^{44}təŋ^{21}	马桶 mA^{53}tʰuŋ^{53}
凤翔	椅子 i^{44}tsɿ^{0}	板凳 pæ̃^{44}təŋ^{0}	（无）
千阳	椅子 i^{44}tsɿ^{0}	板凳 pæ̃^{44}təŋ^{0}	（无）
西安	椅子 i^{53}tsɿ^{0}	凳子 təŋ^{44}tsɿ^{0}	尿盆儿 ȵiau^{44}pʰər^{0}
户县	椅子 i^{51}tsɿ^{0}	板凳 pã^{51}təŋ^{31}	（无）
商州	椅子 i^{31}tsɿ^{0}	凳子 təŋ^{44}tsɿ^{0}	尿桶 ȵiɑo^{44}tʰuəŋ^{53}
镇安	椅子 i^{35}tsɿ^{53}	板凳 pan^{35}tən^{53}	尿桶 ȵiɔo^{322}tʰuoŋ^{35}
安康	椅子 i^{53}tsɿ^{0}	板凳 pan^{53}tʰəŋ^{0}	马桶 ma^{53}tʰuŋ^{53}
白河	靠背儿椅 kʰɔu^{42}pər^{41}i^{213}	板凳 pan^{35}tən^{0} 凳子 tən^{42}tsɿ^{0}	马桶 ma^{35}tʰəŋ^{35} 桶子 tʰəŋ^{35}tsɿ^{0}
汉阴	椅子 i^{45}tsɿ^{0}	板凳 pan^{45}tən^{0}	尿罐子 ȵiɑo^{21}kuan^{0}tsɿ^{0}
平利	椅子 i^{45}tsɿ^{0}	板凳 pan^{45}tʰən^{0}	马桶 ma^{45}tʰoŋ^{445}
汉中	椅子 i^{35}tsɿ^{0}	凳子 tən^{21}tsɿ^{0}	尿桶 ȵiɑo^{21}tʰoŋ^{0}
城固	椅椅 i^{24}i^{0}	板凳 pan^{24}tʰəŋ^{0}	尿桶 ȵiɔ^{31}tʰuŋ^{0}
勉县	椅子 i^{35}tsɿ^{0}	板凳 pɑn^{35}tən^{0}	尿罐子 ȵiɑɔ^{21}kuɑn^{35}tsɿ^{0}
镇巴	椅子 i^{45}tsɿ^{52}	板凳 pan^{45}tən^{31}	夜壶 iɛ^{213}xu^{52}

	0337 菜刀	0338 瓢舀水的	0339 缸
榆林	刀子 tɔo^{33}tsəʔ^{0} 菜刀 ts^{h}ɛe^{52}tɔo^{33} 切刀 tɕ^{h}iaʔ^{3}tɔo^{0}	马勺 ma^{21}ʂuə^{33}	缸 kɑ̃^{33}
神木	切刀 tɕ^{h}iəʔ^{2}tɔo^{24}	瓢 p^{h}iɔo^{44}	瓮 vɤ̃^{53}
绥德	刀子 tao^{24}tsəʔ^{0} 切菜刀 tɕ^{h}ie^{33}ts^{h}ai^{52}tao^{213}	马勺 mɑ^{21}ʂɤ^{33}	瓮 vəɣ̃^{52}
吴堡	刀子 to^{24}tsəʔ^{0}	马勺 mɑ^{41}suəʔ^{3} 瓢 p^{h}iɤ^{33}	瓮 uəŋ^{53}
清涧	刀子 tɔo^{31}tsəʔ^{0}	马勺 mɑ^{53}ʂɤ^{24}	瓮 uəɣ̃^{42}
延安	菜刀 ts^{h}ai^{443}tɔ^{213} 切菜刀 tɕ^{h}iɛ^{21}ts^{h}ai^{443}tɔ^{213}	马勺 ma^{52}ʂuo^{0}	缸 kaŋ^{213}
延川	刀子 tɑo^{21}tsəʔ^{53}	马勺 ma^{53}ʂɤ^{0}	瓮 vəŋ^{53}
黄陵	刀 tɔ^{31}	马勺 mɑ^{52}ɕyɤ^{0} 瓢 p^{h}iɔ^{24}	瓮 vəŋ^{55}
渭南	刀 tɔo^{31}	瓢 p^{h}iɔo^{24}	瓮 uəŋ^{44}
韩城	刀 tɑu^{31}	马勺 mɑ^{53}ʂuɤ^{0}	瓮 uəŋ^{44}
合阳	刀 tɔo^{31} 切面刀 ts^{h}iɛ^{31}miã^{55}tɔo^{31}	瓢 p^{h}iɔo^{24}	瓮 uŋ^{55} 缸 kɑŋ^{31}
富平	刀 tɑo^{31}	舀子 iɑo^{53}tsɿ^{31} 瓢 p^{h}iɑo^{24}	老瓮 lɑo^{53}uəɣ̃^{31} 海$^{=}$子 xɛe^{53}tsɿ^{31}
耀州	刀 tɔu^{21}	马勺 ma^{52}ɕyo^{0} 瓢 p^{h}iɔu^{24}	瓮 uŋ^{44} 缸 kɑŋ^{21}
咸阳	菜刀 ts^{h}æ^{44}tɔ^{0}	水瓢 ʃuei^{53}p^{h}iɔ^{24}	瓮 uəŋ^{44}
旬邑	刀子 tau^{52}tsɿ^{0}	马勺 ma^{44}ʃuo^{0} 勺 ʃuo^{24}	瓮 uəŋ^{44}
三原	切面刀 tɕ^{h}iɛ^{31}miã^{44}tɑɔ^{31}	瓢 p^{h}iɑɔ^{24}	瓮 uəŋ^{44}

	0337 菜刀	0338 瓢舀水的	0339 缸
乾县	菜刀 ts^{h}ε^{55}tɔ^{21}	勺 ɕyə^{24}	瓮 oŋ^{55}
岐山	刀 tɔ^{31}	马勺 mA^{44}ʂuo^{21} 瓢 p^{h}iɔ^{24}	瓮 vəŋ^{44}
凤翔	刀 tɔ^{31}	马勺 ma^{44}ɕyo^{0}	瓮 vəŋ^{44}
千阳	刀 tɔ^{31}	马勺 ma^{44}suo^{0}	瓮 vəŋ^{44}
西安	刀 tau^{21}	瓢 p^{h}iau^{24}	瓮 uoŋ^{44}
户县	厨刀 ts^{h}u^{35}tau^{31}	瓢 p^{h}iau^{35}	缸 kaŋ^{31}
商州	刀 tɑo^{31}	马勺 mɑ^{53}ɕyɛ^{35}	瓮 vəŋ^{44}
镇安	菜刀 ts^{h}ai^{21}tɔo^{53}	水瓢 ʂuEi^{35}p^{h}iɔo^{33}	缸 kʌŋ^{53}
安康	菜刀 ts^{h}æ^{44}tau^{31}	马勺 ma^{53}fu^{31}	缸 kaŋ^{31}
白河	菜刀 ts^{h}ai^{42}tɔu^{213}	水瓢 ʂuei^{35}p^{h}iɔu^{44}	水缸 ʂuei^{35}kaŋ^{213}
汉阴	菜刀 ts^{h}ae^{24}tɑo^{33}	瓜篱子 kuɑ^{33}li^{0}tsɿ^{0}	水缸 suei^{45}kɑŋ^{33}
平利	菜刀 ts^{h}ai^{24}tau^{43}	水瓢 ʂɥei^{45}p^{h}iau^{52}	缸 kaŋ^{43}
汉中	菜刀 ts^{h}ai^{21}tɑo^{0}	马勺 mA^{35}ʂɤ^{0} 舀舀 iɑo^{35}iao^{0}	缸 kɑŋ^{55}
城固	切刀 ts^{h}iɛ^{44}tɔ^{0}	马勺 ma^{24}ʂə^{0}	缸 kɑŋ^{53}
勉县	切刀 tɕ^{h}iɛ^{44}tɑɔ^{0}	水马勺 fei^{35}mɑ^{0}fɤ^{0}	缸 kɑŋ^{42}
镇巴	菜刀 ts^{h}ai^{21}tau^{55}	马勺 ma^{45}su^{31}	缸 kaŋ^{35}

	0340 坛子装酒的~	0341 瓶子装酒的~	0342 盖子杯子的~
榆林	坛坛 tʰɛ^{24}tʰɛ^{0} 坛子 tʰɛ^{24}tsəʔ^{0}	瓶瓶 pʰiɤɣ̃^{24}pʰiɤɣ̃^{0} 瓶子 pʰiɤɣ̃^{24}tsəʔ^{0}	盖盖 kɛe^{52}kɛe^{0} 盖子 kɛe^{52}tsəʔ^{0}
神木	坛坛 tʰɛ^{44}tʰɛ^{0} 坛子 tʰɛ^{44}tsəʔ^{0}	瓶瓶 pʰiɤ̃^{44}pʰiɤ̃^{0} 瓶子 pʰiɤ̃^{44}tsəʔ^{0}	盖盖 kɛe^{53}kɛe^{0} 盖子 kᴇe^{53}tsəʔ^{0}
绥德	坛子 tʰæ^{33}tsəʔ^{0} 坛儿 tʰær^{33}	瓶瓶 pʰiəɣ̃^{33}pʰiəɣ̃^{0} 瓶子 pʰiəɣ̃^{33}tsəʔ^{0}	盖盖 kai^{52}kai^{0} 盖子 kai^{52}tsəʔ^{0}
吴堡	坛子 tʰã^{33}tsəʔ^{0}	瓶子 pʰɛe^{33}tsəʔ^{0}	盖子 kɑe^{53}tsəʔ^{0}
清涧	坛儿 tʰɛr^{42}	瓶子 pʰiəɣ̃^{24}tsəʔ^{0}	盖子 kai^{44}tsəʔ^{0}
延安	坛子 tʰæ̃^{24}tsəʔ^{0} 坛儿 tʰar^{24}	瓶子 pʰiəŋ^{24}tsəʔ^{0}	盖儿 kar^{53} 盖盖 kai^{443}kai^{0} 盖子 kai^{443}tsəʔ^{0}
延川	坛子 tʰæ̃^{35}tsəʔ^{0}	瓶子 pʰiŋ^{35}tsəʔ^{0}	盖子 kai^{53}tsəʔ^{213}
黄陵	坛子 tʰæ̃^{24}tsɿ^{0}	瓶瓶 pʰiəŋ^{24}pʰiəŋ^{0} 瓶子 pʰiəŋ^{24}tsɿ^{0}	盖盖 kᴇ^{55}kᴇ^{0}
渭南	酒坛子 tɕiəu^{53}tʰæ̃^{24}tsɿ^{0}	酒瓶儿 tɕiəu^{53}pʰiə̃r^{24}	盖子 kae^{44}tsɿ^{0}
韩城	坛子 tʰã^{31}tsɿ^{53}	瓶瓶儿 pʰiəŋ^{31}pʰiə̃r^{53}	盖盖儿 kæe^{44}kæer^{0}
合阳	坛坛 tʰɑ̃^{24}tʰɑ̃^{0}	瓶子 pʰiŋ^{24}tsɿ^{0}	盖儿 kæer^{52} 盖盖 kæe^{55}kæe^{0}
富平	坛子 tʰæ̃^{24}tsɿ^{53}	瓶子 pʰiəɣ̃^{24}tsɿ^{53}	盖儿 kər^{53}
耀州	坛子 tʰæ̃^{24}tsɿ^{0}	瓶 pʰiŋ^{24}	盖盖 kæ̃^{44}kæ̃^{0}
咸阳	坛子 tʰã^{24}tsɿ^{0}	瓶子 pʰiəŋ^{24}tsɿ^{0}	盖子 kæ^{44}tsɿ^{0}
旬邑	坛子 tʰã^{24}tsɿ^{0}	瓶子 pʰiəŋ^{24}tsɿ^{0}	盖子 kɛi^{44}tsɿ^{0}
三原	坛坛儿 tʰã^{24}tʰɑ̃r^{0}	瓶子 pʰiəŋ^{24}tsɿ^{0} 瓶瓶儿 pʰiəŋ^{24}pʰiə̃r^{0}	盖子 kai^{44}tsɿ^{0}

	0340 坛子装酒的～	0341 瓶子装酒的～	0342 盖子杯子的～
乾县	坛坛 tʰæ̃^{24}tʰæ̃^{21}	瓶瓶 pʰiɤŋ^{24}pʰiɤŋ^{21}	盖盖 kɛ^{55}kɛ^{21}
岐山	□子 piɛ^{53}tsɿ^{21} 坛子 tʰæ̃^{31}tsɿ^{53}	酒瓶 ȶiou^{53}pʰiŋ^{24}	盖盖 kE^{44}kE^{53}
凤翔	坛坛 tʰæ̃^{31}tʰæ̃^{53} 坛子 tʰæ̃^{31}tsɿ^{53}	瓶瓶 pʰiŋ^{31}pʰiŋ^{53} 瓶子 pʰiŋ^{31}tsɿ^{53}	盖盖 kE^{45}kE^{0}
千阳	坛坛 tʰæ̃^{31}tʰæ̃^{0}	瓶子 pʰiŋ^{31}tsɿ^{0} 瓶瓶 pʰiŋ^{31}pʰiŋ^{0}	盖盖 kE^{45}kE^{0}
西安	坛子 tʰã^{24}tsɿ^{0}	瓶子 pʰiəŋ^{24}tsɿ^{0}	盖儿 kɐr^{53}
户县	坛坛 tʰã^{35}tʰã^{31}	瓶子 pʰiŋ^{35}tsɿ^{0}	盖盖儿 kæ^{55}kə^{0}
商州	罐罐儿 kuã^{44}kuãr^{0}	瓶子 pʰiəŋ^{31}tsɿ^{0}	盖盖儿 kai^{44}kɐr^{0}
镇安	坛子 tʰan^{33}tsɿ^{0}	瓶子 pʰin^{33}tsɿ^{0}	盖盖儿 kai^{322}kɐr^{0}
安康	坛坛儿 tʰan^{35}tʰar^{0}	瓶瓶儿 pʰin^{35}pʰiər^{0}	盖盖儿 kæ^{44}kær^{0}
白河	坛子 tʰan^{44}tsɿ^{0}	瓶子 pʰiən^{44}tsɿ^{0}	盖儿 kɐr^{41}
汉阴	酒坛子 tɕiəu^{45}tʰan^{42}tsɿ^{0}	酒瓶子 tɕiəu^{45}pʰin^{42}tsɿ^{0}	盖盖儿 kae^{21}kar^{0}
平利	酒坛子 tɕiou^{45}tʰan^{52}tsɿ^{0}	酒瓶子 tɕiou^{45}pʰin^{52}tsɿ^{0}	盖子 kai^{24}tsɿ^{0}
汉中	坛子 tʰan^{42}tsɿ^{0}	瓶子 pʰin^{42}tsɿ^{0}	盖子 kai^{21}tsɿ^{0} 盖盖 kai^{21}kai^{0}
城固	坛坛 tʰan^{31}tʰan^{0}	瓶瓶 pʰiŋ^{31}pʰiŋ^{0}	盖盖 kai^{31}kai^{0}
勉县	坛子 tʰɑn^{21}tsɿ^{0}	瓶瓶 pʰin^{21}pʰin^{0}	盖盖 kɑi^{21}kɑi^{35}
镇巴	坛子 tʰan^{33}tsɿ^{31}	瓶子 pʰin^{33}tsɿ^{31} 瓶瓶儿 pʰin^{33}pʰiɐr^{31}	盖盖 kai^{21}kai^{55}

	0343 碗统称	0344 筷子	0345 汤匙
榆林	碗 vɛ^{213}	筷子 kʰuɛe^{52}tsəʔ^{0}	调羹儿 tʰiɔo^{24}kə̃r^{0}
神木	碗 vɛ^{213}	筷子 kʰuEe^{53}tsəʔ^{0}	调羹儿 tʰiɔo^{44}kʌɯ^{0}
绥德	碗 væ^{213}	筷子 kʰuai^{52}tsəʔ^{0}	勺勺 ʂɤ^{33}ʂɤ^{0}
吴堡	碗儿 uɤr^{412}	筷子 kʰuɑe^{53}tsəʔ^{0}	撩撩 liɤ^{33}liɤ^{0}
清涧	碗 u^{53}	筷子 kʰai^{44}tsəʔ^{0}	调羹儿 tʰiɔo^{24}kər^{42}
延安	碗儿 var^{52}	筷子 kʰuai^{443}tsəʔ^{0}	汤勺 tʰaŋ^{21}ʂuor^{24} 调羹儿 tiɔ^{24}kər^{0}
延川	碗 vɤ^{53}	筷子 kʰuai^{53}tsəʔ^{213}	勺勺 ʂɤ^{35}ʂɤ^{0}
黄陵	碗 væ̃^{52}	筷子 kʰuE^{55}tsɿ^{0}	勺勺 ʂuɤ^{24}ʂuɤ^{0}
渭南	碗 uæ̃^{53}	筷子 kʰuae^{44}tsɿ^{0}	勺 ɕyə^{24}
韩城	碗 uã^{53}	筷子 kʰuæe^{44}tsɿ^{0}	汤勺 tʰɑŋ^{31}ʂuɤ^{24}
合阳	碗 uɑ̃^{52}	筷子 kʰuæe^{55}tsɿ^{0}	勺勺 ʂuo^{24}ʂuo^{0}
富平	碗 uæ̃^{53}	筷子 kʰuɛe^{55}tsɿ^{31}	勺勺儿 ɕyɛ^{31}ɕyər^{53}
耀州	碗 uæ̃^{52}	筷子 kʰuæi^{44}tsɿ^{0}	勺勺 ɕyo^{24}ɕyo^{0}
咸阳	碗 uã^{53}	筷子 kʰuæ^{44}tsɿ^{0}	调羹儿 tʰiɔ^{24}kər^{0}
旬邑	碗 uã^{52}	筷子 kʰuɛi^{24}tsɿ^{0}	勺子 ʃuo^{24}tsɿ^{0}
三原	碗 uã^{52}	筷子 kʰuai^{44}tsɿ^{0}	勺勺儿 ɕyɤ^{24}ɕyər^{0}

	0343 碗统称	0344 筷子	0345 汤匙
乾县	碗 uæ̃^{53}	筷子 k^{h}uɛ^{55}tsɿ^{21}	勺勺 ɕyə^{24}ɕyə^{21}
岐山	碗 væ̃^{53}	筷子 k^{h}uᴇ^{44}tsɿ^{53}	调羹 t^{h}iɔ^{31}kəŋ^{53}
凤翔	碗 væ̃^{53}	筷子 k^{h}uᴇ^{45}tsɿ^{0}	勺勺 ɕyo^{31}ɕyo^{53} 调羹 ts^{h}iɔ^{31}kəŋ^{53}
千阳	碗 væ̃^{53}	筷子 k^{h}uᴇ^{45}tsɿ^{0}	勺勺 suo^{31}suo^{0} 调羹 ts^{h}iɔ^{31}kəŋ^{0}
西安	碗 uã^{53}	筷子 k^{h}ai^{44}tsɿ^{0}	调羹儿 t^{h}iau^{24}kə̃r^{0}
户县	碗 uã^{51}	筷子 k^{h}uæ^{55}tsɿ^{0}	勺勺 ɕyɤ^{35}ɕyɤ^{31}
商州	碗 vã^{53}	筷子 k^{h}uai^{44}tsɿ^{0}	勺勺儿 ɕyɛ^{31}ɕyɛr^{0}
镇安	碗 van^{35}	筷子 k^{h}uai^{322}tsɿ^{0}	调调儿 t^{h}iɔo^{53}t^{h}iɔor^{0}
安康	碗 uan^{53}	筷子 k^{h}uæ^{44}tsɿ^{0}	勺勺儿 fə^{35}fər^{0}
白河	饭碗儿 fan^{42}uɐr^{35}	筷子 k^{h}uai^{42}tsɿ^{0}	调羹儿 t^{h}iɔu^{44}kər^{213}
汉阴	碗 uan^{45}	筷子 k^{h}uae^{21}tsɿ^{0}	勺勺儿 ʂo^{42}ʂar^{0}
平利	碗 uan^{445}	筷子 k^{h}uai^{24}tsɿ^{0}	调羹儿 t^{h}iau^{52}kər^{0}
汉中	碗 uan^{354}	筷子 k^{h}uai^{21}tsɿ^{0}	勺勺 ʂɤ^{42}ʂɤ^{0}
城固	碗 uan^{44}	筷 k^{h}uai^{213}	勺勺 ʂə^{31}ʂə^{0}
勉县	碗 vɑn^{35}	筷子 k^{h}uɑi^{21}tsɿ^{0} 划食子 xuɑ^{21}sɿ^{0}tsɿ^{0}	勺勺 fɤ^{21}fɤ^{0}
镇巴	碗 uan^{52}	筷子 k^{h}uai^{21}tsɿ^{52} 划食子 xua^{33}sɿ^{31}tsɿ^{31}	调羹儿 t^{h}iau^{31}kɐr^{55}

	0346 柴火统称	0347 火柴	0348 锁
榆林	柴火 $ts^{h}ɛe^{24}xuə^{0}$	洋火 $iã^{24}xuə^{0}$	锁子 $suə^{21}tsəʔ^{0}$
神木	柴 $ts^{h}ᴇe^{44}$	洋火 $iã^{44}xuo^{0}$ 取灯儿 $tɕ^{h}yəʔ^{2}tʌɯ^{24}$	锁子 $suo^{21}tsəʔ^{4}$
绥德	柴火 $ts^{h}ai^{33}xuo^{0}$	洋火 $iã^{24}xuo^{0}$	锁子 $suo^{21}tsɤ^{33}$
吴堡	柴 $ts^{h}ɑe^{33}$	洋[取灯儿] $iã^{33}tɕ^{h}yər^{0}$	锁子 $suɤu^{41}tsəʔ^{3}$
清涧	柴 $ts^{h}ai^{24}$	洋火 $iɒ̃^{31}xu^{53}$	锁子 $su^{53}tsəʔ^{0}$
延安	柴 $ts^{h}ai^{24}$	洋火 $iaŋ^{24}xuo^{423}$	锁子 $suo^{52}tsəʔ^{0}$
延川	柴 $ts^{h}ai^{35}$	洋火 $iɑŋ^{35}xuɤ^{0}$	锁子 $suɤ^{53}tsəʔ^{0}$
黄陵	柴火 $ts^{h}ᴇ^{24}xuɤ^{0}$	洋火 $iɑŋ^{24}xuɤ^{52}$	锁子 $suɤ^{52}tsɿ^{0}$
渭南	柴 $ts^{h}ae^{24}$	洋火 $iɑŋ^{24}xuə^{53}$	锁子 $ʃə^{53}tsɿ^{0}$
韩城	柴 $ts^{h}æe^{24}$	洋火 $iɑŋ^{31}xuɤ^{53}$	锁子 $suɤ^{53}tsɿ^{0}$
合阳	柴火 $ts^{h}æe^{24}xuo^{0}$	洋火 $iɑŋ^{24}xuo^{52}$	锁子 $ɕyə^{52}tsɿ^{0}$
富平	柴火 $ts^{h}ɛe^{31}xuo^{53}$	洋火 $iɑɣ̃^{31}xuo^{53}$	锁子 $suo^{53}tsɿ^{31}$
耀州	柴草 $ts^{h}æi^{24}ts^{h}ɔu^{52}$	洋火 $iɑŋ^{24}xuo^{52}$	锁子 $suo^{52}tsɿ^{0}$
咸阳	柴火 $ts^{h}æ^{24}xuo^{0}$	火柴 $xuo^{53}ts^{h}æ^{24}$	锁 suo^{53}
旬邑	柴火 $ts^{h}ɛi^{21}xuo^{52}$ 柴草 $ts^{h}ɛi^{21}ts^{h}au^{52}$	洋火 $iɑŋ^{21}xuo^{52}$ 火柴 $xuo^{44}ts^{h}ɛi^{0}$	锁子 $suo^{44}tsɿ^{0}$
三原	柴 $ts^{h}ai^{24}$ 柴火 $ts^{h}ai^{24}xuə^{0}$	洋火 $iɑŋ^{24}xuə^{52}$	锁子 $suə^{52}tsɿ^{0}$

	0346 柴火统称	0347 火柴	0348 锁
乾县	柴 tsʰɛ^{24}	洋火 iaŋ^{24}xuɤ^{21}	锁子 suɤ^{53}tsɿ^{21}
岐山	柴 tsʰE^{24}	洋火 iɑŋ^{31}xuo^{53}	锁子 suo^{44}tsɿ^{21}
凤翔	柴 tsʰE^{24} 柴火 tsʰE^{31}xuo^{53}	洋火 iɑŋ^{31}xuo^{53}	锁子 suo^{44}tsɿ^{0}
千阳	柴 tsʰE^{24}	洋火 iɑŋ^{31}xuo^{0}	锁子 suo^{44}tsɿ^{0}
西安	柴火 tsʰai^{24}xuo^{0}	洋火 iaŋ^{24}xuo^{53} 火柴 xuo^{53}tsʰai^{24}	锁子 suo^{53}tsɿ^{0}
户县	柴 tsʰæ^{35}	洋火 iaŋ^{35}xuɤ^{51}	锁子 suɤ^{51}tsɿ^{0}
商州	柴 tsʰai^{35}	洋火 iɑŋ^{31}xuə^{53}	锁子 ʃuə^{53}tsɿ^{0}
镇安	柴 tʂʰai^{33}	洋火 iʌŋ^{33}xuə^{35}	锁子 suə^{35}tsɿ^{53}
安康	柴火 tʂʰæ^{35}xuo^{31}	洋火 iaŋ^{35}xuo^{53}	锁子 suo^{53}tsɿ^{0}
白河	柴 tʂʰai^{44}	洋火儿 ian^{44}xuər^{35}	锁子 suo^{35}tsɿ^{0}
汉阴	柴 tsʰae^{42}	洋火 iɑŋ^{42}χo^{45}	锁子 so^{45}tsɿ^{0}
平利	柴 tʂʰai^{52}	洋火 iaŋ^{52}xo^{445} 火柴 xo^{45}tʂʰai^{52}	锁子 so^{45}tsɿ^{0}
汉中	柴 tsʰai^{42}	洋火 iɑŋ^{42}xuɤ^{354}	锁子 suɤ^{35}tsɿ^{0}
城固	柴火 tsʰai^{31}xuə^{0}	取灯 tɕʰy^{44}təŋ^{0} 洋火 iaŋ^{31}xuə^{24}	锁 ʃuə^{213}
勉县	柴 tsʰɑi^{21}	洋火 iɑŋ^{21}xuɤ^{35}	锁子 suɤ^{35}tsɿ^{0}
镇巴	柴 tsʰai^{31}	洋火 iaŋ^{31}xo^{52}	锁子 so^{45}tsɿ^{52}

	0349 钥匙	0350 暖水瓶	0351 脸盆
榆林	钥匙 iʌʔ^{3}sɿ^{33}	暖壶儿 nuɛ^{21}xur^{213}	脸盆儿 liɛ^{21}pʰə̃r^{213}
神木	钥匙 iəʔ^{4}sɿ^{44}	暖壶 nuɛ^{21}xu^{44} 温壶 vɤ̃^{24}xu^{44}	脸盆 liɛ^{21}pʰɤ̃^{44}
绥德	钥匙 ie^{33}sɿ^{0}	暖壶 nuæ^{21}xu^{33}	脸盆儿 lie^{21}pʰɤ̃r^{33}
吴堡	钥匙 iəʔ^{21}sɿ^{33}	暖壶 nuɤ^{41}xu^{33}	洗脸盆子 sɛe^{24}lie^{41}pʰəŋ^{33}tsəʔ^{0}
清涧	钥匙 i^{53}sɿ^{0}	暖壶 nu^{53}xʊ^{0}	脸盆儿 li^{53}pʰəɣ̃r^{0}
延安	钥匙 yo^{21}sɿ^{53}	电壶 tiæ̃^{443}xu^{24}	洗脸盆儿 ɕi^{24}liæ̃^{52}pʰər^{24}
延川	钥匙 iɛ^{53}sɿ^{213}	暖壶 nuɤ^{53}xu^{0}	脸盆儿 liɛ^{53}pʰʌr^{0}
黄陵	钥匙 yɤ^{31}sɿ^{0}	电壶 tɕiæ̃^{55}xu^{24}	脸盆 liæ̃^{52}pʰẽ^{0}
渭南	钥匙 yə^{53}sɿ^{0}	电壶 tɕiæ̃^{44}xu^{24}	脸盆儿 liæ̃^{53}pʰə̃r^{0}
韩城	钥匙 iɤ^{44}sɿ^{0}	电壶 tiã^{33}xu^{24}	脸盆儿 liã^{53}pʰɛ̃r^{24}
合阳	钥匙 yə^{55}sɿ^{0}	电壶 tiɑ̃^{55}xu^{24}	盆盆 pʰẽ^{24}pʰẽ^{0} 洗脸盆 si^{52}liɑ̃^{31}pʰẽ^{24}
富平	钥匙 yɛ^{53}sɿ^{31}	电壶 tiæ̃^{55}xu^{24}	脸盆儿 liæ̃^{53}pʰɛ̃r^{31}
耀州	钥匙 yɛ^{52}sɿ^{0}	电壶 tiæ̃^{44}xu^{24}	脸盆儿 liæ̃^{52}per^{24}
咸阳	钥匙 yo^{31}sɿ^{0}	电壶 tiã^{44}xu^{24}	脸盆子 liã^{53}pɛ̃^{31}tsɿ^{0}
旬邑	钥匙 yo^{52}sɿ^{0}	电壶 tiã^{44}xu^{24}	脸盆子 liã^{44}pʰɛ̃^{0}tsɿ^{0}
三原	钥匙 yɤ^{52}sɿ^{0}	电壶 tɕiã^{44}xu^{24}	脸盆儿 liã^{52}pʰə̃r^{0}

	0349 钥匙	0350 暖水瓶	0351 脸盆
乾县	钥匙 yə^{53}sɿ^{21}	电壶 tiæ̃^{55}xu^{24}	盆盆 pʰẽ^{24}pʰẽ^{21}
岐山	钥匙 yo^{53}sɿ^{21}	电壶 ȶiæ̃^{44}xu^{24}	脸盆 liæ̃^{44}pʰəŋ^{21}
凤翔	钥匙 yo^{53}sɿ^{0}	电壶 tsiæ̃^{44}xu^{24}	脸盆 liæ̃^{44}pʰəŋ^{0}
千阳	钥匙 yo^{53}sɿ^{0}	电壶 tiæ̃^{44}xu^{24}	脸盆 liæ̃^{44}pʰəŋ^{0}
西安	钥匙 yo^{21}sɿ^{0}	电壶 tiã^{44}xu^{24}	洗脸盆儿 çi^{53}liã^{53}pʰər^{24}
户县	钥匙 yɤ^{31}sɿ^{31}	电壶 tiã^{55}xu^{35}	洗脸盆子 çi^{31}liã^{31}pʰẽ^{35}tsɿ^{0}
商州	钥匙 yɛ^{53}sɿ^{0}	电壶 tiã^{44}xu^{35}	洗脸盆 çi^{31}liã^{0}pʰẽ^{35}
镇安	钥匙 iə^{53}tʂʰʅ^{0}	电壶 tian^{33}xu^{33}	洗脸盆子 çi^{21}lian^{33}pʰən^{33}tsɿ^{0}
安康	钥匙 yo^{31}ʂʅ^{0}	电壶 tan^{44}xu^{35}	脸盆子 lian^{53}pʰən^{35}tsɿ^{0}
白河	钥匙 yo^{21}ʂʅ^{0}	电壶 tian^{42}xu^{44}	洗脸盆儿 çi^{35}lian^{0}pʰər^{44}
汉阴	钥匙 io^{42}ʂʅ^{0}	电壶 tian^{24}χu^{42}	洗脸盆儿 çi^{45}lian^{45}pʰar^{42} 脸盆儿 lian^{45}pʰar^{42}
平利	钥匙 io^{43}ʂʅ^{0}	电壶 tian^{24}xu^{52}	洗脸盆 çi^{45}lian^{45}pʰən^{52}
汉中	钥匙 yɤ^{55}sɿ^{0}	电壶 tian^{35}xu^{42}	脸盆 lian^{35}pʰən^{0}
城固	钥匙 yɛ^{44}sɿ^{0}	电壶 tian^{24}xu^{311}	洗脸盆 si^{44}lian^{0}pʰən^{0}
勉县	钥匙 yɤ^{44}sɿ^{0}	电壶 tiɑn^{35}xu^{21}	洗脸钵钵 çi^{35}liɑn^{35}pɤ^{44}pɤ^{0}
镇巴	钥匙 io^{33}sɿ^{31}	电壶 tian^{213}xu^{52}	脸盆 lian^{45}pʰən^{31}

	0352 洗脸水	0353 毛巾洗脸用	0354 手绢
榆林	洗脸水 ɕi^{24}liɛ^{21}ʂuei^{213}	洗脸手巾儿 ɕi^{24}liɛ^{21}ʂəu^{21} tɕiə̃r^{33}	揩水手巾儿 kʰɛe^{33}ʂuei^{0}ʂəu^{21} tɕiə̃r^{33} 手巾儿 ʂəu^{21}tɕiə̃r^{33}
神木	洗眉眼水 ɕi^{21}mi^{44}iɛ^{0}ʂuei^{0}	手巾儿 ʂəu^{21}tɕiʌɯ^{24}	绢绢 tɕyɛ^{53}tɕyɛ^{0}
绥德	洗脸水 ɕi^{24}lie^{21}ʂuei^{213}	洗脸手巾儿 ɕi^{24}lie^{21}ʂəu^{21} tɕiɤ̃r^{213} 毛巾儿 mao^{33}tɕiɤ̃r^{0}	揩水手巾儿 kʰai^{24}ʂuei^{21}ʂəu^{21} tɕiɤ̃r^{213} 猴手巾儿 xəu^{33}ʂəu^{21}tɕiɤ̃r^{213}
吴堡	洗脸水 sɛe^{24}lie^{41}suɛe^{412}	手巾儿 ʂɑo^{41}tɕiər^{213}	手巾巾 ʂɑo^{41}tɕiəŋ^{24}tɕiəŋ^{0}
清涧	洗脸水 sɿ^{24}li^{53}ʂuei^{53}	羊肚子手巾儿 iɯ^{24}tʊ^{53} tsəʔ^{0}ʂəu^{53}tɕiəɣ̃r^{312}	手巾儿 ʂəu^{53}tɕiəɣ̃^{312}
延安	洗脸水 ɕi^{24}liæ̃^{24}ʂuei^{423}	洗脸手巾儿 ɕi^{24}liæ̃^{423}ʂou^{52} tɕiər^{213}	手帕儿 ʂou^{52}pʰar^{0}
延川	洗脸水 sɿ^{53}liɛ^{53}ʂʮ^{0}	手巾儿 ʂəu^{53}tɕiʌr^{0}	小手帕 ɕiɑo^{53}ʂəu^{53}pʰɐr^{0}
黄陵	洗脸水 ɕi^{31}liæ̃^{52}suei^{52}	毛巾儿 mɔ^{24}tɕiẽr^{31}	手巾 ʂəu^{52}tɕiẽ^{0}
渭南	洗脸水 ɕi^{31}liæ̃^{53}ʃei^{53}	手巾儿 ʂəu^{53}tɕiə̃r^{0}	手帕儿 ʂəu^{53}pʰɐr^{0}
韩城	洗脸水 ɕi^{31}liɑŋ^{53}fu^{53}	手巾子 ʂəu^{53}tɕiɛ̃^{31}tsɿ^{0}	手帕儿 ʂəu^{53}pʰɑr^{0}
合阳	洗脸水 si^{24}liɑ̃^{24}fei^{52}/si^{24} liɑ̃^{24}fu^{52}	手巾 ʂuo^{52}tɕie^{52}	手帕 ʂuo^{52}pʰɑ^{31} 手巾 ʂuo^{52}tɕiẽ^{52}
富平	洗脸水 si^{31}liæ̃^{53}ʃueɪ^{53}	手巾儿 ʂou^{53}tɕiɛ̃r^{31}	帕帕儿 pʰɑ^{53}pʰɑr^{31}
耀州	洗脸水 ɕi^{21}liæ̃^{52}ʃuei^{52}	手巾 ʂou^{52}tɕiei^{21}	手帕 ʂou^{52}pʰa^{0}
咸阳	洗脸水 ɕi^{31}liɑ̃^{53}ʃuei^{53}	手巾 ʂou^{53}tɕiɛ̃^{31}	手帕儿 ʂou^{53}pʰɐr^{0}
旬邑	洗脸水 ɕi^{21}liɑ̃^{44}ʃei^{52}	手巾子 ʂəu^{52}tɕiɛ̃^{21}tsɿ^{0}	手帕子 ʂəu^{52}pʰa^{0}tsɿ^{0}
三原	洗脸水 ɕi^{31}liɑ̃^{52}ʃuei^{52}	手巾儿 ʂou^{52}tɕiə̃r^{0}	帕帕儿 pʰɑ^{52}pʰɐr^{0} 手帕儿 ʂou^{52}pʰɐr^{0}

	0352 洗脸水	0353 毛巾洗脸用	0354 手绢
乾县	洗脸水 ɕi^{21}liæ̃^{53}ʃue^{53}	毛巾 mɔ^{24}tɕiẽ^{21}	帕帕 pʰa^{53}pʰa^{21}
岐山	洗脸水 si^{31}liæ̃^{44}ʂei^{53}	手巾 ʂou^{44}tɕiŋ^{21}	手帕 ʂou^{44}pʰA^{21}
凤翔	洗脸水 si^{31}liæ̃^{0}ʂei^{53}	手巾 ʂəu^{44}tɕiŋ^{0} 羊肚手巾 iɑŋ^{31}tu^{53}ʂəu^{44}tɕiŋ^{0}	帕帕 pʰa^{53}pʰa^{0} 手帕 ʂəu^{44}pʰa^{0}
千阳	洗脸水 si^{31}liæ̃^{0}ʃei^{0}	手巾 ʂou^{44}tɕiŋ^{0} 羊肚手巾 iɑŋ^{31}tu^{0}ʂou^{44}tɕiŋ^{0}	帕帕 pʰa^{53}pʰa^{0} 手帕 ʂou^{44}pʰa^{0}
西安	洗脸水 ɕi^{53}liã^{53}fei^{53}	毛巾儿 mau^{24}tɕiər^{0}	帕帕儿 pʰa^{21}pʰɐr^{0}
户县	洗脸水 ɕi^{31}liã^{31}suei^{51}	手巾 ʂɤu^{51}tɕiẽ^{31} 毛巾 mau^{35}tɕiẽ^{31}	帕帕 pʰa^{31}pʰa^{0}
商州	洗脸水 ɕi^{31}liã^{0}ʃuei^{53}	洗脸手巾 ɕi^{31}liã^{0}ʂou^{53}tɕiẽ^{0}	手巾 ʂou^{53}tɕiẽ^{0}
镇安	洗脸水 ɕi^{21}lian^{33}ʂuEi^{35}	手巾 ʂəu^{35}tɕin^{53}	手帕儿 ʂəu^{35}pʰɐr^{53}
安康	洗脸水 ɕi^{53}lian^{53}fei^{53}	手巾子 ʂou^{53}tɕi^{31}tsɿ^{0}	手帕儿 ʂou^{53}par^{31}
白河	洗脸水 ɕi^{35}lian^{0}ʂuei^{35}	洗脸手巾 ɕi^{35}lian^{0}ʂəu^{35}tɕiən^{0}	手帕儿 ʂəu^{35}pʰɐr^{213}
汉阴	洗脸水 ɕi^{45}lian^{45}suei^{45}	手巾 ʂəu^{45}tɕin^{0}	手帕儿 ʂəu^{45}pʰar^{0}
平利	洗脸水 ɕi^{45}lian^{45}ʂɥei^{445}	洗脸手巾 ɕi^{45}lian^{45}ʂou^{45}tɕin^{0}	手帕儿 ʂou^{45}pʰar^{43}
汉中	洗脸水 ɕi^{35}lian^{0}suei^{0}	毛巾 mɑo^{42}tɕin^{55} 洗脸手巾 ɕi^{35}lian^{0}ʂəu^{35}tɕin^{0}	手巾 ʂəu^{35}tɕin^{0} 手帕 ʂəu^{35}pʰA^{0}
城固	洗脸水 si^{44}lian^{0}ʃuei^{0}	手巾 ʂəu^{24}tɕin^{0}	手帕 ʂəu^{24}pʰa^{0}
勉县	洗脸水 ɕi^{35}liɑn^{35}fei^{35}	手巾 səu^{35}tɕin^{0}	手巾 səu^{35}tɕin^{0}
镇巴	洗脸水 ɕi^{45}lian^{52}suei^{52}	洗脸帕 ɕi^{45}lian^{52}pʰa^{213} 帕帕 pʰa^{21}pʰa^{55}	手帕 səu^{45}pʰa^{213}

	0355 肥皂洗衣服用	0356 梳子旧式的，不是篦子	0357 缝衣针
榆林	洋碱 iɑ̃^{24}tɕiɛ^{0} 肥皂 fei^{24}tsɔo^{52}	梳子 ʂuə^{33}tsəʔ^{0}	针 tʂɤɣ̃^{33}
神木	胰子 i^{44}tsəʔ^{0} 洋碱 iɑ̃^{44}tɕiɛ^{0} 肥皂 fei^{44}tsɔo^{53}	梳子 ʂuo^{24}tsəʔ^{0}	针 tʂɤ̃^{213}
绥德	胰子 i^{24}tsəʔ^{0} 肥皂 fei^{33}tsao^{52}	梳子 ʂuo^{24}tsəʔ^{0}	针 tʂəɣ̃^{213}
吴堡	洋碱 iɑ̃^{33}tɕiɑ̃^{412}	梳子 su^{24}tsəʔ^{0}	针 tʂəŋ^{213}
清涧	洋碱 iɒ̃^{24}tɕi^{53}	梳子 ʂʮ^{31}tsəʔ^{0}	针 tsəɣ̃^{312}
延安	洋碱 iaŋ^{24}tɕiæ̃^{423}	梳子 ʂu^{21}tsəʔ^{5}	针 tʂəŋ^{213}
延川	洋碱 iɑŋ^{35}tɕiɛ^{0}	老木梳 lɑo^{21}məʔ^{53}ʂʮ^{0}	针 tʂəŋ^{213}
黄陵	洋碱 iɑŋ^{24}tɕiæ̃^{52} 肥皂 fei^{24}ts^{h}ɔ^{55}	梳子 səu^{31}tsɿ^{0}	针 tʂẽ^{31}
渭南	洋碱 iɑŋ^{24}tɕiæ̃^{53}	木梳 mu^{53}səu^{31}	针 tʂə̃^{31}
韩城	洋碱 iɑŋ^{24}tɕiɑŋ^{53}	木梳 mu^{44}səu^{0}	针 tʂəŋ^{31}
合阳	洋碱 iɑŋ^{24}tɕiɑ̃^{52}	木梳 mu^{55}sou^{31}	针 tʂẽ^{31}
富平	洋碱 iɑɣ̃^{24}tɕiæ̃^{53}	木梳 mu^{53}sou^{31}	针 tʂɛ̃^{31}
耀州	洋碱 iɑŋ^{24}tɕiæ̃^{52}	木梳 mu^{52}sou^{0}	针 tʂei^{21}
咸阳	肥皂 fei^{24}tsɔ^{44}	木梳 mu^{31}ʃu^{0}	针 tʂɛ̃^{31}
旬邑	洋碱 iɑŋ^{21}tɕiɑ̃^{52}	梳子 ʃʅ^{52}tsɿ^{0} 木梳 mu^{24}ʃʅ^{21}	针 tʂɛ̃^{21}
三原	洋碱 iɑŋ^{24}tɕiɑ̃^{52}	木梳 mu^{52}sou^{31}	针 tʂẽ^{31}

	0355 肥皂洗衣服用	0356 梳子旧式的，不是篦子	0357 缝衣针
乾县	洋碱 iaŋ^{24}tɕiæ̃^{53}	木梳 mu^{53}ʃu^{21}	针 ʈẽ^{21}
岐山	洋碱 iaŋ^{24}tɕiæ̃^{53}	木梳 mu^{53}ʂʅ^{21}	针 tʂəŋ^{31}
凤翔	洋碱 iaŋ^{24}tɕiæ̃^{53}	木梳 mu^{53}ʂʅ^{0}	针 tʂəŋ^{31}
千阳	洋碱 iaŋ^{24}tɕiæ̃^{53}	木梳 mu^{53}ʃʅ^{0}	针 tʂəŋ^{31}
西安	洋碱 iaŋ^{24}tɕiã^{53}	梳子 fu^{21}tsɿ^{0}	针 tʂən^{21}
户县	洋碱 iaŋ^{35}tɕiã^{51}	木梳 mu^{31}sɤu^{31}	大针 ta^{55}tʂẽ^{31}
商州	洋碱 iaŋ^{31}tɕiã^{53}	木梳 mu^{53}sou^{31}	针 tʂẽ^{31}
镇安	洋碱 iʌŋ^{33}tɕian^{35} 洋胰子 iʌŋ^{33}i^{21}tsɿ^{0}	梳子 səu^{53}tsɿ^{0}	小针 ɕiɔo^{35}tʂən^{53}
安康	洋碱 iaŋ^{35}tɕian^{53}	梳子 fu^{31}tsɿ^{0}	针 tʂən^{31}
白河	胰子 i^{42}tsɿ^{0}	梳子 səu^{21}tsɿ^{0}	针 tʂən^{213}
汉阴	洋碱 iaŋ^{42}tɕian^{45}	梳子 səu^{33}tsɿ^{0}	针 tʂən^{33}
平利	肥皂 fei^{52}tsau^{0} 洋皂 iaŋ^{52}tsau^{0}	梳子 sou^{43}tsɿ^{0}	针 tʂən^{43}
汉中	洋碱 iaŋ^{42}tɕian^{354}	木梳 mu^{55}su^{0}	针 tʂən^{55}
城固	洋碱 iaŋ^{31}tɕian^{44}	木梳 mu^{44}ʃu^{0}	针 tʂən^{53}
勉县	洋碱 iaŋ^{21}tɕian^{35}	木梳 mu^{44}fu^{0}	针 tsən^{42}
镇巴	洋碱 iaŋ^{31}tɕian^{52}	梳子 su^{35}tsɿ^{52}	小针 ɕiau^{45}tsən^{55}

	0358 剪子	0359 蜡烛	0360 手电筒
榆林	剪子 tɕiɛ^{21}tsəʔ^{0}	蜡 laʔ^{3}	手电 ʂəu^{21}tiɛ^{52}
神木	剪子 tɕiɛ^{21}tsəʔ^{4}	洋蜡 iɑ̃^{44}laʔ^{4}	手电 ʂəu^{21}tiɛ^{53}
绥德	剪子 tɕie^{21}tsɤ^{33}	蜡 lɑ^{33}	手电 ʂəu^{21}tie^{52}
吴堡	剪子 tɕie^{41}tsəʔ^{3}	蜡 lɑʔ^{213}	手电 ʂɑo^{41}tie^{53}
清涧	剪子 tɕi^{53}tsəʔ^{0}	蜡 lɑ^{53}	手电 ʂəu^{53}ti^{44}
延安	剪子 tɕiæ̃^{52}tsəʔ^{0}	洋蜡 iaŋ^{24}la^{0}	手电 ʂou^{52}tiæ̃^{443}
延川	剪子 tɕiɛ^{53}tsəʔ^{0}	蜡 la^{423}	手电 ʂəu^{53}tiɛ^{53}
黄陵	剪子 tɕiæ̃^{52}tsɿ^{0}	洋蜡 iɑŋ^{24}lɑ^{31} 蜡 lɑ^{31}	手电 ʂəu^{52}tɕiæ̃^{55}
渭南	剪子 tɕiæ̃^{53}tsɿ^{0}	蜡 lɑ^{31}	手电 ʂəu^{53}tɕiæ̃^{44}
韩城	剪子 tɕiɑ̃^{53}tsɿ^{0} 剪刀 tɕiɑ̃^{53}tɑu^{0}	洋蜡 iɑŋ^{24}lɑ^{31}	手电 ʂəu^{53}tiɑ̃^{44}
合阳	剪子 tsiɑ̃^{52}tsɿ^{0} 剪刀 tsiɑ̃^{52}tɔo^{31}	洋蜡 iɑŋ^{24}lɑ^{31} 蜡烛 lɑ^{24}tsou^{31}	手电 ʂou^{52}tiɑ̃^{55}
富平	剪子 tɕiæ̃^{53}tsɿ^{31}	蜡 lɑ^{31}	手电 ʂou^{53}tiæ̃^{55}
耀州	剪子 tɕiæ̃^{52}tsɿ^{0}	洋蜡 iɑŋ^{24}la^{21}	手电 ʂou^{52}tiæ̃^{44}
咸阳	剪子 tɕiɑ̃^{53}tsɿ^{0}	蜡 la^{31}	手电 ʂou^{53}tiɑ̃^{44}
旬邑	剪子 tɕiɑ̃^{44}tsɿ^{0}	洋蜡 iɑŋ^{24}la^{21} 蜡 la^{21}	手电 ʂəu^{52}tiɑ̃^{44} 手灯 ʂəu^{52}təŋ^{21}
三原	剪子 tɕiɑ̃^{52}tsɿ^{0}	蜡 lɑ^{31}	手电 ʂou^{52}tɕiɑ̃^{44}

	0358 剪子	0359 蜡烛	0360 手电筒
乾县	剪子 tɕiæ̃^{53}tsɿ^{21}	洋蜡 iaŋ^{24}na^{21}	手电筒 ʂou^{53}tiæ̃^{55}tʰoŋ^{53}
岐山	剪子 ȶiæ̃^{44}tsɿ^{21}	蜡蜡 lA^{53}lA^{21}	手电 ʂou^{53}ȶiæ̃^{44}
凤翔	剪子 tsiæ̃^{44}tsɿ^{0} 剪刀 tsiæ̃^{44}tɔ^{0}	蜡蜡 la^{53}la^{0}	手电 ʂəu^{53}tsiæ̃^{44}
千阳	剪子 tsiæ̃^{44}tsɿ^{0}	蜡 la^{31}	手电 ʂou^{53}tiæ̃^{44}
西安	剪子 tɕiã^{53}tsɿ^{0}	蜡 la^{21}	手电 ʂou^{53}tiã^{44}
户县	剪子 tɕiã^{51}tsɿ^{0}	蜡 la^{31}	手电 ʂɤu^{51}tiã^{55}
商州	剪子 tɕiã^{53}tsɿ^{0}	蜡 lɑ^{31}	手电 ʂou^{44}tiã^{44}
镇安	剪子 tɕian^{35}tsɿ^{53}	蜡 la^{53}	电灯 tian^{33}tən^{53}
安康	剪子 tɕian^{53}tsɿ^{0}	洋蜡 iaŋ^{35}la^{31}	手电 ʂou^{53}tian^{44} 电棒 tian^{44}paŋ^{44}
白河	剪子 tɕian^{35}tsɿ^{0}	蜡 la^{213}	手电 ʂəu^{35}tian^{41}
汉阴	剪子 tɕian^{45}tsɿ^{0}	洋蜡 iɑŋ^{42}lɑ^{42}	手电 ʂəu^{45}tian^{214}
平利	剪子 tɕian^{45}tsɿ^{0}	蜡 la^{43}	手电 ʂou^{45}tian^{214} 电棒 tian^{24}paŋ^{214}
汉中	剪子 tɕian^{35}tsɿ^{0}	洋蜡 iɑŋ^{42}lA^{55} 蜡 lA^{55}	手电 ʂəu^{35}tian^{213}
城固	剪 tsian^{213}	洋蜡 iaŋ^{31}la^{311}	手电 ʂəu^{44}tian^{213}
勉县	剪子 tɕiɑn^{35}tsɿ^{0}	洋蜡 iɑŋ^{21}lɑ^{21}	手电 səu^{35}tiɑn^{213}
镇巴	剪子 tɕian^{45}tsɿ^{52}	洋蜡 iaŋ^{33}la^{31}	手电 səu^{45}tian^{213} 电棒 tian^{213}paŋ^{213}

	0361 雨伞挡雨的，统称	0362 自行车	0363 衣服统称
榆林	雨伞 y^{24}sɛ^{213}	自行车 tsɿ^{52}ɕiɤɣ̃^{24}tʂ^{h}ə^{33}	衣裳 i^{33}ʂɑ̃^{33}
神木	雨伞 y^{24}sɛ^{0} 伞 sɛ^{213}	车子 tʂ^{h}ʅə^{24}tsəʔ^{0} 自行车 tsɿ^{53}ɕiɤ̃^{44}tʂ^{h}ʅə^{213}	衣裳 i^{24}ʂɑ̃^{44}
绥德	雨伞 y^{24}sæ^{0} 伞 sæ^{213}	车子 tʂ^{h}əɣ̃^{24}tsəʔ^{0} 自行车儿 tsɿ^{52}ɕiəɣ̃^{33}tʂ^{h}ɤ̃r^{213}	衣裳 i^{21}ʂɑ̃^{33}
吴堡	伞 sɑ̃^{412}	车子 tʂ^{h}ɑ^{24}tsəʔ^{0} 自行车子 tsɿ^{53}ɕiəŋ^{33}tʂ^{h}ɑ^{24}tsəʔ^{0}	衣裳 i^{21}ʂɤu^{33}
清涧	伞 sɛ^{53}	自行车儿 ts^{h}ɿ^{44}ɕiəɣ̃^{24}tʂ^{h}ər^{312}	衣裳 zɿ^{31}ʂɯ^{53}
延安	伞 sæ̃^{52}	车子 tʂ^{h}ə^{21}tsəʔ^{5}	衣裳 i^{21}ʂaŋ^{53}
延川	伞 sæ̃^{53}	车子 tʂ^{h}ɤ^{21}tsəʔ^{53}	衣裳 zɿ^{21}ʂei^{53}
黄陵	伞 sæ̃^{52}	车子 tʂ^{h}ɤ^{31}tsɿ^{0} 自行车儿 ts^{h}ɿ^{55}ɕiəŋ^{24}tʂ^{h}ɤr^{31}	衣裳 i^{31}ʂɑŋ^{0} 衣服 i^{31}fu^{0}
渭南	伞 sæ̃^{53}	车子 tʂ^{h}ə^{53}tsɿ^{0}	衣服 i^{53}fu^{0}
韩城	伞 sɑ̃^{53}	车子 tʂ^{h}ʅᴇ^{31}tsɿ^{0}	衣服 ȵi^{31}fu^{0}
合阳	伞 sɑ̃^{52}	车子 tʂ^{h}ɤ^{31}tsɿ^{0}	衣服 ȵi^{31}fu^{31} 穿的 pf^{h}ɑ̃^{31}ti^{0}
富平	伞 sæ̃^{53}	自行车儿 tsɿ^{55}ɕiəɣ̃^{24}tʂ^{h}ər^{53}	衣服 i^{53}fu^{31}
耀州	伞 sæ̃^{52}	车子 tʂ^{h}ɤ^{52}tsɿ^{0} 自行车 tsɿ^{44}ɕiŋ^{24}tʂ^{h}ɤ^{0}	衣服 i^{52}fu^{0}
咸阳	伞 sɑ̃^{53}	自行车儿 tsɿ^{44}ɕiəŋ^{24}tʂ^{h}ər^{0}	衣裳 i^{31}ʂɑŋ^{0}
旬邑	伞 sɑ̃^{52}	车子 tʂ^{h}ɤ^{52}tsɿ^{0} 自行车 tsɿ^{44}ɕiəŋ^{24}tʂ^{h}ɤ^{0}	衣裳 i^{52}ʂɑŋ^{0}
三原	伞 sɑ̃^{52}	车子 tʂ^{h}ɤ^{52}tsɿ^{0} 自行车儿 tsɿ^{52}ɕiəŋ^{24}tʂ^{h}ər^{52}	穿的 tʃ^{h}uɑ̃^{31}tɕi^{0} 衣裳 i^{52}ʂɑŋ^{0}

	0361 雨伞挡雨的，统称	0362 自行车	0363 衣服统称
乾县	雨伞 y^{53}sæ̃^{53}	自行车 tsɿ^{55}ɕiɤŋ^{24}tʂ^{h}ɤ^{21}	袄儿 ŋɔ^{53}ər^{2}
岐山	伞 sæ̃^{53}	自行车 ts^{h}ɿ^{44}ɕiŋ^{24}tʂ^{h}ɤ^{31}	衣服 i^{31}fu^{21} 衣裳 i^{53}ʂɑŋ^{21}
凤翔	伞 sæ̃^{53}	车子 tʂ^{h}ʅə^{53}tsɿ^{0} 自行车 tsɿ^{53}ɕiŋ^{24}tʂ^{h}ʅə^{31}	衣服 i^{31}fu^{0}
千阳	伞 sæ̃^{53}	车子 tʂ^{h}ə^{53}tsɿ^{0} 自行车 tsɿ^{53}ɕiŋ^{24}tʂ^{h}ə^{31}	衣服 i^{31}fu^{0}
西安	伞 sã^{53}	车子 tʂ^{h}ɤ^{21}tsɿ^{0}	衣裳 i^{21}ʂaŋ^{0}
户县	雨伞 y^{51}sã^{51}	自行车 tsɿ^{55}ɕiŋ^{35}tʂ^{h}ʅɛ^{31}	衣裳 i^{31}ʂaŋ^{31}
商州	伞 sã^{53}	车子 tʂ^{h}ə^{53}tsɿ^{0}	衣裳 i^{53}ʂɑŋ^{0}
镇安	伞 san^{35}	自行车 tsɿ^{322}ɕin^{0}tʂ^{h}ɛ^{53}	衣裳 i^{53}ʂʌŋ^{0}
安康	雨伞 y^{53}san^{53}	自行车儿 tsɿ^{44}ɕin^{35}tʂ^{h}ər^{31}	衣裳 i^{31}ʂaŋ^{31}
白河	伞 san^{35}	自行车儿 tsɿ^{42}ɕiən^{44}tʂ^{h}ər^{213}	衣裳 i^{21}ʂaŋ^{0}
汉阴	伞 san^{45}	脚踏车 tɕio^{42}t^{h}ɑ^{42}tʂ^{h}E^{33} 自行车 tsɿ^{24}ɕin^{42}tʂ^{h}E^{33}	衣裳 i^{33}ʂɑŋ^{0}
平利	伞 saŋ^{445}	脚踏车 tɕio^{43}t^{h}a^{52}tʂ^{h}E^{43} 自行车 tsɿ^{24}ɕin^{52}tʂ^{h}E^{43}	衣裳 i^{43}ʂaŋ^{21}
汉中	伞 san^{354}	车子 tʂ^{h}ɤ^{55}tsɿ^{0} 自行车 tsɿ^{35}ɕin^{42}tʂ^{h}ɤ^{55}	衣裳 i^{55}ʂɑŋ^{0}
城固	伞 san^{44}	自行车 tsɿ^{24}ɕiŋ^{31}tʂ^{h}ə^{53}	衣裳 i^{44}ʂaŋ^{0}
勉县	伞 sɑn^{35}	车子 ts^{h}ɤ^{44}tsɿ^{0}	衣裳 i^{44}sɑŋ^{0}
镇巴	伞 san^{213}	洋马儿 iaŋ^{31}ma^{55}ər^{31}	衣裳 i^{35}saŋ^{55}

	0364 穿~衣服	0365 脱~衣服	0366 系~鞋带
榆林	穿 tʂʰuɛ^{33}	脱 tʰuʌʔ^{3}	挽 vɛ^{213}
神木	穿 tʂʰuɛ^{213}	脱 tʰuəʔ^{4}	衿 tɕiɤ̃^{213}
绥德	穿 tʂʰuæ^{213}	脱 tʰuo^{33}	缯 tsəɣ̃^{52} 衿 tɕiəɣ̃^{213}
吴堡	穿 tsʰuɤ^{213}	脱 tʰuəʔ^{3}	挽 uã^{412}
清涧	穿 tʂʰu^{312}	脱 tʰuɤ^{53}	挽 vɛ^{53}
延安	穿 tʂʰuæ̃^{213}	脱 tʰuo^{213}	挽 væ̃^{52} 绑 pɑŋ^{52}
延川	穿 tʂʰuɤ^{213}	脱 tʰuɤ^{423}	挽 væ̃^{53} 绑 pɑŋ^{53}
黄陵	穿 tsʰuæ̃^{31}	脱 tʰuɤ^{31}	衿 tɕiẽ^{31} 绑 pɑŋ^{52}
渭南	穿 tʃʰæ̃^{31}	脱 tʰuə^{31}	衿 tɕiə̃^{31} 绑 pɑŋ^{53}
韩城	穿 pfʰã^{31}	脱 tʰuɤ^{31}	绑 pɑŋ^{53}
合阳	穿 pfʰɑ̃^{31}	脱 tʰuo^{31}	绑 pɑŋ^{52}
富平	穿 tʃʰuæ̃^{31}	脱 tʰuo^{31}	衿 tɕiɛ̃^{31} 绑 pɑɣ̃^{53}
耀州	穿 tʃʰuæ̃^{21}	脱 tʰuo^{21} 剥 puo^{21}	绑 pɑŋ^{52}
咸阳	穿 tʃʰuã^{31}	脱 tʰuo^{31}	系 tɕi^{44}
旬邑	穿 tʃʰã^{21}	脱 tʰuo^{21}	衿 tɕiɛ̃^{21} 绑 pɑŋ^{52}
三原	穿 tʃʰuã^{31}	脱 tʰuə^{31}	衿 tɕiẽ^{31}

	0364 穿~衣服	0365 脱~衣服	0366 系~鞋带
乾县	穿 tʃ^{h}uæ̃^{21}	脱 t^{h}uɤ^{21}	衿 tɕiẽ^{21}
岐山	穿 tʂ^{h}æ̃^{31}	脱 t^{h}uo^{31}	绑 paŋ^{53}
凤翔	穿 tʂ^{h}æ̃^{31}	脱 t^{h}uo^{31}	绑 paŋ^{53} 扎 tsa^{31}
千阳	穿 tʃ^{h}æ̃^{31}	脱 t^{h}uo^{31}	绑 paŋ^{53}
西安	穿 pf^{h}ã^{21}	脱 t^{h}uo^{21}	绑 paŋ^{53}
户县	穿 ts^{h}uã^{31}	脱 t^{h}uɤ^{31}	绑 paŋ^{51}
商州	穿 tʃ^{h}uã^{31}	脱 t^{h}uə^{31}	衿 tɕiẽ^{31}
镇安	穿 tʂ^{h}uan^{53}	脱 t^{h}uə^{53}	绑 pʌŋ^{35}
安康	穿 pf^{h}an^{31}	脱 t^{h}uo^{31}	绑 paŋ^{53} 紧 tɕin^{53}
白河	穿 tʂ^{h}uan^{213}	脱 t^{h}uo^{213}	绑 paŋ^{35}
汉阴	穿 ts^{h}uan^{33}	脱 t^{h}o^{42}	绑 paŋ^{45} 衿 tɕin^{33}
平利	穿 tʂ^{h}ɥan^{43}	脱 t^{h}o^{43}	绑 paŋ^{445}
汉中	穿 ts^{h}uan^{55}	脱 t^{h}uɤ^{55}	绑 paŋ^{354}
城固	穿 tʃ^{h}uan^{53}	脱 t^{h}uə^{53}	绑 paŋ^{44}
勉县	穿 ts^{h}uɑn^{42}	脱 t^{h}uɤ^{42}	绑 paŋ^{35}
镇巴	穿 ts^{h}uan^{35}	脱 t^{h}o^{31} □ lia^{31}	绑 paŋ^{52}

	0367 衬衫	0368 背心带两条杠的，内衣	0369 毛衣
榆林	衬衫 tsʰɤ̃^{52}sɛ^{0}	汗褂褂 xɛ^{52}kua^{52}kua^{0} 汗架架 xɛ^{52}tɕia^{52}tɕia^{0}	毛袄儿 mɔo^{24}nɔr^{213} 毛衣 mɔo^{24}i^{33}
神木	布衫子 pu^{53}sɛ^{0}tsəʔ^{4} 衬衣 tsʰɤ̃^{53}i^{0}	背心儿 pei^{53}ɕiʌɯ^{0} 汗褂褂 xɛ^{53}kua^{53}kua^{0}	毛袄儿 mɔo^{44}ŋʌɯr^{213} 毛衣 mɔo^{44}i^{213}
绥德	布衫儿 pu^{52}sær^{0} 衬衫儿 tsʰəɣ̃^{52}sær^{0}	汗褂褂 xæ^{52}kuɑ^{52}kuɑ^{0} 汗架架 xæ^{52}tɕiɑ^{52}tɕiɑ^{0}	毛袄儿 mao^{33}ŋaor^{213} 毛衣 mao^{33}i^{0}
吴堡	布衫儿 pu^{53}sɐr^{412}	架架 tɕiɑ^{53}tɕiɑ^{0}	毛袄儿 mo^{33}ŋor^{213}
清涧	衬衫儿 tsʰəɣ̃^{42}sɛr^{312}	架架儿 tɕiɑ^{42}tɕiʌr^{0}	毛衣 mʊ^{24}zɿ^{312}
延安	汗衫儿 xæ̃^{443}sar^{213} 衬衫儿 tsʰəŋ^{443}sar^{213}	褂褂 kua^{443}kua^{0}	毛衣 mɔ^{24}i^{213}
延川	衬衫儿 tsʰəŋ^{53}sæ̃r^{0}	褂褂 kua^{53}kua^{0}	毛衣 mɑo^{35}zɿ^{0}
黄陵	衬衣 tsʰẽ^{55}i^{0}	架架 tɕiɑ^{55}tɕiɑ^{0} 背心儿 pei^{55}ɕiẽr^{31}	毛袄儿 mɔ^{24}ŋɔr^{52} 毛衣 mɔ^{24}i^{31}
渭南	衫子 sæ̃^{31}tsɿ^{0}	背心儿 pei^{44}ɕiə̃r^{31}	毛衣 mɔo^{24}i^{31}
韩城	衬衣 tsʰɛ̃^{44}ȵi^{31}	背心 pɪi^{44}ɕiɛ̃^{31}	毛袄 mɑu^{24}ŋɑu^{53}
合阳	衫子 sɑ̃^{31}tsɿ^{0}	汗架 xɑ̃^{55}tɕiɑ^{55}	毛袄 mɔo^{24}ŋɔo^{52} 毛衣 mɔo^{24}ȵi^{31}
富平	单衫子 tæ̃^{31}sæ̃^{53}tsɿ^{31}	背心儿 peɪ^{55}siɛ̃r^{31}	毛衣 mɑo^{31}i^{53}
耀州	衫子 sæ̃^{52}tsɿ^{0}	背心 pei^{44}ɕiei^{0}	毛袄 mɔu^{24}ŋɔu^{52} 毛衣 mɔu^{24}i^{21}
咸阳	衬衣 tsʰɛ̃^{44}i^{31}	背心儿 pei^{44}ɕiər^{0}	毛衣 mɔ^{24}i^{31}
旬邑	衫子 sã^{52}tsɿ^{0} 衬衣 tsʰɛ̃^{24}i^{21}	汗架儿 xã^{44}tɕiar^{52}	毛衣 mau^{24}i^{21}
三原	衫子 sã^{52}tsɿ^{0}	汗衫儿 xã^{44}sãr^{31} 背心儿 pei^{44}ɕiə̃r^{31}	毛衣 mɑɔ^{24}i^{31}

	0367 衬衫	0368 背心带两条杠的，内衣	0369 毛衣
乾县	布衫 pu^{55}sæ̃^{21}	汗衫 xæ̃^{55}sæ̃^{21}	毛衣 mɔ^{24}i^{21}
岐山	衬衣 tsʰəŋ^{44}i^{31}	背心 pei^{44}siŋ^{53}	毛衣 mɔ^{31}i^{53}
凤翔	衬衣 tsʰəŋ^{45}i^{0}	背心 pei^{45}siŋ^{0}	毛衣 mɔ^{31}i^{53}
千阳	衬衣 tsʰəŋ^{45}i^{0}	背心 pei^{45}siŋ^{0} 梁梁背心 liaŋ^{31}liaŋ^{0}pei^{45}siŋ^{0}	毛衣 mɔ^{31}i^{0}
西安	衬衣 tsʰən^{44}i^{21}	背心儿 pei^{44}ɕiər^{0}	毛衣 mau^{24}i^{21}
户县	衬衫 tsʰẽ^{55}sã^{31} 衬衣 tsʰẽ^{55}i^{31}	背心儿 pei^{55}ɕiɯ^{0} 架架 tɕia^{55}tɕia^{0}	毛衣 mau^{35}i^{31}
商州	衬衣 tsʰẽ^{44}i^{0}	背笼⁼襻 pei^{44}luəŋ^{44}pʰã^{44}	毛衣 mɑo^{31}i^{53}
镇安	衬衣 tsʰən^{322}i^{53}	两条筋 liʌŋ^{33}tʰiɔo^{33}tɕin^{53} 架架儿 tɕia^{21}tɕiɐr^{0}	毛衣 mɔo^{33}i^{53}
安康	褂褂儿 kua^{44}kuar^{0}	汗架儿 xan^{44}tɕiar^{53}	毛衣 mau^{35}i^{31}
白河	衬衣 tsʰən^{42}i^{213}	架架儿 tɕia^{42}tɕiɐr^{0}	毛衣 mɔu^{44}i^{213}
汉阴	汗衫儿 χan^{24}sar^{33}	背心儿 pei^{24}ɕiar^{33}	毛衣 mɑo^{42}i^{33}
平利	衬衣 tsʰən^{24}i^{43}	背心儿 pei^{24}ɕiər^{43}	毛衣 mau^{52}i^{0}
汉中	衬衣 tsʰən^{21}i^{0}	背心 pei^{21}ɕin^{0}	毛衣 mɑo^{42}i^{55}
城固	衬衣 tsʰən^{31}i^{0}	背心 pei^{31}sin^{0}	毛衣 mɔ^{31}i^{53}
勉县	衬衣 tsʰən^{21}i^{35}	背心 pei^{21}ɕin^{35}	毛衣 mɑɔ^{21}i^{42}
镇巴	衬衫 tsʰən^{21}san^{55} 阴膀子 in^{35}paŋ^{55}tsɿ^{52}	架架儿 tɕia^{21}tɕiɐr^{55}	毛衣 mau^{31}i^{35}

	0370 棉衣	0371 袖子	0372 口袋衣服上的
榆林	棉袄儿 miɛ^{24}nɔr^{213}	袖子 ɕiəu^{52}tsəʔ^{0}	倒衩衩 tɔo^{52}ts^{h}a^{21}ts^{h}a^{33} 衩衩 ts^{h}a^{21}ts^{h}a^{33}
神木	棉袄儿 miɛ^{44}ŋʌɯ^{213} 棉衣 miɛ^{44}i^{213}	袖子 ɕiəu^{53}tsəʔ^{0} 袄儿袖子 ŋʌɯ^{24}ɕiəu^{53}tsəʔ^{0}	倒衩衩 tɔo^{53}ts^{h}a^{21}ts^{h}a^{24} 倒衩子 tɔo^{53}ts^{h}a^{0}tsəʔ^{4}
绥德	装袄儿 tʂuã^{52}ŋaor^{213} 棉袄儿 mie^{33}ŋaor^{0}	袖子 ɕiəu^{52}tsəʔ^{0}	倒衩衩 tao^{52}ts^{h}ɑ^{21}ts^{h}ɑ^{33} 倒倒 tao^{52}tao^{0}
吴堡	装衣裳 tsuɤu^{53}i^{21}ʂɤu^{33}	袖子 ɕiɑo^{53}tsəʔ^{0}	搊搊 ts^{h}ɤu^{41}ts^{h}ɤu^{213}
清涧	棉衣 mi^{24}zʅ^{312}	袖子 ɕiəu^{44}tsəʔ^{0}	搊搊 ts^{h}əu^{31}ts^{h}əu^{53}
延安	棉衣 miæ̃^{24}i^{0}	袖子 ɕiou^{443}tsəʔ^{0}	倒衩 tɔ^{443}ts^{h}a^{213} 口袋 k^{h}ou^{52}tai^{0}
延川	棉袄儿 miɛ^{35}ŋɔr^{0}	袖子 ɕiu^{53}tsəʔ^{213}	衩衩 ts^{h}a^{53}ts^{h}a^{0}
黄陵	棉袄 miæ̃^{24}ŋɔ^{0}	袖子 ɕiəu^{55}tsʅ^{0}	摸摸 mɔ^{31}mɔ^{0}
渭南	棉衣服 miæ̃^{24}i^{31}fu^{0}	袖子 ɕiəu^{44}tsʅ^{0}	包包 pɔo^{31}pɔo^{0}
韩城	棉袄 miã^{31}ŋɑu^{53}	袖子 ɕiəu^{44}tsʅ^{0}	袄包儿 ŋɑu^{53}pɑur^{0} 包包儿 pɑu^{31}pɑur^{0}
合阳	棉袄 miã^{24}ŋɔo^{31}	袖口 siou^{55}tsʅ^{0}	包包 pɔo^{31}pɔo^{0} 布袋 pu^{55}t^{h}æe^{31}
富平	棉袄儿 miæ̃^{31}ŋɑor^{53}	袖子 siou^{55}tsʅ^{31}	布袋儿 pu^{55}tər^{31}
耀州	棉袄 miæ̃^{24}ŋɔu^{52}	袖子 ɕiou^{44}tsʅ^{0}	布袋 pu^{44}tæi^{0}
咸阳	棉袄儿 miã^{24}ŋɔr^{0}	袖子 ɕiou^{44}tsʅ^{0}	口袋儿 k^{h}ou^{53}tɐr^{0}
旬邑	棉袄 miã^{21}ŋau^{52}	袖子 ɕiəu^{24}tsʅ^{0}	兜子 təu^{52}tsʅ^{0}
三原	棉衣裳 miã^{24}i^{52}ʂɑŋ^{0}	袖子 ɕiou^{44}tsʅ^{0}	布袋儿 pu^{44}tɐr^{0}

	0370 棉衣	0371 袖子	0372 口袋衣服上的
乾县	棉袄 miæ̃²⁴ŋɔ²¹	袖子 ɕiou⁵⁵tsɿ²¹	褡褡 ta⁵³ta²¹
岐山	棉袄 miæ̃²⁴ŋɔ⁵³ 棉衣 miæ̃³¹i⁵³	袖子 siu⁴⁴tsɿ⁵³	兜兜 tou⁵³tou²¹
凤翔	棉袄 miæ̃³¹ŋɔ⁵³ 棉衣 miæ̃³¹i⁵³	袖子 siəu⁴⁵tsɿ⁰	兜兜 təu⁵³təu⁰ 衩衩 tsʰa⁵³tsʰa⁰
千阳	棉袄 miæ̃³¹ŋɔ⁰	袖子 siou⁴⁵tsɿ⁰	衩衩 tsʰa⁵³tsʰa⁰
西安	棉袄儿 miã²⁴ŋɐr⁵³	袖子 ɕiou⁴⁴tsɿ⁰	口袋儿 kʰou⁵³tɐr⁰
户县	棉袄儿 miã³⁵ŋə⁰	袖子 ɕiɤu⁵⁵tsɿ⁰	布袋儿 pu⁵⁵tə³⁵
商州	袄 ŋɑo⁵³	袖袖儿 ɕiou⁴⁴ɕiour⁰	布袋儿 pu⁴⁴tɐr³¹
镇安	袄子 ŋɔo³⁵tsɿ⁵³	袖子 ɕiəu³²²tsɿ⁰	袋袋儿 tai³²²tɐr⁰
安康	袄子 iau³¹tsɿ⁰	袖子 ɕiou⁴⁴tsɿ⁰	口袋儿 kʰou⁵³tær⁰
白河	袄子 ŋɔu³⁵tsɿ⁰	袖子 ɕiəu⁴²tsɿ⁰	荷包儿 xuo⁴⁴pɐr²¹³
汉阴	袄子 ŋɑo⁴⁵tsɿ⁰	袖子 ɕiəu²¹tsɿ⁰	口袋儿 kʰəu⁴⁵tar⁰
平利	棉袄 mian⁵²ŋau⁴⁴⁵	袖子 ɕiou²⁴tsɿ⁰	荷包儿 xo⁵²paur⁰
汉中	棉袄 mian⁴²ŋɑo³⁵⁴	袖子 ɕiəu²¹tsɿ⁰	包包 pɑo⁵⁵pɑo⁰
城固	袄袄 ŋɔ²⁴ŋɔ⁰	袖 siəu²¹³	包包 pɔ⁴⁴pɔ⁰
勉县	袄袄 ŋɑɔ³⁵ŋɑɔ⁰	袖子 ɕiəu²¹tsɿ³⁵	包包 pɑɔ⁴⁴pɑɔ⁰
镇巴	袄子 ŋau⁴⁵tsɿ⁵² 袄袄儿 ŋau⁴⁵ŋɐr⁵²	袖子 ɕiəu²¹tsɿ⁵² 衣袖 i³⁵ɕiəu²¹³	包包 pau³⁵pau⁵⁵

	0373 裤子	0374 短裤外穿的	0375 裤腿
榆林	裤子 kʰu^{52}tsəʔ^{0}	半裤 pɛ^{52}kʰu^{0}	裤腿 kʰu^{52}tʰuei^{213}
神木	裤儿 kʰuʌɯ^{53}	半腿子裤儿 pɛ^{53}tʰuei^{21}tsəʔ^{4}kʰuʌɯ^{53} 半裤儿 pɛ^{53}kʰuʌɯ^{53}	裤腿子 kʰu^{53}tʰuei^{0}tsəʔ^{4}
绥德	裤子 kʰu^{52}tsəʔ^{0} 裤儿 kʰur^{52}	半裤儿 pæ^{52}kʰur^{0}	裤腿 kʰu^{52}tʰuei^{0}
吴堡	裤子 kʰu^{53}tsəʔ^{0}	半腿腿裤儿 pɤ^{53}tʰuɑe^{41}tʰuɑe^{0}kʰur^{53}	裤腿 kʰu^{53}tʰuɑe^{412}
清涧	裤儿 kʰʊr^{44}	半腿子裤儿 pɛ^{42}tʰuai^{53}tsəʔ^{0}kʰʊr^{44}	裤腿儿 kʰʊ^{42}tʰuɐr^{53}
延安	裤子 kʰu^{443}tsəʔ^{0}	短裤 tʰuæ̃^{52}kʰu^{443} 半裤儿 pæ̃^{443}kʰur^{443}	裤腿 kʰu^{443}tʰuei^{423}
延川	裤儿 kʰur^{53}	半裤儿 pɤ^{53}kʰur^{0}	裤腿儿 kʰu^{53}tʰuər^{0}
黄陵	裤子 kʰu^{55}tsɿ^{0} 裤儿 kʰur^{55}	半裤儿 pæ̃^{55}kʰur^{55} 短裤儿 tuæ̃^{52}kʰur^{55}	裤腿 kʰu^{55}tʰuei^{52}
渭南	裤子 kʰu^{44}tsɿ^{0}	半截裤儿 pæ̃^{44}tɕʰiɛ^{0}kʰur^{53}	裤腿 kʰu^{44}tʰuei^{53}
韩城	裤 kʰu^{44}	短裤儿 tã^{53}kʰuər^{44}	裤腿儿 kʰu^{44}tʰɪr^{53}
合阳	裤 kʰu^{55} 裤子 kʰu^{55}tsɿ^{0}	短裤 tuɑ̃^{52}kʰu^{55} 半截裤 pɑ̃^{55}tʰiɛ^{31}kʰu^{55}	裤腿 kʰu^{55}tʰuei^{52}
富平	裤子 kʰu^{55}tsɿ^{31}	半截裤 pæ̃^{55}tʰiɛ^{31}kʰu^{53}	裤腿 kʰu^{55}tʰueɪ^{53}
耀州	裤儿 fur^{52}	半截裤儿 pæ̃^{44}tɕiɛ^{21}fur^{52}	裤腿儿 fu^{44}tʰuer^{52}
咸阳	裤子 kʰu^{44}tsɿ^{0}	半截裤儿 pã^{44}tɕiɛ^{31}fuər^{53}	裤腿儿 kʰu^{44}tʰuer^{53}
旬邑	裤儿 fuər^{52}	短裤儿 tuã^{52}fuər^{21}	裤腿 fu^{44}tʰuei^{52}
三原	裤儿 fur^{52}	半截裤儿 pã^{44}tɕʰiɛ^{0}fur^{52}	裤腿 fu^{44}tʰuei^{52}

	0373 裤子	0374 短裤外穿的	0375 裤腿
乾县	裤儿 fu^{55}ɐr^{21}	半截裤儿 pæ̃^{55}tɕiə^{21}fu^{55}ɐr^{21}	裤儿腿 fu^{55}ɐr^{21}t^{h}ue^{53}
岐山	裤子 k^{h}u^{44}tsɿ^{53}	半截裤 pæ̃^{44}ȶ^{h}iɛ^{53}k^{h}u^{44}	裤腿 k^{h}u^{44}t^{h}uei^{21}
凤翔	裤儿 fur^{45}	半截裤儿 pæ̃^{45}ts^{h}ie^{0}fur^{45}	裤腿 fu^{45}t^{h}uei^{0}
千阳	裤 fu^{44}	半截裤 pæ̃^{45}ts^{h}ie^{0}fu^{44}	裤腿 fu^{45}t^{h}uei^{0}
西安	裤子 k^{h}u^{44}tsɿ^{0}	半截裤儿 pã^{44}tɕiɛ^{21}k^{h}uər^{53}	裤腿 k^{h}u^{44}t^{h}uei^{53}
户县	裤儿 fəɯ^{51}	半截裤儿 pã^{55}tɕiɛ^{31}fəɯ^{51}	裤腿 fu^{55}t^{h}uei^{31}
商州	裤子 k^{h}u^{44}tsɿ^{0}	半截裤儿 pã^{44}tɕ^{h}iɛ^{31}k^{h}ur^{53}	裤腿儿 k^{h}u^{44}t^{h}uər^{53}
镇安	裤子 k^{h}u^{322}tsɿ^{0}	裤衩子 k^{h}u^{322}ts^{h}a^{35}tsɿ^{0}	裤脚 k^{h}u^{322}tɕiə^{53}
安康	裤子 k^{h}u^{44}tsɿ^{0}	裤衩儿 k^{h}u^{44}tʂ^{h}ar^{53}	裤腿儿 k^{h}u^{44}t^{h}uər^{53}
白河	裤子 k^{h}u^{42}tsɿ^{0}	裤衩儿 k^{h}u^{42}tʂ^{h}ɐr^{35}	裤腿儿 k^{h}u^{42}t^{h}ər^{213}
汉阴	裤子 k^{h}u^{21}tsɿ^{0}	水裤子 suei^{45}k^{h}u^{21}tsɿ^{0}	裤腿 k^{h}u^{21}t^{h}uei^{45}
平利	裤子 k^{h}u^{24}tsɿ^{0}	裤衩儿 k^{h}u^{24}tʂ^{h}ar^{445}	裤腿 k^{h}u^{24}t^{h}ei^{445}
汉中	裤子 k^{h}u^{21}tsɿ^{0}	裤衩 k^{h}u^{21}ts^{h}A^{0}	裤腿 k^{h}u^{21}t^{h}uei^{0}
城固	裤 k^{h}u^{213}	裤衩 k^{h}u^{31}ts^{h}a^{0}	裤腿 k^{h}u^{31}t^{h}uei^{0}
勉县	裤子 k^{h}u^{21}tsɿ^{35}	裤衩子 k^{h}u^{21}ts^{h}ɑ^{35}tsɿ^{0}	裤腿子 k^{h}u^{21}t^{h}uei^{35}tsɿ^{0}
镇巴	裤子 k^{h}u^{21}tsɿ^{52} 裤儿 k^{h}u^{213}ər^{52}	窑裤儿 iau^{31}k^{h}u^{213}ər^{52}	裤脚 k^{h}u^{213}tɕio^{52}

	0376 帽子统称	0377 鞋子	0378 袜子
榆林	帽子 mɔo^{52}tsəʔ^{0}	鞋 xεe^{213}	袜子 vaʔ^{3}tsəʔ^{0}
神木	帽子 mɔo^{53}tsəʔ^{0}	鞋 xEe^{44}	袜子 vaʔ^{4}tsəʔ^{0}
绥德	帽儿 maor^{52} 帽子 mao^{52}tsəʔ^{0}	鞋 xai^{33}	袜子 vɑ^{33}tsəʔ^{0}
吴堡	帽子 mo^{53}tsəʔ^{0}	鞋 xɑe^{33}	袜子 uɑʔ^{21}tsəʔ^{213}
清涧	帽儿 mɔor^{44}	鞋 xai^{24}	袜子 vɑ^{53}tsəʔ^{0}
延安	帽子 mɔ^{443}tsəʔ^{0}	鞋 xai^{24}	袜子 va^{21}tsəʔ^{5}
延川	帽子 mɑo^{53}tsəʔ^{213}	鞋 xai^{35}	袜子 va^{53}tsəʔ^{213}
黄陵	帽子 mɔ^{55}tsɿ^{0}	鞋 xE^{24}	袜子 vɑ^{31}tsɿ^{0}
渭南	帽子 mɔo^{44}tsɿ^{0}	鞋 xae^{24}	袜子 vɑ^{53}tsɿ^{0}
韩城	帽子 mɑu^{44}tsɿ^{0}	鞋 xæe^{24}	袜子 vɑ^{31}tsɿ^{0}
合阳	帽子 mɔo^{55}tsɿ^{0}	鞋 xæe^{24}	袜子 vɑ^{31}tsɿ^{0}
富平	帽子 mɑo^{55}tsɿ^{31}	鞋 xεe^{24}	袜子 vɑ^{53}tsɿ^{31}
耀州	帽子 mɔu^{44}tsɿ^{0}	鞋 xæi^{24}	袜子 ua^{52}tsɿ^{0}
咸阳	帽子 mɔ^{44}tsɿ^{0}	鞋 xæ^{24}	袜子 va^{31}tsɿ^{0}
旬邑	帽子 mau^{24}tsɿ^{0}	鞋 xεi^{24}	袜子 va^{52}tsɿ^{0}
三原	帽子 mɑɔ^{44}tsɿ^{0}	鞋 xai^{24}	袜子 vɑ^{52}tsɿ^{0}

	0376 帽子统称	0377 鞋子	0378 袜子
乾县	帽子 mɔ^{55}tsɿ^{21}	鞋 xɛ^{24}	袜子 va^{53}tsɿ^{21}
岐山	帽子 mɔ^{44}tsɿ^{53}	鞋 xE^{24}	袜子 va^{53}tsɿ^{21}
凤翔	帽子 mɔ^{45}tsɿ^{0}	鞋 xE^{24}	袜子 va^{53}tsɿ^{0}
千阳	帽子 mɔ^{45}tsɿ^{0}	鞋 xE^{24}	袜子 va^{53}tsɿ^{0}
西安	帽子 mau^{44}tsɿ^{0}	鞋 xai^{24}	袜子 ua^{21}tsɿ^{0}
户县	帽子 mau^{55}tsɿ^{0}	鞋 xæ^{35}	袜子 va^{31}tsɿ^{0}
商州	帽子 mɑo^{44}tsɿ^{0}	鞋 xai^{35}	袜子 vɑ^{53}tsɿ^{0}
镇安	帽子 mɔo^{322}tsɿ^{0}	鞋 xai^{33}	袜子 va^{53}tsɿ^{0}
安康	帽子 mau^{44}tsɿ^{0}	鞋子 xæ^{35}tsɿ^{0}	袜子 ua^{31}tsɿ^{0}
白河	帽子 mɔu^{42}tsɿ^{0}	鞋 xai^{44}	袜子 ua^{21}tsɿ^{0}
汉阴	帽子 mɑo^{21}tsɿ^{0}	鞋子 χae^{42}tsɿ^{0}	袜子 uɑ^{42}tsɿ^{0}
平利	帽子 mau^{24}tsɿ^{0}	鞋子 xai^{52}tsɿ^{0}	袜子 ua^{43}tsɿ^{0}
汉中	帽子 mɑo^{21}tsɿ^{0}	鞋 xai^{42}	袜子 uA^{55}tsɿ^{0}
城固	帽 mɔ^{213}	鞋 xai^{311}	袜 va^{53}
勉县	帽子 mɑɔ^{21}tsɿ^{35}	鞋 xɑi^{21}	袜子 vɑ^{44}tsɿ^{0}
镇巴	帽帽儿 mau^{21}mɐr^{55}	鞋子 xai^{33}tsɿ^{31}	袜子 ua^{33}tsɿ^{31}

	0379 围巾	0380 围裙	0381 尿布
榆林	头巾儿 tʰəu^{24}tɕiə̃r^{0}	围裙儿 vei^{24}tɕʰyə̃r^{0}	尿毯毯 niɔo^{52}tʰɛ^{21}tʰɛ^{213} 尿褯褯 niɔo^{52}tɕʰiɛ^{52}tɕʰiɛ^{0}
神木	围巾子 vei^{44}tɕiɣ̃^{0}tsəʔ^{4} 围巾 vei^{44}tɕiɣ̃^{0}	围裙子 vei^{44}tɕʰyɣ̃^{0}tsəʔ^{0}	垫㞘子 tiɛ^{53}tuəʔ^{4}tsəʔ^{0}
绥德	围巾儿 vei^{33}tɕiɣ̃r^{0}	腰裙儿 iɔɤ^{21}tɕʰyɣ̃r^{33} 围裙儿 vei^{33}tɕʰyɣ̃r^{0}	尿毯毯 niɔɤ^{52}tʰæ^{21}tʰæ^{33} 尿褯褯 niɔɤ^{52}tɕʰie^{52}tɕʰie^{0}
吴堡	围巾儿 uɛe^{33}tɕiər^{0}	腰布 iɤ^{21}pu^{53}	尿毯毯 ȵiɤ^{53}tʰã^{41}tʰã^{213} 尿褯子 ȵiɤ^{53}tɕiɑ^{53}tsəʔ^{0}
清涧	围巾儿 uei^{24}tɕiəɣ̃r^{0}	围裙儿 uei^{24}tɕʰyəɣ̃r^{0} 褿裙儿 tsʰɔo^{24}tɕʰyəɣ̃r^{0}	褯子 tɕʰiɑ^{44}tsəʔ^{0}
延安	围脖 vei^{24}pʰuo^{0}	围裙 vei^{24}tɕʰyəŋ^{0}	尿褯子 ȵiɔ^{443}tɕʰiɛ^{443}tsəʔ^{0} 尿褯褯 ȵiɔ^{443}tɕʰiɛ^{443}tɕʰiɛ^{0}
延川	围脖 vei^{35}pʰɤ^{0}	褿裙儿 tsʰɑo^{35}tɕʰyʌr^{0}	尿褯子 ȵiɑo^{53}tɕʰia^{21}tsəʔ^{213}
黄陵	围脖 vei^{24}pʰuɤ^{0} 围巾儿 vei^{24}tɕiẽr^{31}	遮裙 tʂɤ^{31}tɕʰyẽ^{0} 围裙 vei^{24}tɕʰyẽ^{0}	褯子 tɕʰiɛ^{55}tsɿ^{0} 尿褯子 ȵiɔ^{55}tɕʰiɛ^{55}tsɿ^{0}
渭南	围脖儿 uei^{24}pʰər^{0}	围裙儿 uei^{24}tɕʰyə̃r^{0}	褯子 tɕʰiɛ^{44}tsɿ^{0}
韩城	围脖子 uɪi^{31}pʰuɤ^{53}tsɿ^{0}	裙幅子 tɕʰyɛ̃^{31}fu^{53}tsɿ^{0}	褯子 tɕʰiɑ^{44}tsɿ^{0}
合阳	围巾 uei^{24}tɕiẽ^{31} 围脖 uei^{24}pʰo^{31}	围裙 uei^{24}tɕʰyẽ^{31} 褡褡 tɑ^{31}tɑ^{0}	褯子 tɕʰiɑ^{55}tsɿ^{0}
富平	围脖 ueɪ^{24}pʰo^{53}	围裙儿 ueɪ^{24}tɕʰyɛ̃r^{53}	褯子 tʰiɛ^{55}tsɿ^{31}
耀州	围脖儿 uei^{24}pʰuor^{52}	围裙子 uei^{24}tɕʰyei^{52}tsɿ^{0}	褯子 tɕʰiɛ^{44}tsɿ^{0}
咸阳	围脖儿 uei^{24}pər^{0}	裙帘 tɕʰyɛ̃^{24}liã^{0}	褯子 tɕʰiɛ^{44}tsɿ^{0}
旬邑	围脖子 uei^{21}pʰo^{52}tsɿ^{0}	围裙子 uei^{21}tɕʰyɛ̃^{52}tsɿ^{0}	褯子 tɕʰiɛ^{24}tsɿ^{0}
三原	围脖儿 uei^{24}pʰər^{0}	围裙儿 uei^{24}tɕʰyə̃r^{0}	尿褯子 ȵiɑɔ^{44}tɕʰiɛ^{44}tsɿ^{0}

	0379 围巾	0380 围裙	0381 尿布
乾县	围巾 ue^{24}tɕiẽ^{21}	油裙 iou^{24}tɕ^{h}yẽ^{21}	褯子 tɕ^{h}iə^{55}tsɿ^{21}
岐山	围巾 vei^{31}tɕiŋ^{53}	围裙 vei^{31}tɕ^{h}yŋ^{53} 遮腰 tʂɤ^{31}iɔ^{21}	褯子 ȶ^{h}iɛ^{44}tsɿ^{53} 褯片 ȶ^{h}iɛ^{44}p^{h}iæ^{53}
凤翔	围脖 vei^{31}p^{h}o^{53}	遮腰 tʂʅə^{31}iɔ^{0}	褯子 ts^{h}ie^{45}tsɿ^{0} 褯片 ts^{h}ie^{45}p^{h}iæ̃^{0}
千阳	围脖 vei^{31}p^{h}o^{0}	遮腰 tʂə^{31}iɔ^{0}	褯褯 ts^{h}ie^{45}ts^{h}ie^{0}
西安	围巾儿 uei^{24}tɕiər^{0}	围裙儿 uei^{24}tɕ^{h}yər^{0}	褯子 tɕiɛ^{44}tsɿ^{0}
户县	围脖 uei^{35}pɤ^{31} 围巾 uei^{35}tɕiẽ^{31}	围腰 uei^{35}iau^{31}	褯子 tɕ^{h}iɛ^{55}tsɿ^{0}
商州	围脖子 vei^{31}p^{h}uə^{53}tsɿ^{0}	围裙子 vei^{31}tɕ^{h}yẽ^{53}tsɿ^{0}	褯子 tɕ^{h}iɛ^{44}tsɿ^{0}
镇安	围巾儿 vEi^{33}tɕiər^{0}	围腰子 vEi^{33}iɔo^{53}tsɿ^{0}	尿片子 ȵiɔo^{33}p^{h}ian^{21}tsɿ^{0}
安康	围脖儿 uei^{35}puor^{31}	围裙子 uei^{35}tɕ^{h}yən^{35}tsɿ^{0}	尿片子 ȵiau^{44}p^{h}ian^{44}tsɿ^{0}
白河	围巾 uei^{44}tɕiən^{35}	围腰子 uei^{44}iɔu^{21}tsɿ^{0}	片子 p^{h}ian^{42}tsɿ^{0}
汉阴	围脖子 uei^{42}po^{0}tsɿ^{0}	围腰子 uei^{42}iɑo^{33}tsɿ^{0}	尿片子 ȵiɑo^{24}p^{h}ian^{21}tsɿ^{0}
平利	围巾 uei^{52}tɕin^{0}	围腰子 uei^{52}iau^{43}tsɿ^{0}	尿片子 ȵiau^{24}p^{h}ian^{24}tsɿ^{0}
汉中	围巾 uei^{42}tɕin^{0}	围围 uei^{42}uei^{0}	尿片片 ȵiɑo^{35}p^{h}ian^{21}p^{h}ian^{0} 尿片子 ȵiɑo^{35}p^{h}ian^{21}tsɿ^{0}
城固	围脖 uei^{53}pə^{311}	裙裙 tɕ^{h}yən^{31}tɕ^{h}yən^{24}	片片 p^{h}ian^{31}p^{h}ian^{0}
勉县	风帕 fəŋ^{44}p^{h}ɑ^{213} 围巾 vei^{21}tɕin^{0}	裙裙 tɕ^{h}ioŋ^{21}tɕ^{h}ioŋ^{0}	尿片子 ȵiɑɔ^{35}p^{h}iɑn^{21}tsɿ^{35}
镇巴	围巾 uei^{31}tɕin^{55}	围裙儿 uei^{33}tɕ^{h}yɐr^{31} 裙裙儿 tɕ^{h}yn^{33}tɕ^{h}yɐr^{31}	尿片子 ȵiau^{213}p^{h}ian^{55}tsɿ^{52}

	0382 扣子	0383 扣~扣子	0384 戒指
榆林	纽子 niəu^{21}tsəʔ^{0}	扣 kʰəu^{52}	箍子 ku^{33}tsəʔ^{0} 戒指 tɕiɛ^{52}tsəʔ^{0}
神木	扣子 kʰəu^{53}tsəʔ^{0} 桃疙瘩儿 tʰɔo^{44}kəʔ^{4}tʌɯ^{213}	扣 kʰəu^{53}	手箍子 ʂəu^{21}ku^{24}tsəʔ^{0} 戒指 tɕiɛ^{53}tsəʔ^{0}
绥德	扣圪瘩儿 kʰəu^{52}kəʔ^{5}tɐr^{0} 扣扣 kʰəu^{52}kʰəu^{0} 扣子 kʰəu^{52}tsəʔ^{0}	扣 kʰəu^{52}	箍子 ku^{24}tsəʔ^{0} 戒指 tɕie^{52}tsəʔ^{0}
吴堡	扣子 kʰɑo^{53}tsəʔ^{0}	扣 kʰɑo^{53}	手箍儿 ʂɑo^{41}kur^{213}
清涧	纽子 ȵiəu^{53}tsəʔ^{0}	扣 kʰəu^{42}	手箍儿 ʂəu^{53}kʊr^{312}
延安	纽子 ȵiou^{52}tsəʔ^{0} 扣子 kʰou^{443}tsəʔ^{0}	扣 kʰou^{443}	箍子 kʰu^{21}tsəʔ^{5}
延川	扣子 kʰəu^{53}tsəʔ^{213}	扣 kʰəu^{53}	戒指儿 tɕiɛ^{53}tsɿər^{0}
黄陵	纽子 ȵiəu^{52}tsɿ^{0} 扣子 kʰəu^{55}tsɿ^{0}	扣 kʰəu^{55}	戒指 tɕiᴇ^{55}tsɿ^{0}
渭南	纽子 ȵiəu^{53}tsɿ^{0}	扣 kʰəu^{44}	戒指 tɕiae^{44}tsɿ^{0}
韩城	纽子 ȵiəu^{53}tsɿ^{0}	扣 kʰəu^{44}	戒圈子 kæe^{44}tɕʰyã^{31}tsɿ^{0}
合阳	纽子 ȵiou^{51}tsɿ^{0} 扣子 kʰou^{55}tsɿ^{0}	扣 kʰou^{55}tsɿ^{0}	戒指 tɕiæe^{55}tsɿ^{31}
富平	钮扣儿 ȵiou^{53}kʰor^{53}	扣 kʰou^{55}	箍子 ku^{53}tsɿ^{31}
耀州	纽子 ȵiou^{52}tsɿ^{0}	扣 kʰou^{44} 系 tɕi^{44}	箍子 ku^{52}tsɿ^{0} 戒指 tɕiæi^{44}tsɿ^{0}
咸阳	纽子 ȵiou^{53}tsɿ^{0}	扣 kʰou^{44}	戒指 tɕiɛ^{44}tsɿ^{0}
旬邑	纽子 ȵiəu^{44}tsɿ^{0}	衿 tɕiɛ̃^{21}	戒指子 tɕiɛi^{24}tsʰɿ^{21}tsɿ^{0}
三原	纽子 ȵiou^{52}tsɿ^{0}	扣 kʰou^{44}	箍子 ku^{52}tsɿ^{0}

	0382 扣子	0383 扣~扣子	0384 戒指
乾县	纽子 ȵiou^{53}tsɿ^{21}	扣 k^{h}ou^{55}	戒指 tɕiə^{55}tsɿ^{21}
岐山	纽子 ȵiou^{44}tsɿ^{21}	扣 k^{h}ou^{44}	箍子 ku^{53}tsɿ^{21} 戒指 tɕiɛ^{44}tsɿ^{21}
凤翔	扣子 k^{h}əu^{45}tsɿ^{0} 纽子 ȵiəu^{44}tsɿ^{0}	扣 k^{h}əu^{44}	戒指 tɕie^{45}tsɿ^{0}
千阳	纽子 ȵiou^{44}tsɿ^{0}	扣 k^{h}ou^{44}	戒指 tɕie^{45}tsɿ^{0}
西安	纽子 ȵiou^{53}tsɿ^{0}	扣 k^{h}ou^{44}	戒指 tɕiɛ^{44}tsɿ^{0}
户县	纽子 ȵiɤu^{51}tsɿ^{0} 纽门儿 ȵiɤu^{51}məɯ^{35}	扣 k^{h}ɤu^{55}	箍子 ku^{31}tsɿ^{31} 戒指 tɕiɛ^{55}tsɿ^{31}
商州	扣子 k^{h}ou^{44}tsɿ^{0}	扣 k^{h}ou^{44}	戒指 tɕiai^{44}tsɿ^{0}
镇安	纽子 ȵiəu^{35}tsɿ^{53} 扣子 k^{h}əu^{21}tsɿ^{0}	扣 k^{h}əu^{214}	戒指 tɕiai^{322}tʂʅ^{35}
安康	纽子 ȵiou^{53}tsɿ^{0}	扣 k^{h}ou^{44}	戒指 tɕie^{44}tʂʅ^{31}
白河	扣子 k^{h}əu^{42}tsɿ^{0}	扣 k^{h}əu^{41}	戒指 tɕiE^{42}tʂʅ^{0}
汉阴	纽子 ȵiəu^{45}tsɿ^{0} 扣子 k^{h}əu^{21}tsɿ^{0}	扣 k^{h}əu^{214}	箍子 k^{h}u^{33}tsɿ^{0} 戒指子 tɕiae^{21}tʂʅ^{0}tsɿ^{0}
平利	扣子 k^{h}ou^{24}tsɿ	扣 k^{h}ou^{214}	戒指 tɕiai^{24}tʂʅ^{43}
汉中	纽子 ȵiəu^{35}tsɿ^{0}	扣 k^{h}əu^{213}	戒指 tɕiE^{21}tsɿ^{0}
城固	纽 ȵiəu^{311}	扣 k^{h}əu^{213}	戒指 tɕiɛ^{31}tsɿ^{0}
勉县	纽子 ȵiəu^{35}tsɿ^{0}	扣 k^{h}əu^{213}	箍子 ku^{44}tsɿ^{0}
镇巴	纽子 ȵiəu^{45}tsɿ^{52}	扣 k^{h}əu^{213}	戒指 tɕiai^{21}tsɿ^{52}

	0385 手镯	0386 理发	0387 梳头
榆林	镯子 tʂʰuə^{24}tsəʔ^{0}	剃头 tʰi^{52}tʰəu^{213} 推头 tʰuei^{33}tʰəu^{213}①	梳头 ʂuə^{33}tʰəu^{213}
神木	袖圈 ɕiəu^{53}tɕʰyɛ^{0}	剃头 tʰi^{53}tʰəu^{44} 推头 tʰuei^{24}tʰəu^{44}	梳头 ʂuo^{24}tʰəu^{44}
绥德	手镯 ʂəu^{21}tʂʰuo^{33}	剃头 tʰi^{52}tʰəu^{33} 推头 tʰuei^{21}tʰəu^{33}	梳头 ʂuo^{21}tʰəu^{33}
吴堡	滚子 kuəŋ^{41}tsəʔ^{3}	剃脑 tɕʰi^{53}no^{33} 推脑 tʰuɑe^{21}no^{33}	梳脑 su^{21}no^{33}
清涧	手镯儿 ʂəu^{53}tʂʰuər^{0}	剃脑 tsʰɿ^{42}nɔo^{24} 推脑 tʰuai^{31}nɔo^{24}	梳脑 ʂʮ^{31}nɔo^{24}
延安	镯子 tʂʰuo^{24}tsəʔ^{0}	剃脑 tʰi^{443}nɔ^{24} 推脑 tʰuei^{21}nɔ^{24}	梳脑 ʂu^{21}nɔ^{24}
延川	手镯 ʂəu^{53}tʂʰʮ^{0}	剃脑 tɕʰi^{53}nɑo^{35} 推脑 tʰuei^{21}nɑo^{35}	梳脑 ʂʮ^{21}nɑo^{35}
黄陵	镯子 suɤ^{24}tsɿ^{0}	理头 li^{52}tʰəu^{24} 推头 tʰuei^{31}tʰəu^{24}	梳头 səu^{31}tʰəu^{24}
渭南	镯子 ɕyə^{24}tsɿ^{0}	剃头 tɕʰi^{44}tʰəu^{24} 推头 tʰuei^{31}tʰəu^{24}	梳头 səu^{31}tʰəu^{24}
韩城	镯子 pfʰuɤ^{31}tsɿ^{53}	推头 tʰɪi^{31}tʰəu^{24}	梳角角 səu^{31}tɕiɤ^{44}tɕiɤ^{0}
合阳	镯子 pfʰo^{24}tsɿ^{0}	剃头 tʰi^{55}tʰou^{24} 推头 tʰuei^{31}tʰou^{24}	梳头 sou^{31}tʰou^{24}
富平	镯子 tʃʰuo^{24}tsɿ^{53}	剃头 tʰi^{24}tʰou^{24}	梳头 sou^{31}tʰou^{24}
耀州	镯子 tʃʰuo^{24}tsɿ^{0}	剃头 tɕʰi^{44}tʰou^{24} 推头 tʰuei^{21}tʰou^{24}	梳头 sou^{21}tʰou^{24}
咸阳	镯子 tsuo^{24}tsɿ^{0}	剃头 tʰi^{24}tʰou^{24}	梳头 ʃu^{31}tʰou^{24}
旬邑	镯子 tʃɤ^{21}tsɿ^{0}	剃头 tɕʰi^{44}tʰəu^{24} 推头 tʰuei^{21}tʰəu^{24}	梳头 ʃʅ^{21}tʰəu^{24}
三原	镯子 tʃʰuə^{24}tsɿ^{0}	剃头 tɕʰi^{44}tʰou^{24}	梳头 sou^{31}tʰou^{24}

①用于男士。

	0385 手镯	0386 理发	0387 梳头
乾县	镯儿 tʃuɤ^{24}ɐr^{21}	剃头 tʰi^{24}tʰou^{24} 推头 tʰue^{21}tʰou^{24}	梳头 ʃu^{21}tʰou^{21}
岐山	镯子 tsʰuo^{31}tsɿ^{53}	剃头 ȶʰi^{44}tʰou^{24} 推头 tʰuei^{31}tʰou^{24}	梳头 ʂʅ^{31}tʰou^{24}
凤翔	镯子 tsuo^{31}tsɿ^{53} 手镯 ʂəu^{53}tsuo^{24}	推头 tʰuei^{31}tʰəu^{24}	梳头ʂʅ^{31}tʰəu^{24}
千阳	手镯 ʂou^{44}tsʰuo^{0}	推头 tʰuei^{31}tʰou^{24}	梳头 ʃʅ^{31}tʰou^{24}
西安	镯子 pfo^{24}tsɿ^{0}	剃头 tʰi^{44}tʰou^{24}	梳头 fu^{21}tʰou^{24}
户县	镯子 tsuɤ^{35}tsɿ^{0}	剃头 tʰi^{55}tʰɤu^{35} 推头 tʰuei^{31}tʰɤu^{35}	梳头 sɤu^{31}tʰɤu^{35}
商州	镯子 ɕyɛ^{31}tsɿ^{0}	铰头 tɕiɑo^{53}tʰou^{35}	梳头 sou^{31}tʰou^{35}
镇安	手镯子 ʂəu^{33}tʂuə^{21}tsɿ^{0}	理发 li^{33}fa^{53}	梳头 səu^{21}tʰəu^{33}
安康	镯子 tsuo^{35}tsɿ^{0}	剃头 tʰi^{44}tʰou^{35}	梳头 fu^{31}tʰou^{35}
白河	亘子 kən^{35}tsɿ^{0} 镯子 tʂuo^{44}tsɿ^{0}	剃头 tʰi^{42}tʰəu^{44}	梳头 səu^{21}tʰəu^{35}
汉阴	镯子 tso^{42}tsɿ^{0}	剃头 tʰi^{24}tʰəu^{42}	梳脑壳 səu^{33}lɑo^{45}kʰo^{0}
平利	镯子 tʂo^{52}tsɿ^{0}	剃头 tʰi^{24}tʰou^{0} 理发 li^{45}fa^{43}	梳头 sou^{43}tʰou^{52}
汉中	镯子 tsuɤ^{42}tsɿ^{0} 手圈子 ʂəu^{35}tɕʰyan^{0}tsɿ^{0}	剃头 tʰi^{35}tʰəu^{42} 理发 li^{35}fA^{55}	梳头 su^{55}tʰəu^{42} 梳脑壳 su^{55}lɑo^{35}kʰɤ^{0}
城固	镯子 tʃuə^{31}tʃuə^{0}	剃头 tʰi^{24}tʰəu^{311}	梳帽絃 ʃu^{53}mɔ^{31}kai^{0}
勉县	手圈子 səu^{35}tɕʰyɑn^{21}tsɿ^{0}	剃脑壳 tʰi^{21}lɑɔ^{35}kʰɤ^{0}	梳头 fu^{44}tʰəu^{21}
镇巴	圈子 tɕʰyan^{35}tsɿ^{52} 镯子 tso^{33}tsɿ^{31}	剃脑壳 tʰi^{213}lau^{45}kʰo^{31}	梳脑壳 su^{35}lau^{45}kʰo^{31}

	0388 米饭	0389 稀饭用米熬的，统称	0390 面粉麦子磨的，统称
榆林	米饭 mi^{21}fɛ^{52}	稀饭 ɕi^{33}fɛ^{52}	面 miɛ^{52}
神木	捞饭 lɔo^{44}fɛ^{53}	米汤 mi^{21}tʰɑ̃^{24} 稀饭 ɕi^{24}fɛ^{53}	白面 piɛ^{44}miɛ^{53}
绥德	捞饭 lao^{33}fæ^{52} 大米饭 tɑ^{52}mi^{21}fæ^{52}	米汤 mi^{21}tʰɑ̃^{213}	面 mie^{52}
吴堡	米饭 mi^{41}fɑ̃^{53}	米汤 mi^{41}tʰɤu^{213}	面 mie^{53}
清涧	米饭 mɿ^{53}fɛ^{42}	米汤 mɿ^{53}tʰɯ^{312}	面 mi^{42}
延安	捞饭 lɔ^{24}fæ̃^{0} 米饭 mi^{52}fæ̃^{0}	米汤 mi^{52}tʰaŋ^{213}	面 miæ̃^{443} 白面 pʰei^{24}miæ̃^{443}
延川	米饭 mɿ^{53}fæ̃^{213}	米汤 mɿ^{53}tʰei^{0}	面 miɛ^{53}
黄陵	米饭 mi^{52}fæ̃^{55}	米汤 mi^{52}tʰɑŋ^{0}	面 miæ̃^{55}
渭南	白米饭 pʰei^{24}mi^{53}fæ̃^{44}	米汤 mi^{53}tʰɑŋ^{31}	面 miæ̃^{44}
韩城	米饭 mi^{53}fɑ̃^{44}	米汤 mi^{53}tʰuɤ^{31}	面 miɑ̃^{44}
合阳	米饭 mi^{52}fɑ̃^{55} 干饭 kɑ̃^{31}fɑ̃^{55}	稀饭 ɕi^{31}fɑ̃^{55}	面 miɑ̃^{55}
富平	米饭 mi^{53}fæ̃^{55}	米汤 mi^{53}tʰɑɣ̃^{31}	面 miæ̃^{55}
耀州	米饭 mi^{52}fæ̃^{44} 干饭 kæ̃^{21}fæ̃^{44} 捞饭 lɔu^{24}fæ̃^{52}	米汤 mi^{52}tʰɑŋ^{0} 稀饭 ɕi^{21}fæ̃^{44}	面 miæ̃^{44}
咸阳	米饭 mi^{53}fɑ̃^{44}	米汤 mi^{53}tʰɑŋ^{0}	面 miɑ̃^{44}
旬邑	米饭 mi^{52}fɑ̃^{44}	米汤 mi^{52}tʰɑŋ^{0} 稀饭 ɕi^{21}fɑ̃^{44}	面 miɑ̃^{44} 麦面 mei^{21}miɑ̃^{44}
三原	米饭 mi^{52}fɑ̃^{44}	米汤 mi^{52}tʰɑŋ^{31}	面 miɑ̃^{44} 麦面 mei^{31}miɑ̃^{44}

	0388 米饭	0389 稀饭用米熬的，统称	0390 面粉麦子磨的，统称
乾县	干饭 kæ̃^{53}fæ̃^{21}	糊涂 xu^{24}tu^{21} 米汤 mi^{53}t^{h}aŋ^{21}	面 miæ̃^{55}
岐山	米饭 mi^{53}fæ̃^{44} 大米饭 tA^{44}mi^{53}fæ̃^{44}	米汤 mi^{44}t^{h}ɑŋ^{21} 稀饭 ɕi^{31}fæ̃^{44}	面 miæ̃^{44}
凤翔	米饭 mi^{53}fæ̃^{44}	米汤 mi^{44}t^{h}ɑŋ^{0} 稀饭 ɕi^{31}fæ̃^{44}	面 miæ̃^{44}
千阳	米饭 mi^{53}fæ̃^{44}	米汤 mi^{44}t^{h}ɑŋ^{0}	面 miæ̃^{44}
西安	米饭 mi^{53}fã^{44}	米汤 mi^{53}t^{h}aŋ^{21}	面 miã^{44}
户县	蒸饭 tʂəŋ^{31}fã^{31}	米汤 mi^{51}t^{h}aŋ^{31} 稀饭 ɕi^{31}fã^{55}	面 miã^{55}
商州	蒸饭 tʂəŋ^{53}fã^{31}	米汤 mi^{53}t^{h}ɑŋ^{31}	面 miã^{44}
镇安	干饭 kan^{53}fan^{322}	米汤 mi^{35}t^{h}ʌŋ^{53}	灰面 xuEi^{53}mian^{322}
安康	蒸饭 tʂən^{31}fan^{31}	米汤 mi^{53}t^{h}aŋ^{31}	灰面 xuei^{31}mian^{44}
白河	干饭 kan^{21}fan^{0}	米汤 mi^{35}t^{h}aŋ^{0}	灰面 xuei^{21}mian^{41} 面 mian^{41}
汉阴	干饭 kan^{33}χuan^{214}	米汤 mi^{45}t^{h}ɑŋ^{0}	灰面 χuei^{33}mian^{214}
平利	干饭 kan^{43}fan^{0}	米汤 mi^{45}t^{h}aŋ^{0}	灰面 xuei^{43}mian^{0}
汉中	蒸饭 tʂən^{55}fan^{0}	米汤 mi^{35}t^{h}ɑŋ^{0}	灰面 xuei^{55}mian^{0}
城固	蒸饭 tʂəŋ^{44}fan^{0}	米汤 mi^{24}t^{h}aŋ^{0}	面 mian^{213}
勉县	蒸饭 tsən^{44}fɑn^{0}	米汤 mi^{35}t^{h}ɑŋ^{0}	灰面 xuei^{44}miɑn^{0}
镇巴	饭 fan^{213}	稀饭 ɕi^{35}fan^{213}	灰面 xuei^{35}mian^{213}

	0391 面条统称	0392 面儿玉米～，辣椒～	0393 馒头无馅的，统称
榆林	面条儿 miɛ^{52}tʰiɔr^{213}	面 miɛ^{52}	馍馍 muə^{24}muə^{0}
神木	面 miɛ^{53} 面条子 miɛ^{53}tʰiɔ^{44} tsəʔ^{0}	面 miɛ^{53}	馍馍 muo^{44}muo^{0}
绥德	条条面 tʰiɔɤ^{33}tʰiɔɤ^{0}mie^{52}	面儿 miər^{52}	馍馍 mu^{33}mu^{0}
吴堡	面 mie^{53}	面面 mie^{53}mie^{0}	馍馍 mɤu^{33}mɤu^{0}
清涧	面条子 mi^{44}tʰiɔo^{24}tsəʔ^{0}	面儿 miər^{44}	馍馍 mu^{24}mu^{0}
延安	面 miæ̃^{443} 面条儿 miæ̃^{443}tʰiɔr^{24}	面儿 miar^{443}	馍馍 muo^{24}muo^{0}
延川	面条儿 miɛ^{42}tɕʰiɔr^{35}	面儿 miɛr^{53}	馍馍 mei^{35}mei^{0}
黄陵	面 miæ̃^{55}	面 miæ̃^{55}	馍 muɤ^{55}
渭南	面 miæ̃^{44}	面儿 miæ̃r^{53}	馍 mə^{44}
韩城	面 miã^{44}	面儿 miãr^{53}	蒸馍 tʂəŋ^{31}muɤ^{0}
合阳	面 miɑ̃^{55}	面 miɑ̃^{55}	馍 mo^{55} 蒸馍 tʂəŋ^{31}mo^{31}
富平	面 miæ̃^{55}	面 miæ̃^{55}	馍 mo^{55}
耀州	面 miæ̃^{44}	面儿 miæ̃r^{52}	馍 muo^{44} 蒸馍 tʂəŋ^{52}muo^{0}
咸阳	面 miã^{44}	面儿 miɐr^{53}	蒸馍 tʂəŋ^{31}mo^{0}
旬邑	面 miã^{44} 面条儿 miã^{44}tɕʰiaur^{24}	面子 miã^{24}tsɿ^{0}	馍 mo^{24} 蒸馍 tʂəŋ^{52}mo^{21}
三原	面 miã^{44}	面儿 miɑ̃r^{52}	蒸馍 tʂəŋ^{52}mɤ^{0}

	0391 面条统称	**0392 面儿**玉米～，辣椒～	**0393 馒头**无馅的，统称
乾县	面 miæ̃^{55}	面儿 miæ̃^{53}ɐr^{21}	蒸馍 ʈɤŋ^{53}muɤ^{21}
岐山	面条 miæ̃^{44}ȶʰiɔ^{53}	面 miæ̃^{44} 面面 miæ̃^{44}miæ̃^{21}	馍馍 mo^{31}mo^{53} 蒸馍馍 tʂəŋ^{53}mo^{31}mo^{21}
凤翔	面 miæ̃^{44}	面面 miæ̃^{45}miæ̃^{0}	馍馍 mo^{31}mo^{53} 馍 mo^{44} 蒸馍 tʂəŋ^{53}mo^{0}
千阳	面 miæ̃^{44}	面面 miæ̃^{45}miæ̃^{0}	馍馍 mo^{31}mo^{0}
西安	面 miã^{44}	面儿 miɐr^{44}	馍 mo^{44}
户县	面 miã^{55}	面儿 miə^{51} 面 miã^{55}	蒸馍 tʂəŋ^{31}mɤ^{31}
商州	面 miã^{44}	面面儿 miã^{44}miãr^{0}	馍 muə^{44}
镇安	面 mian^{322}	面子 mian^{322}tsʅ^{0} 面 mian^{322}	蒸馍 tʂən^{53}muə^{0}
安康	面 mian^{44}	面儿 miar^{53}	蒸馍 tʂən^{31}muo^{44}
白河	面 mian^{41}	面儿 miɐr^{41}	实疙瘩儿 ʂʅ^{44}kE^{35}tɐr^{213}
汉阴	面 mian^{214}	面儿 miar^{214}	馍 mo^{42} 蒸馍 tʂən^{33}mo^{42}
平利	面条 mian^{24}tʰiau^{52}	面 mian^{214}	蒸馍 tʂən^{43}mo^{52}
汉中	面 mian^{213}	面面 mian^{21}mian^{0}	馍 mɤ^{42} 蒸馍 tʂən^{55}mɤ^{0}
城固	面 mian^{213}	面面 mian^{31}mian^{0}	馍 mə^{311}
勉县	面 miɑn^{213}	面面 miɑn^{21}miɑn^{35}	蒸馍 tsən^{44}mɤ^{0}
镇巴	面条 mian^{213}tʰiau^{52}	面面 mian^{21}mian^{55}	馍 mo^{31}

	0394 包子	0395 饺子	0396 馄饨
榆林	包子 pɔo^{33}tsəʔ^{0}	扁食 piɛ^{21}ʂəʔ^{0}	馄饨儿 xuɤɣ̃^{24}tuə̃r^{0}
神木	包子 pɔo^{24}tsəʔ^{0}	扁食 piɛ^{21}ʂəʔ^{4}	馄饨 xuɤ̃^{44}tuɤ̃^{53}
绥德	包子 pao^{24}tsəʔ^{0}	扁食 pie^{21}ʂɤ^{33}	馄饨儿 xuəɣ̃^{33}tuɤ̃r^{52}
吴堡	包子 po^{24}tsəʔ^{0}	扁食 pie^{24}ʂəʔ^{0}	馄饨 xuŋ^{33}tuəŋ^{53}
清涧	包儿 pɔor^{312}	扁食 pi^{53}ʂəʔ^{43}	馄饨儿 xuəɣ̃^{24}tuəɣ̃r^{0}
延安	包子 pɔ^{21}tsəʔ^{5}	扁食 piæ̃^{443}ʂʅ^{0}	馄饨 xuəŋ^{24}t^{h}uəŋ^{0}
延川	包子 pɑo^{21}tsəʔ^{53}	扁食 piɛ^{31}ʂə^{0}	馄饨 xuŋ^{35}tuŋ^{0}
黄陵	包子 pɔ^{31}tsɿ^{0}	饺子 tɕiɔ^{52}tsɿ^{0} 角儿 tɕyɤr^{31}	馄饨 xuẽ^{24}tɕ^{h}yẽ^{0}
渭南	包子 pɔo^{53}tsɿ^{0}	煮馍 tʃʒ^{53}mə^{0} 疙瘩 kɯ^{31}tɑ^{0}	馄饨 xuə̃^{24}tuə̃^{0}
韩城	包子 pɑu^{31}tsɿ^{0}	煮角子 p^{h}u^{53}tɕiɤ^{31}tsɿ^{0} 疙瘩子 kɯ^{31}tɑ^{53}tsɿ^{0} 扁食 piã^{53}ʂʅ^{0}	馄饨 xuɛ̃^{31}t^{h}ɛ̃^{53}
合阳	包子 pɔo^{31}tsɿ^{0}	疙瘩 kɯ^{31}tɑ^{31} 角角 tɕyə^{31}tɕyə^{0}	馄饨 xuẽ^{24}t^{h}uẽ^{31}
富平	包子 pɑo^{53}tsɿ^{31}	煮馍 tʃu^{53}mo^{31}	馄饨 xuɛ̃^{24}tuɛ̃^{53}
耀州	包子 pɔu^{52}tsɿ^{0}	饺子 tɕiɔu^{52}tsɿ^{0} 煮馍 tʃu^{52}muo^{0}	馄饨 xuei^{24}tuei^{0}
咸阳	包子 pɔ^{31}tsɿ^{0}	饺子 tɕiɔ^{53}tsɿ^{0}	馄饨 xuɛ̃^{24}tuɛ̃^{0}
旬邑	包子 pau^{52}tsɿ^{0}	煮角子 tʃʅ^{52}tɕyo^{21}tsɿ^{0} 饺子 tɕiau^{44}tsɿ^{0}	馄饨 xuɛ̃^{21}t^{h}uɛ̃^{0}
三原	包子 pɑɔ^{52}tsɿ^{0}	煮角儿 tʃʒ^{52}tɕyər^{0}	馄饨 xuẽ^{24}tuẽ^{0}

	0394 包子	0395 饺子	0396 馄饨
乾县	包子 pɔ^{53}tsɿ^{21}	饺子 tɕiɔ^{53}tsɿ^{21}	馄饨 xuẽ^{24}tuẽ^{21}
岐山	包子 pɔ^{53}tsɿ^{21}	饺子 tɕiɔ^{44}tsɿ^{21}	馄饨 xuŋ^{44}tuŋ^{21}
凤翔	包子 pɔ^{53}tsɿ^{0}	饺子 tɕiɔ^{44}tsɿ^{0} 煮角 tʂʅ^{44}tɕyo^{0}	馄饨 xuŋ^{24}tuŋ^{44}
千阳	包子 pɔ^{53}tsɿ^{0}	煮角 tʃʅ^{44}tɕyo^{0}	馄饨 xuŋ^{44}tuŋ^{44}
西安	包子 pau^{21}tsɿ^{0}	饺子 tɕiau^{53}tsɿ^{0}	馄饨 xuən^{24}tʰuən^{0}
户县	包子 pau^{31}tsɿ^{0}	疙瘩 kɯ^{31}ta^{31} 饺子 tɕiau^{51}tsɿ^{0}	馄饨 xuẽ^{35}tuẽ^{31}
商州	包子 pɑo^{53}tsɿ^{0}	饺子 tɕiɑo^{53}tsɿ^{0}	馄饨 xuẽ^{31}tuẽ^{0}
镇安	包子 pɔo^{53}tsɿ^{0}	饺子 tɕiɔo^{35}tsɿ^{53}	馄饨 xuən^{33}tən^{0}
安康	包子 pau^{31}tsɿ^{0}	煮角子 pfu^{44}tcyo^{31}tsɿ^{0} 元宝 yan^{35}pau^{53}	馄饨 xuən^{35}tuən^{0}
白河	包子 pɔu^{21}tsɿ^{0}	饺子 tɕiɔu^{35}tsɿ^{0}	馄饨 xuən^{44}tən^{0}
汉阴	包子 pɑo^{33}tsɿ^{0}	抄手儿 tsʰɑo^{33}ʂar^{0}	馄饨 χuən^{42}tuən^{0}
平利	包子 pau^{43}tsɿ^{0}	饺子 tɕiau^{45}tsɿ^{0}	馄饨 xuən^{52}tən^{0}
汉中	包子 pɑo^{55}tsɿ^{0}	饺子 tɕiɑo^{35}tsɿ^{0}	馄饨 xuən^{42}tʰuən^{55} 煮角 tsu^{35}tɕyɤ^{0}
城固	包子 pɔ^{53}ə^{0}	饺子 tɕiɔ^{24}ə^{0}	馄饨 xuən^{31}tʰəŋ^{53}
勉县	包子 pɑɔ^{44}tsɿ^{0}	饺子 tɕiɑɔ^{35}tsɿ^{0}	馄饨 xoŋ^{21}tʰən^{42}
镇巴	包子 pau^{35}tsɿ^{52}	饺子 tɕiau^{45}tsɿ^{52}	包面 pau^{35}mian^{213}

	0397 馅儿	0398 油条长条形的，旧称	0399 豆浆
榆林	馅馅 xɛ^{52}xɛ^{0} 馅子 xɛ^{52}tsəʔ^{0}	油条 iəu^{24}tʰiɔo^{213}	豆浆 təu^{52}tɕiã^{33}
神木	馅馅 xɛ^{53}xɛ^{0} 馅子 xɛ^{53}tsəʔ^{0}	油条 iəu^{44}tʰiɔo^{44}	豆糊糊 təu^{53}xu^{44}xu^{0} 豆浆 təu^{53}tɕiã^{0}
绥德	馅馅 xæ^{52}xæ^{0} 馅子 xæ^{52}tsəʔ^{0}	油条 iəu^{33}tʰiɔɤ^{0}	豆浆 təu^{52}tɕiã^{213}
吴堡	馅子 xã^{53}tsəʔ^{0}	油条 iɑo^{33}tʰiɤ^{33}	豆浆 tɑo^{53}tɕiɤu^{213}
清涧	馅馅儿 xɛ^{42}xɛr^{0}	油条 iəu^{24}tʰiɔo^{0}	豆浆 təu^{42}tɕiɒ̃^{0}
延安	馅子 xæ̃^{443}tsəʔ^{0}	油条 iou^{24}tʰiɔ^{24}	豆奶奶 tou^{443}nai^{52}nai^{0} 豆浆 tʰou^{443}tɕiaŋ^{213}
延川	馅子 xæ̃^{53}tsəʔ^{213}	油条 iəu^{35}tɕʰiɑo^{0}	豆浆 təu^{53}tɕiɑŋ^{0}
黄陵	馅子 xæ̃^{55}tsɿ^{0} 馅儿 ɕiæ̃r^{55}	油条 iəu^{24}tɕʰiɔ^{24}	豆浆 tʰəu^{55}tɕiɑŋ^{31}
渭南	馅儿 ɕyæ̃r^{53} 菜 tsʰae^{44}	油条 iəu^{24}tɕʰiɔo^{24}	豆浆 təu^{44}tɕiɑŋ^{0}
韩城	馅子 xɑŋ^{44}tsɿ^{0}	油条 iəu^{24}tʰiɑu^{24}	豆浆 təu^{44}tɕiɑŋ^{31}
合阳	馅子 xɑŋ^{55}tsɿ^{0}/ɕyã^{55}tsɿ^{0}	油条 iou^{24}tʰiɔo^{24}	豆浆 tʰou^{55}tsiɑŋ^{31} 豆汁 tʰou^{55}tʂʅ^{0}
富平	馅子 ɕyæ̃^{55}tsɿ^{31}	油条 iou^{24}tʰiɑo^{24}	豆浆 tou^{55}tiɑɣ̃^{31}
耀州	馅子 ɕyæ̃^{44}tsɿ^{0}	油条 iou^{24}tɕʰiɔu^{24}	豆浆 tou^{44}tɕiɑŋ^{21}
咸阳	馅儿 ɕyɐr^{53}	油条 iou^{24}tʰiɔ^{24}	豆浆 tou^{44}tɕiɑŋ^{31}
旬邑	瓤子 ʐɑŋ^{24}tsɿ^{0} 馅子 ɕyã^{24}tsɿ^{0}	油条 iəu^{24}tɕʰiau^{24}	豆浆 təu^{24}tɕiɑŋ^{21}
三原	馅子 ɕyã^{44}tsɿ^{0}	油条 iou^{24}tɕʰiɑɔ^{24}	豆浆 tou^{44}tɕiɑŋ^{31}

	0397 馅儿	0398 油条长条形的，旧称	0399 豆浆
乾县	馅子 çyæ̃^{55}tsɿ^{21}	油条 iou^{24}t^{h}iɔ^{24}	豆浆 tou^{55}tçiaŋ^{21}
岐山	馅儿 çyæ̃^{44}ər^{21} 馅馅 çyæ̃^{44}çyæ̃^{53}	油条 iou^{24}ȶiɔ^{24}	豆浆 tou^{44}ȶiɑŋ^{44}
凤翔	馅子 çyæ̃^{45}tsɿ^{0}	油条 iəu^{24}ts^{h}iɔ^{24}	豆浆 təu^{45}tsiɑŋ^{0}
千阳	馅子 çyæ̃^{45}tsɿ^{0}	油条 iou^{24}ts^{h}iɔ^{24}	豆浆 tou^{45}tsiɑŋ^{0}
西安	馅儿 çyɐr^{53}	油条 iou^{24}t^{h}iau^{24}	豆浆 tou^{44}tçiaŋ^{0}
户县	馅子 çyã^{55}tsɿ^{0}	油条 iɤu^{35}t^{h}iau^{35}	豆浆 tɤu^{55}tçiaŋ^{31}
商州	馅子 çyã^{44}tsɿ^{0}	油条 iou^{35}t^{h}iɑo^{35}	豆浆 tou^{44}tçiɑŋ^{31}
镇安	馅子 ʂuan^{322}tsɿ^{0}	油条 iəu^{33}t^{h}iɔo^{33}	豆浆 təu^{322}tçiʌŋ^{53}
安康	馅子 çyan^{44}tsɿ^{0}	油馃儿 iou^{35}kuər^{53} 金条 tçin^{31}t^{h}iau^{35}	豆浆 tou^{44}tçiaŋ^{31}
白河	馅子 çyan^{42}tsɿ^{0}	油馃儿 iəu^{44}kuər^{35}	豆浆 təu^{42}tçiaŋ^{213}
汉阴	瓤瓤儿 ʐɑŋ^{42}ʐar^{0} 馅儿 çiar^{214}	油条 iəu^{42}t^{h}iɑo^{42}	豆浆 təu^{24}tçiɑŋ^{33}
平利	馅子 ʂɥan^{24}tsɿ^{0}	油条 iou^{52}t^{h}iau^{52} 泡馃子 p^{h}au^{24}ko^{45}tsɿ^{0}	豆浆 tou^{24}tçiaŋ^{43}
汉中	馅子 çyan^{21}tsɿ^{0}	油条 iəu^{42}t^{h}iɑo^{42} 油馃子 iəu^{42}kuɤ^{35}tsɿ^{0}	豆浆 təu^{21}tçiɑŋ^{0}
城固	馅 çyan^{213}	油条 iəu^{31}t^{h}iɔ^{311}	豆浆 təu^{31}tsiaŋ^{0}
勉县	馅子 çyɑn^{21}tsɿ^{35}	油条 iəu^{21}t^{h}iɑɔ^{21}	豆浆 təu^{21}tçiɑŋ^{35}
镇巴	馅子 çyan^{21}tsɿ^{52}	油条 iəu^{33}t^{h}iau^{31}	豆浆 təu^{21}tçiaŋ^{55}

	0400 豆腐脑	0401 元宵食品	0402 粽子
榆林	豆腐脑 təu^{52}fu^{0}nɔo^{213}	元宵 yɛ^{24}ɕiɔo^{0}	粽子 tsuɤɣ̃^{52}tsəʔ^{0}
神木	豆腐脑儿 təu^{53}fu^{0}nʌɯ^{0}	元宵 yɛ^{44}ɕiɔo^{0}	粽子 tɕyɤ̃^{53}tsəʔ^{0}
绥德	豆腐脑儿 təu^{52}fu^{0}naor^{213}	元宵 ye^{33}ɕiɔɤ^{0}	粽子 tsuəɣ̃^{52}tsəʔ^{0}
吴堡	豆腐脑儿 tɑo^{53}fu^{0}nor^{412}	汤圆 tʰɤu^{21}ye^{33}	粽子 tɕyəŋ^{53}tsəʔ^{0}
清涧	豆腐脑儿 təu^{42}fʋ^{0}nɔor^{53}	汤圆儿 tʰɒ̃^{31}yər^{42}	粽子 tsuəɣ̃^{44}tsəʔ^{0}
延安	豆腐脑儿 tou^{443}fu^{0}nɔr^{53}	元宵 yæ̃^{24}ɕiɔ^{213} 汤圆儿 tʰaŋ^{21}yar^{24}	粽子 tsuəŋ^{443}tsəʔ^{0}
延川	豆腐脑儿 təu^{53}fu^{21}nɔr^{0}	元宵 yɛ^{35}ɕiɑo^{0}	粽子 tsuŋ^{53}tsəʔ^{213}
黄陵	豆腐脑儿 tʰəu^{55}fu^{0}nɔr^{52}	元宵 yæ̃^{24}ɕiɔ^{31}	粽子 tsuŋ^{55}tsɿ^{0}
渭南	豆腐脑儿 təu^{44}fu^{0}nɔor^{24}	元宵 yæ̃^{24}ɕiɔo^{31}	粽子 tʃəŋ^{53}tsɿ^{0}
韩城	豆腐脑 tʰəu^{44}fu^{0}nɑu^{53}	元宵 yɑ̃^{31}ɕiɑu^{53}	粽子 tsəŋ^{44}tsɿ^{0}
合阳	豆腐脑 tʰou^{55}fu^{31}nɔo^{52}	元宵 yɑ̃^{24}siɔo^{31} 汤圆 tʰɑŋ^{31}yɑ̃^{24}	粽子 tɕyŋ^{55}tsɿ^{0}
富平	豆腐脑儿 tou^{55}fʋ^{31}nɑor^{24}	汤圆儿 tʰɑɣ̃^{31}yær^{24}	粽子 tsuəɣ̃^{53}tsɿ^{31}
耀州	豆腐脑儿 tou^{44}fu^{0}nɔur^{24}	元宵 yæ̃^{24}ɕiɔu^{0} 汤圆儿 tʰɑŋ^{21}yær^{24}	粽子 tʃuŋ^{52}tsɿ^{0}
咸阳	豆腐脑儿 tou^{44}fu^{0}lɔr^{53}	元宵 yɑ̃^{24}ɕiɔ^{31}	粽子 tsuəŋ^{53}tsɿ^{0}
旬邑	豆花儿 təu^{24}xuar^{0} 豆腐脑儿 təu^{24}fu^{0}laur^{52}	元宵 yɑ̃^{24}ɕiau^{0}	粽子 tsuəŋ^{24}tsɿ^{0}
三原	豆腐脑儿 tou^{44}fu^{0}nɑɔr^{24}	元宵 yɑ̃^{24}ɕiɑɔ^{31}	粽子 tsuəŋ^{52}tsɿ^{0}

	0400 豆腐脑	0401 元宵食品	0402 粽子
乾县	豆腐脑儿 tou^{55}fu^{21}nɔr^{53}	元宵 yæ̃^{24}ɕiɔ^{21} 汤圆儿 tʰaŋ^{21}yæ̃^{24}ɐr^{21}	粽子 tsoŋ^{55}tsɿ^{21}
岐山	豆腐脑 tou^{44}fu^{44}lɔ^{53}	元宵 iæ̃^{24}siɔ^{44}/yæ̃^{24}siɔ^{44}	粽子 tsuŋ^{44}tsɿ^{53}
凤翔	豆花 təu^{45}xua^{0} 豆腐脑儿 təu^{45}fu^{0}lɔr^{53}	元宵 yæ̃^{31}siɔ^{53}	粽子 tsuŋ^{44}tsɿ^{0}
千阳	豆花 tou^{45}xua^{0} 豆花脑 tou^{45}xua^{0}lɔ^{53}	元宵 yæ̃^{31}siɔ^{0}	粽子 tsuŋ^{45}tsɿ^{0}
西安	豆腐脑儿 tou^{44}fu^{0}nɐr^{53}	元宵 yã^{24}ɕiau^{0}	粽子 tsoŋ^{53}tsɿ^{0}
户县	豆腐脑儿 tɤu^{55}fu^{31}nə^{51}	元宵 yã^{35}ɕiau^{31}	粽子 tsuəŋ^{51}tsɿ^{0}
商州	豆腐脑儿 tou^{44}fu^{0}nɑor^{53}	元宵 yã^{31}ɕiɑo^{53}	粽子 tʃuəŋ^{53}tsɿ^{0}
镇安	豆腐脑 təu^{322}fu^{0}nɔo^{35}	元宵 ʐuan^{33}ɕiɔo^{0}	粽子 tsuoŋ^{35}tsɿ^{53}
安康	豆腐脑儿 tou^{44}fu^{31}laur^{53}	汤圆儿 tʰaŋ^{31}yar^{35}	粽子 tsuŋ^{44}tsɿ^{0}
白河	豆腐脑儿 təu^{42}fu^{0}lɐr^{35}	汤圆儿 tʰaŋ^{21}yɐr^{0}	粽子 tsəŋ^{42}tsɿ^{0}
汉阴	豆腐脑儿 təu^{21}χu^{0}lar^{45}	汤圆儿 tʰɑŋ^{33}yar^{42} 元宵 yan^{42}ɕiɑo^{0}	粽子 tsoŋ^{21}tsɿ^{0}
平利	豆腐脑儿 tou^{24}fu^{0}laur^{445}	汤圆 tʰaŋ^{43}ɥan^{52}	粽子 tsoŋ^{24}tsɿ^{0}
汉中	豆腐脑 təu^{21}fu^{0}lɑo^{0}	元宵 yan^{42}ɕiɑo^{0}	粽子 tsoŋ^{21}tsɿ^{0}
城固	豆腐脑儿 təu^{31}fu^{0}lɔr^{0}	元宵 ian^{31}siɔ^{0}	粽 tʃuŋ^{213}
勉县	豆腐脑 təu^{21}fu^{0}lɑɔ^{35}	元宵 yɑn^{21}ɕiɑɔ^{0}	粽子 tsoŋ^{21}tsɿ^{35}
镇巴	豆腐脑 təu^{213}fu^{45}lau^{52}	汤圆儿 tʰaŋ^{35}yɐr^{52}	粽子 tsoŋ^{33}tsɿ^{31}

	0403 **年糕**用黏性大的米或米粉做的	0404 **点心**统称	0405 **菜**吃饭时吃的，统称
榆林	糕 kɔo^{33}	点心 tiɛ^{21}ɕiɤ̃^{33}	菜 tsʰɛe^{52}
神木	糕 kɔo^{213}	点心 tiɛ^{21}ɕiɤ̃^{24}	菜 tsʰEe^{53}
绥德	糕 kao^{213}	点心 tie^{21}ɕiəɣ̃^{213}	菜 tsʰai^{52}
吴堡	油糕 iɑo^{33}ko^{213}	点心 tie^{41}ɕiəŋ^{213}	菜 tsʰɑe^{53}
清涧	油糕 iəu^{24}kɔo^{312}	雪花 ɕy^{53}xuɑ^{312}	菜 tsʰai^{42}
延安	糕 kɔ^{213}	点心 tiæ̃^{52}ɕiəŋ^{0}	菜 tsʰai^{443}
延川	油糕 iəu^{35}kɑo^{0}	点心 tiɛ^{53}ɕiŋ^{0}	菜 tsʰai^{53}
黄陵	油糕 iəu^{24}kɔ^{0}	点心 tɕiæ̃^{52}ɕiẽ^{0}	菜 tsʰE^{55}
渭南	年糕 n̠iæ̃^{24}kɔo^{31}	点心 tɕiæ̃^{53}ɕi^{0}	菜 tsʰae^{44}
韩城	年糕 n̠iã^{24}kɑu^{31}	点心 tiã^{53}ɕiɛ̃^{31}	菜 tsʰæe^{44}
合阳	（无）	果子 kuo^{52}tsɿ^{0} 糕点 kɔo^{34}tiã^{51}	菜 tsʰæe^{55}
富平	（无）	点心 tiæ̃^{53}siɛ̃^{31}	菜 tsʰɛe^{55}
耀州	（无）	点心 tiæ̃^{52}ɕiei^{0}	菜 tsʰæi^{44}
咸阳	（无）	点心 tiã^{53}ɕiɛ̃^{0}	菜 tsʰæ^{44}
旬邑	（无）	点心 tiã^{44}siɛ̃^{0}	菜 tsʰɛi^{44}
三原	年糕 n̠iã^{24}kɑɔ^{31}	果碟儿 kuə^{52}tɕʰiɛr^{0}	菜 tsʰai^{44}

	0403 **年糕**用黏性大的米或米粉做的	0404 **点心**统称	0405 **菜**吃饭时吃的，统称
乾县	年糕 ȵiæ̃^{24}kɔ^{21}	点心 tiæ̃^{53}ɕiẽ^{21}	菜 ts^{h}ɛ^{55}
岐山	年糕 ȵiæ̃^{24}kɔ^{53}	点心 ȶiæ̃^{44}siŋ^{21}	菜 ts^{h}E^{44}
凤翔	年糕 ȵiæ̃^{31}kɔ^{53}	点心 tsiæ̃^{44}siŋ^{0}	菜 ts^{h}E^{44}
千阳	（无）	点心 tiæ̃^{44}siŋ^{0}	菜 ts^{h}E^{44}
西安	年糕 ȵiã^{24}kau^{21}	点心 tiã^{53}ɕin^{0}	菜 ts^{h}ai^{44}
户县	（无）	点心 tiã^{51}ɕiẽ^{31} 果子 kuɤ^{51}tsɿ^{0}	菜 ts^{h}æ^{55}
商州	年糕 ȵiã^{31}kɑo^{53}	点心 tiã^{53}ɕiẽ^{0}	菜 ts^{h}ai^{44}
镇安	年糕 ȵian^{21}kɔo^{53}	点心 tian^{35}ɕin^{53}	菜 ts^{h}ai^{214}
安康	（无）	果子 kuo^{53}tsɿ^{0}	菜 ts^{h}æ^{44}
白河	（无）	糕点 kɔu^{21}tian^{35}	菜 ts^{h}ai^{41}
汉阴	（无）	点心 tian^{45}ɕin^{33}	菜 ts^{h}ae^{214}
平利	年糕 ȵian^{52}kau^{43}	点心 tian^{45}ɕin^{0} 糕点 kau^{43}tian^{445}	菜 ts^{h}ai^{214}
汉中	（无）	糕点 kɑo^{55}tian^{354}	菜 ts^{h}ai^{213}
城固	糍粑 ts^{h}ɿ^{31}pa^{24}	点心 tian^{24}sin^{0}	菜 ts^{h}ai^{213}
勉县	糍粑 ts^{h}ɿ^{21}pɑ^{0}	点心 tiɑn^{35}ɕin^{0}	菜 ts^{h}ɑi^{213}
镇巴	年糕 ȵian^{31}kau^{55}	点心 tian^{45}ɕin^{55}	菜 ts^{h}ai^{213}

	0406 干菜统称	0407 豆腐	0408 猪血当菜的
榆林	干菜 kɛ^{33}tsʰɛe^{52}	豆腐 təu^{52}fu^{0}	猪血 tʂu^{33}ɕiʌʔ^{3}
神木	干咸菜 kɛ^{24}xɛ^{44}tsʰᴇe^{53}	豆腐 təu^{53}fu^{0}	猪血 tʂu^{24}ɕyəʔ^{4}
绥德	咸菜 xæ^{33}tsʰai^{52}	豆腐 təu^{52}fu^{0}	猪血 tʂʮ^{21}ɕie^{33}
吴堡	菜 tsʰɑe^{53}	豆腐 tɑo^{53}fu^{0}	猪血 tsu^{21}ɕyəʔ^{3}
清涧	干菜 ki^{31}tsʰai^{42}	豆腐 təu^{42}fʊ^{0}	猪血 tʂʮ^{24}ɕi^{53}
延安	干菜 kæ̃^{21}tsʰai^{443}	豆腐 tʰou^{443}fu^{0}	猪血 tʂu^{24}ɕiɛ^{213}
延川	干菜 kiɛ^{21}tsʰai^{53}	豆腐 təu^{53}fu^{0}	猪血 tʂʮ^{35}ɕiɛ^{0}
黄陵	干菜 kæ̃^{31}tsʰᴇ^{55}	豆腐 tʰəu^{55}fu^{0}	猪血 tsʮ^{24}ɕiɛ^{31}
渭南	干菜 kæ̃^{31}tsʰae^{44}	豆腐 təu^{44}fu^{0}	血板 ɕiɛ^{31}pæ̃^{0}
韩城	干菜 kɑ̃^{31}tsʰæe^{44}	豆腐 tʰəu^{44}fu^{0}	猪血 pfu^{24}ɕiᴇ^{31}
合阳	干菜 kɑ̃^{31}tsʰæe^{55}	豆腐 tʰou^{55}fu^{0}	猪血 pfu^{24}ɕiɛ^{31}
富平	干菜 kæ̃^{31}tsʰɛe^{55}	豆腐 tou^{55}fʊ^{31}	猪血 tʃu^{24}ɕiɛ^{31}
耀州	干菜 kæ̃^{52}tsʰæi^{0}	豆腐 tou^{44}fu^{0}	猪血 tʃu^{24}ɕiɛ^{21}
咸阳	干菜 kɑ̃^{31}tsʰæ^{0}	豆腐 tou^{44}fu^{0}	猪血 tʃu^{24}ɕiɛ^{31}
旬邑	干菜 kɑ̃^{21}tsʰɛi^{44}	豆腐 təu^{24}fu^{0}	猪血 tʃʅ^{24}ɕiɛ^{21}
三原	干菜 kɑ̃^{31}tsʰai^{44}	豆腐 tou^{44}fu^{0}	猪血 tʃʒ^{24}ɕiɛ^{31}

	0406 干菜统称	0407 豆腐	0408 猪血当菜的
乾县	干菜 kæ̃^{21}ts^{h}ɛ^{21}	豆腐 tou^{55}fu^{21}	猪血 tʃu^{24}ɕiə^{21}
岐山	干菜 kæ̃^{53}ts^{h}E^{21}	豆腐 tou^{44}fu^{53}	血板板 ɕiɛ^{31}pæ̃^{31}pæ̃^{21}
凤翔	（无）	豆腐 təu^{45}fu^{0}	猪血 tʂʅ^{24}ɕie^{31}
千阳	干菜 kæ̃^{53}ts^{h}E^{0}	豆腐 tou^{45}fu^{0}	猪血 tʃʅ^{24}ɕie^{31}
西安	干菜 kã^{21}ts^{h}ai^{44}	豆腐 tou^{44}fu^{0}	猪血 pfu^{24}ɕiɛ^{21}
户县	干菜 kã^{31}ts^{h}æ^{55}	豆腐 tɤu^{55}fu^{31}	猪血 tsu^{35}ɕiɛ^{31}
商州	干菜 kã^{31}ts^{h}ai^{44}	豆腐 tou^{44}fu^{0}	猪血 tʃu^{35}ɕiɛ^{31}
镇安	干菜 kan^{53}ts^{h}ai^{0}	豆腐 təu^{322}fu^{0}	猪血 tʂʮ^{21}ɕiɛ^{53}
安康	干菜 kan^{31}ts^{h}æ^{44}	豆腐 tou^{44}fu^{0}	猪血 pfu^{35}ɕie^{31}
白河	干菜 kan^{21}ts^{h}ai^{41}	豆腐 təu^{42}fu^{0}	猪血 tʂu^{35}ɕiE^{213}
汉阴	干菜 kan^{33}ts^{h}ae^{214}	豆腐 təu^{21}xu^{0}	猪血 tsʮ^{33}ɕiE^{42}
平利	干菜 kan^{43}ts^{h}ai^{0}	豆腐 tou^{24}fu^{445}	猪血 tʂʮ^{43}ɕiE^{43}
汉中	干菜 kan^{55}ts^{h}ai^{0}	豆腐 təu^{21}fu^{0}	猪血 tsu^{55}ɕiE^{55}
城固	干菜 kan^{44}ts^{h}ai^{0}	豆腐 təu^{31}fu^{0}	猪血 tʃu^{53}ɕiɛ^{53}
勉县	干菜 kɑn^{44}ts^{h}ɑi^{0}	豆腐 təu^{21}fu^{35}	血 ɕiɛ^{42}
镇巴	干菜 kan^{35}ts^{h}ai^{213}	豆腐 təu^{21}fu^{52}	猪血 tsu^{35}ɕyɛ^{52}

	0409 **猪蹄**当菜的	0410 **猪舌头**当菜的，注意婉称	0411 **猪肝**当菜的，注意婉称
榆林	猪蹄蹄 tʂu^{33}tʰi^{24}tʰi^{0}	猪舌头 tʂu^{33}ʂə^{24}tʰəu^{0}	猪肝子 tʂu^{33}kɛ^{33}tsəʔ^{0}
神木	猪蹄子 tʂu^{24}tʰi^{44}tsəʔ^{0} 猪蹄蹄 tʂu^{24}tʰi^{44}tʰi^{0}	猪舌头 tʂu^{24}ʂʅə^{44}tʰəu^{0} 口条 kʰəu^{21}tʰiɔo^{44}	猪肝子 tʂu^{24}kɛ^{24}tsəʔ^{0}
绥德	猪蹄儿 tʂʯ^{21}tʰiər^{33} 猪蹄蹄 tʂʯ^{21}tʰi^{33}tʰi^{0}	猪舌头 tʂʯ^{21}ʂɤ^{33}tʰəu^{0}	猪肝子 tʂʯ^{24}kæ^{24}tsəʔ^{0}
吴堡	猪蹄子 tsu^{21}tɕʰi^{33}tsəʔ^{0}	猪舌头 tsu^{24}ʂəʔ^{21}tʰɑo^{33}	猪肝子 tsu^{21}kie^{24}tsəʔ^{0}
清涧	猪蹄子 tʂʯ^{31}tsʰɿ^{24}tsəʔ^{0}	猪舌头 tʂʯ^{31}ʂɤ^{24}tʰəu^{0}	猪肝子 tʂʯ^{24}ki^{31}tsəʔ^{0}
延安	猪蹄儿 tʂu^{21}tʰiər^{24} 猪蹄子 tʂu^{21}tʰi^{24}tsəʔ^{0}	猪舌头 tʂu^{21}ʂə^{24}tʰou^{0} 口条 kʰou^{52}tʰiɔ^{24}	猪肝子 tʂu^{24}kæ̃^{21}tsəʔ^{5}
延川	猪蹄儿 tʂʯ^{21}tʰiər^{35}	猪舌头 tʂʯ^{21}ʂə^{35}tʰəu^{0}	猪肝子 tʂʯ^{24}kiɛ^{21}tsəʔ^{53}
黄陵	猪蹄儿 tsʮ^{31}tɕʰiər^{24}	猪舌头 tsʮ^{31}ʂɤ^{24}tʰəu^{0} 口条 kʰəu^{52}tɕʰiɔ^{24}	肝子 kæ̃^{31}tsɿ^{0}
渭南	猪蹄儿 tʃʒ^{31}tɕʰiər^{24}	口条 kʰəu^{53}tɕʰiɔo^{0}	肝子 kæ̃^{53}tsɿ^{0}
韩城	猪蹄儿 pfu^{31}tʰiər^{24}	猪舌头 pfu^{31}ʂʅE^{31}tʰəu^{53} 口条 kʰəu^{53}tʰiɑu^{24}	猪肝 pfu^{24}kã^{31}
合阳	猪蹄 pfu^{31}tʰi^{24} 猪蹄蹄 pfu^{31}tʰi^{24}tʰi^{31}	猪舌头 pfu^{31}ʂɤ^{24}tʰou^{0} 口条 kʰou^{52}tʰiɔo^{24}	猪肝子 pfu^{24}kɑ̃^{31}tsɿ^{0}
富平	猪蹄儿 tʃu^{31}tʰir^{24}	口条 kʰou^{53}tʰiɑo^{24}	猪肝子 tʃu^{31}kæ̃^{53}tsɿ^{31}
耀州	猪蹄儿 tʃu^{21}tɕʰiər^{24} 猪脚 tʃu^{24}tɕyo^{21}	猪舌头 tʃu^{21}ʂɤ^{24}tʰou^{0} 口条 kʰou^{52}tɕʰiɔu^{24}	猪肝 tʃu^{24}kæ̃^{21}
咸阳	猪蹄子 tʃu^{31}tʰi^{24}tsɿ^{0}	猪口条 tʃu^{31}kʰou^{53}tʰiɔ^{0}	猪肝子 tʃu^{24}kã^{31}tsɿ^{0}
旬邑	猪蹄儿 tʃʅ^{21}tɕʰiər^{24} 猪爪子 tʃʅ^{21}tsau^{52}tsɿ^{0}	猪舌头 tʃʅ^{21}ʂɤ^{21}tʰəu^{52} 口条 kʰəu^{44}tɕʰiau^{0}	猪肝子 tʃʅ^{21}kã^{52}tsɿ^{0}
三原	猪蹄儿 tʃʒ^{31}tɕʰiər^{24}	口条儿 kʰou^{52}tɕʰiɑɔr^{24}	猪肝子 tʃʒ^{24}kã^{52}tsɿ^{0}

	0409 **猪蹄**当菜的	0410 **猪舌头**当菜的，注意婉称	0411 **猪肝**当菜的，注意婉称
乾县	猪蹄儿 tʃu^{21}tʰi^{24}ɐr^{21}	口条 kʰou^{53}tʰiɔ^{24}	猪肝 tʃu^{24}kæ̃^{21}
岐山	猪蹄 tʂʅ^{31}ȶʰi^{24}	口条 kʰou^{53}ȶʰiɔ^{24}	肝子 kæ̃^{53}tsɿ^{21}
凤翔	猪蹄儿 tʂʅ^{31}tsʰir^{24}	口条儿 kʰəu^{53}tsʰiɔr^{24}	猪肝子 tʂʅ^{31}kæ̃^{53}tsɿ^{0}
千阳	猪蹄 tʃʅ^{31}tsʰi^{24}	猪舌头 tʃʅ^{31}ʂə^{31}tʰou^{0}	猪肝子 tʃʅ^{31}kæ̃^{53}tsɿ^{0}
西安	猪蹄儿 pfu^{21}tʰiər^{24}	猪舌头 pfu^{21}ʂɤ^{24}tʰou^{0}	猪肝儿 pfu^{21}kɐr^{21}
户县	猪蹄子 tsu^{31}tʰiː^{35}tsɿ^{0}	猪舌头 tsu^{31}ʂʅɛ^{35}tʰɤu^{31} 口条 kʰɤu^{51}tʰiau^{35}	猪肝子 tsu^{35}kã^{31}tsɿ^{0}
商州	猪蹄儿 tʃu^{31}tʰiər^{35}	口条 kʰou^{53}tʰiɑo^{31}	肝子 kã^{53}tsɿ^{0}
镇安	猪脚 tʂʮ^{21}tɕiə^{53}	猪舌条 tʂʮ^{21}ʂɛ^{322}tʰiɔo^{0}	猪肝子 tʂʮ^{21}kan^{53}tsɿ^{0}
安康	猪蹄子 pfu^{31}tʰiː^{35}tsɿ^{0}	猪舌头 pfu^{31}ʂei^{35}tʰou^{0}	猪肝儿 pfu^{35}kar^{31}
白河	猪蹄子 tʂu^{21}tʰiː^{44}tsɿ^{0}	猪赚头儿 tʂu^{21}tʂuan^{42}tʰər^{0}	猪肝儿 tʂu^{35}kɐr^{213}
汉阴	猪蹄子 tsʮ^{33}tʰi^{42}tsɿ^{0}	猪舌头 tsʮ^{33}ʂe^{42}tʰəu^{0}	猪肝子 tsʮ^{33}kan^{33}tsɿ^{0} 猪肝儿 tsʮ^{33}kar^{33}
平利	猪蹄子 tʂʮ^{43}tʰiː^{52}tsɿ^{0} 猪蹄儿 tʂʮ^{43}tʰiər^{52}	猪赚头儿 tʂʮ^{43}tʂʮan^{24}tʰour^{0}	猪肝儿 tʂʮ^{43}kar^{43}
汉中	蹄子 tʰi^{42}tsɿ^{0}	猪口条 tsu^{55}kʰəu^{35}tʰiɑo^{0}	肝子 kan^{55}tsɿ^{0}
城固	蹄蹄 tʰi^{31}tʰi^{24}	口条 kʰəu^{24}tʰiɔ^{0}	猪肝 tʃu^{53}kan^{53}
勉县	猪腿腿 tsu^{44}tʰuei^{35}tʰuei^{0}	口条 kʰəu^{35}tʰiɑɔ^{0}	肝子 kɑn^{44}tsɿ^{0}
镇巴	猪爪爪 tsu^{35}tsua^{45}tsua^{52}	猪舌头儿 tsu^{35}sɛ^{52}tʰɐr^{31}	肝子 kan^{35}tsɿ^{52}

	0412 下水猪牛羊的内脏	0413 鸡蛋	0414 松花蛋
榆林	下水 ɕia^{52}ʂuei^{0}	鸡蛋 tɕi^{33}tɛ^{52}	变蛋 piɛ^{52}tɛ^{52}
神木	下水 ɕia^{53}ʂuei^{0} 杂碎 tsa^{44}suei^{53}	鸡儿蛋 tɕiʌɯ^{24}tɛ^{53}	松花蛋 suɤ̃^{24}xua^{0}tɛ^{53}
绥德	下水 ɕiɑ^{52}ʂuei^{0}	鸡蛋 tɕi^{21}tæ^{52}	变蛋 pie^{52}tæ^{52}
吴堡	下水 ɕiɑ^{53}suɛe^{0}	鸡蛋 tɕi^{21}tã^{53}	（无）
清涧	下水 ɕiɑ^{42}ʂuei^{0} 杂碎 tsɑ^{24}suai^{0}	鸡蛋 tsɿ^{31}tʰɛ^{42}	（无）
延安	下水 ɕia^{443}ʂuei^{0}	鸡蛋 tɕi^{21}tʰæ̃^{443}	松花蛋 suəŋ^{24}xua^{21}tʰæ̃^{443}
延川	下水 ɕia^{53}ʂʮ^{0}	鸡蛋 tsɿ^{21}tʰæ̃^{53}	松花蛋 suŋ^{35}xua^{21}tʰæ̃^{0}
黄陵	里物 li^{52}uɤ^{31}	鸡蛋 tɕi^{31}tʰæ̃^{0}	变蛋 piæ̃^{55}tæ̃^{55}
渭南	下水 ɕiɑ^{44}ʂuei^{0}	鸡蛋 tɕi^{53}tʰæ̃^{0}	变蛋 piæ̃^{44}tæ̃^{44}
韩城	下水 ɕiɑ^{44}fu^{0}	鸡蛋 tɕi^{31}tʰã^{0}	变蛋 piã^{44}tʰã^{44}
合阳	下水 ɕiɑ^{55}fei^{0}	鸡蛋 tɕi^{31}tʰɑ̃^{0}	变蛋 piɑ̃^{55}tʰɑ̃^{55} 皮蛋 pʰi^{24}tʰɑ̃^{55}
富平	下水 ɕiɑ^{55}ʃueɪ^{31}	鸡蛋 tɕi^{53}tæ̃^{31}	变蛋 piæ̃^{53}tæ̃^{55}
耀州	下水 ɕia^{44}ʃuei^{0} 杂个儿 tsa^{24}kɤr^{52}	鸡蛋 tɕi^{21}tæ̃^{44}	变蛋 piæ̃^{44}tæ̃^{44}
咸阳	下水 ɕiɑ^{44}ʃuei^{0}	鸡蛋 tɕi^{31}tã^{44}	变蛋 piã^{44}tã^{44}
旬邑	里物 li^{52}uo^{21} 下水 ɕia^{24}ʃei^{0}	鸡蛋 tɕi^{52}tʰã^{0}	变蛋 piã^{44}tʰã^{44}
三原	下水 ɕiɑ^{44}ʃuei^{0}	鸡蛋 tɕi^{31}tã^{44}	变蛋 piã^{44}tã^{44}

	0412 下水猪牛羊的内脏	0413 鸡蛋	0414 松花蛋
乾县	下水 ɕia^{55}ʃue^{21}	鸡蛋 tɕi^{53}tæ̃^{21}	松花蛋 soŋ^{21}xua^{21}tæ̃^{55} 皮蛋 p^{h}i^{24}tæ̃^{21}
岐山	下水 ɕiA^{44}ʂei^{21} 杂碎 tsA^{31}suei^{53}	鸡蛋 tɕi^{53}t^{h}æ̃^{21}	变蛋 piæ̃^{44}tæ̃^{44}
凤翔	下水 ɕia^{45}ʂei^{0}	鸡蛋 tɕi^{53}tæ̃^{0}	变蛋 piæ̃^{53}tæ̃^{44}
千阳	下水 ɕia^{45}ʃei^{0}	鸡蛋 tɕi^{53}t^{h}æ̃^{0}	变蛋 piæ̃^{44}tæ̃^{44}
西安	下水 ɕia^{44}fei^{0}	鸡蛋 tɕi^{21}tã^{44}	变蛋 piã^{44}tã^{44}
户县	下水 ɕia^{55}suei^{31} 下分 ɕia^{55}fẽ^{31}	鸡蛋 tɕi^{31}tã^{31}	变蛋 piã^{55}tã^{55}
商州	下水 ɕiɑ^{44}ʃuei^{0}	鸡蛋 tɕi^{53}tã^{0}	变蛋 piã^{44}tã^{44}
镇安	杂碎 tsa^{33}sEi^{214}	鸡蛋 tɕi^{21}tan^{322}	变蛋 pian^{35}tan^{322}
安康	下水 ɕia^{44}fei^{53}	鸡蛋 tɕi^{31}tan^{44}	变蛋 pian^{44}tan^{44}
白河	杂碎 tsa^{44}sei^{0}	鸡蛋 tɕi^{21}tan^{41}	变蛋 pian^{42}tan^{41}
汉阴	杂碎 tsɑ^{42}suei^{214}	鸡蛋 tɕi^{33}tan^{214}	变蛋 pian^{24}tan^{214}
平利	下水 ɕia^{24}ʂʮei^{45}	鸡蛋 tɕi^{43}tan^{214}	变蛋 pian^{24}tan^{24}
汉中	下水 ɕiA^{21}suei^{0} 小件 ɕiɑo^{35}tɕian^{0}	鸡蛋 tɕi^{55}tan^{0}	皮蛋 p^{h}i^{42}tan^{0} 变蛋 pian^{35}tan^{213}
城固	小件 ɕiɔ^{24}tɕian^{0}	鸡蛋 tɕi^{44}tan^{0}	皮蛋 p^{h}i^{31}tan^{24}
勉县	杂件子 tsɑ^{21}tɕiɑn^{0}tsɿ^{0}	鸡蛋 tɕi^{44}tɑn^{0}	皮蛋 p^{h}i^{21}tɑn^{0}
镇巴	杂件儿 tsa^{33}tɕiɐr^{31}	鸡蛋 tɕi^{35}tan^{213}	皮蛋 p^{h}i^{31}tan^{213}

	0415 猪油	0416 香油	0417 酱油
榆林	猪油 tʂu^{33}iəu^{213}	香油 ɕiã^{33}iəu^{33}	酱油 tɕiã^{52}iəu^{213}
神木	猪油 tʂu^{24}iəu^{44}	香油 ɕiã^{24}iəu^{44}	酱油 tɕiã^{53}iəu^{44}
绥德	猪油 tʂʯ^{21}iəu^{33}	香油 ɕiã^{21}iəu^{33}	酱 tɕiã^{52}
吴堡	猪油 tsu^{21}iɑo^{33}	香油 ɕiɤu^{21}iɑo^{33}	酱油儿 tɕiɤu^{53}iɑor^{33}
清涧	猪油 tʂʯ^{31}iəu^{24}	香油 ɕiɒ̃^{31}iəu^{24}	酱油儿 tɕiɒ̃^{44}iəur^{42}
延安	猪油 tʂu^{21}iou^{24}	香油 ɕiɑŋ^{21}iou^{24}	酱油 tɕiɑŋ^{443}iou^{24}
延川	猪油 tʂʯ^{21}iəu^{35}	香油 ɕiɑŋ^{21}iəu^{35}	酱油 tɕiɑŋ^{53}iəu^{213}
黄陵	大油 tɑ^{55}iəu^{0} 板油 pæ̃^{52}iəu^{0} 花油 xuɑ^{31}iəu^{24}	香油 ɕiɑŋ^{31}iəu^{24}	酱 tɕiɑŋ^{55} 酱油 tɕiɑŋ^{55}iəur^{24}
渭南	大油 tɑ^{44}iəu^{24}	香油 ɕiɑŋ^{31}iəu^{24}	酱 tɕiɑŋ^{44}
韩城	大油 tɑ^{44}iəu^{24} 荤油 xuɛ̃^{31}iəu^{24}	香油 ɕiɑŋ^{31}iəu^{24}	酱油 tɕiɑŋ^{44}iəu^{24}
合阳	大油 tɑ^{55}iou^{24} 猪油 pfu^{31}iou^{24}	芝麻油 tsɿ^{31}mɑ^{31}iou^{24}	酱油 tɕiɑŋ^{55}iou^{24}
富平	猪油 tʃu^{31}iou^{24}	香油 ɕiɑɣ̃^{31}iou^{24}	酱油 tiɑɣ̃^{55}iou^{24}
耀州	大油 ta^{44}iou^{24} 猪油 tʃu^{21}iou^{24}	香油 ɕiɑŋ^{21}iou^{24} 芝麻油儿 tsɿ^{52}ma^{0}iour^{24}	酱 tɕiɑŋ^{44} 酱油 tɕiɑŋ^{44}iou^{24}
咸阳	大油 ta^{44}iou^{24}	香油 ɕiɑŋ^{31}iou^{24}	酱油 tɕiɑŋ^{44}iou^{24}
旬邑	大油 ta^{44}iəu^{24} 猪油 tʃʅ^{21}iəu^{24}	香油 ɕiɑŋ^{21}iəu^{24} 芝麻油 tsɿ^{52}ma^{0}iəu^{24}	酱油 tɕiɑŋ^{44}iəu^{24}
三原	大油 tɑ^{44}iou^{24} 荤油 xuẽ^{31}iou^{24}	香油 ɕiɑŋ^{31}iou^{24} 芝麻油 tsɿ^{31}mɑ^{0}iou^{24}	清酱 tɕʰiəŋ^{31}tɕiɑŋ^{44}

	0415 猪油	0416 香油	0417 酱油
乾县	板油 pæ̃^{53}iou^{24}	香油 ɕiaŋ^{21}iou^{21}	套$^{=}$油 tʰɔ^{55}iou^{24} 酱油 tɕiaŋ^{55}iou^{24}
岐山	大油 tᴀ^{44}iou^{24} 荤油 xuŋ^{31}iou^{24}	香油 ɕiɑŋ^{31}iou^{24}	酱油 ȶiɑŋ^{44}iou^{24}
凤翔	大油 ta^{44}iəu^{24} 荤油 xuŋ^{31}iəu^{24}	香油 ɕiɑŋ^{31}iəu^{24}	酱油儿 tsiɑŋ^{44}iəur^{24} 套$^{=}$油 tʰɔ^{44}iəu^{24}
千阳	大油 ta^{44}iou^{24} 荤油 xuŋ^{31}iou^{24}	香油 ɕiɑŋ^{31}iou^{24}	酱油 tsiɑŋ^{44}iou^{24} 套$^{=}$油 tʰɔ^{44}iou^{24}
西安	大油 ta^{44}iou^{24}	香油 ɕiaŋ^{21}iou^{24}	酱油 tɕiaŋ^{44}iou^{24}
户县	大油 ta^{55}iɤu^{35} 猪油 tsu^{31}iɤu^{35}	香油 ɕiaŋ^{31}iɤu^{35}	酱 tɕiaŋ^{55} 酱油 tɕiaŋ^{55}iɤu^{35}
商州	大油 tɑ^{44}iou^{35}	香油 ɕiɑŋ^{31}iou^{35}	酱油 tɕiɑŋ^{44}iou^{35}
镇安	大油 ta^{322}iəu^{33}	香油 ɕiʌŋ^{53}iəu^{0}	酱油 tɕiʌŋ^{322}iəu^{33}
安康	猪油 pfu^{31}iou^{35}	香油 ɕiaŋ^{31}iou^{35}	酱油儿 tɕiaŋ^{44}iour^{35}
白河	大油 ta^{42}iəu^{44}	香油 ɕiaŋ^{21}iəu^{44}	酱油 tɕiaŋ^{42}iəu^{44}
汉阴	板油 pan^{45}iou^{42} 猪板油 tsɥ^{33}pan^{45}iou^{42}	芝麻油 tʂʅ^{33}mɑ^{0}iəu^{42} 香油 ɕiɑŋ^{33}iəu^{42}	酱油儿 tɕiɑŋ^{24}iar^{42}
平利	猪油 tʂɥ^{43}iou^{52}	香油 ɕiaŋ^{43}iou^{52}	酱油 tɕiaŋ^{24}iou^{52}
汉中	大油 tᴀ^{35}iəu^{42} 猪油 tsu^{55}iəu^{0}	芝麻油 tsɿ^{55}mᴀ^{0}iəu^{0} 香油 ɕiɑŋ^{55}iəu^{0}	酱油 tɕiɑŋ^{35}iəu^{42}
城固	大油 ta^{24}iəu^{311}	香油 ɕiɑŋ^{44}iəu^{0}	酱油 tɕiɑŋ^{24}iəu^{311}
勉县	猪油 tsu^{44}iəu^{0}	香油 ɕiɑŋ^{44}iəu^{0}	酱油 tɕiɑŋ^{35}iəu^{21}
镇巴	猪油 tsu^{35}iəu^{52}	香油 ɕiaŋ^{35}iəu^{52}	酱油 tɕiaŋ^{213}iəu^{52}

	0418 盐名词	0419 醋注意婉称	0420 香烟
榆林	盐 iɛ^{213}	醋 ts^{h}u^{52}	纸烟 tsɿ^{21}iɛ^{33}
神木	盐 iɛ^{44}	醋 ts^{h}u^{53}	纸烟 tsɿ^{21}iɛ^{24}
绥德	咸盐 xæ^{33}ie^{33} 盐 ie^{33}	醋 ts^{h}u^{52}	纸烟 tsɿ^{21}ie^{213}
吴堡	盐 ie^{33}	醋 ts^{h}ɑo^{53}	纸烟 tsɿ^{41}ie^{213}
清涧	盐 i^{24}	醋 ts^{h}ɥ^{42}	纸烟 tsɿ^{53}i^{312}
延安	盐 iæ̃^{24}	醋 ts^{h}u^{443}	纸烟 tsɿ^{52}iæ̃^{213}
延川	盐 iɛ^{35}	醋 ts^{h}ɥ^{53}	纸烟 tsɿ^{53}iɛ^{0}
黄陵	盐 iæ̃^{24}	醋 ts^{h}əu^{55}	纸烟 tsɿ^{52}iæ̃^{31}
渭南	盐 iæ̃^{24}	醋 ts^{h}əu^{44}	烟 iæ̃^{31}
韩城	盐 iɑŋ^{24}	醋 ts^{h}əu^{44}	纸烟 tsɿ^{31}iɑ̃^{31}
合阳	盐 iɑ̃^{24}	醋 ts^{h}ou^{55}	烟 iɑ̃^{31} 纸烟 tsɿ^{52}iɑ̃^{31}
富平	盐 iæ̃^{24}	醋 ts^{h}ou^{55}	纸烟 tsɿ^{53}iæ̃^{31}
耀州	盐 iæ̃^{24}	醋 ts^{h}ou^{44}	烟 iæ̃^{21} 纸烟 tsɿ^{52}iæ̃^{21}
咸阳	盐 iɑ̃^{24}	醋 ts^{h}u^{44}	纸烟 tsɿ^{53}iɑ̃^{31}
旬邑	盐 iɑ̃^{24}	醋 ts^{h}u^{44}	纸烟 tsɿ^{52}iɑ̃^{21} 香烟 ɕiɑŋ^{24}iɑ̃^{21}
三原	盐 iɑ̃^{24}	醋 ts^{h}ou^{44}	烟 iɑ̃^{31} 纸烟 tsɿ^{52}iɑ̃^{31}

	0418 盐名词	0419 醋注意婉称	0420 香烟
乾县	盐 iæ̃^{24}	醋 ts^{h}u^{55}	烟 iæ̃^{21}
岐山	盐 iæ̃^{24}	醋 ts^{h}u^{44}	烟 iæ̃^{31} 纸烟 tsɿ^{44}iæ̃^{21}
凤翔	盐 iæ̃^{24}	醋 ts^{h}u^{44}	纸烟 tsɿ^{44}iæ̃^{0}
千阳	盐 iæ̃^{24}	醋 ts^{h}u^{44}	纸烟 tsɿ^{44}iæ̃^{0}
西安	盐 iã^{24}	醋 ts^{h}u^{44}	纸烟 tsɿ^{53}iã^{21}
户县	盐 iã^{35}	醋 ts^{h}ɤu^{55}	纸烟 tsɿ^{51}iã^{31}
商州	盐 iã^{35}	醋 ts^{h}ou^{44}	烟 iã^{31} 纸烟 tsɿ^{53}iã^{31}
镇安	盐 ian^{33}	醋 ts^{h}əu^{214}	纸烟 tʂʅ^{35}ian^{53}
安康	盐 ian^{35}	醋 ts^{h}u^{44}	纸烟 tʂʅ^{53}ian^{31}
白河	盐 ian^{44}	醋 ts^{h}əu^{41}	烟 ian^{213}
汉阴	盐 ian^{42}	醋 ts^{h}əu^{214}	纸烟 tʂʅ^{45}ian^{33}
平利	盐 ian^{52}	醋 ts^{h}ou^{214}	纸烟 tʂʅ^{45}ian^{43}
汉中	盐 ian^{42}	醋 ts^{h}u^{213}	烟 ian^{55}
城固	盐 ian^{311}	醋 tʃ^{h}u^{213}	烟 ian^{53}
勉县	盐 iɑn^{21}	醋 ts^{h}u^{213}	烟 iɑn^{42}
镇巴	盐 ian^{31}	醋 ts^{h}u^{213}	纸烟 tsɿ^{45}ian^{55}

	0421 旱烟	0422 白酒	0423 黄酒
榆林	旱烟 xε^{52}iε^{0}	烧酒 ʂɔo^{33}tɕiəu^{0} 辣酒 laʔ^{3}tɕiəu^{0}	浑酒 xuɤɣ̃^{33}tɕiəu^{0}
神木	旱烟 xε^{53}iε^{213}	烧酒 ʂɔo^{24}tɕiəu^{0}	浑酒 xuɤ̃^{24}tɕiəu^{0}
绥德	旱烟 xæ^{52}ie^{0}	烧酒 ʂao^{24}tɕiəu^{0} 辣酒 lɑ^{33}tɕiəu^{0} 白酒 pi^{33}tɕiəu^{0}	黄酒 xuɑ̃^{33}tɕiəu^{0}
吴堡	旱烟 ɕie^{53}ie^{213}	辣酒 lɑʔ^{4}tɕiɑo^{412}	黄酒 xu^{33}tɕiɑo^{0}
清涧	旱烟 xε^{42}i^{312}	烧酒 ʂɔo^{31}tɕiəu^{53} 白酒 p^{h}i^{24}tɕiəu^{53}	黄酒 xu^{24}tɕiəu^{53}
延安	旱烟 xæ̃^{443}iæ̃^{213}	烧酒 ʂɔ^{21}tɕiou^{53} 白酒 p^{h}ei^{24}tɕiou^{423}	米酒 mi^{24}tɕiou^{423} 清酒 tɕ^{h}iəŋ^{24}tɕiou^{423}
延川	旱烟 xɤ^{53}iε^{0}	烧酒 ʂɑo^{21}tɕiəu^{53}	黄酒 xu^{35}tɕiəu^{0}
黄陵	旱烟 xæ̃^{55}iæ̃^{31}	酒 tɕiəu^{52}	黄酒 xuẽ^{24}tɕiəu^{52}
渭南	旱烟 xæ̃^{44}iæ̃^{31}	酒 tɕiəu^{53}	黄酒 xuɑŋ^{24}tɕiəu^{53}
韩城	旱烟 xã^{44}iã^{31}	白酒 p^{h}ɪi^{24}tɕiəu^{53}	米酒 mi^{53}tɕiəu^{53}
合阳	旱烟 xɑ̃^{55}iɑ̃^{24}	白酒 p^{h}ei^{24}tsiou^{52} 辣酒 lɑ^{31}tsiou^{52}	黄酒 xuɑŋ^{24}tsiou^{52}
富平	旱烟 xæ̃^{55}iæ̃^{31}	白酒 peɪ^{24}tiou^{53}	稠酒 tʂ^{h}ou^{24}tiou^{53}
耀州	旱烟 xæ̃^{44}iæ̃^{21} 烟叶子 iæ̃^{24}iε^{52}tsɿ^{0}	酒 tɕiou^{52} 烧酒 ʂɔu^{21}tɕiou^{52}	黄酒 xuɑng^{24}tɕiou^{52}
咸阳	旱烟 xã^{44}iã^{31}	酒 tɕiou^{53}	黄酒 xuɑŋ^{24}tɕiou^{53}
旬邑	旱烟 xã^{24}iã^{21}	烧酒 ʂau^{21}tsiəu^{0} 辣酒 la^{21}tsiəu^{0}	黄酒 xuɑŋ^{24}tsiəu^{0}
三原	旱烟 xã^{44}iã^{31}	酒 tɕiou^{52}	黄酒 xuɑŋ^{24}tɕiou^{52}

	0421 旱烟	0422 白酒	0423 黄酒
乾县	旱烟 xæ̃^{55}iæ̃^{21}	白酒 pe^{24}tɕiou^{53}	黄酒 xuaŋ^{24}tɕiou^{53}
岐山	旱烟 xæ̃^{44}iæ̃^{21}	烧酒 ʂɔ^{31}ȶiou^{53} 白酒 pʰei^{24}ȶiou^{53}	黄酒 xuɑŋ^{24}ȶiou^{53}
凤翔	旱烟 xæ̃^{45}iæ̃^{0}	酒 tsiəu^{53} 白酒 pei^{24}tsiəu^{53} 烧酒 ʂɔ^{31}tsiəu^{0}	黄酒 xuɑŋ^{31}tsiəu^{53}
千阳	旱烟 xæ̃^{45}iæ̃^{0}	酒 tsiou^{53} 烧酒 ʂɔ^{31}tsiou^{0} 白酒 pei^{24}tsiou^{53}	黄酒 xuɑŋ^{31}tsiou^{0}
西安	旱烟 xã^{44}iã^{21}	烧酒 ʂau^{21}tɕiou^{53} 白酒 pei^{24}tɕiou^{53}	黄酒 xuaŋ^{24}tɕiou^{53}
户县	旱烟 xã^{55}iã^{31}	烧酒 ʂau^{31}tɕiɤu^{31} 白酒 pei^{35}tɕiɤu^{51}	黄酒 xuaŋ^{35}tɕiɤu^{51}
商州	旱烟 xã^{44}iã^{31}	烧酒 ʂɑo^{31}tɕiou^{0}	黄酒 xuɑŋ^{35}tɕiou^{53}
镇安	旱烟 xan^{322}ian^{53}	辣酒 la^{53}tɕiəu^{35}	黄酒 xuʌŋ^{33}tɕiəu^{35}
安康	旱烟 xan^{44}ian^{31}	烧酒 ʂau^{31}tɕiou^{53}	黄酒 xuaŋ^{35}tɕiou^{53}
白河	烟叶儿 ian^{35}iər^{213}	烧酒 ʂɔu^{21}tɕiəu^{35} 辣酒 la^{21}tɕiəu^{35}	甜酒 tʰian^{44}tɕiəu^{35}
汉阴	旱烟 χan^{24}ian^{33}	烧酒 ʂɑo^{33}tɕiəu^{45}	黄酒 χuɑŋ^{42}tɕiəu^{45}
平利	旱烟 xan^{24}ian^{43}	辣酒 la^{43}tɕiou^{45}	黄酒 xuaŋ^{52}tɕiou^{45}
汉中	旱烟 xan^{21}ian^{0}	烧酒 ʂɑo^{55}tɕiəu^{0}	黄酒 xuaŋ^{42}tɕiəu^{0}
城固	老旱烟 lɔ^{44}xan^{31}ian^{44}	烧酒 ʂɔ^{44}tsiəu^{0}	黄酒 xuaŋ^{31}tsiəu^{0}
勉县	旱烟 xɑn^{21}iɑn^{35}	辣酒 lɑ^{44}tɕiəu^{0}	黄酒 xuɑŋ^{21}tɕiəu^{0}
镇巴	叶子烟 iɛ^{33}tsɿ^{31}ian^{55}	白酒 pɛ^{31}tɕiəu^{52}	黄酒 xuaŋ^{31}tɕiəu^{52}

	0424 江米酒酒酿，醪糟	0425 茶叶	0426 沏~茶
榆林	醪糟儿 lɔo^{24}tsɔr^{0}	茶叶 tsʰa^{24}iʌʔ^{0}	泡 pʰɔo^{52}
神木	醪糟 lɔo^{24}tsɔo^{0}	茶叶子 tsʰa^{44}iəʔ^{4}tsəʔ^{0} 茶 tsʰa^{44}	泡 pʰɔo^{53}
绥德	醪糟 lao^{33}tsao^{0}	茶叶 tsʰɑ^{33}ie^{0} 茶 tsʰɑ^{33}	泼 pʰɤ^{33} 泡 pʰao^{52}
吴堡	（无）	茶叶 tsʰɑ^{33}iəʔ^{0}	泡 pʰo^{53}
清涧	酒糟子 tɕiəu^{53}tsɔo^{31}tsəʔ^{0}	茶叶 tsʰɑ^{24}i^{0}	泼 pʰɤ^{53}
延安	醪糟 lɔ^{443}tsɔ^{0}	茶叶 tsʰa^{24}iɛ^{0}	泼 pʰuo^{213} 泡 pʰɔ^{443}
延川	醪糟儿 lɑo^{35}tsɔr^{0}	茶叶 tsʰa^{35}iɛ^{0}	泼 pʰɤ^{423}
黄陵	醪糟儿 lɔ^{24}tsɔr^{31}	茶 tsʰɑ^{24} 茶叶 tsʰɑ^{24}iɛ^{31}	泼 pʰuɤ^{31} 泡 pʰɔ^{55}
渭南	醪糟儿 lɔo^{24}tsɔor^{0}	茶叶 tsʰɑ^{24}iɛ^{0}	泡 pʰɔo^{44}
韩城	醪糟 lɑu^{31}tsɑu^{53}	茶叶子 tʰɑ^{31}iE^{53}tsɿ^{0}	泼 pʰuɤ^{31} 泡 pʰɑu^{44}
合阳	醪糟 lɔo^{24}tsɔo^{31}	茶叶 tsʰɑ^{24}iɛ^{31}	泡 pʰɔo^{55} 泼 pʰɔo^{31}
富平	醪糟 lɑo^{31}tsɑo^{53}	茶叶 tsʰɑ^{31}iɛ^{53}	泼 pʰo^{31}
耀州	醪糟儿 lɔu^{24}tsɔur^{52}	茶叶 tsʰa^{24}iɛ^{0}	泡 pʰɔu^{44}
咸阳	醪糟儿 lɔ^{24}tsɔr^{0}	茶叶 tsʰa^{24}iɛ^{31}	泡 pʰɔ^{44}
旬邑	醪糟儿 lau^{21}tsaur^{52}	茶 tsʰa^{24} 茶叶 tsʰa^{21}iɛ^{52}	泡 pʰau^{44}
三原	醪糟儿 lɑɔ^{24}tsɑɔr^{31}	茶 tsʰɑ^{24} 茶叶 tsʰɑ^{24}iɛ^{31}	泼 pʰɤ^{31} 泡 pʰɑɔ^{44}

	0424 江米酒酒酿，醪糟	0425 茶叶	0426 沏~茶
乾县	江米酒 tɕiaŋ^{21}mi^{53}tɕiou^{53}	茶叶 tsʰa^{24}iə^{21}	泡 pʰɔ^{55}
岐山	稠酒 tʂʰou^{24}ȶiou^{53} 醪糟 lɔ^{31}tsɔ^{53}	茶叶 tsʰA^{31}iɛ^{53}	泡 pʰɔ^{44}
凤翔	醪糟儿 lɔ^{31}tsɔr^{0}	茶叶 tsʰa^{31}ie^{53}	泼 pʰo^{31}
千阳	醪糟 lɔ^{31}tsɔ^{0}	茶叶 tsʰa^{31}ie^{0}	泼 pʰo^{31}
西安	醪糟儿 lau^{24}tsɐr^{0}	茶叶 tsʰa^{24}iɛ^{0}	沏 tɕʰi^{21}
户县	醪糟 lau^{35}tsau^{31}	茶叶 tsʰa^{35}iɛ^{31}	泼 pʰɤ^{31} 泡 pʰau^{55}
商州	醪糟儿 lɑo^{31}tsɑor^{53}	茶叶 tsʰɑ^{31}iɛ^{53}	泡 pʰɑo^{44}
镇安	甜酒 tʰian^{33}tɕiəu^{35} 醪糟儿 lɔo^{33}tsɔor^{0}	茶叶 tsʰa^{33}iɛ^{53}	泡 pʰɔo^{322}
安康	甜酒 tʰian^{35}tɕiou^{53}	茶叶 tʂʰa^{35}ie^{31}	泼 pʰə^{31} 泡 pʰau^{44}
白河	黄酒 xuaŋ^{44}tɕiəu^{35}	茶叶 tʂʰa^{44}iE^{213}	泡 pʰɔu^{41}
汉阴	甜酒 tʰian^{42}tɕiəu^{45}	茶叶子 tsʰɑ^{42}iE^{0}tsɿ^{0}	泡 pʰɑo^{214}
平利	甜酒 tʰian^{52}tɕiou^{45} 醪糟儿 lau^{52}tsau^{21}	茶叶 tʂʰa^{52}iE^{21}	泡 pʰau^{214}
汉中	甜酒 tʰian^{42}tɕiəu^{0} 醪糟 lɑo^{42}tsɑo^{0}	茶 tsʰA^{42} 茶叶 tsʰA^{42}iE^{55}	泡 pʰɑo^{213}
城固	甜酒 tʰian^{31}tsiəu^{0} 窝儿酒 uər^{44}tsiəu^{0}	茶 tsʰa^{311}	泡 pʰɔ^{213}
勉县	醪糟 lɑɔ^{21}tsɑɔ^{0}	茶叶 tsʰɑ^{21}iɛ^{42}	泡 pʰɑɔ^{213}
镇巴	醪糟儿 lau^{33}tsɐr^{31}	茶叶子 tsʰa^{33}iɛ^{31}tsɿ^{31}	泡 pʰau^{213}

	0427 冰棍儿	0428 做饭统称	0429 炒菜统称，和做饭相对
榆林	冰棍儿 piɤỹ^{33}kuə̃r^{52}	做饭 tsuəʔ^{3}fɛ^{52}	炒菜 tsʰɔo^{21}tsʰɛe^{52}
神木	冰棍儿 piɤ̃^{24}kuʌɯ^{53}	做饭 tsuəʔ^{4}fɛ^{53}	炒菜 tsʰɔo^{21}tsʰEe^{53}
绥德	冰棍儿 piəɣ̃^{21}kuɤ̃r^{52}	做饭 tsuəʔ^{3}fæ^{52}	炒菜 tsʰao^{21}tsʰai^{52}
吴堡	冰棍儿 piəŋ^{21}kuər^{53}	做饭 tsuəʔ^{3}fã^{53}	炒菜 tsʰo^{41}tsʰɑe^{53}
清涧	冰棍儿 piəɣ̃^{31}kuəɣ̃r^{44}	做饭 tsuəʔ^{54}fɛ^{44}	炒菜 tsʰɔo^{53}tsʰai^{42}
延安	冰棍儿 piəŋ^{21}kuər^{53}	做饭 tsuəʔ^{5}fæ̃^{443}	炒菜 tsɔ^{52}tsʰai^{443}
延川	冰棍儿 pi^{21}kʌr^{53}	做饭 tsuəʔ^{54}fæ̃^{0}	炒菜 tsʰɑo^{42}tsʰai^{53}
黄陵	冰棍儿 piəŋ^{31}kuẽr^{55}	做饭 tsəu^{55}fæ̃^{55}	炒菜 tsʰɔ^{52}tsʰE^{55}
渭南	冰棍儿 piəŋ^{31}kuə̃r^{53}	做饭 tsəu^{44}fæ̃^{44} 拾掇饭 ʂʅ^{24}tuə^{31}fæ̃^{44}	炒菜 tsʰɔo^{53}tsʰae^{44}
韩城	冰棍儿 piəŋ^{31}kuɛ̃^{53}	做饭 tsəu^{44}fã^{44}	炒菜 tsʰɑu^{53}tsʰæe^{44}
合阳	冰棍 piŋ^{31}kuẽ^{55} 冰棒 piŋ^{31}pɑŋ^{55}	做饭 tsou^{55}fɑ̃^{55}	炒菜 tsʰɔo^{52}tsʰæe^{55}
富平	冰棍儿 piəɣ̃^{31} kuɛ̃r^{53}	做饭 tsou^{55}fæ̃^{55}	炒菜 tsʰɑo^{53}tsʰɛe^{55}
耀州	冰棍儿 piŋ^{21}kuer^{52}	做饭 tsou^{44}fæ̃^{44} 炊饭 tʃʰuei^{21}fæ̃^{44}	炒菜 tsʰɔu^{52}tsʰæi^{44} 烧菜 ʂɔu^{21}tsʰæi^{44}
咸阳	冰棍儿 piəŋ^{31}kuer^{53}	做饭 tsou^{44}fã^{44}	炒菜 tsʰɔ^{53}tsʰæ^{44}
旬邑	冰棍儿 piəŋ^{21}kuɛ̃r^{52}	做饭 tsuo^{44}fã^{44}	炒菜 tsʰau^{52}tsʰɛi^{44}
三原	冰棍儿 piəŋ^{31}kuə̃r^{52}	做饭 tsou^{44}fã^{44}	炒菜 tsʰɑɔ^{52}tsʰai^{44}

	0427 冰棍儿	0428 做饭统称	0429 炒菜统称，和做饭相对
乾县	冰棍儿 piɤŋ^{21}kuər^{53}	做饭 tsou^{55}fæ̃^{55}	炒菜 ts^{h}ɔ^{53}ts^{h}ɛ^{55}
岐山	冰棍儿 piŋ^{31}kuŋ^{44}ər^{21}	做饭 tsu^{44}fæ̃^{44}	炒菜 ts^{h}ɔ^{53}ts^{h}E^{44}
凤翔	冰棍儿 piŋ^{31}kũr^{53}	做饭 tsu^{44}fæ̃^{44}	炒菜 ts^{h}ɔ^{53}ts^{h}E^{44}
千阳	冰棍 piŋ^{31}kuŋ^{44} 冰棒 piŋ^{31}pɑŋ^{44}	做饭 tsu^{44}fæ̃^{44}	炒菜 ts^{h}ɔ^{53}ts^{h}E^{44}
西安	冰棍儿 piəŋ^{21}kuər^{53}	做饭 tsou^{44}fã^{44}	炒菜 ts^{h}au^{53}ts^{h}ai^{44}
户县	冰棍儿 piŋ^{31}kuɯ^{51}	做饭 tsɤu^{55}fã^{55}	炒菜 ts^{h}au^{51}ts^{h}æ^{55} 爁菜 lã^{35}ts^{h}æ^{55}
商州	冰棍儿 piəŋ^{31}kuẽr^{53}	做饭 tsou^{44}fã^{44}	炒菜 ts^{h}ɑo^{44}ts^{h}ai^{44}
镇安	冰棍儿 pin^{21}kuər^{214}	做饭 tsəu^{35}fan^{322}	炒菜 tʂ^{h}ɔo^{33}ts^{h}ai^{214}
安康	冰棍儿 pin^{31}kuər^{53}	做饭 tsou^{44}fan^{44}	炒菜 tʂ^{h}au^{53}ts^{h}æ^{44}
白河	冰棍儿 piən^{21}kuər^{41}	做饭 tsəu^{42}fan^{41}	炒菜 tʂ^{h}ɔu^{35}ts^{h}ai^{41}
汉阴	冰棍儿 pin^{33}kuar^{214}	做饭 tsəu^{24}χuan^{214}	炒菜 ts^{h}ɑo^{45}ts^{h}ae^{214}
平利	冰棍儿 pin^{43}kuər^{214}	做饭 tsou^{24}fan^{214}	炒菜 tʂ^{h}au^{45}ts^{h}ai^{214}
汉中	冰棍 pin^{55}kuən^{213}	做饭 tsəu^{35}fan^{213}	炒菜 ts^{h}ɑo^{35}ts^{h}ai^{213}
城固	冰棍 piŋ^{53}kuən^{213}	做饭 tsəu^{24}fan^{213}	炒菜 ts^{h}ɔ^{44}ts^{h}ai^{213}
勉县	冰棍 pin^{44}koŋ^{213}	做饭 tsu^{35}fɑn^{213}	炒菜 ts^{h}ɑɔ^{35}ts^{h}ɑi^{213}
镇巴	冰棍儿 pin^{35}kuɐr^{213}	煮饭 tsu^{45}fan^{213}	炒菜 ts^{h}au^{45}ts^{h}ai^{213}

	0430 煮~带壳的鸡蛋	0431 煎~鸡蛋	0432 炸~油条
榆林	煮 tʂu^{213}	煎 tɕiɛ^{33}	炸 tsa^{213}
神木	煮 tʂu^{213}	煎 tɕiɛ^{213}	炸 tsa^{44}
绥德	煮 tʂʮ^{213}	煎 tɕie^{213}	炸 tsɑ^{33}
吴堡	煮 tsu^{412}	炸 ts^{h}ɑʔ^{213}	炸 ts^{h}ɑʔ^{213}
清涧	煮 tʂʮ^{53}	摊 t^{h}ɛ^{312}	炸 ts^{h}ɑ^{24}
延安	煮 tʂu^{52}	煎 tɕiæ̃^{213}	炸 ts^{h}a^{24}
延川	煮 tʂʮ^{53}	煎 tɕiɛ^{213}	炸 ts^{h}a^{35}
黄陵	煮 tsʮ^{52}	煎 tɕiæ̃^{31}	炸 ts^{h}ɑ^{24}
渭南	煮 tʃʒ^{53}	煎 tɕiæ̃^{31}	炸 tsɑ^{24}
韩城	煮 pfu^{53}	煎 tɕiɑ̃^{31}	炸 ts^{h}ɑ^{24}
合阳	煮 pfu^{52}	煎 tsiɑ̃^{31}	炸 ts^{h}ɑ^{24}
富平	煮 tʃu^{53}	煎 tiæ̃^{31}	炸 tsɑ^{24}
耀州	煮 tʃu^{52}	煎 tɕiæ̃^{21}	炸 tsa^{24}
咸阳	煮 tʃu^{53}	煎 tɕiɑ̃^{31}	炸 tsa^{24}
旬邑	煮 tʃʅ^{52}	煎 tɕiɑ̃^{21}	炸 ts^{h}a^{24}
三原	煮 tʃʒ^{52}	煎 tɕiɑ̃^{31}	炸 ts^{h}ɑ^{24}

	0430 煮~带壳的鸡蛋	0431 煎~鸡蛋	0432 炸~油条
乾县	煮 tʃu^{53}	煎 tɕiæ̃^{21}	炸 tsa^{24}
岐山	煮 tʂʅ^{53}	油炸 iou^{24}ts^{h}A^{24}	炸 ts^{h}A^{24}
凤翔	煮 tʂʅ^{53}	煎 tsiæ̃^{31}	炸 tsa^{24}
千阳	煮 tʃʅ^{53}	（无）	炸 ts^{h}a^{24}
西安	煮 pfu^{53}	煎 tɕiã^{21}	炸 tsa^{24}
户县	煮 tsu^{51}	煎 tɕiã^{31}	炸 tsa^{35}
商州	煮 tʃu^{53}	煎 tɕiã^{31}	炸 ts^{h}ɑ^{35}
镇安	煮 tʂʮ^{35}	煎 tɕian^{53}	炸 tsa^{214}
安康	煮 pfu^{53}	煎 tɕian^{31}	炸 tʂa^{35}
白河	煮 tʂu^{35}	煎 tɕian^{213}	炸 tʂa^{44}
汉阴	煮 tsʮ^{45}	煎 tɕian^{33}	炸 tsɑ^{42}
平利	煮 tʂʮ^{445}	煎 tɕian^{43}	炸 tʂa^{52}
汉中	煮 tsu^{354}	炕 k^{h}ɑŋ^{213}	炸 tsA^{42}
城固	煮 tʃu^{44}	炕 k^{h}ɑŋ^{213}	炸 tsa^{311}
勉县	煮 tsu^{35}	炕 k^{h}ɑŋ^{213}	炸 tsɑ^{21}
镇巴	煮 tsu^{52}	炕 k^{h}aŋ^{213}	炸 tsa^{31}

	0433 蒸~鱼	0434 揉~面做馒头等	0435 擀~面，~皮儿
榆林	蒸 tʂɤɣ̃^{33}	揉 ʐəu^{213} 搋 ts^{h}ɛe^{33}	擀 kɛ^{213}
神木	蒸 tʂɤ̃^{213}	揉 ʐəu^{44} 搋 ts^{h}Ee^{213}	擀 kɛ^{213}
绥德	蒸 tʂəɣ̃^{213}	揉 ʐəu^{33} 搋 ts^{h}ai^{213}	擀 kæ^{213}
吴堡	蒸 tʂɛe^{213}	揉 ʐɑo^{33}	擀 kie^{412}
清涧	蒸 tʂəɣ̃^{312}	揉 ʐəu^{24}	擀 ki^{53}
延安	蒸 tʂəŋ^{213}	揉 ʐou^{24}	擀 kæ̃^{52}
延川	蒸 tʂəŋ^{213}	揉 ʐəu^{35}	擀 kiɛ^{53}
黄陵	蒸 tʂəŋ^{31}	揉 ʐəu^{24}	擀 kæ̃^{52}
渭南	蒸 tʂəŋ^{31}	揉 ʐəu^{24}	擀 kæ̃^{53}
韩城	蒸 tʂəŋ^{31}	揉 ʐəu^{24}	擀 kã^{53}
合阳	蒸 tʂəŋ^{31}	揉 ʐou^{24}	擀 kɑ̃^{52}
富平	蒸 tʂəɣ̃^{31}	揉 ʐou^{24}	擀 kæ̃^{53}
耀州	蒸 tʂəŋ^{21}	揉 ʐou^{24}	擀 kæ̃^{52}
咸阳	蒸 tʂəŋ^{31}	揉 ʐou^{24}	擀 kã^{53}
旬邑	蒸 tʂəŋ^{21}	揉 ʐəu^{24}	擀 kã^{52}
三原	蒸 tʂəŋ^{31}	揉 ʐou^{24}	擀 kã^{52}

	0433 蒸~鱼	0434 揉~面做馒头等	0435 擀~面，~皮儿
乾县	蒸 tɤŋ^{21}	揉 ʐou^{24}	擀 kæ̃^{53}
岐山	蒸 tʂəŋ^{31}	揉 ʐou^{24}	擀 kæ̃^{53}
凤翔	蒸 tʂəŋ^{31}	揉 ʐəu^{24}	擀 kæ̃^{53}
千阳	蒸 tʂəŋ^{31}	揉 ʐou^{24}	擀 kæ̃^{53}
西安	蒸 tʂəŋ^{21}	揉 ʐou^{24}	擀 kã^{53}
户县	蒸 tʂəŋ^{31}	揉 ʐɤu^{35}	擀 kã^{51}
商州	蒸 tʂəŋ^{31}	搋 tsʰai^{31}	擀 kã^{53}
镇安	蒸 tʂən^{53}	搋 tʂʰai^{53}	擀 kan^{35}
安康	蒸 tʂən^{31}	搋 pfʰæ^{31}	擀 kan^{53}
白河	蒸 tsən^{213}	和 xuo^{44}	擀 kan^{35}
汉阴	蒸 tʂən^{33}	挼 yɑ^{42} 搋 tsʰae^{33}	擀 kan^{45}
平利	蒸 tʂən^{43}	挼 ɥa^{52}	擀 kan^{445}
汉中	蒸 tʂən^{55}	搋 tsʰai^{55}	擀 kan^{354}
城固	蒸 tʂəŋ^{53}	搋 tsʰai^{53}	擀 kan^{44}
勉县	蒸 tsən^{42}	揉 zəu^{21}	擀 kɑn^{35}
镇巴	蒸 tsən^{35}	挼 zua^{31}	擀 kan^{52}

	0436 吃早饭	0437 吃午饭	0438 吃晚饭
榆林	吃早起饭 tʂʰəʔ3tsɔo21 tɕʰi33fɛ52	吃晌午饭 tʂʰəʔ3ʂɑ̃21vuə33fɛ52 吃中午饭 tʂʰəʔ3tʂuɤɣ̃21vu0fɛ52	吃黑地饭 tʂʰəʔ3xəʔ3ti52fɛ52
神木	吃早起饭 tʂʰəʔ4tsɔo21 tɕʰi24fɛ53	吃晌午饭 tʂʰəʔ4ʂɑ̃21vuo24fɛ53	吃黑地饭 tʂʰəʔ4xəʔ4ti53fɛ53
绥德	吃早起饭 tʂʰəʔ5tsao21 tɕʰi33fæ52	吃晌午饭 tʂʰəʔ5ʂɑ̃21xu33fæ52 吃中午饭 tʂʰəʔ5tʂuəɣ̃24u0fæ52	吃黑地饭 tʂʰəʔ5xəʔ3ti52fæ52
吴堡	吃早起饭 tʂʰəʔ3 tso24 tɕʰi0fã53	吃晌午饭 tʂʰəʔ3ʂɤu41xu33fã53	吃黑地儿饭 tʂʰəʔ3xəʔ21tər53fã53 吃黑间儿饭 tʂʰəʔ3xəʔ21tɕiar0fã53
清涧	吃早起饭 tʂʰəʔ54tsɔo31 tsʰɿ53fɛ44	吃晌午饭 tʂʰəʔ54ʂɒ̃53vʊ0fɛ44	吃黑咾饭 tʂʰəʔ54xəʔ4lɔo0fɛ44
延安	吃早起饭 tʂʰəʔ5tsɔ21 tɕʰi0fæ̃443	吃晌午饭 tʂʰəʔ5ʂaŋ52vuo0fæ̃443 吃中午饭 tʂʰəʔ5tʂuəŋ24vu423fæ̃443	吃黑咾饭 tʂʰəʔ5xei21lɔ52fæ̃443 吃黑地饭 tʂʰəʔ5xei21ti443fæ̃443
延川	吃早行饭 tʂʰəʔ21tsɑo53 ɕiŋ21fæ̃53	吃晌午饭 tʂʰəʔ21ʂɑŋ53vu21fæ̃53	吃黑咾饭 tʂʰəʔ21xəʔ42lɑo21fæ̃53
黄陵	吃早起饭 tʂʰʅ24tsɔ31 tɕʰi0fæ̃55	吃晌午饭 tʂʰʅ24ʂɑŋ31u0fæ̃55	吃黑咾饭 tʂʰʅ24xei31lɔ0fæ̃55 喝汤 xuɤ24tʰɑŋ31
渭南	吃赶早饭 tʂʰʅ31kæ̃31 tsɔo53fæ̃44	吃晌饭 tʂʰʅ24ʂɑŋ31fæ̃44	吃黑来饭 tʂʰʅ24xei31lae0fæ̃44
韩城	吃早起饭 tʂʅ31tsɑu31 tɕʰi53fã44	吃晌午饭 tʂʅ31ʂɑŋ31xuɤ0fã44	吃后晌饭 tʂʅ31xəu44ʂuɤ0fã44
合阳	吃早上饭 tʂʰʅ31tʂɔo51 ʂɑŋ31fɑ̃55	吃晌午饭 tʂʰʅ31ʂɑŋ31u31fɑ̃55	吃黑咾饭 tʂʰʅ31xɯ31lɔo31fɑ̃55
富平	吃早起饭 tʂʰʅ24tsɑo31 tɕʰi31fæ̃55	吃晌午饭 tʂʰʅ24ʂɑɣ̃31v31fæ̃55	喝汤 xuo24tʰɑɣ̃31
耀州	吃早起饭 tʂʰʅ21tsɔu21 tɕʰiɛ52fæ̃44	吃晌午饭 tʂʰʅ24ʂɑŋ21u0fæ̃44	喝汤 xuo24tʰɑŋ21
咸阳	吃早起饭 tʂʰʅ31tsɔ53 tɕʰi31fã0	吃晌午饭 tʂʰʅ24ʂɑŋ31u53fã0	喝汤 xo24tʰɑŋ31
旬邑	吃早饭 tʂʰʅ21tsau52fã44	吃晌午饭 tʂʰʅ24ʂɑŋ21u0fã44	吃黑咾饭 tʂʰʅ24xei21lau0fã44
三原	吃早饭 tʂʰʅ31tsɑɔ52fã44	吃晌午饭 tʂʰʅ24ʂɑŋ31u0fã44	吃黑咾饭 tʂʰʅ24xei31lɑɔ0fã44

	0436 吃早饭	0437 吃午饭	0438 吃晚饭
乾县	吃早饭 tʂʰʅ^{21}tsɔ^{53}fæ̃^{55}	吃午饭 tʂʰʅ^{21}u^{53}fæ̃^{22}	吃晚饭 tʂʰʅ^{21}uæ̃^{53}fæ̃^{22}
岐山	吃早饭 tʂʰʅ^{31}tsɔ^{53}fæ̃^{44}	吃晌午饭 tʂʰʅ^{24}ʂɑŋ^{31}vu^{21}fæ̃^{44}	吃黑了饭 tʂʰʅ^{24}xei^{31}liɔ^{21}fæ̃^{44} 喝汤 xuo^{24}tʰɑŋ^{31}
凤翔	吃早饭 tʂʰʅ^{31}tsɔ^{53}fæ̃^{44} 吃早晨 tʂʰʅ^{31}tsɔ^{44}ʂəŋ^{0}	吃晌午饭 tʂʰʅ^{24}ʂɑŋ^{31}vu^{0}fæ̃^{44} 吃午饭 tʂʰʅ^{31}vu^{53}fæ̃^{44}	吃黑了饭 tʂʰʅ^{24}xei^{31}liɔ^{0}fæ̃^{44} 喝汤 xuo^{24}tʰɑŋ^{31}
千阳	吃赶早饭 tʂʰʅ^{31}kæ̃^{31}tsɔ^{0}fæ̃^{44}	吃晌午饭 tʂʰʅ^{24}ʂɑŋ^{31}vu^{0}fæ̃^{44}	吃黑了饭 tʂʰʅ^{24}xei^{31}liɔ^{0}fæ̃^{44} 喝汤 xuo^{31}tʰɑŋ^{0}
西安	吃早上饭 tʂʰʅ^{21}tsau^{53}ʂaŋ^{0}fã^{44}	吃晌午饭 tʂʰʅ^{21}ʂaŋ^{21}u^{0}fã^{44}	吃后半儿饭 tʂʰʅ^{21}xou^{44}pɐr^{0}fã^{44}
户县	吃早起饭 tʂʰʅ^{35}tsau^{31}tɕʰi^{31}fã^{55}	吃晌午饭 tʂʰʅ^{35}ʂaŋ^{31}u^{31}fã^{55}	吃黑咧饭 tʂʰʅ^{35}xei^{31}liɛ^{0}fã^{55} 喝汤 xuɤ^{35}tʰaŋ^{31}
商州	吃早晨饭 tʂʰʅ^{31}tsɑo^{53}ʂẽ^{0}fã^{44}	吃晌午饭 tʂʰʅ^{31}ʂɑŋ^{31}xu^{0}fã^{44}	吃后晌饭 tʂʰʅ^{31}xuəŋ^{44}ʂɑŋ^{0}fã^{44}
镇安	吃早上饭 tʂʰʅ^{21}tsɔo^{35}ʂʌŋ^{21}fan^{322}	吃晌午饭 tʂʰʅ^{21}ʂʌŋ^{35}vu^{21}fan^{322}	吃黑的饭 tʂʰʅ^{21}xɛ^{53}ti^{0}fan^{322}
安康	吃早饭 tʂʰʅ^{31}tsau^{53}fan^{44}	吃午饭 tʂʰʅ^{31}u^{53}fan^{44}	吃火儿饭 tʂʰʅ^{31}xuor^{53}fan^{44}
白河	吃早上 tʂʰʅ^{21}tsɔu^{35}ʂaŋ^{0}	吃晌午 tʂʰʅ^{21}ʂaŋ^{35}u^{0}	吃夜饭 tʂʰʅ^{21}iᴇ^{42}fan^{0}
汉阴	吃早饭 tʂʰʅ^{42}tsɑo^{45}χuan^{214}	吃晌午 tʂʰʅ^{42}ʂɑŋ^{45}u^{0}	吃夜饭 tʂʰʅ^{42}iᴇ^{24}χuan^{214}
平利	吃早饭 tʂʰʅ^{43}tsau^{45}fan^{0}	吃晌午饭 tʂʰʅ^{43}ʂaŋ^{45}u^{45}fan^{0}	吃夜饭 tʂʰʅ^{43}iᴇ^{24}fan^{0}
汉中	吃早饭 tʂʰʅ^{55}tsɑo^{35}fan^{0}	吃晌午 tʂʰʅ^{55}ʂɑŋ^{55}u^{0}	吃夜饭 tʂʰʅ^{55}iᴇ^{21}fan^{0}
城固	吃早饭 tʂʰʅ^{53}tsɔ^{24}fan^{0}	吃晌午 tʂʰʅ^{53}ʂɑŋ^{44}u^{0}	吃夜饭 tʂʰʅ^{53}iɛ^{31}fan^{0}
勉县	吃早饭 tsʰɿ^{44}tsɑɔ^{35}fɑn^{0}	吃晌午 tsʰɿ^{44}sɑŋ^{35}u^{0}	吃夜饭 tsʰɿ^{44}iɛ^{21}fɑn^{35}
镇巴	吃早饭 tsʰɿ^{31}tsau^{52}fan^{213}	吃晌午饭 tsʰɿ^{31}sau^{52}u^{52}fan^{213}	吃夜饭 tsʰɿ^{31}iɛ^{31}fan^{55}

	0439 吃~饭	0440 喝~酒	0441 喝~茶
榆林	吃 tʂʰəʔ³	喝 xʌʔ³	喝 xʌʔ³
神木	吃 tʂʰəʔ⁴	喝 xəʔ⁴	喝 xəʔ⁴
绥德	吃 tʂʰəʔ³	喝 xɤ³³	喝 xɤ³³
吴堡	吃 tʂʰəʔ³	喝 xəʔ³	喝 xəʔ³
清涧	吃 tʂʰəʔ⁵⁴	喝 xɤ⁵³	喝 xɤ⁵³
延安	吃 tʂʰəʔ⁵	喝 xuo²¹³	喝 xuo²¹³
延川	吃 tʂʰə⁴²³	喝 xə⁴²³	喝 xə⁴²³
黄陵	吃 tʂʰʅ³¹	喝 xuɤ³¹	喝 xuɤ³¹
渭南	吃 tʂʰʅ³¹	喝 xuə³¹	喝 xuə³¹
韩城	吃 tʂʰʅ³¹	喝 xuɤ³¹	喝 xuɤ³¹
合阳	吃 tʂʰʅ³¹ 咥 tiɛ²⁴	喝 xuo³¹	喝 xuo³¹
富平	吃 tʂʰʅ³¹	喝 xuo³¹	喝 xuo³¹
耀州	吃 tʂʰʅ²¹	喝 xuo²¹	喝 xuo²¹
咸阳	吃 tʂʰʅ³¹	喝 xuo³¹	喝 xuo³¹
旬邑	吃 tʂʰʅ²¹	喝 xuo²¹	喝 xuo²¹
三原	吃 tʂʰʅ³¹	喝 xuə³¹	喝 xuə³¹

	0439 吃~饭	0440 喝~酒	0441 喝~茶
乾县	吃 tʂʰʅ21 喫 tiə24	喝 xuɤ21	喝 xuɤ21
岐山	吃 tʂʰʅ31	喝 xuo31	喝 xuo31
凤翔	吃 tʂʰʅ31	喝 xuo31	喝 xuo31
千阳	吃 tʂʰʅ31	喝 xuo31	喝 xuo31
西安	吃 tʂʰʅ21 喫 tiɛ24	喝 xuo21	喝 xuo21
户县	吃 tʂʰʅ31	喝 xuɤ31	喝 xuɤ31
商州	吃 tʂʰʅ31 喫 tiɛ35	喝 xuə31	喝 xuə31
镇安	吃 tʂʰʅ53	喝 xuə53	喝 xuə53
安康	吃 tʂʰʅ31	喝 xuo31	喝 xuo31
白河	吃 tʂʰʅ213	喝 xuo213	喝 xuo213
汉阴	吃 tʂʰʅ42	喝 χo33	喝 χo33
平利	吃 tʂʰʅ43	喝 xo43	喝 xo43
汉中	吃 tʂʰʅ55	喝 xɤ55	喝 xɤ55
城固	吃 tʂʰʅ53	喝 xuə53	喝 xuə53
勉县	吃 tsʰɿ42	喝 xɤ42	喝 xɤ42
镇巴	吃 tsʰɿ31	喝 xo35	喝 xo35

	0442 抽~烟	0443 盛~饭	0444 夹用筷子~菜
榆林	吃 tʂ^{h}əʔ^{3} 抽 tʂ^{h}əu^{33}	舀 iɔo^{213}	拘 tɕy^{33}
神木	吃 tʂ^{h}əʔ^{4}	舀 iɔo^{213}	拘 tɕy^{213}
绥德	吃 tʂ^{h}əʔ^{3}	舀 iɔɤ^{213}	抄 ts^{h}ao^{213} 夹 tɕiɑ^{33} 拘 tɕy^{213}
吴堡	吃 tʂ^{h}əʔ^{3}	舀 iɤ^{412}	抄 ts^{h}o^{213}
清涧	吃 tʂ^{h}əʔ^{54}	舀 iɔo^{53}	拘 tsʮ^{312}
延安	吃 tʂ^{h}ʅ^{213}	盛 tʂ^{h}əŋ^{24}	拘 tɕy^{213} 夹 tɕia^{213}
延川	吃 tʂ^{h}əʔ^{54}	舀 iɑo^{53}	拘 tsʮ^{35}
黄陵	吃 tʂ^{h}ʅ^{31}	舀 iɔ^{52}	抄 ts^{h}ɔ^{31}
渭南	吃 tʂ^{h}ʅ^{31} 抽 tʂ^{h}əu^{31}	舀 iɔo^{53}	抄 ts^{h}ɔo^{31}
韩城	吃 tʂ^{h}ʅ^{31}	舀 iɑu^{53}	拘 tɕy^{31}
合阳	吃 tʂ^{h}ʅ^{31} 吸 ɕi^{31}	舀 iɔo^{52}	抄 ts^{h}ɔo^{31}
富平	吃 tʂ^{h}ʅ^{31}	舀 iɑo^{53}	抄 ts^{h}ɑo^{31}
耀州	吃 tʂ^{h}ʅ^{21} 抽 tʂ^{h}ou^{21}	舀 iɔu^{52}	抄 ts^{h}ɔu^{21}
咸阳	吃 tʂ^{h}ʅ^{31}	舀 iɔ^{53}	抄 ts^{h}ɔ^{31}
旬邑	吃 tʂ^{h}ʅ^{21} 抽 tʂ^{h}əu^{21}	舀 iau^{52} 盛 ʂəŋ^{24}	抄 ts^{h}au^{21}
三原	吸 ɕi^{31} 抽 tʂ^{h}ou^{31}	舀 iɑɔ^{52}	抄 ts^{h}ɑɔ^{31}

	0442 抽~烟	0443 盛~饭	0444 夹用筷子~菜
乾县	吃 tʂʰʅ^{21}	舀 iɔ^{53}	夹 tɕia^{21}
岐山	吸 ɕi^{31} 抽 tʂʰou^{31}	舀 iɔ^{53}	夹 tɕiᴀ^{31}
凤翔	吃 tʂʰʅ^{31}	舀 iɔ^{53}	抄 tsʰɔ^{31} 夹 tɕia^{31}
千阳	吃 tʂʰʅ^{31}	舀 iɔ^{53}	抄 tsʰɔ^{31}
西安	抽 tʂʰou^{21}	舀 iau^{53}	夹 tɕia^{21}
户县	吃 tʂʰʅ^{31}	舀 iau^{51}	抄 tsʰau^{31} 夹 tɕia^{31}
商州	吃 tʂʰʅ^{31} 抽 tʂʰou^{31}	舀 iɑo^{53}	夹 tɕiɑ^{31}
镇安	吃 tʂʰʅ^{53}	舀 iɔo^{35}	敲$^{=}$tɕʰiɔo^{53} 抄 tsʰɔo^{53}
安康	吃 tʂʰʅ^{31}	舀 iau^{53}	拈 ȵian^{31} 夹 tɕia^{31}
白河	吃 tʂʰʅ^{213}	舀 iɔu^{35}	钳 tɕʰian^{44}
汉阴	吃 tʂʰʅ^{42}	舀 iɑo^{45}	拈 ȵian^{33}
平利	吃 tʂʰʅ^{43}	舀 iau^{445}	夹 tɕia^{43}
汉中	吃 tʂʰʅ^{55}	舀 iɑo^{354}	刀 tɑo^{55}
城固	吃 tʂʰʅ^{53}	舀 iɔ^{44}	刀 tɔ^{53}
勉县	吃 tsʰɿ^{42}	舀 iɑɔ^{35}	刀 tɑɔ^{42}
镇巴	吃 tsʰɿ^{31}	舀 iau^{52}	拈 ȵian^{35} 挑 tʰiau^{35}

	0445 斟~酒	0446 渴口~	0447 饿肚子~
榆林	倒 tɔo^{52} 斟 tʂɤɣ̃^{33}	渴 kʰʌʔ^{3} 干 kɛ^{33}	饿 nuə^{52}
神木	端 tuɛ^{213}	渴 kʰuo^{53}	饿 ŋuo^{53}
绥德	倒 tao^{52} 看 kʰæ^{52}	渴 kʰɤ^{33}	饿 ŋɯ^{52}
吴堡	倒 to^{53} 斟 tʂəŋ^{213}	渴 kʰəʔ^{3}	饿 ŋɤu^{53}
清涧	倒 tɔo^{42}	渴 kʰɤ^{42}	饿 ŋɤ^{42}
延安	倒 tɔ^{443} 斟 tʂəŋ^{213}	渴 kʰuo^{443}	饿 ŋuo^{443}
延川	倒 tɑo^{53}	渴 kʰei^{423}	饿 ŋei^{53}
黄陵	倒 tɔ^{55}	渴 kʰɤ^{31}	饿 ŋuɤ^{55}
渭南	倒 tɔo^{44}	炕 kʰɑŋ^{44}	饿 ŋə^{44} 饥 tɕi^{31}
韩城	倒 tɑu^{44}	渴 kʰɤ^{31} 干 kã^{31}	饿 ŋ ɤ^{44} 饥 tɕi^{31}
合阳	倒 tɔo^{55}	渴 kʰɤ^{31}	饿 ŋ ɤ^{55}
富平	倒 tɑo^{55}	渴 kʰɤ^{31}	饥 tɕi^{31}
耀州	倒 tɔu^{44}	渴 kʰuo^{21} 干 kæ̃^{21}	犒$^{=}$ kʰɔu^{21} 饥 tɕi^{21}
咸阳	倒 tɔ^{44}	渴 kʰɤ^{31}	饿 ŋɤ^{44}
旬邑	倒 tau^{44} 看 kʰã^{44}	渴 kʰuo^{21} 干 kã^{21}	犒$^{=}$ kʰau^{21} 饥 tɕi^{21}
三原	倒 tɑɔ^{44} 斟 tʂẽ^{31}	渴 kʰɤ^{31} 干 kã^{31}	饿 ŋɤ^{44} 饥 tɕi^{31}

	0445 斟~酒	0446 渴口~	0447 饿肚子~
乾县	倒 $tɔ^{55}$	渴 $k^hɤ^{21}$	饿 $ŋɤ^{55}$
岐山	倒 $tɔ^{44}$ 看 $k^h\tilde{æ}^{44}$	渴 $k^hɤ^{31}$	饿 $ŋɤ^{44}$ 饥 $tɕi^{31}$
凤翔	看 $k^h\tilde{æ}^{44}$ 倒 $tɔ^{44}$	渴 k^huo^{31}	饿 $ŋuo^{44}$ 饥 $tɕi^{31}$
千阳	倒 $tɔ^{44}$	渴 k^huo^{31}	饥 $tɕi^{31}$
西安	倒 tau^{44}	渴 $k^hɤ^{21}$	饥 $tɕi^{21}$
户县	倒 tau^{55}	渴 $k^hɤ^{31}$ 炕 $k^haŋ^{55}$	饥 $tɕi^{31}$
商州	倒 $tɑo^{44}$	渴 $k^hə^{31}$	饥 $tɕi^{31}$
镇安	倒 $tɔo^{214}$	渴 $k^huə^{53}$	饿 $ŋuə^{322}$
安康	斟 $tʂən^{31}$ 筛 $ʂæ^{31}$	渴 $k^hɤ^{31}$ 干 kan^{31}	饿 $ŋɤ^{44}$
白河	倒 $tɔu^{41}$ 斟 $tʂən^{213}$	渴 k^huo^{213}	饿 $ŋuo^{41}$
汉阴	倒 $tɑo^{214}$ 筛 sae^{33}	干 kan^{33}	饿 $ŋo^{214}$
平利	倒 tau^{214}	渴 k^ho^{43}	饿 $ŋo^{214}$
汉中	倒 $tɑo^{213}$	渴 $k^hɤ^{55}$	饿 $ŋɤ^{213}$
城固	倒 $tɔ^{213}$	干 kan^{53}	饿 $ŋə^{213}$
勉县	倒 $tɑɔ^{213}$	渴 $k^hɤ^{42}$	饿 $ŋɤ^{213}$
镇巴	倒 tau^{213}	渴 k^ho^{31} 干 kan^{213}	饿 $ŋo^{213}$

	0448 噎吃饭~着了	0449 头人的，统称	0450 头发
榆林	噎 iʌʔ^{3}	脑 nɔo^{213} 头 t^{h}əu^{213} 骷子 k^{h}u^{33}tsəʔ^{0}	头发 t^{h}əu^{24}fa^{0}
神木	噎 iəʔ^{4}	脑 nɔo^{44} 脑袋 nɔo^{21}tEe^{53} 头 t^{h}əu^{44} 骷子 k^{h}u^{24}tsəʔ^{0}	头发 t^{h}əu^{44}fɛ^{0}
绥德	噎 ie^{33}	脑 nao^{33} 头 t^{h}əu^{33}	头发 t^{h}əu^{33}fɑ^{0}
吴堡	噎 iəʔ^{3}	脑 no^{33}	头发 t^{h}ɑo^{33}fɑ^{0}
清涧	噎 i^{53}	脑 nɔo^{24}	头发 t^{h}əu^{24}fɑ^{0}
延安	噎 iɛ^{213}	脑 nɔ^{24} 头 t^{h}ou^{24}	头发 t^{h}ou^{24}fa^{0}
延川	噎 iɛ^{53}	脑 nɑo^{35}	头发 t^{h}əu^{35}fa^{0}
黄陵	噎 iɛ^{31}	脑 nɔ^{24} 颡 sɑ^{24} 头 t^{h}əu^{24}	头发 t^{h}əu^{24}fɑ^{31} 毛 mu^{24}
渭南	噎 iɛ^{31}	颡 sɑ^{24}	头发 t^{h}əu^{24}fɑ^{31}
韩城	噎 iE^{31}	□脑 ti^{31}nɑu^{53}	头发 t^{h}əu^{31}fa^{53}
合阳	噎 iɛ^{31}	颡 sɑ^{24} 头 t^{h}ou^{24}	头发 t^{h}ou^{24}fɑ^{31} 毛发 mu^{24}fɑ^{31}
富平	噎 iɛ^{31}	颡 sɑ^{24}	头发 t^{h}ou^{31}fɑ^{53}
耀州	噎 iɛ^{21}	颡 sa^{24} 头 t^{h}ou^{24}	头发 t^{h}ou^{24}fa^{0}
咸阳	噎 iɛ^{31}	颡 sa^{24}	头发 t^{h}ou^{24}fa^{31}
旬邑	噎 iɛ^{21}	颡 sa^{24} 头 t^{h}əu^{24}	头发 t^{h}əu^{21}fa^{52}
三原	噎 iɛ^{31}	颡 sɑ^{24}	头发 t^{h}ou^{24}fɑ^{31}

	0448 噎吃饭~着了	0449 头人的，统称	0450 头发
乾县	噎 iə^{21}	颡 sa^{24}	头发 t^{h}ou^{24}fa^{21}
岐山	噎 iɛ^{31}	颡 sA^{24} 头 t^{h}ou^{24}	头发 t^{h}ou^{31}fA^{53} 帽絯 mɔ^{44}kE^{21}
凤翔	噎 ie^{31}	颡 sa^{24} 头 t^{h}əu^{24} 脑袋 lɔ^{44}tE^{0}	头发 t^{h}əu^{31}fa^{53}
千阳	噎 ie^{31}	头 t^{h}ou^{24} 多$^{=}$脑 tuo^{31}lɔ^{53}	头发 t^{h}ou^{31}fa^{0} 帽絯 mɔ^{45}kE^{0}
西安	噎 iɛ^{21}	颡 sa^{24}	头发 t^{h}ou^{24}fa^{0}
户县	噎 iɛ^{31}	颡 sa^{35} 头 t^{h}ɤu^{35} 多$^{=}$囊$^{=}$ tuɤ^{35}laŋ^{31}	头发 t^{h}ɤu^{35}fa^{31} 帽絯儿 mau^{35}kə^{35}
商州	噎 iɛ^{31}	颡 sɑ^{35} 跌$^{=}$囊$^{=}$ tiɛ^{31}nɑŋ^{0}	头发 t^{h}ou^{31}fɑ^{53}
镇安	哽 kən^{35}	脑壳 nɔo^{35}k^{h}uə^{53} 头 t^{h}əu^{33}	头毛 t^{h}əu^{33}mɔo^{33} 头发 t^{h}əu^{33}fa^{0}
安康	噎 ie^{31}	头 t^{h}ou^{35} 脑壳 lau^{53}k^{h}uo^{31}	头发 t^{h}ou^{35}fa^{31}
白河	哽 kən^{35}	脑壳 lɔu^{35}k^{h}uo^{0}	头发 t^{h}əu^{44}fa^{0} 头毛 t^{h}əu^{44}mɔu^{44}
汉阴	哽 kən^{45} 噎 iE^{33}	脑壳 lɑo^{45}k^{h}o^{0}	头发 t^{h}əu^{42}χuɑ^{0}
平利	哽 kən^{445}	脑壳 lau^{45}k^{h}o^{0}	头发 t^{h}ou^{52}fa^{0}
汉中	噎 iE^{55}	脑壳 lɑo^{35}kɤ^{0}	头发 t^{h}əu^{42}fA^{0}
城固	噎 iɛ^{53}	脑壳 lɔ^{24}kə^{0}	帽絯 mɔ^{31}kai^{0}
勉县	噎 iɛ^{42}	脑壳 lɑɔ^{35}k^{h}ɤ^{0}	帽絯子 mɑɔ^{21}kɑi^{35}tsɿ^{0}
镇巴	哽 kən^{52}	脑壳 lau^{45}k^{h}o^{31}	头发 t^{h}əu^{33}fa^{31}

	0451 辫子	0452 旋	0453 额头
榆林	辫子 piɛ^{52}tsəʔ^{0}	旋子 tɕʰyɛ^{24}tsəʔ^{0}	奔颅儿 pɤɣ̃^{33}ləur^{33}
神木	辫子 piɛ^{53}tsəʔ^{0}	旋子 tɕʰyɛ^{44}tsəʔ^{0}	眉溜圪都 mi^{44}liəu^{0}kəʔ^{2}tu^{24} 奔颅儿 pɣ̃^{24}lʌɯ^{53}
绥德	辫子 pie^{52}tsəʔ^{0} 辫辫 pie^{52}pie^{0}	旋子 tɕʰye^{33}tsəʔ^{0}	奔颅 pəɣ̃^{21}ləu^{33}
吴堡	辫子 pie^{53}tsəʔ^{0}	旋子 tɕʰye^{33}tsəʔ^{0}	奔颅 pəŋ^{21}lɑo^{33}
清涧	辫子 pʰi^{44}tsəʔ^{0}	旋子 tɕʰy^{24}tsəʔ^{0}	眉瞭圪堵 mɿ^{24}liɔo^{0}kəʔ^{4}tʊ^{0} 前奔颅 tɕʰi^{24}pəɣ̃^{31}ləu^{24}
延安	辫子 pʰiæ̃^{443}tsəʔ^{0}	旋儿 tɕʰyar^{24}/ɕyər^{53}	奔颅 pəŋ^{21}lou^{53} 脑门头 nɔ^{52}məŋ^{24}tʰou^{0}
延川	辫子 pʰiɛ^{53}tsəʔ^{213}	旋子 ɕyɛ^{21}tsəʔ^{53}	奔颅 pəŋ^{21}ləu^{35}
黄陵	辫子 pʰiæ̃^{55}tɿ^{0} 角子 tɕyɤ^{55}tsɿ^{0}	旋 ɕyæ̃^{24}	额颅 ŋẽ^{31}ləu^{0}
渭南	角子 tɕyə^{44}tsɿ^{0}	旋 ɕyæ̃^{24}	额颅 ŋei^{53}ləu^{0}
韩城	角角 tɕiɤ^{44}tɕiɤ^{0} 辫子 pʰiã^{44}tsɿ^{0}	旋窝 ɕyE^{31}uɤ^{53}	额门前 ȵiE^{44}mɛ̃^{0}tɕʰiã^{24}
合阳	角角 tɕyə^{55}tɕyə^{0}	旋 ɕyɑ̃^{55}	额头 ŋẽ^{31}tʰou^{24}
富平	帽絯儿 mɑo^{55}kɛ̃r^{31} 辫辫儿 piæ̃^{55}piæ̃r^{31}	旋 ɕyæ̃^{24}	额颅 ŋeɪ^{53}lou^{31}
耀州	帽絯 mɔu^{44}kæ̃^{21} 辫子 piæ̃^{44}tsɿ^{0}	旋 ɕyæ̃^{24} 旋窝 ɕyæ̃^{24}uo^{21}	额颅 ŋei^{52}lou^{0}
咸阳	辫子 piã^{44}tsɿ^{0}	旋 ɕyã^{24}	额颅 ŋɛ̃^{31}lou^{24}
旬邑	帽絯子 mau^{24}kɛi^{21}tsɿ^{0} 辫子 pʰiã^{24}tsɿ^{0}	旋 suã^{44}	额颅 ŋɛ̃^{52}ləu^{0}
三原	辫子 piã^{44}tsɿ^{0}	旋 suã^{24}	额颅 ŋei^{52}lou^{0}

	0451 辫子	0452 旋	0453 额头
乾县	辫子 piæ̃^{55}tsɿ^{21}	旋 ɕyæ̃^{24}	额颅 ŋɛ^{53}nu^{21}
岐山	毛辫儿 mɔ^{44}pʰiæ̃^{44}ər^{21}	旋 suæ̃^{24}	额颅 ŋei^{53}lou^{21}
凤翔	辫子 pʰiæ̃^{45}tsɿ^{0} 毛辫子 mɔ^{44}pʰiæ̃^{45}tsɿ^{0}	旋 suæ̃^{24}	额颅 ŋei^{53}ləu^{0}
千阳	毛辫子 mɔ^{44}pʰiæ̃^{45}tsɿ^{0}	旋 suæ̃^{24}	额颅 ŋei^{53}luŋ^{0}
西安	帽絯儿 mau^{44}kɐr^{0}	旋 ɕyã^{24}	额颅 ŋəŋ^{21}lou^{24}
户县	辫子 piã^{55}tsɿ^{0} 毛絯儿 mau^{35}kə^{35}	旋 suã^{35}	奔颅 pẽ^{31}lɤu^{35} 额颅 ŋẽ^{31}lɤu^{35}
商州	毛根子 mɑo^{44}kẽ^{31}tsɿ^{0}	旋 ɕyã^{35}	额颅 ŋẽ^{31}lou^{0} 眉里骨 mi^{31}li^{53}kuə^{0}
镇安	头毛辫子 tʰəu^{33}mɔo^{33} pian^{322}tsɿ^{0}	旋 ʂuan^{33}	额颅 ŋɛ^{21}ləu^{33}
安康	辫子 pian^{44}tsɿ^{0}	旋 ɕyan^{35}	额头 ŋei^{31}tʰou^{0} 额头盖子 ŋei^{31}tʰou^{21}kæ^{44}tsɿ^{0}
白河	毛辫儿 mɔu^{44}piɐr^{41}	旋 ɕyan^{44}	脑门儿 lɔu^{35}mər^{44}
汉阴	毛辫子 mɑo^{24}pian^{21}tsɿ^{0}	旋 ɕyan^{42}	额颅盖 ŋE^{42}ləu^{0}kae^{214}
平利	毛辫子 mau^{24}pian^{24}tsɿ^{0}	旋 ɕian^{214}	额脑壳 ŋE^{43}lau^{45}kʰo^{0}
汉中	帽絯儿 mɑo^{21}kɤr^{0}	旋 ɕyan^{42}	额颅 ŋai^{55}lu^{0}
城固	辫辫 pian^{31}pian^{0}	旋 ɕyan^{311}	额头 ŋai^{44}ləu^{0}
勉县	辫子 piɑn^{21}tsɿ^{35}	旋窝子 ɕyɑn^{21}uɤ^{35}tsɿ^{0}	额颅 ŋɑi^{44}lu^{0}
镇巴	帽絯儿 mau^{21}kɐr^{55}	旋儿 ɕyɐr^{213}	额颅 ŋɛ^{33}loŋ^{31}

	0454 相貌	0455 脸洗~	0456 眼睛
榆林	人样 ʐɤɣ̃^{24}iɑ̃^{52}	眉眼 mi^{24}iɛ^{0} 脸 liɛ^{213}	眼 iɛ^{213} 眼窝 ie^{21}vuə^{33}
神木	长相 tʂɑ̃^{21}ɕiɑ̃^{53} 人样 ʐɤ̃^{44}iɑ̃^{53} 眉面 mi^{44}miɛ^{53}	眉眼 mi^{44}iɛ^{0}	眼窝 iɛ^{21}vuo^{24} 眼睛 iɛ^{21}tɕiɤ̃^{24}
绥德	人样儿 ʐəɣ̃^{33}iɒ̃r^{52}	眉脸 mi^{33}lie^{0} 脸 lie^{213}	眼 ie^{213}
吴堡	靓子 liɑ̃^{53}tsəʔ^{0} 面相 mie^{53}ɕiɑ̃^{53}	眉眼 mi^{33}ȵiɑ̃^{412}	眼 ȵiɑ̃^{412}
清涧	人样 ʐəɣ̃^{24}iɒ̃^{0}	眉眼 mɿ^{24}ȵi^{0}	眼 ȵi^{53}
延安	长相 tʂaŋ^{52}ɕiaŋ^{443} 人样 ʐəŋ^{24}iaŋ^{443}	眉眼 mi^{24}ȵiæ̃^{423} 脸 liæ̃^{52} 眉和眼 mi^{24}xuo^{0}ȵiæ̃^{423}	眼窝 ȵiæ̃^{52}vuo^{213}
延川	相貌 ɕiɑŋ^{53}mɑo^{0}	眉眼 mɿ^{35}ȵiɛ^{0}	眼窝 ȵiɛ^{53}vu^{213}
黄陵	长相 tʂɑŋ^{52}ɕiɑŋ^{55}	眉眼 mi^{24}ȵiæ̃^{0} 脸 liæ̃^{52}	眼窝 ȵiæ̃^{52}uɤ^{0} 眼睛 ȵiæ̃^{52}tɕiəŋ^{0}
渭南	样子 iɑŋ^{44}tsɿ^{0}	脸 liæ̃^{53}	眼 ȵiæ̃^{53} 眼窝 ȵiæ̃^{53}uə^{31}
韩城	眉眼 mi^{31}ȵiɑ̃^{53}	脸 liɑŋ^{53}	眼 ȵiɑ̃^{53}
合阳	长相 tʂɑŋ^{52}siɑŋ^{55} 相貌 siɑŋ^{55}mɔo^{55}	脸 liɑ̃^{52}	眼 ȵiɑ̃^{52}
富平	眉眼 mi^{24}ȵiæ̃^{53}	脸 liæ̃^{53}	眼窝 niæ̃^{53}uo^{31}
耀州	模样 mu^{24}iɑŋ^{0} 模样子 mu^{24}nɑŋ^{52}tsɿ^{0}	脸 liæ̃^{52}	眼窝 ȵiæ̃^{52}uo^{21}
咸阳	模样儿 mu^{24}iɐr^{0}	脸 liɑ̃^{53}	眼 ȵiɑ̃^{53} 眼窝 ȵiɑ̃^{53}uo^{31}
旬邑	模样 mu^{21}iɑŋ^{52}	脸 liɑ̃^{52}	眼窝 ȵiɑ̃^{44}uo^{0}
三原	模囊儿 mu^{24}nɑ̃r^{0} 模样儿 mu^{24}iɑ̃r^{0}	脸 liɑ̃^{52}	眼窝 ȵiɑ̃^{52}uə^{31}

	0454 相貌	0455 脸洗~	0456 眼睛
乾县	长相 ʈaŋ^{53}ɕiaŋ^{55}	脸 liæ̃^{53}	眼睛 ȵiæ̃^{53}tɕiɤŋ^{21}
岐山	面相 miæ̃^{44}siɑŋ^{44} 相貌 siɑŋ^{44}mɔ^{44}	脸 liæ̃^{53}	眼窝 ȵiæ̃^{44}vo^{21} 眼睛 ȵiæ̃^{44}ʈiŋ^{21}
凤翔	面貌 miæ̃^{44}mɔ^{44}	脸 liæ̃^{53}	眼睛 ȵiæ̃^{44}tsiŋ^{0}
千阳	面貌 miæ̃^{44}mɔ^{44}	脸 liæ̃^{53}	眼睛 ȵiæ̃^{44}tsiŋ^{0}
西安	模样儿 mu^{24}iɑ̃r^{0}	脸 liã^{53}	眼窝 ȵiã^{53}uo^{0}
户县	长相 tʂaŋ^{51}ɕiaŋ^{55} 模样 mu^{35}iaŋ^{31}	脸 liã^{51}	眼窝 ȵiã^{51}uɤ^{31}
商州	模样儿 mu^{31}iɑ̃r^{53}	脸 liã^{53}	眼窝 ȵiã^{53}və^{31}
镇安	相貌 ɕiʌŋ^{35}mɔo^{322}	脸 lian^{35}	眼睛 ŋan^{35}tɕin^{53}
安康	相貌 ɕiaŋ^{44}mau^{44} 模样子 mu^{35}laŋ^{31}tsɿ^{0}	脸 lian^{53}	眼窝 ȵian^{53}uo^{31} 眼睛 ȵian^{53}tɕin^{31}
白河	长相 tʂaŋ^{35}ɕiaŋ^{41}	脸 lian^{35}	眼睛 ian^{35}tɕiən^{0}
汉阴	长相 tʂɑŋ^{45}ɕiɑŋ^{214} 面相 mian^{24}ɕiɑŋ^{214}	脸 lian^{45}	眼窝 ȵian^{45}uo^{0} 眼睛 ȵian^{45}tɕin^{0}
平利	相貌 ɕiaŋ^{24}mau^{0}	脸 lian^{445}	眼睛 ȵian^{45}tɕin^{0}
汉中	长相 tʂɑŋ^{35}ɕiɑŋ^{0} 样子 iɑŋ^{21}tsɿ^{0}	脸 lian^{354}	眼睛 ȵian^{35}tɕin^{0}
城固	样样 iɑŋ^{31}iɑŋ^{0}	脸 lian^{44}	眼睛 ȵian^{24}tsiŋ^{0}
勉县	脸模子 liɑn^{35}mu^{0}tsɿ^{0}	脸 liɑn^{35}	眼睛 ȵiɑn^{35}tɕin^{0}
镇巴	长相 tsaŋ^{45}ɕiaŋ^{213} 样子 iaŋ^{21}tsɿ^{52}	脸 lian^{52} 脸包儿 lian^{45}pɐr^{55}	眼睛 ian^{45}tɕin^{31}

	0457 眼珠统称	0458 眼泪哭的时候流出来的	0459 眉毛
榆林	眼睛珠子 iɛ^{21}tɕiɤɣ̃^{33}tʂu^{33}tsəʔ^{0}	眼泪 iɛ^{21}luei^{52}	眉毛 mi^{24}mɔo^{0}
神木	眼睛珠子 iɛ^{21}tɕiɣ̃^{24}tʂu^{24}tsəʔ^{0} 眼睛仁子 iɛ^{21}tɕiɣ̃^{24}ʐɣ̃^{44}tsəʔ^{0}	眼泪 iɛ^{21}luei^{53}	眉毛 mi^{44}mɔo^{0} 眉 mi^{44}
绥德	眼睛娃儿 ie^{21}tɕiəɣ̃^{0}vɐr^{33}	眼泪 ie^{21}luei^{52}	眼眉 ie^{21}mi^{33} 眉毛 mi^{33}mao^{0}
吴堡	眼珠子 ȵiã^{41}tsu^{24}tsəʔ^{0}	眼泪 ȵiã^{41}luɛe^{53}	眉 mi^{33}
清涧	眼珠珠 ȵi^{53}tʂʮ^{31}tsʮ^{53}	眼泪 ȵi^{53}zʮ^{24}	眉 mɿ^{24}
延安	眼珠子 ȵiæ̃^{52}tʂu^{21}tsəʔ^{0}	眼泪 ȵiæ̃^{52}luei^{0}	眉毛 mi^{24}mɔ^{0} 眼眉 ȵiæ̃^{52}mi^{24}
延川	眼仁 ȵiɛ^{53}ʐəŋ^{0}	眼泪 ȵiɛ^{53}zʮ^{213}	眼眉 ȵiɛ^{53}mɿ^{0}
黄陵	眼珠子 ȵiæ̃^{52}tsʮ^{31}tsɿ^{0} 眼睛仁儿子 ȵiæ̃^{52}tɕiəŋ^{31}ʐẽr^{24}tsɿ^{0}	眼泪 ȵiæ̃^{52}luei^{0}	眼眉 ȵiæ̃^{52}mi^{24}
渭南	眼珠子 ȵiæ̃^{53}tʃʒ^{31}tsɿ^{0}	眼泪 ȵiæ̃^{53}luei^{0}	眼眉 ȵiæ̃^{53}mi^{24}
韩城	眼仁儿 ȵiã^{53}ʐɛ̃r^{24}	恓惶 ɕi^{31}xuɤ^{0}	眼眉 ȵiã^{53}mi^{24}
合阳	眼珠 ȵiɑ̃^{52}pfu^{31} 眼仁 ȵiɑ̃^{52}ʐẽ^{24}	眼泪 ȵiɑ̃^{52}y^{55}	眉毛 mi^{24}mɔo^{0}
富平	眼珠子 ȵiæ̃^{53}tʃu^{53}tsɿ^{31}	眼泪 ȵiæ̃^{53}lueɪ^{31}	眼眉 ȵiæ̃^{53}mi^{24}
耀州	眼珠子 ȵiæ̃^{52}tʃu^{52}tsɿ^{0} 眼仁子 ȵiæ̃^{52}ʐei^{24}tsɿ^{0}	眼泪 ȵiæ̃^{52}luei^{0} 眼泪细细 ȵiæ̃^{52}luei^{0}ɕi^{44}ɕi^{0}	眼眉儿 ȵiæ̃^{52}miər^{24}
咸阳	眼珠子 ȵiã^{53}tʃu^{31}tsɿ^{0}	眼泪 ȵiã^{53}luei^{0}	眉毛 mi^{24}mɔ^{0}
旬邑	眼窝仁子 ȵiã^{44}uo^{0}ʐɛ̃^{24}tsɿ^{0}	眼泪 ȵiã^{44}luei^{0}	眼眉儿 ȵiã^{52}miər^{24} 眉儿 miər^{24}
三原	眼窝珠子 ȵiã^{52}uə^{24}tʃʒ^{52}tsɿ^{0}	眼泪 ȵiã^{52}ly^{0}	眼眉 ȵiã^{52}mi^{24}

	0457 眼珠统称	0458 眼泪哭的时候流出来的	0459 眉毛
乾县	眼珠 ȵiæ̃^{53}tʃu^{21}	眼泪 ȵiæ̃^{53}lue^{21}	眼眉 ȵiæ̃^{53}mi^{24}
岐山	眼仁 ȵiæ̃^{44}ʐəŋ^{21} 眼睛仁仁 ȵiæ̃^{44}ȶiŋ^{21}ʐəŋ^{31}ʐəŋ^{53}	眼泪 ȵiæ̃^{44}luei^{21} 泪水 luei^{44}ʂei^{53}	眉眉 mi^{31}mi^{53}
凤翔	眼仁豆 ȵiæ̃^{44}ʐəŋ^{0}təu^{44} 眼仁 ȵiæ̃^{44}ʐəŋ^{0}	眼泪 ȵiæ̃^{44}luei^{0}	眉毛 mi^{31}mɔ^{53} 眉眉 mi^{31}mi^{53}
千阳	眼仁子 ȵiæ̃^{53}ʐəŋ^{31}tsɿ^{0}	眼泪 ȵiæ̃^{44}luei^{0}	眼眉眉 ȵiæ̃^{53}mi^{31}mi^{0}
西安	眼珠子 ȵiã^{53}pfu^{21}tsɿ^{0}	眼泪 ȵiã^{53}luei^{0}	眉毛 mei^{24}mau^{0}
户县	眼窝豆儿 ȵiã^{51}uɤ^{31}təɯ^{51} 眼窝仁儿 ȵiã^{51}uɤ^{31}ʐəɯ^{35}	眼泪 ȵiã^{51}luei^{31}	眉毛 mi^{35}mau^{31}
商州	眼窝珠子 ȵiã^{53}və^{31}tʃu^{53}tsɿ^{0}	眼泪 ȵiã^{53}luei^{31}	眉毛 mi^{31}mɑo^{53}
镇安	眼睛籽儿 ŋan^{35}tɕin^{21}tsər^{35}	眼睛水 ŋan^{35}tɕin^{21}ʂuEi^{35}	眉毛 mi^{33}mɔo^{0}
安康	眼珠珠儿 ȵian^{53}pfu^{31}pfur^{0}	眼泪 ȵian^{53}luei^{0}	眉毛 mi^{35}mau^{0}
白河	眼睛籽儿 ian^{35}tɕiən^{0}tsər^{35}	眼睛水 ian^{35}tɕiən^{0}ʂuei^{35}	眼睛毛 ian^{35}tɕiən^{0}mɔu^{44}
汉阴	眼珠子 ȵian^{45}tsʮ^{33}tsɿ^{0}	眼泪水 ȵian^{45}luei^{0}suei^{45}	眉毛 mi^{42}mɑo^{0}
平利	眼睛籽儿 ȵian^{45}tɕin^{43}tsər^{445}	眼睛水 ȵian^{45}tɕin^{43}ʂʮei^{445}	眉毛 mi^{52}mau^{0}
汉中	眼珠子 ȵian^{35}tsu^{55}tsɿ^{0} 眼睛珠珠 ȵian^{35}tɕin^{0}tsu^{55}tsu^{0}	眼泪水 ȵian^{35}luei^{0}suei^{0}	眉毛 mi^{42}mɑo^{0}
城固	眼睛珠珠 ȵian^{24}tsiŋ^{0}tʃu^{44}tʃu^{0}	眼泪 ȵian^{24}luei^{0}	眉毛 mi^{31}mɔ^{24}
勉县	眼珠子 ȵiɑn^{35}tsu^{44}tsɿ^{0}	眼泪水 ȵiɑn^{35}luei^{0}fei^{0}	眉毛 mi^{21}mɑɔ^{0}
镇巴	眼珠子 ian^{45}tsu^{55}tsɿ^{52}	眼流水 ian^{45}liəu^{31}suei^{52}	眉毛 mi^{33}mau^{31}

	0460 耳朵	0461 鼻子	0462 鼻涕统称
榆林	耳朵 ər^{21}tuə^{33}	鼻子 piəʔ^{3}tsəʔ^{0}	鼻子 piəʔ^{3}tsəʔ^{0}
神木	耳朵 ʌɯ^{21}tuo^{24}	鼻子 piəʔ^{4}tsəʔ^{0}	鼻子 piəʔ^{4}tsəʔ^{0}
绥德	耳朵 ər^{21}tuo^{213}	鼻子 piəʔ^{5}tsəʔ^{0}	鼻子 piəʔ^{5}tsəʔ^{0}
吴堡	耳朵儿 ʐəʔ^{21}tur^{213}	鼻子 p^{h}iəʔ^{21}tsəʔ^{213}	鼻子 p^{h}iəʔ^{21}tsəʔ^{213}
清涧	耳朵 ər^{53}tu^{0}	鼻子 p^{h}iəʔ^{4}tsəʔ^{0}	鼻子 p^{h}iəʔ^{4}tsəʔ^{0}
延安	耳朵 ər^{52}tuo^{0}	鼻子 p^{h}i^{24}tsəʔ^{0}	鼻子 p^{h}i^{24}tsəʔ^{0}
延川	耳朵 ər^{53}tuɤ^{213}	鼻子 p^{h}iəʔ^{54}tsəʔ^{0}	鼻子 p^{h}iəʔ^{54}tsə^{0}
黄陵	耳朵 ər^{52}tuɤ^{0}	鼻子 p^{h}i^{24}tsɿ^{0}	鼻脑子 p^{h}i^{24}nɔ^{52}tsɿ^{0} 鼻 p^{h}i^{24}
渭南	耳朵 ər^{53}t^{h}uə^{0}	鼻子 p^{h}i^{24}tsɿ^{0}	鼻 p^{h}i^{24}
韩城	耳朵 zɿ^{53}tuɤ^{0}	鼻子 p^{h}i^{31}tsɿ^{53}	鼻 p^{h}i^{24}
合阳	耳朵 zɿ^{52}tuo^{0}	鼻子 p^{h}i^{24}tsɿ^{0}	鼻子 p^{h}i^{24}tsɿ^{0}
富平	耳朵 ər^{53}tuo^{31}	鼻子 p^{h}i^{31}tsɿ^{53}	鼻 p^{h}i^{24}
耀州	耳朵 ər^{52}tuo^{0}	鼻子 p^{h}i^{24}tsɿ^{0}	鼻 p^{h}i^{24}
咸阳	耳朵 ər^{53}tuo^{0}	鼻子 pi^{24}tsɿ^{0}	鼻 pi^{24}
旬邑	耳朵 ər^{52}tuo^{0}	鼻子 p^{h}i^{21}tsɿ^{0}	鼻 p^{h}i^{24}
三原	耳朵 ər^{52}tuə^{0}	鼻子 p^{h}i^{24}tsɿ^{0}	鼻 p^{h}i^{24}

	0460 耳朵	0461 鼻子	0462 鼻涕统称
乾县	耳朵 ɐr^{53}tuɤ^{21}	鼻子 pi^{24}tsɿ^{21}	鼻涕 pi^{24}t^{h}i^{21}
岐山	耳朵 ər^{44}tuo^{21}	鼻子 p^{h}i^{31}tsɿ^{53}	鼻 p^{h}i^{24} 清鼻 ȶ^{h}iŋ^{53}p^{h}i^{21}
凤翔	耳朵 ər^{44}tuo^{0}	鼻子 p^{h}i^{31}tsɿ^{53}	鼻 p^{h}i^{24}
千阳	耳朵 ər^{44}tuo^{0}	鼻子 p^{h}i^{31}tsɿ^{0}	鼻 p^{h}i^{24}
西安	耳朵 ər^{53}tuo^{0}	鼻子 pi^{24}tsɿ^{0}	鼻 pi^{24}
户县	耳朵 ɯ^{51}tuɤ^{31}	鼻子 pi^{35}tsɿ^{0}	鼻 pi^{35}
商州	耳朵 ər^{53}tuə^{0}	鼻子 p^{h}i^{31}tsɿ^{0}	鼻 p^{h}i^{35}
镇安	耳朵 ər^{35}tuə^{53}	鼻子 pi^{322}tsɿ^{0}	鼻子 pi^{322}tsɿ^{0}
安康	耳朵 ər^{53}tuo^{0}	鼻子 pi^{35}tsɿ^{0}	鼻 pi^{35}
白河	耳朵 ər^{35}tuo^{0}	鼻子 pi^{44}tsɿ^{0}	鼻子 pi^{44}tsɿ^{0} 鼻涕儿 pi^{44}tiər^{0}
汉阴	耳朵 ər^{45}to^{0}	鼻子 pi^{42}tsɿ^{0}	鼻脓 pi^{42}loŋ^{0}
平利	耳朵 ər^{45}to^{0}	鼻子 pi^{52}tsɿ^{0}	鼻子 pi^{52}tsɿ^{0}
汉中	耳朵 ər^{35}tuɤ^{0}	鼻子 pi^{42}tsɿ^{0}	鼻 pi^{42}
城固	耳朵 ə^{24}tuə^{0}	鼻 pi^{311}	鼻 pi^{311}
勉县	耳刮 ər^{35}kuɑ^{0}	鼻子 pi^{21}tsɿ^{0}	鼻 pi^{21}
镇巴	耳朵 ər^{45}təu^{213}	鼻子 pi^{21}tsɿ^{52}	鼻子 pi^{21}tsɿ^{52}

	0463 擤~鼻涕	0464 嘴巴人的，统称	0465 嘴唇
榆林	擤 ɕiɤỹ^{213}	口 kʰəu^{213} 嘴 tsuei^{213} 嘴头子 tsuei^{21}tʰəu^{24}tsəʔ^{0}	嘴唇子 tsuei^{21}tʂʰuɤỹ^{24}tsəʔ^{0}
神木	擤 ɕiɤ̃^{213}	口 kʰəu^{213} 嘴 tsuei^{213} 嘴头子 tsuei^{21}tʰəu^{44}tsəʔ^{0}	嘴唇 tsuei^{21}tʂʰuɤ̃^{44}
绥德	擤 ɕiəỹ^{213} 冲 tʂʰuəỹ^{52}	口 kʰəu^{213} 嘴 tsuei^{213}	口唇儿 kʰəu^{21}tʂʰuɤ̃r^{33} 嘴唇儿 tsuei^{21}tʂʰuɤ̃r^{33}
吴堡	擤 ɕi^{213}	嘴 tsuɛe^{412}	嘴唇 tsuɛe^{41}tsʰuəŋ^{213}
清涧	擤 sɿ^{53}	口 kʰəu^{53}	口唇 kʰəu^{53}tʂʰuỹ^{24}
延安	擤 ɕi^{52}/ɕiəŋ^{52}	嘴 tsuei^{52}	嘴唇 tsuei^{52}tʂʰuəŋ^{24}
延川	擤 sɿ^{53}	口 kʰəu^{53}	口唇 kʰəu^{53}tʂʰuŋ^{0}
黄陵	擤 ɕiəŋ^{52}	嘴 tsuei^{52}	嘴唇 tsuei^{52}suei^{24}
渭南	擤 ɕiəŋ^{53}	嘴 tʃei^{53}	嘴唇儿 tʃei^{53}ʃə̃r^{24}
韩城	擤 ɕi^{53}	嘴 tɕyɑ^{53}	嘴唇儿 tɕyɑ^{53}fɛ̃r^{24}
合阳	擤 ɕi^{52}	口 kʰou^{52} 嘴 tɕyɑ^{52}	嘴唇 tɕyɑ^{52}fẽ^{24}/tɕyei^{52}fẽ^{24}
富平	擤 ɕiəỹ^{53}	嘴 tsueɪ^{53}	嘴唇儿 tsueɪ^{53}ʃuɛ̃r^{24}
耀州	擤 ɕiŋ^{52}	嘴 tʃuei^{52} 嘴巴 tʃuei^{52}pa^{0}	嘴唇儿 tʃuei^{52}ʃuer^{24}
咸阳	擤 ɕiəŋ^{53}	嘴 tsuei^{53}	嘴唇儿 tsuei^{53}tʃʰuer^{24}
旬邑	擤 ɕiəŋ^{52}	嘴 tsuei^{52}	嘴书$^{=}$皮 tsuei^{52}ʃʅ^{21}pʰi^{24}
三原	擤 ɕiəŋ^{52}	嘴 tsuei^{52}	嘴唇儿 tsuei^{52}ʃuə̃r^{24}

	0463 擤~鼻涕	0464 嘴巴人的，统称	0465 嘴唇
乾县	擤 ɕiɤŋ^{53}	嘴巴 tsue^{53}pa^{21}	嘴唇儿 tsue^{53}ʃuẽ^{24}ɐr^{21}
岐山	擤 siŋ^{53}	嘴 tsuei^{53}	嘴唇 tsuei^{44}səŋ^{21}
凤翔	擤 siŋ^{53}	口 kʰəu^{53} 嘴 tsuei^{53}	嘴唇 tsuei^{44}ʂəŋ^{0}
千阳	擤 siŋ^{53}	嘴 tsuei^{53}	嘴唇 tsuei^{53}ʃəŋ^{24}
西安	擤 ɕiəŋ^{53}	嘴 tsuei^{53}	嘴唇儿 tsuei^{53}fər^{24}
户县	擤 ɕiŋ^{51}	嘴 tsuei^{51}	嘴唇儿 tsuei^{51}suɯ^{35}
商州	擤 ɕiəŋ^{53}	嘴 tʃuei^{53}	嘴唇儿 tʃuei^{53}ʃuẽr^{35}
镇安	擤 ɕin^{35}	嘴 tsEi^{35}	嘴唇子 tsEi^{33}tʂʰuən^{33}tsɿ^{0}
安康	擤 ɕin^{53}	嘴 tsuei^{53}	嘴唇儿 tsuei^{53}pfʰər^{35}
白河	擤 ɕiən^{35}	嘴巴 tsei^{35}pa^{0}	嘴唇儿 tsei^{35}tɕʰyər^{44}
汉阴	揔 soŋ^{45}	嘴巴 tsuei^{45}pɑ^{0}	嘴唇子 tsuei^{45}ʂən^{42}tsɿ^{0}
平利	擤 ɕin^{445}	嘴巴 tsei^{45}pa^{0}	嘴唇 tsei^{45}tʂʰʮən^{52}
汉中	擤 ɕin^{354}	嘴巴 tsuei^{35}pA^{0}	嘴皮皮 tsuei^{35}pʰi^{42}pʰi^{0} 嘴 tsuei^{354}
城固	擤 ɕiŋ^{44}	嘴 tʃuei^{44}	嘴 tʃuei^{44}
勉县	擤 ɕin^{35}	嘴巴 tsuei^{35}pɑ^{0}	嘴皮子 tsuei^{35}pʰi^{21}tsɿ^{0}
镇巴	擤 ɕin^{52} 粗⁼ tsʰu^{35}	嘴巴 tsuei^{45}pa^{55} 腮巴子 sai^{35}pa^{55}tsɿ^{52}	嘴皮 tsuei^{45}pʰi^{31} 嘴皮子 tsuei^{45}pʰi^{31}tsɿ^{31}

	0466 口水~流出来	0467 舌头	0468 牙齿
榆林	颔水 xɛ^{33}ʂuei^{0} 口水 k^{h}əu^{24}ʂuei^{0}	舌头 ʂə^{24}t^{h}əu^{0}	牙 ia^{213}
神木	颔水 xɛ^{24} ʂuei^{0}	舌头 ʂʅə^{44}t^{h}əu^{0}	牙 ia^{44}
绥德	颔水 xæ^{24} ʂuei^{0} 口水 k^{h}əu^{24} ʂuei^{0}	舌头 ʂɤ^{33}t^{h}əu^{0}	牙 iɑ^{33}
吴堡	颔水 ɕie^{24}suɛe^{0}	舌头 ʂəʔ^{21}t^{h}ɑo^{33}	牙 ȵiɑ^{33}
清涧	颔水 xɛ^{31} ʂuei^{53}	舌头 ʂɤ^{24}t^{h}əu^{0}	牙 ȵiɑ^{24}
延安	颔水 xæ̃^{21} ʂuei^{53} 口水 k^{h}ou^{24}ʂuei^{423}	舌头 ʂə^{24}t^{h}ou^{0}	牙 ȵia^{24}
延川	颔水 xæ̃^{21}ʂʮ^{53}	舌头 ʂə^{35}t^{h}əu^{0}	牙 ȵia^{35}
黄陵	颔水 xæ̃^{31}suei^{0}	舌头 ʂɤ^{24}t^{h}əu^{0}	牙 ȵia^{24}
渭南	颔水 xæ̃^{31}ʃei^{0}	舌头 ʂə^{24}t^{h}əu^{0}	牙 ȵia^{24}
韩城	颔水 xɑŋ^{31}fu^{0}	舌头 ʂʅE^{31}t^{h}əu^{53}	牙 ȵia^{24}
合阳	颔水 xɑŋ^{31}fu^{31}	舌头 ʂɤ^{24}t^{h}ou^{0}	牙 ȵiɑ^{24}
富平	颔水 xæ̃^{31}ʃueɪ^{31}	舌头 ʂɤ^{31}t^{h}ou^{53}	牙 ȵiɑ^{24}
耀州	颔水 xæ̃^{21}ʃuei^{0}	舌头 ʂɤ^{24}t^{h}ou^{0}	牙 ȵia^{24}
咸阳	颔水 xã^{31}ʃuei^{0}	舌头 ʂɤ^{24}t^{h}ou^{0}	牙 ȵia^{24}
旬邑	颔水 xã^{21}ʃei^{0}	舌头 ʂɤ^{21}t^{h}əu^{52}	牙 ȵia^{24}
三原	颔水 xã^{31}ʃuei^{0}	舌头 ʂɤ^{24}t^{h}ou^{0}	牙 ȵiɑ^{24}

	0466 口水~流出来	0467 舌头	0468 牙齿
乾县	颔水 xa^{21}ʃue^{21}	舌头 ʂɤ^{24}t^{h}ou^{21}	牙 ȵia^{24}
岐山	颔水 xæ̃^{31}ʂei^{21}	舌头 ʂɤ^{31}t^{h}ou^{53}	牙 iᴀ^{24}
凤翔	颔水 xæ̃^{31}ʂei^{0}	舌头 ʂʅə^{31}t^{h}əu^{53}	牙 ia^{24}
千阳	颔水 xæ̃^{31}ʃei^{0}	舌头 ʂə^{31}t^{h}ou^{0}	牙 ia^{24}
西安	颔水 xã^{21}fei^{0}	舌头 ʂɤ^{24}t^{h}ou^{0}	牙 ȵia^{24}
户县	哈水 xa^{31}suei^{31}	舌头 ʂʅɛ^{35}t^{h}ɤu^{31}	牙 ȵia^{35}
商州	颔水 xã^{31}ʃuei^{31}	舌头 ʂə^{31}t^{h}ou^{0}	牙 ȵiɑ^{35}
镇安	颔水 xan^{53}ʂuᴇi^{0}	舌头 ʂɛ^{322}t^{h}əu^{0}	牙 ia^{33}
安康	颔水 xan^{31}fei^{0}	舌头 ʂɤ^{35}t^{h}ou^{0}	牙齿 ia^{35}tʂ^{h}ʅ^{0}
白河	颔水 xan^{21}ʂuei^{35}	舌头 ʂe^{44}t^{h}əu^{0}	牙 ia^{44}
汉阴	颔水 χan^{33}suei^{0} 口水 k^{h}əu^{45}suei^{0}	舌头 ʂe^{42}t^{h}əu^{0}	牙齿 ȵiɑ^{42}tʂ^{h}ʅ^{0}
平利	颔水 xan^{43}ʂɥei^{45}	舌头 ʂᴇ^{52}t^{h}ou^{0}	牙齿 ia^{52}tʂʅ^{0}
汉中	颔水 xan^{55}suei^{0} 口水 k^{h}əu^{35}suei^{0}	舌头 ʂɤ^{42}t^{h}əu^{0}	牙 iᴀ^{42} 牙齿 iᴀ^{42}ts^{h}ɿ^{0}
城固	颔水 xan^{44}ʃuei^{0}	舌头 ʂə^{31}t^{h}əu^{0}	牙 ia^{311}
勉县	颔水 xɑn^{44}fei^{0}	舌头 sɤ^{21}t^{h}əu^{0}	牙 iɑ^{21}
镇巴	口水 k^{h}əu^{45}suei^{52} 颔口水 xan^{35}k^{h}əu^{45}suei^{52}	舌头儿 sɛ^{33}t^{h}ɐr^{31}	牙齿 ia^{31}ts^{h}ɿ^{52}

	0469 下巴	0470 胡子嘴周围的	0471 脖子
榆林	下巴子 $xa^{52}pa^{21}tsəʔ^{0}$	胡子 $xu^{24}tsəʔ^{0}$	脖子 $puə^{24}tsəʔ^{0}$
神木	下巴子 $xa^{53}pa^{0}tsəʔ^{4}$	胡柴 $xu^{44}ts^{h}ᴇe^{0}$	脖子 $puo^{44}tsəʔ^{0}$
绥德	下巴儿 $xɑ^{52}pɐr^{0}$ 下巴子 $xɑ^{52}pɑ^{21}tsɤ^{33}$	胡子 $xu^{33}tsəʔ^{0}$	脖项儿 $puo^{33}xɒ̃r^{52}$ 脖子 $puo^{33}tsəʔ^{0}$
吴堡	下巴子 $xɑ^{53}p^{h}ɑʔ^{4}tsəʔ^{0}$	胡子 $xu^{33}tsəʔ^{0}$	脖子 $p^{h}ɑʔ^{4}tsəʔ^{0}$
清涧	下巴子 $xɑ^{42}pɑ^{31}tsəʔ^{0}$	胡子 $xʋ^{24}tsəʔ^{0}$	脖颈 $p^{h}ɤ^{24}tɕiəɣ̃^{0}$
延安	下巴 $xa^{443}pa^{0}$	胡子 $xu^{24}tsəʔ^{0}$	脖子 $p^{h}uo^{24}tsəʔ^{0}$
延川	下巴 $xa^{53}pa^{0}$	胡子 $xu^{35}tsəʔ^{0}$	脖子 $p^{h}ə^{35}tsəʔ^{0}$
黄陵	下巴 $xɑ^{55}pɑ^{0}$	胡子 $xu^{24}tsɿ^{0}$	脖子 $p^{h}uɤ^{24}tsɿ^{0}$
渭南	下巴儿 $xɑ^{44}pɐr^{0}$	胡子 $xu^{24}tsɿ^{0}$	脖项 $p^{h}ə^{24}xɑŋ^{0}$
韩城	牙叉骨 $ȵiɑ^{31}ts^{h}ɑ^{53}ku^{31}$	胡子 $xu^{31}tsɿ^{53}$	脖项 $p^{h}uɤ^{31}xɑŋ^{53}$
合阳	下巴 $xɑ^{55}pf^{h}ɑ^{31}$	胡子 $xu^{24}tsɿ^{0}$	脖项 $p^{h}o^{24}xɑŋ^{31}$
富平	下巴 $xɑ^{55}pɑ^{31}$	胡子 $xu^{31}tsɿ^{53}$	脖浪骨 $p^{h}u^{31}lɑɣ̃^{53}kuo^{31}$
耀州	下巴 $xa^{44}pa^{0}$ 牙叉骨 $ȵia^{24}ts^{h}a^{52}ku^{21}$	胡子 $xu^{24}tsɿ^{0}$	脖项 $p^{h}uo^{24}xɑŋ^{0}$
咸阳	下巴 $xa^{44}pa^{31}$	胡子 $xu^{24}tsɿ^{0}$	脖项 $po^{24}xɑŋ^{0}$
旬邑	下巴子 $xa^{24}pa^{0}tsɿ^{0}$	胡子 $xu^{21}tsɿ^{0}$	脖子 $p^{h}o^{21}tsɿ^{0}$ 脖浪骨 $p^{h}o^{21}lɑŋ^{44}ku^{21}$
三原	下巴儿 $xɑ^{44}pɐr^{0}$	胡子 $xu^{24}tsɿ^{0}$	脖浪 $p^{h}ɤ^{24}lɑŋ^{0}$ 脖项 $p^{h}ɤ^{24}xɑŋ^{0}$

	0469 下巴	0470 胡子嘴周围的	0471 脖子
乾县	下巴 xa^{55}pa^{21}	胡子 xu^{24}tsɿ^{21}	脖项 puɤ^{24}xaŋ^{21}
岐山	下巴 xA^{44}pA^{53}	胡子 xu^{31}tsɿ^{53}	脖浪骨 p^{h}u^{31}lɑŋ^{44}kuo^{31}
凤翔	下巴骨 xa^{45}pa^{0}ku^{0} 下巴 xa^{45}pa^{0}	胡子 xu^{31}tsɿ^{53}	脖浪骨 p^{h}u^{31}lɑŋ^{44}kuo^{0}
千阳	下巴 xa^{45}pa^{0}	胡子 xu^{31}tsɿ^{0}	脖浪骨 p^{h}u^{31}lɑŋ^{44}kuo^{0}
西安	下巴儿 xa^{44}pɐr^{0}	胡子 xu^{24}tsɿ^{0}	脖项 po^{24}xaŋ^{0}
户县	下巴 xa^{55}pa^{31}	胡子 xu^{35}tsɿ^{0}	脖项 pɤ^{35}xaŋ^{31}
商州	下巴 xɑ^{44}pɑ^{0}	胡子 xu^{31}tsɿ^{0}	脖项 p^{h}uə^{31}xɑŋ^{53}
镇安	下巴壳子 xa^{21}pa^{0}k^{h}uə^{53}tsɿ^{0}	胡子 xu^{33}tsɿ^{0}	颈脖子 tɕin^{35}puə^{21}tsɿ^{0}
安康	下脖子 xa^{44}puo^{35}tsɿ^{0}	胡子 xu^{35}tsɿ^{0}	脖项 puo^{35}xaŋ^{0}
白河	下巴壳儿 ɕia^{42}pa^{0}k^{h}uər^{213}	胡子 xu^{44}tsɿ^{0}	颈脖子 tɕiən^{35}po^{44}tsɿ^{0}
汉阴	下巴儿 χɑ^{21}par^{0}	胡子 χu^{42}tsɿ^{0}	颈骨子 tɕin^{45}ku^{0}tsɿ^{0}
平利	下巴儿 ɕia^{24}par^{0}	胡子 xu^{52}tsɿ^{0}	颈脖子 tɕin^{45}po^{52}tsɿ^{0}
汉中	下巴 xA^{21}p^{h}A^{0}	胡子 xu^{42}tsɿ^{0}	脖项 pɤ^{42}xɑŋ^{0} 颈项 tɕin^{35}xɑŋ^{0}
城固	下巴 xɑ^{31}p^{h}a^{0}	胡 xu^{311}	脖浪骨 pu^{31}laŋ^{31}ku^{0}
勉县	下巴 xɑ^{21}p^{h}ɑ^{35}	胡子 xu^{21}tsɿ^{0}	脖浪骨 pɤ^{21}lɑŋ^{0}ku^{0}
镇巴	下巴儿 xa^{21}p^{h}ɐr^{55}	胡子 xu^{33}tsɿ^{31}	颈项 tɕin^{45}k^{h}aŋ^{31}

	0472 喉咙	0473 肩膀	0474 胳膊
榆林	嗯咙 xuəʔ^{3}luɤɣ̃^{52} 喉儿咽 xəur^{24}iɛ^{52}	肩膊 tɕiɛ^{33}paʔ^{0}	胳膊 kəʔ^{3}paʔ^{0}
神木	嗯咙 xuəʔ^{4}lɤ̃^{44}	膀子 pɑ̃^{21}tsəʔ^{4} 肩膊 tɕiɛ^{24}p^{h}uo^{0}	胳膊 kəʔ^{4}puo^{0}
绥德	嗯咙 xuəʔ^{3}ləɣ̃^{33}	肩膊 tɕie^{24}pɤ^{0}	胳膊 kəʔ^{5}pɤ^{0}
吴堡	嗯咙 xuəʔ^{3}luəŋ^{213}	肩胛 tɕie^{21}tɕiɑ^{53}	胳膊 kəʔ^{21}pəʔ^{3}
清涧	嗯咙 xuəʔ^{4}ləɣ̃^{0}	肩胛 tɕi^{31}tɕiɑ^{42} 胛子 tɕiɑ^{53}tsəʔ^{0}	胳膊 kəʔ^{4}pɤ^{53}
延安	嗯咙 xuəʔ^{5}luəŋ^{0}	肩膀 tɕiæ̃^{21}pa^{53}	胳膊 kəʔ^{5}puo^{0}
延川	嗯咙 xuəʔ^{35}luŋ^{0}	肩胛 tɕiɛ^{21}tɕia^{53}	胳膊 kəʔ^{54}pɤ^{0}
黄陵	嗯咙 xu^{24}luŋ^{0}	胛骨 tɕia^{31}ku^{0} 肩膀 tɕiæ̃^{31}pɑŋ^{0}	胳膊 kɯ^{31}puɤ^{0}
渭南	嗯咙 xu^{24}ləu^{0}	胛骨儿 tɕiɑ^{53}kuər^{0}	胳膀 kɯ^{53}pɑŋ^{0}
韩城	嗯咙 xu^{31}ləŋ^{53}	胛骨子 tɕiɑ^{31}kuɤ^{0}tsɿ^{0}	胳膊 kɯ^{31}puɤ^{53}
合阳	嗯咙 xu^{24}ləŋ^{31}	肩膀 tɕiɑ̃^{31}pɑŋ^{31}	胳膊 kɯ^{31}po^{31}
富平	嗯咙 xu^{31}lou^{53}	胛骨 tɕiɑ^{53}kuo^{31}	胳膊 kɯ^{53}p^{h}o^{31}
耀州	嗯咙 xu^{24}luŋ^{0}	胛骨子 tɕia^{52}ku^{21}tsɿ^{0}	胳膊 kɯ^{52}p^{h}uɤ^{0}
咸阳	嗯咙 xu^{24}luəŋ^{0}	肩骨儿 tɕia^{31}kuər^{53}	胳膊 kɤ^{31}po^{0}
旬邑	嗯咙 xu^{21}luəŋ^{52}	胛骨子 tɕia^{21}kuo^{21}tsɿ^{0}	胳膊 kɯ^{52}p^{h}o^{21}
三原	嗯咙 xu^{24}lou^{0}	胛骨儿 tɕiɑ^{52}kuər^{0}	胳膊 kɯ^{52}p^{h}ɤ^{0}

	0472 喉咙	0473 肩膀	0474 胳膊
乾县	喉咙 xou^{24}lu^{21}	肩膀 tɕiæ̃^{21}paŋ^{21}	胳膊 kɤ^{53}p^{h}uɤ^{21}
岐山	喉咙眼 xou^{31}lou^{44}ȵiæ̃^{21} 喉咙 xou^{31}lou^{53}	胛骨 tɕiᴀ^{53}kuo^{21}	胳膊 kei^{53}p^{h}o^{21}
凤翔	唿咙眼 xu^{31}lu^{44}ȵiæ̃^{0} 嗓子 sɑŋ^{44}tsɿ^{0}	胛骨 tɕia^{53}ku^{0} 肩膀 tɕiæ̃^{53}pɑŋ^{0}	胳膊 kei^{53}p^{h}o^{0}
千阳	唿咙眼 xu^{31}lu^{44}ȵiæ̃^{0}	胛骨 tɕia^{31}ku^{0}	胳膊 kuo^{53}p^{h}u^{0}
西安	唿咙 xu^{24}lou^{0}	肩膀 tɕiã^{21}paŋ^{0}	胳膊 kɯ^{21}po^{0}
户县	喉咙 xu^{35}lɤu^{31}	胛股儿 tɕia^{31}kuɯ^{51}	胳膊儿 kɯ^{31}pə^{0} 梢把 sau^{31}pa^{31}
商州	唿咙 xu^{31}luəŋ^{53}	胛骨子 tɕiɑ^{53}kuə^{31}tsɿ^{0}	胳膊 kɯ^{53}p^{h}uə^{0}
镇安	唿咙 xu^{33}lɤŋ^{0}	肩膀 tɕian^{21}pʌŋ^{35}	手杆子 ʂəu^{35}kan^{35}tsɿ^{53} 手膀子 ʂəu^{35}pʌŋ^{35}tsɿ^{53}
安康	喉咙 xou^{35}luŋ^{0}	肩膊 tɕian^{31}puo^{0}	胳膊 kɤ^{31}puo^{0}
白河	唿咙管儿 xu^{44}ləŋ^{0}kuɐr^{35}	肩膀头儿 tɕian^{42}paŋ^{0}t^{h}ər^{44}	手膀子 ʂəu^{35}paŋ^{35}tsɿ^{0}
汉阴	喉咙管儿 χəu^{42}loŋ^{0}kuar^{45}	膀子 pɑŋ^{45}tsɿ^{0}	手膀子 ʂəu^{45}pɑŋ^{45}tsɿ^{0}
平利	喉咙 xou^{52}loŋ^{0}	肩膀 tɕian^{43}paŋ^{45}	手膀子 ʂou^{45}paŋ^{45}tsɿ^{21}
汉中	喉咙 xəu^{42}loŋ^{0}	肩膀 tɕian^{55}pɑŋ^{0}	胳膊 kɤ^{55}pɤ^{0}
城固	唿咙 xu^{31}luŋ^{24}	胛骨 tɕia^{44}ku^{0}	胳膊 kə^{44}pu^{0}
勉县	喉咙 xəu^{21}loŋ^{0}	胛骨 tɕiɑ^{44}ku^{0}	胳膊 kɤ^{44}p^{h}ɤ^{0}
镇巴	喉咙 xəu^{33}loŋ^{31}	肩包 tɕian^{35}pau^{55}	膀子 paŋ^{45}tsɿ^{52} 手膀子 səu^{45}paŋ^{45}tsɿ^{52}

	0475 手方言指（打√）：只指手；包括臂：他的~摔断了	0476 左手	0477 右手
榆林	手 ʂəu^{213}	左手 tsuə^{24}ʂəu^{0}	右手 iəu^{52}ʂəu^{0} 正手 tʂɤɣ̃^{52}ʂəu^{0}
神木	手 ʂəu^{213}	左手 tsuo^{24}ʂəu^{0}	正手 tʂɤ̃^{53}ʂəu^{0}
绥德	手 ʂəu^{213}	左手 tsəɣ̃^{24}ʂəu^{0}	右手 iəu^{52}ʂəu^{0} 正手 tʂəɣ̃^{52}ʂəu^{0}
吴堡	手 ʂɑo^{412}	左手 tsɤu^{24}ʂɑo^{412}	正手 tʂɛe^{53}ʂɑo^{412}
清涧	手 ʂəu^{53}	左手 tsɯ^{53}ʂəu^{0}	正手 tʂəɣ̃^{42}ʂəu^{0}
延安	手 ʂou^{52}	左手 tsuo^{24}ʂou^{423}	右手 iou^{443}ʂou^{423}
延川	手 ʂəu^{53}	左手 tsei^{53}ʂəu^{0}	右手 iəu^{53}ʂəu^{0}
黄陵	手 ʂəu^{52}	左手 tsuɤ^{55}ʂəu^{52}	右手 iəu^{55}ʂəu^{52}
渭南	手 ʂəu^{53}	左手 tʃə^{44}ʂəu^{53}	右手 iəu^{44}ʂəu^{53}
韩城	手 ʂəu^{53}	左手 tsuɤ^{44}ʂəu^{0}	右手 iəu^{44}ʂəu^{0}
合阳	手 ʂou^{52}	左手 tɕyə^{55}ʂou^{52}	右手 iou^{55}ʂou^{52}
富平	手 ʂou^{53}	左手 tsuo^{53}ʂou^{53}	右手 iou^{55}ʂou^{53}
耀州	手 ʂou^{52}	左手 tsuo^{52}ʂou^{52}	右手 iou^{44}ʂou^{52}
咸阳	手 ʂou^{53}	左手 tsuo^{53}ʂou^{0}	右手 iou^{44}ʂou^{0}
旬邑	手 ʂəu^{52}	左手 tsuo^{44}ʂəu^{0}	右手 iəu^{44}ʂəu^{0}
三原	手 ʂou^{52}	左手 tsuə^{52}ʂou^{52}	右手 iou^{44}ʂou^{52}

	0475 手方言指（打√）：只指手；包括臂：他的~摔断了	0476 左手	0477 右手
乾县	手 ʂou^{53}	左手 tsuɤ^{21}ʂou^{21}	右手 iou^{55}ʂou^{21}
岐山	手 ʂou^{53}	左手 tsuo^{44}ʂou^{53}	右手 iou^{44}ʂou^{53}
凤翔	手 ʂəu^{53}	左手 tsuo^{45}ʂəu^{0}	右手 iəu^{45}ʂəu^{0}
千阳	手 ʂou^{53}	左手 tsuo^{45}ʂou^{0}	右手 iou^{45}ʂou^{0}
西安	手 ʂou^{53}	左手 tsuo^{53}ʂou^{53}	右手 iou^{44}ʂou^{53}
户县	手 ʂɤu^{51}	左手 tsuɤ^{51}ʂɤu^{51}	右手 iɤu^{55}ʂɤu^{51}
商州	手 ʂou^{53}	反手 fã^{31}ʂou^{0}	正手 tʂəŋ^{44}ʂou^{53}
镇安	手 ʂəu^{35}	反手 fan^{35}ʂəu^{35}	顺手 ʂuən^{322}ʂəu^{0}
安康	手 ʂou^{53}	左手 tsuo^{53}ʂou^{53}	右手 iou^{44}ʂou^{53}
白河	手 ʂəu^{35}	左手 tsuo^{35}ʂəu^{35} 反手 fan^{35}ʂəu^{35}	右手 iəu^{42}ʂəu^{35} 顺手 ʂuən^{42}ʂəu^{35}
汉阴	手 ʂəu^{45}	左手 tso^{45}ʂəu^{45}	右手 iəu^{21}ʂəu^{45}
平利	手 ʂou^{445}	左手 tso^{45}ʂou^{445}	右手 iou^{24}ʂou^{445}
汉中	手 ʂəu^{354}	左手 tsuɤ^{35}ʂəu^{0}	右手 iəu^{21}ʂəu^{354}
城固	手 ʂəu^{44}	左手 tʃuə^{44}ʂəu^{0}	右手 iəu^{31}ʂən^{44}
勉县	手 səu^{35}	左手 tsuɤ^{35}səu^{0}	右手 iəu^{21}səu^{35}
镇巴	手 səu^{52}	左手 tso^{45}səu^{52}	右手 iəu^{21}səu^{52}

	0478 拳头	0479 手指	0480 大拇指
榆林	锤头 tʂ^{h}uei^{24}t^{h}əu^{0}	指头儿 tsʌʔ^{3}t^{h}əur^{33}	大卜老儿 ta^{52}pəʔ^{3}lɔr^{213}
神木	圪都 kəʔ^{2}tu^{24} 锤头 tʂ^{h}uei^{44}t^{h}əu^{0}	指头子 tsəʔ^{4}t^{h}əu^{44}tsəʔ^{0}	大拇指头子 ta^{53}ma^{0}tsəʔ^{4}t^{h}əu^{44}tsəʔ^{0}
绥德	圪都 kəʔ^{5}tu^{213} 锤头 tʂ^{h}uei^{33}t^{h}əu^{0}	指头儿 tsɤ^{33}t^{h}əur^{33} 手指头儿 ʂəu^{21}tsɤ^{33}t^{h}əur^{33}	老拇指头儿 lao^{24}mao^{0}ts ɤ^{33}t^{h}əur^{33}
吴堡	圪都 kəʔ^{21}tu^{213} 锤头 ts^{h}uɛe^{33}t^{h}ɑo^{0}	指头儿 tʂɑʔ^{3}t^{h}ɑor^{53}	老拇指头儿 lo^{24}mɑ^{41}tʂɑʔ^{3}t^{h}ɑor^{53}
清涧	圪都子 kəʔ^{4}tʊ^{24}tsəʔ^{0} 锤头 tʂ^{h}uei^{24}t^{h}əu^{0}	指头儿 tsɛ^{53}t^{h}əur^{0}	老拇指头儿 lɔo^{24}mu^{53}tsɛ^{53}t^{h}əur^{0}
延安	锤头 tʂ^{h}uei^{24}t^{h}ou^{0}	手指 ʂou^{52}tsɿ^{0}	大拇指头 ta^{443}mu^{21}tsɿ^{0}t^{h}ou^{0} 老拇指头 lɔ^{52}mu^{21}tsɿ^{0}t^{h}ou^{0}
延川	锤头 tʂ^{h}uei^{35}t^{h}əu^{0}	指头儿 tʂəʔ^{21}t^{h}əur^{53}	老拇指头儿 lɑo^{53}mu^{21}tsəʔ^{21}t^{h}əur^{0}
黄陵	锤头 ts^{h}uei^{24}t^{h}əu^{0} 拳头 tɕ^{h}yæ̃^{24}t^{h}əu^{0}	指头 tsɿ^{31}t^{h}əu^{0}	老门指头 lɔ^{52}mẽ^{0}tsɿ^{31}t^{h}əu^{0}
渭南	锤头 tʃ^{h}ei^{24}t^{h}əu^{0}	指头 tsɿ^{53}t^{h}əu^{0}	大门指头 tɑ^{44}mə̃^{24}tsɿ^{53}t^{h}əu^{0}
韩城	锤头子 pf^{h}ɪi^{31}t^{h}əu^{53}tsɿ^{0} 拳头子 tɕ^{h}yã^{31}t^{h}əu^{53}tsɿ^{0}	指拇头 tʂʅ^{44}mɑ^{0}t^{h}əu^{0}	大拇指头 tɑ^{44}mɑ^{31}tʂʅ^{31}t^{h}əu^{0}
合阳	锤头 pf^{h}ei^{24}t^{h}ou^{0} 拳头 tɕ^{h}yɑ̃^{24}t^{h}ou^{0}	手指头 ʂou^{52}tsɿ^{31}t^{h}ou^{0}	大拇指 t^{h}uo^{55}mu^{31}tsɿ^{52}
富平	锤头儿 tʃ^{h}ueɪ^{31}t^{h}or^{53}	指头 tsɿ^{53}t^{h}ou^{31}	大拇指头 tɑ^{55}mu^{31}tsɿ^{53}t^{h}ou^{31}
耀州	锤头子 tʃ^{h}uei^{24}t^{h}ou^{52}tsɿ^{0}	指头 tsɿ^{52}t^{h}ou^{0}	大门哥儿 ta^{44}mei^{0}kɤr^{24}
咸阳	锤头 tʃ^{h}uei^{24}t^{h}ou^{0}	指头 tsɿ^{31}t^{h}ou^{0}	拇指 mu^{53}tsɿ^{0}
旬邑	锤头子 tʃ^{h}ei^{21}t^{h}əu^{52}tsɿ^{0}	手指头 ʂəu^{52}tsɿ^{52}t^{h}əu^{0}	大拇指头 ta^{24}mɛi^{21}tsɿ^{52}t^{h}əu^{0}
三原	锤头 tʃ^{h}uei^{24}t^{h}ou^{0}	手指头 ʂou^{52}tsɿ^{52}t^{h}ou^{0}	大门指头 tɑ^{44}mẽ^{24}tsɿ^{52}t^{h}ou^{0}

	0478 拳头	0479 手指	0480 大拇指
乾县	锤头 tʃʰue^{24}tʰou^{21}	手指 ʂou^{53}tsɿ^{21}	大拇指 ta^{55}mu^{53}tsɿ^{21}
岐山	锤头 tʂʰei^{31}tʰou^{53} 拳头 tɕʰyæ̃^{31}tʰou^{53}	指头 tsɿ^{53}tʰou^{21}	大拇指头 tA^{44}mu^{53}tsɿ^{53}tʰou^{21}
凤翔	锤头 tʂʰei^{31}tʰəu^{53} 拳头 tɕʰyæ̃^{31}tʰəu^{53}	指头 tsɿ^{53}tʰəu^{0} 手指头 ʂəu^{53}tsɿ^{53}tʰəu^{0}	大拇指头 ta^{44}mu^{53}tsɿ^{53}tʰəu^{0}
千阳	锤头 tʃʰei^{31}tʰou^{0}	手指头 ʂou^{53}tsɿ^{53}tʰou^{0}	大拇指 ta^{45}mu^{0}tsɿ^{0}
西安	锤头 pfei^{24}tʰou^{0}	指头 tsɿ^{21}tʰou^{0}	大门指头 ta^{44}mən^{44}tsɿ^{21}tʰou^{0}
户县	锤头 tsʰuei^{35}tʰɤu^{31}	手指头 ʂɤu^{55}tsɿ^{31}tʰɤu^{31} 指头 tsɿ^{31}tʰɤu^{31}	大门指头 ta^{55}mẽ^{31}tsɿ^{31}tʰɤu^{31}
商州	锤头子 tʃʰuei^{31}tʰou^{53}tsɿ^{0}	手指头 ʂou^{44}tsɿ^{53}tʰou^{0}	大门指头 tɑ^{44}mẽ^{0}tsɿ^{53}tʰou^{0}
镇安	锤头子 tʂʰuEi^{33}tʰəu^{0}tsɿ^{0}	指头 tʂʅ^{53}tʰəu^{0}	大拇指 ta^{322}muə^{21}tʂʅ^{21}
安康	锤头子 pfʰei^{35}tʰou^{31}tsɿ^{0}	手指头儿 ʂou^{53}tʂʅ^{31}tʰour^{0}	大拇指头儿 ta^{44}mu^{21}tʂʅ^{31}tour^{0}
白河	锤头子 tʂʰuei^{44}tʰəu^{0}tsɿ^{0}	手指拇儿 ʂəu^{35}tʂʅ^{21}mər^{0}	大指拇儿 ta^{41}tʂʅ^{21}mər^{0}
汉阴	锤头子 tsʰuei^{42}tʰəu^{0}tsɿ^{0}	手指拇儿 ʂəu^{45}tʂʅ^{42}mar^{0}	大指拇儿 tɑ^{24}tʂʅ^{42}mar^{0}
平利	锤头子 tʂʰʮei^{52}tʰou^{52}tsɿ^{0}	手指头 ʂou^{45}tʂʅ^{43}tʰou^{0}	大拇指 ta^{24}mo^{45}tʂʅ^{43} 大指头 ta^{24}tʂʅ^{43}tʰou^{0}
汉中	锭子 tin^{21}tsɿ^{0}	指头 tsɿ^{55}tʰəu^{0} 指拇 tsɿ^{55}mu^{0}	大指拇 tA^{21}tsɿ^{35}mu^{0}
城固	锤头 tʃʰuei^{31}tʰəu^{0} 锭 tiŋ^{213}	手指拇 ʂəu^{44}tsɿ^{44}mu^{0}	大指拇 ta^{31}tsɿ^{24}mu^{0}
勉县	锭子 tin^{21}tsɿ^{35}	手指门 səu^{35}tsɿ^{44}məŋ^{0}	大指门 tɑ^{21}tsɿ^{35}məŋ^{0}
镇巴	锭子 tin^{21}tsɿ^{52} 锭子砣砣 tin^{21}tsɿ^{52}tʰo^{52}tʰo^{55}	手指拇儿 səu^{45}tsɿ^{52}mɐr^{55}	大指拇儿 ta^{213}tsɿ^{52}mɐr^{55}

	0481 食指	0482 中指	0483 无名指
榆林	二卜老儿 ər^{52}pəʔ^{3}lɔr^{213}	中指 tʂuɤɣ̃^{33}tsɿ^{213}	无名指 vu^{24}miɤɣ̃^{24}tsɿ^{0}
神木	二拇指头子 ʌɯ^{53}ma^{0} tsəʔ^{4}tʰəu^{44}tsəʔ^{0}	中指 tʂuɤ̃^{24}tsɿ^{0} 中指指头子 tʂuɤ̃^{24}tsɿ^{0} tsəʔ^{4}tʰəu^{44}tsəʔ^{0}	无名指 vu^{44}miɤ̃^{44}tsɿ^{0} 四指 sɿ^{53}tsɿ^{0}
绥德	二拇指头儿 ər^{52}mɤ^{0}tsɤ^{33} tʰəur^{33} 食指 ʂəʔ^{5}tsɿ^{213}	中指 tʂuəɣ̃^{24}tsɿ^{0}	无名指 u^{33}miəɣ̃^{33}tsɿ^{213}
吴堡	食指 ʂəʔ^{21}tsɿ^{412}	中指 tsuəŋ^{24}tsɿ^{412}	无名指 u^{33}miəŋ^{33}tsɿ^{412}
清涧	食指 ʂəʔ^{4}tsɿ^{53}	中指指头儿 tʂuəɣ̃^{31}tsɿ^{53} tsɛ^{53}tʰəur^{0}	无名指 vʊ^{24}miəɣ̃^{24}tsɿ^{53}
延安	二拇指 ər^{443}mu^{21}tsɿ^{0}	中指 tʂuəŋ^{24}tsɿ^{423}	无名指 vu^{24}miəŋ^{24}tsɿ^{423}
延川	二拇指头儿 ər^{53}mu^{21}tsəʔ^{32} tʰəur^{0}	中指 tʂuŋ^{21}tsɿ^{53}	无名指 vu^{35}miŋ^{53}tsɿ^{0}
黄陵	二门指头子 ər^{55}mẽ^{0}tsɿ^{31} tʰəu^{0}	中指 tsuŋ^{31}tsɿ^{0}	无名指 u^{24}miəŋ^{24}tsɿ^{0}
渭南	二门指头 ər^{44}mə̃^{24}tsɿ^{53} tʰəu^{0}	中指 tʃəŋ^{24}tsɿ^{0}	无名指 vu^{24}miəŋ^{24}tsɿ^{0}
韩城	二拇指头 ər^{44}mɑ^{31}tʂʅ^{31} tʰəu^{0}	中指 pfəŋ^{31}tsɿ^{0}	无名指 vu^{31}miəŋ^{24}tsɿ^{53}
合阳	食指 ʂʅ^{24}tsɿ^{52}	中指 pfəŋ^{31}tsɿ^{31}	无名指 u^{24}miŋ^{24}tsɿ^{52}
富平	食指 ʂʅ^{24}tsɿ^{31}	中指 tʃuəɣ̃^{31}tsɿ^{31}	无名指 v^{24}miəɣ̃^{24}tsɿ^{31}
耀州	二拇指头 ər^{44}mu^{24}tsɿ^{52}tʰou^{0}	中指 tʃuŋ^{21}tsɿ^{0}	无名指 u^{24}miŋ^{24}tsɿ^{0}
咸阳	食指 ʂʅ^{24}tsɿ^{0}	中指 tʃuəŋ^{31}tsɿ^{0}	无名指 u^{24}miəŋ^{24}tsɿ^{0}
旬邑	食指 ʂʅ^{24}tsɿ^{0}	中指 tʃəŋ^{21}tsɿ^{0}	无名指 u^{24}miəŋ^{24}tsɿ^{0}
三原	二门指头 ər^{44}mẽ^{24}tsɿ^{52}tʰou^{0}	中指 tʃuəŋ^{31}tsɿ^{0}	无名指 vu^{24}miəŋ^{24}tsɿ^{0}

	0481 食指	0482 中指	0483 无名指
乾县	食指 ʂʅ^{24}tsɿ^{21}	中指 tʃoŋ^{21}tsɿ^{21}	无名指 u^{24}miɤŋ^{24}tsɿ^{21}
岐山	食指 ʂʅ^{24}tsɿ^{53}	中指 tʂəŋ^{31}tsɿ^{53}	无名指 vu^{24}miŋ^{24}tsɿ^{53}
凤翔	食指 ʂʅ^{24}tsɿ^{0}	中指 tʂəŋ^{31}tsɿ^{0}	无名指 vu^{24}miŋ^{24}tsɿ^{0}
千阳	食指 ʂʅ^{24}tsɿ^{0}	中指 tʃəŋ^{31}tsɿ^{0}	无名指 vu^{24}miŋ^{24}tsɿ^{0}
西安	二门指头 ər^{44}mən^{44}tsɿ^{21}tʰou^{0}	中指 pfəŋ^{21}tsɿ^{0}	无名指 u^{24}miəŋ^{24}tsɿ^{0}
户县	二门指头 ɯ^{55}mẽ^{31}tsɿ^{31}tʰɤu^{31}	中门指头 tsuəŋ^{31}mẽ^{31}tsɿ^{31}tʰɤu^{31}	无名指 vu^{35}miŋ^{35}tsɿ^{31}
商州	二门指头 ər^{31}mẽ^{0}tsɿ^{53}tʰou^{0}	中指 tʃuəŋ^{31}tsɿ^{31}	四门指头 sɿ^{44}mẽ^{0}tsɿ^{53}tʰou^{0}
镇安	二拇指 ər^{322}muə^{21}tʂʅ^{21}	中指 tʂuoŋ^{53}tʂʅ^{0}	无名指 vu^{33}min^{33}tʂʅ^{53}
安康	食指 ʂʅ^{35}tʂʅ^{31}	中拇指头儿 pfəŋ^{31}mu^{53}tʂʅ^{31}tour^{0}	无名指 u^{35}min^{35}tʂʅ^{31}
白河	二指拇儿 ər^{41}tʂʅ^{21}mər^{0}	中指拇儿 tʂuəŋ^{35}tʂʅ^{21}mər^{0}	无名指 u^{44}miən^{44}tʂʅ^{213}
汉阴	二指拇儿 ar^{24}tʂʅ^{42}mar^{0}	中指拇儿 tsoŋ^{33}tʂʅ^{42}mar^{0}	指拇儿 tʂʅ^{42}mar^{0}
平利	二拇指 ər^{24}mo^{45}tʂʅ^{43}	中指 tʂoŋ^{43}tʂʅ^{43}	无名指 u^{52}min^{52}tʂʅ^{43}
汉中	二指拇 ər^{21}tsɿ^{35}mu^{0}	中指拇 tsoŋ^{55}tsɿ^{0}mu^{0}	四指拇 sɿ^{21}tsɿ^{0}mu^{0}
城固	二指拇 ə^{31}tsɿ^{24}mu^{0}	中指拇 tʃuŋ^{44}tsɿ^{0}mu^{0}	无名指 vu^{31}miŋ^{31}tsɿ^{53}
勉县	二指门 ər^{21}tsɿ^{35}məŋ^{0}	中指门 tsoŋ^{44}tsɿ^{0}məŋ^{0}	四指门 sɿ^{21}tsɿ^{35}məŋ^{0}
镇巴	二指拇儿 ər^{213}tsɿ^{52}mɐr^{55}	中指拇儿 tsoŋ^{35}tsɿ^{52}mɐr^{55}	无名指拇儿 u^{33}min^{31}tsɿ^{52}mɐr^{213}

	0484 小拇指	0485 指甲	0486 腿
榆林	猴卜老儿 xəu^{24}pəʔ^{3}lɔr^{213} 小拇股儿 ɕiɔo^{21}məʔ^{3}kur^{0}	指甲 tsəʔ^{3}tɕiaʔ^{0}	腿 tʰuei^{213} 腿把子 tʰuei^{21}pa^{52}tsəʔ^{0}
神木	猴拇指头儿 xəu^{44}ma^{0}tsəʔ^{4}tʰʌɯ^{53}	甲掐儿 tɕiaʔ^{4}tɕʰiʌɯ^{0}	腿 tʰuei^{213} 腿把子 tʰuei^{21}pa^{53}tsəʔ^{0}
绥德	猴指头儿 xəu^{33}tsɤ^{33}tʰəur^{0}	指甲 tɕiəʔ^{5}tɕiɑ^{0}	腿 tʰuei^{213} 腿把子 tʰuei^{21}pɑ^{52}tsəʔ^{0}
吴堡	猴指头儿 xɑo^{33}tʂɑʔ^{3}tʰɑor^{53}	指甲 tsɿ^{41}tɕiɑʔ^{3}	腿 tʰuɑe^{412}
清涧	猴指头儿 xəu^{24}tsɛ^{53}tʰəur^{0}	指甲 tɕiəʔ^{4}tɕiɑ^{0}	腿 tʰuai^{53}
延安	小拇指 ɕiɔ^{24}mu^{21}tsɿ^{0}	指甲 tsɿ^{52}tɕia^{0}	腿 tʰuei^{52}
延川	小拇指头儿 ɕiɑo^{53}mu^{53}tsəʔ^{21}tʰəur^{0}	指甲 tsəʔ^{54}tɕia^{0}	腿 tʰuei^{53}
黄陵	小门指头子 ɕiɔ^{52}mẽ^{0}tsɿ^{31}tʰəu^{0}	指甲 tsɿ^{31}tɕiɑ^{0}	腿 tʰuei^{52}
渭南	小门指头 ɕiɔo^{53}mə̃^{24}tsɿ^{31}tʰəu^{0}	指甲 tsɿ^{53}tɕiɑ^{31}	腿 tʰuei^{53}
韩城	小拇指头 ɕiɑu^{53}mɑ^{31}tʂʅ^{31}tʰəu^{0}	圪甲 kɯ^{31}tʂɑ^{53}	腿 tʰɪi^{53}
合阳	小拇指 siɔo^{52}mu^{31}tsɿ^{52}	指甲 tsɿ^{31}tɕiɑ^{31}	腿 tʰuei^{52}
富平	小拇指儿 siɑo^{53}mu^{31}tsɿr^{24}	指甲 tsɿ^{53}tɕiɑ^{31}	腿 tʰueɪ^{53}
耀州	小门舅儿 ɕiɔu^{52}mei^{0}tɕiour^{24}	指甲 tsɿ^{52}tɕia^{0} 指甲盖儿 tsɿ^{52}tɕia^{0}kær^{52}	腿 tʰuei^{52}
咸阳	小门指头 ɕiɔ^{53}mɛ̃^{24}tsɿ^{31}tʰou^{0}	指甲 tsɿ^{31}tɕia^{0}	腿 tʰuei^{53}
旬邑	小拇指头 ɕiau^{52}mɛi^{21}tsɿ^{52}tʰəu^{0}	指甲 tsɿ^{52}tɕia^{0}	腿 tʰuei^{52}
三原	小门指头 ɕiɑɔ^{52}mẽ^{0}tsɿ^{52}tʰou^{0}	指甲盖儿 tsɿ^{52}iɑ^{0}kɐr^{52}	腿 tʰuei^{52}

	0484 小拇指	0485 指甲	0486 腿
乾县	小拇指 ɕiɔ^{21}mu^{53}tsɿ^{21}	指甲 tsɿ^{53}tɕia^{21}	腿 t^{h}ue^{53}
岐山	小拇指 siɔ^{53}mu^{0}tsɿ^{53}	指甲 tsɿ^{53}tɕia^{21}	腿 t^{h}uei^{53}
凤翔	小拇指头 siɔ^{44}mu^{0}tsɿ^{53}t^{h}əu^{0}	指甲 tsɿ^{53}tɕia^{0}	腿 t^{h}uei^{53}
千阳	小拇指 siɔ^{44}mu^{0}tsɿ^{0}	指甲 tsɿ^{44}ia^{0}	腿 t^{h}uei^{53}
西安	小门指头 ɕiau^{53}mən^{44}tsɿ^{21} t^{h}ou^{0}	指甲 tsɿ^{21}tɕia^{0}	腿 t^{h}uei^{53}
户县	小门指头 ɕiau^{51}mẽ^{31}tsɿ^{31} t^{h}ɤu^{31}	指甲 tsɿ^{31}tɕia^{31} 指甲盖儿 tsɿ^{31}tɕia^{31}kə^{51}	腿 t^{h}uei^{51}
商州	小门指头 ɕiɑo^{53}mẽ^{0}tsɿ^{53} t^{h}ou^{0}	指甲 tsɿ^{53}tɕiɑ^{31}	腿 t^{h}uei^{53}
镇安	小拇指 ɕiɔo^{35}muə^{21}tʂʅ^{53}	指甲壳儿 tʂʅ^{21}tɕia^{21}k^{h}uər^{53}	腿杆子 tEi^{35}kan^{35}tsɿ^{53} 腿 tEi^{35}
安康	小拇指头儿 ɕiau^{53}mu^{53} tʂʅ^{31}tour^{0}	指甲盖盖儿 tʂʅ^{31}tɕia^{31} kæ^{44}kær^{0}	腿 t^{h}uei^{53}
白河	小指拇儿 ɕiɔu^{35}tʂʅ^{21}mər^{0}	指甲 tʂʅ^{21}tɕia^{0}	腿 t^{h}ei^{35}
汉阴	小指拇儿 ɕiɑo^{45}tʂʅ^{42}mar^{0}	指甲 tʂʅ^{42}tɕiɑ^{0}	腿 t^{h}uei^{45}
平利	小拇指 ɕiau^{45}mo^{45}tʂʅ^{45} 小指头 ɕiau^{45}tʂʅ^{43}t^{h}our^{0}	指甲 tʂʅ^{43}tɕia^{0}	腿杆子 t^{h}ei^{45}kan^{45}tsɿ^{0}
汉中	小指拇 ɕiɑo^{35}tsɿ^{0}mu^{0}	指甲 tsɿ^{55}tɕiA^{0}	腿 t^{h}uei^{354}
城固	小指拇 ɕiɔ^{24}tsɿ^{0}mu^{0}	指甲 tsɿ^{44}tɕia^{0}	腿 t^{h}uei^{44}
勉县	小指门 ɕiɑɔ^{35}tsɿ^{0}məŋ^{0}	指甲 tsɿ^{44}tɕiɑ^{0}	腿 t^{h}uei^{35}
镇巴	边指拇儿 pian^{35}tsɿ^{52}mɐr^{213}	指甲子 tsɿ^{45}tɕia^{31}tsɿ^{31}	脚杆 tɕio^{31}kan^{52}

	0487 脚	0488 膝盖指部位	0489 背名词
榆林	脚 tɕiʌʔ^{3} 脚片子 tɕiʌʔ^{3}pʰiɛ^{21}tsəʔ^{0}	圪膝圪都儿 kəʔ^{3}ɕi^{52}kəʔ^{3}tur^{213}	脊背 tsəʔ^{3}pei^{52}
神木	脚 tɕiəʔ^{4} 脚片子 tɕiəʔ^{4}pʰiɛ^{0}tsəʔ^{4}	圪膝盖儿 kəʔ^{4}tɕʰiəʔ^{0}kʌɯ^{53}	脊背 tsəʔ^{4}pei^{53}
绥德	脚 tɕie^{33} 脚片子 tɕie^{33}pʰie^{21}tsɤ^{33}	圪膝盖儿 kəʔ^{3}ɕi^{52}kɛr^{52}	脊背 tsəʔ^{3}pei^{52}
吴堡	脚 tɕiəʔ^{3}	圪膝盖儿 kəʔ^{3}ɕiəʔ^{3}kɐr^{53}	脊背 tsəʔ^{3}pɑe^{53}
清涧	脚 tɕi^{53}	圪膝盖儿 kʰəʔ^{4}sɿ^{0}kɐr^{44}	背心 pʰai^{42}ɕiəɣ̃^{0}
延安	脚 tɕyo^{213}	圪膝盖儿 kəʔ^{5}ɕi^{21}kar^{53}	背心 pei^{443}ɕiəŋ^{213}
延川	脚 tɕiɛ^{423}	圪膝盖儿 kʰəʔ^{54}sɿ^{21}kɛər^{0}	背心 pei^{53}ɕiŋ^{0}
黄陵	脚 tɕyɤ^{31}	圪膝盖儿 kʰɯ^{31}ɕi^{31}kɐr^{55}	脊背 tɕi^{31}pei^{0}
渭南	脚 tɕyə^{31}	圪膝盖 kʰɯ^{31}tɕʰi^{31}kae^{44}	脊背 tɕi^{31}pei^{0}
韩城	脚 tɕiɤ^{31}	蹄子盖儿 tʰi^{31}tsɿ^{53}kæer^{53}	脊背 tɕi^{31}pɪi^{53}
合阳	脚 tɕyə^{31}	膝盖 tɕʰi^{31}kæe^{55}	脊背 tɕi^{31}pei^{31}
富平	脚 tɕyɛ^{31}	圪膝盖儿 kʰɯ^{53}tʰi^{31}kər^{53}	脊背 tsi^{53}peɪ^{31}
耀州	脚 tɕyo^{21} 脚丫子 tɕyo^{24}ia^{21}tsɿ^{0}	馍馍盖儿 muo^{24}muo^{0}kær^{52}	脊背 tɕi^{52}pei^{0}
咸阳	脚 tɕyo^{31}	脖膝盖儿 pu^{53}tɕʰi^{31}kɐr^{0}	脊背 tɕi^{31}pei^{24}
旬邑	脚 tɕyo^{21}	圪膝盖 kʰɯ^{52}tɕi^{0}kɛi^{44}	脊背 tɕi^{52}pei^{0}
三原	脚 tɕyɤ^{31}	圪膝盖 kʰɯ^{52}tɕʰi^{31}kai^{44}	脊背 tɕi^{52}pei^{0}

	0487 脚	0488 膝盖指部位	0489 背名词
乾县	脚 tɕyə^{21}	圪蹴盖儿 kʰɤ^{21}tɕiou^{21}kɛ^{53}ɐr^{21}	脊背 tɕi^{53}pe^{21}
岐山	脚 tɕyo^{31}	菠萝盖 pɔ^{53}lɔ^{21}kᴇ^{44} 腿膝盖 tʰuei^{53}ȶʰi^{31}kᴇ^{44}	脊背 ȶi^{53}pei^{21}
凤翔	脚 tɕyo^{31}	菠萝盖 po^{53}lɔ^{0}kᴇ^{44} 腿膝盖 tʰuei^{44}tsʰi^{0}kᴇ^{44}	脊背 tsi^{53}pei^{0}
千阳	脚 tɕyo^{31}	圪膝盖 kʰuo^{53}tsʰi^{0}kᴇ^{44}	脊背 tsi^{53}pei^{0}
西安	脚 tɕyo^{21}	圪膝盖 kʰɯ^{21}tɕʰi^{21}kai^{44}	脊背 tɕi^{21}pei^{24}
户县	脚 tɕyɤ^{31}	圪刺$^{=}$盖 kʰɯ^{31}tsʰɿ^{31}kæ^{55}	脊背 tɕi^{31}pei^{35}
商州	脚 tɕyə^{31}	圪膝盖 kʰɯ^{53}tɕʰi^{31}kai^{44}	脊背 tɕi^{53}pei^{31}
镇安	脚 tɕiə^{53}	圪膝包子 kʰɛ^{21}tɕʰi^{21}pɔo^{53}tsɿ^{0}	背 pᴇi^{214}
安康	脚 tɕyo^{31}	圪里盖子 kʰɤ^{31}li^{21}kæ^{44}tsɿ^{0}	脊背 tɕi^{31}pei^{44}
白河	脚 tɕyo^{213}	菠萝盖儿 pu^{21}ləu^{0}kɐr^{41}	背 pei^{41}
汉阴	脚 tɕio^{42}	圪膝盖 kʰᴇ^{42}tɕʰi^{42}kae^{214}	背 pei^{214}
平利	脚片子 tɕio^{43}pʰian^{445}tsɿ^{0}	圪膝包 kʰᴇ^{43}tɕʰi^{43}pau^{43}	背 pei^{214}
汉中	脚 tɕyɤ^{55}	圪膝盖 kʰɤ^{55}tɕʰi^{0}kai^{0}	背 pei^{213} 脊背 tɕi^{42}pei^{0}
城固	脚 tɕyɛ^{53}	圪膝盖 kʰə^{44}tsʰi^{0}kai^{0}	脊背 tsi^{44}pei^{0}
勉县	脚 tɕyɤ^{21}	圪膝盖 kʰɤ^{44}tɕi^{0}kɑi^{213}	脊背 tɕi^{21}pei^{0}
镇巴	脚 tɕio^{31}	圪膝包儿 kʰɛ^{33}ɕi^{31}pɐr^{55}	背壳壳 pei^{213}kʰo^{52}kʰo^{52}

	0490 肚子腹部	0491 肚脐	0492 乳房女性的
榆林	肚子 tu^{52}tsəʔ^{0}	脖脐 pəʔ^{3}tɕʰi^{33}	奶 nɛe^{213}
神木	肚子 tu^{53}tsəʔ^{0}	脖脐儿 pəʔ^{4}tɕʰiʌɯ^{53}	奶头 nᴇe^{21}tʰəu^{44}
绥德	肚子 tu^{52}tsəʔ^{0}	脖脐儿 pəʔ^{3}tɕʰiər^{33}	奶 nai^{213}
吴堡	肚子 tu^{53}tsəʔ^{0}	脖脐儿 pəʔ^{3}tsʰər^{53}	奶 nɑe^{412}
清涧	肚子 tʰʋ^{44}tsəʔ^{0}	脖脐儿 pʰəʔ^{4}tsʰɿər^{42}	奶 nai^{53}
延安	肚子 tʰu^{443}tsəʔ^{0}	肚脖脐儿 tʰu^{443}pəʔ^{3}tɕʰiər^{0}	奶 nai^{52}
延川	肚子 tʰu^{53}tsəʔ^{423}	脖脐儿 pʰəʔ^{21}tɕʰiər^{35}	奶 nai^{53}
黄陵	肚子 tʰu^{55}tsɿ^{0}	脖脐窑儿 pʰu^{24}tɕʰi^{0}iɔr^{24}	奶 nᴇ^{52}
渭南	肚子 tʰəu^{44}tsɿ^{0}	脖脐窝儿 pu^{44}tɕʰi^{0}uər^{24}	奶 nae^{53}
韩城	肚子 tʰu^{44}tsɿ^{0}	脖脖 puɤ^{44}puɤ^{0}	奶奶 næe^{31}næe^{53}
合阳	肚子 tʰu^{55}tsɿ^{0}	肚脐窝儿 tʰu^{55}tɕʰi^{24}uər^{0}	奶奶 næe^{24}næe^{0} 乳房 vu^{52}fɑŋ^{24}
富平	肚子 tou^{55}tsɿ^{31}	脖脖 po^{31}po^{53}	奶头 nɛe^{53}tʰou^{31}
耀州	肚子 tou^{44}tsɿ^{0}	脖脐窑 pʰu^{52}tɕʰi^{0}iɔu^{24} 肚脐眼儿 tou^{44}tɕʰi^{24}ȵiæ̃r^{52}	奶头 næi^{52}tʰou^{0}
咸阳	肚子 tu^{44}tsɿ^{0}	脖脐窝儿 pu^{53}tɕi^{31}uər^{24}	奶 næ^{53}
旬邑	肚子 tʰu^{24}tsɿ^{0}	脖脐眼窑子 pʰu^{21}tɕʰi^{44}ȵiã^{21}iau^{24}tsɿ^{0}	奶头 lɛi^{44}tʰəu^{0}
三原	肚子 tou^{44}tsɿ^{0}	肚肚窝儿 tou^{44}tou^{44}uər^{24}	奶头 nai^{52}tʰou^{0}

	0490 肚子腹部	0491 肚脐	0492 乳房女性的
乾县	肚子 tu^{55}tsɿ^{21}	脖脖 puɤ^{24}puɤ^{21}	奶奶 ȵiə^{24}ȵiə^{21}
岐山	肚子 tʰu^{44}tsɿ^{53}	脖脖 pɔ^{44}pɔ^{44} 脖脐窝 pʰu^{53}tɕʰi^{24}vo^{31}	奶头 lE^{44}tʰou^{21}
凤翔	肚子 tu^{45}tsɿ^{0}	脖脐眼窝 pʰu^{31}tsi^{44}ȵiæ̃^{31}vo^{0}	奶头 lE^{44}tʰəu^{0} 奶奶 lE^{44}lE^{0}
千阳	肚子 tʰu^{45}tsɿ^{0}	脖脐眼窝 pʰu^{31}tsʰi^{44}ȵiæ̃^{31}vo^{0}	奶头 lE^{44}tʰou^{0}
西安	肚子 tu^{44}tsɿ^{0}	脖脐窝儿 pʰu^{21}tɕʰi^{0}uər^{0} 肚脐眼儿 tu^{44}tɕʰi^{0}ȵiɐr^{53}	奶 nai^{53}
户县	肚子 tɤu^{55}tsɿ^{0}	脖脐儿窝 pʰu^{35}tɕʰiɯ^{35}uɤ^{31}	奶头 næ^{51}tʰɤu^{31} 奶 næ^{51}
商州	肚子 tou^{44}tsɿ^{0}	脖脐窝儿 pʰu^{31}tɕʰi^{53}vɤr^{35}	奶 nai^{53}
镇安	肚子 təu^{214}tsɿ^{0}	肚目脐儿 təu^{33}muə^{0}tɕʰiər^{33}	奶 nai^{35}
安康	肚子 tu^{44}tsɿ^{0}	肚目脐儿 tu^{44}mu^{53}tɕʰiər^{35}	奶 næ^{53}
白河	肚子 təu^{35}tsɿ^{0}	肚目脐儿 təu^{42}mo^{0}tɕʰiər^{44}	奶 lai^{213}
汉阴	肚子 təu^{21}tsɿ^{0}	肚脖脐儿 təu^{21}pu^{0}tɕiar^{214}	奶 lae^{45} 奶奶儿 lae^{45}lar^{0}
平利	肚子 tou^{45}tsɿ^{0}	肚目脐儿 tou^{24}ma^{45}tɕiər^{52} 肚脐眼儿 tou^{24}tɕʰi^{52}iar^{445}	奶 lai^{445}
汉中	肚子 tu^{21}tsɿ^{0}	肚脐眼 tu^{21}tɕʰi^{0}ȵian^{0} 脖脐窝 pu^{42}tɕi^{0}uɤ^{0}	奶奶 lai^{55}lai^{0}
城固	肚 tu^{213}	脖脐窝 pu^{31}tsi^{24}uə^{0}	奶奶 lai^{44}lai^{0}
勉县	肚子 tu^{21}tsɿ^{35}	脖脐窝 pu^{21}tɕiəu^{0}uɤ^{0}	奶奶 lɑi^{44}lɑi^{0}
镇巴	肚子 tu^{21}tsɿ^{52}	肚脐眼儿 tu^{213}tɕi^{55}iɐr^{52}	妈妈 maŋ^{35}maŋ^{55}

	0493 屁股	0494 肛门	0495 阴茎成人的
榆林	㞘蛋子 tuəʔ^{3}tɛ^{52}tsəʔ^{0} 屁股 pʰi^{52}ku^{0}	屁眼 pʰi^{52}niɛ^{0} 屁股门子 pʰi^{52}ku^{0}mɤɣ̃^{24}tsəʔ^{0}	㞗 tɕʰiəu^{213} 屌子 tiəu^{33}tsəʔ^{0}
神木	㞘子 tuəʔ^{4}tsəʔ^{0} 屁股 pʰi^{53}ku^{0}	屁股门子 pʰi^{53}ku^{0}mɤ̃^{44}tsəʔ^{0}	鸡溜子 tɕi^{24}liəu^{44}tsəʔ^{0} 屌子 tiəu^{24}tsəʔ^{0} 㞗 tɕʰiəu^{44}
绥德	㞘子 tuəʔ^{5}tsəʔ^{0} 屁沟 pʰi^{52}kəu^{0} 屁股 pʰi^{52}ku^{0}	屁沟门子 pʰi^{52}kəu^{0}məɣ̃^{33}tsəʔ^{0} 屁股门子 pʰi^{52}ku^{0}məɣ̃^{33}tsəʔ^{0}	㞗 tɕʰiəu^{33}
吴堡	㞘蛋 tuəʔ^{3}tã^{53}	屁眼 pʰi^{53}ȵiã^{412}	㞗 tɕʰiɑo^{33}
清涧	㞘子 tuəʔ^{4}tsəʔ^{0} 沟子 kəu^{31}tsəʔ^{0} 屁股 pʰɿ^{42}kʊ^{0}	屁眼 pʰɿ^{42}ȵi^{53}	㞗 tɕʰiəu^{24}
延安	沟子 kou^{21}tsəʔ^{5}	沟门子 kou^{21}məŋ^{24}tsəʔ^{0}	㞗 tɕʰiou^{24}
延川	㞘子 tuəʔ^{54}tsəʔ^{0} 沟子 kəu^{21}tsəʔ^{53}	屁眼 pʰɿ^{53}ȵiɛ^{0}	㞗 tɕʰiəu^{35}
黄陵	沟子 kəu^{31}tsɿ^{0}	沟子门儿 kəu^{31}tsɿ^{0}mẽr^{24}	㞗 tɕʰiəu^{24} 锤子 tsʰuei^{24}tsɿ^{0}
渭南	沟子 kəu^{31}tsɿ^{0}	沟门子 kəu^{31}mə̃^{24}tsɿ^{0}	巴 pɑ^{24}
韩城	沟子 kəu^{31}tsɿ^{0}	沟子门 kəu^{31}tsɿ^{0}mɛ̃r^{24}	㞗 tɕʰiəu^{24} 鸡巴儿 tɕi^{31}pɑr^{24}
合阳	沟子 kou^{31}tsɿ^{0}	屁眼 pʰi^{55}ȵiã^{31}	芽芽 ȵiɑ^{55}ȵiɑ^{0} 鸡巴 tɕi^{31}pʰɑ^{0}
富平	沟子 kou^{53}tsɿ^{31}	沟子 kou^{53}tsɿ^{31}	锤子 tʃʰueɪ^{31}tsɿ^{53}
耀州	沟子 kou^{52}tsɿ^{0}	沟子眼 kou^{21}tsɿ^{0}ȵiæ̃^{52}	㞗 tɕʰiou^{24} 锤子 tʃʰuei^{24}tsɿ^{0}
咸阳	沟子 kou^{31}tsɿ^{0}	沟眼子 kou^{31}ȵiã^{53}tsɿ^{0}	㞗 tɕʰiou^{24}
旬邑	沟子 kəu^{52}tsɿ^{0}	沟门子 kəu^{21}mɛ̃^{21}tsɿ^{0}	㞗 tɕʰiəu^{24} 锤子 tʃʰei^{21}tsɿ^{0}
三原	沟子 kou^{52}tsɿ^{0}	沟门子 kou^{31}mẽ^{24}tsɿ^{0}	锤子 tʃʰuei^{24}tsɿ^{0}

	0493 屁股	0494 肛门	0495 阴茎成人的
乾县	沟子 kou^{53}tsɿ^{21}	沟门子 kou^{21}mẽ^{24}tsɿ^{21}	尿 tɕʰiou^{24}
岐山	沟子 kou^{53}tsɿ^{21}	屁眼 pʰi^{44}ȵiæ̃^{21} 沟门 kou^{31}məŋ^{24}	尿 tɕʰiou^{24}
凤翔	沟子 kəu^{53}tsɿ^{0}	屁眼 pʰi^{45}ȵiæ̃^{0} 沟门 kəu^{31}məŋ^{24}	尿 tɕʰiəu^{24} 锤子 tʂʰei^{31}tsɿ^{53}
千阳	沟子 kou^{53}tsɿ^{0}	沟门 kou^{53}məŋ^{0}	尿 tɕʰiou^{24} 锤子 tʃʰei^{31}tsɿ^{0}
西安	沟子 kou^{21}tsɿ^{0}	沟门子 kou^{21}mən^{24}tsɿ^{0}	锤子 pfʰei^{24}tsɿ^{0}
户县	沟子 kɤu^{31}tsɿ^{0}	沟门子 kɤu^{31}mẽ^{35}tsɿ^{0}	尿 tɕʰiɤu^{35}
商州	沟蛋子 kou^{31}tã^{44}tsɿ^{0} 沟子 kou^{31}tsɿ^{0}	沟门子 kou^{31}mẽ^{31}tsɿ^{0}	锤子 tʃʰuei^{31}tsɿ^{0} 巴子 pɑ^{31}tsɿ^{0}
镇安	沟子 kəu^{53}tsɿ^{0}	沟门子 kəu^{21}mən^{33}tsɿ^{0}	尿 tɕʰiəu^{33}
安康	沟子 kou^{31}tsɿ^{0}	沟门儿 kou^{31}mər^{35}	鸡娃子 tɕi^{31}ua^{31}tsɿ^{0}
白河	沟子 kəu^{21}tsɿ^{0} 屁股 pʰi^{42}ku^{0}	屁股眼儿 pʰi^{42}ku^{0}iɐr^{35}	鸡娃子 tɕi^{21}ua^{0}tsɿ^{0}
汉阴	沟子 kəu^{33}tsɿ^{0}	屁眼儿 pʰi^{21}ȵiar^{45}	鸡鸡儿 tɕi^{33}tɕiar^{0}
平利	沟子 kou^{43}tsɿ^{0}	沟门子 kou^{43}mən^{52}tsɿ^{0}	鸡娃子 tɕi^{43}ua^{52}tsɿ^{0} 雀娃子 tɕʰio^{45}ua^{52}tsɿ^{0}
汉中	沟子 kəu^{55}tsɿ^{0}	屁眼 pʰi^{21}ȵian^{0}	鸡巴 tɕi^{55}pA^{0} 尿 tɕʰiəu^{42}
城固	沟 kəu^{53}	屁眼 pʰi^{31}ȵian^{0}	尿 tɕʰiəu^{311}
勉县	沟子 kəu^{44}tsɿ^{0}	屁眼 pʰi^{21}ȵiɑn^{35}	鸡娃子 tɕi^{44}vɑ^{0}tsɿ^{0}
镇巴	沟子 kəu^{35}tsɿ^{52} 沟包子 kəu^{35}pau^{55}tsɿ^{52}	屁眼儿 pʰi^{213}iɐr^{52}	鸡儿 tɕi^{35}ər^{52} 尿 tɕʰiəu^{31}

	0496 女阴成人的	0497 肏动词	0498 精液
榆林	屃 pi^{33} 扁子 pɛ^{21}tsəʔ^{0} 扁鸡 pɛ^{21}tɕi^{33}	合 zʅʌʔ^{3} 透 tʰəu^{52}	㞞 suɤɣ̃^{213}
神木	屃 pi^{213} 扁子 pɛ^{21}tsəʔ^{4} 扁溜子 pɛ^{21}liəu^{44}tsəʔ^{0}	合 zʅəʔ^{4} 透 tʰəu^{53}	㞞 suɣ̃^{44}
绥德	屃 pi^{213} 扁子 pæ^{21}tsɤ^{33} 扁扁 pæ^{21}pæ^{33}	合 zʅəʔ^{3} 透 tʰəu^{52}	㞞 suəɣ̃^{33}
吴堡	扁子 pã^{41}tsəʔ^{3}	透 tʰɑo^{53}	㞞 suəŋ^{33}
清涧	屃 pʅ^{312}	合 zʅəʔ^{54}	㞞 suəɣ̃^{24}
延安	屃 pi^{213} 扁子 pæ̃^{52}tsəʔ^{0}	合 zʅʅ^{213} 透 tʰou^{443}	㞞 suəŋ^{24}
延川	屃 pʅ^{213} 扁子 pæ̃^{53}tsəʔ^{0}	肏 tsʰɑo^{53}	㞞 suŋ^{35}
黄陵	屃 pʰi^{31}	合 zʅʅ^{31}	㞞 suŋ^{24}
渭南	屃 pʰi^{31}	合 zʅʅ^{31}	㞞 ʃəŋ^{24}
韩城	屃 piᴇ^{53}	合 zʅʅ^{31}	㞞 suəŋ^{24}
合阳	尿门 ȵiɔo^{55}mẽ^{31} 屃 pʰi^{31}	合 zʅʅ^{31} 挃 tiɛ^{24}	㞞 ɕyŋ^{24} 精 tɕiŋ^{31}
富平	屃 pʰi^{31}	合 zʅʅ^{31}	精 tiəɣ̃^{31}
耀州	屃 pʰi^{21}	合 zʅʅ^{21}	㞞 ʃuŋ^{24}
咸阳	水门 ʃuei^{53}mɛ̃^{0} 水屃 ʃuei^{53}pʰi^{31}	合 zʅʅ^{31}	㞞 suəŋ^{24}
旬邑	屃 pʰi^{21} 屃沟儿 piã^{21}kəur^{52}	合 zʅʅ^{21}	㞞 suəŋ^{24}
三原	屃 pʰi^{31}	合 ʂʅ^{31}	㞞 suŋ^{24}

	0496 女阴成人的	0497 肏动词	0498 精液
乾县	屄 pʰi^{21}	肏 ʐʅ^{21}	精液 tɕiɤŋ^{24}iə^{21}
岐山	屄 pʰi^{31}	肏 ʐʅ^{31}	㞞 suŋ^{24}
凤翔	屄 pʰi^{31}	肏 ʐʅ^{31} 弄 luŋ^{44}	㞞 suŋ^{24} 精 tsiŋ^{31}
千阳	屄 pʰi^{31}	肏 ʐʅ^{31} 弄 luŋ^{44}	㞞 suŋ^{24}
西安	屄 pʰi^{21}	肏 ʂʅ^{21}	㞞 soŋ^{24}
户县	屄 pʰi^{31}	肏 ʐʅ^{31}	㞞 suəŋ^{35} 精 tɕiŋ^{31}
商州	屄 pʰi^{31}	肏 ʐʅ^{31}	㞞 ʃuəŋ^{35}
镇安	屄 pʰi^{53}	肏 ʐʅ^{53}	㞞 sɤŋ^{214}
安康	屄 pʰi^{31}	肏 ʐʅ^{31}	㞞水子 suŋ^{35}fei^{53}tsʅ^{21}
白河	屄 pi^{213}	尻 kʰɔu^{213}	㞞 səŋ^{44}
汉阴	屄 pʰi^{33}	肏 ʐʅ^{42}	㞞 soŋ^{42}
平利	麻屄 ma^{52}pʰi^{21} 起麻子 tɕʰi^{45}ma^{52}tsʅ^{21}	肏 ʂʅ^{43}	㞞 soŋ^{52}
汉中	屄 pʰi^{55}	肏 ʐʅ^{55}	㞞 soŋ^{42}
城固	屄 pʰi^{53}	肏 ʐʅ^{53}	㞞 ʃuŋ^{311}
勉县	屄 pʰi^{42}	肏 zʅ^{42}	㞞 soŋ^{21}
镇巴	起麻子 tɕʰi^{45}ma^{52}tsʅ^{31} 麻屄 ma^{31}pʰi^{55} 屄 pʰi^{55}	肏 zʅ^{31}	㞞 soŋ^{31}

	0499 来月经注意婉称	0500 拉屎	0501 撒尿
榆林	身上的来嘞 ʂɤɣ̃^{33}ʂɑ̃^{52}təʔ^{0}lɛe^{24}lɛ^{0}	㞎 pɑ^{213} 㞎屎 pɑ^{24}sɿ^{213}	尿尿 niɔo^{52}niɔo^{52}
神木	身上的来嘞 ʂɣ̃^{24}ʂɑ̃^{53}təʔ^{0}lEe^{44}lɛ^{0} 开心 kʰEe^{24}ɕiɣ̃^{213}	㞎屎 pa^{24}sɿ^{0}	尿尿 ȵiɔo^{53}ȵiɔo^{53}
绥德	身上的来嘞 ʂəɣ̃^{21}ʂɑ̃^{52}təʔ^{0}lai^{33}læ^{0}	㞎 pɑ^{213} 㞎屎 pɑ^{24}sɿ^{213}	尿尿 niɔ ɤ^{52}niɔ ɤ^{52}
吴堡	身上的来了 ʂəŋ^{21}ʂɤu^{53}təʔ^{0}lɑe^{33}liəʔ^{0} 行月 ɕiəŋ^{33}yəʔ^{213}	㞎屎 pɑ^{41}sɿ^{412}	尿尿 ȵiɤ^{53}ȵiɤ^{53}
清涧	身上的来嘞 ʂəɣ̃^{31}ʂɯ^{44}təʔ^{0}lai^{24}lɛ^{0}	㞎 pɑ^{53}	尿尿 ȵiɔo^{42}ȵiɔo^{42}
延安	来身上嘞 lai^{24}ʂəŋ^{21}ʂaŋ^{53}læ̃^{0} 倒霉 tɔ^{52}mei^{24} 来月经 lai^{24}yɛ^{21}tɕiəŋ^{53}	㞎屎 pa^{24}sɿ^{423}	尿尿 ȵiɔ^{443}ȵiɔ^{443}
延川	来月经 lai^{35}yɛ^{42}tɕiŋ^{213}	㞎屎 pa^{53}sɿ^{53}	尿尿 ȵiɑo^{53}ȵiɑo^{53}
黄陵	身上来 ʂẽ^{31}ʂɑŋ^{0}lE^{24}	㞎屎 pɑ^{31}sɿ^{52}	尿尿 ȵiɔ^{55}ȵiɔ^{55}
渭南	身下来啢 ʂə̃^{53}xɑ^{0}lae^{24}liɑ^{0}	㞎屎 pɑ^{31}sɿ^{53}	尿 ȵiɔo^{44}
韩城	身上来啦 ʂɛ̃^{31}suɤ^{0}lɪi^{31}lɑ^{53}	㞎屎 pɑ^{53}sɿ^{53}	尿尿 niɑu^{44}niɑu^{44}
合阳	身上来了 ʂẽ^{31}ʂuo^{31}læe^{24}liɔo^{0} 来了身上 læe^{24}liɔo^{31}ʂẽ^{31}ʂuo^{0}	㞎屎 pɑ^{24}sɿ^{52}	尿尿 ȵiɔo^{55}ȵiɔo^{55} 尿 ȵiɔo^{55}
富平	身上来啦 ʂɛ̃^{53}ʂɑɣ̃^{31}lɛe^{31}lɑ^{53}	㞎 pɑ^{53}	尿 ȵiɑo^{55}
耀州	身上来啦ʂei^{52}ʂɑŋ^{0}læi^{24}la^{0}	㞎屎 pa^{21}sɿ^{52}	尿尿 ȵiɔu^{44}ȵiɔu^{44}
咸阳	身上来咧 ʂɛ̃^{31}ʂɑŋ^{0}læ^{24}liɛ^{0}	㞎屎 pa^{31}sɿ^{53}	尿尿 ȵiɔ^{44}ȵiɔ^{44}
旬邑	身上来啦 ʂẽ^{52}ʂɑŋ^{0}lɛi^{21}la^{0}	㞎屎 pa^{52}sɿ^{52}	尿尿 ȵiau^{44}ȵiau^{44}
三原	身上来啦 ʂẽ^{52}ʂɑŋ^{0}lai^{24}lɑ^{0}	㞎 pɑ^{52} 解大手儿 tɕiɛ^{52}tɑ^{44}ʂour^{52}	尿 ȵiɑɔ^{44}

	0499 来月经注意婉称	0500 拉屎	0501 撒尿
乾县	身上来咧 ʂẽ^{53}ʂaŋ^{21}lɛ^{24}liə^{21}	㞎屎 pa^{21}sɿ^{53}	尿 ȵiɔ^{55}
岐山	来月经 lᴇ^{24}yɛ^{31}tɕiŋ^{31} 来例假 lᴇ^{24}li^{44}tɕia^{31}	㞎屎 pᴀ^{31}sɿ^{53}	尿尿 ȵiɔ^{44}ȵiɔ^{44}
凤翔	人完着哩 ʐəŋ^{24}væ̃^{31}tʂɔ^{44}li^{0} 身上来俩 ʂəŋ^{53}ʂɑŋ^{0}lᴇ^{31}lia^{53}	㞎屎 pa^{31}sɿ^{53}	尿尿 ȵiɔ^{44}ȵiɔ^{44}
千阳	血气来俩 ɕie^{53}tɕʰi^{0}lᴇ^{31}lia^{0} 身上来俩 ʂəŋ^{53}ʂɑŋ^{0}lᴇ^{31}lia^{0}	㞎屎 pa^{31}sɿ^{0}	尿尿 ȵiɔ^{44}ȵiɔ^{44}
西安	身下来咧 ʂən^{21}xa^{0}lai^{24}liɛ^{0}	㞎屎 pa^{53}sɿ^{53}	尿尿 ȵiau^{44}ȵiau^{44}
户县	身上[兀个]来咧 ʂẽ^{31}ʂaŋ^{31}uæ^{51} læ^{35}liɛ^{0} 来月经 læ^{35}yɛ^{31}tɕiŋ^{31}	㞎屎 pa^{51}sɿ^{51} 㞎 pa^{51}	尿尿 ȵiau^{55}ȵiau^{55} 尿 ȵiau^{55}
商州	身上来啦 ʂẽ^{53}ʂɑŋ^{0}lai^{31}lɑ^{0}	㞎屎 pɑ^{53}sɿ^{53}	尿尿 ȵiɑo^{44}ȵiɑo^{44}
镇安	身子来俩 ʂən^{53}tsɿ^{0}lai^{33}lia^{0}	㞎屎 pa^{33}ʂʅ^{35}	尿尿 ȵiɔo^{33}ȵiɔo^{0}
安康	来身上 læ^{35}ʂən^{31}ʂaŋ^{0}	㞎屎 pa^{53}ʂʅ^{53}	尿尿 ȵiau^{44}ȵiau^{44}
白河	身上来咾 sən^{21}ʂaŋ^{0}lai^{44}lɔu^{0} 老表来咾 lɔu^{35}piɔu^{35}lai^{44}lɔu^{0}	㞎屎 pa^{35}ʂʅ^{35}	屙尿 uo^{21}niɔu^{41}
汉阴	来身子 lae^{42}ʂən^{33}tsɿ^{0} 来身上 lae^{42}ʂən^{33}ʂɑŋ^{0}	屙屎 uo^{33}ʂʅ^{45}	屙尿 uo^{33}ȵiɑo^{214}
平利	身上来了 ʂən^{43}ʂaŋ^{24}lai^{52}liau^{0}	㞎屎 pa^{45}ʂʅ^{445}	尿尿 ȵiau^{24}ȵiau^{214}
汉中	身上来咾 ʂən^{55}ʂɑŋ^{0}lai^{42}lɑo^{0}	㞎屎 pᴀ^{35}sɿ^{354}	屙尿 uɤ^{55}ȵiɑo^{213} 尿尿 ȵiɑo^{35}ȵiɑo^{213}
城固	身上来咾 ʂən^{44}ʂɑŋ^{0}lai^{31}lɔ^{0}	㞎屎 pa^{44}sɿ^{44}	尿尿 ȵiɔ^{24}ȵiɔ^{213}
勉县	身上来咾 sən^{44}sɑŋ^{0}lɑi^{21}lɑɔ^{0}	㞎屎 pɑ^{35}sɿ^{35}	尿尿 ȵiɑɔ^{35}ȵiɑɔ^{213}
镇巴	身上来咯 sən^{35}saŋ^{55}lai^{31}lo^{31} 来例假 lai^{31}li^{213}tɕia^{52}	屙屎 o^{35}sɿ^{52}	屙尿 o^{35}ȵiau^{213}

	0502 放屁	0503 相当于“他妈的”的口头禅	0504 病了
榆林	放屁 fɑ̃^{52}pʰi^{52}	驴儿合的 lyr^{24}ʐəʔ^{3}təʔ^{0} 去他妈屄 kʰəʔ^{3}tʰa^{21}ma^{0}pi^{0}	难活下嘞 nɛ^{24}xuə^{24}xa^{52}lɛ^{0} 不舒服嘞 pəʔ^{3}ʂu^{33}fəʔ^{0}lɛ^{0} 不乖 pəʔ^{3}kuɛe^{33}①
神木	放屁 fɑ̃^{53}pʰi^{53}	透他妈 tʰəu^{53}tʰa^{24}ma^{0} 合他妈 ʐəʔ^{2}tʰa^{24}ma^{0}	难活 nɛ^{44}xuəʔ^{4} 害下病嘞 xEe^{53}xa^{53}piɤ̃^{53}lɛ^{0} 不乖 pəʔ^{2}kuEe^{24}
绥德	放屁 fɑ̃^{52}pʰi^{52}	他妈的来嘞 təʔ^{5}mɑ^{24}təʔ^{0}lai^{33}læ^{0} 合你妈 ʐəʔ^{5}ni^{21}mɑ^{213}	难活下嘞 næ^{33}xuo^{0}xɑ^{52}læ^{0} 病嘞 piəɣ̃^{52}læ^{0} 不乖 pəʔ^{21}kuai^{213}
吴堡	放屁 fɤu^{53}pʰi^{53}	[他的]娘 tʰɑʔ^{3}niɤu^{33}	难活 nɑ̃^{33}xuəʔ^{0}
清涧	放屁 fʋ^{44}pʰɿ^{42}	他妈屄 tʰɑ^{24}mɑ^{44}pɿ^{312}	难活哩 nɛ^{24}xu^{0}li^{0}
延安	放屁 faŋ^{443}pʰi^{443}	他妈屄 tʰa^{21}ma^{24}pi^{213} 他妈扁子 ta^{21}ma^{24}pæ̃^{52}tsəʔ^{0}	病嘞 pʰiəŋ^{443}læ̃^{0} 难活 næ̃^{24}xuo^{24}
延川	放屁 fei^{53}pʰɿ^{53}	他妈屄 tʰa^{53}ma^{35}pɿ^{0}	病嘞 pʰi^{53}læ̃^{0}
黄陵	放屁 fɑŋ^{55}pʰi^{55}	把他妈 pɑ^{31}tʰɑ^{24}mɑ^{31} 合他妈 ʐʅ^{31}tʰɑ^{24}mɑ^{31}	病咧 pʰiəŋ^{55}liɛ^{0} 难过 næ̃^{24}kuɤ^{0}
渭南	放屁 fɑŋ^{44}pʰi^{44}	狗合的 kəu^{53}ʂʅ^{31}tɕi^{0}	病唡 pʰiəŋ^{44}liɑ^{0} 人不美 ʐə̃^{24}pu^{31}mei^{53}
韩城	响屁 ɕiɤ^{53}pʰi^{44}	合你妈 ʐʅ^{31}ȵi^{31}mɑ^{24}	难过啦 nɑ̃^{31}kuɤ^{44}lɑ^{0}
合阳	放屁 fo^{55}pʰi^{55}	把他妈的 pɑ^{31}tʰɑ^{31}mɑ^{31}ti^{0} 把他家的 pɑ^{31}tʰɑ^{31}tɕiɑ^{31}ti^{0}	有病唡 iou^{55}pʰiŋ^{55}liɑ^{0} 不合适 pu^{31}xuo^{24}ʂʅ^{0}
富平	放屁 fɑɣ̃^{55}pʰi^{55}	合他妈的些 ʐʅ^{31}tʰɑ^{24}mɑ^{31}ti^{31}ɕiɛ^{31}	难过 næ̃^{24}kuo^{55}
耀州	放屁 fɑŋ^{44}pʰi^{44}	他妈的屄 tʰa^{21}ma^{24}ti^{0}pʰi^{21}	难过啦 næ̃^{24}kuo^{44}la^{0}
咸阳	放屁 fɑŋ^{44}pʰi^{44}	他妈的个屄 tʰa^{24}ma^{31}ti^{0}kɤ^{44}pʰi^{31}	病咧 piəŋ^{44}liɛ^{0}
旬邑	放屁 fɑŋ^{44}pʰi^{44}	你妈屄 ȵi^{21}ma^{24}pʰi^{21}	有病 iəu^{52}pʰiəŋ^{44} 病啦 pʰiəŋ^{24}la^{0}
三原	放屁 fɑŋ^{44}pʰi^{44}	合他妈 ʂʅ^{31}tʰɑ^{31}mɑ^{24}	病啦 piəŋ^{44}lɑ^{0} 人不美 ʐẽ^{24}pu^{31}mei^{52}

①专指小孩生病。

	0502 放屁	0503 相当于“他妈的”的口头禅	0504 病了
乾县	放屁 faŋ^{55}pʰi^{55}	妈妈的 ma^{21}ma^{21}ti^{21} 你妈的 ȵi^{21}ma^{24}ti^{21}	病咧 piɤŋ^{55}liə^{21}
岐山	放屁 fɑŋ^{44}pʰi^{44}	他娘的 tʰA^{31}ȵiA^{44}ti^{21}	不欠活 pu^{31}tɕʰiæ̃^{44}xuo^{53} 不逮 pu^{31}tE^{53}
凤翔	放屁 fɑŋ^{44}pʰi^{44}	他娘的个屄哩 tʰa^{31}ȵia^{45}tsi^{0}kɔ^{0}pʰi^{53}li^{0} 他娘的个屄 tʰa^{31}ȵia^{44}tsi^{53}kɔ^{24}pʰi^{31} 他娘去去 tʰa^{31}ȵia^{44}tɕʰi^{53}tɕʰi^{0}	有了病哂 iəu^{31}ər^{0}piŋ^{45}lia^{0}
千阳	放屁 fɑŋ^{44}pʰi^{44}	他娘的个屄 tʰa^{31}ȵia^{45}ti^{0}kɔ^{0}pʰi^{31} 他娘哩 tʰa^{31}ȵia^{45}li^{0}	有了病哂 iou^{31}liɔ^{0}piŋ^{45}lia^{0}
西安	放屁 faŋ^{44}pʰi^{44}	他妈的屄 tʰa^{24}ma^{21}ti^{24}pʰi^{21}	难过 nã^{24}kuo^{44} 病咧 piəŋ^{44}liɛ^{0}
户县	放屁 faŋ^{55}pʰi^{55}	把他家的 pa^{31}tʰa^{31}tɕia^{31}ti^{0}	害病咧 xæ^{55}piŋ^{55}liɛ^{0} 得病咧 tei^{31}piŋ^{55}liɛ^{0}
商州	放屁 fɑŋ^{44}pʰi^{44}	合他妈 ʐʅ^{31}tʰɑ^{35}mɑ^{31}	不美适 pu^{31}mei^{53}ʂʅ^{0} 不美 pu^{31}mei^{53}
镇安	放屁 fʌŋ^{33}pʰi^{214}	合他妈的 ʐʅ^{21}tʰa^{21}ma^{53}ti^{0}	不好过 pu^{322}xɔo^{33}kuə^{214}
安康	放屁 faŋ^{44}pʰi^{44}	妈的个屄 ma^{31}ti^{44}kɤ^{44}pʰi^{31}	变狗了 pian^{44}kou^{53}liau^{0}
白河	放屁 faŋ^{42}pʰi^{41}	妈的个屄 ma^{213}ti^{0}kuo^{0}pi^{213} 尻他妈的 kʰɔu^{21}ta^{44}ma^{213}ti^{0}	害病咾 xai^{42}piən^{41}lɔu^{0}
汉阴	打屁 tɑ^{45}pʰi^{214}	合你妈 ʐʅ^{42}ȵi^{45}mɑ^{33} 他妈的 tʰɑ^{33}mɑ^{33}ti^{0}	害病 χae^{24}pin^{214}
平利	放屁 faŋ^{24}pʰi^{214}	他妈的 tʰa^{43}ma^{43}ti^{0}	不好过 pu^{43}xau^{45}ko^{214} 害病了 xai^{24}pin^{24}liau^{0}
汉中	放屁 fɑŋ^{35}pʰi^{213}	合他妈吔 ʐʅ^{55}tʰA^{55}mA^{55}iE^{0} 去他妈的 tɕʰi^{21}tʰA^{35}mA^{0}ti^{0}	害病 xai^{35}pin^{213} 病 pin^{213}
城固	放屁 faŋ^{24}pʰi^{213}	合的 ʐʅ^{31}ti^{0}	害病咾 xai^{24}piŋ^{31}lɔ^{0}
勉县	放屁 fɑŋ^{35}pʰi^{213}	合他妈去去 zʅ^{44}tʰɑ^{44}mɑ^{44}tɕʰi^{0}tɕʰi^{0}	有病咾 iəu^{35}pin^{21}lɑɔ^{35}
镇巴	打屁 ta^{45}pʰi^{213}	肏妈的 zʅ^{31}ma^{33}ti^{31} 妈卖屄的 ma^{35}mai^{21}pʰi^{55}ti^{52}	害病咯 xai^{213}pin^{213}lo^{52}

	0505 着凉	0506 咳嗽	0507 发烧
榆林	⿰風必⿰口览 pʰiʌʔ^{3}lɛ^{0} 着凉 tʂɔo^{24}liɑ̃^{213}	咳嗽 kʰʌʔ^{3}səu^{52}	烧嘞 ʂɔo^{33}lə^{0}
神木	⿰風必⿰口览 pʰiəʔ^{4}lɛ^{0} 着凉 tʂəʔ^{4}liɑ̃^{44}	咳嗽 kʰəʔ^{4}səu^{53}	烧嘞 ʂɔo^{213}ləʔ^{0} 发烧 faʔ^{2}ʂɔo^{24}
绥德	⿰風必⿰口览 pʰie^{33}læ^{0} 着凉 tʂɤ^{33}liɑ̃^{33}	咳嗽 kʰɤ^{33}səu^{52}	烧嘞 ʂao^{24}liɤ^{0} 发烧 fɑ^{21}ʂao^{213}
吴堡	凉了 liɤu^{33}liəʔ^{0}	咳嗽 kʰəʔ^{3}sɑo^{53}	发烧 fɑʔ^{21}ʂɤ^{213}
清涧	着凉嚂 tʂʰɤ^{24}liɯ^{24}lɛ^{0}	咳嗽 kʰəʔ^{4}səu^{0}	发烧 fɑ^{53}ʂɔo^{312}
延安	着凉 tʂʰuo^{24}liaŋ^{24}	咳嗽 kʰəʔ^{5}sou^{0}	发烧 fa^{24}ʂau^{213}
延川	着凉 tʂʰə^{35}li^{213}	咳嗽 kʰəʔ^{54}səu^{0}	发烧 fa^{42}ʂɑo^{213}
黄陵	着凉 tʂʰuɤ^{24}liɑŋ^{24}	咳嗽 kʰɯ^{31}səu^{0}	发烧 fɑ^{24}ʂɔ^{31}
渭南	着凉 tɕʰyə^{24}liɑŋ^{24}	咳嗽 kʰɯ^{53}səu^{0}	发烧 fɑ^{24}ʂɔo^{31}
韩城	着凉 tʂʰuɤ^{24}liɑŋ^{24}	咳嗽 kʰɯ^{31}səu^{53}	发烧 fɑ^{24}ʂɑu^{31}
合阳	着凉 tʂʰuo^{24}liɑŋ^{24} 受凉 ʂou^{55}liɑŋ^{24}	咳嗽 kʰɯ^{31}ʂou^{0}	发烧 fɑ^{24}ʂɔo^{31} 发热 fɑ^{24}ʐɤ^{31}
富平	凉啦 liɑɣ̃^{31}lɑ^{53}	咳嗽 kʰɯ^{53}sou^{31}	发烧 fɑ^{24}ʂɑo^{31}
耀州	着凉 tʃʰuo^{24}liɑŋ^{24} 受凉 ʂou^{44}liɑŋ^{24}	咳嗽 kʰɯ^{52}sou^{0}	发烧 fɑ^{24}ʂɔu^{21}
咸阳	受凉咧 ʂou^{44}liɑŋ^{24}liɛ^{0}	咳嗽 kʰɯ^{31}sou^{0}	发烧 fɑ^{24}ʂɔ^{31}
旬邑	受凉 ʂəu^{44}liɑŋ^{24} 凉啦 liɑŋ^{21}la^{0}	咳嗽 kʰɯ^{52}səu^{0}	烧哩 ʂau^{52}li^{0} 发烫 fa^{21}tʰɑŋ^{44}
三原	冒风 mɑɔ^{44}fəŋ^{31} 着凉 tʂʰuə^{24}liɑŋ^{24}	咳嗽 kʰɯ^{52}sou^{0}	发烧 fɑ^{24}ʂɑɔ^{31}

	0505 着凉	0506 咳嗽	0507 发烧
乾县	受凉 ʂou^{55}liaŋ^{24}	咳嗽 kʰɤ^{53}sou^{21}	发烧 fa^{24}ʂɔ^{21}
岐山	感冒 kæ̃^{53}mɔ^{44} 着凉 tʂʰuo^{24}liɑŋ^{24}	咳嗽 kʰɤ^{53}sou^{21}	发烧 fA^{24}ʂɔ^{31}
凤翔	[着了]凉哂 tʂʰuoː^{24}liɑŋ^{31}lia^{53}	咳嗽 kʰei^{53}səu^{0}	发烧 fa^{24}ʂɔ^{31}
千阳	着了凉哂 tsʰuo^{31}liɔ^{0}liɑŋ^{31}lia^{0}	咳嗽 kʰou^{53}sou^{0}	发烧 fa^{24}ʂɔ^{31}
西安	受凉咧 ʂou^{44}liaŋ^{24}liɛ^{0}	咳嗽 kʰɯ^{21}sou^{0}	发烧 fa^{24}ʂau^{0}
户县	凉着 liaŋ^{35}tɕʰyɤ^{31} 受凉 ʂɤu^{55}liaŋ^{35}	咳嗽 kʰɯ^{31}sɤu^{31}	发烧 fa^{35}ʂau^{31}
商州	凉着啦 liɑŋ^{31}tʂʰuə^{0}lɑ^{0}	咳嗽 kʰɯ^{53}sou^{31}	烧人哩 ʂɑo^{53}ʐẽ^{31}li^{0}
镇安	冻倒 tuoŋ^{21}tɔo^{35}	咯 kʰa^{35}	发烧 fa^{21}ʂɔo^{53}
安康	着凉 tʂau^{31}liaŋ^{35}	咳嗽 kʰɤ^{31}su^{0}	发烧 fa^{35}ʂau^{31}
白河	冻凉咾 təŋ^{42}liaŋ^{44}lɔu^{0}	咳嗽 kʰE^{44}səu^{0} □ kʰaŋ^{35}	发烧 fa^{35}ʂɔu^{213}
汉阴	冻凉 toŋ^{24}liɑŋ^{42} 受凉 ʂəu^{24}liɑŋ^{42}	咳嗽 kʰE^{42}səu^{214}	发烧 χuɑ^{42}ʂɑo^{33}
平利	着凉 tʂau^{43}liaŋ^{52}	咯 kʰa^{445}	发烧 fa^{43}ʂau^{43}
汉中	受凉 ʂəu^{35}liaŋ^{42}	咳嗽 kʰɤ^{42}səu^{0}	发烧 fA^{55}ʂɑo^{55}
城固	凉 liaŋ^{311}	咳 kʰə^{311}	烧 ʂɔ^{53}
勉县	受凉 səu^{35}liɑŋ^{21}	咳嗽 kʰɤ^{21}səu^{0}	发烧 fɑ^{44}sɑɔ^{42}
镇巴	整凉 tsən^{45}liaŋ^{31}	咳 kʰɛ^{31}	夹烧 tɕia^{31}sau^{55}

	0508 发抖	0509 肚子疼	0510 拉肚子
榆林	筛 sɛe^{213}	肚子疼 tu^{52}tsəʔ^{0}tʰɤɣ̃^{213}	㞎稀屎 pa^{21}ɕi^{33}sɿ^{0} 浪稀 lɑ̃^{52}ɕi^{33} 跑肚 pʰɔo^{21}tu^{52}
神木	发抖 faʔ^{4}təu^{213} 抖 təu^{213}	肚疼 tu^{53}tʰɣ̃^{44}	跑肚 pʰɔo^{21}tu^{53} 拉肚子 laʔ^{4}tu^{53}tsəʔ^{0}
绥德	筛嘞 sai^{21}liɤ^{33}	肚疼 tu^{52}tʰəɣ̃^{33}	跑肚 pʰao^{21}tu^{52} 拉稀 lɑ^{21}ɕi^{213} 拉肚子 lɑ^{33}tu^{52}tsəʔ^{0}
吴堡	擞 sɤu^{412}	肚子疼 tu^{53}tsʰəʔ^{0}tʰəŋ^{33}	跑肚子 pʰo^{41}tu^{53}tsəʔ^{0}
清涧	擞哩 səu^{53}li^{0}	肚子疼 tʰʋ^{44}tsəʔ^{0}tʰəɣ̃^{24}	跑肚 pʰɔo^{24}tʰʋ^{44}
延安	打颤 ta^{52}tʂʰæ̃^{443} 筛 sai^{52}	肚子疼 tʰu^{443}tsəʔ^{0}tʰəŋ^{24}	跑肚 pʰɔ^{52}tʰu^{443} 拉稀 la^{24}ɕi^{213}
延川	擞 səu^{53}	肚子疼 tʰu^{53}tsəʔ^{21}tʰəŋ^{35}	拉稀 la^{42}sɿ^{213}
黄陵	颤 tʂæ̃^{55}	肚子疼 tʰu^{55}tsɿ^{0}tʰəŋ^{0}	拉肚子 lɑ^{31}tʰu^{55}tsɿ^{0} 跑肚子 pʰɔ^{24}tʰu^{55}tsɿ^{0}
渭南	打颤 tɑ^{53}tʂæ̃^{44}	肚子疼 tʰəu^{44}tsɿ^{0}tʰəŋ^{24}	㞎哩 pɑ^{53}li^{0} 跑后哩 pʰɔo^{24}xəu^{44}li^{0}
韩城	颤哩 tʂã^{44}li^{0}	肚子疼 tʰu^{44}tsɿ^{0}tʰəŋ^{24}	㞎肚子哩 pɑ^{53}tʰu^{44}tsɿ^{0}li^{0}
合阳	发颤 fɑ^{31}tʂɑ̃^{55} 发抖 fɑ^{24}tou^{52}	肚子疼 tʰu^{55}tsɿ^{31}tʰəŋ^{24}	拉肚子 lɑ^{31}tʰu^{55}tsɿ^{0} 肚子坏了 tʰu^{55}tsɿ^{0}xuæe^{55}liɛ^{0}
富平	颤 tʂæ̃^{55}	肚子疼 tou^{55}tsɿ^{31}tʰəɣ̃^{24}	拉肚子 lɑ^{31}tou^{55}tsɿ^{31}
耀州	颤哩 tʂæ̃^{44}li^{0}	肚子疼 tou^{44}tsɿ^{0}tʰəŋ^{24}	后跑 xou^{44}pʰɔu^{0} 闹肚子 nɔu^{44}tou^{44}tsɿ^{0}
咸阳	发抖 fa^{31}tou^{53}	肚子疼 tu^{44}tsɿ^{0}tʰəŋ^{24}	跑后 pʰɔ^{24}xou^{44}
旬邑	颤哩 tʂã^{24}li^{0} 抖哩 təu^{52}li^{0}	肚子疼 tʰu^{24}tsɿ^{0}tʰəŋ^{24}	后走哩 xəu^{44}tsəu^{52}li^{0}
三原	打颤 tɑ^{52}tʂã^{44}	肚子疼 tou^{44}tsɿ^{0}tʰəŋ^{24}	㞎哩 pɑ^{52}li^{0} 㞎稀哩 pɑ^{52}ɕi^{52}li^{0}

	0508 发抖	0509 肚子疼	0510 拉肚子
乾县	发抖 fa^{21}tou^{24}	肚子疼 tu^{55}tsɿ^{21}t^{h}ɤŋ^{21}	拉肚子 na^{21}tu^{55}tsɿ^{21}
岐山	打冷颤 tA^{53}ləŋ^{53}tʂæ̃^{44} 发抖 fA^{31}t^{h}ou^{53}	肚子疼 t^{h}u^{44}tsɿ^{53}t^{h}əŋ^{24}	拉稀 lA^{24}ɕi^{31} 拉肚子 lA^{31}t^{h}u^{44}tsɿ^{21}
凤翔	打颤 ta^{53}tʂæ̃^{44}	肚子疼 tu^{45}tsɿ^{0}t^{h}əŋ^{24}	拉肚子 la^{31}tu^{45}tsɿ^{0} 拉稀屎 la^{24}ɕi^{31}sɿ^{0}
千阳	打颤 ta^{53}tʂæ̃^{44}	肚子疼 t^{h}u^{45}tsɿ^{0}t^{h}əŋ^{24}	拉稀屎 la^{24}ɕi^{31}sɿ^{0}
西安	打颤 ta^{53}tʂã^{44}	肚子疼 tu^{44}tsɿ^{0}t^{h}əŋ^{24}	跑后 p^{h}au^{24}xou^{44} 拉肚子 la^{21}tu^{44}tsɿ^{0}
户县	抖抖 t^{h}ɤu^{31}t^{h}ɤu^{0} 打战 ta^{51}tʂã^{55}	肚子疼 tɤu^{55}tsɿ^{0}t^{h}əŋ^{35}	拉肚子 la^{31}tɤu^{55}tsɿ^{0} 给后去 kei^{51}xɤu^{55}tɕ^{h}i^{55}
商州	打颤哩 tɑ^{44}tʂã^{44}li^{0}	肚里疼 tou^{44}li^{0}t^{h}əŋ^{31}	后跑 xou^{44}p^{h}ɑo^{0}
镇安	打颤 ta^{33}tʂan^{214}	肚子疼 təu^{35}tsɿ^{21}t^{h}ɤŋ^{21}	跑肚子 p^{h}ɔo^{33}təu^{35}tsɿ^{53}
安康	发抖 fa^{31}tou^{53}	肚子疼 tu^{35}tsɿ^{21}t^{h}əŋ^{35}	跑肚子 p^{h}au^{53}tu^{35}tsɿ^{0}
白河	打哆嗦 ta^{35}tuo^{21}suo^{0} 发抖 fa^{21}təu^{35}	肚子疼 təu^{35}tsɿ^{0}t^{h}ən^{44}	屙肚子 uo^{213}təu^{35}tsɿ^{0} 泻肚子 ɕiE^{41}təu^{35}tsɿ^{0}
汉阴	打颤 tɑ^{45}tʂan^{214}	肚子痛 təu^{21}tsɿ^{0}t^{h}oŋ^{214}	跑肚子 p^{h}ɑo^{45}təu^{45}tsɿ^{0} 拉稀 lɑ^{33}ɕi^{33}
平利	打颤 ta^{45}tʂan^{214}	肚子痛 tou^{45}tsɿ^{21}t^{h}oŋ^{24}	跑肚子 p^{h}au^{45}tou^{45}tsɿ^{0}
汉中	抖 t^{h}əu^{354}	肚子疼 tu^{21}tsɿ^{0}t^{h}ən^{42}	跑肚子 p^{h}ɑo^{35}tu^{21}tsɿ^{0} 拉肚子 lA^{55}tu^{21}tsɿ^{0}
城固	抖 t^{h}əu^{44}	肚疼 tu^{24}t^{h}əŋ^{311}	跑肚 p^{h}ɔ^{44}tu^{311}
勉县	抖 t^{h}əu^{35}	肚子疼 tu^{21}tsɿ^{0}t^{h}ən^{21}	过肚子 kuɤ^{35}tu^{21}tsɿ^{35}
镇巴	发抖 fa^{31}t^{h}əu^{52}	肚子痛 tu^{21}tsɿ^{52}t^{h}oŋ^{213}	跑肚子 p^{h}au^{45}tu^{21}tsɿ^{52}

	0511 患疟疾	0512 中暑	0513 肿
榆林	（无）	热晕 ʐʌʔ^{3}yɤɣ̃^{52} 中暑 tʂuɤɣ̃^{52}ʂu^{213}	胮 pʰɑ̃^{33}① 肿 tʂuɤɣ̃^{213}
神木	打摆子 ta^{24}pEe^{21}tsəʔ^{4}	中暑 tʂuɣ̃^{53}tʂʰu^{213} 受暑 ʂəu^{53}tʂʰu^{213}	肿 tʂuɣ̃^{213}
绥德	打摆子 tɑ^{24}pai^{21}tsəʔ^{0}	热晕 ʐɤ^{33}yəɣ̃^{52}	胮 pʰɑ̃^{213} 肿 tʂuəɣ̃^{213}
吴堡	打摆子 tɑ^{24}pɑe^{41}tsəʔ^{3}	受火 ʂɑo^{53}xu^{412}	肿 tsuəŋ^{412}
清涧	打摆子 tɑ^{24}pai^{53}tsəʔ^{0}	受火 ʂəu^{42}xu^{53}	肿 tʂuəɣ̃^{53}
延安	打摆子 ta^{24}pai^{423}tsəʔ^{0}	热晕嚂 ʐə^{21}yəŋ^{443}læ̃^{0}	胮 pʰaŋ^{213} 肿 tʂuəŋ^{52}
延川	打摆子 ta^{35}pai^{53}tsəʔ^{213}	晕嚂 yŋ^{42}læ̃^{0}	肿了 tʂuŋ^{53}læ̃^{213}
黄陵	打摆子 tɑ^{31}pE^{52}tsɿ^{0}	中暑 tsuŋ^{55}sɥ^{52}	肿 tsuŋ^{52}
渭南	打摆子 tɑ^{31}pae^{53}tsɿ^{0}	受热唡 ʂəu^{44}ʐə^{31}liɑ^{0}	肿 tʃəŋ^{53}
韩城	打摆子 tɑ^{53}pæe^{53}tsɿ^{0}	热着啦 ʐʅE^{31}tʂʰuɤ^{0}lɑ^{0}	肿 pfəŋ^{53}
合阳	打摆子 tɑ^{24}pæe^{52}tsɿ^{0}	中暑 pfəŋ^{55}fu^{52} 热着咧 ʐɤ^{31}tʂʰuo^{31}liɛ^{0}	肿 pfəŋ^{52} 胀 tʂɑŋ^{55}
富平	发摆子 fɑ^{31}pɛe^{53}tsɿ^{31}	中暑 tʃuəɣ̃^{55}ʃu^{53}	肿 tʃuəɣ̃^{53}
耀州	发摆子 fa^{21}pæi^{52}tsɿ^{0}	受热啦 ʂou^{44}ʐɤ^{44}la^{0} 中暑 tʃuŋ^{44}ʃu^{52}	胀 tʂɑŋ^{44} 肿 tʃuŋ^{52}
咸阳	打摆子 ta^{31}pæ^{53}tsɿ^{0} 发摆子 fa^{31}pæ^{53}tsɿ^{0}	中暑 tʃuəŋ^{44}ʃu^{53}	肿 tʃuəŋ^{53}
旬邑	发摆子 fa^{21}pɛi^{52}tsɿ^{0}	火晕啦 xuo^{52}yɛ̃^{24}la^{0}	胀 tʂɑŋ^{44} 肿 tʃəŋ^{52}
三原	打摆子 tɑ^{31}pai^{52}tsɿ^{0}	受热啦 ʂou^{44}ʐɤ^{31}lɑ^{0}	肿 tʃuəŋ^{52}

①“胮” 专指脸部肿。

	0511 患疟疾	0512 中暑	0513 肿
乾县	患疟疾 xuæ̃55yə53tɕi21	中暑 tʃoŋ55ʃu53	肿 tʃoŋ53
岐山	打摆子 tA53pE44tsɿ21	受热 ʂou44ʐɤ31 中暑 tʂəŋ44ʂʅ53	肿 tʂəŋ53
凤翔	害伤寒 xE44ʂɑŋ53xæ̃0	中暑 tʂəŋ44ʂʅ53	肿 tʂəŋ53
千阳	发伤寒 fa31ʂɑŋ53xæ̃0	热完咧 ʐə31væ̃31lia0	肿 tʃəŋ53
西安	打摆子 ta53pai53tsɿ0	受热咧 ʂou44ʐɤ21liɛ0	胀 tʂaŋ44
户县	发摆子 fa31pæ51tsɿ0	中暑 tsuəŋ55su51	胀 tʂaŋ55
商州	打摆子 tɑ31pai53tsɿ0	热着啦 ʐə53tʂʰuə0lɑ0	胀 tʂɑŋ44
镇安	打摆子 ta33pai35tsɿ53	中暑 tʂuoŋ21ʂʮ35	肿 tʂuoŋ35
安康	打摆子 ta53pæ53tsɿ0	受热了 ʂou44ʐɤ31liau0	肿 pfəŋ53
白河	打摆子 ta35pai35tsɿ0	中暑 tʂuəŋ42ʂu35	肿 tʂuəŋ35
汉阴	打摆子 tɑ45pae45tsɿ0	受热 ʂəu24ʐE42	肿 tsoŋ45
平利	打摆子 ta45pai45tsɿ0	受热了 ʂou24ɥE43liau0	肿 tʂoŋ445
汉中	打摆子 tA35pai35tsɿ0	受热咾 ʂəu21ʐɤ55lɑo0 中暑 tsoŋ21su354	肿 tsoŋ354
城固	打摆哩 ta44pai24li0	中暑 ʂəu31ʃu24	肿 tʃuŋ44
勉县	打摆子 tɑ35pɑi35tsɿ0	中暑 tsoŋ21fu35	肿 tsoŋ35
镇巴	打摆子 ta45pai45tsɿ52	中暑 tsoŋ21su55 受暑热 səu21su55zɛ31	肿 tsoŋ52

	0514 化脓	0515 疤好了的	0516 癣
榆林	溃脓 xuei^{52}nuɤɣ̃^{213}	疤 pɑ^{33}	癣 ɕyɛ^{213}
神木	流脓 liəu^{44}nuɤ̃^{44}	疤 pa^{213} 圪疤 kəʔ^{2}pa^{24} 敏记 miɤ̃^{21}tɕi^{53}	癣 ɕiɛ^{213}
绥德	溃脓 xuei^{52}nuəɣ̃^{33}	疤 pɑ^{213}	癣 ɕie^{213}
吴堡	化脓 xuɑ^{53}nuəŋ^{33}	疤 pɑ^{213}	癣 ɕie^{412} 狗皮雀儿 kɑo^{41}p^{h}i^{33}tɕ^{h}iər^{0}
清涧	化脓 xuɑ^{44}nuəɣ̃^{24}	疤 pɑ^{312}	癣 ɕi^{53}
延安	化脓 xua^{443}nuəŋ^{24}	疤 pa^{213}	癣 ɕyæ̃^{52}
延川	化脓 xua^{53}nuŋ^{35}	疤 pa^{213}	癣 ɕiɛ^{53}
黄陵	溃脓 xuei^{55}luŋ^{24}	疤 pɑ^{31}	癣 ɕiæ̃^{52}
渭南	溃脓 xuei^{44}luəŋ^{24}	疤 pɑ^{31}	癣 ɕiæ̃^{53}
韩城	拘下脓啦 tɕy^{31}xɑ^{0}ləŋ^{31}lɑ^{53}	疤 pɑ^{31}	癣 ɕiã^{53}
合阳	化脓 xuɑ^{55}ləŋ^{24} 溃脓 xuei^{55}ləŋ^{31}	疤疤 pɑ^{31}pɑ^{0}	癣 ɕiã^{52}
富平	溃啦 xueɪ^{55}lɑ^{31}	疤疤儿 pɑ^{53}pɑr^{31}	癣 ɕiæ̃^{53}
耀州	流脓 liou^{24}nəŋ^{24} 出脓 tʃ^{h}u^{21}nəŋ^{24}	疤疤儿 pa^{52}par^{0}	癣 ɕiæ̃^{52}
咸阳	化脓咧 xua^{44}nuəŋ^{24}liɛ^{0}	疤拉 pa^{31}la^{0}	癣 ɕiã^{53}
旬邑	熟脓啦 ʃʅ^{24}luəŋ^{24}la^{0}	干疤子 kã^{21}pa^{21}tsɿ^{0}	癣 ɕiã^{52}
三原	溃脓 xuei^{44}nəŋ^{24}	疤疤儿 pɑ^{52}pɐr^{0}	癣 ɕiã^{52}

	0514 化脓	0515 疤好了的	0516 癣
乾县	熟着脓咧 ʃu^{24}ʈɤ^{21}noŋ^{24}liə^{21}	伤疤 ʂaŋ^{21}pa^{21}	烂癣 næ̃^{55}ɕyæ̃^{53}
岐山	溃脓 xuei^{44}luŋ^{24} 化脓 xuA^{44}luŋ^{24}	痂痂 tɕiA^{53}tɕiA^{21} 疤疤 pA^{53}pA^{21}	癣 siæ̃^{53}
凤翔	熟了脓咧 ʂʅ^{31}liɔ^{53}luŋ^{31}lia^{53}	疤疤 pa^{53}pa^{0}	癣 siæ̃^{53}
千阳	熟了脓咧 ʃʅ^{31}liɔ^{0}luŋ^{31}lia^{0}	疤疤 pa^{53}pa^{0}	癣 siæ̃^{53}
西安	溃脓 xuei^{44}noŋ^{24}	痂 tɕia^{21}	癣 ɕiã^{53}
户县	溃脓 xuei^{55}nuəŋ^{35} 熟脓 sɤu^{35}nuəŋ^{35}	疤 pa^{31}	癣 ɕiã^{51}
商州	溃啦 xuei^{44}lɑ^{0}	疤疤子 pɑ^{53}pɑ^{31}tsɿ^{0}	癣 ɕiã^{53}
镇安	溃脓 xuEi^{322}nɤŋ^{33}	疤子 pa^{53}tsɿ^{0}	癣 ɕian^{35}
安康	化脓 xua^{44}luŋ^{35}	疤 pa^{31}	癣 ɕyan^{53}
白河	化脓 xua^{42}ləŋ^{44} 灌脓 kuan^{42}ləŋ^{44}	疤子 pa^{21}tsɿ^{0}	癣 ɕian^{35}
汉阴	脓泡疮 loŋ^{42}p^{h}ɑo^{24}ts^{h}uɑŋ^{33}	疤疤儿 pɑ^{33}par^{0}	癣 ɕyan^{45}
平利	化脓 xua^{24}loŋ^{52}	疤子 pa^{43}tsɿ^{0}	癣 ɕian^{445}
汉中	溃脓 xuei^{35}loŋ^{42}	僵$^{=}$疤 tɕiɑŋ^{55}pA^{0} 疤疤 pA^{55}pA^{0}	癣 ɕyan^{354}
城固	发咾 fa^{44}lɔ^{0}	疤疤 pa^{44}pa^{0}	癣 ɕyan^{44}
勉县	化脓 xuɑ^{35}loŋ^{21}	疤疤 pɑ^{44}pɑ^{0}	癣 ɕyɑn^{35}
镇巴	化脓 xua^{213}loŋ^{31}	疤子 pa^{35}tsɿ^{52}	癣 ɕyan^{52}

	0517 痣凸起的	0518 疙瘩蚊子咬后形成的	0519 狐臭
榆林	黡子 iε^{21}tsəʔ^{0}	疙瘩 kəʔ^{3}ta^{0}	臭 tʂ^{h}əu^{52} 狐臭 xuəʔ^{3}tʂ^{h}əu^{52}
神木	黡子 iε^{21}tsəʔ^{0}	圪蛋 kəʔ^{4}tε^{53}	门户 mɤ̃^{44}xu^{53} 臭骨子 tʂ^{h}əu^{53}kuəʔ^{4}tsəʔ^{0}
绥德	黡子 ie^{21}tsəʔ^{0}	疙瘩 kəʔ^{5}tɑ^{0}	臭 tʂ^{h}əu^{52} 臭核子 tʂ^{h}əu^{52}xuəʔ^{5}tsəʔ^{0} 狐臭 xuəʔ^{3}tʂ^{h}əu^{52}
吴堡	记 tɕi^{53}	疙瘩 kəʔ^{4}tɑʔ^{0}	臭骨子 tʂ^{h}ɑo^{53}kuəʔ^{4}tsəʔ^{0}
清涧	记 tsɿ^{42}	疙瘩 kəʔ^{4}tɑ^{0}	狐臭 xuəʔ^{4}tʂ^{h}əu^{0}
延安	痣 tsɿ^{443}	疙瘩 kəʔ^{5}ta^{0}	狐臭 xu^{21}tʂ^{h}ou^{443}
延川	黡子 iε^{53}tsəʔ^{213}	疙瘩 kəʔ^{54}ta^{0}	狐臭 xuəʔ^{54}tʂ^{h}əu^{0}
黄陵	黡子 ȵiæ̃^{52}tsɿ^{0}	疙瘩 kɯ^{31}tɑ^{0}	狐臭 xu^{24}tʂ^{h}əu^{55}
渭南	黡子 iæ̃^{53}tsɿ^{0}	疙瘩 kɯ^{53}tɑ^{0}	狐臭 xu^{24}tʂ^{h}əu^{44}
韩城	黡子 iɑŋ^{53}tsɿ^{0}	疙瘩 kɯ^{31}tɑ^{53}	臭根子 tʂ^{h}əu^{44}tɕiɛ̃^{31}tsɿ^{0}
合阳	痣 tsɿ^{55} 黡子 iã^{52}tsɿ^{0}	疙瘩 kɯ^{31}tɑ^{31}	狐臭 xu^{24}tʂ^{h}ou^{55}
富平	记 tɕi^{55}	疙瘩 kɯ^{53}tɑ^{31}	臭胎 tʂ^{h}ou^{55}t^{h}εe^{31}
耀州	黡子 iæ̃^{52}tsɿ^{0} 痣 tsɿ^{44}	疙瘩 kɯ^{52}ta^{0}	胳肘窝里臭 kɯ^{21}tʂou^{0}uo^{21}li^{0}tʂ^{h}ou^{44}
咸阳	黡子 iã^{53}tsɿ^{0}	疙瘩 kɯ^{31}ta^{0}	狐臭 xu^{31}tʂ^{h}ou^{0}
旬邑	黡子 iã^{44}tsɿ^{0}	疙瘩 kɯ^{52}ta^{0}	腋臭 iε^{21}tʂ^{h}əu^{44}
三原	黡子 iã^{52}tsɿ^{0}	疙瘩 kɯ^{52}tɑ^{0}	臭胎 tʂ^{h}ou^{44}t^{h}ai^{31}

	0517 痣凸起的	0518 疙瘩蚊子咬后形成的	0519 狐臭
乾县	黡子 iæ̃^{53}tsɿ^{21}	疙瘩 kɯ^{53}ta^{21}	狐臭 xu^{24}tʂʰou^{55}
岐山	黡子 iæ̃^{44}tsɿ^{21}	疙瘩 kei^{53}tᴀ^{21} / kɤ^{53}tᴀ^{21}	臭眼 tʂʰou^{44}ȵiæ̃^{53}
凤翔	黡子 iæ̃^{44}tsɿ^{0}	疙瘩 kei^{53}ta^{0}	臭根 tʂʰəu^{45}kəŋ^{0}
千阳	黡子 iæ̃^{44}tsɿ^{0}	疙瘩 kuo^{53}ta^{0}	臭根 tʂʰou^{45}kəŋ^{0}
西安	黡子 iã^{53}tsɿ^{0}	疙瘩 kɯ^{21}ta^{0}	狐臭 xu^{24}tʂʰou^{44}
户县	黡子 iã^{51}tsɿ^{31}	疙瘩 kɯ^{31}ta^{31}	狐臭 xu^{35}tʂʰɤu^{55}
商州	黡子 ȵiã^{51}tsɿ^{0}	疙瘩 kɯ^{53}tɑ^{0}	臭眼儿 tʂʰou^{44}ȵiãr^{53}
镇安	痣 tʂʅ^{214}	疙瘩 kɛ^{53}ta^{0}	臭呆⁼子 tʂʰəu^{33}tai^{53}tsɿ^{0}
安康	痣 tʂʅ^{44}	疙瘩 kɤ^{31}ta^{0}	臭胎子 tʂʰou^{44}tʰæ^{31}tsɿ^{0}
白河	痣 tʂʅ^{41}	包 pɔu^{213}	狐臭 xu^{44}tʂʰəu^{41}
汉阴	痣 tʂʅ^{214} 黡子 ȵian^{45}tsɿ^{0}	疙瘩 kᴇ^{42}tɑ^{0}	臭胎子 tʂʰəu^{21}tʰae^{0}tsɿ^{0}
平利	痣 tʂʅ^{214}	疙瘩 kᴇ^{43}ta^{0}	臭胎子 tʂʰou^{24}tʰai^{43}tsɿ^{0}
汉中	黡子 ian^{35}tsɿ^{0}	包 pɑo^{55} 疙瘩 kɤ^{55}tᴀ^{0}	臭根子 tʂʰəu^{21}kən^{0}tsɿ^{0}
城固	记 tɕi^{213}	饼饼 piŋ^{24}piŋ^{0}	臭根 tʂʰəu^{31}kən^{0}
勉县	记 tɕi^{213}	疙瘩 kɤ^{44}tɑ^{0}	臭根子 tsʰəu^{21}kən^{35}tsɿ^{0}
镇巴	痣 tsɿ^{213}	包 pau^{35} 肉疙瘩 zu^{31}kɛ^{31}ta^{21}	狐臭 xu^{31}tsʰəu^{213}

	0520 看病	0521 诊脉	0522 针灸
榆林	看病 k^{h}ε^{52}piɤɣ̃^{52}	拈脉 niε^{24}miʌʔ^{3} 号脉 xɔo^{52}miʌʔ^{3}	扎针 tsaʔ^{3}tʂɤɣ̃^{33}
神木	看病 k^{h}ε^{53}piɤ̃^{53}	拈脉 ȵiε^{44}miəʔ^{4} 校脉 ɕiɔo^{53}miəʔ^{4} 号脉 xɔo^{53}miəʔ^{4}	挑针 t^{h}iɔo^{24}tʂɤ̃^{213}
绥德	看病 k^{h}æ^{52}piəɣ̃^{52}	拈脉 nie^{33}mie^{33} 号脉 xao^{52}mie^{33}	扎针 tsɑ^{21}tʂəɣ̃^{213}
吴堡	看病 k^{h}ie^{53}pεe^{53}	拈脉 ȵie^{33}miəʔ^{213}	扎针 tsɑʔ^{3}tʂəŋ^{213}
清涧	看病 k^{h}i^{42}p^{h}i^{44} 瞧病 tɕ^{h}iɔo^{24}p^{h}i^{44}	拈脉 ȵi^{24}mi^{53}	扎针 tsɑ^{53}tʂəɣ̃^{312}
延安	看病 k^{h}æ̃^{443}p^{h}iəŋ^{443}	拈脉 ȵiε^{24}mei^{213}	针灸 tʂəŋ^{24}tɕiou^{213}
延川	看病 k^{h}æ̃^{53}p^{h}i^{53}	捉脉 tʂuɤ^{35}mɤ^{0}	针灸 tʂəŋ^{21}tɕiəu^{53}
黄陵	看病 k^{h}æ̃^{55}p^{h}iəŋ^{55}	逮脉 tᴇ^{24}mei^{31} 号脉 xɔ^{55}mei^{31}	扎针 tsɑ^{24}tʂẽ^{31}
渭南	看病 k^{h}æ̃^{44}p^{h}iəŋ^{44}	评脉 p^{h}iəŋ^{24}mei^{31}	扎针 tsɑ^{24}tʂə̃^{31}
韩城	看病 k^{h}ã^{44}piəŋ^{44}	号脉 xɑu^{44}mɪi^{31}	扎针 tsɑ^{24}tʂəŋ^{31}
合阳	看病 k^{h}ɑ̃^{55}p^{h}iŋ^{55} 医病 ȵi^{31}p^{h}iŋ^{55}	摸脉 mɔo^{24}mei^{31} 把脉 pɑ^{52}mei^{31}	扎针 tsɑ^{24}tʂẽ^{31}
富平	看病 k^{h}æ̃^{55}piəɣ̃^{55}	捉脉 tʃuo^{24}mε̃^{31}	扎针 tsɑ^{24}tʂε̃^{31}
耀州	瞧病 tɕ^{h}iɔu^{24}piŋ^{44} 看医生 kæ̃^{44}i^{21}səŋ^{0}	评脉 p^{h}iŋ^{24}mei^{21} 号脉 xɔu^{44}mei^{21}	扎针 tsa^{24}tʂei^{21}
咸阳	看病 k^{h}ã^{44}piəŋ^{44}	号脉 xɔ^{44}mei^{31}	扎针 tsa^{24}tʂε̃^{31}
旬邑	看病 k^{h}ã^{44}p^{h}iəŋ^{44}	捉脉 tʃɤ^{24}mei^{21} 评脉 p^{h}iəŋ^{24}mei^{21}	扎针 tsa^{24}tʂε̃^{21}
三原	看病 k^{h}ã^{44}piəŋ^{44}	号脉 xɑɔ^{44}mei^{31}	扎针 tsɑ^{24}tʂẽ^{31}

	0520 看病	0521 诊脉	0522 针灸
乾县	看病 kʰæ̃^{55}piɤŋ^{55}	评脉 pʰiɤŋ^{24}me^{21}	扎针 tsa^{24}ʈẽ^{21}
岐山	看病 kʰæ̃^{44}piŋ^{44}	号脉 xɔ^{44}mei^{31}	针灸 tʂəŋ^{31}tɕiou^{53}
凤翔	看病 kʰæ̃^{44}piŋ^{44}	评脉 pʰiŋ^{24}mei^{31} 号脉 xɔ^{44}mei^{31}	扎干针 tsa^{31}kæ̃^{24}tʂəŋ^{31} 扎针 tsa^{24}tsəŋ^{31}
千阳	看病 kʰæ̃^{44}piŋ^{44}	评脉 pʰiŋ^{24}mei^{31}	扎针 tsa^{24}tʂəŋ^{31}
西安	看病 kʰã^{44}piəŋ^{44}	号脉 xau^{44}mei^{21}	扎针 tsa^{24}tʂən^{21}
户县	看病 kʰã^{55}piŋ^{55}	号脉 xau^{55}mei^{31}	针灸 tʂẽ^{31}tɕiɤu^{51}
商州	看病 kʰã^{44}piəŋ^{44}	号脉 xɑo^{44}mei^{31}	扎针 tsɑ^{35}tʂẽ^{31}
镇安	看病 kʰan^{35}pin^{322}	号脉 xɔo^{33}mɛ^{53}	扎针 tsa^{21}tʂən^{53}
安康	看病 kʰan^{44}pin^{44}	断脉 tuan^{44}mei^{31}	扎针 tʂa^{35}tʂən^{31}
白河	看病 kʰan^{42}piən^{41}	号脉 xɔu^{42}miᴇ^{44}	针灸 tʂən^{21}tɕiəu^{35}
汉阴	看病 kʰan^{24}pin^{214}	号脉 χɑo^{24}mᴇ^{42}	扎银针 tsɑ^{33}in^{42}tʂən^{33}
平利	看病 kʰan^{24}pin^{214}	号脉 xau^{24}mᴇ^{43}	扎银针 tʂa^{43}in^{52}tʂən^{43}
汉中	看病 kʰan^{35}pin^{213}	拉脉 lᴀ^{55}mei^{55}	扎针 tsᴀ^{55}tʂən^{55} 扎干针 tsᴀ^{55}kan^{55}tʂən^{0}
城固	看病 kʰan^{24}piŋ^{213}	拉脉 la^{53}mei^{53}	扎干针 tsa^{53}kan^{53}tʂən^{53}
勉县	看病 kʰɑn^{35}pin^{213}	拉脉 lɑ^{44}mei^{21}	扎干针 tsɑ^{44}kɑn^{44}tsɿ^{42}
镇巴	看病 kʰan^{213}pin^{213}	拿脉 la^{33}mɛ^{31}	扎干针 tsa^{31}kan^{35}tsən^{55}

	0523 打针	0524 打吊针	0525 吃药统称
榆林	打针 ta^{21}tʂɤỹ^{33}	吊液体 tiɔo^{52}iɛ^{52}tʰi^{0} 输液 ʂu^{33}iɛ^{52}	吃药 tʂʰəʔ^{3}iʌʔ^{3}
神木	打针 ta^{21}tʂɤ̃^{24}	输液 ʂu^{24}iɛ^{53}	吃药 tʂʰəʔ^{4}iəʔ^{4}
绥德	打针 ta^{21}tʂəɣ̃^{213}	吊液体 tiɔɤ^{52}ie^{52}tʰi^{0} 输液 ʂʮ^{21}ie^{52}	吃药 tʂʰəʔ^{3}ie^{33}
吴堡	打针 tɑ^{41}tʂəŋ^{213}	输液 su^{21}ie^{53}	吃药 tʂʰəʔ^{4}iəʔ^{213}
清涧	打针 tɑ^{53}tʂəɣ̃^{312}	打吊针 tɑ^{53}tiɔo^{42}tʂəɣ̃^{312}	吃药 tʂʰəʔ^{54}i^{53}
延安	打针 ta^{52}tʂəŋ^{213}	打吊瓶儿 ta^{52}tiɔ^{443}pʰiər^{24}	吃药 tʂʰəʔ^{5}yo^{213}
延川	打针 ta^{53}tʂəŋ^{213}	打吊针 ta^{53}tiɑo^{53}tʂəŋ^{0}	吃药 tʂʰəʔ^{54}iɛ^{0}
黄陵	打针 tɑ^{52}tʂẽ^{31}	吊针 tɕiɔ^{55}tʂẽ^{31}	吃药 tʂʰʅ^{24}yɤ^{31}
渭南	打针 tɑ^{44}tʂə̃^{31}	挂吊针 kuɑ^{44}tɕiɔo^{44}tʂə̃^{31}	吃药 tʂʰʅ^{24}yə^{31}
韩城	打针 tɑ^{53}tʂəŋ^{31}	吊针 tiɑu^{44}tʂəŋ^{31}	吃药 tʂʰʅ^{24}iɤ^{31}
合阳	打针 tɑ^{52}tʂẽ^{31}	打吊针 tɑ^{52}tiɔo^{55}tʂẽ^{31}	吃药 tʂʰʅ^{24}yə^{31} 喝药 xuo^{24}yə^{31}
富平	打针 tɑ^{53}tʂɛ̃^{31}	挂吊针 kuɑ^{55}tiɑo^{55}tʂɛ̃^{31}	吃药 tsʰʅ^{24}yɛ^{31}
耀州	打针 ta^{52}tʂei^{21}	挂针 kua^{44}tʂei^{21} 吊水 tiɔu^{44}ʃuei^{52}	吃药 tʂʰʅ^{24}yo^{21} 喝药 xuo^{24}yo^{21}
咸阳	打针 ta^{53}tʂɛ̃^{31}	打吊针 ta^{53}tiɔ^{44}tʂɛ̃^{31}	吃药 tʂʰʅ^{24}yo^{31}
旬邑	打针 ta^{52}tʂɛ̃^{21}	挂吊针 kua^{44}tiau^{24}tʂɛ̃^{0}	吃药 tʂʰʅ^{24}yo^{21}
三原	打针 tɑ^{52}tʂẽ^{31}	挂吊针 kuɑ^{44}tɕiɑɔ^{44}tʂẽ^{31}	吃药 tʂʰʅ^{24}yɤ^{31}

	0523 打针	0524 打吊针	0525 吃药统称
乾县	打针 ta^{53}ʈẽ^{21}	打吊针 ta^{53}tiɔ^{55}ʈẽ^{21}	吃药 tʂʰʅ^{24}yə^{21}
岐山	打针 tᴀ^{53}tʂəŋ^{31}	挂吊针 kuᴀ^{44}ȶiɔ^{44}tʂəŋ^{53} 挂吊瓶儿 kuᴀ^{44}ȶiɔ^{44}piŋ^{24}ər^{21}	吃药 tʂʰʅ^{24}yo^{31}
凤翔	打针 ta^{53}tʂəŋ^{31}	挂吊针 kua^{44}tsiɔ^{45}tʂəŋ^{0}	吃药 tʂʰʅ^{24}yo^{31}
千阳	打针 ta^{53}tʂəŋ^{31}	挂吊针 kua^{44}tiɔ^{45}tʂəŋ^{0}	吃药 tʂʰʅ^{24}yo^{31}
西安	打针 ta^{53}tʂən^{21}	打吊针 ta^{53}tiau^{44}tʂən^{21}	吃药 tʂʰʅ^{24}yo^{21}
户县	打针 ta^{55}tʂẽ^{31}	打吊针 ta^{51}tiau^{55}tʂẽ^{31}	吃药 tʂʰʅ^{35}yɤ^{31} 喝药 xuɤ^{35}yɤ^{31}
商州	打针 tɑ^{53}tʂẽ^{31}	打吊瓶儿 tɑ^{53}tiɑo^{44}pʰiə̃r^{35}	喝药 xuə^{35}yə^{31}
镇安	打针 ta^{35}tʂən^{53}	打吊针 ta^{33}tiɔo^{33}tʂən^{53}	喝药 xuə^{21}iə^{53}
安康	打针 ta^{53}tʂən^{31}	挂吊针 kua^{44}tiau^{44}tʂən^{31}	吃药 tʂʰʅ^{35}yo^{31}
白河	打针 ta^{35}tʂən^{213}	吊吊瓶儿 tiɔu^{41}tiɔu^{42}pʰiər^{44}	喝药 xuo^{35}yo^{213}
汉阴	打针 tɑ^{45}tʂən^{33}	打吊针 tɑ^{45}tiɑo^{21}tʂən^{0}	吃药 tʂʰʅ^{42}io^{42}
平利	打针 ta^{45}tʂən^{43}	打吊针 ta^{45}tiau^{24}tʂən^{43}	喝药 xo^{43}io^{43}
汉中	打针 tᴀ^{35}tʂən^{55}	打吊针 tᴀ^{35}tiɑo^{21}tʂən^{0}	吃药 tʂʰʅ^{55}yɤ^{55}
城固	打针 ta^{44}tʂən^{53}	打吊针 ta^{44}tiɔ^{31}tʂən^{0}	吃药 tʂʰʅ^{53}yɛ^{53}
勉县	打针 tɑ^{35}tsən^{42}	打吊针 tɑ^{35}tiɑɔ^{21}tsən^{35}	吃药 tsʰɿ^{44}yɤ^{21}
镇巴	打针 ta^{45}tsən^{55}	输液 su^{35}iɛ^{213}	喝药 xo^{35}io^{31}

	0526 汤药	0527 病轻了	0528 说媒
榆林	汤药 tʰɑ̃^{33}iʌʔ^{0}	病可以些嘞 piɤɣ̃^{52}kʰuə^{24}i^{0}ɕiɛ^{33}lɛ^{0} 病好些嘞 piɤɣ̃^{52}xɔo^{21}ɕiɛ^{33}lɛ^{0}	说亲事 ʂuaʔ^{3}tɕʰiɤɣ̃^{21}sɿ^{52} 说媒 ʂuaʔ^{3}mei^{213}
神木	汤药 tʰɑ̃^{24}iəʔ^{0}	病好得来嘞 piɤ̃^{53}xɔo^{21}təʔ^{4}lᴇe^{44}lɛ^{0} 轻省嘞 tɕʰiɤ̃^{24}sɤ̃^{0}lɛ^{0}	管媒 kuɛ^{21}mei^{44}
绥德	中药水子 tʂuəɣ̃^{24}ie^{0}ʂuei^{21}tsɤ^{33}	病瘥些儿嘞 piəɣ̃^{52}tsʰɑ^{24}ɕiər^{21}læ^{0} 病好些儿嘞 piəɣ̃^{52}xao^{21}ɕiər^{33}læ^{0}	说亲事 ʂuo^{21}tɕʰiəɣ̃^{21}sɿ^{52} 说媒 ʂuo^{33}mei^{33}
吴堡	圪渣药 kəʔ^{3}tsɑ^{24}iəʔ^{213}	病瘥了 pɛe^{53}tsʰɑ^{24}liəʔ^{0}	管媒 kuɤ^{41}mɑe^{44}
清涧	汤药 tʰɒ̃^{31}i^{53}	病轻嘞 pʰi^{44}tɕʰiəɣ̃^{31}lɛ^{0}	说媒 ʂuɤ^{53}mai^{24}
延安	汤药 tʰaŋ^{21}yo^{53}	病好些嘞 pʰiəŋ^{443}xɔ^{52}ɕie^{0}læ̃^{0}	说媒 ʂuo^{21}mei^{24}
延川	熬药 ŋɑo^{35}iɛ^{0}	病轻嘞 pʰi^{53}tɕʰi^{21}læ̃^{53}	说媒 ʂuə^{21}mai^{35}
黄陵	中药 tsuŋ^{31}yɤ^{0}	病强些咧 pʰiəŋ^{55}tɕʰiɑŋ^{24}ɕiɛ^{0}liɛ^{0}	说媒 suɤ^{31}mẽ^{24}
渭南	中药 tʃəŋ^{31}yə^{31}	强唡 tɕʰiɑŋ^{24}liɑ^{0}	说相 ʃə^{31}ɕiɑŋ^{44}
韩城	水水药 fu^{53}fu^{0}iɤ^{31}	病轻啦 piəŋ^{44}tɕiᴇ^{31}lɑ^{0}	说媒 ʂʅᴇ^{31}mɪi^{24}
合阳	汤药 tʰɑŋ^{31}yə^{31} 中药 pfəŋ^{31}yə^{31}	病轻咧 pʰiŋ^{55}tɕʰiɛ^{31}liɛ^{0}	说媒 fo^{31}mei^{24}
富平	汤药 tʰɑɣ̃^{31}yɛ^{31}	强些啦 tɕʰiɑɣ̃^{31}siɛ^{53}lɑ^{31}	说媒 ʂuo^{31}mɛ̃^{24}
耀州	汤药 tʰɑŋ^{21}yo^{21} 中药 tʃuŋ^{21}yo^{21}	松翻啦 ʃuŋ^{52}fæ̃^{0}la^{0}	说媒 ʃuo^{21}mei^{24}
咸阳	汤药 tʰɑŋ^{31}yo^{0}	病缓咧 piəŋ^{44}xuã^{53}liɛ^{0}	说媒 ʂɤ^{31}mei^{24}
旬邑	柴药 tsʰɛi^{24}yo^{21}	松翻啦 suəŋ^{52}fã^{0}la^{0}	说媒 ʃuo^{21}mei^{24}
三原	中药 tʃuəŋ^{31}yɤ^{31}	强啦 tɕʰiɑŋ^{24}lɑ^{0}	说媒 ʃuə^{31}mei^{24} 说相 ʃuə^{31}ɕiɑŋ^{44}

	0526 汤药	0527 病轻了	0528 说媒
乾县	草药 tsʰɔ^{53}yə^{21}	病轻咧 piɤŋ^{55}tɕʰiɤŋ^{21}liə^{21}	说媒 ʂuɤ^{21}me^{24}
岐山	汤药 tʰɑŋ^{31}yo^{31}	病慢嗬 piŋ^{44}mæ̃^{44}liA^{21}	说媒 ʂɤ^{31}mei^{24}
凤翔	汤药 tʰɑŋ^{31}yo^{0}	好开嗬 xɔ^{44}kʰE^{0}lia^{0}	说媒 ʂʅə^{31}mei^{24}
千阳	汤药 tʰɑŋ^{31}yo^{0}	好开嗬 xɔ^{44}kʰE^{0}lia^{0}	说媒 ʂə^{31}mei^{24}
西安	汤药 tʰaŋ^{21}yo^{21}	病轻咧 piəŋ^{44}tɕʰiəŋ^{21}liɛ^{0}	说媒 ʂɤ^{21}mei^{24}
户县	汤药 tʰaŋ^{31}yɤ^{31}	见眼道咧 tɕiã^{55}ȵiã^{51}tau^{31}liɛ^{0}	说媒 ʂʅɛ^{31}mei^{35}
商州	中药 tʃuəŋ^{31}yə^{31}	好些啦 xɑo^{53}ɕiɛ^{31}lɑ^{0}	说相 ʃuə^{31}ɕiɑŋ^{44}
镇安	中药 tʂuoŋ^{53}iə^{0}	好些了 xɔo^{35}ɕiɛ^{21}liɔo^{0} 强些了 tɕʰiʌŋ^{33}ɕiɛ^{21}liɔo^{0}	做媒 tsuə^{322}mEi^{33}
安康	汤药 tʰaŋ^{31}yo^{31}	强些嗬 tɕʰiaŋ^{35}ɕie^{31}lia^{0} 退仗嗬 tʰuei^{44}tʂaŋ^{44}lia^{0}	说媒 fə^{31}mei^{35}
白河	中药 tʂuəŋ^{35}yo^{213}	好点儿咾 xɔu^{35}tiɐr^{0}lɔu^{0} 强些咾 tɕʰiaŋ^{44}ɕiE^{0}lɔu^{0}	做媒 tsəu^{42}mei^{44}
汉阴	中药 tsoŋ^{33}io^{42}	好些了 χɑo^{45}ɕiE^{0}liɑo^{0}	说亲 ʂo^{42}tɕʰin^{33} 说媒 ʂo^{42}mei^{42}
平利	中药 tʂoŋ^{43}io^{43}	强些了 tɕʰiaŋ^{52}ɕiE^{45}liau^{0} 松活些了 soŋ^{43}xo^{52}ɕiE^{45}liau^{0}	做媒 tsou^{24}mei^{52} 说媒 ʂo^{43}mei^{52}
汉中	中药 tsoŋ^{55}yɤ^{0}	松活咾 soŋ^{55}xuɤ^{0}lɑo^{0}	说媒 ʂuɤ^{55}mei^{42}
城固	中药 tʃuŋ^{44}yɛ^{0}	松活咾 ʃuŋ^{44}xuə^{0}lɔ^{0}	提亲 tʰi^{31}tsʰin^{53}
勉县	水药 fei^{35}yɤ^{0}	病松活咾 pin^{21}soŋ^{44}xuɤ^{0}lɑɔ^{0}	说亲 fɤ^{44}tɕʰin^{42}
镇巴	中药 tsoŋ^{35}io^{31}	松活咯 soŋ^{35}xo^{55}lo^{31}	当介绍人 taŋ^{35}tɕiai^{21}sau^{55}zən^{31}

	0529 媒人	0530 相亲	0531 订婚
榆林	媒人 mei24ʐɤɣ̃0 介绍人 tɕiɛ52ʂɔo24ʐɤɣ̃0	见面 tɕiɛ52miɛ52	订婚 tiɤɣ̃33xuɤɣ̃33
神木	媒人 mei44ʐɤ̃0 介绍人 tɕiɛ53ʂɔo44ʐɤ̃0	看婆姨 kʰɛ53pʰuo44i0 看家 kʰɛ53tɕia213 见面 tɕiɛ53miɛ53	订亲 tiɤ̃53tɕʰiɤ̃213 订婚 tiɤ̃24xuɤ̃213
绥德	媒人 mei33ʐəɣ̃0 介绍人 tɕie52ʂao0ʐəɣ̃33	验人 ie52ʐəɣ̃33 看人 kʰæ52ʐəɣ̃33	订亲 tiəɣ̃52tɕʰiəɣ̃213 订婚 tiəɣ̃52xuəɣ̃213
吴堡	媒[人儿] mɑe33ər0	看人家 kʰie53ʐəŋ33tɕiəʔ0	订婚 tiəŋ53xuəŋ213
清涧	媒人 mai24ʐəɣ̃0 傧公 piəɣ̃31kuəɣ̃53	验人 i44ʐəɣ̃24	订婚 tiəɣ̃42xuəɣ̃312
延安	媒婆儿 mei24pʰuor0 媒婆子 mei24pʰuo0tsəʔ0	相亲 ɕiaŋ24tɕʰiŋ213	订亲 tiəŋ443tɕʰiəŋ213
延川	媒人 mai35ʐəŋ0	看婆姨 kʰæ̃53pʰei35zɿ0	订婚 tiŋ53xuŋ0
黄陵	媒人 mẽ24ʐẽ0	看相 kʰæ̃55ɕiɑŋ55 见面 tɕiæ̃55miæ̃55	订亲 tɕiəŋ55tɕʰiẽ31 订婚 tɕiəŋ55xuẽ31
渭南	媒人 mei24ʐə̃0	见面 tɕiæ̃44miæ̃44	订婚 tɕiəŋ44xuə̃31
韩城	媒人 mɪi31ʐɛ̃53	见面 tɕiã44miã44	换帖 xuã44tʰiᴇ31
合阳	媒人 mei24ʐẽ31 红爷 xuŋ24iɛ31	见面 tɕiɑ̃55miɑ̃55	订亲 tiŋ55tsʰiẽ31 订婚 tiŋ55xuẽ31
富平	媒人 mɛ̃31ʐɛ̃53	见面 tɕiæ̃55miæ̃55	订婚 tiəɣ̃55xuɛ̃31
耀州	媒人 mei24ʐei0 媒婆子 mei24pʰuo52tsɿ0	见面 tɕiæ̃44miæ̃44 看过活 kʰæ̃44kuo44xuo0	换庚贴 xuæ̃44kəŋ21tɕʰiɛ21
咸阳	媒人 mei24ʐɛ̃0	见面 tɕiã44miã44	订婚 tiəŋ44xuɛ̃31
旬邑	媒人 mei21ʐɛ̃52 媒婆 mei24pʰo24	见面 tɕiã44miã44 看屋里 kʰã44u52li0	成事 tʂʰəŋ24sɿ44
三原	媒人 mei24ʐẽ0	背见 pei44tɕiã44	订亲 tɕiəŋ44tɕʰiẽ31 订婚 tɕiəŋ44xuẽ31

	0529 媒人	0530 相亲	0531 订婚
乾县	媒婆 me^{24}pʰuɤ^{21} 红娘 xoŋ^{24}ȵiaŋ^{24}	遇面 y^{55}miæ̃^{55}	订婚 tiɤŋ^{55}xuẽ^{21}
岐山	媒人 mei^{31}ʐəŋ^{53} 媒婆 mei^{31}pʰo^{53}	相亲 siɑŋ^{24}tɕʰiŋ^{31}	订亲 ȶiŋ^{44}ȶʰiŋ^{31} 订婚 ȶiŋ^{44}xuŋ^{31}
凤翔	媒人 mei^{31}ʐəŋ^{53}	背看 pei^{44}kʰæ̃^{44} 见面 tɕiæ̃^{44}miæ̃^{44}	订婚 tsiŋ^{44}xuŋ^{31}
千阳	媒人 mei^{31}ʐəŋ^{0}	背看 pei^{44}kʰæ̃^{44} 遇面 y^{44}miæ̃^{44}	看屋里 kʰæ̃^{44}vu^{53}li^{0}
西安	媒人 mei^{24}ʐən^{0}	见面 tɕiã^{44}miã^{44}	订婚 tiəŋ^{44}xuen^{21}
户县	媒人 mei^{35}ʐẽ^{31}	相看 ɕiaŋ^{31}kʰã^{31} 见面 tɕiã^{55}miã^{55}	照书 tʂau^{55}su^{31}
商州	媒人 mei^{31}ʐẽ^{53}	见面 tɕiã^{44}miã^{44}	订婚 tiəŋ^{44}xuẽ^{31}
镇安	红爷 xuoŋ^{33}iɛ^{0} 媒人 mᴇi^{33}ʐən^{0}	相亲 ɕiʌŋ^{21}tɕʰin^{53}	开叫 kʰai^{21}tɕiɔo^{214} 订婚 tin^{33}xuen^{53}
安康	媒婆子 mei^{35}pʰuo^{31}tsɿ^{0}	看家儿 kʰan^{44}tɕiar^{31}	订婚 tin^{44}xuən^{31}
白河	媒婆子 mei^{44}pʰo^{0}tsɿ^{0}	看家儿 kʰan^{42}tɕiɐr^{213}	订亲 tiən^{42}tɕiən^{213}
汉阴	媒婆子 mei^{42}pʰo^{0}tsɿ^{0}	踩门户 tsʰae^{45}mən^{42}χu^{214}	交手记 tɕiɑo^{33}ʂəu^{45}tɕi^{0} 订亲 tin^{24}tɕʰin^{33}
平利	媒婆子 mei^{52}pʰo^{52}tsɿ^{0}	看家儿 kʰan^{24}tɕiar^{43}	订婚 tin^{24}xuən^{43}
汉中	红爷 xoŋ^{42}iᴇ^{0} 媒婆 mei^{42}pʰɤ^{0}	相亲 ɕiɑŋ^{55}tɕʰin^{55}	订婚 tin^{21}xuən^{55}
城固	媒婆 mei^{31}pʰə^{0}	见媳妇儿 tɕian^{31}si^{44}fər^{0}	见屋 tɕian^{31}u^{53}
勉县	媒婆子 mei^{21}pʰɤ^{21}tsɿ^{0}	相亲 ɕiɑŋ^{44}tɕʰin^{42}	订婚 tin^{21}xoŋ^{42}
镇巴	介绍人 tɕiai^{21}sau^{55}zən^{31}	见面 tɕian^{213}mian^{213}	同意 tʰoŋ^{31}i^{213}

	0532 嫁妆	0533 结婚统称	0534 娶妻子男子～，动宾
榆林	嫁妆 tɕia^{52}tʂuɑ̃^{0}	结婚 tɕiʌʔ^{3}xuɤɣ̃^{33}	娶婆姨 tsʰɿ^{21}pʰuə^{24}i^{52}
神木	陪房 pʰei^{44}fɑ̃^{0}	办亲事 pɛ^{53}tɕʰiɤ̃^{24}sɿ^{53} 结婚 tɕiəʔ^{2}xuɤ̃^{24}	娶婆姨 tɕʰy^{21}pʰuo^{44}i^{0} 娶媳妇子 tɕʰy^{21}ɕiəʔ^{4}fu^{44}tsəʔ^{0}
绥德	陪房 pʰei^{33}fɑ̃^{0}	成家 tʂʰəɣ̃^{33}tɕiɑ^{213} 结婚 tɕie^{21}xuəɣ̃^{213}	引[媳妇]子 iəɣ̃^{21}ɕiəu^{33}tsəʔ^{0}
吴堡	陪份 pʰɑe^{33}fəŋ^{0}	结婚 tɕiəʔ^{21}xuəŋ^{213}	引[媳妇]子 iəŋ^{41}sɑo^{33}tsəʔ^{0}
清涧	陪房 pʰai^{24}fɒ̃^{0}	结婚 tɕi^{53}xuəɣ̃^{312}	问婆姨 vəɣ̃^{44}pʰu^{24}zɿ^{0} 闹婆姨 nɔo^{44}pʰu^{24}zɿ^{0}
延安	陪嫁 pʰei^{24}tɕia^{443} 妆奁 tʂuaŋ^{21}liæ̃^{53}	结婚 tɕiɛ^{24}xuəŋ^{213}	娶婆姨 tsʰɿ^{52}pʰuo^{24}i^{0}
延川	嫁妆 tɕia^{53}tʂuɑŋ^{0}	结婚 tɕiɛ^{42}xuŋ^{213}	引婆姨 iŋ^{53}pʰei^{21}zɿ^{0}
黄陵	陪嫁 pʰei^{24}tɕiɑ^{55} 嫁妆 tɕiɑ^{55}tsuɑŋ^{31}	结婚 tɕiɛ^{24}xuẽ^{31} 成亲 tʂʰəŋ^{24}tɕʰiẽ^{31}	娶媳妇 tsʰɿ^{52}ɕi^{31}fu^{0} 娶媳子 tsʰɿ^{52}ɕi^{31}tsɿ^{0}
渭南	陪房 pʰei^{24}fɑŋ^{53}	结婚 tɕiɛ^{24}xuə̃^{31}	娶媳妇 tɕʰy^{44}ɕi^{53}fu^{0}
韩城	陪送 pʰɪi^{31}səŋ^{53}	结婚 tɕiᴇ^{24}xuɛ̃^{31}	索[媳妇]子 sɪi^{31}ɕiəu^{24}tsɿ^{0}
合阳	嫁俬 tɕiɑ^{55}sɿ^{31}	结婚 tɕiɛ^{24}xuẽ^{31} 完婚 uɑ̃^{24}xuẽ^{31}	娶媳妇 tɕʰy^{52}si^{31}fu^{31} 娶婆娘 tɕʰy^{53}pʰo^{24}ȵyə^{31}
富平	陪房 pʰeɪ^{31}fɑɣ̃^{53}	结婚 tɕiɛ^{24}xuɛ̃^{31}	娶媳妇儿 tɕʰy^{53}ɕi^{53}fʊr^{31}
耀州	陪房 pʰei^{24}fɑŋ^{0}	成亲 tʂʰəŋ^{24}tɕʰiei^{21} 结婚 tɕiɛ^{24}xuei^{21}	娶媳妇 tɕʰy^{52}ɕi^{52}fu^{0}
咸阳	陪房 pʰei^{24}fɑŋ^{0}	结婚 tɕiɛ^{24}xuɛ̃^{31}	娶媳妇儿 tɕʰy^{53}ɕi^{31}fuər^{0}
旬邑	添箱 tsʰiɑ̃^{21}ɕiɑŋ^{0} 陪房 pʰei^{21}fɑŋ^{52}	结婚 tɕiɛ^{24}xuɛ̃^{21}	娶媳妇儿 tɕʰy^{52}ɕi^{52}fuər^{0}
三原	陪房 pʰei^{24}fɑŋ^{0}	结婚 tɕiɛ^{24}xuẽ^{31}	娶媳妇儿 tɕʰy^{52}ɕi^{52}fur^{0}

	0532 嫁妆	0533 结婚统称	0534 娶妻子男子~，动宾
乾县	陪房 pʰe^{24}faŋ^{21}	结婚 tɕiə^{24}xuẽ^{21}	娶媳妇 tɕʰy^{53}ɕi^{53}fu^{21}
岐山	嫁妆 tɕiᴀ^{44}tʂɑŋ^{21} 添箱 ȶʰiæ̃^{31}siɑŋ^{21}	办喜事 pæ̃^{44}ɕi^{53}sɿ^{44} 结婚 tɕiɛ^{24}xuŋ^{31}	娶媳妇 tɕʰy^{53}si^{53}fu^{21}
凤翔	陪房 pʰei^{31}fɑŋ^{53} 添箱 tsʰiæ̃^{31}siɑŋ^{0}	结婚 tɕie^{24}xuŋ^{31}	娶媳妇 tɕʰy^{53}si^{53}fu^{0}
千阳	陪房 pei^{31}fɑŋ^{0}	结婚 tɕie^{24}xuŋ^{31}	娶媳妇 tɕʰy^{53}si^{53}fu^{0}
西安	嫁妆 tɕia^{44}pfaŋ^{0}	结婚 tɕiɛ^{24}xuən^{21}	娶媳妇儿 tɕʰy^{53}ɕi^{21}fər^{0}
户县	陪房 pʰei^{35}faŋ^{31}	成亲 tʂʰəŋ^{35}tɕʰiẽ^{31}	娶媳妇儿 tɕʰy^{55}ɕi^{31}fəɯ^{0}
商州	陪房 pʰei^{31}fɑŋ^{53}	结婚 tɕiɛ^{35}xuẽ^{31}	娶媳子 tɕʰy^{53}ɕi^{53}tsɿ^{0}
镇安	陪嫁 pʰᴇi^{33}tɕia^{0}	结婚 tɕiɛ^{21}xuən^{53}	娶媳妇儿 tʂʰʮ^{33}ɕi^{53}fur^{0}
安康	陪嫁 pʰei^{35}tɕia^{31}	结婚 tɕie^{35}xuən^{31}	说媳妇儿 fə^{35}ɕi^{31}fur^{31}
白河	陪嫁 pʰei^{44}tɕia^{41}	成亲 tʂʰən^{44}tɕʰiən^{213}	接媳妇儿 tɕiᴇ^{213}ɕi^{44}fər^{0}
汉阴	陪嫁 pʰei^{42}tɕiɑ^{214}	结婚 tɕiᴇ^{42}χuən^{33}	接媳妇儿 tɕiᴇ^{42}ɕi^{42}χuar^{0}
平利	陪嫁 pʰei^{52}tɕia^{0}	结婚 tɕiᴇ^{43}xuən^{43}	接媳妇儿 tɕiᴇ^{43}ɕi^{43}fur^{0}
汉中	陪嫁 pʰei^{42}tɕia^{0}	结婚 tɕiᴇ^{55}xuən^{55}	接媳妇 tɕiᴇ^{55}ɕi^{42}fu^{0}
城固	陪送 pʰei^{31}ʃuŋ^{213}	结婚 tɕiɛ^{31}xuən^{53}	接媳妇儿 tɕiɛ^{53}ɕi^{44}fər^{0}
勉县	陪嫁 pʰei^{21}tɕiɑ^{0}	结婚 tɕiɛ^{44}xoŋ^{42}	接媳妇 tsiɛ^{44}si^{21}fu^{0}
镇巴	陪嫁 pʰei^{31}tɕia^{213}	结婚 tɕiɛ^{31}xun^{55}	接媳妇儿 tsɛ^{31}ɕi^{33}fɐr^{31}

	0535 出嫁女子~	0536 拜堂	0537 新郎
榆林	出嫁 tʂ^{h}uəʔ^{3}tɕia^{52}	拜天地 pɛe^{52}t^{h}iɛ^{33}ti^{52}	新女婿 ɕiɤɣ̃^{33}ny^{21}ɕi^{0}
神木	出嫁 tʂ^{h}uəʔ^{4}tɕia^{53} 问出去嘅 vɤ̃^{53}tʂ^{h}uəʔ^{4}kəʔ^{0}lɛ^{0}	拜堂 pEe^{53}t^{h}ɑ̃^{44} 拜天地 pEe^{53}t^{h}iɛ^{24}ti^{53}	新女婿 ɕiɤ̃^{24}ȵy^{21}ɕi^{53}
绥德	出嫁 tʂ^{h}uəʔ^{3}tɕiɑ^{52}	拜天地 pai^{52}t^{h}ie^{21}ti^{52}	新女婿 ɕiəɣ̃^{24}ny^{21}ɕi^{52}
吴堡	出女 ts^{h}uəʔ^{4}nʉ^{412} 出嫁女子 ts^{h}uəʔ^{3}tɕiɑ^{53}nʉ^{41}tsəʔ^{3}	拜天地 pɑe^{53}t^{h}ie^{21}tɛe^{53}	新女婿 ɕiəŋ^{24}nʉ^{41}sɛe^{53}
清涧	出嫁 tʂ^{h}uəʔ^{54}tɕiɑ^{42}	拜堂 pai^{44}t^{h}ɒ̃^{24}	新女婿 ɕiəɣ̃^{24}zɥ^{53}sɿ^{44}
延安	出嫁 tʂ^{h}uəʔ^{5}tɕia^{443}	拜堂 p^{h}ai^{443}t^{h}aŋ^{24}	新女婿 ɕiəŋ^{24}ȵy^{52}ɕi^{0}
延川	出嫁 tʂ^{h}uəʔ^{43}tɕia^{213}	拜堂 pai^{42}t^{h}ɑ^{51}	新女婿 iŋ^{35}nɥ^{53}sɿ^{0}
黄陵	出嫁 ts^{h}ɥ^{31}tɕiɑ^{0}	拜堂 pE^{55}t^{h}ɑŋ^{24}	新女婿 ɕiẽ^{31}ȵy^{52}ɕi^{0}
渭南	发落娃 fɑ^{31}luə^{31}uɑ^{44}	拜堂 pae^{44}t^{h}ɑŋ^{24}	新女婿 ɕiə̃^{31}ny^{53}ɕi^{0}
韩城	出嫁 pf^{h}u^{31}tɕia^{44}	拜堂 pæe^{44}t^{h}ɑŋ^{24}	新女婿 ɕiɛ̃^{31}ȵy^{53}ɕiɛ̃^{0}
合阳	嫁女 tɕiɑ^{55}ȵy^{52} 出嫁 pf^{h}u^{31}tɕia^{55}	拜花堂 pæe^{55}xuɑ^{31}t^{h}ɑŋ^{31} 拜堂 pæe^{55}t^{h}ɑŋ^{24}	新女婿 siẽ^{31}ȵy^{52}ɕi^{31} 新郎 siẽ^{31}lɑŋ^{24}
富平	出门 tʃ^{h}u^{31}mɛ̃^{24}	拜堂 pɛe^{55}t^{h}ɑɣ̃^{24}	新女婿 siɛ̃^{24}ȵy^{53}ɕiɛ̃^{31}
耀州	起发 tɕ^{h}i^{52}fa^{0} 出门 tʃ^{h}u^{21}mei^{24}	拜堂 pæi^{44}t^{h}ɑŋ^{24}	新女婿 ɕiei^{21}ȵy^{52}ɕi^{0}
咸阳	出门 tʃ^{h}u^{31}mɛ̃^{24}	拜堂 pæ^{44}t^{h}ɑŋ^{24}	新郎 ɕiɛ̃^{31}lɑŋ^{24}
旬邑	起发 tɕ^{h}i^{21}fa^{21} 出门 tʃ^{h}ʅ^{21}mɛ̃^{24}	拜堂 pɛi^{44}t^{h}ɑŋ^{24}	新女婿 ɕiɛ̃^{21}ȵy^{52}ɕiɛ̃^{0}
三原	出门 tʃ^{h}ʒ^{31}mẽ^{24}	拜堂 pai^{44}t^{h}ɑŋ^{24}	新女婿 ɕiẽ^{31}ȵy^{52}ɕi^{0}

	0535 出嫁女子~	0536 拜堂	0537 新郎
乾县	归结 kue^{21}tɕiə^{21}	拜堂 pɛ^{55}tʰaŋ^{24}	新女婿 ɕiẽ^{21}ȵy^{53}ɕi^{21}
岐山	起发 tɕʰi^{44}fᴀ^{31}	拜堂 pᴇ^{44}tʰaŋ^{24} 拜天地 pæ̃^{44}ȶʰiæ̃^{31}ȶi^{44}	新女婿 siŋ^{31}ȵy^{44}ɕy^{21}
凤翔	出嫁 tʂʰʅ^{31}tɕia^{44} 出门 tʂʰʅ^{31}məŋ^{24}	拜天地 pᴇ^{44}tsʰiæ̃^{53}tsi^{0}	新女婿 siŋ^{31}ȵy^{44}ɕy^{0}
千阳	出门 tʃʰʅ^{31}məŋ^{24}	拜人 pᴇ^{44}ʐəŋ^{24}	新女婿 siŋ^{31}ȵy^{44}ɕy^{0}
西安	出门 pfʰu^{21}men^{24} 给人 kei^{53}ʐen^{24}	拜堂 pai^{44}tʰaŋ^{24}	新女婿 ɕin^{21}ȵy^{53}ɕi^{0}
户县	出门 tsʰu^{31}mẽ^{35} 做媳妇儿 tsɤu^{55}ɕi^{31}fəɯ^{0}	拜堂 pæ^{55}tʰaŋ^{35} 拜天地 pæ^{55}tʰiã^{31}ti^{55}	新女婿 ɕiẽ^{31}ȵy^{51}ɕi^{31}
商州	出嫁 tʃʰu^{53}tɕiɑ^{0}	拜天地 pai^{44}tʰiã^{31}ti^{44}	新女婿 ɕiẽ^{31}ȵy^{53}ɕi^{0}
镇安	出嫁 tʂʰʮ^{21}tɕia^{214}	拜堂 pai^{21}tʰʌŋ^{33}	新郎 ɕin^{53}lʌŋ^{0}
安康	出嫁 pfʰu^{31}tɕia^{31}	拜堂 pæ^{44}tʰaŋ^{35}	新郎 ɕin^{31}laŋ^{35}
白河	出嫁 tʂʰu^{21}tɕia^{42}	拜堂 pai^{42}tʰaŋ^{44}	新郎官儿 ɕiən^{21}laŋ^{44}kuɐr^{213}
汉阴	出嫁 tsʰɥ^{33}tɕiɑ^{214}	拜堂 pae^{24}tʰɑŋ^{42}	新郎官儿 ɕin^{33}lɑŋ^{42}kuar^{33}
平利	出嫁 tʂʰʮ^{43}tɕia^{214}	拜堂 pai^{24}tʰaŋ^{52}	新郎官儿 ɕin^{43}laŋ^{52}kuar^{43}
汉中	出门 tsʰu^{55}mən^{42}	拜堂 pai^{35}tʰɑŋ^{42}	新郎官儿 ɕin^{55}lɑŋ^{42}kuɤr^{0}
城固	起发 tɕʰi^{24}fa^{0}	拜堂 pai^{24}tʰɑŋ^{311}	新女婿 sin^{44}ȵy^{0}ɕi^{0}
勉县	走婆家 tsəu^{35}pʰɤ^{21}tɕiɑ^{0}	拜堂 pɑi^{35}tʰɑŋ^{21}	新女婿 ɕin^{44}ȵy^{35}ɕi^{0}
镇巴	该嫁 kai^{35}tɕia^{213}	拜堂 pai^{213}tʰaŋ^{31}	新郎官儿 ɕin^{35}laŋ^{31}kuɐr^{55}

	0538 新娘子	0539 孕妇	0540 怀孕
榆林	新人 ɕiɤɣ̃^{33}ʐɤɣ̃^{33} 新媳妇儿 ɕiɤɣ̃^{33}ɕiəʔ^{3}fur^{0}	大肚婆姨 ta^{52}tu^{52}p^{h}uə$^{24:52}$i^{52} 怀娃娃婆姨 xuɛe^{24}va^{24}va^{0} p^{h}uə^{24}i^{52}	有嘅 iəu^{24}lɛ^{0} 怀上嘅 xuɛe^{24}ʂɑ̃^{52}lɛ^{0}
神木	新媳妇儿 ɕiɤ̃^{24}ɕiəʔ^{0}fʌɯ^{0}	怀孩伢儿婆姨 xuᴇe^{44}xəʔ^{4} iʌɯ^{53}p^{h}uo$^{44:0}$i^{0}	有了孩伢儿 iəu^{24}ləʔ^{0}xəʔ^{4} iʌɯ^{53} 有身子 iəu^{21}ʂɤ̃^{24}tsəʔ^{0}
绥德	新[媳妇]子 ɕiəɣ̃^{21}ɕiəu^{33} tsəʔ^{0}	大肚子婆姨 tɑ^{52}tu^{52}tsəʔ^{0}p^{h}uo^{33} i^{52} 怀娃娃婆姨 xuai^{33}uɑ^{33}uɑ^{0} p^{h}uo^{33}i^{52}	不干连 pəʔ^{5}kæ^{21}lie^{33} 有嘅 iəu^{24}læ^{0} 怀上娃娃嘅 xuai^{33}ʂɑ̃^{52}uɑ^{33} uɑ^{21}læ^{0}
吴堡	新[媳妇]子 ɕiəŋ^{21}sɑo^{33} tsəʔ^{0}	害孩儿婆姨 xɑe^{53}ɕiər^{53}p^{h}ɤu^{33} i^{0} 大肚婆姨 tɤu^{53}tu^{53}p^{h}ɤu$^{33:0}$i^{0}	有孩儿了 iɑo^{41}ɕiər^{53}liəʔ^{0} 不干连 pəʔ^{21}kie^{21}lie^{33}
清涧	新媳妇儿 ɕiəɣ̃^{31}ɕiəʔ^{4}fʊr^{0}	有孩儿婆姨 iəu^{53}ɕiər^{42}p^{h}u^{24} zʅ^{0}	有咾孩儿嘅 iəu^{53}lɔo^{0}ɕiər^{42} lɛ^{0}
延安	新媳妇 ɕiəŋ^{21}ɕi^{24}fu^{0}	怀 娃 娃 婆 姨 xuai^{24} va^{24} va^{0} p^{h}uo$^{24:0}$i^{0}	怀娃娃 xuai^{24}va^{24}va^{0}
延川	新媳妇儿 ɕiŋ^{35}ɕiəʔ^{53}fur^{0}	怀孩儿婆姨 xuai^{35}ɕiʌr^{35} p^{h}ei^{35}zʅ^{0} 有身子婆姨 iəu^{53}ʂəɣ̃^{35}tsəʔ^{0} p^{h}ei^{35}zʅ^{0}	怀孩儿 xuai^{35}ɕiʌr^{35}
黄陵	新媳妇 ɕiẽ^{24}ɕi^{31}fu^{0}	怀娃婆娘 xuᴇ^{24}uɑ^{55}p^{h}uɤ^{24} ȵiɑŋ^{0} 大肚子 tɑ^{55}t^{h}u^{55}tsʅ^{0}	有咧 iəu^{31}liɛ^{0}
渭南	新媳妇 ɕiə̃^{24}ɕi^{53}fu^{0}	大肚子 tɑ^{44}t^{h}əu^{44}tsʅ^{0}	有啥哵 iəu^{53}sɑ^{31}liɑ^{0}
韩城	新[媳妇][媳妇]子 ɕiɛ̃^{24}ɕiəu^{31}ɕiəu^{0}tsʅ^{0}	怀婆子 xuæe^{31}p^{h}uɤ^{53}tsʅ^{0}	不淡然啦 pu^{31}tã^{44}ʐã^{0}lɑ^{0}
合阳	新媳妇 siẽ^{31}si^{31}fu^{31} 新人 siẽ^{31}ʐẽ^{24}	大肚子 tɑ^{55}t^{h}u^{52}tsʅ^{0} 孕妇 iẽ^{55}fu^{55}	择饭 ts^{h}ei^{24}fɑ̃^{55} 有喜 iou^{24}ɕi^{52}
富平	新媳妇儿 siɛ̃^{24}ɕi^{53}fʊr^{31}	怀娃婆娘 xuɛe^{24}uɑ^{55}p^{h}o^{31} ȵiɑɣ̃^{53}	有啥哩 iou^{53}sɑ^{31}li^{31}
耀州	新媳妇 ɕiei^{24}ɕi^{52}fu^{0}	怀娃婆娘 xuæi^{24}ua^{44}p^{h}uo^{24} ȵiɑŋ^{0}	有啥啦 iou^{52}sa^{44}la^{0} 身子重啦 ʂei^{21}tsʅ^{0}tʃuŋ^{44}la^{0}
咸阳	新娘 ɕiɛ̃^{31}ȵiɑŋ^{24}	怀娃婆娘 xuæ^{24}ua^{44}p^{h}o^{24}ȵiɑŋ^{0}	有啥咧 iou^{53}sa^{31}liɛ^{0}

	0538 新娘子	0539 孕妇	0540 怀孕
旬邑	新媳子 ɕiɛ̃^{21}ɕi^{52}tsɿ^{0}	大肚子婆娘 ta^{44}tʰu^{44}tsɿ^{0}pʰo^{21}ȵiɑŋ^{52}	有啦 iəu^{21}la^{0} 不好啦 pu^{21}xau^{52}la^{0}
三原	新媳妇儿 ɕiẽ^{24}ɕi^{52}fur^{0}	怀娃婆 xuai^{24}uɑ^{44}pʰɤ^{0} 大肚子 tɑ^{44}tou^{44}tsɿ^{0}	有啥啦 iou^{52}sɑ^{31}lɑ^{0}
乾县	新媳妇 ɕiẽ^{24}ɕi^{53}fu^{21}	大肚子 ta^{55}tu^{55}tsɿ^{21}	怀孕 xuɛ^{24}iẽ^{55}
岐山	新媳妇 siŋ^{31}si^{53}fu^{21}	怀娃婆娘 xuE^{31}vA^{44}pʰo^{31}ȵiɑŋ^{21}	有啥 iou^{44}ʂA^{21} 怀孕 xuE^{24}iŋ^{44}
凤翔	新人 siŋ^{53}ʐəŋ^{0} 新媳妇 siŋ^{31}si^{0}fu^{0}	怀娃婆娘 xuE^{31}vA^{44}pʰo^{0}ȵiɑŋ^{0}	有啥俩 iəu^{44}ʂa^{0}lia^{0}
千阳	新媳妇 siŋ^{31}si^{0}fu^{0}	怀拉婆娘 xuE^{31}la^{44}pʰo^{31}ȵiɑŋ^{0}	有啥哩 iou^{44}ʃa^{0}li^{0}
西安	新媳妇儿 ɕin^{24}ɕi^{21}fər^{0}	大肚子 ta^{44}tu^{44}tsɿ^{0}	怀娃 xuai^{24}ua^{44}
户县	新媳妇儿 ɕiẽ^{35}ɕi^{31}fəɯ^{0}	怀娃婆 xuæ^{35}ua^{55}pʰɤ^{31}	有啥 iɤu^{51}sa^{31} 有喜 iɤu^{31}ɕi^{51}
商州	新媳子 ɕiẽ^{31}ɕi^{53}tsɿ^{0}	大肚子 tɑ^{44}tou^{44}tsɿ^{0}	怀娃 xuai^{35}vɑ^{44}
镇安	新大姐 ɕin^{21}ta^{322}tɕiɛ^{35} 新媳妇儿 ɕin^{21}ɕi^{53}fur^{0}	驮肚子 tʰuə^{33}təu^{35}tsɿ^{53}	有俩 iəu^{35}lia^{53}
安康	新娘子 ɕin^{35}ȵiaŋ^{35}tsɿ^{0}	大肚子 ta^{44}tu^{44}tsɿ^{0}	怀肚子了 xuæ^{35}tu^{35}tsɿ^{21}liau^{0}
白河	新姑娘儿 ɕiən^{21}ku^{44}niɐr^{213}	驮肚子的 tʰuo^{44}tou^{35}tsɿ^{0}ti^{0}	有咾 iəu^{35}lɔu^{0}
汉阴	新娘子 ɕin^{33}ȵiɑŋ^{42}tsɿ^{0}	怀肚婆 χuae^{42}təu^{45}pʰo^{42}	有喜 iəu^{45}ɕi^{45} 怀娃 χuae^{42}uɑ^{42}
平利	新媳妇儿 ɕin^{43}ɕi^{43}fur^{0}	大肚子 ta^{24}tou^{45}tsɿ^{0}	怀娃子 xuai^{52}ua^{52}tsɿ^{0}
汉中	新媳妇儿 ɕin^{55}ɕi^{0}fuɤr^{0}	怀娃婆 xuai^{42}uA^{42}pʰɤ^{42}	有咾 iəu^{35}lɑo^{0}
城固	新新妇儿 sin^{44}sin^{0}fər^{0}	双身 ʃuɑŋ^{53}ʂən^{53}	怀上 xuai^{31}ʂɑŋ^{24}
勉县	新媳妇 ɕin^{44}ɕi^{21}fu^{0}	怀娃婆 xuɑi^{21}vɑ^{21}pʰɤ^{21}	身不困 sən^{44}pu^{21}kʰoŋ^{213}
镇巴	新媳妇儿 ɕin^{35}ɕi^{33}fɐr^{31}	怀起的 xuai^{31}tɕʰi^{52}ti^{31}	怀起 xuai^{31}tɕʰi^{52} 有咯 iəu^{45}lo^{31}

	0541 害喜妊娠反应	0542 分娩	0543 流产
榆林	嫌饭 ɕiɛ^{24}fɛ^{52} 害娃娃 xɛe^{52}vA^{24}vA^{0}	坐㘓 tsuə^{52}lɛ^{0} 养下㘓 iɑ̃^{21}xa^{52}lɛ^{0}	跌㘓 tiʌʔ^{3}lɛ^{0}
神木	害孩伢儿 xEe^{53}xəʔ^{4}iʌɯ^{53}	养孩伢儿 iɑ̃^{21}xəʔ^{4}iʌɯ^{53}	小产 ɕiɔo^{24}ts^{h}ɛ^{0}
绥德	嫌饭 ɕie^{33}fæ^{52} 反应 fæ^{21}iəɣ̃^{52}	坐㘓 tsuo^{52}læ^{0} 养下㘓 iɑ̃^{21}xɑ^{52}læ^{0}	踢㘓 t^{h}ɑ̃^{52}læ^{0} 跌㘓 tie^{33}læ^{0} 小产 ɕiɔɤ^{24}ts^{h}æ^{213}
吴堡	嫌饭 ɕiɑ̃^{33}fɑ̃^{53} 害孩儿 xɑe^{53}ɕiər^{53}	坐 tsuɤu^{53}	小养 ɕiɤ^{41}iɤu^{412}
清涧	害孩儿 xai^{44}ɕiər^{42}	坐㘓 t^{h}u^{42}lɛ^{0}	跌孩儿 ti^{53}ɕiər^{42}
延安	有喜了 iou^{24}ɕi^{423}læ̃^{0} 害娃娃 xai^{443}va^{24}va^{0}	生娃娃 səŋ^{21}va^{24}va^{0}	跌㘓 tiɛ^{21}læ̃^{0} 跌身子㘓 tiɛ^{24}ʂəŋ^{21}tsəʔ^{5} læ̃^{0}
延川	害喜 xai^{31}sɿ^{0}	养孩儿 iɛ^{53}ɕiʌr^{0}	跌㘓 tiɛ^{42}læ̃^{213}
黄陵	害娃 xE^{55}uɑ^{55}	生娃 səŋ^{31}uɑ^{55}	小月 ɕiɔ^{52}yɤ^{31}
渭南	害娃哩 xae^{44}uɑ^{44}li^{0}	月里 yə^{53}li^{0}	小月 ɕiɔo^{53}yə^{31}
韩城	择饭 ts^{h}ɪi^{24}fɑ̃^{44}	要娃 iɑu^{44}uɑ^{0} 生娃 səŋ^{31}uɑ^{0}	小产 ɕiɑu^{31}ts^{h}ɑ̃^{53}
合阳	害娃 xæe^{55}uɑ^{55}	要娃 iɔo^{55}uɑ^{55} 生娃 səŋ^{31}uɑ^{55}	小月 siɔo^{52}yə^{31} 小产 siɔo^{24}ts^{h}ɑ̃^{52}
富平	害娃哩 xɛe^{55}uɑ^{55}li^{31}	到月里啦 tɑo^{55}yɛ^{53}li^{31}lɑ^{31}	小产 siɑo^{31}ts^{h}æ̃^{31}
耀州	择饭 ts^{h}ei^{24}fæ̃^{44}	要娃 iɔu^{44}ua^{44} 生娃 səŋ^{21}ua^{44}	小产 ɕiɔu^{52}ts^{h}æ̃^{0}
咸阳	害娃呢 xæ^{44}ua^{44}i^{0}	上炕咧 ʂɑŋ^{44}k^{h}ɑŋ^{44}liɛ^{0}	小月咧 ɕiɔ^{53}yo^{31}liɛ^{0}
旬邑	择饭 ts^{h}ei^{24}fɑ̃^{44}	生娃 səŋ^{21}ua^{44}	小产 ɕiau^{21}ts^{h}ɑ̃^{52} 小月 ɕiau^{52}yo^{21}
三原	害娃哩 xai^{44}uɑ^{44}li^{0}	生娃 səŋ^{31}uɑ^{44}	小产 ɕiɑɔ^{31}ts^{h}ɑ̃^{0} 流产 liou^{44}ts^{h}ɑ̃^{52}

	0541 害喜妊娠反应	0542 分娩	0543 流产
乾县	择饭 tse^{24}fæ̃^{55}	生娃 sɤŋ^{21}ua^{55}	小产 ɕiɔ^{21}tsʰæ̃^{53}
岐山	害娃哩 xE^{44}vA^{44}li^{21}	生娃 səŋ^{31}vA^{44}	小月 siɔ^{53}yɛ^{21}
凤翔	择饭 tsʰei^{24}fæ̃^{44} 害娃娃 xE^{44}va^{31}va^{53}	生娃 səŋ^{31}va^{44}	小产 siɔ^{31}tsʰæ̃^{0} 小月 siɔ^{44}ye^{0}
千阳	拣饭哩 tɕiæ̃^{53}fæ̃^{45}li^{0} 害娃娃 xE^{44}vA^{31}vA^{0}	养娃娃 iɑŋ^{53}va^{31}va^{0}	小月 siɔ^{44}ye^{0}
西安	害娃 xai^{44}ua^{44} 害喜 xai^{44}ɕi^{53}	生娃 səŋ^{21}ua^{44} 上炕 ʂaŋ^{44}kʰaŋ^{44}	小月 ɕiau^{53}yɛ^{21}
户县	害娃 xæ^{55}ua^{55} 择饭 tsei^{35}fã^{55}	要娃 iau^{55}ua^{55} 在炕儿 tsæ^{55}kʰə^{51}	小月 ɕiau^{51}yɛ^{31}
商州	害娃 xai^{44}vɑ^{44}	生娃 səŋ^{31}vɑ^{44}	小月 ɕiɑo^{53}yɛ^{31}
镇安	害喜 xai^{322}ɕi^{35}	生娃 sən^{21}va^{214}	小月 ɕiɔo^{35}ʐʮɛ^{53}
安康	害喜 xæ^{44}ɕi^{53}	生了 ʂən^{31}liau^{0}	流了 liou^{44}liau^{0}
白河	害喜 xai^{42}ɕi^{35}	生 sən^{213}	小掉了 ɕiɔu^{35}tiɔu^{42}lɔu^{0}
汉阴	害喜 χae^{21}ɕi^{45}	生娃 sən^{33}uɑ^{42}	小产 ɕiɑo^{45}tsʰan^{45}
平利	害喜 xai^{24}ɕi^{445}	生娃子 sən^{43}ua^{52}tsɿ^{0}	流产 liou^{52}tʂʰan^{445}
汉中	害喜 xai^{21}ɕi^{354}	生娃 sən^{55}uA^{42}	小月 ɕiɑo^{35}yɤ^{0}
城固	害口 xai^{31}kʰəu^{44}	生娃 səŋ^{53}ua^{311}	小月 siɔ^{24}yɛ^{0}
勉县	嫌饭 ɕiɑn^{21}fɑn^{213}	生娃 sən^{44}vɑ^{21}	小月 ɕiɑɔ^{35}yɤ^{0}
镇巴	害喜 xai^{213}ɕi^{52}	生娃儿 sən^{35}ua^{31}ər^{31}	小月咯 ɕiau^{45}yɛ^{31}lo^{31} 落咯 lo^{31}lo^{31}

	0544 双胞胎	0545 坐月子	0546 吃奶
榆林	对对娃儿 tuei^{52}tuei^{0}vɐr^{213}	坐月子 tsuə^{52}yʌʔ^{3}tsəʔ^{0}	吃奶 tʂʰəʔ^{3}nɛe^{213}
神木	双生儿 ʂuɑ̃^{53}sʌɯ^{0}	坐月子 tsuo^{53}yəʔ^{4}tsəʔ^{0}	吃奶 tʂʰəʔ^{4}nEe^{0}
绥德	双生儿 ʂuɑ̃^{52}sɤ̃r^{0}	坐月子 tsuo^{52}ye^{33}tsəʔ^{0}	吃奶 tʂʰəʔ^{5}nai^{213}
吴堡	一肚养的 iəʔ^{3}tu^{53}iɤu^{41}təʔ^{0}	坐月子 tsuɤu^{53}yəʔ^{21}tsəʔ^{3}	吃奶 tʂʰəʔ^{4}nɑe^{412}
清涧	双生儿 ʂuɒ̃^{42}səɣ̃r^{312}	坐月子 tsʰu^{42}y^{53}tsəʔ^{0}	吃奶 tʂʰəʔ^{54}nai^{53}
延安	双生儿 ʂuaŋ^{52}sər^{213}	坐月子 tsʰuo^{443}yɛ^{21}tsəʔ^{5}	吃奶 tʂʰəʔ^{5}nai^{423}
延川	双生儿 ʂuɑŋ^{53}sʌr^{0}	坐月子 tsʰuei^{53}yɛ^{21}tsəʔ^{0}	吃奶 tʂʰəʔ^{21}nai^{53}
黄陵	双生儿 suɑŋ^{55}sə̃r^{31}	坐月子 tsʰuɤ^{55}yɤ^{31}tsɿ^{0}	吃奶 tʂʰʅ^{31}nE^{53}
渭南	双生子 ʃɑŋ^{44}səŋ^{31}tsɿ^{0}	坐月里 tʃʰə^{44}yə^{53}li^{0}	吃奶 tʂʰʅ^{31}nae^{53}
韩城	双车子 fɑŋ^{44}tʂʰa^{31}tsɿ^{0}	坐月子 tsʰuɤ^{44}yE^{31}tsɿ^{0}	吃奶 tʂʅ^{31}næe^{53}
合阳	双生子 fɑŋ^{55}səŋ^{31}tsɿ^{0}	坐月 tɕʰyə^{55}yə^{31} 坐月子 tɕʰyə^{55}yə^{31}tsɿ^{0}	吃奶奶 tʂʰʅ^{31}næe^{24}næe^{0}
富平	双生子 ʃuɑɣ̃^{55}səɣ̃^{31}tsɿ^{31}	到月里啦 tɑo^{55}yɛ^{53}li^{31}lɑ^{31}	吃奶 tʂʰʅ^{31}nɛe^{53}
耀州	双生子 ʃuɑŋ^{24}səŋ^{21}tsɿ^{0}	上炕啦 ʂɑŋ^{44}kʰɑŋ^{44}la^{0} 坐月子 tsuo^{44}ɕyɛ^{52}tsɿ^{0}	喂奶 y^{44}næi^{52} 吃奶 tʂʰʅ^{21}næi^{52}
咸阳	双生儿娃 ʃuɑŋ^{44}sər^{31}ua^{44}	在月呢 tsæ^{44}yo^{31}i^{0}	吃奶 tʂʰʅ^{31}næ^{53}
旬邑	双生子 ʃɑŋ^{24}səŋ^{21}tsɿ^{0}	坐月子 tsʰuo^{24}yo^{52}tsɿ^{0} 到炕啦 tau^{44}kʰɑŋ^{44}la^{0}	吃奶 tʂʰʅ^{21}lɛi^{52} 喂奶 y^{44}lɛi^{52}
三原	双生子 ʃuɑŋ^{44}səŋ^{31}tsɿ^{0}	坐月子 tsuə^{44}yɤ^{52}tsɿ^{0}	吃奶 tʂʰʅ^{31}nai^{52}

	0544 双胞胎	0545 坐月子	0546 吃奶
乾县	双胞胎 ʃuaŋ^{21}pɔ^{24}t^{h}ɛ^{21}	坐月 tsuɤ^{55}yə^{21}	吃奶 tʂ^{h}ʅ^{21}nɛ^{53}
岐山	双生 ʂɑŋ^{44}səŋ^{53}	坐月子 ts^{h}uo^{44}yɛ^{53}tsɿ^{21}	吃奶 tʂ^{h}ʅ^{31}lE^{53}
凤翔	双生 ʂɑŋ^{45}səŋ^{0}	坐月子 tsuo^{44}ye^{53}tsɿ^{0}	吃奶 tʂ^{h}ʅ^{31}lE^{53}
千阳	双生 ʃɑŋ^{45}səŋ^{0} 双生子 ʃɑŋ^{45}səŋ^{0}tsɿ^{0}	坐月 ts^{h}uo^{45}ye^{0}	吃奶 tʂ^{h}ʅ^{31}lE^{53}
西安	双生儿 faŋ^{44}sə̃r^{0}	坐月子 tsuo^{44}yɛ^{21}tsɿ^{0}	吃奶 tʂ^{h}ʅ^{21}nai^{53}
户县	双生儿 suaŋ^{55}səɯ^{0}	坐月 tsuɤ^{55}yɛ^{31}	吃奶 tʂ^{h}ʅ^{31}næ^{51}
商州	双双子 ʃuɑŋ^{44}ʃuɑŋ^{31}tsɿ^{0}	坐月子 tʃuə^{44}yɛ^{31}tsɿ^{0}	吃奶 tʂ^{h}ʅ^{31}nai^{53}
镇安	双生子 ʂuʌŋ^{21}sən^{21}tsɿ^{0}	坐月子 tsuə^{33}ʐʮɛ^{53}tsɿ^{0}	吃奶 tʂ^{h}ʅ^{21}nai^{35}
安康	双胞胎 faŋ^{31}pau^{35}t^{h}æ^{31}	坐月子 tsuo^{44}ye^{31}tsɿ^{0}	吃奶 tʂ^{h}ʅ^{31}næ^{53}
白河	双生子 ʂuaŋ^{42}sən^{0}tsɿ^{0}	坐月子 tsuo^{42}yE^{21}tsɿ^{0}	吃奶 tʂ^{h}ʅ^{35}lai^{213}
汉阴	双生子 suɑŋ^{21}sən^{0}tsɿ^{0}	坐月子 tso^{24}yE^{42}tsɿ^{0}	吃奶 tʂ^{h}ʅ^{42}lae^{45}
平利	双生子 ʂʮaŋ^{24}sən^{43}tsɿ^{0}	坐月子 tso^{24}ʮE^{43}tsɿ^{0}	吃奶 tʂ^{h}ʅ^{43}lai^{445}
汉中	双生子 suɑŋ^{21}sən^{35}tsɿ^{0}	坐月子 tsuɤ^{21}yɤ^{55}tsɿ^{0}	吃奶 tʂ^{h}ʅ^{55}lai^{354}
城固	双生 ʃuaŋ^{53}səŋ^{0}	坐月 tʃuə^{31}yɛ^{0}	吃奶 tʂ^{h}ʅ^{53}lai^{44}
勉县	双生子 fɑŋ^{21}sən^{35}tsɿ^{0}	坐月子 tsuɤ^{21}yɤ^{21}tsɿ^{0}	吃奶 ts^{h}ɿ^{44}lɑi^{35}
镇巴	双生儿 suaŋ^{35}sɐr^{55}	坐月 tso^{213}yɛ^{31}	吃妈妈 ts^{h}ɿ^{31}maŋ^{35}maŋ^{55}

	0547 断奶	0548 满月	0549 生日统称
榆林	绝奶 tɕyʌʔ^{3}nɛe^{0}	满月 mɛ^{21}yʌʔ^{0}	生儿 sə̃r^{33}
神木	绝奶 tɕyəʔ^{4}nᴇe^{0}	满月 mɛ^{21}yəʔ^{4}	生儿 sʌɯ^{213}
绥德	绝奶 tɕye^{33}nai^{213}	满月 mæ^{21}ye^{33}	生儿 sɤ̃r^{213}
吴堡	隔奶 kəʔ^{4}nɑe^{412}	满月 mɤ^{24}yəʔ^{0}	生儿 ʂɐr^{213}
清涧	断奶 tʰu^{42}nai^{53}	满月 mu^{53}y^{24}	生儿 səɣ̃r^{312}
延安	断奶 tʰuæ̃^{443}nai^{423}	满月 mæ̃^{52}yo^{213}	生儿 sər^{213}
延川	断奶 tʰuɤ^{53}nai^{0}	满月 mɤ^{53}yɛ^{423}	生儿 sʌr^{213}
黄陵	摘奶 tsʰei^{24}nᴇ^{52} 离奶 li^{24}nᴇ^{52}	满月 mæ̃^{52}yɤ^{31}	生儿 sə̃r^{31} 岁儿 tsuər^{55}
渭南	隔奶 kei^{31}nae^{53}	满月 mæ̃^{53}yə^{31}	生日 səŋ^{31}ər^{0}
韩城	隔奶 kɪi^{31}næe^{53}	出月 pfʰu^{24}yᴇ^{31}	生人 ʂɑ^{31}ʐɛ̃^{0} 生时 ʂɑ^{31}ʂʅ^{0} 带初 tæe^{44}tsʰəu^{0}
合阳	停奶 tʰiŋ^{24}næe^{52} 断奶 tʰuɑ̃^{55}næe^{52}	满月 mɑ̃^{52}yə^{31} 出月 pfʰu^{24}yə^{31}	生日 səŋ^{31}ʐʅ^{31}
富平	断奶 tuæ̃^{55}nɛe^{53}	满月 mæ̃^{53}yɛ^{31}	好日子 xɑo^{53}ər^{31}tsʅ^{31} 生日 səɣ̃^{31}ər^{31}
耀州	摘奶 tsʰei^{24}næi^{52}	出月 tʃʰu^{21}yo^{21}	好日子 xɔu^{52}ər^{21}tsʅ^{0} 生日 səŋ^{21}ər^{0}
咸阳	断奶 tuɑ̃^{44}næ^{53}	满月 mɑ̃^{53}yo^{31}	生儿 sər^{31}
旬邑	摘奶 tsei^{21}lɛi^{52}	满月 mɑ̃^{52}yo^{21} 出月 tʃʰʅ^{21}yo^{21}	生日 səŋ^{21}ər^{21}
三原	摘奶 tsʰei^{24}nai^{52}	满月 mɑ̃^{52}yɤ^{31}	生日 səŋ^{31}ər^{0}

	0547 断奶	0548 满月	0549 生日统称
乾县	断奶 tuæ̃^{55}nɛ^{53}	满月 mæ̃^{53}yə^{21}	生儿 sɤ̃r^{21}
岐山	摘奶 tsʰei^{24}lᴇ^{53}	出月 tʂʰʅ^{24}yɛ^{31}	生日 səŋ^{31}ər^{21}
凤翔	离奶 li^{24}lᴇ^{53}	满月 mæ̃^{44}ye^{0} 出月 tʂʰʅ^{24}ye^{31}	生日 səŋ^{31}ʐʅ^{0}
千阳	离奶 li^{24}lᴇ^{53}	满月 mæ̃^{44}ye^{0} 出月 tʃʰʅ^{31}ye^{0}	生日 səŋ^{31}ər^{0}
西安	断奶 tuã^{44}nai^{53}	满月 mã^{53}yɛ^{21}	生儿 sə̃r^{21}
户县	断奶 tuã^{55}næ^{51} 摘奶 tsei^{35}næ^{51}	满月 mã^{51}yɛ^{31}	生儿 səɯ^{31}
商州	摘奶 tsʰei^{35}nai^{53} 隔奶 kei^{31}nai^{53}	出月 tʃʰu^{35}yɛ^{31}	生日 səŋ^{31}ər^{31}
镇安	隔奶 kɛ^{53}nai^{35}	满月 man^{33}ʐʮɛ^{53}	生日 sən^{53}ər^{0}
安康	隔奶 kei^{31}næ^{53}	满月儿 man^{53}yər^{31}	生儿 ʂər^{31}
白河	隔奶 kᴇ^{35}lai^{213}	满月 man^{35}yᴇ^{213} 出窝儿 tʂʰu^{35}uər^{213}	生 sən^{213}
汉阴	隔奶 kᴇ^{42}lae^{45} 断奶 tuan^{21}lae^{45}	满月 man^{45}yᴇ^{42}	生儿 sar^{33} 生日 sən^{33}ar^{42}
平利	隔奶 kᴇ^{43}lai^{445}	满月 man^{45}ʮᴇ^{43}	过生 ko^{24}sən^{43}
汉中	摘奶 tsei^{42}lai^{354}	满月 man^{35}yɤ^{0}	生日 sən^{55}ər^{0}
城固	摘奶 tsei^{24}lai^{44}	满月 man^{24}yɛ^{0}	生儿 sər^{53}
勉县	摘奶 tsei^{21}lɑi^{35}	满月 mɑn^{35}yɤ^{0}	生日 sən^{44}ər^{0}
镇巴	隔奶 kɛ^{31}lai^{52}	满月 man^{45}yɛ^{31}	生早$^{=}$ sən^{35}tsau^{52}

	0550 做寿	0551 死统称	0552 死婉称，最常用的几种，指老人：他~了
榆林	过寿 kuə^{52}ʂəu^{52}	死 sɿ^{213}	殁 mʌʔ^{3} 老去 lɔo^{21}kʰʌʔ^{3}
神木	过寿 kuo^{53}ʂəu^{53}	殁 məʔ^{4} 死 sɿ^{213}	老 lɔo^{213} 老迁 lɔo^{21}tɕʰiɛ^{24} 老去 lɔo^{21}kʰəʔ^{4}
绥德	做寿 tsuəʔ^{5}ʂəu^{52}	死 sɿ^{213}	殁 mɤ^{33} 老去 lao^{21}kʰɤ^{33} 失觉 ʂəʔ^{3}tɕie^{33}
吴堡	庆寿 tɕʰiəŋ^{53}ʂɑo^{53}	殁 məʔ^{213}	殁 məʔ^{213} 老 lo^{412}
清涧	过寿 ku^{42}ʂəu^{42}	死 sɿ^{53}	殁 mɤ^{24}
延安	贺寿 xuo^{443}ʂou^{443} 过寿 kuo^{443}ʂou^{443}	殁 muo^{213} 死 sɿ^{52}	老去啖 lɔ^{52}kʰuo^{21}lǣ^{0}
延川	过寿 ku^{42}ʂəu^{53}	殁 mɤ^{53}	老去啖 lɑo^{53}kʰɤ^{21}lǣ^{42}
黄陵	过寿 kuɤ^{55}ʂəu^{55}	死 sɿ^{52} 没 muɤ^{31}	老 lɔ^{52} 不在 pu^{31}tsʰE^{55}
渭南	过生日 kuə^{44}səŋ^{31}ər^{0} 好日子 xɔo^{53}ər^{31}tsɿ^{0}	死 sɿ^{53}	老嘞 lɔo^{31}liɑ^{0} 不在嘞 pu^{31}tsʰae^{44}liɑ^{0}
韩城	过生时 kuɤ^{44}ʂɑ^{31}ʂʅ^{0} 过寿 kuɤ^{44}ʂəu^{44}	死 sɿ^{53}	不在啦 pu^{31}tsʰæe^{44}lɑ^{0} 老啦 lɑu^{31}lɑ^{0} 跑啦 pʰɑu^{24}lɑ^{0}
合阳	做寿 tsou^{55}ʂou^{55} 过寿 kuo^{55}ʂou^{55}	死 sɿ^{52} 殁 mo^{31}	老 lɔo^{52} 走 tsou^{52}
富平	好日子 xɑo^{53}ər^{31}tsɿ^{31} 上墙 ʂɑɣ̃^{55}tʰiɑɣ̃^{24}	死 sɿ^{53}	走啦 tsou^{31}lɑ^{31} 不在啦 pu^{31}tsɛe^{55}lɑ^{31}
耀州	过寿 kuo^{44}ʂou^{44}	死 sɿ^{52}	老啦 lɔu^{21}la^{0} 走啦 tsou^{21}la^{0}
咸阳	做寿 tsou^{44}ʂou^{44}	死 sɿ^{53}	不在咧 pu^{31}tsæ^{44}liɛ^{0} 过世咧 kuo^{44}ʂʅ^{44}liɛ^{0}
旬邑	过寿 kuo^{44}ʂəu^{44}	死 sɿ^{52}	殁 mo^{21} 老 lau^{52}
三原	过生日 kuə^{44}səŋ^{31}ər^{0}	死 sɿ^{52}	不在啦 pu^{31}tsai^{44}lɑ^{0} 老啦 lɑɔ^{31}lɑ^{0}

	0550 做寿	0551 死统称	0552 死婉称，最常用的几种，指老人：他~了
乾县	过寿 kuɤ^{55}ʂou^{55}	死 sɿ^{53}	死 sɿ^{53} 走 tsou^{53}
岐山	过寿 kuo^{44}ʂou^{44} 过好日子 kuo^{44}xɔ^{44}ər^{31}tsɿ^{21}	死 sɿ^{53}	殁 mo^{31} 不在咧 pu^{31}tsE^{44}liA^{21}
凤翔	做好日子 tsu^{44}xɔ^{53}ər^{0}tsɿ^{0} 过好日子 kuo^{44}xɔ^{53}ər^{0}tsɿ^{0}	死 sɿ^{53} 殁 mo^{31}	老百年 lɔ^{44}pei^{0}ȵiæ̃^{0} 不在 pu^{31}tsE^{44}
千阳	做[好日]子 tsu^{44}xɔ^{53}tsɿ^{0}	死 sɿ^{53}	老百年 lɔ^{44}pei^{0}ȵiæ̃^{0} 没 mo^{31}
西安	做寿 tsou^{44}ʂou^{44}	死 sɿ^{53}	老咧 lau^{53}liɛ^{0} 殁咧 mo^{21}liɛ^{0}
户县	做生儿 tsɤu^{55}səɯ^{31}	死 sɿ^{51}	不在 pu^{31}tsæ^{55} 下世 xa^{55}ʂʅ^{55}
商州	过寿 kuə^{44}ʂou^{44}	死 sɿ^{53}	老啦 lɑo^{31}lɑ^{0} 走啦 tsou^{31}lɑ^{0}
镇安	过生儿 kuə^{33}sər^{53}	死 sɿ^{35}	过世 kuə^{35}ʂʅ^{214} 走了 tsəu^{35}liɔo^{53}
安康	做生日 tsou^{44}ʂər^{31}	死 sɿ^{53}	走了 tsou^{53}liau^{0} 老了 lau^{53}liau^{0}
白河	做生 tsəu^{42}sən^{213}	死 sɿ^{35}	老咾 lɔu^{35}lɔu^{0}
汉阴	做生儿 tsəu^{24}sar^{33}	死 sɿ^{45}	过世 ko^{24}ʂʅ^{214} 老百年 lɑo^{45}pE^{42}ȵian^{0}
平利	做寿 tsou^{24}ʂou^{214}	死 sɿ^{445}	走了 tsou^{45}liau^{0} 过世了 ko^{24}ʂʅ^{24}liau^{0}
汉中	做生日 tsəu^{21}sən^{55}ər^{0}	死 sɿ^{354}	走 tsəu^{354} 过世 kuɤ^{35}ʂʅ^{213}
城固	过生儿 kuə^{31}səŋ^{44}ər^{0}	死 sɿ^{44}	走 tsəu^{44}
勉县	办生日 pɑn^{21}sən^{44}ər^{0}	死 sɿ^{35}	走咾 tsəu^{35}lɑɔ^{0}
镇巴	办生早$^{=}$ pan^{21}sən^{35}tsau^{52}	死 sɿ^{52}	走咯 tsəu^{45}lo^{31} 落气咯 lo^{31}tɕ^{h}i^{213}lo^{52}

	0553 自杀	0554 咽气	0555 入殓
榆林	寻短见 ɕiɤɣ̃^{24}tuɛ^{21}tɕiɛ^{52} 寻无常 ɕiɤɣ̃^{24}vu^{24}tʂ^{h}ɑ̃^{0} 寻死 ɕiɤɣ̃^{24}sɿ^{213}	咽气 iɛ^{52}tɕ^{h}i^{52}	殓裹 liɛ^{52}kuə^{0}
神木	寻万变 sɤ̃^{44}vɛ^{53}piɛ^{53} 寻死 sɤ̃^{44}sɿ^{0}	咽气 iɛ^{53}tɕ^{h}i^{53}	下函 ɕia^{53}xɛ^{33}
绥德	寻短见 ɕiəɣ̃^{33}tuæ^{21}tɕie^{52} 寻无常 ɕiəɣ̃^{33}u^{33}tʂ^{h}ɑ̃^{0} 寻死 ɕiəɣ̃^{33}sɿ^{213}	咽气 ie^{52}tɕ^{h}i^{52}	盛函 tʂ^{h}əɣ̃^{33}xæ^{33}
吴堡	寻无常 səŋ^{33}u^{33}tʂ^{h}ɤu^{0} 寻死 səŋ^{33}sɿ^{412}	咽气 ie^{53}tɕ^{h}i^{53}	盛函 tʂ^{h}əŋ^{33}xã^{33}
清涧	寻无常 ɕiəɣ̃^{24}vʊ^{24}tʂ^{h}ɒ̃^{0} 寻死 ɕiəɣ̃^{24}sɿ^{53}	咽气 i^{42}ts^{h}ɿ^{42}	盛函 tʂ^{h}əɣ̃^{24}xɛ^{53}
延安	寻无常 ɕiəŋ^{24}vu^{24}tʂ^{h}aŋ^{0}	咽气 iæ̃^{443}tɕ^{h}i^{443}	入殓 ʐu^{21}liæ̃^{53}
延川	自杀 ts^{h}ɿ^{53}sa^{0}	断气 t^{h}uɤ^{53}ts^{h}ɿ^{0}	入材 ʐuəʔ^{21}ts^{h}ai^{35}
黄陵	寻死 ɕiẽ^{24}sɿ^{52} 自杀 ts^{h}ɿ^{55}sɑ^{31}	咽气 iæ̃^{55}tɕ^{h}i^{55} 断气 tuæ̃^{55}tɕ^{h}i^{55}	入殓 zɥ^{31}liæ̃^{55}
渭南	自杀 ts^{h}ɿ^{44}sɑ^{31}	断气 t^{h}uæ̃^{44}tɕ^{h}i^{44}	殓木 liæ̃^{44}mu^{31}
韩城	自杀 ts^{h}ɿ^{53}sɑ^{31}	断气 t^{h}ã^{44}tɕ^{h}i^{44} 没气 muɤ^{31}tɕ^{h}i^{44}	殃人哩 ȵiɑŋ^{44}ʐɛ̃^{24}li^{53}
合阳	自杀 ts^{h}ɿ^{55}sɑ^{31} 自尽 ts^{h}ɿ^{55}ts^{h}iẽ^{55}	咽气 iɑ̃^{55}tɕ^{h}i^{55} 断气 t^{h}uɑ̃^{55}tɕ^{h}i^{55}	入殓 vu^{31}liɑ̃^{55}
富平	寻自尽 siẽ^{24}tsɿ^{55}tiẽ^{55}	咽气 iæ̃^{55}tɕ^{h}i^{55}	入殓 ʒu^{53}liæ̃^{31}
耀州	自尽 tsɿ^{44}tɕiei^{44}	断气 tuæ̃^{44}tɕ^{h}i^{44}	入棺 ʒu^{24}kuæ̃^{21} 入殓 ʒu^{21}liæ̃^{44}
咸阳	自尽 tsɿ^{44}tɕiɛ̃^{44}	咽气 iɑ̃^{44}tɕ^{h}i^{44}	入殓 ʒu^{31}liɑ̃^{44} 盛殓 tʂ^{h}əŋ^{24}liɑ̃^{44}
旬邑	寻无常 ɕiẽ^{24}u^{21}tʂ^{h}ɑŋ^{52}	断气 tuɑ̃^{44}tɕ^{h}i^{44} 没气 mo^{21}tɕ^{h}i^{44}	升殓 ʂəŋ^{21}liɑ̃^{44} 入殓 ʒʅ^{21}liɑ̃^{44}
三原	寻短见 ɕiẽ^{24}tuɑ̃^{52}tɕiɑ̃^{44} 自杀 tsɿ^{44}sɑ^{31}	咽气 iɑ̃^{44}tɕ^{h}i^{44}	入殓 ʒ^{52}liɑ̃^{0}

	0553 自杀	0554 咽气	0555 入殓
乾县	自杀 tsɿ^{55}sa^{21}	咽气 iæ̃^{55}tɕ^{h}i^{55}	入殓 ʒu^{53}liæ̃^{21}
岐山	寻迴避 siŋ^{24}xuei^{31}p^{h}i^{53} 自杀 ts^{h}ɿ^{44}sA^{31}	断气 t^{h}uæ̃^{44}tɕ^{h}i^{44}	盛殓 tʂəŋ^{24}liæ̃^{44} 停材黑头 ȶ^{h}iŋ^{24}ts^{h}E^{24}xei^{31}t^{h}ou^{21}
凤翔	自杀 tsɿ^{53}sa^{31} 寻了回毕嗬 siŋ^{31}ər^{53}xuei^{31}pi^{44}lia^{0}	断气 tuæ̃^{44}tɕ^{h}i^{44} 晏驾 iæ̃^{44}tɕia^{44}	入殓 zʅ^{31}liæ̃^{44}
千阳	自杀 tsɿ^{53}sa^{31}	断气 t^{h}uæ̃^{44}tɕ^{h}i^{44}	封材口 fəŋ^{31}ts^{h}E^{31}k^{h}ou^{0}
西安	自杀 tsɿ^{44}sa^{21}	咽气 iã^{44}tɕ^{h}i^{44}	入殓 vu^{21}liã^{44}
户县	自尽 tsɿ^{55}tɕiẽ^{55} 寻短见 ɕiẽ^{35}tuã^{51}tɕiã^{55}	断气 tuã^{55}tɕ^{h}i^{55} 倒头 tau^{51}t^{h}ɤu^{35}	盛殓 tʂ^{h}əŋ^{35}liã^{55}
商州	自杀 tsɿ^{44}sɑ^{31}	断气 tuã^{44}tɕ^{h}i^{44}	入殓 ʒu^{31}liã^{44}
镇安	寻短见 ɕin^{33}tan^{33}tɕian^{214}	断气 tan^{33}tɕ^{h}i^{214}	进材 tɕin^{322}ts^{h}ai^{33}
安康	寻短 ɕyən^{35}tuan^{53}	断气 tuan^{44}tɕ^{h}i^{44}	收殓 ʂou^{31}lian^{0}
白河	自杀 tsɿ^{42}ʂa^{213}	断气 tan^{42}tɕ^{h}i^{41}	进材 tɕiən^{42}ts^{h}ai^{44}
汉阴	寻短见 ɕin^{42}tuan^{45}tɕian^{214}	咽气 ian^{24}tɕ^{h}i^{214}	闭殓 pi^{24}lian^{214}
平利	寻短路 ɕin^{52}tan^{45}lou^{0}	断气 tan^{24}tɕ^{h}i^{214}	入材 ʮ^{43}ts^{h}ai^{52}
汉中	寻短见 ɕin^{42}tuan^{35}tɕian^{0}	咽气 ian^{35}tɕ^{h}i^{213}	装棺材 tsuɑŋ^{55}kuan^{55}ts^{h}ai^{0}
城固	自尽 tsɿ^{24}tsin^{213} 自杀 tsɿ^{31}sa^{53}	断气 tuan^{24}tɕ^{h}i^{213}	进棺材 tsin^{31}kuan^{44}ts^{h}ai^{0}
勉县	寻短见 ɕin^{21}tuɑn^{35}tɕiɑn^{0}	落气 luɤ^{21}tɕ^{h}i^{213} 断气 tuɑn^{35}tɕ^{h}i^{213}	入棺 zu^{21}kuɑn^{42}
镇巴	寻短路 ɕin^{31}tuan^{52}lu^{213}	落气 lo^{31}tɕ^{h}i^{213}	装棺 tsuaŋ^{35}kuan^{213}

	0556 棺材	0557 出殡	0558 灵位
榆林	木头 məʔ^{3}t^{h}əu^{33} 棺材 kuɛ^{33}ts^{h}ɛe^{33}	出殡 tʂ^{h}uəʔ^{3}piɤɣ̃^{52}	牌位 p^{h}ɛe^{24}vei^{52}
神木	寿木 ʂəu^{53}məʔ^{4} 棺材 kuɛ^{24}ts^{h}Ee^{44}	出丧 tʂ^{h}uəʔ^{2}sɑ̃^{24} 埋人 mEe^{44}ʐɤ̃^{44} 出殡 tʂ^{h}uəʔ^{4}piɤɣ̃^{53}	灵牌 liɤ̃^{44}p^{h}Ee^{0}
绥德	木头 məʔ^{3}t^{h}əu^{33} 棺材 kuæ^{21}ts^{h}ai^{33}	出丧 tʂ^{h}uəʔ^{5}sɑ̃^{213}	牌位儿 p^{h}ai^{33}vər^{52}
吴堡	材子 ts^{h}ɑe^{33}tsəʔ^{0}	出灵 ts^{h}uəʔ^{31}liəŋ^{33}	牌位子 p^{h}ɑe^{33}uɛe^{53}tsəʔ^{0}
清涧	木头 məʔ^{54}t^{h}əu^{24}	出丧 tʂ^{h}uəʔ^{54}sɒ̃^{312}	牌位儿 p^{h}ai^{24}uər^{44}
延安	木头 mu^{21}t^{h}ou^{53}	出殡 tʂ^{h}uəʔ^{5}p^{h}iəŋ^{443} 出灵 tʂ^{h}uəʔ^{5}liəŋ^{24}	牌位 p^{h}ai^{24}vei^{443}
延川	木头 məʔ^{54}ts^{h}əu^{33}	出灵 tʂ^{h}uəʔ^{21}liŋ^{35}	灵牌儿 liŋ^{35}p^{h}ɛər^{35}
黄陵	木头 mu^{31}t^{h}əu^{0} 棺板 kuæ̃^{31}pæ̃^{52}	出丧 ts^{h}ɥ^{24}sɑŋ^{31}	牌位 p^{h}E^{24}uei^{0}
渭南	材 ts^{h}ae^{24}	起灵 tɕ^{h}i^{53}liəŋ^{24}	牌位 p^{h}ae^{24}uei^{0}
韩城	寿木 ʂəu^{44}mu^{31}	起灵 tɕ^{h}i^{53}liəŋ^{24}	牌位子 p^{h}æe^{31}y^{53}tsɿ^{0} 牌楼子 p^{h}æe^{31}ləu^{53}tsɿ^{0}
合阳	寿材 ʂou^{55}ts^{h}æe^{24} 寿木 ʂou^{55}mu^{31}	出殡 pf^{h}u^{24}piẽ^{31}	灵位 liŋ^{24}uei^{55} 牌位子 p^{h}æe^{24}y^{31}tsɿ^{0}
富平	盒 xuo^{24} 板 pæ̃^{53} 棺板 kuæ̃^{31}pæ̃^{53}	抬埋 t^{h}ɛe^{24}mɛe^{53}	灵堂 liəɣ̃^{24}t^{h}ɑɣ̃^{53}
耀州	棺子 kuæ̃^{52}tsɿ^{0} 棺材 kuæ̃^{52}ts^{h}æi^{0}	起灵 tɕ^{h}i^{52}liŋ^{24}	牌位 p^{h}æi^{24}uei^{0}
咸阳	棺材 kuɑ̃^{31}ts^{h}æ^{0} 寿材 ʂou^{44}ts^{h}æ^{0}	出丧 tʃ^{h}u^{31}sɑŋ^{31}	牌位 p^{h}æ^{24}uei^{0}
旬邑	棺材 kuɑ̃^{52}ts^{h}ɛi^{0} 棺木 kuɑ̃^{24}mu^{21}	起灵 tɕ^{h}i^{52}liəŋ^{24}	牌位 p^{h}ɛi^{21}uei^{52}
三原	寿器 ʂou^{44}tɕ^{h}i^{0}	埋人 mai^{24}ʐẽ^{24}	牌位 p^{h}ai^{24}uei^{0}

	0556 棺材	0557 出殡	0558 灵位
乾县	棺材 kuæ̃^{53}tsʰε^{21}	出殡 tʃʰu^{21}piẽ^{55}	灵位 liɤŋ^{24}ue^{21}
岐山	棺子 kuæ̃^{53}tsɿ^{21} 棺材 kuæ̃^{53}tsʰE^{21}	下葬 ɕiA^{44}tsɑŋ^{44} 出殡 tʂʰʅ^{24}piŋ^{31}	牌位 pʰE^{24}vei^{53} 灵牌 liŋ^{31}pʰE^{53}
凤翔	棺材 kuæ̃^{53}tsʰE^{0} 材 tsʰE^{24}	埋人 mE^{24}ʐəŋ^{24}	牌位 pʰE^{31}vei^{53}
千阳	材 tsʰE^{24} 棺子 kuæ̃^{53}tsɿ^{0}	埋人 mE^{24}ʐəŋ^{24}	牌子 pʰE^{31}tsɿ^{0}
西安	枋 faŋ^{21} 材 tsʰai^{24}	埋人 mai^{24}ʐən^{24}	灵位 liəŋ^{24}uei^{44}
户县	枋 faŋ^{31} 材枋 tsʰæ^{35}faŋ^{31}	起灵 tɕʰi^{51}liŋ^{35}	牌位 pʰæ^{35}uei^{31} 灵牌 liŋ^{35}pʰæ^{31}
商州	寿材 ʂou^{44}tsʰai^{31} 枋子 fɑŋ^{53}tsɿ^{0}	出灵 tʃʰu^{31}liəŋ^{35}	灵牌 liəŋ^{31}pʰai^{53}
镇安	寿材 ʂəu^{322}tsʰai^{0} 料 liɔo^{322}	出灵 tʂʰʮ^{21}lin^{33}	灵牌子 lin^{33}pʰai^{21}tsɿ^{0}
安康	寿房 ʂou^{44}faŋ^{31}	出灵 pfʰu^{31}lin^{35}	灵牌子 lin^{35}pʰæ^{31}tsɿ^{0}
白河	料 liɔu^{41}	出丧 tʂʰu^{35}saŋ^{213}	灵牌 liən^{44}pʰai^{0}
汉阴	料 liɑo^{214}	出丧 tsʰʮ^{42}sɑŋ^{33}	灵牌子 lin^{42}pʰae^{42}tsɿ^{0}
平利	料 liau^{214} 棺材 kuan^{43}tsʰai^{0}	发丧 fa^{43}saŋ^{43}	灵牌子 lin^{52}pʰai^{52}tsɿ^{0}
汉中	枋子 fɑŋ^{55}tsɿ^{0}	发丧 fA^{55}sɑŋ^{55}	灵位 lin^{42}uei^{0}
城固	枋子 fɑŋ^{44}ə^{0} 寿木 ʂəu^{31}mu^{0}	发丧 fa^{53}saŋ^{53}	牌位 pʰai^{31}uei^{213}
勉县	寿材 səu^{35}tsʰɑi^{21} 枋子 fɑŋ^{44}tsɿ^{0}	发灵 fɑ^{44}lin^{21}	灵台 lin^{21}tʰɑi^{0}
镇巴	木头 mu^{33}tʰəu^{31}	出灵 tsʰu^{31}lin^{31}	灵牌子 lin^{33}pai^{31}tsɿ^{31}

	0559 坟墓单个的，老人的	0560 上坟	0561 纸钱
榆林	坟圪都 fɤɣ̃^{24}kəʔ^{3}tu^{213} 墓圪堆 mu^{52}kəʔ^{3}tuei^{213}	上坟 ʂɑ̃^{52}fɤɣ̃^{213}	千张纸 tɕ^{h}iɛ^{33}tʂɑ̃^{33}tsɿ^{213}
神木	墓子 mu^{53}tsəʔ^{0} 墓圪堆 mu^{53}kəʔ^{2}tuei^{24}	去坟里 k^{h}əʔ^{4}fɣ̃^{44}ləʔ^{0} 烧纸 ʂɔo^{24}tsɿ^{213}	烧纸 ʂɔo^{24}tsɿ^{0}
绥德	坟 fəɣ̃^{33}	上坟 ʂɑ̃^{52}fəɣ̃^{33} 烧纸 ʂao^{24}tsɿ^{213}	烧纸 ʂao^{24}tsɿ^{213}
吴堡	坟 fəŋ^{33}	上坟 ʂɤu^{53}fəŋ^{33}	纸钱儿 tsɿ^{41}tɕ^{h}iər^{53}
清涧	坟 fəɣ̃^{24}	上坟 ʂɒ̃^{44}fəɣ̃^{24} 烧纸 ʂɔo^{24}tsɿ^{53}	纸钱儿 tsɿ^{53}tɕ^{h}iər^{42}
延安	墓圪堆 mu^{443}kəʔ^{5}tuei^{213}	上坟 ʂaŋ^{443}fəŋ^{24}	纸钱 tsɿ^{52}tɕ^{h}iæ̃^{24}
延川	陵 liŋ^{35}	上陵 ʂɑŋ^{53}liŋ^{213}	纸钱儿 tsɿ^{53}tɕ^{h}iɛr^{0}
黄陵	墓 mu^{55} 坟 fẽ^{24} 墓骨堆 mu^{55}ku^{31}tuei^{0}	上坟 ʂɑŋ^{55}fẽ^{24} 烧纸 ʂɔ^{31}tsɿ^{52}	火纸 xuɤ^{31}tsɿ^{0} 票子 p^{h}iɔ^{55}tsɿ^{0}
渭南	坟 fə̃^{24}	上坟 ʂɑŋ^{44}fə̃^{24}	火纸 xuə^{31}tsɿ^{53} 烧纸 ʂɔo^{31}tsɿ^{0}
韩城	坟 fɛ̃^{24}	上坟ʂuɤ^{44}fɛ̃^{24}	票子 p^{h}iɑu^{44}tsɿ^{0}
合阳	墓子 mu^{55}tsɿ^{0} 灵墓 liŋ^{24}mu^{55}	上坟ʂuo^{55}fẽ^{24}	纸钱 tsɿ^{52}ts^{h}iɑ̃^{24} 冥币 miẽ^{52}pi^{55}
富平	坟 fɛ̃^{24} 墓 mu^{55}	上坟 sɑɣ̃^{55}fɛ̃^{24}	纸钱 tsɿ^{53}t^{h}iæ̃^{24}
耀州	坟 fei^{24} 墓子 mu^{44}tsɿ^{0}	上坟 ʂɑŋ^{44}fei^{24}	火纸 xuo^{52}tsɿ^{0} 烧纸 ʂɔu^{21}tsɿ^{0}
咸阳	坟 fɛ̃^{24}	上坟 ʂɑŋ^{44}fɛ̃^{24}	烧纸 ʂɔ^{31}tsɿ^{0}
旬邑	坟 fɛ̃^{24} 墓 mu^{44}	祭坟 tɕi^{44}fɛ̃^{24} 上坟 ʂɑŋ^{44}fɛ̃^{24}	银票 iɛ̃^{24}p^{h}iau^{44} 烧纸 ʂau^{21}tsɿ^{0}
三原	坟 fẽ^{24}	上坟 ʂɑŋ^{44}fẽ^{24}	纸钱 tsɿ^{52}tɕ^{h}iɑ̃^{0}

	0559 坟墓单个的，老人的	0560 上坟	0561 纸钱
乾县	坟墓 fẽ^{24}mu^{55}	上坟 ʂaŋ^{55}fẽ^{24}	纸钱 tsɿ^{53}tɕ^{h}iæ̃^{24}
岐山	阙 tɕ^{h}yɛ^{31} 坟 fəŋ^{24}	上坟 ʂɑŋ^{44}fəŋ^{24}	纸钱 tsɿ^{53}t^{h}iæ̃^{24}
凤翔	坟 fəŋ^{24} 墓 mu^{44} 阙 tɕ^{h}ye^{31}	阙里去咧 tɕ^{h}ye^{53}li^{0}tɕ^{h}i^{31}lia^{0} 上坟 ʂɑŋ^{44}fəŋ^{24}	忘生钱 vɑŋ^{45}səŋ^{0}ts^{h}iæ̃^{24}
千阳	阙 tɕ^{h}ye^{31} 墓骨堆 mu^{45}ku^{0}tuei^{0}	上坟 ʂɑŋ^{44}fəŋ^{24}	纸钱 tsɿ^{53}ts^{h}iæ̃^{24}
西安	坟 fən^{24}	上坟 ʂaŋ^{44}fən^{24}	纸钱 tsɿ^{53}tɕiã^{24}
户县	坟 fẽ^{35}	上坟 ʂaŋ^{55}fẽ^{35}	纸 tsɿ^{51} 阴票子 iẽ^{31}p^{h}iau^{55}tsɿ^{0}
商州	墓 mu^{44} 坟 fẽ^{35}	上坟 ʂɑŋ^{44}fẽ^{35}	纸钱 tsɿ^{53}tɕ^{h}iã^{35}
镇安	坟 fən^{214}	上坟 ʂʌŋ^{322}fən^{33}	火纸 xuə^{35}tʂʅ^{35}
安康	坟 fən^{35}	上坟 ʂaŋ^{44}fən^{35}	纸钱 tʂʅ^{53}tɕ^{h}ian^{0}
白河	坟 fən^{44}	上坟 ʂaŋ^{42}fən^{44}	火纸 xuo^{35}tʂʅ^{35}
汉阴	坟 χuən^{42}	上坟 ʂɑŋ^{24}χuən^{42}	火纸 χo^{45}tʂʅ^{45}
平利	坟 fən^{52}	烧纸 ʂau^{43}tʂʅ^{445}	火纸 xo^{45}tʂʅ^{445}
汉中	坟 fən^{42}	上坟 ʂɑŋ^{35}fən^{42}	纸 tsɿ^{354}
城固	坟院 fən^{31}yan^{213} 坟地 fən^{31}ti^{213}	烧纸 ʂɔ^{53}tsɿ^{44}	钱两 ts^{h}ian^{31}liɑŋ^{24}
勉县	坟院 fəŋ^{21}yɑn^{0}	上坟 sɑŋ^{35}fəŋ^{21}	烧纸 sɑɔ^{44}tsɿ^{35}
镇巴	坟 fən^{31}	上坟 saŋ^{213}fən^{31}	钱纸 tɕ^{h}ian^{31}tsɿ^{52}

	0562 老天爷	0563 菩萨统称	0564 观音
榆林	老天爷 lɔo^{21}tʰiɛ^{33}iɛ^{33}	菩萨 pʰu^{24}sa^{0}	观世音 kuɛ^{33}ʂə^{52}iɤɣ̃^{33}
神木	老天爷 lɔo^{21}tʰiɛ^{24}iɛ^{44}	菩萨 pʰu^{44}saʔ^{0}	观音菩萨 kuɛ^{24}iɤ̃^{44}pʰu^{44}saʔ^{0}
绥德	老天 lao^{21}tʰie^{213} 天大大 tʰie^{24}tɑ^{24}tɑ^{0}	菩萨 pʰu^{33}sɑ^{0}	观世音 kuæ^{21}ʂʅ^{52}iəɣ̃^{213}
吴堡	天爷爷 tʰie^{21}iɑ^{33}iɑ^{0}	菩萨 pʰu^{33}sɑ^{0}	观音 kuɤ^{24}iəŋ^{213}
清涧	老天爷 lɔo^{53}tʰi^{24}i^{0}	菩萨 pʰu^{24}sɑ^{0}	观音 kuɛ^{31}iəɣ̃^{53}
延安	老天爷 lɔ^{52}tʰiæ̃^{21}iɛ^{24} 天大大 tʰiæ̃^{21}ta^{24}ta^{0}	菩萨 pʰu^{24}sa^{0}	观音 kuæ̃^{24}iəŋ^{0}
延川	老天爷 lɑo^{53}tʰiɛ^{21}iɛ^{0}	菩萨 pʰu^{35}sa^{0}	观音 kuæ̃^{21}iŋ^{0}
黄陵	老天 lɔ^{52}tɕʰiæ̃^{31} 老天爷 lɔ^{52}tɕʰiæ̃^{31}iɛ^{55}	菩萨 pʰu^{24}sɑ^{0}	观音娘娘 kuæ̃^{31}iẽ^{0}ȵiɑŋ^{24}ȵiɑŋ^{0}
渭南	老天爷 lɔo^{53}tɕʰiæ̃^{31}iɛ^{44}	菩萨 pʰu^{24}sɑ^{53}	观音 kuæ̃^{31}iə̃^{31}
韩城	老天爷 lɑu^{53}tʰiã^{31}iɑ^{24}	菩萨 pʰu^{31}sɑ^{53}	观音菩萨 kuã^{31}iɛ̃^{0}pʰu^{31}sɑ^{53}
合阳	老天爷 lɔo^{52}tʰiã^{31}iɑ^{24} 爷爷 iɑ^{24}iɑ^{0}	菩萨 pʰu^{24}sɑ^{31} 爷爷 iɑ^{24}iɑ^{0}	观音 kuɑ̃^{31}iẽ^{31}
富平	老天爷 lɑo^{53}tʰiæ̃^{31}iɛ^{55}	神仙 ʂẽ^{31}ɕiæ̃^{53} 菩萨 pʰu^{31}sɑ^{53}	观音菩萨 kuæ̃^{31}iẽ^{31}pʰu^{31}sɑ^{53}
耀州	老天爷 lɔu^{52}tɕʰiæ̃^{21}iɛ^{44}	菩萨 pʰu^{24}sa^{0} 爷 iɛ^{44}	观音菩萨 kuæ̃^{21}iei^{21}pʰu^{24}sa^{0}
咸阳	老天爷 lɔ^{53}tʰiã^{31}iɛ^{44}	菩萨 pʰu^{24}sa^{0}	观音 kuã^{31}iɛ̃^{0}
旬邑	老天爷 lau^{52}tsʰiã^{21}iɛ^{0} 天神爷 tsʰiã^{52}ʂɛ̃^{0}iɛ^{0}	菩萨 pʰu^{21}sa^{52}	观音菩萨 kuã^{21}iɛ̃^{21}pʰu^{21}sa^{52}
三原	天家爷 tɕʰiã^{52}iɑ^{0}iɛ^{44}	菩萨 pʰu^{24}sɑ^{0}	观音 kuã^{31}iẽ^{31}

	0562 老天爷	0563 菩萨统称	0564 观音
乾县	老天爷 nɔ^{53}tʰiæ̃^{21}iə^{55}	菩萨 pʰu^{24}sa^{21}	观音 kuæ̃^{21}iẽ^{21}
岐山	老天爷 lɔ^{53}ȶʰiæ̃^{53}iɛ^{21} 天爷 ȶʰiæ̃^{53}iɛ^{21}	菩萨 pʰu^{31}sA^{53}	观音 kuæ̃^{31}iŋ^{21}
凤翔	天爷 tsʰiæ̃^{53}ie^{0}	菩萨 pʰu^{31}sa^{53}	观音 kuæ̃^{31}iŋ^{0}
千阳	天爷 tsʰiæ̃^{53}ie^{0}	菩萨 pʰu^{31}sa^{0}	观音 kuæ̃^{31}iŋ^{0}
西安	老天爷 lau^{53}tʰiã^{21}iɛ^{44}	菩萨 pʰu^{24}sa^{0}	观音 kuã^{21}in^{0}
户县	天爷爷 tʰiã^{31}iɛ^{35}iɛ^{31} 老天爷 lau^{51}tʰiã^{31}iɛ^{55}	菩萨 pʰu^{35}sa^{31}	观音菩萨 kuã^{31}iẽ^{31}pʰu^{35}sa^{31}
商州	爷 iɛ^{44}	菩萨 pʰu^{31}sɑ^{53}	观音 kuã^{31}iẽ^{0}
镇安	天老爷 tʰian^{53}lɔo^{33}iɛ^{0} 老天爷 lɔo^{33}tʰian^{53}iɛ^{214}	菩萨 pʰu^{33}sa^{0}	观音 kuan^{53}in^{0}
安康	老天爷 lau^{53}tʰian^{31}ie^{0}	菩萨 pʰu^{35}sa^{0}	观音 kuan^{31}in^{31}
白河	天老爷 tʰian^{21}lɔu^{35}iE^{44}	菩萨 pʰu^{44}sa^{0}	观音娘娘 kuan^{21}iən^{0}ȵiaŋ^{44}ȵiaŋ^{0}
汉阴	天老爷 tʰian^{33}lɑo^{45}iE^{42}	菩萨 pʰu^{42}sɑ^{0}	观音菩萨 kuan^{33}in^{33}pʰu^{42}sɑ^{0}
平利	老天爷 lau^{45}tʰian^{43}iE^{52}	菩萨 pʰu^{52}sa^{0}	观音菩萨 kuan^{43}in^{43}pʰu^{52}sa^{0}
汉中	老天爷 lɑo^{35}tʰian^{55}iE^{0}	菩萨 pʰu^{42}sA^{0}	观音菩萨 kuan^{55}in^{0}pʰu^{42}sA^{0}
城固	老天 lɔ^{44}tʰian^{53}	菩萨 pʰu^{53}sa^{24}	观音 kuan^{44}in^{0}
勉县	老天爷 lɑɔ^{35}tʰiɑn^{44}iɛ^{0}	菩萨 pʰu^{21}sɑ^{0}	观音 kuɑn^{44}in^{0}
镇巴	天老爷 tʰian^{35}lau^{52}iɛ^{31}	菩萨 pʰu^{33}sa^{31}	观音 kuan^{35}in^{55}

	0565 灶神口头的叫法，其中如有方言亲属称谓要释义	0566 寺庙	0567 祠堂
榆林	灶马爷 tsɔo^{52}ma^{21}iɛ^{213}	庙 miɔo^{52}	祠堂 tsʰɿ^{24}tʰɑ̃^{213}
神木	灶马爷爷 tsɔo^{53}ma^{0}iɛ^{44}iɛ^{0}	庙 miɔo^{53}	（无）
绥德	灶马爷 tsao^{52}mɑ^{21}ie^{0}	庙 miɔɤ^{52}	祠堂 tsʰɿ^{33}tʰɑ̃^{33}
吴堡	灶马爷爷 tso^{53}miəʔ^{0}iɑ^{33}iɑ^{0}	庙 miɤ^{53}	祠堂儿 tsʰɿ^{33}tʰɐr^{0}
清涧	灶马爷 tsɔo^{53}mɑ^{0}i^{24}	寺庙 sɿ^{44}miɔo^{0}	（无）
延安	灶马爷 tsɔ^{443}ma^{21}iɛ^{0}	庙 miɔ^{443}	祠堂 tsʰɿ^{24}tʰaŋ^{24}
延川	灶马爷 tsɑo^{53}ma^{21}i^{0}	寺庙 sɿ^{53}miɑo^{0}	祠堂 tsʰɿ^{35}tʰɑŋ^{0}
黄陵	灶火爷 tsɔ^{55}xuɤ^{0}iɛ^{0}	庙 miɔ^{55}	祠堂 tsʰɿ^{24}tʰɑŋ^{24}
渭南	灶火爷 tsɔo^{44}xuə^{0}iɛ^{44}	庙 miɔo^{44}	祠堂 sɿ^{24}tʰɑŋ^{0}
韩城	灶火爷 tsɑu^{44}xuɤ^{0}iɑ^{24}	庙 miɑu^{44}	祠堂 sɿ^{31}tʰɑŋ^{53}
合阳	灶火爷 tsɔo^{55}xuo^{31}iɑ^{0}	寺庙 sɿ^{55}miɔo^{55}	祠堂 tsʰɿ^{24}tʰɑŋ^{31}
富平	灶火爷 tsɑo^{55}xuo^{31}iɛ^{31}	庙 miɑo^{55}	祠堂 tsʰɿ^{31}tʰɑɣ̃^{53}
耀州	灶火爷 tsɔu^{44}xuo^{0}iɛ^{44}	庙 miɔu^{44}	祠 tsʰɿ^{24} 祠堂 tsʰɿ^{24}tʰɑŋ^{52}
咸阳	灶爷 tsɔ^{44}iɛ^{0}	寺庙 sɿ^{44}miɔ^{44}	祠堂 tsʰɿ^{24}tʰɑŋ^{0}
旬邑	灶爷 tsau^{24}iɛ^{0}	庙 miau^{44}	祠堂 tsʰɿ^{21}tʰɑŋ^{52}
三原	灶火爷 tsɑɔ^{44}xuə^{0}iɛ^{44}	庙 miɑɔ^{44}	祠堂 tsʰɿ^{24}tʰɑŋ^{0}

	0565 灶神口头的叫法，其中如有方言亲属称谓要释义	0566 寺庙	0567 祠堂
乾县	灶爷 tsɔ^{55}iə^{21}	寺庙 sɿ^{55}miɔ^{55}	祠堂 tsʰɿ^{24}tʰaŋ^{24}
岐山	灶爷 tsɔ^{44}iɛ^{21}	庙 miɔ^{44} 寺院 sɿ^{44}yæ̃^{21}	祠堂 tsʰɿ^{31}tʰɑŋ^{53}
凤翔	灶爷 tsɔ^{45}ie^{0}	庙 miɔ^{44} 寺院 sɿ^{44}yæ̃^{44}	祠堂 tsʰɿ^{24}tʰɑŋ^{24}
千阳	灶爷 tsɔ^{45}ie^{0}	庙院 miɔ^{45}yæ̃^{0}	祠堂 tsʰɿ^{31}tʰɑŋ^{0}
西安	灶王爷 tsau^{44}uaŋ^{0}iɛ^{44}	庙 miau^{44}	祠堂 tsʰɿ^{24}tʰaŋ^{24}
户县	灶爷 tsau^{55}iɛ^{55}	庙 miau^{55} 寺庙 sɿ^{55}miau^{55}	祠堂 tsʰɿ^{35}tʰaŋ^{31}
商州	灶火爷 tsɑo^{44}xuə^{31}iɛ^{44}	庙 miɑo^{44}	祠堂 tsʰɿ^{31}tʰɑŋ^{53}
镇安	灶神爷 tsɔo^{21}ʂən^{33}iɛ^{214}	庙 miɔo^{322}	祠堂 tsʰɿ^{33}tʰʌŋ^{33}
安康	灶爷 tsau^{44}ie^{31}	寺庙 sɿ^{44}miau^{44}	祠堂 tsʰɿ^{35}tʰaŋ^{35}
白河	灶司爷儿 tsɔu^{42}sɿ^{0}iər^{44}	庙 miɔu^{41}	（无）
汉阴	灶王爷 tsɑo^{24}uɑŋ^{42}iᴇ^{42}	庙 miɑo^{214}	祠堂 tsʰɿ^{42}tʰɑŋ^{42}
平利	灶神老爷 tsau^{24}ʂən^{52}lau^{45}iᴇ^{0}	庙 miau^{214}	祠堂 tsʰɿ^{52}tʰaŋ^{52}
汉中	灶王爷 tsɑo^{21}uɑŋ^{35}iᴇ^{0}	庙 miɑo^{213}	祠堂 tsʰɿ^{42}tʰɑŋ^{42}
城固	灶王爷 tsɔ^{31}uaŋ^{24}iɛ^{0}	庙 miɔ^{213}	祠堂 tsʰɿ^{31}tʰaŋ^{24}
勉县	灶神爷 tsɑɔ^{21}sən^{35}iɛ^{0}	庙 miɑɔ^{213}	祠堂 tsʰɿ^{21}tʰɑŋ^{0}
镇巴	灶神菩萨 tsau^{213}sən^{52}pʰu^{31}sa^{31}	庙子 miau^{21}tsɿ^{52} 庙儿 miau^{213}ər^{52}	祠堂 tsʰɿ^{33}tʰaŋ^{31}

	0568 和尚	0569 尼姑	0570 道士
榆林	和尚 xuə^{24}ʂɑ̃^{52}	姑子 ku^{33}tsəʔ^{0}	道士 tɔo^{52}sɿ^{52}
神木	和尚 xuo^{44}ʂɑ̃^{53}	姑子 ku^{24}tsəʔ^{0}	道士 tɔo^{53}sɿ^{53}
绥德	和尚 xuo^{33}ʂɑ̃^{52}	姑子 ku^{24}tsəʔ^{0} 尼姑 ni^{33}ku^{0}	道人 tao^{52}ʐəɣ̃^{0}
吴堡	和尚 xu^{33}ʂɤ^{0}	姑子 ku^{24}tsəʔ^{0}	道士 to^{53}sɿ^{53}
清涧	和尚 xʊ^{24}ʂəɣ̃^{0}	姑子 kʊ^{31}tsəʔ^{0}	道士 tɔo^{42}sɿ^{0}
延安	和尚 xuo^{24}ʂaŋ^{0}	尼姑 ȵi^{24}ku^{213} 姑子 ku^{21}tsəʔ^{5}	道士 tɔ^{443}sɿ^{0}
延川	和尚 xu^{35}ʂɤ^{0}	尼姑 ni^{24}ku^{0}	道士 tʰɑo^{53}sɿ^{0}
黄陵	和尚 xuɤ^{24}ʂɑŋ^{0}	尼姑 ȵi^{24}ku^{31}	道人 tɔ^{55}ʐẽ^{0} 道士 tɔ^{55}sɿ^{0}
渭南	和尚 xuə^{24}ʂaŋ^{0}	姑姑 ku^{53}ku^{0}	道士 tɔo^{44}sɿ^{0}
韩城	和尚 xuɤ^{31}tʂʰuɤ^{53}	姑姑子 ku^{31}ku^{0}tsɿ^{0}	老道 lɑu^{53}tɑu^{44} 道人 tɑu^{44}ʐɛ̃^{0}
合阳	和尚 xuo^{24}sɤ^{31}	尼姑 ȵi^{24}ku^{31}	道人 tɔo^{55}ʐẽ^{31}
富平	和尚 xuo^{31}ʂɑɣ̃^{53}	姑姑 ku^{53}ku^{31}	老道 lɑo^{53}tɑo^{55}
耀州	和尚 xuo^{24}ʂɑŋ^{0}	姑姑子 ku^{52}ku^{0}tsɿ^{0}	老道 lɔu^{52}tɔu^{44}
咸阳	和尚 xuo^{24}ʂɑŋ^{0}	尼姑 ȵi^{24}ku^{31}	道士 tɔ^{44}sɿ^{0}
旬邑	和尚 xuo^{21}ʂɑŋ^{52}	女和尚 ȵy^{52}xuo^{21}ʂɑŋ^{0} 尼姑 ȵi^{24}ku^{21}	老道 lau^{52}tau^{44} 道士 tau^{24}sɿ^{0}
三原	和尚 xuə^{24}ʂaŋ^{0}	姑姑 ku^{52}ku^{0}	道士 tɑɔ^{44}sɿ^{0}

	0568 和尚	0569 尼姑	0570 道士
乾县	和尚 xuə^{24}ʂaŋ^{21}	尼姑 ȵi^{24}ku^{21}	道士 tɔ^{55}sɿ^{21}
岐山	和尚 xuo^{31}ʂɑŋ^{53}	尼姑 ȵi^{31}ku^{53}	道人 tɔ^{44}ʐəŋ^{21} 老道 lɔ^{53}tɔ^{44}
凤翔	和尚 xuo^{31}ʂɑŋ^{53}	尼姑 ȵi^{31}ku^{53}	道人 tɔ^{45}ʐəŋ^{0}
千阳	和尚 xuo^{31}ʂɑŋ^{0}	尼姑 ȵi^{31}ku^{0}	道人 tɔ^{45}ʐəŋ^{0}
西安	和尚 xuo^{24}ʂaŋ^{0}	姑姑儿 ku^{21}kuər^{0}	道士 tau^{44}sɿ^{0}
户县	和尚 xuɤ^{35}ʂaŋ^{31}	尼姑 ȵi^{35}ku^{31} 姑姑 ku^{31}ku^{0}	道人 tau^{55}ʐẽ^{31} 道士 tau^{55}sɿ^{31}
商州	和尚 xuə^{31}ʂɑŋ^{53}	姑姑子 ku^{53}ku^{31}tsɿ^{0}	道人 tɑo^{44}ʐẽ^{31}
镇安	和尚 xuə^{33}ʂʌŋ^{0}	尼姑子 ȵi^{33}ku^{0}tsɿ^{0}	道士 tɔo^{322}sɿ^{0}
安康	和尚 xuo^{35}ʂaŋ^{0}	尼姑 ȵi^{35}ku^{0}	道士 tau^{44}ʂʅ^{0}
白河	和尚头儿 xuo^{44}ʂaŋ^{0}tʰər^{44}	（无）	道士仙儿 tɔu^{42}sɿ^{0}ɕiɐr^{213}
汉阴	和尚 χo^{42}ʂɑŋ^{214}	尼姑子 ȵi^{42}ku^{0}tsɿ^{0}	道士 tɑo^{21}sɿ^{0}
平利	和尚 xo^{52}ʂaŋ^{0}	尼姑 ȵi^{52}ku^{0}	道士 tau^{24}sɿ^{0}
汉中	和尚 xuɤ^{42}ʂɑŋ^{0}	尼姑 ȵi^{42}ku^{0}	道士 tɑo^{21}sɿ^{0}
城固	和尚 xuə^{31}ʂaŋ^{0}	姑姑 ku^{44}ku^{0}	道士 tɔ^{31}sɿ^{0}
勉县	和尚 xuɤ^{21}sɑŋ^{0}	女姑姑 ȵy^{35}ku^{21}ku^{0}	道人 tɑɔ^{21}zən^{35}
镇巴	和尚 xo^{31}saŋ^{213}	尼姑 ȵi^{31}ku^{55}	道士 tau^{213}sɿ^{213}

	0571 算命统称	0572 运气	0573 保佑
榆林	算命 suɛ52miɤɣ̃52	时气 sɿ24tɕʰi52	保佑 pɔo21iəu52
神木	算命 suɛ53miɣ̃53 算卦 suɛ53kuɑ53	运气 yɣ̃53tɕʰi0	保佑 pɔo21iəu53
绥德	掐盘 tɕʰiɑ33pʰæ33 算命 suæ52miəɣ̃52	时气 sɿ33tɕʰi52 运气 yəɣ̃52tɕʰi52	保佑 pao21iəu52
吴堡	算卦 suɤ53kuɑ53	时运 sɿ33yəŋ53	保佑 po41iɑo53
清涧	算卦 su44kuɑ32	运气 yəɣ̃42tsʰɿ0 时运 sɿ24yəɣ̃0	保佑 pɔo53iəu42
延安	算命 suæ̃443miəŋ443	运气 yəŋ443tɕʰi443	保佑 pɔ52iou443
延川	算卦 suɤ53kuɑ0	时运 sɿ35yŋ0	保佑 pɑo42iəu53
黄陵	算命 ɕyæ̃55miəŋ55 算卦 ɕyæ̃55kuɑ55	运气 yẽ55tɕʰi0	保佑 pɔ52iəu55
渭南	算卦 ɕyæ̃44kuɑ44	运气 yə̃44tɕʰi0	保佑 pɔo44iəu44
韩城	算卦 ɕyã44kuɑ44	运气 yɛ̃44tɕʰi0	保佑 pɑu53iəu44
合阳	算命 ɕyɑ̃55miŋ55 算卦 ɕyɑ̃55kuɑ55	运气 yẽ55tɕʰi55	保佑 pɔo52iou55
富平	卜卦 pʰu53kuɑ55	运 yɛ̃55	保佑 pɑo53iou55
耀州	算卦 ɕyæ̃44kua44	运气 yei44tɕʰi0	保佑 pɔu52iou44
咸阳	算卦的 suã44kua44ti0	运气 yɛ̃44tɕʰi0	保佑 pɔ53iou44
旬邑	算命 suã44miəŋ44 算卦 suã44kua44	时运 sɿ24yɛ̃44 运气 yɛ̃24tɕʰi0	保佑 pau52iəu44
三原	算卦 suã44kuɑ44	运气 yẽ44tɕʰi0	保佑 pɑɔ52iou44

	0571 算命统称	0572 运气	0573 保佑
乾县	算命 suæ̃^{55}miɤŋ^{55}	运气 yẽ^{55}tɕʰi^{21}	保佑 pɔ^{53}iou^{55}
岐山	算卦 suæ̃^{44}kuA^{44}	运气 yŋ^{44}tɕʰi^{53}	保佑 pɔ^{53}iou^{44}
凤翔	算卦 suæ̃^{44}kua^{44}	运气 yŋ^{45}tɕʰi^{0}	保佑 pɔ^{53}iəu^{44}
千阳	算卦 suæ̃^{44}kua^{44}	运气 yŋ^{45}tɕʰi^{0}	保佑 pɔ^{53}iou^{44}
西安	算卦 suã^{44}kua^{44}	运气 yən^{44}tɕʰi^{0}	保佑 pau^{53}iou^{44}
户县	算卦 suã^{55}kua^{55}	运气 yẽ^{55}tɕʰi^{31}	保佑 pau^{51}iɤu^{55}
商州	算卦 ɕyã^{44}kuɑ^{44}	运气 yẽ^{44}tɕʰi^{31}	保护 pɑo^{53}xu^{0}
镇安	算命 san^{35}min^{322}	运气 ʐuən^{322}tɕʰi^{0}	保佑 pɔo^{35}iəu^{53}
安康	算命 suan^{44}min^{44}	运气 yən^{44}tɕʰi^{0}	保佑 pau^{53}iou^{44}
白河	算命 san^{42}miən^{41}	运气 yən^{42}tɕʰi^{0}	保佑 pɔu^{35}iəu^{0}
汉阴	算八字 suan^{24}pɑ^{42}tsɿ^{0} 算命 suan^{24}min^{214}	运气 yn^{21}tɕʰi^{0}	保佑 pɑo^{45}iəu^{214}
平利	算命 san^{24}min^{214}	运气 ɥən^{24}tɕʰi^{0}	保佑 pau^{45}iou^{0}
汉中	算命 suan^{35}min^{213}	运气 yn^{21}tɕʰi^{35}	保佑 pɑo^{35}iəu^{213}
城固	算卦 ʃuan^{24}kua^{213}	运气 yən^{31}tɕʰi^{0}	保佑 pɔ^{44}iəu^{213}
勉县	算命 suɑn^{35}min^{213}	运气 ioŋ^{21}tɕʰi^{35}	保佑 pɑɔ^{35}iəu^{213}
镇巴	算八字 suan^{21}pa^{31}tsɿ^{213}	运气 yn^{21}tɕʰi^{55}	保佑 pau^{45}iəu^{213}

	0574 **人**一个～	0575 **男人**成年的，统称	0576 **女人**三四十岁已婚的，统称
榆林	人 ʐɤɣ̃^{213}	男人 nɛ^{24}ʐɤɣ̃^{0} 男的 nɛ^{24}təʔ^{0}	婆姨 pʰuə^{24}i^{52} 女人 ny^{21}ʐɤɣ̃^{213}
神木	人 ʐɤ̃^{44}	男[子汉] nɛ^{44}tsʰɛ^{0} 男人家 nɛ^{44}ʐɤ̃^{0}tɕiəʔ^{0}	婆姨 pʰuo^{44}i^{0}
绥德	人 ʐəɣ̃^{33}	男人 næ^{33}ʐəɣ̃^{0} 男的 næ^{33}təʔ^{0}	婆姨 pʰuo^{33}i^{52} 女人 ny^{21}ʐəɣ̃^{33}
吴堡	人 ʐəŋ^{33}	男人 nã^{33}ʐəŋ^{0}	婆姨 pʰɤu^{33}i^{0}
清涧	人 ʐəɣ̃^{24}	男人 nɛ^{24}ʐəɣ̃^{0}	婆姨 pʰu^{24}zʅ^{0}
延安	人 ʐəŋ^{24}	男人 næ̃^{24}ʐəŋ^{0} 汉 xæ̃^{443}	婆姨 pʰuo^{24}i^{0} 女人 ȵy^{52}ʐəŋ^{0}
延川	人 ʐəŋ^{35}	男人 næ̃^{35}ʐəŋ^{0}	婆姨 pʰei^{35}zʅ^{0}
黄陵	人 ʐẽ^{24}	外前人 vᴇ^{55}tɕʰiæ̃^{0}ʐẽ^{0} 男人 næ̃^{24}ʐẽ^{0}	婆娘 pʰuɤ^{24}ȵiɑŋ^{0} 屋里人 u^{31}li^{0}ʐẽ^{0} 女人 ȵy^{52}ʐẽ^{0}
渭南	人 ʐə̃^{24}	男的 næ̃^{24}tɕi^{0}	女的 ȵy^{53}tɕi^{0}
韩城	人 ʐɛ̃^{24}	男人 nã^{31}ʐɛ̃^{53}	女人 ȵy^{53}ʐɛ̃^{0} [媳妇]子家 ɕiəu^{24}tsʅ^{0}tɕiɑ^{31}
合阳	人 ʐẽ^{24}	外前人 uei^{55}tsʰiɑ̃^{31}ʐẽ^{31} 男人 nɑ̃^{24}ʐẽ^{31}	屋里人 u^{31}li^{31}ʐẽ^{31} 女人 ȵy^{52}ʐẽ^{31}
富平	人 ʐɛ̃^{24}	男人 næ̃^{31}ʐɛ̃^{53}	屋里人 u^{53}li^{31}ʐɛ̃^{31}
耀州	人 ʐei^{24}	外前人 uæi^{44}tɕʰiæ̃^{0}ʐei^{24} 掌柜的 tʂɑŋ^{52}kuei^{44}ti^{0}	婆娘 pʰuo^{24}ȵiɑŋ^{52} 屋里人 u^{52}li^{0}ʐei^{24}
咸阳	人 ʐɛ̃^{24}	男人 lã^{24}ʐɛ̃^{0}	女人 ȵy^{53}ʐɛ̃^{0}
旬邑	人 ʐɛ̃^{24}	外前人 vɛi^{24}tɕʰiã^{0}ʐɛ̃^{0} 男人 lã^{21}ʐɛ̃^{52}	婆娘 pʰo^{21}ȵiɑŋ^{52} 屋里人 u^{52}li^{0}ʐɛ̃^{0}
三原	人 ʐẽ^{24}	男人 nã^{24}ʐẽ^{0}	女人 ȵy^{52}ʐẽ^{0}

	0574 人一个~	**0575 男人**成年的，统称	**0576 女人**三四十岁已婚的，统称
乾县	人 ʐẽ^{24}	男人 næ̃^{24}ʐẽ^{21}	女人 ȵy^{53}ʐẽ^{21}
岐山	人 ʐəŋ^{24}	外前人 vE^{44}ȶʰiæ̃^{0}ʐəŋ^{21} 男人 læ̃^{31}ʐəŋ^{53}	婆娘 pʰo^{31}ȵiɑŋ^{53} 女人 ȵy^{44}ʐəŋ^{21}
凤翔	人 ʐəŋ^{24}	男的 læ̃^{31}tsi^{53} 男人 læ̃^{31}ʐəŋ^{53}	媳妇 si^{53}fu^{0}
千阳	人 ʐəŋ^{24}	男的 læ̃^{31}ti^{0} 男人 læ̃^{31}ʐəŋ^{0}	□□ fəŋ^{44}ʐæ̃^{0}
西安	人 ʐən^{24}	男人 nã^{24}ʐən^{0}	女人 ȵy^{53}ʐən^{0}
户县	人 ʐẽ^{35}	外头人 uæ^{55}tʰɤu^{31}ʐẽ^{35} 男人 nã^{35}ʐẽ^{31}	女人 ȵy^{51}ʐẽ^{31} 屋里人 u^{31}li^{31}ʐẽ^{35}
商州	人 ʐẽ^{35}	男人 nã^{31}ʐẽ^{53}	婆娘 pʰuə^{31}ȵiɑŋ^{53}
镇安	人 ʐən^{33}	男人 nan^{33}ʐən^{0}	女人 nʮ^{35}ʐən^{53}
安康	人 ʐən^{35}	男人 lan^{35}ʐən^{0}	女人 ny^{53}ʐən^{0}
白河	人 ʐən^{44}	男的 lan^{44}ti^{0} 男人 lan^{44}ʐən^{0}	女的 ȵy^{35}ti^{0} 女人 ȵy^{35}ʐən^{0}
汉阴	人 ʐən^{42}	男的 lan^{42}ti^{0}	女的 ȵy^{45}ti^{0}
平利	人 ʐən^{52}	男人 lan^{52}ʐən^{0}	女人 ȵʮ^{45}ʐən^{0}
汉中	人 ʐən^{42}	男的 lan^{42}ti^{0} 男人 lan^{42}ʐən^{0}	女的 ȵy^{35}ti^{0} 女人 ȵy^{35}ʐən^{0}
城固	人 ʐən^{311}	男的 lan^{31}ti^{0}	女的 ȵy^{24}ti^{0}
勉县	人 zən^{21}	男的 lɑn^{21}ti^{0}	女的 ȵy^{35}ti^{0}
镇巴	人 zən^{31}	男的 lan^{33}ti^{31}	女的 ȵy^{45}ti^{31}

	0577 单身汉	0578 老姑娘	0579 婴儿
榆林	光棍儿 kuã^{33}kuə̃r^{52} 光棍儿汉 kuã^{33}kuə̃r^{52}xɛ^{0}	老女子 lɔo^{24}ny^{21}tsəʔ^{0}	月地娃娃 yʌʔ^{3}ti^{52}va^{24}va^{0} 吃奶娃娃 tʂʰəʔ^{3}nɛe^{0}va^{24}va^{0}
神木	光棍儿 kuã^{24}kuʌɯ^{53} 光棍汉 kuã^{24}kuɤ̃^{53}xɛ^{53}	老女子 lɔo^{24}ȵy^{21}tsəʔ^{4}	月地孩伢儿 yəʔ^{4}ti^{53}xəʔ^{4}iʌɯ^{53} 毛蛋蛋 mu^{44}tɛ^{53}tɛ^{0}
绥德	光棍儿 kuã^{21}kuɤ̃r^{52} 光光 kuã^{24}kuã^{0}	老女子 lao^{24}ny^{21}tsɤ^{33}	月娃娃 ye^{33}uɑ^{33}uɑ^{0} 月地娃娃 ye^{33}ti^{52}uɑ^{33}uɑ^{0}
吴堡	光棍 ku^{21}kuəŋ^{53}	老女子 lo^{24}nʉ^{41}tsəʔ^{3}	毛孩儿 mu^{33}ɕiər^{0}
清涧	光棍汉 kuɒ̃^{31}kuəɣ̃^{53}ɕi^{44}	老女子 lɔo^{24}zɥ^{53}tsəʔ^{0}	猴毛孩儿 xəu^{24}mu^{24}ɕiər^{0}
延安	光棍儿汉 kuaŋ^{21}kuər^{443}xæ̃^{443}	老女子 lɔ^{24}ȵy^{52}tsəʔ^{0}	毛娃儿 mu^{24}var^{0} 猴毛娃儿 xou^{24}mu^{24}var^{0}
延川	光棍儿 kuɑŋ^{21}kuʌr^{53}	老女子 lɑo^{53}nɥ^{53}tsəʔ^{0}	毛孩儿 mu^{35}ɕiər^{0}
黄陵	光棍汉 kuɑŋ^{31}kuẽ^{0}xæ̃^{0}	老女子 lɔ^{31}ȵy^{52}tsɿ^{0}	毛伢娃儿 mu^{24}ȵia^{0}uɐr^{55} 月娃子 yɤ^{31}uɑ^{0}tsɿ^{0}
渭南	光棍 kuɑŋ^{31}kuə̃^{44}	老姑娘 lɔo^{53}ku^{31}ȵiɑŋ^{0}	毛娃儿 mu^{24}uɐr^{53}
韩城	光棍 kuɑŋ^{31}kuɛ̃^{0}	老女子 lɑu^{31}ȵy^{53}tsɿ^{0}	伢伢子 ȵiɑ^{31}ȵiɑ^{53}tsɿ^{0}
合阳	光棍 kuɑŋ^{31}kuẽ^{31} 光杆司令 tã^{24}kã^{31}liŋ^{55}	老长官 lɔo^{24}tʂɑŋ^{52}kuã^{31}	碎娃 ɕyei^{55}uɑ^{55}
富平	光棍儿 kuɑɣ̃^{53}kuɛ̃r^{31}	老姑娘 lɑo^{53}ku^{53}ȵiɑɣ̃^{31}	毛娃子 mu^{31}uɑ^{53}tsɿ^{31}
耀州	光棍汉 kuɑŋ^{52}kuei^{0}xæ̃^{0}	老女子 lɔu^{21}ȵy^{52}tsɿ^{0}	胎娃子 tʰæi^{52}ua^{0}tsɿ^{0} 月娃子 yɛ^{52}ua^{0}tsɿ^{0}
咸阳	光棍儿 kuɑŋ^{31}kuer^{0}	老姑娘 lɔ^{53}ku^{31}ȵiɑŋ^{0}	月子娃 yo^{31}tsɿ^{0}ua^{44}
旬邑	光棍汉 kuɑŋ^{52}kuɛ̃^{0}xã^{0}	老女子 lau^{21}ȵy^{21}tsɿ^{0}	月娃子 yo^{52}ua^{0}tsɿ^{0}
三原	光棍汉 kuɑŋ^{52}kuẽ^{0}xã^{0}	老姑娘 lɑɔ^{52}ku^{52}ȵiɑŋ^{0}	毛娃儿 mu^{24}uɐr^{0}

	0577 单身汉	0578 老姑娘	0579 婴儿
乾县	光棍儿 kuaŋ^{21}kuɐr^{53}	老女子 nɔ^{21}ȵy^{53}tsɿ^{21}	碎娃 sue^{55}ua^{55}
岐山	光棍 kuɑŋ^{53}kuŋ^{21} 光棍汉 kuɑŋ^{53}kuŋ^{21}xæ̃^{21}	老姑娘 lɔ^{53}ku^{53}ȵiɑŋ^{21}	月娃 yɛ^{53}vA^{21} 小儿 siɔ^{44}ər^{21}
凤翔	光棍 kuɑŋ^{53}kuŋ^{0} 光棍汉 kuɑŋ^{53}kuŋ^{0}xæ̃^{0}	（无）	月娃 ye^{53}va^{0}
千阳	光棍 kuɑŋ^{53}kuŋ^{0} 光棍汉 kuɑŋ^{53}kuŋ^{0}xæ̃^{0}	（无）	月溜娃 ye^{53}liou^{0}va^{0}
西安	光棍儿 kuaŋ^{21}kuər^{0}	老姑娘 lau^{53}ku^{21}ȵiaŋ^{0}	毛犊儿娃 mu^{24}tər^{21}ua^{44}
户县	光棍儿 kuaŋ^{31}kuɯ^{51} 光食汉 kuaŋ^{31}ʂʅ^{31}xã^{31}	老姑娘 lau^{51}ku^{31}ȵiaŋ^{31}	毛蛋儿娃 mau^{35}tə^{51}ua^{55} 毛蛋儿 mau^{35}tə^{51}
商州	光棒 kuɑŋ^{31}pɑŋ^{44}	老姑娘 lɑo^{53}ku^{31}ȵiɑŋ^{0}	毛犊儿娃 mu^{31}tour^{53}vɑ^{44} 毛娃儿 mu^{31}vɐr^{53}
镇安	光食汉子 kuʌŋ^{53}ʂʅ^{0}xan^{322}tsɿ^{0} 光汉条子 kuʌŋ^{53}xan^{0}tʰiɔo^{33}tsɿ^{0}	老姑娘 lɔo^{35}ku^{53}ȵiʌŋ^{0}	毛头儿 mɔo^{33}tʰər^{214}
安康	单身汉儿 tan^{31}ʂə^{31}xar^{44}	老姑娘 lau^{53}ku^{31}ȵiaŋ^{0}	月娃儿 ye^{31}uar^{35}
白河	光棍儿 kuaŋ^{21}kuər^{41}	老姑娘 lɔu^{35}ku^{21}ȵiaŋ^{0}	月娃子 yE^{21}ua^{0}tsɿ^{0} 毛娃儿 mɔu^{44}uɐr^{213}
汉阴	光棍儿 kuɑŋ^{33}kuar^{214}	老女人 lɑo^{45}ȵy^{45}ʐən^{0}	月娃子 yE^{42}uɑ^{0}tsɿ^{0}
平利	单身汉 tan^{43}ʂən^{43}xan^{214}	老姑娘 lau^{45}ku^{43}ȵiaŋ^{0}	月娃子 ɥE^{43}ua^{21}tsɿ^{0}
汉中	光棍 kuɑŋ^{55}kuən^{0}	老姑娘 lɑo^{35}ku^{21}ȵiɑŋ^{0} 老女子 lɑo^{35}ȵy^{0}tsɿ^{0}	月娃 yɤ^{55}uA^{0}
城固	光棍 kuaŋ^{44}kuən^{0}	老女 lɔ^{44}ȵy^{0}	月娃 yɛ^{44}ua^{0}
勉县	光棍 kuɑŋ^{44}koŋ^{213}	老姑娘 lɑɔ^{35}ku^{0}ȵiɑŋ^{0}	月娃 yɤ^{21}vɑ^{0}
镇巴	单身汉儿 tan^{213}sən^{55}xɐr^{213}	老姑娘 lau^{45}ku^{55}ȵiaŋ^{55}	月娃儿 yɛ^{33}uɐr^{31} □□娃儿 mɛ^{35}mɛ^{55}uɐr^{31}

	0580 小孩三四岁的，统称	0581 男孩统称：外面有个~在哭	0582 女孩统称：外面有个~在哭
榆林	猴娃娃 xəu^{24}va^{24}va^{0}	小子 ɕiɔo^{21}tsəʔ^{0}	女子 ny^{21}tsəʔ^{0}
神木	猴孩伢儿 xəu^{44}xəʔ^{4}iʌɯ^{53} 羔羔 kɔo^{24}kɔo^{0} 老命命 lɔo^{21}miɤ̃^{53}miɤ̃^{0}	小子 ɕiɔo^{21}tsəʔ^{4}	女子 ȵy^{21}tsəʔ^{4}
绥德	猴娃娃 xəu^{33}uɑ^{33}uɑ^{0} 猴人 xəu^{33}ʐəɣ̃^{33} 碎脑子 suei^{52}nao^{33}tsəʔ^{0}	小子 ɕiɔɤ^{21}tsɤ^{33} 男娃娃 næ^{33}uɑ^{33}uɑ^{0}	女子 ny^{21}tsɤ^{33} 女娃娃 ny^{21}uɑ^{33}uɑ^{0}
吴堡	猴孩儿 xɑo^{33}ɕiər^{53}	小子 ɕiɤ^{41}tsəʔ^{3}	女子 nʉ^{41}tsəʔ^{3}
清涧	猴孩儿 xəu^{24}ɕiər^{0}	小子 ɕiɔo^{53}tsəʔ^{0}	女子 zʮ^{53}tsəʔ^{0}
延安	猴娃娃 xou^{24}va^{24}va^{0} 碎娃娃 suei^{443}va^{24}va^{0}	男娃娃 næ̃^{24}va^{24}va^{0}	女娃娃 ȵy^{52}va^{24}va^{0}
延川	孩儿 ɕiʌr^{35}	小子 ɕiɑo^{53}tsəʔ^{0}	女子 nʮ^{53}tsəʔ^{0}
黄陵	碎娃儿 suei^{55}uɐr^{55}	小子娃儿 ɕiɔ^{52}tsɿ^{0}uɐr^{55}	女子娃儿 ȵy^{52}tsɿ^{0}uɐr^{55}
渭南	碎娃儿 ʃei^{44}uɐr^{53}	娃子娃 uɑ^{24}tsɿ^{0}uɑ^{44}	女儿娃 nyr^{53}uɑ^{44}
韩城	碎娃儿 sɪi^{44}uɑr^{24}	男娃儿 nã^{24}uɑr^{24}	女娃儿 ȵy^{53}uɑr^{24} 女子 ȵy^{53}tsɿ^{0}
合阳	碎娃娃 ɕyei^{55}uɑ^{24}uɑ^{0}	小子娃 siɔo^{52}tsɿ^{31}uɑ^{55} 牛牛娃 ȵiou^{24}ȵiou^{31}uɑ^{55}	女娃 ȵy^{52}uɑ^{55} 女子娃 ȵy^{52}tsɿ^{0}uɑ^{55}
富平	碎娃 sueɪ^{55}uɑ^{55}	男娃 næ̃^{31}uɑ^{53}	碎女子 sueɪ^{55}ȵy^{53}tsɿ^{31}
耀州	碎娃 ʃuei^{44}ua^{44}	小子娃 ɕiɔu^{52}tsɿ^{0}ua^{44}	女娃子 ȵy^{52}ua^{0}tsɿ^{0} 女子 ȵy^{52}tsɿ^{0}
咸阳	碎娃 suei^{44}ua^{44}	小子娃 ɕiɔ^{53}tsɿ^{31}ua^{0}	女娃 ȵy^{53}ua^{44}
旬邑	碎娃 suei^{44}ua^{24}	男娃 lã^{24}ua^{0} 牛牛娃 ȵiəu^{24}ȵiəu^{0}ua^{0}	女娃 ȵy^{52}ua^{0} 女子 ȵy^{52}tsɿ^{0}
三原	碎娃儿 suei^{44}uɐr^{52}	男娃儿 nã^{24}uɐr^{0}	女娃儿 ȵy^{52}uɐr^{0}

	0580 小孩三四岁的，统称	0581 男孩统称：外面有个~在哭	0582 女孩统称：外面有个~在哭
乾县	碎娃 sue^{55}ua^{55}	娃子娃 ua^{24}tsɿ^{21}ua^{21}	女子娃 ȵy^{53}tsɿ^{21}ua^{21}
岐山	娃娃 vA^{31}vA^{53}	儿子娃 ər^{31}tsɿ^{53}vA^{44} 男娃 læ̃^{24}vA^{44}	女娃娃 ȵy^{53}vA^{31}vA^{53} 女子 ȵy^{44}tsɿ^{21}
凤翔	娃娃 va^{31}va^{53}	小子娃 siɔ^{44}tsɿ^{0}va^{44} 儿子娃 ər^{31}tsɿ^{53}va^{44} 男娃 læ̃^{24}va^{44}	女娃 ȵy^{44}va^{0} 女子娃 ȵy^{44}tsɿ^{0}va^{44}
千阳	碎娃娃 suei^{44}va^{31}va^{0} 小娃娃 siɔ^{53}va^{31}va^{0}	儿子娃娃 ər^{31}tsɿ^{0}va^{31}va^{0}	女子娃娃 ȵy^{44}tsɿ^{0}va^{31}va^{0}
西安	碎娃 suei^{44}ua^{44}	娃子 ua^{24}tsɿ^{0}	女子 ȵy^{53}tsɿ^{0}
户县	娃娃 ua^{35}ua^{31} 碎娃 suei^{55}ua^{55}	娃子娃 ua^{35}tsɿ^{0}ua^{55} 娃子 ua^{35}tsɿ^{0}	女子娃 ȵy^{51}tsɿ^{0}ua^{55} 女子 ȵy^{51}tsɿ^{0}
商州	碎娃儿 ʃuei^{44}vɐr^{53}	娃子娃 vɑ^{31}tsɿ^{0}vɑ^{44}	女子娃 ȵy^{53}tsɿ^{0}vɑ^{44}
镇安	娃 va^{322}	儿娃子 ər^{33}va^{322}tsɿ^{0}	女娃子 nʮ^{35}va^{53}tsɿ^{0}
安康	碎娃子 suei^{44}ua^{35}tsɿ^{0}	儿娃子 ər^{35}ua^{31}tsɿ^{0}	[女娃]子 nya^{53}tsɿ^{0}
白河	小娃子 ɕiɔu^{35}ua^{0}tsɿ^{0} 娃子娃儿 ua^{44}tsɿ^{0}uɐr^{44}	儿娃子 ər^{44}ua^{0}tsɿ^{0}	女娃子 ȵy^{35}ua^{44}tsɿ^{0}
汉阴	小娃子 ɕiɑo^{45}uɑ^{42}tsɿ^{0}	儿娃子 ar^{42}uɑ^{42}tsɿ^{0} 男娃子 lan^{42}uɑ^{42}tsɿ^{0}	女娃子 ȵy^{45}uɑ^{0}tsɿ^{0}
平利	小娃子 ɕiau^{45}ua^{52}tsɿ^{0}	儿娃子 ər^{52}ua^{52}tsɿ^{0}	女娃子 ȵʮ^{45}ua^{52}tsɿ^{0}
汉中	小娃 ɕiɑo^{35}uA^{0}	娃 uA^{42}	女子 ȵy^{35}tsɿ^{0}
城固	小娃 siɔ^{24}ua^{0}	男娃 lan^{31}ua^{311}	女娃 ȵy^{44}ua^{311}
勉县	娃儿子 vɑ^{21}ər^{21}tsɿ^{0}	娃 vɑ^{21}	女子 ȵy^{35}tsɿ^{0}
镇巴	细娃儿 ɕi^{213}uɐr^{52}	娃儿 ua^{33}ər^{31}	女子 ȵy^{45}tsɿ^{52}

	0583 老人七八十岁的，统称	0584 亲戚统称	0585 朋友统称
榆林	老人 lɔo^{21}ʐɤɣ̃^{213}	亲亲 tɕʰiɤɣ̃^{33}tɕʰiɤɣ̃^{0}	拜识 pɛe^{52}ʂəʔ^{0} 朋友 pʰɤɣ̃^{24}iəu^{0}
神木	老人 lɔo^{21}ʐɤ̃^{44}	亲亲 tɕʰiɤ̃^{24}tɕʰiɤ̃^{0}	拜识 pEe^{53}ʂəʔ^{0} 朋友 pʰɤ̃^{44}iəu^{0}
绥德	老人 lao^{21}ʐəɣ̃^{33}	亲亲 tɕʰiəɣ̃^{24}tɕʰiəɣ̃^{0}	拜识 pai^{52}ʂəʔ^{0} 朋友 pʰəɣ̃^{33}iəu^{0}
吴堡	老年人 lo^{41}ȵie^{33}ʐəŋ^{33}	亲亲 tɕʰiəŋ^{24}tɕʰiəŋ^{0}	朋友儿 pʰəŋ^{33}iɑor^{0}
清涧	老年人 lɔo^{53}ȵi^{24}ʐəɣ̃^{24}	亲亲 tɕʰiəɣ̃^{31}tɕʰiəɣ̃^{53}	拜识 pai^{44}ʂəʔ^{54} 朋友 pʰəɣ̃^{24}iəu^{0}
延安	老人 lɔ^{52}ʐəŋ^{0}	亲亲 tɕʰiəŋ^{21}tɕʰiəŋ^{53}	拜识 pai^{443}ʂʅ^{0} 朋友 pʰəŋ^{24}iou^{0}
延川	老人 lɑo^{53}ʐəŋ^{0}	亲亲 ȶʰiŋ^{21}ȶʰiŋ^{53}	拜识 pai^{53}ʂɤ^{423}
黄陵	老人 lɔ^{52}ʐẽ^{0} 老人家 lɔ^{52}ʐẽ^{24}tɕiɑ^{31}	亲亲 tɕʰiẽ^{31}tɕʰiẽ^{0}	伙计 xuɤ^{52}tɕi^{0} 朋友 pʰəŋ^{24}iəu^{0}
渭南	老人 lɔo^{53}ʐə̃^{0}	亲亲 tɕʰiə̃^{53}tɕʰiə̃^{0}	朋友 pʰəŋ^{24}iəu^{0}
韩城	老人 lɑu^{53}ʐɛ̃^{24}	亲亲 tɕʰiɛ̃^{31}tɕʰiɛ̃^{0}	伙计 xuɤ^{53}tɕi^{0}
合阳	老者 lɔo^{31}tʂɤ^{31}	亲亲 tsʰiẽ^{31}tsʰiẽ^{0}	伙计 xuo^{51}tɕi^{31} 朋友 pʰəŋ^{24}iou^{31}
富平	老汉 lɑo^{53}xæ̃^{31}	亲亲 tʰiɛ̃^{31}tʰiɛ̃^{31}	伙爷 xuo^{53}iɛ^{31}
耀州	老人 lɔu^{52}ʐei^{24} 老者 lɔu^{52}tʂɤ^{0}	亲亲 tɕʰiei^{21}tɕʰiei^{0}	伙爷 xuo^{52}iɛ^{0} 朋友 pʰəŋ^{24}iou^{0}
咸阳	老年人 lɔ^{53}ȵiã^{31}ʐɛ̃^{0}	亲亲 tɕʰiɛ̃^{31}tɕʰiɛ̃^{0}	朋友 pʰəŋ^{24}iou^{0}
旬邑	老人 lau^{44}ʐɛ̃^{0}	亲亲 tɕʰiɛ̃^{21}tɕʰiɛ̃^{0}	伙爷 xuo^{44}iɛ^{0} 朋友 pʰəŋ^{21}iəu^{52}
三原	老人 lɑɔ^{52}ʐẽ^{0}	亲亲 tɕʰiẽ^{31}tɕʰiẽ^{0}	朋友 pʰəŋ^{24}iou^{52}

	0583 老人七八十岁的，统称	0584 亲戚统称	0585 朋友统称
乾县	老人 nɔ^{53}ʐẽ^{24}	亲亲 tɕʰiẽ^{53}tɕʰiẽ^{21}	朋友 pʰɤŋ^{24}iou^{21}
岐山	老人 lɔ^{44}ʐəŋ^{21}	亲戚 ȶʰiŋ^{31}ȶʰiŋ^{21}	朋友 pʰəŋ^{31}iou^{53}
凤翔	老人 lɔ^{44}ʐəŋ^{0}	亲亲 tsʰiŋ^{31}tsʰiŋ^{0}	伙爷 xuo^{44}ie^{0} 朋友 pʰəŋ^{31}iəu^{53}
千阳	老人 lɔ^{44}ʐəŋ^{0}	亲亲 tsʰiŋ^{31}tsʰiŋ^{0}	朋友 pʰəŋ^{31}iou^{0}
西安	老者儿 lau^{53}tʂɐr^{0}	亲亲 tɕʰin^{21}tɕʰin^{0}	朋友 pʰəŋ^{24}iou^{0}
户县	老人 lau^{51}ʐẽ^{35} 老者 lau^{31}tʂʅɛ^{31}	亲亲 tɕʰiẽ^{31}tɕʰiẽ^{0}	伙儿 xuə^{51} 朋友 pʰəŋ^{35}iɤu^{31}
商州	老人 lɑo^{53}ʐẽ^{0}	亲亲 tɕʰiẽ^{53}tɕʰiẽ^{31}	相好的 ɕiɑŋ^{31}xɑo^{53}ti^{0}
镇安	老汉老婆儿 lɔo^{35}xan^{21}lɔo^{35}pʰuər^{53}	亲戚 tɕʰin^{53}tɕʰi^{0}	过得好的 kuə^{53}ti^{0}xɔo^{35}ti^{53}
安康	老人 lau^{53}ʐən^{35}	亲戚 tɕʰin^{31}tɕʰi^{0}	朋友 pʰuŋ^{35}iou^{0}
白河	老年人 lɔu^{35}ȵian^{0}ʐən^{0}	亲戚 tɕʰiən^{21}tɕʰi^{0}	朋友 pʰəŋ^{44}iəu^{0}
汉阴	老人家 lɑo^{45}ʐən^{42}tɕiɑ^{0}	亲戚 tɕʰin^{33}tɕʰi^{0}	朋友 pʰoŋ^{42}iəu^{45}
平利	老人 lau^{45}ʐən^{0}	亲戚 tɕʰin^{43}tɕʰi^{0}	朋友 pʰoŋ^{52}iou^{445}
汉中	老人 lɑo^{35}ʐən^{42} 老的 lɑo^{35}ti^{0}	亲亲 tɕʰin^{55}tɕʰin^{0}	朋友 pʰən^{42}iəu^{354}
城固	老人 lɔ^{44}ʐən^{311}	亲亲 tsʰin^{44}tsʰin^{0}	朋友 pʰən^{31}iəu^{0}
勉县	老人 lɑɔ^{35}zən^{21}	亲戚 tɕʰin^{44}tɕʰi^{0}	朋友 pʰəŋ^{21}iəu^{35}
镇巴	老的 lau^{45}ti^{31}	亲戚 tɕʰin^{35}tɕʰi^{52}	朋友 pʰoŋ^{31}iəu^{52}

	0586 邻居统称	0587 客人	0588 农民
榆林	邻家 liɤỹ^{24}tɕia^{0} 邻家邻居 liɤỹ^{24}tɕia^{0}liɤỹ^{24} tɕy^{52}	客人 kʰaʔ^{3}ʐɤỹ^{213} 客 kʰaʔ^{3}	受苦的 ʂəu^{52}kʰu^{21}təʔ^{0} 戳驴屁股的 tʂʰuʌʔ^{3}ly^{24}pʰi^{52} ku^{0}təʔ^{0} 农民 luɤỹ^{24}miɤỹ^{213}
神木	邻家 liɤ̃^{44}tɕia^{0}	客人 kʰəʔ^{4}ʐɤ̃^{44}	庄户人 tʂuɑ̃^{24}xu^{53}ʐɤ̃^{44}
绥德	邻家 liəỹ^{33}tɕiɑ^{0} 邻居 liəỹ^{33}tɕy^{52}	客人 kʰɤ^{33}ʐəỹ^{0} 客 kʰɤ^{33}	受苦人 ʂəu^{52}kʰu^{21}ʐəỹ^{33} 戳牛屁股的 tʂʰuo^{33}niəu^{33} pʰi^{52}ku^{21}təʔ^{0} 农民 luəỹ^{33}miəỹ^{0}
吴堡	邻家 liəŋ^{33}tɕiəʔ^{0}	客 kʰəʔ^{3}	受苦人 ʂɑo^{53}kʰu^{41}ʐəŋ^{33}
清涧	邻家 liəỹ^{24}tɕi^{0}	亲亲 tɕʰiəỹ^{31}tɕʰiəỹ^{53}	受苦人 ʂəu^{42}kʰu^{53}ʐəỹ^{24}
延安	邻家 liəŋ^{24}tɕia^{213}	客人 kʰuo^{21}ʐəŋ^{53}	受苦人 ʂou^{443}kʰu^{21}ʐəŋ^{0} 庄稼汉 tʂuaŋ^{21}tɕia^{443}xæ̃^{443}
延川	邻家 liŋ^{35}tɕiɛ^{0}	客人 kʰə^{42}ʐəŋ^{35}	受苦人 ʂəu^{53}kʰu^{53}ʐəŋ^{0}
黄陵	邻家 liẽ^{24}tɕiɑ^{31}	客人 kʰei^{31}ʐẽ^{0}	庄稼汉 tsuɑŋ^{31}tɕiɑ^{0}xæ̃^{0}
渭南	邻家 liə̃^{24}tɕiɑ^{31}	客 kʰei^{31}	庄稼汉 tʃɑŋ^{53}tɕiɑ^{31}xæ̃^{0}
韩城	邻家 liẽ^{24}tɕiɑ^{31}	客身 kʰɪi^{31}ʂɛ̃^{0}	庄稼户 pfɑŋ^{31}tɕiɑ^{0}xu^{0}
合阳	邻家 liẽ^{24}tɕiɑ^{31} 那巷 nɑ^{55}xɑŋ^{31}	客人 kʰei^{31}ʐẽ^{31}	种地的 pfəŋ^{55}tʰi^{55}ti^{0} 种庄稼的 pfəŋ^{55}pfɑŋ^{31}tɕiɑ^{31}ti^{0}
富平	邻家 liɛ̃^{31}iɑ^{53}	客 kʰeɪ^{31}	做庄稼的 tsou^{55}tʃuɑỹ^{53}iɑ^{31}ti^{31}
耀州	邻家 liei^{24}tɕia^{52}	客 kʰei^{21}	庄稼汉 tʃuaŋ^{52}tɕia^{21}xæ̃^{44}
咸阳	隔壁儿 kei^{24}piər^{31}	客人 kʰei^{31}ʐɛ̃^{0}	农民 luəŋ^{24}miɛ̃^{24}
旬邑	邻家 liɛ̃^{21}ia^{52}	客人 kʰɛ̃^{52}ʐɛ̃^{0}	庄稼汉 tʃɑŋ^{52}tɕia^{0}xã^{0} 农民 luəŋ^{24}miɛ̃^{24}
三原	隔壁儿 kei^{24}piər^{52}	客 kʰei^{31}	庄稼汉 tʃuaŋ^{52}tɕiɑ^{0}xã^{0}

	0586 邻居统称	0587 客人	0588 农民
乾县	邻家 liẽ^{24}tɕia^{21}	客 kʰe^{21}	农民 noŋ^{24}miẽ^{24}
岐山	邻居 liŋ^{31}tɕy^{53} 邻里 liŋ^{31}li^{53}	客 kʰei^{31}	庄稼汉 tʂɑŋ^{53}A^{21}xæ̃^{21}
凤翔	隔壁 kei^{31}pi^{53} 邻家 liŋ^{31}tɕia^{53}	客人 kʰei^{53}ʐəŋ^{0} 客 kʰei^{31}	农民 luŋ^{24}miŋ^{24}
千阳	隔壁 kei^{31}pi^{0} 邻家 liŋ^{31}tɕia^{0}	客 kʰei^{31}	农民 luŋ^{24}miŋ^{24}
西安	隔壁儿 kei^{24}piər^{0}	客 kʰei^{21} 客人 kʰei^{21}ʐən^{0}	农民 noŋ^{24}min^{24}
户县	隔壁 kei^{35}pi^{31} 隔壁儿 kei^{35}piɯ^{0}	客 kʰei^{31}	庄稼汉 tsuaŋ^{31}tɕia^{31}xã^{31}
商州	邻家 liẽ^{31}tɕiɑ^{53}	客 kʰei^{31}	农民 luəŋ^{35}miẽ^{35}
镇安	隔壁子 kɛ^{21}pi^{53}tsɿ^{0}	客 kʰɛ^{53} 人客 ʐən^{33}kʰɛ^{53}	农民 lɤŋ^{33}min^{33}
安康	邻居 lin^{35}tɕy^{31}	客人 kʰɤ^{31}ʐən^{0}	农民 luŋ^{35}min^{35}
白河	邻居 liən^{44}tɕy^{0}	客 kʰᴇ^{213}	农民 ləŋ^{44}miən^{44}
汉阴	邻居 lin^{42}tɕy^{0}	客 kʰᴇ^{42}	农民 loŋ^{42}min^{42} 农二 loŋ^{42}ar^{214} 农二哥 loŋ^{42}ar^{24}ko^{33}
平利	邻居 lin^{52}tʂʮ^{0}	客 kʰᴇ^{43}	农民 loŋ^{52}min^{52}
汉中	邻居 lin^{42}tɕy^{0} 邻里 lin^{42}li^{0}	客 kʰei^{55}	农民 loŋ^{42}min^{42}
城固	邻里 lin^{31}li^{24}	客 kʰei^{53}	农民 luŋ^{31}min^{311}
勉县	邻居 lin^{21}tɕy^{0}	客 kʰei^{42}	农民 loŋ^{21}min^{21}
镇巴	隔壁子 kɛ^{33}pi^{31}tsɿ^{31}	客 kʰɛ^{31}	农民 loŋ^{33}min^{31}

	0589 商人	0590 手艺人统称	0591 泥水匠
榆林	做买卖的 tsuəʔ^{3}mɛe^{21}mɛe^{52}təʔ^{0} 做生意的 tsuəʔ^{3}sɤɣ̃^{33}i^{52}təʔ^{0}	手艺人 ʂəu^{21}i^{52}ʐɤɣ̃^{0}	泥水匠 ni^{52}ʂuei^{21}tɕiɑ̃^{0} 泥匠 ni^{52}tɕiɑ̃^{0}
神木	买卖人 mEe^{21}mEe^{53}ʐɤ̃^{44} 边客 piɛ^{24}kʰəʔ^{0}	匠人 tɕiɑ̃^{53}ʐɤ̃^{0}	泥匠 ȵi^{53}tɕiɑ̃^{53}
绥德	做买卖的 tsuəʔ^{5}mai^{21}mai^{52}təʔ^{0} 做生意的 tsuəʔ^{5}səɣ̃^{21}i^{52}təʔ^{0} 生意人 səɣ̃^{21}i^{52}ʐəɣ̃^{0}	手艺人 ʂəu^{21}i^{52}ʐəɣ̃^{0}	泥水匠 ni^{52}ʂuei^{0}tɕiɑ̃^{52} 泥匠 ni^{52}tɕiɑ̃^{0}
吴堡	买卖人 mɑe^{41}mɑe^{53}ʐəŋ^{33}	匠人 tɕiɤu^{53}ʐəŋ^{33}	泥水匠 ȵi^{53}suɛe^{41}tɕiɤu^{53}
清涧	买卖人 mai^{53}mai^{44}ʐəɣ̃^{24}	匠人 tɕiɒ̃^{44}ʐəɣ̃^{24}	泥水匠 zʅ^{42}ʂuei^{53}tɕʰiɒ̃^{44}
延安	生意人 səŋ^{21}i^{443}ʐəŋ^{0}	匠人 tɕʰiɑŋ^{443}ʐəŋ^{0} 手艺人 ʂou^{52}i^{21}ʐəŋ^{0}	泥水匠 ȵi^{443}ʂuei^{21}tɕʰiɑŋ^{0}
延川	生意人 səŋ^{21}zʅ^{53}ʐəŋ^{0}	匠人 tɕʰiɑŋ^{53}ʐəŋ^{213}	泥水匠 mʅ^{53}ʂʮ^{21}tɕʰiɑŋ^{0}
黄陵	生意人 səŋ^{31}i^{0}ʐẽ^{0}	手艺人 ʂəu^{52}y^{0}ʐẽ^{0} 把式 pɑ^{52}ʂʅ^{0}	泥水匠 ȵi^{24}suei^{0}tɕʰiɑŋ^{0}
渭南	做生意的 tsəu^{44}səŋ^{53}i^{0}tɕi^{0}	手艺人 ʂəu^{53}i^{31}ʐə̃^{24}	泥水匠 ȵi^{44}ʃei^{0}tɕʰiɑŋ^{0}
韩城	生意人 səŋ^{31}i^{31}ʐɛ̃^{24}	匠人 tɕʰiɑŋ^{44}ʐɛ̃^{0}	瓦匠 uɑ^{44}tɕʰiɑŋ^{0}
合阳	生意人 səŋ^{31}i^{31}ʐẽ^{24}	手艺人 ʂou^{52}i^{31}ʐẽ^{24} 匠人 tsʰiɑŋ^{55}ʐẽ^{31}	泥水匠^{31}ȵi^{24}fei^{31}tsʰiɑŋ^{31} 瓦工 uɑ^{52}kuŋ^{31}
富平	生意人 səɣ̃^{53}i^{31}ʐɛ̃^{24}	匠人 tɕʰiɑɣ̃^{55}ʐɛ̃^{31}	泥水匠 ȵi^{24}ʃueɪ^{53}tiɑɣ̃^{31}
耀州	生意人 səŋ^{52}i^{21}ʐei^{24}	艺人 i^{44}ʐei^{0}	瓦工 uɑ^{52}kuŋ^{21} 匠人 tɕiɑŋ^{44}ʐei^{0}
咸阳	商人 ʂɑŋ^{31}ʐɛ̃^{0}	匠人 tɕiɑŋ^{44}ʐɛ̃^{0}	泥水匠 ȵi^{24}ʃuei^{31}tɕiɑŋ^{0}
旬邑	生意人 səŋ^{52}i^{21}ʐɛ̃^{0}	技术人 tɕi^{44}ʃʅ^{44}ʐɛ̃^{0}	瓦工 uɑ^{44}kuəŋ^{21} 房木匠 fɑŋ^{21}mu^{44}tɕʰiɑŋ^{0}
三原	做生意的 tsou^{44}səŋ^{52}i^{0}tɕi^{0}	手艺人 ʂou^{52}i^{0}ʐẽ^{24}	泥水匠 ȵi^{44}ʃuei^{0}tɕiɑŋ^{0}

	0589 商人	0590 手艺人统称	0591 泥水匠
乾县	商人 ʂaŋ^{53}ʐẽ^{21}	手艺人 ʂou^{53}i^{21}ʐẽ^{21}	泥水匠 ȵi^{24}ʃue^{21}tɕiaŋ^{21}
岐山	做生意的 tsu^{44}səŋ^{53}i^{0}ȶi^{21}	匠人 ȶ^{h}iɑŋ^{44}ʐəŋ^{53}	泥水匠 ȵi^{31}ʂei^{44}ȶ^{h}iɑŋ^{21}
凤翔	生意人 səŋ^{53}i^{0}ʐəŋ^{0}	匠人 tsiɑŋ^{45}ʐəŋ^{0}	泥水匠 ȵi^{31}ʂei^{44}tsiɑŋ^{0}
千阳	生意人 səŋ^{53}i^{0}ʐəŋ^{24}	匠人 tsiɑŋ^{45}ʐəŋ^{0}	泥水匠 ȵi^{31}ʃei^{44}ts^{h}iɑŋ^{0}
西安	买卖人 mai^{21}mai^{0}ʐən^{24}	匠人 tɕiaŋ^{44}ʐən^{0}	泥水匠 ȵi^{24}fei^{0}tɕiaŋ^{0}
户县	生意人 səŋ^{31}i^{31}ʐẽ^{35} 做买卖的 tsɤu^{55}mæ^{31}mæ^{31}ti^{0}	手艺人 ʂɤu^{51}i^{31}ʐẽ^{35} 匠人 tɕiaŋ^{55}ʐẽ^{31}	泥水匠 ȵi^{55}suei^{31}tɕiaŋ^{31}
商州	做生意的 tsou^{44}səŋ^{31}i^{31}ti^{0}	手艺人 ʂou^{53}i^{0}ʐẽ^{31}	泥瓦匠 ȵi^{31}vɑ^{53}tɕiɑŋ^{0}
镇安	做生意的 tsəu^{33}sən^{53}i^{21}ti^{0}	手艺人 ʂəu^{35}i^{21}ʐən^{21}	泥水匠 ȵi^{33}ʂuEi^{0}tɕiʌŋ^{322}
安康	商人 ʂaŋ^{31}ʐən^{0}	手艺人 ʂou^{53}i^{31}ʐən^{0}	泥瓦匠 ȵi^{35}ua^{53}tɕiaŋ^{44}
白河	做生意的 tsəu^{42}sən^{21}i^{0}ti^{0}	艺人 i^{41}ʐən^{0}	泥工 li^{21}kuəŋ^{213}
汉阴	做生意的 tsəu^{24}sən^{33}i^{0}ti^{0}	手艺人 ʂəu^{45}ȵi^{0}ʐən^{42} 匠人 tɕiɑŋ^{24}ʐən^{42}	泥水匠 ȵi^{42}suei^{45}tɕiɑŋ^{214}
平利	做生意的 tsou^{24}sən^{43}iE^{0}ti^{0}	手艺人 ʂou^{45}i^{43}ʐən^{52}	泥水匠 ȵi^{52}ʂʮei^{45}tɕiaŋ^{214}
汉中	做生意的 tsəu^{21}sən^{55}i^{0}ti^{0}	匠人 tɕiɑŋ^{21}ʐən^{0}	泥瓦匠 ȵi^{42}uA^{0}tɕiɑŋ^{213}
城固	做生意的 tsəu^{31}səŋ^{44}i^{0}ti^{0}	手艺人 ʂəu^{24}i^{0}ʐən^{0}	瓦匠 ua^{31}tsiaŋ^{0}
勉县	做生意的 tsu^{21}sən^{44}i^{0}ti^{0}	匠人 tɕiɑŋ^{21}zən^{35}	泥水匠 ȵi^{21}fei^{0}tɕiɑŋ^{0}
镇巴	做生意的 tsu^{31}sən^{35}i^{55}ti^{52} 生意客 sən^{35}i^{55}k^{h}ɛ^{31}	匠人 tɕiaŋ^{213}zən^{52}	泥水匠 ȵi^{31}suei^{52}tɕiaŋ^{213}

	0592 木匠	0593 裁缝	0594 理发师
榆林	木匠 məʔ^{3}tɕiɑ̃^{52}	裁缝 tsʰɛe^{24}fɤɣ̃^{0}	待诏 tɛe^{52}tʂɑ̃^{0} 理发的 li^{21}faʔ^{3}təʔ^{0}
神木	木匠 məʔ^{4}tɕiɑ̃^{0}	裁缝 tsʰᴇe^{44}fɣ̃^{0} 缝衣裳的 fɣ̃^{44}i^{24}ʂɑ̃^{44}təʔ^{0}	剃头的 tʰi^{53}tʰəu^{44}təʔ^{0}
绥德	木匠 məʔ^{3}tɕiɑ̃^{52}	裁缝 tsʰai^{33}fəɣ̃^{0}	推头的 tʰuei^{21}tʰəu^{33}təʔ^{0} 理发的 li^{21}fɑ^{33}təʔ^{0}
吴堡	木匠 məʔ^{21}tɕiɤu^{53}	踏衣裳的 tʰɑʔ^{3}i^{21}ʂɤu^{33}təʔ^{0}	剃脑的 tɕʰi^{53}no^{33}təʔ^{0} 推脑的 tʰuɑe^{21}no^{33}təʔ^{0}
清涧	木匠 məʔ^{54}tɕʰiɒ̃^{42}	踏衣裳的 tʰɑ^{24}zʅ^{31}ʂɯ^{24}təʔ^{0}	推脑的 tsʰuai^{31}nɔo^{24}təʔ^{0}
延安	木匠 mu^{21}tɕʰiaŋ^{443}	裁缝 tsʰai^{24}fəŋ^{0}	剃头的 tʰi^{443}tʰou^{24}tə^{0}
延川	木匠 məʔ^{21}tɕʰiaŋ^{213}	裁缝 tsʰai^{35}fəŋ^{0}	推脑的 tʰuei^{21}nɑo^{35}təʔ^{0}
黄陵	木匠 mu^{31}tɕʰiaŋ^{0}	裁缝 tsʰᴇ^{24}fəŋ^{0}	剃头的 tɕʰi^{55}tʰəu^{24}tɕi^{0}
渭南	木匠 mu^{31}tɕʰiaŋ^{0}	裁缝 tsʰae^{24}fəŋ^{0}	剃头的 tɕʰi^{44}tʰəu^{24}tɕi^{0}
韩城	木匠 mu^{31}tɕʰiaŋ^{0}	裁缝 tsʰæe^{31}fəŋ^{53}	推头的 tʰɪi^{31}tʰəu^{31}ti^{53} 剃头的 tʰi^{44}tʰəu^{31}ti^{53}
合阳	木匠 mu^{31}tsʰiaŋ^{31} 木工 mu^{31}kuŋ^{31}	裁缝 tsʰæe^{24}fəŋ^{0}	剃头的 tʰi^{55}tʰou^{24}ti^{0} 推头的 tʰuei^{31}tʰou^{24}ti^{31}
富平	木匠 mu^{53}tiɑɣ̃^{31}	裁缝 tsʰɛe^{31}fəɣ̃^{53}	剃头的 tʰi^{24}tʰou^{31}ti^{53}
耀州	木工 mu^{21}kuŋ^{21}	裁缝 tsʰæi^{24}fəŋ^{0}	剃头的 tɕʰi^{44}tʰou^{24}ti^{0}
咸阳	木匠 mu^{31}tɕiaŋ^{0}	裁缝 tsʰæ^{24}fəŋ^{0}	剃头的 tʰi^{44}tʰou^{24}ti^{0}
旬邑	小木匠 ɕiau^{44}mu^{21}tɕʰiaŋ^{0}	裁缝 tsʰɛi^{21}fəŋ^{52}	剃头匠 tɕʰi^{24}tʰəu^{0}tɕʰiaŋ^{0}
三原	木匠 mu^{52}tɕiaŋ^{0}	裁缝 tsʰai^{24}fɑŋ^{0}	剃头的 tɕʰi^{24}tʰou^{24}tɕi^{0}

	0592 木匠	0593 裁缝	0594 理发师
乾县	木匠 mu^{53}tɕiaŋ^{21}	裁缝 ts^{h}ɛ^{24}fɤŋ^{21}	剃头的 t^{h}i^{24}t^{h}ou^{24}ti^{21}
岐山	木匠 mu^{53}ȶ^{h}iɑŋ^{21}	裁缝 ts^{h}E^{31}fəŋ^{53}	待诏 tE^{44}tʂɔ^{53}
凤翔	木匠 mu^{53}tsiɑŋ^{0}	裁缝 ts^{h}E^{31}fəŋ^{53}	待诏 tE^{45}tʂɑŋ^{0} 剃头咧 ts^{h}i^{44}t^{h}əu^{31}vE^{53}
千阳	木匠 mu^{53}ts^{h}iɑŋ^{0}	裁缝 ts^{h}E^{31}fəŋ^{0}	待诏 tE^{45}tʂɔ^{0}
西安	木匠 mu^{21}tɕiaŋ^{0}	裁缝 ts^{h}ai^{24}fəŋ^{0}	推头的 t^{h}uei^{21}t^{h}ou^{24}ti^{0} 理发的 li^{53}fa^{21}ti^{0}
户县	木匠 mu^{31}tɕiaŋ^{31}	裁缝 ts^{h}æ^{35}fəŋ^{31}	剃头的 t^{h}i^{55}t^{h}ɤu^{35}ti^{0} 推头的 t^{h}uei^{31}t^{h}ɤu^{35}ti^{0}
商州	木匠 mu^{53}tɕiɑŋ^{0}	裁缝 ts^{h}ai^{31}fəŋ^{53}	理发的 li^{44}fɑ^{53}ti^{0}
镇安	木匠 muə^{53}tɕiʌŋ^{322}	做衣裳的 tsəu^{33}i^{53}ʂʌŋ^{21}ti^{0}	理发的 li^{33}fa^{53}ti^{0} 剃头的 t^{h}i^{33}t^{h}əu^{33}ti^{0}
安康	木匠 mu^{31}tɕiaŋ^{44}	裁缝 ts^{h}æ^{35}fəŋ^{0}	剃头匠 t^{h}i^{44}t^{h}ou^{35}tɕiaŋ^{44}
白河	木工 mo^{35}kuəŋ^{213}	做衣裳的 tsəu^{42}i^{21}ʂaŋ^{0}ti^{0}	剃头的 t^{h}i^{42}t^{h}əu^{44}ti^{0}
汉阴	木匠 mo^{42}tɕiɑŋ^{214}	做衣裳的 tsəu^{24}i^{33}ʂaŋ^{0}ti^{0}	剃头的 t^{h}i^{24}t^{h}əu^{42}ti^{0} 剃头匠 t^{h}i^{24}t^{h}əu^{42}tɕiɑŋ^{214}
平利	木匠 mo^{43}tɕiaŋ^{214}	裁缝 ts^{h}ai^{52}fəŋ^{0}	剃头匠 t^{h}i^{24}t^{h}ou^{52}tɕiaŋ^{214}
汉中	木匠 mu^{55}tɕiɑŋ^{0}	裁缝 ts^{h}ai^{42}fən^{0}	理发的 li^{35}fA^{55}ti^{0} 剃头的 t^{h}i^{35}t^{h}əu^{42}ti^{0}
城固	木工 mu^{44}kuŋ^{0}	做衣裳的 tsəu^{31}i^{44}ʂaŋ^{0}ti^{0}	剃头的 t^{h}i^{31}t^{h}əu^{24}ti^{0} 待诏 tai^{31}tʂɔ^{0}
勉县	木匠 mu^{44}tɕiɑŋ^{0}	裁缝 ts^{h}ɑi^{21}fəŋ^{0}	剃头匠 t^{h}i^{35}t^{h}əu^{21}tɕiɑŋ^{0}
镇巴	木匠 mu^{31}tɕiaŋ^{213}	裁缝 ts^{h}ai^{31}foŋ^{213}	剃脑壳的 t^{h}i^{213}lau^{52}k^{h}o^{31}ti^{31}

	0595 厨师	0596 师傅	0597 徒弟
榆林	伙夫 xuə^{21}fu^{33} 厨子 tʂʰu^{24}tsəʔ^{0}	师傅 sɿ^{33}fu^{33}	徒弟 tʰu^{24}ti^{52}
神木	伙夫 xuo^{21}fu^{44} 厨子 tʂʰu^{44}tsəʔ^{0} 大师傅 ta^{53}sɿ^{0}fu^{0}	师傅 sɿ^{24}fu^{44}	徒弟 tʰu^{44}ti^{53} 学手的 ɕiɔo^{44}ʂəu^{0}təʔ^{4}
绥德	伙夫 xuo^{21}fu^{213} 厨子 tʂʰʮ^{33}tsəʔ^{0} 厨师 tʂʰʮ^{33}sɿ^{0}	师傅 sɿ^{21}fu^{33}	徒弟 tʰu^{33}ti^{52}
吴堡	做饭的 tsuəʔ^{3}fã^{53}təʔ^{0}	师傅 sɿ^{21}fu^{33}	徒弟 tʰu^{33}tɛe^{53}
清涧	做饭的 tsuəʔ^{54}fɛ^{44}təʔ^{0}	师傅 sɿ^{31}fʋ^{53}	徒弟 tʰʋ^{24}tsʰɿ^{44}
延安	大师傅 ta^{443}sɿ^{21}fu^{0}	师傅 sɿ^{21}fu^{53}	徒弟 tʰu^{24}tʰi^{0}
延川	大师傅 ta^{31}sɿ^{21}fu^{0}	师傅 sɿ^{21}fu^{53}	徒弟 tʰu^{35}tɕʰi^{0}
黄陵	厨子 tsʰʮ^{24}tsɿ^{0} 炉头 ləu^{24}tʰəu^{24} 大师傅 tɑ^{55}sɿ^{31}fu^{0}	师傅 sɿ^{31}fu^{0}	徒弟 tʰu^{24}tɕʰi^{0}
渭南	厨子 tʃʰʒ^{24}tsɿ^{0}	师傅 sɿ^{31}fu^{0}	徒弟 tʰəu^{24}tɕʰi^{0}
韩城	厨子 pfʰu^{31}tsɿ^{53}	师傅 sɿ^{31}fu^{0}	徒弟 tʰu^{31}tʰi^{53}
合阳	厨子 pfʰu^{24}tsɿ^{0} 做饭的 tsou^{55}fɑ̃^{55}ti^{0}	掌柜的 tʂɑŋ^{55}kuei^{55}ti^{0} 师傅 si^{31}fu^{31}	徒弟 tʰu^{24}tʰi^{31} 徒弟娃 tʰu^{24}tʰi^{31}uɑ^{55}
富平	厨子 tʃʰu^{24}tsɿ^{53}	师傅 sɿ^{53}fu^{31}	徒弟 tʰou^{24}ti^{53}
耀州	厨子 tʃʰu^{24}tsɿ^{0} 做饭的 tsou^{44}fæ̃^{44}ti^{0}	师傅 sɿ^{52}fu^{0}	徒弟 tʰou^{24}tɕʰi^{0}
咸阳	厨子 tʃʰu^{24}tsɿ^{0}	师傅 sɿ^{31}fu^{0}	徒弟 tʰu^{24}ti^{0}
旬邑	厨子 tʃʰʅ^{21}tsɿ^{0}	师傅 sɿ^{52}fu^{0}	学徒 ɕyo^{24}tʰu^{24} 徒弟 tʰu^{21}tɕʰi^{52}
三原	厨子 tʃʰʒ^{24}tsɿ^{0}	师傅 sɿ^{52}fu^{0}	徒弟 tʰou^{24}tɕi^{0} 徒弟娃 tʰou^{24}tɕi^{0}uɑ^{44}

	0595 厨师	0596 师傅	0597 徒弟
乾县	灶夫 tsɔ^{55}fu^{21}	师傅 sɿ^{53}fu^{21}	徒弟 tʰu^{24}ti^{21}
岐山	厨子 tʂʅ^{31}tsɿ^{53}	师傅 sɿ^{53}fu^{21}	徒弟娃 tʰu^{31}ȶʰi^{53}vA^{21} 徒弟 tʰu^{31}ȶʰi^{53}
凤翔	厨子 tʂʰʅ^{31}tsɿ^{53}	师傅 sɿ^{53}fu^{0}	徒弟 tʰu^{31}tsʰi^{53}
千阳	厨子 tʃʰʅ^{31}tsɿ^{0}	师傅 sɿ^{53}fu^{0}	徒弟 tʰu^{31}tsʰi^{0}
西安	厨子 pfʰu^{24}tsɿ^{0}	师傅 sɿ^{21}fu^{0}	徒弟 tʰu^{24}ti^{0}
户县	做饭的 tsɤu^{55}fã^{55}ti^{0} 厨师 tsʰu^{35}sɿ^{31}	师傅 sɿ^{31}fu^{31}	徒弟 tʰɤu^{35}ti^{31} 徒弟娃 tʰɤu^{35}ti^{31}ua^{55}
商州	厨子 tʃʰu^{31}tsɿ^{0}	师傅 sɿ^{53}fu^{0}	徒弟 tʰou^{31}ti^{53}
镇安	厨子 tʂʰʮ^{33}tsɿ^{0}	师傅 sɿ^{53}fu^{0}	徒弟 tʰəu^{33}ti^{322} 徒弟娃 tʰəu^{33}ti^{33}va^{35}
安康	厨子 pfʰu^{35}tsɿ^{0}	师傅 ʂʅ^{31}fu^{0}	徒弟 tʰu^{35}ti^{0}
白河	做饭的 tsəu^{42}fan^{41}ti^{0}	师傅 sɿ^{21}fu^{0}	徒弟娃子 tʰəu^{44}ti^{0}ua^{44}tsɿ^{0}
汉阴	做饭的 tsəu^{24}χuan^{21}ti^{0} 厨官 tsʰʮ^{42}kuan^{45}	师傅 sɿ^{33}χu^{0}	徒弟 tʰəu^{42}ti^{0} 徒弟娃子 tʰəu^{42}ti^{0}uɑ^{42}tsɿ^{0}
平利	厨子 tʂʰʮ^{52}tsɿ^{0}	师傅 sɿ^{43}fu^{0}	徒弟 tʰou^{52}ti^{0}
汉中	厨子 tsʰu^{42}tsɿ^{0}	师傅 sɿ^{55}fu^{0}	徒弟 tʰu^{42}ti^{0}
城固	厨子 tʃʰu^{31}ə^{0}	师傅 sɿ^{44}fu^{0}	徒弟 tʰu^{31}ti^{0}
勉县	厨子 tsʰu^{21}tsɿ^{0}	师傅 sɿ^{44}fu^{0}	徒弟 tʰu^{21}ti^{0}
镇巴	厨子 tsʰu^{33}tsɿ^{31}	师傅 sɿ^{35}fu^{55}	徒弟 tʰu^{31}ti^{213}

	0598 乞丐统称，非贬称（无统称则记成年男的）	0599 妓女	0600 流氓
榆林	寻吃的 ɕiɤỹ^{24}tʂʰəʔ^{0}təʔ^{0} 要饭的 iɔo^{52}fɛ^{52}təʔ^{0}	婊子 piɔo^{21}tsəʔ^{0}	流氓 liəu^{24}mã^{213} 下三赖 ɕia^{52}sɛ^{33}lɛe^{52}
神木	讨吃的 tʰɔo^{21}tʂʰəʔ^{4}təʔ^{0}	卖扁子的 mEe^{53}pɛ^{21}tsəʔ^{4}təʔ^{0} 婊子 piɔo^{21}tsəʔ^{4}	爬死场 pʰa^{44}sɿ^{21}tʂʰɑ̃^{44} 黑痞 xəʔ^{4}pʰi^{44} 流氓 liəu^{44}miɤ̃^{0}
绥德	寻吃的 ɕiəỹ^{33}tʂʰəʔ^{5}təʔ^{0} 要饭的 iɔɤ^{52}fæ^{52}təʔ^{0}	卖屄的 mai^{52}pi^{24}təʔ^{0} 婊子 piɔɤ^{21}tsɤ^{33}	流毛 liəu^{33}mao^{33}
吴堡	讨吃的 tʰo^{41}tʂʰəʔ^{4}təʔ^{0}	婊子 piɤ^{41}tsəʔ^{3}	流氓 liɑo^{33}miəŋ^{0}
清涧	寻吃的 ɕiəỹ^{24}tʂʰəʔ^{4}təʔ^{0}	卖屄的 mai^{42}pɿ^{31}təʔ^{0}	流氓 liəu^{24}mɒ̃^{0}
延安	寻吃的 ɕiəŋ^{24}tʂʰəʔ^{5}tə^{0}	卖屄的 mai^{443}pi^{21}tə^{0} 卖扁子的 mai^{443}pæ̃^{52}tsəʔ^{0}tə^{0}	黑痞 xei^{21}pʰi^{24} 流氓 liou^{24}maŋ^{24}
延川	寻吃的 ɕiŋ^{35}tʂʰəʔ^{32}təʔ^{0}	妓女 tsɿ^{53}nʮ^{0}	流氓 liu^{35}mɑŋ^{0}
黄陵	要饭的 iɔ^{55}fæ̃^{55}tɕi^{0} 懒干手 læ̃^{52}kæ̃^{0}ʂəu^{0}	婊子 piɔ^{52}tsɿ^{0} 卖沟子的 mE^{55}kəu^{31}tsɿ^{0}tɕi^{0}	流氓 liəu^{24}mɑŋ^{24}
渭南	要饭的 iɔo^{44}fæ̃^{44}tɕi^{0}	妓女 tɕi^{44}ȵy^{53}	流氓 liəu^{24}mɑŋ^{24}
韩城	要饭的 iɑu^{44}fã^{44}ti^{0}	婊子 piɑu^{53}tsɿ^{0}	流氓 liəu^{24}mɑŋ^{24}
合阳	要饭吃的 iɔo^{55}fɑ̃^{55}tʂʰʅ^{31}ti^{0}	婊子 piɔo^{52}tsɿ^{0}	二流子 ər^{55}liou^{51}tsɿ^{0} 流氓 liou^{24}mɑŋ^{24}
富平	要饭的 iɑo^{55}fæ̃^{55}ti^{31}	窑姐儿 iɑo^{24}tiər^{53}	二尿 ər^{55}tɕʰiou^{24} 二蛋 ər^{55}tæ̃^{55}
耀州	叫花子 tɕiɔu^{44}xua^{21}tsɿ^{0} 要饭的 iɔu^{44}fæ̃^{44}ti^{0}	婊子 piɔu^{52}tsɿ^{0}	流氓 liou^{24}mɑŋ^{24}
咸阳	要饭吃的 iɔ^{44}fã^{44}tʂʰʅ^{31}ti^{0}	娼门 tʂʰɑŋ^{31}mẽ^{0}	流氓 liou^{24}mɑŋ^{24}
旬邑	叫花子 tɕiau^{24}xua^{21}tsɿ^{0} 要饭哩 iau^{44}fã^{24}li^{0}	婊子 piau^{44}tsɿ^{0}	流氓 liəu^{24}mɑŋ^{24} 瞎倯 xa^{21}suəŋ^{24}
三原	要饭的 iɑɔ^{44}fã^{44}tɕi^{0}	妓女 tɕi^{44}ȵy^{52}	流氓 liou^{24}mɑŋ^{24} 栽⁼拐 tsai^{31}kuai^{52}

	0598 乞丐统称，非贬称（无统称则记成年男的）	0599 妓女	0600 流氓
乾县	叫花 tɕiɔ^{55}xua^{21}	鸡 tɕi^{21}	流氓 liou^{24}maŋ^{24}
岐山	叫花 tɕiɔ^{44}xuA^{53} 讨饭的 tʰɔ^{53}fæ̃^{44}ȶi^{21}	婊子 piɔ^{44}tsɿ^{21}	流氓 liou^{24}mɑŋ^{24}
凤翔	叫花 tɕiɔ^{45}xua^{0} [要着]吃咻 iɔː^{44}tʂʰʅ^{53}vE^{0}	婊子 piɔ^{44}tsɿ^{0}	流氓 liəu^{24}mɑŋ^{24}
千阳	[要着]吃的 iɔː^{455}tʂʰʅ^{0}ti^{0}	婊子 piɔ^{44}tsɿ^{0}	流氓 liou^{24}mɑŋ^{24}
西安	要饭的 iau^{44}fã^{44}ti^{0}	妓女 tɕi^{44}ȵ̥y^{53}	流氓 liou^{24}maŋ^{24}
户县	[要着]吃 iau^{51}tʂʰʅ^{31} 要饭的 iau^{55}fã^{55}ti^{0}	婊子 piau^{51}tsɿ^{0} 窑姐 iau^{35}tɕiɛ^{51}	二流子 ɯ^{55}liɤu^{55}tsɿ^{0} 瞎倯 xa^{31}suəŋ^{35}
商州	要饭吃 iɑo^{44}fã^{44}tʂʰʅ^{31}	卖屄的 mai^{44}pʰi^{53}ti^{0}	流氓 liou^{35}mɑŋ^{35}
镇安	讨米的 tʰɔo^{33}mi^{35}ti^{0}	婊子 piɔo^{35}tsɿ^{53}	二流子 ər^{322}liəu^{21}tsɿ^{0}
安康	叫化子 tɕiau^{44}xua^{31}tsɿ^{0} 要饭的 iau^{44}fan^{44}ti^{0}	婊子 piau^{53}tsɿ^{0}	流氓 liou^{35}maŋ^{35}
白河	讨米的 tʰɔu^{35}mi^{35}ti^{0}	婊子 piɔu^{35}tsɿ^{0}	痞痞儿 pʰi^{35}pʰiər^{0}
汉阴	叫花子 tɕiɑo^{21}χuɑ^{0}tsɿ^{0} 要饭的 iɑo^{24}χuan^{21}ti^{0}	婊子 piɑo^{45}tsɿ^{0} 卖屄的 mae^{24}pʰi^{33}ti^{0}	二流子 ar^{24}liəu^{21}tsɿ^{0}
平利	叫化子 tɕiau^{24}xua^{43}tsɿ^{0} 讨米的 tʰau^{45}mi^{45}ti^{0}	婊子 piau^{45}tsɿ^{0} 卖屄的 mai^{24}pʰi^{43}ti^{0}	流氓 liou^{52}maŋ^{52}
汉中	叫花子 tɕiɑo^{21}xuA^{0}tsɿ^{0} 讨口子 tʰɑo^{55}kʰəu^{0}tsɿ^{0}	婊子 piɑo^{35}tsɿ^{0}	流氓 liəu^{42}mɑŋ^{42}
城固	叫花 tɕiɔ^{31}xua^{0}	妓女 tɕi^{31}ȵ̥y^{44}	流氓 liəu^{31}maŋ^{311}
勉县	叫花子 tɕiɑɔ^{21}xuɑ^{35}tsɿ^{0}	野鸡 iɛ^{35}tɕi^{0} 婊子 piɑɔ^{35}tsɿ^{0}	流氓 liəu^{21}mɑŋ^{21}
镇巴	讨口子 tʰau^{45}kʰəu^{55}tsɿ^{52}	卖屄的 mai^{213}pʰi^{55}ti^{52}	流氓 liəu^{33}maŋ^{31}

中国语言资源保护工程

中国语言资源集·陕西　编委会

教育部语言文字信息管理司
陕　西　省　教　育　厅　指导

中国语言资源保护研究中心　统筹

本书由中国语言资源保护工程、

陕西师范大学中国语言文学“世界一流学科建设”经费资助出版

中国语言资源集

陕西

词汇卷（二）

黑维强 邢向东 主编
高 峰 柯西钢 陈荣泽 副主编

陕西新华出版·陕西人民出版社

目　录

词汇对照表　二

	0601 贼	0602 瞎子统称，非贬称（无统称则记成年男的）	0603 聋子统称，非贬称（无统称则记成年男的）
榆林	偷人的 tʰəu^{33}ʐɤɣ̃^{24}təʔ^{0} 贼娃子 tsɛe^{24}va^{0}tsəʔ^{0}	瞎子 xaʔ^{3}tsəʔ^{0}	聋子 luɤɣ̃^{24}tsəʔ^{0}
神木	贼 tsEe^{44} 偷人的 tʰəu^{24}ʐɤ̃^{44}təʔ^{0} 小偷 ɕiɔo^{21}tʰəu^{24}	瞎子 xaʔ^{4}tsəʔ^{0}	聋子 luɤ̃^{44}tsəʔ^{0}
绥德	偷人的 tʰəu^{21}ʐəɣ̃^{33}təʔ^{0} 贼娃子 tsai^{33}uɑ^{21}tsəʔ^{0}	瞎子 xɑ^{33}tsəʔ^{0}	聋子 luəɣ̃^{33}tsəʔ^{0}
吴堡	贼 tsɛe^{213} 偷人的 tʰɑo^{21}ʐəŋ^{33}təʔ^{0}	瞎子 xɑʔ^{4}tsəʔ^{0}	聋子 luəŋ^{33}tsəʔ^{0}
清涧	贼 tsei^{24} 偷人的 tʰəu^{24}ʐəɣ̃^{24}təʔ^{0}	瞎子 xɑ^{53}tsəʔ^{0}	聋子 luəɣ̃^{24}tsəʔ^{0}
延安	贼娃子 tsʰei^{24}va^{21}tsəʔ^{0}	瞎子 xa^{21}tsəʔ^{5}	聋子 luəŋ^{24}tsəʔ^{0}
延川	贼娃子 tsʰəʔ^{54}va^{21}tsəʔ^{0}	瞎子 xa^{42}tsəʔ^{423}	聋子 luŋ^{35}tsəʔ^{0}
黄陵	贼娃子 tsʰei^{24}uɑ^{0}tsɿ^{0} 绺娃子 liəu^{52}uɑ^{0}tsɿ^{0}	瞎子 xɑ^{31}tsɿ^{0}	聋子 luŋ^{24}tsɿ^{0}
渭南	贼 tsei^{24} 贼娃子 tsei^{24}uɑ^{53}tsɿ^{0}	瞎子 xɑ^{53}tsɿ^{0}	聋子 luəŋ^{24}tsɿ^{0}
韩城	贼娃子 tsʰɪi^{31}uɑ^{53}tsɿ^{0} 绺娃子 liəu^{53}uɑ^{0}tsɿ^{0}	瞎子 xɑ^{31}tsɿ^{0}	聋子 ləŋ^{31}tsɿ^{53}
合阳	贼娃子 tsʰei^{24}uɑ^{31}tsɿ^{0} 绺娃子 liou^{51}uɑ^{31}tsɿ^{0}	瞎子 xɑ^{31}tsɿ^{0}	聋子 ləŋ^{24}tsɿ^{0}
富平	贼娃子 tseɪ^{31}uɑ^{53}tsɿ^{31} 贼 tseɪ^{24}	瞎子 xɑ^{53}tsɿ^{31}	聋子 nəɣ̃^{24}tsɿ^{53}
耀州	贼娃子 tsei^{24}ua^{0}tsɿ^{0} 绺娃子 liou^{52}ua^{0}tsɿ^{0}	瞎子 xa^{21}tsɿ^{0}	聋子 nəŋ^{24}tsɿ^{0}
咸阳	贼 tsei^{24}	瞎子 xa^{31}tsɿ^{0}	聋子 luəŋ^{24}tsɿ^{0}
旬邑	贼娃子 tsʰei^{21}ua^{52}tsɿ^{0} 绺娃子 liəu^{52}ua^{0}tsɿ^{0}	瞎子 xa^{52}tsɿ^{0}	聋子 luəŋ^{21}tsɿ^{0}
三原	贼娃子 tsei^{24}uɑ^{0}tsɿ^{0} 绺娃子 liou^{52}uɑ^{0}tsɿ^{0}	瞎子 xɑ^{52}tsɿ^{0}	聋子 nəŋ^{24}tsɿ^{0}

	0601 贼	0602 瞎子统称，非贬称（无统称则记成年男的）	0603 聋子统称，非贬称（无统称则记成年男的）
乾县	贼 tse^{24}	瞎子 xa^{53}tsɿ^{21}	聋子 noŋ^{24}tsɿ^{21}
岐山	贼娃子 tsei^{31}vᴀ^{44}tsɿ^{21} 绺娃子 liou^{44}vᴀ^{0}tsɿ^{21}	瞎子 xᴀ^{53}tsɿ^{21}	聋子 luŋ^{31}tsɿ^{53}
凤翔	贼娃 tsei^{31}va^{53}	瞎子 xa^{53}tsɿ^{0}	聋子 luŋ^{31}tsɿ^{53}
千阳	贼娃子 tsei^{31}va^{44}tsɿ^{0}	瞎子 xa^{53}tsɿ^{0}	聋子 luŋ^{31}tsɿ^{0}
西安	贼娃子 tsei^{24}ua^{0}tsɿ^{0}	瞎子 xa^{21}tsɿ^{0}	聋子 noŋ^{24}tsɿ^{0}
户县	贼娃子 tsei^{35}ua^{31}tsɿ^{0} 绺娃子 liɤu^{51}ua^{31}tsɿ^{0}	瞎子 xa^{31}tsɿ^{0}	聋子 nuəŋ^{35}tsɿ^{0}
商州	贼娃子 tsei^{31}vɑ^{53}tsɿ^{0}	瞎子 xɑ^{53}tsɿ^{0}	聋子 nuəŋ^{31}tsɿ^{0}
镇安	贼娃子 tsɛ^{21}va^{322}tsɿ^{0}	瞎子 xa^{53}tsɿ^{0}	聋子 lɤŋ^{53}tsɿ^{0}
安康	贼娃子 tsei^{35}ua^{31}tsɿ^{0}	瞎子 xa^{31}tsɿ^{0}	聋子 luŋ^{35}tsɿ^{0}
白河	贼娃子 tsei^{44}ua^{0}tsɿ^{0}	瞎子 ɕia^{21}tsɿ^{0}	聋子 ləŋ^{21}tsɿ^{0}
汉阴	贼娃子 tsᴇ^{42}uɑ^{0}tsɿ^{0}	瞎子 χɑ^{42}tsɿ^{0}	聋子 loŋ^{33}tsɿ^{0}
平利	贼娃子 tsei^{52}ua^{52}tsɿ^{0}	瞎子 ɕia^{43}tsɿ^{0}	聋子 loŋ^{43}tsɿ^{0}
汉中	贼娃子 tsei^{42}vᴀ^{0}tsɿ^{0}	瞎子 xᴀ^{55}tsɿ^{0}	聋子 loŋ^{42}tsɿ^{0}
城固	贼娃 tsei^{31}ua^{311}	瞎子 xa^{44}ə^{0}	聋子 luŋ^{44}ə^{0}
勉县	贼娃子 tsei^{21}vɑ^{0}tsɿ^{0}	瞎子 xɑ^{44}tsɿ^{0}	聋子 loŋ^{21}tsɿ^{0}
镇巴	贼娃子 tsuei^{33}ua^{31}tsɿ^{31}	瞎子 ɕia^{33}tsɿ^{31}	聋子 loŋ^{35}tsɿ^{52}

	0604 哑巴统称，非贬称（无统称则记成年男的）	**0605 驼子**统称，非贬称（无统称则记成年男的）	**0606 瘸子**统称，非贬称（无统称则记成年男的）
榆林	哑巴儿 ia^{21}pɐr^{33} 哑子 ia^{21}tsəʔ^{0}	背锅儿 pei^{33}kuər^{33} 弯腰 vɛ^{33}iɔo^{33}	瘸子 tɕʰyɛ^{24}tsəʔ^{0} 拐子 kuɛe^{21}tsəʔ^{0}
神木	哑子 ia^{21}tsəʔ^{4}	背锅儿 pei^{21}kuʌɯ^{24}	瘸子 tɕʰyɛ^{44}tsəʔ^{0}
绥德	哑巴儿 iɑ^{21}pɐr^{213} 哑子 iɑ^{21}tsɤ^{33}	背锅儿 pei^{24}kuor^{0} 罗锅儿 luo^{33}kuor^{0}	拐子 kuai^{21}tsɤ^{33}
吴堡	哑子 ȵiɑ^{41}tsəʔ^{3}	背锅 pɑe^{24}ku^{213}	瘸子 tɕʰyɑ^{33}tsəʔ^{0}
清涧	哑巴 ȵiɑ^{53}pɑ^{312}	背锅儿 pai^{31}kur^{312}	瘸子 tɕʰyɑ^{24}tsəʔ^{0}
延安	哑巴 ȵia^{52}pa^{0} 哑子 ȵia^{52}tsəʔ^{0}	背锅儿 pei^{52}kuor^{213}	拐子 kuai^{52}tsəʔ^{0}
延川	哑巴 ȵia^{53}pa^{0}	背锅儿 pai^{21}kuər^{53}	跛子 pɤ^{53}tsəʔ^{0}
黄陵	哑巴 ȵiɑ^{52}pɑ^{0} 哑哑 ȵiɑ^{52}ȵiɑ^{0}	背锅子 pei^{55}kuɤ^{31}tsɿ^{0}	拐子 kuᴇ^{52}tsɿ^{0} 跛子 puɤ^{52}tsɿ^{0}
渭南	哑巴 ȵiɑ^{53}pɑ^{0}	背锅锅 pei^{44}kuə^{31}kuə^{0}	跛子 pə^{53}tsɿ^{0}
韩城	哑巴 ȵiɑ^{53}pɑ^{0}	背锅 pɪi^{44}kuɤ^{31}	跛子 puɤ^{53}tsɿ^{0}
合阳	哑巴 ȵiɑ^{52}pɑ^{0}	背锅子 pei^{55}kuo^{31}tsɿ^{0} 驼背 tʰuo^{24}pei^{55}	拐子 kuæe^{52}tsɿ^{0} 跛子 po^{52}tsɿ^{0}
富平	哑巴 ȵiɑ^{53}pɑ^{31}	背锅子 peɪ^{31}kuo^{31}tsɿ^{31}	跛子 po^{53}tsɿ^{31}
耀州	哑巴 ȵia^{52}pa^{0}	背锅子 pei^{21}kuo^{21}tsɿ^{0}	跛子 puo^{52}tsɿ^{0}
咸阳	哑巴 ȵia^{53}pa^{0}	背锅子 pei^{31}kuo^{31}tsɿ^{0}	跛子 po^{53}tsɿ^{0}
旬邑	哑巴 ȵia^{44}pa^{0}	背锅子 pei^{21}kuo^{21}tsɿ^{0}	拐子 kuɛi^{44}tsɿ^{0} 跛子 po^{44}tsɿ^{0}
三原	哑巴 ȵiɑ^{52}pɑ^{0}	背锅子 pei^{31}kuə^{31}tsɿ^{0}	跛子 pɤ^{52}tsɿ^{0}

	0604 **哑巴**统称，非贬称（无统称则记成年男的）	0605 **驼子**统称，非贬称（无统称则记成年男的）	0606 **瘸子**统称，非贬称（无统称则记成年男的）
乾县	哑巴 ȵia^{53}pa^{21}	背锅 pe^{21}kuɤ^{21}	跛子 puɤ^{53}tsɿ^{21}
岐山	瓜子 kuᴀ^{53}tsɿ^{21} 哑巴 iᴀ^{44}pᴀ^{21}	背哥 pei^{31}kɤ^{21}	瘸子 tɕ^{h}yɛ^{31}tsɿ^{53}
凤翔	瓜子 kua^{53}tsɿ^{0}	背锅 pei^{31}kuo^{0}	瘸子 tɕ^{h}ye^{31}tsɿ^{53}
千阳	哑巴 ȵia^{44}pa^{0}	背锅 pei^{31}kuo^{0}	瘸子 tɕ^{h}ye^{31}tsɿ^{0}
西安	哑巴 ia^{21}pa^{0}	背锅儿 pei^{21}kuər^{24}	跛子 po^{53}tsɿ^{0}
户县	哑巴 ȵia^{51}pa^{31} 瓜子 kua^{31}tsɿ^{0}	背个儿 pei^{31}kə^{35}	跛子 pɤ^{51}tsɿ^{0}
商州	瓜瓜 kuɑ^{53}kuɑ^{0}	背锅子 pei^{53}kuə^{31}tsɿ^{0}	跛子 puə^{53}tsɿ^{0}
镇安	瓜子 kua^{35}tsɿ^{53}	驼子 t^{h}uə^{33}tsɿ^{0}	跛子 puə^{35}tsɿ^{53}
安康	哑巴 ia^{53}pa^{0}	背锅儿子 pei^{31}kɤr^{31}tsɿ^{0} 驼背子 t^{h}uo^{35}pei^{31}tsɿ^{0}	瘸子 tɕ^{h}ye^{35}tsɿ^{0} 跛子 pə^{53}tsɿ^{0}
白河	瓜子 kua^{35}tsɿ^{0}	驼子 t^{h}uo^{44}tsɿ^{0}	跛子 pai^{21}tsɿ^{0}
汉阴	哑巴 ȵiɑ^{45}pɑ^{0}	驼背子 t^{h}o^{42}pei^{21}tsɿ^{0} 驼子 t^{h}o^{42}tsɿ^{0}	跛子 pae^{33}tsɿ^{0}
平利	瓜子 kua^{45}tsɿ^{0} 哑巴 ia^{45}pa^{0}	驼背子 t^{h}o^{52}pei^{24}tsɿ^{0}	跛子 pai^{43}tsɿ^{0}
汉中	哑巴 iᴀ^{35}pᴀ^{0}	驼背 t^{h}uɤ^{42}pei^{0}	跛腿子 pai^{55}t^{h}uei^{0}tsɿ^{0} 跛子 pai^{55}tsɿ^{0}
城固	哑巴 ȵia^{24}pa^{0}	驼背 t^{h}uə^{31}pei^{24}	拐子 kuai^{24}ə^{0}
勉县	哑巴 iɑ^{35}pɑ^{0}	驼背子 t^{h}uɤ^{21}pei^{21}tsɿ^{0}	跛子 pɤ^{35}tsɿ^{0} 足拜子 pɑi^{44}tsɿ^{0}
镇巴	瓜子 kua^{35}tsɿ^{52}	驼背子 t^{h}o^{31}pei^{21}tsɿ^{52}	跛子 pai^{35}tsɿ^{52}

	0607 疯子统称，非贬称（无统称则记成年男的）	0608 傻子统称，非贬称（无统称则记成年男的）	0609 笨蛋蠢的人
榆林	疯子 fɤɣ̃^{33}tsəʔ^{0}	憨头 xε^{33}tʰəu^{33} 憨头楞罐 xε^{33}tʰəu^{33}lɤɣ̃^{52}kuε^{52}	笨蛋 pɤɣ̃^{52}tε^{52} 瓷脑 tsʰɿ^{24}nɔo^{213} nɔo^{213}
神木	疯子 fɤ̃^{24}tsəʔ^{0}	灰子 xuei^{24}tsəʔ^{0} 苶子 ȵiε^{44}tsəʔ^{0} 苶人 ȵiε^{44}ʐɤ̃^{44}	笨蛋 pɤ̃^{53}tε^{53} 笨脑 pɤ̃^{53}nɔo^{44} 傻瓜 sa^{21}kua^{24}
绥德	疯子 fəɣ̃^{24}tsəʔ^{0}	憨汉 xæ^{21}xæ^{52} 实憨憨 ʂəʔ^{3}xæ^{24}xæ^{0}	笨蛋 pəɣ̃^{52}tæ^{52} 笨脑 pəɣ̃^{52}nao^{33} 瓷脑 tsʰɿ^{33}suəɣ̃^{0}
吴堡	疯子 fəŋ^{24}tsəʔ^{0}	憨子 ɕie^{24}tsəʔ^{0}	闷怂 məŋ^{53}suəŋ^{33}
清涧	疯子 fəɣ̃^{31}tsəʔ^{0}	憨子 xε^{31}tsəʔ^{0}	笨蛋 pəɣ̃^{42}tε^{0}
延安	疯子 fəŋ^{21}tsəʔ^{5}	憨汉 xæ̃^{21}xæ̃^{53}	瓷怂 tsʰɿ^{21}suəŋ^{24} 瓷脑 tsʰɿ^{21}nɔ^{24}
延川	疯子 fəŋ^{21}tsəʔ^{53}	憨汉 xæ̃^{21}xæ̃^{53}	笨蛋 pəŋ^{53}tæ̃^{0}
黄陵	疯子 fəŋ^{31}tsɿ^{0}	瓜子 kuɑ^{31}tsɿ^{0} 憨憨 xæ̃^{31}xæ̃^{0}	笨怂 pʰẽ^{55}suŋ^{24} 瓷锤 tsʰɿ^{24}tsʰuei^{24}
渭南	疯子 fəŋ^{31}tsɿ^{0}	瓜子 kuɑ^{31}tsɿ^{0}	闷怂 mə̃^{44}ʃəŋ^{24}
韩城	疯子 fəŋ^{31}tsɿ^{0}	憨憨 xɑŋ^{31}xɑŋ^{0}	闷怂 mε̃^{44}suəŋ^{24}
合阳	疯子 fəŋ^{31}tsɿ^{0}	信$^{=}$汉 siẽ^{55}xɑ̃^{31} 傻子 ʂɑ^{31}tsɿ^{0}	笨蛋 pfʰẽ^{55}tʰɑ̃^{55} 蠢驴 tɕʰyẽ^{55}y^{24}
富平	疯子 fəɣ̃^{53}tsɿ^{31}	瓜子 kuɑ^{53}tsɿ^{31}	瓷货 tsʰɿ^{31}xuo^{53} 瓷怂 tsʰɿ^{24}suəɣ̃^{24}
耀州	疯子 fəŋ^{52}tsɿ^{0}	瓜子 xua^{52}tsɿ^{0} 憨憨 xæ̃^{52}xæ̃^{0}	闷怂 mei^{44}ʃuŋ^{24} 瓜怂 kua^{21}ʃuŋ^{24}
咸阳	疯子 fəŋ^{31}tsɿ^{0}	瓜子 kua^{31}tsɿ^{0}	闷怂 mε̃^{44}suəŋ^{24}
旬邑	疯子 fəŋ^{52}tsɿ^{0}	瓜子 kua^{52}tsɿ^{0}	闷怂 mε̃^{44}suəŋ^{24}
三原	疯子 fəŋ^{52}tsɿ^{0}	瓜子 kuɑ^{52}tsɿ^{0}	闷怂 mẽ^{44}suəŋ^{24}

	0607 **疯子**统称，非贬称（无统称则记成年男的）	0608 **傻子**统称，非贬称（无统称则记成年男的）	0609 **笨蛋**蠢的人
乾县	瓜子 kua^{53}tsɿ^{21}	瓜子 kua^{53}tsɿ^{21}	木倯 mu^{55}soŋ^{24}
岐山	疯子 fəŋ^{53}tsɿ^{21}	瓜子 kvA^{53}tsɿ^{21} 凉娃 liɑŋ^{24}vA^{44}	笨蛋 pʰəŋ^{44}tæ̃^{44}
凤翔	疯子 fəŋ^{53}tsɿ^{0}	憨憨 xæ̃^{53}xæ̃^{0} 二货 ər^{44}xuo^{44}	闷倯 məŋ^{44}suŋ^{24}
千阳	疯子 fəŋ^{53}tsɿ^{0}	瓜子 kua^{53}tsɿ^{0}	闷呆性 məŋ^{44}tE^{0}ɕiŋ^{44} 闷倯 məŋ^{44}suŋ^{24}
西安	疯子 fəŋ^{21}tsɿ^{0}	瓜子 kua^{21}tsɿ^{0}	瓜倯 kua^{21}soŋ^{24}
户县	疯子 fəŋ^{31}tsɿ^{0}	瓜子 kua^{31}tsɿ^{0} 苶子 ȵiɛ^{35}tsɿ^{0}	闷倯 mẽ^{55}suəŋ^{35}
商州	疯子 fəŋ^{53}tsɿ^{0}	瓜子 kuɑ^{53}tsɿ^{0}	瓷倯 tsʰɿ^{31}ʃuəŋ^{35}
镇安	疯子 fɤŋ^{53}tsɿ^{0}	傻子 ʂa^{35}tsɿ^{53}	闷倯 mən^{322}sɤŋ^{0}
安康	疯子 fəŋ^{31}tsɿ^{0}	洋弹 iaŋ^{35}tʰan^{35}	不长心 pu^{35}tʂaŋ^{53}ɕin^{31} 笨倯 pə^{44}suŋ^{35}
白河	疯子 fəŋ^{21}tsɿ^{0}	信$^{=}$头儿 ɕiən^{35}tʰər^{0}	笨蛋 pən^{42}tan^{41}
汉阴	疯子 χoŋ^{33}tsɿ^{0}	闷倯 mən^{24}soŋ^{42}	闷倯 mən^{24}soŋ^{42}
平利	疯子 feŋ^{43}tsɿ^{0}	傻子 ʂa^{45}tsɿ^{0}	笨倯 pən^{24}soŋ^{52} 闷倯 mən^{24}soŋ^{52}
汉中	疯子 fən^{55}tsɿ^{0}	瓜子 kuA^{35}tsɿ^{0}	闷倯 mən^{35}soŋ^{42} 瓜倯 kuA^{35}soŋ^{42}
城固	疯 fəŋ^{53}	瓜子 kua^{44}ə^{0}	瓜倯 kua^{53}ʃuŋ^{0}
勉县	疯子 fəŋ^{44}tsɿ^{0}	瓜子 kuɑ^{35}tsɿ^{0}	笨蛋 pəŋ^{35}tɑn^{213}
镇巴	癫子 tian^{35}tsɿ^{52}	半瓜瓜 pan^{213}kua^{52}kua^{52}	苕包子 sau^{33}pau^{31}tsɿ^{31}

	0610 爷爷呼称，最通用的	0611 奶奶呼称，最通用的	0612 外祖父叙称
榆林	爷爷 iɛ^{24}iɛ^{0}	娘娘 nyɛ^{24}nyɛ^{0}	外爷 vei^{52}iɛ^{0}
神木	爷爷 iɛ^{21}iɛ^{24}	娘娘 ȵyo^{21}ȵyo^{24}	姐爷 tɕiɛ^{21}iɛ^{24}
绥德	爷爷 iɑ^{24}iɑ^{0}	娘娘 niɑ^{24}niɑ^{0}	外爷 vei^{52}ie^{0}
吴堡	爷爷 iɑ^{33}iɑ^{0}	娘娘 ȵiɤu^{33}ȵiɤu^{0}	外爷 uɑe^{53}iɑ^{0}
清涧	爷爷 iɑ^{31}iɑ^{53}	娘娘 ȵiɯ^{24}ȵiɯ^{0}/ȵiɑ^{31}ȵiɑ^{53}	外爷 vai^{44}i^{24}
延安	爷爷 iɛ^{24}iɛ^{0}	娘娘 ȵyo^{24}ȵyo^{0}	外爷 vei^{443}iɛ^{0}
延川	爷爷 ia^{21}ia^{53}	娘娘 ȵia^{21}ȵia^{53}	外爷 vai^{53}iɛ^{213}
黄陵	爷 iɛ^{24}	娘 ȵyɤ^{24}	外爷 vei^{55}iɛ^{24}
渭南	爷 iɛ^{44}	婆 pʰə^{44}	外爷 uei^{44}iɛ^{0}
韩城	爷 iɑ^{24}	婆 pʰuɤ^{24}	外爷 uɪi^{44}iɑ^{0}
合阳	爷 iɛ^{24} 爷爷 iɛ^{24}iɛ^{0}	婆 pʰo^{24}	外爷 uei^{55}iɑ^{24}
富平	爷 iɛ^{55}	婆 pʰo^{24}	外爷 ueɪ^{55}iɛ^{31}
耀州	爷 iɛ^{44}	婆 pʰuo^{24}	外爷 uei^{44}iɛ^{0}
咸阳	爷 iɛ^{24}	婆 pʰo^{24}	外爷 uei^{44}iɛ^{0}
旬邑	爷 iɛ^{24}	婆 pa^{24} 奶奶 lɛi^{52}lɛi^{0}	外爷 vei^{24}iɛ^{0}
三原	爷 iɛ^{44}	婆 pʰɤ^{24}	外爷 uei^{44}iɛ^{0}

	0610 爷爷呼称，最通用的	0611 奶奶呼称，最通用的	0612 外祖父叙称
乾县	爷 iə^{55}	婆 p^{h}uɤ^{24}	舅爷 tɕiou^{55}iə^{55}
岐山	爷爷 iɛ^{44}iɛ^{21}	婆 p^{h}o^{24}	舅爷 tɕiou^{44}iɛ^{21}
凤翔	爷 ie^{24}	婆 p^{h}o^{24}	外爷 vei^{45}ie^{0}
千阳	爷 ie^{24}	婆 p^{h}o^{24}	外爷 vei^{45}ie^{0}
西安	爷 iɛ^{24}	奶 nai^{53}	舅家爷 tɕiou^{44}tɕia^{21}iɛ^{24}
户县	爷 iɛ^{35}	婆 p^{h}ɤ^{35}	舅家爷 tɕiɤu^{55}tɕia^{31}iɛ^{55}
商州	爷 iɛ^{44}	婆 p^{h}uə^{44}	外爷 vei^{44}iɛ^{31}
镇安	爹 tiɛ^{53}	奶 nai^{53}	外爷 vEi^{322}iɛ^{0}
安康	爷 ie^{35}	婆 p^{h}ə^{35}	外爷 uei^{44}ie^{35}
白河	爷 iE^{44}	奶 lai^{35}	外爷 uei^{41}iE^{44}
汉阴	爷 iE^{42}	婆 p^{h}o^{42}	外爷 uei^{24}iE^{42}
平利	爷 iE^{52}	奶 lai^{445}	外爷 uei^{24}iE^{52}
汉中	爷 iE^{42} 爷爷 iE^{42}iE^{0}	婆 p^{h}ɤ^{42} 婆婆 p^{h}ɤ^{42}p^{h}ɤ^{0}	外爷 uei^{21}iE^{0}
城固	爷 iɛ^{311}	婆 p^{h}ə^{311}	外爷 uei^{31}iɛ^{0}
勉县	爷爷 iɛ^{21}iɛ^{0}	婆婆 p^{h}ɤ^{21}p^{h}ɤ^{0}	外爷 vei^{21}iɛ^{35}
镇巴	爷 iɛ^{31}	婆 p^{h}o^{31}	外爷 uei^{213}iɛ^{52}

	0613 外祖母叙称	0614 父母合称	0615 父亲叙称
榆林	婆婆 pʰuə^{24}pʰuə^{0}	娘老子 niɑ̃^{24}lɔo^{21}tsəʔ^{0}	大 ta^{213} 爸爸 pa^{33}pa^{0}
神木	姐婆 tɕiɛ^{21}pʰuo^{44}	娘老子 ȵiɑ̃^{44}lɔo^{21}tsəʔ^{4}	大 ta^{213} 老子 lɔo^{21}tsəʔ^{4}
绥德	外婆 vei^{52}pʰuo^{0}	娘老子 niɑ̃^{33}lao^{21}tsəʔ^{0}	爸爸 pɑ^{33}pɑ^{0} 老子 lao^{21}tsɤ^{33}
吴堡	外婆 uɑe^{53}pʰɤu^{0}	娘老子 ȵiɤu^{33}lɑo^{41}tsəʔ^{3}	老子 lo^{41}tsəʔ^{3}
清涧	外婆 vai^{44}pʰu^{24}	娘老子 ȵiɯ^{24}lɔo^{53}tsəʔ^{0} 妈妈大大 mɑ^{31}mɑ^{53}tɑ^{31}tɑ^{53}	大 tɑ^{312} 老子 lɔo^{53}tsəʔ^{0}
延安	外娘 vei^{443}ȵyo^{0}	娘老子 ȵiaŋ^{24}lɔ^{52}tsəʔ^{0}	大 ta^{24}
延川	外婆 vai^{53}pʰei^{213}	大大妈妈 ta^{21}ta^{53}ma^{21}ma^{53}	大大 ta^{21}ta^{53}
黄陵	外娘 vei^{55}ȵyɤ^{24}	大妈 tɑ^{24}mɑ^{24}	大 tɑ^{24} 父亲 fu^{55}tɕʰiẽ^{31}
渭南	外婆 uei^{44}pʰə^{0}	大人 tʰuə^{44}ʐə̃^{0}	大 tɑ^{24}
韩城	外婆 uɪi^{44}pʰuɤ^{0}	大人 tʰuɤ^{44}ʐɛ̃^{0}	大 tɑ^{24}
合阳	外婆 uei^{55}pʰo^{24}	二老 ər^{55}lɔo^{52} 当家人 tɑŋ^{31}tɕiɑ^{31}ʐẽ^{31}	大 tɑ^{24} 父亲 fu^{55}tsʰiẽ^{31}
富平	外婆 ueɪ^{55}pʰo^{31}	大妈 tɑ^{24}mɑ^{24}	大 tɑ^{24}
耀州	外婆 uei^{44}pʰuo^{0}	大人 tuo^{44}ʐei^{0}	大 ta^{24} 爸 pa^{44}
咸阳	外婆 uei^{44}pʰo^{0}	爸妈 pa^{24}ma^{24}	爸 pa^{24}
旬邑	外婆 vei^{24}pa^{0}	老人 lau^{44}ʐɑ̃^{0}	我大 ŋɤ^{21}ta^{24}
三原	外婆 uei^{44}pʰɤ^{0}	父母 fu^{44}mu^{52} 大人 tuə^{44}ʐẽ^{0}	大 tɑ^{24} 伯 pei^{24}

	0613 外祖母叙称	0614 父母合称	0615 父亲叙称
乾县	舅婆 tɕiou^{55}pʰuɤ^{24}	爸妈 pa^{55}ma^{24}	爸 pa^{55}
岐山	舅婆 tɕiou^{44}pʰo^{21}	老人 lɔ^{44}ʐəŋ^{21}	爹 ȶiɛ^{31} 爸 pA^{44}
凤翔	外婆 vei^{45}pʰo^{0}	老的 lɔ^{44}ti^{0}	爸 pa^{44}
千阳	外婆 vei^{45}pʰo^{0}	老的 lɔ^{44}tsi^{0}	爹 tie^{31}
西安	舅家奶 tɕiou^{44}tɕia^{21}nai^{53}	大人 tuo^{44}ʐən^{0}	爸 pa^{44}
户县	舅家婆 tɕiɤu^{55}tɕia^{31}pʰɤ^{35}	大人 tuɤ^{55}ʐẽ^{31}	大 ta^{55} 男大人 nã^{35}tuɤ^{55}ʐẽ^{31}
商州	外婆 vei^{44}pʰuə^{31}	妈大 mɑ^{31}tɑ^{35}	大 tɑ^{35} 爸 pɑ^{44}
镇安	外婆 vEi^{322}pʰuə^{0}	娘老子 ȵiʌŋ^{33}lɔo^{35}tsɿ^{53}	大 ta^{214} 爸 pa^{214}
安康	外婆 uei^{44}pʰə^{35}	父母娘老子 fu^{44}mu^{53}ȵiaŋ^{35}lau^{53}tsɿ^{0}	大 ta^{35}
白河	婆 pʰo^{44}	两老儿 liaŋ^{35}lɐr^{35}	爸 pa^{213}
汉阴	外婆 uei^{24}pʰo^{42}	爸妈 pɑ^{42}mɑ^{33}	爸 pɑ^{42}
平利	外婆 uei^{24}pʰo^{52}	娘老子 ȵiaŋ^{52}lau^{45}tsɿ^{0}	父亲 fu^{24}tɕʰin^{0}
汉中	外婆 uei^{21}pʰɤ^{0}	父母 fu^{21}mu^{0} 娘老子 ȵiɑŋ^{21}lɑo^{35}tsɿ^{0}	爸爸 pA^{42}pA^{0} 老子 lɑo^{35}tsɿ^{0}
城固	外婆 uei^{31}pʰə^{0}	娘老子 ȵiɑŋ^{31}lɔ^{24}ə^{0}	爸爸 pa^{31}pa^{24} 老子 lɔ^{24}ə^{0}
勉县	外婆 vɑ^{21}pʰɤ^{35}	父母 fu^{21}mu^{35}	老子 lɑɔ^{35}tsɿ^{0} 爸爸 pɑ^{21}pɑ^{0}
镇巴	外婆 uei^{213}pʰo^{52}	爸妈 pa^{31}ma^{55}	老汉儿 lau^{45}xɐr^{213} 爸 pa^{31}

	0616 母亲叙称	0617 爸爸呼称，最通用的	0618 妈妈呼称，最通用的
榆林	妈 ma^{33} 娘 niã^{213}	爸爸 pa^{33}pa^{0}	妈 ma^{33}
神木	妈 ma^{213} 娘 ȵiã^{44}	大 ta^{213} 大大 ta^{24}ta^{0} 爸爸 pa^{53}pa^{0}	妈 ma^{213} 妈妈 ma^{24}ma^{0}
绥德	妈 mɑ^{213} 娘 niɑ̃^{33}	爸爸 pɑ^{33}pɑ^{0}	妈 mɑ^{213}
吴堡	娘 ȵiɤu^{33}	爹 tiɑ^{213}	妈 mɑ^{213}
清涧	妈 mɑ^{312} 娘 ȵiɯ^{24}	大 tɑ^{312}	妈 mɑ^{312}
延安	妈 ma^{213}	大呀 ta^{24}ia^{0}	妈呀 ma^{24}ia^{0}
延川	妈妈 ma^{21}ma^{53}	大 ta^{213}	妈 ma^{213}
黄陵	妈 mɑ^{31}	大 tɑ^{24} 爸 pɑ^{55}	妈 mɑ^{31}
渭南	妈 mɑ^{24}	大 tɑ^{24}	妈 mɑ^{24}
韩城	妈 mɑ^{24}	大 tɑ^{24}	妈 mɑ^{24}
合阳	妈 mɑ^{24}	大 tɑ^{24}	妈 mɑ^{24}
富平	妈 mɑ^{24}	大 tɑ^{24}	妈 mɑ^{24}
耀州	妈 ma^{24}	大 ta^{24} 爸 pa^{44}	妈 ma^{24}
咸阳	妈 ma^{24}	爸 pa^{24}	妈 ma^{24}
旬邑	我娘 ŋɤ^{21}ȵia^{24}	大 ta^{24}	娘 ȵia^{24}
三原	妈 mɑ^{24}	大 tɑ^{24} 伯 pei^{24}	妈 mɑ^{24}

	0616 母亲叙称	0617 爸爸呼称，最通用的	0618 妈妈呼称，最通用的
乾县	妈 ma^{24}	爸 pa^{55}	妈 ma^{24}
岐山	娘 ȵiᴀ^{44} 妈 mᴀ^{24}	爸 pᴀ^{24}	妈 mᴀ^{24}
凤翔	妈 ma^{31}	爸 pa^{24}	妈 ma^{24}
千阳	娘 ȵia^{44}	爹 tie^{31}	娘 nia^{24}
西安	妈 ma^{21}	爸 pa^{44}	妈 ma^{21}
户县	妈 ma^{31} 女大人 ȵy^{51}tuɤ^{55}ʐẽ^{31}	大 ta^{35}	妈 ma^{35}
商州	妈 mɑ^{31}	大 tɑ^{35} 爸 pɑ^{44}	妈 mɑ^{31}
镇安	妈 ma^{53}	大 ta^{214}	妈 ma^{53}
安康	妈 ma^{31}	大 ta^{35}	妈 ma^{31}
白河	妈 ma^{213}	爸 pa^{213}	妈 ma^{213}
汉阴	妈 mɑ^{42}	爸 pɑ^{42}	妈 mɑ^{33}
平利	母亲 mo^{45}tɕ^{h}in^{0}	爸 pa^{52}	妈 ma^{43}
汉中	妈 mᴀ^{55}	爸爸 pᴀ^{42}pᴀ^{0} 伯伯 pei^{21}pei^{0}	妈 mᴀ^{55}
城固	妈 ma^{53}	爸爸 pa^{31}pa^{24}	妈 ma^{53}
勉县	妈 mɑ^{42}	爸爸 pɑ^{21}pɑ^{0}	妈 mɑ^{42}
镇巴	妈 ma^{35}	爸爸 pa^{33}pa^{31}	妈 ma^{35}

	0619 继父叙称	0620 继母叙称	0621 岳父叙称
榆林	后老子 xəu^{52}lɔo^{21}tsəʔ^{0} 后大 xəu^{52}ta^{213}	后娘 xəu^{52}niã^{213} 后妈 xəu^{52}ma^{33}	老爹 lɔo^{21}tiɛ^{33}
神木	后老子 xəu^{53}lɔo^{21}tsəʔ^{4}	后娘 xəu^{53}ȵiã^{44}	老爹 lɔo^{21}tiɛ^{24} 丈人 tʂã^{53}ʐɤ̃^{0} 老丈人 lɔo^{21}tʂã^{53}ʐɤ̃^{0}
绥德	后老子 xəu^{52}lao^{21}tsəʔ^{0}	后娘 xəu^{52}niã^{33}	丈人 tʂã^{52}ʐəɣ̃^{0} 老丈人 lao^{21}tʂã^{52}ʐəɣ̃^{0}
吴堡	后老子 xɑo^{53}lo^{41}tsəʔ^{3}	后娘 xɑo^{53}ȵiɤu^{33}	妻公 tsʰɛe^{24}kuəŋ^{0}
清涧	后老子 xəu^{42}lɔo^{53}tsəʔ^{0} 后大大 xəu^{42}tɑ^{31}tɑ^{53}	后娘的 xəu^{44}ȵiɯ^{24}təʔ^{0} 后妈 xəu^{42}mɑ^{312}	丈人 tʂɒ̃^{44}ʐəɣ̃^{24}
延安	后老子 xou^{443}lɔ^{52}tsəʔ^{0}	后妈 xou^{443}ma^{213}	老丈人 lɔ^{52}tʂʰaŋ^{443}ʐəŋ^{0}
延川	后大 xəu^{53}ta^{0}	后妈 xəu^{52}ma^{0}	丈人 tʂʰɑŋ^{53}ʐəŋ^{213}
黄陵	后大 xəu^{55}tɑ^{24}	后妈 xəu^{55}mɑ^{24}	丈人 tʂʰɑŋ^{55}ʐẽ^{0} 老丈人 lɔ^{52}tʂʰɑŋ^{55}ʐẽ^{0}
渭南	后大 xəu^{44}tɑ^{24}	后妈 xəu^{44}mɑ^{24}	老丈人 lɔo^{53}tʂɑŋ^{44}ʐə̃^{0}
韩城	后大 xəu^{44}tɑ^{24}	后妈 xəu^{44}mɑ^{24}	丈人 tʂʰuɤ^{44}ʐɛ̃^{0}
合阳	后大 xou^{55}tɑ^{24}	妈 mɑ^{24} 后妈 xou^{55}mɑ^{24}	丈人 tʂʰuo^{55}ʐẽ^{31} 大人 tʰuo^{55}ʐẽ^{31}
富平	伯 peɪ^{55} 叔 sou^{24}	妈 mɑ^{24} 姨 i^{24}	丈人 tʂɑɣ̃^{55}ʐɛ̃^{31}
耀州	后大 xou^{44}ta^{24}	后妈 xou^{44}ma^{24}	丈人 tʂɑŋ^{44}ʐei^{0}
咸阳	后爸 xou^{44}pa^{24}	后妈 xou^{44}ma^{24}	丈儿爸 tʂɑŋ^{44}ər^{31}pa^{44}
旬邑	后大 xəu^{44}ta^{24} 尧大 iau^{24}ta^{24}	后娘 xəu^{44}ȵia^{24} 尧婆子 iau^{21}pʰo^{44}tsɿ^{0}	丈人 tʂʰɑŋ^{24}ʐɛ̃^{0}
三原	后大 xou^{44}tɑ^{24}	后妈 xou^{44}mɑ^{24}	丈人 tʂɑŋ^{44}ʐẽ^{0}

	0619 继父叙称	0620 继母叙称	0621 岳父叙称
乾县	养父 iaŋ^{53}fu^{55}	养母 iaŋ^{53}mu^{53}	丈人 ʈaŋ^{55}ʐẽ^{21}
岐山	后爸 xou^{44}pA^{53}	后妈 xou^{44}mA^{53}	丈人 tʂɑŋ^{44}ʐəŋ^{53} 姨父 i^{31}fu^{53}
凤翔	后爸 xəu^{44}pa^{44}	后娘 xəu^{44}ȵia^{44} 后妈 xəu^{44}ma^{24}	姨父 i^{31}fu^{53} 丈人 tʂɑŋ^{45}ʐəŋ^{0}
千阳	爸爸 pa^{31}pa^{0}	姨 i^{44}	姨父 i^{31}fu^{0} 丈人 tʂʰɑŋ^{45}ʐəŋ^{0}
西安	后爸 xou^{44}pa^{44}	后妈 xou^{44}ma^{21}	丈儿爸 tʂãr^{53}pa^{44}
户县	后达 xɤu^{55}ta^{35}	后妈 xɤu^{55}ma^{35} 尧妈 iau^{35}ma^{35}	丈儿爸 tʂə^{51}pa^{55}
商州	后大 xou^{44}tɑ^{35} 后爸 xou^{44}pɑ^{44}	后妈 xou^{44}mɑ^{31} 尧婆子 iɑo^{31}pʰuə^{53}tsɿ^{0}	丈人 tʂɑŋ^{44}ʐẽ^{31}
镇安	后老子 xəu^{322}lɔo^{21}tsɿ^{0}	后妈 xəu^{322}ma^{53}	外父 vai^{322}fu^{0}
安康	继父老子 tɕi^{44}fu^{31}lau^{53}tsɿ^{0}	后娘 xou^{44}ȵiaŋ^{35} 后妈 xou^{44}ma^{31}	外父 uæ^{44}fu^{0}
白河	后爸 xəu^{42}pa^{213}	后妈 xəu^{42}ma^{213}	外父 uai^{42}fu^{41}
汉阴	后爸 χəu^{24}pɑ^{42}	后妈 χəu^{24}mɑ^{33}	外父 uae^{21}χu^{0}
平利	后老子 xou^{24}lau^{45}tsɿ^{0}	后妈 xou^{24}ma^{43}	外父 uai^{24}fu^{445}
汉中	后老子 xəu^{21}lɑo^{35}tsɿ^{0}	后妈 xəu^{21}mA^{55}	老丈人 lɑo^{35}tʂɑŋ^{21}ʐən^{0}
城固	后老子 xəu^{31}lɔ^{24}ə^{0}	后妈 xəu^{31}ma^{0}	老丈人 lɔ^{44}tʂɑŋ^{31}ʐən^{0}
勉县	后老子 xəu^{21}lɑɔ^{35}tsɿ^{0}	后妈 xəu^{21}mɑ^{42}	姨夫 i^{21}fu^{0}
镇巴	后老汉儿 xəu^{213}lau^{52}xɐr^{213}	后娘 xəu^{213}ȵiaŋ^{52}	老丈人 lau^{45}tsaŋ^{213}zən^{31}

	0622 岳母叙称	0623 公公叙称	0624 婆婆叙称
榆林	奶奶 nɛe^{21}nɛe^{33}	老爷爷 lɔo^{21}iɛ^{24}iɛ^{0}	老娘娘 lɔo^{21}nyɛ^{24}nyɛ^{0}
神木	丈母 tʂɑ̃^{53}mu^{0} 老丈母 lɔo^{21}tʂɑ̃^{53}mu^{0}	公公 kuɤ̃^{24}kuɤ̃^{0}	婆婆 p^{h}uo^{44}p^{h}uo^{0}
绥德	丈母 tʂɑ̃^{52}məɣ̃^{0} 老丈母 lao^{21}tʂɑ̃^{52}məɣ̃^{0}	公公 kuəɣ̃^{24}kuəɣ̃^{0} 男老人 næ^{33}lao^{21}ʐəɣ̃^{33}	婆婆 p^{h}uo^{33}p^{h}uo^{0} 女老人 ny^{24}lao^{21}ʐəɣ̃^{33}
吴堡	妻母 ts^{h}ɛe^{24}mu^{0}	公 kuəŋ^{213}	婆 p^{h}ɤu^{33}
清涧	丈母 tʂɒ̃^{42}mu^{53}	公公 kuəɣ̃^{31}kuəɣ̃^{53}	婆婆 p^{h}u^{24}p^{h}u^{0}
延安	丈母娘 tʂ^{h}aŋ^{443}mu^{0}ȵiaŋ^{24}	公公 kuəŋ^{21}kuəŋ^{53}	婆婆 p^{h}uo^{24}p^{h}uo^{0}
延川	丈母 tʂ^{h}ɑŋ^{53}mu^{0}	阿公 a^{21}kuŋ^{213}	阿家 a^{21}tɕia^{213}
黄陵	丈母 tʂ^{h}ɑŋ^{55}mu^{0} 丈母娘 tʂ^{h}ɑŋ^{55}mu^{0}ȵiɑŋ^{24}	阿公 ɑ^{55}kuŋ^{31} 公公 kuŋ^{31}kuŋ^{0}	阿家 ɑ^{55}tɕiɑ^{31} 婆婆 p^{h}uɤ^{24}p^{h}uɤ^{0}
渭南	丈母娘 tʂɑŋ^{44}mu^{31}ȵiɑŋ^{24}	阿公 ɑ^{53}kuəŋ^{31}	阿家 ɑ^{53}tɕiɑ^{31}
韩城	丈母 tʂ^{h}uɤ^{44}muɤ^{0} 丈母娘 tʂ^{h}uɤ^{44}muɤ^{44}ȵiɤ^{24}	阿家大 ɑ^{44}tɕiɑ^{31}tɑ^{24}	阿家妈 ɑ^{44}tɕiɑ^{31}mɑ^{24}
合阳	丈母娘 tʂ^{h}uo^{55}mu^{31}ȵiɑŋ^{24} 大母 t^{h}uo^{55}mu^{31} 大母娘 t^{h}uo^{55}mu^{31}ȵiɑŋ^{24}	阿公大 iɑ^{24}kuŋ^{31}tɑ^{24}	阿家 iɑ^{24}tɕiɑ^{31}
富平	丈母娘 tʂɑɣ̃^{55}mu^{31}ȵiɑɣ̃^{55}	阿公 ɑ^{53}kuəɣ̃^{31}	阿家 ɑ^{53}tɕiɑ^{31}
耀州	丈母娘 tʂɑŋ^{44}mu^{21}ȵiɑŋ^{44}	阿公 a^{52}kuŋ^{21}	阿家 a^{52}tɕia^{21}
咸阳	丈母娘 tʂɑŋ^{44}mu^{31}ȵiɑŋ^{24}	阿公 a^{53}kuəŋ^{31}	阿家 a^{53}tɕia^{31}
旬邑	丈母姨 tʂ^{h}ɑŋ^{24}mu^{0}i^{24}	阿公 a^{52}kuəŋ^{21}	阿家 a^{52}tɕia^{21}
三原	丈母 tʂɑŋ^{44}mu^{0}	阿公 ɑ^{52}kuəŋ^{31}	阿家 ɑ^{52}tɕiɑ^{31}

	0622 岳母叙称	0623 公公叙称	0624 婆婆叙称
乾县	丈母娘 ʈaŋ^{55}mu^{21}ȵiaŋ^{24}	阿公爸 a^{53}koŋ^{21}pa^{55}	婆子妈 p^{h}uɤ^{24}tsɿ^{21}ma^{24}
岐山	丈母娘 tʂɑŋ^{44}mu^{53}ȵiɑŋ^{24}	阿公 ᴀ^{31}kuŋ^{21}	阿家 ᴀ^{31}tɕia^{21}
凤翔	姨 i^{44} 丈母姨 tʂɑŋ^{45}mu^{0}i^{44}	阿公 a^{53}kuŋ^{0}	阿家 a^{53}tɕia^{0}
千阳	姨 i^{44} 丈母姨 tʂ^{h}ɑŋ^{45}mu^{0}i^{44}	阿公 a^{31}kuŋ^{0}	阿家 a^{31}tɕia^{0}
西安	丈母娘 tʂɑŋ^{44}mu^{0}ȵiɑŋ^{44}	公公 koŋ^{21}koŋ^{0}	婆婆 p^{h}o^{24}p^{h}o^{0}
户县	丈母娘 tʂau^{55}mẽ^{31}ȵiaŋ^{35}	阿公 a^{31}kuəŋ^{31}	婆 p^{h}ɤ^{55}
商州	丈母 tʂɑŋ^{44}mu^{31}	公公 kuəŋ^{53}kuəŋ^{0} 阿家大 ɑ^{53}tɕiɑ^{31}tɑ^{35}	婆子妈 p^{h}uə^{31}tsɿ^{0}mɑ^{31} 婆子 p^{h}uə^{31}tsɿ^{0}
镇安	外母娘 vai^{33}muə^{33}ȵiʌŋ^{214}	老公公 lɔo^{33}kuoŋ^{53}kuoŋ^{0}	老婆子 lɔo^{33}p^{h}uə^{33}tsɿ^{0}
安康	外母 uæ^{44}mu^{31}	公公老子 kuŋ^{31}kuŋ^{31}lau^{53}tsɿ^{0}	婆子妈 p^{h}ə^{35}tsɿ^{44}ma^{31}
白河	外母 uai^{42}mo^{35}	老公公 lɔu^{35}kuəŋ^{21}kuəŋ^{0}	老婆子 lɔu^{35}p^{h}o^{44}tsɿ^{0}
汉阴	外母娘 uae^{21}mo^{45}ȵiɑŋ^{42} 丈母娘 tʂɑŋ^{21}mo^{45}ȵiɑŋ^{42}	家公老子 kɑ^{33}koŋ^{33}lɑo^{45}tsɿ^{0} 家公 kɑ^{33}koŋ^{33}	婆子妈 p^{h}o^{42}tsɿ^{0}mɑ^{33}
平利	外母 uai^{24}mo^{445}	公公老儿 koŋ^{43}koŋ^{43}laur^{445}	婆子妈 p^{h}o^{52}tsɿ^{21}ma^{43}
汉中	丈母娘 tʂɑŋ^{21}mu^{0}ȵiɑŋ^{42}	老公公 lɑo^{35}koŋ^{55}koŋ^{0}	婆子妈 p^{h}ɤ^{42}tsɿ^{0}mᴀ^{55} 婆婆妈 p^{h}ɤ^{42}p^{h}ɤ^{0}mᴀ^{55}
城固	丈母娘 tʂɑŋ^{31}mu^{0}ȵiɑŋ^{0}	公公老 kuŋ^{44}kuŋ^{0}lɔ^{24}	婆婆娘 p^{h}ə^{31}p^{h}ə^{24}ȵiɑŋ^{0}
勉县	姨娘 i^{21}ȵiɑŋ^{0}	老公公 lɑɔ^{35}koŋ^{44}koŋ^{0}	婆子娘 p^{h}ɤ^{21}tsɿ^{0}ȵiɑŋ^{21}
镇巴	外母娘 uai^{213}mu^{55}ȵiaŋ^{31}	老人公 lau^{45}zən^{31}koŋ^{55}	老人婆 lau^{45}zən^{31}p^{h}o^{31}

	0625 伯父呼称，统称	0626 伯母呼称，统称	0627 叔父呼称，统称
榆林	大大 ta^{52}ta^{213}	大妈 ta^{52}ma^{33}	（排行+）大 ta^{213} （排行+）爸 pa^{33}
神木	老大 lɔo^{21}ta^{24}	老妈 lɔo^{21}ma^{24}	（排行+）大 ta^{213}
绥德	大爷 tɑ^{52}i^{0}	大妈 tɑ^{52}mɑ^{213}	（排行+）爸 pɑ^{33}
吴堡	伯伯 piəʔ^{4}piəʔ^{0}	大娘 tɤu^{53}ȵiɤu^{0}	（排行+）爹 tiɑ^{213}
清涧	大爹 tɑ^{42}ti^{312}	大妈 tɑ^{42}mɑ^{312}	（排行+）大 tɑ^{312}
延安	大大 ta^{52}ta^{0}	大妈 ta^{52}ma^{0}	（排行+）大 ta^{0}
延川	大爹 ta^{53}ti^{31}	大娘 ta^{53}niɑŋ^{31}	（排行+）叔 ʂuɤ^{423}
黄陵	伯 pei^{24}	大妈 tɑ^{55}mɑ^{24}	（排行+）大 tɑ^{24}
渭南	伯 pei^{44}	老妈 lɔo^{53}mɑ^{24} 大妈 tɑ^{44}mɑ^{24}	大大 tɑ^{24}tɑ^{0} 叔 səu^{24}
韩城	伯 pɪi^{24}	娘 ȵiaŋ^{24}	大大 tɑ^{31}tɑ^{53}
合阳	伯 pei^{24}	大妈 tɑ^{55}mɑ^{24}	大大 tɑ^{24}tɑ^{31}
富平	伯 peɪ^{55}	大妈 tɑ^{55}mɑ^{24}	大大 tɑ^{31}tɑ^{53}
耀州	伯 pei^{44}	母母 mu^{52}mu^{0} 妈妈 ma^{21}ma^{24}	大大 ta^{44}ta^{0}
咸阳	伯 pei^{24}	娘 ȵiaŋ^{24}	大 ta^{24}
旬邑	伯 pei^{52}	大妈 ta^{44}ma^{24} 妈妈 ma^{52}ma^{0}	大大 ta^{24}ta^{21}
三原	伯 pei^{24}	娘 ȵiaŋ^{24}	大大 tɑ^{24}tɑ^{0} 几大 tɕi^{52}tɑ^{24}

	0625 伯父呼称，统称	0626 伯母呼称，统称	0627 叔父呼称，统称
乾县	伯 pe^{24}	大妈 ta^{55}ma^{24}	爸爸 pa^{55}pa^{55}
岐山	伯 pei^{24}	大大 tᴀ^{44}tᴀ^{53}	爸爸 pᴀ^{44}pᴀ^{53}
凤翔	伯 pei^{24}	大大 ta^{45}ta^{0}	爸爸 pa^{45}pa^{0}
千阳	伯 pei^{24}	大大 ta^{45}ta^{0}	爸爸 pa^{31}pa^{0}
西安	伯 pei^{21}	妈妈 ma^{24}ma^{0}	大 ta^{24} 爸 pa^{44}
户县	伯 pei^{35}	妈 ma^{35}	爸 pa^{55}
商州	伯 pei^{35}	妈妈 mɑ^{53}mɑ^{0}	大大 tɑ^{44}tɑ^{31}
镇安	伯 pᴇi^{53}	伯娘 pᴇi^{21}ȵiʌŋ^{33}	叔 ʂəu^{53}
安康	大伯 ta^{44}pei^{35}	大妈 ta^{44}ma^{31}	叔老子 ʂou^{35}lau^{53}tsʅ^{0}
白河	伯 pᴇ^{44}	妈 ma^{44}	老老 lɔu^{35}lɔu^{35}
汉阴	大爸 tɑ^{24}pɑ^{42}	大妈 tɑ^{24}mɑ^{33}	叔 ʂəu^{42}
平利	伯 pᴇ^{43}	伯娘 pᴇ^{43}ȵiaŋ^{52}	叔 ʂou^{52}
汉中	伯伯 pei^{42}pei^{0}	妈 mᴀ^{55}	大大 tᴀ^{42}tᴀ^{0} 爸 pᴀ^{42}
城固	大老子 ta^{31}lɔ^{24}ə^{0}	大妈 ta^{31}ma^{0}	大大 ta^{31}ta^{24}
勉县	爸 pɑ^{21}	娘娘 ȵiɑŋ^{44}ȵiɑŋ^{0}	爸 pɑ^{21}
镇巴	爹 tɛ^{35}	妈 ma^{35}	大大 ta^{33}ta^{31}

	0628 排行最小的叔父 呼称，如“幺叔”	0629 叔母呼称，统称	0630 姑呼称，统称（无统称则记分称：比父大，比父小；已婚，未婚）
榆林	猴大 xəu^{24}ta^{213}	（排行+）妈 ma^{33}	娘儿 niɒ̃r^{213}
神木	猴大 xəu^{44}ta^{0}	（排行+）妈 ma^{0}	姑姑 ku^{24}ku^{0}
绥德	（排行+）爸 pɑ^{33}	（排行+）妈 mɑ^{213}	姑姑 ku^{24}ku^{0}
吴堡	（排行+）爹 tiɑ^{213}	（排行+）妈 tɕi^{41}mɑ^{213}	姑姑 ku^{24}ku^{0}
清涧	（排行+）大 tɑ^{312}	（排行+）妈 tsɿ^{53}mɑ^{312}	姑姑 kʊ^{31}kʊ^{53}
延安	小大大 ɕiɔ^{52}ta^{24}ta^{0} 猴大大 xou^{24}ta^{24}ta^{0}	（排行+）妈 ma^{0}	姑姑 ku^{21}ku^{53}
延川	小大 xiɑo^{53}ta^{213}	（排行+）婶婶 ʂəŋ^{53}tsəʔ^{213}	姑姑 ku^{21}ku^{42}
黄陵	碎大 suei^{55}tɑ^{24}	（排行+）妈 mɑ^{24}	姑 ku^{31}
渭南	几大 tɕi^{53}tɑ^{24}	几妈 tɕi^{53}mɑ^{24} 婶儿 ʂə̃r^{53}	姑妈 ku^{31}mɑ^{24} 姑 ku^{24}
韩城	碎大 sɪi^{44}tɑ^{24}	妈妈 mɑ^{31}mɑ^{53}	娘 ȵiɑŋ^{24} 姑 ku^{24}
合阳	碎大 ɕyei^{55}tɑ^{24}	娘 ȵiɑŋ^{24}	姑 ku^{24}
富平	碎大 sueɪ^{55}tɑ^{24}	娘娘 ȵiɑɣ̃^{31}ȵiɑɣ̃^{53}	姑妈 ku^{31}mɑ^{24} 姑 ku^{24}
耀州	碎大 ʃuei^{44}ta^{24}	娘娘 ȵiɑŋ^{24}ȵiɑŋ^{0} 婶婶 ʂei^{52}ʂei^{0}	姑妈 ku^{21}mɑ^{24} 姑姑 ku^{52}ku^{0}
咸阳	巴巴大 pa^{31}pa^{0}ta^{24} 碎大 suei^{44}ta^{24}	（排行+）妈 ma^{24}	姑 ku^{24}
旬邑	碎大 suei^{44}ta^{24}	新娘 ɕiɛ̃^{21}ȵia^{24}	姑姑 ku^{52}ku^{0}
三原	碎大儿 suei^{44}tɐr^{24}	婶婶儿 ʂẽ^{52}ʂə̃r^{0}	姑妈 ku^{31}mɑ^{24} 姑 ku^{24}

	0628 排行最小的叔父 呼称，如"幺叔"	0629 叔母呼称，统称	0630 姑呼称，统称（无统称则记分称：比父大，比父小；已婚，未婚）
乾县	碎爸爸 $sue^{55}pa^{22}pa^{22}$	娘 $ȵiaŋ^{55}$	姑 ku^{24}
岐山	碎爸 $suei^{44}pA^{44}$	娘娘 $ȵiA^{44}ȵiA^{53}$ 妈 mA^{24}	姑 ku^{24}
凤翔	碎爸 $suei^{44}pa^{44}$	新娘 $siŋ^{31}ȵia^{44}$	姑 ku^{24}
千阳	爸爸 $pa^{31}pa^{0}$	姨 i^{24}	姑 ku^{24}
西安	碎大 $suei^{44}ta^{24}$ 碎爸 $suei^{44}pa^{44}$	娘 $ȵiaŋ^{44}$	姑 ku^{21}
户县	碎爸 $suei^{55}pa^{55}$	娘 $ȵiaŋ^{35}$	姑 ku^{35}
商州	碎大大 $ʃuei^{44}tɑ^{44}tɑ^{31}$	娘 $ȵiɑŋ^{35}$	姑 ku^{35}
镇安	小叔 $ɕiɔo^{35}ʂəu^{53}$	婶 $ʂən^{33}$	姑 ku^{53}
安康	幺大 $iau^{31}ta^{35}$	婶娘 $ʂən^{53}ȵiaŋ^{31}$	姑妈 $ku^{35}ma^{31}$ 姑 ku^{31}
白河	小老 $ɕiɔu^{35}lɔu^{35}$ 小叔 $ɕiɔu^{35}ʂəu^{44}$	婶儿 $ʂər^{35}$	姑 ku^{213} 娘儿 $ȵiɐr^{213}$
汉阴	满叔 $man^{45}ʂəu^{42}$ 幺叔 $iɑo^{33}ʂəu^{42}$	婶婶 $ʂən^{45}ʂən^{0}$	姑 ku^{33}
平利	幺叔 $iau^{43}ʂou^{43}$ 小大 $ɕiau^{45}ta^{52}$	婶 $ʂən^{445}$	姑 ku^{43}
汉中	幺大 $iɑo^{55}tA^{0}$ 幺爸 $iɑo^{55}pA^{0}$	妈 mA^{55}	姑姑 $ku^{55}ku^{0}$ 姑 ku^{55}
城固	幺大 $iɔ^{44}ta^{0}$	新妈 $sin^{53}ma^{53}$	姑姑 $ku^{31}ku^{24}$
勉县	幺爸 $iɑɔ^{44}pɑ^{21}$	娘娘 $ȵiɑŋ^{44}ȵiɑŋ^{0}$	姑姑 $ku^{42}ku^{0}$
镇巴	幺大 $iau^{35}ta^{31}$	娘娘 $ȵiaŋ^{33}ȵiaŋ^{31}$	姑 ku^{35}

	0631 姑父呼称，统称	0632 舅舅呼称	0633 舅妈呼称
榆林	姑父 ku^{33}fu^{0}	舅舅 tɕiəu^{52}tɕiəu^{0}	妗子 tɕiɤɣ̃^{52}tsəʔ^{0}
神木	姑父 ku^{24}fu^{44}	舅舅 tɕiəu^{53}tɕiəu^{0}	妗子 tɕiɤ̃^{53}tsəʔ^{0}
绥德	姑父 ku^{24}fəʔ^{0}	舅舅 tɕiəu^{52}tɕiəu^{0}	妗子 tɕiəɣ̃^{52}tsəʔ^{0}
吴堡	姑父 ku^{24}fəʔ^{0}	舅舅 tɕiɑo^{53}tɕiɑo^{0}	妗子 tɕiəŋ^{53}tsəʔ^{0}
清涧	姑父 kʋ^{31}fʋ^{53}	舅舅 tɕiəu^{42}tɕiəu^{0}	妗子 tɕʰiəɣ̃^{44}tsəʔ^{0}
延安	姑父 ku^{21}fu^{443}	舅舅 tɕiou^{443}tɕiou^{0}	舅母 tɕiou^{443}mu^{0}
延川	姑父 ku^{21}fu^{53}	舅舅 tɕiəu^{53}tɕiəu^{0}	妗子 tɕʰiŋ^{53}tsəʔ^{213}
黄陵	姑父 ku^{31}fu^{0}	舅 tɕiəu^{55}	妗子 tɕʰiẽ^{55}tsɿ^{0}
渭南	姑大 ku^{31}tɑ^{24} 姑父 ku^{31}fu^{0}	舅大 tɕiəu^{44}tɑ^{24} 舅 tɕiəu^{44}	妗妈 tɕʰiə̃^{44}mɑ^{24} 妗子 tɕʰiə̃^{44}tsɿ^{0}
韩城	伯 pɪi^{24} 姑父 ku^{31}fu^{0}	爷舅 iɑ^{31}tɕʰiəu^{53}	妗子 tɕʰiəŋ^{44}tsɿ^{0}
合阳	爷姑 iɑ^{24}ku^{31} 姑爸 ku^{31}pɑ^{55}	舅 tɕʰiou^{55} 舅舅 tɕʰiou^{55}tɕʰiou^{0}	妗子 tɕʰiẽ^{55}tsɿ^{0}
富平	姑父 ku^{53}fʋ^{31}	舅 tɕiou^{55}	妗子 tɕiɛ̃^{55}tsɿ^{31}
耀州	姑父 ku^{52}fu^{0}	舅 tɕiou^{44}	妗子 tɕiei^{44}tsɿ^{0}
咸阳	姑父 ku^{31}fu^{0}	舅 tɕiou^{24}	妗子 tɕiɛ̃^{44}tsɿ^{0}
旬邑	姑父 ku^{52}fu^{0}	舅舅 tɕiəu^{24}tɕiəu^{0}	妗子 tɕʰiɛ̃^{24}tsɿ^{0}
三原	姑大 ku^{31}tɑ^{24} 姑父 ku^{52}fu^{0}	舅大 tɕiou^{44}tɑ^{24} 舅 tɕiou^{24}	妗妈 tɕiẽ^{44}mɑ^{24} 妗子 tɕiẽ^{44}tsɿ^{0}

	0631 姑父呼称，统称	0632 舅舅呼称	0633 舅妈呼称
乾县	姑父 ku⁵³fu²¹	舅 tɕiou⁵⁵	妗子 tɕiẽ⁵⁵tsɿ²¹
岐山	姑父 ku⁵³fu²¹	舅舅 tɕiou⁴⁴tɕiou⁵³	妗子 tɕʰiŋ⁴⁴tsɿ⁵³
凤翔	姑父 ku⁵³fu⁰	舅 tɕiəu²⁴	妗子 tɕiŋ⁴⁵tsɿ⁰
千阳	姑父 ku⁵³fu⁰	舅 tɕiou²⁴	妗子 tɕʰiŋ⁴⁵tsɿ⁰
西安	姑父 ku²¹fu⁰	舅 tɕiou⁴⁴	妗子 tɕin⁴⁴tsɿ⁰
户县	姑夫 ku³¹fu³¹	舅 tɕiɤu³⁵	妗子 tɕiẽ⁵⁵tsɿ⁰
商州	姑父 ku⁵³fu³¹	舅 tɕiou⁴⁴	妗子 tɕiẽ⁴⁴tsɿ⁰
镇安	姑父 ku⁵³fu⁰	舅 tɕiəu³²²	舅娘 tɕiəu³²²ȵiʌŋ³³
安康	姑大 ku³¹ta³⁵ 姑父 ku³¹fu⁰	舅 tɕiou⁴⁴ 舅父 tɕiou⁴⁴fu⁴⁴	舅妈 tɕiou⁴⁴ma³¹ 舅母 tɕiou⁴⁴mu³¹
白河	姑父 ku²¹³fu⁰	舅 tɕiəu⁴¹	舅娘 tɕiəu⁴¹ȵiaŋ⁴⁴
汉阴	姑爷 ku³³iE⁰ 姑父 ku³³χu⁰	舅 tɕiəu²¹⁴	舅母 tɕiəu²¹mo⁰
平利	姑父 ku⁴³fu⁰	舅 tɕiou²¹⁴	舅母 tɕiou²⁴mo⁴⁵
汉中	姑父 ku⁵⁵fu⁰	舅舅 tɕiəu²¹tɕiəu⁰	舅母 tɕiəu²¹mu⁰
城固	姑父 ku⁴⁴fu⁰	舅舅 tɕiəu³¹tɕiəu⁰	舅母 tɕiəu³¹mu⁰
勉县	姑父 ku⁴⁴fu⁰	舅舅 tɕiəu²¹tɕiəu³⁵	舅母 tɕiəu²¹mu³⁵
镇巴	姑父 ku³⁵fu⁵⁵	舅舅 tɕiəu²¹tɕiəu⁵⁵	舅母 tɕiəu²¹³mu⁵²

	0634 姨呼称，统称（无统称则记分称：比母大，比母小；已婚，未婚）	0635 姨父呼称，统称	0636 弟兄合称
榆林	姨姨 i²⁴i⁰	姨父 i²⁴fu⁰	弟兄 ti⁵²ɕyɤ̃⁰
神木	姨姨 i⁴⁴i⁰	姨父 i⁴⁴fu⁰	弟兄 ti⁵³ɕyɤ̃⁰
绥德	姨姨 i³³i⁰	姨父 i³³fəʔ⁰	弟兄子 ti⁵²ɕyəɣ̃²¹tsəʔ⁰ 弟兄 ti⁵²ɕyəɣ̃⁰
吴堡	姨姨 i³³i⁰	姨父 i³³fəʔ⁰	弟兄子 tɛe⁵³suɛe⁰tsəʔ³
清涧	姨姨 zʅ²⁴zʅ⁰	姨父 zʅ²⁴fʊ⁰	弟兄 tsʰʅ⁴²ɕyəɣ̃⁰
延安	姨姨 ia²¹ia⁵³	姨夫 ia²¹fu⁴⁴³	兄弟 ɕyəŋ²¹tʰi⁵³ 弟兄 tʰi⁴⁴³ɕyəŋ⁰
延川	娅娅 zʅ³⁵zʅ⁰	姨父 zʅ³⁵fu⁰	弟兄 tɕʰi⁵³sɥ⁰
黄陵	姨 i²⁴	姨父 i²⁴fu⁰	弟兄 tɕʰi⁵⁵ɕyŋ³¹
渭南	姨 i⁴⁴ 姨妈 i⁴⁴mɑ²⁴	姨大 i⁴⁴tɑ²⁴ 姨父 i⁴⁴fu⁰	弟兄 tɕʰi⁴⁴ɕyəŋ³¹
韩城	娘 ȵiɑŋ²⁴ 姨 i²⁴	伯 pɪi²⁴ 姨父 i³¹fu⁵³	弟兄 ti⁴⁴ɕyəŋ³¹
合阳	姨 i²⁴	姨夫 i²⁴fu³¹	弟兄 tʰi⁵⁵ɕyŋ³¹
富平	姨 i²⁴ 姨妈 i²⁴mɑ²⁴	姨父 i³¹fʊ⁵³	弟兄 ti⁵⁵ɕyəɣ̃³¹
耀州	姨妈 i²⁴ma²⁴ 姨姨 i²⁴i⁰	姨父 i²⁴fu⁰	兄弟们 ɕyŋ⁵²tɕʰi⁰mei⁰
咸阳	姨 i²⁴	姨父 i²⁴fu⁰	弟兄 ti⁴⁴ɕyəŋ³¹
旬邑	姨 i²⁴	姨父 i²¹fu⁵²	弟兄 tɕʰi²⁴ɕyəŋ²¹
三原	姨 i²⁴ 姨妈 i²⁴mɑ²⁴	姨父大 i²⁴fu⁰tɑ²⁴ 姨父 i²⁴fu⁰	弟兄 tɕi⁴⁴ɕyəŋ⁰

	0634 姨呼称，统称（无统称则记分称：比母大，比母小；已婚，未婚）	**0635 姨父**呼称，统称	**0636 弟兄**合称
乾县	姨 i^{55}	姨父 i^{24}fu^{21}	弟兄 ti^{55}ɕyoŋ^{21}
岐山	姨 i^{24}	姨父 i^{31}fu^{53}	弟兄们 ȶi^{44}ɕyŋ^{31}mu^{21} 兄弟 ɕyŋ^{53}ȶʰi^{21}
凤翔	姨 i^{24}	姨父 i^{31}fu^{53}	弟兄 tsi^{45}ɕyŋ^{0}
千阳	姨 i^{24}	姨父 i^{31}fu^{0}	弟兄 ti^{45}ɕyŋ^{0}
西安	姨 i^{44} 姨妈 i^{44}ma^{24}	姨父 i^{44}fu^{0}	弟兄 ti^{44}ɕyoŋ^{0}
户县	姨 i^{55}	姨夫 i^{55}fu^{31}	弟兄 ti^{55}ɕyŋ^{31}
商州	姨 i^{44}	姨父 i^{44}fu^{31}	弟兄 ti^{44}ɕyəŋ^{31}
镇安	姨 i^{33}	姨父 i^{33}fu^{322}	兄弟伙的 ɕioŋ^{53}ti^{0}xuə^{21}ti^{0}
安康	姨 i^{35} 姨妈 i^{35}ma^{31}	姨父 i^{35}fu^{0}	弟兄 ti^{44}ɕyŋ^{0}
白河	姨 i^{44}	姨父 i^{44}fu^{0}	兄弟 ɕyŋ^{21}ti^{0} 兄弟伙的 ɕyŋ^{21}ti^{0}xuo^{0}ti^{0}
汉阴	姨 i^{42}	姨父 i^{42}χu^{0}	弟兄伙里 ti^{21}ɕioŋ^{0}χo^{0}li^{0}
平利	姨 i^{52}	姨父 i^{52}fu^{0}	弟兄 ti^{24}ɕioŋ^{43}
汉中	姨姨 i^{42}i^{0}	姨父 i^{42}fu^{0}	弟兄 ti^{21}ɕioŋ^{0}
城固	姨姨 i^{31}i^{24}	姨夫 i^{31}fu^{24}	弟兄 ti^{31}ɕyŋ^{0}
勉县	姨姨 i^{21}i^{0}	姨父 i^{21}fu^{0}	兄弟 ɕioŋ^{44}ti^{0}
镇巴	姨姨 i^{35}i^{55}	姨父 i^{35}fu^{55}	弟兄 ti^{21}ɕioŋ^{55}

	0637 **姊妹**合称，注明是否可包括男性	0638 **哥哥**呼称，统称	0639 **嫂子**呼称，统称
榆林	姊妹 tsɿ^{21}mei^{52}①	哥儿哥 kuər^{21}kuə^{213}	嫂子 sɔo^{21}tsəʔ^{0}
神木	姊妹 tsɿ^{21}mei^{44}	哥哥 kuo^{21}kuo^{24}	嫂嫂 sɔo^{21}sɔo^{24}
绥德	姊妹 tsɿ^{21}mei^{52}	哥哥 kɯ^{21}kɯ^{33}	嫂子 sao^{21}tsɤ^{33} 嫂嫂 sao^{21}sao^{33}
吴堡	姊妹 tsɿ^{41}mɑe^{53}	哥哥 kɑ^{41}kɑ^{213}	嫂嫂 so^{41}so^{213}
清涧	姊妹 tsɿ^{53}mai^{0}	哥哥 kɯ^{31}kɯ^{53}	嫂嫂 sɔo^{53}sɔo^{0}
延安	姊妹 tsɿ^{443}mei^{0}	哥 kuo^{24}	嫂子 sɔ^{52}
延川	姊妹 tsɿ^{53}mei^{213}	哥哥 ka^{21}ka^{42}	嫂嫂 sɑo^{53}sɑo^{213}
黄陵	姊妹 tsɿ^{52}mẽ^{0}	哥 kɤ^{31}	嫂子 sɔ^{52}tsɿ^{0}
渭南	姊妹 tsɿ^{53}mei^{0}	哥 kə^{24}	姐 tɕiɛ^{24}
韩城	姊妹 tsɿ^{53}mɪi^{0}	哥 kɤ^{24}	嫂嫂 sɑu^{53}sɑu^{0}
合阳	姊妹 tsɿ^{52}mei^{0}②	哥 kɤ^{24}	嫂 sɔo^{52}
富平	姊妹 tsɿ^{53}mɛ̃^{31}	哥 kɤ^{24}	嫂 sɑo^{53}
耀州	姊妹们 tsɿ^{52}mei^{0}mei^{0}	哥 kɤ^{24}	嫂子 sɔu^{52}tsɿ^{0}
咸阳	姊们 tsɿ^{53}mɛ̃^{0}	哥 kɤ^{24}	嫂 sɔ^{53}
旬邑	姊妹 tsɿ^{44}mei^{0}	哥 kɤ^{52} 哥哥 kɤ^{52}kɤ^{0}	嫂子 sau^{44}tsɿ^{0}
三原	姊们 tsɿ^{52}mẽ^{0}	哥 kɤ^{24}	嫂 sɑɔ^{24}

①陕北各县“姊妹”包括兄弟姐妹。

②包括兄弟姐妹。

	0637 **姊妹**合称，注明是否可包括男性	0638 **哥哥**呼称，统称	0639 **嫂子**呼称，统称
乾县	姊妹 tsɿ^{53}me^{55}	哥 kɤ^{24}	嫂 sɔ^{24}
岐山	姊妹妹 tsɿ^{44}mei^{21}mei^{21}	哥 kɤ^{24}	嫂子 sɔ^{44}tsɿ^{21}
凤翔	姊妹 tsɿ^{44}mei^{0}	哥 kɔ^{24}	嫂子 sɔ^{44}tsɿ^{0}
千阳	姊妹 tsɿ^{44}mei^{0}	哥 kuo^{24}	新姐 siŋ^{31}tsie^{53}
西安	姊妹 tsɿ^{53}mei^{0}	哥 kɤ^{21}	嫂子 sau^{53}tsɿ^{0}
户县	姊妹 tsɿ^{55}mei^{31}①	哥 kɤ^{35}	嫂 sau^{51}
商州	姊妹 tsɿ^{53}mẽ^{0}	哥 kə^{35}	嫂子 sɑo^{53}tsɿ^{0}
镇安	姊妹伙的 tsɿ^{35}mən^{0}xuə^{21}ti^{0}	哥 kuə^{53}	嫂子 sɔo^{35}tsɿ^{53}
安康	姊妹 tsɿ^{53}mei^{0}	哥 kɤ^{31}	嫂子 sau^{53}tsɿ^{0} 姐 tɕie^{53}
白河	姊妹 tsɿ^{35}mei^{0} 姊妹伙的 tsɿ^{35}mei^{0}xuo^{0}ti^{0}	哥 kuo^{213}	嫂子 sɔu^{35}tsɿ^{0} 姐 tɕiᴇ^{35}
汉阴	姊妹 tsɿ^{45}mei^{0}	哥 ko^{33}	嫂子 sɑo^{45}tsɿ^{0}
平利	姊妹 tsɿ^{45}mei^{0}	哥 ko^{43}	嫂子 sau^{45}tsɿ^{0}
汉中	姊妹 tsɿ^{35}mei^{0}	哥哥 kɤ^{55}kɤ^{0}	嫂嫂 sɑo^{35}sɑo^{0}
城固	姊妹 tsɿ^{24}mei^{0}	哥哥 kə^{44}kə^{0}	嫂嫂 sɔ^{24}sɔ^{0}
勉县	姊妹 tsɿ^{35}mei^{0}	哥哥 kɤ^{44}kɤ^{0}	嫂嫂 sɑɔ^{35}sɑɔ^{0}
镇巴	姊妹 tsɿ^{35}mei^{213}	哥哥 ko^{35}ko^{55}	嫂嫂 sau^{45}sau^{52} 姐姐 tɕiɛ^{45}tɕiɛ^{52}

①包括兄弟姐妹。

	0640 弟弟叙称	0641 弟媳叙称	0642 姐姐呼称，统称
榆林	兄弟 ɕyɤɣ̃^{33}ti^{52}	兄弟媳妇儿 ɕyɤɣ̃^{33}ti^{52}ɕiəʔ^{3}fur^{0}	姐姐 tɕiɛ^{21}tɕiɛ^{213}
神木	兄弟 ɕyɤ̃^{24}ti^{53}	兄弟家 ɕyɤ̃^{24}ti^{53}tɕiəʔ^{0} 兄弟媳妇 ɕyɤ̃^{24}ti^{53}ɕiəʔ^{4}fu^{44}	姐姐 tɕiɛ^{21}tɕiɛ^{24}
绥德	兄弟 ɕyəɣ̃^{21}ti^{52}	兄弟［媳妇］儿 ɕyəɣ̃^{21}ti^{52}ɕiəur^{0}	姐姐 tɕi^{21}tɕi^{33}
吴堡	兄弟 suɛe^{21}tɛe^{53}	兄弟［媳妇］子 suɛe^{21}tɛe^{53}［sɑo^{24}］tsəʔ^{0}	姐姐 tsɛe^{41}tsɛe^{213}
清涧	兄弟 ɕy^{31}tsʰɿ^{42}	兄弟媳妇 ɕy^{31}tsʰɿ^{44}ɕiəʔ^{4}fʊ^{0}	姐姐 tɕi^{31}tɕi^{53}
延安	兄弟 ɕyəŋ^{21}tʰi^{443}	兄弟媳妇 ɕyəŋ^{21}tʰi^{443}ɕi^{24}fu^{0}	姐姐 tɕiɛ^{52}tɕiɛ^{0}
延川	兄弟 ɕy^{21}tɕʰi^{53}	兄弟媳妇 ɕy^{21}tɕʰi^{53}ɕiəʔ^{21}fu^{0}	姐姐 tɕi^{21}tɕi^{53}
黄陵	兄弟 ɕyŋ^{31}tɕʰi^{0}	兄弟媳妇 ɕyŋ^{31}tɕʰi^{24}ɕi^{31}fu^{0}	姐 tɕiɛ^{52}
渭南	兄弟 ɕyəŋ^{53}tɕʰi^{0}	兄弟媳妇 ɕyəŋ^{53}tɕʰi^{24}ɕi^{53}fu^{0}	姐 tɕiɛ^{24}
韩城	兄弟 ɕyəŋ^{31}tʰi^{0}	兄弟［媳妇］子 ɕyəŋ^{31}tʰi^{0}ɕiəu^{24}tsɿ^{0}	姐 tɕiᴇ^{24}
合阳	兄弟 ɕyn^{31}tʰi^{0}	兄弟媳妇 ɕyn^{31}tʰi^{24}si^{31}fu^{0}	姐 tsiɛ^{24}
富平	兄弟 ɕyəɣ̃^{53}ti^{31}	兄弟媳妇儿 ɕyəɣ̃^{53}ti^{31}ɕi^{53}fʊr^{31}	姐 tiɛ^{24}
耀州	兄弟 ɕyŋ^{52}tɕʰi^{0}	兄弟媳妇 ɕyŋ^{52}tɕʰi^{0}ɕi^{52}fu^{0}	姐 tɕiɛ^{52}
咸阳	兄弟 ɕyəŋ^{31}ti^{0}	弟妹 ti^{44}mei^{44}	姐 tɕiɛ^{24}
旬邑	兄弟 ɕyəŋ^{52}tɕʰi^{0}	兄弟媳子 ɕyəŋ^{52}tɕʰi^{0}ɕi^{52}tsɿ^{0}	姐 tɕiɛ^{52}
三原	兄弟 ɕyəŋ^{52}tɕi^{0}	弟妹 tɕi^{44}mei^{44}	姐 tɕiɛ^{24}

	0640 弟弟叙称	0641 弟媳叙称	0642 姐姐呼称，统称
乾县	兄弟 ɕyoŋ^{53}ti^{21} 弟弟 ti^{55}ti^{21}	兄弟媳妇 ɕyoŋ^{21}ti^{24}ɕi^{21}fu^{21}	姐 tɕiə^{24}
岐山	兄弟 ɕyŋ^{53}ȶ^{h}i^{21} 弟弟 ȶi^{44}ȶi^{53}	兄弟媳妇 ɕyŋ^{53}ȶ^{h}i^{21}si^{53}fu^{21} 弟媳 ȶi^{44}si^{31}	姐姐 ȶiɛ^{31}ȶiɛ^{53} 姐 ȶiɛ^{24}
凤翔	兄弟 ɕyŋ^{53}tsi^{0}	兄弟媳妇 ɕyŋ^{53}tsi^{0}si^{53}fu^{0}	姐 tsie^{24}
千阳	兄弟 ɕyŋ^{53}ts^{h}i^{0}	兄弟家媳妇 ɕyŋ^{53}ts^{h}i^{0}æ̃^{0}si^{53}fu^{0}	姐 tsie^{24}
西安	兄弟 ɕyoŋ^{21}ti^{0}	兄弟媳妇儿 ɕyoŋ^{21}ti^{0}ɕi^{21}fər^{0}	姐 tɕiɛ^{53}
户县	兄弟 ɕyŋ^{31}ti^{31}	兄弟媳妇儿 ɕyŋ^{31}ti^{35}ɕi^{31}fəɯ^{0}	姐 tɕiɛ^{35}
商州	兄弟 ɕyəŋ^{53}ti^{0}	兄弟媳子 ɕyəŋ^{53}ti^{0}ɕi^{53}tsɿ^{0}	姐 tɕiɛ^{35}
镇安	兄弟 ɕioŋ^{53}ti^{0}	兄弟媳妇儿 ɕioŋ^{53}ti^{0}ɕi^{53}fur^{0}	姐 tɕiɛ^{35}
安康	兄弟 ɕyŋ^{31}ti^{0}	兄弟媳妇儿 ɕyŋ^{31}ti^{44}ɕi^{31}fur^{0}	姐 tɕie^{53}
白河	弟 ti^{41}	兄弟媳妇儿 ɕyŋ^{21}ti^{0}ɕi^{44}fər^{0}	姐 tɕiᴇ^{35}
汉阴	兄弟 ɕioŋ^{33}ti^{0}	兄弟媳妇儿 ɕioŋ^{33}ti^{0}ɕi^{42}χuar^{0}	姐 tɕiᴇ^{45}
平利	兄弟 ɕioŋ^{43}ti^{0}	兄弟媳妇 ɕioŋ^{43}ti^{0}ɕi^{43}fu^{0}	姐 tɕiᴇ^{445}
汉中	兄弟 ɕioŋ^{55}ti^{0} 弟弟 ti^{21}ti^{0}	兄弟媳妇 ɕioŋ^{55}ti^{0}ɕi^{42}fu^{0}	姐姐 tɕiᴇ^{35}tɕiᴇ^{0}
城固	兄弟 ɕyŋ^{44}ti^{0}	兄弟媳妇儿 ɕyŋ^{44}ti^{0}si^{44}fər^{0}	姐姐 tsiɛ^{24}tsiɛ^{0}
勉县	兄弟 ɕioŋ^{44}ti^{0}	兄弟媳妇 ɕioŋ^{44}ti^{0}ɕi^{21}fu^{0}	姐姐 tɕiɛ^{35}tɕiɛ^{35}
镇巴	兄弟 ɕioŋ^{35}ti^{213}	兄弟媳妇儿 ɕioŋ^{35}ti^{213}ɕi^{33}fɐr^{31}	姐姐 tɕiɛ^{45}tɕiɛ^{52}

	0643 姐夫呼称	0644 妹妹叙称	0645 妹夫叙称
榆林	姐夫 tɕiɛ^{21}fu^{33}	妹子 mei^{52}tsəʔ^{0}	妹夫 mei^{52}fu^{0}
神木	姐夫 tɕiɛ^{21}fu^{44}	妹子 mei^{53}tsəʔ^{0} 妹妹 mei^{53}mei^{0}	妹夫 mei^{53}fu^{0}
绥德	姐夫 tɕi^{21}fu^{33}	妹子 mei^{52}tsəʔ^{0}	妹夫 mei^{52}fu^{0}
吴堡	姐夫 tɕiɑ^{41}fu^{33}	妹子 mɑe^{53}tsəʔ^{0}	妹夫 mɑe^{53}fu^{0}
清涧	姐夫 tɕi^{53}fʋ^{0}	姊妹 tsɿ^{53}mai^{44}	妹夫 mai^{42}fʋ^{0}
延安	姐夫 tɕiɛ^{52}fu^{0}	妹子 mei^{443}tsəʔ^{0} 妹妹 mei^{443}mei^{0}	妹夫 mei^{443}fu^{0}
延川	姐夫 tɕi^{53}fu^{0}	妹妹 mai^{53}mai^{0}	妹夫 mai^{53}fu^{0}
黄陵	姐夫 tɕiɛ^{52}fu^{0}	妹子 mei^{55}tsɿ^{0}	妹夫 mei^{55}fu^{31}
渭南	哥 kə^{24}	妹子 mei^{44}tsɿ^{0}	妹夫 mei^{44}fu^{0}
韩城	姐夫 tɕiᴇ^{53}fu^{0}	妹子 mɪi^{44}tsɿ^{0}	妹夫 mɪi^{44}fu^{0}
合阳	姐夫 tsiɛ^{52}fu^{31}	妹子 mei^{55}tsɿ^{0}	妹夫 mei^{55}fu^{31}
富平	姐夫 tiɛ^{53}fʋ^{31}	妹子 mɛ̃^{55}tsɿ^{31}	妹夫 mɛ̃^{55}fʋ^{31}
耀州	姐夫 tɕiɛ^{52}fu^{0}	妹子 mei^{44}tsɿ^{0}	妹夫 mei^{44}fu^{0}
咸阳	哥 kɤ^{24}	妹子 mei^{44}tsɿ^{0}	妹夫 mei^{44}fu^{0}
旬邑	姐夫 tɕiɛ^{44}fu^{0} 大哥 ta^{44}kɤ^{24}	妹子 mei^{24}tsɿ^{0}	妹夫 mei^{24}fu^{0}
三原	哥 kɤ^{24}	妹子 mei^{44}tsɿ^{0}	妹夫 mei^{44}fu^{0}

	0643 姐夫呼称	0644 妹妹叙称	0645 妹夫叙称
乾县	姐夫 tɕiə^{53}fu^{21}	妹子 me^{55}tsɿ^{21}	妹夫 me^{55}fu^{21}
岐山	姐夫 ȶiɛ^{44}fu^{21}	妹子 mei^{44}tsɿ^{53}	妹夫 mei^{44}fu^{53}
凤翔	姐夫 tsie^{44}fu^{0}	妹子 mei^{45}tsɿ^{0}	妹夫 mei^{45}fu^{0}
千阳	姐夫 tsie^{44}fu^{0}	妹子 mei^{45}tsɿ^{0}	妹夫 mei^{45}fu^{0}
西安	哥 kɤ^{21}	妹子 mei^{44}tsɿ^{0}	妹夫 mei^{44}fu^{0}
户县	哥 kɤ^{35}	妹子 mei^{55}tsɿ^{0}	妹夫 mei^{55}fu^{31}
商州	姐夫 tɕiɛ^{53}fu^{0}	妹子 mei^{44}tsɿ^{0}	妹夫 mei^{44}fu^{0}
镇安	姐夫 tɕiɛ^{35}fu^{53}	妹子 mᴇi^{322}tsɿ^{0}	妹夫 mᴇi^{322}fu^{0}
安康	姐夫哥 tɕie^{53}fu^{31}kɤ^{31} 姐夫 tɕie^{53}fu^{31}	妹子 mei^{44}tsɿ^{0}	妹夫 mei^{44}fu^{31}
白河	哥 kuo^{213}	妹妹 mei^{42}mei^{0}	妹夫子 mei^{42}fu^{0}tsɿ^{0}
汉阴	姐夫 tɕiᴇ^{45}χu^{0}	妹妹 mei^{21}mei^{0}	妹夫子 mei^{21}χu^{0}tsɿ^{0}
平利	姐夫 tɕiᴇ^{45}fu^{0}	妹子 mei^{24}tsɿ^{0}	妹夫子 mei^{24}fu^{43}tsɿ^{0}
汉中	姐夫 tɕiᴇ^{35}fu^{0}	妹妹 mei^{21}mei^{0}	妹夫 mei^{21}fu^{0}
城固	姐夫 tsiɛ^{24}fu^{0}	妹妹 mei^{31}mei^{0}	妹夫 mei^{31}fu^{0}
勉县	姐夫 tɕiɛ^{35}fu^{0}	妹妹 mei^{21}mei^{35}	妹夫子 mei^{21}fu^{35}tsɿ^{0}
镇巴	哥哥 ko^{35}ko^{55}	妹妹 mei^{21}mei^{55}	妹夫子 mei^{21}fu^{55}tsɿ^{52}

	0646 堂兄弟叙称，统称	0647 表兄弟叙称，统称	0648 妯娌弟兄妻子的合称
榆林	叔伯兄弟 ʂuəʔ^{3}piʌʔ^{0}ɕyɤɣ̃^{33} ti^{52}	（无）	先后 ɕiɛ^{52}xəu^{0}
神木	叔伯弟兄 ʂuəʔ^{4}piəʔ^{21}ti^{53} ɕyɤ̃^{0}	（无）	先后 ɕiɛ^{53}xəu^{0}
绥德	伯叔弟兄 pie^{33}ʂuəʔ^{0}ti^{52} ɕyəɣ̃^{0}	（无）	先后子 ɕie^{52}xəu^{52}tsəʔ^{0}
吴堡	伯叔弟兄 piəʔ^{4}suəʔ^{0} tɛe^{53}suɛe^{0}	（无）	先后子 ɕiɤ^{53}xɑo^{0}tsəʔ^{3}
清涧	伯叔弟兄 pɤ^{53}ʂuəʔ^{54}tsɿ^{42} ɕyəɣ̃^{0}	（无）	先后 ɕi^{42}xəu^{0}
延安	伯叔兄弟 pei^{24}ʂu^{21}ɕyəŋ^{21} tʰi^{443}	（无）	先后 ɕiɛ^{443}xou^{0}
延川	伯叔兄弟 pəʔ^{21}ʂuəʔ^{54}ɕy^{21} tɕʰi^{0}	（无）	先后 ɕiɛ^{53}xəu^{0}
黄陵	伯叔兄弟 pei^{31}səu^{24}ɕyŋ^{31} tɕʰi^{0}	表兄弟 piɔ^{52}ɕyŋ^{31}tɕʰi^{0}	先后 ɕiæ̃^{55}xəu^{0}
渭南	兄弟 ɕyəŋ^{53}tɕʰi^{0}	老表 lɔo^{31}piɔo^{53}	先后 ɕiæ̃^{44}xəu^{0}
韩城	伯父弟兄 pɪi^{31}fu^{0}tʰi^{44}ɕyəŋ^{0}	表兄弟 piɑu^{53}ɕyəŋ^{31}tʰi^{0}	先后 ɕiã^{44}xəu^{0}
合阳	伯叔兄弟 pei^{31}sou^{31}ɕyŋ^{31} tʰi^{31}	表兄弟 piɔo^{52}ɕyŋ^{31}tʰi^{31}	先后 siã^{55}xou^{31}
富平	叔伯兄弟 sou^{53}peɪ^{31}ɕyəɣ̃^{53} ti^{31}	表哥表弟 piɑo^{53}kɤ^{24}piɑo^{53} ti^{55}	先后 ɕiæ̃^{55}xou^{31}
耀州	伯生兄弟 pei^{21}səŋ^{21}ɕyŋ^{21} ti^{44}	老表 lɔu^{21}piɔu^{52}	先后 ɕiæ̃^{44}xu^{0}
咸阳	叔伯弟兄 ʃu^{31}pei^{31}ti^{44}ɕyəŋ^{31}	老表 lɔ^{31}piɔ^{53}	先后儿 ɕiã^{44}xuər^{0}
旬邑	弟兄 tɕʰi^{24}ɕyəŋ^{21}	表弟兄 piau^{52}ɕyəŋ^{21}ti^{44}	前后 tɕʰiã^{24}xəu^{0}
三原	伯叔兄弟 pei^{31}sou^{24}ɕyəŋ^{52} tɕi^{0}	老表 lɑɔ^{31}piɑɔ^{52}	先后 ɕiã^{44}xou^{0}

	0646 堂兄弟叙称，统称	0647 表兄弟叙称，统称	0648 妯娌弟兄妻子的合称
乾县	堂兄弟 tʰaŋ^{24}ɕyoŋ^{21}ti^{55}	表兄弟 piɔ^{53}ɕyoŋ^{21}ti^{22}	先后 ɕiæ̃^{55}xu^{21}
岐山	伯叔兄弟 pei^{53}ʂʅ^{21}ɕyŋ^{53}ȶʰi^{21} 家门兄弟 tɕia^{53}məŋ^{21}ɕyŋ^{53}ȶʰi^{21}	表兄弟 piɔ^{53}ɕyŋ^{53}ȶʰi^{21}	先后 siæ̃^{44}xou^{53}
凤翔	伯叔弟兄 pei^{31}ʂʅ^{0}tsi^{45}ɕyŋ^{0} 月辈弟兄 ye^{53}pei^{0}tsi^{45}ɕyŋ^{0}	表兄弟 piɔ^{53}ɕyŋ^{31}tsi^{44}	先后 siæ̃^{45}xəu^{0}
千阳	伯叔弟兄 pei^{31}ʃʅ^{0}ti^{45}ɕyŋ^{0}	表兄弟 piɔ^{53}ɕyŋ^{31}ti^{44}	先后 siæ̃^{45}xou^{0}
西安	叔伯兄弟 fu^{21}pei^{21}ɕyoŋ^{21}ti^{0}	表兄弟 piau^{53}ɕyoŋ^{21}ti^{0}	先后 ɕiã^{44}xou^{0}
户县	叔伯弟兄 sɤu^{31}pei^{31}ti^{55}ɕyŋ^{31}	表弟兄 piau^{51}ti^{55}ɕyŋ^{31}	先后 ɕiã^{55}xɤu^{31}
商州	伯叔兄弟 pei^{31}sou^{31}ɕyəŋ^{53}ti^{0}	老表 lɑo^{31}piɑo^{53}	先后 ɕiɑŋ^{44}xou^{31}
镇安	兄弟 ɕioŋ^{53}ti^{0}	老表 lɔo^{35}piɔo^{35}	妯娌伙的 tʂəu^{322}li^{0}xuə^{21}ti^{0}
安康	堂兄弟 tʰaŋ^{35}ɕyŋ^{31}ti^{44}	表兄弟 piau^{53}ɕyŋ^{31}ti^{44}	相母伙 ɕiaŋ^{44}mu^{21}xuo^{0}
白河	兄弟 ɕyŋ^{21}ti^{0}	表兄弟 piɔu^{35}ɕyŋ^{21}ti^{0}	妯娌伙儿的 tʂəu^{44}li^{44}xuər^{21}ti^{0}
汉阴	叔伯兄弟 ʂəu^{42}pE^{0}ɕioŋ^{33}ti^{214}	老表 lɑo^{45}piɑo^{45}	姊嫂伙里 tsʅ^{45}sɑo^{0}χo^{45}li^{0}
平利	堂兄弟 tʰaŋ^{52}ɕioŋ^{43}ti^{0}	老表 lau^{45}piau^{445}	妯娌伙的 tʂou^{52}li^{0}xo^{45}ti^{0}
汉中	堂兄弟 tʰɑŋ^{42}ɕioŋ^{55}ti^{0}	表兄弟 piɑo^{35}ɕioŋ^{55}ti^{0}	先后 ɕiɑŋ^{21}xəu^{35}
城固	堂弟兄 tʰɑŋ^{31}ti^{31}ɕyŋ^{0}	表弟兄 piɔ^{44}ti^{31}ɕyŋ^{0}	先后 ɕiɑŋ^{31}xuŋ^{24}
勉县	堂兄弟 tʰɑŋ^{21}ɕioŋ^{44}ti^{0}	老表 lɑɔ^{35}piɑɔ^{35}	先后 ɕiɑŋ^{21}xəu^{35}
镇巴	堂兄弟 tʰaŋ^{31}ɕioŋ^{55}ti^{213}	老表 lau^{45}piau^{52}	妯娌 tsu^{213}li^{52}

	0649 连襟姊妹丈夫的关系，叙称	0650 儿子叙称：我的~	0651 儿媳妇叙称：我的~
榆林	挑担 tʰiɔo²¹tɛ⁵²	小子 ɕiɔo²¹tsəʔ³ 儿 ər²¹³	媳妇子 ɕiəʔ³fu⁵²tsəʔ³
神木	连襟 liɛ⁴⁴tɕiɤ̃⁰ 挑担 tʰiɔo²¹tɛ⁵³	小子 ɕiɔo²¹tsəʔ⁴ 儿 ʌɯ⁴⁴	媳妇子 ɕiəʔ⁴fu⁴⁴tsəʔ⁰
绥德	挑担 tʰiɔɤ²¹tæ⁵²	小子 ɕiɔɤ²¹tsɤ³³	儿［媳妇］ər³³ɕiəu⁰ 儿［媳妇］子 ər³³ɕiəu³³tsəʔ⁰
吴堡	挑担 tʰiɤ⁴¹tã⁵³	小子 ɕiɤ⁴¹tsəʔ³	儿[媳妇]子 ər³³sɑo³³tsəʔ⁰
清涧	挑担 tʰiɔo⁵³tɛ⁰	小子 ɕiɔo⁵³tsəʔ⁰ 儿 ər²⁴	儿媳妇儿 ər²⁴ɕiəʔ⁴fʊr⁰
延安	挑担 tʰiɔ⁵²tæ̃⁰	小子 ɕiɔ⁵²tsəʔ⁰ 儿 ər²⁴	儿媳妇 ər²⁴ɕi²⁴fu⁰ 媳妇 ɕi²⁴fu⁰
延川	挑担 tɕʰiɑo⁵³tæ̃²¹³	小子 ɕiɑo⁵³tsəʔ⁰	儿媳妇 ər³⁵ɕiəʔ²¹fu⁰
黄陵	挑担 tɕʰiɔ⁵²tæ̃⁰ 担子 tæ̃⁵⁵tsɿ⁰	儿 zɿ²⁴ 儿子 ər²⁴tsɿ⁰	儿媳 ər²⁴ɕi⁰
渭南	挑担 tɕʰiɔo⁵³tæ̃⁰ 担子 tæ̃⁴⁴tsɿ⁰	儿 zɿ²⁴	儿媳妇 zɿ²⁴ɕi⁵³fu⁰
韩城	担子 tɑŋ⁴⁴tsɿ⁰	儿 zɿ²⁴	儿[媳妇]子 zɿ³¹ɕiəu⁵³tsɿ⁰
合阳	挑担 tʰiɔo⁵²tã³¹ 担子 tã⁵⁵tsɿ⁰	儿 zɿ²⁴	儿媳妇 zɿ²⁴si³¹fu³¹
富平	担子 tæ̃⁵⁵tsɿ³¹	儿 zɿ²⁴ 娃 uɑ⁵⁵	儿媳妇儿 zɿ²⁴ɕi⁵³fʊr³¹
耀州	挑担 tɕʰiɔu⁵²tæ̃⁰ 担子 tæ̃⁴⁴tsɿ⁰	儿 zɿ²⁴	儿媳妇 zɿ²⁴ɕi⁵²fu⁰
咸阳	挑担 tʰiɔ⁵³tã³¹	儿子 ər²⁴tsɿ⁰	儿媳妇儿 ər²⁴ɕi³¹fuər⁰
旬邑	挑担 tsʰiau⁴⁴tã⁰ 一担子 i²¹tã²⁴tsɿ⁰	儿子 ər²¹tsɿ⁰	儿媳子 ər²⁴ɕi⁵²tsɿ⁰
三原	挑担 tɕʰiɑɔ⁵²tã⁰ 担子 tã⁴⁴tsɿ⁰	娃 uɑ⁴⁴ 儿 ər²⁴	儿媳妇儿 ər²⁴ɕi⁵²fur⁰

	0649 连襟姊妹丈夫的关系，叙称	0650 儿子叙称：我的~	0651 儿媳妇叙称：我的~
乾县	挑担 tʰiɔ^{53}tæ̃^{21}	儿子 ɐr^{24}tsɿ^{21}	儿媳妇 ɐr^{24}ɕi^{21}fu^{21}
岐山	挑担 ȶʰiɔ^{44}tæ̃^{21} 马担 mA^{53}tæ̃^{21}	娃 vA^{44}	媳妇 si^{53}fu^{21}
凤翔	挑担 tsʰiɔ^{44}tæ̃^{0} 挑子 tsʰiɔ^{44}tsɿ^{0}	儿 ər^{24} 儿子 ər^{31}tsɿ^{53}	儿媳妇 ər^{31}si^{44}fu^{0}
千阳	两挑担 liɑŋ^{31}tsʰiɔ^{53}tæ̃^{0} 两挑子 liɑŋ^{31}tsʰiɔ^{53}tsɿ^{0}	儿 ər^{24}	儿媳妇 ər^{31}si^{44}fu^{0}
西安	挑担 tʰiau^{53}tã^{0}	儿 ər^{24}	儿媳妇儿 ər^{24}ɕi^{21}fər^{0}
户县	一担挑 i^{31}tã^{55}tʰiau^{51}	儿 ɯ^{35} 娃子 ua^{35}tsɿ^{0}	儿媳妇儿 ɯ^{35}ɕi^{31}fəɯ^{0} 媳妇儿 ɕi^{31}fəɯ^{0}
商州	挑担 tʰiɑo^{53}tã^{0}	娃子 vɑ^{31}tsɿ^{0}	儿媳子 ər^{31}ɕi^{53}tsɿ^{0}
镇安	挑担 tʰiɔo^{53}tan^{0}	儿子 ər^{33}tsɿ^{0}	儿媳妇儿 ər^{21}ɕi^{53}fur^{0}
安康	挑担 tiau^{31}tan^{0}	儿子 ər^{35}tsɿ^{0}	儿媳妇儿 ər^{35}ɕi^{31}fur^{0}
白河	挑担 tʰiɔu^{21}tan^{0}	儿子 ər^{44}tsɿ^{0}	儿媳妇儿 ər^{44}ɕi^{44}fər^{0}
汉阴	挑担 tʰiɑo^{33}tan^{214}	娃子 uɑ^{42}tsɿ^{0}	儿媳妇儿 ar^{42}ɕi^{42}χuar^{0}
平利	挑担 tʰiau^{43}tan^{0}	儿子 ər^{52}tsɿ^{0}	儿媳妇 ər^{52}ɕi^{43}fu^{0}
汉中	挑担 tʰiɑo^{35}tan^{0}	儿 ər^{42} 儿子 ər^{42}tsɿ^{0}	儿媳妇 ər^{42}ɕi^{0}fu^{0}
城固	挑担 tʰiɔ^{44}tan^{0}	娃 ua^{311}	儿媳妇儿 ə^{31}si^{24}fər^{0}
勉县	挑担 tʰiɑɔ^{35}tɑn^{0}	娃 vɑ^{21}	儿媳妇 ər^{21}ɕi^{21}fu^{0}
镇巴	老挑 lau^{45}tʰiau^{55}	娃儿 ua^{33}ər^{31}	儿媳妇 ər^{31}ɕi^{31}fu^{21}

	0652 女儿叙称：我的~	0653 女婿叙称：我的~	0654 孙子儿子之子
榆林	女子 ny^{21}tsəʔ^{3}	女婿 ny^{21}ɕi^{52}	孙子 suɤɣ̃^{33}tsəʔ^{3}
神木	女子 ȵy^{21}tsəʔ^{4}	女婿 ȵy^{21}ɕi^{53}	孙子 suɤ̃^{24}tsəʔ^{0}
绥德	女子 ny^{21}tsɤ^{33}	女婿 ny^{21}ɕi^{52}	孙子 suəɣ̃^{24}tsəʔ^{0}
吴堡	女子 nʉ^{41}tsəʔ^{3}	女婿 nʉ^{41}sɛe^{53}	孙子 suəŋ^{24}tsəʔ^{0}
清涧	女子 zʮ^{53}tsəʔ^{0}	女婿 zʮ^{53}sɿ^{44}	孙子 suəɣ̃^{31}tsəʔ^{0}
延安	女子 ȵy^{52}tsəʔ^{0} 女儿 ȵyər^{52}	女婿 ȵy^{52}ɕi^{0}	孙子 suəŋ^{21}tsəʔ^{5}
延川	女子 nʮ^{53}tsəʔ^{0}	女婿 nʮ^{53}sʮ^{213}	孙子 suŋ^{21}tsəʔ^{53}
黄陵	女子 ȵy^{52}tsɿ^{0}	女婿 ȵy^{52}ɕi^{0}	孙子 ɕyẽ^{31}tsɿ^{0}
渭南	女 ny^{53}	女婿 ny^{53}ɕi^{0}	孙子 ɕyə̃^{53}tsɿ^{0}
韩城	姑娘 ku^{31}ȵiaŋ^{0}	女婿 ȵy^{53}ɕi^{0} 姑爷 ku^{31}iᴇ^{31}	孙子 ɕyɛ̃^{31}tsɿ^{0}
合阳	女 ȵy^{52} 女子 ȵy^{52}tsɿ^{0}	女婿 ȵy^{52}ɕi^{31}	孙子 ɕyẽ^{31}tsɿ^{0}
富平	女子 ȵy^{53}tsɿ^{31}	女婿 ȵy^{53}ɕiɛ̃^{31}	孙子 ɕyɛ̃^{53}tsɿ^{31}
耀州	女子 ȵy^{52}tsɿ^{0} 姑娘 ku^{52}ȵiaŋ^{0}	女婿 ȵy^{52}ɕi^{0}	孙子 ɕyei^{52}tsɿ^{0}
咸阳	女子 ȵy^{53}tsɿ^{0}	女婿 ȵy^{53}ɕy^{0}	孙子 suɛ̃^{31}tsɿ^{0}
旬邑	女子 ȵy^{44}tsɿ^{0}	女婿 ȵy^{44}ɕiɛ̃^{0}	孙子 suɛ̃^{52}tsɿ^{0}
三原	女 ȵy^{52}	女婿 ȵy^{52}ɕi^{0}	孙子 suẽ^{52}tsɿ^{0}

	0652 女儿叙称：我的~	0653 女婿叙称：我的~	0654 孙子儿子之子
乾县	女儿 ȵy^{53}ɐr^{21}	女婿 ȵy^{53}ɕi^{21}	孙子 suẽ^{53}tsɿ^{21}
岐山	女子 ȵy^{44}tsɿ^{21}	女婿 ȵy^{44}ɕy^{21}	孙娃 suŋ^{53}vA^{21}
凤翔	女 ȵy^{53} 女子 ȵy^{44}tsɿ^{0}	女婿 ȵy^{44}ɕy^{0}	孙子 suŋ^{53}tsɿ^{0}
千阳	女 ȵy^{53}	女婿 ȵy^{44}ɕy^{0}	孙子 suŋ^{53}tsɿ^{0}
西安	女子 ȵy^{53}tsɿ^{0}	女婿 ȵy^{53}ɕi^{0}	孙子 suən^{21}tsɿ^{0}
户县	女子 ȵy^{51}tsɿ^{0}	女婿 ȵy^{51}ɕi^{31} 女婿娃 ȵy^{51}ɕi^{31}ua^{55}	孙子 suẽ^{31}tsɿ^{0}
商州	女子 ȵy^{53}tsɿ^{0}	女婿 ȵy^{53}ɕi^{0}	孙子 ɕyẽ^{53}tsɿ^{0}
镇安	女子 nʮ^{35}tsɿ^{0}	女婿 nʮ^{35}ɕi^{53}	孙子 sən^{53}tsɿ^{0}
安康	女 ny^{53}	女婿 ny^{53}ɕi^{31}	孙娃子 suə^{31}ua^{31}tsɿ^{0}
白河	女子 ȵy^{35}tsɿ^{0} 女儿 ȵyər^{35}	女婿 ȵy^{35}ɕi^{0}	孙娃子 sən^{21}ua^{0}tsɿ^{0}
汉阴	女儿 ȵyar^{45}	女婿娃子 ȵy^{45}ɕi^{0}uɑ^{42}tsɿ^{0} 女婿 ȵy^{45}ɕi^{0}	孙娃子 suən^{33}uɑ^{0}tsɿ^{0}
平利	女儿 ȵʮ^{45}ər^{0}	女婿 ȵʮ^{45}ɕi^{0}	孙娃子 sən^{43}ua^{21}tsɿ^{0}
汉中	女子 ȵy^{35}tsɿ^{0} 女儿 ȵy^{35}ər^{0}	女婿 ȵy^{35}ɕi^{0} 女婿娃 ȵy^{35}ɕi^{0}vA^{0}	孙子 suən^{55}tsɿ^{0} 孙娃子 suən^{55}vA^{0}tsɿ^{0}
城固	女 ȵy^{24}	女婿 ȵy^{24}si^{0}	孙娃 ʃuən^{44}ua^{0}
勉县	女子 ȵy^{35}tsɿ^{0}	女婿 ȵy^{35}ɕi^{0}	孙娃子 soŋ^{44}vɑ^{21}tsɿ^{0}
镇巴	女子 ȵy^{45}tsɿ^{52}	女婿 ȵy^{45}ɕi^{31}	孙娃子 sən^{35}ua^{52}tsɿ^{31}

	0655 重孙子儿子之孙	0656 侄子弟兄之子	0657 外甥姐妹之子
榆林	重孙子 tʂ^{h}uɤɣ̃^{24}suɤɣ̃^{21}tsəʔ^{0}	侄儿子 tʂəʔ^{3}ər^{33}tsəʔ^{0}	外甥 vɛe^{52}sɤɣ̃^{0}
神木	重孙子 tʂ^{h}uɤ̃^{44}suɤ̃^{24}tsəʔ^{0}	侄儿子 tʂəʔ^{4}ʌɯ^{44}tsəʔ^{0}	外甥 vEe^{53}sɤ̃^{0}
绥德	重孙子 tʂ^{h}uəɣ̃^{33}suəɣ̃^{24}tsəʔ^{0}	侄儿子 tʂəʔ^{3}ər^{33}tsəʔ^{0}	外甥 vai^{52}səɣ̃^{0}
吴堡	重孙子 ts^{h}uəŋ^{33}suəŋ^{24}tsəʔ^{0}	侄儿 tʂ^{h}əʔ^{21}ər^{33}	外甥 uɑe^{53}ʂɑ^{0}
清涧	重孙子 tʂ^{h}uəɣ̃^{24}suəɣ̃^{31}tsəʔ^{0}	侄儿 tʂ^{h}ər^{53}	外甥 uai^{42}sɛ^{0}
延安	重孙子 tʂ^{h}uəŋ^{24}suəŋ^{21}tsəʔ^{0}	侄儿 tʂ^{h}ʅ^{24}ər^{0}	外甥 vai^{443}səŋ^{0}
延川	重孙子 tʂ^{h}uŋ^{35}suŋ^{21}tsəʔ^{0}	侄儿 tʂ^{h}əʔ^{54}ər^{0}	外甥 vai^{53}səŋ^{0}
黄陵	重孙子 ts^{h}uŋ^{24}ɕyẽ^{31}tsɿ^{0}	侄子 tʂ^{h}ʅ^{24}tsɿ^{0} 侄儿 tʂ^{h}ʅ^{24}ər^{0}	外甥 vE^{55}səɣ̃^{31}
渭南	重孙 tʃ^{h}əŋ^{24}ɕyə̃^{53}	侄子 tʂ^{h}ʅ^{24}tsɿ^{0}	外甥 uae^{44}səŋ^{31}
韩城	重孙子 pf^{h}əŋ^{31}ɕyɛ̃^{53}tsɿ^{0}	侄儿 tʂ^{h}ʅər^{24}	外甥 uɪi^{44}ʂɑ^{0}
合阳	重孙子 pf^{h}əŋ^{24}ɕyẽ^{31}tsɿ^{0}	侄子 tʂ^{h}ʅ^{24}tsɿ^{0} 侄娃子 tʂ^{h}ʅ^{24}uɑ^{31}tsɿ^{0}	外甥 uæe^{55}sɤ^{31}
富平	重孙 tʃ^{h}uəɣ̃^{24}ɕyɛ̃^{53}	侄儿 tʂ^{h}ʅr^{24}	外甥 uɛe^{55}səɣ̃^{31}
耀州	重孙 tʃ^{h}uŋ^{24}ɕyei^{0}	侄儿 tʂ^{h}ʅər^{24}	外甥 uei^{44}səŋ^{21}
咸阳	重孙子 tʃ^{h}uəŋ^{24}suɛ̃^{31}tsɿ^{0}	侄儿 tʂʅər^{24}	外甥 uæ^{44}səŋ^{31}
旬邑	重孙子 tʃ^{h}əŋ^{21}suɛ̃^{44}tsɿ^{0}	侄儿 tʂ^{h}ʅər^{24}	外甥 vɛi^{24}səŋ^{0}
三原	重孙子 tʃ^{h}uəŋ^{24}suẽ^{31}tsɿ^{0}	侄儿 tʂ^{h}ər^{24}	外甥 uai^{44}səŋ^{31}

	0655 重孙子儿子之孙	**0656 侄子**弟兄之子	**0657 外甥**姐妹之子
乾县	重孙 tʃ^{h}oŋ^{24}suẽ^{21}	侄儿 tʂʅ^{24}ɐr^{21}	外甥 uɛ^{55}sɤŋ^{21}
岐山	重孙 tʂ^{h}əŋ^{31}suŋ^{53}	侄儿 tʂ^{h}ʅ^{24}ər^{53}	外甥 vE^{44}səŋ^{53}
凤翔	重孙 tʂ^{h}əŋ^{31}suŋ^{53}	侄儿 tʂʅ^{31}ər^{53}	外甥 vE^{45}səŋ^{0}
千阳	重孙 tʃ^{h}əŋ^{31}suŋ^{0}	侄 tʃ^{h}ʅ^{24}	外甥 vE^{45}səŋ^{0}
西安	重孙子 pf^{h}əŋ^{24}suən^{21}tsɿ^{0}	侄儿 tʂər^{24}	外甥 uai^{44}səŋ^{0}
户县	重孙子 ts^{h}uəŋ^{35}suẽ^{31}tsɿ^{0}	侄儿 tʂəɯ^{35}	外甥 uæ^{55}səŋ^{31}
商州	重孙 tʃ^{h}uəŋ^{31}ɕyẽ^{53}	侄娃子 tʂʅ^{31}vɑ^{53}tsɿ^{0}	外甥 vai^{44}səŋ^{0}
镇安	重孙子 tʂ^{h}ɤŋ^{33}sən^{53}tsɿ^{0}	侄儿子 tʂʅ^{21}ər^{35}tsɿ^{53}	外甥 vai^{322}sən^{0}
安康	重孙子 pf^{h}əŋ^{35}suən^{31}tsɿ^{21}	侄儿 tʂʅ^{35}ər^{21}	外甥 uæ^{44}ʂən^{31}
白河	重孙娃子 tʂ^{h}uəŋ^{44}sən^{21}ua^{0}tsɿ^{0}	侄儿子 tʂʅ^{44}ər^{0}tsɿ^{0}	外甥子 uai^{42}sən^{0}tsɿ^{0}
汉阴	重孙子 ts^{h}oŋ^{42}suən^{33}tsɿ^{0}	侄儿 tʂʅ^{42}ar^{0}	外甥子 uae^{21}sən^{0}tsɿ^{0}
平利	重孙子 tʂ^{h}oŋ^{52}sən^{43}tsɿ^{21}	侄儿子 tʂʅ^{52}ər^{52}tsɿ^{21}	外甥 uai^{24}sən^{43}
汉中	重孙 ts^{h}oŋ^{42}suən^{0} 重孙子 ts^{h}oŋ^{42}suən^{0}tsɿ^{0}	侄儿 tʂʅ^{42}ər^{0}	外甥 uai^{21}sən^{0} 外甥娃 uai^{21}sən^{0}vA^{0}
城固	重孙娃 tʃ^{h}uŋ^{31}ʃuən^{24}ua^{0}	侄娃 tʂʅ^{31}ua^{24}	外甥 uai^{31}səŋ^{0}
勉县	重孙子 ts^{h}oŋ^{21}soŋ^{0}tsɿ^{0}	侄娃子 tsɿ^{21}vɑ^{21}tsɿ^{0}	外甥 vɑi^{21}sən^{35}
镇巴	重孙儿 ts^{h}oŋ^{31}sɐr^{55}	侄娃子 tsɿ^{33}ua^{31}tsɿ^{31}	外侄 uai^{213}tsɿ^{52}

	0658 外孙女儿之子	0659 夫妻合称	0660 丈夫叙称，最通用的，非贬称：她的~
榆林	外孙子 vɛe^{52}suɤɣ̃^{21}tsəʔ^{0}	婆姨汉 pʰuə^{24}i^{52}xɛ^{52} 两口子 liɑ̃^{24}kʰəu^{21}tsəʔ^{0}	老汉 lɔo^{21}xɛ^{52} 男人 nɛ^{24}ʐɤɣ̃^{0} 掌柜的 tʂɑ̃^{21}kuei^{52}təʔ^{0}
神木	外甥 vEe^{53}sɤ̃^{0}	婆姨汉 pʰuo^{44}i^{0}xɛ^{53}	老汉 lɔo^{21}xɛ^{53} 汉 xɛ^{53} 女婿 ny^{21}ɕi^{53}
绥德	外孙子 vai^{52}suəɣ̃^{24}tsəʔ^{0} 外孙孙 vai^{52}suəɣ̃^{24}suəɣ̃^{0}	婆姨汉 pʰuo^{33}i^{52}xæ^{52} 两口子 liɑ^{24}kʰəu^{21}tsəʔ^{0}	老汉 lao^{21}xæ^{52} 掌柜的 tʂɑ̃^{21}kuei^{52}təʔ^{0} 女婿 ny^{21}ɕi^{52}
吴堡	外甥 uɑe^{53}ʂɑ^{0}	婆姨汉 pʰɤu^{33}i^{0}ɕie^{53}	老汉 lo^{41}ɕie^{53} 女婿 nʉ^{41}sɛe^{53}
清涧	外孙子 uai^{42}suəɣ̃^{31}tsəʔ^{0}	婆姨汉 pʰu^{24}zʅ^{0}ɕi^{0}	老汉 lɔo^{53}ɕi^{0} 女婿 zʮ^{53}sʅ^{44} 男人 nɛ^{24}ʐəɣ̃^{0}
延安	外孙子 vai^{443}suəŋ^{21}tsəʔ^{0}	婆姨汉 pʰuo^{24}i^{0}xæ̃^{443}	老汉 lɔ^{52}xæ̃^{0}
延川	外孙子 vai^{53}suŋ^{21}tsəʔ^{0}	婆姨汉 pʰei^{35}zʅ^{21}xɤ^{0}	老汉 lɑo^{53}xæ̃^{53}
黄陵	外孙 vE^{55}ɕyẽ^{31}	两口子 liɑŋ^{31}kʰəu^{0}tsʅ^{0}	老汉 lɔ^{52}xæ̃^{0} 男人 næ̃^{24}ʐẽ^{0}
渭南	外孙儿 uei^{44}ɕyə̃r^{31}	两口子 liɑŋ^{31}kʰəu^{0}tsʅ^{0}	老汉儿 lɔo^{53}xæ̃r^{0} 男的 næ̃^{24}tɕi^{0}
韩城	外孙子 uɪi^{44}ɕyɛ̃^{31}tsʅ^{0}	两口子 liɑŋ^{53}kʰəu^{31}tsʅ^{0}	老汉 lɑu^{53}xã^{0} 男人 nã^{31}ʐɛ̃^{53}
合阳	外孙子 uei^{55}ɕyẽ^{31}tsʅ^{0}	夫妻 fu^{31}tɕʰi^{31} 两口子 liɑŋ^{31}kʰou^{31}tsʅ^{0}	老汉 lɔo^{52}xɑ̃^{31} 男人 nɑ̃^{24}ʐẽ^{31}
富平	外孙子 ueɪ^{55}ɕyɛ̃^{31}tsʅ^{31}	两口子 liɑɣ̃^{31}kʰou^{31}tsʅ^{31}	老汉 lɑo^{53}xæ̃^{31} 女婿 ȵy^{53}ɕiɛ̃^{31} 掌柜的 tʂɑɣ̃^{53}kʰueɪ^{55} ti^{31}
耀州	外孙子 uei^{44}ɕyei^{21}tsʅ^{0}	两口子 liɑŋ^{21}kʰou^{21}tsʅ^{0}	老汉 lɔu^{52}xæ̃^{0} 男人 næ̃^{24}ʐei^{0}
咸阳	外孙子 uei^{44}suɛ̃^{31}tsʅ^{0}	两口子 liɑŋ^{53}kʰou^{31}tsʅ^{0}	男人 lã^{24}ʐɛ̃^{0}
旬邑	外孙子 vɛi^{24}suɛ̃^{21}tsʅ^{0}	两口子 liɑŋ^{52}kʰəu^{0}tsʅ^{0}	老汉 lau^{44}xã^{0} 男人 lã^{21}ʐɛ̃^{52}

	0658 外孙女儿之子	0659 夫妻合称	0660 丈夫叙称，最通用的，非贬称：她的~
三原	外孙子 uei^{44}suẽ^{31}tsɿ^{0}	两口子 liɑŋ^{31}kʰou^{0}tsɿ^{0}	老汉儿 lɑɔ^{52}xɑ̃r^{0} 掌柜的 tʂɑŋ^{44}kuei^{44}tɕi^{0}
乾县	外孙 uɛ^{55}suẽ^{21}	两口子 liaŋ^{21}kʰou^{21}tsɿ^{21}	女婿 ȵy^{53}ɕi^{21}
岐山	外孙 vE^{44}suŋ^{53}	两口 liɑŋ^{31}kʰou^{21}	男人 læ̃^{31}ʐəŋ^{53}
凤翔	外孙 vE^{45}suŋ^{0}	两口 liɑŋ^{31}kʰəu^{0}	老汉 lɔ^{44}xæ̃^{0} 女婿 ȵy^{44}ɕy^{0}
千阳	外孙 vE^{45}suŋ^{0}	两口 liɑŋ^{31}kʰou^{0}	老汉 lɔ^{44}xæ̃^{0} 女婿 ȵy^{44}ɕy^{0}
西安	外孙子 uai^{44}suən^{21}tsɿ^{0}	两口子 liaŋ^{21}kʰou^{21}tsɿ^{0}	掌柜的 tʂaŋ^{53}kuei^{44}ti^{0}
户县	外孙子 uæ^{55}suẽ^{31}tsɿ^{0}	两口子 liaŋ^{31}kʰɤu^{31}tsɿ^{0}	当家 taŋ^{31}tɕia^{31} 娃他大 ua^{55}tʰa^{31}ta^{55}
商州	外孙子 vei^{44}ɕyẽ^{31}tsɿ^{0}	两口子 liɑŋ^{31}kʰou^{31}tsɿ^{0}	老汉儿 lɑo^{53}xɑ̃r^{31} 掌柜的 tʂɑŋ^{53}kuei^{44}ti^{0}
镇安	外孙子 vEi^{322}sən^{21}tsɿ^{0}	两口子 liʌŋ^{35}kʰəu^{35}tsɿ^{53}	掌柜的 tʂʌŋ^{33}kuEi^{21}ti^{0} 男人 nan^{33}ʐən^{0}
安康	外孙儿 uæ^{44}suər^{31}	两口子 liaŋ^{53}kʰou^{53}tsɿ^{0}	男人 lan^{35}ʐən^{0}
白河	外孙娃子 uai^{42}sən^{0}ua^{0}tsɿ^{0}	两口儿 liaŋ^{35}kʰər^{35}	老汉 lɔu^{35}xan^{0} 男人 lan^{44}ʐən^{0}
汉阴	外孙子 uae^{21}suən^{0}tsɿ^{0}	两口子 liɑŋ^{45}kʰəu^{45}tsɿ^{0}	男人 lan^{42}ʐən^{0} 爱人 ŋae^{21}ʐən^{0}
平利	外孙 uai^{24}sən^{43}	两口子 liaŋ^{45}kʰou^{45}tsɿ^{0}	男人 lan^{52}ʐən^{0}
汉中	外孙 uai^{21}suən^{0} 外孙子 uai^{21}suən^{0}tsɿ^{0}	两口子 liɑŋ^{35}kʰəu^{35}tsɿ^{0}	男的 lan^{42}ti^{0} 男人 lan^{42}ʐən^{0}
城固	外孙娃 uai^{31}ʃuən^{24}ua^{0}	两口 liɑŋ^{44}kʰəu^{0}	老汉 lɔ^{24}xan^{0} 男的 lan^{31}ti^{0}
勉县	外孙子 vɑi^{21}soŋ^{35}tsɿ^{0}	两口子 liɑŋ^{35}kʰəu^{35}tsɿ^{0}	男的 lɑn^{21}ti^{0}
镇巴	外孙儿 uai^{21}sɤr^{55}	两口子 liaŋ^{45}kʰəu^{52}tsɿ^{31}	男人 lan^{33}zən^{31}

	0661 妻子叙称，最通用的，非贬称：他的～	0662 名字	0663 绰号
榆林	婆姨 pʰuə^{24}i^{52} 老婆 lɔo^{21}pʰuə^{213}	名字 miɤɣ̃^{24}tsɿ^{52}	诨号儿 xuɤɣ̃^{52}xɔr^{52} 外号儿 vɛe^{52}xɔr^{52}
神木	媳妇儿 ɕiəʔ^{4}fʌɯ^{53} 婆姨 pʰuo^{44}i^{0} 老婆 lɔo^{21}pʰuo^{44}	名字 miɤ̃^{44}tsɿ^{53}	外号 vᴇe^{53}xɔo^{53}
绥德	[媳妇]子 ɕiəu^{33}tsəʔ^{0} 婆姨 pʰuo^{33}i^{52} 老婆 lao^{21}pʰuo^{33}	名字 miəɣ̃^{33}tsɿ^{52}	绰子号儿 tʂʰɤ^{33}tsɿ^{21}xaor^{52} 外号儿 vai^{52}xaor^{0}
吴堡	[媳妇]子 sɑo^{33}tsəʔ^{0} 婆姨 pʰɤu^{33}i^{0} 老婆 lo^{41}pʰo^{33}	名字 mɛe^{33}tsɿ^{53}	绰子号儿 tʂʰəʔ^{4}tsəʔ^{0}xor^{53}
清涧	婆姨 pʰu^{24}zɿ^{0} 老婆 lɔo^{53}pʰu^{0}	名字 mi^{24}tsəʔ^{0}	外号儿 uai^{42}xɔr^{0}
延安	婆姨 pʰuo^{24}i^{0}	名字 miəŋ^{24}tsɿ^{0}	外号 vai^{443}xɔ^{0}
延川	婆姨 pʰei^{35}zɿ^{0}	名字 mi^{35}tsəʔ^{0}	外号儿 vai^{53}xɔr^{0}
黄陵	老婆 lɔ^{52}pʰuɤ^{0} 媳妇 ɕi^{31}fu^{0} 屋里人 u^{31}li^{0}ʐẽ^{0}	名字 miəŋ^{24}tsɿ^{0}	外号儿 vᴇ^{55}xɔr^{55}
渭南	老婆儿 lɔo^{53}pʰər^{0} 媳妇 ɕi^{31}fu^{0}	名字 miəŋ^{24}tsɿ^{0}	外号儿 uae^{44}xɔor^{53}
韩城	[媳妇]子 ɕiəu^{24}tsɿ^{0} 老婆子 lɑu^{53}pʰuɤ^{0}tsɿ^{0}	名字 miᴇ^{31}tsɿ^{53}	外号儿 uæe^{44}xɑur^{53}
合阳	媳妇 si^{31}fu^{31} 老婆 lɔo^{52}pʰo^{31}	名字 miɛ^{24}tsɿ^{31}	外号 uæe^{55}xɔo^{55}
富平	媳妇儿 ɕi^{53}fʊr^{31} 老婆子 lɑo^{53}pʰo^{31}tsɿ^{31} 老婆儿 lɑo^{53}pʰuər^{31}	名字 miəɣ̃^{24}tsɿ^{53}	外号儿 uɛe^{55}xɑor^{53}
耀州	老婆 lɔu^{52}pʰuo^{0} 婆娘 pʰuo^{24}ȵiɑŋ^{0}	名字 miŋ^{24}tsɿ^{0} 官名 kuæ̃^{52}miŋ^{0}	外号儿 uæi^{44}xɔur^{52}
咸阳	媳妇儿 ɕi^{31}fuər^{0} 婆娘 pʰo^{24}ȵiɑŋ^{0}	名字 miəŋ^{24}tsɿ^{0}	外号儿 uæ^{44}xɔr^{53}
旬邑	婆娘 pʰo^{21}ȵiɑŋ^{52} 屋里人 u^{52}li^{21}ʐɛ̃^{0}	名字 miəŋ^{21}tsɿ^{52}	吆号儿 iau^{52}xaur^{0} 外号儿 vɛi^{44}xaur^{0}

	0661 妻子 叙称,最通用的,非贬称:他的~	0662 名字	0663 绰号
三原	掌柜的 tʂaŋ^{44}kuei^{44}tɕi^{0} 老婆儿 lɑɔ^{52}pʰər^{0}	名字 miŋ^{24}tsɿ^{0}	吆子号儿 iɑɔ^{52}tsɿ^{0}xɑɔr^{0}
乾县	媳妇 ɕi^{53}fu^{21}	名字 miɤŋ^{24}tsɿ^{21}	外号儿 uɛ^{55}xɔr^{53}
岐山	老婆 lɔ^{44}pʰo^{21}	名字 miŋ^{31}tsi^{53}	外号儿 vᴇ^{44}xɔ^{44}ər^{21}
凤翔	媳妇 si^{53}fu^{0} 老婆 lɔ^{44}pʰo^{0}	名字 miŋ^{31}tsɿ^{53}	外号 vᴇ^{44}xɔ^{44}
千阳	媳妇 si^{53}fu^{0} 老婆 lɔ^{44}pʰo^{0}	名字 miŋ^{31}tsɿ^{0}	外号 vᴇ^{44}xɔ^{44}
西安	媳妇儿 ɕi^{21}fər^{0}	名字 miəŋ^{24}tsɿ^{0}	外号儿 uai^{44}xɐr^{53}
户县	内当家 luei^{55}taŋ^{31}tɕia^{31} 娃他妈 ua^{55}tʰa^{35}ma^{31}	名字 miŋ^{35}tsɿ^{31}	外号儿 uæ^{55}xə^{51} 吆号儿 iau^{31}xə^{51}
商州	媳子 ɕi^{53}tsɿ^{0} 老婆 lɑo^{53}pʰuə^{0}	名字 miəŋ^{31}tsɿ^{53}	外号儿 vai^{44}xɑor^{53}
镇安	屋里人 vu^{53}li^{0}ʐən^{21} 媳妇儿 ɕi^{53}fur^{0}	名字 min^{33}tsɿ^{0}	绰子号 tʂʰuə^{53}tsɿ^{0}xɔo^{322}
安康	女人 ny^{53}ʐən^{0} 老婆儿 lau^{53}pʰər^{0}	名字 min^{35}tsɿ^{0}	外号儿 uæ^{44}xaur^{53}
白河	女人 ȵy^{35}ʐən^{0} 媳妇儿 ɕi^{44}fər^{0}	名字 miən^{44}tsɿ^{0}	绰号儿 tʂʰuo^{21}xɐr^{41}
汉阴	女人 ȵy^{45}ʐən^{0} 婆娘 pʰo^{42}ȵiaŋ^{0}	名字 min^{42}tsɿ^{0}	诨名 χuən^{24}min^{42}
平利	女人 ȵʮ^{45}ʐən^{52} 媳妇儿 ɕi^{43}fur^{0}	名字 min^{52}tsɿ^{0}	诨名儿 xuən^{24}miər^{52}
汉中	老婆 lɑo^{35}pʰɤ^{0} 媳妇儿 ɕi^{42}fɤr^{0}	名字 min^{42}tsɿ^{0}	外号 uai^{35}xɑo^{213}
城固	媳妇儿 si^{44}fər^{0} 老婆 lɔ^{24}pə^{0}	名 miŋ^{311}	外号 uai^{24}xɔ^{213}
勉县	媳妇 ɕi^{21}fu^{0}	名字 min^{21}tsɿ^{0}	外号 vɑi^{35}xɑɔ^{213}
镇巴	媳妇儿 ɕi^{33}fɐr^{31}	名字 min^{31}tsɿ^{213}	外号 uai^{213}xau^{213}

	0664 干活儿统称：在地里～	0665 事情一件～	0666 插秧
榆林	动弹 tuɤỹ^{52}tɛ^{0} 劳动 lɔo^{24}tuɤỹ^{52}	事 sɿ^{52} 事情 sɿ^{52}tɕ^{h}iɤỹ^{0}	插秧 ts^{h}aʔ^{3}iɑ̃^{33}
神木	动弹 tuɤ̃^{52}tɛ^{0} 做营生 tsuəʔ^{4}iɤ̃^{44}sɤ̃^{0}	事情 sɿ^{53}tɕ^{h}iɤ̃^{0}	栽秧子 tsEe^{24}iɑ̃^{44}tsəʔ^{0}
绥德	动弹 tuəỹ^{52}t^{h}æ^{0} 劳动 lao^{33}tuəỹ^{52}	事 sɿ^{52} 事情 sɿ^{52}tɕ^{h}iəỹ^{0}	（无）
吴堡	做营生 tsuəʔ^{3}i^{33}ʂəʔ^{0}	事情 sɿ^{53}tɕ^{h}iəŋ^{0}	（无）
清涧	做营生 tsuəʔ^{54}iəỹ^{24}səỹ^{0}	事情 sɿ^{44}tɕ^{h}iəỹ^{44}	（无）
延安	做活什 tsuəʔ^{5}xuo^{24}ʂʅ^{0} 干活 kæ̃^{443}xuo^{24}	事 sɿ^{443}	插秧 ts^{h}a^{24}iaŋ^{213}
延川	做营生 tsuəʔ^{21}iŋ^{35}səŋ^{0}	事儿 sɿər^{53}	栽秧 tsai^{35}iɑŋ^{213}
黄陵	做活 tsəu^{55}xuɤ^{24}	事儿 sər^{55} 事情 sɿ^{55}tɕ^{h}iəŋ^{0}	栽稻子 tsE^{31}t^{h}ɔ^{52}tsɿ^{0}
渭南	做活 tsəu^{44}xuə^{24}	事 sɿ^{44}	插秧 ts^{h}ɑ^{24}iɑŋ^{31}
韩城	做活 tsəu^{44}xuɤ^{24}	事情 sɿ^{44}tɕ^{h}iəŋ^{0} 事 sɿ^{44}	插稻 ts^{h}ɑ^{31}t^{h}ɑu^{53}
合阳	做活 tsou^{55}xuo^{24} 劳动 lɔo^{24}tuŋ^{55}	事 sɿ^{55}	插秧 ts^{h}ɑ^{24}ȵiɑŋ^{31}
富平	弄啥 nuəỹ^{55}sɑ^{31}	事 sɿ^{55}	栽稻子 tsɛe^{31}t^{h}ɑo^{53}tsɿ^{31}
耀州	做活 tsou^{44}xuo^{24}	事 sɿ^{44}	（无）
咸阳	做活 tsou^{44}xuo^{24}	事情 sɿ^{44}tɕ^{h}iəŋ^{0}	栽稻苗儿 tsæ^{31}t^{h}ɔ^{53}miɔr^{24}
旬邑	做活 tsəu^{44}xuo^{24}	事 sɿ^{44}	（无）
三原	做活 tsou^{44}xuə^{24}	事 sɿ^{44}	插秧 ts^{h}ɑ^{24}iɑŋ^{31}

	0664 干活儿统称：在地里~	0665 事情一件~	0666 插秧
乾县	做活 tsu^{55}xuɤ^{24}	事情 sɿ^{55}tɕ^{h}iɤŋ^{21}	插秧 ts^{h}a^{24}iaŋ^{21}
岐山	做活 tsu^{44}xuo^{24}	事 sɿ^{44}	插秧 ts^{h}A^{24}iɑŋ^{31}
凤翔	做活 tsu^{44}xuo^{24}	事 sɿ^{44}	插秧 ts^{h}a^{24}iɑŋ^{31}
千阳	做活 tsu^{44}xuo^{24}	事 sɿ^{44}	插稻子 ts^{h}a^{31}t^{h}ɔ^{44}tsɿ^{0}
西安	做活儿 tsou^{44}xuər^{24}	事 sɿ^{44}	插秧 ts^{h}a^{24}iaŋ^{21}
户县	做活 tsɤu^{55}xuɤ^{35} 干活 kã^{55}xuɤ^{35}	事儿 səɯ^{51} 事 sɿ^{55}	栽稻子 tsæ^{31}t^{h}au^{51}tsɿ^{0}
商州	做活 tsou^{44}xuə^{35}	事 sɿ^{44}	栽秧 tsai^{35}ȵiɑŋ^{31}
镇安	做活 tsəu^{35}xuə^{322}	事 sɿ^{322}	栽秧 tsai^{21}iʌŋ^{53}
安康	干活 kan^{44}xuo^{35}	事情 ʂʅ^{35}tɕ^{h}in^{0}	插秧 tʂ^{h}a^{35}iaŋ^{31} 栽秧 tsæ^{35}iaŋ^{31}
白河	做活 tsəu^{42}xuo^{44}	事情 sɿ^{42}tɕ^{h}iən^{0}	插秧 tʂ^{h}a^{35}iaŋ^{213}
汉阴	做活路 tsəu^{24}χo^{42}ləu^{0}	事情 sɿ^{21}tɕ^{h}in^{0}	栽秧子 tsae^{33}iɑŋ^{33}tsɿ^{0}
平利	做活路 tsou^{24}xo^{52}lou^{0}	事 sɿ^{214}	栽秧 tsai^{43}iaŋ^{43}
汉中	做活 tsəu^{35}xuɤ^{42}	事情 sɿ^{21}tɕ^{h}in^{0}	插秧 ts^{h}A^{55}iɑŋ^{55} 栽秧 tsai^{55}iɑŋ^{55}
城固	做活 tsəu^{24}xuə^{311}	事 sɿ^{213}	栽秧 tsai^{53}iɑŋ^{53}
勉县	做活 tsu^{35}xuɤ^{21}	事 sɿ^{213}	栽秧 tsɑi^{44}iɑŋ^{42}
镇巴	做活路 tsu^{213}xo^{33}lu^{31}	事 sɿ^{213}	栽秧 tsai^{35}iaŋ^{55}

	0667 割稻	0668 种菜	0669 犁名词
榆林	割稻子 kʌʔ^{3}tɔo^{52}tsəʔ^{0}	种菜 tʂuɤɣ̃^{52}ts^{h}ɛe^{52}	犁 li^{213}
神木	割稻子 kəʔ^{4}tɔo^{53}tsəʔ^{0} 收稻子 ʂəu^{24}tɔo^{53}tsəʔ^{0}	种菜 tʂuɣ̃^{53}ts^{h}ᴇe^{53}	犁 li^{44}
绥德	（无）	种菜 tʂuəɣ̃^{52}ts^{h}ai^{52}	耩子 tɕiɑ̃^{21}tsɤ^{33}
吴堡	（无）	种菜 tsuəŋ^{53}ts^{h}ɑe^{53}	耩子 tɕiɤu^{41}tsəʔ^{3}
清涧	（无）	种菜 tʂuəɣ̃^{42}ts^{h}ai^{42}	耩 tɕiɒ̃^{53}
延安	割稻子 kuo^{21}tɔ^{443}tsəʔ^{0}	种菜 tʂuəŋ^{443}ts^{h}ai^{443}	犁 li^{24}
延川	割稻 kɤ^{42}tɑo^{53}	种菜 tʂuŋ^{53}ts^{h}ai^{53}	犁 li^{35} 耩 tɕiɑŋ^{53}
黄陵	割稻子 kɤ^{31}t^{h}ɔ^{52}tsɿ^{0}	种菜 tsuŋ^{55}ts^{h}ᴇ^{55}	犁 li^{24}
渭南	割稻子 kə^{31}t^{h}ɔo^{53}tsɿ^{0}	种菜 tʃəŋ^{44}ts^{h}ae^{44}	犁 li^{24}
韩城	钹稻 p^{h}uɤ^{31}t^{h}ɑu^{53}	种菜 pfəŋ^{44}ts^{h}æe^{44}	犁 lɪi^{24}
合阳	割稻 kɤ^{24}t^{h}ɔo^{52}	种菜 pfɑŋ^{55}ts^{h}æe^{55} 育菜 y^{55}ts^{h}æe^{55}	犁 li^{24}
富平	割稻子 kɤ^{31}t^{h}ɑo^{53}tsɿ^{31}	种菜 tʃuəɣ̃^{55}ts^{h}ɛe^{55}	犁 li^{24}
耀州	（无）	种菜 tʃuŋ^{44}ts^{h}æi^{44}	犁 li^{24}
咸阳	割稻子 kɤ^{31}t^{h}ɔ^{53}tsɿ^{0}	种菜 tʂəŋ^{44}ts^{h}æ^{44}	犁 li^{24}
旬邑	（无）	种菜 tʃəŋ^{44}ts^{h}ɛi^{44}	犁 li^{24}
三原	割稻子 kɤ^{31}t^{h}ɑɔ^{52}tsɿ^{0}	务菜 vu^{44}ts^{h}ai^{44}	犁 li^{24}

	0667 割稻	0668 种菜	0669 犁名词
乾县	割稻 kɤ^{21}tɔ^{53}	种菜 tʃoŋ^{55}tsʰɛ^{55}	犁 li^{24}
岐山	割稻子 kɤ^{31}tʰɔ^{44}tsɿ^{21}	种菜 tʂəŋ^{44}tsʰE^{44} 务菜 vu^{44}tsʰE^{44}	犁 li^{24}
凤翔	割稻子 kuo^{31}tʰɔ^{44}tsɿ^{0}	种菜 tʂəŋ^{44}tsʰE^{44} 务菜 vu^{44}tsʰE^{44}	犁 li^{24}
千阳	割稻子 kuo^{31}tʰɔ^{44}tsɿ^{0}	种菜 tʃəŋ^{44}tsʰE^{44} 务菜 vu^{44}tsʰE^{44}	犁 li^{24} 耩 tɕiɑŋ^{53}
西安	割稻子 kɤ^{21}tʰau^{53}tsɿ^{0}	种菜 pfəŋ^{44}tsʰai^{44}	犁 li^{24}
户县	割稻子 kɤ^{31}tʰau^{51}tsɿ^{0}	种菜 tsuəŋ^{55}tsʰæ^{55} 务菜 vu^{55}tsʰæ^{55}	犁 li^{35}
商州	收稻子 ʂou^{31}tʰɑo^{53}tsɿ^{0}	种菜 tʃuəŋ^{44}tsʰai^{44}	犁 li^{35}
镇安	割稻子 kuə^{21}tʰɔo^{35}tsɿ^{53}	种菜 tʂuoŋ^{35}tsʰai^{214}	犁 li^{33}
安康	收谷子 ʂou^{35}ku^{31}tsɿ^{0} 割谷子 kɤ^{35}ku^{31}tsɿ^{0}	种菜 pfu^{44}tsʰæ^{44} 栽菜 tsæ^{31}tsʰæ^{44}	犁 li^{35}
白河	收谷子 ʂəu^{35}ku^{21}tsɿ^{0}	种菜 tʂuəŋ^{42}tsʰai^{41} 栽菜 tsai^{21}tsʰai^{41}	犁 li^{44}
汉阴	打谷子 tɑ^{45}ku^{42}tsɿ^{0}	种菜 tsoŋ^{24}tsʰae^{214}	犁头 li^{42}tʰəu^{0}
平利	割谷子 ko^{43}ku^{43}tsɿ^{0}	兴菜 ɕin^{43}tsʰai^{214}	犁 li^{52}
汉中	割谷子 kɤ^{55}ku^{55}tsɿ^{0}	种菜 tsoŋ^{35}tsʰai^{213}	犁 li^{42}
城固	收稻 ʂəu^{53}tɔ^{44}	种菜 tsuŋ^{24} tsʰai^{213}	犁头 li^{31}tʰəu^{0}
勉县	割谷子 kɤ^{44}ku^{44}tsɿ^{0}	种菜 tsoŋ^{35}tsʰɑi^{213}	犁头 li^{21}tʰəu^{0}
镇巴	割谷子 ko^{31}ku^{33}tsɿ^{31}	点菜 tian^{45}tsʰai^{213}	犁头 li^{33}tʰəu^{31}

	0670 锄头	0671 镰刀	0672 把儿刀～
榆林	锄头 tʂʰuə^{24}tʰəu^{0}	镰刀 liɛ^{24}tɔo^{0}	把子 pa^{52}tsəʔ^{0} 把把 pa^{52}pa^{0}
神木	锄 tʂʰuo^{44}	镰刀 liɛ^{44}tɔo^{0}	把子 pa^{53}tsəʔ^{0} 把把 pa^{53}pa^{0}
绥德	锄儿 tʂʰuor^{33} 锄头 tʂʰuo^{33}tʰəu^{33}	镰刀 lie^{33}tao^{0}	把子 pɑ^{52}tsəʔ^{0} 把儿 pɐr^{52}
吴堡	锄 tsʰu^{33}	镰儿 liər^{53}	把子 pɑ^{53}tsəʔ^{0}
清涧	锄 tʂʰʮ^{24}	镰刀 li^{24}tɔo^{0}	把子 pɑ^{44}tsəʔ^{0}
延安	锄 tʂʰu^{24}	镰刀 liæ̃^{24}tɔ^{213}	把子 pa^{443}tsəʔ^{0} 把把儿 pa^{443}par^{0}
延川	锄 tʂʰʮ^{35}	镰刀 liɛ^{35}tɑo^{0}	把子 pa^{53}tsəʔ^{213}
黄陵	锄 tsʰəu^{24}	镰 liæ̃^{24}	把儿 pɐr^{55}
渭南	锄 tsʰəu^{24}	镰 liæ̃^{24}	把 pɑ^{44}
韩城	锄 tsʰəu^{24}	镰 liɑŋ^{24}	把儿 pɑr^{53}
合阳	锄 tsʰou^{24}	镰 liɑ̃^{24}	把把 pɑ^{55}pɑ^{0}
富平	锄 tsʰou^{24}	镰 liæ̃^{24}	把儿 pɑr^{53}
耀州	锄 tsʰou^{24}	镰 liæ̃^{24}	把儿 par^{44}
咸阳	锄 tʃʰu^{24}	镰 liɑ̃^{24}	把儿 pɐr^{53}
旬邑	锄 tʃʰʅ^{24}	镰 liɑ̃^{24}	把子 pa^{52}tsɿ^{0}
三原	锄 tsʰou^{24}	镰 liɑ̃^{24}	把儿 pɐr^{52}

	0670 锄头	0671 镰刀	0672 把儿刀~
乾县	锄头 tʃ^{h}u^{24}t^{h}ou^{21}	镰刀 liæ̃^{24}tɔ^{21}	把把 pa^{55}pa^{21}
岐山	锄 tʂ^{h}ʅ^{24} □镢 p^{h}æ̃^{53}tɕyɛ^{21}	镰 liæ̃^{24}	把把 pA^{44}pA^{53}
凤翔	锄 tʂ^{h}ʅ^{24} □镢 p^{h}æ̃^{44}tɕye^{0}	镰 liæ̃^{24}	把把 pa^{45}pa^{0}
千阳	锄 tʃ^{h}ʅ^{24}	镰 liæ̃^{24}	把把 pa^{45}pa^{0}
西安	锄 pf^{h}u^{24}	镰 liã^{24}	把儿 pɐr^{53}
户县	锄 ts^{h}ɤu^{35}	镰 liã^{35}	把把 pa^{55}pa^{0}
商州	锄 ts^{h}ou^{35}	镰 liã^{35}	把把 pɑ^{44}pɑ^{0}
镇安	锄子 ts^{h}əu^{33}tsɿ^{0}	镰刀 lian^{33}tɔo^{53}	把把儿 pa^{21}pɐr^{0}
安康	锄头 pf^{h}u^{35}t^{h}ou^{0}	镰子 lian^{35}tsɿ^{0}	把儿 par^{53}
白河	锄子 tʂ^{h}əu^{44}tsɿ^{0}	镰刀 lian^{44}tɔu^{213}	把把儿 pa^{42}pɐr^{0}
汉阴	锄头 ts^{h}əu^{42}t^{h}əu^{0}	镰刀 lian^{42}tɑo^{33}	把把儿 pɑ^{21}par^{0}
平利	板锄 pan^{45}ts^{h}ou^{52}	镰子 lian^{52}tsɿ^{0}	把子 pa^{24}tsɿ^{0}
汉中	锄头 ts^{h}u^{42}t^{h}əu^{0}	镰刀 lian^{42}tɑo^{0}	把把 pA^{21}pA^{0}
城固	锄头 tʃ^{h}u^{31}t^{h}əu^{0}	镰刀 lian^{31}tɔ^{24}	把把 pa^{31}pa^{44}
勉县	锄头 ts^{h}u^{21}t^{h}əu^{0}	镰刀 lian^{21}tɑɔ^{0}	把把 pɑ^{21}pɑ^{35}
镇巴	锄头 ts^{h}u^{33}t^{h}əu^{31}	镰刀 lian^{31}tau^{55}	把把 pa^{21}pa^{55}

	0673 扁担	0674 箩筐	0675 筛子统称
榆林	扁担 pʰiɛ^{21}tɛ^{52} 担子 tɛ^{52}tsəʔ^{0}	筐子 kʰuɑ̃^{33}tsəʔ^{0}	筛子 sɛe^{33}tsəʔ^{0}
神木	担杖 tɛ^{53}tʂɑ̃^{0}	筐子 kʰuɑ̃^{24}tsəʔ^{0} 筐筐 kʰuɑ̃^{24}kʰuɑ̃^{0}	筛子 sEe^{24}tsəʔ^{0}
绥德	扁担 pæ^{21}tæ^{52} 担子 tæ^{52}tsəʔ^{0}	筐儿 kʰuɑ̃r^{213} 筐子 kʰuɑ̃^{24}tsəʔ^{0}	筛子 sai^{24}tsəʔ^{0}
吴堡	扁担 pɑ̃^{41}tɑ̃^{53} 担子 tɑ̃^{53}tsəʔ^{0}	笼子 luəŋ^{41}tsəʔ^{3}	筛子 sɑe^{24}tsəʔ^{0}
清涧	担子 tɛ^{44}tsəʔ^{0}	笼子 luə$\tilde{ɣ}$^{53}tsəʔ^{0}	筛子 sai^{31}tsəʔ^{0}
延安	扁担 pʰiæ̃^{21}tæ̃^{443} 担子 tæ̃^{443}tsəʔ^{0}	筐子 kʰuaŋ^{21}tsəʔ^{5}	筛子 sai^{52}tsəʔ^{0}
延川	担子 tæ̃^{53}tsəʔ^{213}	箩儿 luər^{53}	筛子 sai^{53}tsəʔ^{213}
黄陵	担 tæ̃^{55}	筐子 kʰuaŋ^{31}tsɿ^{0} 笼 luŋ^{52}	筛子 sE^{52}tsɿ^{0}
渭南	担 tæ̃^{44}	筐子 kʰuɑŋ^{53}tsɿ^{0}	筛子 sae^{53}tsɿ^{0}
韩城	担 tɑŋ^{44}	筐 kʰuɑŋ^{31}	筛子 sæe^{53}tsɿ^{0}
合阳	担 tɑ̃^{55}	筐子 kʰuɑŋ^{31}tsɿ^{0}	筛子 sæe^{52}tsɿ^{0}
富平	水担 ʃueɪ^{53}tæ̃^{31}	笼 luə$\tilde{ɣ}$^{53}	横筛儿 çyɛ^{31}sər^{53}
耀州	担 tæ̃^{44}	筐子 kʰuɑŋ^{52}tsɿ^{0}	筛子 sæi^{52}tsɿ^{0}
咸阳	水担 ʃuei^{53}tɑ̃^{0}	竹筐子 tʃu^{31}kʰuɑŋ^{31}tsɿ^{0}	筛子 sæ^{53}tsɿ^{0}
旬邑	担 tɑ̃^{44} 扁担 piɑ̃^{44}tɑ̃^{0}	筐子 kʰuɑŋ^{52}tsɿ^{0}	筛子 sɛi^{44}tsɿ^{0}
三原	水担 ʃuei^{52}tɑ̃^{0}	筐子 kʰuɑŋ^{52}tsɿ^{0}	筛子 sai^{52}tsɿ^{0}

	0673 扁担	0674 箩筐	0675 筛子统称
乾县	扁担 piæ̃^{53}tæ̃^{21}	担笼 tæ̃^{55}noŋ^{21}	筛子 sɛ^{53}tsɿ^{21}
岐山	担 tæ̃^{44} 扁担 piæ̃^{44}tæ̃^{21}	箩筐 luo^{31}kʰuɑŋ^{53}	筛子 sᴇ^{44}tsɿ^{21} 筛筛 sᴇ^{44}sᴇ^{21}
凤翔	扁担 piæ̃^{44}tæ̃^{0} 水担 ʂei^{44}tæ̃^{0}	筐子 kʰuɑŋ^{53}tsɿ^{0} 筐筐 kʰuɑŋ^{53}kʰuɑŋ^{0}	筛子 sᴇ^{44}tsɿ^{0}
千阳	扁担 piæ̃^{44}tæ̃^{0} 水担 ʃei^{44}tæ̃^{0}	筐子 kʰuɑŋ^{53}tsɿ^{0} 筐筐 kʰuɑŋ^{53}kʰuɑŋ^{0}	筛子 sᴇ^{44}tsɿ^{0}
西安	扁担 piã^{53}tã^{0}	担笼 tã^{44}loŋ^{0}	筛子 ʂai^{21}tsɿ^{0}
户县	扁担 piã^{51}tã^{31} 担子 tã^{55}tsɿ^{0}	筐子 kʰuaŋ^{31}tsɿ^{0}	筛子 sæ^{51}tsɿ^{0}
商州	水担 ʃuei^{53}tã^{0}	筐子 kʰuɑŋ^{53}tsɿ^{0}	筛子 sai^{53}tsɿ^{0}
镇安	扁担 pian^{33}tan^{214}	筐子 kʰuʌŋ^{53}tsɿ^{0}	筛子 sai^{53}tsɿ^{0}
安康	扁担 pian^{53}tan^{31}	箩筐 luo^{35}kʰuaŋ^{31}	筛子 ʂæ^{31}tsɿ^{0}
白河	扁担 pian^{35}tan^{0}	筐子 kʰuaŋ^{21}tsɿ^{0}	筛子 sai^{21}tsɿ^{0}
汉阴	扁担 pian^{45}tan^{0}	箩筐 lo^{42}kʰuɑŋ^{33}	筛子 sae^{33}tsɿ^{0}
平利	扁担 pian^{45}tan^{0}	箩筐 lo^{52}kʰuaŋ^{0}	筛子 ʂai^{43}tsɿ^{0}
汉中	扁挑 pian^{35}tʰiɑo^{0} 扁担 pian^{35}tan^{0}	箩筐 luɤ^{42}kʰuaŋ^{0}	筛子 sai^{55}tsɿ^{0}
城固	扁担 pian^{24}tan^{0}	担斗 tan^{31}təu^{0}	筛 sai^{53}
勉县	扁担 piɑn^{35}tɑn^{0}	筐筐 kʰuɑŋ^{44}kʰuɑŋ^{0}	筛子 sɑi^{44}tsɿ^{0}
镇巴	扁挑 pian^{45}tʰiau^{55}	箩篼 lo^{31}təu^{55}	筛子 sɛ^{35}tsɿ^{52}

	0676 簸箕农具，有梁的	0677 簸箕簸米用	0678 独轮车
榆林	（无）	簸箕 puə^{52}tɕʰi^{0}	推土车 tʰuei^{33}tʰu^{21}tʂʰə^{33}
神木	（无）	簸箕 puo^{53}tɕʰi^{0}	倒土车子 tɔo^{53}tʰu^{21}tʂʰʅə^{24}tsəʔ^{0}
绥德	撮子 tsʰuo^{33}tsəʔ^{0}	簸箕 puo^{52}tɕʰi^{0}	推土车 tʰuei^{24}tʰu^{21}tʂʰəɣ̃^{213}
吴堡	簸箕 pɤu^{53}tɕʰi^{0}	簸箕 pɤu^{53}tɕʰi^{0}	推土车子 tʰu^{24}tʰu^{21}tʂʰɑ^{24}tsəʔ^{0}
清涧	簸箕 pu^{42}tsʰɿ^{0}	簸箕 pu^{42}tsʰɿ^{0}	土车子 tʰʊ^{53}tʂʰᴇi^{31}tsəʔ^{0}
延安	撮子 tsʰuo^{21}tsəʔ^{5}	簸箕 puo^{443}tɕʰi^{0}	单轮车 tæ̃^{21}luəŋ^{24}tʂʰə^{213}
延川	簸萁 pei^{53}tsʰɿ^{0}	簸箕 pei^{53}tsʰɿ^{0}	土车子 tʰu^{53}tʂʰə^{21}tsəʔ^{0}
黄陵	簸箕 puɤ^{55}tɕʰi^{0}	簸箕 puɤ^{55}tɕʰi^{0}	独轱辘车 tʰu^{24}ku^{31}lu^{24}tʂʰɤ^{31} 手推车 ʂəu^{52}tʰuei^{24}tʂʰɤ^{31}
渭南	撒⁼子 sɑ^{53}tsɿ^{0}	簸箕 pə^{44}tɕʰi^{31}	气死牛 tɕʰi^{44}sɿ^{0}ȵiəu^{24} 牛抬杠 ȵiəu^{24}tʰae^{24}kɑŋ^{44}
韩城	簸箕 puɤ^{44}tɕʰi^{0}	簸箕 puɤ^{44}tɕʰi^{0}	叫蚂蚱车 tɕiɑu^{44}mɑ^{31}tsɿ^{0}tʂʰɑ^{31} 推车子 tʰɪi^{53}tʂʰɑ^{31}tsɿ^{0}
合阳	（无）	簸箕 po^{55}tɕʰi^{0}	单轱辘车 tã^{31}ku^{31}lou^{24}tʂʰɤ^{31} 单轮车 tã^{31}yẽ^{24}tʂʰɤ^{31}
富平	簸箕 po^{55}tɕʰi^{31}	簸箕 po^{55}tɕʰi^{31}	推车子 tʰueɪ^{31}tʂʰɤ^{31}tsɿ^{31} 地老鼠车 ti^{55}lɑo^{31}ʃu^{31}tʂʰɤ^{53}
耀州	（无）	簸箕 puo^{44}tɕi^{0}	地轱辘车 ti^{44}ku^{21}lou^{0}tʂʰɤ^{21} 单轱辘车 tæ̃^{21}ku^{21}lou^{0}tʂʰɤ^{21}
咸阳	簸箕 po^{44}tɕʰi^{0}	簸箕 po^{44}tɕʰi^{0}	推车 tʰuei^{31}tʂʰɤ^{0}
旬邑	（无）	簸箕 po^{24}tɕi^{0}	土车子 tʰu^{44}tʂʰɤ^{21}tsɿ^{0} 单轱辘车 tã^{21}ku^{21}lu^{0}tʂʰɤ^{21}
三原	撮斗儿 tsʰuə^{31}tour^{0}	簸箕 pɤ^{44}tɕʰi^{31}	技⁼轱辘 tɕi^{44}ku^{31}lou^{24}

	0676 簸箕农具，有梁的	0677 簸箕簸米用	0678 独轮车
乾县	簸箕 puɤ^{55}tɕi^{21}	簸箕 puɤ^{55}tɕi^{21}	独轮车 tu^{24}luẽ^{24}tʂ^{h}ɤ^{21}
岐山	撮箕 ts^{h}uo^{31}tɕi^{21}	簸箕 po^{44}tɕi^{21}	推车 t^{h}uei^{31}tʂ^{h}ɤ^{31} 架□车 tɕia^{53}vA^{21}tʂ^{h}ɤ^{31}
凤翔	撮撮 ts^{h}ɔ^{53}ts^{h}ɔ^{0}	簸箕 po^{44}tɕi^{0}	推车 t^{h}uei^{31}tʂ^{h}ʅə^{0}
千阳	撮撮 ts^{h}uo^{53}ts^{h}uo^{0}	簸箕 po^{44}tɕi^{0}	土车 t^{h}u^{44}tʂ^{h}ə^{0}
西安	（无）	簸箕儿 po^{44}tɕ^{h}iər^{0}	推车儿 t^{h}uei^{21}tʂɐr^{0}
户县	戳戳儿 ts^{h}uɤ^{31}ts^{h}uə^{35}	簸箕 pɤ^{55}tɕ^{h}i^{31}	独轮儿车 tɤu^{35}luɯ^{35}tʂ^{h}ʅɛ^{31}
商州	簸箕 puə^{44}tɕ^{h}i^{31}	簸箕 puə^{44}tɕ^{h}i^{31}	独轮儿车 tou^{35}luẽr^{35}tʂ^{h}ə^{31}
镇安	簸箕 puə^{33}tɕi^{53}	柳簸 liəu^{33}puə^{214}	独轮车 təu^{21}lən^{21}tʂ^{h}ɛ^{53}
安康	簸箕 pə^{35}tɕi^{31}	簸箕 pə^{35}tɕi^{31}	狗头车 kou^{53}t^{h}ou^{35}tʂ^{h}ɤ^{31}
白河	簸箕 po^{42}tɕi^{0}	簸箕 po^{42}tɕi^{0}	独轮儿车 təu^{44}lər^{44}tʂ^{h}E^{213}
汉阴	筐篮 p^{h}u^{42}lan^{0}	簸箕 po^{45}tɕi^{0}	轱辘儿车 ku^{33}lar^{0}tʂ^{h}E^{33}
平利	（无）	柳簸儿 liou^{45}por^{24}	独轮车 tou^{52}lən^{52}tʂ^{h}E^{43}
汉中	筐篮 pu^{42}lan^{0}	簸箕 pɤ^{35}tɕi^{0}	鸡公车 tɕi^{55}koŋ^{0}tʂ^{h}ɤ^{55}
城固	撮箕 tʃ^{h}uə^{44}tɕi^{0}	簸箕 puə^{24}tɕi^{0}	鸡公车 tɕi^{44}kuŋ^{0}tʂ^{h}ə^{53}
勉县	筐篮 pu^{21}lɑn^{0}	簸箕 pɤ^{35}tɕi^{0}	鸡公车 tɕi^{44}koŋ^{0}ts^{h}ɤ^{42}
镇巴	撮箕 ts^{h}o^{35}tɕi^{55}	柳簸 liəu^{45}po^{52}	鸡公车 tɕi^{35}koŋ^{55}ts^{h}ɛ^{55}

	0679 轮子旧式的，如独轮车上的	0680 碓整体	0681 臼
榆林	车轱辘 tʂʰə^{33}kuəʔ^{3}lu^{52} 车陀 tʂʰə^{33}tʰuə^{213}	窝儿 vuər^{33}	窝儿 vuər^{33}
神木	车轱辘子 tʂʰʅə^{21}kuəʔ^{4}lu^{0}tsəʔ^{4}	碓臼 tuei^{53}tɕiəu^{0}	碓臼圪都 tuei^{53}tɕiəu^{0}
绥德	车轱辘儿 tʂʰəɣ̃^{21}kuəʔ^{3}lur^{52} 车陀 tʂʰəɣ̃^{21}tʰuo^{33}	（无）	（无）
吴堡	陀陀 tʰu^{24}tʰu^{0}	（无）	（无）
清涧	车轱辘儿 tʂʰei^{31}kuəʔ^{4}luər^{0} 车陀 tʂʰᴇi^{31}tʰu^{24}	（无）	（无）
延安	车轱辘儿 tʂʰə^{21}ku^{443}lur^{0}	（无）	石钵子 ʂəʔ^{5}puo^{21}tsəʔ^{0}
延川	轱辘子 kuəʔ^{54}lu^{21}tsəʔ^{0}	（无）	石钵子 ʂʅ^{42}pɤ^{21}tsəʔ^{0}
黄陵	轱辘 ku^{31}lu^{0}	（无）	（无）
渭南	轱辘儿 ku^{53}ləur^{0}	（无）	（无）
韩城	轱辘 ku^{31}ləu^{53}	（无）	（无）
合阳	轱辘 ku^{31}lou^{31} 轮子 yẽ^{24}tsɿ^{0}	（无）	窝窝 uo^{55}uo^{0}
富平	轮轮 luɛ̃^{31}luɛ̃^{53}	碓窝碓锤 tueɪ^{55}uo^{31}tueɪ^{55}tʃʰueɪ^{31}	碓窝 tueɪ^{55}uo^{31}
耀州	轱辘 ku^{52}lou^{0}	碓子 tuei^{44}tsɿ^{0}	（无）
咸阳	轮子 luɛ̃^{24}tsɿ^{0}	石臼 ʂʅ^{24}tɕiou^{0}	石臼 ʂʅ^{24}tɕiou^{0}
旬邑	轱辘子 ku^{52}lu^{0}tsɿ^{0}	（无）	窝窝 uo^{52}uo^{0}
三原	轱辘儿 ku^{24}lour^{0}	（无）	（无）

	0679 轮子旧式的，如独轮车上的	**0680 碓**整体	**0681 臼**
乾县	轮子 luẽ^{24}tsɿ^{21}	碓 tue^{21}	臼 tɕiou^{21}
岐山	车轱轮 tʂʰɤ^{31}ku^{53}lyŋ^{21}	碓窝 tuei^{44}vo^{53}	碓窝 tuei^{44}vo^{53}
凤翔	车轮 tʂʰʅə^{31}lyŋ^{24} 轱轮 ku^{53}lyŋ^{0}	（无）	碓窝 tuei^{45}vo^{0}
千阳	车轮 tʂʰə^{31}lyŋ^{24} 轮轮 lyŋ^{31}lyŋ^{0}	（无）	碓窝 tuei^{45}vo^{0}
西安	轱辘儿 ku^{24}lər^{0}	（无）	（无）
户县	轮子 luẽ^{35}tsɿ^{0} 车轱轮 tʂʰʅɛ^{31}ku^{31}luẽ^{35}	石窝 ʂʅ^{35}uɤ^{31}	（无）
商州	轮子 luẽ^{31}tsɿ^{0}	碓锤 tuei^{44}tʃʰuei^{35}	（无）
镇安	滚滚儿 kuən^{35}kuər^{53}	碓窝子 tᴇi^{33}vuə^{53}tsɿ^{0}	（无）
安康	轮子 lyən^{35}tsɿ^{0}	碓窝 tuei^{44}uo^{31}	碓窝 tuei^{44}uo^{31}
白河	轮子 lən^{44}tsɿ^{0}	碓窝子 tei^{42}uo^{21}tsɿ^{0}	（无）
汉阴	车轮子 tʂʰᴇ^{33}luən^{42}tsɿ^{0}	碓窝子 tuei^{21}uo^{0}tsɿ^{0}	碓窝子 tuei^{21}uo^{0}tsɿ^{0}
平利	车轮子 tʂʰᴇ^{43}lən^{52}tsɿ^{0}	碓窝子 tei^{24}uo^{43}tsɿ^{0}	碓窝子 tei^{24}uo^{43}tsɿ^{0}
汉中	轱辘 ku^{55}lu^{0} 轮轮 luən^{42}luən^{0}	碓窝 tuei^{21}uɤ^{0}	臼窝 tɕiəu^{21}uɤ^{0}
城固	轮轮 luən^{31}luən^{24}	碓窝 tuei^{31}uə^{0}	窝窝 uə^{44}uə^{0}
勉县	滚滚 koŋ^{35}koŋ^{0} 滚子 koŋ^{35}tsɿ^{0}	碓窝 tuei^{21}uɤ^{35}	窝窝 vɤ^{44}vɤ^{0}
镇巴	滚滚儿 kun^{45}kuɐr^{213}	碓窝 tuei^{21}uo^{55}	石窝子 sɿ^{33}uo^{31}tsɿ^{31}

	0682 磨名词	0683 年成	0684 走江湖统称
榆林	磨 muə^{52}	年成 niɛ^{24}tʂʰɤɣ̃^{0}	走江湖 tsəu^{21}tɕiɑ̃^{33}xu^{33} 跑江湖 pʰɔo^{21}tɕiɑ̃^{33}xu^{33}
神木	磨 muo^{53}	年成 ȵiɛ^{44}tʂʰɣ̃^{0}	走江湖 tsəu^{21}tɕiɑ̃^{24}xu^{44}
绥德	磨 muo^{52}	年成 nie^{33}tʂʰəɣ̃^{0}	走江湖 tsəu^{21}tɕiɑ̃^{21}xu^{33} 跑江湖 pʰao^{21}tɕiɑ̃^{21}xu^{33}
吴堡	磨 mɤu^{53}	年成 ȵiᴇ^{33}tʂʰəŋ^{0}	跑码头 pʰo^{24}mɑ^{41}tʰɑo^{33} 跑江湖 pʰo^{41}tɕiɑ̃^{21}xu^{33}
清涧	硙 uai^{42}	年成 ȵi^{24}tʂʰəɣ̃^{0}	跑外头 pʰɔo^{24}vai^{44}tʰəu^{24}
延安	磨 muo^{443}	年景 ȵiæ̃^{24}tɕiəŋ^{423} 年成 ȵiæ̃^{24}tʂʰəŋ^{0}	跑江湖 pʰɔ^{52}tɕiaŋ^{21}xu^{0}
延川	磨 mei^{53}	年成 ȵiɛ^{35}tʂʰəŋ^{0}	走江湖 tsəu^{53}tɕiaŋ^{21}xu^{35}
黄陵	硙子 vei^{55}tsɿ^{0}	收成 ʂəu^{31}tʂʰəŋ^{0}	跑江湖 pʰɔ^{24}tɕiaŋ^{31}xu^{0}
渭南	硙子 uei^{44}tsɿ^{0}	年景 ȵiæ̃^{24}tɕiəŋ^{53} 收成 ʂəu^{53}tʂʰəŋ^{0}	卖当$^{=}$哩 mae^{44}taŋ^{44}li^{0}
韩城	硙子 uɪi^{44}tsɿ^{0} 磨子 muɤ^{44}tsɿ^{0}	收成 ʂəu^{31}tʂʰəŋ^{0}	闯江湖 pfʰɑŋ^{53}tɕiaŋ^{31}xu^{24}
合阳	硙子 uei^{55}tsʅ^{0} 磨子 mo^{55}tsɿ^{0}	收成 ʂou^{31}tʂʰəŋ^{31}	在外前跑咧 tsʰæɑ^{31}uæɑ^{55}tsʰiɑ̃^{31}pʰɔo^{24}liɛ^{0}
富平	硙 ueɪ^{55}	年景 ȵiæ̃^{24}tɕiəɣ̃^{53}	跑江湖 pʰɑo^{24}tɕiaɣ̃^{53}xu^{31}
耀州	硙子 uei^{44}tsɿ^{0} 磨子 muo^{44}tsɿ^{0}	年景 ȵiæ̃^{24}tɕiŋ^{52} 收成 ʂou^{52}tʂʰəŋ^{0}	闯江湖 tʃʰuaŋ^{52}tɕiaŋ^{21}xu^{24}
咸阳	磨子 mo^{44}tsɿ^{0}	年成儿 ȵiɛ̃^{24}tʂʰər^{0}	在外头跑着呢 tsæ^{44}uæ^{44}tʰou^{0}pʰɔ^{24}tʂɤ^{31}ȵi^{0}
旬邑	硙子 uei^{24}tsɿ^{0}	年景 ȵiɑ̃^{21}tɕiəŋ^{0} 收成 ʂəu^{52}tʂʰəŋ^{0}	出闯去啦 tʃʰʅ^{21}tʃʰaŋ^{44}tɕʰi^{21}la^{0}
三原	磨 mɤ^{44} 硙扇 uei^{44}ʂã^{0}	收成 ʂou^{52}tʂʰəŋ^{0}	走江湖 tsou^{52}tɕiaŋ^{52}xu^{0}

	0682 磨名词	0683 年成	0684 走江湖统称
乾县	磨子 muɤ^{55}tsɿ^{21}	收成 ʂou^{53}tʂʰɤŋ^{21}	闯荡 tʃʰuaŋ^{53}taŋ^{55}
岐山	磨子 mo^{44}tsɿ^{53}	年成 ȵiæ̃^{31}tʂʰəŋ^{31}	走江湖 tsou^{53}tɕiɑŋ^{53}xu^{21}
凤翔	磨子 mo^{45}tsɿ^{0}	收成 ʂəu^{53}tʂʰəŋ^{0}	跑江湖 pʰɔ^{53}tɕiɑŋ^{53}xu^{0} 走江湖 tsəu^{53}tɕiɑŋ^{53}xu^{0}
千阳	磨子 mo^{45}tsɿ^{0}	收成 ʂou^{53}tʂʰəŋ^{0}	走江湖 tsou^{53}tɕiɑŋ^{53}xu^{0}
西安	磨子 mo^{44}tsɿ^{0}	收成 ʂou^{21}tʂʰəŋ^{0}	（无）
户县	磨子 mɤ^{55}tsɿ^{0}	收成 ʂɤu^{31}tʂʰəŋ^{31}	走江湖 tsɤu^{51}tɕiaŋ^{31}xu^{31} 跑江湖 pʰau^{51}tɕiaŋ^{31}xu^{31}
商州	磨子 muə^{44}tsɿ^{0}	收成 ʂou^{53}tʂʰəŋ^{0}	串江湖 tʃʰuã^{44}tɕiɑŋ^{53}xu^{0}
镇安	磨子 muə^{322}tsɿ^{0}	年成 ȵian^{33}tʂʰən^{0}	跑江湖 pʰɔo^{33}tɕiʌŋ^{53}xu^{0}
安康	磨子 mə^{44}tsɿ^{0}	年成 ȵian^{35}tʂʰən^{0}	跑江湖 pʰau^{53}tɕiaŋ^{31}xu^{0}
白河	磨 mo^{41}	收成 ʂəu^{21}tʂʰən^{0} 年成 ȵian^{44}tʂʰən^{0}	跑江湖 pʰɔu^{35}tɕiaŋ^{21}xu^{0}
汉阴	磨子 mo^{21}tsɿ^{0}	收成 ʂəu^{33}tʂʰən^{42} 年成 ȵian^{42}tʂʰən^{0}	跑江湖 pʰɑo^{45}tɕiaŋ^{33}χu^{42}
平利	石磨子 ʂʅ^{52}mo^{24}tsɿ^{0}	年成 ȵian^{52}tʂʰən^{0}	走江湖 tsou^{45}tɕiaŋ^{43}xu^{0}
汉中	磨 mɤ^{213}	年成 ȵian^{42}tʂʰən^{0}	跑江湖 pʰɑo^{35}tɕiaŋ^{55}xu^{0}
城固	磨 mə^{213}	年成 ȵian^{31}ʂən^{24}	走江湖 tsəu^{44}tɕiɑŋ^{44}xu^{0}
勉县	磨 mɤ^{213}	年成 ȵiɑn^{21}tsʰən^{0}	跑江湖 pʰɑɔ^{35}tɕiaŋ^{44}xu^{0}
镇巴	磨子 mo^{21}tsɿ^{52}	年岁 ȵian^{31}suei^{213} 年成 ȵian^{33}tsʰən^{31}	跑江湖 pʰau^{45}tɕiaŋ^{35}xu^{52}

	0685 打工	0686 斧子	0687 钳子
榆林	揽工 lɛ^{21}kuɤɣ̃^{33} 打工 ta^{21}kuɤɣ̃^{33}	斧子 fu^{21}tsəʔ^{0}	钳子 tɕʰiɛ^{24}tsəʔ^{0}
神木	受苦 ʂəu^{53}kʰu^{0} 做营生 tsuəʔ^{4}iɣ̃^{44}sɣ̃^{0}	斧子 fu^{21}tsəʔ^{4}	钳子 tɕʰiɛ^{44}tʂəʔ^{0}
绥德	跟工 kɯ^{24}kuəɣ̃^{213} 打工 tɑ^{21}kuəɣ̃^{213}	斧子 fu^{21}tsɤ^{33}	钳子 tɕʰie^{33}tsəʔ^{0}
吴堡	跟工 kəŋ^{24}kuəŋ^{213}	斧子 fu^{41}tsəʔ^{3}	钳子 tɕʰie^{33}tsəʔ^{0}
清涧	揽工儿 lɛ^{53}kuəɣ̃r^{312}	斧子 fʋ^{53}tsəʔ^{0}	钳子 tɕʰi^{24}tsəʔ^{0}
延安	揽工 læ̃^{52}kuəŋ^{213}	斧子 fu^{52}tsəʔ^{0}	钳子 tɕʰiæ̃^{24}tsəʔ^{0}
延川	揽工儿 læ̃^{53}kuʌr^{0}	斧子 fu^{53}tsəʔ^{0}	钳子 tɕʰiɛ^{35}tsəʔ^{0}
黄陵	做活 tsəu^{55}xuɤ^{24} 打工 tɑ^{52}kuŋ^{31}	特斧 tʰuei^{24}fu^{0}	钳子 tɕʰiæ̃^{24}tsɿ^{0}
渭南	扛活 kʰɑŋ^{31}xuə^{24} 打工 tɑ^{44}kuəŋ^{31}	斧子 fu^{53}tsɿ^{0}	钳子 tɕʰiæ̃^{24}tsɿ^{0}
韩城	打工 tɑ^{53}kuəŋ^{31} 熬活 ŋɑu^{35}xuɤ^{24}	特斧 tʰɪi^{31}fu^{53}	钳子 tɕʰiɑŋ^{31}tsɿ^{53}
合阳	打工 tɑ^{52}kuŋ^{31}	特斧 tʰuei^{24}pfʰu^{31}	钳子 tɕʰiã^{24}tsɿ^{0}
富平	打工 tɑ^{53}kuəɣ̃^{31}	斧头 fʋ^{53}tʰou^{31}	钳子 tɕiæ̃^{24}tsɿ^{53}
耀州	出外做活 tʃʰu^{21}uæi^{44}tsou^{44}xuo^{24} 打工 ta^{52}kuŋ^{21}	斧头 fu^{52}tʰou^{0}	钳子 tɕʰiæ̃^{24}tsɿ^{0}
咸阳	在外头做活呢 tsæ^{44}uæ^{44}tʰou^{0}tsou^{44}xuo^{24}ȵi^{0}	斧头 fu^{53}tʰou^{0}	钳子 tɕʰiã^{24}tsɿ^{0}
旬邑	做活 tsəu^{44}xuo^{24} 下苦 ɕia^{44}fu^{52}	斧头 fu^{44}tʰəu^{0}	钳子 tɕʰiã^{21}tsɿ^{0}
三原	打工 tɑ^{52}kuŋ^{31}	斧头 fu^{52}tʰou^{0}	钳子 tɕʰiã^{24}tsɿ^{0}

	0685 打工	0686 斧子	0687 钳子
乾县	打工 ta^{53}koŋ^{21}	斧头 fu^{53}t^{h}ou^{21}	钳子 tɕ^{h}iæ̃^{24}tsɿ^{21}
岐山	打工 tA^{53}kuŋ^{31}	斧头 fu^{44}t^{h}ou^{21}	钳子 tɕ^{h}iæ̃^{31}tsɿ^{53}
凤翔	搞副业 kɔ^{53}fu^{45}ȵie^{0}	斧头 fu^{44}t^{h}əu^{0}	钳子 tɕ^{h}iæ̃^{31}tsɿ^{53}
千阳	搞副业 kɔ^{53}fu^{45}ȵie^{0}	斧头 fu^{44}t^{h}ou^{0}	钳子 tɕ^{h}iæ̃^{31}tsɿ^{0}
西安	做活 tsou^{44}xuo^{24}	斧头 fu^{53}t^{h}ou^{0}	钳子 tɕ^{h}iã^{24}tsɿ^{0}
户县	做活 tsɤu^{55}xuɤ^{35} 打工 ta^{51}kuəŋ^{31}	斧头 fu^{51}t^{h}ɤu^{31}	钳子 tɕ^{h}iã^{35}tsɿ^{0}
商州	打工 tɑ^{53}kuəŋ^{31}	斧头 fu^{53}t^{h}ou^{0}	钳子 tɕ^{h}iã^{31}tsɿ^{0}
镇安	卖工 mai^{322}kuoŋ^{53}	斧子 fu^{35}tsɿ^{53}	钳子 tɕ^{h}ian^{33}tsɿ^{0}
安康	帮人 paŋ^{31}ʐən^{35}	斧头 fu^{53}t^{h}ou^{0}	钳子 tɕ^{h}ian^{35}tsɿ^{0}
白河	打工 ta^{35}kuəŋ^{213}	斧子 fu^{35}tsɿ^{0}	老虎钳子 lɔu^{35}xu^{0}tɕ^{h}ian^{44}tsɿ^{0}
汉阴	做小工子 tsəu^{21}ɕiɑo^{45}koŋ^{33}tsɿ^{0}	斧头 χu^{45}t^{h}əu^{42}	钳子 tɕ^{h}ian^{42}tsɿ^{0}
平利	帮工 paŋ^{43}koŋ^{43}	斧头 fu^{45}t^{h}ou^{0}	钳子 tɕ^{h}ian^{52}tsɿ^{0}
汉中	打工 tA^{35}koŋ^{55}	斧头 fu^{35}t^{h}əu^{0}	钳子 tɕ^{h}ian^{42}tsɿ^{0}
城固	打工 ta^{44}kuŋ^{53}	斧头 fu^{24}t^{h}əu^{0}	钳 tɕ^{h}ian^{311}
勉县	打工 tɑ^{35}koŋ^{42}	毛铁 mɑɔ^{21}t^{h}iɛ^{0}	钳子 tɕ^{h}iɑn^{21}tsɿ^{0}
镇巴	打工 ta^{45}koŋ^{55}	开山子 k^{h}ai^{35}san^{35}tsɿ^{52} 开山儿 k^{h}ai^{35}sɐr^{55}	钳子 tɕ^{h}ian^{33}tsɿ^{31}

	0688 螺丝刀	0689 锤子	0690 钉子
榆林	改锥 kɛe^{21}tʂuei^{33}	榔头 lɑ̃^{24}tʰəu^{33}	钉子 tiɤɣ̃^{33}tsəʔ^{0} 钉钉 tiɤɣ̃^{33}tiɤɣ̃^{0}
神木	改锥 kᴇ^{21}tʂuei^{24}	锤子 tʂʰuei^{44}tsəʔ^{0} 斧子 fu^{21}tsəʔ^{4}	钉子 tiɤ̃^{24}tsəʔ^{0}
绥德	改锥 kai^{21}tʂuei^{213}	锤子 tʂʰuei^{33}tsəʔ^{0}	钉子 tiəɣ̃^{24}tsəʔ^{0} 钉钉 tiəɣ̃^{24}tiəɣ̃^{0}
吴堡	改锥 kɑe^{41}tsuɛᴇ^{213}	锤子 tsʰuɛe^{33}tsəʔ^{0}	钉子 tɛe^{24}tsəʔ^{0}
清涧	改锥儿 kai^{53}tʂuər^{312}	锤子 tʂʰuei^{24}tsəʔ^{0}	钉子 ti^{31}tsəʔ^{0}
延安	改锥 kai^{52}tʂuei^{213}	锤子 tʂʰuei^{24}tsəʔ^{0}	钉子 tiəŋ^{21}tsəʔ^{5}
延川	改锥 kai^{53}tʂʮ^{213}	锤子 tʂʰuei^{35}tsəʔ^{0}	钉子 ti^{21}tsəʔ^{53}
黄陵	改锥 kᴇ^{52}tsuei^{31} 起子 tɕʰi^{52}tsɿ^{0}	锤锤 tsʰuei^{24}tsʰuei^{0}	钉子 tɕiəŋ^{31}tsɿ^{0}
渭南	起子 tɕʰi^{53}tsɿ^{0}	锤 tʃʰei^{24}	钉子 tɕiəŋ^{31}tsɿ^{0}
韩城	起子 tɕʰi^{53}tsɿ^{0}	锤儿 pfʰur^{24}	钉子 tiᴇ^{31}tsɿ^{0}
合阳	起子 tɕʰi^{52}tsɿ^{0}	锤 pfʰei^{24}	钉子 tiŋ^{31}tsɿ^{0}
富平	螺丝刀儿 luo^{24}sɿ^{31}tɑor^{53}	钉捶儿 tiəɣ̃^{53}tʃʰuer^{31}	钉子 tiəɣ̃^{53}tsɿ^{31}
耀州	起子 tɕʰi^{52}tsɿ^{0}	钉锤子 tiŋ^{52}tʃʰuei^{0}tsɿ^{0}	钉子 tiŋ^{52}tsɿ^{0}
咸阳	改锥 kæ^{53}tʃuei^{31}	锤 tʃʰuei^{24}	钉子 tiəŋ^{31}tsɿ^{0}
旬邑	起子 tɕʰi^{44}tsɿ^{0}	锤 tʃʰᴇi^{24}	钉子 tiəŋ^{52}tsɿ^{0}
三原	起子 tɕʰi^{52}tsɿ^{0}	锤锤儿 tʃʰuei^{24}tʃʰuər^{0}	钉子 tɕiŋ^{52}tsɿ^{0}

	0688 螺丝刀	0689 锤子	0690 钉子
乾县	起子 tɕʰi^{53}tsɿ^{21}	锤锤 tʃʰue^{24}tʃʰue^{21}	钉子 tiɤŋ^{53}tsɿ^{21}
岐山	起子 tɕʰi^{44}tsɿ^{21}	锤锤 tʂʰᴇi^{31}tʂʰei^{53} 榔头 laŋ^{31}tʰou^{53}	钉子 ȶiŋ^{53}tsɿ^{21}
凤翔	起子 tɕʰi^{44}tsɿ^{0}	锤锤儿 tʂʰei^{31}tʂʰeir^{53}	钉子 tsiŋ^{53}tsɿ^{0}
千阳	起子 tɕʰi^{44}tsɿ^{0}	锤锤 tʃʰei^{31}tʃʰei^{0}	钉子 tiŋ^{53}tsɿ^{0} 钉钉 tiŋ^{53}tiŋ^{0}
西安	起子 tɕʰi^{53}tsɿ^{0}	钉锤儿 tiəŋ^{21}pfʰər^{24}	钉子 tiəŋ^{21}tsɿ^{0}
户县	起子 tɕʰi^{51}tsɿ^{0}	锤锤子 tsʰuei^{35}tsʰuei^{31}tsɿ^{0}	钉子 tiŋ^{31}tsɿ^{0}
商州	起子 tɕʰi^{53}tsɿ^{0} 改锥 kai^{53}tʃuei^{31}	锤锤儿 tʃʰuei^{31}tʃʰuər^{0}	钉子 tiəŋ^{53}tsɿ^{0}
镇安	起子 tɕʰi^{35}tsɿ^{53}	锤锤儿 tʂʰuᴇi^{33}tʂʰuər^{0}	钉子 tin^{53}tsɿ^{0}
安康	起子 tɕʰi^{53}tsɿ^{0} 改锥 kæ^{53}pfei^{31}	锤锤儿 pfʰei^{35}pfʰər^{0}	钉子 tin^{31}tsɿ^{0}
白河	起子 tɕʰi^{35}tsɿ^{0} 螺丝刀儿 luo^{44}sɿ^{0}tɐr^{213}	锤子 tʂʰuei^{44}tsɿ^{0}	钉子 tiən^{21}tsɿ^{0}
汉阴	起子 tɕʰi^{45}tsɿ^{0}	锤锤儿 tsʰuei^{42}tsʰuar^{0}	钉子 tin^{33}tsɿ^{0}
平利	起子 tɕʰi^{45}tsɿ^{0}	锤子 tʂʰɥei^{52}tsɿ^{0}	钉子 tin^{43}tsɿ^{0}
汉中	起子 tɕʰi^{35}tsɿ^{0} 改锥 kai^{35}tsuei^{0}	钉锤 tin^{55}tsʰuei^{0}	钉子 tin^{55}tsɿ^{0}
城固	改锥 kai^{24}tʃuei^{0}	锤锤 tʃʰuei^{31}tʃʰuei^{0}	钉钉 tiŋ^{44}tiŋ^{0}
勉县	起子 tɕʰi^{35}tsɿ^{0}	锤 tsʰuei^{21}	钉子 tin^{44}tsɿ^{0}
镇巴	起子 tɕʰi^{45}tsɿ^{52}	锤锤 tsʰuei^{33}tsʰuei^{31}	钉子 tin^{35}tsɿ^{52}

	0691 绳子	0692 棍子	0693 做买卖
榆林	绳子 ʂɤɣ̃^{24}tsəʔ^{0}	棍子 kuɤɣ̃^{52}tsəʔ^{0} 棍棍 kuɤɣ̃^{52}kuɤɣ̃^{0}	做买卖 tsuəʔ^{3}mɛe^{21}mɛe^{52} 做生意 tsuəʔ^{3}sɤɣ̃^{33}i^{52}
神木	绳子 ʂɤ̃^{44}tsəʔ^{0}	棍子 kuɤ̃^{53}tsəʔ^{0}	做买卖 tsuəʔ^{4}me^{21}me^{53} 经商 tɕiɤ̃^{24}ʂɑ̃^{0}
绥德	绳子 ʂəɣ̃^{33}tsəʔ^{0} 绳儿 ʂɤ̃r^{33}	棍子 kuəɣ̃^{52}tsəʔ^{0} 棍棍 kuəɣ̃^{52}kuəɣ̃^{0}	做买卖 tsuəʔ^{5}mai^{21}mai^{52} 做生意 tsuəʔ^{5}səɣ̃^{21}i^{52}
吴堡	绳子 ʂɛe^{33}tsəʔ^{0}	棍子 kuəŋ^{53}tsəʔ^{0}	做买卖 tsuəʔ^{3}mɑe^{41}mɑe^{53}
清涧	绳子 ʂəɣ̃^{24}tsə^{0}	棍子 kuəɣ̃^{44}tsəʔ^{0} 把子 pɑ^{44}tsəʔ^{0}	做买卖 tsuəʔ^{54}mai^{53}mai^{0}
延安	绳 ʂəŋ^{24} 绳子 ʂəŋ^{24}tsəʔ^{0}	棍 kuəŋ^{443} 棍子 kuəŋ^{443}tsəʔ^{0}	做买卖 tsuəʔ^{5}mai^{52}mai^{0} 做生意 tsuəʔ^{5}səŋ^{21}i^{443}
延川	绳子 ʂəŋ^{35}tsəʔ^{0}	棍子 kuŋ^{53}tsəʔ^{213}	做生意 tsuəʔ^{54}səŋ^{21}zɿ^{53}
黄陵	绳 ʂəŋ^{24}	棍 kuẽ^{55}	做生意 tsəu^{55}səŋ^{31}i^{0}
渭南	绳 ʂəŋ^{24}	棍 kuə̃^{44}	做生意 tsəu^{44}səŋ^{53}i^{0}
韩城	绳 səŋ^{24}	棍 kuɛ̃^{44} 棍儿 kuɛ̃r^{53}	做生意 tsəu^{44}səŋ^{31}i^{0}
合阳	绳 ʂəŋ^{24}	棍 kuẽ^{55}	做买卖 tsou^{55}mæe^{31}mæe^{0} 做生意 tsou^{55}səŋ^{31}i^{31}
富平	绳 ʂəɣ̃^{24}	棍 kuɛ̃^{55}	做生意 tsou^{55}səɣ̃^{53}i^{31}
耀州	绳 ʂəŋ^{24} 绳子 səŋ^{24}tsɿ^{0}	棍 kuei^{44} 棍子 kuei^{44}tsɿ^{0}	做生意 tsou^{44}səŋ^{52}i^{0}
咸阳	绳子 ʂəŋ^{24}tsɿ^{0}	棍 kuɛ̃^{44}	做买卖 tsou^{44}mæ^{31}mæ^{0} 做生意 tsou^{44}səŋ^{31}i^{0}
旬邑	绳 ʂəŋ^{24} 绳子 ʂəŋ^{24}tsɿ^{0}	棍 kuɛ̃^{44} 棍子 kuɛ̃^{44}tsɿ^{0}	做生意 tsuo^{21}səŋ^{44}i^{0}
三原	绳 ʂəŋ^{24}	棍 kuẽ^{44} 棍棍儿 kuẽ^{44}kuə̃r^{0}	做生意 tsou^{44}səŋ^{52}i^{0}

	0691 绳子	0692 棍子	0693 做买卖
乾县	绳绳 ʂɤŋ^{24}ʂɤŋ^{21}	棍棍 kuẽ^{55}kuẽ^{21}	做生意 tsuɤ^{24}sɤŋ^{53}i^{21}/tsou^{55} sɤŋ^{53}i^{21}
岐山	绳 ʂəŋ^{24} 绳子 ʂəŋ^{31}tsɿ^{53}	棍 kuŋ^{44}	做买卖 tsu^{44}mE^{31}mE^{21} 做生意 tsu^{44}səŋ^{53}i^{21}
凤翔	绳 ʂəŋ^{24}	棍 kuŋ^{44}	做生意 tsu^{44}səŋ^{53}i^{0}
千阳	绳 ʂəŋ^{24}	棍 kuŋ^{44}	做生意 tsu^{44}səŋ^{53}i^{0}
西安	绳 ʂəŋ^{24}	棍 kuən^{44}	做买卖 tsou^{44}mai^{21}mai^{0}
户县	绳 ʂəŋ^{35}	棍 kuẽ^{55}	做买卖 tsɤu^{55}mæ^{31}mæ^{31} 做生意 tsɤu^{55}səŋ^{31}i^{31}
商州	绳 ʂəŋ^{35}	棍 kuẽ^{44}	做生意 tsou^{44}səŋ^{31}i^{31}
镇安	绳子 ʂən^{33}tsɿ^{0}	棍子 kuən^{322}tsɿ^{0}	做生意 tsuə^{21}sən^{53}i^{0}
安康	绳子 ʂən^{35}tsɿ^{0} 绳绳儿 ʂən^{35}ʂər^{0}	棍棍儿 kuə^{44}kuər^{0}	做买卖 tsou^{44}mæ^{53}mæ^{0}
白河	绳子 ʂən^{44}tsɿ^{0}	棍子 kuən^{42}tsɿ^{0}	做生意 tsəu^{41}sən^{213}i^{0}
汉阴	绳子 ʂən^{42}tsɿ^{0}	棍棍儿 kuən^{21}kuar^{0}	做生意 tsəu^{24}sən^{33}i^{0}
平利	绳子 ʂən^{52}tsɿ^{0}	棍子 kuən^{24}tsɿ^{0}	做生意 tsou^{24}sən^{43}i^{0}
汉中	绳子 ʂən^{42}tsɿ^{0}	棍子 kuən^{21}tsɿ^{0}	做生意 tsəu^{21}sən^{55}i^{0}
城固	绳绳 ʂəŋ^{31}ʂəŋ^{24}	棍棍 kun^{31}kun^{0}	做生意 tsəu^{31}səŋ^{44}i^{0}
勉县	绳子 sən^{21}tsɿ^{0} 绳绳 sən^{21}sən^{0}	棍棍 koŋ^{21}koŋ^{35} 棒棒 pɑŋ^{21}pɑŋ^{35}	做生意 tsu^{21}sən^{44}i^{0}
镇巴	索索 so^{33}so^{31}	棒棒 paŋ^{21}paŋ^{55}	做生意 tsu^{31}sən^{55}i^{55}

	0694 商店	0695 饭馆	0696 旅馆旧称
榆林	铺子 pʰu^{52}tsəʔ^{0} 门市 mɤɣ̃^{24}sɿ^{52}	馆子 kuɛ^{21}tsəʔ^{0} 饭馆儿 fɛ^{52}kuɐr^{213}	旅店 ly^{21}tiɛ^{52} 旅社 ly^{21}ʂə^{52}
神木	铺子 pʰu^{53}tsəʔ^{0}	食堂 ʂəʔ^{4}tʰɑ̃^{44} 饭馆儿 fɛ^{53}kuʌɯ^{0}	店 tiɛ^{53} 栈 tsɛ^{53} 旅社 luei^{21}ʂʅə^{52}
绥德	铺面 pʰu^{52}mie^{52} 门市 məɣ̃^{33}sɿ^{52}	食堂 ʂəʔ^{3}tʰɑ̃^{33} 馆子 kuæ^{21}tsɤ^{33}	店 tie^{52} 旅社儿 ly^{21}ʂɤ̃r^{52}
吴堡	商店 ʂã^{21}tiᴇ^{53}	食堂 ʂəʔ^{3}tʰã^{33}	旅店 luɛe^{41}tie^{53}
清涧	门市铺儿 məɣ̃^{24}sɿ^{0}pʰʊr^{312}	饭馆儿 fɛ^{42}kuɛr^{53}	旅社儿 zʮ^{53}ʂər^{44}
延安	门市 məŋ^{24}sɿ^{53}	馆子 kuæ̃^{52}tsəʔ^{0}	店 tiæ̃^{443}
延川	商店儿 ʂɑŋ^{21}tiɛr^{53}	食堂 ʂəʔ^{54}tʰɑŋ^{0}	旅社儿 luei^{53}ʂər^{53}
黄陵	铺子 pʰu^{55}tsɿ^{0} 门市 mẽ^{24}sɿ^{0}	馆子 kuæ̃^{52}tsɿ^{0}	店 tɕiæ̃^{55}
渭南	商店 ʂɑŋ^{31}tɕiæ̃^{44}	饭店 fæ̃^{44}tɕiæ̃^{44}	旅社 ly^{31}ʂə^{44}
韩城	商店 ʂɑŋ^{31}tiɑ̃^{44}	饭店 fɑ̃^{44}tiɑ̃^{44}	旅社 y^{53}ʂʅᴇ^{44}
合阳	商店 ʂɑŋ^{31}tiɑ̃^{55} 门店 mẽ^{24}tiɑ̃^{55}	饭店 fɑ̃^{55}tiɑ̃^{55} 饭馆 fɑ̃^{55}kuɑ̃^{52}	旅店 y^{52}tiɑ̃^{55} 旅社 y^{52}ʂɤ^{55}
富平	铺子 pʰu^{55}tsɿ^{31}	馆子 kuæ̃^{53}tsɿ^{31}	店 tiæ̃^{55}
耀州	联社 lyæ̃^{24}ʂɤ^{52} 商店 ʂɑŋ^{21}tiæ̃^{44}	食堂 ʂʅ^{24}tʰɑŋ^{24} 饭店 fæ̃^{44}tiæ̃^{44}	店 tiæ̃^{44} 旅社 ly^{21}ʂɤ^{0}
咸阳	商店 ʂɑŋ^{31}tiɑ̃^{44}	馆子 kuɑ̃^{53}tsɿ^{0}	旅舍 ly^{53}ʂɤ^{44}
旬邑	门市 mɛ̃^{21}sɿ^{52} 商店 ʂɑŋ^{21}tiɑ̃^{44}	食堂 ʂʅ^{24}tʰɑŋ^{24} 馆子 kuɑ̃^{44}tsɿ^{0}	旅社 ly^{21}ʂɤ^{44}
三原	铺子 pʰu^{44}tsɿ^{0}	食堂 ʂʅ^{24}tʰɑŋ^{24} 馆子 kuɑ̃^{52}tsɿ^{0}	旅社 ly^{31}ʂɤ^{44}

	0694 商店	0695 饭馆	0696 旅馆旧称
乾县	合作社 xuɤ^{24}tsuɤ^{21}ʂɤ^{55}	食堂 ʂʅ^{24}tʰaŋ^{24}	旅馆儿 ly^{21}kuæ̃^{53}ɐr^{21}
岐山	商店 ʂɑŋ^{31}ȶiæ̃^{44} 门面 məŋ^{31}miæ̃^{53}	饭店 fæ̃^{44}ȶiæ̃^{44} 饭馆 fæ̃^{44}kuæ̃^{53}	旅店 ly^{31}ȶiæ̃^{44} 旅社 ly^{31}ʂɤ^{44}
凤翔	商店 ʂɑŋ^{31}tsiæ̃^{44}	饭馆儿 fæ̃^{44}kuæ̃r^{53} 饭店 fæ̃^{44}tsiæ̃^{44}	店房 tsiæ̃^{45}fɑŋ^{0}
千阳	商店 ʂɑŋ^{31}tiæ̃^{44}	饭店 fæ̃^{44}tiæ̃^{44} 食堂 ʂʅ^{24}tʰɑŋ^{24}	店房 tiæ̃^{45}fɑŋ^{0}
西安	铺子 pʰu^{44}tsʅ^{0}	馆子 kuã^{53}tsʅ^{0}	旅社 ly^{21}ʂɤ^{44}
户县	铺子 pʰu^{55}tsʅ^{0} 商铺子 ʂaŋ^{31}pʰu^{55}tsʅ^{0}	饭馆儿 fã^{55}kuə^{51} 馆子 kuã^{51}tsʅ^{0}	旅店 ly^{31}tiã^{55}
商州	京货铺儿 tɕiəŋ^{53}xuə^{31}pʰur^{53}	饭馆儿 fã^{44}kuãr^{53}	旅社 ly^{31}ʂə^{44}
镇安	商店 ʂʌŋ^{21}tian^{214}	饭店 fan^{33}tian^{214}	旅社 li^{33}ʂɛ^{214}
安康	铺子 pʰu^{44}tsʅ^{0}	馆子 kuan^{53}tsʅ^{0}	栈房 tʂan^{44}faŋ^{35}
白河	商店儿 ʂaŋ^{21}tiɐr^{41}	馆子 kuan^{35}tsʅ^{0}	旅社 li^{35}ʂE^{41}
汉阴	铺子 pʰu^{21}tsʅ^{0}	馆子 kuan^{45}tsʅ^{0}	旅社 ly^{45}ʂE^{214}
平利	商店 ʂaŋ^{43}tian^{214}	饭店儿 fan^{24}tiar^{214}	旅社 li^{45}ʂE^{0}
汉中	铺子 pʰu^{21}tsʅ^{35}	馆子 kuan^{35}tsʅ^{0}	旅舍 ly^{35}ʂɤ^{213} 旅店 ly^{35}tian^{213}
城固	铺铺 pʰu^{31}pʰu^{0}	馆子 kuan^{24}ə^{0}	旅舍 y^{44}ʂə^{213}
勉县	铺子 pʰu^{21}tsʅ^{35} 铺铺 pʰu^{21}pʰu^{35}	馆子 kuɑn^{35}tsʅ^{0}	店子 tiɑn^{21}tsʅ^{35} 旅舍 ly^{35}sɤ^{213}
镇巴	店店儿 tian^{21}tiɐr^{55}	食堂 sʅ^{33}tʰaŋ^{31}	店子 tian^{21}tsʅ^{52} 旅社 ly^{45}sɛ^{213}

	0697 贵	0698 便宜	0699 合算
榆林	贵 kuei^{52} 价大 tɕia^{52}ta^{52}	便宜 p^{h}iɛ^{24}i^{52} 贱 tɕiɛ^{52}	划算 xua^{24}suɛ^{52}
神木	贵 kuei^{53}	便宜 p^{h}iɛ^{44}i^{53} 贱 tɕiɛ^{53}	划算 xua^{44}suɛ^{53}
绥德	贵 kuei^{52} 价钱高 tɕiɑ^{52}tɕ^{h}ie^{0}kao^{213}	便宜 p^{h}ie^{33}i^{52} 贱 tɕie^{52}	划算 xuɑ^{33}suæ^{52}
吴堡	贵 kuɛe^{53}	便宜 p^{h}ie^{33}i^{53}	公道 kuəŋ^{21}to^{53}
清涧	贵 kuei^{42}	便宜 p^{h}i^{24}zʅ^{0} 贱 tɕ^{h}i^{42}	划着 xuɑ^{24}tʂ^{h}ɤ^{0} 公道 kuəɣ̃^{31}tɔo^{42}
延安	贵 kuei^{443}	便宜 p^{h}iæ̃^{24}i^{0} 贱 tɕ^{h}iæ̃^{443}	划算 xua^{24}suæ̃^{443}
延川	贵 kuei^{53}	便宜 p^{h}iɛ^{35}zʅ^{0}	合算 xɤ^{35}suɤ^{0}
黄陵	贵 kuei^{55}	便宜 p^{h}iæ̃^{24}iẽ^{0} 贱 tɕ^{h}iæ̃^{55}	划算 xuɑ^{24}ɕyæ̃^{55} 合适 xuɤ^{24}ʂʅ^{0}
渭南	贵 kuei^{44}	便宜 p^{h}iæ̃^{24}i^{0}	划着 xuɑ^{24}tɕ^{h}yə^{0} 划来 xuɑ^{24}lae^{0}
韩城	贵 kuɪi^{44}	贱 tɕ^{h}iɑ̃^{44}	划算 xuɑ^{31}ɕyɑ̃^{53} 能划着 nəŋ^{24}xuɑ^{31}tʂ^{h}uɤ^{53}
合阳	贵 kuei^{55}	便宜 p^{h}iɑ̃^{24}ȵi^{31} 贱 ts^{h}iɑ̃^{55}	划着 xuɑ^{24}tʂ^{h}uo^{31} 合算 xuo^{24}ɕyɑ̃^{55}
富平	贵 kueɪ^{55}	便宜 p^{h}iæ̃^{31}i^{53}	划算 xuɑ^{24}suæ̃^{53}
耀州	贵 kuei^{44}	便宜 p^{h}iæ̃^{24}i^{0} 贱 tɕiæ̃^{44}	划算 xua^{24}ɕyæ̃^{0}
咸阳	贵 kuei^{44}	便宜 p^{h}iɑ̃^{24}i^{0}	合算 xuo^{24}suɑ̃^{0}
旬邑	贵 kuei^{44}	便宜 p^{h}iɑ̃^{21}i^{52} 贱 tɕ^{h}iɑ̃^{44}	划着 xua^{21}tʃ^{h}uo^{52}
三原	贵 kuei^{44}	便宜 p^{h}iɑ̃^{24}i^{0}	划算 xuɑ^{24}suɑ̃^{0}

	0697 贵	0698 便宜	0699 合算
乾县	贵 kue^{55}	便宜 pʰiæ̃^{24}i^{21}	划得来 xua^{24}te^{21}lɛ^{24}
岐山	贵 kuei^{44}	便宜 pʰiæ̃^{31}i^{53} 贱 ȶiæ̃^{44}	划算 xvᴀ^{31}suæ̃^{53} 划得来 xvᴀ^{31}tei^{53}lᴇ^{24}
凤翔	贵 kuei^{44}	贱 tsiæ̃^{44}	划算 xua^{24}suæ̃^{44} 划得来 xua^{31}tei^{53}lᴇ^{24}
千阳	贵 kuei^{44}	贱 tsiæ̃^{44}	划算 xua^{24}suæ̃^{44}
西安	贵 kuei^{44}	便宜 pʰiã^{24}i^{0}	划来 xua^{24}lai^{0}
户县	贵 kuei^{55}	便宜 pʰiã^{35}i^{31} 贱 tɕiã^{55}	划来 xua^{35}læ^{31} 划着 xua^{35}tɕʰyɤ^{31}
商州	贵 kuei^{44}	便宜 pʰiã^{31}i^{53}	划着 xuɑ^{31}tʂʰuə^{0}
镇安	贵 kuᴇi^{214}	便宜 pʰian^{33}i^{0}	划算 xua^{33}san^{0}
安康	贵 kuei^{44}	便宜 pʰian^{35}i^{0}	划算 xua^{35}suan^{44} 划得来 xua^{35}ti^{31}læ^{35}
白河	贵 kuei^{41}	便宜 pʰian^{44}i^{0}	划得着 xua^{44}tᴇ^{0}tʂuo^{0}
汉阴	贵 kuei^{214}	便宜 pʰian^{42}i^{0}	划算 χuɑ^{42}suan^{214} 合折 χo^{42}tʂᴇ^{42}
平利	贵 kuei^{214}	便宜 pʰian^{52}i^{0}	划得来 xua^{52}tᴇ^{0}lai^{52}
汉中	贵 kuei^{213}	便宜 pʰian^{42}i^{0}	划着 xvᴀ^{42}tʂʰɤ^{0}
城固	贵 kuei^{213}	便宜 pʰian^{31}i^{24}	划着 xua^{31}tʂʰə^{24}
勉县	贵 kuei^{213}	便宜 pʰiɑn^{21}i^{0}	划着 xuɑ^{21}tsʰuɤ^{0}
镇巴	贵 kuei^{213}	便宜 pʰian^{31}i^{213}	划算 xua^{31}suan^{213}

	0700 折扣	0701 亏本	0702 钱统称
榆林	便宜点 pʰiɛ^{24}i^{52}tiɛ^{0} 折扣 tʂʌʔ^{3}kʰəu^{52}	赔 pʰei^{213} 折本 ʂʌʔ^{3}pɤɣ̃^{213}	钱 tɕʰiɛ^{213}
神木	折扣 tʂəʔ^{4}kʰəu^{53}	赔 pʰei^{44} 赔钱儿 pʰei^{44}tɕʰiʌɯ^{53}	钱儿 tɕʰiʌɯ^{53} 票子 pʰiɔo^{53}tsəʔ^{0}
绥德	少上点儿 ʂao^{21}ʂɑ̃^{52}tiər^{0} 打折儿 tɑ^{21}tʂər^{33}	赔 pʰei^{33}	钱儿 tɕʰiər^{33}
吴堡	打折 tɑ^{41}tʂəʔ^{3}	赔 pʰɑe^{33}	钱儿 tɕʰiər^{53}
清涧	（无）	赔本儿 pʰai^{24}pəɣ̃r^{53}	钱儿 tɕʰiər^{42}
延安	折扣 tʂə^{21}kou^{443}	亏本儿 kʰuei^{24}pər^{423} 折本儿 ʂə^{24}pər^{423}	钱 tɕʰiæ̃^{24}
延川	折扣 tʂə^{53}kʰəu^{213}	赔㘘 pai^{35}læ̃^{0}	钱儿 tɕʰiɛr^{35}
黄陵	折扣 tʂɤ^{31}kʰəu^{55}	赔 pʰei^{24}	钱 tɕʰiæ̃^{24} 票子 pʰiɔ^{55}tsɿ^{0}
渭南	折 tʂə^{31}	折 ʂə^{24} 亏 kʰuei^{31}	钱 tɕʰiæ̃^{24}
韩城	儿折 tɕi^{53}tʂʅE^{31}	赔本 pʰɪi^{24}pɛ̃r^{53}	钱 tɕʰiɑ̃^{24} 尜 ka^{24}
合阳	打折 tɑ^{52}tʂɤ^{31} 折扣 tʂɤ^{31}kʰou^{55}	亏本 kʰuei^{24}pẽ^{52} 折本 ʂɤ^{24}pẽ^{52}	钱 tsʰiɑ̃^{24} 银子 ȵiẽ^{24}tsɿ^{0}
富平	少下的 ʂɑo^{53}xɑ^{31}ti^{31}	亏本儿 kʰueɪ^{31}pɛ̃r^{53}	钱 tʰiæ̃^{24}
耀州	打折 ta^{52}tʂɤ^{24}	赔本儿 pʰe^{24}per^{52}	钱 tɕʰiæ̃^{24} 尜 ka^{24}
咸阳	折扣 tʂɤ^{31}kʰou^{44}	折本儿咧 ʂɤ^{24}per^{53}liɛ^{0}	钱 tɕʰiɑ̃^{24} 尜 ka^{24}
旬邑	降价 tɕiɑŋ^{44}tɕia^{44}	折本儿 ʂɤ^{24}pɛ̃r^{52} 亏了 kʰuei^{21}la^{0}	钱 tɕʰiɑ̃^{24} 票子 pʰiau^{24}tsɿ^{0}
三原	折儿 tʂər^{24}	折本儿 ʂɤ^{24}pə̃r^{52}	钱 tɕʰiɑ̃^{24} 尜 kɑ^{24}

	0700 折扣	0701 亏本	0702 钱统称
乾县	折扣 tʂɤ^{21}k^{h}ou^{55}	折咧 ʂɤ^{24}liə^{21}	钱 tɕ^{h}iæ̃^{24}
岐山	打折 tA^{53}tʂɤ^{31} 便宜 p^{h}iæ̃^{31}i^{53}	贴赔 ȶ^{h}iɛ^{53}p^{h}ei^{21}	钱 ȶ^{h}iæ̃^{24}
凤翔	让寸 ʐaŋ^{45}ts^{h}uŋ^{0}	贴俩 ts^{h}ie^{31}lia^{0} 亏俩 k^{h}uei^{31}lia^{0}	钱 ts^{h}iæ̃^{24}
千阳	让寸 ʐaŋ^{45}ts^{h}uŋ^{0}	贴俩 ts^{h}ie^{31}lia^{0}	钱 ts^{h}iæ̃^{24}
西安	折扣 tʂɤ^{21}k^{h}ou^{44}	赔咧 p^{h}ei^{24}liɛ^{0}	钱 tɕ^{h}iã^{24}
户县	折扣 tʂʅɛ^{31}k^{h}ɤu^{55}	亏本儿 k^{h}uei^{31}pəɯ^{51}	钱 tɕ^{h}iã^{35} 银钱 iẽ^{35}tɕ^{h}iã^{35}
商州	折 tʂə^{35}	折本儿 ʂə^{35}pə̃r^{53}	钱 tɕ^{h}iã^{35}
镇安	折 tʂɛ^{53}	折本 ʂɛ^{21}pən^{35} 赔 p^{h}Ei^{33}	钱 tɕ^{h}ian^{33}
安康	折扣 tʂɤ^{35}k^{h}ou^{44}	折本儿 ʂɤ^{35}pər^{53}	钱 tɕ^{h}ian^{35}
白河	打折 ta^{35}tʂE^{44}	折本儿 ʂE^{44}pər^{35}	钱 tɕ^{h}ian^{41}
汉阴	减价 tɕian^{45}tɕiɑ^{214}	折本儿 ʂE^{42}par^{45}	票子 p^{h}iɑo^{21}tsʅ^{0} 钱 tɕ^{h}ian^{42}
平利	折扣 tʂE^{52}k^{h}ou^{214}	亏本 k^{h}uei^{43}pər^{445}	钱 tɕ^{h}ian^{52}
汉中	折 tʂɤ^{55}	赔 p^{h}ei^{42} 亏 k^{h}uei^{55}	钱 tɕ^{h}ian^{42}
城固	打折 ta^{44}tʂə^{53}	折 ʂə^{311}	钱 ts^{h}ian^{311}
勉县	折扣 tsɤ^{44}k^{h}əu^{0}	赔本 p^{h}ei^{21}pəŋ^{35}	钱 tɕ^{h}iɑn^{21}
镇巴	折扣 tsɛ^{31}k^{h}əu^{213}	折本 sɛ^{31}pən^{52}	钱 tɕ^{h}ian^{31}

	0703 零钱	0704 硬币	0705 本钱
榆林	零碎钱 liɤɣ̃24suei52tɕʰiɛ0	镚子 pɤɣ̃52tsəʔ0	本儿 pə̃r213 本钱 pɤɣ̃21tɕʰiɛ213
神木	零钱儿 liɤ̃44tɕʰiʌɯ53	钢镚子 kɑ̃24pɤ̃53tsəʔ0 镚镚 pɤ̃53pɤ̃0	老本儿 lɔo24pʌɯ0 本钱 pɤ̃21tɕʰiɛ44
绥德	零钱儿 liəɣ̃33tɕʰiər0	银元儿 iəɣ̃33yər33	本儿 pɤ̃r213 本钱 pəɣ̃21tɕʰiᴇ33
吴堡	零钱儿 lɛᴇ33tɕʰiər53	银元元 ȵiəŋ33ye33ye0	本钱 pəŋ41tɕʰiᴇ33
清涧	零钱儿 li24tɕʰiər0	银元儿 ȵiəɣ̃24yər0	本钱 pəɣ̃53tɕʰi24
延安	零钱 liəŋ24tɕʰiæ̃24	钢镚儿 kaŋ21pər53 镚镚儿钱 pəŋ443pər0tɕʰiæ̃24	本儿 pər52 本钱 pər52tɕʰiæ̃0
延川	零钱儿 li35tɕʰiɛr0	硬币 ȵiŋ53pɿ0	本钱 pəŋ53tɕʰiɛ0
黄陵	零钱 liəŋ24tɕʰiæ̃24	钢镚儿 kɑŋ31pə̃r55	本儿 pẽr52
渭南	零钱 liəŋ24tɕʰiæ̃24	分分洋 fə̃53fə̃0iɑŋ24 分分钱 fə̃53fə̃0tɕʰiæ̃24	本儿 pə̃r53
韩城	分分钱 fɛ̃31fɛ̃0tɕʰiã24 毛毛钱 mɑu31mɑu53tɕʰiã24	钢洋 kɑŋ31iɑŋ24 钢镚儿 kɑŋ31pəŋ53	本儿 pɛ̃r53
合阳	零钱 liŋ24tsʰiã24	钢镚 kɑŋ31pəŋ52 硬币 ȵiŋ55pi55	本 pẽ52
富平	零花儿钱 liəɣ̃24xuɑr53tʰiæ̃31	硬币 ȵiəɣ̃55pi55	本钱 pɛ̃53tʰiæ̃31
耀州	毛毛钱 mɔu24mɔu0tɕʰiæ̃24 分分钱 fei52fei0tɕʰiæ̃24	钢洋 kɑŋ21iɑŋ24 钢镚儿 kɑŋ21pə̃r52	本儿 per52
咸阳	零票子 liəŋ24pʰiɔ44tsɿ0	硬币 ȵiəŋ44pi44	本钱 pɛ̃53tɕʰiã0
旬邑	零钱 liəŋ24tɕʰiã0 毛毛钱 mau21mau52tɕʰiã0	钢洋 kɑŋ21iɑŋ24 分分洋 fɛ̃52fɛ̃21iɑŋ24	本儿 pɛ̃r52
三原	零钱儿 liŋ24tɕʰiãr24	分分洋 fẽ52fẽ0iɑŋ24	本儿 pə̃r52 本钱 pẽ52tɕʰiã0

	0703 零钱	0704 硬币	0705 本钱
乾县	零钱 liɤŋ^{24}tɕ^{h}iæ̃^{21}	硬币 ȵiɤŋ^{55}pi^{55}	本钱 pẽ^{53}tɕ^{h}iæ̃^{21}
岐山	零钱 liŋ^{24}ȶ^{h}iæ̃^{24}	分分钱 fəŋ^{53}fəŋ^{21}ȶ^{h}iæ̃^{24}	本钱 pəŋ^{44}ȶ^{h}iæ̃^{21}
凤翔	零钱 liŋ^{24}ts^{h}iæ̃^{24}	钢洋 kɑŋ^{31}iɑŋ^{24} 分分洋 fəŋ^{53}fəŋ^{0}iɑŋ^{24}	本钱 pəŋ^{44}ts^{h}iæ̃^{0}
千阳	零钱 liŋ^{24}ts^{h}iæ̃^{24}	分分元 fəŋ^{53}fəŋ^{0}yæ̃^{24}	本钱 pəŋ^{44}ts^{h}iæ̃^{0}
西安	零钱 liəŋ^{24}tɕ^{h}iã^{24}	硬币 ȵiəŋ^{44}pi^{44}	本儿 pər^{53}
户县	零钱 liŋ^{35}tɕ^{h}iã^{35}	硬币 ȵiŋ^{55}pi^{55} 银元 iẽ^{35}yã^{35}	成本儿 tʂ^{h}əŋ^{35}pəɯ^{51} 本儿 pəɯ^{51}
商州	零钱 liəŋ^{35}tɕ^{h}iã^{35}	分分洋 fẽ^{53}fẽ^{0}iɑŋ^{35} 分分钱 fẽ^{53}fẽ^{0}tɕ^{h}iã^{35}	本钱 pẽ^{53}tɕ^{h}iã^{0}
镇安	零钱 lin^{33}tɕ^{h}ian^{33}	分分儿洋 fən^{53}fər^{0}iʌŋ^{33}	本 pən^{35}
安康	零钱 lin^{35}tɕ^{h}ian^{35}	分分洋 fən^{31}fən^{0}iaŋ^{35}	本钱 pən^{53}tɕ^{h}ian^{0}
白河	零钱 liən^{44}tɕ^{h}ian^{0} 毛毛儿钱 mɔu^{44}mɐr^{0}tɕ^{h}ian^{44}	洋钱娃儿 iaŋ^{44}tɕ^{h}ian^{0}uɐr^{44}	本儿 pər^{35}
汉阴	零票子 lin^{42}p^{h}iɑo^{21}tsɿ^{0}	壳子 k^{h}o^{42}tsɿ^{0} 分分儿钱 χuən^{33}χuar^{33}tɕ^{h}ian^{42}	本钱 pən^{45}tɕ^{h}ian^{42}
平利	零钱 lin^{52}tɕ^{h}ian^{0}	银元娃儿 in^{52}ɥan^{52}uar^{52}	本钱 pən^{45}tɕian^{52}
汉中	零钱 lin^{42}tɕ^{h}ian^{0}	分分钱 fən^{55}fən^{0}tɕ^{h}ian^{42}	本钱 pən^{35}tɕ^{h}ian^{0}
城固	零钱 liŋ^{24}ts^{h}ian^{311}	分分钱 fən^{44}fən^{0}tsian^{311}	本 pən^{44}
勉县	零钱 lin^{21}tɕ^{h}iɑn^{21}	分分钱 fəŋ^{44}fəŋ^{0}tɕ^{h}iɑn^{21}	本钱 pəŋ^{35}tɕ^{h}iɑn^{21}
镇巴	零钱 lin^{33}tɕ^{h}ian^{31}	角儿 k^{h}o^{33}ər^{31}	底钱 ti^{45}tɕ^{h}ian^{31}

	0706 工钱	0707 路费	0708 花～钱
榆林	工钱 kuɤɣ̃^{33}tɕʰiɛ^{33} 汗水钱 xɛ^{52}ʂuei^{21}tɕʰiɛ^{0}	盘缠路费 pʰɛ^{24}tʂʰɛ^{0}ləu^{52}fei^{52}	花 xua^{33} 使唤 sʅ^{21}xuɛ^{52}
神木	工钱 kuɣ̃^{24}tɕʰiɛ^{44} 工资 kuɣ̃^{24}tsʅ^{0}	路费 ləu^{53}fei^{53} 盘缠 pʰɛ^{44}tʂʰɛ^{0} 盘绞 pʰɛ^{44}tɕiɔo^{0}	花 xua^{213} 使唤 sʅ^{21}xuɛ^{53}
绥德	工钱 kuəɣ̃^{21}tɕʰie^{33}	盘程 pʰæ^{33}tʂʰəɣ̃^{0} 路费 ləu^{52}fei^{52}	花 xuɑ^{213} 使唤 sʅ^{21}xuæ^{52}
吴堡	工钱 kuəŋ^{21}tɕʰie^{33}	盘缠 pʰɤ^{33}tʂʰiE^{0}	花 xuɑ^{213}
清涧	工钱 kuəɣ̃^{31}tɕʰi^{24}	路费 ləu^{42}fei^{44} 盘缠 pʰu^{24}tʂʰei^{0}	花 xuɑ^{312}
延安	工钱 kuəŋ^{21}tɕʰiæ̃^{53}	路费 lou^{443}fei^{443} 盘缠 pʰæ̃^{24}tʂʰæ̃^{0}	花 xua^{213}
延川	工钱 kuŋ^{21}tɕʰiɛ^{53}	盘缠 pʰɤ^{35}tʂʰɤ^{0}	花 xua^{213}
黄陵	工钱 kuŋ^{31}tɕʰiæ̃^{0}	路费 ləu^{55}fei^{55} 盘缠 pʰæ̃^{24}tʂʰæ̃^{0}	花 xuɑ^{31}
渭南	工钱 kuəŋ^{31}tɕʰiæ̃^{0}	路费 ləu^{44}fei^{44} 盘缠 pʰæ̃^{24}tʂʰæ̃^{0}	花 xuɑ^{31}
韩城	工钱 kuəŋ^{31}tɕiã^{0}	路费 ləu^{44}fɪi^{44} 盘缠 pã^{31}tʂʰã^{53}	花 xuɑ^{31}
合阳	工钱 kuŋ^{31}tsʰiɑ̃^{31}	路费 lou^{55}fei^{55} 盘缠 pʰɑ̃^{24}tʂʰɑ̃^{31}	花 xuɑ^{31} 用 yŋ^{55}
富平	工钱 kuəɣ̃^{53}tʰiæ̃^{31}	盘缠 pæ̃^{24}tʂʰæ̃^{53}	花 xuɑ^{31}
耀州	工钱 kuŋ^{52}tɕʰiæ̃^{0}	盘缠 pʰæ̃^{24}tʂʰæ̃^{0}	花 xua^{21}
咸阳	工钱 kuəŋ^{31}tɕʰiã^{0}	盘缠 pʰã^{24}tʂʰã^{0}	花 xua^{31}
旬邑	工价 kuəŋ^{21}tɕia^{44} 工钱 kuəŋ^{52}tɕʰiã^{0}	路费 ləu^{44}fei^{44} 盘缠 pʰã^{21}tʂʰã^{52}	花 xua^{21}
三原	工钱 kuəŋ^{52}tɕʰiã^{0}	盘缠 pʰã^{24}tʂʰã^{0}	花 xuɑ^{31}

	0706 工钱	0707 路费	0708 花～钱
乾县	工钱 koŋ^{53}tɕ^{h}iæ̃^{21}	盘缠 p^{h}æ̃^{24}tʂ^{h}æ̃^{21}	花 xua^{21}
岐山	工钱 kuŋ^{53}ȶ^{h}iæ̃^{21} 工费 kuŋ^{31}fei^{44}	盘缠 p^{h}æ̃^{31}tʂ^{h}æ̃^{53} 路费 lu^{44}fei^{44}	花 xuᴀ^{31}
凤翔	工钱 kuŋ^{53}ts^{h}iæ̃^{0} 活钱 xuo^{31}ts^{h}iæ̃^{53}	路费 lu^{44}fei^{44} 盘缠 p^{h}æ̃^{31}tʂ^{h}æ̃^{53}	花 xua^{31}
千阳	工钱 kuŋ^{53}ts^{h}iæ̃^{0} 活钱 xuo^{31}ts^{h}iæ̃^{0}	盘缠 p^{h}æ̃^{31}tʂ^{h}æ̃^{0}	花 xua^{31}
西安	工钱 koŋ^{21}tɕ^{h}iã^{0}	盘缠 p^{h}ã^{24}tʂ^{h}ã^{0}	花 xua^{21}
户县	工钱 kuəŋ^{31}tɕ^{h}iã^{31}	盘缠 p^{h}ã^{35}tʂ^{h}ã^{31}	花 xua^{31}
商州	工钱 kuəŋ^{53}tɕ^{h}iã^{0}	盘缠 p^{h}ã^{31}tʂ^{h}ã^{53}	花 xuɑ^{31}
镇安	工钱 kuoŋ^{53}tɕ^{h}ian^{0}	路费 ləu^{322}fᴇi^{214}	用 ioŋ^{322}
安康	工钱 kuŋ^{31}tɕ^{h}ian^{0}	盘缠 pan^{35}tʂ^{h}an^{31}	花 xua^{31}
白河	工钱 kuəŋ^{21}tɕ^{h}ian^{0}	路费 ləu^{42}fei^{41}	花 xua^{213}
汉阴	活路钱 χo^{42}ləu^{0}tɕ^{h}ian^{42}	盘缠 p^{h}an^{42}tʂ^{h}an^{0}	花 χuɑ^{33}
平利	工钱 koŋ^{43}tɕ^{h}ian^{52}	路费 lou^{24}fei^{214}	花 xua^{43}
汉中	工钱 koŋ^{55}tɕ^{h}ian^{0}	盘缠 p^{h}an^{42}tʂ^{h}an^{0}	花 xuᴀ^{55} 用 ioŋ^{213}
城固	工钱 kuŋ^{44}ts^{h}ian^{0}	盘缠 p^{h}an^{31}tʂ^{h}an^{0}	使唤 sɿ^{24}xuan^{0}
勉县	工钱 koŋ^{44}tɕ^{h}iɑn^{0}	盘缠 p^{h}ɑn^{21}ts^{h}ɑn^{0}	花 xuɑ^{42}
镇巴	工资 koŋ^{35}tsɿ^{55}	路费 lu^{213}fei^{213} 盘缠 p^{h}an^{33}ts^{h}an^{31}	用 ioŋ^{213} 使 sɿ^{52}

	0709 赚卖一斤能~一毛钱	0710 挣打工~了一千块钱	0711 欠~他十块钱
榆林	挣 tsɤỹ^{52} 净落 tɕiɤỹ^{52}lɔo^{52}	挣 tsɤỹ^{52}	短 tuɛ^{213}
神木	挣 tsɤ̃^{53} 赚 tʂuɛ^{53}	挣 tsɤ̃^{53}	短 tuɛ^{213} 欠 tɕ^{h}iɛ^{53} 争 tsɤ̃^{213}
绥德	挣 tsəỹ^{52} 净落 tɕiəỹ^{52}lao^{52}	挣 tsəỹ^{52}	短 tuæ^{213} 争 tsəỹ^{213}
吴堡	挣 tsəŋ^{53}	挣 tsəŋ^{53}	短 tuɤ^{412} 欠 tɕ^{h}i
清涧	挣 tsəỹ^{42}	挣 tsəỹ^{42}	短 tu^{53} 争 tsəỹ^{312}
延安	挣 tsəŋ^{443}	挣 tsəŋ^{443}	该 kai^{213} 短 tuæ̃^{52}
延川	赚 tʂuæ̃^{53}	挣 tsəŋ^{53}	该 kai^{213}
黄陵	挣 tsəŋ^{55} 赚 tsuæ̃^{55}	挣 tsəŋ^{55}	短 tuæ̃^{52} 争 tsəŋ^{31}
渭南	赚 tɕiæ̃^{44}/tʃæ̃^{44}	挣 tsəŋ^{44}	争 tsəŋ^{31} 欠 tɕ^{h}iæ̃^{44}
韩城	挣 tsəŋ^{44}	挣 tsəŋ^{44}	短 tã^{53} 欠 tɕ^{h}iã^{44}
合阳	赢 iŋ^{24} 赚 pf^{h}ã^{55}	挣 tsəŋ^{55}	欠 tɕ^{h}iã^{55} 有 iou^{52}
富平	赚 tɕiæ̃^{55}	挣 tsəỹ^{55}	争 tsəỹ^{31}
耀州	长 tʂ^{h}ɑŋ^{24} 挣 tsəŋ^{44}	挣 tsəŋ^{44}	争 tsəŋ^{21} 欠 tɕ^{h}iæ̃^{44}
咸阳	挣 tsəŋ^{44}	挣 tsəŋ^{44}	争 tsəŋ^{31}
旬邑	长 tʂ^{h}ɑŋ^{24} 挣 tsəŋ^{44}	挣 tsəŋ^{44}	争 tsəŋ^{21} 欠 tɕ^{h}iã^{44}
三原	赚 tɕiã^{44}/tʃuã^{44}	挣 tsəŋ^{44}	争 tsəŋ^{31}

	0709 赚卖一斤能~一毛钱	0710 挣打工~了一千块钱	0711 欠~他十块钱
乾县	赚 tʃuæ̃^{55}	挣 tsɤŋ^{55}	欠 tɕʰiæ̃^{55}
岐山	挣 tsəŋ^{44} 赚 tʂæ̃^{44}	挣 tsəŋ^{44}	欠 tɕʰiæ̃^{44} 该 kᴇ^{31}
凤翔	挣 tsəŋ^{44} 赚 tɕiæ̃^{44}	挣 tsəŋ^{44}	欠 tɕʰiæ̃^{44} 该 kᴇ^{31}
千阳	挣 tsəŋ^{44} 赚 tɕiæ̃^{44}	挣 tsəŋ^{44}	欠 tɕʰiæ̃^{44} 该 kᴇ^{31}
西安	赚 pfã^{44}	挣 tsəŋ^{44}	争 tsəŋ^{21}
户县	赚 tɕiã^{55}	挣 tsəŋ^{55}	争 tsəŋ^{31} 该 kæ^{31}
商州	见 tɕiã^{44}	挣 tsəŋ^{44}	争 tsəŋ^{31}
镇安	赚 tʂuan^{214}	挣 tsən^{214}	该 kai^{53} 有 iəu^{35}
安康	赚 pfan^{44} 长 tʂʰaŋ^{35}	挣 tʂən^{44}	该 kæ^{31}
白河	赚 tʂuan^{41}	挣 tsən^{41}	该 kai^{213}
汉阴	长 tʂʰɑŋ^{42}	挣 tsən^{214}	该 kae^{33}
平利	赚 tʂʮan^{214} 长 tʂʰaŋ^{52}	挣 tsən^{214}	该 kai^{43}
汉中	赚 tsuan^{213}	挣 tsən^{213}	争 tsən^{55}
城固	见 tɕian^{213}	挣 tsəŋ^{213}	争 tsəŋ^{53}
勉县	赚 tɕiɑn^{213} 长 tsʰɑŋ^{21}	挣 tsən^{213}	争 tsən^{42}
镇巴	赚 tsuan^{213}	挣 tsən^{213} □xa^{35}	争 tsən^{35} 该 kai^{35}

	0712 算盘	0713 秤统称	0714 称用杆秤～
榆林	算盘 suɛ^{52}pʰɛ^{0} 算盘子 suɛ^{52}pʰɛ^{0}tsəʔ^{0}	秤 tʂʰɤɣ̃^{52}	志$^{=}$ tsɿ^{52}
神木	算盘子 suɛ^{53}pʰɛ^{0}tsəʔ^{0}	秤 tʂʰɤ̃^{53}	志$^{=}$ tsɿ^{53} 称 tʂʰɤ̃^{213}
绥德	算盘子 suæ^{52}pʰæ^{33}tsəʔ^{0} 算盘儿 suæ^{52}pʰær^{33}	秤儿 tʂʰɤ̃r^{52}	志$^{=}$ tsɿ^{52}
吴堡	算盘子 suɤ^{53}pʰɤ^{33}tsəʔ^{0}	秤 tʂʰɛE^{53}	志$^{=}$ tsɿ^{53} 秤 tʂʰɛe^{213}
清涧	算盘儿 su^{44}pʰur^{42}	秤 tʂʰəɣ̃^{42}	志$^{=}$ tsɿ^{42} 称 tʂʰəɣ̃^{312}
延安	算盘 suæ̃^{443}pʰar^{24}	秤 tʂʰəŋ^{443}	志$^{=}$ tsɿ^{443}
延川	算盘儿 suɤ^{53}pʰæ̃r^{213}	秤 tʂʰəŋ^{53}	称 tʂʰəŋ^{213}
黄陵	算盘 ɕyæ̃^{55}pʰæ̃^{0}	秤 tʂʰəŋ^{55}	志$^{=}$ tsɿ^{55} 称 tʂʰəŋ^{31}
渭南	盘子 pʰæ̃^{24}tsɿ^{0}	秤 tʂʰəŋ^{44}	称 tʂʰəŋ^{31}
韩城	算盘子 ɕyã^{44}pʰã^{0}tsɿ^{0}	秤 tʂʰəŋ^{44}	称 tʂʰəŋ^{31}
合阳	算盘 ɕyɑ̃^{55}pʰɑ̃^{31} 盘子 pʰɑ̃^{24}tsɿ^{0}	秤 tʂʰəŋ^{55}	称 tʂʰəŋ^{31}
富平	算盘儿 ɕyæ̃^{55}pʰæ̃r^{31}	秤 tʂʰəɣ̃^{55}	称 tʂʰəɣ̃^{31}
耀州	盘子 pʰæ̃^{24}tsɿ^{0}	秤 tʂʰəŋ^{44}	志$^{=}$ tsɿ^{44} 称 tʂʰəŋ^{21}
咸阳	算盘 suã^{44}pʰã^{0}	秤 tʂʰəŋ^{44}	志$^{=}$ tsɿ^{44} 称 tʂʰəŋ^{31}
旬邑	盘子 pʰã^{21}tsɿ^{0} 算盘 suã^{24}pʰã^{0}	秤 tʂʰəŋ^{44}	志$^{=}$ tsɿ^{44} 称 tʂʰəŋ^{21}
三原	算盘儿 suã^{44}pʰɑ̃r^{0}	秤 tʂʰəŋ^{44}	称 tʂʰəŋ^{31}

	0712 算盘	0713 秤统称	0714 称用杆秤~
乾县	盘子 pʰæ̃^{24}tsɿ^{21}	秤 tʂʰɤŋ^{55}	称 tʂʰɤŋ^{21}
岐山	算盘 suæ̃^{44}pʰæ̃^{53}	秤 tʂʰəŋ^{44}	称 tʂʰəŋ^{31} 过 kuo^{44}
凤翔	算盘 suæ̃^{45}pʰæ̃^{0}	秤 tʂʰəŋ^{44}	志$^{=}$ tsɿ^{44} 称 tʂʰəŋ^{31}
千阳	算盘 suæ̃^{45}pʰæ̃^{0}	秤 tʂʰəŋ^{44}	志$^{=}$ tsɿ^{44} 称 tʂʰəŋ^{31}
西安	算盘儿 suã^{44}pʰɐr^{0}	秤 tʂəŋ^{44}	称 tʂəŋ^{21}
户县	盘子 pʰã^{35}tsɿ^{0}	秤 tʂʰəŋ^{55}	志$^{=}$ tsɿ^{55} 称 tʂʰəŋ^{31}
商州	盘子 pʰã^{31}tsɿ^{0}	秤 tʂʰəŋ^{44}	称 tʂʰəŋ^{31}
镇安	算盘 san^{322}pʰan^{33}	秤 tʂʰən^{214}	称 tʂʰən^{53}
安康	算盘 suan^{44}pʰan^{0}	秤 tʂʰən^{44}	称 tʂʰən^{31}
白河	算盘 san^{42}pʰan^{0}	秤 tʂʰən^{41}	称 tʂʰən^{213}
汉阴	算盘子 suan^{21}pʰan^{0}tsɿ^{0}	秤杆子 tʂʰən^{21}kan^{45}tsɿ^{0}	称 tʂʰən^{33}
平利	算盘 san^{24}pʰan^{52}	秤 tʂʰən^{214}	称 tʂʰən^{43}
汉中	算盘 suan^{21}pʰan^{0}	秤 tʂʰən^{213}	志$^{=}$ tsɿ^{213} 称 tʂʰən^{55}
城固	算盘 ʃuan^{31}pʰan^{0}	秤 tʂʰəŋ^{213}	志$^{=}$ tsɿ^{213}
勉县	算盘 suɑn^{21}pʰɑn^{35}	秤 tsʰən^{213}	称 tsʰən^{42}
镇巴	算盘 suan^{213}pʰan^{52}	秤 tsʰən^{213}	称 tsʰən^{35}

	0715 赶集	0716 集市	0717 庙会
榆林	赶集 kε^{21}tɕiəʔ^{3}	集 tɕiəʔ^{3}	庙会 miɔo^{52}xuei^{52}
神木	赶集 kε^{21}tɕiəʔ^{4} 赶会 kε^{21}xuei^{53}	集市 tɕiəʔ^{4}sɿ^{53}	庙会 miɔo^{53}xuei^{53} 会 xuei^{53}
绥德	赶集 kæ^{21}tɕiɤ^{33}	集 tɕiɤ^{33}	庙会 miɔɤ^{52}xuei^{52}
吴堡	赶集 kʰie^{24}tɕʰiəʔ^{213}	集 tɕʰiəʔ^{213}	庙会 miɤ^{53}xuɑe^{53}
清涧	跟集 kəɣ̃^{31}tɕʰiəʔ^{43}	集市儿 tɕʰiəʔ^{4}sɿər^{44}	庙会 miɔo^{42}xuai^{0}
延安	赶集 kæ̃^{52}tɕi^{24}	集 tɕi^{24}	庙会 miɔ^{443}xuei^{443}
延川	跟集 kəŋ^{21}tɕʰiəʔ^{54}	集市儿 tɕiəʔ^{54}sɿər^{0}	庙会 miɑo^{53}xuei^{0}
黄陵	跟会 kẽ^{31}xuei^{55} 赶会 kæ̃^{52}xuei^{55}	会 xuei^{55}	庙会 miɔ^{55}xuei^{55}
渭南	上会 ʂaŋ^{44}xuei^{44}	会 xuei^{44}	庙会 miɔo^{44}xuei^{44}
韩城	上集 ʂuɤ^{44}tɕʰi^{24}	集 tɕʰi^{24}	庙会 miɑu^{44}xuɪ^{44}
合阳	赶集 kɑ̃^{52}tsʰi^{55} 上会 ʂuo^{55}xuei^{55}	会 xuei^{55}	庙会 miɔo^{55}xuei^{55} 古会 ku^{52}xuei^{55}
富平	上会 ʂɑɣ̃^{55}xueɪ^{55}	会 xueɪ^{55}	庙会 miɑo^{55}xueɪ^{55}
耀州	赶集 kæ̃^{52}tɕʰi^{24} 上会 ʂaŋ^{44}xuei^{44}	集 tɕʰi^{24} 会 xuei^{44}	庙会 miɔu^{44}xuei^{44}
咸阳	赶集 kɑ̃^{53}tɕi^{24}	集市 tɕi^{24}sɿ^{44}	庙会 miɔ^{44}xuei^{44}
旬邑	跟集 kɛ̃^{21}tɕʰi^{24} 逛集 kuɑŋ^{44}tɕʰi^{24}	集 tɕʰi^{24}	庙会 miau^{44}xuei^{44}
三原	着会 tʂʰuə^{24}xuei^{44} 上会 ʂaŋ^{44}xuei^{44}	集 tɕʰi^{24}	庙会 miɑɔ^{44}xuei^{44}

	0715 赶集	0716 集市	0717 庙会
乾县	跟会 kẽ^{21}xue^{55}	会 xue^{55}	庙会 miɔ^{55}xue^{55}
岐山	跟集 kəŋ^{31}ȶʰi^{24}	集市 ȶʰi^{24}sɿ^{44} 集 ȶʰi^{24}	会 xuei^{44}
凤翔	跟集 kəŋ^{31}tsʰi^{24}	集 tsʰi^{24}	庙会 miɔ^{44}xuei^{44} 会 xuei^{44}
千阳	跟集 kəŋ^{31}tsʰi^{24}	集 tsʰi^{24}	庙会 miɔ^{44}xuei^{44} 会 xuei^{44}
西安	上集 ʂaŋ^{44}tɕi^{24}	集 tɕi^{24}	会 xuei^{44}
户县	上集 ʂaŋ^{55}tɕi^{35}	集 tɕi^{35}	庙会 miau^{55}xuei^{55} 会 xuei^{55}
商州	上集 ʂɑŋ^{44}tɕʰi^{35}	集 tɕʰi^{35}	庙会 miɑo^{44}xuei^{44}
镇安	逢场 fɤŋ^{33}tʂʰʌŋ^{33} 赶场 kan^{35}tʂʰʌŋ^{33}	场 tʂʰʌŋ^{33}	庙会 miɔo^{33}xuEi^{322}
安康	赶场 kan^{53}tʂʰaŋ^{35}	市场 ʂʅ^{44}tʂʰaŋ^{53}	庙会 miau^{44}xuei^{44}
白河	赶场 kan^{35}tʂʰaŋ^{35}	市场 ʂʅ^{42}tʂʰaŋ^{35}	庙会 miɔu^{42}xuei^{41}
汉阴	赶场 kan^{45}tʂʰɑŋ^{42}	逢场 χoŋ^{42}tʂʰɑŋ^{42}	庙会 miɑo^{24}χuei^{214}
平利	赶场 kan^{45}tʂʰaŋ^{52}	场 tʂʰaŋ^{52}	庙会 miau^{24}xuei^{21}
汉中	赶集 kan^{35}tɕi^{42}	集 tɕi^{42}	会 xuei^{213}
城固	赶会 kan^{44}xuei^{213}	集 tsi^{311}	庙会 miɔ^{24}xuei^{213}
勉县	赶场 kɑn^{35}tsʰɑŋ^{21}	市场 sɿ^{21}tsʰɑŋ^{35}	庙会 miɑɔ^{35}xuei^{213}
镇巴	赶场 kan^{45}tsʰaŋ^{31}	街上 kai^{35}saŋ^{213}	会 xuei^{213}

	0718 学校	0719 教室	0720 上学
榆林	学校 ɕyɛ^{24}ɕiɔo^{52}	教室 tɕiɔo^{52}ʂəʔ^{0}	念书去嘞 niɛ^{52}ʂu^{33}kəʔ^{3}lɛ^{0} 学校去嘞 ɕyɛ^{24}ɕiɔo^{52}kəʔ^{3}lɛ^{0}
神木	书房 ʂu^{24}fɑ̃^{44} 学校 ɕyəʔ^{4}ɕiɔo^{53}	教室 tɕiɔo^{53}ʂəʔ^{0}	念书 ȵiɛ^{53}ʂu^{0} 上学 ʂɑ̃^{53}ɕyəʔ^{4}
绥德	学校 ɕie^{33}ɕiɔɤ^{52}	教室 tɕiɔɤ^{52}ʂəʔ^{0}	念书去嘞 nie^{52}ʂʮ^{0}kʰəʔ^{5}læ^{0} 学校去嘞 ɕie^{33}ɕiɔɤ^{52}kʰəʔ^{5}læ^{0}
吴堡	书窑儿 su^{21}iɤr^{53} 学校 ɕiəʔ^{3}ɕio^{53}	教室 tɕio^{53}ʂəʔ^{3}	念书 ȵie^{53}su^{213}
清涧	书房 ʂʮ^{31}fɒ̃^{24} 学校 ɕi^{24}ɕiɔo^{0}	教室 tɕiɔo^{44}ʂəʔ^{54}	上学 ʂɒ̃^{44}ɕi^{24} 念书 ȵi^{44}ʂʮ^{312}
延安	学校 ɕyo^{24}ɕiɔ^{443}	教室 tɕiɔ^{443}ʂʅ^{0}	上学 ʂaŋ^{443}ɕyɛ^{24} 念书 ȵiæ̃^{443}ʂu^{213}
延川	学校 ɕiɛ^{35}ɕiɑo^{0}	教室 tɕiɑo^{53}ʂɤ^{423}	念书 ȵiɛ^{53}ʂʮ^{213}
黄陵	书房 sʮ^{31}fɑŋ^{0} 学校 ɕyɤ^{24}ɕiɔ^{55}	教室 tɕiɔ^{55}ʂʅ^{0}	念书 ȵiæ̃^{55}sʮ^{31} 上学 ʂɑŋ^{55}ɕyɤ^{24}
渭南	学校 ɕyə^{24}ɕiɔo^{44}	教室 tɕiɔo^{44}ʂʅ^{0}	上学 ʂɑŋ^{44}ɕyə^{24}
韩城	学校 ɕiɤ^{24}ɕiɑu^{44}	教室 ɕiɑu^{44}ʂʅ^{0}	上学 ʂɑŋ^{44}ɕiɤ^{24}
合阳	学校 ɕyə^{24}ɕiɔo^{55} 学堂 ɕyə^{24}tʰɑŋ^{31}	教室 tɕiɔo^{55}ʂʅ^{31}	上学 ʂɑŋ^{55}ɕyə^{24}
富平	学校 ɕyɛ^{24}ɕiɑo^{55}	教室 tɕiɑo^{55}ʂʅ^{31}	书房去啦 ʃu^{53}fɑɣ̃^{31}tɕʰi^{31}lɑ^{31}
耀州	书房 ʃu^{52}fɑŋ^{0} 学校 ɕyo^{24}ɕiɔu^{44}	教室 tɕiɔu^{44}ʂʅ^{0}	上学 ʂɑŋ^{44}ɕyo^{24} 念书 ȵiæ̃^{44}ʃu^{21}
咸阳	学校 ɕyo^{24}ɕiɔ^{44}	教室 tɕiɔ^{44}ʂʅ^{31}	上学 ʂɑŋ^{44}ɕyo^{24}
旬邑	书房 ʃʅ^{52}fɑŋ^{0} 学校 ɕyo^{24}ɕiau^{44}	教室 tɕiau^{24}ʂʅ^{0}	上学 ʂɑŋ^{44}ɕyo^{24} 到学校去 tau^{44}ɕyo^{24}ɕiau^{44}tɕʰi^{0}
三原	学校 ɕyɤ^{24}ɕiɑɔ^{44}	教室 tɕiɑɔ^{44}ʂʅ^{0}	上学 ʂɑŋ^{44}ɕyɤ^{24}

	0718 学校	0719 教室	0720 上学
乾县	学校 ɕyə^{24}ɕiɔ^{55}	教室 tɕiɔ^{55}ʂʅ^{21}	上学 ʂaŋ^{55}ɕyə^{24}
岐山	学校 ɕyo^{24}ɕiɔ^{44}	教室 tɕiɔ^{44}ʂʅ^{53}	上学 ʂaŋ^{44}ɕyo^{24}
凤翔	学校 ɕyo^{24}ɕiɔ^{44} 书房 ʂʅ^{53}faŋ^{0}	教室 tɕiɔ^{45}ʂʅ^{0}	上学 ʂaŋ^{44}ɕyo^{24} 念书 ȵiæ̃^{44}ʂʅ^{31}
千阳	学校 ɕyo^{24}ɕiɔ^{44}	教室 tɕiɔ^{45}ʂʅ^{0}	念书 ȵiæ̃^{44}ʃʅ^{31}
西安	学校 ɕyo^{24}ɕiau^{44}	教室 tɕiau^{44}ʂʅ^{0}	上学 ʂaŋ^{44}ɕyo^{24}
户县	学堂 ɕyɤ^{35}t^{h}aŋ^{31} 书房 su^{31}faŋ^{31}	教室 tɕiau^{55}ʂʅ^{31}	上学 ʂaŋ^{55}ɕyɤ^{35}
商州	学校 ɕyɛ^{35}ɕiɑo^{44}	教室 tɕiɑo^{44}ʂʅ^{0}	上学 ʂɑŋ^{44}ɕyɛ^{35}
商州	学校 ɕyɛ^{35}ɕiɑo^{44}	教室 tɕiɑo^{44}ʂʅ^{0}	上学 ʂɑŋ^{44}ɕyɛ^{35}
镇安	学校 ɕiə^{33}ɕiɔo^{322}	教室 tɕiɔo^{322}ʂʅ^{214}	上学 ʂʌŋ^{33}ɕiə^{322} 念书 ȵian^{33}ʂʮ^{53}
安康	学校 ɕyo^{35}ɕiau^{44} 学堂 ɕyo^{35}t^{h}aŋ^{35}	教室 tɕiau^{44}ʂʅ^{35}	上学 ʂaŋ^{44}ɕyo^{35}
白河	学校 ɕyo^{44}ɕiɔu^{41}	教室 tɕiɔu^{42}ʂʅ^{44}	上学 ʂaŋ^{42}ɕyo^{44}
汉阴	学校 ɕio^{42}ɕiɑo^{214}	教室 tɕiɑo^{24}ʂʅ^{42}	上学 ʂɑŋ^{24}ɕio^{42}
平利	学校 cio^{52}ɕiau^{214}	教室 tɕiau^{24}ʂʅ^{52}	上学 ʂaŋ^{24}ɕio^{52}
汉中	学校 ɕyɤ^{42}ɕiɑo^{213}	教室 tɕiɑo^{35}ʂʅ^{0}	上学 ʂɑŋ^{35}ɕyɤ^{42}
城固	学校 ɕyɛ^{31}ɕiɔ^{213}	教室 tɕiɔ^{24}ʂʅ^{213}	上学 ʂɑŋ^{24}ɕyɛ^{311}
勉县	学堂 ɕyɤ^{21}t^{h}ɑŋ^{21} 学校 ɕyɤ^{21}ɕiɑɔ^{213}	教室 tɕiɑɔ^{35}sʅ^{21}	上学 sɑŋ^{35}ɕyɤ^{21}
镇巴	学校 ɕio^{31}ɕiau^{213} 学堂 ɕio^{33}t^{h}aŋ^{31}	教室 tɕiau^{213}sʅ^{52}	上学 saŋ^{213}ɕio^{31}

	0721 放学	0722 考试	0723 书包
榆林	放学 fɑ̃^{52}ɕyɛ^{213}	考试 kʰɔo^{21}sɿ^{52}	书包儿 ʂu^{33}pɔr^{33}
神木	放饭 fɑ̃^{53}fɛ^{53}	考试 kʰɔo^{21}sɿ^{53}	书包 ʂu^{24}pɔo^{0}
绥德	放学 fɑ̃^{52}ɕie^{33}	考试 kʰao^{21}sɿ^{52}	书包儿 ʂʮ^{24}paor^{213}
吴堡	散学 sɑ̃^{53}ɕiəʔ^{3}	考试 kʰo^{41}sɿ^{53}	书包儿 su^{24}por^{213}
清涧	放学 fɒ̃^{44}ɕi^{24}	考试 kʰɔo^{53}sɿ^{42}	书包儿 ʂʮ^{24}pɔor^{312}
延安	放学 fɑŋ^{443}ɕyɛ^{24}	考字 kʰɔ^{52}tsʰɿ^{443}	书包 ʂu^{24}pɔ^{213}
延川	放学 fɑŋ^{53}ɕiɛ^{423}	考试 kʰɑo^{53}sɿ^{53}	书包 ʂʮ^{35}pɑo^{0}
黄陵	放学 fɑŋ^{55}ɕyɤ^{24}	考试 kʰɔ^{52}sɿ^{55}	书包儿 sʮ^{24}pɔr^{31}
渭南	放学 fɑŋ^{44}ɕyə^{24} 下学 xɑ^{44}ɕyə^{24}	考试 kʰɔo^{44}sɿ^{44}	书包儿 ʃʒ^{24}pɔor^{31}
韩城	放学 fɑŋ^{44}ɕiɤ^{24}	考试 kʰɑu^{53}sɿ^{44}	书包 fu^{24}pɑu^{31}
合阳	放学 fɑŋ^{55}ɕyə^{24}	考试 kʰɔo^{52}sɿ^{55}	书包 fu^{24}pɔo^{31}
富平	放学 fɑɣ̃^{55}ɕyɛ^{24}	考试 kʰɑo^{53}sɿ^{55}	书包 ʃu^{24}pɑo^{53}
耀州	下学 xa^{44}ɕyo^{24} 放学 fɑŋ^{44}ɕyo^{24}	考试 kʰɔu^{52}sɿ^{44}	书包儿 ʃu^{24}pɔur^{52}
咸阳	放学 fɑŋ^{44}ɕyo^{24}	考试 kʰɔ^{53}sɿ^{44}	书包 ʃu^{24}pɔ^{31}
旬邑	放学 fɑŋ^{44}ɕyo^{24} 放了 fɑŋ^{24}la^{0}	考试 kʰau^{52}sɿ^{0}	书包儿 ʃʅ^{21}paur^{0}
三原	放学 fɑŋ^{44}ɕyɤ^{24} 下学 xɑ^{44}ɕyɤ^{24}	考试 kʰɑɔ^{52}sɿ^{44}	书包儿 ʃʒ^{24}pɑɔr^{52}

	0721 放学	0722 考试	0723 书包
乾县	放学 $\text{faŋ}^{55}\text{ɕyə}^{24}$	考试 $\text{kʰɔ}^{53}\text{sɿ}^{55}$	书包 $\text{ʃu}^{24}\text{pɔ}^{21}$
岐山	放学 $\text{fɑŋ}^{44}\text{ɕyo}^{24}$	考试 $\text{kʰɔ}^{53}\text{sɿ}^{44}$	书包 $\text{ʂʅ}^{31}\text{pɔ}^{21}$
凤翔	放学 $\text{fɑŋ}^{44}\text{ɕyo}^{24}$ 散学 $\text{sæ̃}^{44}\text{ɕyo}^{24}$	考试 $\text{kʰɔ}^{53}\text{sɿ}^{44}$	书包 $\text{ʂʅ}^{31}\text{pɔ}^{0}$
千阳	放学 $\text{fɑŋ}^{44}\text{ɕyo}^{24}$	考试 $\text{kʰɔ}^{53}\text{sɿ}^{44}$	书包 $\text{ʃʅ}^{31}\text{pɔ}^{0}$
西安	放学 $\text{faŋ}^{44}\text{ɕyo}^{24}$	考试 $\text{kʰau}^{53}\text{sɿ}^{44}$	书包 $\text{fu}^{24}\text{pau}^{21}$
户县	放学 $\text{faŋ}^{55}\text{ɕyɤ}^{35}$ 下学 $\text{xa}^{55}\text{ɕyɤ}^{35}$	考试 $\text{kʰau}^{51}\text{sɿ}^{55}$	书包 $\text{su}^{35}\text{pau}^{31}$
商州	放学 $\text{fɑŋ}^{44}\text{ɕyɛ}^{35}$	考试 $\text{kʰɑo}^{44}\text{sɿ}^{44}$	书包 $\text{ʃu}^{35}\text{pɑo}^{31}$
镇安	放学 $\text{fʌŋ}^{33}\text{ɕiə}^{322}$	考试 $\text{kʰɔo}^{33}\text{ʂʅ}^{214}$	书包 $\text{ʂʮ}^{21}\text{pɔo}^{53}$
安康	放学 $\text{faŋ}^{44}\text{ɕyo}^{35}$	考试 $\text{kʰau}^{53}\text{ʂʅ}^{44}$	书包 $\text{fu}^{35}\text{pau}^{31}$
白河	放学 $\text{faŋ}^{42}\text{ɕyo}^{44}$	考试 $\text{kʰɔu}^{35}\text{ʂʅ}^{0}$	书包 $\text{ʂu}^{35}\text{pɔu}^{213}$
汉阴	放学 $\text{χuɑŋ}^{24}\text{ɕio}^{42}$	考试 $\text{kʰɑo}^{45}\text{ʂʅ}^{214}$	书包 $\text{sʮ}^{33}\text{pɑo}^{33}$
平利	放学 $\text{faŋ}^{24}\text{ɕio}^{52}$	考试 $\text{kʰau}^{45}\text{ʂʅ}^{214}$	书包 $\text{ʂʮ}^{43}\text{pau}^{43}$
汉中	放学 $\text{fɑŋ}^{35}\text{ɕyɤ}^{42}$	考试 $\text{kʰɑo}^{35}\text{sɿ}^{213}$	书包 $\text{su}^{55}\text{pɑo}^{55}$
城固	放学 $\text{fɑŋ}^{24}\text{ɕyɛ}^{311}$	考试 $\text{kʰɔ}^{44}\text{sɿ}^{213}$	书包 $\text{ʃu}^{44}\text{pɔ}^{0}$
勉县	放学 $\text{fɑŋ}^{35}\text{ɕyɤ}^{21}$	考试 $\text{kʰɑɔ}^{35}\text{sɿ}^{213}$	书包 $\text{fu}^{44}\text{pɑɔ}^{42}$
镇巴	放学 $\text{faŋ}^{213}\text{ɕio}^{31}$	考试 $\text{kʰau}^{45}\text{sɿ}^{213}$	书包 $\text{su}^{35}\text{pau}^{55}$

	0724 本子	0725 铅笔	0726 钢笔
榆林	本子 pɤɣ̃^{21}tsəʔ^{0} 本本 pɤɣ̃^{21}pɤɣ̃^{213}	铅笔 tɕ^{h}iɛ^{33}piəʔ^{0}	钢笔 kɑ̃^{33}piəʔ^{0}
神木	本子 pɤ̃^{21}tsəʔ^{4}	铅笔 tɕ^{h}iɛ^{24}piəʔ^{4}	水笔 ʂuei^{21}piəʔ^{4}
绥德	本子 pəɣ̃^{21}tsɤ^{33} 本本 pəɣ̃^{21}pəɣ̃^{33}	铅笔 tɕ^{h}ie^{24}piəʔ^{0}	钢笔 kɑ̃^{24}piəʔ^{0}
吴堡	本子 pəŋ^{41}tsəʔ^{3}	铅笔 tɕ^{h}iɑ̃^{24}piəʔ^{0}	水笔 suɛe^{41}piəʔ^{3}
清涧	本子 pəɣ̃^{53}tsəʔ^{0}	铅笔 tɕ^{h}i^{31}piəʔ^{54}	钢笔 kɒ̃^{31}piəʔ^{54}
延安	本子 pəŋ^{52}tsəʔ^{0} 本本儿 pəŋ^{52}pər^{0}	铅笔 tɕ^{h}iæ̃^{24}pi^{0}	钢笔 kɑŋ^{24}pi^{0}
延川	本子 pəŋ^{53}tsəʔ^{02}	铅笔 tɕ^{h}iɛ^{35}piɤ^{0}	钢笔 kɑŋ^{35}piɤ^{0}
黄陵	本子 pẽ^{52}tsɿ^{0}	铅笔 tɕ^{h}iæ̃^{31}pi^{0}	钢笔 kɑŋ^{31}pi^{0}
渭南	本子 pə̃^{53}tsɿ^{0}	铅笔 tɕ^{h}iæ̃^{24}pi^{31}	钢笔 kɑŋ^{24}pi^{31}
韩城	本子 pɛ̃^{53}tsɿ^{0}	铅笔 tɕ^{h}iɑ̃^{24}pi^{31}	水笔 fɪi^{53}pi^{31}
合阳	本子 pẽ^{52}tsɿ^{0} 本本 pẽ^{52}pẽ^{0}	铅笔 tɕ^{h}iɑ̃^{31}pi^{31}	水笔 fei^{52}pi^{31} 钢笔 kɑŋ^{24}pi^{31}
富平	本子 pɛ̃^{53}tsɿ^{31}	铅笔 tɕ^{h}iæ̃^{24}pi^{31}	钢笔 kɑɣ̃^{24}pi^{31}
耀州	本子 pei^{52}tsɿ^{0} 本本 pei^{52}pei^{0}	铅笔 tɕ^{h}iæ̃^{24}pi^{21}	水笔 ʃuei^{52}pi^{21} 钢笔 kɑŋ^{24}pi^{21}
咸阳	本子 pɛ̃^{53}tsɿ^{0}	铅笔 tɕ^{h}iɑ̃^{24}pi^{31}	钢笔 kɑŋ^{24}pi^{31}
旬邑	本子 pɛ̃^{52}tsɿ^{0}	铅笔 tɕ^{h}iɑ̃^{24}pi^{21}	水笔 ʃei^{52}pi^{21} 钢笔 kɑŋ^{24}pi^{21}
三原	本子 pẽ^{52}tsɿ^{0}	铅笔 tɕ^{h}iɑ̃^{24}pi^{31}	钢笔 kɑŋ^{24}pi^{31}

	0724 本子	0725 铅笔	0726 钢笔
乾县	本子 pẽ^{53}tsɿ^{21}	铅笔 tɕʰiæ̃^{24}pi^{21}	钢笔 kaŋ^{24}pi^{21}
岐山	本子 pəŋ^{44}tsɿ^{21}	铅笔 tɕʰiæ̃^{24}pi^{31}	水笔 ʂei^{53}pi^{31} 钢笔 kɑŋ^{24}pi^{31}
凤翔	本子 pəŋ^{44}tsɿ^{0}	铅笔 tɕʰiæ̃^{24}pi^{31}	水笔 ʂei^{53}pi^{31} 钢笔 kɑŋ^{24}pi^{31}
千阳	本子 pəŋ^{44}tsɿ^{0}	铅笔 tɕʰiæ̃^{24}pi^{31}	水笔 ʃei^{53}pi^{31}
西安	本子 pən^{53}tsɿ^{0}	铅笔 tɕʰiã^{24}pi^{0}	钢笔 kaŋ^{24}pi^{0}
户县	本本儿 pẽ^{51}pəɯ^{35}	铅笔 tɕʰiã^{31}pi^{31}	水笔 suei^{51}pi^{31}
商州	本子 pẽ^{53}tsɿ^{0} 本本儿 pẽ^{53}pẽr^{0}	铅笔 tɕʰiã^{35}pi^{31}	水笔 ʃuei^{53}pi^{31} 钢笔 kɑŋ^{35}pi^{31}
镇安	本子 pən^{35}tsɿ^{53}	铅笔 tɕʰian^{53}pi^{0}	水笔 ʂuEi^{35}pi^{53}
安康	本子 pən^{53}tsɿ^{21}	铅笔 tɕʰian^{31}pi^{21}	钢笔 kaŋ^{35}pi^{31}
白河	本儿 pər^{35}	铅笔 tɕʰian^{21}pi^{44}	钢笔 kaŋ^{21}pi^{44}
汉阴	本本儿 pən^{45}par^{0}	铅笔 tɕʰian^{33}pi^{42}	钢笔 kɑŋ^{33}pi^{42} 自来水笔 tsɿ^{24}lae^{42}suei^{45}pi^{42}
平利	本子 pən^{45}tsɿ^{21}	铅笔 tɕʰian^{43}pi^{43}	钢笔 kaŋ^{43}pi^{43}
汉中	本子 pən^{35}tsɿ^{0}	铅笔 tɕʰian^{55}pi^{0}	钢笔 kɑŋ^{55}pi^{0}
城固	本本 pən^{24}pən^{0}	铅笔 tɕʰian^{44}pi^{0}	钢笔 kɑŋ^{44}pi^{0}
勉县	本本 pəŋ^{35}pəŋ^{0}	铅笔 tɕʰiɑn^{44}pi^{0}	钢笔 kɑŋ^{44}pi^{0}
镇巴	本子 pən^{45}tsɿ^{52} 本本儿 pən^{45}pɐr^{52}	铅笔 tɕʰian^{35}pi^{52}	钢笔 kaŋ^{35}pi^{52}

	0727 圆珠笔	0728 毛笔	0729 墨
榆林	油笔 iəu^{24}piəʔ^{0}	毛笔 mɔo^{24}piəʔ^{0}	墨汁 miʌʔ^{3}tʂʌʔ^{3}
神木	油笔 iəu^{44}piəʔ^{4}	毛笔 mɔo^{44}piəʔ^{4}	墨 miəʔ^{4} 墨汁 miəʔ^{4}tʂəʔ^{4}
绥德	油笔 iəu^{33}piəʔ^{0}	毛笔 mao^{33}piəʔ^{0}	墨汁 mie^{33}tʂəʔ^{0}
吴堡	油笔 iɑo^{33}piəʔ^{0}	笔儿 piər^{53} 毛笔 mo^{33}piəʔ^{3}	墨 miəʔ^{213}
清涧	油笔 iəu^{24}piəʔ^{54}	毛笔 mɔo^{24}piəʔ^{54}	墨 mai^{24}
延安	油笔 iou^{24}pi^{0}	毛笔 mɔ^{24}pi^{0}	墨 mei^{24}
延川	油笔 iəu^{35}piəʔ^{54}	毛笔 mu^{35}piɤ^{0}	墨 mai^{35}
黄陵	油笔 iəu^{24}pi^{31} 圆珠笔 yæ̃^{24}tsɥ^{24}pi^{31}	毛笔 mɔ^{24}pi^{31}	墨 mei^{24}
渭南	油笔 iəu^{24}pi^{31}	毛笔 mɔo^{24}pi^{31}	墨汁 mei^{24}tʂʅ^{31}
韩城	原子笔 yã^{31}tsʰɿ^{53}pi^{31}	毛笔 mɑu^{24}pi^{31}	墨 mɪ^{24}
合阳	圆珠笔 yɑ̃^{24}pfu^{24}pi^{31} 复写笔 fu^{24}siɛ^{52}pi^{31}	毛笔 mɔo^{24}pi^{31}	墨 mei^{24}
富平	油笔 iou^{24}pi^{31}	毛笔 mɑo^{24}pi^{31}	墨汁 mɛ̃^{24}tʂʅ^{31}
耀州	油笔 iou^{24}pi^{21} 原子笔 yæ̃^{24}tsɿ^{0}pi^{21}	大字笔 ta^{44}tsɿ^{44}pi^{21} 毛笔 mɔu^{24}pi^{0}	墨 mei^{24}
咸阳	油笔 iou^{24}pi^{31}	毛笔 mɔ^{24}pi^{31}	墨 mei^{24}
旬邑	油笔 iəu^{24}pi^{21} 圆珠笔 yã^{21}tʃʅ^{52}pi^{21}	毛笔 mau^{24}pi^{21}	墨 mei^{24}
三原	油笔 iou^{24}pi^{31}	毛笔 mɑɔ^{24}pi^{31}	墨 mei^{24}

	0727 圆珠笔	0728 毛笔	0729 墨
乾县	圆珠笔 yæ̃^{24}tʃu^{55}pi^{21}	毛笔 mɔ^{24}pi^{21}	墨 me^{24}
岐山	圆子笔 yæ̃^{31}tsɿ^{53}pi^{31}	毛笔 mɔ^{24}pi^{31}	墨 mei^{24}
凤翔	油笔 iəu^{24}pi^{31}	毛笔 mɔ^{24}pi^{31}	墨 mei^{24}
千阳	油笔 iou^{24}pi^{31} 印油笔 iŋ^{44}iou^{24}pi^{31}	毛笔 mɔ^{24}pi^{31}	墨 mei^{24}
西安	油笔 iou^{24}pi^{0}	毛笔 mau^{24}pi^{0}	墨 mei^{24}
户县	油笔 iɤu^{35}pi^{31}	毛笔 mau^{35}pi^{31} 生活 səŋ^{31}xuɤ^{31}	墨 mei^{35}
商州	油笔 iou^{35}pi^{31}	毛笔 mɑo^{35}pi^{31} 墨笔 mei^{35}pi^{31}	墨 mei^{35}
镇安	圆子笔 ʐuan^{33}tsɿ^{0}pi^{53}	毛笔 mɔo^{33}pi^{53} 生活 sən^{53}xuə^{0}	墨 mɛ^{53}
安康	圆子笔 yan^{35}tsɿ^{44}pi^{31}	生活 ʂən^{31}xuo^{0}	墨 mei^{35}
白河	圆珠笔 yan^{44}tʂu^{0}pi^{44}	毛笔 mɔu^{44}pi^{44}	墨 miE^{213}
汉阴	圆子笔 yan^{42}tsɿ^{45}pi^{42} 油子笔 iəu^{42}tsɿ^{45}pi^{42}	生活 sən^{33}χo^{42} 毛笔 mɑo^{42}pi^{0}	墨 mE^{42}
平利	圆子笔 ɥan^{52}tsɿ^{0}pi^{43}	生活 sən^{43}xo^{0} 毛笔 mau^{52}pi^{43}	墨 mE^{52}
汉中	油笔 iəu^{42}pi^{55} 圆珠笔 yan^{42}tsu^{55}pi^{55}	毛笔 mɑo^{42}pi^{55} 管子 kuan^{35}tsɿ^{0}	墨 mei^{42}
城固	油笔 iəu^{31}pi^{53}	毛笔 mɔ^{31}pi^{53}	墨 mei^{311}
勉县	油笔 iəu^{21}pi^{42}	管子 kuɑn^{35}tsɿ^{0}	墨 mei^{21}
镇巴	油笔 iəu^{33}pi^{31} 圆珠笔 yan^{31}tsu^{55}pi^{31}	毛笔 mau^{33}pi^{31}	墨 mɛ^{31}

	0730 砚台	0731 信一封～	0732 连环画
榆林	砚瓦 iɛ^{52}va^{0}	信 ɕiɤɣ̃^{52}	花花书 xua^{33}xua^{0} ʂu^{33} 小人书 ɕiɔo^{21}ʐɤɣ̃^{24} ʂu^{33}
神木	砚瓦儿 iɛ^{53}vʌɯ^{0}	信 ɕiɤ̃^{53}	人人书 ʐɤ̃^{44}ʐɤ̃^{0} ʂu^{213}
绥德	砚瓦儿 ie^{52}vɐr^{0}	信 ɕiəɣ̃^{52}	花花书 xuɑ^{24}xuɑ^{21}ʂʮ^{213} 小人儿书 ɕiɔɤ^{21}ʐɤ̃r^{33}ʂʮ^{213}
吴堡	砚瓦儿 ȵie^{53}uɐr^{0}	信 ɕiəŋ^{53}	人人书 ʐəŋ^{33}ʐəŋ^{0}su^{213}
清涧	砚瓦儿 ȵi^{42}vʌr^{0}	信 ɕiəɣ̃^{42}	花花儿书 xuɑ^{31}xuʌr^{53}ʂʮ^{312}
延安	砚台 iæ̃^{443}tʰai^{0} 砚瓦 iæ̃^{443}va^{213} 砚 iæ̃^{443}	信 ɕiəŋ^{443}	花花书 xua^{21}xua^{53} ʂu^{213} 小人儿书 ɕiɔ^{52}ʐər^{24} ʂu^{213}
延川	磨墨钵子 mai^{35}mei^{35}pɤ^{53}tsəʔ^{0}	信 ɕiŋ^{53}	连环画 liɛ^{35}xuæ̃^{21}xuar^{0}
黄陵	砚瓦 ȵiæ̃^{55}uɑ^{0}	信 ɕiẽ^{55}	娃娃书 uɑ^{24}uɑ^{24}sʮ^{31} 连环画 liæ̃^{24}xuæ̃^{0}xuɑ^{55}
渭南	砚台 ȵiæ̃^{44}tʰae^{0}	信 ɕiə̃^{44}	娃娃儿书 uɑ^{24}uɐr^{24}ʃʒ^{31}
韩城	砚瓦 ȵiɑ̃^{44}uɑ^{0}	信 ɕiɛ̃^{44}	小人书 ɕiɑu^{53}ʐɛ̃^{24}fu^{31}
合阳	砚台 ȵiɑ̃^{55}tʰæe^{24} 砚瓦 ȵiɑ̃^{55}uɑ^{31}	信 siẽ^{55}	娃娃书 uɑ^{55}uɑ^{24}fu^{31} 连环画 liɑ̃^{24}xuɑ̃^{31}xuɑ^{55}
富平	砚台 iæ̃^{55}tʰɛe^{31}	信 ɕiɛ̃^{55}	娃娃书 uɑ^{55}uɑ^{31}ʃu^{31} 小人书 siɑo^{53}ʐɛ̃^{24}ʃu^{31}
耀州	砚 iæ̃^{44} 砚台 iæ̃^{44}tʰæi^{0}	信 ɕiei^{44}	娃娃书 ua^{24}ua^{0}ʃu^{21} 小人书 ɕiɔu^{52}ʐei^{24}ʃu^{21}
咸阳	砚台 iɑ̃^{44}tʰæ^{0}	信 ɕiɛ̃^{44}	娃儿娃儿书 uɐr^{24}uɐr^{44}ʃu^{31}
旬邑	砚台 iɑ̃^{24}tʰɛi^{0}	信 siɛ̃^{44}	小人书 ɕiau^{52}ʐɛ̃^{24}ʃʅ^{21}
三原	砚台 iɑ̃^{44}tʰai^{0}	信 ɕiẽ^{44}	娃娃儿书 uɑ^{24}uɐr^{52}ʃʒ^{31}

	0730 砚台	0731 信一封~	0732 连环画
乾县	砚台 iæ̃^{55}tʰɛ^{21}	信 ɕiẽ^{55}	娃娃书 ua^{24}ua^{24}ʃu^{21}
岐山	砚台 iæ̃^{44}tʰE^{53}	信 siŋ^{44}	连环画 liæ̃^{31}xuæ̃^{53}xvA^{44}
凤翔	砚台 iæ̃^{45}tʰE^{0} 砚瓦 iæ̃^{45}va^{0}	信 siŋ^{44}	图画 tʰu^{24}xua^{44}
千阳	砚台 iæ̃^{45}tʰE^{0}	信 siŋ^{44}	画本 xua^{45}pəŋ^{0}
西安	砚台 iã^{44}tʰai^{0}	信 ɕin^{44}	娃娃儿书 ua^{24}uɐr^{24}fu^{21}
户县	砚台 iã^{55}tʰæ^{31}	信 ɕiẽ^{55}	娃娃儿书 ua^{35}uə^{35}su^{31}
商州	砚台 iã^{44}tʰai^{0}	信 ɕiẽ^{44}	娃娃儿书 vɑ^{31}vɐr^{53}ʃu^{31}
镇安	砚台 ȵian^{322}tʰai^{0}	信 ɕin^{214}	画画儿书 xua^{21}xuɐr^{0}ʂʮ^{53}
安康	砚台 ian^{44}tʰæ^{0} 墨盘儿 mei^{31}pʰar^{35}	信 ɕin^{44}	娃娃儿书 ua^{35}uar^{44}fu^{31} 连环画儿 lian^{35}xuan^{35}xuar^{53}
白河	砚台 ian^{41}tʰai^{0}	信 ɕiən^{41}	娃娃儿书 ua^{44}uar^{0}ʂu^{213}
汉阴	砚台 ȵian^{21}tʰae^{0}	信 ɕin^{214}	娃娃儿书 uɑ^{42}uar^{0}sʮ^{33} 小人书 ɕiɑo^{45}ʐən^{42}sʮ^{33}
平利	砚台 ȵian^{24}tʰai^{52}	信 ɕin^{214}	娃娃儿书 ua^{52}uar^{0}ʂʮ^{43}
汉中	砚台 ian^{21}tʰai^{0}	信 ɕin^{213}	娃娃书 vA^{42}vA^{0}su^{55}
城固	砚 ian^{213}	信 sin^{213}	娃娃书 ua^{31}ua^{24}ʃu^{53}
勉县	砚台 iɑn^{21}tʰɑi^{35}	信 ɕin^{213}	娃娃书 vɑ^{21}vɑ^{0}fu^{42}
镇巴	砚台 ian^{213}tʰai^{52}	信 ɕin^{213}	娃娃儿书 ua^{33}uɐr^{31}su^{55}

	0733 捉迷藏	0734 跳绳	0735 毽子
榆林	藏蒙蒙 tsʰã^{24}mɤɣ̃^{24}mɤɣ̃^{0}	跳绳儿 tʰiɔo^{52}ʂə̃r^{213}	毛毽子 mɔo^{24}tɕiɛ^{21}tsəʔ^{0}
神木	藏迷摞⁼摞⁼ tsʰã^{44}mi^{44}luo^{53}luo^{0}	跳绳 tʰiɔo^{53}ʂɤ̃^{44}	毽子 tɕiɛ^{53}tsəʔ^{0}
绥德	藏猫猫 tsʰã^{33}mao^{33}mao^{0}	跳绳儿 tʰiɔɤ^{52}ʂɤ̃r^{33}	毽毽 tɕie^{21}tɕie^{33}
吴堡	藏□□tsʰɤu^{33}mɤu^{33}mɤu^{0}	跳绳绳 tʰiɤ^{53}ʂɛe^{33}ʂɛe^{0}	毽毽 tɕie^{41}tɕie^{213}
清涧	藏野猫儿 tsʰɯ^{24}iɑ^{53}mɔor^{0}	跳绳儿 tʰiɔo^{44}ʂəɣ̃r^{42}	毛毽毽 mɔo^{24}tɕi^{21}tɕi^{0}
延安	藏老猫猴儿 tsʰaŋ^{24}lɔ^{52}mɔ^{21} xour^{24}	跳绳儿 tʰiɔ^{443}ʂər^{24}	毛毽儿 mɔ^{24}tɕiar^{443}
延川	藏野猫 tsʰei^{35}ia^{53}mɑo^{0}	跳绳儿 tɕʰiɑo^{53}ʂʌr^{35}	毽子 tɕiɛ^{53}tsəʔ^{0}
黄陵	藏猫虎儿 tsʰəu^{24}mɔ^{24}xur^{0}	跳绳 tɕʰiɔ^{24}ʂəŋ^{24}	毽子 tɕiæ̃^{55}tsɿ^{0}
渭南	藏猫虎逮儿 tɕʰiɑŋ^{24}mɔo^{53}xu^{0} tɐr^{24}	跳绳 tɕʰiɔo^{24}ʂəŋ^{24}	毽子 tɕiæ̃^{44}tsɿ^{0}
韩城	藏猫骨碌儿 tsʰɑŋ^{24}mɑu^{31}ku^{31} ləur^{0}	跳绳 tʰiɑu^{24}səŋ^{24}	毽子 tɕiã^{44}tsɿ^{0}
合阳	猫逮老鼠 mɔo^{24}tæe^{24}lɔo^{31}fu^{31} 捉迷藏 pfu^{31}mi^{24}tsʰɑŋ^{24}	跳绳 tʰiɔo^{24}ʂəŋ^{24}	毽子 tɕiã^{55}tsɿ^{0}
富平	逮猫虎儿 tɛe^{24}mɑo^{31}xur^{31}	跳绳 tʰiɑo^{55}ʂəɣ̃^{24}	毽子 tɕiæ̃^{55}tsɿ^{31}
耀州	藏猫呼噜 tɕʰiɑŋ^{24}mɔu^{24}xu^{0}lou^{0} 藏猫猫 tɕʰiɑŋ^{24}mɔu^{44}mɔu^{0}	跳绳 tɕʰiɔu^{24}ʂəŋ^{24}	毽子 tɕiæ̃^{44}tsɿ^{0}
咸阳	藏猫儿道儿 tɕʰiɑŋ^{24}mɔr^{44}tɔr^{53}	跳绳 tʰiɔ^{44}ʂəŋ^{24}	毽子 tɕiã^{44}tsɿ^{0}
旬邑	捉猫老虎 tʃɤ^{21}mau^{24}lau^{21}xu^{0}	跳绳 tɕʰiau^{24}ʂəŋ^{24}	毽子 tɕyã^{24}tsɿ^{0}
三原	藏猫逮 tɕʰiɑŋ^{24}mɑɔ^{24}tai^{24}	跳绳 tɕʰiɑɔ^{24}ʂəŋ^{24}	毽子 tɕiã^{44}tsɿ^{0}

	0733 捉迷藏	0734 跳绳	0735 毽子
乾县	藏猫老虎儿 tsʰaŋ^{24}mɔ^{55}nɔ^{21} xu^{55}ɐr^{21}	跳绳 tʰiɔ^{55}ʂɤŋ^{24}	毽子 tɕiæ̃^{55}tsɿ^{21}
岐山	藏猫猫猴 ȶʰiɑŋ^{24}mɔ^{31}mɔ^{44}xou^{21} 藏马□ȶʰiɑŋ^{24}mA^{53}ou^{44}	跳绳 ȶʰiɔ^{24}ʂəŋ^{24}	毽子 tɕiæ̃^{44}tsɿ^{53}
凤翔	藏猫猫猴 tsʰiɑŋ^{24}mɔ^{45}mɔ^{0}xəu^{0}	跳绳 tsʰiɔ^{24}ʂəŋ^{24}	毽子 tɕiæ̃^{45}tsɿ^{0}
千阳	藏□□猴 tsʰiɑŋ^{24}ma^{45}ma^{0}xou^{24}	跳绳 tsʰiɔ^{24}ʂəŋ^{24}	毽子 tɕiæ̃^{45}tsɿ^{0}
西安	逮猫儿 tai^{21}mər^{24}	跳绳 tʰiau^{44}ʂəŋ^{24}	毽子 tɕiã^{44}tsɿ^{0}
户县	藏梦儿 tɕʰiaŋ^{35}məɯ^{55}	跳绳 tʰiau^{35}ʂəŋ^{35}	毽子 tɕiã^{55}tsɿ^{0}
商州	藏猫虎 tɕʰiɑŋ^{35}mɑo^{31}xu^{0}	跳绳 tʰiɑo^{35}ʂəŋ^{35}	毽子 tɕiã^{44}tsɿ^{0}
镇安	躲猫猫儿 tuə^{33}mɔo^{21}mɔor^{0}	跳绳 tʰiɔo^{214}ʂən^{33}	燕⁼子 ian^{322}tsɿ^{0}
安康	藏老目头儿 tɕʰiaŋ^{35}lau^{53}mu^{31} tʰour^{0}	跳绳儿 tʰiau^{44}ʂər^{35}	毽儿 tɕiar^{53}
白河	逮猫儿 tai^{35}mɐr^{213}	跳绳儿 tʰiɔu^{41}ʂər^{44}	毽子 tɕian^{42}tsɿ^{0}
汉阴	逮猫呼噜儿 tae^{42}mɑo^{42}χu^{0}lar^{214}	跳绳 tʰiɑo^{24}ʂən^{42}	鸡毛毽儿 tɕi^{33}mɑo^{42} tɕiar^{214}
平利	躲猫儿 to^{45}maur^{43}	跳绳 tʰiau^{24}ʂən^{52}	毽子 tɕian^{24}tsɿ^{0}
汉中	藏猫虎儿 tɕʰiɑŋ^{42}mɑo^{55}xuɤr^{0}	跳绳 tʰiɑo^{35}ʂən^{42}	毽子 tɕian^{21}tsɿ^{0}
城固	藏马虎儿 tɕʰiɑŋ^{31}ma^{31}xuər^{0}	跳绳 tʰiɔ^{24}ʂəŋ^{311}	毛毽儿 mɔ^{31}tɕiər^{0}
勉县	藏猫虎 tɕʰiɑŋ^{21}mɑɔ^{44}xu^{0}	跳绳 tʰiɑɔ^{35}sən^{21}	毽儿 tɕiɑn^{21}ər^{35}
镇巴	藏猫儿 tsʰaŋ^{31}mɐr^{55}	跳绳 tʰiau^{213}sən^{31}	毽儿 tɕyɐr^{213}

	0736 风筝	0737 舞狮	0738 鞭炮统称
榆林	风筝 fɤɣ̃^{33}tʂɤɣ̃^{52}	耍狮子 ʂua^{21}sɿ^{33}tsəʔ^{0}	串串炮 tʂʰuɛ^{52}tʂʰuɛ^{0}pʰɔo^{52}
神木	风筝 fɤ̃^{24}tsɤ̃^{0}	耍狮子 ʂua^{21}sɿ^{24}tsəʔ^{0}	鞭炮 piɛ^{24}pʰɔo^{53} 炮仗子 pʰɔo^{53}tʂɑ̃^{0}tsəʔ^{0}
绥德	风罩 fəɣ̃^{21}tsao^{52}	耍狮子 ʂuɑ^{21}sɿ^{24}tsəʔ^{0}	叭啦鞭儿 pɑ^{52}lɑ^{21}piər^{213}
吴堡	风筝 fəŋ^{21}tsəŋ^{53}	耍狮子 suɑ^{41}sɿ^{24}tsəʔ^{0}	鞭炮儿 pie^{21}pʰor^{53}
清涧	风筝 fəɣ̃^{31}tsəɣ̃^{42}	耍狮子 ʂuɑ^{53}sɿ^{31}tsəʔ^{0}	棒榔鞭儿 pɒ̃^{44}lɒ̃^{24}piər^{312}
延安	风筝 fəŋ^{21}tsəŋ^{53}	耍狮子 ʂua^{52}sɿ^{21}tsəʔ^{5}	鞭炮 piæ̃^{21}pʰɔ^{443}
延川	风筝 fəŋ^{21}tsəŋ^{53}	耍狮子 ʂua^{53}sɿ^{21}tsəʔ^{53}	鞭炮 piɛ^{21}pʰɑo^{53}
黄陵	风筝儿 fəŋ^{31}tsə̃r^{0}	耍狮子 suɑ^{52}sɿ^{31}tsɿ^{0}	炮仗 pʰɔ^{55}tʂɑŋ^{0} 炮 pʰɔ^{55}
渭南	风筝 fəŋ^{31}tsəŋ^{31}	耍狮子 ʃɑ^{44}sɿ^{53}tsɿ^{0}	炮仗 pʰɔo^{44}tʂɑŋ^{0}
韩城	风筝儿 fəŋ^{31}tsə̃r^{53}	耍狮子 fɑ^{53}sɿ^{31}tsɿ^{0}	炮 pʰɑu^{44}
合阳	风筝 fəŋ^{31}tsəŋ^{31}	舞狮 vu^{52}sɿ^{31} 耍狮子 fɑ^{52}sɿ^{31}tsɿ^{0}	鞭炮 piɑ̃^{31}pʰɔo^{55} 炮 pʰɔo^{55}
富平	风筝 fəɣ̃^{31}tsəɣ̃^{31}	耍狮子 ʃuɑ^{53}sɿ^{53}tsɿ^{31}	炮 pʰɑo^{55}
耀州	风筝 fəŋ^{52}tsəŋ^{0}	耍狮子 ʃua^{52}sɿ^{52}tsɿ^{0}	炮仗 pʰɔu^{44}tʂɑŋ^{0} 炮 pʰɔu^{44}
咸阳	风筝儿 fəŋ^{31}tsər^{0}	耍狮子 ʃua^{53}sɿ^{31}tsɿ^{0}	鞭 piɑ̃^{31}
旬邑	风筝 fəŋ^{21}tsəŋ^{0}	耍狮子 ʃa^{52}sɿ^{52}tsɿ^{0}	鞭炮 piɑ̃^{21}pʰau^{44} 花炮 xua^{21}pʰau^{44}
三原	风筝儿 fəŋ^{31}tsə̃r^{0}	耍狮子 ʃuɑ^{52}sɿ^{52}tsɿ^{0}	鞭炮 piɑ̃^{52}pʰɑɔ^{0}

	0736 风筝	0737 舞狮	0738 鞭炮统称
乾县	风筝 fɤŋ^{21}tsɤŋ^{21}	要狮子 ʃua^{53}sɿ^{53}tsɿ^{21}	鞭炮 piæ̃^{53}p^{h}ɔ^{55}
岐山	风筝 fəŋ^{31}tsəŋ^{21}	要狮子 ʂA^{53}sɿ^{53}tsɿ^{21}	炮 p^{h}ɔ^{44}
凤翔	风筝 fəŋ^{31}tsəŋ^{0}	要狮子 ʂa^{53}sɿ^{53}tsɿ^{0}	炮 p^{h}ɔ^{44}
千阳	风灯 fəŋ^{31}təŋ^{0}	要狮子 ʃa^{53}sɿ^{53}tsɿ^{0}	炮 p^{h}ɔ^{44}
西安	风筝 fəŋ^{21}tsəŋ^{0}	要狮子 fa^{53}sɿ^{21}tsɿ^{0}	炮 p^{h}au^{44}
户县	风筝 fəŋ^{31}tsəŋ^{31}	要狮子 sua^{55}sɿ^{31}tsɿ^{0}	炮 p^{h}au^{55}
商州	风筝 fəŋ^{31}tsəŋ^{0}	要狮子 ʃuɑ^{53}sɿ^{53}tsɿ^{0}	炮 p^{h}ɑo^{44}
镇安	风车儿 fɤŋ^{53}tʂ^{h}ər^{0}	玩狮狮 van^{33}sɿ^{53}sɿ^{0}	炮子 p^{h}ɔo^{322}tsɿ^{0}
安康	风车儿 fəŋ^{31}tʂ^{h}er^{31}	要狮子 fa^{53}ʂʅ^{31}tsɿ^{0}	鞭炮 pian^{31}p^{h}au^{44}
白河	风筝儿 fəŋ^{21}tʂər^{0}	玩狮子 uan^{44}sɿ^{21}tsɿ^{0}	炮子 p^{h}ɔu^{42}tsɿ^{0}
汉阴	风灯儿 χoŋ^{33}tar^{0}	要狮子 suɑ^{45}sɿ^{33}tsɿ^{0}	炮 p^{h}ɑo^{214}
平利	风灯儿 fəŋ^{43}tər^{0}	玩狮子 uan^{52}sɿ^{43}tsɿ^{0}	炮子 p^{h}au^{24}tsɿ^{0}
汉中	风筝 fən^{55}tsən^{0}	要狮子 suA^{35}sɿ^{55}tsɿ^{0}	炮 p^{h}ɑo^{213}
城固	风筝 fəŋ^{44}tsəŋ^{0}	要狮 ʃua^{44}sɿ^{53}	炮 p^{h}ɔ^{213}
勉县	风筝 fəŋ^{44}tsən^{0}	要狮子 fɑ^{35}sɿ^{44}tsɿ^{0}	炮子 p^{h}ɑɔ^{21}tsɿ^{35}
镇巴	风筝 foŋ^{35}tsən^{55}	要狮子 sua^{45}sɿ^{35}tsɿ^{52}	火炮儿 xo^{45}p^{h}ɐr^{213}

	0739 唱歌	0740 演戏	0741 锣鼓统称
榆林	唱歌儿 tʂ^{h}ɑ̃^{52}kuər^{33}	唱戏 tʂ^{h}ɑ̃^{52}ɕi^{52}	家匙 tɕia^{33}sɿ^{33}
神木	唱曲儿 tʂ^{h}ɑ̃^{53}tɕ^{h}yʌɯ^{44}	唱戏 tʂ^{h}ɑ̃^{53}ɕi^{53}	锣鼓 luo^{44}ku^{0} 锣鼓家匙 luo^{44}ku^{0}tɕia^{24}sɿ^{44}
绥德	唱歌儿 tʂ^{h}ɑ̃^{52}kɯr^{213}	唱戏 tʂ^{h}ɑ̃^{52}ɕi^{52}	家匙 tɕiɑ^{21}sɿ^{33}
吴堡	唱歌儿 tʂ^{h}ɤu^{53}kɤur^{213}	唱戏 tʂ^{h}ɤu^{53}ɕi^{53}	锣鼓 lɤu^{33}ku^{412}
清涧	唱歌儿 tʂ^{h}ɒ̃^{42}kɯr^{312}	唱戏 tʂ^{h}ɒ̃^{44}sɿ^{42}	锣鼓儿 lɯ^{24}kʊr^{53}
延安	唱歌儿 tʂ^{h}aŋ^{443}kuor^{213}	演戏 iæ̃^{53}ɕi^{52}	锣鼓 luo^{24}ku^{423}
延川	唱歌儿 tʂ^{h}ɑŋ^{53}kər^{213}	演戏 iɛ^{42}sɿ^{53}	锣鼓 lei^{35}ku^{0}
黄陵	唱歌儿 tʂ^{h}ɑŋ^{55}kɤr^{31}	演戏 iæ̃^{52}ɕi^{55}	锣鼓 luɤ^{24}ku^{52}
渭南	唱歌儿 tʂ^{h}ɑŋ^{44}kər^{31}	唱戏 tʂ^{h}ɑŋ^{44}ɕi^{44}	锣鼓 luə^{24}ku^{53}
韩城	唱歌 tʂ^{h}ɑŋ^{44}kɤ^{31}	唱戏 tʂ^{h}ɑŋ^{44}tɕi^{44}	锣鼓 luɤ^{31}ku^{53}
合阳	唱歌 tʂ^{h}ɑŋ^{55}kɤ^{31}	唱戏 tʂ^{h}ɑŋ^{55}ɕi^{55} 演戏 iã^{52}ɕi^{55}	锣鼓 luo^{24}ku^{31}
富平	唱歌儿 tʂ^{h}ɑɣ̃^{55}kər^{53}	唱戏 tʂ^{h}ɑɣ̃^{55}ɕi^{55}	锣鼓 luo^{24}ku^{53}
耀州	唱歌儿 tʂ^{h}ɑŋ^{44}kɤr^{52}	唱戏 tʂ^{h}ɑŋ^{44}ɕi^{44}	锣鼓家伙 luo^{24}ku^{52}tɕia^{21}xuo^{0}
咸阳	唱歌儿 tʂ^{h}ɑŋ^{44}kər^{31}	唱戏 tʂ^{h}ɑŋ^{44}ɕi^{44}	锣鼓家伙 luo^{24}ku^{53}tɕia^{31}xuo^{0}
旬邑	唱歌 tʂ^{h}ɑŋ^{44}kɤ^{21}	唱戏 tʂ^{h}ɑŋ^{44}ɕi^{44} 演戏 iã^{52}ɕi^{44}	锣鼓家私 luo^{21}ku^{52}tɕia^{52}sɿ^{0}
三原	唱歌儿 tʂ^{h}ɑŋ^{44}kər^{52}	唱戏 tʂ^{h}ɑŋ^{44}ɕi^{44}	锣鼓 luə^{24}ku^{52}

	0739 唱歌	0740 演戏	0741 锣鼓统称
乾县	唱歌 tʂʰaŋ^{55}kɤ^{21}	唱戏 tʂʰaŋ^{55}ɕi^{55}	锣鼓 luɤ^{24}ku^{53}
岐山	唱歌儿 tʂʰɑŋ^{44}kɤ^{53}er^{21}	唱戏 tʂʰɑŋ^{44}ɕi^{44}	锣鼓 luo^{31}ku^{53}
凤翔	唱歌 tʂʰɑŋ^{44}kuo^{31}	唱戏 tʂʰɑŋ^{44}ɕi^{44}	锣鼓 luo^{31}ku^{53} 锣鼓家私 luo^{31}ku^{53}tɕia^{53}sɿ^{0}
千阳	唱歌 tʂʰɑŋ^{44}kuo^{31}	唱戏 tʂʰɑŋ^{44}ɕi^{44}	锣鼓 luo^{31}ku^{0} 锣鼓家私 luo^{31}ku^{0}tɕia^{53}sɿ^{0}
西安	唱歌儿 tʂʰaŋ^{44}kɐr^{21}	唱戏 tʂʰaŋ^{44}ɕi^{44} 演戏 iã^{53}ɕi^{44}	锣鼓 luo^{24}ku^{53}
户县	唱歌儿 tʂʰaŋ^{55}kə^{0}	唱戏 tʂʰaŋ^{55}ɕi^{55}	锣鼓 luɤ^{35}ku^{31}
商州	唱歌儿 tʂʰɑŋ^{44}kɤr^{53}	唱戏 tʂʰɑŋ^{44}ɕi^{44} 演戏 iã^{53}ɕi^{44}	锣鼓 luə^{35}ku^{53}
镇安	唱歌儿 tʂʰʌŋ^{33}kər^{53}	唱戏 tʂʰʌŋ^{35}ɕi^{214} 演戏 ian^{33}ɕi^{214}	锣锣儿 luə^{33}luər^{0}
安康	唱歌儿 tʂʰaŋ^{44}kər^{31}	唱戏 tʂʰaŋ^{44}ɕi^{44}	家什 tɕia^{31}ʂʅ^{0}
白河	唱歌儿 tʂʰaŋ^{42}kuər^{0}	演戏 ian^{35}ɕi^{41}	锣鼓家业 luo^{44}ku^{0}tɕia^{21}ȵiE^{0}
汉阴	唱歌儿 tʂʰɑŋ^{24}kar^{33}	唱戏 tʂʰɑŋ^{24}ɕi^{214}	锣鼓家业 lo^{42}ku^{45}tɕiɑ^{33}ȵiE^{0}
平利	唱歌儿 tʂʰaŋ^{24}kor^{43}	演戏 ian^{45}ɕi^{214}	锣鼓响器 lo^{52}ku^{45}ɕiaŋ^{45}tɕʰi^{0}
汉中	唱歌 tʂʰɑŋ^{21}kɤ^{55}	唱戏 tʂʰɑŋ^{35}ɕi^{213} 演戏 ian^{35}ɕi^{213}	锣鼓家私 luɤ^{42}ku^{0}tɕia^{55}sɿ^{0}
城固	唱歌 tʂʰɑŋ^{31}kə^{53}	唱戏 tʂʰɑŋ^{24}ɕi^{213}	锣鼓家私 luə^{31}ku^{24}tɕia^{44}sɿ^{0}
勉县	唱歌 tsʰɑŋ^{21}kɤ^{42}	唱戏 tsʰɑŋ^{35}ɕi^{213}	锣鼓家私 luɤ^{21}ku^{35}tɕiɑ^{44}sɿ^{0} 响器 ɕiɑŋ^{35}tɕʰi^{0}
镇巴	唱歌 tsʰaŋ^{31}ko^{55}	演戏 ian^{45}ɕi^{213}	锣鼓 lo^{31}ku^{52}

	0742 二胡	0743 笛子	0744 划拳
榆林	二胡 ər^{52}xu^{0}	笛子 tiəʔ^{3}tsəʔ^{0}	划拳 xua^{33}tɕʰyɛ^{213}
神木	胡胡 xu^{44}xu^{0}	笛子 tiəʔ^{4}tsəʔ^{0}	划拳 xua^{44}tɕʰyɛ^{44}
绥德	二胡 ər^{52}xu^{0}	笛子 tiəʔ^{5}tsəʔ^{0}	划拳 xuɑ^{33}tɕʰye^{33}
吴堡	二胡 ər^{53}xu^{33}	笛子 tiəʔ^{4}tsəʔ^{0}	划拳 xuɑ^{33}tɕʰye^{33}
清涧	二胡儿 ər^{44}xʊr^{42}	笛子 tiəʔ^{4}tsəʔ^{0} 枚笛 mai^{24}tʰi^{53}	划拳 xuɑ^{24}tɕʰy^{24}
延安	胡胡 xu^{24}xu^{0}	笛子 tʰi^{24}tsəʔ^{0}	划拳 xua^{24}tɕʰyæ̃^{24} 猜拳 tsʰai^{21}tɕʰyæ̃^{24}
延川	二胡 ər^{53}xu^{213}	笛子 tiəʔ^{54}tsəʔ^{0}	划拳 xua^{35}tɕʰyɛ^{0}
黄陵	胡胡 xu^{24}xu^{0}	笛子 tɕʰi^{24}tsɿ^{0}	划拳 xuɑ^{24}tɕʰyæ̃^{24}
渭南	二胡儿 ər^{44}xur^{24}	笛子 tɕʰi^{24}tsɿ^{0}	划拳 xuɑ^{24}tɕʰyæ̃^{24}
韩城	二胡 ər^{44}xu^{24}	笛子 tʰi^{31}tsɿ^{53}	猜拳 tsʰæe^{31}tɕʰyã^{24}
合阳	二胡 ər^{55}xu^{24} 胡胡 xu^{24}xu^{0}	笛子 tʰi^{24}tsɿ^{0}	划拳 xuɑ^{24}tɕʰyɑ̃^{24} 猜拳 tsʰæe^{52}tɕʰyɑ̃^{24}
富平	二胡 ər^{55}xu^{24}	笛子 ti^{24}tsɿ^{53}	划拳 xuɑ^{55}tɕʰyæ̃^{24}
耀州	胡胡儿 xu^{24}xur^{52}	笛子 tɕʰi^{24}tsɿ^{0} 笛 tɕʰi^{24}	猜拳 tsʰæi^{21}tɕʰyæ̃^{24}
咸阳	二胡 ər^{44}xu^{24}	笛 ti^{24}	划拳 xua^{31}tɕʰyã^{24}
旬邑	胡胡 xu^{21}xu^{52}	笛 tɕʰi^{24}	划拳 xua^{44}tɕʰyã^{24}
三原	胡胡儿 xu^{24}xur^{0}	笛子 tɕʰi^{24}tsɿ^{0}	划拳 xuɑ^{44}tɕʰyã^{24}

	0742 二胡	0743 笛子	0744 划拳
乾县	二胡 ɐr^{55}xu^{21}	笛子 ti^{24}tsɿ^{21}	划拳 xua^{21}tɕ^{h}yæ̃^{24}
岐山	二胡 ər^{44}xu^{53}	笛 ȶ^{h}i^{24}	划拳 xvA^{31}tɕ^{h}yæ̃^{24}
凤翔	二胡 ər^{45}xu^{0}	笛 ts^{h}i^{24}	划拳 xua^{31}tɕ^{h}yæ̃^{24}
千阳	二胡 ər^{45}xu^{0}	笛 ts^{h}i^{24}	划拳 xua^{31}tɕ^{h}yæ̃^{24} 猜拳 ts^{h}E^{31}tɕ^{h}yæ̃^{24}
西安	胡胡儿 xu^{24}xuər^{0}	笛 ti^{24}	划拳 xua^{24}tɕ^{h}yã^{24}
户县	二胡儿 ɯ^{55}xuɯ^{35}	笛儿 tiɯ^{35}	划拳 xua^{55}tɕ^{h}yã^{35}
商州	胡胡儿 xu^{31}xur^{0}	笛 ti^{35}	划拳 xuɑ^{35}tɕ^{h}yã^{35}
镇安	胡琴 xu^{33}tɕ^{h}in^{0}	笛子 ti^{33}tsɿ^{0}	划拳 xua^{33}tʂ^{h}uan^{33}
安康	弦子 ɕian^{35}tsɿ^{0}	笛儿 tiər^{35}	划拳 xua^{35}tɕ^{h}yan^{35}
白河	二胡 ər^{41}xu^{44}	笛子 ti^{44}tsɿ^{0}	划拳 xua^{44}tɕ^{h}yan^{44}
汉阴	弦子 ɕian^{42}tsɿ^{0}	笛儿 tiar^{42}	划拳 χuɑ^{42}tɕ^{h}yan^{42}
平利	胡琴儿 xu^{52}tɕ^{h}iər^{0}	笛子 ti^{52}tsɿ^{0}	划拳 xua^{52}tʂ^{h}ʮan^{52}
汉中	二胡 ər^{35}xu^{42}	笛子 ti^{42}tsɿ^{0}	划拳 xuA^{42}tɕ^{h}yan^{42} 猜拳 ts^{h}ai^{55}tɕ^{h}yan^{42}
城固	弦弦 ɕian^{31}ɕian^{24}	笛 ti^{311}	猜拳 tʃ^{h}ai^{44}tɕ^{h}yan^{311}
勉县	弦子 ɕiɑn^{21}tsɿ^{0} 胡琴 xu^{21}tɕ^{h}in^{0}	笛子 ti^{21}tsɿ^{0}	划拳 xuɑ^{35}tɕ^{h}yɑn^{21}
镇巴	弦子 ɕian^{33}tsɿ^{31}	笛子 ti^{33}tsɿ^{31}	划拳 xua^{33}tɕ^{h}yan^{31}

	0745 下棋	0746 打扑克	0747 打麻将
榆林	下棋 ɕia^{52}tɕʰi^{213}	打扑克儿 ta^{21}pʰu^{24}kʰər^{0} 耍扑克儿 ʂua^{21}pʰu^{24}kʰər^{0}	打麻架 ta^{21}ma^{24}tɕia^{52}
神木	下棋 ɕia^{53}tɕʰi^{44}	打扑克儿 ta^{21}pʰu^{44}kʰʌɯ^{0}	打麻架 ta^{21}ma^{44}tɕia^{53}
绥德	下棋 ɕiɑ^{52}tɕʰi^{33}	打扑克儿 tɑ^{21}pʰu^{33}kʰər^{0}	打麻架 tɑ^{21}mɑ^{33}tɕiɑ^{52}
吴堡	下棋 ɕiɑ^{53}tɕʰi^{33}	打扑克儿 tɑ^{41}pʰu^{33}kʰər^{0}	打麻架 tɑ^{41}mɑ^{33}tɕiɑ^{53}
清涧	下棋 ɕiɑ^{44}tsʰɿ^{24}	打扑克儿 tɑ^{53}pʰʋ^{24}kʰər^{0}	打麻架 tɑ^{53}mɑ^{24}tɕiɑ^{42}
延安	下棋 ɕia^{443}tɕʰi^{24}	打扑克儿 ta^{52}pʰu^{24}kʰər^{0}	打麻将 ta^{52}ma^{24}tɕiaŋ^{443}
延川	下棋 ɕia^{53}tsʰɿ^{213}	打扑克 ta^{53}pʰu^{35}kʰər^{0}	打麻架 ta^{53}ma^{35}tɕiɑ^{01}
黄陵	下棋 ɕiɑ^{55}tɕʰi^{24}	打牌 tɑ^{52}pʰe^{24}	打麻将 tɑ^{52}mɑ^{24}tɕiɑŋ^{55}
渭南	下棋 ɕiɑ^{44}tɕʰi^{24}	打牌 tɑ^{53}pʰae^{24}	打牌 tɑ^{53}pʰae^{24} 打麻将 tɑ^{53}mɑ^{24}tɕiɑŋ^{44}
韩城	下棋 xɑ^{44}tɕʰi^{24}	打牌 tɑ^{53}pʰæe^{24}	打麻将 tɑ^{53}mɑ^{24}tɕiɑŋ^{44}
合阳	下棋 ɕiɑ^{55}tɕʰi^{24}	玩扑克 uɑ̃^{24}pʰu^{52}kʰɤ^{31} 打扑克 tɑ^{24}pʰu^{52}kʰɤ^{31}	玩牌 uɑ̃^{24}pʰæe^{24} 玩麻将 uɑ̃^{24}mɑ^{24}tsiɑŋ^{55}
富平	下棋 ɕiɑ^{55}tɕʰi^{24}	打牌 tɑ^{53}pʰɛᴇ^{24}	搬砖 pæ̃^{24}tʃuæ̃^{31}
耀州	下棋 xa^{44}tɕʰi^{24}	打牌 ta^{52}pʰæi^{24}	打牌 ta^{52}pʰæi^{24} 搓麻将 tsʰuo^{21}ma^{24}tɕiɑŋ^{44}
咸阳	下棋 ɕia^{44}tɕʰi^{24}	打纸牌 ta^{53}tsɿ^{53}pʰæ^{24}	打牌 ta^{53}pʰæ^{24}
旬邑	下棋 ɕia^{44}tɕʰi^{24}	打扑克儿 ta^{52}pu^{52}kʰɤr^{0} 打牌 ta^{52}pʰɛi^{24}	打麻将 ta^{52}ma^{24}tɕiaŋ^{44} 打牌 ta^{52}pʰɛi^{24}
三原	下棋 ɕiɑ^{44}tɕʰi^{24}	打牌 tɑ^{52}pʰai^{24}	打麻将 tɑ^{52}mɑ^{24}tɕiɑŋ^{44} 耍牌 ʃuɑ^{52}pʰai^{24}

	0745 下棋	0746 打扑克	0747 打麻将
乾县	下棋 ɕia^{55}tɕ^{h}i^{24}	打扑克 ta^{53}p^{h}u^{53}k^{h}ɤ^{21}	打麻将 ta^{53}ma^{24}tɕiaŋ^{55}
岐山	下棋 ɕia^{44}tɕ^{h}i^{24}	打牌 tA^{53}p^{h}E^{24}	打牌 tA^{53}p^{h}E^{24}
凤翔	下棋 ɕia^{44}tɕ^{h}i^{24}	打牌 ta^{53}p^{h}E^{24}	打麻将 ta^{53}ma^{24}tsiɑŋ^{44} 打牌 ta^{53}p^{h}E^{24}
千阳	下棋 ɕia^{44}tɕ^{h}i^{24}	打牌 ta^{53}p^{h}E^{24}	打麻将 ta^{53}ma^{24}tsiɑŋ^{44}
西安	下棋 ɕia^{44}tɕ^{h}i^{24}	打牌 ta^{53}p^{h}ai^{24}	打麻将 ta^{53}ma^{24}tɕiaŋ^{44} 打牌 ta^{53}p^{h}ai^{24}
户县	下棋 ɕia^{55}tɕ^{h}i^{35}	打牌 ta^{51}p^{h}æ^{35} 耍牌 sua^{51}p^{h}æ^{35}	打麻将 ta^{51}ma^{35}tɕiaŋ^{55}
商州	下棋 ɕiɑ^{44}tɕ^{h}i^{35}	打牌 tɑ^{53}p^{h}ai^{35}	打牌 tɑ^{53}p^{h}ai^{35} 打麻将 tɑ^{53}mɑ^{35}tɕiɑŋ^{44}
镇安	下棋 ɕia^{322}tɕ^{h}i^{33}	打牌 ta^{33}p^{h}ai^{33}	打麻将 ta^{33}ma^{33}tɕiʌŋ^{214}
安康	下棋 ɕia^{44}tɕ^{h}i^{35}	打扑克儿 ta^{53}p^{h}u^{53}k^{h}ɤr^{0} 打牌 ta^{53}p^{h}æ^{35}	打麻将 ta^{53}ma^{35}tɕiaŋ^{44}
白河	下棋 ɕia^{41}tɕ^{h}i^{44}	打牌 ta^{35}p^{h}ai^{41}	打麻将 ta^{35}ma^{44}tɕiaŋ^{41}
汉阴	下棋 ɕiɑ^{24}tɕ^{h}i^{42}	打牌 tɑ^{45}p^{h}ae^{42}	打麻将 tɑ^{45}mɑ^{42}tɕiɑŋ^{214}
平利	下棋 ɕia^{24}tɕ^{h}i^{52}	打牌 ta^{45}p^{h}ai^{52}	打麻将 ta^{45}ma^{52}tɕiaŋ^{0}
汉中	下棋 ɕia^{35}tɕ^{h}i^{42}	打牌 tA^{35}p^{h}ai^{42}	打麻将 tA^{35}mA^{42}tɕiɑŋ^{213} 打牌 tA^{35}p^{h}ai^{42}
城固	下棋 ɕia^{24}tɕ^{h}i^{311}	打牌 ta^{44}p^{h}ai^{311}	打牌 ta^{44}p^{h}ai^{311}
勉县	下棋 ɕiɑ^{35}tɕ^{h}i^{21}	打牌 tɑ^{35}p^{h}ɑi^{21}	打牌 tɑ^{35}p^{h}ɑi^{21}
镇巴	下棋 ɕia^{213}tɕ^{h}i^{31}	打牌 ta^{45}p^{h}ai^{31}	哈$^{=}$麻将 xa^{35}ma^{31}tɕiaŋ^{213}

	0748 变魔术	0749 讲故事	0750 猜谜语
榆林	耍把戏 ʂua^{24}pa^{21}ɕi^{52}	说古朝 ʂuaʔ^{3}ku^{21}tʂ^{h}ɔo^{213} 讲故事 tɕiɑ̃^{21}ku^{52}sɿ^{52}	猜谜谜 ts^{h}ɛe^{33}mi^{24}mi^{0}
神木	耍魔术 ʂua^{21}muo^{44}ʂuəʔ^{0}	捣古朝 tɔo^{24}ku^{21}tʂ^{h}ɔo^{44} 讲故事 tɕiɑ̃^{21}ku^{53}sɿ^{0}	猜谜谜 ts^{h}ᴇe^{21}mi^{44}mi^{0}
绥德	耍把戏儿 ʂuɑ^{24}pɑ^{21}ɕiər^{52}	说古朝 ʂuo^{33}ku^{21}tʂ^{h}ao^{213} 讲史由 ʂuo^{33}sɿ^{21}iəu^{33} 讲故事儿 tɕiɑ̃^{21}ku^{52}sər^{0}	猜枚枚 ts^{h}ai^{21}mei^{33}mei^{0}
吴堡	耍把戏儿 ʂuɑ^{24}pɑ^{21}ɕiər^{53}	说古今 suəʔ^{3}ku^{41}tɕiəŋ^{213} 说故事 suəʔ^{3}ku^{53}sɿ^{0}	猜枚枚 ts^{h}uɑe^{21}mɑe^{33}mɑe^{0}
清涧	耍把戏儿 ʂuɑ^{24}pɑ^{53}sɿər^{0}	学西游 xɤ^{24}sɿ^{31}iəu^{24}	猜枚枚 ts^{h}ai^{31}mai^{24}mai^{0}
延安	变戏法 piæ̃^{52}ɕi^{443}fa^{0}	讲故事 tɕiaŋ^{52}ku^{443}sɿ^{443}	猜谜谜 ts^{h}ai^{21}mi^{24}mi^{0}
延川	耍把戏儿 ʂuɑ^{35}pa^{21}ɕiər^{213}	讲故事 tɕiɑŋ^{53}ku^{53}sɿ^{0}	猜谜 ts^{h}ai^{21}mai^{35}
黄陵	耍把戏儿 ʂuɑ^{31}pɑ^{52}ɕi^{0} 耍魔术 ʂuɑ^{31}muɤ^{24}sʮ^{24}	讲故事儿 tɕiɑŋ^{52}ku^{55}sər^{0}	猜谜 ts^{h}ᴇ^{21}mi^{24}
渭南	耍魔术 ʃɑ^{53}mə^{24}ʃʒ^{24}	讲故事儿 tɕiɑŋ^{53}ku^{44}sər^{53}	报=曲儿 pɔo^{44}tɕ^{h}yr^{31}
韩城	耍把戏 fɑ^{53}pɑ^{53}ɕi^{0}	讲故事 tɕiɑŋ^{53}ku^{44}sɿər^{53}	猜谜 ts^{h}æe^{31}mi^{24}
合阳	耍魔术 fɑ^{52}mo^{24}fu^{24} 变魔术 piɑ̃^{55}mo^{24}fu^{24}	讲故事 tɕiɑŋ^{52}ku^{55}sɿ^{55} 说故事 fo^{31}ku^{55}sɿ^{55}	猜谜语 ts^{h}æe^{52}mi^{24}y^{52}
富平	耍魔术 ʃuɑ^{53}mo^{24}ʃu^{24}	讲故事儿 tɕiɑɣ̃^{53}ku^{55}sɿr^{53}	揣谜儿 tʃ^{h}uɛe^{53}mir^{53}
耀州	变戏法 piæ̃^{44}ɕi^{44}fa^{0}	讲故事 tɕiɑŋ^{52}ku^{44}sɿ^{44}	猜谜 ts^{h}æi^{21}mi^{24}
咸阳	变魔术 piɑ̃^{44}mo^{24}ʃu^{44}	讲故事 tɕiɑŋ^{53}ku^{44}sɿ^{44}	猜谜语 ts^{h}æ^{31}mi^{24}y^{0}
旬邑	耍魔术 ʃa^{52}mo^{24}ʃʅ^{44} 耍把戏 ʃa^{52}pa^{52}ɕi^{0}	讲故事 tɕiɑŋ^{52}ku^{44}sɿ^{0}	猜谜 ts^{h}ɛi^{21}mi^{24}
三原	耍魔术 ʃuɑ^{52}mɤ^{24}ʃʒ^{24}	说趣儿 ʃuə^{24}tɕ^{h}yr^{52}	猜趣儿 ts^{h}ai^{24}tɕ^{h}yr^{52}

	0748 变魔术	0749 讲故事	0750 猜谜语
乾县	变魔术 $piæ̃^{55}muɤ^{24}ʃu^{55}$	讲故事 $tɕiaŋ^{53}ku^{53}sɿ^{55}$	猜谜语 $ts^{h}ɛ^{21}mi^{24}y^{53}$
岐山	耍魔术 $ʂA^{53}mo^{24}ʂʅ^{44}$	讲故事 $tɕiaŋ^{53}ku^{44}sɿ^{21}$ 说古今 $ʂɤ^{31}ku^{44}tɕiŋ^{21}$	猜谜 $ts^{h}E^{53}mi^{44}$
凤翔	耍把戏 $ʂa^{31}pa^{44}ɕi^{0}$	讲故事 $tɕiaŋ^{53}ku^{45}sɿ^{0}$	猜谜 $ts^{h}E^{31}mi^{24}$
千阳	耍把戏 $ʃa^{31}pa^{44}ɕi^{0}$	讲古今 $tɕiaŋ^{53}ku^{44}tɕiŋ^{0}$	猜谜语 $ts^{h}E^{53}mi^{45}y^{0}$
西安	耍魔术 $fa^{53}mo^{24}fu^{24}$	讲故事 $tɕiaŋ^{53}ku^{44}sɿ^{44}$	猜谜 $ts^{h}ai^{21}mi^{44}$
户县	变戏法 $piã^{55}ɕi^{55}fa^{31}$ 耍魔术 $sua^{51}mɤ^{35}su^{35}$	讲故事 $tɕiaŋ^{51}ku^{55}sɿ^{31}$	估谜 $ku^{51}mi^{55}$ 猜谜 $ts^{h}æ^{31}mi^{55}$
商州	耍把戏 $ʃuɑ^{53}pɑ^{53}ɕi^{0}$	说古经 $ʃuə^{31}ku^{53}tɕiəŋ^{0}$	猜谜 $ts^{h}ai^{31}mi^{35}$
镇安	玩把戏 $van^{33}pa^{35}ɕi^{53}$	讲古今 $tɕiʌŋ^{33}ku^{35}tɕin^{53}$	打谜子 $ta^{33}mi^{21}tsɿ^{0}$
安康	打麻将 $ta^{53}ma^{35}tɕiaŋ^{44}$	玩魔术 $uan^{35}mə^{35}fu^{35}$	讲故事 $tɕiaŋ^{53}ku^{53}ʂʅ^{44}$
白河	变戏 $pian^{42}ɕi^{41}$	拍古今儿 $p^{h}E^{21}ku^{35}tɕiər^{0}$	猜谜儿 $ts^{h}ai^{21}mər^{41}$
汉阴	耍把戏 $suɑ^{45}pɑ^{45}ɕi^{0}$	讲古今 $tɕiaŋ^{45}ku^{45}tɕin^{0}$	猜谜子 $ts^{h}ae^{33}mi^{21}tsɿ^{0}$
平利	玩魔术 $uan^{52}mo^{52}ʂʮ^{21}$	摆古今儿 $pai^{45}ku^{45}tɕiər^{21}$	猜谜子 $ts^{h}ai^{45}mi^{24}tsɿ^{21}$
汉中	耍把戏 $suA^{35}pA^{35}ɕi^{0}$	讲故事 $tɕiaŋ^{35}ku^{35}sɿ^{213}$	猜谜语 $ts^{h}uai^{35}mi^{42}y^{354}$
城固	耍把戏 $ʃua^{44}pa^{24}ɕi^{0}$	说故事 $ʃuə^{53}ku^{24}sɿ^{213}$	猜谜儿 $tʃ^{h}uai^{44}miər^{0}$
勉县	耍把戏 $fɑ^{35}pɑ^{35}ɕi^{0}$	讲故事 $tɕiaŋ^{35}ku^{35}sɿ^{213}$	猜谜子 $ts^{h}uɑi^{35}mi^{21}tsɿ^{35}$
镇巴	耍魔术 $sua^{45}mo^{31}su^{213}$	摆故事 $pai^{45}ku^{213}sɿ^{213}$	猜谜子 $ts^{h}ai^{35}mi^{33}tsɿ^{31}$

	0751 玩儿游玩：到城里~	0752 串门儿	0753 走亲戚
榆林	串 tʂ^{h}uɛ^{52}	串门子 tʂ^{h}uɛ^{52}mɤɣ̃^{24}tsəʔ^{0}	串亲亲 tʂ^{h}uɛ^{52}tɕ^{h}iɤɣ̃^{33}tɕ^{h}iɤɣ̃^{0}
神木	串 tʂ^{h}uɛ^{53} 耍 ʂuɑ^{213}	串门子 tʂ^{h}uɛ^{53}mɤ̃^{44}tsəʔ^{0}	去亲亲家 k^{h}əʔ^{2}tɕ^{h}iɤ̃^{24}tɕ^{h}iɤ̃^{0}tɕia^{213} 串亲亲 tʂ^{h}uɛ^{53}tɕ^{h}iɤ̃^{24}tɕ^{h}iɤ̃^{0}
绥德	耍 ʂuɑ^{213}	串门儿 tʂ^{h}uæ^{52}mɤ̃r^{33}	走亲亲 tsəu^{21}tɕ^{h}iəɣ̃^{24}tɕ^{h}iəɣ̃^{0}
吴堡	耍 suɑ^{412}	串门子 ts^{h}uɤ^{53}məŋ^{33}tsəʔ^{0}	串亲亲 ts^{h}uɤ^{53}tɕ^{h}iəŋ^{24}tɕ^{h}iəŋ^{0}
清涧	耍 ʂuɑ^{53}	串门子 tʂ^{h}u^{42}məɣ̃^{24}tsəʔ^{0}	串亲亲 tʂ^{h}u^{42}tɕ^{h}iəɣ̃^{31}tɕ^{h}iəɣ̃^{42}
延安	串 tʂ^{h}uæ̃^{443} 耍 ʂua^{52}	串门子 tʂ^{h}uæ̃^{443}məŋ^{24}tsəʔ^{0}	走亲亲 tsou^{52}tɕ^{h}iəŋ^{21}tɕiəŋ^{53}
延川	狂 k^{h}uɑŋ^{35}	串门儿 tʂ^{h}uɤ^{53}mʌr^{213}	走亲亲 tsəu^{53}tɕ^{h}iŋ^{21}tɕ^{h}iŋ^{42}
黄陵	泛$^{=}$ fæ̃^{52} 耍 suɑ^{52}	串门子 ts^{h}uæ̃^{55}mẽ^{24}tsɿ^{0}	走亲亲 tsəu^{52}tɕ^{h}iẽ^{31}tɕ^{h}iẽ^{0}
渭南	耍 ʃɑ^{53}	串门子 tʃ^{h}æ̃^{44}mə̃^{24}tsɿ^{0}	出门 tʃ^{h}ʒ^{31}mə̃^{24}
韩城	耍 fɑ^{53}	游门 iəu^{24}mɛ̃^{24}	走亲亲 tsəu^{53}tɕ^{h}iɛ̃^{31}tɕ^{h}iɛ̃^{0}
合阳	耍 fɑ^{52} 玩耍 uɑ̃^{24}fɑ^{52}	串门 pf^{h}ɑ̃^{55}mẽ^{24} 串门子 pf^{h}ɑ̃^{55}mẽ^{24}tsɿ^{0}	走亲亲 tsou^{52}ts^{h}iẽ^{31}ts^{h}ie^{0}
富平	狂 k^{h}uɑɣ̃^{24} 耍 ʃuɑ^{53}	串门子 tʃ^{h}uæ̃^{55}mɛ̃^{24}tsɿ^{53}	走亲亲 tsou^{53}t^{h}iɛ̃^{31}t^{h}iɛ̃^{31}
耀州	耍 ʃua^{52} 玩儿 uæ̃r^{24}	逛门子 kuɑŋ^{44}mei^{24}tsɿ^{0} 游门子 iou^{24}mei^{24}tsɿ^{0}	走亲亲 tsou^{52}tɕ^{h}iei^{21}tɕ^{h}iei^{0} 串亲亲 tʃ^{h}uæ̃^{44}tɕ^{h}iei^{21}tɕ^{h}iei^{0}
咸阳	耍 ʃua^{53}	串门子 tʃ^{h}uã^{44}mɛ̃^{24}tsɿ^{0}	走亲亲 tsou^{53}tɕ^{h}iɛ̃^{31}tɕ^{h}iɛ̃^{0}
旬邑	耍 ʃa^{52}	串门子 tʃ^{h}ã^{44}mɛ̃^{21}tsɿ^{0}	走亲亲 tsəu^{44}tɕ^{h}iɛ̃^{21}tɕ^{h}iɛ̃^{0}
三原	耍 ʃuɑ^{52}	串门子 tʃ^{h}uã^{44}mẽ^{24}tsɿ^{0}	走亲亲 tsou^{52}tɕ^{h}iẽ^{31}tɕ^{h}iẽ^{0}

	0751 玩儿游玩：到城里~	0752 串门儿	0753 走亲戚
乾县	耍 ʃua^{53}	串门 tʃʰuæ̃^{55}mẽ^{24}	走亲戚 tsou^{53}tɕʰiẽ^{21}tɕʰi^{0}
岐山	耍 ʂA^{53}	串门 tʂʰæ̃^{44}məŋ^{24}	走亲亲 tsou^{53}ȶʰiŋ^{31}ȶʰiŋ^{21}
凤翔	耍 ʂa^{53}	游门子 iəu^{24}məŋ^{31}tsɿ^{53}	走亲亲 tsəu^{53}tsʰiŋ^{31}tsʰiŋ^{0}
千阳	耍 ʃa^{53}	游门子 iou^{24}məŋ^{31}tsɿ^{0}	走亲亲 tsou^{53}tsʰiŋ^{31}tsʰiŋ^{0}
西安	耍 fa^{53} 浪 laŋ^{44}	串门子 pfʰã^{44}mən^{24}tsɿ^{0}	走亲亲 tsou^{53}tɕʰin^{21}tɕʰin^{0}
户县	逛 kuaŋ^{55} 耍 sua^{51}	串门子 tsʰuã^{55}mẽ^{35}tsɿ^{0} 串邻邻 tsʰuã^{55}liẽ^{35}liẽ^{31}	走亲亲 tsɤu^{55}tɕʰiẽ^{31}tɕʰiẽ^{0}
商州	耍 ʃuɑ^{53} 游 iou^{35}	游门子 iou^{35}mẽ^{31}tsɿ^{0}	走亲亲 tsou^{44}tɕʰiẽ^{53}tɕʰiẽ^{0}
镇安	耍 ʂua^{35}	逛门子 kuʌŋ^{322}mən^{33}tsɿ^{0} 串门子 tʂʰuan^{322}mən^{33}tsɿ^{0}	走亲戚 tsəu^{33}tɕʰin^{53}tɕʰi^{0}
安康	玩 uan^{35}	串门子 pfʰan^{44}mən^{35}tsɿ^{0}	走亲戚 tsou^{53}tɕʰin^{31}tɕʰi^{0}
白河	转 tʂuan^{41} 玩 uan^{44}	串门儿 tʂʰuan^{41}mər^{44}	走亲戚 tsəu^{35}tɕʰiən^{21}tɕʰi^{0}
汉阴	耍 suɑ^{45}	串门子 tsʰuan^{24}mən^{42}tsɿ^{0}	走亲戚 tsəu^{45}tɕʰin^{33}tɕʰi^{0}
平利	玩 uan^{52}	串门子 tʂʰʮan^{24}mən^{52}tsɿ^{0}	走亲戚 tsou^{45}tɕʰin^{43}tɕʰi^{0}
汉中	耍 suA^{354}	串门子 tsʰuan^{35}mən^{42}tsɿ^{0}	走亲戚 tsəu^{35}tɕʰin^{55}tɕʰi^{0}
城固	耍 ʃua^{44}	串门 tʃʰuan^{24}mən^{311}	走亲亲 tsəu^{44}tsʰin^{44}tsʰin^{0}
勉县	耍 fɑ^{35}	串门子 tsʰuɑn^{35}məŋ^{21}tsɿ^{0}	走亲戚 tsəu^{35}tɕʰin^{44}tɕʰi^{0}
镇巴	耍 sua^{52}	逛人户 kuaŋ^{213}zən^{31}xu^{213}	走人户 tsəu^{45}zən^{31}xu^{213}

	0754 看~电视	0755 听用耳朵~	0756 闻嗅：用鼻子~
榆林	看 kʰɛ^{52}	听 tʰiɤɣ̃^{33}	闻 vɤɣ̃^{213}
神木	看 kʰɛ^{53}	听 tʰiɤ̃^{213}	闻 vɤ̃^{44}
绥德	看 kʰæ^{52}	听 tʰiəɣ̃^{213}	闻 vəɣ̃^{33}
吴堡	看 kʰie^{53}	听 tʰɛe^{213}	闻 uəŋ^{33}
清涧	瞧 tɕʰiɔo^{24}	听 tʰi^{312}	闻 vəɣ̃^{24}
延安	看 kʰæ̃^{443}	听 tʰiəŋ^{213}	闻 vəŋ^{24}
延川	看 kʰæ̃^{53}	听 tɕʰi^{213}	闻 vəŋ^{35}
黄陵	看 kʰæ̃^{55}	听 tɕʰiəŋ^{31}	闻 vẽ^{24}
渭南	看 kʰæ̃^{44}	听 tɕʰiəŋ^{31}	闻 və̃^{24}
韩城	看 kã^{44}	听 tʰiᴇ^{31}	闻 vɛ̃^{24}
合阳	看 kʰɑ̃^{55}	听 tʰiɛ^{31}	闻 vẽ^{24}
富平	看 kʰæ̃^{55}	听 tʰiəɣ̃^{31}	闻 vɛ̃^{24}
耀州	看 kʰæ̃^{44}	听 tɕʰiŋ^{21}	闻 uei^{24}
咸阳	看 kʰã^{44}	听 tʰiəŋ^{31}	闻 vɛ̃^{24}
旬邑	看 kʰã^{44}	听 tɕʰiəŋ^{21}	闻 vɛ̃^{24}
三原	看 kʰã^{44}	听 tɕʰiəŋ^{31}	闻 vẽ^{24}

	0754 看 ~电视	0755 听 用耳朵~	0756 闻 嗅：用鼻子~
乾县	看 kʰæ̃^{55}	听 tʰiɤŋ^{21}	闻 vẽ^{24}
岐山	看 kʰæ̃^{44}	听 ȶʰiŋ^{31}	闻 vəŋ^{24}
凤翔	看 kʰæ̃^{44}	听 tsʰiŋ^{31}	闻 vəŋ^{24}
千阳	看 kʰæ̃^{44}	听 tsʰiŋ^{31}	闻 vəŋ^{24}
西安	看 kʰã^{44}	听 tʰiəŋ^{21}	闻 vən^{24}
户县	看 kʰã^{55}	听 tʰiŋ^{31}	闻 vẽ^{35}
商州	看 kʰã^{44}	听 tʰiəŋ^{31}	闻 vẽ^{35}
镇安	看 kʰan^{214}	听 tʰin^{53}	闻 vən^{33}
安康	看 kʰan^{44}	听 tʰin^{31}	闻 uən^{35}
白河	看 kʰan^{41}	听 tʰiən^{213}	闻 uən^{44}
汉阴	看 kʰan^{214}	听 tʰin^{33}	闻 uən^{42}
平利	看 kʰan^{214}	听 tʰiŋ^{43}	闻 uən^{52}
汉中	看 kʰan^{213}	听 tʰin^{55}	闻 uən^{42}
城固	看 kʰan^{213}	听 tʰiŋ^{53}	闻 vən^{311}
勉县	看 kʰɑn^{213}	听 tʰin^{42}	闻 vəŋ^{21}
镇巴	看 kʰan^{213}	听 tʰin^{35}	闻 un^{31}

	0757 吸~气	0758 睁~眼	0759 闭~眼
榆林	吸 ɕiəʔ³	睁 tsɤɣ̃³³	圪挤 kəʔ³tɕi²¹³
神木	吸 ɕiəʔ⁴	张 tʂɑ̃²¹³ 睁 tsɣ̃²¹³	合 xəʔ⁴
绥德	吸 ɕiɤ³³	睁 tsəɣ̃²¹³	合 xɤ³³ 圪挤 kəʔ⁵tɕi⁰
吴堡	吸 ɕiəʔ³	张 tʂã²¹³	合 xəʔ²¹³
清涧	吸 ɕiəʔ⁵⁴	睁 tsɛ³¹²	合 xɤ²⁴
延安	吸 ɕi²¹³	睁 tsəŋ²¹³	闭 pi⁴⁴³
延川	吸 ɕiɤ⁴²³	睁 tsəŋ⁵³	圪挤 kəʔ⁵⁴tsɿ⁰
黄陵	吸 ɕi³¹	睁 tsəŋ³¹	闭 pi⁵⁵ 挤 tɕi⁵²
渭南	吸 ɕi³¹	睁 tsəŋ³¹	闭 pi⁴⁴
韩城	吸 ɕi³¹	睁 tʂɑ³¹	朦 məŋ²⁴
合阳	吸 ɕi³¹ 抽 tʂʰou³¹	睁 tsɤ³¹	闭 pi⁵⁵
富平	吸 ɕi³¹	睁 tsəɣ̃³¹	闭 pi⁵⁵
耀州	吸 ɕi²¹	睁 tsəŋ²¹	挤合 tɕi⁵²xuo⁰ 闭 pi⁴⁴
咸阳	吸 ɕi³¹	睁 tsəŋ³¹	闭 pi⁴⁴
旬邑	吸 ɕi²¹	睁 tsəŋ²¹	挤 tɕi⁵²
三原	吸 ɕi³¹	睁 tsəŋ³¹	闭 pi⁴⁴

	0757 吸~气	0758 睁~眼	0759 闭~眼
乾县	吸 ɕi^{21}	睁 tsɤŋ^{21}	闭 pi^{55}
岐山	吸 ɕi^{31}	睁 tsəŋ^{31}	闭 pi^{44}
凤翔	吸 ɕi^{31}	睁 tsəŋ^{31}	闭 pi^{44}
千阳	吸 ɕi^{31}	睁 tsəŋ^{31}	闭 pi^{44}
西安	吸 ɕi^{21}	睁 tsəŋ^{21}	闭 pi^{44}
户县	吸 ɕi^{31}	睁 tsəŋ^{31}	闭 pi^{55}
商州	吸 ɕi^{31}	睁 tsəŋ^{31}	拾$^{=}$合 ʂʅ^{31}xuə^{53}
镇安	吸 ɕi^{53}	睁 tsən^{53}	闭 pi^{214}
安康	吸 ɕi^{31}	睁 tʂən^{31}	闭 pi^{44} 合 xuo^{35}
白河	吸 ɕi^{213}	睁 tsən^{213}	闭 pi^{41} 眯 mi^{44}
汉阴	吸 ɕi^{33}	睁 tsən^{33}	眯 mi^{33}
平利	吸 ɕi^{43}	睁 tsən^{43}	闭 pi^{214}
汉中	吸 ɕi^{55}	睁 tsən^{55}	闭 pi^{213}
城固	吸 ɕi^{53}	睁 tsəŋ^{53}	闭 pi^{213}
勉县	吸 ɕi^{42}	睁 tsən^{42}	闭 pi^{213}
镇巴	吸 ɕi^{35}	睁 tsən^{35}	闭 pi^{213}

	0760 眨~眼	0761 张~嘴	0762 闭~嘴
榆林	眨 tsɛ^{213}	张 tʂɑ̃^{33}	掋 miɤɣ̃^{213} 闭 pi^{52}
神木	眨 tsɛ^{213}	张 tʂɑ̃^{213}	合 xəʔ^{4}
绥德	眨 tsæ^{213}	张 tʂɑ̃^{213}	合 xɤ^{33} 闭 pi^{52}
吴堡	眨 tsã^{412}	张 tʂɤu^{213}	掋 miəŋ^{33}
清涧	眨 tsɑ^{312}	张 tʂɯ^{312}	合 xɤ^{24}
延安	眨 tsæ̃^{52}	张 tʂaŋ^{213}	闭 pi^{443}
延川	眨 tsæ̃^{53}	张 tʂaŋ^{213}	闭 pi^{53}
黄陵	眨 tsæ̃^{31}	张 tʂaŋ^{31}	合 xuɤ^{24} 闭 pi^{55}
渭南	眨 tsæ̃^{31}	张 tʂaŋ^{31}	合 xuə^{24} 闭 pi^{44}
韩城	眨 tsɑ^{53}	张 tʂuɤ^{31}	严合 ȵiaŋ^{31}xuɤ^{53}
合阳	眨 tsã^{31}	张 tʂuo^{31}	闭 pi^{55}
富平	眨 tsæ̃^{31}	张 tʂaɣ̃^{31}	掋 mi^{24}
耀州	眨 tsæ̃^{21}	张 tʂaŋ^{21}	合 xuo^{24} 闭 pi^{44}
咸阳	眨 tsã^{31}	张 tʂaŋ^{31}	闭 pi^{44}
旬邑	眨 tsã^{21}	张 tʂaŋ^{21}	合 xuo^{24} 闭 pi^{44}
三原	眨 tsã^{31}	张 tʂaŋ^{31}	闭 pi^{44}

	0760 眨~眼	0761 张~嘴	0762 闭~嘴
乾县	眨 tsæ̃53	张 ʈaŋ21	闭 pi55
岐山	眨 tsA31	张 tʂɑŋ31	闭 pi44
凤翔	眨 tsa31	张 tʂɑŋ31	抿下 miŋ31xa53
千阳	眨 tsa31	张 tʂɑŋ31	抿下 miŋ31xa0
西安	眨 tsã21	张 tʂaŋ21	闭 pi44
户县	眨 tsa31 斩= tsã51	张 tʂaŋ31	抿 miẽ35 闭 pi55
商州	圪矇 kɯ53məŋ31	张 tʂɑŋ31	拾=合 ʂʅ31xuə53
镇安	眨 tsa35	张 tʂʌŋ53	闭 pi214
安康	眨 tʂa53	张 tʂaŋ31	闭 pi44
白河	眨 tʂa35	张 tʂaŋ213	闭 pi41 抿 miən35
汉阴	眨 tsɑ42 眯 mi33	张 tʂɑŋ33	闭 pi214
平利	眨 tʂa445	张 tʂaŋ43	闭 pi214
汉中	挤 tɕi354	张 tʂɑŋ55	闭 pi213
城固	挤 tsi44 闪 ʂan44	张 tʂɑŋ53	抿 min311
勉县	眨 tsɑ21	张 tsɑŋ42	闭 pi213
镇巴	眨 tsa31	奓 tsa35	闭 pi213

	0763 咬狗~人	0764 嚼把肉~碎	0765 咽~下去
榆林	咬 niɔo^{213}	咬 niɔo^{213}	咽 iɛ^{52}
神木	咬 ȵiɔo^{213}	咬 niɔo^{213} 嚼 tɕiɔo^{44}	咽 iɛ^{53}
绥德	咬 niɔɤ^{213}	咬 niɔɤ^{213} 嚼 tɕi^{33}	咽 ie^{52}
吴堡	咬 ȵio^{412}	嚼 tɕʰyəʔ^{213}	咽 ie^{53}
清涧	咬 ȵiɔo^{53}	嚼 tɕʰi^{24}	咽 i^{42}
延安	咬 ȵiɔ^{52}	嚼 tɕʰyo^{24}	咽 iæ̃^{443}
延川	咬 ȵiɑo^{53}	咬 ȵiɑo^{53}	咽 iɛ^{53}
黄陵	咬 ȵiɔ^{52}	嚼 tɕʰyɤ^{24}	咽 iæ̃^{55}
渭南	咬 ȵiɔo^{53}	嚼 tɕʰyə^{24}	咽 iæ̃^{44}
韩城	咬 ȵiɑu^{53}	嚼 tɕʰiɤ^{24}	咽 iã^{44}
合阳	咬 ȵiɔo^{52}	嚼 tɕʰyə^{24}	咽 iɑ̃^{55}
富平	咬 ȵiɑo^{53}	嚼 tɕʰyɛ^{24}	咽 iæ̃^{55}
耀州	咬 ȵiɔu^{52}	嚼 tɕʰyo^{24}	咽 iæ̃^{44}
咸阳	咬 ȵiɔ^{53}	嚼 tɕiɔ^{24}	咽 iã^{44}
旬邑	咬 ȵiau^{52} 吞 tʰəŋ^{21}	嚼 tɕʰyo^{24}	咽 iã^{44}
三原	咬 ȵiɑɔ^{52}	嚼 tsʰuə^{24}	咽 iã^{44}

	0763 咬狗～人	0764 嚼把肉～碎	0765 咽～下去
乾县	咬 ȵiɔ^{53}	嚼 tɕiɔ^{24}	咽 iæ̃^{55}
岐山	咬 ȵiɔ^{53}	嚼 tɕ^{h}yo^{24}	咽 iæ̃^{44}
凤翔	咬 ȵiɔ^{53} □sE^{24}	嚼 tɕ^{h}yo^{24}	咽 iæ̃^{44}
千阳	咬 ȵiɔ^{53}	嚼 tɕ^{h}yo^{24}	咽 iæ̃^{44}
西安	咬 ȵiau^{53}	嚼 tɕyo^{24}	咽 iã^{44}
户县	咬 ȵiau^{51}	嚼 tɕiau^{35}	咽 iã^{55}
商州	咬 ȵiɑo^{53}	嚼 tɕ^{h}yɛ^{35}	咽 iã^{44}
镇安	咬 ŋɔo^{35}	嚼 tɕiɔo^{322}	吞 t^{h}uən^{53}
安康	咬 ȵiau^{53}	嚼 tɕiau^{35}	咽 ian^{44}
白河	咬 ȵiɔu^{35}	咬 ȵiɔu^{35} 嚼 tɕiɔu^{44}	咽 ian^{41}
汉阴	咬 ȵiɑo^{45}	嚼 tɕiɑo^{42}	吞 t^{h}ən^{33}
平利	咬 ŋau^{445}	嚼 tɕiau^{52}	吞 t^{h}ən^{43}
汉中	咬 ȵiɑo^{354}	嚼 tɕiɑo^{42}	咽 ian^{213}
城固	咬 ȵiɔ^{44}	嚼 tɕiɔ^{311}	咽 ian^{213}
勉县	□sɑi^{42}	嚼 tɕiɑɔ^{21}	咽 iɑn^{213}
镇巴	咬 ŋau^{52}	嚼 tɕiau^{213}	吞 t^{h}ən^{35}

	0766 舔人用舌头~	0767 含~在嘴里	0768 亲嘴
榆林	舔 t^{h}iɛ^{213}	噙 tɕ^{h}iɤɣ̃^{213}	吃包儿 tʂ^{h}əʔ^{3}pɔr^{33} 亲口 tɕ^{h}iɤɣ̃^{33}k^{h}əu^0
神木	舔 t^{h}iɛ^{213}	噙 tɕ^{h}iɤ̃^{44}	亲口口 tɕ^{h}iɤ̃^{24}k^{h}əu^{21}k^{h}əu^0 亲嘴 tɕ^{h}iɤ̃^{24}tsuei^0
绥德	舔 t^{h}ie^{213}	噙 tɕ^{h}iəɣ̃^{33}	亲口 tɕ^{h}iəɣ̃^{24}k^{h}əu^{213}
吴堡	舔 t^{h}ie^{412}	噙 tɕ^{h}iəŋ^{33}	亲嘴 tɕ^{h}iəŋ^{24}tsuɛe^{412} 亲口 tɕ^{h}iəŋ^{24}k^{h}ɑo^{412}
清涧	舔 t^{h}i^{53}	噙 tɕ^{h}iəɣ̃^{24}	亲口 tɕ^{h}iəɣ̃^{24}k^{h}əu^{53}
延安	舔 t^{h}iæ̃^{52}	噙 tɕ^{h}iəŋ^{24} 含 xæ̃^{24}	亲嘴 tɕ^{h}iəŋ^{24}tsuei^{423}
延川	舔 tɕ^{h}iɛ^{53}	噙 tɕ^{h}iŋ^{35}	亲口 tɕ^{h}iŋ^{21}k^{h}əu^{53}
黄陵	舔 tɕ^{h}iæ̃^{52}	噙 tɕ^{h}iẽ^{24}	亲嘴儿 tɕ^{h}iẽ^{31}tsuər^{52}
渭南	舔 tɕ^{h}iæ̃^{53}	噙 tɕ^{h}iə̃^{24}	亲嘴 tɕ^{h}iə̃^{31}tʃei^{53}
韩城	舔 t^{h}iɑŋ^{53}	噙 tɕ^{h}iəŋ^{24}	亲嘴 tɕ^{h}iɛ̃^{31}tɕya^{53}
合阳	舔 t^{h}iɑ̃^{31}	噙 tɕ^{h}iẽ^{24} 含 xɑ̃	亲 ts^{h}iẽ^{31} 亲嘴 tɕ^{h}iẽ^{24}tɕyɑ^{52}
富平	舔 t^{h}iæ̃^{53}	噙 tɕ^{h}iɛ̃^{24}	亲嘴儿 t^{h}iɛ̃^{31}tsuer^{53}
耀州	舔 tɕ^{h}iæ̃^{52}	噙 tɕ^{h}iei^{24} 含 xæ̃^{24}	亲嘴 tɕ^{h}iei^{21}tʃuei^{52}
咸阳	舔 t^{h}iã^{53}	含 xã^{24}	亲嘴儿 tɕ^{h}iɛ̃^{31}tsuer^{53}
旬邑	舔 ts^{h}iã^{52}	噙 tɕ^{h}iɛ̃^{24} 含 xã^{24}	梆$^=$嘴 pɑŋ^{24}tsuei^{52}
三原	舔 tɕ^{h}iã^{52}	噙 tɕ^{h}iẽ^{24}	乖$^=$嘴儿 kuai^{31}tsuər^{52}

	0766 舔人用舌头~	0767 含~在嘴里	0768 亲嘴
乾县	舔 tʰiæ̃^{53}	噙 tɕʰiẽ^{24}	亲嘴 tɕʰiẽ^{21}tsue^{53}
岐山	舔 ȶʰiæ̃^{53}	含 xæ̃^{24}	梆⁼ pɑŋ^{24}
凤翔	舔 tsʰiæ̃^{53}	噙 tɕʰiŋ^{24}	亲嘴 tsʰiŋ^{31}tsuei^{53}
千阳	舔 tsʰiæ̃^{53}	噙 tɕʰiŋ^{24}	梆⁼嘴 pɑŋ^{31}tsuei^{53}
西安	舔 tʰiã^{53}	噙 tɕʰin^{24}	亲嘴儿 tɕʰin^{21}tsuər^{53}
户县	舔 tʰiã^{51}	噙 tɕʰiẽ^{35}	亲嘴 tɕʰiẽ^{31}tsuei^{51}
商州	舔 tʰiã^{53}	噙 tɕʰiẽ^{35}	做⁼嘴 tsou^{44}tʃuei^{53}
镇安	舔 tʰian^{35}	噙 tɕʰin^{214}	打啵儿 ta^{33}pər^{214}
安康	舔 tʰian^{53}	含 xan^{35}	亲嘴嘴儿 tɕʰin^{31}tsuei^{53}tsuər^{0} 乖⁼嘴嘴儿 kuæ^{31}tsuei^{53}tsuər^{0}
白河	舔 tʰian^{35}	噙 tɕʰiən^{44} 抿 miən^{35}	打啵儿 ta^{35}pər^{213}
汉阴	舔 tʰian^{45}	噙 tɕʰin^{42}	打啵 tɑ^{45}po^{214}
平利	舔 tʰian^{445}	噙 tɕʰin^{52}	打啵儿 ta^{45}por^{214}
汉中	舔 tʰian^{354}	含 xan^{42}	斗嘴 təu^{21}tsuei^{354}
城固	舔 tʰian^{44}	噙 tɕʰin^{311}	斗嘴 təu^{31}tʃuei^{44}
勉县	舔 tʰiɑn^{35}	含 xɑn^{21}	亲嘴 tɕʰin^{44}tsuei^{35}
镇巴	舔 tʰian^{52}	含 xan^{31}	打啵儿 ta^{45}pɐr^{213}

	0769 吮吸用嘴唇聚拢吸取液体，如吃奶时	**0770 吐**上声，把果核儿～掉	**0771 吐**去声，呕吐：喝酒喝～了
榆林	吸 ɕiəʔ^{3} 咂 tsaʔ^{3}	捰 t^{h}ɛ^{52} 唾 t^{h}uə^{52}	吐 t^{h}u^{213}
神木	吸 ɕiəʔ^{4} 咂 tsaʔ^{4}	唾 t^{h}uo^{53}	吐 t^{h}u^{213}
绥德	吸 ɕiɤ^{33} 咂 tsɑ^{33}	捰 t^{h}æ^{52} 唾 t^{h}uo^{52}	吐 t^{h}u^{213}
吴堡	咂 tsɑʔ^{3}	吐 t^{h}u^{53}	吐 t^{h}u^{412}
清涧	嘬 tsuɤ^{53}	吐 t^{h}ʋ^{42}	吐 t^{h}ʋ^{53}
延安	咂 tsa^{213}	吐 t^{h}u^{52} 唾 t^{h}uo^{443}	吐 t^{h}u^{52}
延川	吸 ɕiɤ^{423} 咂 tsa^{53}	捰 t^{h} æ̃^{53}	吐 t^{h}u^{53}
黄陵	吸 ɕi^{31} 咂 tsɑ^{31}	唾 t^{h}uɤ^{55}	吐 t^{h}u^{52}
渭南	咂 tsɑ^{31}	唾 t^{h}uə^{44}	吐 t^{h}əu^{53}
韩城	咂 tsɑ^{31}	吐 t^{h}u^{53}	吐 t^{h}u^{53}
合阳	吸 ɕi^{31}	吐 t^{h}u^{52}	吐 t^{h}u^{52}
富平	咂 tsɑ^{31}	唾 t^{h}uo^{55}	吐 t^{h}ou^{53}
耀州	咂 tsa^{21} 吸 ɕi^{21}	唾 t^{h}uo^{44}	吐 t^{h}ou^{52}
咸阳	咂 tsa^{31}	唾 t^{h}uo^{44}	吐 t^{h}u^{53}
旬邑	吸 ɕi^{21} 咂 tsa^{21}	捰 t^{h}ã^{44} 唾 t^{h}uo^{44}	吐 t^{h}u^{52}
三原	咂 tsɑ^{31}	唾 t^{h}uə^{44}	吐 t^{h}ou^{52}

	0769 **吮吸**用嘴唇聚拢吸取液体，如吃奶时	0770 **吐**上声，把果核儿～掉	0771 **吐**去声，呕吐：喝酒喝～了
乾县	吸 ɕi^{21} 咂 tsa^{21}	吐 t^{h}u^{53}	吐 t^{h}u^{53}
岐山	咂 tsA^{31}	吐 t^{h}uo^{44}	吐 t^{h}u^{53}
凤翔	咂 tsa^{31}	唾 t^{h}uo^{44}	吐 t^{h}u^{53}
千阳	咂 tsa^{31}	唾 t^{h}uo^{44}	吐 t^{h}u^{53}
西安	吸 ɕi^{21}	吐 t^{h}u^{53}	吐 t^{h}u^{53}
户县	咂 tsa^{31}	唾 t^{h}uɤ^{55}	吐 t^{h}ɤu^{51}
商州	咂 tsɑ^{31}	唾 t^{h}uə^{44}	吐 t^{h}ou^{53}
镇安	咂 tsa^{53}	吐 t^{h}əu^{35}	呕 ŋəu^{35} 吐 t^{h}əu^{35}
安康	吸 ɕi^{31} 咂 tsa^{31}	吐 t^{h}u^{53}	吐 t^{h}u^{53}
白河	咂 tsa^{213}	吐 t^{h}əu^{35}	吐 t^{h}əu^{35}
汉阴	咂 tsɑ^{42}	吐 t^{h}əu^{45}	吐 t^{h}əu^{45}
平利	吸 ɕi^{43} 嗍 so^{43}	吐 t^{h}ou^{445}	吐 t^{h}ou^{445}
汉中	咂 tsA^{55}	吐 t^{h}u^{354}	吐 t^{h}u^{354}
城固	咂 tsa^{53}	唾 t^{h}uə^{213}	吐 t^{h}u^{44}
勉县	咂 tsɑ^{42}	吐 t^{h}u^{35}	吐 t^{h}u^{35}
镇巴	啹 tɕy^{31}	吐 t^{h}u^{52}	吐 t^{h}u^{52}

	0772 打喷嚏	0773 拿用手把苹果~过来	0774 给他~我一个苹果
榆林	打喷嚏 ta^{21}pʰɤɣ̃^{52}tʰi^{0}	拿 na^{213}	给 kəʔ^{3}
神木	打百岁 ta^{21}piəʔ^{4}suei^{53}	拿 na^{44}	给 kei^{213}
绥德	打喷嚏 tɑ^{21}pʰəɣ̃^{52}tʰi^{0}	撼 xæ^{213}	给 kei^{52}
吴堡	打喷嚏 tɑ^{41}pʰəŋ^{53}tɛe^{0}	荷 xɤu^{412}	给 kɛe^{33}
清涧	打喷嚏 tɑ^{53}pʰəɣ̃^{42}tsʰɿ^{0}	撼 xɛ^{53}	给 kei^{42}
延安	打喷嚏 ta^{52}pəŋ^{443}tʰi^{0}	拿 na^{24} 撼 xæ̃^{443}	给 kei^{52}
延川	打喷嚏 ta^{53}pʰəŋ^{53}tʰi^{0}	撼 xæ̃^{53}	给 kei^{53}
黄陵	打喷嚏 tɑ^{52}pʰẽ^{55}tɕʰi^{0}	撼 xæ̃^{52} 取 tsʰɿ^{52}	给 kei^{55}
渭南	打喷嚏 tɑ^{53}pʰə̃^{44}tɕʰi^{0}	拿 nɑ^{24}	给 kei^{53}
韩城	打喷嚏 tɑ^{53}pʰɛ̃^{44}tʰie^{0}	撼 xã^{53}	给 kuɪi^{44}
合阳	打喷嚏 tɑ^{52}pʰẽ^{55}tʰi^{31}	拿 nɑ^{24} 撼 xɑ̃^{52}	给 kei^{55}
富平	打喷嚏 tɑ^{53}pʰɛ̃^{55}tʰiɛ^{31}	拿 nɑ^{24}	给 keɪ^{55}
耀州	打喷嚏 ta^{52}pei^{44}tɕʰi^{0}	拿 na^{24} 撼 xæ̃^{52}	给 kei^{52}
咸阳	打喷嚏 ta^{53}pʰɛ̃^{44}tʰi^{0}	拿 na^{24}	给 kei^{31}
旬邑	打喷嚏 ta^{21}pʰɛ̃^{24}tɕʰi^{0}	拿 la^{24}	给 kei^{44}
三原	打喷嚏 tɑ^{52}pʰẽ^{44}tɕʰi^{0}	拿 nɑ^{24}	给 kei^{44}

	0772 打喷嚏	0773 拿用手把苹果~过来	0774 给他~我一个苹果
乾县	打喷嚏 ta^{53}p^{h}ẽ^{55}t^{h}i^{21}	拿 na^{24}	给 ke^{55}
岐山	打喷嚏 tᴀ^{53}p^{h}əŋ^{44}ȶ^{h}i^{53}	拿 lᴀ^{24}	给 kei^{44}
凤翔	打喷嚏 ta^{53}p^{h}əŋ^{45}ts^{h}ie^{0}	拿 la^{24}	给 kei^{44}
千阳	打喷嚏 ta^{53}p^{h}əŋ^{45}ts^{h}i^{0}	拿 la^{24}	给 kei^{44}
西安	打喷嚏 ta^{53}p^{h}ən^{44}t^{h}i^{0}	拿 na^{24}	给 kei^{53}
户县	打喷嚏 ta^{51}p^{h}ẽ^{55}t^{h}i^{31}	拿 na^{35}	给 kei^{51}
商州	打喷嚏 tɑ^{53}p^{h}ẽ^{44}tɕ^{h}iɛ^{0}	拿 nɑ^{35}	给 kei^{44}
镇安	打喷嚏 ta^{33}fən^{322}t^{h}i^{33}	拿 na^{33}	给 kɛ^{35}
安康	打喷嚏 ta^{53}p^{h}ən^{44}t^{h}i^{0}	拿 la^{35}	给 kei^{44}
白河	打喷嚏 ta^{35}fən^{42}tɕ^{h}i^{0}	拿 la^{44}	给 kᴇ^{35}
汉阴	打喷秋$^{=}$ tɑ^{45}p^{h}ən^{21}tɕ^{h}iəu^{0}	拿 lɑ^{42}	给 kᴇ^{214}
平利	打喷嚏 ta^{45}p^{h}ən^{24}t^{h}iᴇ^{45}	拿 la^{52}	给 kᴇ^{445}
汉中	打喷嚏 tᴀ^{35}p^{h}ən^{21}t^{h}iᴇ^{0}	拿 lᴀ^{42}	给 kei^{213}
城固	打喷嚏 ta^{44}p^{h}ən^{31}t^{h}iɛ^{0}	□lɔ^{53} 撼 xan^{44}	给 kei^{213}
勉县	打喷嚏 tɑ^{35}p^{h}əŋ^{21}t^{h}iɛ^{35}	拿 lɑ^{21}	给 kei^{213}
镇巴	打喷嚏 ta^{45}fən^{213}t^{h}i^{52}	拿 la^{31}	给 kɛ^{35}

	0775 摸~头	0776 伸~手	0777 挠~痒痒
榆林	卜拉 pəʔ^{3}la^{213} 摸 muə^{33}	伸 ʂɤɣ̃^{33} 展 tʂɛ^{213}	搲 va^{33}
神木	揣 tʂ^{h}uE^{213} 扑挲 p^{h}əʔ^{21}suo^{24}	伸 ʂɣ̃^{213}	搲 va^{213} 挠 nɔo^{44}
绥德	卜拉 pəʔ^{5}lɑ^{213}	伸 ʂəɣ̃^{213} 展 tʂæ^{213}	搲 vɑ^{213} 挠 nao^{33}
吴堡	卜拉 pəʔ^{4}lɑ^{0}	展 tʂie^{412}	挠 zo^{33}
清涧	摸 məʔ^{54}	展 tʂei^{53}	挠 nɔo^{24}
延安	摸 mɔ^{213}/muo^{213}	伸 ʂəŋ^{213}	挠 nɔ^{24}
延川	摸 mɤ^{213}	伸 ʂəŋ^{213}	挠 nɑo^{35}
黄陵	摸 mɔ^{31} 扑挲 p^{h}u^{55}suɤ^{31}	伸 ʂẽ^{31}	搔 tsɔ^{31} 搲 vɑ^{31}
渭南	摸 mɔo^{31}	伸 ʂə̃^{31}	挠 nɔo^{24} 搔 tsɔo^{24}
韩城	摸 mɑu^{31}	展 tʂã^{53}	搲 uɑ^{31}
合阳	摸 mɔo^{31}	伸 ʂẽ^{31}	搲 uɑ^{31} 挠 nɔo^{24}
富平	摸 mɑo^{31}	伸 ʂɛ̃^{31}	搔 tsɑo^{31}
耀州	摸 mɔu^{21}	伸 ʂei^{21} 奓 tsa^{44}	抓 tsɔu^{21} 挠 nɔu^{24}
咸阳	摸 mɔ^{31}	伸 ʂɛ̃^{31}	抠 k^{h}ou^{31}
旬邑	摸 mau^{21} 揣 tʃ^{h}ɛi^{52}	奓 tsa^{44} 伸 ʂɛ̃^{21}	搔 tsau^{21}
三原	摸 mɑɔ^{31}	伸 ʂẽ^{31}	搔 tsɑɔ^{31}

	0775 摸~头	0776 伸~手	0777 挠~痒痒
乾县	摸 $mu\text{ɤ}^{21}$	伸 ʂẽ^{21}	搔 $ts\text{ɔ}^{21}$
岐山	摸 mo^{31}	伸 ʂəŋ^{31}	搔 $ts\text{ɔ}^{31}$
凤翔	揣 $t\text{ʂ}^{h}\text{E}^{53}$	展 $t\text{ʂæ̃}^{53}$	搔 $ts\text{ɔ}^{31}$ 搂 $l\text{ə}u^{31}$
千阳	揣 $t\text{ʃ}^{h}\text{E}^{53}$	展 $t\text{ʂæ̃}^{53}$	搔 $ts\text{ɔ}^{31}$
西安	摸 mau^{21}	伸 $\text{ʂə}n^{21}$	挠 nau^{24}
户县	摸 mau^{31}	伸 ʂẽ^{31} 跐⁼ $ts^{h}\text{ɿ}^{31}$	挠 nau^{35}
商州	摸 $m\text{ɑ}o^{31}$	伸 ʂẽ^{31} 跐⁼ $ts^{h}\text{ɿ}^{31}$	挠 $n\text{ɑ}o^{35}$
镇安	摸 $mu\text{ə}^{53}$	伸 $\text{ʂə}n^{53}$	抓 $t\text{ʂ}ua^{53}$
安康	摸 $m\text{ə}^{31}$	伸 $t\text{ʂ}^{h}\text{ə}n^{31}$	抓咬 $t\text{ʂ}au^{31}\ \text{ȵ}iau^{53}$
白河	摸 mo^{213}	伸 $t\text{ʂ}^{h}\text{ə}n^{213}$	抓 $t\text{ʂ}ua^{213}$
汉阴	摸 mo^{33}	伸 $t\text{ʂ}^{h}\text{ə}n^{33}$	抠 $k^{h}\text{ə}u^{33}$
平利	摸 mo^{43}	伸 $\text{ʂə}n^{43}$	抓 $t\text{ʂʮ}a^{43}$
汉中	摸 $m\text{ɤ}^{55}$	伸 $t\text{ʂ}^{h}\text{ə}n^{55}$	抠 $k^{h}\text{ə}u^{55}$ 搲 $u\text{A}^{55}$
城固	摸 $m\text{ə}^{53}$	伸 $t\text{ʂ}^{h}\text{ə}n^{53}$	搲 ua^{53}
勉县	摸 $m\text{ɤ}^{42}$	伸 $ts^{h}\text{ə}n^{42}$	抠 $k^{h}\text{ə}u^{42}$
镇巴	摸 mo^{35}	伸 $ts^{h}\text{ə}n^{35}$	抠 $k^{h}\text{ə}u^{35}$

	0778 掐用拇指和食指的指甲～皮肉	0779 拧～螺丝	0780 拧～毛巾
榆林	掐 tɕ^{h}iaʔ^{3}	拧 niɤɣ̃^{213}	拧 niɤɣ̃^{213}
神木	掐 tɕ^{h}iaʔ^{4}	拧 ȵiɤ̃^{44}	拧 ȵiɤ̃^{44}
绥德	掐 tɕ^{h}iɑ^{33}	拧 niəɣ̃^{33}	拧 niəɣ̃^{33}
吴堡	掐 tɕ^{h}iɑʔ^{3}	拧 ȵiəŋ^{33}	扭 ȵiɑo^{412}
清涧	掐 tɕ^{h}iɑ^{53}	拧 ȵiəɣ̃^{24}	扭 ȵiəu^{53}
延安	掐 tɕ^{h}ia^{213}	拧 ȵiəŋ^{24}	拧 ȵiəŋ^{24}
延川	掐 tɕ^{h}ia^{423}	拧 ȵiŋ^{35}	拧 ȵiŋ^{35}
黄陵	掐 tɕ^{h}iɑ^{31}	拧 ȵiəŋ^{24}	拧 ȵiəŋ^{24}
渭南	掐 tɕ^{h}iɑ^{31}	拧 ȵiəŋ^{24} 上 ʂɑŋ^{44}	扭 ȵiəu^{53}
韩城	掐 tɕ^{h}iɑ^{31}	上 ʂɑŋ^{44}	扭 ȵiəu^{53}
合阳	掐 tɕ^{h}iɑ^{31}	拧 liɛ^{31} 上 ʂɑŋ^{55}	拧 liɛ^{31}
富平	掐 tɕ^{h}iɑ^{31}	拧 ȵiəɣ̃^{24}	扭 ȵiou^{53}
耀州	掐 tɕ^{h}ia^{21}	拧 ȵiŋ^{24}	扭 ȵiou^{52}
咸阳	掐 tɕ^{h}ia^{31}	拧 ȵiəŋ^{24}	拧 ȵiəŋ^{24}
旬邑	掐 tɕ^{h}ia^{21}	拧 ȵiəŋ^{24} 上 ʂɑŋ^{44}	扭 ȵiəu^{52}
三原	掐 tɕ^{h}iɑ^{31}	拧 ȵiəŋ^{24} 上 ʂɑŋ^{44}	扭 ȵiou^{52}

	0778 掐用拇指和食指的指甲～皮肉	0779 拧～螺丝	0780 拧～毛巾
乾县	掐 $tɕ^{h}ia^{21}$	拧 $ȵiɤŋ^{24}$	拧 $ȵiɤŋ^{24}$
岐山	掐 $tɕ^{h}iA^{31}$	拧 $ȵiŋ^{24}$	扭 $ȵiou^{53}$
凤翔	掐 $tɕ^{h}ia^{31}$	拧 $ȵiŋ^{24}$ 上 $ʂɑŋ^{44}$	扭 $ȵiəu^{53}$
千阳	掐 $tɕ^{h}ia^{31}$	拧 $ȵiŋ^{24}$ 上 $ʂɑŋ^{44}$	扭 $ȵiou^{53}$
西安	掐 $tɕ^{h}ia^{21}$	拧 $ȵiəŋ^{24}$	拧 $ȵiəŋ^{24}$
户县	掐 $tɕ^{h}ia^{31}$	拧 $ȵiŋ^{35}$ 上 $ʂaŋ^{55}$	握 $ȵyɤ^{31}$
商州	掐 $tɕ^{h}iɑ^{31}$	拧 $ȵiəŋ^{35}$	拧 $ȵiəŋ^{35}$
镇安	掐 $k^{h}a^{53}$	拧 $ȵin^{214}$	扭 $ȵiəu^{35}$
安康	掐 $tɕ^{h}ia^{31}$	拧 $ȵin^{35}$ 紧 $tɕin^{53}$	拧 $ȵin^{35}$ 扭 $liou^{53}$
白河	掐 $tɕ^{h}ia^{213}$	上 $ʂaŋ^{41}$	扭 $ȵiəu^{35}$
汉阴	掐 $tɕ^{h}iɑ^{42}$	扭 $ȵiəu^{45}$	扭 $ȵiəu^{45}$
平利	掐 $tɕ^{h}ia^{43}$	□$tɕiou^{445}$	□$tɕiou^{445}$
汉中	掐 $tɕ^{h}iA^{55}$	拧 $ȵin^{42}$	拧 $ȵin^{42}$
城固	掐 $tɕ^{h}ia^{53}$	扭 $ȵiəu^{44}$	拧 $ȵiŋ^{311}$
勉县	掐 $tɕ^{h}iɑ^{42}$	拧 $ȵin^{21}$	拧 $ȵin^{21}$
镇巴	掐 $tɕ^{h}ia^{31}$	□$ts^{h}ɛ^{35}$	□$tɕiəu^{52}$

	0781 捻用拇指和食指来回~碎	0782 掰把橘子~开，把馒头~开	0783 剥~花生
榆林	捻 niɛ²¹³	掰 piʌʔ³ 扳 pɛ³³	剥 pʌʔ³
神木	捻 ȵiɛ²¹³	掰 piəʔ⁴ 扳 pɛ²¹³	剥 paʔ⁴
绥德	捻 nie²¹³	掰 pie³³ 扳 pæ²¹³	剥 pɤ³³
吴堡	捻 ȵie⁴¹² 搓 tsʰɤu²¹³	掰 piəʔ³	剥 pɑʔ³
清涧	捻 ȵi⁵³	掰 pɛ³¹²	剥 pɤ⁵³
延安	捻 ȵiæ̃⁵²	掰 pei²¹³ 扳 pæ̃²¹³	剥 puo²¹³
延川	捻 ȵiɛ⁵³	掰 piɛ⁴²³	剥 pʰa⁴²³
黄陵	捻 ȵiæ̃²⁴	掰 pei³¹	剥 puɤ³¹
渭南	捻 ȵiæ̃²⁴	掰 pei³¹	剥 pə³¹
韩城	搓 tsʰuɤ³¹	掰 pɪi³¹	剥 pʰuɤ³¹
合阳	捻 ȵiɑ̃⁵²	掰 pei³¹	剥 pɔo³¹
富平	捻 ȵiæ̃²⁴	掰 peɪ³¹	剥 po³¹
耀州	搓 tsʰuo²¹ 捻 ȵiæ̃⁵²	掰 pei²¹	剥 puo²¹
咸阳	捻 ȵiɑ̃⁵³	掰 pei³¹	剥 po³¹
旬邑	圪捻 kɯ⁵²ȵiɑ̃⁰ 捻 ȵiɑ̃⁵²	掰 pei²¹	剥 po²¹
三原	捻 ȵiɑ̃²⁴	掰 pei³¹	剥 pɤ³¹

	0781 捻用拇指和食指来回~碎	0782 掰把橘子~开，把馒头~开	0783 剥~花生
乾县	捻 ȵiæ̃^{53}	掰 pe^{21}	剥 puɤ^{21}/pɔ^{21}
岐山	捻 ȵiæ̃^{53}	掰 pei^{31}	剥 pɔ^{31}
凤翔	搓 ts^{h}uo^{31} 研 iæ̃^{24}	掰 pei^{31}	剥 pɔ^{31}
千阳	研 iæ̃^{24}	掰 pei^{31}	剥 pɔ^{31}
西安	搓 ts^{h}uo^{21}	掰 pei^{21}	剥 po^{21}
户县	呲 ts^{h}ɿ^{51}	掰 pei^{31}	剥 pɤ^{31}
商州	捏 ȵiɛ^{31}	掰 pei^{31}	剥 puə^{31}
镇安	按 ŋan^{214}	掰 pɛ^{53}	剥 puə^{53}
安康	□ləŋ^{31}	掰 pei^{31}	剥 pə^{31}
白河	□lən^{213}	掰 piᴇ^{213}	剥 po^{213}
汉阴	□lən^{33}	掰 mᴇ^{33}	掰 mᴇ^{33}
平利	□lən^{43}	掰 pᴇ^{43}	剥 po^{43}
汉中	捻 ȵian^{354}	掰 mei^{55}	剥 pɤ^{55}
城固	呲 ts^{h}ɿ^{44}	掰 mei^{53}	剥 pə^{53}
勉县	呲 ts^{h}ɿ^{35}	掰 pei^{42}	剥 pɤ^{42}
镇巴	□lən^{35}	扳 pan^{35} □mɛ^{35}	剥 po^{31}

	0784 撕把纸~了	0785 折把树枝~断	0786 拔~萝卜
榆林	扯 tʂʰə^{213} □tʂəu^{52}	扳 pɛ^{33}	起 tɕʰi^{213} 拔 pa^{213}
神木	扯 tʂʰʅə^{213}	搂 vuo^{213} 扳 pɛ^{213} 曲 tɕʰyəʔ^{4}	捥 vɛ^{213}
绥德	扯 tʂʰəɣ̃^{213} 撧 tɕye^{33}	扳 pæ^{213}	捥 væ^{213}
吴堡	撧 tɕyəʔ^{3} 扯 tʂʰɑ^{412}	扳 pã^{213}	捥 uã^{412}
清涧	扯 tʂʰɑ^{53}	扳 pɛ^{312}	拔 pʰɑ^{24}
延安	撕 sɿ^{213}	搂 vuo^{213} 扳 pæ̃^{213} 折 tʂə^{213}	拔 pʰa^{24}
延川	扯 tʂʰei^{213}	扳 pæ̃^{213}	拔 pʰa^{35}
黄陵	扯 tʂʰɤ^{52} 撕 sɿ^{31}	折 tʂɤ^{52} 扳 pæ̃^{31}	拔 pʰɑ^{24}
渭南	扯 tʂʰə^{53}	折 tʂə^{53}	拔 pʰɑ^{24}
韩城	扯 tʂʰɑ^{53}	崴 uæe^{53}	拔 pʰɑ^{24}
合阳	扯 tʂʰɑ^{52} 撕 sɿ^{31}	崴 uæe^{52} □ŋæe^{52}	拔 pʰɑ^{24}
富平	扯 tʂʰɤ^{53}	折 tʂɤ^{53}	拔 pʰɑ^{24}
耀州	扯 tʂʰɤ^{52} 撕 sɿ^{21}	折 tʂɤ^{52}	拔 pʰa^{24} 衔 ɕiæ̃^{24}
咸阳	撕 sɿ^{31}	折 tʂɤ^{53}	拔 pa^{24}
旬邑	扯 tʂʰɤ^{52} 垮⁼ kʰua^{52}	折 tʂɤ^{52}	拔 pʰa^{24}
三原	撕 sɿ^{31}	折 tʂɤ^{52}	拔 pʰɑ^{24}

	0784 **撕**把纸~了	0785 **折**把树枝~断	0786 **拔**~萝卜
乾县	撕 sʅ^{21}	折 tʂɤ^{53}	拔 pa^{24}
岐山	撕 sʅ^{31} 扯 tʂ^{h}ɤ^{53}	折 tʂɤ^{53}	拔 p^{h}A^{24}
凤翔	扯 tʂ^{h}ʅə^{53}	扳 pæ̃^{31} 折 tʂʅə^{31}	拔 pa^{24}
千阳	扯 tʂ^{h}ə^{53}	折 tʂə^{31}	拔 p^{h}a^{24}
西安	扯 tʂ^{h}ɤ^{53}	折 tʂɤ^{53}	拔 pa^{24}
户县	扯 tʂ^{h}ʅɛ^{51} 撕 sʅ^{31}	折 tʂʅɛ^{51}	拔 pa^{35}
商州	扯 tʂ^{h}ə^{53}	折 tʂə^{53}	拔 p^{h}ɑ^{35}
镇安	扯 tʂ^{h}ɛ^{35}	撇 p^{h}iɛ^{35}	扯 tʂ^{h}ɛ^{35}
安康	扯 tʂ^{h}ɤ^{53} 撕 sʅ^{31}	撇 p^{h}ie^{53}	拔 pa^{35}
白河	撕 sʅ^{213}	□miE^{35}	拔 pa^{44}
汉阴	扯 tʂ^{h}E^{45}	撇 p^{h}iE^{45}	扯 tʂ^{h}E^{45}
平利	撕 sʅ^{43}	撇 p^{h}iE^{445}	拔 pa^{52}
汉中	扯 tʂ^{h}ɤ^{354} 撕 sʅ^{55}	撇 p^{h}iE^{354}	拔 pA^{42}
城固	扯 tʂ^{h}ə^{44}	折 tʂə^{44}	拔 pa^{311}
勉县	扯 ts^{h}ɤ^{35} 撕 sʅ^{42}	折 tsɤ^{35}	拔 pɑ^{21}
镇巴	撕 sʅ^{35}	□mɛ^{35}	扯 ts^{h}ɛ^{52}

	0787 摘~花	0788 站站立：~起来	0789 倚斜靠：~在墙上
榆林	扳 $pɛ^{33}$ 掐 $tɕ^hiaʔ^{3}$	站 $tsɛ^{52}$	靠 $k^hɔo^{52}$
神木	摘 $tsəʔ^{4}$	站 $tsɛ^{53}$	靠 $k^hɔo^{53}$
绥德	扳 $pæ^{213}$ 摘 $tsɤ^{33}$	站 $tsæ^{52}$	仰 $niɑ̃^{213}$ 靠 k^hao^{52}
吴堡	摘 $tʂɑʔ^{3}$	站 $tsɑ̃^{53}$	靠 k^ho^{53}
清涧	摘 $tsɛ^{53}$ 扳 $pɛ^{312}$	站 $tsɛ^{42}$	仰 $ȵiɯ^{53}$
延安	摘 $tsei^{213}$	站 $tsæ̃^{443}$	靠 $k^hɔ^{443}$
延川	摘 $tsɤ^{423}$	站 $tsæ̃^{53}$	倚 i^{53}
黄陵	摘 $tsei^{31}$	超$^{=}$ $tʂ^hɔ^{31}$ □$nəu^{31}$ 站 $tsæ̃^{55}$	靠 $k^hɔ^{55}$
渭南	摘 $tsei^{31}$	立 li^{31} □$nəu^{31}$	靠 $k^hɔo^{44}$
韩城	摘 $tsɪi^{31}$	立 $lɪi^{31}$	靠 $k^hɑu^{44}$
合阳	摘 $tsei^{31}$ □$ɕiɑ̃^{24}$	立 li^{31} 站 $tsɑ̃^{55}$	靠 $k^hɔo^{55}$ 倚 $ȵi^{31}$
富平	折 $tʂɤ^{53}$	站 $tsæ̃^{55}$	靠 $k^hɑo^{55}$
耀州	摘 $tsei^{21}$	立 li^{21} □nou^{21}	靠 $k^hɔu^{44}$
咸阳	摘 $tsei^{24}$	站 $tsɑ̃^{44}$	靠 $k^hɔ^{44}$
旬邑	摘 $tsei^{21}$ 掐 $tɕ^hia^{21}$	立 li^{21} 站 $tsɑ̃^{44}$	靠 k^hau^{44}
三原	摘 $tsei^{31}$	立 lei^{31}	靠 $k^hɑɔ^{44}$

	0787 摘~花	0788 站站立：~起来	0789 倚斜靠：~在墙上
乾县	摘 tse²¹	站 tsæ̃⁵⁵	靠 kʰɔ⁵⁵
岐山	摘 tsei³¹	立 li³¹	趄 ȶʰiɛ⁴⁴
凤翔	摘 tsei³¹ 折 tʂʅə³¹	立 li³¹	靠 kʰɔ⁴⁴
千阳	摘 tsei³¹	立 li³¹	㑇 tsiæ̃⁴⁴
西安	摘 tsei²¹	立 li²¹	靠 kʰau⁴⁴
户县	摘 tsei³⁵	立 li³¹	笡 tɕʰiɛ⁵⁵
商州	摘 tsei³¹	立 li³¹	靠 kʰɑo⁴⁴
镇安	摘 tsɛ⁵³	站 tʂan²¹⁴	靠 kʰɔo²¹⁴
安康	摘 tʂei³⁵	立 li³¹ 站 tʂan⁴⁴	靠 kʰau⁴⁴
白河	摘 tsᴇ⁴⁴	站 tʂan⁴¹	靠 kʰɔu⁴¹
汉阴	摘 tsᴇ⁴²	站 tsan²¹⁴	□piɑ³³
平利	摘 tsᴇ⁵²	站 tʂan²¹⁴	靠 kʰau²¹⁴
汉中	摘 tsei⁴²	立 li⁵⁵	靠 kʰɑo²¹³
城固	摘 tsei³¹¹	立 li⁵³	靠 kʰɔ²¹³
勉县	摘 tsei⁴²	站 tsɑn²¹³	靠 kʰɑɔ²¹³
镇巴	摘 tsɛ³¹ □mɛ³⁵	站 tsan²¹³	靠 kʰau²¹³

	0790 蹲~下	0791 坐~下	0792 跳青蛙~起来
榆林	圪蹴 kəʔ^{3}tɕiəu^{213}	坐 tsuə^{52}	跳 tʰiɔo^{52}
神木	圪蹴 kəʔ^{2}tɕiəu^{24} 圪蹲 kəʔ^{2}tuɤ̃^{24}	坐 tsuo^{53}	蹦 piɛ^{53}/ pɤ̃^{53} 跳 tʰiɔo^{53}
绥德	圪蹴 kəʔ^{5}tɕiəu^{213}	坐 tsuo^{52}	蹦 pəɣ̃^{52} 跳 tʰiɔɤ^{52}
吴堡	圪蹴 kəʔ^{3}tɕiɑo^{213}	坐 tsuɤu^{53}	跳 tʰiɤ^{53}
清涧	圪蹴 kəʔ^{4}tɕiəu^{312}	坐 tsʰu^{42}	跳 tʰiɔo^{42}
延安	圪蹴 kəʔ^{5}tɕiou^{0}	坐 tsʰuo^{443}	跳 tʰiɔ^{443}
延川	蹲 tuŋ^{213}	坐 tsʰuei^{53}	跳 tɕʰiɑo^{53}
黄陵	蹴 tɕiəu^{55} 圪蹴 kɯ^{55}tɕiəu^{0}	坐 tsʰuɤ^{55}	蹦 piɛ^{55} 跳 tɕʰiɔ^{24}
渭南	圪蹴 kɯ^{24}tɕiəu^{53}	坐 tʃʰə^{44}	蹦 piɛ^{44}
韩城	圪蹴 kɯ^{31}tɕiəu^{53}	坐 tsʰuɤ^{44}	蹦 piᴇ^{44}
合阳	蹲 tuẽ^{31} 蹴 tsiou^{55}	坐 tɕʰyə^{55}	跳 tʰiɔo^{24}
富平	圪蹴 kɯ^{53}tiou^{31}	坐 tsuo^{55}	蹦 piɛ^{55}
耀州	圪蹴 kɯ^{52}tɕiou^{0}	坐 tsuo^{44}	蹦 piɛ^{44} 跳 tɕʰiɔu^{24}
咸阳	圪蹴 kɯ^{31}tɕiou^{0}	坐 tsuo^{44}	跳 tʰiɔ^{24}
旬邑	圪蹴 kɯ^{52}tɕiəu^{0}	坐 tsʰuo^{44}	蹦 piɛ^{44} 跳 tɕʰiau^{24}
三原	圪蹴 kɯ^{24}tɕiou^{0}	坐 tsuə^{44}	蹦 piɛ^{44}

	0790 蹲~下	0791 坐~下	0792 跳青蛙~起来
乾县	蹲 $tu\tilde{e}^{21}$	坐 $tsuɤ^{55}$	跳 $t^{h}iɔ^{24}$
岐山	蹴 $ȶiou^{44}$	坐 $ts^{h}uo^{44}$	跳 $ȶ^{h}iɔ^{24}$
凤翔	蹴 $tsiəu^{44}$	坐 $tsuo^{44}$	跳 $ts^{h}iɔ^{24}$
千阳	蹴 $tsiou^{44}$	坐 $ts^{h}uo^{44}$	跳 $ts^{h}iɔ^{24}$
西安	蹴 $tɕiou^{24}$	坐 $tsuo^{44}$	跳 $t^{h}iau^{44}$
户县	圪蹴 $kɯ^{31}tɕiɤu^{31}$ 蹴 $tɕiɤu^{35}$	坐 $tsuɤ^{55}$	蹦 $piɛ^{55}$ 跳 $t^{h}iau^{55}$
商州	圪蹴 $kɯ^{31}tɕiou^{53}$ 蹴 $tɕiou^{35}$	坐 $tʃuə^{44}$	蹦 $piɛ^{44}$
镇安	□$tʂuai^{53}$	坐 $tsuə^{322}$	蹦 $pɤŋ^{214}$
安康	□$pfæ^{31}$	坐 $tsuo^{44}$	跳 $t^{h}iau^{44}$
白河	□$tʂuai^{213}$	坐 $tsuo^{41}$	蹦 $pəŋ^{41}$ 跳 $t^{h}iɔu^{41}$
汉阴	蹴 $tɕ^{h}iəu^{214}$	坐 tso^{214}	蹦 $poŋ^{214}$
平利	□$tʂɥai^{43}$	坐 tso^{214}	蹦 $poŋ^{214}$
汉中	跍 ku^{55}	坐 $tsuɤ^{213}$	跳 $t^{h}iɑo^{213}$
城固	圪蹴 $ku^{44}tsiəu^{0}$	坐 $tsuə^{213}$	跳 $t^{h}iɔ^{213}$
勉县	蹲 $toŋ^{42}$	坐 $tsuɤ^{213}$	跳 $t^{h}iɑɔ^{213}$
镇巴	跍 ku^{35} □$ləu^{35}$	坐 tso^{213}	跳 $t^{h}iau^{213}$ □$pɛ^{213}$

	0793 迈跨过高物：从门槛上～过去	0794 踩脚～在牛粪上	0795 翘～腿
榆林	蹻 tɕʰiɔo³³	踩 tsʰɛe²¹³	奓 tsa⁵²
神木	蹻 tɕʰiɔo²¹³ 拉 la⁵³	踷 tsa²¹³ 踏 tʰaʔ⁴	翘 tɕʰiɔo⁵³ 圪翘 kəʔ⁴tɕʰiɔo⁵³
绥德	蹻 tɕʰiɔɤ²¹³	踷 tsɑ²¹³ 踩 tsʰai²¹³	奓 tsɑ⁵²
吴堡	蹻 tɕʰiɤ²¹³	踩 tsʰɑe⁴¹²	担 tã⁵³ 翘 tɕʰiɤ⁵³
清涧	蹻 tɕʰiɔo³¹²	踏 tʰɑ²⁴	担 tɛ⁴²
延安	蹻 tɕʰiɔ²¹³ 压 ȵia²¹³	踏 tʰa²⁴ 踩 tsʰai⁵²	翘 tɕʰiɔ⁴⁴³
延川	蹻 tɕʰiɑo²¹³	踩 tsʰai⁴²³	翘 tɕʰiɑo⁵³
黄陵	蹻 tɕʰiɔ³¹ 跨 kʰuɑ⁵²	踏 tʰɑ²⁴	翘 tɕʰiɔ⁵⁵
渭南	蹻 tɕʰiɔo³¹	踏 tʰɑ²⁴	翘 tɕʰiɔo⁴⁴
韩城	蹻 tɕʰiɑu³¹	踏 tʰɑ²⁴	翘 tɕʰiɑu⁴⁴
合阳	蹻 tɕʰiɔo³¹ 跨 kʰuɑ⁵⁵	踏 tʰɑ²⁴ 踩 tsʰæe⁵²	翘 tɕʰiɔo⁵⁵
富平	蹻 tɕʰiɑo³¹	踏 tʰɑ²⁴	担 tæ̃³¹
耀州	蹻 tɕʰiɔu²¹ 跨 kʰua⁵²	踏 tʰa²⁴	翘 tɕʰiɔu⁴⁴ 奓 tsa⁴⁴
咸阳	迈 mæ⁴⁴	踏 tʰa²⁴	翘 tɕʰiɔ⁴⁴
旬邑	蹻 tɕʰiau²¹ 跨 kʰua⁵²	踏 tʰa²⁴	抬 tʰɛi²⁴ 奓 tsa⁴⁴
三原	蹻 tɕʰiɑɔ³¹	踏 tʰɑ²⁴	翘 tɕʰiɑɔ⁴⁴

	0793 迈跨过高物：从门槛上～过去	0794 踩脚～在牛粪上	0795 翘～腿
乾县	迈 $m\varepsilon^{55}$	踩 $ts^{h}\varepsilon^{53}$	翘 $t\c{c}^{h}i\text{ɔ}^{55}$
岐山	蹻 $t\c{c}^{h}i\text{ɔ}^{31}$	踏 $t^{h}A^{24}$	翘 $t\c{c}i\text{ɔ}^{44}$
凤翔	蹻 $t\c{c}^{h}i\text{ɔ}^{31}$	踏 $t^{h}a^{24}$	抬 $t^{h}E^{24}$
千阳	蹻 $t\c{c}^{h}i\text{ɔ}^{31}$	踏 $t^{h}a^{24}$	抬 $t^{h}E^{24}$
西安	蹻 $t\c{c}^{h}iau^{21}$	踏 $t^{h}a^{24}$	翘 $t\c{c}^{h}iau^{44}$
户县	蹻 $t\c{c}^{h}iau^{31}$	踏 $t^{h}a^{35}$ 踩 $ts^{h}\text{æ}^{51}$	担 $t\tilde{a}^{31}$
商州	蹻 $t\c{c}^{h}i\text{ɑ}o^{31}$	踏 $t^{h}\text{ɑ}^{35}$	翘 $t\c{c}^{h}i\text{ɑ}o^{44}$
镇安	蹻 $t\c{c}^{h}i\text{ɔ}o^{53}$	踏 $t^{h}a^{33}$	翘 $t\c{c}^{h}i\text{ɔ}o^{53}$
安康	跨 $t\c{c}^{h}ia^{35}$	踏 $t^{h}a^{35}$ 踩 $ts^{h}\text{æ}^{53}$	翘 $t\c{c}iau^{44}$
白河	跨 $t\c{c}^{h}ia^{44}$	□pia^{44} 踩 $ts^{h}ai^{35}$	翘 $t\c{c}^{h}i\text{ɔ}u^{41}$
汉阴	跨 $k^{h}\text{ɑ}^{42}$	踩 $ts^{h}ae^{45}$	翘 $t\c{c}^{h}i\text{ɑ}o^{33}$
平利	跨 $t\c{c}^{h}ia^{52}$	踏 $t^{h}a^{52}$ 踩 $ts^{h}ai^{445}$	翘 $t\c{c}^{h}iau^{214}$
汉中	跨 $t\c{c}^{h}iA^{42}$	踏 $t^{h}A^{42}$	翘 $t\c{c}^{h}i\text{ɑ}o^{55}$
城固	跨 $t\c{c}^{h}ia^{311}$	踏 $t^{h}a^{311}$	翘 $t\c{c}^{h}i\text{ɔ}^{213}$
勉县	跨 $t\c{c}^{h}i\text{ɑ}^{21}$	踩 $ts^{h}\text{ɑ}i^{35}$	翘 $t\c{c}^{h}i\text{ɑɔ}^{42}$
镇巴	跨 $t\c{c}^{h}ia^{35}$	踩 $ts^{h}ai^{52}$ 跴 $ts^{h}a^{35}$	翘 $t\c{c}^{h}iau^{35}$

	0796 弯~腰	0797 挺~胸	0798 趴~着睡
榆林	弯 vɛ^{33}	挺 tʰiɤɣ̃^{213}	趴 pʰa^{213}
神木	弯 vɛ^{213}	挺 tʰiɤ̃^{213}	趴 pʰa^{44}
绥德	弯 væ^{213}	挺 tʰiəɣ̃^{213}	趴 pʰɑ^{33}
吴堡	弯 uã^{213}	挺起 tʰiəŋ^{24}tɕʰi^{412}	趴 pʰɑ^{33}
清涧	弯 uɛ^{312}	直 tʂʰəʔ^{43}	趴 pʰɑ^{24}
延安	弯 væ̃^{213}	挺 tʰiəŋ^{52}	趴 pʰa^{24}
延川	弯 væ̃^{213}	挺 tʰiŋ^{53}	趴 pʰa^{35}
黄陵	猫 mɔ^{24} 弯 væ̃^{31}	挺 tɕʰiəŋ^{52}	趴 pʰɑ^{24}
渭南	窝 uə^{31}	挺 tɕʰiəŋ^{53}	趴 pʰɑ^{24}
韩城	猫下 mɑu^{31}xɑ^{53}	挺 tʰiəŋ^{53}	趴 pʰɑ^{24}
合阳	弯 uɑ̃^{31}	挺 tʰiŋ^{52} □tɕʰiɛ^{24}	趴 pʰɑ^{24}
富平	弯 uæ̃^{31}	仰 ȵiɑɣ̃^{24}	趴 pʰɑ^{24}
耀州	猫 mɔu^{21} 弯 uæ̃^{21}	挺 tɕʰiŋ^{52}	趴 pʰa^{21}
咸阳	弯 uã^{31}	抬 tʰæ^{24}	趴 pʰa^{24}
旬邑	□tsã^{21} 圈 tɕʰyã^{21}	挺 tɕʰiəŋ^{52}	趴 pʰa^{24}
三原	猫 mɑɔ^{24}	挺 tɕʰiəŋ^{52}	趴 pʰɑ^{24}

	0796 弯~腰	0797 挺~胸	0798 趴~着睡
乾县	弯 uæ̃^{21}	挺 t^{h}iɤŋ^{53}	趴 p^{h}a^{24}
岐山	弯 væ̃^{31}	挺 ȶ^{h}iŋ^{44}	趴 p^{h}A^{24}
凤翔	弯 væ̃^{31} 圈 tɕ^{h}yæ̃^{31}	挺 ts^{h}iŋ^{53}	趴 p^{h}a^{24}
千阳	圈 tɕ^{h}yæ̃^{31}	鼓 ku^{53}	趴 p^{h}a^{24}
西安	弯 uã^{21}	挺 t^{h}iəŋ^{53}	趴 p^{h}a^{24}
户县	猫 mau^{35}	挺 t^{h}iŋ^{51}	趴 p^{h}a^{35}
商州	弯 vã^{31}	挺 t^{h}iəŋ^{53}	□piɑ^{35}
镇安	弯 van^{53}	挺 t^{h}in^{35}	趴 p^{h}a^{35}
安康	弯 uan^{31} 蜷 tɕ^{h}yan^{35}	挺 t^{h}in^{53}	趴 p^{h}a^{35}
白河	弯 uan^{213} 猴 xəu^{44}	挺 t^{h}iən^{35}	趴 p^{h}a^{44}
汉阴	佝 kəu^{33}	挺 t^{h}in^{45}	趴 p^{h}ɑ^{42}
平利	弯 uan^{43}	挺 t^{h}in^{445}	趴 p^{h}a^{52}
汉中	弯 uan^{55}	挺 t^{h}in^{354}	趴 p^{h}A^{42}
城固	蜷 tɕ^{h}yan^{53}	挺 t^{h}iŋ^{44}	趴 p^{h}a^{311}
勉县	弯 vɑn^{42}	挺 t^{h}in^{35}	趴 p^{h}ɑ^{21}
镇巴	弯 uan^{35}	挺 t^{h}in^{52}	□p^{h}oŋ^{35}

	0799 爬小孩在地上~	0800 走慢慢儿~	0801 跑慢慢儿走，别~
榆林	爬 $p^{h}a^{213}$ 爬缘 $p^{h}a^{24}i\varepsilon^{0}$	走 $ts\partial u^{213}$	跑 $p^{h}\text{ɔ}o^{213}$ 奔 $p\text{ɤ}\tilde{\text{ɣ}}^{52}$ 大趏 $ta^{52}kua^{33}$
神木	爬 $p^{h}a^{44}$	走 $ts\partial u^{213}$	跑 $p^{h}\text{ɔ}o^{213}$ 逛 $k\tilde{\text{ɑ}}^{53}$
绥德	爬 $p^{h}\text{ɑ}^{33}$	走 $ts\partial u^{213}$	跑 $p^{h}ao^{33}$ 逛 $k\tilde{\text{ɑ}}^{52}$ 奔 $p\partial\tilde{\text{ɣ}}^{52}$
吴堡	爬 $p^{h}\text{ɑ}^{33}$	走 $ts\text{ɑ}o^{412}$	跑 $p^{h}o^{412}$
清涧	爬 $p^{h}\text{ɑ}^{24}$	走 $ts\partial u^{53}$	跑 $p^{h}\text{ɔ}o^{24}$
延安	爬 $p^{h}a^{24}$	走 $tsou^{52}$	跑 $p^{h}\text{ɔ}^{52}$
延川	爬 $p^{h}a^{35}$	走 $ts\partial u^{53}$	跑 $p^{h}\text{ɑ}o^{53}$
黄陵	爬 $p^{h}\text{ɑ}^{24}$	走 $ts\partial u^{52}$	跑 $p^{h}\text{ɔ}^{24}$
渭南	爬 $p^{h}\text{ɑ}^{24}$	走 $ts\partial u^{53}$	跑 $p^{h}\text{ɔ}o^{24}$
韩城	爬 $p^{h}\text{ɑ}^{24}$	走 $ts\partial u^{53}$	跑 $p^{h}\text{ɑ}u^{24}$
合阳	爬 $p^{h}\text{ɑ}^{24}$	走 $tsou^{52}$	跑 $p^{h}\text{ɔ}o^{24}$
富平	爬 $p^{h}\text{ɑ}^{24}$	走 $tsou^{53}$	跑 $p^{h}\text{ɑ}o^{24}$
耀州	爬 $p^{h}a^{24}$	走 $tsou^{52}$	跑 $p^{h}\text{ɔ}u^{24}$
咸阳	爬 $p^{h}a^{24}$	走 $tsou^{53}$	跑 $p^{h}\text{ɔ}^{24}$
旬邑	爬 $p^{h}a^{24}$	走 $ts\partial u^{52}$	跑 $p^{h}au^{24}$
三原	爬 $p^{h}\text{ɑ}^{24}$	走 $tsou^{52}$	跑 $p^{h}\text{ɑ}\text{ɔ}^{24}$

	0799 **爬**小孩在地上~	0800 **走**慢慢儿~	0801 **跑**慢慢儿走,别~
乾县	爬 pʰa²⁴	走 tsou⁵³	跑 pʰɔ⁵³
岐山	爬 pʰA²⁴	走 tsou⁵³	跑 pʰɔ⁵³
凤翔	爬 pʰa²⁴	走 tsəu⁵³	跑 pʰɔ⁵³
千阳	爬 pʰa²⁴	走 tsou⁵³	跑 pʰɔ⁵³
西安	爬 pʰa²⁴	走 tsou⁵³	跑 pʰau²⁴
户县	爬 pʰa³⁵	走 tsɤu⁵¹	跑 pʰau³⁵
商州	爬 pʰɑ³⁵	走 tsou⁵³	跑 pʰɑo³⁵
镇安	爬 pʰa³⁵	走 tsəu³⁵	跑 pʰɔo³⁵
安康	爬 pʰa³⁵	走 tsou⁵³	跑 pʰau⁵³
白河	爬 pʰa⁴⁴	走 tsəu³⁵	跑 pʰɔu³⁵
汉阴	爬 pʰɑ⁴²	走 tsəu⁴⁵	跑 pʰɑo⁴⁵
平利	爬 pʰa⁵²	走 tsou⁴⁴⁵	跑 pʰau⁴⁴⁵
汉中	爬 pʰA⁴²	走 tsəu³⁵⁴	跑 pʰɑo³⁵⁴
城固	爬 pa⁵³	走 tsəu⁴⁴	跑 pʰɔ⁴⁴
勉县	爬 pʰɑ²¹	走 tsəu³⁵	跑 pʰɑɔ³⁵
镇巴	爬 pʰa³¹	走 tsəu⁵²	跑 pʰau⁵²

	0802 逃逃跑：小偷～走了	0803 追追赶：～小偷	0804 抓～小偷
榆林	偷跑 t^{h}əu^{33}p^{h}ɔo^{0} 跑 p^{h}ɔo^{213}	撵 niɛ^{213} 追 tʂuei^{33}	抓 tʂua^{33} 逮 tɛe^{213}
神木	偷跑 t^{h}əu^{24}p^{h}ɔo^{0} 跑 p^{h}ɔo^{213}	撵 ȵiɛ^{213}	抓 tʂua^{213} 逮 tEe^{213}
绥德	偷跑 t^{h}əu^{24}p^{h}ao^{0} 跑 p^{h}ao^{213}	撵 nie^{213} 追 tʂuei^{213}	抓 tʂuɑ^{213} 逮 tai^{213}
吴堡	跑 p^{h}o^{33} 逛 kã^{53}	断 tuɤ^{53} 撵 ȵiE^{412}	捉 tsuɑʔ^{3}
清涧	跑 p^{h}ɔo^{24}	追 tʂuei^{312}	抓 tʂuɑ^{312} 逮 tai^{53}
延安	逃 t^{h}ɔ^{24} 溜 liou^{52}	撵 ȵiæ̃^{52} 追 tʂuei^{213}	抓 tʂua^{213} 逮 tai^{24}
延川	跑 p^{h}ɑo^{35}	追 tʂ^{h}uei^{213}	抓 tʂua^{213}
黄陵	跑 p^{h}ɔ^{24}	撵 ȵiæ̃^{52}	抓 tsuɑ^{31} 逮 tE^{24}
渭南	跑 p^{h}ɔo^{24}	撵 ȵiæ̃^{53}	逮 tae^{24}
韩城	跑 p^{h}ɑu^{24} 圈$^{=}$ tɕ^{h}yã^{31}	撵 ȵiã^{53}	逮 tæe^{24}
合阳	逃 t^{h}ɔo^{24}	撵 ȵiã^{52} 追 pfei^{31}	抓 pfɑ^{31} 逮 tæe^{24}
富平	跑 p^{h}ɑo^{24}	撵 ȵiæ̃^{53}	抓 tʃuɑ^{31}
耀州	跑 p^{h}ɔu^{24} 溜 liou^{44}	撵 ȵiæ̃^{52}	逮 tæi^{21}
咸阳	蹿 ts^{h}uã^{31}	撵 ȵiã^{53}	逮 tæ^{53}
旬邑	跑 p^{h}au^{24} 逃 t^{h}au^{24}	撵 ȵiã^{52} 追 tʃei^{21}	捉 tʃɤ^{21} 逮 tɛi^{21}
三原	跑 p^{h}ɑɔ^{24}	撵 ȵiã^{52}	逮 tai^{24}

	0802 逃逃跑:小偷~走了	0803 追追赶:~小偷	0804 抓~小偷
乾县	跑 $p^{h}ɔ^{24}$	撵 $ȵiæ̃^{53}$	抓 $tʃua^{21}$
岐山	跑 $p^{h}ɔ^{24}$	撵 $ȵiæ̃^{53}$	抓 $tʂa^{31}$
凤翔	跑 $p^{h}ɔ^{24}$	撵 $ȵiæ̃^{53}$	拉 la^{31}
千阳	跑 $p^{h}ɔ^{24}$	撵 $ȵiæ̃^{53}$	拉 la^{31}
西安	跑 $p^{h}au^{24}$	撵 $ȵiã^{53}$	逮 tai^{24}
户县	跑 $p^{h}au^{35}$	撵 $ȵiã^{51}$	逮 $tæ^{31}$
商州	跑 $p^{h}ɑo^{35}$	撵 $ȵiã^{53}$	逮 tai^{31}
镇安	跑 $p^{h}ɔo^{35}$	撵 $ȵian^{35}$	逮 tai^{53}
安康	逃 $t^{h}au^{35}$	撵 $ȵian^{53}$ 追 $pfei^{31}$	抓 pfa^{31} 逮 $tæ^{35}$
白河	跑 $p^{h}ɔu^{35}$	撵 $ȵian^{35}$	逮 tai^{35}
汉阴	跑 $p^{h}ɑo^{45}$	撵 $ȵian^{45}$	逮 tae^{42}
平利	跑 $p^{h}au^{445}$	撵 $ȵian^{445}$	抓 $tʂɥa^{43}$
汉中	跑 $p^{h}ɑo^{354}$	撵 $ȵian^{354}$ 断 $tuan^{213}$	逮 tai^{42}
城固	跑 $p^{h}ɔ^{44}$	撵 $ȵian^{44}$	逮 tai^{311}
勉县	跑 $p^{h}ɑɔ^{35}$	撵 $ȵiɑn^{35}$	逮 $tɑi^{21}$
镇巴	逃 $t^{h}au^{31}$	撵 $ȵian^{52}$	逮 tai^{31}

	0805 抱把小孩~在怀里	0806 背~孩子	0807 搀~老人
榆林	引 iɤɣ̃^{213} 抱 pɔo^{52}	背 pei^{33}	扶 fu^{213} 搀 tsʰɛ^{33}
神木	揢 tɕʰia^{213} 抱 pɔo^{53}	背 pei^{213}	拖 tʰuo^{213}
绥德	引 iəɣ̃^{213} 抱 pao^{52}	背 pei^{213}	扶 fu^{33}
吴堡	揢 tɕʰiɑ^{213} 抱 pu^{53}	背 pɑe^{213}	扶 fu^{33}
清涧	揢 tɕʰiɑ^{312}	背 pai^{312}	拖 tʰɯ^{312}
延安	抱 pɔ^{443}	背 pei^{52}	扶 fu^{24}
延川	抱 pɑo^{53}	背 pai^{213}	搀 tʂʰæ̃^{213}
黄陵	抱 pʰu^{55}/pɔ^{55}	背 pei^{55}	搀 tsʰæ̃^{31} 扶 fu^{24}
渭南	抱 pɔo^{44}	背 pei^{31}	搊 tsʰəu^{31}
韩城	携 ɕiE^{24}	背 pɪi^{44}	扶 fu^{24}
合阳	抱 pʰu^{55}	背 pei^{55}	搊 tsʰou^{31} 搀 tsʰɑ̃^{31}
富平	抱 pu^{55}	背 peɪ^{31}	扶 fʋ^{24}
耀州	揢 tɕʰia^{44} 抱 pʰu^{44}	背 pei^{21}	扶 fu^{24}
咸阳	抱 pɔ^{44}	背 pei^{31}	搀 tsʰã^{31}
旬邑	揢 tɕʰia^{44} 抱 pau^{44}	背 pei^{21}	搀 tsʰã^{21} 扶 fu^{24}
三原	抱 pɑɔ^{44}	背 pei^{31}	搊 tsʰou^{31}

	0805 抱把小孩~在怀里	0806 背~孩子	0807 搀~老人
乾县	抱 pɔ^{55}	背 pe^{21}	搀 $\text{ts}^{h}\tilde{\text{æ}}^{21}$
岐山	搂 lou^{53}	背 pei^{31}	搀 $\text{ts}^{h}\tilde{\text{æ}}^{31}$
凤翔	抱 pɔ^{44}	背 pei^{31}	搀 $\text{ts}^{h}\tilde{\text{æ}}^{31}$
千阳	抱 pɔ^{44}	背 pei^{31}	搀 $\text{ts}^{h}\tilde{\text{æ}}^{31}$
西安	挌 $\text{tɕ}^{h}\text{ia}^{44}$	背 pei^{21}	搊 $\text{ts}^{h}\text{ou}^{21}$
户县	抱 pau^{55}	背 pei^{31}	搀 $\text{ts}^{h}\tilde{\text{a}}^{31}$
商州	携 ɕiɛ^{35}	背 pei^{44}	搊 $\text{ts}^{h}\text{ou}^{31}$
镇安	抱 pɔo^{322}	背 pei^{214}	牵 $\text{tɕ}^{h}\text{ian}^{53}$
安康	抱 pau^{44}	背 pei^{31}	搀 $\text{tʂ}^{h}\text{an}^{31}$
白河	抱 pɔu^{41}	背 pei^{213}	扶 fu^{44}
汉阴	抱 pɑo^{214}	背 pei^{33}	搀 $\text{ts}^{h}\text{an}^{33}$
平利	抱 pau^{214}	背 pei^{43}	扶 fu^{52}
汉中	抱 pɑo^{213}	背 pei^{55}	搀 $\text{ts}^{h}\text{an}^{55}$
城固	抱 pɔ^{213}	背 pei^{53}	扶 fu^{311}
勉县	抱 pɑɔ^{213}	背 pei^{42}	搀 $\text{ts}^{h}\text{ɑn}^{42}$
镇巴	抱 pau^{213}	背 pei^{35}	扶 fu^{31}

	0808 推几个人一起~汽车	0809 摔跌：小孩~倒了	0810 撞人~到电线杆上
榆林	搊 ts^{h}əu^{33}	跌 tiʌʔ^{3} 蹶 kuɛ^{52}	撞 tʂ^{h}uɑ̃^{52} 碰 p^{h}ɤɣ̃^{52}
神木	掀 ɕyɛ^{213}	跌 tiəʔ^{4}	碰 p^{h}ɤ̃^{53} 撞 tʂuɑ̃^{53}
绥德	搊 ts^{h}əu^{213}	蹶 kuæ^{52} 摔 ʂuai^{213}	碰 p^{h}əɣ̃^{52}
吴堡	掀 ɕye^{213}	跌 tiəʔ^{3}	碰 p^{h}əŋ^{53}
清涧	搊 ts^{h}əu^{312}	跌 ti^{53}	碰 p^{h}əɣ̃^{42} 撞 tʂ^{h}uɒ̃^{42}
延安	推 t^{h}uei^{213}	跌 tiɛ^{213}	撞 tʂ^{h}uaŋ^{443}
延川	推 t^{h}uai^{213}	摔 ʂuai^{53}	撞 tʂ^{h}uɑŋ^{53}
黄陵	接$^{=}$ tɕiɛ^{31} 掀 ɕiæ̃^{31} 推 t^{h}uei^{31}	摔 suei^{31}	撞 ts^{h}uɑŋ^{55} 碰 p^{h}əŋ^{55}
渭南	掀 ɕiæ̃^{31}	跌 tɕiɛ^{31} 刊$^{=}$ k^{h}æ̃^{31}	对 tuei^{24}
韩城	掀 ɕiɑ̃^{31}	栽 tsæe^{31}	碰 p^{h}əŋ^{53} 对 tɪi^{24}
合阳	掀 ɕiɑ̃^{31} 推 t^{h}uei^{31}	摔 fæe^{52} 栽 tsæe^{31}	撞 pf^{h}ɑŋ^{55} 对 tuei^{24}
富平	掀 ɕiæ̃^{31}	跌 tiɛ^{31}	碰 p^{h}əɣ̃^{55}
耀州	掀 ɕiæ̃^{21}	摔 ʃuæi^{21} 跌 tiɛ^{21}	对 tuei^{24} 碰 p^{h}əŋ^{44}
咸阳	掀 ɕiɑ̃^{31}	跌 tiɛ^{31}	对 tuei^{24}
旬邑	掀 ɕiɑ̃^{21} 推 t^{h}uei^{21}	跌 tiɛ^{21} 摔 ʃɛi^{52}	撞 tʃ^{h}ɑŋ^{44} 碰 p^{h}əŋ^{44}
三原	掀 ɕiɑ̃^{31}	跌 tɕiɛ^{31}	撞 tʃ^{h}uɑŋ^{44}

	0808 推几个人一起~汽车	0809 摔跌：小孩~倒了	0810 撞人~到电线杆上
乾县	推 tʰue^{21}	跘 pæ̃^{55}	撞 tʃʰuaŋ^{55}
岐山	掀 ɕiæ̃^{31}	绊 pʰæ̃^{44}	碰 pʰəŋ^{44}
凤翔	掀 ɕiæ̃^{31} 推 tʰuei^{31}	跌 tsie^{31} 绊 pæ̃^{44}	碰 pʰəŋ^{44}
千阳	揭 tɕie^{31} 掀 ɕiæ̃^{31}	跌 tie^{31}	碰 pʰəŋ^{44}
西安	掀 ɕiã^{21}	绊 pã^{44}	对 tuei^{24}
户县	掀 ɕiã^{31}	绊$^{=}$ pã^{55}	对 tuei^{35} 碰 pʰəŋ^{55}
商州	掀 ɕiã^{31}	栽 tsai^{31}	撞 tʃʰuɑŋ^{44} 对 tuei^{35}
镇安	搊 tsʰəu^{53} 推 tʰEi^{53}	绊 pan^{35}	碰 pʰɤŋ^{214}
安康	掀 ɕyan^{31} 推 tʰuei^{31}	栽 tsæ^{31}	撞 pfʰaŋ^{53} 碰 pʰəŋ^{44}
白河	搊 tsʰəu^{213}	跘 pan^{35}	撞 tʂuaŋ^{41}
汉阴	推 tʰuei^{33}	跘 pan^{45}	碰 pʰoŋ^{214}
平利	推 tʰei^{43}	绊 pan^{445}	碰 pʰoŋ^{214}
汉中	搊 tsʰəu^{55}	跘 pan^{213}	对 tuei^{42}
城固	搊 tsʰəu^{53}	跘 pan^{213}	碰 pʰəŋ^{213}
勉县	搊 tsʰəu^{42}	跘 pɑn^{213}	碰 pʰəŋ^{213} 撞 tsʰuɑŋ^{213}
镇巴	搊 tsʰəu^{35}	踀 tsuai^{35}	撞 tsʰuaŋ^{52}

	0811 挡你~住我了，我看不见	0812 躲躲藏：他~在床底下	0813 藏藏放，收藏：钱~在枕头下面
榆林	堵 tu^{213} 挡 tɑ̃^{213}	藏 ts^{h}ɑ̃^{213} 躲 tuə^{213}	抬 t^{h}ɛe^{213}
神木	影 i^{213} 挡 tɑ̃^{213}	藏 ts^{h}ɑ̃^{44}	抬 t^{h}ᴇe^{44}
绥德	堵 tu^{213} 挡 tɑ̃^{52}	藏 ts^{h}ɑ̃^{33} 躲 tuo^{213}	抬 t^{h}ai^{33}
吴堡	堵 tu^{412}	藏 ts^{h}ɤu^{33}	抬 t^{h}ɑe^{33} 寄 tɕi^{53}
清涧	挡 tɒ̃^{42}	藏 ts^{h}ɯ^{24}	抬 t^{h}ai^{24}
延安	堵 tu^{52} 挡 taŋ^{52}	藏 ts^{h}aŋ^{24} 躲 tuo^{52}	抬 t^{h}ai^{24} 藏 ts^{h}aŋ^{24}
延川	挡 təŋ^{53}	躲 tuɤ^{53}	藏 ts^{h}ei^{35}
黄陵	挡 tɑŋ^{55}	藏 ts^{h}əu^{24}/ts^{h}ɑŋ^{24}	抬 t^{h}ᴇ^{24} 藏 ts^{h}ɑŋ^{24}
渭南	挡 tɑŋ^{44}	藏 tɕ^{h}iɑŋ^{24}	抬 t^{h}ae^{24} 藏 tɕ^{h}iɑŋ^{24}
韩城	挡 tɑŋ^{44}	藏 ts^{h}ɑŋ^{24}	抬 t^{h}æe^{24}
合阳	挡 tɑŋ^{55}	避 p^{h}i^{52} 躲 tuo^{52}	藏 ts^{h}ɑŋ^{24} 抬 t^{h}æe^{24}
富平	挡 tɑɣ̃^{55}	藏 t^{h}iɑɣ̃^{24}	抬 t^{h}ɛe^{24}
耀州	挡 tɑŋ^{44}	藏 tɕ^{h}iɑŋ^{24}	抬 t^{h}æi^{24}
咸阳	挡 tɑŋ^{53}	藏 tɕ^{h}iɑŋ^{24}	抬 t^{h}æ^{24}
旬邑	挡 tɑŋ^{44}	藏 tɕ^{h}iɑŋ^{24}	藏 tɕ^{h}iɑŋ^{24}
三原	挡 tɑŋ^{44}	藏 tɕ^{h}iɑŋ^{24}	抬 t^{h}ai^{24}

	0811 挡你~住我了，我看不见	0812 躲躲藏：他~在床底下	0813 藏藏放，收藏：钱~在枕头下面
乾县	挡 taŋ^{55}	躲 tuɤ^{53}	藏 tɕʰiaŋ^{24}
岐山	挡 tɑŋ^{44}	藏 ȶʰiɑŋ^{24}/tsʰɑŋ^{24}	藏 ȶʰiɑŋ^{24}/tsʰɑŋ^{24}
凤翔	堵 tu^{53} 挡 tɑŋ^{44}	藏 tsʰiɑŋ^{24}	藏 tsʰiɑŋ^{24}
千阳	堵 tu^{53} 挡 tɑŋ^{44}	藏 tsʰiɑŋ^{24}	藏 tsʰiɑŋ^{24}
西安	挡 tɑŋ^{44}	藏 tɕʰyo^{21}	藏 tsʰaŋ^{24}
户县	挡 taŋ^{55} 叉 tsʰa^{35}	藏 tɕʰiaŋ^{35}	抬 tʰæ^{35}
商州	挡 tɑŋ^{44}	藏 tɕʰiɑŋ^{35}	抬 tʰai^{35} 藏 tɕʰiɑŋ^{35}
镇安	挡 tʌŋ^{214}	躲 tuə^{35}	藏 tsʰʌŋ^{33}
安康	挡 taŋ^{44}	藏 tɕʰiaŋ^{35} 躲 tuo^{53}	藏 tɕʰiaŋ^{35} 装 pfaŋ^{31}
白河	挡 taŋ^{44}	藏 tɕʰiaŋ^{44}	藏 tɕʰiaŋ^{44}
汉阴	挡 taŋ^{214}	藏 tɕʰiɑŋ^{42}	藏 tɕʰiɑŋ^{42}
平利	挡 taŋ^{214}	躲 to^{445}	藏 tɕʰiaŋ^{52}
汉中	挡 tɑŋ^{213}	藏 tɕʰiaŋ^{42}	收捡 ʂəu^{55}tɕian^{0}
城固	挡 taŋ^{213}	藏 tɕʰiaŋ^{311}	藏 tɕʰiaŋ^{311}
勉县	挡 tɑŋ^{213}	藏 tɕʰiɑŋ^{21}	藏 tɕʰiɑŋ^{21}
镇巴	挡 taŋ^{213}	藏 tsʰaŋ^{31}	藏 tsʰaŋ^{31}

	0814 放把碗~在桌子上	0815 摞把砖~起来	0816 埋~在地下
榆林	搁 $k\Lambda ʔ^{3}$ 放 $f\tilde{ɑ}^{52}$	摞 $luə^{52}$ 垛 $tuə^{52}$	埋 $m\varepsilon e^{213}$
神木	搁 $kəʔ^{4}$	垒 $luei^{213}$ 垛 tuo^{53} 摞 luo^{53}	埋 mE^{44}
绥德	搁 $kɤ^{33}$ 放 $f\tilde{ɑ}^{52}$	摞 $lə\tilde{ɤ}^{52}$ 垛 tuo^{52}	埋 mai^{33}
吴堡	搁 $kəʔ^{3}$	垛 $tuɤu^{53}$	埋 $mɑe^{33}$
清涧	搁 $kɤ^{53}$ 放 $fʋ^{42}$	摞 $lɯ^{42}$	埋 mai^{24}
延安	放 $faŋ^{443}$ 搁 kuo^{24}	摞 $luei^{52}$	埋 mai^{24}
延川	放 fei^{53}	摞 lei^{53}	埋 mai^{35}
黄陵	放 $fɑŋ^{55}$ 搁 $kɤ^{31}$	摞 $luɤ^{55}$	埋 mE^{24}
渭南	搁 $kə^{53}$	摞 $luə^{44}$	埋 mae^{24}
韩城	搁 $kɤ^{31}$	摞 $luɤ^{44}$	埋 $mæe^{24}$
合阳	搁 $kɤ^{52}$ 放 $fɑŋ^{55}$	摞 luo^{55} 垒 y^{52}	埋 $mæe^{24}$
富平	搁 $kɤ^{31}$	摞 luo^{55}	埋 $m\varepsilon e^{24}$
耀州	搁 $kɤ^{21}$	摞 luo^{44} 垒 $luei^{52}$	埋 $mæi^{24}$
咸阳	搁 $kɤ^{24}$	摞 luo^{44}	埋 $mæ^{24}$
旬邑	搁 kuo^{21} 放 $fɑŋ^{44}$	摞 luo^{44} 垒 $luei^{52}$	埋 $m\varepsilon i^{24}$
三原	搁 $kɤ^{31}$	摞 $luə^{44}$	埋 mai^{24}

	0814 放把碗~在桌子上	0815 摞把砖~起来	0816 埋~在地下
乾县	放 $faŋ^{55}$	摞 $nuɤ^{55}$	埋 $mɛ^{24}$
岐山	搁 $kɤ^{44}$ 放 $fɑŋ^{44}$	摞 luo^{44}	埋 mE^{24}
凤翔	放 $fɑŋ^{44}$	摞 luo^{44}	埋 mE^{24}
千阳	放 $fɑŋ^{44}$	摞 luo^{44}	埋 mE^{24}
西安	搁 $kɤ^{24}$	摞 luo^{44}	埋 mai^{24}
户县	搁 $kɤ^{35}$ 放 $faŋ^{55}$	摞 $luɤ^{55}$	埋 $mæ^{35}$
商州	搁 $kə^{35}$	摞 $luə^{44}$	埋 mai^{35}
镇安	放 $fʌŋ^{214}$	码 ma^{35}	埋 mai^{33}
安康	搁 $kɤ^{35}$ 放 $faŋ^{44}$	摞 luo^{44}	埋 $mæ^{35}$ 墉 $yŋ^{31}$
白河	搁 kuo^{35}	摞 luo^{41}	埋 mai^{44}
汉阴	搁 ko^{42}	码 $mɑ^{45}$	瓮 $uŋ^{33}$
平利	搁 ko^{445}	码 ma^{445}	埋 mai^{52}
汉中	搁 $kɤ^{213}$	码 mA^{354}	埋 mai^{42}
城固	搁 $kə^{213}$	摞 $luə^{213}$ 码 ma^{44}	埋 mai^{311} □$uəŋ^{53}$
勉县	搁 $kɤ^{213}$	摞 $luɤ^{213}$	埋 $mɑi^{21}$
镇巴	搁 $k^{h}o^{35}$	码 ma^{52}	□$uoŋ^{35}$

	0817 盖把茶杯~上	0818 压用石头~住	0819 摁用手指按：~图钉
榆林	盖 kɛe⁵²	压 nia⁵²	按 nɛ⁵²
神木	盖 kᴇe⁵³	压 ȵia⁵³	按 ŋɛ⁵³
绥德	盖 kai⁵²	压 niɑ⁵²	压 niɑ⁵²
吴堡	盖 kɑe⁵³	压 ȵiɑ⁵³	压 ȵiɑ⁵³
清涧	盖 kai⁴²	压 ȵiɑ⁴²	压 ȵiɑ⁴²
延安	盖 kai⁴⁴³	压 ȵia⁴⁴³	按 ŋæ̃⁴⁴³
延川	盖 kai⁵³	压 ȵia⁵³	压 ȵia⁵³
黄陵	盖 kᴇ⁵⁵	压 ȵiɑ⁵⁵	按 ŋæ̃⁵⁵
渭南	盖 kae⁴⁴	压 ȵiɑ⁴⁴	按 ŋæ̃⁴⁴
韩城	盖 kæe⁴⁴	压 ȵiɑ⁴⁴	按 ŋã⁴⁴
合阳	盖 kæe⁵⁵	压 ȵiɑ⁵⁵	摁 ŋẽ⁵⁵ 按 ŋɑ̃⁵⁵
富平	盖 kɛe⁵⁵	压 ȵiɑ³¹	按 ŋæ̃⁵⁵
耀州	盖 kæi⁴⁴	压 ȵia²¹	摁 ŋei⁴⁴ 按 ŋæ̃⁴⁴
咸阳	盖 kæ⁴⁴	压 ȵia³¹	摁 ŋɛ̃⁴⁴
旬邑	盖 kɛi⁴⁴	压 ȵia⁴⁴	按 ŋã⁴⁴
三原	盖 kai⁴⁴	压 ȵiɑ³¹	压 ȵiɑ⁴⁴

	0817 盖把茶杯~上	0818 压用石头~住	0819 �用手指按：~图钉
乾县	盖 kɛ⁵⁵	压 ȵia²¹	按 ŋæ̃⁵⁵
岐山	盖 kE⁴⁴	压 ȵiA⁴⁴	按 ŋæ̃⁴⁴
凤翔	盖 kE⁴⁴	压 ȵia⁴⁴	按 ŋæ̃⁴⁴
千阳	盖 kE⁴⁴	压 ȵia⁴⁴	压 ȵia⁴⁴
西安	盖 kai⁴⁴	压 ȵia⁴⁴	按 ŋã⁴⁴
户县	盖 kæ⁵⁵	压 ȵia³¹	按 ŋã⁵⁵
商州	盖 kai⁴⁴	压 ȵiɑ⁴⁴	压 ȵiɑ⁴⁴
镇安	盖 kai²¹⁴	压 ȵia⁵³	按 ŋan²¹⁴
安康	盖 kæ⁴⁴	压 ȵia⁴⁴	按 ŋan⁴⁴
白河	盖 kai⁴¹	压 ia²¹³ 盖 kai⁴¹	按 ŋan⁴¹
汉阴	盖 kae²¹⁴	压 ȵiɑ²¹⁴	揞 ŋən²¹⁴
平利	园 kʰaŋ⁴⁴⁵	压 ia²¹⁴	按 ŋan²¹⁴
汉中	园 kʰaŋ³⁵⁴	压 ȵiA²¹³	按 ŋan²¹³
城固	园 kʰaŋ⁴⁴ 盖 kai²¹³	压 ȵia²¹³	按 ŋan²¹³
勉县	园 kʰɑŋ³⁵	压 ȵiɑ²¹³	按 ŋɑn²¹³
镇巴	园 kʰaŋ⁵²	轧 tsa²¹³	□tsʰən⁵²

	0820 **捅**用棍子~鸟窝	0821 **插**把香~到香炉里	0822 **戳**~个洞
榆林	捅 tʰuɤɣ̃^{213} 戳 tʂʰuʌʔ^{3}	上 ʂɑ̃^{52}	戳 tʂʰuʌʔ^{3}
神木	厾 tuəʔ^{4} 捅 tʰuɤ̃^{213}	插 tsʰaʔ^{4}	戳 tʂʰuaʔ^{4} 捅 tʰuɤ̃^{213} 穿 tʂʰuɛ^{213}
绥德	捅 tʰuəɣ̃^{213} 戳 tʂʰuo^{33}	栽 tsai^{213} 插 tsʰɑ^{33}	戳 tʂʰuo^{33} 捅 tʰuəɣ̃^{213}
吴堡	厾 tuəʔ^{3} 捅 tʰuəŋ^{413}	栽 tsɑe^{213}	戳 tsʰuɑʔ^{3}
清涧	戳 tʂʰuɤ^{53}	插 tsʰɑ^{53}	戳 tʂʰuɤ^{53}
延安	捅 tʰuəŋ^{52} 戳 tʂʰuo^{213} 圪捞 kəʔ^{5}lɔ^{0}	插 tsʰa^{213}	戳 tʂʰuo^{213}
延川	捅 tʰuŋ^{53}	插 tsʰa^{423}	戳 tʂʰuɤ^{423}
黄陵	捅 tʰuŋ^{31} 戳 tsʰuɤ^{31}	插 tsʰɑ^{31}	戳 tsʰuɤ^{31}
渭南	戳 tʃʰə^{31}	插 tsʰɑ^{31}	戳 tʃʰə^{31}
韩城	戳 pfʰuɤ^{31}	插 tsʰɑ^{31}	戳 pfʰuɤ^{31}
合阳	捅 tʰuŋ^{31} 戳 pfʰuo^{31}	插 tsʰɑ^{31}	戳 pfʰuo^{31} 捅 tuŋ^{31}
富平	捅 tʰuəɣ̃^{31}	插 tsʰɑ^{31}	戳 tʃʰuo^{31}
耀州	戳 tʃʰuo^{21}	插 tsʰa^{21} 别 pʰiɛ^{24}	戳 tʃʰuo^{21} 捅 tʰuŋ^{52}
咸阳	戳 tʃʰuo^{31}	插 tsʰa^{31}	戳 tʃʰuo^{31}
旬邑	戳 tʃʰɤ^{21}	插 tsʰa^{21}	戳 tʃʰɤ^{21}
三原	戳 tʃʰuə^{31}	插 tsʰɑ^{31}	戳 tʃʰuə^{31}

	0820 捅用棍子~鸟窝	0821 插把香~到香炉里	0822 戳~个洞
乾县	捅 t^{h}oŋ^{53}	插 ts^{h}a^{21}	戳 tʃ^{h}uɤ^{21}
岐山	捅 t^{h}uŋ^{31}	插 ts^{h}A^{31}	戳 tʂ^{h}uo^{31}
凤翔	戳 tʂ^{h}uo^{31}	插 ts^{h}a^{31}	戳 tʂ^{h}uo^{31}
千阳	戳 ts^{h}uo^{31}	插 ts^{h}a^{31}	戳 ts^{h}uo^{31}
西安	戳 pf^{h}o^{21}	插 ts^{h}a^{21}	戳 pf^{h}o^{21}
户县	戳 ts^{h}uɤ^{31}	插 ts^{h}a^{31} 别 piɛ^{35}	戳 ts^{h}uɤ^{31}
商州	戳 tʃ^{h}uə^{31}	插 ts^{h}ɑ^{31}	戳 tʃ^{h}uə^{31}
镇安	戳 tʂ^{h}uə^{214}	插 ts^{h}a^{53}	戳 tʂ^{h}uə^{214}
安康	捅 t^{h}uŋ^{31}	插 tʂ^{h}a^{31}	戳 pf^{h}ə^{31}
白河	捅 t^{h}əŋ^{35} 戳 tʂ^{h}uo^{35}	插 tʂ^{h}a^{213}	戳 tʂ^{h}uo^{35}
汉阴	厾 to^{42}	插 ts^{h}ɑ^{42}	厾 to^{42}
平利	捅 t^{h}oŋ^{43}	插 tʂ^{h}a^{43}	戳 tʂ^{h}o^{445}
汉中	戳 tuɤ^{55}	插 ts^{h}A^{55}	厾 tuɤ^{55} 戳 ts^{h}uɤ^{55}
城固	戳 tʃ^{h}uə^{53}	插 ts^{h}a^{53}	戳 tʃ^{h}uə^{53}
勉县	厾 tuɤ^{42}	插 ts^{h}ɑ^{42}	厾 tuɤ^{42}
镇巴	厾 to^{31}	插 ts^{h}a^{31}	厾 to^{31}

	0823 砍~树	0824 剁把肉~碎做馅儿	0825 削~苹果
榆林	砍 kʰɛ^{213}	剁 tuə^{52}	削 ɕyʌʔ^{3}
神木	砍 kʰɛ^{213}	斫 tsa^{53} 剁 tuo^{53}	削 ɕyəʔ^{4}/ɕiəu^{44}
绥德	砍 kʰæ^{213}	斫 tsɑ^{213}	削 ɕyəʔ^{33}
吴堡	砍 kʰie^{412}	斫 tsɑ^{412}	削 ɕyəʔ^{3}
清涧	砍 kʰɛ^{53}	斫 tsɑ^{53}	削 ɕyəʔ^{54}
延安	砍 kʰæ̃^{52}	斫 tsa^{443} 剁 tuo^{443}	削 ɕiou^{213}
延川	砍 kʰæ̃^{53}	剁 tu^{53}	削 ɕiəu^{213}
黄陵	斫 tʂuɤ^{52} 砍 kʰæ̃^{52}	斫 tsɑ^{52} 剁 tuɤ^{55}	削 ɕyɤ^{31}
渭南	斫 tɕyə^{53}	斫 tsɑ^{53} 剁 tuə^{44}	削 ɕyə^{31}
韩城	斫 tʂuɤ^{31}	斫 tsɑ^{53}	削 ɕiɤ^{31}
合阳	砍 kʰɑ̃^{52} 斫 tʂuo^{31}	剁 tuo^{55} 斫 tsɑ^{55}	削 ɕyə^{31}
富平	伐 fɑ^{24}	剁 tuo^{55}	削 suo^{53}
耀州	刷 pʰiæ̃^{52} 砍 kʰæ̃^{52}	斫 tsa^{52} 剁 tuo^{44}	削 ɕyo^{52}
咸阳	砍 kʰã^{53}	剁 tuo^{44}	削 ɕyo^{31}
旬邑	刷 pʰiã^{52}	斫 tsa^{52}	削 ɕyo^{21}
三原	刷 pʰiã^{52}	斫 tsɑ^{52}	削 suə^{31}

	0823 砍~树	0824 剁把肉~碎做馅儿	0825 削~苹果
乾县	砍 $k^h\tilde{æ}^{53}$	剁 $tuɤ^{55}$	削 $ɕyə^{21}$/$ɕiɔ^{21}$
岐山	伐 fA^{24} 剁 tuo^{44}	剁 tuo^{44}	削 $ɕyo^{31}$/$siɔ^{31}$
凤翔	伐 fa^{24}	斫 tsa^{53}	削 $ɕyo^{31}$
千阳	伐 fa^{24}	斫 tsa^{53}	削 $ɕyo^{31}$
西安	砍 $k^h\tilde{a}^{53}$	剁 tuo^{44}	削 $ɕyo^{21}$
户县	砍 $k^h\tilde{a}^{51}$	剁 $tuɤ^{55}$ 斫 tsa^{51}	削 $suɤ^{31}$
商州	劚 $p^hi\tilde{a}^{53}$	斫 $tsɑ^{53}$	削 $ɕyɛ^{31}$
镇安	砍 k^han^{35}	剁 $tuə^{214}$	削 $ɕiə^{53}$
安康	砍 k^han^{53}	剁 tuo^{44}	削 $ɕyo^{31}$
白河	砍 k^han^{35}	剁 tuo^{41}	削 $ɕyo^{213}$
汉阴	砍 k^han^{45}	剁 to^{214}	削 $ɕio^{42}$
平利	砍 k^han^{445}	剁 to^{214}	削 $ɕio^{43}$
汉中	砍 k^han^{354}	剁 $tuɤ^{213}$	削 $ɕyɤ^{55}$
城固	砍 k^han^{44}	剁 $tuə^{213}$	削 $ɕyɛ^{53}$
勉县	砍 $k^hɑn^{35}$	剁 $tuɤ^{213}$	削 $ɕyɤ^{42}$
镇巴	砍 k^han^{52}	剁 to^{213}	削 $ɕyɛ^{31}$

	0826 裂木板~开了	0827 皱皮~起来	0828 腐烂死鱼~了
榆林	迸 piɛ^{52}	圪搐 kəʔ^{3}tʂ^{h}uəʔ^{0}	臭 tʂ^{h}əu^{52}
神木	迸 piɛ^{53}	圪搐 kəʔ^{4}tʂ^{h}uəʔ^{0}	烂 lɛ^{53}
绥德	迸 pie^{52}	圪搐 kəʔ^{5}tʂ^{h}uəʔ^{0}	臭 tʂ^{h}əu^{52}
吴堡	迸 piɑ^{53}	圪搐 kəʔ^{3}ts^{h}uəʔ^{3}	烂 lã^{53} 沤 ŋɤu^{53}
清涧	迸 piɑ^{42}	圪搐 kəʔ^{4}tʂ^{h}uəʔ^{54}	烂 lɛ^{42} 臭 tʂ^{h}əu^{53}
延安	炸 tsa^{443}	圪皱 kəʔ^{5}tsou^{443}	臭 tʂ^{h}ou^{443} 烂 læ̃^{443}
延川	裂 liɛ^{423}	皱 tsəu^{53}	烂 læ̃^{53}
黄陵	绽 tsæ̃^{31}	枯皱 k^{h}u^{31}ts^{h}əu^{0}	□luŋ^{55} 烂 læ̃^{55}
渭南	绽 tsæ̃^{31}	皱皱 ts^{h}əu^{53}ts^{h}əu^{0}	臭 tʂ^{h}əu^{44}
韩城	迸 piɑ^{44}	抽 tʂ^{h}əu^{31}	臭 tʂ^{h}əu^{44}
合阳	绽 tsɑ̃^{31} 裂 liɛ^{31}	皱 tsou^{55} 拱 kuŋ^{55}	发 fɑ^{31} 坏 xuæe^{55}
富平	绽 tsæ̃^{31}	皱 ts^{h}ou^{31}	臭 tʂ^{h}ou^{55}
耀州	绽 tsæ̃^{21}	皱 tsou^{44} 皱皱 ts^{h}ou^{52}ts^{h}ou^{0}	瞎 xa^{21} 茶 ȵiɛ^{21}
咸阳	裂 liɛ^{31}	皴 tʃ^{h}uẽ^{31}	瞎咧 xa^{31}liɛ^{0}
旬邑	绽 tsɑ̃^{21} 裂 liɛ^{21}	皱 tsəu^{44} 搐 tʃ^{h}ʅ^{21}	臭 tʂ^{h}əu^{44} 瞎 xa^{21}
三原	绽 tsɑ̃^{31}	纵 tsuəŋ^{44}	臭 tʂ^{h}ou^{44} 恶 ŋɤ^{31}

	0826 裂木板~开了	0827 皱皮~起来	0828 腐烂死鱼~了
乾县	绽 $tsæ̃^{21}$	皱 $tsou^{55}$	瞎 xa^{21} 臭 $tʂ^{h}ou^{55}$
岐山	迸 $piɛ^{44}$	蔫 $ȵiæ̃^{31}$	瞎咧 $xa^{21}lia^{21}$ 臭咧 $tʂ^{h}ou^{44}lia^{21}$
凤翔	迸 pie^{44}	搐 $tʂ^{h}ʅ^{31}$	臭 $tʂ^{h}əu^{44}$
千阳	迸 pie^{44}	搐 $tʃ^{h}ʅ^{31}$	臭 $tʂ^{h}ou^{44}$
西安	绽 $tsã^{21}$	皱 $tsou^{44}$	瞎咧 $xa^{21}liɛ^{0}$
户县	炸 tsa^{55} 绽 $tsã^{31}$	皱 $ts^{h}ɤu^{31}$	瞎 xa^{31}
商州	炸 $tsɑ^{44}$	皱 $ts^{h}ou^{31}$	臭 $tʂ^{h}ou^{44}$
镇安	炸 tsa^{214}	纵 $tsɤŋ^{214}$	臭 $tʂ^{h}əu^{214}$
安康	裂 lie^{31} 炸 $tʂa^{44}$	纵 $tsuŋ^{44}$ 抽 $tʂ^{h}ou^{31}$	腐 fu^{53} 烂 lan^{44}
白河	炸 $tʂa^{41}$	纵 $tsəŋ^{41}$ 抽 $tʂ^{h}əu^{213}$	烂 lan^{41}
汉阴	炸 $tsɑ^{214}$	纵 $tsoŋ^{214}$	化 $χuɑ^{214}$
平利	炸 $tʂa^{214}$	纵 $tsoŋ^{214}$	烂 lan^{214}
汉中	迸 pie^{213}	搐 $ts^{h}u^{55}$	发 fA^{55} 臭 $tʂ^{h}əu^{213}$
城固	绽 $tsan^{53}$	搐 $tʃ^{h}u^{53}$	烂 lan^{213}
勉县	迸 $piɛ^{213}$	搐 $ts^{h}u^{42}$	臭 $ts^{h}əu^{213}$
镇巴	奓 tsa^{35}	纵 $tsoŋ^{213}$	烂 lan^{213}

	0829 **擦**用毛巾～手	0830 **倒**把碗里的剩饭～掉	0831 **扔**丢弃：这个东西坏了，～了它
榆林	揩 k^{h}ɛe^{33} 擦 ts^{h}aʔ^{3}	倒 tɔo^{52}	撂 liɔo^{52}
神木	揩 k^{h}Ee^{213}	倒 tɔo^{53}	扔 ʌɯ^{213} 撇 mɔo^{53}
绥德	揩 k^{h}ai^{213} 擦 ts^{h}ɑ^{33}	倒 tao^{52}	撂 liɔɤ^{52}
吴堡	揩 tɕ^{h}iɑe^{213}	倒 to^{53}	扔 ər^{412} 撂 liɤ^{53}
清涧	擦 ts^{h}ɑ^{53}	倒 tɔo^{42}	击 tɕiəʔ^{54} 揻击 uɑ^{24}tɕiəʔ^{54}
延安	擦 ts^{h}a^{213}	倒 tɔ^{443}	撂 liɔ^{443} 撇 p^{h}iɛ^{52} 掼 kuæ̃^{443}
延川	擦 ts^{h}a^{423}	倒 tɑo^{53}	扔 ʐəŋ^{213}
黄陵	擦 ts^{h}ɑ^{31}	倒 tɔ^{55}	撂 liɔ^{55} 扔 ʐəŋ^{52} 扙 tʂɑŋ^{24}
渭南	抹 mɑ^{31}	倒 tɔo^{44}	撂 liɔo^{44}
韩城	擦 ts^{h}ɑ^{31}	倒 tɑu^{44}	扔 ʐəŋ^{53} 撇 p^{h}iE^{31}
合阳	擦 ts^{h}ɑ^{31}	倒 tɔo^{55} □tʂɔo^{24}	扔 zi^{52} □tʂɔo^{24}
富平	擦 ts^{h}ɑ^{31}	倒 tɑo^{55}	撂 liɑo^{55}
耀州	擦 ts^{h}a^{21}	倒 tɔu^{44}	撂 liɔu^{44} 撇 p^{h}iɛ^{52}
咸阳	擦 ts^{h}a^{31}	倒 tɔ^{44}	撂 liɔ^{44}
旬邑	擦 ts^{h}a^{21}	倒 tau^{44}	撂 liau^{44} 撇 p^{h}iɛ^{21}
三原	擦 ts^{h}ɑ^{31}	倒 tɑɔ^{44}	撂 liɑɔ^{44}

	0829 **擦**用毛巾~手	0830 **倒**把碗里的剩饭~掉	0831 **扔**丢弃:这个东西坏了,~了它
乾县	擦 tsʰa²¹	倒 tɔ⁵⁵	扔 ʒuɤŋ⁵³
岐山	擦 tsʰA³¹	倒 tɔ⁴⁴	扔 ər³¹
凤翔	擦 tsʰa³¹	倒 tɔ⁴⁴	撇 pʰie³¹ 扔 ər⁵³ 着 tʂɔ²⁴
千阳	擦 tsʰa³¹	倒 tɔ⁴⁴	扔 ər⁵³ 撇 pʰie³¹ 着 tʂɔ²⁴
西安	擦 tsʰa²¹	倒 tau⁴⁴	撂 liau⁴⁴ 撇 pʰiɛ⁵³
户县	擦 tsʰa³¹	倒 tau⁵⁵	撂 liau⁵⁵
商州	擦 tsʰɑ³¹	倒 tɑo⁴⁴	抡 luẽ³⁵ 撂 liɑo⁴⁴
镇安	擦 tsʰa⁵³	倒 tɔo²¹⁴	甩 ʂuai³⁵
安康	擦 tsʰa³¹ 搌 tʂan⁵³	倒 tau⁴⁴	甩 fæ⁵³
白河	擦 tsʰa²¹³	倒 tɔu⁴¹	甩 ʂuai³⁵ 撂 liɔu⁴¹
汉阴	抹 mɑ⁴²	□kʰuɑŋ³³	甩 suae⁴⁵
平利	擦 tsʰa⁴³	倒 tau²¹⁴	甩 ʂʮai⁴⁴⁵
汉中	擦 tsʰA⁵⁵	倒 tɑo²¹³	扔 ər³⁵⁴
城固	搌 tʂan⁴⁴	倒 tɔ²¹³	甩 ʃuai⁴⁴ 扔 ə⁴⁴
勉县	擦 tsʰɑ⁴²	倒 tɑɔ²¹³	扔 ər³⁵
镇巴	擦 tsʰa³¹	倒 tau²¹³	甩 suai⁵²

	0832 扔投掷：比一比谁~得远	0833 掉掉落，坠落：树上~下一个梨	0834 滴水~下来
榆林	扔 ʐʅ^{33} 撂 liɔo^{52}	跌 tiʌʔ^{3}	滴 tiʌʔ^{3}
神木	扔 ʌɯ^{213} 撯 mɔo^{53}	跌 tiəʔ^{4}	滴 tiəʔ^{4}
绥德	撂 liɔɤ^{52}	踢 tʰɑ̃^{52}	滴 tie^{33}
吴堡	扔 ər^{412}	跌 tiəʔ^{3}	滴 tiəʔ^{3}
清涧	撂 liɔo^{42}	踢 tʰɒ̃^{42}	滴 ti^{53}
延安	撂 liɔ^{443} 撇 pʰiɛ^{52} 掼 kuæ̃^{443}	踢 tʰaŋ^{443}	滴 tiɛ^{213}
延川	撂 liɑo^{53}	掉 tiɑo^{53}	滴 tiɛ^{423}
黄陵	撂 liɔ^{55} 扔 ʐəŋ^{52}	落 luɤ^{31} 跌 tɕiɛ^{31}	滴 tɕiɛ^{31}/tɕi^{31}
渭南	撇 pʰiɛ^{53}	跌 tɕiɛ^{31}	滴 tɕiɛ^{31}
韩城	扔 ʐəŋ^{53} 撇 pʰiE^{31}	栽 tsæe^{31}	□piɑ^{31}
合阳	投 tʰou^{24} □tʂɔo^{24}	掉 tiɔo^{55} 跌 tiɛ^{31}	滴 tiɛ^{31}
富平	撂 liɑo^{55}	跌 tiɛ^{31}	滴 tiɛ^{31}
耀州	撂 liɔu^{44} 扔 ʐəŋ^{52}	掉 tiɔu^{44} 跌 tiɛ^{21}	滴 tiɛ^{21}
咸阳	撇 pʰiɛ^{53}	掉 tiɔ^{44}	滴 tiɛ^{31}
旬邑	撇 pʰiɛ^{21} 撂 liau^{44}	落 luo^{21} 跌 tiɛ^{21}	滴 tiɛ^{21}
三原	撂 liɑɔ^{44}	跌 tɕiɛ^{31}	滴 tɕiɛ^{31}

	0832 扔投掷：比一比谁～得远	0833 掉掉落，坠落：树上～下一个梨	0834 滴水～下来
乾县	撂 $liɔ^{55}$	跌 $tiə^{21}$	滴 $tiə^{21}$
岐山	撇 $p^{h}iɛ^{31}$ 扔 $ər^{53}$	落 luo^{31}	滴 ȶiɛ[31]
凤翔	撇 $p^{h}ie^{31}$ 扔 $ər^{53}$	落 luo^{31} 跌 $tsie^{31}$	滴 $tsie^{31}$
千阳	着 tʂɔ[24] 撇 $p^{h}ie^{31}$	落 luo^{31} 跌 tie^{31}	滴 tie^{31}
西安	撇 $p^{h}iɛ^{53}$	掉 $tiau^{44}$	滴 ti^{21}
户县	撂 $liau^{55}$	掉 $tiau^{55}$ 跌 $tiɛ^{31}$	滴 $tiɛ^{31}$
商州	抡 $lu\tilde{e}^{35}$ 撂 $liɑo^{44}$	绊 $p\tilde{a}^{44}$	滴 $tiɛ^{31}$
镇安	甩 ʂuai[35]	掉 $tiɔo^{214}$	滴 ti^{53}
安康	甩 $fæ^{53}$	掉 $tiau^{44}$	滴 ti^{31}
白河	甩 ʂuai[35]	掉 $tiɔu^{41}$	滴 ti^{213}
汉阴	甩 $suae^{45}$	掉 $tiɑo^{214}$	［滴下］$tiɑ^{42}$
平利	甩 ʂʮai[445]	掉 $tiau^{214}$	滴 ti^{43}
汉中	撂 $liɑo^{213}$ 甩 $suai^{354}$	落 $luɤ^{55}$	滴 $tiᴇ^{55}$
城固	甩 $ʃuai^{44}$	落 $luə^{53}$	滴 $tiɛ^{53}$
勉县	撇 $p^{h}iɛ^{42}$	落 $luɤ^{42}$	滴 $tiɛ^{4}$
镇巴	甩 $suai^{52}$	落 lo^{31}	滴 ti^{31}

	0835 丢丢失：钥匙~了	0836 找寻找：钥匙~到	0837 捡~到十块钱
榆林	撂 liɔo^{52} 没 mʌʔ^{3}	寻 ɕiɤɣ̃^{213} 找 tʂɔo^{213}	捡 tɕiɛ^{213}
神木	扔 ʌɯ^{213} 没 məʔ^{4}	寻 sɣ̃^{44}	捡 tɕiɛ^{213}
绥德	撂 liɔɤ^{52} 没 mɤ^{33}	寻 ɕiəɣ̃^{33}	拈 nie^{33} 捡 tɕie^{213}
吴堡	撂 liɤ^{53}	寻 səŋ^{33}	拈 ȵie^{33}
清涧	撂 liɔo^{42}	寻 ɕiəɣ̃^{24}	拾 ʂəʔ^{43}
延安	撂 liɔ^{443} 没 muo^{21}	寻 ɕiəŋ^{24}	拾 ʂʅ^{24} 捡 tɕiæ̃^{52} 拈 ȵiæ̃^{24}
延川	丢 tiəu^{213}	找 tʂɑo^{423}	拈 ȵiɛ^{35}
黄陵	遗 i^{24} 丢 tɕiəu^{31}	寻 ɕiẽ^{24}	拾 ʂʅ^{24}
渭南	遗 i^{24}	寻 ɕiə̃^{24}	拾 ʂʅ^{24}
韩城	没 muɤ^{31} 遗 i^{24}	寻 ɕiəŋ^{24}	拾 ʂʅ^{24}
合阳	遗 i^{24} 丢 tiou^{31}	寻 ɕie^{24} 找 tsɔo^{52}	捡 tɕiɑ̃^{52} 拾 ʂʅ^{24}
富平	遗 i^{24}	寻 siɛ̃^{24}	拾 ʂʅ^{24}
耀州	遗 i^{24} 丢 tiou^{21}	寻 ɕiei^{24} 找 tsɔu^{52}	拾 ʂʅ^{24}
咸阳	掉咧 tiɔ^{44}liɛ^{0}	寻 ɕiɛ̃^{24}	拾 ʂʅ^{24}
旬邑	遗 i^{24} 丢 tiəu^{21}	寻 ɕiɛ̃^{24} 找 tsau^{52}	拾 ʂʅ^{24}
三原	遗 i^{24}	寻 ɕiẽ^{24}	拾 ʂʅ^{24}

	0835 丢丢失：钥匙~了	0836 找寻找：钥匙~到	0837 捡~到十块钱
乾县	丢 tiou^{21}	找 tsɔ^{53}	拾 ʂʅ^{24}
岐山	遗 i^{24}	寻 siŋ^{24} 找 tsɔ^{53}	拾 ʂʅ^{24}
凤翔	遗 i^{24} 扔 ər^{53}	寻 siŋ^{24}	拾 ʂʅ^{24}
千阳	扔 ər^{53}	寻 siŋ^{24}	拾 ʂʅ^{24}
西安	没 mo^{21}	寻 ɕin^{24}	拾 ʂʅ^{24}
户县	掉 tiau^{55} 失遗 ʂʅ^{31}tɕi^{31}	寻 ɕiẽ^{35}	拾 ʂʅ^{35}
商州	没 muə^{31} 遗 i^{35}	寻 ɕiẽ^{35}	拾 ʂʅ^{35}
镇安	掉 tiɔo^{214}	找 tʂɔo^{35}	捡 tɕian^{35} 拾 ʂʅ^{33}
安康	丢 tiou^{31} 掉 tiau^{44}	寻 ɕin^{35} 找 tʂau^{53}	捡 tɕian^{53}
白河	掉 tiɔu^{41} 没见咾 mo^{44}tɕian^{41}lɔu^{0}	找 tʂɔu^{35}	捡 tɕian^{35}
汉阴	掉 tiɑo^{214}	找 tsɑo^{45}	捡 tɕian^{45}
平利	掉 tiau^{214}	找 tʂau^{445}	捡 tɕian^{445}
汉中	折 ʂɤ^{42}	找 tsɑo^{354}	捡 tɕian^{354}
城固	没 mə^{53}	找 tsɔ^{44}	捡 tɕian^{44} 拾 ʂʅ^{311}
勉县	没 mɤ^{21} 掉 tiɑɔ^{213}	找 tsɑɔ^{35}	捡 tɕiɑn^{35}
镇巴	落 lo^{31}	找 tsau^{52}	捡 tɕian^{52}

	0838 提用手把篮子~起来	0839 挑~担	0840 扛káng，把锄头~在肩上
榆林	的溜 təʔ^{3}liəu^{213} 提 t^{h}i^{213}	担 tɛ^{33}	挠 nɔo^{213}
神木	的溜 tiəʔ^{4}liəu^{44} 提 t^{h}i^{44}	担 tɛ^{213}	挠 nɔo^{213}
绥德	的溜 təʔ^{5}liəu^{213} 提 t^{h}i^{33}	担 tæ^{213}	挠 nao^{213}
吴堡	[的溜] t^{h}iɑo^{33}	担 tã^{213}	挠 no^{412}
清涧	[的溜] t^{h}iəu^{24}	担 tɛ^{312}	挠 nɔo^{53}
延安	提 t^{h}i^{24} 的溜 təʔ^{5}liou^{0}	担 tæ̃^{213}	挠 nɔ^{52} 扛 k^{h}aŋ^{52}
延川	提 t^{h}i^{35}	挑 tɕ^{h}iɑo^{213}	扛 k^{h}ɑŋ^{53}
黄陵	提 tɕ^{h}i^{24}	担 tæ̃^{31}	扛 k^{h}ɑŋ^{24}
渭南	提 tɕ^{h}i^{24}	担 tæ̃^{31}	掮 tɕiæ̃^{31}
韩城	提 t^{h}i^{24}	担 tɑŋ^{31}	掮 tiɑŋ^{31}
合阳	提 ti^{24}	担 tã^{31} 挑 t^{h}iɔo^{52}	掮 tiã^{31} 扛 k^{h}ɑŋ^{31}
富平	提 t^{h}i^{24}	担 tæ̃^{31}	掮 tiæ̃^{31}
耀州	提 tɕ^{h}i^{24} 拎 liŋ^{52}	担 tæ̃^{21} 挑 tɕ^{h}iɔu^{52}	掮 tiæ̃^{21} 扛 k^{h}ɑŋ^{21}
咸阳	提 t^{h}i^{24}	担 tã^{31}	掂 tiã^{31}
旬邑	提 tɕ^{h}i^{24}	担 tã^{21}	掮 tiã^{21}
三原	提 tɕ^{h}i^{24}	担 tã^{31}	掮 tɕiã^{31}

	0838 提用手把篮子~起来	0839 挑~担	0840 扛káng,把锄头~在肩上
乾县	提 t^hi^{24}	挑 $t^hiɔ^{53}$	扛 $k^haŋ^{21}$
岐山	提 $ȶ^hi^{24}$	担 $tæ̃^{31}$	掮 $tɕ^hiæ̃^{24}$
凤翔	提 ts^hi^{24}	担 $tæ̃^{31}$	掮 $tɕ^hie^{24}$
千阳	提 ts^hi^{24}	担 $tæ̃^{31}$	掮 $tɕ^hie^{24}$
西安	提 t^hi^{24}	担 $tã^{21}$	掮 $tiã^{21}$
户县	提 t^hi^{35}	担 $tã^{31}$	掮 $tiã^{35}$
商州	提 t^hi^{35}	担 $tã^{31}$	掮 $tiã^{31}$
镇安	□$kɛ^{53}$	挑 $t^hiɔo^{53}$	拷 $nɔo^{35}$ 掂 $tian^{53}$
安康	提 t^hi^{35}	挑 t^hiau^{31} 担 tan^{31}	掂 $tian^{31}$
白河	提 t^hi^{44} □tia^{213}	挑 $t^hiɔu^{213}$	拷 $lɔu^{35}$ 驮 t^huo^{44}
汉阴	□$tiɑ^{42}$	挑 $t^hiɑo^{33}$	扛 $k^hɑŋ^{42}$
平利	提 ti^{52}	挑 t^hiau^{43}	扛 $k^haŋ^{52}$ 拷 lau^{445}
汉中	□tiA^{55}	担 tan^{55}	掮 $tɕ^hiE^{42}$
城固	□tia^{53}	担 tan^{53}	掮 $tɕ^hiɛ^{311}$
勉县	□$tiɑ^{42}$	担 $tɑn^{42}$	掮 $tɕ^hiɛ^{21}$ 拷 $lɑɔ^{42}$
镇巴	□tia^{35}	挑 t^hiau^{35}	拷 lau^{52}

	0841 抬~轿	0842 举~旗子	0843 撑~伞
榆林	抬 tʰɛe^{213}	抍 tʂəu^{213} 举 tɕy^{213}	撑 tsʰɤɣ̃^{33} 打 ta^{213}
神木	抬 tʰᴇe^{44}	抍 tʂəu^{213} 举 tɕy^{213}	打 ta^{213}
绥德	抬 tʰai^{33}	抍 tʂəu^{213} 举 tɕy^{213}	撑 tsʰəɣ̃^{213}
吴堡	抬 tʰɑe^{33}	挠 no^{412}	打 tɑ^{412}
清涧	抬 tʰai^{24}	挠 nɔo^{53}	撑 tʂʰəɣ̃^{312}
延安	抬 tʰai^{24}	抍 tʂou^{52}	撑 tsʰəŋ^{213}
延川	抬 tʰai^{35}	举 tsɥ^{213}	撑 tsʰəŋ^{213}
黄陵	抬 tʰe^{24}	抍 tʂəu^{52} 举 tɕy^{52}	打 tɑ^{52} 撑 tsʰəŋ^{31}
渭南	抬 tʰae^{24}	奓 tsɑ^{44}	打 tɑ^{53}
韩城	抬 tʰæe^{24}	举 tɕy^{53}	打 tɑ^{53}
合阳	抬 tʰæe^{24}	举 tɕy^{52} 奓 tsɑ^{52}	撑 tsʰəŋ^{31}
富平	抬 tʰɛe^{24}	举 tɕy^{53}	撑 tsʰəɣ̃^{31}
耀州	抬 tʰæi^{24}	抍 tʂou^{52} 举 tɕy^{52}	打 ta^{52}
咸阳	抬 tʰæ^{24}	举 tɕy^{53}	打 ta^{53}
旬邑	抬 tʰɛi^{24} 挰$^{=}$ tʂʰəŋ^{21}	抍 tʂəu^{52} 举 tɕy^{52}	打 ta^{52} 撑 tsʰəŋ^{21}
三原	抬 tʰai^{24}	抍 tʂou^{52}	撑 tsʰəŋ^{31}

	0841 抬~轿	0842 举~旗子	0843 撑~伞
乾县	抬 $t^hɛ^{24}$	举 $tɕy^{53}$	撑 $ts^hɤŋ^{21}$
岐山	抬 t^hE^{24}	举 $tɕy^{31}$	撑 $ts^həŋ^{31}$
凤翔	抬 t^hE^{24}	挼 $tʂəu^{53}$ 搭 ta^{31}	撑 $ts^həŋ^{31}$
千阳	抬 t^hE^{24}	搭 ta^{31}	撑 $ts^həŋ^{31}$
西安	抬 t^hai^{24}	举 $tɕy^{53}$	打 ta^{53}
户县	抬 $t^hæ^{35}$	打 ta^{51}	撑 $ts^həŋ^{31}$
商州	抬 t^hai^{35}	挼 $tʂou^{53}$	撑 $ts^həŋ^{31}$
镇安	抬 t^hai^{33}	挼 $tʂəu^{35}$	撑 $ts^hən^{53}$
安康	抬 $t^hæ^{35}$	举 $tɕy^{53}$ 挼 $tʂou^{53}$	撑 $tʂ^hən^{31}$
白河	抬 t^hai^{44}	举 $tɕy^{35}$ 挼 $tʂəu^{35}$	打 ta^{35}
汉阴	抬 t^hae^{42}	挼 $tʂəu^{45}$	打 $tɑ^{45}$
平利	抬 t^hai^{52}	举 $tʂʮ^{445}$	撑 $ts^hən^{43}$
汉中	抬 t^hai^{42}	挼 $tʂəu^{354}$	打 tA^{354}
城固	抬 t^hai^{311}	挼 $tʂəu^{44}$	撑 $ts^həŋ^{53}$
勉县	抬 $t^hɑi^{21}$	掫 $tsəu^{35}$	打 $tɑ^{35}$
镇巴	抬 t^hai^{31}	掫 $tsəu^{52}$	撑 $ts^hən^{35}$

	0844 撬 把门~开	0845 挑 挑选，选择：你自己~一个	0846 收拾 ~东西
榆林	撬 tɕʰiɔo^{52}	挑 tʰiɔo^{33} 选 ɕyɛ^{213}	拾揽 ʂəʔ^{3}lɛ^{52} 拾掇 ʂəʔ^{3}tuʌʔ^{0}
神木	拗 ŋɔo^{53}	挑 tʰiɔo^{213}	摭摞 tʂuəʔ^{4}luo^{53} 拾掇 ʂəʔ^{4}tuo^{0}
绥德	拗 ŋao^{52} 撬 tɕʰiɔɤ^{52}	挑 tʰiɔɤ^{213} 选 ɕye^{213}	拾揽 ʂəʔ^{3}læ^{52} 拾掇 ʂəʔ^{5}tuo^{0}
吴堡	拗 ŋo^{53}	拣 tɕiã^{412}	拾揽 ʂəʔ^{3}lã^{53} 安顿 ŋie^{21}tuəŋ^{53}
清涧	拗 ŋɔo^{42} 撬 tɕʰiɔo^{42}	挑 tʰiɔo^{312}	收拾 ʂəu^{31}ʂəʔ^{43}
延安	拗 ŋɔ^{443} 撬 tɕʰiɔ^{443}	挑 tʰiɔ^{213}	拾掇 ʂəʔ^{5}tuo^{0}
延川	撬 tɕʰiɑo^{53}	挑 tɕʰiɑo^{213}	收拾 ʂəu^{21}ʂəʔ^{54}
黄陵	撬 tɕʰiɔ^{55}	挑 tɕʰiɔ^{31} 拣 tɕiæ̃^{52}	拾掇 ʂə^{31}tuɤ^{0} 收拾 ʂəu^{31}ʂʅ^{0}
渭南	撬 tɕʰiɔo^{44}	挑 tɕʰiɔo^{31} 拣 tɕiæ̃^{53}	拾掇 ʂʅ^{24}tuə^{31}
韩城	撬 tɕʰiɑu^{44}	拣 tɕiã^{53}	拾掇 ʂʅ^{31}tuɤ^{53}
合阳	撬 tɕʰiɔo^{55} 别 pʰiɛ^{31}	挑 tʰiɔo^{31} 拣 tɕiã^{52}	拾掇 ʂʅ^{24}tuo^{31}
富平	撬 tɕʰiɑo^{55}	挑 tʰiɑo^{31}	拾掇 ʂʅ^{31}tuo^{53}
耀州	撬 tɕʰiɔu^{44}	拣 tɕʰiæ̃^{52} 选 ɕyæ̃^{52}	拾掇 ʂʅ^{24}tuo^{0}
咸阳	撬 tɕʰiɔ^{44}	挑 tʰiɔ^{31}	拾掇 ʂʅ^{24}tuo^{31}
旬邑	撬 tɕʰiau^{44}	挑 tɕʰiau^{21} 拣 tɕiã^{52}	拾掇 ʂʅ^{21}tuo^{52} 收拾 ʂəu^{52}ʂʅ^{0}
三原	撬 tɕʰiɑɔ^{44}	挑 tɕʰiɑɔ^{31} 拣 tɕiã^{52}	拾掇 ʂʅ^{24}tuə^{31}

	0844 **撬**把门～开	0845 **挑**挑选，选择：你自己～一个	0846 **收拾**～东西
乾县	别 piə^{24} 撬 tɕ^{h}iɔ^{55}	挑 t^{h}iɔ^{53}	拾掇 ʂʅ^{24}tuɤ^{21}
岐山	撬 tɕ^{h}iɔ^{44}	挑 ȶ^{h}iɔ^{31}	收拾 ʂou^{53}ʂʅ^{21}
凤翔	别 pie^{24}	挑 ts^{h}iɔ^{31}	整捋 tʂəŋ^{44}ly^{0}
千阳	别 p^{h}ie^{24}	挑 ts^{h}iɔ^{31} 拣 tɕiæ̃^{53}	整捋 tʂəŋ^{44}ly^{0}
西安	别 piɛ^{24}	挑 t^{h}iau^{21}	拾掇 ʂʅ^{24}tuo^{0}
户县	撬 tɕ^{h}iau^{55}	拣 tɕiã^{51}	拾掇 ʂʅ^{35}tuɤ^{31} 收拾 ʂɤu^{31}ʂʅ^{31}
商州	撬 tɕ^{h}iɑo^{44}	挑 t^{h}iɑo^{31} 捡 tɕiã^{53}	拾掇 ʂʅ^{31}tuə^{53}
镇安	别 piɛ^{322}	挑 t^{h}iɔo^{53}	拾掇 ʂʅ^{33}tuə^{0}
安康	撬 tɕiau^{44}	挑 t^{h}iau^{31}	拾掇 ʂʅ^{35}tuo^{0} 收拾 ʂou^{31}ʂʅ^{0}
白河	撬 tɕ^{h}iɔu^{41}	挑 t^{h}iɔu^{213} 选 ɕian^{35}	收拾 ʂəu^{21}ʂʅ^{0}
汉阴	拗 ŋɑo^{214}	选 ɕyan^{45}	捡拾 tɕian^{45}ʂʅ^{0}
平利	拗 ŋau^{214}	挑 t^{h}iau^{43}	捡拾 tɕian^{45}ʂʅ^{0}
汉中	拗 ŋɑo^{213}	选 ɕyan^{354}	拾掇 ʂʅ^{42}tuɤ^{21}
城固	拗 ŋɔ^{213}	挑 t^{h}iɔ^{53}	拾掇 ʂʅ^{31}tuə^{24}
勉县	拗 ŋɑɔ^{213}	挑 t^{h}iɑɔ^{42}	拾掇 sʅ^{21}tuɤ^{0}
镇巴	拗 ŋau^{213}	选 ɕyan^{52}	收拾 səu^{35}sʅ^{31}

	0847 挽~袖子	0848 涮把杯子~一下	0849 洗~衣服
榆林	缏 piɛ²¹³	涮 ʂuɛ⁵²	洗 ɕi²¹³
神木	缏 piɛ²¹³	涮 ʂuɛ⁵³	洗 ɕi²¹³
绥德	缏 pie²¹³	涮 ʂuæ⁵²	洗 ɕi²¹³
吴堡	缏 pie²¹³	涮 suã⁵³	洗 sɛe⁴¹²
清涧	缏 pi⁵³	洗 sɿ⁵³	洗 sɿ⁵³
延安	缏 piæ̃⁵² 挽 væ̃⁵²	涮 ʂuæ̃⁴⁴³	洗 ɕi⁵²
延川	缏 piɛ²¹³	涮 ʂuæ̃⁵³	洗 sɿ⁵³
黄陵	缏 piæ̃⁵²	涮 suæ̃⁵⁵	洗 ɕi⁵²
渭南	挽 væ̃⁵³	涮 ʃæ̃⁴⁴	洗 ɕi⁵³
韩城	挽 uã⁵³	涮 fɑ³¹	洗 ɕi⁵³
合阳	缏 piɑ̃⁵² 挽 vɑ̃⁵²	涮 fɑ̃⁵⁵	洗 si⁵²
富平	挽 væ̃⁵³	涮 ʃuæ̃⁵⁵	洗 si⁵³
耀州	缏 piæ̃⁵² 挽 uæ̃⁵²	涮 ʃuæ̃⁴⁴	洗 ɕi⁵²
咸阳	挽 uã⁵³	涮 ʃuã⁴⁴	洗 ɕi⁵³
旬邑	缏 piã⁵² 挽 vã⁵²	涮 ʃã⁴⁴ 冲 tʃʰəŋ²¹	洗 ɕi⁵²
三原	挽 vã⁵²	涮 ʃuã⁴⁴	洗 ɕi⁵²

	0847 挽~袖子	0848 涮把杯子~一下	0849 洗~衣服
乾县	挽 $væ̃^{53}$	涮 $ʃuæ̃^{55}$	洗 $ɕi^{53}$
岐山	缏 $piæ̃^{53}$	涮 $ʂæ̃^{44}$	洗 si^{53}
凤翔	挽 $piæ̃^{53}$	涮 $ʂæ̃^{44}$	洗 si^{53}
千阳	挽 $piæ̃^{53}$	涮 $ʃæ̃^{44}$	洗 si^{53}
西安	缏 $piã^{53}$	涮 $fã^{44}$	洗 $ɕi^{53}$
户县	缏 $piã^{51}$ 挽 $vã^{51}$	涮 $suã^{55}$	洗 $ɕi^{51}$
商州	缏 $piã^{53}$	涮 $ʃuã^{44}$	洗 $ɕi^{53}$
镇安	缏 $pian^{35}$	涮 $ʂuan^{214}$	洗 $ɕi^{35}$
安康	缏 $pian^{53}$ 挽 uan^{53}	涮 fan^{44}	洗 $ɕi^{53}$
白河	缏 $pian^{35}$	涮 $ʂuan^{41}$	洗 $ɕi^{35}$
汉阴	缏 $pian^{45}$	涮 $suan^{214}$	洗 $ɕi^{45}$
平利	缏 $pian^{445}$	攮 $laŋ^{445}$	洗 $ɕi^{445}$
汉中	挽 $mian^{354}$	涮 $suan^{213}$	洗 $ɕi^{354}$
城固	缏 $pian^{44}$	涮 $ʃuan^{213}$	洗 si^{44}
勉县	缏 $pian^{35}$	涮 fan^{213}	洗 $ɕi^{35}$
镇巴	缏 $pian^{52}$	涮 $suan^{213}$	洗 $ɕi^{52}$

	0850 捞~鱼	0851 拴~牛	0852 捆~起来
榆林	捞 lɔo^{213}	拴 ʂuɛ^{33}	缯 tsɤɣ̃^{52} 捆 kʰuɤɣ̃^{213}
神木	捞 lɔo^{44}	拴 ʂuɛ^{213}	缯 tsɤ̃^{53} 捆 kʰuɤ̃^{213} 绑 pɑ̃^{213}
绥德	捞 lao^{33}	拴 ʂuæ^{213}	缯 tsəɣ̃^{52} 捆 kʰuəɣ̃^{213}
吴堡	捞 lo^{33}	拴 suã^{213}	捆 kʰuəŋ^{412}
清涧	捞 lɔo^{24}	拴 ʂuɛ^{312}	捆 kʰuəɣ̃^{53} 绑 pɒ̃^{53}
延安	捞 lɔ^{24}	拴 ʂuæ̃^{213}	捆 kʰuəŋ^{52}
延川	捞 lɑo^{35}	拴 ʂuæ̃^{213}	捆 kʰuŋ^{53}
黄陵	捞 lɔ^{24} 逮 tE^{24}	拴 suæ̃^{31}	捆 kʰuẽ^{52} 绑 pɑŋ^{52}
渭南	捞 lɔo^{24}	拴 ʃæ̃^{31}	绑 pɑŋ^{53}
韩城	搭 tɑ^{31}	绑 pɑŋ^{53}	绑 pɑŋ^{53}
合阳	捞 lɔo^{24}	拴 fɑ̃^{31} 绑 pɑŋ^{52}	捆 kʰue^{52} 绑 pɑŋ^{52}
富平	捞 lɑo^{24}	拴 ʃuæ̃^{31}	捆 kʰuɛ̃^{53}
耀州	搭 ta^{21} 捞 lɔu^{24}	拴 ʃuæ̃^{21} 绑 pɑŋ^{52}	捆 kʰuei^{52} 绑 pɑŋ^{52}
咸阳	捞 lɔ^{24}	拴 ʃuã^{31}	捆 kʰuɛ̃^{53}
旬邑	捉 tʃɤ^{21} 捞 lau^{24}	拴 ʃã^{21} 绑 pɑŋ^{52}	捆 kʰuɛ̃^{52} 绑 pɑŋ^{52}
三原	捞 lɑɔ^{24}	拴 ʃuã^{31}	捆 kʰuẽ^{52} 绑 pɑŋ^{52}

	0850 捞~鱼	0851 拴~牛	0852 捆~起来
乾县	捞 nɔ24	拴 ʃuæ̃21	绑 paŋ53
岐山	捞 lɔ24	拴 ʂæ̃31	捆 kʰuŋ53
凤翔	捞 lɔ24	拴 ʂæ̃31	捆 kʰuŋ53
千阳	捞 lɔ24	拴 ʃæ̃31	捆 kʰuŋ53
西安	捞 lau24	拴 fã21	绑 paŋ53
户县	捞 lau35	拴 suã31	捆 kʰuẽ51 绑 paŋ51
商州	捞 lɑo35	拴 ʃuã31	绑 pɑŋ53
镇安	捞 lɔo33	绑 pʌŋ35	捆 kʰuən35
安康	捞 lau35	拴 fan31	捆 kʰuən53 绑 paŋ53
白河	捞 lɔu44	拴 ʂuan213 绑 paŋ35	绑 paŋ35
汉阴	捞 lɑo42	拴 suan33	捆 kʰuən45
平利	捞 lau52	拴 ʂʮan43	捆 kʰuən445 绑 paŋ445
汉中	捞 lɑo42	拴 suan55	捆 kʰuən354
城固	捞 lɔ311	拴 ʃuan53	捆 kʰuən44 绑 paŋ44
勉县	捞 lɑɔ21	拴 fɑn42	绑 pɑŋ35
镇巴	捞 lau31	拴 suan35	捆 kʰun52

	0853 解~绳子	0854 挪~桌子	0855 端~碗
榆林	绽 $ts^hɛ^{52}$ 解 $kɛe^{213}$	硙 vei^{213} 挪 $nuə^{213}$	端 $tuɛ^{33}$
神木	绽 $ts^hɛ^{53}$ 解 kE^{213}	挪 nuo^{44}	端 $tuɛ^{213}$ 掫 $tsəu^{213}$
绥德	绽 $ts^hæ^{52}$ 解 kai^{213}	挪 $nə\tilde{ɣ}^{33}$	端 $tuæ^{213}$
吴堡	解 $tɕiɑe^{412}$	挪 $nɤu^{33}$	端 $tuɤ^{213}$
清涧	解 $tɕi^{53}$	挪 $nɯ^{24}$	掫 $tsəu^{312}$
延安	解 kai^{52}	挪 nuo^{24}	端 $tu\tilde{æ}^{213}$
延川	解 $tɕiɛ^{53}$	挪 nei^{35}	端 $tuɤ^{213}$
黄陵	解 $tɕie^{52}$	挪 $nuɤ^{24}$	端 $tu\tilde{æ}^{31}$
渭南	解 $tɕiae^{53}$	挪 $luə^{24}$	端 $tu\tilde{æ}^{31}$
韩城	解 $kæe^{53}$	挪 $nuɤ^{24}$	端 $t\tilde{a}^{31}$
合阳	解 $tɕiæe^{52}$	挪 nuo^{24}	端 $tu\tilde{ɑ}^{31}$
富平	解 $tɕiɛe^{53}$	挪 luo^{24}	端 $tu\tilde{æ}^{31}$
耀州	解 $tɕiæi^{52}$ 松 $ʃuŋ^{21}$	挪 luo^{24} 搬 $p\tilde{æ}^{21}$	端 $tu\tilde{æ}^{21}$
咸阳	解 $tɕiɛ^{53}$	挪 nuo^{24}	端 $tu\tilde{a}^{31}$
旬邑	解 $tɕiɛi^{52}$	挪 luo^{24}	端 $tu\tilde{a}^{21}$
三原	解 $tɕiɛ^{52}$	挪 $luə^{24}$	端 $tu\tilde{a}^{31}$

	0853 解~绳子	0854 挪~桌子	0855 端~碗
乾县	解 tɕiə^{53}	挪 nuɤ^{24}	端 tuæ̃^{21}
岐山	解 tɕiɛ^{53}	挪 luo^{24}	端 tuæ̃^{31}
凤翔	解 tɕie^{53}	挪 luo^{24}	端 tuæ̃^{31}
千阳	解 tɕie^{53}	挪 luo^{24}	端 tuæ̃^{31}
西安	解 tɕiɛ^{53}	挪 nuo^{24}	端 tuã^{21}
户县	解 tɕiɛ^{51}	挪 nuɤ^{35}	端 tuã^{31}
商州	解 tɕiai^{53}	移 i^{35} 挪 nuə^{35}	端 tuã^{31}
镇安	解 kai^{35}	挪 nuə^{33}	端 tan^{53}
安康	解 kæ^{53}	挪 luo^{35}	端 tuan^{31}
白河	解 kai^{35}	挪 luo^{35}	端 tan^{213}
汉阴	解 kae^{45}	搬 pan^{33}	端 tuan^{33}
平利	解 kai^{445}	□tsan^{445}	端 tan^{43}
汉中	解 kai^{354}	□tsan^{354}	端 tuan^{55}
城固	解 kai^{44}	□tsan^{44}	端 tuan^{53}
勉县	解 kɑi^{35}	□tsɑn^{35}	端 tuɑn^{42}
镇巴	解 kai^{52}	□tsan^{52}	端 tuan^{35}

	0856 摔碗~碎了	0857 掺~水	0858 烧~柴
榆林	打 ta^{213}	掺 ts^{h}ɛ^{33} 兑 tuei^{52}	烧 ʂɔo^{33}
神木	打 ta^{213}	掺 ts^{h}ɛ^{213}	烧 ʂɔo^{213}
绥德	掼 kuæ^{52}	掺 ts^{h}æ^{213} 兑 tuei^{52}	烧 ʂao^{213}
吴堡	捣 to^{412}	掺 ts^{h}ã^{213}	烧 ʂɤ^{213}
清涧	打 tɑ^{53}	掺 ts^{h}ɛ^{312} 兑 tuai^{42}	烧 ʂɔo^{312}
延安	掼 kuæ̃^{443} 打 ta^{52}	掺 ts^{h}æ̃^{213}	烧 ʂɔ^{213}
延川	摔 ʂuai^{53}	掺 ts^{h}æ̃^{213}	烧 ʂɑo^{213}
黄陵	摔 suei^{31}	掺 ts^{h}æ̃^{31} 搅 tɕiɔ^{52}	烧 ʂɔ^{31}
渭南	摔 ʃei^{31}	掺 ts^{h}æ̃^{31}	烧 ʂɔo^{31}
韩城	摔 fɪi^{31}	掺 ts^{h}ɑŋ^{31}	烧 ʂɑu^{31}
合阳	摔 fæe^{52}	掺 ts^{h}ɑ̃^{31} 兑 tuei^{55}	烧 ʂɔo^{31}
富平	打 tɑ^{31}	掺 ts^{h}æ̃^{31}	烧 ʂɑo^{31}
耀州	摔 ʃuæi^{21} 跸 pæ̃^{44}	掺 ts^{h}æ̃^{21} 兑 tuei^{44}	烧 ʂɔu^{21}
咸阳	摔 ʃuei^{31}	掺 ts^{h}ã^{31}	烧 ʂɔ^{31}
旬邑	打 ta^{52} 摔 ʃɛi^{52}	掺 ts^{h}ã^{21} 加 tɕia^{21}	烧 ʂau^{21}
三原	摔 ʃuei^{31}	掺 ts^{h}ã^{31}	烧 ʂɑɔ^{31}

	0856 摔碗～碎了	0857 掺～水	0858 烧～柴
乾县	跰 pæ̃^{55}	掺 tsʰæ̃^{21}	烧 ʂɔ^{21}
岐山	跰 pʰæ̃^{44}	掺 tsʰæ̃^{31} 兑 tuei^{44}	烧 ʂɔ^{31}
凤翔	跰 pæ̃^{44} 打 ta^{53}	掺 tsʰæ̃^{31}	烧 ʂɔ^{31}
千阳	跰 pæ̃^{44} 打 ta^{53}	掺 tsʰæ̃^{31}	烧 ʂɔ^{31}
西安	摔 ta^{53}	掺 tsʰã^{21}	烧 sau^{21}
户县	打 ta^{51} 摔 suei^{31}	掺 tsʰã^{31} 兑 tuei^{55}	烧 ʂau^{31}
商州	摔 ʃuei^{31} 跰 pã^{44}	掺 tsʰã^{31}	烧 ʂɑo^{31}
镇安	摔 ʂuai^{35}	掺 tsʰan^{53} 兑 tEi^{214}	烧 ʂɔo^{53}
安康	摔 fæ^{53}	掺 tʂʰan^{31}	烧 ʂau^{31}
白河	跰 pan^{35}	掺 tʂʰan^{213}	烧 ʂɔu^{213}
汉阴	跰 pan^{45}	兑 tuei^{214}	烧 ʂɑo^{33}
平利	跰 pan^{445} 打 ta^{445}	掺 tsʰan^{43}	烧 ʂau^{43}
汉中	跰 pan^{213}	掺 tsʰan^{55}	烧 ʂɑo^{55}
城固	跰 pan^{213}	掺 tsʰan^{53}	烧 ʂɔ^{53}
勉县	跰 pɑn^{213}	兑 tuei^{213}	烧 sɑɔ^{42}
镇巴	跰 pan^{213} 打 ta^{52}	掺 tsʰan^{35}	烧 sau^{35}

	0859 拆~房子	0860 转~圈儿	0861 捶用拳头~
榆林	拆 ts^{h}aʔ^{3}	转 tʂuɛ^{52}	捣 tɔo^{213} 捶 tʂ^{h}uei^{213}
神木	拆 ts^{h}aʔ^{4}	转 tʂuɛ^{53}	捣 tɔo^{213} 锤 tʂ^{h}uei^{44}
绥德	拆 ts^{h}ɤ^{33}	转 tʂuæ^{52}	捣 tao^{213} 捶 tʂ^{h}uei^{33}
吴堡	拆 tʂ^{h}ɑʔ^{3}	转 tsuɤ^{53} 绕 ʐɤ^{53}	捣 to^{412}
清涧	拆 ts^{h}ɛ^{53}	转 tʂu^{53}	捣 tɔo^{53} 捶 tʂ^{h}uei^{24}
延安	拆 ts^{h}ei^{213}	转 tʂuæ̃^{443}	捣 tɔ^{52} 捶 tʂ^{h}uei^{24}
延川	拆 ts^{h}ɤ^{423}	转 tʂuɤ^{53}	捶 tʂ^{h}uei^{35}
黄陵	拆 ts^{h}ei^{31}	转 tsuæ̃^{55}	捶 ts^{h}uei^{24}
渭南	拆 ts^{h}ei^{31}	转 tʃæ̃^{44}	捶 tʃ^{h}ei^{24}
韩城	拆 ts^{h}ɪi^{31}	转 pfã^{44}	捶 pf^{h}ɪi^{24}
合阳	拆 ts^{h}ei^{31}	转 pfɑ̃^{55}	捶 pf^{h}ei^{24}
富平	拆 ts^{h}eɪ^{31}	转 tʃuæ̃^{55}	捶 tʃ^{h}ueɪ^{24}
耀州	拆 ts^{h}ei^{21}	转 tʃuæ̃^{44}	捶 tʃ^{h}uei^{24} 打 ta^{52}
咸阳	拆 ts^{h}ei^{31}	转 tʃuã^{44}	捶 tʃ^{h}uei^{24}
旬邑	拆 ts^{h}ei^{21}	转 tʃã^{44}	捶 tʃ^{h}ei^{24} 砸 ts^{h}a^{24}
三原	拆 ts^{h}ei^{31}	转 tʃuã^{44}	捶 tʃ^{h}uei^{24}

	0859 拆~房子	0860 转~圈儿	0861 捶用拳头~
乾县	拆 ts^{h}e^{21}	转 tʃuæ̃^{55}	捶 tʃ^{h}ue^{24}
岐山	拆 ts^{h}ei^{31}	转 tʂæ̃^{44}	捶 tʂ^{h}ei^{24} 打 tA^{53}
凤翔	拆 ts^{h}ei^{31}	转 tʂæ̃^{44}	砸 tsa^{24} 捶 tʂ^{h}ei^{24}
千阳	拆 ts^{h}ei^{31}	转 tʃæ̃^{44}	砸 tsa^{24} 捶 tʃ^{h}ei^{24}
西安	拆 ts^{h}ei^{21}	转 pfã^{44}	捶 pf^{h}ei^{24}
户县	拆 ts^{h}ei^{31}	转 tsuã^{55}	捶 ts^{h}uei^{35}
商州	拆 ts^{h}ei^{31}	转 tʃuã^{44}	捶 tʃ^{h}uei^{35}
镇安	拆 ts^{h}ɛ^{53}	转 tʂuan^{35}	捶 tʂ^{h}uei^{33}
安康	拆 tʂ^{h}ei^{31} □mian^{35}	转 pfan^{44}	捶 pf^{h}ei^{35}
白河	拆 ts^{h}E^{213}	转 tʂuan^{41}	砸 tsa^{44} 捶 tʂ^{h}uei^{44}
汉阴	拆 ts^{h}E^{42}	转 tsuan^{214}	擂 luei^{42}
平利	拆 ts^{h}E^{43}	转 tʂɥan^{214}	捶 tʂ^{h}ɥei^{52}
汉中	拆 ts^{h}ei^{55}	转 tsuan^{213}	技 tsɑŋ^{354}
城固	拆 ts^{h}ei^{53}	转 tʃuan^{213}	技 tsaŋ^{44}
勉县	拆 ts^{h}ei^{42}	转 tsuɑn^{213}	技 tsɑŋ^{21}
镇巴	拆 ts^{h}ɛ^{31}	转 tsuan^{213}	砸 tsaŋ^{31}

	0862 打统称：他~了我一下	0863 打架动手：两个人在~	0864 休息
榆林	打 ta^{213}	相打 $sə ʔ^{3} tɑ^{0}$ 打架 $ta^{21} tɕia^{52}$	歇 $ɕiʌʔ^{3}$ 歇缓 $ɕiʌʔ^{3} xuɛ^{0}$
神木	打 ta^{213}	打架 $ta^{21} tɕia^{53}$	歇 $ɕiəʔ^{4}$
绥德	打 $tɑ^{213}$ 做 $tsuɤ^{33}$	相打 $ɕiəʔ^{5} tɑ^{0}$	歇 $ɕie^{33}$ 休息 $ɕiəu^{24} ɕiəʔ^{0}$
吴堡	打 $tɑ^{412}$	相打 $ɕiəʔ^{4} tɑ^{412}$	歇 $ɕiəʔ^{3}$
清涧	打 $tɑ^{53}$	相打 $səʔ^{4} tɑ^{53}$ 闹架 $nɔo^{42} tɕiɑ^{42}$	歇 $ɕi^{53}$
延安	打 ta^{52}	厮打 $sɿ^{443} ta^{0}$	歇 $ɕiɛ^{21}$
延川	打 ta^{53}	相打 $səʔ^{54} ta^{0}$	歇 $ɕiɛ^{423}$
黄陵	打 $tɑ^{52}$ 揑 $tɕiɛ^{24}$	打捶 $tɑ^{52} ts^{h}uei^{24}$	歇 $ɕiɛ^{31}$ 休息 $ɕiəu^{31} ɕi^{0}$
渭南	打 $tɑ^{53}$	打捶 $tɑ^{53} tʃ^{h}ei^{24}$	歇 $ɕiɛ^{31}$
韩城	打 $tɑ^{53}$	打架 $tɑ^{53} tɕiɑ^{44}$ 打捶 $tɑ^{53} pf^{h}ɪi^{24}$	歇 $ɕiE^{31}$
合阳	打 $tɑ^{52}$ 揑 $tiɛ^{24}$	打架 $tɑ^{52} tɕiV^{55}$ 打锤 $tɑ^{52} pf^{h}ei^{24}$	休息 $ɕiou^{31} ɕi^{31}$ 歇息 $ɕiɛ^{31} ɕi^{0}$
富平	打 $tɑ^{53}$	打锤 $tɑ^{53} tʃ^{h}ueɪ^{24}$	歇 $ɕiɛ^{53}$
耀州	捶 $tʃ^{h}uei^{24}$ 打 ta^{52}	打捶 $ta^{52} tʃ^{h}uei^{24}$	歇 $ɕiɛ^{52}$
咸阳	揑 $tiɛ^{24}$	打捶 $ta^{53} tʃ^{h}uei^{24}$	歇 $ɕiɛ^{31}$
旬邑	打 ta^{52} 揑 $tiɛ^{24}$	打捶 $ta^{52} tʃ^{h}ei^{24}$	歇 $ɕiɛ^{52}$
三原	打 $tɑ^{52}$ 揑 $tɕiɛ^{24}$	打捶 $tɑ^{52} tʃ^{h}uei^{24}$	歇 $ɕiɛ^{31}$

	0862 打统称：他~了我一下	0863 打架动手：两个人在~	0864 休息
乾县	打 ta^{53}	打捶 ta^{53}tʃ^{h}ue^{24}	歇 ɕiə^{21}
岐山	打 tA^{53}	打捶 tA^{53}tʂ^{h}ei^{24}	休息 ɕiu^{31}si^{21} 歇 ɕiɛ^{31}
凤翔	打 ta^{53}	打捶 ta^{53}tʂ^{h}ei^{24}	歇 ɕie^{31}
千阳	打 ta^{53}	打捶 ta^{53}tʃ^{h}ei^{24}	歇 ɕie^{31}
西安	打 ta^{53}	打捶 ta^{53}pf^{h}ei^{24}	歇 ɕiɛ^{21}
户县	打 ta^{51}	打捶 ta^{51}ts^{h}uei^{35}	歇 ɕiɛ^{31}
商州	打 tɑ^{53}	打捶 tɑ^{53}tʃ^{h}uei^{35}	歇 ɕiɛ^{31}
镇安	打 ta^{35}	打捶 ta^{33}tʂ^{h}uEi^{33}	歇 ɕiɛ^{53}
安康	打 ta^{53}	打捶 ta^{53}pf^{h}ei^{35}	歇 ɕie^{31}
白河	打 ta^{35}	打架 ta^{35}tɕia^{41} 杠祸 kaŋ^{42}xuo^{41}	歇 ɕiE^{21}
汉阴	打 tɑ^{45}	合孽 ko^{42}ȵiE^{42}	歇气 ɕiE^{42}tɕ^{h}i^{214}
平利	打 ta^{445}	打捶 ta^{45}tʂ^{h}ɥei^{52}	歇 ɕiE^{43}
汉中	打 tA^{354}	打锤 tA^{35}ts^{h}uei^{42}	歇气 ɕiE^{55}tɕ^{h}i^{213}
城固	打 ta^{44}	打锤 ta^{44}tʃ^{h}uei^{311}	歇 ɕiɛ^{53}
勉县	打 tɑ^{35}	打锤 tɑ^{35}ts^{h}uei^{21}	歇气 ɕiɛ^{42}tɕ^{h}i^{213}
镇巴	打 ta^{52}	打架 ta^{45}tɕia^{213} 打锤 ta^{45}ts^{h}uei^{31}	歇气 ɕiɛ^{31}tɕ^{h}i^{213}

	0865 打哈欠	0866 打瞌睡	0867 睡他已经~了
榆林	打呵牙 ta^{21}xuaʔ^{3}ia^{33}	点盹 tiɛ^{24}tuɤɣ̃^{213}	睡下 ʂuei^{52}xa^{0} 休息 ɕiəu^{33}ɕiəʔ^{0}
神木	呵牙 xuo^{24}ia^{44}	点盹儿 tiɛ^{24}tuʌɯ^{213} 丢盹儿 tiəu^{24}tuʌɯ^{0} 丢眉打盹儿 tiəu^{24}mi^{44}ta^{24}tuʌɯ^{0}	睡 ʂuei^{53}
绥德	打呵牙 tɑ^{21}xɯ^{21}iɑ^{33}	点盹儿 tie^{24}tuɣ̃r^{0}	睡 ʂuei^{52} 休息 ɕiəu^{24}ɕiəʔ^{0}
吴堡	呵牙 xɤu^{21}ȵiɑ^{33}	点瞌睡 tie^{41}kʰəʔ^{3}suɛe^{53}	睡 suɛe^{53}
清涧	打呵□tɑ^{53}xɯ^{31}ŋɛ^{42}	点盹儿 ti^{24}tuəɣ̃r^{53}	睡 ʂuei^{42}
延安	打呵欠 ta^{52}xa^{21}tɕʰiæ̃^{443}	跌盹 tiɛ^{24}tuəŋ^{213}	睡下 ʂuei^{443}xa^{0}
延川	打呵□ta^{35}xɤ^{21}ŋæ̃^{53}	打瞌睡 ta^{35}kʰɤ^{53}ʂʮ^{213}	睡 ʂʮ^{53}
黄陵	张哇哇 tʂɑŋ^{24}uɑ^{31}uɑ^{0}	点盹 tɕiæ̃^{31}tuẽ^{52}	睡 suei^{55}
渭南	张口儿 tʂɑŋ^{31}kʰəur^{53}	丢盹 tɕiəu^{31}tuə̃^{53}	睡 ʃei^{44}
韩城	打瞌睡 tɑ^{53}kʰɤ^{31}fu^{0}	打瞌睡 tɑ^{53}kʰɤ^{31}fu^{0}	睡 fu^{44}
合阳	打呵欠 tɑ^{52}xuo^{31}tɕʰiɑ̃^{31} 打呵鼾 tɑ^{52}xuo^{31}xɑ̃^{31}	打瞌睡 tɑ^{52}kʰɤ^{31}fei^{0} 丢盹 tiou^{24}tuẽ^{52}	睡 fei^{55}
富平	张口 tʂɑɣ̃^{31}kʰor^{53}	丢盹 tiou^{31}tuɛ̃^{53}	睡 ʃueɪ^{55}
耀州	打瞌睡 ta^{52}kʰɤ^{52}ʃuei^{0}	丢盹儿 tiou^{21}tuer^{52}	睡 ʃuei^{44}
咸阳	张口儿 tʂɑŋ^{31}kʰour^{53}	丢盹 tiou^{31}tuɛ̃^{53}	睡 ʃuei^{44}
旬邑	打哇哇 ta^{52}ua^{52}ua^{0}	丢盹 tiəu^{21}tuɛ̃^{52}	睡 ʃei^{44}
三原	张口儿 tʂɑŋ^{31}kʰour^{52}	丢盹儿 tɕiou^{31}tuə̃r^{52}	睡 ʃuei^{44}

	0865 打哈欠	0866 打瞌睡	0867 睡他已经~了
乾县	打呵欠 ta^{53}xuɤ^{21}çiẽ^{21}	丢盹 tiou^{21}tuẽ^{53}	睡 ʃue^{55}
岐山	打呵欠 tᴀ^{53}xuo^{31}çiæ̃^{21}	打瞌睡 tᴀ^{53}kɤ^{53} ʂei^{21} 丢盹 ȶiou^{31}tuŋ^{53}	睡 ʂei^{44}
凤翔	打呵欠 ta^{53}xuo^{31}çiæ̃^{0}	丢盹 tsiəu^{31}tuŋ^{53}	睡 ʂei^{44}
千阳	打呵欠 ta^{53}xuo^{31}çiæ̃^{0}	丢盹 tiou^{31}tuŋ^{53}	睡 ʃei^{44}
西安	张嘴儿 tʂaŋ^{21}tsuər^{53}	丢盹儿 tiou^{21}tuər^{53}	睡 fei^{44}
户县	打哈嚏 ta^{55}xa^{31}t^{h}i^{31} 打呵欠 ta^{55}xuɤ^{31}çiã^{31}	丢盹 tiɤu^{31}tuẽ^{51}	睡 suei^{55}
商州	张嘴 tʂɑŋ^{31}tʃuei^{53}	丢盹儿 tiou^{31}tuẽr^{53}	睡 ʃuei^{44}
镇安	打呵欠 ta^{33}xuə^{53}tç^{h}iɛ^{0}	中⁼枕 tʂuoŋ^{21}tʂən^{35}	睡 ʂuᴇi^{214}
安康	打呵欠 ta^{53}xuo^{31}çian^{31}	窜瞌睡 ts^{h}uan^{35}k^{h}ɤ^{31}fei^{21} 窜盹 ts^{h}uan^{31}tuən^{53}	睡 fei^{44}
白河	打呵欠 ta^{35}xuo^{21}tç^{h}ian^{0}	窜盹 ts^{h}an^{21}tən^{35}	睡 ʂuei^{41}
汉阴	打呵欠 tɑ^{45}xo^{33}tç^{h}ian^{0}	打盹儿 tɑ^{45}tuar^{45}	睡 suei^{214}
平利	打呵欠 ta^{45}xo^{43}çian^{0}	窜盹 ts^{h}an^{43}tən^{445}	睡 ʂɥei^{214} 睏 k^{h}uən^{214}
汉中	打呵欠 tᴀ^{35}xɤ^{55}çian^{0}	丢盹 tiəu^{55}tuən^{354}	睡 suei^{213}
城固	打呵欠 ta^{44}xuə^{44}çian^{0}	丢盹 tiəu^{53}tuən^{44}	睡 ʃuei^{213}
勉县	打呵欠 tɑ^{35}xɑ^{44}çiɑn^{0}	窜盹 ts^{h}uɑn^{44}toŋ^{35}	睡 fei^{213}
镇巴	打呵□ta^{45}xo^{55}xai^{55}	窜瞌睡 ts^{h}uan^{35}k^{h}o^{52}suei^{213}	睡 suei^{213}

	0868 打呼噜	0869 做梦	0870 起床
榆林	打鼾睡 ta^{21}xɛ^{52} ʂuei^{0}	梦梦 mɤɣ̃^{52}mɤɣ̃^{52}	起来 tɕʰi^{21}lɛe^{213}
神木	打鼾睡 ta^{21}xɛ^{53} ʂuei^{0}	梦梦 mɣ̃^{53}mɣ̃^{53}	起来 tɕʰi^{21}lᴇe^{44}
绥德	打鼾睡 tɑ^{21}xæ^{52} ʂuei^{0}	梦梦 məɣ̃^{52}məɣ̃^{52}	起来 tɕʰi^{21}lai^{33}
吴堡	打鼾睡 tɑ^{41}ɕie^{53}suɛe^{0}	梦梦 məŋ^{53}məŋ^{53}	起来 tɕʰi^{41}lɑe^{33}
清涧	打鼾睡 tɑ^{53}ɕi^{42} ʂuei^{0}	梦梦 məɣ̃^{42}məɣ̃^{42}	起来 tsʰʅ^{53}lai^{0}
延安	打鼾睡 ta^{52}xæ̃^{443} ʂuei^{0}	梦梦 məŋ^{443}məŋ^{53}	起来 tɕʰi^{52}lai^{0}
延川	打呼噜儿 ta^{53}xu^{21}lur^{42}	梦梦 məŋ^{53}məŋ^{53}	起床 tsʅ^{53}tʂʰuɑŋ^{35}
黄陵	打呼噜 tɑ^{52}xu^{31}lu^{0} 打鼾睡 tɑ^{52}xæ̃^{55}suei^{0}	梦梦 məŋ^{55}məŋ^{55} 做梦 tsəu^{55}məŋ^{55}	起来 tɕʰi^{52}lᴇ^{0} 起床 tɕʰi^{52}tsʰuɑŋ^{24}
渭南	打鼾睡 tɑ^{44}xæ̃^{31}ʃei^{0}	做梦 tsəu^{44}məŋ^{44}	起来 tɕʰiɛ^{53}lae^{0}
韩城	拉鼾睡 lɑ^{31}xã^{44}fu^{0}	做梦 tsəu^{44}məŋ^{44}	起床 tɕʰi^{53}pfʰɑŋ^{24}
合阳	打呼噜 tɑ^{52}xu^{31}lou^{31} 打鼾睡 lɑ^{31}xɑ̃^{55}fu^{31}	做梦 tsou^{55}mɑŋ^{55}	起床 tɕʰi^{52}pfʰɑŋ^{24}
富平	打呼噜儿 tɑ^{53}xu^{53}lor^{31}	做梦 tsou^{55}məɣ̃^{55}	起来 tɕʰiɛ^{53}lɛe^{31}
耀州	打鼾睡 ta^{52}xæ̃^{44}ʃuei^{0}	做睡梦 tsou^{44}ʃuei^{44}muo^{0}	起来了 tɕʰi^{52}læi^{0}la^{0}
咸阳	打鼾睡 ta^{53}xã^{31}ʃuei^{0}	做睡梦 tsou^{44}ʃuɛ̃^{44}mo^{31}	起床 tɕʰi^{53}tʃʰuɑŋ^{24}
旬邑	打鼾睡 ta^{52}xã^{24}ʃei^{0} 打呼噜爷 ta^{52}xu^{52}lu^{0}iɛ^{0}	做梦 tsuo^{21}məŋ^{44}	睡起来 ʃei^{24}tɕʰi^{21}lɛi^{0}
三原	打呼噜 tɑ^{52}xu^{31}lou^{0} 打鼾睡 tɑ^{52}xã^{44}ʃuei^{0}	做睡梦 tsou^{52}ʃuei^{44}məŋ^{0}	起来 tɕʰiɛ^{52}lai^{0}

	0868 打呼噜	0869 做梦	0870 起床
乾县	打呼噜 ta^{53}xu^{53}lu^{21}	做梦 tsuɤ^{21}mɤŋ^{55}	起床 tɕʰi^{53}tʃʰuaŋ^{24}
岐山	打呼噜 tA^{53}xu^{53}lu^{21} 扯鼾睡 tʂʰɤ^{53}xæ̃^{44} ʂei^{53}	做睡梦 tsu^{44} ʂei^{44}məŋ^{21}	起 tɕʰiɛ^{53}
凤翔	扯鼾睡 tʂʰʅə^{53}xæ̃^{45} ʂei^{0}	梦睡梦 məŋ^{44} ʂei^{45}məŋ^{0}	起 tɕʰie^{53}
千阳	打鼾睡 ta^{53}xæ̃^{45}ʃei^{0} 扯鼾睡 tʂʰə^{53}xæ̃^{45}ʃei^{0}	梦睡梦 məŋ^{44}ʃei^{45}məŋ^{0}	起 tɕʰie^{53}
西安	打呼噜 ta^{44}xu^{21}lou^{0}	做梦 tsou^{44}məŋ^{44} 做睡梦 tsou^{44}fei^{44}məŋ^{0}	起来 tɕʰi^{53}lai^{0}
户县	打鼾睡 ta^{51}xã^{55}suei^{31}	做睡梦 tsɤu^{55}suei^{55}mɤ^{31}	起来 tɕʰiɛ^{51}læ^{31}
商州	打鼾睡 tɑ^{53}xã^{31}ʃuei^{0}	做梦 tsou^{44}məŋ^{44}	起来 tɕʰi^{53}lai^{0}
镇安	打鼾 ta^{33}xan^{53}	做梦 tsəu^{33}mɤŋ^{322}	起来 tɕʰi^{35}lai^{53}
安康	打鼾 ta^{53}xan^{31}	做梦 tsou^{44}məŋ^{44}	起床 tɕʰi^{53}pfʰaŋ^{35}
白河	打鼾 ta^{35}xan^{213}	做梦 tsəu^{42}məŋ^{41}	起床 tɕʰi^{35}tʂʰuaŋ^{44}
汉阴	打鼾 tɑ^{45}χan^{33}	做梦 tsəu^{24}moŋ^{214}	起床 tɕʰi^{45}tsʰuɑŋ^{42}
平利	打鼾 ta^{45}xan^{43}	做梦 tsou^{24}moŋ^{214}	起床 tɕʰi^{45}tʂʰɥaŋ^{52}
汉中	扯鼾 tʂʰɤ^{35}xan^{55}	做梦 tsəu^{35}mən^{213}	起来 tɕʰiE^{35}lai^{0}
城固	扯鼾 tʂʰə^{44}xan^{53}	做梦 tsəu^{24}məŋ^{213}	起来 tɕʰiɛ^{24}lai^{0}
勉县	扯鼾 tsʰɤ^{35}xɑn^{42}	做梦 tsu^{35}məŋ^{213}	起床 tɕʰiɛ^{35}tsʰuɑŋ^{21}
镇巴	打噗鼾 ta^{45}pʰu^{31}xan^{213} 打鼾 ta^{45}xan^{55}	做梦 tsu^{31}moŋ^{213} 扯混老二 tsʰɛ^{45}xun^{213}lau^{52}ər^{213}	起来 tɕʰi^{45}lai^{31}

	0871 刷牙	0872 洗澡	0873 想思索：让我~一下
榆林	刷牙 ʂuaʔ³ia²¹³	洗身名 ɕi²¹ʂɤɣ̃³³miɤɣ̃³³ 洗澡 ɕi²⁴tsɔo²¹³	盘算 pʰɛ²⁴suɛ⁵² 思谋 sɿ³³mu³³
神木	刷牙 ʂuaʔ⁴ia⁴⁴	洗身名 ɕi²¹ʂɤ̃²⁴miɤ̃⁴⁴ 洗澡 ɕi²⁴tsɔo⁰	想 ɕiɑ̃²¹³ 盘算 pʰɛ⁴⁴suɛ⁵³ 谋算 mu⁴⁴suɛ⁵³
绥德	刷牙 ʂuɑ³³iɑ³³	洗身名 ɕi²¹ʂəɣ̃²¹miəɣ̃³³ 洗澡 ɕi²⁴tsao²¹³	想 ɕiɑ̃²¹³ 盘算 pʰæ³³suæ⁵²
吴堡	刷牙 suɑʔ³ȵiɑ³³	洗身上 sɛᴇ⁴¹ʂəŋ²¹ʂɤu⁵³	想 ɕiɤu⁴¹²
清涧	刷牙 ʂuɑ⁵³ȵiɑ²⁴	洗身名 sɿ⁵³ʂəɣ̃³¹miəɣ̃²⁴	想 ɕiɒ̃⁵³
延安	刷牙 ʂua²¹ȵia²⁴	洗澡 ɕi²⁴tsɔ⁴²³ 洗恶水 ɕi⁵²ŋuo²¹ʂuei⁵³	想 ɕiaŋ⁵²
延川	刷牙 ʂua⁴²ȵia³⁵	洗身上 sɿ⁵³ʂəŋ²¹ʂɤ⁴²	想 ɕiaŋ⁴²³
黄陵	刷牙 suɑ³¹ȵiɑ²⁴	擦身子 tsʰɑ²⁴ʂẽ³¹tsɿ⁰ 洗澡 ɕi³¹tsɔ⁵²	想 ɕiɑŋ⁵²
渭南	刷牙 ʃɑ³¹ȵiɑ²⁴	洗澡 ɕi³¹tsɔo⁵³	想 ɕiɑŋ⁵³
韩城	刷牙 fɑ³¹ȵiɑ²⁴	洗身子 ɕi⁵³ʂɛ̃³¹tsɿ⁰	想 ɕiɑŋ⁵³
合阳	刷牙 fɑ³¹ȵiɑ²⁴	洗澡 si²⁴tsɔo⁵¹	想 siɑŋ⁵²
富平	刷牙 ʃuɑ³¹ȵiɑ²⁴	洗 si⁵³	想 siɑɣ̃⁵³
耀州	刷牙 ʃua²¹ȵia²⁴	洗身上 ɕi⁵²ʂei⁵²ʂɑŋ⁰ 洗澡 ɕi⁵²tsɔu⁵²	思量 sɿ²¹liɑŋ⁰ 想 ɕiɑŋ⁵²
咸阳	刷牙 ʃua³¹ȵia²⁴	洗澡 ɕi³¹tsɔ⁵³	想 ɕiɑŋ⁵³
旬邑	刷牙 ʃa²¹ȵia²⁴	洗身上 ɕi⁵²ʂɛ̃⁵²ʂɑŋ⁰ 洗澡 ɕi⁵²tsau⁵²	想 siɑŋ⁵² 考虑 kʰau⁵²ly⁵²
三原	刷牙 ʃuɑ³¹ȵiɑ²⁴	洗澡 ɕi³¹tsɑɔ⁵²	想 ɕiɑŋ⁵²

	0871 刷牙	0872 洗澡	0873 想思索：让我~一下
乾县	刷牙 ʃua^{21}ȵia^{24}	洗澡 ɕi^{21}tsɔ^{53}	想 ɕiaŋ^{53}
岐山	刷牙 ʂA^{31}iA^{24}	洗澡 si^{31}tsɔ^{53}	想 siɑŋ^{53}
凤翔	刷牙 ʂa^{31}ia^{24}	洗澡 si^{31}tsɔ^{53}	想 siɑŋ^{53}
千阳	刷牙 ʃa^{31}ia^{24}	洗澡 si^{31}tsɔ^{0}	想 siɑŋ^{53}
西安	刷牙 fa^{21}ȵia^{24}	洗澡 ɕi^{53}tsau^{53}	想 ɕiaŋ^{53}
户县	刷牙 sua^{31}ȵia^{35}	洗身 ɕi^{55}ʂẽ^{31}	想 ɕiaŋ^{51} 思量 sɿ^{31}liaŋ^{31}
商州	刷牙 ʃuɑ^{31}ȵiɑ^{35}	洗澡 ɕi^{44}tsɑo^{53}	想 ɕiɑŋ^{53}
镇安	刷牙 ʂua^{21}ia^{33}	洗澡 ɕi^{35}tsɔo^{35}	想 ɕiʌŋ^{35}
安康	刷牙 fa^{31}ia^{35}	洗澡 ɕi^{53}tsau^{53}	想 ɕiaŋ^{53}
白河	刷牙 ʂua^{21}ia^{44}	洗澡 ɕi^{35}tsɔu^{35} 抹一下 ma^{21}i^{0}xa^{0}	想 ɕiaŋ^{35}
汉阴	刷牙 suɑ^{42}ȵiɑ^{42}	洗澡 ɕi^{45}tsɑo^{45}	想 ɕiɑŋ^{45}
平利	刷牙 ʂʮa^{43}ia^{52}	洗澡 ɕi^{45}tsau^{445}	想 ɕiaŋ^{445}
汉中	刷牙 suA^{55}iA^{42} 漱口 su^{21}kʰəu^{354}	洗澡 ɕi^{35}tsɑo^{354}	想 ɕiaŋ^{354}
城固	刷牙 ʃua^{53}ia^{311}	洗澡 si^{44}tsɔ^{44}	想 siaŋ^{44}
勉县	刷牙 fɑ^{44}iɑ^{21}	洗澡 ɕi^{35}tsɑɔ^{35}	想 ɕiɑŋ^{35}
镇巴	刷牙 sua^{213}ia^{31}	洗澡 ɕi^{45}tsau^{52}	默 mɛ^{31}

	0874 想想念：我很~他	0875 打算我~开个店	0876 记得
榆林	想 ɕiɑ̃^{213}	打当 ta^{21}tɑ̃^{52}	记得 tɕi^{52}tʌʔ^{3}
神木	想 ɕiɑ̃^{213} 萦记 iɤ̃^{44}tɕi^{53}	打算 ta^{21}suɛ^{53} 准备 tʂuɤ̃^{21}pi^{53}	记着 tɕi^{53}tʂəʔ^{0} 记得 tɕi^{53}təʔ^{0}
绥德	想 ɕiɑ̃^{213}	打算 tɑ^{21}suæ^{52} 准备 tʂuəɣ̃^{21}pi^{52}	记得 tɕi^{52}tɤ^{33} 记着 tɕi^{52}tʂəʔ^{0}
吴堡	想 ɕiɤu^{412}	谋算 mu^{33}suɤ^{53} 打算 tɑ^{41}suɤ^{53}	记得 tɕi^{53}təʔ^{0}
清涧	想 ɕiɯ^{53}	想算 ɕiɒ̃^{53}su^{0}	记得 tsʅ^{44}təʔ^{0}
延安	念想 ȵiæ̃^{443}ɕiaŋ^{423}	盘算 p^{h}æ̃^{24}suæ̃^{0}	记得 tɕi^{443}tei^{0}
延川	想 ɕiɑŋ^{423}	打算 ta^{53}suɤ^{213}	记得 tsʅ^{53}tɤ^{35}
黄陵	想 ɕiɑŋ^{52}	打算 tɑ^{52}ɕyæ̃^{0} 准备 tsuẽ^{52}pi^{55}	记得 tɕi^{55}tei^{0}
渭南	想 ɕiɑŋ^{53}	想 ɕiɑŋ^{53} 打算 tɑ^{53}ɕyæ̃^{0}	记得 tɕi^{44}tei^{0}
韩城	想 ɕiɑŋ^{53}	打算 tɑ^{53}ɕyã^{0}	记得 tɕi^{44}ti^{0}
合阳	想 siɑŋ^{52}	打算 tɑ^{52}ɕyɑ̃^{31} 准备 pfẽ^{52}pei^{55}	记得 tɕi^{55}ti^{31} 记下 tɕi^{55}xɑ^{31}
富平	想 siɑɣ̃^{53}	虑当 ly^{55}tɑɣ̃^{31}	记得 tɕi^{55}teɪ^{31}
耀州	想 ɕiɑŋ^{52}	打算 ta^{52}ɕyæ̃^{0} 谋划 mou^{24}xua^{44}	记得 tɕi^{44}tei^{0}
咸阳	想 ɕiɑŋ^{53}	打算 ta^{53}suã^{0}	记得 tɕi^{44}tei^{0}
旬邑	想 siɑŋ^{52}	尺谋 tʂ^{h}ʅ^{21}məu^{0} 盘算 p^{h}ã^{21}suã^{52}	记得 tɕi^{24}tei^{0} 记着 tɕi^{24}tʃ^{h}uo^{0}
三原	想 ɕiɑŋ^{52}	打算 tɑ^{52}suã^{0}	记得 tɕi^{44}tei^{0}

	0874 想想念：我很~他	0875 打算我~开个店	0876 记得
乾县	想 ɕiaŋ53	准备 tʃuẽ53pi55	记得 tɕi55te21
岐山	想 siɑŋ53	想 siɑŋ53 打算 ta44suæ̃21	记得 tɕi44tei21
凤翔	想 siɑŋ53	□□tʂʰʅ53tsʰa0 计划 tɕi44xua44	记得 tɕi45tei0
千阳	想 siɑŋ53	打算 ta44suæ̃0	记得 tɕi45tei0
西安	想 ɕiaŋ53	想 ɕiaŋ53	记得 tɕi44tei0
户县	想 ɕiaŋ51	安⁼摸 ŋã35mɤ31 打算 ta51suã31	记得 tɕi55tei31
商州	想 ɕiɑŋ53	想 ɕiɑŋ53	记得 tɕi44tei0
镇安	想 ɕiʌŋ35	想 ɕiʌŋ35	记得 tɕi21tɛ0
安康	想 ɕiaŋ53	打算 ta53suan31	记得 tɕi44tei31
白河	牵 tɕʰian41	想 ɕiaŋ35 打算 ta35san0	记得 tɕi42tE0
汉阴	想 ɕiɑŋ45	想 ɕiɑŋ45	记得 tɕi24tE42
平利	想 ɕiaŋ445	打算 ta45san21	记得 tɕi24tE43
汉中	想 ɕiaŋ354	准备 tsuən35pei213	记得 tɕi21ti0
城固	想 siaŋ44 牵心 tɕʰian44ɕin0	安顿 ŋan44tuən0	记哩 tɕi24li0
勉县	想 ɕiɑŋ35	打算 tɑ35suɑn0	记得 tɕi21ti35
镇巴	想 ɕiaŋ52 牵 tɕʰian213	打算 ta45suan213	记得 tɕi213tɛ52

	0877 忘记	0878 怕害怕：你别~	0879 相信我~你
榆林	忘 vã^{52} 忘记 vã^{52}tɕi^{52}	怕 pʰa^{52} 害怕 xɛe^{52}pʰa^{52}	信 ɕiɤɣ̃^{52} 相信 ɕiɑ̃^{33}ɕiɤɣ̃^{52}
神木	忘 vɑ̃^{53}	怕 pʰa^{53}	相信 ɕiɑ̃^{24}ɕiɤ̃^{53}
绥德	忘 vɑ̃^{52} 忘记 vɑ̃^{52}tɕi^{52}	怕 pʰɑ^{52}	信 ɕiəɣ̃^{52} 相信 ɕiɑ̃^{21}ɕiəɣ̃^{52}
吴堡	忘了 uɤu^{53}liəʔ^{0}	怕 pʰɑ^{53}	信 ɕiəŋ^{53}
清涧	忘嘅 vʊ^{42}lɛ^{0}	怕 pʰɑ^{42}	相信 ɕiɒ̃^{31}ɕiəɣ̃^{42}
延安	忘嘅 vaŋ^{443}læ̃^{0}	怕 pʰa^{443}	相信 ɕiaŋ^{21}ɕiəŋ^{443} 信得过 ɕiəŋ^{443}tei^{0}kuo^{443}
延川	忘记 vei^{53}tsɿ^{0}	怕 pa^{53}	相信 ɕiɑŋ^{21}ɕiŋ^{53}
黄陵	忘 vɑŋ^{55}	怕 pʰɑ^{55}	信 ɕiẽ^{55} 相信 ɕiɑŋ^{31}ɕiẽ^{55}
渭南	忘哂 vɑŋ^{44}liɑ^{0}	害怕 xae^{44}pʰɑ^{44}	信 ɕiə̃^{44}
韩城	忘啦 vuɤ^{44}lɑ^{0}	怕 pʰɑ^{44} 怯火 tɕʰiᴇ^{31}xuɤ^{53}	信 ɕiɛ̃^{44}
合阳	忘记 vɑŋ^{55}tɕi^{55} 忘咧 vɤ^{55}liɛ^{0}	怕 pʰɑ^{55} □tʂʰɑ^{31}	信 siẽ^{55} 相信 siɑŋ^{31}siẽ^{55}
富平	忘啦 vɑɣ̃^{55}lɑ^{31}	怕 pʰɑ^{55}	信 ɕiɛ̃^{55}
耀州	忘啦 uɑŋ^{44}la^{0}	怕 pʰa^{44} 怯火 tɕʰiɛ^{21}xuo^{52}	信 ɕiei^{44}
咸阳	忘咧 uɑŋ^{44}liɛ^{0}	怯火儿 tɕʰiɛ^{31}xuər^{0}	信服 ɕiɛ̃^{44}fu^{0}
旬邑	忘啦 vɑŋ^{24}la^{0} 想不起 siɑŋ^{52}pu^{21}tɕʰi^{52}	害怕 xɛi^{44}pʰa^{44} 怯火儿 tɕʰiɛ^{21}xuor^{52}	信 siɛ̃^{44} 相信 ɕiɑŋ^{21}siɛ̃^{44}
三原	忘啦 vɑŋ^{44}lɑ^{0}	害怕 xai^{44}pʰɑ^{44}	信 ɕiẽ^{44}

	0877 忘记	0878 怕害怕：你别～	0879 相信我～你
乾县	忘咧 uaŋ^{55}liə^{21}	怕 p^{h}a^{55}	相信 ɕiaŋ^{21}ɕiẽ^{55}
岐山	忘咧 vɑŋ^{44}liA^{21}	怕 p^{h}A^{44} 害怕 xE^{44}p^{h}A^{44}	信 siŋ^{44}
凤翔	忘俩 vɑŋ^{45}lia^{0}	害怕 xE^{44}p^{h}a^{44} 怕 p^{h}a^{44}	相信 siɑŋ^{31}siŋ^{44} 信任 siŋ^{44}ʐəŋ^{44}
千阳	忘俩 vɑŋ^{45}lia^{0}	怕 p^{h}a^{44} 害怕 xE^{44}p^{h}a^{44}	相信 siɑŋ^{31}siŋ^{44}
西安	忘咧 vaŋ^{44}liɛ^{0}	害怕 xai^{44}p^{h}a^{44}	信 ɕin^{44}
户县	忘 uaŋ^{55}	害怕 xæ^{55}p^{h}a^{55}	信服 ɕiẽ^{55}fu^{31}
商州	忘啦 vɑŋ^{44}lɑ^{0}	怕 p^{h}ɑ^{44}	信 ɕiẽ^{44}
镇安	忘 vʌŋ^{322}	怕 p^{h}a^{214}	信 ɕin^{214}
安康	忘记 uaŋ^{44}tɕi^{0}	怕 p^{h}a^{44}	信 ɕin^{44}
白河	记不得 tɕi^{42}pu^{0}tE^{44}	怕 p^{h}a^{41}	信 ɕiən^{41}
汉阴	忘记 uɑŋ^{21}tɕi^{0}	害怕 xae^{24}p^{h}ɑ^{214}	信 ɕin^{214}
平利	忘见了 uaŋ^{24}tɕian^{24}liau^{0}	害怕 xai^{24}p^{h}a^{214}	相信 ɕiaŋ^{43}ɕin^{214}
汉中	忘咾 uɑŋ^{21}lɑo^{0}	害怕 xai^{42}p^{h}A^{0}	相信 ɕiɑŋ^{55}ɕin^{213}
城固	忘咾 uaŋ^{31}lɔ^{0}	怕 p^{h}a^{213}	相信 siaŋ^{53}ɕin^{213}
勉县	忘 vɑŋ^{213}	害怕 xɑi^{21}p^{h}ɑ^{0}	相信 ɕiɑŋ^{42}ɕin^{213}
镇巴	忘 uaŋ^{213}	怕 p^{h}a^{213} 虚 ɕy^{35}	相信 ɕiaŋ^{35}ɕin^{213}

	0880 发愁	0881 小心过马路要~	0882 喜欢~看电视
榆林	愁 tsʰəu^{213} 愁肠 tsʰəu^{24}tʂʰɑ̃^{0}	操心 tsʰɔo^{33}ɕiɤɣ̃^{33} 留意 liəu^{24}i^{52}	爱 nɛe^{52}
神木	愁 tsʰəu^{44} 愁肠 tsʰəu^{44}tʂʰɑ̃^{0}	操心 tsʰɔo^{24}ɕiɤɣ̃^{213}	爱 ŋɛ^{53}
绥德	愁 tsʰəu^{33} 愁肠 tsʰəu^{33}tʂʰɑ̃^{0}	操心 tsʰao^{24}ɕiəɣ̃^{213}	爱 ŋai^{52}
吴堡	愁 tsʰɑo^{33}	操心 tsʰo^{24}ɕiəŋ^{213}	爱 ŋɑe^{53}
清涧	愁 tsʰəu^{24}	操心 tsʰɔo^{24}ɕiəɣ̃^{312}	爱 ŋai^{42}
延安	愁 tsʰou^{24} 熬煎 ŋɔ^{21}tɕiæ̃^{53}	操心 tsʰɔ^{24}ɕiəŋ^{213}	爱 ŋai^{443}
延川	发愁 fa^{42}tʂʰəu^{213}	小心 ɕiɑo^{53}ɕiŋ^{0}	喜欢 sɿ^{53}xuɤ^{213}
黄陵	熬煎 ŋɔ^{31}tɕiæ̃^{0}	操心 tsʰɔ^{24}ɕiẽ^{31} 小心 ɕiɔ^{52}ɕiẽ^{31}	爱 ŋE^{55}
渭南	熬煎 ŋɔo^{31}tɕiæ̃^{31}	小心 ɕiɔo^{53}ɕiə̃^{31}	爱 ŋae^{44}
韩城	熬煎 ŋɑu^{31}tɕiã^{0}	小心 ɕiɑu^{53}ɕiẽ^{31}	爱 ŋæe^{44}
合阳	熬煎 ŋɔo^{31}tsiɑ̃^{31} 发熬煎 fɑ^{24}ŋɔo^{31}tsiɑ̃^{31}	小心 siɔo^{52}siẽ^{31} 注意 pfu^{55}i^{55}	喜欢 ɕi^{52}xuɑ̃^{31} 喜爱 ɕi^{52}ŋæe^{55}
富平	熬煎 ŋɑo^{53}tiæ̃^{31}	小心 siɑo^{53}siɛ̃^{31}	爱 ŋɛe^{55}
耀州	熬煎 ŋɔu^{52}tɕiæ̃^{0}	操心 tsʰɔu^{24}ɕiei^{21} 当心 tɑŋ^{24}ɕiei^{21}	爱 ŋæi^{44} 喜欢 ɕi^{52}xuæ̃^{0}
咸阳	发愁 fa^{31}tsʰou^{24}	小心 ɕiɔ^{53}ɕiɛ̃^{0}	爱 ŋæ^{44}
旬邑	发熬煎 fa^{21}ŋau^{52}tɕiã^{0} 发愁 fa^{21}tsʰəu^{24}	操心 tsʰau^{24}siɛ̃^{0} 小心 ɕiau^{44}siɛ̃^{0}	爱 ŋɛi^{44} 喜欢 ɕi^{44}xuã^{0}
三原	熬煎 ŋɑɔ^{52}tɕiã^{31}	小心 ɕiɑɔ^{52}ɕiẽ^{31}	爱 ŋai^{44}

	0880 发愁	0881 小心过马路要~	0882 喜欢~看电视
乾县	发愁 $fa^{21}ts^{h}ou^{24}$	操心 $ts^{h}ɔ^{24}ɕiẽ^{21}$	爱 $ŋɛ^{55}$
岐山	愁 $ts^{h}ou^{24}$	小心 $siɔ^{44}siŋ^{21}$	爱 $ŋE^{44}$
凤翔	发愁 $fa^{31}ts^{h}əu^{24}$	小心 $siɔ^{44}siŋ^{0}$	爱 $ŋE^{44}$
千阳	发愁 $fa^{31}ts^{h}ou^{24}$	操心 $ts^{h}ɔ^{24}siŋ^{31}$	爱 $ŋE^{44}$
西安	熬煎 $ŋau^{21}tɕiã^{0}$	小心 $ɕiau^{53}ɕin^{0}$	爱 $ŋai^{44}$
户县	愁肠 $ts^{h}ɤu^{35}tʂ^{h}aŋ^{31}$ 发愁肠 $fa^{31}ts^{h}ɤu^{35}tʂ^{h}aŋ^{31}$	操心 $ts^{h}au^{31}ɕiẽ^{31}$ 小心 $ɕiau^{51}ɕiẽ^{31}$	爱 $ŋæ^{55}$
商州	熬煎 $ŋɑo^{53}tɕiã^{0}$	小心 $ɕiɑo^{53}ɕiẽ^{31}$	爱 $ŋai^{44}$
镇安	发熬煎 $fa^{21}ŋɔo^{53}tɕian^{0}$	过细 $kuə^{35}ɕi^{214}$	爱 $ŋai^{214}$
安康	发愁 $fa^{31}tʂ^{h}ou^{35}$	过细 $kuo^{44}ɕi^{44}$ 小心 $ɕiau^{53}ɕin^{31}$	喜欢 $ɕi^{53}xuan^{0}$ 爱见 $ŋæ^{44}tɕian^{0}$
白河	急人 $tɕi^{44}ʐən^{0}$	过细 $kuo^{42}ɕi^{21}$	爱见 $ŋai^{42}tɕian^{0}$
汉阴	愁 $ts^{h}əu^{42}$	过细 $ko^{24}ɕi^{214}$	爱见 $ŋae^{21}tɕian^{0}$
平利	发愁 $fa^{43}ts^{h}ou^{52}$	过细 $ko^{24}ɕi^{214}$ 小心 $ɕiau^{45}ɕin^{43}$	喜欢 $ɕi^{45}xuan^{0}$
汉中	愁 $ts^{h}əu^{42}$	小心 $ɕiɑo^{35}ɕin^{55}$	爱 $ŋai^{213}$
城固	愁 $ts^{h}əu^{311}$	小心 $siɔ^{24}ɕin^{0}$	爱 $ŋai^{213}$
勉县	愁 $ts^{h}əu^{21}$	小意 $ɕiɑɔ^{35}i^{213}$	爱 $ŋɑi^{213}$
镇巴	恼火 $lau^{45}xo^{52}$ 焦 $tɕiau^{35}$	过细 $ko^{213}ɕi^{213}$ 好心 $xau^{45}ɕin^{213}$	爱 $ŋai^{213}$

	0883 讨厌~这个人	0884 舒服凉风吹来很~	0885 难受生理的
榆林	眼黑 iɛ^{21}xəʔ^{3} 讨厌 t^{h}ɔo^{21}iɛ^{52}	应至 iɤɣ̃^{52}tsɿ^{52}	难活 nɛ^{24}xuə^{213} 难受 nɛ^{24}ʂəu^{52}
神木	见不得 tɕiɛ^{53}pəʔ^{4}təʔ^{4} 讨厌 t^{h}ɔo^{21}iɛ^{53}	好宬 xɔo^{21}ʂɤ̃^{44} 舒徐 ʂu^{24}ɕy^{44}	难活 nɛ^{44}xuəʔ^{4} 难受 nɛ^{44}ʂəu^{53} 难宬 nɛ^{44}ʂɤ̃^{44}
绥德	眼黑 ie^{21}xɤ^{33} 讨厌 t^{h}ao^{21}ie^{52}	舒在 ʂuo^{21}tsai^{52} 舒服 ʂʮ^{24}fəʔ^{0}	难活 næ^{33}xuo^{0} 难受 næ^{33}ʂəu^{52}
吴堡	黑切⁼ xəʔ^{4}tɕ^{h}iəʔ^{0} 不眼明 pəʔ^{3}ȵiã^{41}mɛe^{33}	爽快 ʂuã^{41}k^{h}uɑe^{53}	难活 nã^{33}xu^{0} 难受 nã^{33}ʂɑo^{53}
清涧	着不得 tʂɤ^{53}pəʔ^{0}təʔ^{0}	享福 ɕiɒ̃^{31}fəʔ^{54}	难受 nɛ^{24}ʂəu^{42}
延安	讨厌 t^{h}ɔ^{52}iæ̃^{443} 厌恶 iæ̃^{443}vu^{443}	舒坦 ʂu^{21}t^{h}æ̃^{53}	难活 næ̃^{24}xuo^{24}
延川	讨厌 t^{h}ɑo^{42}iɛ^{53}	彻⁼叶⁼ tʂ^{h}ɤ^{35}iɛ^{0}	难受 næ̃^{35}ʂəu^{0}
黄陵	见不得 tɕiæ̃^{55}pu^{0}tei^{0} 烦 fæ̃^{24} 讨厌 t^{h}ɔ^{52}iæ̃^{55}	善活 tʂ^{h}æ̃^{52}xuɤ^{0} 舒服 sʮ^{31}fu^{0}	难过 næ̃^{24}kuɤ^{0} 不美气 pu^{31}mei^{52}tɕ^{h}i^{55}
渭南	逊 ɕyã^{44} 见不得 tɕiæ̃^{44}pu^{31}tei^{0}	舒服 ʃʒ^{31}fu^{0}	难过 næ̃^{24}kuə^{44}
韩城	见不得 tɕiã^{44}pu^{31}tɪi^{0} 烦 fã^{24}	舒服 səu^{31}fu^{0}	难过 nã^{31}kuɤ^{44}
合阳	讨厌 t^{h}ɔo^{52}iɑ̃^{55} 烦 fɑ̃^{24}	善的 tʂ^{h}ɑ̃^{52}ti^{0} 美的 mei^{52}ti^{0}	难受 nɑ̃^{24}ʂou^{55} 不善和 pu^{31}tʂ^{h}ɑ̃^{52}xuo^{0}
富平	见不得 tɕiæ̃^{55}pu^{31}teɪ^{31}	舒坦 tʃ^{h}u^{53}t^{h}æ̃^{31}	难过 næ̃^{24}kuo^{55}
耀州	见不得 tɕiæ̃^{44}pu^{21}tei^{0} 烦 fæ̃^{24}	善活 tʂ^{h}æ̃^{52}xuo^{0}	难过 næ̃^{24}kuo^{44}
咸阳	烦 fã^{24}	善活儿 tʂ^{h}ã^{53}xuər^{0}	难受 nã^{24}ʂou^{44}
旬邑	见不得 tɕiã^{24}pu^{21}tei^{0} 讨厌 t^{h}au^{52}iã^{44}	自在 ts^{h}ɿ^{24}ts^{h}ɛi^{0} 舒活 ʃʅ^{24}xuo^{0}	难受 lã^{24}ʂəu^{44} 身上不自在 ʂɛ̃^{52}ʂɑŋ^{0}pu^{21}ts^{h}ɿ^{44}ts^{h}ɛi^{0}

	0883 讨厌~这个人	**0884 舒服**凉风吹来很~	**0885 难受**生理的
三原	逊 ɕyẽ^{44}	善和 tʂʰã^{52}xuə^{0} 舒坦 ʃʒ^{31}tʰã^{0}	难受 nã^{24}ʂou^{44}
乾县	烦 fæ̃^{24}	舒服 ʃu^{53}fu^{21}	难受 næ̃^{24}ʂou^{55}
岐山	见不得 tɕiæ̃^{44}pu^{21}tei^{21} 烦 fæ̃^{24}	舒服 ʂʅ^{31}fu^{21}	难受 læ̃^{24}ʂou^{44} 不嵌$^{=}$活 pu^{31}tɕʰiæ̃^{44}xuo^{53}
凤翔	眼黑 ȵiæ̃^{44}xei^{0} 见不得 tɕiæ̃^{45}pu^{0}tei^{0}	嵌$^{=}$和 tɕʰiæ̃^{45}xuo^{0}	难受 læ̃^{24}ʂəu^{44} 不嵌$^{=}$和 pu^{31}tɕʰiæ̃^{45}xuo^{0}
千阳	眼黑 ȵiæ̃^{44}xei^{0} 见不得 tɕiæ̃^{45}pu^{0}tei^{0}	嵌$^{=}$和 tɕʰiæ̃^{45}xuo^{0}	难受 læ̃^{24}ʂou^{44} 不嵌$^{=}$和 pu^{31}tɕʰiæ̃^{45}xuo^{0}
西安	烦 fã^{24}	舒服 sou^{21}fu^{0}	难受 nã^{24}ʂou^{44}
户县	恨 ɕyẽ^{55} 恨倒 ɕyẽ^{55}tau^{51}	舒服 su^{31}fu^{31}	难受 nã^{35}ʂɤu^{55}
商州	见不得 tɕiã^{44}pu^{0}tei^{31}	美 mei^{53}	难受 nã^{35}ʂou^{44} 难过 nã^{35}kuə^{44}
镇安	嫌 ɕian^{33} 见不得 tɕian^{322}pu^{0}tɛ^{21}	受活 ʂəu^{322}xuə^{0}	难受 nan^{33}ʂəu^{322}
安康	讨厌 tʰau^{53}ian^{44}	舒服 su^{31}fu^{0} 受和 ʂou^{44}xuo^{0}	难受 nan^{35}ʂou^{44} 难过 nan^{35}kuo^{44}
白河	嫌 ɕian^{44} 嫌弃 ɕian^{44}tɕʰi^{0}	好过 xɔu^{35}kuo^{41} 舒服 ʂu^{21}fu^{0}	不好过 pu^{44}xɔu^{35}kuo^{41}
汉阴	讨厌 tʰɑo^{45}ian^{214}	舒服 ɕy^{33}xu^{0}	难受 lan^{42}ʂəu^{214} 难过 lan^{42}ko^{214}
平利	讨厌 tʰau^{45}ian^{214}	舒服 ʂɥ^{43}fu^{0}	难过 lan^{52}ko^{214} 不好过 pu^{43}xau^{45}ko^{214}
汉中	见不得 tɕian^{21}pu^{0}ti^{0}	舒服 su^{55}fu^{0}	难受 lan^{42}ʂəu^{213}
城固	烦 fan^{311}	舒服 ʃu^{44}fu^{0}	难受 lan^{31}ʂəu^{213}
勉县	见不得 tɕiɑn^{21}pu^{35}ti^{0}	安逸 ŋɑn^{42}i^{0}	难受 lɑn^{21}səu^{213}
镇巴	讨厌 tʰau^{45}ian^{213} 厌烦 ian^{213}fan^{52}	安逸 ŋan^{35}i^{213}	着不住 tsau^{31}pu^{31}tsu^{213}

	0886 难过心理的	0887 高兴	0888 生气
榆林	难活 nɛ^{24}xuə^{213} 难受 nɛ^{24}ʂəu^{52}	喜的 ɕi^{21}tʌʔ^{3} 高兴 kɔo^{33}ɕiɤ̃^{52}	害气 xɛe^{52}tɕ^{h}i^{52} 恼 nɔo^{213}
神木	难活 nɛ^{44}xuəʔ^{4} 难过 nɛ^{44}kuo^{53}	喜的 ɕi^{21}təʔ^{4} 高兴 kɔo^{24}ɕiɤ̃^{53}	起火 tɕ^{h}i^{24}xuo^{213} 害气 xEe^{53}tɕ^{h}i^{53}
绥德	难活 næ^{33}xuo^{0} 难受 næ^{33}ʂəu^{52}	喜的 ɕi^{21}tɤ^{33} 高兴 kao^{21}ɕiəɣ̃^{52}	害气 xai^{52}tɕ^{h}i^{52} 恼 nao^{213}
吴堡	难活 nã^{33}xu^{0}	喜 ɕi^{412}	起火 tɕ^{h}i^{24}xu^{0}
清涧	难过 nɛ^{24}ku^{42}	高兴 kɔo^{31}ɕiəɣ̃^{42}	起火 ts^{h}ɿ^{24}xu^{53}
延安	难受 næ̃^{24}ʂou^{443} 难过 næ̃^{24}kuo^{443}	高兴 kɔ^{21}ɕiəŋ^{443}	着气 tʂ^{h}uo^{24}tɕ^{h}i^{443}
延川	难过 næ̃^{35}ku^{0}	高兴 kɑo^{21}ɕiŋ^{53}	害气 xai^{53}ts^{h}ɿ^{0}
黄陵	难过 næ̃^{24}kuɤ^{55}	兴 ɕiəŋ^{31} 高兴 kɔ^{31}ɕiəŋ^{55}	着气 tʂ^{h}uɤ^{24}tɕ^{h}i^{55}
渭南	难过 næ̃^{24}kuə^{44}	高兴 kɔo^{31}ɕiəŋ^{44}	着气 tɕ^{h}yə^{24}tɕ^{h}i^{44}
韩城	难受 nɑ̃^{24}ʂəu^{44}	高兴 kɑu^{31}ɕiəŋ^{44}	着气 tʂ^{h}uɤ^{31}tɕ^{h}i^{44}
合阳	难受 nɑ̃^{24}ʂou^{55} 难过 nɑ̃^{24}kuo^{55}	高兴 kɔo^{31}ɕiŋ^{55} 兴的 ɕiŋ^{31}ti^{0}	着气 tʂ^{h}uo^{24}tɕ^{h}i^{55} 生气 səŋ^{31}tɕ^{h}i^{55}
富平	难过 næ̃^{24}kuo^{55}	高兴 kɑo^{31}ɕiəɣ̃^{55}	着气 tʂ^{h}uo^{24}tɕ^{h}i^{55}
耀州	难受 næ̃^{24}ʂou^{44}	高兴 kɔu^{21}ɕiŋ^{44}	着气 tʃ^{h}uo^{24}tɕ^{h}i^{44}
咸阳	难过 nɑ̃^{24}kuo^{44}	高兴 kɔ^{31}ɕiəŋ^{44}	着气 tʃ^{h}uo^{24}tɕ^{h}i^{44}
旬邑	难过 lɑ̃^{24}kuo^{44} 心里不自在 siẽ^{52}li^{0}pu^{21}ts^{h}ɿ^{44}ts^{h}ɛi^{0}	高兴 kau^{21}ɕiəŋ^{44}	着气 tʃ^{h}uo^{24}tɕ^{h}i^{44} 生气 səŋ^{21}tɕ^{h}i^{44}
三原	难过 nɑ̃^{24}kuə^{44}	高兴 kɑɔ^{31}ɕiŋ^{44}	着气 tʂ^{h}uə^{24}tɕ^{h}i^{44}

	0886 难过心理的	0887 高兴	0888 生气
乾县	难过 næ̃^{24}kuɤ^{55}	高兴 kɔ^{21}ɕiẽ^{55}	生气 sɤŋ^{21}tɕ^{h}i^{55}
岐山	难受 læ̃^{24}ʂou^{44} 难过 læ̃^{24}kuo^{44}	高兴 kɔ^{31}ɕiŋ^{44} 兴的 ɕiŋ^{53}ȶi^{21}	着气 tʂ^{h}uo^{24}tɕ^{h}i^{44}
凤翔	难过 læ̃^{24}kuo^{44} 伤心 ʂɑŋ^{24}siŋ^{31}	高兴 kɔ^{31}ɕiŋ^{44}	着气 tʂ^{h}uo^{24}tɕ^{h}i^{44}
千阳	难过 læ̃^{24}kuo^{44}	高兴 kɔ^{31}ɕiŋ^{44}	着气 ts^{h}uo^{24}tɕ^{h}i^{44}
西安	难过 nã^{24}kuo^{44}	高兴 kau^{21}ɕiəŋ^{44}	生气 səŋ^{21}tɕ^{h}i^{44}
户县	难过 nã^{35}kuɤ^{55}	高兴 kau^{31}ɕiŋ^{55}	着气 tʂɤ^{35}tɕ^{h}i^{55}
商州	难受 nã^{35}ʂou^{44} 难过 nã^{35}kuə^{44}	兴的 ɕiəŋ^{44}ti^{0}	着气 tʂ^{h}uə^{35}tɕ^{h}i^{44}
	过不得 kuə^{21}pu^{0}tɛ^{53}	高兴 kɔo^{53}ɕin^{214}	着气 tʂ^{h}uə^{33}tɕ^{h}i^{214}
安康	难受 nan^{35}ʂou^{44} 难过 nan^{35}kuo^{44}	高兴 kau^{31}ɕin^{44}	着气 pfə^{35}tɕ^{h}i^{44}
白河	不好过 pu^{44}xɔu^{35}kuo^{41}	高兴 kɔu^{21}ɕiən^{41}	气人 tɕ^{h}i^{42}ʐən^{0} 怄气 ŋəu^{21}tɕ^{h}i^{41}
汉阴	难受 lan^{42}ʂəu^{214} 难过 lan^{42}ko^{214}	高兴 kɑo^{33}ɕin^{214}	发气 χuɑ^{42}tɕ^{h}i^{214}
平利	难受 lan^{52}ʂou^{214}	畅快 tʂ^{h}aŋ^{45}k^{h}uai^{21}	发气 fa^{43}tɕ^{h}i^{214}
汉中	难过 lan^{42}kuɤ^{213}	高兴 kɑo^{55}ɕin^{213}	怄气 ŋəu^{35}tɕ^{h}i^{213}
城固	难过 lan^{31}kuə^{213}	高兴 kɔ^{53}ɕiŋ^{213}	怄气 ŋəu^{24}tɕ^{h}i^{213}
勉县	难过 lɑn^{21}kuɤ^{213}	高兴 kɑɔ^{44}ɕin^{213}	怄气 ŋəu^{35}tɕ^{h}i^{213}
镇巴	着不住 tsau^{31}pu^{31}tsu^{213}	欢喜 xuai^{35}ɕi^{52}	冒火 mau^{213}xo^{52}

	0889 责怪	0890 后悔	0891 忌妒
榆林	怨抱 yɛ^{52}pɔo^{52} 怨 yɛ^{52}	后悔 xəu^{52}xuei^{0}	眼红 iɛ^{21}xuɤɣ̃^{213}
神木	怨 yɛ^{53} 责怪 tsəʔ^{4}kuᴇe^{53}	后悔 xəu^{53}xuei^{0}	眼红 iɛ^{21}xuɤ̃^{44}
绥德	嗔叫 tʂʰəɣ̃^{24}tɕiɔɤ^{0}	后悔 xəu^{52}xuei^{0}	眼红 ie^{21}xuəɣ̃^{33}
吴堡	怨 ye^{53}	后悔 xɑo^{53}xuɑe^{0}	眼红 ȵiã^{41}xuəŋ^{33}
清涧	为过 vei^{42}ku^{42} 怨过 y^{42}ku^{42}	后悔 xəu^{42}xuai^{53}	眼红 ȵi^{53}xuəɣ̃^{24}
延安	怪 kuai^{443}	后悔 xou^{443}xuei^{0}	眼红 ȵiæ̃^{52}xuəŋ^{24}
延川	责怪 tsɤ^{21}kuai^{53}	后悔 xəu^{53}xuai^{0}	嫉妒 tsɿ^{53}tu^{0}
黄陵	埋怨 mæ̃^{24}yæ̃^{55} 怪 kuᴇ^{55}	后悔 xəu^{55}xuei^{0}	眼红 ȵiæ̃^{52}xuŋ^{24}
渭南	怪 kuae^{44}	发悔 fɑ^{31}xuei^{53} 后悔 xəu^{44}xuei^{53}	眼红 ȵiæ̃^{53}xuəŋ^{24}
韩城	埋怨 mã^{31}yã^{53}	后悔 xəu^{44}xuɪi^{53}	眼红 ȵiã^{53}xuəng^{24}
合阳	怪 kuæe^{55} 责怪 tsei^{31}kuæe^{55}	悔 xuei^{52} 后悔 xou^{55}xuei^{52}	恨气 xẽ^{55}tɕʰi^{55} 眼红 ȵiã^{52}xuŋ^{24}
富平	怪 kuɛe^{55}	后悔 xou^{55}xueɪ^{53}	眼红 ȵiæ̃^{53}xuəɣ̃^{24}
耀州	怪 kuæi^{44} 埋怨 mæ̃^{24}yæ̃^{44}	发悔 fa^{21}xuei^{52} 后悔 xou^{44}xuei^{52}	眼红 ȵiæ̃^{52}xuŋ^{24}
咸阳	歪 uæ^{31}	后悔 xou^{44}xuei^{53}	不憋服 pu^{24}piɛ^{31}fu^{0}
旬邑	怪 kuɛi^{44} 怨 yã^{44}	后悔 xəu^{24}xuei^{0}	眼红 ȵiã^{52}xuəŋ^{24} 忌妒 tɕi^{44}tu^{44}
三原	怪 kuai^{44}	后悔 xou^{44}xuei^{52}	眼红 ȵiã^{52}xuŋ^{24}

	0889 责怪	0890 后悔	0891 忌妒
乾县	埋怨 mæ̃²⁴yæ̃⁵⁵	后悔 xou⁵⁵xue²¹	忌妒 tɕi⁵⁵tu⁵⁵
岐山	怪 kuᴇ⁴⁴	后悔 xou⁴⁴xuei⁵³	眼红 ȵiæ̃⁵³xuŋ²⁴ 发眼 fᴀ³¹ȵiæ̃⁵³
凤翔	怪 kuᴇ⁴⁴	后悔 xəu⁴⁵xuei⁰	眼馋 ȵiæ̃⁵³tsʰæ̃²⁴
千阳	怪 kuᴇ⁴⁴	后悔 xou⁴⁵xuei⁰	眼热 ȵiæ̃⁴⁴ʐə⁰
西安	怪 kuai⁴⁴	后悔 xou⁴⁴xuei⁵³	眼红 ȵiã⁵³xoŋ²⁴
户县	怪 kuæ⁵⁵	后悔 xɤu⁵⁵xuei⁵¹	忌妬 tɕi⁵⁵kɤu⁵⁵ 妬忌 kɤu⁵⁵tɕi⁵⁵
商州	怪 kuai⁴⁴	悔 xuei⁵³	眼气 ȵiã⁴⁴tɕʰi⁴⁴
镇安	怪 kuai²¹⁴	失悔 ʂʅ²¹xuᴇi³⁵	忌妒 tɕi³⁵təu³²²
安康	责怪 tʂei³⁵kuæ⁴⁴	后悔 xou⁴⁴xuei⁵³	妒忌 tu⁴⁴tɕi³¹
白河	怪 kuai⁴¹	后悔 xəu⁴²xuei³⁵	眼气 ian³⁵tɕʰi⁰ 妒忌 təu⁴²tɕi⁰
汉阴	怪 kuae²¹⁴	后悔 χəu²¹xuei⁴⁵	眼气 ȵian⁴⁵tɕʰi²¹⁴
平利	怪 kuai²¹⁴	失悔 ʂʅ⁴³xuei⁴⁴⁵	忌妒 tɕi²⁴tou²¹⁴
汉中	怪 kuai²¹³	后悔 xəu²¹xuei³⁵⁴	妬忌 kəu³⁵tɕi²¹³ 眼气 ȵian³⁵tɕʰi²¹³
城固	怪 kuai²¹³	后悔 xəu³¹xuei⁰	眼气 ȵian⁴⁴tɕʰi²¹³
勉县	怪 kuɑi²¹³	后悔 xəu²¹xuei³⁵	妬忌 kəu³⁵tɕi²¹³ □恨 tsʰən⁴⁴xən⁰
镇巴	怪 kuai²¹³	失悔 sʅ³⁵xuei⁵²	眼气 ian⁴⁵tɕʰi²¹³

	0892 害羞	0893 丢脸	0894 欺负
榆林	着黄 tʂʌʔ^{3}xuɑ̃^{213} 害羞 xɛe^{52}ɕiəu^{33}	丢人 tiəu^{33}ʐɤɣ̃^{213} 丢人背兴 tiəu^{33}ʐɤɣ̃^{24}pei^{52}ɕiɤɣ̃^{52}	欺负 tɕ^{h}i^{33}fu^{33} 糟蹋 tsɔo^{33}t^{h}aʔ^{0}
神木	羞 ɕiəu^{213}	丢人 tiəu^{24}ʐɤ̃^{44} 丢人背兴 tiəu^{24}ʐɤ̃^{44}pei^{53}ɕiɤ̃^{53}	欺负 tɕ^{h}i^{24}fu^{44} 糟蹋 tsɔo^{24}t^{h}a^{0}
绥德	羞 ɕiəu^{213} 脸红 lie^{21}xuəɣ̃^{33}	丢人 tiəu^{21}ʐəɣ̃^{33} 丢人背兴 tiəu^{21}ʐəɣ̃^{33}pei^{52}ɕiəɣ̃^{52}	欺负 tɕ^{h}i^{21}fu^{33}
吴堡	败兴 pɑe^{53}ɕiəŋ^{53}	丢人 tiɑo^{21}ʐəŋ^{33}	欺负 tɕ^{h}i^{21}fu^{33}
清涧	识羞 ʂəʔ^{4}ɕiəu^{312} 败兴 pai^{44}ɕiəɣ̃^{0}	丢人 tiəu^{31}ʐəɣ̃^{24}	欺负 ts^{h}ɿ^{31}fʋ^{42}
延安	害臊 xai^{443}sɔ^{443}	丢人 tiou^{21}ʐəŋ^{24}	欺负 tɕ^{h}i^{21}fu^{443}
延川	害羞 xai^{53}ɕiəu^{213}	丢脸 tiəu^{21}liɛ^{53}	欺负 ts^{h}ɿ^{21}fu^{53}
黄陵	害臊 xE^{55}sɔ^{55} 害羞 xE^{55}ɕiəu^{31} 伤音 ʂɑŋ^{24}iẽ^{31}	丢人 tɕiəu^{31}ʐẽ^{24}	欺负 tɕ^{h}i^{31}fu^{0}
渭南	害羞 xae^{44}ɕiəu^{31} 怪 kuae^{44}	丢人 tɕiəu^{31}ʐə̃^{24}	欺负 tɕ^{h}i^{31}fu^{0}
韩城	羞脸子 ɕiəu^{31}liɑŋ^{31}tsɿ^{0}	丢人 tiəu^{31}ʐɛ̃^{24} 扔人 zɿ^{53}ʐɛ̃^{24}	欺负 tɕ^{h}i^{31}fu^{0}
合阳	羞 siou^{31} 害羞 xæe^{55}siou^{31}	丢人 tiou^{31}ʐẽ^{24} 丢脸 tiou^{24}liɑ̃^{52}	欺负 tɕ^{h}i^{31}fu^{31}
富平	□ʃuɛ̃^{24}	丢人 tiou^{31}ʐɛ̃^{24}	欺负 tɕ^{h}i^{53}fʋ^{31}
耀州	害羞 xæi^{44}ɕiou^{21} 羞脸子 ɕiou^{21}liæ̃^{52}tsɿ^{0}	丢人 tiou^{21}ʐei^{24} 扔人丧德 zɿ^{44}ʐei^{24}sɑŋ^{44}tei^{21}	欺 tɕ^{h}i^{21} 欺负 tɕ^{h}i^{52}fu^{0}
咸阳	害羞 xæ^{44}ɕiou^{31}	□人 ʃuɛ̃^{24}ʐɛ̃^{24}	欺负 tɕ^{h}i^{31}fu^{0}
旬邑	害臊 xɛi^{44}sau^{44}	丢人 tiəu^{21}ʐɛ̃^{24} 丢丑 tiəu^{21}tʂ^{h}əu^{52}	欺负 tɕ^{h}i^{52}fu^{0} 要欺头 iau^{44}tɕ^{h}i^{52}t^{h}əu^{0}
三原	害羞 xai^{44}ɕiou^{31}	丢人 tɕiou^{31}ʐẽ^{24} □ʃuẽ^{24}	欺负 tɕ^{h}i^{52}fu^{0}

	0892 害羞	0893 丢脸	0894 欺负
乾县	害臊 xɛ^{55}sɔ^{55}	丢脸 tiou^{21}liæ̃^{53}	欺负 tɕʰi^{53}fu^{21}
岐山	□ ʂəŋ^{24}	丢人 ȶiou^{31}ʐəŋ^{24}	糟团 tsɔ^{53}tʰuæ̃^{21} 欺负 tɕʰi^{53}fu^{21}
凤翔	害羞 xe^{44}siəu^{31}	丢人 tsiəu^{31}ʐəŋ^{24}	欺负 tɕʰi^{31}fu^{0}
千阳	羞脸 siou^{31}liæ̃^{0}	丢人 tiou^{31}ʐəŋ^{24}	欺负 tɕʰi^{31}fu^{0}
西安	羞 ɕiou^{21}	□fəŋ^{24}	欺负 tɕʰi^{21}fu^{0}
户县	嫌□ɕiã^{35}suẽ^{35}	丢人 tiɤu^{31}ʐẽ^{35}	欺负 tɕʰi^{31}fu^{31} 欺丧 tɕʰi^{31}saŋ^{31}
商州	怪人哩 kuai^{44}ʐẽ^{0}li^{0}	丢人 tiou^{31}ʐẽ^{35}	欺负 tɕʰi^{53}fu^{0}
镇安	丑到 tʂʰəu^{35}tɔo^{53}	丢人 tiəu^{21}ʐən^{33}	欺丧 tɕʰi^{53}sʌŋ^{0}
安康	害丑 xæ^{44}tʂʰou^{53} 害臊 xæ^{44}sau^{44}	丢人 tiou^{31}ʐən^{35}	欺负 tɕʰi^{31}fu^{0}
白河	脸红 lian^{35}xuəŋ^{44}	丢人 tiəu^{21}ʐən^{44}	欺负 tɕʰi^{21}fu^{0}
汉阴	怕丑 pʰɑ^{21}tʂʰəu^{45}	丢人 tiəu^{33}ʐən^{42}	欺丧 tɕʰi^{33}sɑŋ^{0}
平利	怕丑 pʰa^{24}tʂʰou^{445}	丢人 tiou^{43}ʐən^{52}	欺负 tɕʰi^{43}fu^{0}
汉中	羞 ɕiəu^{55}	丢人 tiəu^{55}ʐən^{42}	相欺 ɕiɑŋ^{55}tɕʰi^{55}
城固	羞 siəu^{53}	丢人 tiəu^{53}ʐən^{311}	相欺 siaŋ^{53}tɕʰi^{53}
勉县	嫌羞 ɕiɑn^{21}ɕiəu^{42}	丢人 tiəu^{44}zən^{21}	相欺 ɕiɑŋ^{42}tɕʰi^{42}
镇巴	怕羞 pʰa^{21}ɕiəu^{55}	丢脸 tiəu^{35}lian^{52} 焦人 tɕiau^{35}zən^{31}	欺负 tɕʰi^{35}fu^{213}

	0895 装~病	0896 疼~小孩儿	0897 要我~这个
榆林	装裹 tʂuɑ̃^{33}kuə^{0} 假装 tɕia^{21}tʂuɑ̃^{33}	疼 tʰɤɣ̃^{213} 心疼 ɕiɤɣ̃^{33}tʰɤɣ̃^{33}	要 iɔo^{52}
神木	装 tʂuɑ̃^{213} 假装 tɕia^{21}tʂuɑ̃^{24}	爱 ŋɛ^{53}亲 tɕʰiɣ̃^{213} 疼 tʰɣ̃^{44}	要 iɔo^{53}
绥德	装裹 tʂuɑ̃^{24}kuo^{0} 假装 tɕiɑ^{21}tʂuɑ̃^{213}	亲 tɕʰiəɣ̃^{213} 心疼 ɕiəɣ̃^{21}tʰəɣ̃^{33}	要 iɔɤ^{52}
吴堡	装 tsuɤu^{213}	亲 tɕʰiəŋ^{213}	要 iɤ^{53}
清涧	装 tʂu^{312}	亲 tɕʰiəɣ̃^{312}	要 iɔo^{42}
延安	装 tʂuaŋ^{213}	疼 tʰəŋ^{24} 心疼 ɕiəŋ^{21}tʰəŋ^{53}	要 iɔ^{443}
延川	装 tʂuei^{213}	亲 tɕʰiŋ^{213}	要 iɑo^{53}
黄陵	装 tsuɑŋ^{31}	爱 ŋE^{55} 惯 kuæ̃^{55}	要 iɔ^{55}
渭南	装 tʃɑŋ^{31}	爱 ŋae^{44}	要 iɔo^{44}
韩城	装 pfɑŋ^{31}	爱 ŋæe^{44}	要 iɑu^{44}
合阳	装 pfɑŋ^{31}	爱 næe^{55} 疼 tʰəŋ^{24}	要 iɔo^{55}
富平	装 tʃuɑɣ̃^{31}	爱 ŋɛe^{55}	要 iɑo^{55}
耀州	装 tʃuɑŋ^{21}	爱 ŋæi^{44} 心疼 ɕiei^{21}tʰəŋ^{24}	要 iɔu^{44}
咸阳	装 tʃuɑŋ^{31}	心疼 ɕiɛ̃^{31}tʰəŋ^{24}	要 iɔ^{44}
旬邑	装 tʃɑŋ^{21}	爱 ŋɛi^{44} 心疼 siɛ̃^{21}tʰəŋ^{24}	要 iau^{44}
三原	装 tʃuɑŋ^{31}	爱 ŋai^{44}	要 iɑɔ^{44}

	0895 装~病	0896 疼~小孩儿	0897 要我~这个
乾县	装 $tʃuaŋ^{21}$	疼 $t^{h}ɤŋ^{24}$	要 $iɔ^{55}$
岐山	装 $tʂɑŋ^{31}$	爱 $ŋE^{44}$	要 $iɔ^{44}$
凤翔	装 $tʂɑŋ^{31}$	爱 $ŋE^{44}$	要 $iɔ^{44}$
千阳	装 $tʃɑŋ^{31}$	爱 $ŋE^{44}$	要 $iɔ^{44}$
西安	装 $pfaŋ^{21}$	疼 $t^{h}əŋ^{24}$	要 iau^{44}
户县	装 $tsuaŋ^{31}$	心疼 $ɕiẽ^{31}t^{h}əŋ^{35}$	要 iau^{55}
商州	装 $tʃuɑŋ^{31}$	爱 $ŋai^{44}$	要 $iɑo^{44}$
镇安	假马 $tɕia^{35}ma^{35}$	心疼 $ɕin^{21}t^{h}ɤŋ^{214}$	要 $iɔo^{214}$
安康	装就 $pfaŋ^{31}tɕiou^{31}$ 神装 $ʂən^{35}pfaŋ^{31}$	疼 $t^{h}əŋ^{35}$	要 iau^{44} 喜欢 $ɕi^{53}xuan^{31}$
白河	假装 $tɕia^{35}tʂuaŋ^{213}$	心疼 $ɕiən^{21}t^{h}ən^{44}$ 惯侍 $kuan^{42}ʂʅ^{0}$	要 $iɔu^{41}$
汉阴	装 $tsuɑŋ^{33}$	心痛 $ɕin^{33}t^{h}oŋ^{214}$	要 $iɑo^{214}$
平利	装 $tʂɥaŋ^{43}$	心痛 $ɕin^{43}t^{h}oŋ^{214}$	要 iau^{214}
汉中	装 $tsuɑŋ^{55}$	心疼 $ɕin^{55}t^{h}ən^{42}$	要 $iɑo^{213}$
城固	装 $tʃuaŋ^{53}$	爱 $ŋai^{213}$	要 $iɔ^{213}$
勉县	装 $tsuɑŋ^{42}$	爱 $ŋɑi^{213}$	要 $iɑɔ^{213}$
镇巴	装 $tsuaŋ^{35}$	惜起 $ɕi^{35}tɕ^{h}i^{52}$	要 iau^{213}

	0898 有我~一个孩子	0899 没有他~孩子	0900 是我~老师
榆林	有 $\mathrm{iəu}^{213}$	没 $\mathrm{mʌʔ}^{3}$	是 $\mathrm{səʔ}^{3}$
神木	有 $\mathrm{iəu}^{213}$	没 $\mathrm{məʔ}^{4}$	是 $\mathrm{sɿ}^{53}$
绥德	有 $\mathrm{iəu}^{213}$	没 $\mathrm{mɤ}^{33}$	是 $\mathrm{sɤ}^{33}$
吴堡	有 $\mathrm{iɑo}^{412}$	没啦 $\mathrm{məʔ}^{3}\mathrm{lɑ}^{213}$	是 $\mathrm{sɿ}^{53}$
清涧	有 $\mathrm{iəu}^{53}$	没有 $\mathrm{mɤ}^{24}\mathrm{iəu}^{53}$	是 $\mathrm{sɿ}^{42}$
延安	有 iou^{52}	没 muo^{213} 没有 $\mathrm{muo}^{24}\mathrm{iou}^{423}$	是 $\mathrm{sɿ}^{443}$
延川	有 $\mathrm{iəu}^{53}$	没有 $\mathrm{mɤ}^{21}\mathrm{iəu}^{53}$	是 $\mathrm{sɿ}^{53}$
黄陵	有 $\mathrm{iəu}^{52}$	没 $\mathrm{muɤ}^{31}$ 没有 $\mathrm{muɤ}^{31}\mathrm{iəu}^{52}$	是 $\mathrm{sɿ}^{55}$
渭南	有 $\mathrm{iəu}^{53}$	没 $\mathrm{mə}^{31}$	是 $\mathrm{sɿ}^{44}$
韩城	有 $\mathrm{iəu}^{53}$	没 $\mathrm{muɤ}^{31}$ 没有 $\mathrm{mu}^{31}\mathrm{iəu}^{53}$	是 $\mathrm{sɿ}^{44}$
合阳	有 iou^{52}	没 mo^{31} 没有 $\mathrm{mo}^{24}\mathrm{iou}^{52}$	是 $\mathrm{sɿ}^{55}$
富平	有 iou^{53}	没有 $\mathrm{mo}^{31}\mathrm{iou}^{53}$	是 $\mathrm{sɿ}^{55}$
耀州	有 iou^{52}	没 muo^{21}	是 $\mathrm{sɿ}^{44}$
咸阳	有 iou^{53}	没得 $\mathrm{mo}^{31}\mathrm{tei}^{24}$	是 $\mathrm{sɿ}^{44}$
旬邑	有 $\mathrm{iəu}^{52}$	没有 $\mathrm{mo}^{21}\mathrm{iəu}^{52}$	是 $\mathrm{sɿ}^{44}$
三原	有 iou^{52}	没有 $\mathrm{mɤ}^{31}\mathrm{iou}^{52}$	是 $\mathrm{sɿ}^{44}$

	0898 有我~一个孩子	0899 没有他~孩子	0900 是我~老师
乾县	有 iou^{53}	没 muɤ^{24}	是 sɿ^{55}
岐山	有 iou^{53}	没 mo^{31} 没有 mo^{31}iou^{53}	是 sɿ^{44}
凤翔	有 iəu^{53}	没 mo^{31} 没有 mo^{31}iəu^{53} 没得 mo^{24}tei^{0}	是 sɿ^{44}
千阳	有 iou^{53}	没有 mo^{31}iou^{0}	是 sɿ^{44}
西安	有 iou^{53}	没 mo^{21}	是 sɿ^{44}
户县	有 iɤu^{51}	没 mɤ^{31} 没有 mɤ^{31}iɤu^{55}	是 sɿ^{55}
商州	有 iou^{53}	没有 muə^{31}iou^{53} 没得 muə^{31}tei^{35}	是 sɿ^{44}
镇安	有 iəu^{35}	没得 muə^{21}tɛ^{33}	是 ʂʅ^{322}
安康	有 iou^{53}	没得 muo^{31}tei^{35}	是 ʂʅ^{44}
白河	有 iəu^{35}	没得 mo^{44}tE^{213}	是 ʂʅ^{41}
汉阴	有 iəu^{45}	没得 mo^{42}tE^{42}	是 ʂʅ^{214}
平利	有 iou^{445}	没得 mei^{24}tE^{52}	是 ʂʅ^{214}
汉中	有 iəu^{354}	没得 mɤ^{42}ti^{55}	是 sɿ^{213}
城固	有 iəu^{44}	没得 mə^{44}ti^{0}	是 sɿ^{213}
勉县	有 iəu^{35}	没得 mɤ^{21}ti^{0}	是 sɿ^{213}
镇巴	有 iəu^{52}	没得 mo^{33}tɛ^{31}	是 sɿ^{213}

	0901 不是他~老师	0902 在他~家	0903 不在他~家
榆林	不是 $pəʔ^{3}sɿ^{52}$	待 $tɛe^{52}$ 在 $tsɛe^{52}$	不待 $pəʔ^{3}tɛe^{52}$ 不在 $pəʔ^{3}tsɛe^{52}$
神木	不是 $pəʔ^{4}sɿ^{53}$	在 $ts\text{E}^{53}$	不在 $pəʔ^{4}ts\text{E}e^{53}$
绥德	不是 $pəʔ^{3}sɿ^{52}$	待 tai^{52} 在 $tsai^{52}$	不待 $pəʔ^{3}tai^{52}$ 不在 $pəʔ^{3}tsai^{52}$
吴堡	不是 $pəʔ^{3}sɿ^{53}$	在 $tsɑe^{53}$	不在 $pəʔ^{3}tsɑ\text{E}^{53}$
清涧	不是 $pəʔ^{4}sɿ^{0}$	在 $ts^{h}ai^{42}$	不在 $pəʔ^{4}ts^{h}ai^{0}$
延安	不是 $pəʔ^{5}sɿ^{443}$	在 $ts^{h}ai^{443}$	不在 $pəʔ^{5}ts^{h}ai^{443}$
延川	不是 $pəʔ^{54}sɿ^{0}$	在 $ts^{h}ai^{53}$	不在 $pəʔ^{54}ts^{h}ai^{0}$
黄陵	不是 $pu^{31}sɿ^{55}$	在 $ts^{h}\text{E}^{55}$	不在 $pu^{31}ts^{h}\text{E}^{55}$
渭南	不是 $pu^{31}sɿ^{44}$	在 $ts^{h}ae^{44}$	不在 $pu^{31}ts^{h}ae^{44}$
韩城	不是 $pu^{31}sɿ^{44}$	在 $ts^{h}æe^{44}$	不在 $p^{h31}ts^{h}æe^{44}$
合阳	不是 $pu^{31}sɿ^{55}$	在 $ts^{h}æe^{55}$	不在 $pu^{31}ts^{h}æe^{55}$
富平	不是 $pu^{31}sɿ^{55}$	在 $tsɛe^{55}$	不在 $pu^{31}tsɛe^{55}$
耀州	不是 $pu^{21}sɿ^{44}$	到 $tɔu^{44}$ 在 $tsæi^{44}$	没到 $muo^{21}tɔu^{44}$ 没在 $muo^{21}tsæi^{44}$
咸阳	不是 $pu^{31}sɿ^{0}$	在 $tsæ^{44}$	不在 $pu^{31}tsæ^{44}$
旬邑	不是 $pu^{21}sɿ^{44}$	到 tau^{44} 在 $tsɛi^{44}$	没到 $mo^{21}tau^{44}$ 不在 $pu^{21}tsɛi^{44}$
三原	不是 $pu^{31}sɿ^{44}$	在 $tsai^{44}$	不在 $pu^{31}tsai^{44}$

	0901 不是他~老师	0902 在他~家	0903 不在他~家
乾县	不是 pu^{21}sɿ^{55}	到 tɔ^{55}	不在 pu^{21}tsɛ^{55}
岐山	不是 pu^{31}sɿ^{44}	到 tɔ^{44} 在 tsE^{44}	不到 pu^{31}tɔ^{44} 不在 pu^{31}tsE^{53}
凤翔	不是 pu^{31}sɿ^{44}	在 tsE^{44}	没在 mo^{31}tsE^{44}
千阳	不是 pu^{31}sɿ^{44}	在 tsE^{44}	没在 mo^{31}tsE^{44}
西安	不是 pu^{21}sɿ^{44}	在 tsai^{44}	不在 pu^{21}tsai^{44}
户县	不是 pu^{31}sɿ^{55}	在 tsæ^{55}	不在 pu^{31}tsæ^{55} 没在 mɤ^{31}tsæ^{55}
商州	不是 pu^{31}sɿ^{44}	在 tsai^{44}	没在 muə^{31}tsai^{44}
镇安	不是 pu^{53}ʂʅ^{322}	在 tsai^{322}	不在 pu^{53}tsai^{322} 没在 muə^{53}tsai^{322}
安康	不是 pu^{31}ʂʅ^{44}	在 tsæ^{44}	没在 muo^{31}tsæ^{44}
白河	不是 pu^{44}ʂʅ^{41}	在 tsai^{41}	[没有]在 miəu^{35}tsai^{41}
汉阴	不是 pu^{42}ʂʅ^{214}	在 tsae^{214}	没在 mE^{42}tsae^{214}
平利	不是 pu^{43}ʂʅ^{214}	在 tsai^{214}	不在 pu^{43}tsai^{214}
汉中	不是 pu^{21}sɿ^{213}	在 tsai^{213}	没在 mɤ^{42}tsai^{213}
城固	不是 pu^{31}sɿ^{213}	在 tsai^{213}	没在 muə^{31}tsai^{213}
勉县	不是 pu^{21}sɿ^{213}	在 tsɑi^{213}	没在 mɤ^{21}tsɑi^{213}
镇巴	不是 pu^{31}sɿ^{213}	在 tai^{213}	不在 pu^{31}tai^{213}

	0904 知道我~这件事	0905 不知道我~这件事	0906 懂我~英语
榆林	晓得 ɕiɔo^{21}tʌʔ^{3} 知道 tʂʅ^{33}tɔo^{52}	不晓得 pəʔ^{3}ɕiɔo^{21}tʌʔ^{3} 不知道 pəʔ^{3}tʂʅ^{33}tɔo^{52}	解下 xɛe^{52}xa^{0} 解开 xɛe^{52}kʰɛe^{33}
神木	晓得 ɕiɔo^{21}təʔ^{4} 知道 tʂʅ^{24}tɔo^{53}	不晓得 pəʔ^{4}ɕiɔo^{21}təʔ^{4} 不知道 pəʔ^{4}tʂʅ^{24}tɔo^{53}	解下 xE^{53}xa^{0} 会 xuei^{53} 懂 tuɤ̃^{213}
绥德	晓得 ɕiɔɤ^{21}tɤ^{33} 知道 tʂʅ^{21}tao^{52}	不晓得 pəʔ^{5}ɕiɔɤ^{21}tɤ^{33} 不知道 pəʔ^{5}tʂʅ^{21}tao^{52}	解下 xai^{52}xɑ^{0} 解开 xai^{52}kʰai^{213}
吴堡	晓得 ɕiɤ^{41}təʔ^{3}	不晓得 pəʔ^{3}ɕiɤ^{41}təʔ^{3}	解开 xɑe^{52}kʰɑe^{213}
清涧	晓得 ɕiɔo^{53}təʔ^{0}	不晓得 pəʔ^{4}ɕiɔo^{53}təʔ^{0}	解下 xai^{44}xɑ^{0} 解开 xai^{42}kʰai^{0}
延安	知道 tʂʅ^{21}tɔ^{443} 解下 xai^{443}xa^{443}	不知道 pəʔ^{5}tʂʅ^{21}tɔ^{443} 解不下 xai^{443}pəʔ^{5}xa^{443}	解下 xai^{443}xa^{443}
延川	晓得 ɕiɑo^{53}tei^{213}	不晓得 pəʔ^{54}ɕiɑo^{53}tei^{213}	解下 xai^{53}xa^{0}
黄陵	知道 tʂʅ^{31}tɔ^{0}	不知道 pu^{24}tʂʅ^{31}tɔ^{0}	会 xuei^{55} 懂 tuəŋ^{52}
渭南	知道 tʂʅ^{31}tɔo^{0}	不知道 pu^{31}tʂʅ^{31}tɔo^{44}	会 xuei^{44}
韩城	解 ɕiE^{44}	不解 pu^{31}ɕiE^{44}	懂 təŋ^{53}
合阳	晓得 ɕiɔo^{52}tei^{31}	不晓得 pu^{24}ɕiɔo^{52}tei^{31}	会 xuei^{55} 懂 tuŋ^{52}
富平	知道 tʂʅ^{53}tɑo^{31}	知不道 tʂʅ^{53}pu^{31}tɑo^{55}	会 xueɪ^{55}
耀州	知道 tʂʅ^{52}tɔu^{0}	知不道 tʂʅ^{21}pu^{21}tɔu^{44}	会 xuei^{44}
咸阳	知道 tʂʅ^{31}tɔ^{0}	知不道 tʂʅ^{31}pu^{31}tɔ^{44}	懂 tuəŋ^{53}
旬邑	知道 tʂʅ^{52}tau^{0} 清楚 tsʰiəŋ^{21}tʃʰʅ^{52}	不知道 pu^{24}tʂʅ^{52}tau^{0} 不清楚 pu^{24}tsʰiəŋ^{21}tʃʰʅ^{52}	会 xuei^{44} 懂 tuəŋ^{52}
三原	知道 tʂʅ^{52}tɑɔ^{0}	知不道 tʂʅ^{31}pu^{31}tɑɔ^{44} 不知道 pu^{31}tʂʅ^{31}tɑɔ^{44}	懂 tuəŋ^{52}

	0904 知道我~这件事	0905 不知道我~这件事	0906 懂我~英语
乾县	知道 tʂʅ^{53}tɔ^{21}	不知道 pu^{24}tʂʅ^{53}tɔ^{21}	会 xue^{55}
岐山	知道 tʂʅ^{53}tɔ^{21}	不知道 pu^{31}tʂʅ^{53}tɔ^{21}	会 xuei^{44}
凤翔	知道 tʂʅ^{53}tɔ^{0}	不知道 pu^{31}tʂʅ^{53}tɔ^{0}	会 xuei^{44}
千阳	知道 tʂʅ^{53}tɔ^{0}	不知道 pu^{31}tʂʅ^{53}tɔ^{0}	会 xuei^{44}
西安	知道 tʂʅ^{21}tau^{0}	知不道 tʂʅ^{21}pu^{0}tau^{44}	会 xuei^{44}
户县	知道 tʂʅ^{31}tau^{31}	知不道 tʂʅ^{31}pu^{31}tau^{55}	懂 tuəŋ^{51}
商州	晓得 ɕiɑo^{53}tei^{0}	不晓得 pu^{31}ɕiɑo^{53}tei^{0}	懂 tuəŋ^{53}
镇安	晓得 ɕiɔo^{35}tɛ^{53}	不晓得 pu^{53}ɕiɔo^{21}tɛ^{0}	知道 tʂʅ^{53}tɔo^{0}
安康	知道 tʂʅ^{31}tau^{44}	知不道 tʂʅ^{31}pu^{31}tau^{44}	懂 tuŋ^{53}
白河	晓得 ɕiɔu^{35}tE^{0}	找不到 tʂɔu^{35}pu^{0}tɔu^{44}	会 xuei^{41}
汉阴	晓得 ɕiɑo^{45}tE^{0}	找不道 tsɑo^{45}pu^{0}tɑo^{45}	晓得 ɕiao^{45}tE^{0}
平利	晓得 ɕiau^{45}tE^{21} 知道 tʂʅ^{43}tau^{21}	不晓得 pu^{43}ɕiau^{45}tE^{21} 找不到 tʂau^{45}pu^{43}tau^{445}	懂 toŋ^{445}
汉中	知道 tʂʅ^{55}tɑo^{0}	不知道 pu^{21}tʂʅ^{55}tɑo^{213}	会 xuei^{213}
城固	晓得 ɕiɔ^{24}ti^{0} 知道 tʂʅ^{44}tɔ^{0}	不晓得 pu^{31}ɕiɔ^{24}ti^{0} 知不道 tʂʅ^{44}pu^{0}tɔ^{213}	会 xuei^{213}
勉县	晓得 ɕiɑɔ^{35}ti^{0}	不晓得 pu^{21}ɕiɑɔ^{35}ti^{0}	会 xuei^{213}
镇巴	晓得 ɕiau^{45}tɛ^{31}	不晓得 pu^{31}ɕiau^{45}tɛ^{31}	会 xuei^{213}

	0907 不懂我～英语	0908 会我～开车	0909 不会我～开车
榆林	解不下 $x\varepsilon e^{52}p\partial ʔ^{3}xa^{52}$ 解不开 $x\varepsilon e^{52}p\partial ʔ^{3}k^{h}\varepsilon e^{33}$	会 $xuei^{52}$	不会 $p\partial ʔ^{3}xuei^{52}$
神木	解不下 $xE^{53}p\partial ʔ^{4}xa^{0}$ 不会 $p\partial ʔ^{4}xuei^{53}$ 不懂 $p\partial ʔ^{4}tu\tilde{ɤ}^{213}$	会 $xuei^{53}$	不会 $p\partial ʔ^{4}xuei^{53}$
绥德	解不下 $xai^{52}p\partial ʔ^{3}xɑ^{52}$ 解不开 $xai^{52}p\partial ʔ^{21}k^{h}ai^{213}$	会 $xuei^{52}$	不会 $p\partial ʔ^{3}xuei^{52}$
吴堡	解不开 $xɑe^{53}p\partial ʔ^{3}k^{h}ɑe^{213}$	会 $xuɑe^{53}$	不会 $p\partial ʔ^{3}xuɑe^{53}$
清涧	解不下 $xai^{44}p\partial ʔ^{0}xɑ^{44}$ 解不开 $xai^{42}p\partial ʔ^{0}k^{h}ai^{312}$	会 $xuai^{42}$	不会 $p\partial ʔ^{4}xuai^{0}$
延安	解不下 $xai^{443}p\partial ʔ^{5}xa^{443}$	会 $xuei^{443}$	不会 $p\partial ʔ^{5}xuei^{443}$
延川	解不下 $xai^{53}p\partial ʔ^{21}xa^{0}$	会 $xuai^{53}$	不会 $p\partial ʔ^{54}xuai^{0}$
黄陵	不会 $pu^{31}xuei^{55}$ 不懂 $pu^{31}tuŋ^{52}$	会 $xuei^{55}$	不会 $pu^{31}xuei^{55}$
渭南	不会 $pu^{31}xuei^{44}$	会 $xuei^{44}$	不会 $pu^{31}xuei^{44}$
韩城	不懂 $pu^{31}t\partial ŋ^{53}$	会 $xuɪi^{44}$	不会 $pu^{31}xuɪi^{44}$
合阳	不会 $pu^{31}xuei^{55}$ 不懂 $pu^{24}tuŋ^{52}$	会 $xuei^{55}$	不会 $pu^{31}xuei^{55}$
富平	不会 $pu^{31}xueɪ^{55}$	会 $xueɪ^{55}$	不会 $pu^{31}xueɪ^{55}$
耀州	不会 $pu^{21}xuei^{44}$	会 $xuei^{44}$	不会 $pu^{21}xuei^{44}$
咸阳	不懂 $pu^{31}tu\partial ŋ^{53}$	会 $xuei^{44}$	不会 $pu^{31}xuei^{44}$
旬邑	不会 $pu^{21}xuei^{44}$ 不懂 $pu^{21}tu\partial ŋ^{52}$	能 $l\partial ŋ^{24}$ 会 $xuei^{44}$	不能 $pu^{21}l\partial ŋ^{24}$ 不会 $pu^{21}xuei^{44}$
三原	不懂 $pu^{31}tu\partial ŋ^{52}$	会 $xuei^{44}$	不会 $pu^{31}xuei^{44}$

	0907 不懂我~英语	0908 会我~开车	0909 不会我~开车
乾县	不懂 pu^{21}toŋ^{53}	会 xue^{55}	不会 pu^{21}xue^{55}
岐山	不会 pu^{31}xuei^{44}	会 xuei^{44} 能 ləŋ^{24}	不会 pu^{31}xuei^{44}
凤翔	不会 pu^{31}xuei^{44}	会 xuei^{44}	不会 pu^{31}xuei^{44}
千阳	不会 pu^{31}xuei^{44}	会 xuei^{44}	不会 pu^{31}xuei^{44}
西安	不会 pu^{21}xuei^{44}	会 xuei^{44}	不会 pu^{21}xuei^{44}
户县	不懂 pu^{31}tuəŋ^{51}	会 xuei^{55}	不会 pu^{31}xuei^{55}
商州	不懂 pu^{31}tuəŋ^{53}	会 xuei^{44}	不会 pu^{31}xuei^{44}
镇安	不知道 pu^{53}tʂʅ^{21}tɔo^{21}	会 xuEi^{322}	不会 pu^{53}xuEi^{322}
安康	不懂 pu^{31}tuŋ^{53}	会 xuei^{44}	不会 pu^{31}xuei^{44}
白河	不会 pu^{44}xuei^{41}	会 xuei^{41}	不会 pu^{44}xuei^{41}
汉阴	不晓得 pu^{42}ɕiao^{45}tE^{0}	会 χuei^{214}	不会 pu^{42}χuei^{214}
平利	不懂 pu^{43}toŋ^{445}	会 xuei^{214}	不会 pu^{43}xuei^{214}
汉中	不会 pu^{21}xuei^{213}	会 xuei^{213}	不会 pu^{21}xuei^{213}
城固	不会 pu^{31}xuei^{213}	会 xuei^{213}	不会 pu^{31}xuei^{213}
勉县	不会 pu^{21}xuei^{213}	会 xuei^{213}	不会 pu^{21}xuei^{213}
镇巴	不会 pu^{31}xuei^{213}	会 xuei^{213} （V）得来 tɛ^{33}lai^{31}	不会 pu^{31}xuei^{213} （V）不来 pu^{33}lai^{31}

	0910 认识我~他	0911 不认识我~他	0912 行应答语
榆林	认得 ʐɤɣ̃^{52}tʌʔ^{3}	认不得 ʐɤɣ̃^{52}pəʔ^{3}tʌʔ^{3}	能行 nɤɣ̃^{24}ɕiɤɣ̃^{213}
神木	认得 ʐɤ̃^{53}təʔ^{0}	认不得 ʐɤ̃^{53}pəʔ^{0}təʔ^{0}	能 nɤ̃^{44} 行 ɕiɤ̃^{44}
绥德	认得 ʐəɣ̃^{52}tɤ^{33}	认不得 ʐəɣ̃^{52}pəʔ^{3}tɤ^{33}	能行 nəɣ̃^{33}ɕiəɣ̃^{33}
吴堡	认得 ʐəŋ^{53}təʔ^{0}	认不得 ʐəŋ^{53}pəʔ^{4}təʔ^{0}	能嘞 nəŋ^{33}ləʔ^{0}
清涧	认得 ʐəɣ̃^{44}təʔ^{0}	认不得 ʐəɣ̃^{44}pəʔ^{0}təʔ^{0}	能哩 nəɣ̃^{24}li^{0}
延安	认得 ʐəŋ^{443}tei^{24}	认不得 ʐəŋ^{443}pəʔ^{5}tei^{0}	能行 nəŋ^{24}ɕiəŋ^{24}
延川	认得 ʐəŋ^{53}tei^{213}	认不得 ʐəŋ^{53}pəʔ^{54}tei^{0}	能行 nəŋ^{35}ɕiŋ^{0}
黄陵	认得 ʐẽ^{55}tei^{0}	认不得 ʐẽ^{55}pu^{0}tei^{0}	行 ɕiəŋ^{24}
渭南	认得 ʐə̃^{44}tei^{31}	认不得 ʐə̃^{44}pu^{31}tei^{31}	行 ɕiəŋ^{24} 能行 nəŋ^{24}ɕiəŋ^{24}
韩城	认得 ʐɛ̃^{44}ti^{0}	认不得 ʐɛ̃^{44}pu^{31}ti^{0}	行 ɕiəŋ^{24} 成 tʂʰəŋ^{24}
合阳	认得 ʐẽ^{55}ti^{0} 认识 ʐẽ^{55}ʂʅ^{31}	不认得 pu^{31}ʐẽ^{55}ti^{0} 不认识 pu^{31}ʐẽ^{55}ʂʅ^{31}	行 ɕiŋ^{24} 能行 nəŋ^{24}ɕiŋ^{24}
富平	认得 ʐɛ̃^{55}teɪ^{31}	认不得 ʐɛ̃^{55}pu^{31}teɪ^{24}	能行 nəɣ̃^{24}ɕiəɣ̃^{24}
耀州	认得 ʐei^{44}tei^{0}	认不得 ʐei^{44}pu^{21}tei^{24}	行 ɕiŋ^{24} 能成 nəŋ^{24}tʂʰəŋ^{24}
咸阳	认得 ʐɛ̃^{44}tei^{0}	认不得 ʐɛ̃^{44}pu^{31}tei^{24}	能成 nəŋ^{24}tʂʰəŋ^{24}
旬邑	认得 ʐɛ̃^{24}tei^{0} 认识 ʐɛ̃^{24}ʂʅ^{0}	认不得 ʐɛ̃^{24}pu^{21}tei^{0} 不认识 pu^{21}ʐɛ̃^{44}ʂʅ^{0}	能成 ləŋ^{24}tʂʰəŋ^{24}
三原	认得 ʐẽ^{44}tei^{0}	认不得 ʐẽ^{44}pu^{31}tei^{24}	能成 nəŋ^{24}tʂʰəŋ^{24}

	0910 认识我~他	0911 不认识我~他	0912 行应答语
乾县	认识 ʐẽ^{55}ʂʅ^{21}	不认识 pu^{21}ʐẽ^{55}ʂʅ^{0}	可以 kʰɤ^{53}i^{21}
岐山	认得 ʐəŋ^{44}tei^{53}	不认得 pu^{31}ʐəŋ^{44}tei^{53}	能成 ləŋ^{24}tʂʰəŋ^{24} 能行 ləŋ^{24}ɕiŋ^{24}
凤翔	认得 ʐəŋ^{45}tei^{0}	不认得 pu^{31}ʐəŋ^{45}tei^{0} 认不得 ʐəŋ^{45}pu^{0}tei^{0}	对 tuei^{44} 行 ɕiŋ^{24}
千阳	认得 ʐəŋ^{45}tei^{0}	认不得 ʐəŋ^{45}pu^{0}tei^{0}	能成 ləŋ^{24}tʂʰəŋ^{24} 对 tuei^{44}
西安	认得 ʐən^{44}tei^{0}	认不得 ʐən^{44}pu^{0}tei^{24}	行 ɕiəŋ^{24} 成 tʂʰəŋ^{24}
户县	认得 ʐẽ^{55}tei^{31}	认不得 ʐẽ^{55}pu^{31}tei^{35}	行 ɕiŋ^{35} 能行 nəŋ^{35}ɕiŋ^{35}
商州	认得 ʐẽ^{44}tei^{0}	不认得 pu^{31}ʐẽ^{44}tei^{0}	行 ɕiəŋ^{35}
镇安	认得 ʐən^{322}tɛ^{0}	不认得 pu^{53}ʐən^{322}tɛ^{0}	行 ɕin^{33}
安康	认得 ʐən^{44}tei^{0}	不认得 pu^{31}ʐən^{44}tei^{0}	行 ɕin^{35}
白河	认得 ʐən^{42}tᴇ^{0}	认不得 ʐən^{42}pu^{0}tᴇ^{44}	好 xɔu^{35} 晓得 ɕiɔu^{35}tᴇ^{0}
汉阴	认得 ʐən^{24}tᴇ^{42}	认不得 ʐən^{24}pu^{42}tᴇ^{42}	要得 iɑo^{21}tᴇ^{0} 行 ɕin^{42}
平利	认得 ʐən^{24}tᴇ^{0}	认不到 ʐən^{24}pu^{43}tau^{445}	要得 iau^{24}tᴇ^{0} 行 ɕin^{52}
汉中	认得 ʐən^{21}ti^{35}	认不得 ʐən^{21}pu^{35}ti^{0}	得行 tei^{55}ɕin^{42}
城固	认得 ʐən^{31}ti^{0}	认不得 ʐən^{31}pu^{24}ti^{0}	得行 tei^{53}ɕiŋ^{311} 得成 tei^{53}tʂʰeŋ^{311}
勉县	认得 zən^{21}ti^{35}	认不得 zən^{21}pu^{35}ti^{0}	得行 tei^{44}ɕin^{21}
镇巴	认得到 zən^{213}tɛ^{52}tau^{52} 认得 zən^{213}tɛ^{52}	认不到 zən^{213}pu^{52}tau^{52} 认不得 zən^{213}pu^{55}tɛ^{31}	要得 iau^{213}tɛ^{52}

	0913 不行应答语	0914 肯~来	0915 应该~去
榆林	不行 pəʔ^{3}ɕiɤɣ̃^{0}	肯 kʰɤɣ̃^{213} 愿意 yɛ^{52}i^{52}	应该 iɤɣ̃^{52}kɛe^{33}
神木	不能 pəʔ^{4}nɤ̃^{44} 不行 pəʔ^{4}ɕiɤ̃^{44}	愿意 yɛ^{53}i^{53}	应该 iɤ̃^{53}kᴇe^{0} 公该 kuɤ̃^{24}kᴇe^{0}
绥德	不行 pəʔ^{3}ɕiəɣ̃^{33}	肯 kʰɯ^{213} 愿意 ye^{52}i^{52}	应公该 iəɣ̃^{52}kuəɣ̃^{21}kai^{213} 应该 iəɣ̃^{52}kai^{0}
吴堡	不 pəʔ^{3}	愿意 ye^{53}i^{0}	应该 iəŋ^{53}kɑe^{213}
清涧	不能 pəʔ^{4}nəɣ̃^{24}	愿意 y^{42}zʅ^{0}	应该 iəɣ̃^{42}kai^{0}
延安	不能行 pəʔ^{5}nəŋ^{24}ɕiəŋ^{24}	肯 kʰəŋ^{52}	应该 iəŋ^{443}kai^{213}
延川	不行 pəʔ^{21}ɕiŋ^{35}	肯 kʰəŋ^{53}	应该 iŋ^{53}kai^{0}
黄陵	不行 pu^{31}ɕiəŋ^{24}	想 ɕiɑŋ^{52} 愿意 yæ̃^{55}i^{0}	该 kᴇ^{31} 应该 iəŋ^{24}kᴇ^{31}
渭南	不行 pu^{31}ɕiəŋ^{24}	愿意 yæ̃^{44}i^{31}	应该 iəŋ^{24}kae^{31}
韩城	不行 pu^{31}ɕiəŋ^{24}	肯 kʰɛ̃^{53}	应该 ȵiəŋ^{24}kæe^{31}
合阳	不成 pu^{31}tʂʰəŋ^{24} 不行 pu^{31}ɕiŋ^{24}	愿意 yɑ̃^{55}i^{55} □tɕʰiẽ^{52}	该 kæe^{31} 应该 iŋ^{24}kæe^{31}
富平	不行 pu^{31}ɕiəɣ̃^{24}	肯 kʰɛ̃^{53}	应该 iəɣ̃^{24}kɛe^{31}
耀州	不得成 pu^{52}tei^{0}tʂʰəŋ^{24} 不行 pu^{21}ɕiŋ^{24}	愿意 yæ̃^{44}i^{21}	该 kæi^{21}
咸阳	弄不成 nəŋ^{44}pu^{31}tʂʰəŋ^{24}	肯 kʰɛ̃^{53}	应该 iəŋ^{24}kæ^{31}
旬邑	不得行 pu^{52}tei^{21}ɕiəŋ^{24} 不行 pu^{21}ɕiəŋ^{24}	情愿 tɕʰiəŋ^{21}yã^{44} 愿意 yã^{24}i^{0}	该 kɛi^{21} 应该 iəŋ^{24}kɛi^{21}
三原	不能成 pu^{31}nəŋ^{24}tʂʰəŋ^{24}	愿意 yã^{44}i^{0}	应该 iəŋ^{24}kai^{31}

	0913 不行应答语	0914 肯~来	0915 应该~去
乾县	不行 pu^{21}çiɤŋ^{24}	肯 k^{h}ẽ^{53}	应该 iɤŋ^{24}kɛ^{21}
岐山	不行 pu^{31}çiŋ^{24}	肯 kəŋ^{53}	应该 iŋ^{24}kE^{31}
凤翔	没相 mo^{31}çiɑŋ^{44} 不行 pu^{31}çiŋ^{24}	愿意 yæ̃^{45}i^{0}	应该 iŋ^{24}kE^{31}
千阳	没相 mo^{31}çiɑŋ^{44}	愿意 yæ̃^{45}i^{0}	应该 iŋ^{24}kE^{31}
西安	不行 pu^{21}çiəŋ^{24} 不成 pu^{21}tʂ^{h}əŋ^{24}	愿意 yã^{44}i^{0}	应该 iəŋ^{24}kai^{0}
户县	不行 pu^{31}çiŋ^{35} 不成 pu^{31}tʂ^{h}əŋ^{35}	愿意 yã^{55}i^{31} 乐意 luɤ^{31}i^{55}	该 kæ^{31}
商州	不行 pu^{31}çiəŋ^{35}	愿意 yã^{44}i^{0}	得 tei^{31}
镇安	不行 pu^{21}çin^{33}	肯 k^{h}ən^{35}	该 kai^{53}
安康	不行 pu^{31}çin^{35}	肯 k^{h}ən^{53}	应该 in^{44}kæ^{31}
白河	不行 pu^{44}çiən^{44}	肯 k^{h}ən^{35}	应该 iən^{42}kai^{213}
汉阴	不行 pu^{42}çin^{42}	愿 yan^{214}	该 kae^{33}
平利	不行 pu^{43}çin^{52}	肯 k^{h}ən^{445}	该 kai^{43}
汉中	不得行 pu^{21}tei^{55}çin^{42}	愿意 yan^{35}i^{213}	应该 in^{21}kai^{55}
城固	不得行 pu^{31}tei^{53}çiŋ^{311} 不得成 pu^{31}tei^{53}tʂ^{h}eŋ^{311}	愿意 yan^{24}i^{213}	应当 iŋ^{31}taŋ^{53}
勉县	不得行 pu^{21}tei^{44}çin^{21}	愿意 yɑn^{21}i^{35}	该 kɑi^{42}
镇巴	要不得 iau^{213}pu^{55}tɛ^{31}	肯 k^{h}ən^{52}	该 kai^{35}

	0916 可以~去	0917 说~话	0918 话说~
榆林	能 nɤɣ̃^{213}	说 ʂuaʔ^{3}	话 xua^{52}
神木	能 nɤ̃^{44} 可以 kʰuo^{24}i^{0}	说 ʂuəʔ^{4} 拉 la^{53}	话 xua^{53}
绥德	能 nəɣ̃^{33}	说 ʂuo^{33} 拉 lɑ^{52}	话 xuɑ^{52}
吴堡	能 nəŋ^{33}	说 suəʔ^{3}	话 xuɑ^{53}
清涧	能 nəɣ̃^{24}	说 ʂuɤ^{53}	话 xuɑ^{42}
延安	能 nəŋ^{24} 可以 kʰuo^{24}i^{0}	说 ʂuo^{213}	话 xua^{443}
延川	可以 kʰɤ^{35}zʅ^{0}	说 ʂuɤ^{423}	话 xua^{53}
黄陵	能 nəŋ^{24} 可以 kʰɤ^{24}i^{0}	说 suɤ^{31}	话 xuɑ^{55}
渭南	能 nəŋ^{24}	说 ʃə^{31}	话 xuɑ^{44}
韩城	能 nəŋ^{24} 可以 kʰɤ^{53}i^{0}	说 ʂʅᴇ^{31}	话 xuɑ^{44}
合阳	能 nəŋ^{24} 可以 kʰɤ^{52}i^{31}	说 fo^{31} 讲 tɕiɑŋ^{52}	话 xuɑ^{55}
富平	可以 kʰɤ^{53}i^{31}	说 ʂuo^{31}	话 xuɑ^{55}
耀州	能 nəŋ^{24}	说 ʃuo^{21}	话 xua^{44}
咸阳	能 nəŋ^{24}	说 ʂɤ^{31}	话 xua^{44}
旬邑	能 ləŋ^{24} 可以 kʰɤ^{44}i^{0}	说 ʃuo^{21}	话 xua^{44}
三原	能 nəŋ^{24}	说 ʃuə^{31}	话 xuɑ^{44}

	0916 可以~去	0917 说~话	0918 话说~
乾县	可以 $k^{h}ɤ^{53}i^{21}$	说 $ʂɤ^{21}$／ $ʂuɤ^{21}$	话 xua^{55}
岐山	能 $ləŋ^{24}$	说 $ʂɤ^{31}$	话 xvA^{44}
凤翔	能 $ləŋ^{24}$	说 $ʂʅə^{31}$	话 xua^{44}
千阳	能 $ləŋ^{24}$	说 $ʂə^{31}$	话 xua^{44}
西安	能 $nəŋ^{24}$	说 $ʂɤ^{21}$	话 xua^{44}
户县	能 $nəŋ^{35}$ 可以 $k^{h}ɤ^{51}i^{31}$	说 $ʂʅɛ^{31}$	话 xua^{55}
商州	能 $nəŋ^{35}$	说 $ʃuə^{31}$	话 $xuɑ^{44}$
镇安	能 $nən^{214}$	说 $ʂʮɛ^{53}$	话 xua^{322}
安康	可以 $k^{h}ɤ^{53}i^{0}$	说 $fə^{31}$	话 xua^{44}
白河	可以 $k^{h}uo^{35}i^{0}$	说 $ʂuo^{213}$ 言喘 $ȵian^{44}tʂ^{h}uan^{0}$	话 xua^{41}
汉阴	可以 $k^{h}o^{45}i^{0}$	讲 $tɕiaŋ^{45}$ 说 $ʂo^{42}$	话 $χuɑ^{214}$
平利	能 $lən^{52}$	说 $ʂo^{43}$	话 xua^{214}
汉中	得 tei^{55} 可以 $k^{h}ɤ^{35}i^{0}$	说 $suɤ^{55}$	话 xuA^{213}
城固	得 tei^{53}	说 $ʃuə^{53}$	话 xua^{213}
勉县	能 $lən^{21}$	说 $fɤ^{42}$	话 $xuɑ^{213}$
镇巴	可以 $k^{h}o^{45}i^{52}$	说 so^{31}	话 xua^{213}

	0919 聊天儿	0920 叫~他一声儿	0921 吆喝大声喊
榆林	拉沓 la^{52}tʰa^{0} 拉话 la^{52}xua^{52}	嘶声 sɿ^{21}ʂɤɣ̃^{33}	嘶声 sɿ^{21}ʂɤɣ̃^{33} 叫唤 tɕiɔo^{52}xuɛ^{0}
神木	拉话 la^{53}xua^{53} 捣拉 tɔo^{21}la^{53} 谝闲传 pʰiɛ^{21}xɛ^{44}tʂʰuɛ^{44}	吼 xəu^{213}	吼 xəu^{213} 嘶声 sɿ^{21}ʂɣ̃^{24} 吼喊 xəu^{24}xɛ^{21}
绥德	拉沓 lɑ^{52}tʰɑ^{0} 拉散散话 lɑ^{52}sæ^{21}sæ^{33}xuɑ^{52} 拉闲话 lɑ^{52}xæ^{24}xuɑ^{52}	叫 tɕiɔɤ^{52} 喊 xæ^{213}	嘶声 sɿ^{21}ʂəɣ̃^{213}
吴堡	拉沓 lɑ^{53}tʰɑ^{0}	叫 tɕiɤ^{53}	吼 xɤu^{412}
清涧	拉话 lɑ^{53}xuɑ^{44}	叫 tɕiɔo^{42} 喊 xɛ^{53}	呐喊 nɑ^{31}xɛ^{53}
延安	拉话 la^{443}xua^{443} 拉闲话 la^{443}xæ̃^{24}xua^{443}	叫 tɕiɔ^{443}	吼 xou^{52} 叫唤 tɕiɔ^{443}xuæ̃^{0} 吆喝 iɔ^{21}xuo^{443}
延川	拉话 la^{53}xua^{53}	叫 tɕiao^{53}	呐喊 næ̃^{42}xæ̃^{21}
黄陵	谝闲传 pʰiæ̃^{52}xæ̃^{24}tʂʰuæ̃^{24}	叫 tɕiɔ^{55}	吱哇 tsɿ^{31}uɑ^{0} 吆喝 iɔ^{31}xuɤ^{0}
渭南	谝闲的 pʰiæ̃^{53}xæ̃^{24}tɕi^{0}	叫 tɕiɔo^{44}	喊叫 xæ̃^{53}tɕiɔo^{0}
韩城	谝闲传 pʰiã^{53}xã^{24}pfʰã^{24}	叫 tɕiɑu^{44}	叫唤 tɕiɑu^{44}xuã^{0}
合阳	谝 pʰiã^{52} 谝闲话 pʰiã^{52}xã^{24}pfʰã^{24}	叫 tɕiɔo^{55} 喊 xã^{52}	嚷谎 ʐɑŋ^{52}xuɑŋ^{31} 吆喝 iɔo^{31}xuo^{31}
富平	谝 pʰiæ̃^{53} 谝闲传 pʰiæ̃^{53}xæ̃^{24}tʃʰuæ̃^{24}	叫 tɕiɑo^{55}	喊叫 xæ̃^{53}tɕiɑo^{31}
耀州	胡谝 xu^{24}pʰiæ̃^{52}	叫 tɕiɔu^{44} 喊 xæ̃^{52}	吆喝 iɔu^{52}xuo^{0} 喊 xæ̃^{52}
咸阳	谝闲传 pʰiã^{53}xã^{24}tʃʰuã^{24}	叫 tɕiɔ^{44}	吆喝 iɔ^{31}xuo^{0}
旬邑	谝干传 pʰiã^{52}kã^{52}tʃʰã^{0}	叫 tɕiau^{44} 喊 xã^{52}	吼叫 xəu^{44}tɕiau^{0}
三原	拉闲话 lɑ^{44}xã^{24}xuɑ^{0} 谝闲传 pʰiã^{52}xã^{24}tʃʰuã^{0}	叫 tɕiɑɔ^{44}	喊叫 xã^{52}tɕiɑɔ^{0}

	0919 聊天儿	0920 叫~他一声儿	0921 吆喝大声喊
乾县	谝闲传 pʰiæ̃^{53}xæ̃^{24}tʃʰuæ̃^{21}	叫 tɕiɔ^{55}	喊叫 xæ̃^{53}tɕiɔ^{21}
岐山	谝干传 pʰiæ̃^{53}kæ̃^{44}tʂʰæ̃^{53} 谝传 pʰiæ̃^{53}tʂʰæ̃^{24}	叫 tɕiɔ^{44} 喊 xæ̃^{53}	吆喝 iɔ^{31}xuo^{21} 喊 xæ̃^{53}
凤翔	谝干传 pʰiæ̃^{53}kæ̃^{45}tʂʰæ̃^{0} 谝闲传 pʰiæ̃^{53}ɕiæ̃^{24}tʂʰæ̃^{24} 闲谝 ɕiæ̃^{24}pʰiæ̃^{53}	吆喝 iɔ^{31}xuo^{0} 喊 xæ̃^{53}	吆喝 iɔ^{31}xuo^{0}
千阳	谝光传 pʰiæ̃^{53}kuɑŋ^{45}tʃʰæ̃^{0} 说闲话 ʂə^{31}ɕiæ̃^{31}xua^{0}	叫 tɕiɔ^{44}	吆喝 iɔ^{31}xuo^{0}
西安	谝闲传 pʰiã^{53}xã^{24}pfʰã^{24}	叫 tɕiau^{44}	喊叫 xã^{53}tɕiau^{0}
户县	谝闲传 pʰiã^{51}xã^{35}tsʰuã^{35} 说闲话 ʂɿɛ^{31}xã^{35}xua^{31}	叫 tɕiau^{55} 喊 xã^{51}	喊叫 xã^{51}tɕiau^{31} 号叫 xau^{35}tɕiau^{31}
商州	谝□子 pʰiã^{53}pɑŋ^{53}tsɿ^{0}	叫 tɕiɑo^{44}	吼叫 xou^{53}tɕiɑo^{0}
镇安	谝□子 pʰian^{33}pʌŋ^{53}tsɿ^{0} 拉家常 la^{21}tɕia^{53}tʂʰʌŋ^{0}	喊 xan^{35}	喊叫 xan^{35}tɕiɔo^{53}
安康	谝闲传 pʰian^{53}ɕian^{35}pfʰan^{35}	叫 tɕiau^{44} 喊 xan^{53}	吆喝 iau^{31}xau^{31} 吼叫 xou^{53}tɕiau^{31}
白河	谝 pʰian^{35}	喊 xan^{35}	□嚎 ɕiᴇ^{44}xɔu^{0} 喊 xan^{35}
汉阴	打广子 tɑ^{45}kuɑŋ^{45}tsɿ^{0}	喊 χan^{45}	大声喊 tɑ^{21}ʂən^{0}χan^{45}
平利	谝广子 pʰian^{45}kuaŋ^{45}tsɿ^{21}	喊 xan^{445}	吼 xou^{445} 唠 ɥᴇ^{214}
汉中	谝闲 pʰian^{35}ɕian^{42} 谝闲传 pʰian^{35}ɕian^{42}tsʰuan^{21}	叫 tɕiɑo^{213}	吼叫 xəu^{35}tɕiɑo^{0}
城固	谝传 pʰian^{44}tʃʰuan^{311}	叫 tɕiɔ^{213}	吆喝 iɔ^{44}xuə^{0}
勉县	谝传 pʰiɑn^{35}tsʰuɑn^{21} 拐淡话 kuɑi^{35}tɑn^{21}xuɑ^{35}	叫 tɕiɑɔ^{213}	吼 xəu^{35} 吆喝 iɑɔ^{44}xuɤ^{0}
镇巴	打广子 ta^{45}kuaŋ^{45}tsɿ^{52} □经 san^{35}tɕin^{55}	喊 xan^{52}	喊叫 xan^{45}tɕiau^{213}

	0922 哭小孩~	0923 骂当面~人	0924 吵架动嘴：两个人在~
榆林	嚎 xɔo^{213} 哭 kʰuəʔ^{3}	噘 tɕyʌʔ^{3} 日噘 ʐəʔ^{3}tɕyɛ^{0}	嚷架 ʐɑ̃^{21}tɕia^{52} 相吵 səʔ^{3}tsʰɔo^{0}
神木	嚎 xɔo^{44}	超贱 tʂʰɔo^{24}tɕiɛ^{53} 超 tʂʰɔo^{213}	嚷架 ʐɑ̃^{21}tɕia^{53}
绥德	嚎 xao^{33} 哭 kʰuɤ^{33}	骂 mɑ^{52} 咒贱 tʂəu^{52}tɕie^{52}	相嚷 ɕiəʔ^{5}ʐɑ̃^{213} 相吵 ɕiəʔ^{5}tsʰao^{213}
吴堡	嚎 xo^{33}	噘 tɕye^{412}	相吵 ɕiəʔ^{3}tsʰo^{412}
清涧	嚎 xɔo^{24} 哭 kʰuɤ^{53}	噘 tɕʰy^{24} 日噘 ʐəʔ^{54}tɕʰy^{24}	闹架 nɔo^{44}tɕiɑ^{44}
延安	嚎 xɔ^{24} 哭 kʰu^{213}	骂 ma^{443} 日噘 ʐəʔ^{5}tɕyɛ^{0}	嚷仗 ʐaŋ^{52}tʂʰaŋ^{24} 吵架 tsʰɔ^{52}tɕia^{443}
延川	哭 kʰuɤ^{423}	辱谴 ʐuəʔ^{54}tɕʰiɛ^{423}	闹架 nɑo^{53}tɕia^{0}
黄陵	嚎 xɔ^{24} 哭 kʰu^{31}	骂 mɑ^{55}	嚷仗 ʐɑŋ^{52}tʂɑŋ^{55}
渭南	哭 kʰu^{31}	骂 mɑ^{44}	嚷仗 ʐɑŋ^{53}tʂɑŋ^{44}
韩城	哭 kʰu^{31}	噘 tɕyã^{53}	噘架 tɕyã^{53}tɕiɑ^{44} 骂仗 mɑ^{44}tʂɑŋ^{44}
合阳	哭 kʰu^{31}	骂 mɑ^{55} 恶口 ŋɤ^{31}kʰou^{31}	嚷仗 ʐɑŋ^{52}tʂɑŋ^{55} 吵嘴 tsʰɔo^{24}tɕyei^{52}
富平	哭 fʋ^{31}/kʰu^{31}	骂 mɑ^{55}	嚷仗 ʐɑɣ̃^{53}tʂɑɣ̃^{55}
耀州	嚎 xɔu^{24} 哭 fu^{21}	噘 tɕyɛ^{24} 骂 ma^{44}	骂账 ma^{44}tʂɑŋ^{44}
咸阳	哭 kʰu^{31}/fu^{31}	骂 ma^{44}	闹仗 lɔ^{44}tʂɑŋ^{44}
旬邑	嚎 xau^{24} 哭 fu^{21}	骂 ma^{44} 吆喝 iau^{52}xuo^{0}	骂仗 ma^{44}tʂɑŋ^{44}
三原	哭 fu^{31}	骂 mɑ^{44}	嚷仗 ʐɑŋ^{52}tʂɑŋ^{44}

	0922 哭小孩~	0923 骂当面~人	0924 吵架动嘴：两个人在~
乾县	哭 fu²¹	骂 ma⁵⁵	闹仗 nɔ⁵⁵ʈaŋ⁵⁵
岐山	叫唤 tɕiɔ⁴⁴xuæ̃⁵³ 哭 kʰu³¹	骂 mA⁴⁴	骂仗 mA⁴⁴tʂaŋ⁴⁴
凤翔	叫唤 tɕiɔ⁴⁵xuæ̃⁰ 哭 fu³¹	骂 ma⁴⁴ 日噘 ʐʅ⁵³tɕye⁰	骂仗 ma⁴⁴tʂɑŋ⁴⁴
千阳	叫唤 tɕiɔ⁴⁵xuæ̃⁰	骂 ma⁴⁴	骂仗 ma⁴⁴tʂɑŋ⁴⁴
西安	哭 kʰu²¹	噘 tɕyɛ²⁴	噘仗 tɕyɛ²⁴tʂaŋ⁴⁴
户县	哭 fu³¹	噘 tɕyɛ³⁵	噘仗 tɕyɛ³⁵tʂaŋ⁵⁵
商州	叫唤 tɕiɑo⁴⁴xuã³¹	噘 tɕʰyɛ³⁵	嚷仗 ʐɑŋ⁴⁴tʂɑŋ⁴⁴
镇安	□ŋʌŋ⁵³	骂 ma³²²	吵嘴 tsʰɔo³⁵tsEi³⁵
安康	叫唤 tɕiau⁴⁴xuan⁰	噘 tɕye³⁵	吵嘴 tʂʰau⁵³tsuei⁵³
白河	□ŋaŋ²¹³ 哭嘴 kʰu²¹tsei³⁵	噘 tɕyE⁴⁴ 骂 ma⁴¹	吵嘴 tʂʰɔu³⁵tsei³⁵
汉阴	哭 kʰu⁴²	噘 tɕyE⁴²	吵架 tsʰɑo⁴⁵tɕiɑ²¹⁴
平利	哭 kʰu⁴³	噘 tɕɥE⁵²	吵嘴 tʂʰau⁴⁵tsei⁴⁴⁵
汉中	叫唤 tɕiɑo²¹xuan⁰ 哭 kʰu⁵⁵	噘 tɕyɤ⁴²	吵架 tsʰɑo³⁵tɕia²¹³ □孽 kɤ⁵⁵ȵiE⁵⁵
城固	叫唤 tɕiɔ³¹xuan⁰	噘 tɕyɛ³¹¹	噘架 tɕyɛ³¹¹tɕia²¹³
勉县	哭 kʰu⁴²	噘 tɕyɤ²¹	噘架 tɕyɤ²¹tɕiɑ²¹³
镇巴	哭 kʰu³¹	噘 tɕyɛ³¹ 日噘 zʅ³¹tɕyɛ³¹	吵架 tsʰau⁴⁵tɕia²¹³

	0925 骗～人	0926 哄～小孩	0927 撒谎
榆林	折哄 tʂʌʔ^{3}xuɤɣ̃^{0}	哄 xuɤɣ̃^{213}	虚说 ɕy^{33} ʂuaʔ^{0} 捣鬼 tɔo^{24}kuei^{213}
神木	哄 xuɤ̃^{213} 闪哄 ʂɛ^{24}xuɤ̃^{0}	哄 xuɤ̃^{213}	哄人 xuɤ̃^{21}ʐɤ̃^{44} 捣鬼 tɔo^{24}kuei^{0}
绥德	哄 xuəɣ̃^{213} 圪哄 kəʔ^{5}xuəɣ̃^{213}	哄 xuəɣ̃^{213}	谖谎 ɕye^{24}xuɑ̃^{213} 捣鬼 tao^{24}kuei^{213}
吴堡	哄 xuəŋ^{412}	块⁼ kʰuɑe^{412}	谖说 ɕye^{21}suəʔ^{3} 捣鬼 to^{41}kuɛe^{412}
清涧	哄 xuəɣ̃^{53}	乖哄 kuai^{31}xuəɣ̃^{53}	虚说 sʮ^{24} ʂuɤ^{53}
延安	日弄 ʐəʔ^{5}nuəŋ^{443} 哄 xuəŋ^{52}	哄 xuəŋ^{52}	哄人 xuəŋ^{52}ʐəŋ^{24}
延川	哄 xuŋ^{53}	哄 xuŋ^{53}	谖谎 ɕyɛ^{35}xuɑŋ^{0}
黄陵	骗 pʰiæ̃^{55}	哄 xuŋ^{52}	哄人 xuŋ^{52}ʐẽ^{24}
渭南	哄 xuəŋ^{53}	哄 xuəŋ^{53}	搔谎 tsɔo^{31}xuɑŋ^{53}
韩城	骗 pʰiã^{44} 哄 xuəŋ^{53}	哄 xuəŋ^{53}	搔事 tsɑu^{31}sɿ^{44} 搔谎 tsɑu^{31}xuɑŋ^{53}
合阳	骗 pʰiɑ̃^{55} 哄 xuŋ^{52}	哄 xuŋ^{52} 骗 pʰiɑ̃^{55}	撒谎 sɑ^{24}xuɑŋ^{52} 造谎 tsʰɔo^{55}xuɑŋ^{52}
富平	哄 xuəɣ̃^{53}	哄 xuəɣ̃^{53}	哄人哩 xuəɣ̃^{53}ʐɛ̃^{31}li^{53}
耀州	哄 xuŋ^{52} 日弄 ʐʅ^{52}luŋ^{0}	哄 xuŋ^{52}	说空 ʃuo^{24}kʰuŋ^{21} 搔怪 tsɔu^{21}kuæi^{44}
咸阳	骗 pʰiã^{44}	哄 xuəŋ^{53}	说谎 ʂɤ^{31}xuɑŋ^{53}
旬邑	哄 xuəŋ^{52} 日弄 ʐʅ^{52}luəŋ^{0}	搞 kau^{52} 哄 xuəŋ^{52}	搔谎 tsau^{21}xuɑŋ^{52} 说谎 ʃuo^{21}xuɑŋ^{52}
三原	哄 xuəŋ^{52}	哄 xuəŋ^{52}	搔谎 tsɑɔ^{31}xuɑŋ^{52}

	0925 骗~人	0926 哄~小孩	0927 撒谎
乾县	骗 pʰiæ̃^{55}	哄 xoŋ^{53}	搔谎 tsɔ^{21}xuaŋ^{53}
岐山	骗 pʰiæ̃^{44} 哄 xuŋ^{53}	哄 xuŋ^{53}	编(着)说 piæ̃ː^{53}ʂɤ^{31}
凤翔	哄 xuŋ^{53}	哄 xuŋ^{53}	撇白 pʰie^{31}pei^{24} 哄人 xuŋ^{53}ʐəŋ^{24}
千阳	哄 xuŋ^{53}	哄 xuŋ^{53}	撇白 pʰie^{31}pei^{24} 哄人 xuŋ^{53}ʐəŋ^{24}
西安	哄 xoŋ^{53}	哄 xoŋ^{53}	搔怪 tsau^{21}kuai^{44}
户县	哄 xuəŋ^{51}	哄 xuəŋ^{51}	日白嘴 ʐʅ^{31}pei^{35}tsuei^{31} 搔怪 tsau^{31}kuæ^{55}
商州	哄 xuəŋ^{53}	哄 xuəŋ^{53}	搔谎 tsɑo^{31}xuɑŋ^{53}
镇安	哄 xuoŋ^{35}	哄 xuoŋ^{35}	说白话 ʂʮɛ^{21}pɛ^{33}xua^{322}
安康	骗 pʰian^{44} 哄 xuŋ^{53}	哄 xuŋ^{53}	扯谎 tʂʰɤ^{53}xuaŋ^{53}
白河	哄 xuəŋ^{35}	哄 xuəŋ^{35}	扯谎 tʂʰᴇ^{35}xuaŋ^{35} 哄人 xuəŋ^{35}ʐən^{44}
汉阴	骗 pʰian^{214} 哄 χoŋ^{45}	哄 χoŋ^{45}	扯谎 tʂʰᴇ^{45}χuɑŋ^{45}
平利	哄 xoŋ^{445}	哄 xoŋ^{445}	扯白 tʂʰᴇ^{45}pᴇ^{52} 扯谎 tʂʰᴇ^{45}xuaŋ^{445}
汉中	哄 xoŋ^{354}	哄 xoŋ^{354}	扯谎 tʂʰɤ^{35}xuɑŋ^{354} 日白 ʐʅ^{55}pei^{42}
城固	哄 xuŋ^{44}	哄 xuŋ^{44}	搔白 tsɔ^{53}pei^{311}
勉县	哄 xoŋ^{35}	哄 xoŋ^{35}	扯谎 tsʰɤ^{35}xuɑŋ^{35} 日白 zʅ^{21}pei^{21}
镇巴	哄 xoŋ^{52}	诓 kʰuaŋ^{35}	扯谎 tsʰɛ^{45}xuaŋ^{52} 日白 zʅ^{31}pɛ^{31}

	0928 吹牛	0929 拍马屁	0930 开玩笑
榆林	吹牛屄 tʂʰuei^{33}niəu^{24}pi^{33} 吹牛屄拍扁子 tʂʰuei^{33}niəu^{24}pi^{33}pʰiʌʔ^{3}pɛ^{21}tsəʔ^{0}	溜沟子 liəu^{33}kəu^{33}tsəʔ^{0} 舔屁眼 tʰiɛ^{21}pʰi^{52}niɛ^{0}	耍 ʂua^{213} 逗耍 təu^{52}ʂua^{213}
神木	死吹 sɿ^{21}tʂʰuei^{24} 吹牛 tʂʰuei^{24}ȵiəu^{44}	溜沟子 liəu^{24}kəu^{24}tsəʔ^{0} 舔屁股 tʰiɛ^{21}pʰi^{53}ku^{0} 骚亲 sɔo^{24}tɕʰiɤ̃^{213}	捣混话 tɔo^{21}xuɤ̃^{53}xua^{53} 逗笑 təu^{53}ɕiɔo^{53} 逗耍 təu^{53}ʂua^{213}
绥德	吹牛屄 tʂʰuei^{21}niəu^{33}pi^{213} 吹牛儿 tʂʰuei^{21}niəur^{33}	溜沟子 liəu^{24}kəu^{24}tsəʔ^{0}	耍 ʂuɑ^{213} 开玩笑儿 kʰai^{21}væ^{33}ɕiɔər^{52}
吴堡	吹 tsʰuɛe^{213}	溜沟子 liɑo^{33}kɑo^{24}tsəʔ^{0} 舔屁眼 tʰie^{41}pʰi^{53}ȵiã^{412}	耍 suɑ^{412} 耍笑 suɑ^{41}ɕiɤ^{53}
清涧	吹牛儿 tʂʰuei^{31}ȵiəur^{24}	溜沟子 liəu^{24}kəu^{31}tsəʔ^{0}	耍 ʂuɑ^{53}
延安	谖谎 ɕyæ̃^{24}xuaŋ^{0} 吹牛儿 tʂʰuei^{21}ȵiour^{24} 吹吹打打 tʂʰuei^{21}tʂʰuei^{53}ta^{21}ta^{0}	溜沟子 liou^{443}kou^{21}tsəʔ^{5}	耍笑 ʂua^{52}ɕiɔ^{443}
延川	吹牛 tʂʰuei^{21}ȵiəu^{35}	溜沟子 liəu^{35}kəu^{21}tsəʔ^{53}	狂 kʰuɑŋ^{35}
黄陵	胡吹 xu^{24}tsʰuei^{31} 胡吹冒撂 xu^{24}tsʰuei^{31}mɔ^{55}liɔ^{55}	舔沟子 tɕʰiæ̃^{52}kəu^{31}tsɿ^{0} 溜沟子 liəu^{55}kəu^{31}tsɿ^{0}	说笑儿 suɤ^{31}ɕiɔr^{55} 逗笑儿 təu^{55}ɕiɔr^{55}
渭南	吹 tʃʰei^{31}	舔沟子 tɕiæ̃^{53}kəu^{31}tsɿ^{0}	说笑 ʃə^{31}ɕiɔo^{44}
韩城	吹牛皮 pfʰɪi^{31}ŋəu^{24}pʰi^{31}	舔沟子 tʰiɑŋ^{53}kəu^{31}tsɿ^{0}	耍笑 fɑ^{53}ɕiɑu^{44}
合阳	胡吹 xu^{24}pfʰei^{31} 吹牛皮 pfʰei^{31}ŋou^{24}pʰi^{31}	舔沟子 tʰiɑ̃^{52}kou^{31}tsɿ^{0}	耍笑 fɑ^{52}siɔo^{55}
富平	胡吹 xu^{24}tʃʰueɪ^{31}	溜沟子 liou^{55}kou^{53}tsɿ^{31}	说笑话儿 ʂuo^{31}siɑo^{55}xuɑr^{31}
耀州	谝大话 pʰiæ̃^{52}ta^{44}xua^{44} 吹牛皮 tʃʰuei^{21}ȵiou^{24}pʰi^{0}	溜沟子 liou^{44}kou^{52}tsɿ^{0}	耍笑 ʃua^{52}ɕiɔu^{44} 说笑 ʃuo^{21}ɕiɔu^{44}
咸阳	吹牛皮 tʃʰuei^{31}ȵiou^{24}pʰi^{0}	舔沟子 tʰiɑ̃^{53}kou^{31}tsɿ^{0}	说耍话 ʂɤ^{31}ʃua^{53}xua^{0}
旬邑	说大话 ʃuo^{21}ta^{44}xua^{44} 胡吹冒撂 xu^{24}tʃʰei^{21}mau^{44}liau^{44}	舔沟子 tsʰiɑ̃^{52}kəu^{52}tsɿ^{0} 拍马屁 pʰei^{21}ma^{52}pʰi^{44}	说笑 ʃuo^{21}ɕiau^{44} 开玩笑儿 kʰɛi^{21}uã^{24}ɕiaur^{44}
三原	吹 tʃʰuei^{31}	溜沟子 liou^{44}kou^{52}tsɿ^{0}	说笑 ʃuə^{31}ɕiɑɔ^{44}

	0928 吹牛	0929 拍马屁	0930 开玩笑
乾县	说大话 ʂuɤ^{21}ta^{55}xua^{55}	舔尻子 tʰiæ̃^{53}kou^{53}tsɿ^{21}	谝闲传 pʰiæ̃^{53}xæ̃^{24}tʃʰuæ̃^{21}
岐山	胡吹 xu^{24}tʂʰei^{31} 吹牛皮 tʂʰei^{31}ȵiou^{24}pʰi^{24}	溜沟(子)哩 liou^{44}kouː^{53}li^{21} 舔沟子 ʈʰiæ̃^{53}kou^{53}tsɿ^{21}	说笑 ʂə^{31}siɔ^{44} 开玩笑 kʰE^{31}væ̃^{24}siɔ^{44}
凤翔	胡撂 xu^{24}liɔ^{44} 吹牛皮 tʂʰei^{31}ȵiəu^{24}pʰi^{24}	舔沟子 tsʰiæ̃^{53}kəu^{53}tsɿ^{0}	说笑 ʂʅə^{31}siɔ^{44}
千阳	胡撂 xu^{24}liɔ^{44} 吹牛皮 tʃʰei^{31}ȵiou^{24}pʰi^{24}	舔沟子 tsʰiæ̃^{53}kou^{53}tsɿ^{0}	说笑 ʂə^{31}siɔ^{44}
西安	吹 pfʰei^{21}	舔沟子 tʰiã^{53}kou^{21}tsɿ^{0}	耍 fa^{53}
户县	吹牛 tsʰuei^{31}ȵiɤu^{35}	溜沟子 liɤu^{55}kɤu^{31}tsɿ^{0}	说笑 ʂʅɛ^{31}ɕiau^{55}
商州	吹牛 tʃʰuei^{31}ȵiou^{35} 吹夸 tʃʰuei^{53}kʰuɑ^{31}	舔沟子 tʰiã^{53}kou^{31}tsɿ^{0}	说笑 ʃuə^{31}ɕiɑo^{44}
镇安	□经 ʂan^{21}tɕin^{53}	舔沟子 tʰian^{33}kəu^{53}tsɿ^{0}	说玩话 ʂʮɛ^{21}vᴀn^{33}xua^{322}
安康	吹牛 pfʰei^{31}ȵiou^{35}	骚洋亲 sau^{31}iaŋ^{35}tɕʰin^{31}	开玩笑 kʰæ^{31}uan^{35}ɕiau^{44}
白河	吹牛 tʂʰuei^{21}ȵiəu^{44} 吹经 tʂʰuei^{35}tɕiən^{213}	舔沟子 tʰian^{35}kəu^{213}tsɿ^{0}	开玩笑 kʰai^{21}uan^{44}ɕiɔu^{0}
汉阴	吹牛 tsʰuei^{33}ȵiəu^{42}	舔沟子 tʰian^{45}kəu^{33}tsɿ^{0}	逗你耍 təu^{33}ȵi^{45}suɑ^{45}
平利	吹牛 tʂʰʮei^{43}ȵiou^{52}	骚亲 sau^{43}tɕin^{43} 舔沟子 tʰian^{45}kou^{43}tsɿ^{0}	开玩笑 kʰai^{43}uan^{52}ɕiau^{0}
汉中	吹牛 tsʰuei^{55}ȵiəu^{42} 谝嘴 pʰian^{35}tsuei^{354}	□沟子 liᴀ^{35}kəu^{55}tsɿ^{0} 舔沟子 tʰian^{35}kəu^{55}tsɿ^{0}	说笑 suɤ^{55}ɕiɑo^{213}
城固	吹 tʃʰuei^{53}	舔沟 tʰian^{44}kəu^{53}	开玩笑 kʰai^{53}uan^{31}siɔ^{213}
勉县	吹牛皮 tsʰuei^{44}ȵiəu^{21}pʰi^{0} 说大话 fɤ^{44}tɑ^{21}xuɑ^{35}	舔沟子 tʰiɑn^{35}kəu^{44}tsɿ^{0}	说笑 fɤ^{44}ɕiɑɔ^{213}
镇巴	谝嘴 pʰian^{45}tsuei^{52}	舔沟子 tiʰan^{45}kəu^{35}tsɿ^{52}	说笑 so^{31}ɕiau^{213} 说来耍的 so^{33}lai^{31}sua^{52}ti^{21}

	0931 告诉~他	0932 谢谢致谢语	0933 对不起致歉语
榆林	给…说 kəʔ^{3}…ʂuaʔ^{3}	麻烦你嘞 ma^{24}fɛ^{0}ni^{21}lɛ^{0}	不好意思 pəʔ^{3}xɔo^{21}i^{52}sɿ^{0}
神木	给…说 kəʔ^{4}…ʂuəʔ^{4} 说给 ʂuəʔ^{4}kei^{53}	麻烦你嘞 ma^{44}fɛ^{0}ni^{24}lɛ^{0} 谢谢 ɕiɛ^{53}ɕiɛ^{0}	对不起 tuei^{53}pəʔ^{0}tɕ^{h}i^{0} 不好意思 pəʔ^{4}xɔo^{0}i^{53}sɿ^{0}
绥德	给…说 kei^{52}…ʂuo^{33}	麻烦你嘞 mɑ^{33}fæ^{0}ni^{24}læ^{0}	对不起 tuei^{52}pəʔ^{5}tɕ^{h}i^{213}
吴堡	给…说一下 kɛe^{412}…suəʔ^{3}iəʔ^{4}xɑ^{0}	谢谢 sɛe^{53}sɛe^{0} 麻烦你了 mɑ^{33}fã^{0}nɛe^{41}liəʔ^{0}	对不起 tuɑe^{53}pəʔ^{3}tɕ^{h}i^{412} 不好意思 pəʔ^{3}xo^{41}i^{53}sɿ^{0}
清涧	给…说 kei^{53}…ʂuɤ^{53}	麻烦你嘞 mɑ^{24}fɛ^{0}nzɿ^{53}lɛ^{0}	不好意思 pəʔ^{4}xɔo^{53}zɿ^{42}sɿ^{0}
延安	捎话 sɔ^{21}xua^{443} 转 tʂuæ̃^{52}	感谢 kæ̃^{443}ɕiɛ^{443}	对不住 tuei^{443}pəʔ^{5}tʂ^{h}u^{443}
延川	给…说 kei^{53}…ʂuɤ^{423}	麻烦咾你嘞 ma^{35}fæ̃^{0}lao^{21}ȵi^{53}læ̃^{0}	对不起 tuai^{53}pəʔ^{54}ts^{h}ɿ^{0}
黄陵	告诉 kɔ^{55}səu^{0} 说 suɤ^{31}	谢谢 ɕiɛ^{55}ɕiɛ^{0} 麻烦咧 mɑ^{24}fæ̃^{24}liɛ^{0}	对不起 tuei^{55}pu^{31}tɕ^{h}i^{52} 不好意思 pu^{31}xɔ^{52}i^{55}sɿ^{0}
渭南	给…说 kei^{44}…ʃə^{31}	谢谢 ɕiɛ^{44}ɕiɛ^{0}	对不住 tuei^{44}pu^{31}tʃ^{h}ʒ^{44}
韩城	给说一下 kuɪ^{44}ʂʅE^{31}i^{31} xɑ^{0}	谢谢 ɕiE^{44}ɕiE^{0}	对不起 tɪi^{44}pu^{31}tɕ^{h}i^{53} 不好意思 pu^{31}xɑu^{53}i^{44}sɿ^{0}
合阳	给…说 kei^{55}…fo^{31}	谢谢 siɛ^{55}siɛ^{0}	对不起 tuei^{55}pu^{31}tɕ^{h}i^{52} 对不住 tuei^{55}pu^{31}pf^{h}u^{55}
富平	说 ʂuo^{31}	把你木囊的 pɑ^{31}ȵi^{53}mu^{55} nɑɣ̃^{31}ti^{31} 叫你受咾叫结啦 tɕiɑo^{55} ȵi^{53}ʂou^{55}lɑo^{31}tɕiɑo^{55}tɕiɛ^{31} lɑ^{31} 麻烦你啦 mɑ^{31}fæ̃^{24}ȵi^{53}lɑ^{31}	对不起 tueɪ^{55}pu^{31}tɕ^{h}iɛ^{53}
耀州	给…说一下 kei^{52}…ʃuo^{21}i^{21}xa^{0}	谢啦 ɕiɛ^{44}la^{0}	对不起 tuei^{44}pu^{21}tɕ^{h}iɛ^{52}
咸阳	给…说 kei^{53}…ʂɤ^{31}	谢咧 ɕiɛ^{44}liɛ^{0}	对不起 tuei^{44}pu^{31}tɕ^{h}i^{0}
旬邑	给…说 kei^{52}…ʃuo^{21} 告诉 kau^{24}su^{0}	亏得你 k^{h}uei^{21}ta^{0}ȵi^{21} 多亏你 tuo^{24}k^{h}uei^{0}ȵi^{21}	对不起 tuei^{24}pu^{21}tɕ^{h}i^{52}
三原	给…说 kei^{44}…ʃuə^{31}	谢谢 ɕiɛ^{44}ɕiɛ^{0}	对不起 tuei^{44}pu^{31}tɕ^{h}iɛ^{52}

	0931 告诉~他	0932 谢谢致谢语	0933 对不起致歉语
乾县	说 ʂuɤ^{21}	谢谢 ɕiə^{55}ɕiə^{21}	不好意思 pu^{21}xɔ^{53}i^{55}sɿ^{21}
岐山	给…说嘎 kei^{44}…ʂə^{53}kA^{21}	谢谢 siɛ^{44}siɛ^{53}	对不起 tuei^{44}pu^{21}tɕ^{h}iɛ^{53} 对不住 tuei^{44}pu^{21}tʂ^{h}ʅ^{44}
凤翔	给…说 kei^{44}…ʂʅə^{31}	谢谢 sie^{44}sie^{44}	对不起 tuei^{45}pu^{0}tɕ^{h}ie^{53}
千阳	给…说 kei^{44}…ʂə^{31}	谢谢 sie^{44}sie^{44}	对不起 tuei^{45}pu^{0}tɕ^{h}ie^{53}
西安	说 ʂɤ^{21}	谢咧 ɕiɛ^{44}liɛ^{0}	对不起 tuei^{44}pu^{0}tɕ^{h}i^{0}
户县	给…说 kei^{51}… ʂʅɛ^{31}	多谢 tuɤ^{31}ɕiɛ^{55}	对不住 tuei^{55}pu^{31}tsu^{55}
商州	给…说 kei^{53}…ʃuə^{31}	谢谢 ɕiɛ^{44}ɕiɛ^{0}	对不起 tuei^{44}pu^{0}tɕ^{h}i^{53} 对不住 tuei^{44}pu^{0}tʃ^{h}u^{44}
镇安	给…说 kɛ^{35}…ʂʮɛ^{53}	谢谢 ɕiɛ^{322}ɕiɛ^{0}	对不起 tEi^{322}pu^{0}tɕ^{h}i^{35}
安康	给…说 kei^{53}…fə^{31}	□烦 p^{h}ə^{31}pan^{0}	对不起 tuei^{44}pu^{31}tɕ^{h}ie^{53}
白河	说 ʂuo^{213}	谢谢 ɕiE^{42}ɕiE^{0}	对不起 tei^{42}pu^{0}tɕ^{h}i^{35}
汉阴	说给 ʂo^{42}kE^{214}	劳慰 lɑo^{42}uei^{214}	对不住 tuei^{24}pu^{42}tsʮ^{214}
平利	给…说一下 kE^{45}… ʂo^{43}i^{21}ɕia^{0}	多谢 to^{43}ɕiE^{214} 劳慰 lau^{52}uei^{214}	对不起 tei^{34}pu^{43}tɕ^{h}i^{445}
汉中	说 suɤ^{55}	谢谢 ɕiE^{35}ɕiE^{213}	对不起 tuei^{21}pu^{0}tɕ^{h}iE^{354}
城固	说 ʃuə^{53}	谢咾 siɛ^{31}lɔ^{0}	对不起 tuei^{31}pu^{0}tɕ^{h}iɛ^{44}
勉县	说 fɤ^{42}	谢谢 ɕiɛ^{35}ɕiɛ^{213}	对不起 tuei^{21}pu^{21}tɕ^{h}iɛ^{35}
镇巴	说给 so^{31}kɛ^{55}	劳慰 lau^{31}uei^{213}	不好意思 pu^{31}xau^{45}i^{21}sɿ^{55}

	0934 再见告别语	0935 大苹果～	0936 小苹果～
榆林	罢了再遇 pa^{52}lə^{0}tsɛe^{52}y^{52}	大 tɑ^{52} 危险 vei^{33}ɕiɛ^{0}	猴 xəu^{213} 小 ɕiɔo^{213}
神木	罢了着 pa^{53}ləʔ^{0}tʂəʔ^{0} 去家来 kʰəʔ^{2}tɕia^{24}lEe^{44} 慢些走 mɛ^{53}ɕiɛ^{0}tsəu^{0}	大 ta^{53}	猴 xəu^{44} 小 ɕiɔo^{213}
绥德	完哩再见 væ^{33}li^{0}tsai^{52}tɕie^{52}	大 tɑ^{52} 村 tsʰuəɣ̃^{213} 危险 vei^{24}ɕie^{0}	猴 xəu^{33} 小 ɕiɔɤ^{213}
吴堡	再来 tsɑe^{53}lɑe^{33} 你在 nɛe^{41}tsɑe^{53}	大 tɤu^{53}	猴 xɑo^{33}
清涧	再来 tsai^{44}lai^{24}	大 tʰɯ^{42}	猴 xəu^{24}
延安	再见 tsai^{443}tɕiæ̃^{443}	大 tʰuo^{443}/ta^{443}	猴 xou^{24} 小 ɕiɔ^{52} 碎 suei^{443}
延川	罢咾再遇 pʰa^{53}lao^{0}tsai^{52}zʮ^{53}	大 tʰei^{53}	小 xiɑo^{53}
黄陵	再会 tsE^{55}xuei^{55} 再见 tsE^{55}tɕiæ̃^{55}	大 tʰuɤ^{55}/tɑ^{55}	碎 suei^{55} 小 ɕiɔ^{52}
渭南	那你走 nae^{44}ȵi^{44}tsəu^{53}	大 tʰuə^{44}/tɑ^{44}	碎 ʃei^{44}
韩城	再见 tsæe^{44}tɕiã^{44}	大 tʰuɤ^{44}	碎 suɪ^{44}
合阳	再见 tsæe^{55}tɕiɑ̃^{55} 毕咾见 pi^{31}lɔo^{31}tɕiɑ̃^{55}	大 tʰuo^{55}	碎 ɕyei^{55}
富平	那就不送啦 nɛe^{53}tɕiou^{55}pu^{31}ʃuəɣ̃^{55}lɑ^{31} 那你走 nɛe^{53}ȵi^{55t}sou^{53}	大 tɑ^{55}	碎 sueɪ^{55}
耀州	回见 xuei^{24}tɕiæ̃^{44} 走啦 tsou^{52}la^{0}	大 ta^{44}	碎 ʃuei^{44}
咸阳	回头见 xuei^{24}tʰou^{24}tɕiɑ̃^{44}	大 ta^{44}	碎 suei^{44}
旬邑	再见 tsɛi^{44}tɕiɑ̃^{44}	大 tʰuo^{44}/ta^{44}	碎 suei^{44} 小 ɕiau^{52}
三原	再见 tsai^{44}tɕiɑ̃^{44}	大 tɑ^{44}	碎 suei^{44} 小 ɕiɑɔ^{52}

	0934 再见告别语	0935 大苹果～	0936 小苹果～
乾县	再见 tsɛ^{55}tɕiæ̃^{55}	大 ta^{55}	小 ɕiɔ^{53}
岐山	再见 tsE^{44}tɕiæ̃^{44} 再来 tsE^{44}lE^{24}	大 tA^{44}	碎 suei^{44} 小 siɔ^{53}
凤翔	再见 tsE^{44}tɕiæ̃^{44}	大 ta^{44}	碎 suei^{44} 小 siɔ^{53}
千阳	再见 tsE^{44}tɕiæ̃^{44}	大 ta^{44}	碎 suei^{44} 小 siɔ^{53}
西安	再见 tsai^{44}tɕiã^{44}	大 ta^{44}	碎 suei^{44}
户县	再见 tsæ^{55}tɕiã^{55}	大 ta^{55}	碎 suei^{55}
商州	再见 tsai^{44}tɕiã^{44}	大 tuə^{44}	碎 ʃuei^{44} 小 ɕiɑo^{53}
镇安	二回见 ər^{21}xuEi^{21}tɕian^{214}	大 ta^{322}	小 ɕiɔo^{35}
安康	回头见 xuei^{35}tʰou^{35}tɕian^{44}	大 ta^{44}	碎 suei^{44} 小 ɕiau^{53}
白河	慢慢儿走 man^{41}mɐr^{42}tsəu^{35} 过细 kuo^{21}ɕi^{41}	大 ta^{41}	小 ɕiɔu^{35}
汉阴	二回见 ar^{21}χuei^{0}tɕian^{214}	大 tɑ^{214}	小 ɕiɑo^{45}
平利	二回又来 ər^{24}xuei^{52}iou^{24} lai^{52}	大 ta^{214}	小 ɕiau^{445}
汉中	二天见 ər^{35}tʰian^{55}tɕian^{213} 下回见 ɕia^{35}xuei^{21}tɕian^{213}	大 tA^{213}	小 ɕiɑo^{354}
城固	下回见 ɕia^{24}xuei^{0}tɕian^{213}	大 ta^{213}	小 siɔ^{44}
勉县	二天见 ər^{35}tʰiɑn^{0}tɕiɑn^{213}	大 tɑ^{213}	小 ɕiɑɔ^{35}
镇巴	转去 tsuan^{45}tɕʰi^{21}	大 ta^{213}	小 ɕiau^{52}

	0937 **粗**绳子~	0938 **细**绳子~	0939 **长**线~
榆林	粗 ts^{h}u^{213}	细 ɕi^{53}	长 tʂ^{h}ɑ̃^{44}
神木	粗 ts^{h}u^{213}	细 ɕi^{53}	长 tʂ^{h}ɑ̃^{44}
绥德	粗 ts^{h}u^{213}	细 ɕi^{53}	长 tʂ^{h}ɑ̃^{33}
吴堡	粗 ts^{h}ɤu^{213}	细 sɛe^{53}	长 tʂ^{h}ɤu^{33}
清涧	粗 ts^{h}ɥ^{312}	细 sɿ^{42}	长 tʂ^{h}ɯ^{24}
延安	粗 ts^{h}u^{213}	细 ɕi^{443}	长 tʂ^{h}aŋ^{24}
延川	粗 ts^{h}ɥ^{213}	细 sɿ^{53}	长 tʂ^{h}ei^{35}
黄陵	粗 ts^{h}əu^{31}	细 ɕi^{55}	长 tʂ^{h}ɑŋ^{24}
渭南	壮 tʃɑŋ^{44} 粗 ts^{h}əu^{31}	细 ɕi^{44}	长 tʂ^{h}ɑŋ^{24}
韩城	粗 ts^{h}əu^{31}	细 ɕi^{44}	窎 tiɑu^{44}
合阳	粗 ts^{h}ou^{31}	细 si^{55}	长 tʂ^{h}uo^{24}
富平	壮 tʃuɑɣ̃^{55}	细 ɕi^{55}	长 tʂ^{h}ɑɣ̃^{24}
耀州	壮 tʃuɑŋ^{44} 粗 ts^{h}ou^{21}	细 ɕi^{44}	长 tʂ^{h}ɑŋ^{24} 窎 tiɔu^{44}
咸阳	壮 tʃuɑŋ^{44}	细 ɕi^{44}	长 tʂ^{h}ɑŋ^{24}
旬邑	壮 tʃɑŋ^{44} 粗 ts^{h}u^{21}	细 ɕi^{44}	长 tʂ^{h}ɑŋ^{24} 窎 tiau^{44}
三原	壮 tʃuɑŋ^{44} 粗 ts^{h}ou^{31}	细 ɕi^{44}	长 tʂ^{h}ɑŋ^{24} 窎 tɕiau^{44}

	0937 粗绳子~	0938 细绳子~	0939 长线~
乾县	壮 tʃuaŋ^{55}	细 ɕi^{55}	长 tʂʰɑŋ^{24}
岐山	壮 tʂɑŋ^{44} 粗 tsʰu^{31}	细 si^{44}	长 tʂʰɑŋ^{24}
凤翔	壮 tʂɑŋ^{44}	细 si^{44}	长 tʂʰɑŋ^{24}
千阳	壮 tʃɑŋ^{44}	细 si^{44}	长 tʂʰɑŋ^{24}
西安	壮 pfaŋ^{44}	细 ɕi^{44}	长 tʂʰɑŋ^{24}
户县	壮 tsuaŋ^{55}	细 ɕi^{55}	长 tʂʰɑŋ^{35}
商州	粗 tsʰou^{31}	细 ɕi^{44}	长 tʂʰɑŋ^{35}
镇安	粗 tsʰəu^{53}	细 ɕi^{214}	长 tʂʰʌŋ^{33}
安康	粗 tsʰu^{31}	细 ɕi^{44}	长 tʂʰaŋ^{35}
白河	粗 tsʰəu^{213}	细 ɕi^{41}	长 tʂʰaŋ^{44}
汉阴	粗 tsʰəu^{33}	细 ɕi^{214}	长 tʂʰɑŋ^{42}
平利	粗 tsʰou^{43}	细 ɕi^{214}	长 tʂʰaŋ^{52}
汉中	粗 tsʰu^{55}	细 ɕi^{213}	长 tʂʰɑŋ^{42}
城固	壮 tʃuaŋ^{44}	细 si^{213}	长 tʂʰaŋ^{311}
勉县	粗 tsʰu^{42}	细 ɕi^{213}	长 tsʰɑŋ^{21}
镇巴	粗 tsʰu^{35}	细 ɕi^{213}	长 tsʰaŋ^{31}

	0940 短线~	0941 长时间~	0942 短时间~
榆林	短 tuɛ^{213} 不长长 pəʔ^{3}tʂʰɑ̃^{24}tʂʰɑ̃^{0}	长 tʂʰɑ̃^{213}	短 tuɛ^{213} 不长长 pəʔ^{3}tʂʰɑ̃^{24}tʂʰɑ̃^{0}
神木	短 tuɛ^{213} 不长长 pəʔ^{4}tʂʰɑ̃^{44}tʂʰɑ̃^{0}	长 tʂʰɑ̃^{44}	短 tuɛ^{213} 不长长 pəʔ^{4}tʂʰɑ̃^{44}tʂʰɑ̃^{0}
绥德	短 tuæ^{213} 不长长 pəʔ^{3}tʂʰɑ̃^{33}tʂʰɑ̃^{0}	长 tʂʰɑ̃^{33}	短 tuæ^{213} 不长长 pəʔ^{3}tʂʰɑ̃^{33}tʂʰɑ̃^{0}
吴堡	短 tuɤ^{412}	长 tʂʰɤu^{33}	短 tuɤ^{412}
清涧	短 tu^{53}	长 tʂʰɯ^{24}	短 tu^{53}
延安	短 tuæ̃^{52}	长 tʂʰaŋ^{24}	短 tuæ̃^{52}
延川	短 tuɤ^{53}	长 tʂʰɑŋ^{35}	短 tuɤ^{53}
黄陵	短 tuæ̃^{52} 屈 tɕʰy^{31}	长 tʂʰɑŋ^{24}	短 tuæ̃^{52}
渭南	短 tuæ̃^{53}	长 tʂʰɑŋ^{24}	短 tuæ̃^{53}
韩城	屈 tɕʰy^{31}	长 tʂʰɑŋ^{24}	短 tã^{53}
合阳	短 tuɑ̃^{52}	长 tʂʰuo^{24}	短 tuɑ̃^{52}
富平	短 tuæ̃^{53}	长 tʂʰɑɣ̃^{24}	短 tuæ̃^{53}
耀州	短 tuæ̃^{52} 屈 tɕʰy^{21}	久 tɕiou^{52} 长 tʂʰɑŋ^{24}	短 tuæ̃^{52} 仓促 tsʰɑŋ^{52}tsʰou^{0}
咸阳	短 tuã^{53}	长 tʂʰɑŋ^{24}	短 tuã^{53}
旬邑	短 tuã^{52} 屈 tɕʰy^{21}	长 tʂʰɑŋ^{24} 大 ta^{44}	短 tuã^{52}
三原	短 tuã^{52}	长 tʂʰɑŋ^{24}	短 tuã^{52}

	0940 短线~	0941 长时间~	0942 短时间~
乾县	短 tuæ̃^{53}	长 tʂʰaŋ^{24}	短 tuæ̃^{53}
岐山	短 tuæ̃^{53} 屈 tɕʰy^{31}	长 tʂʰɑŋ^{24}	短 tuæ̃^{53}
凤翔	短 tuæ̃^{53} 屈 tɕʰy^{31}	长 tʂʰɑŋ^{24}	短 tuæ̃^{53}
千阳	短 tuæ̃^{53}	长 tʂʰɑŋ^{24}	短 tuæ̃^{53}
西安	短 tuã^{53}	长 tʂʰaŋ^{24}	短 tuã^{53}
户县	短 tuã^{51}	长 tʂʰaŋ^{35} 久长 tɕiɤu^{51}tʂʰaŋ^{31}	短 tuã^{51}
商州	短 tuã^{53}	长 tʂʰɑŋ^{35}	短 tuã^{53}
镇安	短 tan^{35}	长 tʂʰʌŋ^{33}	短 tan^{35}
安康	短 tuan^{53}	长 tʂʰaŋ^{35}	短 tuan^{53}
白河	短 tan^{35}	长 tʂʰaŋ^{44}	短 tan^{35}
汉阴	短 tuan^{45}	长 tʂʰɑŋ^{42}	短 tuan^{45}
平利	短 tan^{445}	长 tʂʰaŋ^{52}	短 tan^{445}
汉中	短 tuan^{354}	长 tʂʰɑŋ^{42}	短 tuan^{354}
城固	短 tuan^{44}	长 tʂʰaŋ^{311}	短 tuan^{44}
勉县	短 tuɑn^{35}	长 tsʰɑŋ^{21}	短 tuɑn^{35}
镇巴	短 tuan^{52}	久 tɕiəu^{52}	短 tuan^{52}

	0943 宽路~	**0944 宽敞**房子~	**0945 窄**路~
榆林	宽 kʰuɛ^{33}	宽淘$^{=}$ kʰuɛ^{33}tʰɔo^{33}	窄 tsʌʔ^{3} 不宽宽 pəʔ^{3}kʰuɛ^{33}kʰuɛ^{0}
神木	宽 kʰuɛ^{213}	大 ta^{53} 宽淘$^{=}$ kʰuɛ^{24}tʰɔo^{44}	窄 tsaʔ^{4} 不宽宽 pəʔ^{2}kʰuɛ^{24}kʰuɛ^{0}
绥德	宽 kʰuæ^{213}	宽淘$^{=}$ kʰuæ^{21}tʰao^{33}	窄 tsɤ^{33} 不宽宽 pəʔ^{5}kʰuæ^{24}kʰuæ^{0}
吴堡	宽 kʰuɤ^{213}	宽淘$^{=}$ kʰuɤ^{21}tʰo^{33}	窄 tʂɑʔ^{3}
清涧	宽 kʰu^{312}	宽堂 kʰu^{31}tʰɒ̃^{53}	窄 tsɛ^{53}
延安	宽 kʰuæ̃^{213}	宽淘$^{=}$ kʰuæ̃^{21}tʰɔ^{443}	窄 tsei^{213}
延川	宽 kʰuɤ^{213}	宽淘$^{=}$ kʰuɤ^{21}tʰɑo^{53}	窄 tsɤ^{423}
黄陵	宽 kʰuæ̃^{31}	宽展 kʰuæ̃^{31}tʂæ̃^{0}	窄 tsei^{31}
渭南	宽 kʰuæ̃^{31}	宽展 kʰuæ̃^{31}tʂæ̃^{31}	窄 tsei^{31}
韩城	宽 kʰuã^{31}	豁亮 xuɤ^{31}liɑŋ^{0}	窄 tsɪi^{31}
合阳	宽 kʰuã^{31}	宽敞 kʰuã^{24}tʂʰɑŋ^{52} 敞亮 tʂʰɑŋ^{52}liɑŋ^{55}	窄 tsei^{31} 小 siɔo^{52}
富平	宽 kʰuæ̃^{31}	宽展 kʰuæ̃^{31}tʂæ̃^{31}	窄 tseɪ^{31}
耀州	宽 kʰuæ̃^{21}	宽展 kʰuæ̃^{21}tʂæ̃^{0}	窄 tsei^{21}
咸阳	宽 kʰuã^{31}	宽敞 kʰuã^{31}tʂʰɑŋ^{0}	窄 tsei^{31}
旬邑	宽 kʰuã^{21}	大 ta^{44} 宽敞 kʰuã^{52}tʂʰɑŋ^{0}	窄 tsei^{21}
三原	宽 kʰuã^{31}	宽展 kʰuã^{31}tʂã^{0}	窄 tsei^{31}

	0943 宽路~	0944 宽敞房子~	0945 窄路~
乾县	宽 kʰuæ̃^{21}	宽敞 kʰuæ̃^{21}tʂʰaŋ^{53}	窄 tsɛ^{21}
岐山	宽 kʰuæ̃^{31}	大 tA^{44}	窄 tsei^{31}
凤翔	宽 kʰuæ̃^{31}	宽展 kʰuæ̃^{31}tʂæ̃^{0}	窄 tsei^{31}
千阳	宽 kʰuæ̃^{31}	宽展 kʰuæ̃^{31}tʂæ̃^{0}	窄 tsei^{31} 小 siɔ^{53}
西安	宽 kʰuã^{21}	宽展 kʰuã^{21}tʂã^{0}	窄 tsei^{21}
户县	宽 kʰuã^{31}	宽敞 kʰuã^{31}tʂʰaŋ^{51} 宽大 kʰuã^{31}ta^{55}	窄 tsei^{31}
商州	宽 kʰuã^{31}	敞阳 tʂʰɑŋ^{53}iɑŋ^{0}	窄 tsei^{31}
镇安	宽 kʰuan^{53}	宽敞 kʰuan^{53}tʂʰʌŋ^{0}	窄 tsɛ^{53}
安康	宽 kʰuan^{31}	宽展 kuan^{31}tʂan^{31}	窄 tʂei^{31} 窄狭 tʂei^{31}tɕʰia^{0}
白河	宽 kʰuan^{213}	宽展 kʰuan^{21}tʂan^{0}	窄 tsE^{213}
汉阴	宽 kʰuan^{33}	宽敞 kʰuan^{33}tʂʰɑŋ^{45}	窄 tsE^{42}
平利	宽 kʰuan^{43}	宽敞 kʰuan^{43}tʂʰaŋ^{21}	窄 tsE^{43}
汉中	宽 kʰuan^{55}	宽绰 kʰuan^{55}tʂʰɑo^{0}	窄 tsei^{55}
城固	宽 kʰuan^{53}	宽绰 kʰuan^{53}tʂʰɔ^{0}	窄狭 tsei^{44}tɕʰia^{0}
勉县	宽 kʰuɑn^{42}	宽绰 kʰuɑn^{44}tsʰɑɔ^{0}	窄 tsei^{42}
镇巴	宽 kʰuan^{35}	宽绰 kʰuan^{35}tsʰau^{52}	窄 tsɛ^{31}

	0946 高飞机飞得~	0947 低鸟飞得~	0948 高他比我~
榆林	高 $kɔo^{33}$	低 ti^{33} 不高高 $pəʔ^{3}kɔo^{33}kɔo^{0}$	高 $kɔo^{33}$ 大 ta^{52}
神木	高 $kɔo^{213}$	低 ti^{213} 不高高 $pəʔ^{21}kɔo^{24}kɔo^{0}$	高 $kɔo^{213}$
绥德	高 kao^{213}	低 ti^{213} 不高高 $pəʔ^{5}kao^{24}kao^{0}$	高 kao^{213} 个子大 $kɯ^{52}tsəʔ^{0}tɑ^{52}$
吴堡	高 ko^{213}	低 $tɛe^{213}$	高 ko^{213}
清涧	高 $kɔo^{312}$	低 $tsɿ^{312}$	高 $kɔo^{312}$
延安	高 $kɔ^{213}$	低 ti^{213}	高 $kɔ^{213}$
延川	高 $kɑo^{213}$	低 ti^{213}	高 $kɑo^{213}$
黄陵	高 $kɔ^{31}$	低 $tɕi^{31}$	高 $kɔ^{31}$
渭南	高 $kɔo^{31}$	低 $tɕi^{31}$	高 $kɔo^{31}$ 猛 $məŋ^{53}$
韩城	高 $kɑu^{31}$	低 ti^{31}	高 $kɑu^{31}$
合阳	高 $kɔo^{31}$	低 ti^{31}	高 $kɔo^{31}$
富平	高 $kɑo^{31}$	低 ti^{31}	高 $kɑo^{31}$
耀州	高 $kɔu^{21}$	低 ti^{21}	高 $kɔu^{21}$
咸阳	高 $kɔ^{31}$	低 ti^{31}	高 $kɔ^{31}$
旬邑	高 kau^{21}	低 ti^{21}	高 kau^{21} 冒顙 $mau^{24}sa^{0}$
三原	高 $kɑɔ^{31}$	低 $tɕi^{31}$	高 $kɑɔ^{31}$

	0946 高飞机飞得~	0947 低鸟飞得~	0948 高他比我~
乾县	高 kɔ^{21}	低 ti^{21}	高 kɔ^{21}
岐山	高 kɔ^{31}	低 ȶi^{31}	高 kɔ^{31}
凤翔	高 kɔ^{31}	低 tsi^{31}	高 kɔ^{31}
千阳	高 kɔ^{31}	低 ti^{31}	高 kɔ^{31}
西安	高 kau^{21}	低 ti^{21}	高 kau^{21}
户县	高 kau^{31}	低 ti^{31}	高 kau^{31}
商州	高 kɑo^{31}	低 ti^{31}	高 kɑo^{31}
镇安	高 kɔo^{53}	低 ti^{53}	高 kɔo^{53}
安康	高 kau^{31}	低 ti^{31} 矮 ŋæ^{53}	高 kau^{31}
白河	高 kɔu^{213}	低 ti^{213}	高 kɔu^{213}
汉阴	高 kɑo^{33}	低 ti^{33} 矮 ŋae^{45}	高 kɑo^{33}
平利	高 kau^{43}	低 ti^{43}	高 kau^{43}
汉中	高 kɑo^{55}	低 ti^{55} 矮 ŋai^{354}	高 kɑo^{55}
城固	高 kɔ^{53}	低 ti^{53}	高 kɔ^{53}
勉县	高 kɑɔ^{42}	低 ti^{42}	高 kɑɔ^{42}
镇巴	高 kau^{35}	矮 ŋai^{52}	高 kau^{35}

	0949 矮他比我~	0950 远路~	0951 近路~
榆林	低 ti^{33} 小 ɕiɔo^{213}	远 yɛ^{213}	近 tɕiɤɣ̃^{52} 不远远 pəʔ^{3}yɛ^{21}yɛ^{213}
神木	猴 xəu^{44} 低 ti^{213} 小 ɕiɔo^{213}	远 yɛ^{213}	近 tɕiɣ̃^{53} 不远远 pəʔ^{4}yɛ^{21}yɛ^{213}
绥德	低 ti^{213} 个子小 kɯ^{52}tsəʔ^{0}ɕiɔɤ^{213}	远 ye^{213}	近 tɕiəɣ̃^{52} 不远远 pəʔ^{5}ye^{21}ye^{33}
吴堡	低 tɛe^{213}	远 ye^{412}	近 tɕiəŋ^{53}
清涧	低 tsʅ^{312}	远 y^{53}	近 tɕʰiəɣ̃^{42}
延安	低 ti^{213} 矮 nai^{52}	远 yæ̃^{52}	近 tɕʰiəŋ^{443}
延川	低 ti^{213}	远 yɛ^{53}	近 tɕʰiŋ^{53}
黄陵	低 tɕi^{31}	远 yæ̃^{52}	近 tɕʰiẽ^{55}
渭南	低 tɕi^{31}	远 yæ̃^{53}	近 tɕʰiə̃^{44}
韩城	低 ti^{31}	远 yã^{53}	近 tɕʰiɛ̃^{44}
合阳	低 ti^{31} 矮 ŋæe^{52}	远 yɑ̃^{52} 长 tʂʰuo^{24}	近 tɕʰiẽ^{55} 短 tuɑ̃^{52}
富平	低 ti^{31}	远 yæ̃^{53}	近 tiɛ̃^{55}
耀州	低 ti^{21}	远 yæ̃^{52} 遥 iɔu^{24}	近 tɕiei^{44} 捷 tɕiɛ^{24}
咸阳	低 ti^{31}	远 yã^{53}	近 tɕiɛ̃^{44}
旬邑	低 ti^{21} 矮 ŋɛi^{52}	远 yã^{52} 长 tʂʰɑŋ^{24}	近 tɕʰiɛ̃^{44} 短 tuã^{52}
三原	低 tɕi^{31}	窎 tɕiɑɔ^{44}	近 tɕiẽ^{44}

	0949 矮他比我~	0950 远路~	0951 近路~
乾县	低 ti^{21}	远 yæ̃^{53}	近 tɕiẽ^{55}
岐山	低 ʈi^{31}	远 yæ̃^{53} 窎 ʈiɔ^{44}	近 tɕʰiŋ^{44}
凤翔	低 tsi^{31}	远 yæ̃^{53} 窎 tsiɔ^{44}	近 tɕiŋ^{44}
千阳	低 ti^{31}	远 yæ̃^{53}	近 tɕʰiŋ^{44}
西安	低 ti^{21}	远 yã^{53}	近 tɕin^{44}
户县	低 ti^{31}	远 yã^{51} 窎 tiau^{55}	近 tɕiẽ^{55}
商州	低 ti^{31}	远 yã^{53}	近 tɕiẽ^{44}
镇安	低 ti^{53} 矮 ŋai^{35}	远 ʐuan^{35}	近 tɕin^{322}
安康	矮 ŋæ^{53}	远 yan^{53}	近 tɕin^{44}
白河	矮 ŋai^{35}	远 yan^{35}	近 tɕiən^{41}
汉阴	矮 ŋae^{45}	远 yan^{45}	近 tɕin^{214}
平利	矮 ŋai^{445}	远 ɥan^{445}	近 tɕin^{214}
汉中	矮 ŋai^{354}	远 yan^{354}	近 tɕin^{213}
城固	低 ti^{53}	远 yan^{44}	近 tɕin^{213}
勉县	矮 ŋɑi^{35}	远 yɑn^{35}	近 tɕin^{213}
镇巴	矮 ŋai^{52}	远 yan^{52}	近 tɕin^{213}

	0952 深水~	0953 浅水~	0954 清水~
榆林	深 ʂɤɣ̃ 33	浅 tɕʰiɛ213 不深深 pəʔ3ʂɤɣ̃ 33ʂɤɣ̃ 0	清 tɕʰiɤɣ̃ 33
神木	深 ʂɣ̃ 213	浅 tɕʰiɛ213 不深深 pəʔ21ʂɣ̃ 24ʂɣ̃ 0	清 tɕʰiɣ̃ 213
绥德	深 ʂəɣ̃ 213	浅 tɕʰie213 不深深 pəʔ5ʂəɣ̃ 24ʂəɣ̃ 0	清 tɕʰiəɣ̃ 213
吴堡	深 ʂəŋ213	浅 tɕʰiã 412	清 tsʰɛe213
清涧	深 ʂəɣ̃ 312	浅 tɕʰi53	清 tɕʰi312
延安	深 ʂəŋ213	浅 tɕʰiæ̃443	清 tɕʰiəŋ213
延川	深 ʂəŋ213	浅 tɕʰiɛ53	清 tɕʰiŋ213
黄陵	深 ʂẽ 31	浅 tɕʰiæ̃52	清 tɕʰiəŋ31
渭南	深 ʂə̃ 31	浅 tɕʰiæ̃53	清 tɕʰiəŋ31
韩城	深 ʂəŋ31	浅 tɕʰiã 53	清 tɕʰiE31
合阳	深 ʂẽ 31	浅 tsʰiɑ̃ 52	清 tsʰiŋ31
富平	深 ʂɛ̃ 31	浅 tʰiæ̃53	清 tʰiəɣ̃ 31
耀州	深 ʂei21	浅 tɕʰiæ̃52	清 tɕʰiŋ21 净 tɕiŋ44
咸阳	深 ʂɛ̃ 31	浅 tɕʰiã 53	清 tɕʰiəŋ31
旬邑	深 ʂɛ̃ 21	浅 tɕʰiã 52	清 tɕʰiəŋ21
三原	深 ʂẽ 31	浅 tɕʰiã 52	清 tɕʰiəŋ31

	0952 深水~	0953 浅水~	0954 清水~
乾县	深 ʂẽ^{21}	浅 tɕ^{h}iæ̃^{53}	清 tɕ^{h}iɤŋ^{21}
岐山	深 ʂəŋ^{31}	浅 ȶ^{h}iæ̃^{53}	清 ȶ^{h}iŋ^{31}
凤翔	深 ʂəŋ^{31}	浅 ts^{h}iæ̃^{53}	清 ts^{h}iŋ^{31}
千阳	深 ʂəŋ^{31}	浅 ts^{h}iæ̃^{53}	清 ts^{h}iŋ^{31}
西安	深 ʂən^{21}	浅 tɕ^{h}iã^{53}	清 tɕ^{h}iəŋ^{21}
户县	深 ʂẽ^{31}	浅 tɕ^{h}iã^{51}	清 tɕ^{h}iŋ^{31}
商州	深 ʂẽ^{31}	浅 tɕ^{h}iã^{53}	清 tɕ^{h}iəŋ^{31}
镇安	深 ʂən^{53}	浅 tɕ^{h}ian^{35}	清 tɕ^{h}in^{53}
安康	深 ʂən^{31}	浅 tɕ^{h}ian^{53}	清 tɕ^{h}in^{31}
白河	深 ʂən^{213}	浅 tɕ^{h}ian^{35}	清 tɕ^{h}iən^{213}
汉阴	深 ʂən^{33}	浅 tɕ^{h}ian^{45}	清 tɕ^{h}in^{33}
平利	深 ʂən^{43}	浅 tɕ^{h}ian^{445}	清 tɕ^{h}in^{43}
汉中	深 ʂən^{55}	浅 tɕ^{h}ian^{354}	清 tɕ^{h}in^{55}
城固	深 ʂən^{53}	浅 ts^{h}ian^{44}	清 ts^{h}iŋ^{53}
勉县	深 sən^{42}	浅 tɕ^{h}iɑn^{35}	清 tɕ^{h}in^{42}
镇巴	深 sən^{35}	浅 tɕ^{h}ian^{52}	清亮 tɕ^{h}in^{35}liaŋ^{31}

	0955 浑水~	0956 圆	0957 扁
榆林	浑 xuɤɣ̃^{33}	圆 yɛ^{213}	扁 pɛ^{213}
神木	浑 xuɤ̃^{213}	圆 yɛ^{44}	扁 pɛ^{213}
绥德	浑 xuəɣ̃^{213}	圆 ye^{33}	扁 p^{h}ie^{213}
吴堡	浑 xuəŋ^{213}	圆 ye^{33}	扁 p^{h}iᴇ^{412}
清涧	浑 xuəɣ̃^{312}	圆 y^{24}	扁 pɛ^{53}
延安	浑 xuəŋ^{213}	圆 yæ̃^{24}	扁 p^{h}iæ̃^{52}
延川	浑 xuŋ^{213}	圆 yɛ^{35}	扁 piɛ^{53}
黄陵	浑 xuẽ^{31}	圆 yæ̃^{24}	扁 pæ̃^{52}/p^{h}iæ̃^{52}/piæ̃^{52}
渭南	浑 xuə̃^{31} 稠 tʂ^{h}əu^{24}	圆 yæ̃^{24}	扁 piæ̃^{53}
韩城	浑 xuɛ̃^{31}	圆 yã^{24}	扁 p^{h}iã^{53}
合阳	浑 xuẽ^{31} 稠 tʂ^{h}ou^{24}	圆 yɑ̃^{24}	扁 piɑ̃^{52}
富平	浑 xuɛ̃^{55}	圆 yæ̃^{24}	扁 piæ̃^{53}
耀州	浑 xuei^{44} 稠 tʂ^{h}ou^{24}	圆 yæ̃^{24}	扁 piæ̃^{52}
咸阳	浑 xuɛ̃^{44}	圆 yã^{24}	扁 piã^{53}
旬邑	浑 xuɛ̃^{44} 稠 tʂ^{h}əu^{24}	圆 yã^{24}	扁 piã^{52}
三原	稠 tʂ^{h}ou^{24}	圆 yã^{24}	扁 piã^{52}

	0955 浑水~	0956 圆	0957 扁
乾县	浑 $xu\tilde{e}^{55}$	圆 $y\tilde{æ}^{24}$	扁 $pi\tilde{æ}^{53}$
岐山	浑 xu^{44}	圆 $y\tilde{æ}^{24}$	扁 $pi\tilde{æ}^{53}$
凤翔	浑 $xuŋ^{31}$ 𪎭 xu^{44}	圆 $y\tilde{æ}^{24}$	扁 $pi\tilde{æ}^{53}$
千阳	稠 $tʂ^{h}ou^{24}$	圆 $y\tilde{æ}^{24}$	扁 $pi\tilde{æ}^{53}$
西安	浑 $xuən^{24}$	圆 $y\tilde{a}^{24}$	扁 pia^{53}
户县	浑 $xu\tilde{e}^{55}$	圆 $y\tilde{a}^{35}$	扁 pia^{51}
商州	浑 $xu\tilde{e}^{31}$	圆 $y\tilde{a}^{35}$	扁 $piɑ^{53}$
镇安	浑 $xuən^{53}$	圆 $ʐuan^{33}$	扁 $pian^{35}$
安康	浑 $xuən^{31}$	圆 yan^{35}	扁 $pian^{53}$ 瘪 pie^{53}
白河	浑 $xuən^{213}$	圆 yan^{44}	扁 $pian^{35}$
汉阴	浑 $χuən^{33}$	圆 yan^{42}	扁 $piɑ^{45}$
平利	浑 $xuən^{43}$	圆 $ɥan^{52}$	瘪 $piᴇ^{445}$
汉中	浑 $xuən^{55}$	圆 $yuan^{42}$	扁 $pian^{354}$
城固	浑 $xuən^{53}$	圆 $yuan^{311}$	扁 pia^{44}
勉县	浑 $xoŋ^{42}$	圆 $yɑn^{21}$	扁 $piɑ^{35}$
镇巴	浑 xun^{35}	圆 yan^{31}	扁 $pɛ^{52}/pia^{52}$

	0958 方	0959 尖	0960 平
榆林	方 fɑ̃^{33} 四方方 sɿ^{52}fɑ̃^{33}fɑ̃^{0}	尖 tɕiɛ^{33}	平 pʰiɤɣ̃^{213}
神木	方 fɑ̃^{213}	尖 tɕiɛ^{213}	平 pʰiɤ̃^{44}
绥德	方 fɑ̃^{213}	尖 tɕie^{213}	平 pʰiəɣ̃^{33}
吴堡	方 fɤu^{213}	尖 tɕie^{213}	平 pʰɛe^{33}
清涧	方 fɒ̃^{312}	尖 tɕi^{312}	平 pʰi^{24}
延安	方 faŋ^{213}	尖 tɕiæ̃^{213}	平 pʰiəŋ^{24}
延川	方 fɑŋ^{213}	尖 tɕiɛ^{213}	平 pʰi^{35}
黄陵	方 fɑŋ^{31}	尖 tɕiæ̃^{31}	平 pʰiəŋ^{24} 展 tʂæ̃^{52}
渭南	方 fɑŋ^{31}	尖 tɕiæ̃^{31}	平 pʰiəŋ^{24}
韩城	方 fɑŋ^{31}	尖 tɕiɑŋ^{31}	平 pʰiE^{24}
合阳	方 fɑŋ^{31}	尖 tsiã^{31}	平 pʰiŋ^{24}
富平	方 fɑɣ̃^{31}	尖 tiæ̃^{31}	平 pʰiəɣ̃^{24}
耀州	方 fɑŋ^{21} 正 tʂəŋ^{44}	尖 tɕiæ̃^{21}	平 pʰiŋ^{24} 展 tʂæ̃^{52}
咸阳	方 fɑŋ^{31}	尖 tɕiã^{31}	平 pʰiəŋ^{24}
旬邑	方 fɑŋ^{21}	尖 tɕiã^{21}	平 pʰiəŋ^{24}
三原	方 fɑŋ^{31}	尖 tɕiã^{31}	平 pʰiəŋ^{24}

	0958 方	0959 尖	0960 平
乾县	方 faŋ^{21}	尖 tɕiæ̃^{21}	平 p^{h}iɤŋ^{24}
岐山	方 fɑŋ^{31}	尖 ȶiæ̃^{31}	平 p^{h}iŋ^{24}
凤翔	方 fɑŋ^{31}	尖 tsiæ̃^{31}	平 p^{h}iŋ^{24}
千阳	方 fɑŋ^{31}	尖 tsiæ̃^{31}	平 p^{h}iŋ^{24}
西安	方 faŋ^{21}	尖 tɕiã^{21}	平 p^{h}iəŋ^{24}
户县	方 faŋ^{31}	尖 tɕiã^{31}	平 p^{h}iŋ^{35}
商州	方 fɑŋ^{31}	尖 tɕiã^{31}	平 p^{h}iəŋ^{35}
镇安	方 fʌŋ^{53}	尖 tɕian^{53}	平 p^{h}in^{33}
安康	方 faŋ^{31}	尖 tɕian^{31}	平 p^{h}in^{35}
白河	方 faŋ^{213}	尖 tɕian^{213}	平 piən^{44}
汉阴	方 χuɑŋ^{33}	尖 tɕian^{33}	平 p^{h}in^{42}
平利	方 faŋ^{43}	尖 tɕian^{43}	平 p^{h}in^{52}
汉中	方 fɑŋ^{55}	尖 tɕian^{55}	平 p^{h}in^{42}
城固	方 faŋ^{53}	尖 tsian^{53}	平 p^{h}iŋ^{311}
勉县	方 fɑŋ^{42}	尖 tɕiɑn^{42}	平 p^{h}in^{21}
镇巴	方 faŋ^{35}	尖 tɕian^{35}	平 p^{h}in^{31}

	0961 肥~肉	0962 瘦~肉	0963 肥形容猪等动物
榆林	肥 fei^{213}	瘦 səu^{52} 黑 xəʔ^{3}	肥 fei^{213} 胖 pʰɑ̃^{52}
神木	肥 fei^{44}	瘦 səu^{53} 黑 xəʔ^{4}	肥 fei^{44}
绥德	肥 fei^{33}	瘦 səu^{52} 黑 xəʔ^{3}	肥 fei^{33}
吴堡	肥 ɕi^{33}	瘦 sɑo^{53}	肥 ɕi^{33}
清涧	肥 sɿ^{24}	瘦 səu^{42}	肥 sɿ^{24}
延安	肥 fei^{24}	瘦 sou^{443}	肥 ɕi^{24}/fei^{24}
延川	肥 fei^{35}	瘦 səu^{53}	肥 sɿ^{35}
黄陵	肥 fei^{24}	瘦 səu^{55}	肥 ɕi^{24}/fei^{24}
渭南	肥 fei^{24}	瘦 səu^{44}	肥 fei^{24}
韩城	肥 fɪi^{24}	瘦 səu^{44}	肥 ɕi^{24}
合阳	肥 ɕi^{24}	瘦 sou^{55} 红 xuŋ^{24}	肥 ɕi^{24}
富平	肥 feɪ^{24}	瘦 sou^{55}	肥 feɪ^{24}
耀州	肥 fei^{24}	瘦 sou^{44}	肥 fei^{24} 壮 tʃuɑŋ^{44}
咸阳	肥 fei^{24}	瘦 sou^{44}	肥 fei^{24}
旬邑	肥 fei^{24}	瘦 səu^{44}	肥 fei^{24}
三原	肥 fei^{24}	瘦 sou^{44}	肥 fei^{24}

	0961 肥~肉	0962 瘦~肉	0963 肥形容猪等动物
乾县	肥 fe^{24}	瘦 sou^{55}	肥 fe^{24}
岐山	肥 fei^{24}	瘦 sou^{44}	肥 fei^{24}
凤翔	肥 fei^{24}	瘦 $səu^{44}$	肥 fei^{24} 壮 $tʂaŋ^{44}$
千阳	肥 fei^{24}	瘦 sou^{44}	肥 fei^{24} 壮 $tʃaŋ^{44}$
西安	肥 fei^{24}	瘦 sou^{44}	肥 fei^{24}
户县	肥 su^{35}	瘦 $sɤu^{55}$	肥 su^{35}
商州	肥 fei^{35}	瘦 sou^{44}	肥 fei^{35} 壮 $tʃuaŋ^{44}$
镇安	肥 fEi^{33}	瘦 $səu^{214}$	肥 fEi^{33}
安康	肥 fei^{35}	瘦 $ʂou^{44}$	肥 fei^{35}
白河	肥 fei^{44}	瘦 $səu^{41}$	肥 fei^{44}
汉阴	肥 $χuei^{42}$	瘦 $səu^{214}$	肥 $χuei^{42}$
平利	肥 fei^{52}	瘦 sou^{214}	肥 fei^{52}
汉中	肥 fei^{42}	瘦 $səu^{213}$	肥 fei^{42}
城固	肥 fei^{311}	瘦 $səu^{213}$	肥 fei^{311}
勉县	肥 fei^{21}	瘦 $səu^{213}$	肥 fei^{21}
镇巴	肥 fei^{31}	瘦 $səu^{213}$	肥 fei^{31} 膘厚 $piau^{35}xəu^{213}$

	0964 **胖**形容人	0965 **瘦**形容人、动物	0966 **黑**黑板的颜色
榆林	胖 pʰɑ̃^{52}	瘦 səu^{52}	黑 xəʔ^{3}
神木	胖 pʰɑ̃^{53}	瘦 səu^{53}	黑 xəʔ^{4}
绥德	胖 pʰɑ̃^{52} 肥 fei^{33}	瘦 səu^{52}	黑 xɤ^{33}
吴堡	胖 pʰɑʔ^{3}	瘦 sɑo^{53}	黑 xəʔ^{3}
清涧	胖 pʰɒ̃^{42}	瘦 səu^{42}	黑 xəʔ^{54}
延安	胖 pʰaŋ^{443} 肥 ɕi^{24}	瘦 sou^{443}	黑 xei^{213}
延川	胖 pʰɑŋ^{53}	瘦 səu^{53}	黑 xɤ^{423}
黄陵	胖 pʰɑŋ^{55} 肥 ɕi^{24}	瘦 səu^{55}	黑 xei^{31}
渭南	胖 pʰɑŋ^{44}	瘦 səu^{44}	黑 xei^{31}
韩城	胖 pʰɑŋ^{55}	瘦 səu^{44}	黑 xɯ^{31}
合阳	胖 pʰɑŋ^{55} 肥 fei^{24}	瘦 sou^{55}	黑 xɯ^{31}
富平	胖 pʰɑɣ̃^{55} 富态 fʋ^{55}tʰɛe^{31}	瘦 sou^{55}	黑 xeɪ^{31}
耀州	胖 pʰɑŋ^{44} 壮实 tʃuɑŋ^{44}ʂʅ^{0}	瘦 sou^{44}	黑 xei^{21}
咸阳	胖 pʰɑŋ^{44}	瘦 sou^{44}	黑 xei^{31}
旬邑	胖 pʰɑŋ^{44}	瘦 səu^{44} 单薄 tã^{52}pʰo^{0}	黑 xei^{21}
三原	胖 pʰɑŋ^{44}	瘦 sou^{44}	黑 xei^{31}

	0964 **胖**形容人	0965 **瘦**形容人、动物	0966 **黑**黑板的颜色
乾县	胖 p^{h}aŋ^{55}	瘦 sou^{55}	黑 xe^{21}
岐山	胖 p^{h}ɑŋ^{44}	瘦 sou^{44}	黑 xei^{31}
凤翔	胖 p^{h}ɑŋ^{44} 壮 tʂɑŋ^{44}	瘦 səu^{44}	黑 xei^{31}
千阳	胖 p^{h}ɑŋ^{44} 壮 tʃɑŋ^{44}	瘦 sou^{44}	黑 xei^{31}
西安	胖 p^{h}aŋ^{44}	瘦 sou^{44}	黑 xei^{21}
户县	胖 p^{h}aŋ^{55}	瘦 sɤu^{55} 瘠瘦 tɕi^{31}sɤu^{31}	黑 xei^{31}
商州	胖 p^{h}ɑŋ^{44}	瘦 sou^{44}	黑 xei^{31}
镇安	胖 p^{h}ʌŋ^{214}	瘦 səu^{214}	黑 xɛ^{53}
安康	胖 p^{h}aŋ^{44}	瘦 ʂou^{44}	黑 xei^{31}
白河	胖 p^{h}aŋ^{41}	瘦 səu^{41}	黑 xE^{213}
汉阴	胖 p^{h}ɑŋ^{214}	瘦 səu^{214}	黑 χE^{42}
平利	胖 p^{h}aŋ^{214}	瘦 sou^{214}	黑 xE^{43}
汉中	胖 p^{h}ɑŋ^{213}	瘦 səu^{213}	黑 xei^{55}
城固	胖 paŋ^{213}	瘦 səu^{213}	黑 xei^{53}
勉县	胖 p^{h}ɑŋ^{213}	瘦 səu^{213}	黑 xei^{42}
镇巴	胖 p^{h}aŋ^{213}	瘦 səu^{213}	黑 xɛ^{31}

	0967 白雪的颜色	0968 红国旗的主颜色，统称	0969 黄国旗上五角星的颜色
榆林	白 piɛ^{213}	红 xuɤɣ̃^{213}	黄 xuɑ̃^{213}
神木	白 piɛ^{44}	红 xuɤ̃^{44}	黄 xuɑ̃^{44}
绥德	白 pi^{33}	红 xuəɣ̃^{33}	黄 xuɑ̃^{33}
吴堡	白 p^{h}iəʔ^{213}	红 xuəŋ^{33}	黄 xu^{33}
清涧	白 p^{h}i^{24}	红 xuəɣ̃^{24}	黄 xu^{24}
延安	白 p^{h}ei^{24}	红 xuəŋ^{24}	黄 xuaŋ^{24}
延川	白 p^{h}əʔ^{54}	红 xuŋ^{35}	黄 xuɑŋ^{35}
黄陵	白 p^{h}ei^{24}	红 xuŋ^{24}	黄 xuɑŋ^{24}
渭南	白 p^{h}ei^{24}	红 xuəŋ^{24}	黄 xuɑŋ^{24}
韩城	白 p^{h}ɪi^{24}	红 xuəŋ^{24}	黄 xuɑŋ^{24}
合阳	白 p^{h}ei^{24}	红 xuŋ^{24}	黄 xuɑŋ^{24}
富平	白 peɪ^{24}	红 xuəɣ̃^{24}	黄 xuɑɣ̃^{24}
耀州	白 pei^{24}	红 xuŋ^{24}	黄 xuɑŋ^{24}
咸阳	白 pei^{24}	红 xuəŋ^{24}	黄 xuɑŋ^{24}
旬邑	白 p^{h}ei^{24}	红 xuəŋ^{24}	黄 xuɑŋ^{24}
三原	白 pei^{24}	红 xuəŋ^{24}	黄 xuɑŋ^{24}

	0967 白雪的颜色	0968 红国旗的主颜色,统称	0969 黄国旗上五角星的颜色
乾县	白 pe^{24}	红 $xoŋ^{24}$	黄 $xuaŋ^{24}$
岐山	白 $p^{h}ei^{24}$	红 $xuŋ^{24}$	黄 $xuɑŋ^{24}$
凤翔	白 pei^{24}	红 $xuŋ^{24}$	黄 $xuɑŋ^{24}$
千阳	白 pei^{24}	红 $xuŋ^{24}$	黄 $xuɑŋ^{24}$
西安	白 pei^{24}	红 $xoŋ^{24}$	黄 $xuaŋ^{24}$
户县	白 pei^{35}	红 $xuəŋ^{35}$	黄 $xuaŋ^{35}$
商州	白 pei^{35}	红 $xuəŋ^{35}$	黄 $xuɑŋ^{35}$
镇安	白 $pɛ^{322}$	红 $xuoŋ^{33}$	黄 $xuʌŋ^{33}$
安康	白 pei^{35}	红 $xuŋ^{35}$	黄 $xuaŋ^{35}$
白河	白 pE^{44}	红 $xuəŋ^{44}$	黄 $xuaŋ^{44}$
汉阴	白 pE^{42}	红 $χoŋ^{42}$	黄 $χuɑŋ^{42}$
平利	白 pE^{52}	红 $xoŋ^{52}$	黄 $xuaŋ^{52}$
汉中	白 pei^{42}	红 $xoŋ^{42}$	黄 $xuɑŋ^{42}$
城固	白 pei^{311}	红 $xuŋ^{311}$	黄 $xuaŋ^{311}$
勉县	白 pei^{21}	红 $xoŋ^{21}$	黄 $xuɑŋ^{21}$
镇巴	白 $pɛ^{31}$	红 $xoŋ^{31}$	黄 $xuaŋ^{31}$

	0970 蓝 蓝天的颜色	0971 绿 绿叶的颜色	0972 紫 紫药水的颜色
榆林	蓝 lɛ^{213}	绿 luəʔ^{3}	紫 tsɿ^{213}
神木	蓝 lɛ^{44}	绿 luəʔ^{4}	紫 tsɿ^{213}
绥德	蓝 læ^{33}	绿 luɤ^{33}	紫 tsɿ^{213}
吴堡	蓝 lã^{33}	绿 luəʔ^{213}	紫 tsɿ^{412}
清涧	蓝 lɛ^{24}	绿 luəʔ^{54}	玫瑰 mai^{24}kuei^{0}
延安	蓝 læ̃^{24}	绿 liou^{213}	紫 tsɿ^{52}
延川	蓝 læ̃^{35}	绿 luɤ^{423}	紫 tsɿ^{53}
黄陵	蓝 læ̃^{24}	绿 liəu^{31}	紫 tsɿ^{31}
渭南	蓝 læ̃^{24}	绿 liəu^{31}	紫 tsɿ^{31}
韩城	蓝 lɑŋ^{24}	绿 liəu^{31}	紫 tsɿ^{31}
合阳	蓝 lɑ̃^{24}	绿 liou^{31}	紫 tsɿ^{52}
富平	蓝 læ̃^{24}	绿 liou^{31}	紫 tsɿ^{31}
耀州	蓝 læ̃^{24}	绿 liou^{21}	紫 tsɿ^{21} 雪青 ɕyɛ^{52}tɕʰiŋ^{21}
咸阳	蓝 lɑ̃^{24}	绿 liou^{31}	紫 tsɿ^{53}
旬邑	蓝 lɑ̃^{24}	绿 liəu^{21} 青 tɕʰiəŋ^{21}	紫 tsɿ^{21} 雪青 ɕyo^{21}tɕʰiəŋ^{0}
三原	蓝 lɑ̃^{24}	绿 liou^{31}	紫 tsɿ^{31}

	0970 蓝蓝天的颜色	0971 绿绿叶的颜色	0972 紫紫药水的颜色
乾县	蓝 $næ̃^{24}$	绿 $liou^{21}$/ly^{21}	紫 $tsɿ^{21}$
岐山	蓝 $læ̃^{24}$	绿 $liou^{31}$/ly^{31}	紫 $tsɿ^{31}$
凤翔	蓝 $læ̃^{24}$	绿 $liəu^{31}$	紫 $tsɿ^{53}$
千阳	蓝 $læ̃^{24}$	绿 $liou^{31}$	青 $ts^{h}iŋ^{31}$
西安	蓝 $lã^{24}$	绿 $liou^{21}$	紫 $tsɿ^{53}$
户县	蓝 $lã^{35}$	绿 $liɤu^{31}$	紫 $tsɿ^{51}$ 香 $ɕiaŋ^{31}$
商州	蓝 $lã^{35}$	绿 $liou^{31}$	紫 $tsɿ^{31}$
镇安	蓝 lan^{33}	绿 $ləu^{53}$	紫 $tsɿ^{35}$
安康	蓝 lan^{35}	绿 $liou^{31}$	紫 $tsɿ^{53}$
白河	蓝 lan^{44}	绿 $ləu^{213}$	紫 $tsɿ^{35}$
汉阴	蓝 lan^{42}	绿 $liəu^{33}$	紫 $tsɿ^{45}$
平利	蓝 lan^{52}	绿 lou^{43}	紫 $tsɿ^{445}$
汉中	蓝 lan^{42}	绿 $liəu^{55}$	紫 $tsɿ^{354}$
城固	蓝 lan^{311}	绿 $liəu^{53}$	紫 $tsɿ^{44}$
勉县	蓝 $lɑn^{21}$	绿 $liəu^{42}$	紫 $tsɿ^{42}$
镇巴	蓝 lan^{31}	青 $tɕ^{h}in^{35}$	乌 u^{35}

	0973 灰草木灰的颜色	0974 多东西~	0975 少东西~
榆林	灰 $xuei^{33}$	多 $tuə^{33}$ 鑶 $nã^{52}$	少 $ʂɔo^{213}$ 不多多 $pəʔ^{3}tuə^{33}tuə^{0}$
神木	灰 $xuei^{213}$	多 tuo^{213} 鑶 $nã^{53}$	少 $ʂɔo^{213}$ 不多多 $pəʔ^{21}tuo^{24}tuo^{0}$
绥德	灰 $xuei^{213}$	多 $təɣ̃^{213}$ 鑶 $nã^{52}$	少 $ʂao^{213}$ 不多多 $pəʔ^{5}təɣ̃^{24}təɣ̃^{0}$
吴堡	灰 $xuɑe^{213}$ 苍 $ts^{h}ɤu^{213}$	多 $tɤu^{213}$	少 $ʂɤ^{412}$
清涧	灰 $xuai^{312}$	多 $tɯ^{312}$	少 $ʂɔo^{53}$
延安	灰 $xuei^{213}$	多 tuo^{213}	少 $ʂɔ^{52}$
延川	灰 $xuai^{213}$	多 tei^{213}	少 $ʂɑo^{53}$
黄陵	灰 $xuei^{31}$	多 $tuɤ^{31}$	少 $ʂɔ^{52}$
渭南	灰 $xuei^{31}$	多 $tuə^{31}$	少 $ʂɔo^{53}$
韩城	灰 $xuɪi^{31}$	多 $tuɤ^{31}$	少 $ʂɑu^{53}$
合阳	灰 $xuei^{31}$	多 tuo^{31}	少 $ʂɔo^{52}$
富平	灰 $xueɪ^{31}$	多 tuo^{31}	少 $ʂɑo^{53}$
耀州	灰 $xuei^{21}$	多 tuo^{21}	少 $ʂɔu^{52}$ 点点儿 $tiæ̃^{52}tiæ̃r^{24}$
咸阳	灰 $xuei^{31}$	多 tuo^{31}	少 $ʂɔ^{53}$
旬邑	灰 $xuei^{21}$	多 tuo^{21}	少 $ʂau^{52}$
三原	灰 $xuei^{31}$	多 $tuə^{31}$	少 $ʂɑɔ^{52}$

	0973 灰草木灰的颜色	0974 多东西~	0975 少东西~
乾县	灰 xue²¹	多 tuɤ²¹	少 ʂɔ⁵³
岐山	灰 xuei³¹	多 tuo³¹	少 ʂɔ⁵³
凤翔	灰 xuei³¹	多 tuo³¹	少 ʂɔ⁵³
千阳	灰 xuei³¹	多 tuo³¹	少 ʂɔ⁵³
西安	灰 xuei²¹	多 tuo²¹	少 ʂau⁵³
户县	灰 xuei³¹	多 tuɤ³¹	少 ʂau⁵¹
商州	灰 xuei³¹	多 tuə³¹	少 ʂɑo⁵³
镇安	灰 xuei⁵³	多 tuə⁵³	少 ʂɔo³⁵
安康	灰 xuei³¹	多 tuo³¹	少 ʂau⁵³
白河	灰 xuei²¹³	多 tuo²¹³	少 ʂɔu³⁵
汉阴	灰 χuei³³	多 to³³	少 ʂɑo⁴⁵
平利	灰 xuei⁴³	多 to⁴³	少 ʂau⁴⁴⁵
汉中	灰 xuei⁵⁵	多 tuɤ⁵⁵	少 ʂɑo³⁵⁴
城固	灰 xuei⁵³	多 tuə⁵³	少 ʂɔ⁴⁴
勉县	灰 xuei⁴²	多 tuɤ⁴²	少 sɑɔ³⁵
镇巴	灰 xuei³⁵	多 to³⁵	少 sau⁵²

	0976 重担子~	0977 轻担子~	0978 直线~
榆林	重 tʂuɤɣ̃^{52} 沉 tʂʰɤɣ̃^{213}	轻 tɕʰiɤɣ̃^{33} 不重重 pəʔ^{3}tʂuɤɣ̃^{52}tʂuɤɣ̃^{0}	端 tuɛ^{33}
神木	重 tʂuɤ̃^{53}	轻 tɕʰiɤ̃^{213} 不重重 pəʔ^{4}tʂuɤ̃^{53}tʂuɤ̃^{0}	端 tuɛ^{213}
绥德	重 tʂuəɣ̃^{52} 沉 tʂʰəɣ̃^{33}	轻 tɕʰiəɣ̃^{213} 不重重 pəʔ^{3}tʂuəɣ̃^{52}tʂuəɣ̃^{0}	端 tuæ^{213}
吴堡	重 tsuəŋ^{53}	轻 tɕʰiəŋ^{213}	直 tʂʰəʔ^{213}
清涧	重 tʂʰuəɣ̃^{42}	轻 tɕʰi^{312}	直 tʂʰəʔ^{43}
延安	重 tʂʰuəŋ^{443}	轻 tɕʰiəŋ^{213}	直 tʂʰʅ^{24}
延川	重 tʂʰuŋ^{53}	轻 tɕʰi^{213}	直 tʂʰəʔ^{54}
黄陵	重 tsʰuŋ^{55}	轻 tɕʰiəŋ^{31}	直 tʂʰʅ^{24}
渭南	重 tʃʰəŋ^{44} 沉 tʂʰə̃^{24}	轻 tɕʰiəŋ^{31}	端 tuæ̃^{31} 直 tʂʰʅ^{24}
韩城	重 pfʰəŋ^{44}	轻 tɕʰiE^{31}	端 tã^{31}
合阳	重 pfʰəŋ^{55}	轻 tɕʰiɛ^{31}	直 tʂʰʅ^{24}
富平	重 tʃuəɣ̃^{55}	轻 tɕʰiəɣ̃^{31}	直 tʂʅ^{24}
耀州	重 tʃuŋ^{44} 沉 tʂʰei^{24}	轻 tɕʰiŋ^{21}	端 tuæ̃^{21} 直 tʂʅ^{24}
咸阳	重 tʃuəŋ^{44}	轻 tɕʰiəŋ^{31}	直 tʂʅ^{24}
旬邑	重 tʃʰəŋ^{44}	轻 tɕʰiəŋ^{21}	端 tuã^{21} 直 tʂʰʅ^{24}
三原	重 tʃuəŋ^{44} 沉 tʂʰẽ^{24}	轻 tɕʰiəŋ^{31}	端 tuã^{31}

	0976 重担子~	0977 轻担子~	0978 直线~
乾县	重 tʃoŋ^{55}	轻 tɕʰiɤŋ^{21}	直 tʂʅ^{24}
岐山	重 tʂʰəŋ^{44}	轻 tɕʰiŋ^{31}	端 tuæ̃^{31} 直 tʂʅ^{24}
凤翔	重 tʂəŋ^{44}	轻 tɕʰiŋ^{31}	端 tuæ̃^{31}
千阳	重 tʃəŋ^{44}	轻 tɕʰiŋ^{31}	端 tuæ̃^{31}
西安	重 pfəŋ^{44}	轻 tɕʰiəŋ^{21}	端 tuã^{21}
户县	重 tsuəŋ^{55} 沉 tʂʰẽ^{35}	轻 tɕʰiŋ^{31}	端 tuã^{31} 直 tʂʅ^{35}
商州	重 tʃuəŋ^{44} 沉 tʂʰẽ^{35}	轻 tɕʰiəŋ^{31}	端 tuã^{31} 直 tʂʅ^{35}
镇安	重 tʂuoŋ^{322}	轻 tɕʰin^{53}	直 tʂʅ^{33}
安康	重 pfəŋ^{44}	轻 tɕʰin^{31}	直 tʂʅ^{35}
白河	重 tʂuəŋ^{41}	轻 tɕʰiən^{213}	直 tʂʅ^{44}
汉阴	重 tsoŋ^{214}	轻 tɕʰin^{33}	直 tʂʅ^{42}
平利	重 tʂoŋ^{214}	轻 tɕʰin^{43}	直 tʂʅ^{52}
汉中	重 tsoŋ^{213}	轻 tɕʰin^{55}	端 tuan^{55} 直 tʂʅ^{42}
城固	重 tʃuŋ^{213}	轻 tɕʰiŋ^{53}	端 tuan^{53}
勉县	重 tsoŋ^{213}	轻 tɕʰin^{42}	直 tsɿ^{21}
镇巴	重 tsoŋ^{213}	轻 tɕʰin^{35}	直 tsɿ^{31}

	0979 陡坡~，楼梯~	0980 弯弯曲：这条路是~的	0981 歪帽子戴~了
榆林	立 liəʔ^{3}	圪溜 kəʔ^{3}liəu^{213}	怵 tɕ^{h}iəu^{33} 偏 p^{h}iɛ^{33}
神木	立 liəʔ^{4}	弯 vɛ^{213} 不端 pəʔ^{2}tuɛ^{24} 圪溜 kəʔ^{2}liəu^{24}	偏 p^{h}iɛ^{213} 怵 tɕ^{h}iəu^{213} 圪怵 kəʔ^{2}tɕ^{h}iəu^{24}
绥德	立 liɤ^{33}	圪溜 kəʔ^{5}liəu^{213}	怵 tɕ^{h}iəu^{213} 偏 p^{h}ie^{213}
吴堡	立 liəʔ^{213} 陡 tɤu^{412}	弯 uã^{213} 圪溜 kəʔ^{3}liɑo^{213}	怵 tɕ^{h}iɑo^{213} 横 ɕyɑ^{33}
清涧	立 liəʔ^{54} 陡 təu^{53}	弯 uɛ^{312} 圪溜 kəʔ^{4}liəu^{312}	怵 tɕ^{h}iəu^{312} 偏 p^{h}i^{312}
延安	立 li^{213}	弯 væ̃^{213} 圪弯弯 kəʔ^{5}væ̃^{21}væ̃^{0}	偏 p^{h}iæ̃^{213}
延川	陡 təu^{53}	弯 væ̃^{213}	怵 tɕ^{h}iəu^{213} 偏 p^{h}iɛ^{213}
黄陵	陡 təu^{52} 立陡 li^{31}təu^{52}	弯 væ̃^{31}	偏 p^{h}iæ̃^{31}
渭南	立 li^{31} 陡 təu^{53}	弯 uæ̃^{31}	歪 uae^{31}
韩城	陡 təu^{53}	弯 uã^{31}	歪 uæe^{31}
合阳	立 li^{31} 陡 tou^{52}	弯 uɑ̃^{31}	歪 uæe^{31} 斜 siɑ^{24}
富平	陡 tou^{53}	弯 uæ̃^{31}	斜 siɛ^{24} 扭 ȵiou^{53}
耀州	立 li^{21} 陡 tou^{52}	曲 tɕ^{h}y^{21} 弯 uæ̃^{21}	歪 uæi^{21} 斜 ɕiɛ^{24}
咸阳	陡 tou^{53}	弯 uã^{31}	歪 uæ^{31}
旬邑	立 li^{21} 陡 təu^{52}	弯 uã^{21} 扭 ȵiəu^{52}	斜 ɕiɛ^{24}
三原	陡 tou^{52}	弯弯儿 uã^{52}uãr^{0}	偏 p^{h}iã^{31}

	0979 陡坡~,楼梯~	0980 弯弯曲:这条路是~的	0981 歪帽子戴~了
乾县	陡 tou^{53}	弯 $u\tilde{æ}^{21}$	歪 $uɛ^{21}$
岐山	陡 tou^{53}	弯 $v\tilde{æ}^{31}$	斜 $siɛ^{24}$ 歪 vE^{53}
凤翔	陡 $tәu^{53}$ 立□$li^{31}tsa^{0}$	弯 $v\tilde{æ}^{31}$	斜 sie^{24} 偏 $p^{h}i\tilde{æ}^{31}$
千阳	陡 tou^{53}	弯 $v\tilde{æ}^{31}$	斜 sie^{24} 偏 $p^{h}i\tilde{æ}^{31}$
西安	陡 tou^{53}	歪 uai^{21}	歪 uai^{21}
户县	陡 $tɤu^{51}$	弯 $u\tilde{a}^{31}$	歪 $uæ^{51}$ 斜 $ɕiɛ^{35}$
商州	立 li^{31} 陡 tou^{53}	弯 $v\tilde{a}^{31}$	歪 vai^{53}
镇安	陡 $tәu^{35}$	弯 van^{53}	歪 vai^{53}
安康	陡 tou^{53}	弯 uan^{31}	歪 $uæ^{31}$
白河	陡 $tәu^{35}$	弯 uan^{213}	歪 uai^{213} 斜 $ɕyE^{44}$
汉阴	陡 $tәu^{45}$	弯 uan^{33}	歪 uae^{33}
平利	陡 tou^{445}	弯 uan^{52}	歪 uai^{43}
汉中	陡 $tәu^{354}$	弯 uan^{55}	偏 $p^{h}ian^{55}$
城固	陡 $tәu^{44}$	弯 uan^{53}	偏 $p^{h}ian^{53}$
勉县	陡 $tәu^{35}$	弯 $vɑn^{42}$	偏 $p^{h}iɑn^{42}$
镇巴	陡 $tәu^{52}$	弯 uan^{35}	斜 $ɕiɛ^{31}$

	0982 厚木板~	0983 薄木板~	0984 稠稀饭~
榆林	厚 $xəu^{52}$	薄 $puə^{33}$ 不厚厚 $pəʔ^{3}xəu^{52}xəu^{0}$	稠 $tʂ^{h}əu^{213}$
神木	厚 $xəu^{53}$	薄 puo^{44} 不厚厚 $pəʔ^{4}xəu^{53}xəu^{0}$	稠 $tʂ^{h}əu^{44}$
绥德	厚 $xəu^{52}$	薄 puo^{33} 不厚厚 $pəʔ^{3}xəu^{52}xəu^{0}$	稠 $tʂ^{h}əu^{33}$
吴堡	厚 $xɑo^{53}$	薄 $p^{h}əʔ^{213}$	稠 $tʂ^{h}ɑo^{33}$
清涧	厚 $xəu^{42}$	薄 $p^{h}ɤ^{24}$	稠 $tʂ^{h}əu^{24}$
延安	厚 xou^{443}	薄 $p^{h}uo^{24}$	稠 $tʂ^{h}ou^{24}$
延川	厚 $xəu^{53}$	薄 $p^{h}ɤ^{35}$	稠 $tʂ^{h}əu^{35}$
黄陵	厚 $xəu^{55}$	薄 $p^{h}uɤ^{24}$	稠 $tʂ^{h}əu^{24}$
渭南	厚 $xəu^{44}$	薄 $p^{h}ə^{24}$ 枵薄 $ɕiɔo^{53}p^{h}ə^{0}$	稠 $tʂ^{h}əu^{24}$
韩城	厚 $xəu^{44}$	薄 $p^{h}uɤ^{24}$	稠 $tʂ^{h}əu^{24}$
合阳	厚 xou^{55}	薄 $p^{h}o^{24}$	稠 $tʂ^{h}ou^{24}$
富平	厚 xou^{55}	薄 $p^{h}o^{24}$	稠 $tʂ^{h}ou^{24}$
耀州	厚 xou^{44}	薄 $p^{h}uo^{24}$	稠 $tʂ^{h}ou^{24}$ 黏 $ʐæ̃^{24}$
咸阳	厚 xou^{44}	薄 po^{24}	稠 $tʂ^{h}ou^{24}$
旬邑	厚 $xəu^{44}$	薄 $p^{h}o^{24}$	稠 $tʂ^{h}əu^{24}$ 䵩 xu^{44}
三原	厚 xou^{44}	薄 $p^{h}ɤ^{24}$ 枵 $ɕiɑɔ^{31}$	稠 $tʂ^{h}ou^{24}$

	0982 厚木板~	0983 薄木板~	0984 稠稀饭~
乾县	厚 xou^{55}	薄 puɤ^{24}	稠 tʂ^{h}ou^{24}
岐山	厚 xou^{44}	薄 p^{h}o^{24}	稠 tʂ^{h}ou^{24}
凤翔	厚 xəu^{44}	薄 po^{24}	稠 tʂ^{h}əu^{24} 䵚 xu^{44}
千阳	厚 xou^{44}	薄 p^{h}o^{24}	稠 tʂ^{h}ou^{24} 䵚 xu^{44}
西安	厚 xou^{44}	薄 po^{24}	稠 tʂ^{h}ou^{24}
户县	厚 xɤu^{55}	薄 pɤ^{35}	稠 tʂ^{h}ɤu^{35}
商州	厚 xou^{44}	薄 puə^{35}	稠 tʂ^{h}ou^{35}
镇安	厚 xəu^{322}	薄 puə^{322}	干 kan^{53}
安康	厚 xou^{44}	薄 pə^{35}	稠 tʂ^{h}ou^{35}
白河	厚 xəu^{41}	薄 po^{44}	稠 tʂ^{h}əu^{44}
汉阴	厚 χəu^{214}	薄 po^{42}	稠 tʂ^{h}əu^{42} 干 kan^{33}
平利	厚 xou^{214}	薄 po^{52}	干 kan^{43}
汉中	厚 xəu^{213}	薄 pɤ^{42}	稠 tʂ^{h}əu^{42} 干 kan^{55}
城固	厚 xəu^{213}	薄 pə^{311}	干 kan^{53}
勉县	厚 xəu^{213}	薄 pɤ^{21}	稠 ts^{h}əu^{21}
镇巴	厚 xəu^{213}	薄 po^{31}	酽 ian^{213}

	0985 稀稀饭~	0986 密菜种得~	0987 稀稀疏：菜种得~
榆林	稀 çi^{33}	稠 tʂʰəu^{213} 密 miəʔ^{3}	稀 çi^{33} 沙 sa^{52}
神木	稀 çi^{213}	稠 tʂʰəu^{44}	稀 çi^{213} 沙 sa^{53}
绥德	稀 çi^{213} 清 tɕʰiəɣ̃^{213}	稠 tʂʰəu^{33} 密 miɤ^{33}	稀 çi^{213} 沙 sɑ^{52}
吴堡	稀 çi^{213}	稠 tʂʰɑo^{33}	稀 çi^{213} 沙 sɑ^{53}
清涧	稀 sʅ^{312}	稠 tʂʰəu^{24} 密 miəʔ^{54}	稀 sʅ^{312} 沙 sɑ^{42}
延安	稀 çi^{213}	稠 tʂʰou^{24}	稀 çi^{213}
延川	稀 sʅ^{213}	密 miə^{423}	沙 sa^{53}
黄陵	稀 çi^{31} 清 tɕʰiəŋ^{31}	稠 tʂʰəu^{24}	稀 çi^{31} 沙 sɑ^{55}
渭南	稀 çi^{31}	稠 tʂʰəu^{24}	稀 çi^{31} 沙 sɑ^{44}
韩城	稀 çi^{31}	稠 tʂʰəu^{24}	稀 çi^{31}
合阳	稀 çi^{31}	密 mi^{31}	稀 çi^{31} 沙 sɑ^{55}
富平	稀 çi^{31}	密 mi^{31}	稀 çi^{31}
耀州	稀 çi^{21}	稠 tʂʰou^{24} 密 mi^{21}	稀 çi^{21}
咸阳	稀 çi^{31}	稠 tʂʰou^{24}	稀 çi^{31}
旬邑	稀 çi^{21} 清 tɕʰiəŋ^{21}	稠 tʂʰəu^{24}	稀 çi^{21}
三原	稀 çi^{31}	稠 tʂʰou^{24} 密 mi^{31}	稀 çi^{31}

	0985 稀稀饭~	0986 密菜种得~	0987 稀稀疏:菜种得~
乾县	稀 $ɕi^{21}$	密 mi^{21}	稀 $ɕi^{21}$
岐山	稀 $ɕi^{31}$	稠 $tʂ^{h}ou^{24}$ 密 mi^{31}	稀 $ɕi^{31}$
凤翔	清 $ts^{h}iŋ^{31}$	稠 $tʂ^{h}əu^{24}$	稀 $ɕi^{31}$
千阳	清 $ts^{h}iŋ^{31}$	稠 $tʂ^{h}ou^{24}$	稀 $ɕi^{31}$
西安	稀 $ɕi^{21}$	稠 $tʂ^{h}ou^{24}$	稀 $ɕi^{21}$
户县	稀 $ɕi^{31}$	稠 $tʂ^{h}ɤu^{35}$	稀 $ɕi^{31}$ 帊 $p^{h}a^{31}$
商州	稀 $ɕi^{31}$	稠 $tʂ^{h}ou^{35}$	稀 $ɕi^{31}$
镇安	稀 $ɕi^{53}$	密 mi^{53}	稀 $ɕi^{53}$
安康	稀 $ɕi^{31}$	密 mi^{31}	稀 $ɕi^{31}$
白河	稀 $ɕi^{213}$	密 mi^{213}	稀 $ɕi^{213}$
汉阴	稀 $ɕi^{33}$	稠 $tʂ^{h}əu^{42}$	稀 $ɕi^{33}$
平利	稀 $ɕi^{43}$	密 mi^{43}	稀 $ɕi^{43}$
汉中	稀 $ɕi^{55}$	密 mi^{55}	稀 $ɕi^{55}$
城固	稀 $ɕi^{53}$	密 mi^{53}	稀 $ɕi^{53}$
勉县	稀 $ɕi^{42}$	密 mi^{42}	稀 $ɕi^{42}$
镇巴	清 $tɕ^{h}in^{35}$	密 mi^{31}	稀 $ɕi^{35}$

	0988 亮指光线，明亮	0989 黑指光线，完全看不见	0990 热天气
榆林	亮 liɑ̃^{52} 明 miɤɣ̃^{213}	黑 xəʔ^{3} 暗 nɛ^{52}	热 ʐʌʔ^{3} 焐 vəʔ^{3}
神木	明 miɤ̃^{44}	黑 xəʔ^{4} 暗 ŋɛ^{53}	焪 tɕʰyɤ̃^{213} 热 ʐəʔ^{4} 烧 ʂɔo^{53}
绥德	亮 liɑ̃^{52} 明 miəɣ̃^{33}	黑 xɤ^{33} 暗 ŋæ^{52}	焪 tɕʰyəɣ̃^{213} 热 ʐɤ^{33} 焐 vɤ^{33}
吴堡	明 mɛe^{33}	黑 xəʔ^{3}	烧 ʂɤ^{213}
清涧	亮 liɒ̃^{42}	黑 xəʔ^{54}	热 ʐɤ^{53}
延安	亮 liaŋ^{443} 亮堂 liaŋ^{443}tʰaŋ^{0}	黑 xei^{213} 暗 ŋæ̃^{443}	热 ʐə^{213} 烧 ʂɔ^{213}
延川	亮 liɑŋ^{53}	黑 xɤ^{423}	焪 tɕʰyŋ^{53} 烧 ʂao^{213} 焐 vɤ^{423}
黄陵	亮 liɑŋ^{55}	黑 xei^{31}	焪 tɕʰyŋ^{52} 热 ʐɤ^{31} 闷热 mẽ^{55}ʐɤ^{31}
渭南	亮 liɑŋ^{44} 明 miəŋ^{24}	黑 xei^{31}	热 ʐə^{31}
韩城	明 miE^{24}	黑 xɯ^{31}	热 ʐʅE^{31}
合阳	亮 liɑŋ^{55} 明 miɛ^{24}	黑 xɯ^{31}	热 ʐɤ^{31}
富平	明 miəɣ̃^{24}	黑 xeɪ^{31}	热 ʐɤ^{31}
耀州	亮 liɑŋ^{44} 明 miŋ^{24}	黑 xei^{21}	热 ʐɤ^{21} 烤 kʰɔu^{52}
咸阳	亮 liɑŋ^{44}	黑 xei^{31}	热 ʐɤ^{31}
旬邑	亮 liɑŋ^{44} 豁亮 xuo^{52}liɑŋ^{0}	黑 xei^{21} 暗 ŋã^{44}	热 ʐɤ^{21} 烧 ʂau^{21}
三原	亮 liɑŋ^{44}	黑 xei^{31}	热 ʐɤ^{31}

	0988 亮指光线，明亮	0989 黑指光线，完全看不见	0990 热天气
乾县	亮 liaŋ55	黑 xe21	热 ʐɣ21
岐山	亮 liɑŋ44	黑 xei31	热 ʐɣ31
凤翔	亮 liɑŋ44	黑 xei31	热 ʐʅə31
千阳	亮 liɑŋ44	黑 xei31	热 ʐə31
西安	亮 liaŋ44	黑 xei21	热 ʐɣ21
户县	亮 liaŋ55 明 miŋ35	黑 xei31 黯 ŋã51	热 ʐʅɛ31
商州	明 miəŋ35	黑 xei31	热 ʐə31
镇安	亮 liʌŋ322	暗 ŋan214	热 ʐʮɛ53
安康	亮 liaŋ44	黑 xei31	热 ʐɣ31
白河	亮 liaŋ41	黑 xE213 暗 ŋan41	热 ʐE213
汉阴	亮 liɑŋ214	暗 ŋan214	热 ʐE42
平利	亮堂 liaŋ24tʰaŋ0	黑 xE43	热 ʮE43
汉中	亮 liɑŋ213	黑 xei55	热 ʐɣ55
城固	亮 liaŋ213	黑 xei53	热 ʐə53
勉县	亮 liɑŋ213	黑 xei42	热 zɣ42
镇巴	亮爽 liaŋ21saŋ52	黑 xɛ31	热 zɛ31

	0991 暖和天气	0992 凉天气	0993 冷天气
榆林	暖 nuɛ^{213}	凉 liɑ̃^{213}	冷 lɤɣ̃^{213} 冻 tuɤɣ̃^{52}
神木	暖 nuɛ^{213}	凉 liɑ̃^{44} 凉哨 liɑ̃^{44}sɔo^{53}	冷 lɣ̃^{213}
绥德	暖 nuæ^{213}	凉 liɑ̃^{33}	冷 ləɣ̃^{213} 冻 tuəɣ̃^{52}
吴堡	暖 nuɤ^{412}	凉 liɤu^{33}	冷 liɑ^{412} 冻 tuəŋ^{53}
清涧	暖 nu^{53}	凉 liɯ^{24}	冷 ləɣ̃^{53}
延安	暖和 nuæ̃^{52}xuo^{0}	凉 liaŋ^{24}	冷 ləŋ^{52}
延川	暖和 nuɤ^{53}xuɤ^{35}	凉 li^{35}	冷 ləŋ^{53}
黄陵	暖和 lyæ̃^{52}xuɤ^{0}	凉 liɑŋ^{24}	冷 ləŋ^{52} 冻 tuŋ^{55}
渭南	暖和 luæ̃^{53}xuə^{0}	凉 liɑŋ^{24}	冷 ləŋ^{53}
韩城	暖和 yɑ̃^{53}xuɤ^{0}	凉 liaŋ^{24}	冻 təŋ^{44}
合阳	暖和 yɑ̃^{52}xuo^{31}	凉 liɑŋ^{24}	冷 ləŋ^{52} 冻 tuŋ^{55}
富平	暖和 luæ̃^{53}xuo^{31}	凉 liɑɣ̃^{24}	渗 sɛ̃^{55}
耀州	暖和 lyæ̃^{52}xuo^{0}	凉 liɑŋ^{24}	冷 ləŋ^{52} 冻 tuŋ^{44}
咸阳	暖和 nuɑ̃^{53}xuo^{0}	凉 liɑŋ^{24}	冷 ləŋ^{53}
旬邑	暖和 lyɑ̃^{44}xuo^{0}	凉 liɑŋ^{24}	冷 ləŋ^{52} 冻 tuəŋ^{44}
三原	暖和 luɑ̃^{52}xuə^{0}	凉快 liɑŋ^{24}k^{h}uai^{0}	冷 ləŋ^{52}

	0991 暖和天气	0992 凉天气	0993 冷天气
乾县	暖和 nuæ̃^{53}xuɤ^{21}	凉 liaŋ^{24}	冷 nɤŋ^{53}
岐山	暖和 lyæ̃^{44}xuo^{21}	凉 liɑŋ^{24}	冷 ləŋ^{53}
凤翔	暖和 luæ̃^{44}xuo^{0}	凉 liɑŋ^{24}	冷 ləŋ^{53}
千阳	暖和 luæ̃^{44}xuo^{0}	凉 liɑŋ^{24}	冷 ləŋ^{53}
西安	暖和 nuã^{53}xuo^{0}	凉 liaŋ^{24}	渗 sən^{44}
户县	暖和 nuã^{51}xuɤ^{31}	凉 liaŋ^{35}	冷 ləŋ^{51}
商州	暖和 luã^{53}xuə^{0}	凉 liɑŋ^{35}	冷 ləŋ^{53}
镇安	暖和 nan^{35}xuə^{53}	凉 liʌŋ^{33}	冷 lən^{35}
安康	暖和 luan^{53}xuo^{0}	凉 liaŋ^{35}	冷 ləŋ^{53}
白河	暖和 lan^{35}xuo^{0}	凉 liaŋ^{44}	冷 lən^{35}
汉阴	暖和 luan^{45}χo^{0}	凉 liɑŋ^{42}	冷 lən^{45}
平利	热和 ɰᴇ^{43}xo^{0}	凉快 liaŋ^{52}k^{h}uai^{0}	冷 ləŋ^{445}
汉中	暖和 luan^{35}xuɤ^{0}	凉 liɑŋ^{42}	冷 lən^{354}
城固	暖和 luan^{24}xuə^{0}	凉 liaŋ^{311}	冷 ləŋ^{44}
勉县	暖和 luɑn^{35}xuɤ^{0}	凉 liɑŋ^{21}	冷 lən^{35}
镇巴	热和 zɛ^{33}xo^{31}	凉快 liaŋ^{31}k^{h}uai^{213}	冷 lən^{52}

	0994 **热**水	0995 **凉**水	0996 **干**干燥：衣服晒~了
榆林	热 ʐʌʔ^{3} 烧 ʂɔo^{33}	凉 liɑ̃^{213} 冷 lɤɣ̃^{213}	干 kɛ^{33}
神木	滚 kuɤ̃^{213} 烧 ʂɔo^{213}	凉 liɑ̃^{44} 冰 piɤ̃^{213}	干 kɛ^{213}
绥德	热 ʐɤ^{33}	凉 liɑ̃^{33} 冷 ləɣ̃^{213}	干 kæ^{213}
吴堡	烧 ʂɤ^{213}	冰 pɛe^{213}	干 kie^{213}
清涧	热 ʐɤ^{53}	凉 liɯ^{24}	干 ki^{312}
延安	烧 ʂɔ^{213}	凉 liɑŋ^{24}	干 kæ̃^{213}
延川	热 ʐɤ^{423}	凉 li^{35}	干 kiɛ^{213}
黄陵	热 ʐɤ^{31}	凉 liɑŋ^{24}	干 kæ̃^{31}
渭南	热 ʐə^{31}	凉 liɑŋ^{24}	干 kæ̃^{31}
韩城	热 ʐʅE^{31}	凉 liɑŋ^{24}	干 kɑ̃^{31}
合阳	热 ʐɤ^{31}	凉 liɑŋ^{24}	干 kɑ̃^{31}
富平	热 ʐɤ^{31}	渗 sɛ̃^{55} 凉 liɑɣ̃^{24}	干 kæ̃^{31}
耀州	热 ʐɤ^{21} 烧 ʂɔu^{21}	凉 liɑŋ^{24} 冰 piŋ^{21}	干 kæ̃^{21}
咸阳	热 ʐɤ^{31}	凉 liɑŋ^{24}	干 kɑ̃^{31}
旬邑	烧 ʂau^{21} 烫 tʰɑŋ^{44}	凉 liɑŋ^{24} 冰 piəŋ^{21}	干 kɑ̃^{21}
三原	热 ʐɤ^{31}	凉 liɑŋ^{24}	干 kɑ̃^{31}

	0994 热水	0995 凉水	0996 干干燥：衣服晒~了
乾县	热 ʐɣ²¹	凉 liaŋ²⁴	干 kæ̃²¹
岐山	热 ʐɣ³¹ 煎 ʨiæ̃³¹	凉 liaŋ²⁴	干 kæ̃³¹
凤翔	热 ʐʅə³¹	凉 liaŋ²⁴ 冰 piŋ³¹	干 kæ̃³¹
千阳	热 ʐə³¹	凉 liaŋ²⁴ 冰 piŋ³¹	干 kæ̃³¹
西安	热 ʐɣ²¹	凉 liaŋ²⁴	干 kã²¹
户县	热 ʐʅɛ³¹	凉 liaŋ³⁵	干 kã³¹
商州	热 ʐə³¹	凉 liaŋ³⁵	干 kã³¹
镇安	热 ʐʯɛ⁵³	凉 liʌŋ²¹⁴ 冷 lən³⁵	干 kan⁵³
安康	热 ʐɣ³¹	凉 liaŋ³⁵	干 kan³¹
白河	热 ʐE²¹³	凉 liaŋ⁴⁴	干 kan²¹³
汉阴	热 ʐE⁴²	凉 liaŋ⁴² 冷 lən⁴⁵	干 kan³³
平利	热 ʯE⁴³	冷 ləŋ⁴⁴⁵	干 kan⁴³
汉中	热 ʐɣ⁵⁵	凉 liaŋ⁴² 冷 lən³⁵⁴	干 kan⁵⁵
城固	热 ʐə⁵³	冷 ləŋ⁴⁴	干 kan⁵³
勉县	热 zɣ⁴²	冷 lən³⁵	干 kan⁴²
镇巴	热 zɛ³¹	冷 lən⁵²	干 kan³⁵

	0997 湿潮湿：衣服淋～了	0998 干净衣服～	0999 脏肮脏，不干净，统称：衣服～
榆林	湿 ʂəʔ^{3}	净 tɕiɤɣ̃^{52} 干净 kɛ^{33}tɕiɤɣ̃^{52}	恶水 nʌʔ^{3} ʂuei^{0} 脏 tsɑ̃^{33}
神木	湿 ʂəʔ^{4}	净 tɕiɤ̃^{53} 干净 kɛ^{24}tɕiɤ̃^{53}	恶水 ŋəʔ^{4} ʂuei^{0} 脏 tsɑ̃^{213} 日脏 ʐəʔ^{2}tsɑ̃^{24}
绥德	湿 ʂɤ^{33}	净 tɕiəɣ̃^{52} 干净 kæ^{21}tɕiəɣ̃^{52}	恶水 ŋɤ^{33} ʂuei^{0} 日脏 ʐəʔ^{5}tsɑ̃^{213}
吴堡	湿 ʂəʔ^{3}	净 tsɛe^{53}	赖 lɑe^{53} 恶水 ŋəʔ^{4}suɛe^{0}
清涧	湿 ʂəʔ^{54}	净 tɕʰi^{42}	褿 tsʰɔo^{24}
延安	湿 ʂʅ^{213}	净 tɕʰiəŋ^{443}	脏 tsaŋ^{213} 日脏 ʐəʔ^{5}tsaŋ^{213}
延川	湿ʂɤ^{423}	干净 kiɛ^{21}tɕʰiŋ^{53}	褿 tsʰao^{35} 日脏 ʐəʔ^{54}tsɑŋ^{213}
黄陵	湿 ʂʅ^{31}	净 tɕʰiəŋ^{55}	奴⁼ nəu^{24} 日脏 ʐʅ^{24}tsɑŋ^{31} 脏 tsɑŋ^{31}
渭南	湿 ʂʅ^{31}	干净 kæ̃^{53}tɕʰiəŋ^{0}	奴⁼ nəu^{24} 脏 tsɑŋ^{31}
韩城	湿 ʂʅ^{31}	干净 kɑ̃^{31}tɕiE^{0}	顽⁼ vɑ̃^{24}
合阳	湿 ʂʅ^{31}	干净 kɑ̃^{31}tsʰiɛ^{31}	脏 tsɑŋ^{31} 奴⁼ nou^{24}
富平	湿 ʂʅ^{31}	干净 kæ̃^{53}tiəɣ̃^{31}	奴⁼ nou^{24}
耀州	湿 ʂʅ^{21}	净 tɕiŋ^{44}	奴⁼ nou^{24} 褿 tsʰɔu^{24}
咸阳	湿 ʂʅ^{31}	干净 kɑ̃^{31}tɕiəŋ^{0}	脏 tsɑŋ^{31}
旬邑	湿 ʂʅ^{21}	净 tɕʰiəŋ^{44} 干净 kɑ̃^{52}tɕʰiəŋ^{0}	褿 tsʰau^{24} □tsʰ ɛ̃^{52}
三原	湿 ʂʅ^{31}	干净 kɑ̃^{52}tɕiəŋ^{0}	脏 tsɑŋ^{31}

	0997 湿潮湿：衣服淋~了	0998 干净衣服~	0999 脏肮脏，不干净，统称：衣服~
乾县	湿 ʂʅ²¹	干净 kæ̃⁵³tɕiɤŋ²¹	脏 tsaŋ²¹
岐山	湿 ʂʅ³¹	干净 kæ̃⁵³ȶʰiŋ²¹	脏 tsɑŋ³¹
凤翔	湿 ʂʅ³¹	净 tsiŋ⁴⁴	脏 tsɑŋ³¹ 脏兮 tsɑŋ³¹ɕi⁰
千阳	湿 ʂʅ³¹	净 tsiŋ⁴⁴	脏 tsɑŋ³¹ 脏兮 tsɑŋ³¹ɕi⁰
西安	潮 tʂʰau²⁴	干净 kã²¹tɕiəŋ⁰	脏 tsaŋ²¹
户县	湿 ʂʅ³¹	干净 kã³¹tɕiŋ³¹ 栓净 suã³¹tɕiŋ³¹	脏 tsaŋ³¹
商州	湿 ʂʅ³¹	净 tɕiəŋ⁴⁴	脏 tsɑŋ³⁵ 奴⁼ nou³⁵
镇安	湿 ʂʅ⁵³	干净 kan⁵³tɕin⁰	□□lai⁵³tai⁰
安康	湿 ʂʅ³¹	干净 kan³¹tɕin⁴⁴	脏 tsaŋ³¹ □稀 læ³¹ɕi⁰
白河	湿 ʂʅ²¹³	干净 kan²¹tɕiən⁰ 灵醒 liən⁴⁴ɕiən⁰	□□lai²¹tai⁰
汉阴	潮 tʂʰɑo⁴²	干净 kan³³tɕin⁰	□稀 lae³³ɕi⁰
平利	湿 ʂʅ⁴³	干净 kan⁴³tɕin⁰	□稀 lai⁴³ɕi⁰
汉中	湿 ʂʅ⁵⁵	干净 kan⁵⁵tɕin⁰	脏 tsɑŋ⁵⁵ □稀 lai⁵⁵ɕi⁰
城固	湿 ʂʅ⁵³	干净 kan⁴⁴tsiŋ⁰	脏 tsɑŋ⁵³
勉县	湿 sɿ⁴²	干净 kɑn⁴⁴tɕin⁰	脏 tsɑŋ⁴²
镇巴	湿 sɿ³¹	干净 kan³⁵tɕin²¹³	脏 tsaŋ³⁵

	1000 快锋利：刀子~	1001 钝刀~	1002 快坐车比走路~
榆林	快 $k^{h}u\varepsilon e^{52}$	不快 $p\partial ʔ^{3}k^{h}u\varepsilon e^{52}$ 木老爷 $m\partial ʔ^{3}l\text{ɔ}o^{21}i\varepsilon^{0}$	快 $k^{h}u\varepsilon e^{52}$ 欢 $xu\varepsilon^{33}$
神木	利 li^{53} 快 $k^{h}uE^{53}$	笨 $p\tilde{ɤ}^{53}$	快 $k^{h}uEe^{53}$
绥德	利 li^{52} 快 $k^{h}uai^{52}$	不快 $p\partial ʔ^{3}k^{h}uai^{52}$ 不利 $p\partial ʔ^{3}li^{52}$	快 $k^{h}uai^{52}$ 欢 $xuæ^{213}$
吴堡	快 $k^{h}u\alpha e^{53}$	笨 $p\partial ŋ^{53}$	快 $k^{h}u\alpha e^{53}$
清涧	快 $k^{h}uai^{42}$	木 $m\partial ʔ^{54}$	快 $k^{h}uai^{42}$ 欢 $xu\varepsilon^{312}$
延安	快 $k^{h}uai^{443}$	钝 $tu\partial ŋ^{443}$	快 $k^{h}uai^{443}$
延川	快 $k^{h}uai^{53}$	不快 $p\partial ʔ^{54}k^{h}uai^{53}$	快 $k^{h}uai^{53}$
黄陵	利 li^{55} 快 $k^{h}uE^{55}$	木 mu^{55}	快 $k^{h}uE^{55}$
渭南	快 $k^{h}uae^{44}$	木 mu^{44}	快 $k^{h}uae^{44}$
韩城	利 $lɪi^{44}$ 快 $k^{h}uæe^{44}$	木 mu^{44}	快 $k^{h}uæe^{44}$
合阳	快 $k^{h}uæe^{55}$ 利 li^{55}	木 mu^{55} 钝 $tu\tilde{e}^{55}$	快 $k^{h}uæe^{55}$ 剪 $tsi\tilde{\alpha}^{52}$
富平	快 $k^{h}u\varepsilon e^{55}$	木 mu^{55}	快 $k^{h}u\varepsilon e^{55}$
耀州	利 li^{44} 快 $k^{h}uæi^{44}$	木 mu^{21}	快 $k^{h}uæi^{44}$
咸阳	快 $k^{h}uæ^{44}$	钝 $tu\tilde{\varepsilon}^{44}$	快 $kuæ^{44}$
旬邑	利 li^{44} 快 $k^{h}u\varepsilon i^{44}$	老 lau^{52} 木 mu^{21}	快 $k^{h}u\varepsilon i^{44}$
三原	快 $k^{h}uai^{44}$	木 mu^{44}	快 $k^{h}uai^{44}$

	1000 快锋利：刀子~	1001 钝刀~	1002 快坐车比走路~
乾县	利 li⁵⁵	木 mu²¹	快 kʰuɛ⁵⁵
岐山	利 li⁴⁴	木 mu⁵³	快 kʰuE⁴⁴
凤翔	利 li⁴⁴	老 lɔ⁵³ 不利 pu³¹li⁴⁴	快 kʰuE⁴⁴
千阳	利 li⁴⁴	老 lɔ⁵³ 不利 pu³¹li⁴⁴	快 kʰuE⁴⁴
西安	利 li⁴⁴	不利 pu²¹li⁴⁴ 不鑱 pu²¹tsʰã²⁴	快 kʰuai⁴⁴
户县	鑱 tsʰã³⁵ 鑱活 tsʰã³⁵xuɤ³¹	笨 pẽ⁵⁵	快 kʰuæ⁵⁵
商州	利 li⁴⁴ 快 kʰuai⁴⁴	木 mu³¹	快 kʰuai⁴⁴
镇安	快 kʰuai²¹⁴	钝 tuən³²²	快 kʰuai²¹⁴
安康	快 kʰuæ⁴⁴	钝 tuən⁴⁴	快 kʰuæ⁴⁴
白河	利 li⁴¹ 快 kʰuai⁴¹	钝 tən⁴¹	快 kʰuai⁴¹ 麻利 ma⁴⁴li⁰
汉阴	快 kʰuae²¹⁴	钝 tuən²¹⁴	快 kʰuae²¹⁴
平利	快 kʰuai²¹⁴	钝 tən²¹⁴	快 kʰuai²¹⁴
汉中	利 li²¹³	钝 tuən²¹³	快 kʰuai²¹³
城固	利 li²¹³	钝 tuən²¹³	快 kʰuai²¹³
勉县	利 li²¹³	钝 toŋ²¹³	快 kʰuɑi²¹³
镇巴	快 kʰuai²¹³	钝 tən²¹³	快 kʰuai²¹³

	1003 慢走路比坐车~	1004 早来得~	1005 晚来~了
榆林	慢 mɛ^{52}	早 tsɔo^{213}	迟 tʂ^{h}ʅ^{213}
神木	慢 mɛ^{53}	早 tsɔo^{213}	迟 tʂ^{h}ʅ^{213}
绥德	慢 mæ^{52}	早 tsao^{213}	迟 tʂ^{h}ʅ^{33}
吴堡	慢 mɑ̃^{53}	早 tso^{412}	迟 tʂ^{h}ɛe^{33}
清涧	慢 mɛ^{42}	早 tsɔo^{53}	迟 tʂ^{h}ʅ^{24}
延安	慢 mæ̃^{443}	早 tsɔ^{52}	晚 væ̃^{52} 迟 tʂ^{h}ʅ^{24}
延川	慢 mæ̃^{53}	早 tsɑo^{53}	晚 væ̃^{53}
黄陵	慢 mæ̃^{55}	早 tsɔ^{52}	迟 ts^{h}ʅ^{24}
渭南	慢 mæ̃^{44}	早 tsɔo^{53}	迟 ts^{h}ʅ^{24}
韩城	慢 mɑ̃^{44}	早 tsɑu^{53}	晚 vɑ̃^{53} 迟 ts^{h}ʅ^{24}
合阳	慢 mɑ̃^{55} 缓 xuɑ̃^{52}	早 tsɔo^{52}	晚 vɑ̃^{52} 迟 ts^{h}ʅ^{24}
富平	慢 mæ̃^{55}	早 tsɑo^{53}	迟 ts^{h}ʅ^{24}
耀州	慢 mæ̃^{44}	早 tsɔu^{52}	迟 ts^{h}ʅ^{24}
咸阳	慢 mɑ̃^{44}	早 tsɔ^{53}	迟 ts^{h}ʅ^{24}
旬邑	慢 mɑ̃^{44}	早 tsau^{52}	晚 vɑ̃^{52} 迟 ts^{h}ʅ^{24}
三原	慢 mɑ̃^{44}	早 tsɑɔ^{52}	迟 ts^{h}ʅ^{24}

	1003 慢走路比坐车~	1004 早来得~	1005 晚来~了
乾县	慢 mæ̃⁵⁵	早 tsɔ⁵³	晚 væ̃⁵³ 迟 tsʰɿ²⁴
岐山	慢 mæ̃⁴⁴	早 tsɔ⁵³	迟 tsʰɿ²⁴ 晚 væ̃⁵³
凤翔	慢 mæ̃⁴⁴	早 tsɔ⁵³	迟 tsʰɿ²⁴
千阳	慢 mæ̃⁴⁴	早 tsɔ⁵³	迟 tsʰɿ²⁴
西安	慢 mã⁴⁴	早 tsau⁵³	迟 tʂʰʅ²⁴
户县	慢 mã⁵⁵ 淹 ȵiã³¹	早 tsau⁵¹	迟 tsʰɿ³⁵
商州	慢 mã⁴⁴	早 tsɑo⁵³	迟 tsʰɿ³⁵
镇安	慢 man³²²	早 tsɔo³⁵	迟 tʂʰʅ³³
安康	慢 man⁴⁴	早 tsau⁵³	晚 uan⁵³ 迟 tʂʰʅ³⁵
白河	慢 man⁴¹ 肉 ʐəu⁴¹	早 tsɔu³⁵	晏 ŋan⁴¹ 晚 uan³⁵
汉阴	慢 man²¹⁴	早 tsɑo⁴⁵	晏 ŋan²¹⁴
平利	慢 man²¹⁴	早 tsau⁴⁴⁵	晏 ŋan²¹⁴ 迟 tʂʰʅ⁵²
汉中	慢 man²¹³	早 tsɑo³⁵⁴	晚 uan³⁵⁴ 迟 tsʰɿ⁴²
城固	慢 man²¹³ 肉 ʐəu²¹³	早 tsɔ⁴⁴	迟 tsʰɿ³¹¹
勉县	慢 mɑn²¹³	早 tsɑɔ³⁵	迟 tsʰɿ²¹
镇巴	慢 man²¹³	早 tsau⁵²	晏 ŋan²¹³

	1006 晚天色~	1007 松捆得~	1008 紧捆得~
榆林	不早 pəʔ^{3}tsɔo^{213}	松 suɤɣ̃^{33}	紧 tɕiɤɣ̃^{213}
神木	黑 xəʔ^{4}	松 suɣ̃^{213}	紧 tɕiɣ̃^{213}
绥德	不早 pəʔ^{5}tsao^{213}	松 suəɣ̃^{213}	紧 tɕiəɣ̃^{213}
吴堡	有时光儿 iɑo^{41}sɿ^{33}kur^{0}	松 suəŋ^{213}	紧 tɕiəŋ^{412}
清涧	有时光 iəu^{53}sɿ^{24}kuɒ̃^{0}	松 suəɣ̃^{312}	紧 tɕiəɣ̃^{53}
延安	晚 væ̃^{52}	松 suəŋ^{213}	紧 tɕiəŋ^{52}
延川	晚 væ̃^{53}	松 suŋ^{213}	紧 tɕiŋ^{53}
黄陵	黑 xei^{31} 晚 væ̃^{52}	松 suŋ^{31}	紧 tɕiẽ^{52}
渭南	迟 tsʰɿ^{24}	松 ʃəŋ^{31}	紧 tɕiə̃^{53}
韩城	快黑的啦 kʰuæe^{44}xɯ^{31}ti^{0}lɑ^{0}	松 səŋ^{31}	紧 tɕiɛ̃^{53}
合阳	黑 xɯ^{31} 晚 vɑ̃^{51}	松 ɕyŋ^{31}	实 ʂɿ^{24} 紧 tɕiẽ^{52}
富平	黑 xeɪ^{31}	松 suəɣ̃^{31}	紧 tɕiɛ̃^{53}
耀州	暗 ŋæ̃^{44}	松 ʃuŋ^{21}	紧 tɕiei^{52} 结实 tɕiɛ^{52}ʂɿ^{0}
咸阳	晚 vɑ̃^{53}	松 suəŋ^{31}	紧 tɕiɛ̃^{53}
旬邑	黑 xei^{21} 晚 vɑ̃^{52}	松 suəŋ^{21}	紧 tɕiɛ̃^{52}
三原	晚 vɑ̃^{52}	松 suəŋ^{31}	紧 tɕiẽ^{52}

	1006 晚天色~	1007 松捆得~	1008 紧捆得~
乾县	晚 vã̃ ^{53} 不早 pu ^{21} tsɔ ^{53}	松 soŋ ^{21}	紧 tɕiẽ ^{53}
岐山	黑得 xei ^{53} tei ^{21}	松 suŋ ^{31}	紧 tɕiŋ ^{53}
凤翔	黑 xei ^{31}	松 suŋ ^{31}	紧 tɕiŋ ^{53}
千阳	黑 xei ^{31}	松 suŋ ^{31}	紧 tɕiŋ ^{53}
西安	黑 xei ^{21}	松 soŋ ^{21}	紧 tɕin ^{53}
户县	快黑 kʰuæ ^{55} xei ^{31} 黑 xei ^{31}	松 suəŋ ^{31}	紧 tɕiẽ ^{51}
商州	黑 xei ^{31}	松 ʃuəŋ ^{31}	紧 tɕiẽ ^{53} 瓷 tsʰɿ ^{35}
镇安	黑 xɛ ^{53}	松 suoŋ ^{53}	紧 tɕin ^{35}
安康	晚 uan ^{53} 不早了 pu ^{31} tsau ^{53} liau ^{0}	松 suŋ ^{31}	紧 tɕin ^{53} 扎实 tsa ^{31} ʂʅ ^{0}
白河	晏 ŋan ^{35}	松 səŋ ^{213}	紧 tɕiən ^{35}
汉阴	暗 ŋan ^{214}	松 soŋ ^{33}	紧 tɕin ^{45}
平利	晚 uan ^{445} 黑 xE ^{43}	松 soŋ ^{43}	紧 tɕin ^{445}
汉中	晚 uan ^{354}	松 soŋ ^{55}	紧 tɕin ^{354}
城固	黑 xei ^{53}	松 ʃuŋ ^{53}	紧 tɕin ^{44}
勉县	晚 vɑn ^{35}	松 soŋ ^{42}	紧 tɕin ^{35}
镇巴	晏 ŋan ^{213}	松 soŋ ^{35}	紧 tɕin ^{52}

	1009 容易这道题~	1010 难这道题~	1011 新衣服~
榆林	容易 yɤɣ̃^{24}i^{52} 不难 pəʔ^{3}nɛ^{213}	难 nɛ^{213} 不容易 pəʔ^{3}yɤɣ̃^{24}i^{52}	新 ɕiɤɣ̃^{33}
神木	简单 tɕiɛ^{21}tɛ^{24} 不难 pəʔ^{4}nɛ^{44}	难 nɛ^{44}	新 ɕiɣ̃^{213}
绥德	容易 yəɣ̃^{33}i^{52} 不难 pəʔ^{3}næ^{33}	难 næ^{33} 不容易 pəʔ^{3}yəɣ̃^{33}i^{52}	新 ɕiəɣ̃^{213}
吴堡	简单 tɕiã^{41}tã^{213}	难 nã^{33}	新 ɕiəŋ^{213}
清涧	简单 tɕi^{53}tɛ^{312}	难 nɛ^{24}	新 ɕiəɣ̃^{312}
延安	容易 ʐuəŋ^{24}i^{443}	难 næ̃^{24}	新 ɕiəŋ^{213}
延川	容易 ʐuŋ^{35}zɿ^{0}	难 næ̃^{35}	新 ɕiŋ^{213}
黄陵	简单 tɕiæ̃^{52}tæ̃^{0} 容易 yŋ^{24}i^{0}	难 næ̃^{24}	新 ɕiẽ^{31}
渭南	简单 tɕiæ̃^{53}tæ̃^{31}	难 næ̃^{24}	新 ɕiə̃^{31}
韩城	简单 tɕiã^{53}tã^{31}	难 nã^{24}	新 ɕiɛ̃^{31}
合阳	容易 yŋ^{24}i^{31}	难 nɑ̃^{24}	新 siẽ^{31}
富平	简单 tɕiæ̃^{53}tæ̃^{31}	难 næ̃^{24}	新 siɛ̃^{31}
耀州	简单 tɕiæ̃^{52}tæ̃^{21}	难 næ̃^{24}	新 ɕiei^{21}
咸阳	容易 yəŋ^{24}i^{0}	难 nã^{24}	新 ɕiɛ̃^{31}
旬邑	简单 tɕiã^{44}tã^{0} 容易 yəŋ^{21}i^{52}	深 ʂɛ̃^{21} 难 lã^{24}	新 ɕiɛ̃^{21}
三原	容易 yəŋ^{24}i^{0}	难 nã^{24}	新 ɕiẽ^{31}

	1009 容易这道题~	1010 难这道题~	1011 新衣服~
乾县	简单 tɕiæ̃^{53}tæ̃^{21}	难 næ̃^{24}	新 ɕiẽ^{21}
岐山	简单 tɕiæ̃^{53}tæ̃^{31} 容易 yŋ^{31}i^{53}	难 læ̃^{24}	新 siŋ^{31}
凤翔	简单 tɕiæ̃^{53}tæ̃^{31}	难 læ̃^{24}	新 siŋ^{31}
千阳	简单 tɕiæ̃^{53}tæ̃^{31}	难 læ̃^{24}	新 siŋ^{31}
西安	容易 yoŋ^{24}i^{0}	难 nã^{24}	新 ɕin^{21}
户县	容易 yŋ^{35}i^{31}	难 nã^{35}	新 ɕiẽ^{31}
商州	容易 yəŋ^{31}i^{53}	难 nã^{35}	新 ɕiẽ^{31}
镇安	简单 tɕian^{35}tan^{53}	难 nan^{33}	新 ɕin^{53}
安康	简单 tɕian^{53}tan^{0} 容易 yŋ^{35}i^{0}	难 nan^{35}	新 ɕin^{31}
白河	简单 tɕian^{35}tan^{0}	难 lan^{44}	新 ɕiən^{213}
汉阴	易得 i^{21}tE^{0}	难 lan^{42}	新 ɕin^{33}
平利	简单 tɕian^{45}tan^{43}	难 lan^{52}	新 ɕin^{43}
汉中	容易 ʐoŋ^{42}i^{0}	难 lan^{42}	新 ɕin^{55}
城固	容易 yŋ^{31}i^{213}	难 lan^{311}	新 sin^{53}
勉县	容易 ioŋ^{21}i^{213}	难 lɑn^{21}	新 ɕin^{42}
镇巴	简单 tɕian^{45}tan^{55} 容易 ioŋ^{33}i^{213}	难 lan^{31}	新 ɕin^{35}

	1012 旧衣服~	1013 老人~	1014 年轻人~
榆林	旧 tɕiəu^{52}	老 lɔo^{213}	小 ɕiɔo^{213} 年轻 niɛ^{24}tɕʰiɤɣ̃^{33}
神木	旧 tɕiəu^{53}	老 lɔo^{213}	小 ɕiɔo^{213} 年轻 ȵiɛ^{44}tɕʰiɤ̃^{0}
绥德	旧 tɕiəu^{52}	老 lao^{213}	小 ɕiɔɤ^{213} 年轻 niᴇ^{33}tɕʰiəɣ̃^{0}
吴堡	旧 tɕiɑo^{53}	老 lo^{412}	小 ɕiɤ^{412} 年轻 ȵiᴇ^{33}tɕʰiəŋ^{213}
清涧	旧 tɕʰiəu^{42}	老 lɔo^{53}	年轻 ȵi^{24}tɕʰiəɣ̃^{0}
延安	旧 tɕʰiou^{443}	老 lɔ^{52}	年轻 ȵiæ̃^{24}tɕiəŋ^{0}
延川	旧 tɕʰiəu^{53}	老 lɑo^{53}	年轻 ȵiɛ^{35}tɕiŋ^{0}
黄陵	旧 tɕʰiəu^{55}	老 lɔ^{52}	年轻 ȵiæ̃^{24}tɕʰiəŋ^{0}
渭南	旧 tɕʰiəu^{44}	老 lɔo^{53}	年轻 ȵiæ̃^{24}tɕʰiəŋ^{31}
韩城	旧 tɕʰiəu^{44}	年纪大啦 ȵiã^{31}tɕi^{53}tʰuɤ^{344}lɑ^{0} 年龄大啦 ȵiã^{24}liəŋ^{24}tɑ^{44}lɑ^{0}	年轻 ȵiã^{24}tɕiᴇ^{31}
合阳	旧 tɕʰiou^{55}	老 lɔo^{52}	年轻 ȵiã^{24}tsʰiŋ^{31}
富平	旧 tɕiou^{55}	老 lɑo^{53}	年轻 ȵiæ̃^{24}tɕʰiəɣ̃^{31}
耀州	旧 tɕiou^{44} 陈 tʂʰei^{24}	老 lɔu^{52} 年龄大啦 ȵiæ̃^{24}liŋ^{24}ta^{44}la^{0}	年轻 ȵiæ̃^{24}tɕʰiŋ^{21}
咸阳	旧 tɕiou^{44}	老 lɔ^{53}	年轻 ȵiã^{24}tɕʰiəŋ^{31}
旬邑	旧 tɕʰiəu^{44}	老 lau^{52}	年轻 ȵiã^{24}tɕʰiəŋ^{21}
三原	旧 tɕiou^{44}	老 lɑɔ^{52}	年轻 ȵiã^{24}tɕʰiəŋ^{31}

	1012 旧衣服~	1013 老人~	1014 年轻人~
乾县	旧 tɕiou^{55}	老 nɔ^{53}	年轻 ȵiæ̃^{24}tɕʰiɤŋ^{21}
岐山	旧 tɕʰiou^{44}	老 lɔ^{53}	年轻 ȵiæ̃^{24}tɕʰiŋ^{31}
凤翔	旧 tɕiəu^{44}	老 lɔ^{53}	年轻 ȵiæ̃^{24}tɕʰiŋ^{31}
千阳	旧 tɕʰiou^{44}	老 lɔ^{53}	年轻 ȵiæ̃^{24}tɕʰiŋ^{31}
西安	旧 tɕiou^{44}	老 lau^{53}	年轻 ȵiã^{24}tɕʰiəŋ^{0}
户县	旧 tɕiɤu^{55}	老 lau^{51}	年轻 ȵiã^{35}tɕʰiŋ^{31}
商州	旧 tɕiou^{44}	老 lɑo^{53}	年轻 ȵiã^{35}tɕʰiəŋ^{0}
镇安	旧 tɕiəu^{322}	老 lɔo^{35}	年轻 ȵian^{21}tɕʰin^{53}
安康	旧 tɕiou^{44}	老 lau^{53}	年轻 ȵian^{35}tɕʰin^{31}
白河	旧 tɕiəu^{41}	老 lɔu^{35}	年轻 ȵian^{44}tɕʰiən^{213}
汉阴	旧 tɕiəu^{214}	老 lɑo^{45}	年轻 ȵian^{42}tɕʰin^{33}
平利	旧 tɕiou^{214}	老 lau^{445}	年轻 ȵian^{52}tɕʰin^{43}
汉中	旧 tɕiəu^{213}	老 lɑo^{354}	年轻 ȵian^{42}tɕʰin^{55}
城固	旧 tɕiəu^{213}	老 lɔ^{44}	年轻 ȵian^{31}tɕʰiŋ^{53}
勉县	旧 tɕiəu^{213}	老 lɑɔ^{35}	年轻 ȵiɑn^{21}tɕʰin^{42}
镇巴	旧 tɕiəu^{213}	老 lau^{52}	年轻 ȵian^{31}tɕʰin^{55}

	1015 软糖~	1016 硬骨头~	1017 烂肉煮得~
榆林	软 ʐuɛ^{213}	硬 niɤɣ̃^{52}	烂 lɛ^{52}
神木	软 ʐuɛ^{213}	硬 ȵiɤ̃^{53}	烂 lɛ^{53}
绥德	软 ʐuæ^{213}	硬 niəɣ̃^{52}	烂 læ^{52}
吴堡	绵 mie^{33}	硬 ȵiəŋ^{53}	烂 lã^{53}
清涧	软 ʐu^{53}	硬 ȵiəɣ̃^{42}	烂 lɛ^{42}
延安	软 ʐuæ̃^{52}	硬 ȵiəŋ^{443}	烂 læ̃^{443}
延川	软 ʐuɤ^{53}	硬 ȵiŋ^{53}	烂 læ̃^{53}
黄陵	软 zuæ̃^{52}	硬 ȵiəŋ^{55}	烂 læ̃^{55}
渭南	软 ʒæ̃^{53}	硬 ȵiəŋ^{44}	烂 læ̃^{44}
韩城	软 vã^{53}	硬 ȵiəŋ^{44}	烂 lã^{44}
合阳	软 vɑ̃^{52}	硬 ȵiŋ^{55}	烂 lɑ̃^{55} 到 tɔo^{55}
富平	软 ʒuæ̃^{53}	硬 ȵiəɣ̃^{55}	烂 læ̃^{55}
耀州	软 ʒuæ̃^{52}	硬 ȵiŋ^{44} 瓷 tsʰɿ^{24}	烂 læ̃^{44} 囊 nɑŋ^{21}
咸阳	软 ʒuã^{53}	硬 ȵiəŋ^{44}	烂 lã^{44}
旬邑	软 ʒã^{52}	硬 ȵiəŋ^{44}	烂 lã^{44} 透 tʰəu^{44}
三原	软 ʒuã^{52}	硬 ȵiəŋ^{44}	烂 lã^{44} 囊 nɑŋ^{31}

	1015 软糖~	1016 硬骨头~	1017 烂肉煮得~
乾县	软 ʒuæ̃⁵³	硬 ȵiɤŋ⁵⁵	烂 næ̃⁵⁵
岐山	软 ʐæ̃⁵³	硬 ȵiŋ⁴⁴	烂 læ̃⁴⁴
凤翔	软 ʐæ̃⁵³	硬 ȵiŋ⁴⁴	烂 læ̃⁴⁴
千阳	软 ʒæ̃⁵³	硬 ȵiŋ⁴⁴	烂 læ̃⁴⁴ 绵 miæ̃²⁴
西安	软 vã⁵³	硬 ȵiəŋ⁴⁴	燶 noŋ⁴⁴
户县	软 zuã⁵¹	硬 ȵiŋ⁵⁵	烂 lã⁵⁵
商州	软 ʒuã⁵³	硬 ȵiəŋ⁴⁴	烂 lã⁴⁴ 燶 nuəŋ⁴⁴
镇安	燶 nuoŋ²¹⁴	硬 ȵin³²²	□pʰa⁵³
安康	软 van⁵³	硬 ȵin⁴⁴	烂 lan⁴⁴ □活 pʰa³¹xuo³¹
白河	软 ʐuan³⁵ □pʰa²¹³	硬 ŋən⁴¹	□pʰa²¹³
汉阴	□pʰɑ³³	硬 ŋən²¹⁴	融 ioŋ⁴²
平利	□pʰa⁴³	硬 ŋən²¹⁴	□pʰa⁴³
汉中	□pʰA⁵⁵ 软 ʐuan³⁵⁴	硬 ȵin²¹³	烂 lan²¹³ 融 ʐoŋ⁴²
城固	□pʰɑ⁵³	硬 ȵiŋ²¹³	烂 lan²¹³
勉县	□pʰɑ⁴²	硬 ȵin²¹³	烂 lɑn²¹³
镇巴	□pʰa³⁵	硬 ŋən²¹³	融 zoŋ³¹

	1018 糊饭烧~了	1019 结实家具~	1020 破衣服~
榆林	糊㷻 $xu^{24}pʌʔ^{0}$	耐 $nɛe^{52}$	烂 $lɛ^{52}$
神木	糊㷻 $xu^{44}pəʔ^{0}$ 焦 $tɕiɔo^{213}$	耐 nEe^{53} 牢 $lɔo^{44}$	烂 $lɛ^{53}$
绥德	糊㷻 $xu^{33}pɤ^{0}$	耐 nai^{52}	烂 $læ^{52}$
吴堡	糊㷻 $xu^{33}pəʔ^{3}$	耐 $nɑe^{53}$	烂 $lã^{53}$
清涧	糊㷻 $xʊ^{24}pɤ^{53}$	耐 nai^{42}	烂 $lɛ^{42}$
延安	糊 xu^{24} 焦 $tɕiɔ^{213}$	结实 $tɕiɛ^{21}ʂəʔ^{5}$ 耐 nai^{443}	烂 $læ̃^{443}$ 破 $p^{h}uo^{443}$
延川	糊 xu^{35}	结实 $tɕiɛ^{53}ʂəʔ^{54}$	破 $p^{h}ɤ^{53}$
黄陵	着 $tʂ^{h}uɤ^{24}$	结实 $tɕiɛ^{31}ʂʅ^{0}$ 耐实 $nE^{55}ʂʅ^{0}$	烂 $læ̃^{55}$
渭南	着 $tɕ^{h}yə^{24}$ 糊 xu^{24}	□实 $tsae^{53}ʂʅ^{0}$	烂 $læ̃^{44}$
韩城	着 $tʂ^{h}uɤ^{24}$	耐实 $næE^{44}tʂʅ^{0}$	烂 $lã^{44}$
合阳	糊 xu^{24}	结实 $tɕiɛ^{31}ʂʅ^{31}$	差 $tʂ^{h}ɑ^{52}$ 破 $p^{h}o^{55}$
富平	着 $tʂ^{h}uo^{24}$	结实 $tɕiɛ^{31}ʂʅ^{31}$	烂 $læ̃^{55}$
耀州	焦 $tɕiɔu^{21}$	耐实 $næi^{44}ʂʅ^{0}$ 牢 $lɔu^{24}$	烂 $læ̃^{44}$
咸阳	焦 $tɕiɔ^{31}$	结实 $tɕiɛ^{31}ʂʅ^{0}$	烂 $lã^{44}$
旬邑	着 $tʃ^{h}uo^{24}$ 焦 $tɕiau^{21}$	结实 $tɕiɛ^{52}ʂʅ^{0}$ 紧固 $tɕiɛ̃^{21}ku^{0}$	烂 $lã^{44}$ 破 $p^{h}o^{44}$
三原	着 $tʂ^{h}uə^{24}$	结实 $tɕiɛ^{52}ʂʅ^{0}$	烂 $lã^{44}$

	1018 **糊**饭烧~了	1019 **结实**家具~	1020 **破**衣服~
乾县	焦 tɕiɔ^{21}	结实 tɕiə^{53}ʂʅ^{0}	破 p^{h}uɤ^{55}
岐山	着 tʂ^{h}uo^{24} 糊 xu^{24}	结实 tɕiɛ^{53}ʂʅ^{21}	烂 læ̃^{44}
凤翔	焦 tsiɔ^{31}	结实 tɕie^{53}ʂʅ^{0} 牢 lɔ^{24}	烂 læ̃^{44}
千阳	焦 tsiɔ^{31}	结实 tɕie^{53}ʂʅ^{0} 牢 lɔ^{24}	烂 læ̃^{44}
西安	着 pf^{h}uo^{24}	结实 tɕiɛ^{21}ʂʅ^{0}	烂 lã^{44}
户县	焦 tɕiau^{31}	结实 tɕiɛ^{31}ʂʅ^{31} 紧沉 tɕiẽ^{51}tʂ^{h}ẽ^{31}	烂 lã^{55}
商州	着 tʂ^{h}uə^{35}	结实 tɕiɛ^{53}ʂʅ^{31}	烂 lã^{44}
镇安	着 tʂuə^{322}	牢实 lɔo^{33}ʂʅ^{0}	烂 lan^{322}
安康	焦 tɕiau^{31}	结实 tɕie^{31}ʂʅ^{0}	烂 lan^{44} 破 p^{h}ə^{44}
白河	糊 xu^{44}	结实 tɕiE^{21}ʂʅ^{0}	破 p^{h}o^{41}
汉阴	焦 tɕiɑo^{33}	结实 tɕiE^{42}ʂʅ^{0}	烂 lan^{214}
平利	糊 xu^{52} 焦 tɕiau^{43}	结实 tɕiE^{43}ʂʅ^{0}	烂 lan^{214}
汉中	焦 tɕiɑo^{55}	结实 tɕiE^{55}ʂʅ^{0}	烂 lan^{213}
城固	焦 tsiɔ^{53}	结作 tɕiɛ^{44}tʃuə^{0}	烂 lan^{213}
勉县	焦 tɕiɑɔ^{42}	结实 tɕiɛ^{44}sʅ^{0}	烂 lɑn^{213}
镇巴	糊 xu^{31}	结实 tɕiɛ^{33}sʅ^{31}	烂 lan^{213}

	1021 富他家很~	1022 穷他家很~	1023 忙最近很~
榆林	有 iəu^{213} 富 fu^{52}	穷 tɕ^{h}yɤɣ̃^{213}	忙 mɑ̃^{213}
神木	发 faʔ^{4} 有钱儿 iəu^{21}tɕ^{h}iʌɯ^{53}	穷 tɕ^{h}yɣ̃^{44} 可怜 k^{h}uo^{21}liɛ^{44}	忙 mɑ̃^{44}
绥德	有 iəu^{213} 富 fu^{52}	穷 tɕ^{h}yəɣ̃^{33} 没有的 mɤ^{33}iəu^{21}tɤ^{33}	忙 mɑ̃^{33}
吴堡	发 faʔ^{3}	穷 tɕ^{h}yəŋ^{33}	忙 mɤu^{33}
清涧	发 fɑ^{53} 有钱儿 iəu^{53}tɕ^{h}iər^{42}	穷 tɕ^{h}yəɣ̃^{24}	忙 mɒ̃^{24}
延安	富 fu^{443} 富裕 fu^{443}y^{443}	穷 tɕ^{h}yəŋ^{24}	忙 maŋ^{24}
延川	富 fu^{53}	穷 tɕ^{h}yŋ^{35}	忙 mɑŋ^{53}
黄陵	富 fu^{55}	穷 tɕ^{h}yŋ^{24}	忙 mɑŋ^{24}
渭南	有 iəu^{53}	穷 tɕ^{h}yəŋ^{24}	忙 mɑŋ^{24}
韩城	富 fu^{44}	穷 tɕ^{h}yəŋ^{24}	忙 mɑŋ^{24}
合阳	有 iou^{52} 富 fu^{55}	穷 tɕ^{h}yŋ^{24} 较结 tɕiɔo^{55}tɕiɛ^{31}	忙 mɑŋ^{24}
富平	富 fʋ^{55}	穷 tɕ^{h}yəɣ̃^{24}	忙 mɑɣ̃^{24}
耀州	富 fu^{44}	穷 tɕ^{h}yŋ^{24} 恓惶 ɕi^{52}xuɑŋ^{0}	忙 mɑŋ^{24}
咸阳	富 fu^{44}	穷 tɕ^{h}yəŋ^{24}	忙 mɑŋ^{24}
旬邑	富 fu^{44} 财东 ts^{h}ɛi^{21}tuəŋ^{52}	穷 tɕ^{h}yəŋ^{24} 恓惶 ɕi^{52}xuɑŋ^{0}	忙 mɑŋ^{24} 紧 tɕiẽ^{52}
三原	有钱 iou^{52}tɕ^{h}iã^{24}	穷 tɕ^{h}yəŋ^{24}	忙 mɑŋ^{24}

	1021 富他家很~	1022 穷他家很~	1023 忙最近很~
乾县	富 fu^{55} 财东 $ts^{h}\varepsilon^{24}to\eta^{21}$	穷 $t\text{ɕ}^{h}yo\eta^{24}$	忙 $ma\eta^{24}$
岐山	富 fu^{44}	穷 $t\text{ɕ}^{h}y\eta^{24}$	忙 $m\text{ɑ}\eta^{24}$
凤翔	富 fu^{44}	穷 $t\text{ɕ}^{h}y\eta^{24}$ 寒 $x\tilde{æ}^{24}$	忙 $m\text{ɑ}\eta^{24}$
千阳	富 fu^{44}	穷 $t\text{ɕ}^{h}y\eta^{24}$ 寒 $x\tilde{æ}^{24}$	忙 $m\text{ɑ}\eta^{24}$
西安	阔 $k^{h}uo^{21}$	穷 $t\text{ɕ}^{h}yo\eta^{24}$	忙 $ma\eta^{24}$
户县	有 $i\text{ɤ}u^{51}$ 财东 $ts^{h}æ^{35}tu\text{ə}\eta^{31}$	穷 $t\text{ɕ}^{h}y\eta^{35}$ 可怜 $k^{h}\text{ɤ}^{51}li\tilde{a}^{31}$	忙 $ma\eta^{35}$
商州	有钱 $iou^{53}t\text{ɕ}^{h}i\tilde{a}^{35}$	穷 $t\text{ɕ}^{h}y\text{ə}\eta^{35}$	忙 $m\text{ɑ}\eta^{35}$
镇安	有钱 $i\text{ə}u^{33}t\text{ɕ}^{h}ian^{33}$	穷 $t\text{ɕ}^{h}io\eta^{33}$	忙 $m\Lambda\eta^{33}$
安康	富 fu^{44}	穷 $t\text{ɕ}^{h}y\eta^{35}$	忙 $ma\eta^{35}$
白河	富 fu^{41}	穷 $t\text{ɕ}^{h}y\eta^{44}$	忙 $ma\eta^{44}$
汉阴	有 $i\text{ə}u^{45}$	穷 $t\text{ɕ}^{h}io\eta^{42}$	忙 $m\text{ɑ}\eta^{42}$
平利	有钱 $iou^{45}t\text{ɕ}^{h}ian^{52}$	穷 $t\text{ɕ}^{h}io\eta^{52}$	忙 $ma\eta^{52}$
汉中	富 fu^{213}	穷 $t\text{ɕ}^{h}io\eta^{42}$	忙 $m\text{ɑ}\eta^{42}$
城固	富 fu^{213}	穷 $t\text{ɕ}^{h}y\eta^{311}$	忙 $m\text{ɑ}\eta^{311}$
勉县	富 fu^{213}	穷 $t\text{ɕ}^{h}io\eta^{21}$	忙 $m\text{ɑ}\eta^{21}$
镇巴	富 fu^{213}	穷 $t\text{ɕ}^{h}io\eta^{31}$	忙 $ma\eta^{31}$

	1024 闲最近比较~	1025 累走路走得很~	1026 疼摔~了
榆林	闲 xɛ^{213} 消闲 ɕiɔo^{33}xɛ^{33}	熬 nɔo^{213} 乏 fa^{213}	疼 tʰɤɣ̃^{213}
神木	闲 xɛ^{44}	熬 ŋɔo^{44}	疼 tʰɣ̃^{44}
绥德	闲 xæ^{33} 消闲 ɕiɔɤ^{21}xæ^{33}	熬 ŋao^{33} 乏 fɑ^{33}	疼 tʰəɣ̃^{33}
吴堡	闲 ɕiã^{33} 消停 ɕiɤ^{21}tʰɛe^{33}	熬 ŋo^{33}	疼 tʰəŋ^{33}
清涧	闲 xɛ^{24}	熬 ŋɔo^{24}	疼 tʰəɣ̃^{24}
延安	闲 xæ̃^{24}	熬 ŋɔ^{24} 累 luei^{443}	疼 tʰəŋ^{24}
延川	闲 xæ̃^{35}	熬 ŋɑo^{35}	疼 tʰəŋ^{35}
黄陵	闲 xæ̃^{24}	乏 fɑ^{24} 累 luei^{55}	疼 tʰəŋ^{24}
渭南	闲 xæ̃^{24}	乏 fɑ^{24} 挣 tsəŋ^{44}	疼 tʰəŋ^{24}
韩城	闲 xã^{24}	乏 fɑ^{24}	疼 tʰəŋ^{24}
合阳	闲 xɑ̃^{24}	乏 fɑ^{24} 累 lei^{55}	疼 tʰəŋ^{24}
富平	闲 xæ̃^{24}	乏 fɑ^{24}	疼 tʰəɣ̃^{24}
耀州	闲散 xæ̃^{24}sæ̃^{52} 闲 xæ̃^{24}	乏 fɑ^{24} 劳 lɔu^{24}	疼 tʰəŋ^{24}
咸阳	闲 xã^{24}	乏 fɑ^{24}	疼 tʰəŋ^{24}
旬邑	闲 xã^{24}	乏 fɑ^{24} 累 luei^{44}	疼 tʰəŋ^{24}
三原	闲 xã^{24} 清闲 tɕʰiəŋ^{52}ɕiã^{0}	乏 fɑ^{24}	疼 tʰəŋ^{24}

	1024 闲最近比较~	1025 累走路走得很~	1026 疼摔~了
乾县	闲 xæ̃^{24}	累 nue^{53}	疼 t^{h}ɤŋ^{24}
岐山	闲 ɕiæ̃^{24}	乏 fA^{24} 累 luei^{53}	疼 t^{h}əŋ^{24}
凤翔	闲 ɕiæ̃^{24}	乏 fa^{24}	疼 t^{h}əŋ^{24}
千阳	闲 ɕiæ̃^{24}	乏 fa^{24}	疼 t^{h}əŋ^{24}
西安	闲 xã^{24}	累 luei^{44}	疼 t^{h}əŋ^{24}
户县	闲 xã^{35}	困 k^{h}uẽ^{55} 乏 fa^{35}	疼 t^{h}əŋ^{35}
商州	闲 xã^{35}	乏 fa^{35}	疼 t^{h}əŋ^{35}
镇安	闲 ɕian^{33}	乏 fa^{322}	疼 t^{h}ɤŋ^{214}
安康	闲 ɕian^{35}	累 luei^{44}	疼 t^{h}əŋ^{35}
白河	闲 ɕian^{44}	累 lei^{41} 拿不严=儿 la^{44}pu^{0}iar^{44}	疼 t^{h}ən^{44}
汉阴	闲 ɕian^{42}	累 luei^{214}	痛 t^{h}oŋ^{214}
平利	闲 ɕian^{52}	累 lei^{214}	痛 t^{h}oŋ^{214}
汉中	闲 xan^{42}	累 luei^{213}	疼 t^{h}ən^{42}
城固	闲 xan^{311}	累 luei^{213}	疼 t^{h}əŋ^{311}
勉县	闲 xɑn^{21}	累 luei^{213}	疼 t^{h}ən^{21}
镇巴	闲 ɕian^{31}	累 luei^{213}	痛 t^{h}oŋ^{213}

	1027 痒皮肤~	1028 热闹看戏的地方很~	1029 熟悉这个地方我很~
榆林	咬 niɔo^{213}	红火 xuɤɣ̃^{24}xuə^{52}	熟 ʂuəʔ^{3} 熟惯 ʂuəʔ^{3}kuɛ^{52}
神木	咬 ȵiɔo^{213}	红火 xuɤ̃^{44}xuo^{53}	熟 ʂuəʔ^{4}
绥德	咬 niɔɤ^{213}	红火 xuəɣ̃^{33}xuo^{52} 热闹 ʐɤ^{33}nao^{52}	熟 ʂuəʔ^{3} 熟惯 ʂuəʔ^{3}kuæ^{52}
吴堡	咬 ȵio^{412}	红火 xuəŋ^{33}xu^{53}	熟 suəʔ^{213}
清涧	咬 ȵiɔo^{53}	红火 xuəɣ̃^{24}xu^{0}	熟 ʂuəʔ^{43}
延安	咬 ȵiɔ^{52}	红火 xuəŋ^{24}xuo^{0}	熟 ʂu^{24}
延川	咬 ȵiɑo^{53}	红火 xuŋ^{35}xuɤ^{0}	熟 ʂuəʔ^{54}
黄陵	咬 ȵiɔ^{52}	红火 xuŋ^{24}xuɤ^{0} 热闹 ʐɤ^{31}nɔ^{0}	熟 səu^{24}
渭南	咬 ȵiɔo^{53}	热闹 ʐə^{53}nɔo^{0}	熟 səu^{24}
韩城	咬 ȵiɑu^{53}	热闹 ʐʅE^{31}nɑu^{0}	熟 səu^{24}
合阳	咬 ȵiɔo^{52} 痒 iɑŋ^{52}	热闹 ʐɤ^{31}nɔo^{31}	熟悉 sou^{24}si^{31} 了解 liɔo^{24}tɕiɛ^{52}
富平	咬 ȵiɑo^{53}	热闹 ʐɤ^{53}nɑo^{31}	熟 sou^{24}
耀州	咬 ȵiɔu^{52}	热闹 ʐɤ^{52}nɔu^{0}	熟 sou^{24}
咸阳	咬 ȵiɔ^{53}	热闹 ʐɤ^{31}nɔ^{0}	熟欢$^{=}$ ʃu^{24}xuã^{31}
旬邑	咬 ȵiau^{52}	热闹 ʐɤ^{52}lau^{0}	熟 ʃʅ^{24}
三原	咬 ȵiɑɔ^{52}	热闹 ʐɤ^{52}nɑɔ^{0}	熟 sou^{24}

	1027 痒皮肤~	1028 热闹看戏的地方很~	1029 熟悉这个地方我很~
乾县	咬 ȵiɔ^{53}	热闹 ʐɤ^{53}nɔ^{21}	熟悉 ʃu^{24}ɕi^{21}
岐山	咬 ȵiɔ^{53} 咬人 ȵiɔ^{44}ʐəŋ^{21}	热闹 ʐɤ^{53}lɔ^{21}	熟 ʂʅ^{24}
凤翔	咬 ȵiɔ^{53} 咬人 ȵiɔ^{44}ʐəŋ^{0}	热闹 ʐʅə^{53}lɔ^{0}	熟 ʂʅ^{24}
千阳	咬 ȵiɔ^{53} 咬人 ȵiɔ^{44}ʐəŋ^{0}	热闹 ʐə^{53}lɔ^{0}	熟 ʃʅ^{24}
西安	痒痒 iaŋ^{53}iaŋ^{0}	热闹 ʐɤ^{21}nau^{0}	熟 fu^{24} 熟 sou^{24}
户县	咬 ȵiau^{51}	热闹 ʐʅɛ^{31}nau^{31}	熟 sɤu^{35} 熟欢$^{=}$ sɤu^{35}xuã^{31}
商州	咬人 ȵiɑo^{53}ʐẽ^{0}	热闹 ʐə^{53}nɑo^{0}	熟 sou^{35}
镇安	咬人 ȵiɔo^{35}ʐən^{53}	热闹 ʐʮɛ^{53}nɔo^{322}	熟 ʂəu^{33}
安康	咬 ȵiau^{53}	热闹 ʐɤ^{31}lau^{0}	熟悉 fu^{35}ɕi^{31}
白河	痒 iaŋ^{35}	热闹 ʐE^{44}lɔu^{0}	熟悉 ʂəu^{44}ɕi^{0}
汉阴	咬 ȵiɑo^{45}	热闹 ʐE^{42}lɑo^{0}	熟 ʂəu^{42}
平利	痒 iaŋ^{445}	热闹 ʮE^{43}lau^{0}	熟 ʂou^{52}
汉中	咬 ȵiɑo^{354} 咬人 ȵiɑo^{35}ʐən^{0}	热闹 ʐɤ^{55}lɑo^{0}	熟 su^{42}
城固	咬 ȵiɔ^{44}	热闹 ʐə^{44}lɔ^{0}	熟 ʃu^{311}
勉县	咬 ȵiɑɔ^{35}	闹热 lɑɔ^{21}zɤ^{35} 热闹 zɤ^{44}lɑɔ^{0}	熟 fu^{21}
镇巴	咬人 ŋau^{45}zən^{31}	闹热 lau^{213}zɛ^{52}	熟 su^{31}

	1030 陌生这个地方我很~	1031 味道尝尝~	1032 气味闻闻~
榆林	生 sɤɣ̃^{33}	口味 kʰəu^{21}vei^{52} 味道儿 vei^{52}tɔr^{52}	味气 vei^{52}tɕʰi^{52}
神木	生 sɣ̃^{213}	味道 vei^{53}tɔo^{0}	味道 vei^{53}tɔo^{0} 味气 vei^{53}tɕʰi^{0}
绥德	生 səɣ̃^{213}	口味儿 kʰəu^{21}vər^{52} 味道儿 vei^{52}taor^{0}	味气 vei^{52}tɕʰi^{0}
吴堡	生 ʂɑ^{213}	味儿 uər^{53}	味儿 uər^{53}
清涧	生 səɣ̃^{312}	味儿 vər^{42}	味气 vei^{42}tsʰɿ^{0}
延安	生 səŋ^{213}	味儿 vər^{53}	气味儿 tɕʰi^{443}vər^{53}
延川	生 səŋ^{213}	口味 kʰəu^{42}vei^{53} 味道 vei^{53}tɔr^{0}	味儿 vər^{423}
黄陵	生 səŋ^{31}	味儿 vər^{55} 味道 vei^{55}tɔ^{0}	味儿 vər^{55}
渭南	生 səŋ^{31}	味道 vei^{44}tɔo^{0}	味儿 vər^{53}
韩城	不熟 pu^{31}səu^{24}	味道 vɪi^{44}tɑu^{0}	味气 vɪi^{44}tɕʰi^{0}
合阳	陌生 mei^{31}səŋ^{31} 生疏 səŋ^{31}sou^{31}	味气 vei^{55}tɕʰi^{31} 味道 vei^{55}tɔo^{31}	气味 tɕʰi^{55}vei^{55}
富平	生 səɣ̃^{31}	味道 veɪ^{55}tɑo^{31}	气味儿 tɕʰi^{55}ver^{53}
耀州	生 səŋ^{21}	味道 y^{44}tɔu^{0} 味儿 uer^{52}	味儿 uer^{52}
咸阳	眼生 ȵiã^{53}səŋ^{31}	味道 vei^{44}tɔ^{44}	气味儿 tɕʰi^{44}ver^{0}
旬邑	生 səŋ^{21}	味道 y^{24}tau^{0}	味气 y^{24}tɕʰi^{0}
三原	生 səŋ^{31}	味儿 vər^{52}	味儿 vər^{52}

	1030 陌生这个地方我很~	1031 味道尝尝~	1032 气味闻闻~
乾县	生 sɤŋ^{21} 生疏 sɤŋ^{21}ʃu^{21}	味道 ve^{55}tɔ^{21}	气味儿 tɕʰi^{55}vər^{53}
岐山	生 səŋ^{31}	味道 vei^{44}tɔ^{21}	气味儿 tɕʰi^{44}vei^{44}ər^{21}
凤翔	生 səŋ^{31}	味道 vei^{45}tɔ^{0}	气气 tɕʰi^{45}tɕʰi^{0} 味道 vei^{45}tɔ^{0}
千阳	生 səŋ^{31}	味道 vei^{45}tɔ^{0}	气气 tɕʰi^{45}tɕʰi^{0}
西安	生 səŋ^{21}	味儿 vər^{53}	气味儿 tɕʰi^{44}vər^{53}
户县	生 səŋ^{31} 生疏 səŋ^{31}sɤu^{31}	味道 zu^{55}tau^{31}	气气 tɕʰi^{55}tɕʰi^{0}
商州	生 səŋ^{31}	味儿 vɤr^{53}	气气儿 tɕʰi^{44}tɕʰiər^{0}
镇安	生疏 sən^{53}səu^{0}	味道 vEi^{322}tɔo^{0}	气味 tɕʰi^{35}vEi^{322}
安康	生疏 ʂən^{31}su^{31}	味道儿 uei^{44}taur^{0}	气味儿 tɕʰi^{44}uər^{0}
白河	生分 sən^{21}fən^{0} 不熟悉 pu^{44}ʂəu^{44}ɕi^{0}	味道儿 uei^{42}tɐr^{0}	味道儿 uei^{42}tɐr^{0}
汉阴	生疏 sən^{33}səu^{0}	味道儿 uei^{21}tar^{0}	味道儿 uei^{21}tar^{0}
平利	生疏 sən^{43}sou^{0}	味道 uei^{24}tau^{45}	气味儿 tɕʰi^{24}uər^{0}
汉中	生 sən^{55}	味道 uei^{21}tɑo^{35}	气气 tɕʰi^{21}tɕʰi^{35}
城固	生 səŋ^{53}	味 vei^{213}	气气 tɕʰi^{31}tɕʰi^{0}
勉县	生 sən^{42}	味道 vei^{21}tɑɔ^{35}	气气 tɕʰi^{21}tɕʰi^{35}
镇巴	生疏 sən^{35}su^{55}	味道 uei^{21}tau^{55}	气气 tɕʰi^{21}tɕʰi^{55}

	1033 咸菜~	1034 淡菜~	1035 酸
榆林	咸 $x\varepsilon^{213}$	甜 $t^hi\varepsilon^{213}$	酸 $su\varepsilon^{33}$
神木	咸 $x\varepsilon^{44}$	甜 $t^hi\varepsilon^{44}$	酸 $su\varepsilon^{213}$
绥德	咸 xæ^{33}	甜 t^hie^{33}	酸 suæ^{213}
吴堡	咸 xã^{33}	甜 t^hie^{33}	酸 suɤ^{213}
清涧	咸 $x\varepsilon^{24}$	甜 t^hi^{24}	酸 su^{312}
延安	咸 xæ̃^{24}	甜 tʰiæ̃^{24} 淡 tʰæ̃^{443}	酸 suæ̃^{213}
延川	咸 xæ̃^{35}	甜 tɕʰiæ̃^{35}	酸 suɤ^{213}
黄陵	咸 xæ̃^{24}	甜 tɕʰiæ̃^{24} 淡 tʰæ̃^{55}	酸 ɕyæ̃^{31}
榆林	咸 $x\varepsilon^{213}$	甜 $t^hi\varepsilon^{213}$	酸 $su\varepsilon^{33}$
韩城	咸 xɑŋ^{24}	淡 tʰɑŋ^{44}	酸 ɕyã^{31}
合阳	咸 xɑ̃^{24}	甜 tʰiɑ̃^{24} 淡 tʰɑ̃^{55}	酸 ɕyɑ̃^{31}
富平	咸 xæ̃^{24}	淡 tæ̃^{55}	酸 ɕyæ̃^{31}
耀州	咸 xæ̃^{24}	甜 tɕʰiæ̃^{24} 淡 tæ̃^{44}	酸 ɕyæ̃^{21}
咸阳	咸 xã^{24}	淡 tã^{44}	酸 suã^{31}
旬邑	咸 xã^{24}	甜 tsʰiã^{24} 淡 tʰã^{44}	酸 suã^{21}
三原	咸 xã^{24}	甜 tɕʰiã^{24}	酸 suã^{31}

	1033 咸菜~	1034 淡菜~	1035 酸
乾县	咸 xæ̃^{24}	淡 tæ̃^{55}	酸 suæ̃^{21}
岐山	咸 xæ̃^{24}	甜 ȶʰiæ̃^{24} 淡 tæ̃^{44}	酸 suæ̃^{31}
凤翔	咸 çiæ̃^{24}	甜 tsʰiæ̃^{24}	酸 suæ̃^{31}
千阳	咸 xæ̃^{24}	甜 tsʰiæ̃^{24}	酸 suæ̃^{31}
西安	咸 xã^{24}	甜 tʰiã^{24}	酸 suã^{21}
户县	咸 xã^{35}	甜 tʰiã^{35} 淡 tã^{55}	酸 suã^{31}
商州	咸 xã^{35}	甜 tʰiã^{35}	酸 çyã^{31}
镇安	咸 xan^{33}	淡 tan^{322}	酸 san^{53}
安康	咸 xan^{35}	淡 tan^{44}	酸 suan^{31}
白河	咸 çian^{44}	淡 tan^{41}	酸 san^{213}
汉阴	咸 χan^{42}	甜 tʰian^{42}	酸 suan^{33}
平利	咸 xan^{52}/çian^{52}	淡 tan^{214}	酸 san^{43}
汉中	咸 xan^{42}	淡 tan^{213}	酸 suan^{55}
城固	咸 çian^{311}	淡 tan^{213}	酸 ʃuan^{53}
勉县	咸 xɑn^{21}	淡 tɑn^{213}	酸 suɑn^{42}
镇巴	咸 xan^{31}	淡 tan^{213}	酸 suan^{35}

	1036 甜	1037 苦	1038 辣
榆林	甜 $t^{h}iɛ^{213}$	苦 $k^{h}u^{213}$	辣 $laʔ^{3}$
神木	甜 $t^{h}iɛ^{44}$	苦 $k^{h}u^{213}$	辣 $laʔ^{4}$
绥德	甜 $t^{h}ie^{33}$	苦 $k^{h}u^{213}$	辣 $lɑ^{33}$
吴堡	甜 $t^{h}ie^{33}$	苦 $k^{h}u^{412}$	辣 $lɑʔ^{213}$
清涧	甜 $t^{h}i^{24}$	苦 $k^{h}ʊ^{53}$	辣 $lɑ^{53}$
延安	甜 $t^{h}iæ̃^{24}$	苦 $k^{h}u^{52}$	辣 la^{213}
延川	甜 $tɕ^{h}iɛ^{35}$	苦 $k^{h}u^{53}$	辣 la^{423}
黄陵	甜 $tɕ^{h}iæ̃^{24}$	苦 $k^{h}u^{52}$	辣 $lɑ^{31}$
渭南	甜 $tɕ^{h}iæ̃^{24}$	苦 $k^{h}u^{53}$	辣 $lɑ^{31}$
韩城	甜 $t^{h}iɑŋ^{24}$	苦 $k^{h}u^{53}$	麻 $mɑ^{24}$
合阳	甜 $t^{h}iã^{24}$	苦 $k^{h}u^{52}$	辣 $lɑ^{31}$
富平	甜 $t^{h}iæ̃^{24}$	苦 $k^{h}u^{53}$	辣 $lɑ^{31}$
耀州	甜 $tɕ^{h}iæ̃^{24}$	苦 fu^{52} 痨 $nɔu^{44}$	辣 la^{21}
咸阳	甜 $t^{h}iã^{24}$	苦 $k^{h}u^{53}$	辣 la^{31}
旬邑	甜 $ts^{h}iã^{24}$	苦 fu^{52}	辣 la^{21}
三原	甜 $tɕ^{h}iã^{24}$	苦 $k^{h}u^{52}$	辣 $lɑ^{31}$

	1036 甜	1037 苦	1038 辣
乾县	甜 t^{h}iæ̃^{24}	苦 k^{h}u^{53}	辣 na^{21}
岐山	甜 ȶ^{h}iæ̃^{24}	苦 k^{h}u^{53}	辣 lᴀ^{31}
凤翔	甜 ts^{h}iæ̃^{24}	苦 k^{h}u^{53}	辣 la^{31}
千阳	甜 ts^{h}iæ̃^{24}	苦 fu^{53}	辣 la^{31}
西安	甜 t^{h}iã^{24}	苦 k^{h}u^{53}	辣 la^{21}
户县	甜 t^{h}iã^{35}	苦 k^{h}u^{51} 痨 nau^{55}	辣 la^{31}
商州	甜 t^{h}iã^{35}	苦 k^{h}u^{53}	辣 lɑ^{31}
镇安	甜 t^{h}ian^{33}	苦 k^{h}u^{35}	辣 la^{53}
安康	甜 t^{h}ian^{35}	苦 k^{h}u^{53}	辣 la^{31}
白河	甜 t^{h}ian^{44}	苦 k^{h}u^{35}	辣 la^{213}
汉阴	甜 t^{h}ian^{42}	苦 k^{h}u^{45}	辣 lɑ^{42}
平利	甜 t^{h}ian^{52}	苦 k^{h}u^{445}	辣 la^{43}
汉中	甜 t^{h}ian^{42}	苦 k^{h}u^{354}	辣 lᴀ^{55}
城固	甜 t^{h}ian^{311}	苦 k^{h}u^{44}	辣 la^{53}
勉县	甜 t^{h}iɑn^{21}	苦 k^{h}u^{35}	辣 lɑ^{21}
镇巴	甜 t^{h}ian^{31}	苦 k^{h}u^{52}	辣 la^{31}

	1039 鲜鱼汤~	1040 香	1041 臭
榆林	香 çiɑ̃³³	香 çiɑ̃³³	臭 tʂʰəu⁵²
神木	香 çiɑ̃²¹³	香 çiɑ̃²¹³	臭 tʂʰəu⁵³
绥德	香 çiɑ̃²¹³	香 çiɑ̃²¹³	臭 tʂʰəu⁵²
吴堡	嫩 nuəŋ⁵³	香 çiɤu²¹³	臭 tʂʰɑo⁵³
清涧	香 çiɒ̃³¹²	香 çiɒ̃³¹²	臭 tʂʰəu⁴²
延安	鲜 çiæ̃²¹³	香 çiaŋ²¹³	臭 tʂʰou⁴⁴³
延川	鲜 çiɛ²¹³	香 çiɑŋ²¹³	臭 tʂʰəu⁵³
黄陵	鲜 çiæ̃⁵²	香 çiɑŋ³¹	臭 tʂʰəu⁵⁵
渭南	鲜 çiæ̃⁵³	香 çiɑŋ³¹	臭 tʂʰəu⁴⁴
韩城	鲜 çiã⁵³	香 çiɑŋ³¹	臭 tʂʰəu⁴⁴
合阳	鲜 siã⁵²	香 çiɑŋ³¹	臭 tʂʰou⁵⁵
富平	□tiæ̃⁵³ 鲜 çiæ̃³¹	香 çiɑɣ̃³¹	臭 tʂʰou⁵⁵
耀州	鲜 çiæ̃⁵²	香 çiɑŋ²¹	臭 tʂʰou⁴⁴
咸阳	鲜 çiã⁵³	香 çiɑŋ³¹	臭 tʂʰou⁴⁴
旬邑	鲜 çiã⁵²	香 çiɑŋ²¹	臭 tʂʰəu⁴⁴
三原	鲜 çiã³¹	香 çiɑŋ³¹	臭 tʂʰou⁴⁴

	1039 鲜鱼汤~	1040 香	1041 臭
乾县	鲜 çiæ̃^{53}	香 çiɑŋ^{21}	臭 tʂʰou^{55}
岐山	鲜 siæ̃^{53}	香 çiɑŋ^{31}	臭 tʂʰou^{44}
凤翔	鲜 siæ̃^{53}	香 çiɑŋ^{31} □ tsʰuæ̃^{44}	臭 tʂʰəu^{44}
千阳	鲜 siæ̃^{53}	香 çiɑŋ^{31}	臭 tʂʰou^{44}
西安	鲜 çiã^{21}	香 çiaŋ^{21}	臭 tʂʰou^{44}
户县	鲜 çiã^{51}	香 çiaŋ^{31}	臭 tʂʰɤu^{55}
商州	鲜 çiã^{53}	香 çiɑŋ^{31}	臭 tʂʰou^{44}
镇安	鲜 çian^{35}	香 çiʌŋ^{53}	臭 tʂʰəu^{214}
安康	鲜 çyan^{31}	香 çiaŋ^{31}	臭 tʂʰou^{44}
白河	鲜 çyan^{213}	香 çiaŋ^{213}	臭 tʂʰəu^{41}
汉阴	鲜 çian^{33}	香 çiɑŋ^{33}	臭 tʂʰəu^{214}
平利	鲜 çian^{43}	香 çiaŋ^{43}	臭 tʂʰou^{214}
汉中	鲜 çyan^{55}	香 çiɑŋ^{55}	臭 tʂʰəu^{213}
城固	鲜 çyan^{53}	香 çiɑŋ^{53}	臭 tʂʰəu^{213}
勉县	鲜 çyɑn^{42}	香 çiɑŋ^{42}	臭 tsʰəu^{213}
镇巴	鲜 çyan^{35}	香 çiaŋ^{35}	臭 tsʰəu^{213}

	1042 馊饭~	1043 腥鱼~	1044 好人~
榆林	燍气 sɿ^{33}tɕʰi^{52}	膻 ʂɛ^{33}	好 xɔo^{213} 拴正 ʂuɛ^{33}tʂɤɣ̃^{0}
神木	燍气 sɿ^{24}tɕʰi^{53}	腥气 ɕiɣ̃^{24}tɕʰi^{53}	好 xɔo^{213}
绥德	燍气 sɿ^{21}tɕʰi^{52}	膻 ʂæ^{213}	好 xao^{213} 拴正 ʂuæ^{24}tʂəɣ̃^{52}
吴堡	燍气 sɿ^{21}tɕʰi^{53}	腥 sɛe^{213}	好 xo^{412}
清涧	燍气 sɿ^{31}tsʰɿ^{42}	腥 ɕi^{312}	好 xɔo^{53}
延安	燍气 sɿ^{21}tɕʰi^{443}	腥 ɕiəŋ^{213} 膻 ʂæ̃^{213}	好 xɔ^{52}
延川	酸 suɤ^{213}	膻 ʂæ̃^{213}	好 xɑo^{53}
黄陵	燍气 sɿ^{31}tɕʰi^{0}	腥 ɕiəŋ^{31}	嫽 liɔ^{24} 好 xɔ^{52}
渭南	燍气 sɿ^{53}tɕʰi^{0}	腥气 ɕiəŋ^{53}tɕʰi^{0}	好 xɔo^{53}
韩城	燍气 sɿ^{31}tɕʰi^{0}	腥 ɕiəŋ^{31}	好 xɑu^{53}
合阳	燍气 sɿ^{31}tɕʰi^{31} 馊 sou^{55}	腥气 siŋ^{31}tɕʰi^{31}	嫽 liɔo^{24} 好 xɔo^{52}
富平	燍气 sɿ^{53}tɕʰi^{31}	腥气 ɕiəɣ̃^{53}tɕʰi^{31}	好 xɑo^{53}
耀州	燍气 sɿ^{52}tɕʰi^{0} 瞎 xa^{21}	腥 ɕiŋ^{21}	嫽 liɔu^{24} 好 xɔu^{52}
咸阳	酸咧 suã^{31}liɛ^{0}	腥 ɕiəŋ^{31}	好 xɔ^{53}
旬邑	燍气 sɿ^{52}tɕʰi^{0} 坏 xuɛi^{44}	腥气 ɕiəŋ^{52}tɕʰi^{0}	嫽 liau^{24} 好 xau^{52}
三原	燍气 sɿ^{52}tɕʰi^{0}	腥 ɕiəŋ^{31}	嫽 liɑɔ^{24} 好 xɑɔ^{52}

	1042 馊饭~	1043 腥鱼~	1044 好人~
乾县	馊 sou^{53}	腥 ɕiɤŋ^{21}	好 xɔ^{53}
岐山	澌气 sɿ^{53}tɕʰi^{21}	腥 siŋ^{31}	好 xɔ^{53}
凤翔	澌气 sɿ^{53}tɕʰi^{0}	腥气 siŋ^{53}tɕʰi^{0}	嫽 liɔ^{24} 好 xɔ^{53}
千阳	澌气 sɿ^{53}tɕʰi^{0}	腥气 siŋ^{53}tɕʰi^{0}	好 xɔ^{53} □□ vo^{31}ie^{0}
西安	澌气 sɿ^{21}tɕʰi^{0}	腥 ɕiəŋ^{21}	嫽 liau^{24}
户县	澌气 sɿ^{31}tɕʰi^{31}	腥气 ɕiŋ^{31}tɕʰi^{31}	嫽 liau^{35} 好 xau^{51}
商州	澌气 sɿ^{53}tɕʰi^{0}	腥 ɕiəŋ^{31}	好 xɑo^{53}
镇安	馊 səu^{53}	腥 ɕin^{53}	好 xɔo^{35}
安康	澌气 sɿ^{31}tɕʰi^{0}	腥 ɕin^{31}	好 xau^{53} 恩典 ŋən^{31}tian^{0}
白河	澌气 sɿ^{21}tɕʰi^{0}	腥 ɕiən^{213}	好 xɔu^{35}
汉阴	馊 səu^{33}	腥 ɕin^{33}	好 χɑo^{45}
平利	馊 sou^{43}	腥 ɕin^{214}	好 xau^{445}
汉中	澌气 sɿ^{55}tɕʰi^{0}	腥 ɕin^{55}	好 xɑo^{354}
城固	坏 xa^{53}	腥 siŋ^{53}	好 xɔ^{44}
勉县	澌气 sɿ^{44}tɕʰi^{0}	腥气 ɕin^{44}tɕʰi^{0}	好 xɑɔ^{35}
镇巴	澌臭 sɿ^{35}tsʰəu^{33}	腥 ɕin^{35}	好 xau^{52}

	1045 坏人~	1046 差东西质量~	1047 对账算~了
榆林	儿 ər^{213} 瞎 xaʔ^{3}	不好 pəʔ^{3}xɔo^{0} 差 tsʰa^{33}	对 tuei^{52}
神木	瞎 xa^{213} 赖 lEe^{53} 坏 xuEe^{53}	不好 pəʔ^{4}xɔo^{0} 差 tsʰa^{213}	对 tuei^{53}
绥德	儿 ər^{33} 瞎 xɑ^{33}	不好 pəʔ^{5}xao^{0} 差 tsʰɑ^{52}	对 tuei^{52}
吴堡	儿 ər^{33} 煏 ŋɑo^{412} 瞎 xaʔ^{3}	不行 pəʔ^{3}ɕiəŋ^{33}	对 tuɑe^{53}
清涧	儿 ər^{24} 坏 xuai^{42}	不好 pəʔ^{4}xɔo^{53}	对 tuai^{42}
延安	瞎 xa^{213} 坏 xuai^{443}	不好 pəʔ^{5}xɔ^{423} 不强强 pəʔ^{5}tɕʰiaŋ^{24}tɕʰiaŋ^{0}	对 tuei^{443}
延川	儿 ər^{35} 瞎 xa^{423} 坏 xuai^{53}	差 tsʰa^{53}	对 tuai^{53}
黄陵	瞎 xɑ^{31} 坏 xuE^{55}	差 tsʰɑ^{31}	对 tuei^{55}
渭南	瞎 xɑ^{31}	烂 læ̃^{44} 次 tsʰɿ^{53}	对 tuei^{44}
韩城	坏 xɑ^{31}	不好 pu^{31}xɑu^{53} 不行 pu^{31}ɕiəŋ^{24}	对 tuɪi^{44}
合阳	瞎 xɑ^{31} 坏 xuæe^{55}	差 tsʰɑ^{31} 不行 pu^{31}ɕiŋ^{24}	对 tuei^{55}
富平	坏 xɑ^{31}	差 tsʰɑ^{31}	对 tueɪ^{55}
耀州	瞎 xa^{21} 坏 xuæ̃^{44}	差 tsʰa^{21}	对 tuei^{44}
咸阳	瞎 xa^{31}	差 tsʰa^{44}	对 tuei^{44}
旬邑	瞎 xa^{21} 坏 xuɛi^{44}	次 tsʰɿ^{44} 差 tsʰa^{21}	对 tuei^{44}
三原	瞎 xɑ^{31}	烂葬 lã^{44}tsɑŋ^{44}	对 tuei^{44}

	1045 坏人~	1046 差东西质量~	1047 对账算~了
乾县	坏 xuɛ⁵⁵	差 tsʰa²¹	对 tue⁵⁵
岐山	瞎 xA³¹ 坏 xuE⁴⁴	□pʰiɛ⁴⁴	对 tuei⁴⁴
凤翔	瞎 xa³¹	不好 pu³¹xɔ⁵³	对 tuei⁴⁴ 合适 xuo³¹ʂʅ⁵³
千阳	瞎 xa³¹	不好 pu³¹xɔ⁵³	对 tuei⁴⁴ 合适 xuo³¹tʂʰʅ⁰
西安	瞎 xa²¹	不好 pu²¹xau⁵³	对 tuei⁴⁴
户县	瞎 xa³¹	差 tsʰa³¹	对 tuei⁵⁵
商州	瞎 xɑ³¹	不好 pu³¹xɑo⁵³	对 tuei⁴⁴
镇安	瞎 xa⁵³	瞎 xa⁵³	对 tEi³²²
安康	瞎 xa³¹ 坏 xuæ⁴⁴	麻希 ma³⁵ɕi³¹ □pʰie⁴⁴	对 tuei⁴⁴
白河	瞎 xa³⁵	烂眼儿 lan⁴²iɐr³⁵	对 tei⁴¹
汉阴	瞎 χɑ⁴² □pʰiE²¹⁴	□pʰiE²¹⁴	对 tuei²¹⁴
平利	瞎 xa⁴⁴⁵	□piE²¹⁴	对 tei²¹⁴
汉中	坏 xuai²¹³	□pʰiE²¹³ 差 tsʰA⁵⁵	对 tuei²¹³
城固	瞎 xa⁵³	□pʰiɛ²¹³	对 tuei²¹³
勉县	坏 xuɑi²¹³ □pʰiɛ²¹³	□pʰiɛ²¹³	对 tuei²¹³
镇巴	瞎 xa³¹	□pʰɛ²¹³	对 tuei²¹³

	1048 错账算~了	1049 漂亮形容年轻女性的长相：她很~	1050 丑形容人的长相：猪八戒很~
榆林	差 tsʰa^{52}	俊 tɕyɤɣ̃^{52} 好看 xɔo^{21}kʰɛ^{52}	丑 tʂʰəu^{213} 难看 nɛ^{24}kʰɛ^{52}
神木	差 tsʰa^{53} 错 tsʰuo^{53}	俊 tɕyɣ̃^{53} 骨香 kuəʔ^{2}ɕiɑ̃^{24}	丑 tʂʰəu^{213} 难看 nɛ^{44}kʰɛ^{53}
绥德	差 tsʰɑ^{52}	俊 tɕyəɣ̃^{52} 好看 xao^{21}kʰæ^{52} 漂亮 pʰiɔɤ^{52}liɑ̃^{0}	丑 tʂʰəu^{213} 难看 næ^{33}kʰæ^{52}
吴堡	差 tsʰɑ^{53}	俊 tɕyəŋ^{53}	丑 tʂʰao^{412}
清涧	差 tsʰɑ^{42}	俊 tɕyəɣ̃^{42}	丑 tʂʰəu^{53} 难看 nɛ^{24}kʰiː^{42}
延安	差 tsʰa^{443} 错 tsʰuo^{443}	俊 tɕyəŋ^{443} 漂亮 pʰiɔ^{443}liaŋ^{0}	丑 tʂʰou^{52} 难看 næ̃^{24}kʰæ̃^{443}
延川	差 tsʰa^{53}	俊 tɕyŋ^{213}	丑 tʂʰəu^{53} 难看 næ̃^{35}kʰiɛ^{0}
黄陵	差 tsʰɑ^{55}	亲 tɕʰiẽ^{31} 惜 ɕi^{31}	丑 tʂʰəu^{52} 难看 næ̃^{24}kʰæ̃^{55}
渭南	差 tsʰɑ^{44} 错 tʃə^{31}	好看 xɔo^{44}kʰæ̃^{44}	难看 næ̃^{24}kʰæ̃^{44}
韩城	差 tsʰɑ^{44}	亲 tɕʰiɛ̃^{31}	丑 tʂʰəu^{53}
合阳	差 tsʰɑ^{55} 错 tɕʰyə^{31}	惜 si^{31} 好看 xɔo^{52}kʰɑ̃^{55}	丑 tʂʰou^{52} 难看 nɑ̃^{24}kʰɑ̃^{55}
富平	错 tsʰɑ^{55}	倩 tɕʰiæ̃^{55}	难看 næ̃^{24}kæ̃^{55}
耀州	差 tsʰa^{44} 错 tsʰuo^{21}	心疼 ɕiei^{21}tʰəŋ^{24} 嫽 liɔu^{24}	难看 næ̃^{24}kʰæ̃^{44}
咸阳	错 tsʰuo^{31}	心疼 ɕiẽ^{31}tʰəŋ^{24}	丑 tʂʰou^{53}
旬邑	瞎 xa^{21} 错 tsʰuo^{21}	乖 kuɛi^{21}	难看 lã^{24}kʰã^{44}
三原	差 tsʰɑ^{44} 错 tsʰuə^{31}	心疼 ɕiẽ^{31}tʰəŋ^{24} 倩 tɕʰiã^{44}	难看 nã^{24}kʰã^{44}

	1048 **错**账算～了	1049 **漂亮**形容年轻女性的长相:她很～	1050 **丑**形容人的长相:猪八戒很～
乾县	错 tsʰuɤ^{21}	漂亮 pʰiɔ^{55}liaŋ^{21}	丑 tʂʰou^{53}
岐山	错 tsʰuo^{31}	俊 tsuŋ^{44} 漂亮 pʰiɔ^{44}liɑŋ^{21}	难看 læ̃^{24}kʰæ̃^{44}
凤翔	不对 pu^{31}tuei^{44} 不合适 pu^{31}xuo^{24}ʂʅ^{31}	漂亮 pʰiɔ^{45}liɑŋ^{0} 好看 xɔ^{53}kʰæ̃^{44} 乖 kuᴇ^{31}	难看 læ̃^{24}kʰæ̃^{44}
千阳	不对 pu^{31}tuei^{44} 不合适 pu^{31}xuo^{31}tʂʰʅ^{0}	漂 pʰiɔ^{31} 好看 xɔ^{53}kʰæ̃^{44}	难看 læ̃^{24}kʰæ̃^{44}
西安	错 tsʰuo^{21}	惜奴⁼儿 ɕi^{21}nər^{0}	难看 nã^{24}kʰã^{44}
户县	瞎 xa^{31}	倩 tɕʰiẽ^{31} 心疼 ɕiẽ^{31}tʰəŋ^{35}	丑 tʂʰɤu^{51} 难看 nã^{35}kʰã^{55}
商州	错 tʃʰuə^{44}	惜 ɕi^{31} 亲 tɕʰiẽ^{31}	难看 nã^{35}kʰã^{44}
镇安	谬 ȵiəu^{33} 错 tsʰuə^{53}	好 xɔo^{35} 漂亮 pʰiɔo^{322}liʌŋ^{35}	难看 nan^{33}kʰan^{214}
安康	错 tsʰuo^{44}	惜 ɕi^{31} 漂亮 pʰiau^{44}liaŋ^{0}	丑 tʂʰou^{53}
白河	错 tsʰuo^{41}	排场 pʰai^{44}tʂʰaŋ^{0}	难看 lan^{44}kʰan^{41}
汉阴	错 tsʰo^{214}	牌子 pʰae^{42}tsɿ^{0}	丑 tʂʰəu^{45}
平利	错 tsʰo^{214}	排场 pʰai^{52}tʂʰaŋ^{0}	丑 tʂʰou^{445}
汉中	错 tsʰuɤ^{213}	惜 ɕi^{55} 漂亮 pʰiɑo^{21}liɑŋ^{0}	丑 tʂʰəu^{354} 难看 lan^{42}kʰan^{213}
城固	错 tʃʰuə^{213}	惜 si^{53}	难看 lan^{31}kʰan^{213}
勉县	错 tsʰuɤ^{213}	惜 ɕi^{42}	难看 lɑn^{21}kʰɑn^{213}
镇巴	错 tsʰo^{213}	乖 kuai^{35}	□pʰɛ^{213}

	1051 勤快	1052 懒	1053 乖
榆林	勤健 tɕʰiɤɣ̃^{24}tɕʰiɛ^{52}	懒 lɛ^{213}	乖 kuɛe^{33} 听话 tʰiɤɣ̃^{33}xua^{52}
神木	勤健 tɕʰiɤ̃^{44}tɕiɛ^{53}	懒 lɛ^{213}	乖 kuᴇe^{213} 听话 tʰiɤ̃^{24}xua^{53}
绥德	勤健 tɕʰiəɣ̃^{33}tɕʰie^{52}	懒 læ^{213}	乖 kuai^{213} 听话 tʰiəɣ̃^{21}xuɑ^{52}
吴堡	勤健 tɕʰiəŋ^{33}tɕie^{53}	懒 lã^{412}	乖 kuɑe^{213}
清涧	勤健 tɕʰiəɣ̃^{24}tɕʰi^{0}	懒 lɛ^{53}	乖 kuai^{312} 听话 tʰi^{31}xuɑ^{42}
延安	勤健 tɕʰiəŋ^{24}tɕʰiæ̃^{0}	懒 læ̃^{52}	乖 kuai^{213} 听话 tʰiəŋ^{21}xua^{443}
延川	勤健 tɕʰiŋ^{35}tɕʰiɛ^{0}	懒 læ̃^{53}	乖 kuai^{213} 听说 tʰi^{35}ʂuɤ^{0}
黄陵	勤勤 tɕʰiẽ^{24}tɕʰiẽ^{0}	懒 læ̃^{52}	乖 kuᴇ^{31} 听话 tɕʰiəŋ^{31}xuɑ^{55}
渭南	勤勤 tɕʰiə̃^{24}tɕʰiə̃^{0}	懒 læ̃^{53} 身沉 ʂə̃^{31}tʂʰə̃^{24}	乖 kuae^{31}
韩城	勤快 ɕiɛ̃^{31}kʰuæe^{53}	懒 lã^{53}	乖 kuæe^{31}
合阳	勤勤 tɕʰiẽ^{24}tɕʰiẽ^{0} 勤快 tɕʰiẽ^{24}kʰuæe^{31}	懒 lã^{52}	乖 kuæe^{31} 听话 tʰiŋ^{31}xuɑ^{55}
富平	勤勤 tɕʰiɛ̃^{24}tɕʰiɛ̃^{53}	懒 læ̃^{53}	乖 kuɛe^{31}
耀州	勤勤 tɕʰiei^{24}tɕʰiei^{0}	懒 læ̃^{52}	乖 kuæi^{21} 听话 tɕʰiŋ^{21}xua^{44}
咸阳	勤快 tɕʰiɛ̃^{24}kʰuæ^{0}	懒 lã^{53}	乖 kuæ^{31}
旬邑	勤苦 tɕʰiɛ̃^{21}fu^{52} 勤快 tɕʰiɛ̃^{21}kʰuɛi^{52}	懒 lã^{52}	乖 kuɛi^{21} 听话 tɕʰiəŋ^{21}xua^{44}
三原	勤 tɕʰiẽ^{24}	懒 lã^{52} 身沉 ʂẽ^{31}tʂʰẽ^{24}	乖 kuai^{31} 听话 tɕʰiəŋ^{31}xuɑ^{44}

	1051 勤快	1052 懒	1053 乖
乾县	勤快 tɕʰiẽ^{24}kʰuɛ^{21}	懒 næ̃^{53}	乖 kuɛ^{21}
岐山	勤快 tɕʰiŋ^{31}kʰuE^{53}	懒 læ̃^{53}	乖 kuE^{31}
凤翔	勤苦 tɕʰiŋ^{31}fu^{53}	懒 læ̃^{53}	乖 kuE^{31} □mæ̃^{24}
千阳	勤苦 tɕʰiŋ^{31}fu^{0}	懒 læ̃^{53}	乖 kuE^{31}
西安	勤 tɕʰin^{24} 勤谨 tɕʰin^{24}tɕin^{0}	懒 lã^{53}	乖 kuai^{21}
户县	勤谨 tɕʰiẽ^{35}tɕiẽ^{31}	懒 lã^{51} 困 kʰuẽ^{55}	乖 kuæ^{31} 乖爽 kuæ^{31}suaŋ^{31}
商州	勤勤 tɕʰiẽ^{31}tɕʰiẽ^{0}	懒 lã^{53}	乖 kuai^{31}
镇安	勤快 tɕʰin^{33}kʰuai^{0}	懒 lan^{35}	乖 kuai^{53}
安康	勤快 tɕʰin^{35}kʰuæ^{0}	懒 lan^{53}	乖 kuæ^{31}
白河	勤快 tɕʰiən^{44}kʰuai^{0}	懒 lan^{35}	乖见 kuai^{21}tɕian^{0}
汉阴	勤快 tɕʰin^{42}kʰuae^{0}	懒 lan^{45}	乖 kuae^{33}
平利	勤快 tɕʰin^{52}kʰuai^{0}	懒 lan^{445}	乖 kuai^{43}
汉中	勤快 tɕʰin^{42}kʰuai^{0}	懒 lan^{354}	乖 kuai^{55}
城固	勤 tɕʰin^{311}	懒 lan^{44}	乖 kuai^{53}
勉县	勤快 tɕʰin^{21}kʰuɑi^{0}	懒 lɑn^{35}	乖 kuɑi^{42}
镇巴	勤快 tɕʰin^{33}kʰuai^{213}	懒 lan^{52}	听话 tʰin^{35}xua^{213}

	1054 顽皮	1055 老实	1056 傻痴呆
榆林	调皮 tʰiɔo^{52}pʰi^{213}	实在 ʂəʔ^{3}tsɛe^{52} 老实 lɔo^{21}ʂəʔ^{0}	憨 xɛ^{33}
神木	调皮 tʰiɔo^{53}pʰi^{44} 费事 fei^{53}sɿ^{53} 捣蛋 tɔ^{21}tɛ^{53}	实在 ʂəʔ^{4}tsEe^{53} 老实 lɔo^{21}ʂəʔ^{4}	灰 xuei^{213} 苶 ȵiɛ^{44}
绥德	生骨 kɑ^{21}kuɤ^{33} 调皮 tʰiɔɤ^{52}pʰi^{33}	实在 ʂəʔ^{3}tsai^{52} 老实 lao^{21}ʂɤ^{33}	憨 xæ^{213}
吴堡	伤 ʂɤu^{213}	实在 ʂəʔ^{3}tsɑe^{53}	憨 ɕie^{213}
清涧	顽 uɛ^{24} 生骨 kɑ^{53}kuəʔ^{0} 调皮 tʰiɔo^{44}pʰɿ^{24}	实在 ʂəʔ^{4}tsai^{0} 老实 lɔo^{53}ʂəʔ^{0}	憨 xɛ^{312}
延安	调皮 tʰiɔ^{443}pʰi^{24}	老实 lɔ^{52}ʂʅ^{0}	憨 xæ̃^{213}
延川	生骨 ka^{53}ku^{0} 生 ka^{53} 捣蛋 tao^{42}tæ̃^{53}	老实 lɑo^{53}ʂəʔ^{0}	憨 xæ̃^{213}
黄陵	捣 tɔ^{52} 猴 xəu^{24} 匪 fei^{52}	实诚 ʂʅ^{24}tʂʰəŋ^{0} 老实 lɔ^{52}ʂʅ^{0}	瓜 kuɑ^{31} 憨 xæ̃^{31}
渭南	捣 tɔo^{53}	老实 lɔo^{53}ʂʅ^{0}	瓜 kuɑ^{31}
韩城	调皮 tʰiɑu^{24}pʰi^{24} 捣蛋 tɑu^{53}tʰã^{44}	呆 ŋæe^{24}	憨 xɑŋ^{31}
合阳	怪 kuæe^{55} 顽皮 uã^{24}pʰi^{24}	老实 lɔo^{52}ʂʅ^{31} 本分 pẽ^{52}fẽ^{55}	呆 tæe^{31} 信⁼ siẽ^{55}
富平	捣 tɑo^{53}	老实 lɑo^{53}ʂʅ^{31}	瓜 kuɑ^{31}
耀州	调皮 tɕʰiɔu^{24}pʰi^{24} 捣蛋 tɔu^{52}tæ̃^{44}	实诚 ʂʅ^{24}tʂʰəŋ^{52} 呆板 ŋæi^{24}pæ̃^{52}	瓜 kua^{21}
咸阳	捣蛋 tɔ^{53}tã^{44}	老实 lɔ^{53}ʂʅ^{0}	瓜 kua^{31}
旬邑	怪 kuɛi^{44} 捣蛋 tau^{52}tã^{44}	实诚 ʂʅ^{21}tʂʰəŋ^{52} 老实 lau^{44}ʂʅ^{0}	瓜 kua^{21}
三原	捣 tɑɔ^{52}	老实 lɑɔ^{52}ʂʅ^{0}	瓜 kuɑ^{31}

	1054 顽皮	1055 老实	1056 傻痴呆
乾县	撒拐 sa^{21}kuɛ^{53}	老实 lɔ^{53}ʂʅ^{0}	瓜 kua^{21}
岐山	匪 fei^{44} 调皮 ȶʰiɔ^{44}pʰi^{24}	实诚 ʂʅ^{31}tʂʰəŋ^{53} 老实 lɔ^{44}ʂʅ^{21}	凉 liɑŋ^{24}
凤翔	费事 fei^{44}sɿ^{44} 调皮 tsʰiɔ^{44}pʰi^{24}	实在 ʂʅ^{31}tsE^{53} 诚实 tʂʰəŋ^{31}ʂʅ^{53}	错 tsʰuo^{44} 二 ər^{44} 冷 ləŋ^{53}
千阳	费事 fei^{44}sɿ^{44} 瓷坦 tsʰɿ^{31}tʰæ̃^{0}	老实 lɔ^{44}ʂʅ^{0} 实在 ʂʅ^{31}tsE^{0}	冷 ləŋ^{53} 瓜 kua^{31}
西安	匪 fei^{53}	老实 lau^{53}ʂʅ^{0}	瓜 kua^{21}
户县	调皮 tʰiau^{55}pʰi^{35} 劳搗 lau^{35}tau^{31}	实诚 ʂʅ^{35}tʂʰəŋ^{31} 老实 lau^{51}ʂʅ^{31}	瓜 kua^{31}
商州	□tʂʰɑo^{53} 搗 tɑo^{53}	实诚 ʂʅ^{31}tʂʰəŋ^{53}	瓷 tsʰɿ^{35}
镇安	调皮 tʰiɔo^{33}pʰi^{33}	老实 lɔo^{35}ʂʅ^{53}	傻 ʂa^{35}
安康	顽皮 uan^{35}pʰi^{35}	老实 lau^{53}ʂʅ^{0}	洋弹 iaŋ^{35}tʰan^{35}
白河	拐 kuai^{35}	苕 ʂɔu^{44}	信= ɕiən^{35}
汉阴	调皮 tʰiɑo^{42}pʰi^{42}	老实 lɑo^{45}ʂʅ^{0}	傻 ʂɑ^{45}
平利	调皮 tʰiau^{52}pʰi^{52}	老实 lau^{45}ʂʅ^{0}	傻 ʂa^{445}
汉中	匪 fei^{354} 调皮 tʰiɑo^{42}pʰi^{42}	老实 lɑo^{35}ʂʅ^{0}	瓜 kuA^{354}
城固	调皮 tʰiɔ^{31}pʰi^{311}	老实 lɔ^{24}ʂʅ^{0}	瓜 kua^{53}
勉县	匪 fei^{35} 调皮 tʰiɑɔ^{21}pʰi^{21}	老实 lɑɔ^{35}sɿ^{0}	瓜 kuɑ^{35}
镇巴	调皮 tʰiau^{33}pʰi^{31} 费事 fei^{213}sɿ^{213}	老实 lau^{45}sɿ^{31}	苕 sau^{31}

	1057 笨蠢	1058 大方不吝啬	1059 小气吝啬
榆林	笨 pɤɣ̃^{52} 瓷 tsʰɿ^{213}	大路 ta^{52}ləu^{52} 大方 ta^{52}fɑ̃^{0}	啬 saʔ^{3} 啬皮 saʔ^{3}pʰi^{213}
神木	笨 pɤ̃^{53} 瓷 tsʰɿ^{44} 不灵活 pəʔ^{4}liɤ̃^{44}xuo^{0}	大方 ta^{53}fɑ̃^{0} 手松 ʂəu^{21}suɤ̃^{24} 手脚大 ʂəu^{21}tɕiəʔ^{4}ta^{53}	啬 səʔ^{4} 绿 luəʔ^{4} 小气 ɕiɔo^{21}tɕʰi^{53}
绥德	笨 pəɣ̃^{52} 瓷 tsʰɿ^{33}	大道 tɑ^{52}tao^{52} 大方 tɑ^{52}fɑ̃^{0}	啬 sɤ^{33} 小气 ɕiɔɤ^{21}tɕʰi^{52}
吴堡	懵 məŋ^{53}	大喇 tɤu^{53}lɑ^{0}	尿毛 tɕʰiɑo^{33}mo^{33}
清涧	笨 pəɣ̃^{42}	大浪 tʰɯ^{42}lɒ̃^{44}	抠 kʰəu^{312} 搜 səu^{312} 缩 suɤ^{53}
延安	笨 pʰəŋ^{443}	展堂 tʂæ̃^{52}tʰaŋ^{0} 宽淘$^{=}$ kʰuæ̃^{21}tʰɔ^{443}	啬皮 sei^{21}phi^{24} 小气 ɕiɔ^{52}tɕʰi^{443}
延川	笨 pəŋ^{53}	大喇 ta^{53}la^{0}	啬皮 sɤ^{21}pʰɿ^{35} 细米 sɿ^{53}mi^{0} 抠 kʰəu^{213}
黄陵	笨 pʰẽ^{55} 闷 mẽ^{55}	大方 tɑ^{55}fɑŋ^{31}	啬皮 sei^{31}pʰi^{24} 啬 sei^{31} 小气 ɕiɔ^{52}tɕʰi^{55}
渭南	笨 mə̃^{44}	大方 tɑ^{44}fɑŋ^{31}	啬 sei^{31}
韩城	笨 mɛ̃^{44}	大方 tɑ^{44}fɑŋ^{0}	啬皮 sɿ^{31}pʰi^{24}
合阳	笨 pʰẽ^{55} 信$^{=}$ siẽ^{55}	大方 tɑ^{55}fɑŋ^{31} 大气 tɑ^{55}tɕʰi^{55}	小气 siɔo^{52}tɕʰi^{55} 贫气 pʰiẽ^{24}tɕʰi^{55}
富平	闷 mɛ̃^{55}	大方 tɑ^{55}fɑɣ̃^{31}	啬 seɪ^{31}
耀州	闷 mei^{44} 呆 tæi^{21}	大方 ta^{44}fɑŋ^{21}	啬皮 sei^{21}pʰi^{24} 抠 kʰou^{21}
咸阳	闷 mɛ̃^{44}	大方 ta^{44}fɑŋ^{31}	啬皮 sei^{31}pʰi^{24}
旬邑	笨 pʰɛ̃^{44} 闷 mɛ̃^{44}	大方 ta^{24}fɑŋ^{0} 舍得 ʂɤ^{44}tei^{0}	啬皮 sei^{21}pʰi^{24} 小气 ɕiau^{52}tɕʰi^{44}
三原	笨 mẽ^{44}	大方 tɑ^{44}fɑŋ^{31}	啬 sei^{31}

	1057 笨蠢	1058 大方不吝啬	1059 小气吝啬
乾县	笨 pẽ^{55} 闷 mẽ^{55}	大方 ta^{55}faŋ^{21}	细法 ɕi^{55}fa^{21} 吝啬 liẽ^{55}se^{21}
岐山	笨 p^{h}əŋ^{44} 闷 məŋ^{44}	大方 tA^{44}fɑŋ^{53} 舍得 ʂɤ^{44}tei^{21}	啬皮 sei^{31}p^{h}i^{24} 小气 siɔ^{53}tɕ^{h}i^{44}
凤翔	闷 məŋ^{44}	大方 ta^{45}fɑŋ^{0}	啬 sei^{31}
千阳	闷 məŋ^{44}	大方 ta^{45}fɑŋ^{0}	啬 sei^{31}
西安	闷 məŋ^{44}	大方 ta^{44}faŋ^{0}	啬皮 sei^{21}p^{h}i^{24}
户县	闷 mẽ^{55}	核=豁 xæ^{31}xuɤ^{31} 皮张儿厚 p^{h}i^{35}tʂə^{0}xɤu^{55}	啬皮 sei^{31}p^{h}i^{35} 抠掐 k^{h}ɤu^{31}tɕ^{h}ia^{31}
商州	闷 mẽ^{44}	大方 tɑ^{44}fɑŋ^{31}	啬 sei^{31}
镇安	闷 mən^{322}	大方 ta^{322}fʌŋ^{0}	啬皮 sɛ^{21}p^{h}i^{33} 啬 sɛ^{53}
安康	笨 pən^{44}	大方 ta^{44}faŋ^{31} 舍得 ʂei^{53}tei^{31}	小气 ɕiau^{53}tɕ^{h}i^{44} 啬皮 ʂei^{31}p^{h}i^{35}
白河	苕 ʂɔu^{44} 笨 pən^{41}	大方 ta^{42}faŋ^{0}	啬皮 sE^{21}p^{h}i^{44} 抠掐 k^{h}əu^{21}tɕ^{h}ia^{0}
汉阴	闷 mən^{214}	大方 tɑ^{24}χuɑŋ^{33}	啬皮 sE^{42}p^{h}i^{42}
平利	闷 mən^{214}	大方 ta^{24}faŋ^{43}	小气 ɕiau^{45}tɕ^{h}i^{214}
汉中	笨 pən^{213} 闷 mən^{213}	大方 tA^{21}fɑŋ^{0}	啬 sei^{55} 啬掐 sei^{55}tɕ^{h}iA^{0}
城固	瓜 kua^{53}	大道 ta^{24}tɔ^{213}	啬 sei^{53}
勉县	笨 pəŋ^{213}	大方 tɑ^{21}fɑŋ^{35}	啬皮 sei^{44}p^{h}i^{21}
镇巴	笨 pən^{213}	大方 ta^{213}faŋ^{55}	啬赖 sɛ^{31}lai^{213} 惜咪= ɕi^{21}mi^{55}

	1060 直爽性格~	1061 犟脾气~	1062 一~二三四五……，下同
榆林	直杠 tʂəʔ^{3}kɑ̃^{52}	犟 tɕiɑ̃^{52} 牛 niəu^{213}	一 iəʔ^{3}
神木	直 tʂəʔ^{4} 直杠 tʂəʔ^{4}kɑ̃^{53} 痛快 tʰuɤ̃^{53}kʰuEe^{0}	犟 tɕiɑ̃^{53} 翻 fɛ^{213}	一 iəʔ^{4}
绥德	直 tʂəʔ^{3}	犟 tɕiɑ̃^{52} 牛 niəu^{33} 倔 tɕye^{52}	一 iəʔ^{3}
吴堡	直 tʂʰəʔ^{213}	犟 tɕiɤu^{213}	一 iəʔ^{3}
清涧	干脆 kɛ^{31}tsʰuei^{42}	犟 tɕʰiɯ^{42}	一 iəʔ^{54}
延安	直 tʂʰʅ^{24}	犟 tɕʰiaŋ^{443} 倔 tɕyo^{443}	一 i^{213}/iəʔ^{5}
延川	直 tʂʰəʔ^{54}	犟 tɕʰi^{53} 牛 ȵiəu^{35}	一 iɤ^{53}
黄陵	直杠 tʂʰʅ^{24}kaŋ^{55} 直 tʂʰʅ^{24}	犟 tɕʰiaŋ^{55} 倔 tɕyɤ^{55}	一 i^{31}
渭南	直 tʂʰʅ^{24}	犟 tɕʰiaŋ^{44}	一 i^{31}
韩城	直性子 tʂʰʅ^{31}ɕiəŋ^{53}tsʅ^{0}	犟 tɕʰiaŋ^{44}	一 i^{24}
合阳	直爽 tʂʰʅ^{24}faŋ^{52} 爽快 faŋ^{52}kʰuæe^{31}	犟 tɕʰiaŋ^{55}	一 i^{31}
富平	直 tʂʅ^{55}	犟 tɕʰiaɣ̃^{55}	一 i^{31}
耀州	直性子 tʂʅ^{24}ɕiŋ^{44}tsʅ^{0} 爽快 ʃuaŋ^{52}kʰuæi^{0}	犟 tɕiaŋ^{44} 牛 ȵiou^{24}	一 i^{21}
咸阳	直直 tʂʅ^{24}tʂʅ^{0}	犟 tɕiaŋ^{44}	一 i^{31}
旬邑	爽快 ʃaŋ^{44}kʰuɛi^{0}	犟 tɕʰiaŋ^{44} 倔 tɕyo^{44}	一 i^{21}
三原	直 tʂʅ^{24}	犟 tɕʰiaŋ^{44}	一 i^{31}

	1060 直爽性格~	1061 犟脾气~	1062 一~二三四五……，下同
乾县	爽快 ʃuaŋ^{53}kʰɛ^{21} 直爽 tʂʅ^{24}ʃuaŋ^{53}	犟 tɕiaŋ^{55} 倔 tɕyə^{55}	一 i^{21}
岐山	直 tʂʅ^{24}	犟 tɕʰiɑŋ^{44}	一 i^{31}
凤翔	直 tʂʅ^{24}	犟 tɕʰiɑŋ^{44}	一 i^{31}
千阳	直 tʂʅ^{24}	犟 tɕʰiɑŋ^{44}	一 i^{31}
西安	直 tʂʅ^{24}	犟 tɕiaŋ^{44}	一 i^{21}
户县	直朗 tʂʅ^{35}laŋ^{51}	犟 tɕiaŋ^{55}	一 i^{31}
商州	杠火 kɑŋ^{44}xuə^{0}	犟 tɕʰiɑŋ^{44}	一 i^{31}
镇安	□脱$^{=}$ pʰiɛ^{35}tʰuə^{53} 直 tʂʅ^{322}	犟 tɕʰiʌŋ^{214} 牛 ȵiəu^{33}	一 i^{53}
安康	直爽 tʂʅ^{35}faŋ^{53}	犟 tɕiaŋ^{44}	一 i^{31}
白河	直 tʂʅ^{44}	犟 tɕiaŋ^{41}	一 i^{44}
汉阴	直 tʂʅ^{42}	犟 tɕiɑŋ^{214}	一 i^{42}
平利	杠直 kaŋ^{24}tʂʅ^{52}	犟 tɕiaŋ^{214} 倔 tɕɥᴇ^{214}	一 i^{43}
汉中	直 tʂʅ^{42}	犟 tɕiɑŋ^{213}	一 i^{55}
城固	直 tʂʅ^{311}	犟 tɕiɑŋ^{213}	一 i^{53}
勉县	直 tsɿ^{21}	犟 tɕiɑŋ^{213}	一 i^{42}
镇巴	耿直 kən^{45}tsɿ^{31}	倔 tɕyɛ^{213}	一 i^{31}

	1063 二	1064 三	1065 四
榆林	二 ər^{52}	三 sɛ^{33}	四 sɿ^{52}
神木	二 ʌɯ^{53}	三 sɛ^{213}	四 sɿ^{53}
绥德	二 ər^{52}	三 sæ^{213}	四 sɿ^{52}
吴堡	二 ər^{53}	三 sã^{213}	四 sɿ^{53}
清涧	二 ər^{42}	三 sɛ^{312}	四 sɿ^{42}
延安	二 ər^{443}	三 sæ̃^{213}	四 sɿ^{443}
延川	二 ər^{53}	三 sæ̃^{213}	四 sɿ^{53}
黄陵	二 ər^{55}	三 sæ̃^{31}	四 sɿ^{55}
渭南	二 ər^{44}	三 sæ̃^{31}	四 sɿ^{44}
韩城	二 ər^{44}	三 sã^{31}	四 sɿ^{44}
合阳	二 zɿ^{55}	三 sɑ̃^{31}	四 sɿ^{55}
富平	二 ər^{55}	三 sæ̃^{31}	四 sɿ^{55}
耀州	二 ər^{44}	三 sæ̃^{21}	四 sɿ^{44}
咸阳	二 ər^{44}	三 sã^{31}	四 sɿ^{44}
旬邑	二 ər^{44}	三 sã^{21}	四 sɿ^{44}
三原	二 ər^{44}	三 sã^{31}	四 sɿ^{44}

	1063 二	1064 三	1065 四
乾县	二 ɐr^{55}	三 sæ̃^{21}	四 sɿ^{55}
岐山	二 ər^{44}	三 sæ̃^{31}	四 sɿ^{44}
凤翔	二 ər^{44}	三 sæ̃^{31}	四 sɿ^{44}
千阳	二 ər^{44}	三 sæ̃^{31}	四 sɿ^{44}
西安	二 ər^{44}	三 sã^{21}	四 sɿ^{44}
户县	二 ɯ^{55}	三 sã^{31}	四 sɿ^{55}
商州	二 ər^{44}	三 sã^{31}	四 sɿ^{44}
镇安	二 ər^{322}	三 san^{53}	四 sɿ^{214}
安康	二 ər^{44}	三 san^{31}	四 sɿ^{44}
白河	二 ər^{41}	三 san^{213}	四 sɿ^{41}
汉阴	二 ar^{214}	三 san^{33}	四 sɿ^{214}
平利	二 ər^{214}	三 san^{43}	四 sɿ^{214}
汉中	二 ər^{213}	三 san^{55}	四 sɿ^{213}
城固	二 ə^{213}	三 san^{53}	四 sɿ^{213}
勉县	二 ər^{213}	三 sɑn^{42}	四 sɿ^{213}
镇巴	二 ər^{213}	三 san^{213}	四 sɿ^{213}

	1066 五	1067 六	1068 七
榆林	五 vu^{213}	六 $liəu^{52}$	七 $tɕ^hiəʔ^{3}$
神木	五 vu^{213}	六 $liəu^{53}$	七 $tɕ^hiəʔ^{4}$
绥德	五 u^{213}	六 $liəu^{52}$	七 $tɕ^hiəʔ^{3}$
吴堡	五 $uəʔ^{213}$	六 $liɑo^{53}$	七 $tɕ^hiəʔ^{3}$
清涧	五 $vʊ^{53}$	六 $liəu^{42}$	七 $tɕ^hiəʔ^{54}$
延安	五 vu^{52}	六 $liou^{213}$	七 $tɕ^hi^{213}$
延川	五 vu^{53}	六 $liəu^{53}$	七 $tɕ^hiɤ^{423}$
黄陵	五 u^{52}	六 $liəu^{31}$	七 $tɕ^hi^{31}$
渭南	五 u^{53}	六 $liəu^{31}$	七 $tɕ^hi^{31}$
韩城	五 u^{53}	六 $liəu^{31}$	七 $tɕ^hi^{31}$
合阳	五 u^{52}	六 $liou^{31}$	七 ts^hi^{31}
富平	五 u^{53}	六 $liou^{31}$	七 t^hi^{31}
耀州	五 u^{52}	六 $liou^{21}$	七 $tɕ^hi^{21}$
咸阳	五 u^{53}	六 $liou^{31}$	七 $tɕ^hi^{31}$
旬邑	五 u^{52}	六 $liəu^{21}$	七 $tɕ^hi^{21}$
三原	五 u^{52}	六 $liou^{31}$	七 $tɕ^hi^{31}$

	1066 五	1067 六	1068 七
乾县	五 u^{53}	六 liou^{21}	七 tɕ^{h}i^{21}
岐山	五 vu^{53}	六 liou^{31}	七 ȶ^{h}i^{31}
凤翔	五 vu^{53}	六 liəu^{31}	七 ts^{h}i^{31}
千阳	五 vu^{53}	六 liou^{31}	七 ts^{h}i^{31}
西安	五 u^{53}	六 liou^{21}	七 tɕ^{h}i^{21}
户县	五 u^{51}	六 liɤu^{31}	七 tɕ^{h}i^{31}
商州	五 u^{53}	六 liou^{31}	七 tɕ^{h}i^{31}
镇安	五 vu^{35}	六 liəu^{53}	七 tɕ^{h}i^{53}
安康	五 u^{53}	六 liou^{31}	七 tɕ^{h}i^{31}
白河	五 u^{35}	六 ləu^{44}	七 tɕ^{h}i^{44}
汉阴	五 u^{45}	六 liəu^{42}	七 tɕ^{h}i^{42}
平利	五 u^{445}	六 liou^{43} / lou^{43}	七 tɕ^{h}i^{43}
汉中	五 u^{354}	六 liəu^{55}	七 tɕ^{h}i^{55}
城固	五 u^{44}	六 liəu^{53}	七 ts^{h}i^{53}
勉县	五 vu^{35}	六 liəu^{21}	七 tɕ^{h}i^{42}
镇巴	五 u^{52}	六 liəu^{31}	七 tɕ^{h}i^{31}

	1069 八	1070 九	1071 十
榆林	八 paʔ³	九 tɕiəu²¹³	十 ʂəʔ³
神木	八 paʔ⁴	九 tɕiəu²¹³	十 ʂəʔ⁴
绥德	八 pɑ³³	九 tɕiəu²¹³	十 ʂəʔ³
吴堡	八 pɑʔ³	九 tɕiɑo⁴¹²	十 ʂəʔ²¹³
清涧	八 pɑ⁵³	九 tɕiəu⁵³	十 ʂəʔ⁴³
延安	八 pa²¹³	九 tɕiou⁵²	十 ʂʅ²⁴
延川	八 pa⁴²³	九 tɕiəu⁵³	十 ʂəʔ⁵⁴
黄陵	八 pɑ³¹	九 tɕiəu⁵²	十 ʂʅ²⁴
渭南	八 pɑ³¹	九 tɕiəu⁵³	十 ʂʅ²⁴
韩城	八 pɑ³¹	九 tɕiəu⁵³	十 ʂʅ²⁴
合阳	八 pɑ³¹	九 tɕiou⁵²	十 ʂʅ²⁴
富平	八 pɑ³¹	九 tɕiou⁵³	十 ʂʅ²⁴
耀州	八 pa²¹	九 tɕiou⁵²	十 ʂʅ²⁴
咸阳	八 pa³¹	九 tɕiou⁵³	十 ʂʅ²⁴
旬邑	八 pa²¹	九 tɕiəu⁵²	十 ʂʅ²⁴
三原	八 pɑ³¹	九 tɕiou⁵²	十 ʂʅ²⁴

	1069 八	1070 九	1071 十
乾县	八 pa^{21}	九 tɕiou^{53}	十 ʂʅ^{24}
岐山	八 pA^{31}	九 tɕiou^{53}	十 ʂʅ^{24}
凤翔	八 pa^{31}	九 tɕiəu^{53}	十 ʂʅ^{24}
千阳	八 pa^{31}	九 tɕiou^{53}	十 ʂʅ^{24}
西安	八 pa^{21}	九 tɕiou^{53}	十 ʂʅ^{24}
户县	八 pa^{31}	九 tɕiɤu^{51}	十 ʂʅ^{35}
商州	八 pɑ^{31}	九 tɕiou^{53}	十 ʂʅ^{35}
镇安	八 pa^{53}	九 tɕiəu^{35}	十 ʂʅ^{322}
安康	八 pa^{31}	九 tɕiou^{53}	十 ʂʅ^{35}
白河	八 pa^{44}	九 tɕiəu^{35}	十 ʂʅ^{44}
汉阴	八 pɑ^{42}	九 tɕiəu^{45}	十 ʂʅ^{42}
平利	八 pa^{43}	九 tɕiou^{445}	十 ʂʅ^{52}
汉中	八 pA^{55}	九 tɕiəu^{354}	十 ʂʅ^{42}
城固	八 pa^{53}	九 tɕiəu^{44}	十 ʂʅ^{311}
勉县	八 pɑ^{42}	九 tɕiəu^{35}	十 sɿ^{21}
镇巴	八 pa^{31}	九 tɕiəu^{52}	十 sɿ^{31}

	1072 二十有无合音	1073 三十有无合音	1074 一百
榆林	二十 ər^{52}ʂəʔ^{0}	三十 sɛ^{33}ʂəʔ^{0}	一百 iəʔ^{3}piʌʔ^{0}
神木	二十 ʌɯ^{53}ʂəʔ^{0}	三十 sɛ^{24}ʂəʔ^{0}	一百 iəʔ^{4}piəʔ^{0}
绥德	二十 ər^{52}ʂəʔ^{0}	三十 sæ^{24}ʂəʔ^{0}	一百 iəʔ^{5}pie^{0}
吴堡	二十 ər^{53}ʂəʔ^{3}	三十 sã^{21}ʂəʔ^{3}	一百 iəʔ^{3}piəʔ^{3}
清涧	二十 ər^{44}ʂəʔ^{43}	三十 sɛ^{31}ʂəʔ^{43}	一百 iəʔ^{54}pi^{53}
延安	二十 ər^{443}ʂʅ^{0}	三十 sæ̃^{21}ʂəʔ^{5}	一百 iəʔ^{5}pei^{213}
延川	二十 ər^{53}ʂəʔ^{54}	三十 sæ̃^{21}ʂəʔ^{54}	一百 iəʔ^{54}pei^{0}
黄陵	二十 ər^{55}ʂʅ^{0}	三十 sæ̃^{31}ʂʅ^{0}	一百 i^{24}pei^{31}
渭南	二十 ər^{44}ʂʅ^{0}	三十 sæ̃^{31}ʂʅ^{0}	一百 i^{24}pei^{31}
韩城	二十 ər^{44}ʂʅ^{0}	三十 sã^{31}ʂʅ^{0}	一百 i^{24}pɪi^{31}
合阳	二十 ər^{55}ʂʅ^{31}	三十 sɑ̃^{31}ʂʅ^{31}	一百 i^{24}pei^{31}
富平	二十 ər^{55}ʂʅ^{31}	三十 sæ̃^{53}sʅ^{31}	一百 i^{24}peɪ^{31}
耀州	二十 ər^{44}ʂʅ^{0}	三十 sæ̃^{52}ʂʅ^{0}	一百 i^{24}pei^{21}
咸阳	二十 ər^{44}ʂʅ^{0}	三十 sã^{31}ʂʅ^{24}	一百 i^{24}pei^{31}
旬邑	二十 ər^{24}ʂʅ^{0}	三十 sã^{52}ʂʅ^{0}	一百 i^{24}pei^{21}
三原	二十 ər^{44}ʂʅ^{0}	三十 sã^{52}ʂʅ^{0}	一百 i^{24}pei^{31}

	1072 二十有无合音	1073 三十有无合音	1074 一百
乾县	二十 ɐr^{55}ʂʅ^{21}	三十 sæ̃^{53}ʂʅ^{21}	一百 i^{24}pe^{21}
岐山	二十 ər^{44}ʂʅ^{21}	三十 sæ̃^{53}ʂʅ^{21}	一百 i^{24}pei^{31}
凤翔	二十 ər^{45}ʂʅ^{0}	三十 sæ̃^{53}ʂʅ^{0}	一百 i^{24}pei^{31}
千阳	二十 ər^{45}ʂʅ^{0}	三十 sæ̃^{53}ʂʅ^{0}	一百 i^{24}pei^{31}
西安	二十 ər^{44}ʂʅ^{24}	三十 sã^{21}ʂʅ^{24}	一百 i^{24}pei^{21}
户县	二十 ɯ^{55}ʂʅ^{31}	三十 sã^{31}ʂʅ^{31}	一百 i^{35}pei^{31}
商州	二十 ər^{44}ʂʅ^{31}	三十 sã^{53}ʂʅ^{31}	一百 i^{35}pei^{31}
镇安	二十 ər^{322}ʂʅ^{322}	三十 san^{53}ʂʅ^{322}	一百 i^{21}pɛ^{53}
安康	二十 ər^{44}ʂʅ^{0}	三十 san^{31}ʂʅ^{0}	一百 i^{35}pei^{31}
白河	二十 ər^{42}ʂʅ^{44}	三十 san^{21}ʂʅ^{44}	一百 i^{44}pe^{213}
汉阴	二十 ar^{24}ʂʅ^{42}	三十 san^{33}ʂʅ^{42}	一百 i^{42}pe^{42}
平利	二十 ər^{24}ʂʅ^{52}	三十 san^{43}ʂʅ^{52}	一百 i^{43}pe^{43}
汉中	二十 ər^{35}ʂʅ^{0}	三十 san^{55}ʂʅ^{0}	一百 i^{21}pei^{55}
城固	二十 ə^{31}ʂʅ^{0}	三十 san^{44}ʂʅ^{0}	一百 i^{31}pei^{0}
勉县	二十 ər^{35}sʅ^{21}	三十 sɑn^{44}sʅ^{0}	一百 i^{21}pei^{42}
镇巴	二十 ər^{213}sʅ^{52}	三十 san^{35}sʅ^{52}	一百 i^{31}pɛ^{31}

	1075 一千	1076 一万	1077 一百零五
榆林	一千 iəʔ^{3}tɕʰiɛ^{0}	一万 iəʔ^{3}vɛ^{52}	一百零五 iəʔ^{3}piʌʔ^{0}liɤɣ̃^{24}vu^{213}
神木	一千 iəʔ^{2}tɕʰiɛ^{24}	一万 iəʔ^{4}vɛ^{53}	一百零五 iəʔ^{4}piəʔ^{0}liɤ̃^{44}vu^{213}
绥德	一千 iəʔ^{21}tɕʰie^{213}	一万 iəʔ^{3}væ^{52}	一百零五 iəʔ^{5}pie^{0}liəɣ̃^{33}u^{213}
吴堡	一千 iəʔ^{3}tɕʰie^{213}	一万 iəʔ^{3}uã^{53}	一百零五 iəʔ^{3}piəʔ^{3}liəŋ^{33}uəʔ^{213}
清涧	一千 iəʔ^{54}tɕʰi^{312}	一万 iəʔ^{54}vɛ^{42}	一百零五 iəʔ^{54}pi^{53}liəɣ̃^{24}vʊ^{53}
延安	一千 iəʔ^{5}tɕʰiæ̃^{213}	一万 iəʔ^{5}væ̃^{443}	一百零五 iəʔ^{5}pei^{213}liəŋ^{24}vu^{423}
延川	一千 iəʔ^{21}tɕʰiɛ^{213}	一万 iəʔ^{54}væ̃^{0}	一百零五 iəʔ^{54}pei^{21}liŋ^{35}vu^{0}
黄陵	一千 i^{24}tɕʰiæ̃^{31}	一万 i^{31}væ̃^{55}	一百零五 i^{24}pei^{31}liəŋ^{24}u^{52}
渭南	一千 i^{24}tɕʰiæ̃^{31}	一万 i^{31}væ̃^{44}	一百零五 i^{24}pei^{31}liəŋ^{24}u^{53}
韩城	一千 i^{24}tɕʰiã^{31}	一万 i^{31}vã^{44}	一百零五 i^{24}pɪi^{31}liəŋ^{24}u^{53}
合阳	一千 i^{24}tsʰiɑ̃^{31}	一万 i^{31}vɑ̃^{55}	一百零五 i^{24}pei^{31}liŋ^{24}u^{52}
富平	一千 i^{24}tsʰiæ̃^{31}	一万 i^{31}væ̃^{55}	一百零五 i^{24}peɪ^{31}liəɣ̃^{24}u^{53}
耀州	一千 i^{24}tɕʰiæ̃^{21}	一万 i^{21}uæ̃^{44}	一百零五 i^{24}pei^{21}liŋ^{24}u^{52}
咸阳	一千 i^{24}tɕʰiã^{31}	一万 i^{31}vã^{44}	一百零五 i^{24}pei^{31}liəŋ^{24}u^{53}
旬邑	一千 i^{24}tɕʰiã^{21}	一万 i^{21}uã^{44}	一百零五 i^{24}pei^{21}liəŋ^{24}u^{52}
三原	一千 i^{24}tɕʰiã^{31}	一万 i^{31}vã^{44}	一百零五 i^{24}pei^{31}liəŋ^{24}u^{52}

	1075 一千	1076 一万	1077 一百零五
乾县	一千 i^{24}tɕ^{h}iæ̃^{21}	一万 i^{21}væ̃^{55}	一百零五 i^{24}pe^{21}liɤŋ^{24}u^{53}
岐山	一千 i^{24}ȶ^{h}iæ̃^{31}	一万 i^{24}væ̃^{44}	一百零五 i^{24}pei^{31}liŋ^{24}vu^{53}
凤翔	一千 i^{24}ts^{h}iæ̃^{31}	一万 i^{31}væ̃^{44}	一百零五 i^{24}pei^{31}liŋ^{24}vu^{53}
千阳	一千 i^{24}ts^{h}iæ̃^{31}	一万 i^{31}væ̃^{44}	一百零五 i^{24}pei^{31}liŋ^{24}vu^{53}
西安	一千 i^{24}tɕ^{h}iã^{21}	一万 i^{24}vã^{44}	一百零五 i^{24}pei^{21}liəŋ^{24}u^{53}
户县	一千 i^{35}tɕ^{h}iã^{31}	一万 i^{31}vã^{55}	一百零五 i^{35}pei^{31}liŋ^{35}u^{51}
商州	一千 i^{35}tɕ^{h}iã^{31}	一万 i^{31}vã^{44}	一百零五 i^{35}pei^{31}liəŋ^{35}u^{53}
镇安	一千 i^{21}tɕ^{h}ian^{53}	一万 i^{21}van^{322}	一百零五 i^{21}pɛ^{21}lin^{21}vu^{35}
安康	一千 i^{35}tɕ^{h}ian^{31}	一万 i^{31}uan^{44}	一百零五 i^{35}pei^{31}lin^{35}u^{53}
白河	一千 i^{44}tɕ^{h}ian^{213}	一万 i^{44}uan^{41}	一百零五 i^{44}pᴇ^{0}liən^{44}u^{35}
汉阴	一千 i^{42}tɕ^{h}ian^{33}	一万 i^{42}uan^{214}	一百零五 i^{42}pᴇ^{42}lin^{42}u^{45}
平利	一千 i^{43}tɕ^{h}ian^{43}	一万 i^{43}uan^{214}	一百零五 i^{43}pᴇ^{43}lin^{52}u^{445}
汉中	一千 i^{21}tɕ^{h}ian^{55}	一万 i^{21}uan^{213}	一百零五 i^{21}pei^{55}lin^{42}u^{354}
城固	一千 i^{31}ts^{h}ian^{0}	一万 i^{31}van^{213}	一百零五 i^{31}pei^{31}liŋ^{31}u^{44}
勉县	一千 i^{21}tɕ^{h}iɑn^{42}	一万 i^{21}vɑn^{213}	一百零五 i^{21}pei^{42}lin^{21}vu^{35}
镇巴	一千 i^{31}tɕ^{h}ian^{35}	一万 i^{31}uan^{213}	一百零五 i^{31}pɛ^{31}lin^{31}u^{52}

	1078 一百五十	1079 第一~，第二	1080 二两重量
榆林	一百五 iəʔ³piʌʔ⁰vu²¹³	第一 ti⁵²iəʔ³	二两 ər⁵²liɑ̃⁰
神木	一百五 iəʔ⁴piəʔ⁰vu²¹³	第一 ti⁵³iəʔ⁴	二两 ʌɯ⁵³liɑ̃⁰
绥德	一百五 iəʔ⁵pie⁰u²¹³	第一 ti⁵²iɤ³³	二两 ər⁵²liɑ̃⁰
吴堡	一百五十 iəʔ³piəʔ³uəʔ⁴ʂəʔ⁰	第一 tɛe⁵³iəʔ³	二两 ər⁵³liɤ⁴¹²
清涧	一百五十 iəʔ⁵⁴pi⁵³vʊ⁵³ʂəʔ⁴³	第一 ti⁴⁴iəʔ⁵⁴	二两 ər⁴⁴liɒ̃⁵³
延安	一百五十 iəʔ⁵pei²¹³vu⁵²ʂəʔ⁰	第一 ti⁴⁴³iəʔ⁵	二两 ər⁴⁴³liaŋ⁰
延川	一百五十 iəʔ⁵⁴pei²¹vu⁵³ʂəʔ⁰	第一 ti⁵³iɤ⁴²³	二两 ər⁵³liaŋ⁰
黄陵	一百五十 i²⁴pei³¹u⁵²ʂʅ⁰	第一 tɕi⁵⁵i³¹	二两 ər⁵⁵liaŋ⁵²
渭南	一百五 i²⁴pei³¹u⁵³	第一 tɕi⁴⁴i³¹	二两 ər⁴⁴liaŋ⁵³
韩城	一百五十 i²⁴pɪi³¹u⁵³ʂʅ²⁴	第一 ti⁴⁴i²⁴	二两 ər⁴⁴liaŋ⁵³
合阳	一百五十 i²⁴pei³¹u⁵²ʂʅ³¹ 百五 pei²⁴u⁵²	第一 ti⁵⁵i³¹	二两 ər⁵⁵liaŋ³¹
富平	百五 peɪ³¹u⁵³	第一 ti⁵⁵i³¹	二两 ər⁵⁵liaɣ̃³¹
耀州	百五 pei²¹u⁰	第一 ti⁴⁴i²¹	二两 ər⁴⁴liaŋ⁵²
咸阳	一百五十 i²⁴pei³¹u⁵³ʂʅ⁰	第一 ti⁴⁴i³¹	二两 ər⁴⁴liaŋ⁰
旬邑	百五 pei²¹u⁰ 一百五十 i²⁴pei²¹u⁴⁴ʂʅ⁰	第一 ti⁴⁴i²¹	二两 ər²⁴liaŋ⁰
三原	一百五 i²⁴pei³¹u⁵²	第一 tɕi⁴⁴i³¹	二两 ər⁴⁴liaŋ⁵²

	1078 一百五十	1079 第一~,第二	1080 二两重量
乾县	一百五十 i^{24}pe^{21}u^{53}ʂ^{0}	第一 ti^{55}i^{21}	二两 ɐ^{55}liaŋ^{53}
岐山	一百五十 i^{24}pei^{31}vu^{44}ʂʅ^{21}	第一 ȶi^{53}i^{31}	二两 ər^{44}liɑŋ^{53}
凤翔	百五 pei^{31}vu^{53} 一百五 i^{24}pei^{31}vu^{53}	第一 tsi^{44}i^{31}	二两 ər^{45}liɑŋ^{0}
千阳	一百五十 i^{24}pei^{31}vu^{44}ʂʅ^{0}	第一 ti^{44}i^{31}	二两 ər^{45}liɑŋ^{0}
西安	一百五 i^{24}pei^{21}u^{53}	第一 ti^{44}i^{21}	二两 ər^{44}liaŋ^{53}
户县	百五 pei^{31}u^{51} 一百五 i^{35}pei^{31}u^{51}	第一 ti^{55}i^{31} 头一 tʰɤu^{35}i^{31}	二两 ɯ^{55}liaŋ^{31}
商州	一百五十 i^{35}pei^{31}u^{53}ʂʅ^{31}	第一 ti^{44}i^{31}	二两 ər^{44}liɑŋ^{53}
镇安	一百五十 i^{21}pɛ^{21}vu^{35}ʂʅ^{322}	第一 ti^{33}i^{53}	二两 ər^{322}liʌŋ^{35}
安康	一百五十 i^{35}pei^{31}u^{53}ʂʅ^{0}	第一 ti^{44}i^{31}	二两 ər^{44}liaŋ^{53}
白河	一百五 i^{44}pE^{0}u^{35}	第一 ti^{42}i^{44}	二两 ər^{42}liaŋ^{35}
汉阴	一百五 i^{42}pE^{42}u^{45}	第一 ti^{24}i^{42}	二两 ar^{21}liɑŋ^{45}
平利	一百五 i^{43}pE^{43}u^{445}	第一 ti^{24}i^{43}	二两 ər^{24}liaŋ^{445}
汉中	一百五 i^{21}pei^{55}u^{354}	第一 ti^{21}i^{55}	二两 ər^{21}liɑŋ^{354}
城固	一百五 i^{31}pei^{31}u^{44}	第一 ti^{31}i^{53}	二两 ə^{31}liɑŋ^{44}
勉县	一百五 i^{21}pei^{42}vu^{35}	第一 ti^{21}i^{42}	二两 ər^{21}liɑŋ^{35}
镇巴	一百五 i^{31}pɛ^{31}u^{52}	第一 ti^{213}i^{31}	二两 ər^{213}liaŋ^{52}

	1081 几个你有~孩子？	1082 俩你们~	1083 仨你们~
榆林	几个 tɕi^{24}kəʔ^{0}	两个 liɑ̃^{24}kəʔ^{0}	三个 sɛ^{33}kəʔ^{0}
神木	几个 tɕi^{24}kəʔ^{0}	两个 liɑ̃^{24}kəʔ^{0}	三个 sɛ^{24}kəʔ^{0}
绥德	几个 tɕi^{24}kuəʔ^{0}	两个 liɑ^{24}kuəʔ^{0}	三个 sæ^{24}kuəʔ^{0}
吴堡	几个 tɕi^{41}kuəʔ^{3}	两个 liɤu^{41}kuəʔ^{3}	三个 sã^{21}kuəʔ^{3}
清涧	几个 tsɿ^{24}kuəʔ^{54}	两个 liɒ̃^{24}kuəʔ^{54}	三个 sɛ^{31}kuəʔ^{54}
延安	几个 tɕi^{21}kə^{443}	两个 liaŋ^{24}kə^{443}	三个 sæ̃^{21}kə^{443}
延川	几个 tsɿ^{53}kɤ^{213}	俩 liɑŋ^{53}	仨 sa^{213}
黄陵	[几个]tɕiɛ^{31} 几个 tɕi^{52}kɤ^{0}	俩 liɑŋ^{31}	仨 sɑŋ^{31}
渭南	几个 tɕi^{31}uae^{31}	俩 liɑŋ^{31}	仨 sɑŋ^{31}
韩城	[几个]tɕiᴇ^{31} 几个 tɕi^{31}uæe^{0}	俩 liɑŋ^{53} 两个 liɑŋ^{31}uæe^{0}	仨 sɑŋ^{31} 三个 sɑŋ^{31}uæe^{0}
合阳	几个 tɕi^{31}kuæe^{31}	两 liɑŋ^{31}	仨 sɑŋ^{31}
富平	[几个]tɕiɛ^{31}	两 liɑɣ̃^{31}	三 sæ̃^{31}
耀州	几个 tɕi^{21}uæi^{0}	两个 liɑŋ^{52}kɤ^{0}	三个 sæ̃^{21}kɤ^{0}
咸阳	几个 tɕi^{53}kɤ^{0}	俩 lia^{31}	仨 sa^{31}
旬邑	几个 tɕi^{21}uɛi^{0}/ tɕi^{44}kɤ^{0}	俩 lia^{21} 俩个 lia^{21}uɛi^{0}	仨 sa^{21} 仨个 sa^{21}uɛi^{0}
三原	几个 tɕi^{31}uai^{31}	俩 liɑŋ^{31}	三个 sã^{52}kɤ^{0}

	1081 几个你有~孩子？	1082 俩你们~	1083 仨你们~
乾县	几个 tɕi^{53}kɤ^{21}	两个 liaŋ^{53}kɤ^{21}	三个 sæ̃^{53}kɤ^{21}
岐山	几个 tɕi^{44}kɤ^{21}	俩 liɑŋ^{53}	三个 sæ̃^{53}kɤ^{21}
凤翔	几个 tɕi^{44}kɔ^{0}	[两个]liɑ̃ːŋ^{533}	[三个]sæ̃ː^{533}
千阳	几个 tɕi^{44}kɔ^{0}	[两个]liɑ̃ːŋ^{533}	[三个]sæ̃ː^{533}
西安	几个 tɕi^{53}kɤ^{0}	俩 lia^{21}	仨 sa^{21}
户县	几个儿 tɕi^{51}kə^{0}	俩 lia^{31} 两个儿 liaŋ^{51}kə^{0}	三个 sã^{31}kɤ^{31}
商州	[几个]tɕiɛ^{31} 几个 tɕi^{31}kai^{31}	两 liɑŋ^{31}	三 sã^{31}
镇安	几个 tɕi^{33}kuə^{214}	两 liʌŋ^{35} 两个 liʌŋ^{35}kuə^{214}	三个 san^{53}kuə^{214}
安康	几个 tɕi^{53}kɤ^{44}	俩 lia^{31}	仨 sa^{31}
白河	好多 xɔu^{35}tuo^{213} 几个 tɕi^{35}kuo^{0}	两个 liaŋ^{35}kuo^{0}	三个 san^{21}kuo^{0}
汉阴	几个 tɕi^{45}ko^{0}	俩 liɑ^{45} 两个 liɑŋ^{45}ko^{0}	三个 san^{33}ko^{214}
平利	几个 tɕi^{45}ko^{0}	两个 liaŋ^{45}ko^{0}	三个 san^{43}ko^{0}
汉中	几个 tɕi^{35}kɤ^{0}	两个 liɑŋ^{35}kɤ^{0}	三个 san^{55}kɤ^{0}
城固	[几个]tɕiɛ^{24}	两人 liɑŋ^{24}ʐən^{0}	三人 san^{53}ʐən^{0}
勉县	几个 tɕi^{35}kɤ^{0}	两个 liɑŋ^{35}kɤ^{0}	三个 sɑn^{44}kɤ^{0}
镇巴	好多个 xau^{45}to^{55}ko^{213}	两个 liaŋ^{45}ko^{213}	三个 san^{35}ko^{213}

	1084 个把	1085 个一~人	1086 匹一~马
榆林	一半个 iəʔ^{3}pɛ^{52}kəʔ^{0}	个 kəʔ^{3}	匹 p^{h}iəʔ^{3}
神木	个别 kuo^{53}piəʔ^{0} 一半个 iəʔ^{4}pɛ^{53}kəʔ^{0}	个 kəʔ^{4}	匹 p^{h}iəʔ^{4}
绥德	一半个 iəʔ^{3}pæ^{52}kuəʔ^{0}	个 kuəʔ^{3}	匹 p^{h}iəʔ^{3}
吴堡	个把 kɤu^{53}pɑ^{0}	个 kuəʔ^{3} 圪截 kəʔ^{4}tɕ^{h}iəʔ^{0}	个 kuəʔ^{3} 圪截 kəʔ^{4}tɕ^{h}iəʔ^{0}
清涧	个别 kɤ^{44}pi^{24}	个 kuəʔ^{54}	个 kuəʔ^{54}
延安	一两个 iəʔ^{5}liaŋ^{24}kə^{0}	个 kə^{443}	个 kə^{443}
延川	个把 kəʔ^{54}pa^{0}	个儿 kər^{53}	匹 p^{h}ʅ^{213}
黄陵	个别 kɤ^{55}piɛ^{24}	个 kɤ^{55}	匹 p^{h}i^{52}
渭南	一两个 i^{31}liɑŋ^{24}uae^{53}	个 uae^{31}	个 uae^{31}
韩城		个 uæE^{53} [一个]iE^{24}	匹 p^{h}i^{24} [一个]ie^{25}
合阳	个别 kɤ^{55}piɛ^{24} 个把 kɤ^{55}pɑ^{31}	个 kuæe^{31}	匹 p^{h}i^{31} 个 kuæe^{31}
富平	[几个]tɕiɛ^{31}	[一个]iɛ^{31}	[一个]iɛ^{31}
耀州	个把 kɤ^{44}pa^{0}	个 uæi^{0}	个 uæi^{0} 匹 p^{h}i^{52}
咸阳	个把儿 kɤ^{44}pɐr^{0}	个 kɤ^{44}	个 kɤ^{44}
旬邑	个把子 kɤ^{44}pa^{21}tsɿ^{0}	个 uɛi^{0} 个 kɤ^{44}	个 uɛi^{0} 匹 p^{h}i^{44}
三原	个把 kɤ^{44}pɑ^{0}	个 uai^{31}	匹 p^{h}i^{52}

	1084 个把	1085 个一~人	1086 匹一~马
乾县	个把 $kɤ^{55}pa^{21}$	个 $kɤ^{55}$	匹 $p^{h}i^{24}$
岐山	个把 $kɤ^{44}pA^{53}$	个 $kɤ^{44}$	匹 $p^{h}i^{44}$
凤翔	一两个 $i^{31}liaŋ^{53}kɔ^{44}$ 个把 $kɔ^{45}pa^{0}$	个 $kɔ^{44}$	个 $kɔ^{44}$
千阳	一两个 $i^{31}liaŋ^{53}kɔ^{44}$	个 $kɔ^{44}$	个 $kɔ^{44}$
西安	几个儿 $tɕi^{53}kɐr^{53}$	个 $kɤ^{44}$	匹 $p^{h}i^{53}$
户县	一半个 $i^{31}pã^{55}kɤ^{55}$	个 $kɤ^{31}$	个 $kɤ^{31}$
商州	个把儿 $kə^{44}pɐr^{31}$	个 kai^{31}	匹 $p^{h}i^{35}$ 个 kai^{31}
镇安	个把 $kuə^{21}pa^{35}$	个 $kuə^{214}$	匹 $p^{h}i^{33}$
安康	个把儿 $kɤ^{44}par^{0}$	个 $kɤ^{44}$	匹 $p^{h}i^{35}$
白河	个把 $kuo^{42}pa^{35}$	个 kuo^{41}	匹 $p^{h}i^{44}$
汉阴	个把子 $ko^{21}pɑ^{0}tsɿ^{0}$	个 ko^{214}	匹 $p^{h}i^{42}$
平利	个把子 $ko^{24}pa^{45}tsɿ^{0}$	个 ko^{214}	匹 $p^{h}i^{52}$
汉中	个把 $kɤ^{21}pA^{0}$	个 $kɤ^{213}$	匹 $p^{h}i^{42}$
城固	个把 $kə^{31}pa^{0}$	块 $k^{h}uai^{44}$	匹 $p^{h}i^{311}$
勉县	个把 $kɤ^{21}pɑ^{35}$	个 $kɤ^{213}$	匹 $p^{h}i^{21}$
镇巴	个把 $ko^{21}pa^{52}$	个 ko^{213}	匹 $p^{h}i^{31}$

	1087 头一~牛	1088 头一~猪	1089 只一~狗
榆林	头 t^{h}əu^{213}	头 t^{h}əu^{213} 个 kəʔ^{3}	条 t^{h}iɔo^{213}
神木	头 t^{h}əu^{44}	头 t^{h}əu^{44}	只 tʂəʔ^{4}
绥德	头 t^{h}əu^{33}	头 t^{h}əu^{33}	只 tʂɤ^{33} 条 t^{h}iɔɤ^{33}
吴堡	个 kuəʔ^{3} 圪截 kəʔ^{4}tɕ^{h}iəʔ^{0}	个 kuəʔ^{3} 圪截 kəʔ^{4}tɕ^{h}iəʔ^{0}	个 kuəʔ^{3} 圪截 kəʔ^{4}tɕ^{h}iəʔ^{0}
清涧	个 kuəʔ^{54}	个 kuəʔ^{54}	个 kuəʔ^{54}
延安	个 kə^{443} 头 t^{h}ou^{24}	个 kə^{443} 口 k^{h}ou^{52} 头 t^{h}ou^{24}	个 kə^{443} 条 t^{h}iɔ^{24}
延川	头 t^{h}əu^{35}	头 t^{h}əu^{35}	只 tʂʅ^{213}
黄陵	头 t^{h}əu^{24}	头 t^{h}əu^{24}	只 tʂʅ^{31}
渭南	个 uae^{31}	个 uae^{31}	个 uae^{31}
韩城	头 t^{h}əu^{24}	头 t^{h}əu^{24}	条 t^{h}iɑu^{24}
合阳	个 kuæe^{31} 头 t^{h}ou^{24}	头 t^{h}ou^{24} 个 kuæe^{31}	只 tsʅ^{31} 条 t^{h}iɔo^{24}
富平	[一个]iɛ^{31}	[一个]iɛ^{31}	[一个]iɛ^{31}
耀州	个 uæi^{0} 头 t^{h}ou^{24}	个 uæi^{0} 头 t^{h}ou^{24}	个 uæi^{0} 条 tɕ^{h}iɔu^{24}
咸阳	个 kɤ^{44}	个 kɤ^{44}	个 kɤ^{44}
旬邑	个 uɛi^{0} 头 t^{h}əu^{24}	个 uɛi^{0} 头 t^{h}əu^{24}	个 uɛi^{0} 只 tʂʅ^{21}
三原	个 uai^{31}	个 uai^{31}	个 uai^{31}

	1087 头一~牛	1088 头一~猪	1089 只一~狗
乾县	头 t^hou^{24}	头 t^hou^{24}	个 $kɤ^{55}$
岐山	头 t^hou^{24}	头 t^hou^{24}	个 $kɤ^{44}$
凤翔	个 $kɔ^{44}$	个 $kɔ^{44}$	个 $kɔ^{44}$
千阳	个 $kɔ^{44}$	个 $kɔ^{44}$	个 $kɔ^{44}$
西安	头 t^hou^{24}	头 t^hou^{24}	只 $tʂʅ^{21}$
户县	个 $kɤ^{31}$	个 $kɤ^{31}$	个 $kɤ^{31}$
商州	头 t^hou^{35} 个 kai^{31}	头 t^hou^{35} 个 kai^{31}	条 $t^hiɑo^{35}$ 个 kai^{31}
镇安	条 $t^hiɔo^{33}$	个 $kuə^{214}$	条 $t^hiɔo^{33}$
安康	条 t^hiau^{35} 头 t^hou^{35}	头 t^hou^{35} 条 t^hiau^{35}	只 $tʂʅ^{31}$ 条 t^hiau^{35}
白河	头 $t^həu^{44}$	口 $k^həu^{35}$ 头 $t^həu^{44}$	条 $t^hiɔu^{44}$
汉阴	条 $t^hiɑo^{42}$ 头 $t^həu^{42}$	条 $t^hiɑo^{42}$ 头 $t^həu^{42}$	条 $t^hiɑo^{42}$
平利	头 t^hou^{52}	条 t^hiau^{52}	条 t^hiau^{52}
汉中	头 $t^həu^{42}$	个 $kɤ^{213}$	条 $t^hiɑo^{42}$ 只 $tʂʅ^{55}$
城固	头 $t^həu^{311}$	头 $t^həu^{311}$	只 $tʂʅ^{53}$
勉县	头 $t^həu^{21}$	头 $t^həu^{21}$ 个 $kɤ^{213}$	条 $t^hiɑɔ^{21}$
镇巴	条 t^hiau^{31}	条 t^hiau^{31}	条 t^hiau^{31}

	1090 只一~鸡	1091 只一~蚊子	1092 条一~鱼
榆林	只 tʂəʔ^{3} 个 kəʔ^{3}	个 kəʔ^{3}	条 tʰiɔo^{213}
神木	只 tʂəʔ^{4}	个 kəʔ^{4}	条 tʰiɔo^{44}
绥德	只 tʂəʔ^{3}	个 kuəʔ^{3}	条 tʰiɔɤ^{33}
吴堡	个 kuəʔ^{3} 圪截 kəʔ^{4}tɕʰiəʔ^{0}	个 kuəʔ^{3} 圪截 kəʔ^{4}tɕʰiəʔ^{0}	条 tʰiɤ^{33} 圪截 kəʔ^{4}tɕʰiəʔ^{0}
清涧	个 kuəʔ^{54}	个 kuəʔ^{54}	个 kuəʔ^{54}
延安	个 kə^{443} 只 tʂʅ^{213}	个 kə^{443}	个 kə^{443} 条 tʰiɔ^{24}
延川	只 tʂʅ^{213}	个 kuəʔ^{54} 只 tʂʅ^{213}	条 tɕʰiɑo^{35}
黄陵	只 tʂʅ^{31}	个 kɤ^{55}	条 tɕʰiɔ^{24}
渭南	个 uae^{31}	个 uae^{31}	个 uae^{31}
韩城	只 tsɿ^{31}	只 tsɿ^{31}	条 tʰiɑu^{24}
合阳	个 kuæe^{31} 只 tsɿ^{31}	只 tsɿ^{31} 个 kɤ^{55}	个 kɤ^{55} 条 tʰiɔo^{24}
富平	[一个]iɛ^{31}	[一个]iɛ^{31}	[一个]iɛ^{31}
耀州	个 uæi^{0} 只 tʂʅ^{21}	个 kɤ^{44}	条 tɕʰiɔu^{24}
咸阳	个 kɤ^{44}	只 tsɿ^{31}	个 kɤ^{44} 条 tʰiɔ^{24}
旬邑	个 uɛi^{0} 只 tʂʅ^{21}	个 kɤ^{44}	条 tɕʰiau^{24}
三原	个 uai^{31}	个 uai^{31}	个 uai^{31}

	1090 只一~鸡	1091 只一~蚊子	1092 条一~鱼
乾县	个 kɤ^{55}	个 kɤ^{55}	个 kɤ^{55}
岐山	只 tʂʅ^{31}	个 kɤ^{44}	条 ȶʰiɔ^{44}
凤翔	个 kɔ^{44}	个 kɔ^{44}	个 kɔ^{44}
千阳	个 kɔ^{44}	个 kɔ^{44}	个 kɔ^{44}
西安	只 tʂʅ^{21}	个 kɤ^{44}	条 tʰiau^{24}
户县	个 kɤ^{31}	个 kɤ^{31}	个 kɤ^{31}
商州	个 kai^{31}	个 kai^{31}	个 kai^{31} 条 tʰiɑo^{35}
镇安	只 tʂʅ^{53}	个 kuə^{214}	条 tʰiɔo^{33}
安康	只 tʂʅ^{31}	个 kɤ^{44}	条 tʰiau^{35}
白河	只 tʂʅ^{213}	个 kuo^{41}	条 tʰiɔu^{44}
汉阴	个 ko^{214}	个 ko^{214}	条 tʰiɑo^{42}
平利	个 ko^{214} 只 tʂʅ^{52}	个 ko^{214}	条 tʰiau^{52}
汉中	只 tʂʅ^{55} 个 kɤ^{213}	个 kɤ^{213}	条 tʰiɑo^{42}
城固	只 tʂʅ^{53}	只 tʂʅ^{53}	条 tʰiɔ^{311}
勉县	只 tsʅ^{42}	个 kɤ^{213}	条 tʰiɑɔ^{21}
镇巴	个 ko^{213}	个 ko^{213}	条 tʰiau^{31}

	1093 条一～蛇	1094 张一～嘴	1095 张一～桌子
榆林	根 kɯ^{33} 条 tʰiɔo^{213}	张 tʂã^{33} 片 pʰiɛ^{213}	张 tʂã^{33}
神木	根 kɤ̃^{213} 条 tʰiɔo^{44}	张 tʂã^{213}	张 tʂã^{213}
绥德	根 kɯ^{213}	张 tʂã^{213} 片 pʰie^{213}	张 tʂã^{213}
吴堡	盘 pʰɤ^{33}	张 tʂɤu^{213} 圪截 kəʔ^{4}tɕʰiəʔ^{0}	支 tsɿ^{213} 圪截 kəʔ^{4}tɕʰiəʔ^{0}
清涧	条 tʰiɔo^{24}	张 tʂɒ̃^{312} 个 kuəʔ^{54}	张 tʂɒ̃^{312} 个 kuəʔ^{54}
延安	根 kəŋ^{213} 个 kə^{443} 条 tʰiɔ^{24}	张 tʂaŋ^{213} 个 kə^{443}	张 tʂaŋ^{213} 个 kə^{443}
延川	根 kəŋ^{213}	张 tʂei^{213}	张 tʂɑŋ^{213}
黄陵	条 tɕʰiɔ^{24}	张 tʂɑŋ^{31}	张 tʂɑŋ^{31}
渭南	个 uae^{31}	个 uae^{31}	个 uae^{31}
韩城	条 tʰiɑu^{24}	张 tʂɑŋ^{31}	张 tʂɑŋ^{31}
合阳	条 tʰiɔo^{24}	张 tʂɑŋ^{31}	张 tʂɑŋ^{31} 个 kuæe^{31}
富平	[一个] iɛ^{31}	张 tʂɑɣ̃^{31}	[一个] iɛ^{31}
耀州	个 uæi^{0} 条 tɕʰiɔu^{24}	张 tʂɑŋ^{21}	张 tʂɑŋ^{21} 个 kɤ^{44}
咸阳	个 kɤ^{44}	张 tʂɑŋ^{31}	张 tʂɑŋ^{31}
旬邑	条 tɕʰiau^{24}	张 tʂɑŋ^{21}	张 tʂɑŋ^{21} 个 kɤ^{44}
三原	个 uai^{31}	张 tʂɑŋ^{31}	个 uai^{31}

	1093 条一~蛇	1094 张一~嘴	1095 张一~桌子
乾县	个 kɤ^{55}	张 ʈaŋ^{21}	张 ʈaŋ^{21}
岐山	条 ȶ^{h}iɔ^{24} 个 kɤ^{44}	个 kɤ^{44}	张 tʂɑŋ^{31} 个 kɤ^{44}
凤翔	个 kɔ^{44}	张 tʂɑŋ^{31}	个 kɔ^{44}
千阳	个 kɔ^{44}	张 tʂɑŋ^{31}	个 kɔ^{44}
西安	条 t^{h}iau^{24}	张 tʂaŋ^{21}	张 tʂaŋ^{21}
户县	个 kɤ^{31}	个 kɤ^{31}	个 kɤ^{31}
商州	条 t^{h}iɑo^{35} 个 kai^{31}	张 tʂɑŋ^{31} 个 kai^{31}	个 kai^{31}
镇安	条 t^{h}iɔo^{33}	张 tʂʌŋ^{53}	张 tʂʌŋ^{53}
安康	条 t^{h}iau^{35}	张 tʂaŋ^{31}	张 tʂaŋ^{31}
白河	条 t^{h}iɔu^{44}	张 tʂaŋ^{213}	张 tʂaŋ^{213}
汉阴	条 t^{h}iɑo^{42}	张 tʂɑŋ^{33}	个 ko^{214}
平利	条 t^{h}iau^{52}	张 tʂaŋ^{43}	张 tʂaŋ^{43}
汉中	条 t^{h}iɑo^{42}	张 tʂɑŋ^{55}	张 tʂɑŋ^{55} 个 kɤ^{213}
城固	条 t^{h}iɔ^{311}	张 tʂɑŋ^{53}	张 tʂɑŋ^{53}
勉县	条 t^{h}iɑɔ^{21} 根 kən^{42}	张 tsɑŋ^{42}	张 tsɑŋ^{42}
镇巴	条 t^{h}iau^{31}	个 ko^{213}	个 ko^{213}

	1096 床一～被子	1097 领一～席子	1098 双一～鞋
榆林	圪瘩 $kəʔ^{3}taʔ^{0}$ 床 $tʂ^{h}uɑ̃^{213}$	张 $tʂɑ̃^{33}$	双 $ʂuɑ̃^{33}$
神木	圪瘩 $kəʔ^{4}taʔ^{0}$ 支 $tsɿ^{213}$	圪瘩 $kəʔ^{4}tɑ^{0}$ 张 $tʂɑ̃^{213}$ 块儿 $k^{h}uʌɯ^{213}$	双 $ʂuɑ̃^{213}$
绥德	圪瘩 $kəʔ^{5}tɑ^{0}$	块儿 $k^{h}uɛr^{52}$	双 $ʂuɑ̃^{213}$
吴堡	圪瘩 $kəʔ^{4}tɑ^{0}$	圪瘩 $kəʔ^{4}tɑ^{0}$	对 $tuɑe^{53}$
清涧	圪瘩 $kəʔ^{4}tɑ^{0}$ 床 $tʂ^{h}uɒ̃^{24}$	圪瘩 $kəʔ^{4}tɑ^{0}$	双 $ʂuɒ̃^{312}$
延安	圪瘩 $kəʔ^{5}ta^{0}$ 床 $tʂ^{h}uaŋ^{24}$ 块儿 $k^{h}uar^{443}$	张 $tʂaŋ^{213}$ 个 $kə^{443}$	双 $ʂuaŋ^{213}$
延川	圪瘩 $kəʔ^{54}ta^{0}$	圪瘩 $kəʔ^{54}ta^{0}$	双 $ʂuɑŋ^{213}$
黄陵	床 $ts^{h}uɑŋ^{24}$	张 $tʂɑŋ^{31}$	双 $suɑŋ^{31}$
渭南	个 uae^{31}	个 uae^{31}	双 $ʃɑŋ^{31}$
韩城	床 $pf^{h}ɑŋ^{24}$	张 $tʂɑŋ^{31}$	双 $fɑŋ^{31}$
合阳	床 $pf^{h}ɑŋ^{24}$ 条 $t^{h}iɔo^{24}$	领 $liŋ^{52}$ 张 $tʂɑŋ^{31}$	双 $fɑŋ^{31}$ 对 $tuei^{55}$
富平	［一个］$iɛ^{31}$	［一个］$iɛ^{31}$	双 $ʃuɑɣ̃^{31}$
耀州	床 $tʃ^{h}uɑŋ^{24}$	张 $tʂɑŋ^{21}$	双 $ʃuɑŋ^{21}$ 对儿 $tuer^{52}$
咸阳	床 $tʃ^{h}uɑŋ^{24}$	张 $tʂɑŋ^{31}$	双 $ʃuɑŋ^{31}$
旬邑	床 $tʃ^{h}ɑŋ^{24}$ 个 $kɤ^{44}$	张 $tʂɑŋ^{21}$ 个 $kɤ^{44}$	双 $ʃɑŋ^{21}$
三原	床 $tʃ^{h}uɑŋ^{24}$	张 $tʂɑŋ^{31}$ 个 uai^{31}	双 $ʃuɑŋ^{31}$

	1096 床一～被子	1097 领一～席子	1098 双一～鞋
乾县	床 tʃ^{h}uaŋ^{24}	领 liɤŋ^{53}	双 ʃuaŋ^{21}
岐山	床 tʂ^{h}ɑŋ^{24}	张 tʂɑŋ^{31}	双 ʂɑŋ^{31}
凤翔	个 kɔ^{44}	片 p^{h}iæ̃^{53} 张 tʂɑŋ^{31}	双 ʂɑŋ^{31}
千阳	个 kɔ^{44}	张 tʂɑŋ^{31}	双 ʃɑŋ^{31}
西安	床 pf^{h}aŋ^{24}	张 tʂaŋ^{21}	双 faŋ^{21}
户县	床 ts^{h}uaŋ^{35} 个 kɤ^{31}	页 iɛ^{31}	双 suaŋ^{31}
商州	床 tʃ^{h}uɑŋ^{35} 个 kai^{31}	张 tʂɑŋ^{31} 个 kai^{31}	双 ʃuɑŋ^{31}
镇安	床 tʂ^{h}uʌŋ^{33}	床 tʂ^{h}uʌŋ^{33}	双 ʂuʌŋ^{53}
安康	床 pf^{h}aŋ^{35}	床 pf^{h}aŋ^{35}	双 faŋ^{31}
白河	床 tʂ^{h}uaŋ^{44}	床 tʂ^{h}uaŋ^{44}	双 ʂuaŋ^{213}
汉阴	床 ts^{h}uɑŋ^{42} 条 t^{h}iɑo^{42}	铺 p^{h}u^{42}	双 suɑŋ^{33}
平利	床 tʂ^{h}ʮaŋ^{52}	床 tʂ^{h}ʮaŋ^{52}	双 ʂʮaŋ^{43}
汉中	床 ts^{h}uɑŋ^{42}	床 ts^{h}uɑŋ^{42}	双 suɑŋ^{55}
城固	床 tʃ^{h}uɑŋ^{311}	张 tʂɑŋ^{53}	双 ʂuɑŋ^{53}
勉县	床 ts^{h}uɑŋ^{21}	床 ts^{h}uɑŋ^{21}	双 fɑŋ^{42}
镇巴	床 ts^{h}uaŋ^{31}	张 tsaŋ^{35}	双 suaŋ^{35}

	1099 把一~刀	1100 把一~锁	1101 根一~绳子
榆林	把 $pɑ^{213}$	把 $pɑ^{213}$	根 $kɯ^{33}$
神木	把 $pɑ^{213}$	把 $pɑ^{213}$	根 $k\tilde{ɤ}^{213}$
绥德	把 $pɑ^{213}$	把 $pɑ^{213}$	根 $kɯ^{213}$
吴堡	把 $pɑ^{412}$	把 $pɑ^{412}$	根 $kəŋ^{213}$ 盘 $p^{h}ɤ^{33}$
清涧	把 $pɑ^{24}$	把 $pɑ^{24}$ 个 $kuəʔ^{54}$	根 $kə\tilde{ɣ}^{312}$
延安	把 $pɑ^{52}$	把 $pɑ^{52}$ 个 $kə^{443}$	根 $kəŋ^{213}$
延川	把 $pɑ^{53}$	把 $pɑ^{53}$	根 $kəŋ^{213}$
黄陵	把 $pɑ^{52}$	把 $pɑ^{52}$ 个 $kɤ^{55}$	根 $k\tilde{e}^{31}$
渭南	把 $pɑ^{53}$	个 uae^{31}	条 $tɕ^{h}iɔo^{24}$
韩城	把 $pɑ^{53}$	把 $pɑ^{53}$	条 $t^{h}iɑu^{24}$
合阳	把 $pɑ^{52}$ 个 $kuæe^{31}$	把 $pɑ^{52}$ 个 $kɤ^{55}$	根 $k\tilde{e}^{31}$ 条 $t^{h}iɔo^{24}$
富平	［一个］$iɛ^{31}$	［一个］$iɛ^{31}$	根 $k\tilde{ɛ}^{31}$
耀州	把 pa^{52} 个 $kɤ^{44}$	把 pa^{52} 个 $kɤ^{44}$	条 $tɕ^{h}iɔu^{24}$ 根 kei^{21}
咸阳	把 pa^{53}	把 pa^{53}	根儿 ker^{31}
旬邑	把 pa^{52}	把 pa^{52}	根 $k\tilde{ɛ}^{21}$ 条 $tɕ^{h}iau^{24}$
三原	把 $pɑ^{52}$	个 uai^{31}	根儿 $k\tilde{ə}r^{52}$

	1099 把一~刀	1100 把一~锁	1101 根一~绳子
乾县	把 pa^{53}	把 pa^{53}	根 kẽ^{21}
岐山	把 pA^{53}	把 pA^{53} 个 kɤ^{44}	根 kəŋ^{31} 条 ȶʰiɔ^{44}
凤翔	把 pa^{53}	把 pa^{53} 个 kɔ^{44}	根 kəŋ^{31}
千阳	把 pa^{53}	个 kɔ^{44}	根 kəŋ^{31}
西安	把 pa^{53}	把 pa^{53}	根儿 kər^{21}
户县	个 kɤ^{31}	个 kɤ^{31}	个 kɤ^{31} 条 tʰiau^{35}
商州	把 pɑ^{53} 个 kai^{31}	把 pɑ^{53} 个 kai^{31}	条 tʰiɑo^{35} 根儿 kẽr^{53}
镇安	把 pa^{35}	把 pa^{35}	根 kən^{53}
安康	把 pa^{53}	把 pa^{53}	根 kən^{31} 条 tʰiau^{35}
白河	把 pa^{35}	把 pa^{35}	根 kən^{213}
汉阴	把 pɑ^{45}	把 pɑ^{45}	条 tʰiɑo^{42} 根 kən^{33}
平利	把 pa^{445}	把 pa^{445}	根 kən^{43}
汉中	把 pA^{354}	把 pA^{354}	根 kən^{55}
城固	把 pa^{44}	把 pa^{44}	根 kən^{53}
勉县	把 pɑ^{35}	把 pɑ^{35}	根 kən^{42}
镇巴	把 pa^{52}	个 ko^{213}	根 kən^{35}

	1102 支一~毛笔	1103 副一~眼镜	1104 面一~镜子
榆林	杆 kε^{213} 支 tsɿ^{33}	副 fu^{52}	面 miε^{52} 块 kʰuε^{52}
神木	杆 kε^{213}	副 fu^{53}	面 miε^{53}
绥德	根 kɯ^{213}	副 fu^{52}	块儿 kʰuεr^{52}
吴堡	支 tsɿ^{213}	架 tɕiɑ^{53}	圪瘩 kəʔ^{4}tɑ^{0}
清涧	支 tsɿ^{312} 根 kəɣ̃^{312}	副 fʋ^{42}	圪瘩 kəʔ^{4}tɑ^{0}
延安	杆 kæ̃^{52} 根 kəŋ^{213}	副 fu^{443}	块儿 kʰuar^{443}
延川	支 tsɿ^{213} 根 kəŋ^{213}	副 fu^{53}	圪瘩 kəʔ^{54}ta^{0}
黄陵	支 tsɿ^{31}	副 fu^{55}	面 miæ̃^{55}
渭南	个 uae^{31}	副 fu^{24}	个 uae^{31}
韩城	杆 kã^{53}	副 fu^{31}	面 miã^{44}
合阳	支 tsɿ^{31} 个 kuæe^{31}	副 fu^{55} 架 tɕiɑ^{55}	面 miɑ̃^{55} 块 kʰuæe^{52}
富平	支 tsɿ^{31}	副 fʋ^{24}	[一个] iε^{31}
耀州	支 tsɿ^{21} 个 uæi^{0}	副 fu^{44}	个 uæi^{0} 面 miæ̃^{44}
咸阳	支 tsɿ^{31}	副 fu^{44}	面 miã^{44}
旬邑	支 tsɿ^{21} 个 kɤ^{44}	副 fu^{44}	个 kɤ^{44}
三原	个 uai^{31}	个 uai^{31}	个 uai^{31}

	1102 支一～毛笔	1103 副一～眼镜	1104 面一～镜子
乾县	支 tsɿ^{21}	副 fu^{55}	面 miæ̃^{55}
岐山	支 tsɿ^{31}	副 fu^{44}	面 miæ̃^{44}
凤翔	个 kɔ^{44}	副 fu^{44}	个 kɔ^{44}
千阳	个 kɔ^{44}	副 fu^{44}	个 kɔ^{44}
西安	支 tsɿ^{21}	副 fu^{44}	个 kɤ^{44}
户县	个 kɤ^{31} 支 tsɿ^{31}	副 fu^{55}	个 kɤ^{31}
商州	支 tsɿ^{31} 个 kai^{31}	副 fu^{35} 个 kai^{31}	面儿 miãr^{53} 个 kai^{31}
镇安	支 tʂʅ^{53}	副 fu^{322}	面 mian^{322}
安康	支 tʂʅ^{31}	副 fu^{44}	面 mian^{44}
白河	杆 kan^{35} 根 kən^{213}	副 fu^{41}	面 mian^{41} 块 k^{h}uai^{35}
汉阴	根 kən^{33}	副 χu^{214}	个 ko^{214}
平利	支 tʂʅ^{43}	副 fu^{214}	面 mian^{214}
汉中	支 tʂʅ^{55}	副 fu^{213}	个 kɤ^{213}
城固	支 tsɿ^{53}	副 fu^{213}	面 mian^{213}
勉县	支 tsɿ^{42}	副 fu^{213}	面 miɑn^{213}
镇巴	支 tsɿ^{35}	副 fu^{31}	个 ko^{213}

	1105 块一~香皂	1106 辆一~车	1107 座一~房子
榆林	块 k^{h}uɛe^{52}	挂 k^{h}ua^{52}	座 tsuə^{52}
神木	圪瘩 kəʔ^{4}tɑ^{0} 块儿 k^{h}uʌɯ^{53}	挂 kua^{53} 辆 liɑ̃^{53}	座 tsuə^{52}
绥德	圪瘩 kəʔ^{5}tɑ^{0} 块儿 k^{h}uɛr^{52}	挂 k^{h}uɑ^{52} 辆 liɑ̃^{213}	座 tsuo^{52}
吴堡	圪瘩 kəʔ^{4}tɑ^{0}	挂 k^{h}uɑ^{53}	院 ye^{53} 圪瘩 kəʔ^{4}tɑ^{0}
清涧	圪瘩 kəʔ^{4}tɑ^{0} 块儿 k^{h}uɐr^{53}	挂 kuɑ^{42}	个 kuəʔ^{54}
延安	块儿 k^{h}uar^{443}	挂 kua^{443}	院儿 yar^{443}
延川	块 k^{h}uai^{53}	辆 liɑŋ^{53}	座 ts^{h}uei^{53}
黄陵	圪瘩 kɯ^{31}tɑ^{0} 块儿 k^{h}uɐr^{52}	辆 liɑŋ^{52}	院 yæ̃^{55} 套 t^{h}ɔ^{55}
渭南	块儿 k^{h}uɐr^{53}	辆 liɑŋ^{53}	座 tʃ^{h}ə^{44}
韩城	块儿 kuæer^{53}	辆 liɑŋ^{53}	栋 təŋ^{44} 座 ts^{h}uɤ^{44}
合阳	块 k^{h}uæe^{52} 圪瘩 kɯ^{31}tɑ^{31}	辆 liɑŋ^{55} 个 kuæe^{31}	座 tɕ^{h}yə^{55} 栋 tuŋ^{55}
富平	块儿 k^{h}uər^{53}	辆 liɑɣ̃^{53}	院子 yæ̃^{55}tsɿ^{31}
耀州	块儿 k^{h}uær^{52}	辆 liɑŋ^{52} 个 uæi^{0}	栋 tuŋ^{44}
咸阳	块儿 k^{h}uɐr^{53}	辆 liɑŋ^{53}	座 tsuo^{53}
旬邑	圪瘩 kɯ^{52}tɑ^{0} 块儿 k^{h}uɛir^{52}	辆 liɑŋ^{52}	栋 t^{h}uəŋ^{44} 座 ts^{h}uo^{44}
三原	块儿 k^{h}uɐr^{52}	个 uai^{31}	个 uai^{31}

	1105 块一~香皂	1106 辆一~车	1107 座一~房子
乾县	块儿 $k^hu\varepsilon^{53}\text{ɐ}r^{21}$	辆 $lia\eta^{53}$	座 $tsu\text{ɤ}^{55}$
岐山	块 k^huE^{53}	辆 $li\text{ɑ}\eta^{53}$	座 ts^huo^{44}
凤翔	块 k^huE^{53} 个 $k\text{ɔ}^{44}$	个 $k\text{ɔ}^{44}$	座 $tsuo^{44}$
千阳	个 $k\text{ɔ}^{44}$ 块 k^huE^{53}	个 $k\text{ɔ}^{44}$	座 ts^huo^{44}
西安	块儿 $k^hu\text{ɐ}r^{53}$	辆 $lia\eta^{53}$	座 $tsuo^{53}$
户县	个 $k\text{ɤ}^{31}$	挂子 $kua^{55}ts\text{ɿ}^{0}$ 个 $k\text{ɤ}^{31}$	个 $k\text{ɤ}^{31}$ 座 $tsu\text{ɤ}^{55}$
商州	块儿 $k^hu\text{ɐ}r^{53}$ 个 kai^{31}	辆 $li\text{ɑ}\eta^{53}$ 个 kai^{31}	座 $t\text{ʃ}u\text{ə}^{44}$ 个 kai^{31}
镇安	块儿 $k^hu\text{ɐ}r^{214}$	辆 $li\text{ʌ}\eta^{35}$	座 $tsu\text{ə}^{322}$
安康	块儿 $k^hu\text{æ}r^{53}$ 坨 t^huo^{35}	辆 $lia\eta^{53}$	栋 $tu\eta^{44}$ 院 yan^{44}
白河	块 k^huai^{35}	辆 $lia\eta^{35}$	栋 $t\text{ə}\eta^{41}$ 座 $tsuo^{41}$
汉阴	坨 t^ho^{42} 块 k^huae^{45}	架 $t\text{ɕ}i\text{ɑ}^{214}$	院 yan^{214}
平利	坨 t^ho^{52} 块 k^huai^{445}	辆 $lia\eta^{445}$	栋 $to\eta^{214}$
汉中	个 $k\text{ɤ}^{213}$ 块 k^huai^{354}	辆 $li\text{ɑ}\eta^{354}$	座 $tsu\text{ɤ}^{213}$
城固	块 k^huai^{44}	辆 $li\text{ɑ}\eta^{44}$	座 $tsu\text{ə}^{213}$
勉县	块 $k^hu\text{ɑ}i^{35}$	辆 $li\text{ɑ}\eta^{213}$	座 $tsu\text{ɤ}^{213}$
镇巴	个 ko^{213}	个 ko^{213}	个 ko^{213}

	1108 座一～桥	1109 条一～河	1110 条一～路
榆林	座 tsuə^{52}	道 tɔo^{52} 条 tʰiɔo^{213}	条 tʰiɔo^{213}
神木	座 tsuo^{53}	条 tʰiɔo^{44}	道 tɔo^{53} 条 tʰiɔo^{44}
绥德	座 tsuo^{52}	道 tao^{52} 条 tʰiɔɤ^{33}	条 tʰiɔɤ^{33}
吴堡	座 tsuɤu^{53} 圪截 kəʔ^{4}tɕʰiəʔ^{0}	条 tʰiɤ^{33}	根 kəŋ^{213}
清涧	个 kuəʔ^{54}	条 tʰiɔo^{24}	根 kəɣ̃^{312}
延安	座 tsʰuo^{443}	条 tʰiɔ^{24}	条 tʰiɔ^{24}
延川	座 tsʰuei^{53}	条 tɕʰiɑo^{35}	条 tɕʰiɑo^{35}
黄陵	座 tsʰuɤ^{55}	条 tɕʰiɔ^{24}	条 tɕʰiɔ^{24}
渭南	个 uae^{31}	个 uae^{31}	条 tɕʰiɔo^{24}
韩城	座 tsʰuɤ^{44}	条 tʰiɑu^{24}	条 tʰiɑu^{24}
合阳	座 tɕʰyə^{55} 架 tɕiɑ^{55}	条 tʰiɔo^{24}	条 tʰiɔo^{24}
富平	座 tsuo^{53}	条 tʰiɑo^{24}	[一个] iɛ^{31}
耀州	座 tsuo^{52}	条 tɕʰiɔu^{24}	条 tɕʰiɔu^{24}
咸阳	座 tsuo^{53}	条 tʰiɔ^{24}	条 tʰiɔ^{24}
旬邑	架 tɕia^{44}	条 tɕʰiau^{24}	条 tɕʰiau^{24}
三原	个 uai^{31}	条 tɕʰiɑɔ^{24}	条 tɕʰiɑɔ^{24}

	1108 座一~桥	1109 条一~河	1110 条一~路
乾县	座 $tsuɤ^{55}$	条 $t^hiɔ^{24}$	条 $t^hiɔ^{24}$
岐山	座 ts^huo^{44}	条 $ȶ^hiɔ^{24}$	条 $ȶ^hiɔ^{24}$
凤翔	个 $kɔ^{44}$	个 $kɔ^{44}$ 条 $ts^hiɔ^{24}$	条 $ts^hiɔ^{24}$
千阳	个 $kɔ^{44}$	个 $kɔ^{44}$ 条 $ts^hiɔ^{24}$	条 $ts^hiɔ^{24}$
西安	个 $kɤ^{44}$	条 t^hiau^{24}	条 t^hiau^{24}
户县	个 $kɤ^{31}$ 架 $tɕia^{55}$	个 $kɤ^{31}$ 条 t^hiau^{35}	个 $kɤ^{31}$ 条 t^hiau^{35}
商州	座 $tʃuə^{44}$ 个 kai^{31}	条 $t^hiɑo^{35}$	条 $t^hiɑo^{35}$
镇安	座 $tsuə^{322}$	条 $t^hiɔo^{33}$	条 $t^hiɔo^{33}$
安康	座 $tsuo^{44}$	条 t^hiau^{35}	条 t^hiau^{35}
白河	座 $tsuo^{41}$	条 $t^hiɔu^{44}$	条 $t^hiɔu^{44}$
汉阴	架 $tɕiɑ^{214}$	条 $t^hiɑo^{42}$	条 $t^hiɑo^{42}$
平利	座 tso^{214}	条 t^hiau^{52}	条 t^hiau^{52}
汉中	座 $tsuɤ^{213}$	条 $t^hiɑo^{42}$	条 $t^hiɑo^{42}$
城固	座 $tsuə^{213}$	条 $t^hiɔ^{311}$	条 $t^hiɔ^{311}$
勉县	座 $tsuɤ^{213}$	条 $t^hiɑɔ^{21}$	条 $t^hiɑɔ^{21}$
镇巴	个 ko^{213}	条 t^hiau^{31}	条 t^hiau^{31}

	1111 棵一～树	1112 朵一～花	1113 颗一～珠子
榆林	苃 $pʌʔ^{3}$	朵 $tuəʔ^{3}$	颗 $k^{h}uə^{33}$
神木	苃 $pəʔ^{4}$	朵 tuo^{213} 枝 $tsɿ^{213}$	颗 $k^{h}uo^{213}$
绥德	苃 $pɤ^{33}$	朵儿 $tuor^{213}$	颗 $k^{h}uo^{213}$
吴堡	苃 $pəʔ^{3}$	朵儿 $tuər^{213}$	颗 $k^{h}u^{213}$
清涧	苃 $pɤ^{24}$	朵儿 tur^{312}	颗 $k^{h}u^{312}$
延安	苃 puo^{213} 棵 $k^{h}uo^{213}$	朵 tuo^{213}	颗 $k^{h}uo^{213}$
延川	苃 $pɤ^{213}$	朵 $tuɤ^{213}$	颗 $k^{h}u^{213}$
黄陵	棵 $k^{h}ɤ^{31}$	朵 $tuɤ^{52}$ 枝 $tsɿ^{31}$	颗 $k^{h}uɤ^{52}$
渭南	个 uae^{31}	个 uae^{31}	个 uae^{31}
韩城	棵 $k^{h}uɤ^{53}$	朵 $tuɤ^{53}$	颗 $k^{h}uɤ^{53}$
合阳	棵 $k^{h}uo^{52}$ 株 pfu^{31}	朵 tuo^{52} 枝 $tsɿ^{31}$	颗 $k^{h}uo^{52}$ 粒 li^{24}
富平	[一个] $iɛ^{31}$	[一个] $iɛ^{31}$	[一个] $iɛ^{31}$
耀州	棵 $k^{h}uo^{52}$	朵 tuo^{52} 枝 $tʂʅ^{21}$	颗 $k^{h}uo^{52}$
咸阳	棵 $k^{h}uo^{53}$	朵 tuo^{53}	颗儿 $k^{h}uər^{53}$
旬邑	棵 $k^{h}uo^{52}$	朵 tuo^{52} 枝 $tsɿ^{21}$	颗 $k^{h}uo^{52}$
三原	个 uai^{31}	朵 $tuə^{52}$	颗儿 $k^{h}uər^{52}$

	1111 棵一~树	1112 朵一~花	1113 颗一~珠子
乾县	个 kɤ⁵⁵	朵 tuɤ⁵³	颗 kʰuɤ⁵³
岐山	棵 kʰɤ⁵³ 个 kɤ⁴⁴	朵 tuo⁵³ 枝 tsɿ³¹	颗 kʰuo³¹
凤翔	个 kɔ⁴⁴	朵 tuo⁵³	个 kɔ⁴⁴ 颗 kʰuo⁵³
千阳	个 kɔ⁴⁴	朵 tuo⁵³	个 kɔ⁴⁴
西安	棵 kʰɤ²¹	朵 tuo⁵³	个 kɤ⁴⁴
户县	个 kɤ³¹	个 kɤ³¹ 朵 tuɤ⁵¹	个 kɤ³¹ 颗 kʰuɤ⁵¹
商州	棵 kʰə⁵³ 个 kai³¹	朵 tuə⁵³	颗 kʰə⁵³
镇安	棵 kʰuə⁵³	朵 tuə³⁵	个 kuə²¹⁴
安康	棵 kʰɤ⁵³ 根 kən³¹	朵 tuo⁵³	颗 kʰɤ⁵³
白河	棵 kʰuo³⁵	朵 tuo³⁵	颗 kʰuo³⁵
汉阴	根 kən³³	朵 to⁴⁵	颗儿 kʰar⁴⁵
平利	根 kən⁴³	朵 to⁴⁴⁵	颗 kʰo⁴⁴⁵
汉中	棵 kʰɤ⁵⁵	朵 tuɤ³⁵⁴	颗 kʰɤ⁵⁵
城固	棵 kʰə⁴⁴	朵 tuə⁴⁴	颗 kʰə⁴⁴
勉县	棵 kʰuɤ³⁵	朵 tuɤ³⁵	颗 kʰuɤ³⁵
镇巴	根 kən³⁵	朵 to⁵²	颗 kʰo⁵²

	1114 粒一～米	1115 顿一～饭	1116 剂一～中药
榆林	颗 kʰuə³³	顿 tuɤɣ̃⁵²	服 fəʔ³
神木	颗 kʰuo²¹³ 粒 liəʔ⁴	顿 tuɤ̃⁵³	服 fəʔ⁴
绥德	颗 kʰuo²¹³	顿 tuəɣ̃⁵²	服 fəʔ³
吴堡	颗 kʰu²¹³	顿 tuəŋ⁵³	服 fəʔ²¹³
清涧	颗 kʰu³¹²	顿 tuəɣ̃⁴²	服 fəʔ⁵⁴
延安	颗 kʰuo²¹³	顿 tuəŋ⁴⁴³	副 fu⁴⁴³
延川	颗 kʰu²¹³	顿 tuŋ⁵³	副 fu⁵³
黄陵	颗 kʰuɤ⁵²	顿 tuẽ⁵⁵	副 fu⁵⁵
渭南	颗儿 kʰuər⁵³	顿 tuə̃⁴⁴	服 fu²⁴
韩城	粒 lɪi²⁴	顿 tɛ̃⁴⁴	副 fu³¹
合阳	粒 li²⁴ 颗 kʰuo⁵²	顿 tuẽ⁵⁵ 餐 tsʰã³¹	剂 tsi⁵⁵ 副 fu⁵⁵
富平	粒 li²⁴	顿 tuɛ̃⁵⁵	副 fʋ²⁴
耀州	粒 li²⁴	顿 tuei⁴⁴	副 fu⁴⁴
咸阳	粒儿 liər²⁴	顿 tuɛ̃⁴⁴	剂 tɕi⁴⁴
旬邑	粒 li²⁴	顿 tuɛ̃⁴⁴	副 fu⁴⁴
三原	颗儿 kʰuər⁵²	顿 tuẽ⁴⁴	服 fu²⁴

	1114 粒一~米	1115 顿一~饭	1116 剂一~中药
乾县	粒 li²⁴	顿 tuẽ⁵⁵	剂 tɕi⁵⁵
岐山	粒 li²⁴ 颗 kʰɤ⁵³	顿 tuŋ⁴⁴	副 fu⁴⁴
凤翔	颗 kʰuo⁵³	顿 tuŋ⁴⁴	副 fu⁴⁴
千阳	颗 kʰuo⁵³	顿 tuŋ⁴⁴	副 fu⁴⁴
西安	粒儿 liər²⁴	顿 tuən⁴⁴	副 fu⁴⁴
户县	颗儿 kʰuə⁵¹ 颗 kʰuɤ⁵¹	顿 tuẽ⁵⁵	副 fu⁵⁵
商州	颗 kʰə⁵³	顿 tuẽ⁴⁴	副 fu³⁵
镇安	颗儿 kʰər²¹⁴	顿 tən²¹⁴	副 fu³²²
安康	颗 kʰɤ⁵³	顿 tuən⁴⁴	副 fu⁴⁴
白河	颗 kʰuo³⁵	顿 tən⁴¹	副 fu⁴¹
汉阴	颗儿 kʰar⁴⁵	顿 tuən²¹⁴	副 χu²¹⁴
平利	颗 kʰo⁴⁴⁵	顿 tən²¹⁴	副 fu²¹⁴
汉中	颗 kʰɤ⁵⁵	顿 tuən²¹³	副 fu²¹³
城固	颗 kʰə⁴⁴	顿 tʰən²¹³	副 fu²¹³
勉县	颗 kʰuɤ³⁵	顿 toŋ²¹³	副 fu²¹³
镇巴	颗 kʰo⁵²	顿 tən²¹³	副 fu³¹

	1117 股一～香味	1118 行一～字	1119 块一～钱
榆林	股 ku²¹³	行儿 xɒ̃r²¹³	块 kʰuɛe⁵²
神木	股 ku²¹³	行 xɑ̃⁴⁴	块 kʰuE⁵³
绥德	股儿 kur⁵²	行儿 xɒ̃r³³	块 kʰuai⁵²
吴堡	股儿 kur⁵³	排 pʰɑe³³	块 kʰuɑe⁴¹²
清涧	股儿 kʊr⁵³	行儿 xɒr⁴²	块 kʰuai⁵³
延安	股 ku⁵²	行 xaŋ²⁴	块 kʰuai⁴⁴³
延川	股 ku⁵³	行 xɑŋ³⁵	块 kʰuai⁵³
黄陵	股 ku⁵²	行 xɑŋ²⁴	块 kʰuE⁵²
渭南	股 ku⁵³	行儿 xɑ̃r⁵³	块 kʰuae⁵³
韩城	股 ku⁵³	行 xɑŋ²⁴	块 kʰuæe⁵³
合阳	股 ku³¹	行 xɑŋ²⁴	块 kʰuæe⁵²
富平	股子 ku⁵³tsɿ³¹	行 xɑ̃r⁵³	块 kʰuɛe⁵³
耀州	股 ku⁵²	行 xɑŋ²⁴	块 kuæi⁵²
咸阳	股 ku⁵³	行 xɑŋ²⁴	块 kʰuæ⁵³
旬邑	股子 ku⁴⁴tsɿ⁰	行 xɑŋ²⁴	块 kʰuɛi⁵²
三原	股 ku⁵²	行 xɑŋ²⁴	块 kʰuai⁵²

	1117 股一~香味	1118 行一~字	1119 块一~钱
乾县	股 ku^{21}	行 xaŋ^{24}	块儿 kʰuɛ^{53}ɐr^{21}
岐山	股 ku^{53}	行 xɑŋ^{44}	块 kʰuE^{53}
凤翔	股 ku^{53}	行 xɑŋ^{44}	块 kʰuE^{53}
千阳	股 ku^{53}	行 xɑŋ^{24}	块 kʰuE^{53}
西安	股 ku^{53}	行 xaŋ^{24}	块 kʰuai^{53}
户县	股 ku^{51}	行 xaŋ^{55} 行子 xaŋ^{55}tsɿ^{0}	块 kʰuæ^{51}
商州	股儿 kur^{53}	行 xɑŋ^{35}	块 kʰuai^{53}
镇安	股 ku^{35}	行 xʌŋ^{33}	块 kʰuai^{214}
安康	股 ku^{53}	行 xaŋ^{35}	块 kʰuæ^{53}
白河	股 ku^{35}	行 xaŋ^{44}	块 kʰuai^{35}
汉阴	股 ku^{45}	路 ləu^{214}	块 kʰuae^{45}
平利	股 ku^{445}	路 lou^{214}	块 kʰuai^{445}
汉中	股 ku^{354}	行 xɑŋ^{42}	块 kʰuai^{354}
城固	股 ku^{44}	行 xɑŋ^{311}	块 kʰuai^{44}
勉县	股 ku^{35}	行 xɑŋ^{213}	块 kʰuɑi^{35}
镇巴	股 ku^{52}	路 lu^{213}	块 kʰuai^{52}

	1120 毛角：一~钱	1121 件一~事情	1122 点儿一~东西
榆林	毛 mɔo²¹³	件 tɕiɛ⁵²	点点 tiɛ³³tiɛ⁰ 拧=拧= niɤɣ̃³³niɤɣ̃⁰
神木	毛 mɔo⁴⁴	件 tɕiɛ⁵³	捻儿 ȵiʌɯ²¹³
绥德	毛 mao³³	件儿 tɕiər⁵²	点点 tie²⁴tie⁰ 拧=拧= niəɣ̃²⁴niəɣ̃⁰
吴堡	毛 mo³³	个 kuəʔ³	点儿 tiər²¹³
清涧	毛 mɔo²⁴	件儿 tɕiər⁴²	点儿 tiər⁵³
延安	毛 mɔ²⁴	件儿 tɕʰiar⁴⁴³	点儿 tiar⁵² 点点儿 tiæ̃²⁴tiar⁰
延川	毛 mɑo³⁵	件儿 tɕʰiɛr⁵³	点儿 tiɛr⁵³
黄陵	毛 mɔ²⁴	件 tɕʰiæ̃⁵⁵	点儿 tɕiæ̃⁵² 点点 tɕiæ̃²⁴tɕiæ̃⁰
渭南	毛 mɔo²⁴	件儿 tɕʰiæ̃r⁵³	点儿 tɕiæ̃r²⁴
韩城	毛 mɑu²⁴	件 tɕʰiã⁴⁴ 样 iɑŋ⁴⁴	点儿 tiãr⁵³
合阳	毛 mɔo²⁴ 角 tɕyə³¹	件 tsʰiɑ̃⁵⁵ 个 kuæe³¹	点 tiɑ̃⁵² 争儿 tsəŋ²⁴ər⁰
富平	毛 mɑo²⁴	[一个] iɛ³¹ 件 tɕiæ̃⁵⁵	点点 tiæ̃³¹tiæ̃²⁴
耀州	毛 mɔu²⁴	件 tɕʰiæ̃⁴⁴ 桩 tʃuɑŋ²¹	点儿 tiæ̃r⁵²
咸阳	毛 mɔ²⁴	件 tɕiã⁴⁴	点儿 tiɐr⁵³
旬邑	毛 mau²⁴ 角 tɕyo²¹	件 tɕʰiã⁴⁴	点 tiãr²⁴ 点点 tiã⁴⁴tiã⁰
三原	毛 mɑɔ²⁴	个 uai³¹	点点儿 tɕiã²⁴tɕiɑ̃r²⁴

	1120 毛角：一~钱	1121 件一~事情	1122 点儿一~东西
乾县	角 tɕyə^{21} 毛 mɔ^{24}	件 tɕiæ̃^{55}	点儿 tiæ̃r^{53}
岐山	毛 mɔ^{24} 角 tɕyo^{31}	件 tɕʰiæ̃^{44} 个 kɤ^{44}	点 ȶiæ̃^{53}
凤翔	毛 mɔ^{24} 角 tɕyo^{31}	个 kɔ^{44}	点 tsiæ̃^{53}
千阳	毛 mɔ^{24} 角 tɕyo^{31}	个 kɔ^{44}	点 tiæ̃^{53}
西安	毛 mau^{24}	个 kɤ^{44}	点儿 tiɐr^{53}
户县	毛 mau^{35}	件 tɕiã^{55} 个 kɤ^{31}	点儿 tiə^{51}
商州	毛 mɑo^{35}	件 tɕiã^{44}	点点儿 tiã^{53}tiãr^{35}
镇安	毛 mɔo^{33}	件 tɕian^{322}	点点儿 tian^{35}tiɐr^{53}
安康	毛 mau^{35} 角 tɕyo^{31}	件 tɕian^{44}	点点儿 tian^{53}tiar^{35}
白河	毛 mɔu^{44}	件 tɕian^{41}	点儿 tiɐr^{213}
汉阴	毛 mɑo^{42}	件 tɕian^{214}	点儿 tiar^{45}
平利	毛 mau^{52} 角 tɕio^{43}	件 tɕian^{214} 桩 tʂɥaŋ^{43}	点儿 tiar^{445}
汉中	毛 mɑo^{42}	件 tɕian^{213}	点 tian^{354}
城固	毛 mɔ^{311}	件 tɕian^{213}	点点 tian^{24}tian^{0}
勉县	毛 mɑɔ^{21}	件 tɕiɑn^{213}	点 tiɑn^{35}
镇巴	毛 mau^{31}	个 ko^{213}	点 tian^{52}

	1123 些一～东西	1124 下打一～，动量，不是时量	1125 会儿坐了一～
榆林	些 $ɕiɛ^{33}$	挂 kua^{52}	下下 $xa^{52}xa^{0}$ 阵阵 $tʂɤɣ̃^{52}tʂɤɣ̃^{0}$
神木	圪都儿 $kəʔ^{4}tuʌɯ^{0}$ 些 $ɕiɛ^{213}$	下 xa^{53}	阵儿 $tʂʌɯ^{53}$
绥德	些 $ɕi^{213}$	下 $xɑ^{52}$	时时 $sʅ^{33}sʅ^{0}$ 阵阵 $tʂəɣ̃^{52}tʂəɣ̃^{0}$ 下下 $xɑ^{52}xɑ^{0}$
吴堡	些 $ɕiɑ^{412}$	下 $xɑ^{53}$	阵儿 $tʂər^{53}$
清涧	点儿 $tiər^{53}$	下 $xɑ^{42}$	阵儿 $tʂ^{h}əɣ̃r^{42}$
延安	些 $ɕiɛ^{213}$	下 xa^{443}	阵儿 $tʂər^{443}$
延川	些 $ɕiɛ^{213}$	下 xa^{53}	阵儿 $tʂ^{h}ʌr^{53}$
黄陵	些 $ɕiɛ^{31}$	下 $xɑ^{55}$	下 $xɑ^{55}$
渭南	些 $ɕiɛ^{24}$	下 $xɑ^{44}$	时儿 $sər^{24}$
韩城	些 $ɕia^{24}$	下 $xɑ^{44}$	下 $xɑ^{44}$
合阳	些 $ɕiɑ^{24}$/$ɕiɛ^{31}$	下 $xɑ^{55}$/ $ɕiɑ^{55}$	会儿 $xuər^{52}$ 下儿 $xɑr^{52}$
富平	些 $ɕiɛ^{31}$	下 $xɑ^{55}$	时儿 $sʅr^{242}$
耀州	些 $ɕiɛ^{24}$	下 xa^{44}	阵儿 $tʂer^{52}$ 会儿 $xuer^{52}$
咸阳	些 $ɕiɛ^{31}$	下 xa^{44}	会儿 $xuer^{53}$
旬邑	些 $siɛ^{21}$	下 xa^{44}	时儿 $sʅər^{24}$
三原	些 $ɕiɛ^{24}$	下 $xɑ^{44}$	时儿 $sər^{24}$

	1123 些一~东西	1124 下打一~，动量，不是时量	1125 会儿坐了一~
乾县	些 ɕiə²¹	下 xa⁵⁵/ɕia⁵⁵	会儿 xuər⁵³
岐山	些 siɛ³¹	下 xA⁴⁴	会 xuei⁴⁴ 下下 xA⁴⁴xA⁵³
凤翔	些 sie³¹	[给下]ka⁰ 一下 i⁵³xa⁰	会 xuei⁴⁴ 阵 tʂəŋ⁴⁴
千阳	些 sie³¹	[给下]ka⁰ [给一]下 kei⁰xa⁰	会 xuei⁴⁴ 阵 tʂəŋ⁴⁴
西安	点儿 tiɐr⁵³	下 xa⁴⁴	会儿 xuər⁵³
户县	些 ɕiɛ³¹	下 xa⁵⁵	会儿 xuɯ⁵¹ 阵儿 tʂəɯ⁵¹
商州	些 ɕiɛ³¹	下 xɑ⁴⁴	时儿 sər³⁵
镇安	大些 ta³³ɕiɛ³³	下 xa³²²	下儿 xɐr³²²
安康	些 ɕie⁵³	下 xa⁴⁴	下儿 xar⁵³
白河	些 ɕiE⁴⁴ 点儿 tiɐr³⁵	下 xa⁴¹	下儿 xɐr³⁵
汉阴	些 ɕiE⁴²	下 χɑ²¹⁴	下儿 χar⁴⁵
平利	些 ɕiE⁴⁴⁵	下 xa²¹⁴	下儿 xar⁴⁴⁵
汉中	些 ɕiE⁵⁵	下 xA²¹³	下 xA²¹³ 会儿 xɤr²¹³
城固	些 siɛ⁴⁴	下 xa²¹³	下 xa²¹³
勉县	些 ɕiɛ⁴²	下 xɑ²¹³	下 xɑ²¹³
镇巴	些 ɕiɛ³⁵	下 xa²¹³	下儿 xɐr³⁵

	1126 顿打一~	1127 阵下了一~雨	1128 趟去了一~
榆林	和 xuə^{52} 顿 tuɤɣ̃^{52}	趟 tʰɑ̃^{52} 阵 tʂɤɣ̃^{52}	回 xuei^{213} 趟 tʰɑ̃^{52}
神木	顿 tuɤ̃^{53}	阵儿 tʂʌɯ^{53} 会儿会儿 xʌɯ^{53}xʌɯ^{0}	回 xuei^{44}
绥德	和 xuo^{52} 顿 tuəɣ̃^{52}	阵儿 tʂɤ̃r^{52}	回 xuei^{33} 趟 tʰɑ̃^{52}
吴堡	顿 tuəŋ^{53}	阵 tʂəŋ^{53}	回 xuɑe^{33}
清涧	顿 tuəɣ̃^{42}	阵 tʂʰəɣ̃^{42} 更阵 kəɣ̃^{42}tʂʰəɣ̃^{0}	回 xuai^{24}
延安	顿 tuəŋ^{443}	阵儿 tʂər^{443}	回 xuei^{24}
延川	顿 tuŋ^{53}	阵 tʂəŋ^{53}	回 xuai^{35}
黄陵	顿 tuẽ^{55}	阵 tʂẽ^{55}	趟 tʰɑŋ^{52} 回 xuei^{24}
渭南	顿 tuə̃^{44}	阵儿 tʂə̃r^{53}	回 xuei^{24}
韩城	顿 tɛ̃^{44}	一会儿 i^{31}xuɪir^{53}	回 xuɪi^{24} ⿰票産 tsʰã^{44}
合阳	顿 tuẽ^{55} 回 xuei^{24}	阵 tʂẽ^{55} 劲儿 tɕiər^{52}	趟 tʰɑŋ^{52} 回 xuei^{24}
富平	顿 tuɛ̃^{55}	阵儿 tʂɛ̃r^{53}	回 xueɪ^{24}
耀州	顿 tuei^{44}	霎儿 sar^{52} 阵儿 tʂer^{52}	回 xuei^{24} ⿰口外 tsʰæ̃^{44}
咸阳	顿 tuɛ̃^{44}	阵子 tʂɛ̃^{44}tsɿ^{0}	趟 tʰɑŋ^{53}
旬邑	顿 tuɛ̃^{44}	时儿 sɿər^{24} 会儿 xueir^{52}	回 xuei^{24} ⿰口外 tsʰã^{44}
三原	顿 tuẽ^{44}	场 tʂʰɑŋ^{24} 阵儿 tʂə̃r^{52}	回 xuei^{24}

	1126 顿打一~	1127 阵下了一~雨	1128 趟去了一~
乾县	顿 tuẽ^{55}	阵 ʈẽ^{55}	趟 tʰaŋ^{53}
岐山	顿 tuŋ^{44}	阵 tʂəŋ^{44}	趟 tʰɑŋ^{53} 回 xuei^{24}
凤翔	顿 tuŋ^{44}	下下 xa^{45}xa^{0} 阵 tʂəŋ^{44}	回 xuei^{24}
千阳	顿 tuŋ^{44}	阵 tʂəŋ^{44}	回 xuei^{24}
西安	顿 tuən^{44}	阵儿 tʂər^{53}	回 xuei^{24}
户县	顿 tuẽ^{55}	阵儿 tʂəɯ^{51} 阵子 tʂẽ^{55}tsɿ^{0}	回 xuei^{35} 趟 tʰaŋ^{51}
商州	顿 tuẽ^{44}	阵儿 tʂẽr^{53}	回 xuei^{35}
镇安	顿 tən^{214}	阵 tʂən^{322}	回 xuEi^{33} 趟 tʰʌŋ^{214}
安康	顿 tuən^{44}	阵 tʂən^{44}	趟 tʰaŋ^{53}
白河	顿 tən^{41}	下儿 xɐr^{35} 阵 tʂən^{41}	趟 tʰaŋ^{41}
汉阴	顿 tuən^{214}	下儿 χar^{45}	回 χuei^{42}
平利	顿 tən^{214}	下儿 xar^{445} 阵 tʂən^{214}	回 xuei^{52}
汉中	顿 tuən^{213}	下 xA^{213} 下下 xA^{21}xA^{0}	趟 tʰɑŋ^{213}
城固	顿 tuən^{213}	阵 tʂən^{213}	趟 tʰɑŋ^{213}
勉县	顿 toŋ^{213}	阵 tsən^{213}	趟 tʰɑŋ^{213}
镇巴	顿 tən^{213}	下儿 xɐr^{35}	趟 tʰaŋ^{213} 回 xuei^{31}

	1129 我~姓王	1130 你~也姓王	1131 您尊称
榆林	我 vuə^{213}	你 ni^{213}	你老儿家 ni^{24}lɔr^{24}tɕiɛ^{0}
神木	我 vuo^{213}	你 ȵi^{213}	你老儿家 niɛ^{24}lʌɯ^{44}tɕiəʔ^{0}
绥德	我 ŋɑ^{213}	你 ni^{213}	你老家 ni^{24}lao^{24}tɕiɑ^{0}
吴堡	我 ŋɤu^{412}	你 nɛe^{412}	（无）
清涧	我 ŋɯ^{53}	你 nzɿ^{53}	（无）
延安	我 ŋuo^{52}	你 ȵi^{52}	（无）
延川	我 ŋɤ^{53}	你 ȵi^{53}	（无）
黄陵	我 ŋuɤ^{52}	你 ȵi^{52}	（无）
渭南	我 ŋə^{53}	你 ȵi^{53}	（无）
韩城	我 ŋɤ^{53}	你 ȵi^{53}	（无）
合阳	我 ŋɤ^{52}	你 ȵi^{52}	（无）
富平	我 ŋɤ^{53}	你 ȵi^{53}	[人家]你 ȵiɑ^{31}ȵi^{53}
耀州	我 ŋɤ^{52}	你 ȵi^{52}	（无）
咸阳	我 ŋɤ^{53}	你 ȵi^{53}	（无）
旬邑	我 ŋɤ^{52}	你 ȵi^{52}	（无）
三原	我 ŋɤ^{52}	你 ȵi^{52}	（无）

	1129 我~姓王	1130 你~也姓王	1131 您尊称
乾县	我 ŋɤ^{53}	你 ȵi^{53}	（无）
岐山	我 ŋɤ^{53}	你 ȵi^{53}	（无）
凤翔	我 ŋɔ^{53}	你 ȵi^{53}	（无）
千阳	我 ŋuo^{53}	你 ȵi^{53}	（无）
西安	我 ŋɤ^{53}	你 ȵi^{53}	（无）
户县	我 ŋɤ^{51}	你 ȵi^{51}	（无）
商州	我 ŋə^{53}	你 ȵi^{53}	（无）
镇安	我 ŋuə^{35}	你 ȵi^{35}	（无）
安康	我 ŋɤ^{53}	你 ȵi^{53}	你 ȵi^{53}
白河	我 ŋuo^{35}	你 ȵi^{35}	（无）
汉阴	我 ŋo^{45}	你 ȵi^{45}	（无）
平利	我 ŋo^{445}	你 ȵi^{445}	（无）
汉中	我 ŋɤ^{354}	你 ȵi^{354}	（无）
城固	我 ŋə^{44}	你 ȵi^{44}	（无）
勉县	我 ŋɤ^{35}	你 ȵi^{35}	（无）
镇巴	我 ŋo^{52}	你 ȵi^{52}	（无）

	1132 他~姓张	1133 我们不包括听话人：你们别去，~去	1134 咱们包括听话人：他们不去，~去吧
榆林	那个 nəʔ^{3}kəʔ^{0}	我每 vuə^{21}məʔ^{0}	咱每 tsʰa^{24}məʔ^{0}
神木	那个 nəʔ^{4}kəʔ^{0} 他 tʰa^{213}	我每 vuo^{21}məʔ^{4}	咱每 tsʰa^{44}məʔ^{0} 咱 tsʰa^{44}
绥德	那 nɑ^{213} 他 tʰa^{213}	我每 ŋa^{21}mɤ^{33}	咱每 tsʰɑ^{33}məʔ^{0}
吴堡	那 nɤ^{412}	每 mɛe^{213} 我每 ŋɤu^{41}mɛe^{213}	咱每 tsʰɑ^{33}mɛe^{0} 咱 tsʰɑ^{33}
清涧	那 nəʔ^{54} 他 tʰɑ^{312}	我每 ŋɯ^{53}mi^{0}	咱每 tsʰɑ^{44}mi^{0}
延安	他 tʰa^{213}	我们 ŋuo^{52}məŋ^{0}	咱们 tsʰa^{24}məŋ^{0}
延川	他 tʰa^{213}	我则$^{=}$ ŋɤ^{53}tsəʔ^{213}	咱则$^{=}$ tɕʰia^{35}tsəʔ^{0}
黄陵	他 tʰɑ^{52} [人家] ȵiɑ^{24}	我 ŋuɤ^{31} 我们 ŋuɤ^{24}mẽ^{0}	咱们 tsʰɑ^{24}mẽ^{0} 咱 tsʰɑ^{24}
渭南	他 tʰɑ^{53}	我 ŋə^{31}	咱 tsʰɑ^{44}
韩城	他 tʰɑ^{53}	我 ŋɤ^{31} 我的 ŋɤ^{31}ti^{0}	咱的 tsʰɑ^{31}ti^{53} 咱 tsʰɑ^{24}
合阳	他 tʰɑ^{52}	我 ŋɤ^{31} 我的 ŋɤ^{31}ti^{0}	咱的 tsʰɑ^{24}ti^{0} 咱几个 tsʰɑ^{24}tɕi^{31}kuæe^{52}
富平	[人家] ȵiɑ^{55}	我的 ŋɤ^{31}ti^{31}	咱 tsʰɑ^{55}
耀州	[人家] ȵia^{44} 他 tʰa^{52}	我 ŋɤ^{21} 我们 ŋɤ^{21}mei^{0}	咱 tsʰa^{44}
咸阳	他 tʰa^{53}	我 ŋɤ^{31} 我的 ŋɤ^{31}ti^{0}	咱的 tsæ^{24}ti^{0} 咱 tsæ^{24}
旬邑	㖞 uo^{52} 他 tʰa^{52}	我 ŋɤ^{21} 我们 ŋɤ^{21}mɛ̃^{52}	咱 tsʰa^{24}
三原	他 tʰɑ^{52} [人家] ȵiɑ^{44}	我 ŋɤ^{31}	咱 tsʰɑ^{44}

	1132 他~姓张	1133 我们不包括听话人：你们别去，~去	1134 咱们包括听话人：他们不去，~去吧
乾县	兀 vu^{55} 他 t^{h}ɤ^{53}	我们 ŋɤ^{21}mẽ^{21}	咱们 tsa^{24}mẽ^{21}
岐山	他 t^{h}A^{53}	我 ŋɤ^{31} 我的 ŋɤ^{31}ȶi^{21}	沓 t^{h}A^{24} 咱 tsA^{24}
凤翔	改$^{=}$kE^{53} 他 t^{h}a^{53}	[我的] ŋɔː^{311} 我的 ŋɔ^{31}tsi^{0} 我浑 ŋɔ^{31}xuŋ^{24}	咱的 tsa^{31}tsi^{53} 咱 tsa^{24} 咱浑 tsa^{24}xuŋ^{24}
千阳	个 kuo^{53} � vE^{44} 他 t^{h}a^{53}	我的 ŋuo^{31}ti^{0} 我浑 ŋuo^{31}xuŋ^{24}	咱的 tsa^{31}ti^{0} 咱浑 tsa^{24}xuŋ^{24}
西安	他 t^{h}a^{21}	俺 ŋai^{21}	咱 tsai^{24}
户县	他 t^{h}a^{31}	我 ŋæ^{31} 我的 ŋæ^{31}ti^{0}	咱的 tsæ^{35}ti^{0} 咱 tsæ^{35}
商州	他 t^{h}ɑ^{53} 茶$^{=}$ȵiɛ^{35}	我 ŋə^{31}	咱 ts^{h}ɑ^{44}
镇安	他 t^{h}a^{53}	我们 ŋuə^{35}mən^{53}	我们 ŋuə^{35}mən^{53}
安康	他 t^{h}a^{31}	我们 ŋɤ^{53}mən^{0}	咱们 tsa^{35}mən^{0}
白河	他 t^{h}a^{213}	我们 ŋuo^{35}mən^{0}	我们 ŋuo^{35}mən^{0}
汉阴	他 t^{h}ɑ^{33}	我们 ŋo^{45}mən^{0}	我们 ŋo^{45}mən^{0}
平利	他 t^{h}a^{43}	我们 ŋo^{45}mən^{0}	咱们 tsa^{52}mən^{0}
汉中	他 t^{h}A^{354}	我们 ŋɤ^{35}mən^{0}	咱们 tsA^{42}mən^{0}
城固	他 ta^{44}	我们 ŋə^{24}mən^{0}	咱们 tsa^{31}mən^{0}
勉县	他 t^{h}ɑ^{35}	我们 ŋɤ^{35}məŋ^{0}	咱们 tsɑ^{21}məŋ^{0}
镇巴	他 t^{h}a^{35}	我们 ŋo^{45}mən^{31}	我们 ŋo^{45}mən^{31}

	1135 你们~去	1136 他们~去	1137 大家~一起干
榆林	你每 ni^{21}məʔ^{0}	那些 nəʔ^{3}ɕiɛ^{0}	咱每 ts^{h}a^{24}məʔ^{0}
神木	［你家］每 ȵiɛ^{24}məʔ^{4}	那些 nəʔ^{4}ɕiɛ^{0} 他每 t^{h}a^{21}məʔ^{4}	咱每 ts^{h}a^{44}məʔ^{0} 众人 tʂuɣ̃^{53}ʐɣ̃^{44}
绥德	你每 ni^{21}məʔ^{0}	那些 nəʔ^{5}ɕi^{213}	咱每 ts^{h}ɑ^{33}məʔ^{0}
吴堡	［你家］ȵiɑ^{213} ［你家］每 ȵiɑ^{24}mɛe^{0}	一家 iəʔ^{3}tɕiɑ^{213} 兀家 vəʔ^{3}tɕiɑ^{213} 那家 nəʔ^{21}tɕiɑ^{213} 他每 t^{h}ɑ^{24}mɛe^{0}	众人 tsuəŋ^{53}ʐəŋ^{33}
清涧	你每 nzɿ^{53}mi^{0}	那些 nəʔ^{54}sɛ^{24} 他每 t^{h}ɑ^{31}mi^{53}	大家 tɑ^{42}tɕiɑ^{0} 众人 tʂuəɣ̃^{44}ʐəɣ̃^{24}
延安	你们 ȵi^{52}məŋ^{0}	他们 t^{h}a^{21}məŋ^{53}	大家伙儿 ta^{443}tɕia^{24}xuor^{423} 大家 ta^{443}tɕia^{0}
延川	你则$^{=}$ ȵi^{53}tsəʔ^{213}	他则$^{=}$ t^{h}a^{21}tsəʔ^{54}	大家 ta^{53}tɕia^{0}
黄陵	你 ȵi^{31} 你们 ȵi^{24}mẽ^{0}	他 t^{h}ɑ^{31} 他们 t^{h}ɑ^{24}mẽ^{0}	大家 tɑ^{55}tɕiɑ^{31} 咱 ts^{h}ɑ^{24}
渭南	你 ȵi^{31}	他 t^{h}ɑ^{31}	大家 tɑ^{44}tɕiɑ^{31}
韩城	你 ȵi^{31} 你的 ȵi^{31}ti^{0}	他 t^{h}ɑ^{31} 他的 t^{h}ɑ^{31}ti^{0}	咱的 ts^{h}ɑ^{31}ti^{53}
合阳	你 ȵi^{31} 你的 ȵi^{31}ti^{0}	他 t^{h}ɑ^{31} 他的 t^{h}ɑ^{31}ti^{0}	大家 t^{h}uo^{55}tɕiɑ^{31} 众人 pfəŋ^{55}ʐẽ^{31}
富平	你的 ȵi^{31}ti^{31}	［人家］的 ȵiɑ^{55}ti^{31}	咱 ts^{h}ɑ^{55}
耀州	你 ȵi^{21} 你的 ȵi^{21}ti^{0}	［人家］ȵia^{44} ［人家］的 ȵia^{44}ti^{0}	大伙儿 ta^{44}xuor^{52}
咸阳	你 ȵi^{31} 你的 ȵi^{53}ti^{0}	他 t^{h}a^{31} 他的 t^{h}a^{31}ti^{0}	大家 ta^{44}tɕia^{31}
旬邑	你 ȵi^{21} 你们 ȵi^{21}mɛ̃^{52}	兀些 u^{24}siɛ^{0} 他们 t^{h}a^{21}mɛ̃^{52}	大家 ta^{24}ia^{0}
三原	你 ȵi^{31}	［人家］ȵiɑ^{44}	大家 tɑ^{44}iɑ^{31}

	1135 你们~去	1136 他们~去	1137 大家~一起干
乾县	你们 $ȵi^{21}mẽ^{21}$	他们 $t^hɤ^{21}mẽ^{21}$	大家 $ta^{55}tɕia^{21}$
岐山	你 $ȵi^{31}$ 你的 $ȵi^{31}ȶi^{21}$	他 t^hA^{31} 他的 $t^hA^{31}ȶi^{21}$	大家伙 $tA^{44}tɕia^{53}xuor^{53}$
凤翔	[你的] $ȵiː^{311}$ 你的 $ȵi^{31}tsi^{0}$ 你浑 $ȵi^{31}xuŋ^{24}$	他的 $t^ha^{31}tsi^{0}$ [他的] $t^haː^{311}$ 他浑 $t^ha^{31}xuŋ^{24}$	大家 $ta^{45}tɕia^{0}$ 大伙儿 $ta^{44}xuor^{53}$
千阳	你的 $ȵi^{31}ti^{0}$ 你浑 $ȵi^{31}xuŋ^{24}$	他 t^ha^{31} 他的 $t^ha^{31}ti^{0}$ 他浑 $t^ha^{31}xuŋ^{24}$	大伙儿 $ta^{44}xuor^{53}$ 大家伙儿 $ta^{45}tɕia^{0}xuor^{53}$
西安	你 $ȵi^{21}$	他 t^ha^{21}	咱 $tsai^{24}$
户县	你 $ȵi^{31}$ 你的 $ȵi^{31}ti^{0}$	他的 $t^ha^{31}ti^{0}$	大家伙儿 $ta^{55}tɕia^{31}xuə^{51}$
商州	你 $ȵi^{31}$	他 $t^hɑ^{31}$ [人家] $ȵiɛ^{35}$	大伙儿 $tɑ^{44}xuər^{53}$
镇安	你们 $ȵi^{35}mən^{53}$	他们 $t^ha^{53}mən^{0}$	大家 $ta^{322}tɕia^{0}$
安康	你们 $ȵi^{53}mən^{0}$	他们 $t^ha^{31}mən^{0}$	大家 $ta^{44}tɕia^{31}$
白河	你们 $ȵi^{35}mən^{0}$	他们 $t^ha^{21}mən^{0}$	我们 $ŋuo^{35}mən^{0}$ 大家 $ta^{42}tɕia^{213}$
汉阴	你们 $ȵi^{45}mən^{0}$	他们 $t^hɑ^{33}mən^{0}$	大伙儿 $tɑ^{21}χuar^{45}$
平利	你们 $ȵi^{45}mən^{0}$	他们 $t^ha^{43}mən^{0}$	大家 $ta^{24}tɕia^{43}$
汉中	你们 $ȵi^{35}mən^{0}$	他们 $t^hA^{35}mən^{0}$	大家 $tA^{21}tɕia^{0}$
城固	你们 $ȵi^{24}mən^{0}$	他们 $t^ha^{24}mən^{0}$	大家 $ta^{31}tɕia^{0}$
勉县	你们 $ȵi^{35}məŋ^{0}$	他们 $t^hɑ^{35}məŋ^{0}$	大家 $tɑ^{21}tɕiɑ^{35}$
镇巴	你们 $ȵi^{45}mən^{31}$	他们 $t^ha^{35}mən^{52}$	大家 $ta^{21}tɕia^{55}$

	1138 自己我~做的	1139 别人这是~的	1140 我爸~今年八十岁
榆林	各自 kʌʔ^{3}tsɿ^{52}	人家 ʐɤɣ̃^{24}tɕiɛ^{0}	我爸爸 vuə^{21}pa^{33}pa^{0}
神木	各儿 kʌɯ^{44}	人家 ʐɣ̃^{44}tɕiəʔ^{0} 再的人 tsE^{53}təʔ^{0}ʐɣ̃^{44}	我每老人 vuo^{21}məʔ^{4}lɔo^{21}ʐɣ̃^{44} 我大 vuo^{24}ta^{213}
绥德	各自 kɤ^{33}tsɿ^{52} 各人 kɤ^{33}ʐəɣ̃^{0}	人家 ʐəɣ̃^{33}tɕiɑ^{0}	我爸 ŋəʔ^{3}pɑ^{33}
吴堡	各人 kəʔ^{3}ʐəŋ^{33}	其他人 tɕʰi^{33}tʰɑ^{0}ʐəŋ^{33}	每爹 mɛe^{33}tiɑ^{213}
清涧	各儿 kər^{42}	人家 ʐəɣ̃^{24}tɕi^{0}	我大 ŋɯ^{53}tɑ^{312}
延安	自己 tsɿ^{443}tɕi^{0} 各人 kuo^{21}ʐəŋ^{53}	人家 ʐəŋ^{24}tɕiɛ^{0} 别人 pʰiɛ^{24}ʐəŋ^{0}	我大 ŋuo^{52}ta^{24}
延川	各儿 kər^{423}	别人 piɛ^{35}ʐəŋ^{0}	我大 ŋɤ^{53}ta^{35}
黄陵	自己 tsʰɿ^{55}tɕi^{0}	旁人 pʰɑŋ^{24}ʐẽ^{0}	我大 ŋuɤ^{31}tɑ^{24} 我爸 ŋuɤ^{31}pɑ^{55}
渭南	自个儿 tsʰɿ^{44}kər^{0}	人［人家］ʐə̃^{24}ȵiæ̃^{53}	我大 ŋə^{31}tɑ^{24}
韩城	各家 kɤ^{31}tɕiɑ^{0}	［人家］ȵiã^{24} 人家 ʐɛ̃^{31}tɕiɑ^{53}	我大 ŋɤ^{31}tɑ^{24} 我爸 ŋɤ^{31}pɑ^{44}
合阳	自家 tsʰɿ^{55}tɕiɑ^{31}	旁人 pʰɑŋ^{24}ʐẽ^{31}	我大 ŋɤ^{31}tɑ^{24}
富平	自己 tsɿ^{55}tɕi^{31}	［人家］儿 ʐæ̃r^{24}	我大 ŋɤ^{31}tɑ^{24}
耀州	自己 tsɿ^{44}tɕi^{0} 各人 kɤ^{44}ʐei^{0}	［人家］ȵia^{44}	我大 ŋɤ^{21}ta^{24} 我爸 ŋɤ^{21}pa^{44}
咸阳	自个儿 tsɿ^{44}kər^{0}	旁人 pʰɑŋ^{24}ʐɛ̃^{0}	我爸 ŋɤ^{31}pa^{24}
旬邑	自己 tsʰɿ^{24}tɕi^{0} 咱 tsʰa^{24}	［人家］ʐã^{24} 旁人 pʰɑŋ^{21}ʐɛ̃^{52}	我大 ŋɤ^{21}ta^{24}
三原	自个儿 tsɿ^{44}kər^{52}	［人家］ȵiɑ^{44}	我大 ŋɤ^{31}tɑ^{24}

	1138 自己我~做的	1139 别人这是~的	1140 我爸~今年八十岁
乾县	各家 kɤ^{53}tɕia^{21}	兀伙 u^{55}xu^{21}	我爸 ŋɤ^{21}pa^{55}
岐山	各啊 kɤ^{53}A^{21}	别人 piɛ^{31}ʐəŋ^{53} 再人 tsE^{44}ʐəŋ^{21}	我爹 ŋɤ^{24}ȶiɛ^{31} 我爸 ŋɤ^{31}pA^{44}
凤翔	自家 tsɿ^{45}ia^{0} 各家 kuo^{31}a^{0}	[人家]ȵia^{53} 人家 ʐəŋ^{31}a^{53}	我爸 ŋɔ^{31}pa^{44}
千阳	各自 kuo^{53}tsɿ^{0} [各家]kuæ̃ː^{533}	[人家]ȵiæ̃^{53} 旁人 pʰɑŋ^{31}ʐəŋ^{0}	我爹 ŋuo^{24}tie^{31}
西安	自个儿 tsɿ^{44}kɐr^{53}	人[人家]ʐən^{24}ȵia^{21}	俺爸 ŋai^{21}pa^{44}
户县	自己 tsɿ^{55}tɕi^{31} 自家 tsɿ^{55}tɕia^{31}	旁人 pʰaŋ^{35}ʐẽ^{31} 残⁼的 tsʰã^{35}ti^{0}	我达 ŋæ^{31}ta^{35} 我大 ŋæ^{31}ta^{55}
商州	自个儿 tsɿ^{44}kɤr^{31}	残⁼的谁 tsʰã^{35}ti^{0}sei^{35} [人家]ȵiɑ^{35}	我大 ŋə^{31}tɑ^{35} 我爸 ŋə^{31}pɑ^{44}
镇安	自己 tsɿ^{21}tɕi^{35} 自个儿 tsɿ^{21}kər^{214}	旁人 pʰʌŋ^{33}ʐən^{0} 别人 piɛ^{322}ʐən^{0}	我大 ŋuə^{33}ta^{214}
安康	自己 tsɿ^{44}tɕi^{31}	人[人家]ər^{31}ȵia^{53} 别人 pie^{35}ʐən^{0}	我大 ŋɤ^{53}ta^{35}
白河	自己 tsɿ^{42}tɕi^{35} 本人 pən^{35}ʐən^{44}	别人 pie^{44}ʐən^{0} 旁人 pʰaŋ^{44}ʐən^{0}	我爸 ŋuo^{35}pa^{213}
汉阴	各人 ko^{42}ʐən^{0}	人家 ʐən^{42}tɕiɑ^{0}	我爸 ŋo^{45}pɑ^{42}
平利	各人 ko^{52}ʐən^{0}	人家 ʐən^{52}tɕia^{0}	我爸 ŋo^{45}pa^{52}
汉中	自家 tsɿ^{21}tɕia^{0}	人[人家]ʐən^{42}ȵiA^{0} 残⁼个人 tsʰan^{42}kɤ^{0}ʐən^{0}	我爸爸 ŋɤ^{35}pA^{21}pA^{0}
城固	自家 tsɿ^{31}tɕia^{0}	人家 ʐən^{31}tɕia^{24}	我老 ŋə^{44}lɔ^{311}
勉县	各家 kɤ^{44}ȵiɑ^{0}	[人家]ȵiɑ^{21}	我爸爸 ŋɤ^{35}pɑ^{21}pɑ^{0}
镇巴	各人 ko^{33}zən^{31} 各家 ko^{21}tɕia^{55}	人家 zən^{31}tɕia^{55}	我爸 ŋo^{45}pa^{31}

	1141 **你爸**~在家吗?	1142 **他爸**~去世了	1143 **这个**我要~,不要那个
榆林	你爸爸 ni^{21}pa^{33}pa^{0}	那个老子的 nəʔ^{3}kəʔ^{0}lɔo^{21}tsəʔ^{3}təʔ^{0}	这个 tʂʅ^{52}kəʔ^{0}
神木	[你家]大 ȵiɛ^{24}ta^{213} [你家]爸 ȵiɛ^{24}pa^{53}	那个老子的 nəʔ^{4}kəʔ^{0}lɔo^{21}tsəʔ^{4}təʔ^{0} 他大 t^{h}a^{24}ta^{0} 他爸 t^{h}a^{24}pa^{53}	这个 tʂəʔ^{2}kəʔ^{4}/tʂei^{24}kəʔ^{0}
绥德	你爸 niəʔ^{3}pɑ^{33}	那老子的 nɑ^{24}lao^{21}tsəʔ^{21}təʔ^{0}	这个 tʂei^{52}kuəʔ^{0}
吴堡	你爹 ȵiəʔ^{3}tiɑ^{213}	一家爹的 iəʔ^{3}tɕiɑ^{24}tiɑ^{24}təʔ^{0} 兀家爹的 uəʔ^{3}tɕiɑ^{24}tiɑ^{24}təʔ^{0}	这个 tʂɛe^{24}kuəʔ^{0}
清涧	你大 nzʅ^{53}tɑ^{312}	那大 nəʔ^{54}tɑ^{312} 他大 t^{h}ɑ^{24}tɑ^{312}	这个 tʂei^{44}kuəʔ^{54}
延安	你大 ȵi^{52}ta^{24}	他大 t^{h}a^{21}ta^{24}	这个 tʂei^{21}kə^{443}
延川	你大 ȵi^{53}ta^{35}	他大 t^{h}a^{53}ta^{35}	这个 tʂei^{53}kuəʔ^{0}
黄陵	你大 ȵi^{31}tɑ^{24} 你爸 ȵi^{31}pɑ^{55}	他大 t^{h}ɑ^{31}tɑ^{24} 他爸 t^{h}ɑ^{31}pɑ^{55}	这 tʂE^{52} 这个 tʂʅ^{55}kɤ^{0}
渭南	你大 ȵi^{31}tɑ^{24}	他大 t^{h}ɑ^{31}tɑ^{24}	这 tʂə^{53}
韩城	你大 ȵi^{31}tɑ^{24} 你爸 ȵi^{31}pɑ^{44}	他大 t^{h}ɑ^{31}tɑ^{24} 他爸 t^{h}ɑ^{31}pɑ^{44}	这[一个]tʂɪi^{53}iE^{0}
合阳	你大 ȵi^{31}tɑ^{24}	他大 t^{h}ɑ^{31}tɑ^{24}	这个 tʂʅ^{55}kuæe^{31} 这[一个]tʂʅ^{55}iɛ^{31}
富平	你大 ȵi^{31}tɑ^{24}	[人家]大 ȵiɑ^{55}tɑ^{24}	这[一个]tʂʅ^{55}iɛ^{31}
耀州	你大 ȵi^{21}ta^{24} 你爸 ȵi^{21}pa^{44}	[人家]大 ȵia^{44}ta^{24} [人家]爸 ȵia^{44}pa^{44}	这个 tʂei^{52}kɤ^{0}
咸阳	你爸 ȵi^{31}pa^{24}	他爸 t^{h}a^{31}pa^{24}	这个 tʂei^{53}kɤ^{0}
旬邑	你大 ȵi^{21}ta^{24}	他大 t^{h}a^{21}ta^{24}	这 tʂɤ^{52}
三原	你大 ȵi^{31}tɑ^{24}	他大 t^{h}ɑ^{31}tɑ^{24}	这个 tʂei^{52}kɤ^{0}

	1141 你爸~在家吗？	1142 他爸~去世了	1143 这个我要~，不要那个
乾县	你爸 ȵi^{21}pa^{55}	他爸 tʰɤ^{21}pa^{55}	这个 tʂʅ^{55}kɤ^{21}
岐山	你爹 ȵi^{24}ȶiɛ^{31} 你爸 ȵi^{31}pA^{44}	他爹 tʰA^{24}ȶiɛ^{31} 他爸 tʰA^{31}pA^{44}	这个 tʂʅ^{44}kɤ^{21}
凤翔	你爸 ȵi^{31}pa^{44}	他爸 tʰa^{31}pa^{44}	改⁼ kE^{53} 这个 tʂei^{53}kɔ^{0}
千阳	你爹 ȵi^{24}tie^{31}	他爹 tʰa^{24}tie^{31}	个 kuo^{53} 这个 tʂʅ^{31}kuo^{0} 这个 tʂE^{44}kɔ^{0}
西安	你爸 ȵi^{21}pa^{44}	他爸 tʰa^{21}pa^{44}	这个 tʂʅ^{44}kɤ^{0}
户县	你大 ȵi^{31}ta^{55}	他大 tʰa^{31}ta^{55}	这个儿 tʂei^{55}kə^{0} 这个儿 tʂʅ^{55}kə^{0}
商州	你大 ȵi^{31}tɑ^{35} 你爸 ȵi^{31}pɑ^{44}	他大 tʰɑ^{31}tɑ^{35} 他爸 tʰɑ^{31}pɑ^{44}	这[一个] tʂə^{53}iɛ^{31}
镇安	你大 ȵi^{33}ta^{214}	他大 tʰa^{21}ta^{214}	这个 tʂɛ^{322}kuə^{214}
安康	你大 ȵi^{53}ta^{35}	他大 tʰa^{31}ta^{35}	这个 tʂɤ^{35}kɤ^{0}
白河	你爸 ȵi^{35}pa^{213}	他爸 tʰa^{35}pa^{213}	这个 tʂE^{42}kuo^{0}
汉阴	你爸 ȵi^{45}pɑ^{42}	他爸 tʰɑ^{33}pɑ^{42}	这个 tʂE^{21}ko^{0}
平利	你爸 ȵi^{45}pa^{52}	他爸 tʰa^{43}pa^{52}	这个 tʂE^{24}ko^{0}
汉中	你爸爸 ȵi^{35}pA^{42}pA^{0}	他爸爸 tʰA^{35}pA^{42}pA^{0}	这个 tʂɤ^{21}kɤ^{0}
城固	你老 ȵi^{44}lɔ^{311}	他老 tʰa^{44}lɔ^{311}	这块 tʂʅ^{31}kʰuai^{0}
勉县	你爸爸 ȵi^{35}pɑ^{21}pɑ^{0}	他爸爸 tʰɑ^{35}pɑ^{21}pɑ^{0}	这个 tsɿ^{21}kɤ^{35}
镇巴	你爸爸 ȵi^{45}pa^{52}pa^{55}	他爸爸 tʰa^{35}pa^{52}pa^{55}	勒⁼个 lɛ^{21}ko^{55} 这个 tsɛ^{21}ko^{55}

	1144 那个我要这个，不要~	1145 哪个你要~杯子？	1146 谁你找~？
榆林	那个 $nei^{52}kəʔ^{0}$	哪个 $na^{21}kəʔ^{0}$ 哪一个 $na^{21}iəʔ^{3}kəʔ^{0}$	谁 $ʂuei^{213}$
神木	那个 $nəʔ^{2}kəʔ^{4}$／ $ȵi^{53}kəʔ^{0}$	哪个 $na^{21}kəʔ^{4}$/$na^{24}kəʔ^{0}$	谁 $ʂuei^{44}$
绥德	那个 $nei^{52}kuəʔ^{0}$	哪个 $lɑ^{24}kuəʔ^{0}$	谁 $ʂuei^{33}$
吴堡	兀个 $uəʔ^{3}kuɑe^{412}$/$uɛe^{33}kuəʔ^{0}$	哪个 $lɑ^{33}kuəʔ^{0}$	谁 $suɛe^{33}$
清涧	那个 $nei^{44}kuəʔ^{54}$	哪个 $lɑ^{24}kuəʔ^{0}$	谁 $ʂuei^{24}$
延安	那个 $nei^{21}kə^{443}$	哪个 $la^{24}kə^{0}$	谁 $ʂuei^{24}$
延川	那个 $nei^{53}kuəʔ^{0}$	哪个 $la^{35}kuəʔ^{0}$	谁 $ʂuei^{35}$
黄陵	那 nE^{52} 吩 vE^{52}	阿[一个] $ɑ^{31}iɛ^{0}$	谁 sei^{24}
渭南	吩 uae^{53}	阿[一个] $ɑ^{31}iɛ^{31}$	谁 sei^{24}
韩城	未⁼[一个] $uIi^{53}ie^{0}$ 那[一个] $næe^{53}ie^{0}$	哪一个 $nɑ^{53}i^{31}kɤ^{0}$	啥 $sɑ^{44}$
合阳	那个 $næe^{55}kuæe^{31}$ 兀个 $u^{55}kuæe^{31}$	哪个 $lɑ^{31}kuæe^{31}$ 哪一个 $lɑ^{31}i^{31}kuæe^{31}$	谁 sei^{24}
富平	那[一个] $nɛe^{55}iɛ^{31}$	阿[一个] $ɑ^{31}iɛ^{31}$	谁 $seɪ^{24}$
耀州	那个 $næi^{44}kɤ^{0}$ 未⁼个 $uæi^{52}kɤ^{0}$	阿一个 $a^{52}i^{21}kɤ^{0}$	谁 sei^{24}
咸阳	未⁼个 $uei^{53}kɤ^{0}$	阿个 $a^{53}kɤ^{0}$	谁 sei^{24}
旬邑	吩 uo^{52}	阿[一个] $a^{21}iɛ^{0}$	谁 sei^{24}
三原	那个 $nai^{44}uai^{0}$	阿[一个] $ɑ^{31}iɛ^{31}$	谁 sei^{24}

	1144 **那个**我要这个,不要~	1145 **哪个**你要~杯子?	1146 **谁**你找~?
乾县	那个 nɛ^{55}kɤ^{21}	哪个 na^{53}kɤ^{21}	谁 ʃue^{24}
岐山	未⁼个 vei^{44}kɤ^{21} 吻个 vᴇ^{44}kɤ^{21}	哪个 lᴀ^{31}kɤ^{21}/lᴀ^{31}kʰᴇ^{21}	谁 sei^{24}
凤翔	乖⁼kuᴇ^{53} 未⁼个 vei^{53}kɔ^{0}	哪个 la^{31}kɔ^{0}	谁 sei^{24}
千阳	个 kuo^{53} 兀个 vu^{31}kuo^{0} 吻个 vᴇ^{44}kɔ^{0}	阿个 a^{24}kɔ^{0}	谁 sei^{24}
西安	兀个 u^{44}kɤ^{0} 那个 nai^{44}kɤ^{0}	阿个 a^{53}kɤ^{0}	谁 sei^{24}
户县	兀个儿 u^{55}kə^{0} 未⁼个儿 uei^{51}kə^{0} 那个儿 næ^{55}kə^{0}	阿个儿 a^{35}kə^{0} 搭个儿 ta^{35}kə^{0}	谁 sei^{35} 谁块 sei^{35}kʰuæ^{31}
商州	那[一个]nei^{53}iɛ^{31}	阿个 ɑ^{53}kai^{31}	谁 sei^{35}
镇安	那个 na^{35}kuə^{53}	哪个 na^{35}kuə^{53}	哪个 na^{35}kuə^{53} 谁 sᴇi^{33}
安康	吻个 uo^{44}kɤ^{0}	哪个 la^{53}kɤ^{0}	谁 ʂei^{35}
白河	那个 lᴇ^{42}kuo^{0}	哪一个 la^{35}i^{0}kuo^{41} 哪个 la^{35}kuo^{0}	哪个 la^{35}kuo^{0}
汉阴	那个 lᴇ^{21}ko^{0}	哪个 lɑ^{45}ko^{214}	哪个 lɑ^{45}ko^{214} 谁 suei^{42}
平利	那个 lᴇ^{24}ko^{0}	哪个 la^{45}ko^{0}	哪个 la^{45}ko^{0}
汉中	吻个 uɤ^{21}kɤ^{0}	哪个 lᴀ^{35}kɤ^{0}	谁 sei^{42}
城固	那块 la^{31}kʰuai^{0}	哪个 la^{44}kʰuai^{0}	谁 sei^{311}
勉县	兀个 vu^{21}kɤ^{35}	哪个 lɑ^{35}kɤ^{0}	谁 sei^{21}
镇巴	那个 la^{21}ko^{55}	哪个 la^{45}ko^{213}	哪个 la^{45}ko^{213}

	1147 这里在～，不在那里	1148 那里在这里，不在～	1149 哪里你到～去？
榆林	这搭 tʂəʔ^{3}ta^{213} 这搭搭 tʂəʔ^{3}ta^{24}ta^{0}	那搭 nəʔ^{3}ta^{33} 那搭搭 nəʔ^{3}ta^{33}ta^{0}	哪 na^{213}
神木	这里 tʂəʔ^{2}ləʔ^{4} 这搭儿 tʂəʔ^{2}nʌɯ^{24}	那里 nəʔ^{4}ləʔ^{0} 那搭儿 nəʔ^{4}nʌɯ^{0}	哪里 na^{21}ləʔ^{4} 哪搭儿 na^{21}nʌɯ^{24}
绥德	这儿 tʂɐr^{213}	那儿 nɐr^{213}	哪 lɑ^{213} 哪里 lɑ^{21}li^{33} 哪搭儿 lɑ^{21}nɑr^{213}
吴堡	这儿 tʂər^{412} 搭儿 tɐr^{213}	兀儿 uər^{53} 兀搭儿 uəʔ^{3}tɐr^{213}	哪儿 lɐr^{53} 哪搭儿 lɑ^{33}tɐr^{53}
清涧	这里 tʂəʔ^{54}li^{24} 这搭儿 tʂəʔ^{54}tʌr^{42}	那里 nəʔ^{54}li^{24} 那搭儿 nəʔ^{54}tʌr^{42}	哪里 lɑ^{24}li^{0} 哪搭儿 lɑ^{24}tʌr^{0}
延安	这儿 tʂər^{443}	那儿 nar^{443}	哪里 la^{24}li^{0}
延川	这搭儿 tʂəʔ^{53}tɐr^{213}	那搭儿 nəʔ^{53}tɐr^{213}	哪搭儿 la^{53}tɐr^{213}
黄陵	这搭 tʂʅ^{55}tɑ^{0} 这儿 tʂɐr^{55}	兀搭 u^{55}tɑ^{0} 兀儿 uɐr^{55}	阿搭 ɑ^{52}tɑ^{0}
渭南	这儿 tʂɐr^{24}	兀儿 uɐr^{24}	阿搭 ɑ^{53}tɑ^{0}
韩城	这搭 tʂʅ^{44}tɑ^{0}	那搭 u^{44}tɑ^{0} 那搭 næe^{44}tɑ^{0}	哪搭 nɑ^{31}tɑ^{53}
合阳	这搭 tʂʅ^{55}tɑ^{31} 这岸 tʂʅ^{55}ŋã^{31}	那搭 næe^{55}tɑ^{31} 那岸 næe^{55}ŋã^{31}	哪搭 lɑ^{52}tɑ^{31} 哪岸 lɑ^{31}ŋã^{31}
富平	［这搭］儿 tʂɑr^{53}	［兀搭］儿 uɑr^{53}	阿搭 ɑ^{31}tɑ^{53}
耀州	这搭 tʂʅ^{44}ta^{0} 这儿 tʂɤr^{52}	那搭 næi^{44}ta^{0} 兀儿 uar^{52}	阿搭 a^{24}ta^{0}
咸阳	这儿 tʂər^{53}	兀儿 uər^{53}	阿搭 a^{24}ta^{0}
旬邑	这搭 tʂɤ^{24}ta^{0} 这儿 tʂɤr^{52}	兀搭 u^{24}ta^{0} 兀儿 uar^{52}	阿搭 a^{52}ta^{0}
三原	这搭 tʂʅ^{44}tɑ^{31} 这儿 tʂɐr^{52}	兀搭 u^{44}tɑ^{31} 兀儿 uɐr^{52}	阿搭 ɑ^{24}tɑ^{0}

	1147 **这里**在~，不在那里	1148 **那里**在这里，不在~	1149 **哪里**你到~去？
乾县	这儿 tʂɤr^{53}	兀搭 u^{55}ta^{21}	搭搭 ta^{53}ta^{21}
岐山	［这搭］tʂA^{44}	［兀搭］vA^{44}	搭 tA^{24}
凤翔	这搭 tʂʅ^{31}ta^{53} 搭 ta^{53}	兀搭 vu^{31}ta^{53} ［兀搭］tua^{53}	哪搭 la^{24}ta^{31} 哪 la^{24}
千阳	这搭 tʂʅ^{31}ta^{0} 这里 tʂʅ^{45}li^{0}	兀搭 vu^{31}ta^{0} 兀里 vu^{45}li^{0}	阿搭 a^{24}ta^{0} 搭 ta^{24}
西安	这儿 tʂər^{53}	兀儿 uər^{53}	阿搭 a^{53}ta^{0}
户县	这搭儿 tʂei^{55}tə^{0}/tʂʅ^{55}tə^{0}	兀搭儿 u^{55}tə^{0} 未⁼搭儿 uei^{55}tə^{0} 那搭儿 næ^{55}tə^{0}	阿搭儿 a^{35}tə^{0} 搭搭儿 ta^{35}tə^{0}
商州	这搭 tʂʅ^{44}tɑ^{31}	那搭 nei^{44}tɑ^{31}	阿搭 ɑ^{53}tɑ^{31}
镇安	这儿 tʂər^{214}	那里 na^{35}li^{53}	哪下儿 na^{33}xɐr^{214}
安康	这儿下儿 tʂɤr^{31}xar^{35}	兀儿 uər^{53}	哪儿下儿 lar^{31}xar^{35}
白河	这儿下儿 tʂɐr^{42}xɐr^{0} 这儿 tʂɐr^{41}	那儿下儿 lɐr^{41}xɐr^{0} 那儿 lɐr^{41}	哪儿下儿 lɐr^{35}xɐr^{213}
汉阴	这儿 tʂar^{214}	那儿 lar^{214}	哪儿 lar^{45}
平利	这儿 tʂər^{214}	那儿 lar^{214}	哪儿 lar^{445}
汉中	这台⁼tʂɤ^{21}t^{h}ai^{0}	兀台⁼uɤ^{21}t^{h}ai^{0}	哪台⁼lA^{35}t^{h}ai^{0}
城固	这儿 tʂər^{31}xər^{0}	那儿 lər^{31}xər^{0}	哪里 lər^{44}xər^{0}
勉县	这台⁼tsɑi^{21}t^{h}ɑi^{35}	兀台⁼vɑi^{21}t^{h}ɑi^{35} 兀个当⁼vu^{21}kɤ^{35}tɑŋ^{0}	哪台⁼lɑ^{35}t^{h}ɑi^{0}
镇巴	那下 lɛ^{21}xa^{52} 这下 tsɛ^{21}xa^{52}	那下 la^{35}xa^{52}	哪下 la^{45}xa^{31}

	1150 这样事情是~的，不是那样的	**1151 那样**事情是这样的，不是~的	**1152 怎样**什么样：你要~的？
榆林	这么个 tʂəʔ^{3}məʔ^{0}kəʔ^{0}	那么个 nəʔ^{3}məʔ^{0}kəʔ^{0}	咋个 tsua^{24}kəʔ^{0} 怎么个 tsəʔ^{3}ma^{24}kəʔ^{0}
神木	这么个 tʂəʔ^{2}məʔ^{4}kəʔ^{0}	那么个 nəʔ^{2}məʔ^{4}kəʔ^{0}	咋的个 tsa^{24}təʔ^{0}kəʔ^{0} 怎么个 tsəʔ^{2}ma^{24}kəʔ^{0}
绥德	[这么]个 tʂəu^{24}kuəʔ^{0}	[那么]个 nəu^{24}kuəʔ^{0}	咋个 tsuɑ^{24}kuəʔ^{0} 哪号儿 lɑ^{21}xaor^{52}
吴堡	底个 tɛe^{24}kuəʔ^{0} 这底个 tʂəʔ^{3}tɛe^{24}kuəʔ^{0}	兀底 uəʔ^{3}tɛe^{213} 兀底个 uəʔ^{3}tɛe^{24}kuəʔ^{0}	哪底个 lɑ^{33}tɛe^{33}kuəʔ^{3}
清涧	这价儿 tʂəʔ^{54}tɕiər^{42} 这的个 tʂəʔ^{4}təʔ^{0}kuəʔ^{54}	那价儿 nəʔ^{54}tɕiər^{42} 那的个 nəʔ^{4}təʔ^{0}kuəʔ^{54}	咋的个 tsuɑ^{31}təʔ^{0}kuəʔ^{54}
延安	这么个 tʂəʔ^{5}mə^{21}kə^{0}	那么个 nəʔ^{5}mə^{21}kə^{0}	怎么个 tsəʔ^{5}ma^{21}kə^{0} 咋个 tsa^{24}kə^{0}
延川	这价 tʂəʔ^{54}tɕiɛ^{53}	那价 nəʔ^{54}tɕiɛ^{53}	咋价 tsua^{21}tɕiɛ^{53}
黄陵	这捻= tʂʅ^{55}ȵiæ̃^{0}	那捻= nei^{55}ȵiæ̃^{0} 兀捻= u^{55}ȵiæ̃^{0}	咋捻= tsuɤ^{52}ȵiæ̃^{0}
渭南	这样 tʂʅ^{44}iɑŋ^{0}	兀样 u^{44}iɑŋ^{0} 那样 nae^{44}iɑŋ^{0}	咋样 tsɑ^{31}iɑŋ^{0} 咋个 tsɑ^{31}kə^{0}
韩城	这个 tʂʅ^{44}kɤ^{0}	兀个 u^{44}kɤ^{0} 那个 næe^{44}kɤ^{0}	怎么样 tsʅ^{44}muɤ^{0}iɑŋ^{44}
合阳	这号子 tʂʅ^{55}xɔo^{31}tsʅ^{0} 这样子 tʂʅ^{55}iɑŋ^{31}tsʅ^{0}	那个子 næe^{55}kɤ^{31}tsʅ^{0} 那号子 næe^{55}xɔo^{31}tsʅ^{0}	咋样相 tsuo^{31}iɑŋ^{31}siɑŋ^{55} 咋样 tsuo^{31}iɑŋ^{55}
富平	这们 tʂʅ^{55}mẽ^{31}	那们 nɛe^{55}mẽ^{31}	啥样子 sɑ^{55}iɑɣ̃^{55}tsʅ^{31}
耀州	这个 tʂei^{44}kɤ^{0}	那个 næi^{44}kɤ^{0}	啥样 sa^{44}iɑŋ^{44}
咸阳	这样子 tʂɤ^{53}iɑŋ^{31}tsʅ^{0}	吻样子 uo^{53}iɑŋ^{31}tsʅ^{0}	啥样儿 sa^{44}iɐr^{53}
旬邑	这么个 tʂɤ^{24}mo^{0}uɛi^{0} 这 tʂɤ^{52}	兀么个 u^{44}mo^{0}uɛi^{0} 兀 uo^{52}	咋 suo^{52}
三原	这一下 tʂei^{44}i^{31}xɑ^{0}	兀一下 u^{44}i^{31}xɑ^{0}	啥号儿 sɑ^{44}xɑɔr^{0} 啥样儿 sɑ^{44}iɑ̃r^{52}

	1150 这样事情是~的，不是那样的	1151 那样事情是这样的，不是~的	1152 怎样什么样：你要~的？
乾县	这么个儿 tʂɤ⁵⁵mu²¹kɤr⁵³	兀么个 u⁵⁵mu²¹kɤ²¹	啥样儿 sa⁵⁵iɑ̃r⁵³
岐山	这么个 tʂʅ⁴⁴mo⁰kʰE²¹	兀么个 vu⁴⁴mo⁰kʰE²¹	咋么个 tʂa³¹mo⁰kʰE²¹
凤翔	[这么]个 tʂə̃ːŋ⁴⁵⁴kʰE⁰	[那么]个 lɑ̃ːŋ⁴⁵⁴kʰE⁰	咋么个 tʂa³¹mu⁰kʰE⁰
千阳	这么个 tʂʅ⁴⁴mo⁴⁴kʰE⁰	兀么个 vu⁴⁴mo⁴⁴kʰE⁰ 那么个 lɑŋ⁴⁴mo⁴⁴kʰE⁰	咋么个 tʃa³¹mo⁰kʰE⁰
西安	这样 tʂʅ⁴⁴iaŋ⁰	兀样 u⁴⁴iaŋ⁰ 那样 nei⁴⁴iaŋ⁰	咋样 tsa⁵³iaŋ⁴⁴
户县	这样 tʂei⁵¹iaŋ⁵⁵	未⁼样 uei⁵¹iaŋ⁵⁵ 那样 næ⁵¹iaŋ⁵⁵	咋样 tsa⁵¹iaŋ⁵⁵
商州	这样 tʂʅ⁴⁴iɑŋ³¹	那样 nei⁴⁴iɑŋ³¹	啥样儿 sɑ⁴⁴iɑ̃r⁵³
镇安	这样 tʂɛ³⁵iʌŋ³²²	那样 na³⁵iʌŋ³²²	咋样 tsa³⁵iʌŋ³²²
安康	这们 tʂɤ⁴⁴mən³¹	兀样 u⁵³iaŋ⁴⁴	咋们 tsa³¹mən⁰
白河	[这样儿]的 tɕiɐr⁴²ti⁰	[那样儿]的 liɐr⁴²ti⁰	咋儿 tsɐr³⁵
汉阴	这们的 tʂən²¹mən⁰ti⁰	那们的 lən²¹mən⁰ti⁰	咋样 tsɑ⁴⁵iɑŋ²¹⁴
平利	这样 tʂE²⁴iaŋ⁰	那样 la²⁴iaŋ⁰	咋 tsa⁴⁴⁵
汉中	这们家 tʂɤ²¹mən⁰tɕia⁰	那门家 lA²¹mən⁰tɕia⁰	啥样 sA³⁵iɑŋ²¹³
城固	这样 tʂə²⁴iɑŋ²¹³	咻样 uə²⁴iɑŋ²¹³	啥样 ʃua²⁴iɑŋ²¹³
勉县	这个[人家]tsʅ²¹kɤ³⁵ȵiɑ⁰	兀个[人家]vu²¹kɤ³⁵ȵiɑ⁰	咋个[人家]tsɑ²¹kɤ²¹ȵiɑ⁰
镇巴	恁们 lən²¹mən⁵⁵	那们 la²¹mən⁵⁵	哪们 la⁴⁵mən⁵⁵

	1153 这么~贵啊	**1154 怎么**这个字~写？	**1155 什么**这个是~字？
榆林	这么 tʂəʔ^{3}məʔ^{0}	咋 tsua^{213}	什么 ʂəʔ^{3}ma^{52}
神木	这么 tʂəʔ^{2}məʔ^{4}	怎么 tsəʔ^{2}ma^{24} 咋 tsa^{213}	甚 ʂɤ̃^{53} 什么 ʂəʔ^{4}ma^{44}
绥德	[这么]tʂəu^{213}	咋 tsuɑ^{213} 怎么 tsəʔ^{5}mɑ^{213}	什么 ʂəʔ^{3}mɑ^{33}
吴堡	这底 tʂəʔ^{3}tɛe^{213}	哪底 lɑ^{33}tɛe^{33} 怎么 tsəʔ^{3}mɑ^{213}	甚 ʂəŋ^{53}
清涧	这来 tʂəʔ^{54}lai^{24}	咋价 tsuɑ^{31}tɕi^{24}	什么 ʂəʔ^{54}mɑ^{24}
延安	这么 tʂəʔ^{5}ma^{0}	怎么 tsəʔ^{5}ma^{0}	什么 ʂəʔ^{5}ma^{0}
延川	这来 tʂəʔ^{53}lai^{213}	怎价 tsa^{21}tɕiɛ^{53}	什么 ʂəʔ^{53}ma^{213}
黄陵	这 tʂʅ^{55} [这们]tʂẽ^{55}	咋 tsuɤ^{52}/tsɑ^{52}	啥 suɤ^{55}/sɑ^{55}
渭南	[这们]tʂə̃^{24}	咋 tsɑ^{31}	啥 sɑ^{44}
韩城	这们 tʂʅ^{44}mɛ̃^{0}	怎么 tsɿ^{44}muɤ^{0}	什么 sɿ^{44}muɤ^{0}
合阳	这 tʂʅ^{55}	咋 tsuo^{31}	啥 suo^{55}
富平	这 tʂʅ^{24}	咋 tsɑ^{31}	啥 sɑ^{55}
耀州	[这们]tʂei^{44}	咋 tsa^{52}	啥 sa^{44}
咸阳	[这们]么 tʂɛ̃^{44}mo^{0}	咋么 tsa^{53}mo^{0}	啥 sa^{44}
旬邑	[这么]tʂɤ^{44}	咋 tsa^{21} 怎么 tsɿ^{44}mo^{0}	啥 ʃɤ^{44}
三原	这们 tʂẽ^{44}mẽ^{0} [这们]tʂẽ^{24}	咋 tsɑ^{31}	啥 sɑ^{44}

	1153 这么~贵啊	1154 怎么这个字~写？	1155 什么这个是~字？
乾县	这么 $tʂʅ^{55}mu^{21}$	赶⁼怎么 $kæ̃^{21}tsɿ^{55}mu^{21}$	啥 sa^{55}
岐山	这么 $tʂʅ^{44}mo^{21}$	咋 $tʂA^{31}$	啥 $ʂA^{44}$
凤翔	[这们] $tʂə̃ːŋ^{454}$	咋么 $tʂa^{31}mu^{0}$	啥 $ʂa^{44}$
千阳	这么 $tʂʅ^{45}mo^{0}$	咋么 $tʃa^{31}mo^{0}$	啥 $ʃa^{44}$
西安	[这们] $tʂən^{44}$ [这们]们 $tʂən^{44}mən^{0}$	咋 tsa^{53}	啥 sa^{44}
户县	[这一] $tʂei^{55}$ [这们] $tʂẽ^{55}$	咋 tsa^{51} 咋着 $tsa^{51}tʂɤ^{0}$	啥 sa^{55}
商州	[这们] $tʂẽ^{44}$	咋 $tsɑ^{53}$	啥 $sɑ^{44}$
镇安	这么 $tʂɛ^{322}muə^{0}$	咋 tsa^{35}	啥 sa^{214}
安康	这们 $tʂɤ^{44}mən^{21}$	咋们 $tsa^{31}mən^{0}$	啥 $ʂa^{44}$
白河	这们 $tʂE^{41}mən^{0}$	咋儿 $tsɐr^{35}$ 咋儿法儿 $tsɐr^{35}fɐr^{213}$	啥 $ʂa^{41}$
汉阴	这们 $tʂən^{21}mən^{0}$	咋们 $tsɑ^{45}mən^{0}$	么子 $mo^{45}tsɿ^{0}$
平利	这们 $tʂE^{24}mən^{21}$	哪们 $la^{45}mən^{0}$	啥 $ʂa^{214}$
汉中	这们 $tʂɤ^{21}mən^{0}$	咋 tsA^{42}	啥 sA^{354}
城固	这们 $tʂʅ^{31}mən^{0}$	咋 tsa^{311}	啥 $ʃua^{311}$
勉县	这们 $tsɿ^{21}məŋ^{35}$	咋 $tsɑ^{21}$	啥 $sɑ^{213}$
镇巴	那们 $lən^{21}mən^{55}$	哪们 $la^{45}mən^{55}$	啥 sa^{213}

	1156 什么你找～？	**1157 为什么**你～不去？	**1158 干什么**你在～？
榆林	什么 ʂəʔ^{3}ma^{52}	为什么 vei^{52}ʂəʔ^{3}ma^{52}	做什么 tsuəʔ^{3}ʂəʔ^{3}ma^{52}
神木	什么 ʂəʔ^{4}ma^{44} 甚 ʂɤ̃^{53}	为甚 vei^{53}ʂɤ̃^{53}	干甚 kɛ^{53}ʂɤ̃^{53} 做甚 tsuəʔ^{4}ʂɤ̃^{53}
绥德	什么 ʂəʔ^{3}mɑ^{33}	为甚 vei^{52}ʂəɣ̃^{52}	做甚 tsuəʔ^{3}ʂəɣ̃^{52}
吴堡	甚 ʂəŋ^{53}	为甚 uɛe^{53}ʂəŋ^{53}	做甚 tsuəʔ^{3}ʂəŋ^{53}
清涧	什么 ʂəʔ^{54}mɑ^{24}	为什么 vei^{42}ʂəʔ^{54}mɑ^{24}	做什么 tsuəʔ^{54}ʂəʔ^{54}mɑ^{24}
延安	什么 ʂəʔ^{5}ma^{0}	为什么 vei^{443}ʂəʔ^{5}ma^{0}	干什么 kæ̃^{443}ʂəʔ^{5}ma^{0} 做什么 tsuəʔ^{5}səʔ^{5}ma^{0}
延川	什么 ʂəʔ^{53}ma^{213}	为什么 vei^{53}ʂəʔ^{21}ma^{0}	做什么 tsuəʔ^{54}ʂəʔ^{21}ma^{213}
黄陵	啥 suɤ^{55}/sɑ^{55}	为啥 vei^{55}suɤ^{55}/vei^{55}sɑ^{55}	做啥 tsəu^{55}suɤ^{55}/tsəu^{55}sɑ^{55}
渭南	啥 sɑ^{44}	为啥 uei^{44}sɑ^{44}	做啥 tsəu^{44}sɑ^{44} 弄啥 luəŋ^{44}sɑ^{44}
韩城	什么 sɿ^{44}muɤ^{0}	为什么 uɪi^{44}sɿ^{44}muɤ^{0}	弄什么 nəŋ^{44}sɿ^{44}muɤ^{0}
合阳	啥 suo^{55}	为啥 uei^{55}suo^{55} 为何 uei^{55}xuo^{24}	做啥 tsou^{55}suo^{55}
富平	啥 sɑ^{55}	咋 tsɑ^{31}	弄啥 nuəɣ̃^{55}sɑ^{55}
耀州	啥 sa^{44}	为啥 uei^{44}sa^{44}	做啥 tsou^{44}sa^{44} 弄啥 nuŋ^{44}sa^{44}
咸阳	啥 sa^{44}	为啥 uei^{44}sa^{0}	做啥 tsou^{44}sa^{0}
旬邑	啥 ʃɤ^{44}	为啥 uei^{44}ʃɤ^{44} 咋哩 tsuo^{44}li^{0}	做啥 tsəu^{44}ʃɤ^{21} 弄啥 luəŋ^{44}ʃɤ^{21}
三原	啥 sɑ^{44}	为啥 uei^{44}sɑ^{0}	做啥 tsou^{44}sɑ^{0} 弄啥 nəŋ^{44}sɑ^{0}

	1156 什么你找~？	1157 为什么你~不去？	1158 干什么你在~？
乾县	啥 sa^{55}	为啥 ue^{55}sa^{21}	弄啥呢 noŋ^{55}sa^{55}ȵi^{21}
岐山	啥 ʂA^{44}	为啥 vei^{44}ʂA^{44}	做啥 tsu^{44}ʂA^{44} 干啥 kæ̃^{44}ʂA^{44}
凤翔	啥 ʂa^{44}	为啥 vei^{44}ʂa^{44}	做啥 tsu^{44}ʂa^{44}
千阳	啥 ʃa^{44}	为啥 vei^{44}ʃa^{44}	做啥 tsu^{44}ʃa^{44}
西安	啥 sa^{44}	为啥 uei^{44}sa^{44}	做啥 tsou^{44}sa^{44}
户县	啥 sa^{55} 啥价 sa^{55}tɕia^{31}	为啥 uei^{55}sa^{55}	做啥 tsɤu^{55}sa^{55} 干啥 kã^{55}sa^{55}
商州	啥 sɑ^{44}	为啥 vei^{44}sɑ^{44}	做啥 tsou^{44}sɑ^{44}
镇安	啥 sa^{214}	为啥 vEi^{322}sa^{214}	干啥 kan^{35}sa^{214}
安康	啥 ʂa^{44}	为啥 uei^{44}ʂa^{44}	干啥 kan^{44}ʂa^{44}
白河	啥 ʂa^{41}	为啥 uei^{42}ʂa^{41}	做啥 tsəu^{42}ʂa^{41}
汉阴	么子 mo^{45}tsɿ^{0}	咋们 tsɑ^{45}mən^{0}	做么子 tsəu^{21}mo^{45}tsɿ^{0}
平利	么子 mo^{45}tsɿ^{0} 啥子 ʂa^{24}tsɿ^{0}	咋们 tsa^{45}mən^{0} 为么子 uei^{24}mo^{45}tsɿ^{0}	做啥 tsou^{24}ʂa^{214} 做么子 tsou^{24}mo^{45}tsɿ^{0}
汉中	啥 sA^{354}	为啥 uei^{35}sA^{354}	做啥 tsəu^{35}sA^{354} 搞啥 kɑo^{35}sA^{354}
城固	啥 ʃua^{311}	为啥 uei^{24}ʃua^{311}	做啥 tsəu^{24}ʃua^{311}
勉县	啥 sɑ^{213}	为啥 vei^{35}sɑ^{213}	[做啥]哩 tsuɑ^{21}li^{0}
镇巴	啥子 sa^{21}tsɿ^{52}	哪们 la^{45}mən^{55} 为啥 uei^{213}sa^{213}	做啥子 tsu^{213}sa^{21}tsɿ^{52} [做啥]子 tsua^{21}tsɿ^{52}

	1159 多少这个村有~人？	1160 很今天~热	1161 非常比上条程度深：今天~热
榆林	多少 tuə^{33}ʂɔo^{0}	可 k^{h}əʔ^{3}	拿死 na^{24}sɿ^{0}
神木	多少 tuo^{24}ʂɔo^{0} 多大 tuo^{24}tEe^{53}	可 k^{h}əʔ^{4} 太 t^{h}Ee^{53} 海里 xEe^{21}ləʔ^{4}	可 k^{h}əʔ^{4}
绥德	多少 təɣ̃^{24}ʂəɣ̃^{0}	可 k^{h}əʔ^{3}	往死 vəʔ^{5}sɿ^{0} 恶 ŋɤ^{33}
吴堡	多少 tɤu^{24}ʂɤ^{0}	可 k^{h}əʔ^{3}	海来 xəʔ^{3}lɑE^{213} 给死 kɛe^{33}sɿ^{412}
清涧	多少 tɯ^{31}ʂɔo^{24}	可 k^{h}əʔ^{43}	海来 xai^{31}li^{53}
延安	多少 tuo^{24}ʂɔ^{423}	可 k^{h}əʔ^{5}	咂 tsa^{213}
延川	多少 tei^{21}ʂao^{53}	可 k^{h}əʔ^{54}	可 k^{h}əʔ^{54}
黄陵	多少 tuɤ^{31}ʂɔ^{52}	太 t^{h}E^{55}	太 t^{h}E^{55} 特别 t^{h}ei^{24}piɛ^{24}
渭南	多少 tuə^{31}ʂɔo^{0}	…得很…tɕi^{0}xə̃^{53}	…得很…tɕi^{0}xə̃^{53}
韩城	多少 tuɤ^{31} ʂuɤ^{0}	真 tʂẽ^{24} …得太…ti^{0}t^{h}æe^{44}	特别 t^{h}ɪi^{24}piE^{24} 得太太 ti^{0}t^{h}æE^{44}t^{h}æe^{0}
合阳	多 tuo^{31} 多少 tuo^{31} ʂuo^{31}	很 xẽ^{52}	非常 fei^{31}tʂ^{h}ɑŋ^{24} 太 t^{h}æe^{55}
富平	多 tuo^{31}	很 xɛ̃^{53}	很很 xɛ̃^{53}xɛ̃^{31} 怕怕 p^{h}ɑ^{55}p^{h}ɑ^{31}
耀州	多大些 tuo^{52}ta^{44}ɕiɛ^{0} 多少 tuo^{21}ʂɔu^{52}	［这们］tʂei^{44}	特别 t^{h}ei^{24}piɛ^{24} 得很着呢 ti^{21}xei^{52}tʃuo^{0}ȵ̩i^{0}
咸阳	多少 tuo^{31}ʂɔ^{0}	很 xɛ̃^{53}	真 tʂɛ̃^{31}
旬邑	多少 tuo^{21}ʂau^{52}	…哩很…li^{21}xɛ̃^{52}	奇 tɕ^{h}i^{24}
三原	多少 tuə^{31}ʂɑɔ^{0} 多 tuə^{31}	很 xẽ^{52}	冷㞞 ləŋ^{52}suəŋ^{24}

	1159 多少这个村有～人？	1160 很今天～热	1161 非常比上条程度深：今天～热
乾县	多少 tuɤ²¹ʂɔ²¹	很 xẽ⁵³	太 tʰɛ⁵⁵
岐山	多少 tuo³¹ʂɔ²¹	很 xəŋ⁵³	死 sʅ⁵³ 太 tʰE⁵³
凤翔	多少 tuo³¹ʂɔ⁰	很 xəŋ⁵³	太 tʰE⁴⁴ 余外 y³¹vE⁴⁴
千阳	多少 tuo³¹ʂɔ⁰	很 xəŋ⁵³	太 tʰE⁴⁴
西安	多少 tuo²¹ʂau⁵³	很 xən⁵³	太 tʰai⁴⁴
户县	多少 tuɤ³¹ʂau⁵¹ 多 tuɤ³¹	很 xẽ⁵¹	愈外 y⁵⁵uæ⁵⁵
商州	多少 tuə³¹ʂɑo⁵³	［这们］tʂẽ⁴⁴	多 tuə³⁵
镇安	好些 xɔo³⁵ɕiɛ⁵³	很 xən³⁵ 好 xɔo³⁵	更 kən²¹⁴
安康	多少 tuo³¹ʂau⁰	很 xən⁵³	太 tʰæ⁴⁴
白河	好多 xɔu³⁵tuo²¹³	好 xɔu³⁵	好 xɔu³⁵ 很 xən³⁵
汉阴	好多 χɑo⁴⁵to³³	好 χɑo⁴⁵	好 χɑo⁴⁵
平利	好多 xau⁴⁵to⁴³	好 xau⁴⁴⁵	太 tʰai²¹⁴
汉中	多少 tuɤ⁵⁵ʂɑo⁰	好 xɑo³⁵⁴	特别 tʰEi⁵⁵piE⁰
城固	多 tuə⁵³	很 xən⁴⁴	特别 tʰai⁴⁴piɛ⁰
勉县	多少 tuɤ⁴⁴sɑɔ⁰	很 xən³⁵	特别 tʰɑi⁴⁴piɛ⁰
镇巴	好多 xau⁴⁵to⁵⁵	好 xau⁵² 得很 tɛ³¹xən⁵²	太 tʰai²¹³

	1162 更今天比昨天~热	1163 太这个东西~贵，买不起	1164 最弟兄三个中他~高
榆林	还 xɛ^{213} 海来 xɛe^{21}ləʔ^{0}	太 tʰɛe^{52}	最 tsuei^{52}
神木	还 xɛ^{44} 更 kɤ̃^{53}	太 tʰEe^{53} ［这们］tʂuɤ̃^{213}	最 tsuei^{53}
绥德	还 xæ^{33} 海里 xai^{21}li^{33}	太 tʰai^{52}	最 tsuei^{52}
吴堡	还 xã^{33}	太 tʰɑe^{53}	最 tsuɑe^{53}
清涧	还 xɛ^{24}	太 tʰai^{42}	最 tsuai^{42}
延安	更 kəŋ^{443}	太 tʰai^{443}	最 tsʰuei^{443}
延川	更 kəŋ^{53}	太 tʰai^{53}	最 tsuei^{53}
黄陵	更 kəŋ^{55} 还 xæ̃^{24}	太 tʰE^{55}	最 tsuei^{55}
渭南	还 xæ̃^{24}	太 tʰae^{44}	最 tʃei^{44}
韩城	还 xɑ^{24}	太 tʰæe^{44} 死 sɿ^{53}	最 tsuɪi^{44}
合阳	更 kəŋ^{55} 还 xɑ̃^{24}	太 tʰæe^{55} 死 sɿ^{52}	最 tɕyei^{55}
富平	还 xɑ^{24}	太 tʰɛe^{55}	最 tsueɪ^{55}
耀州	更 kəŋ^{44} 还 xæi^{24}	［这们］tʂei^{44} 死 sɿ^{52}	顶 tiŋ^{52}
咸阳	更 kəŋ^{44}	太 tʰæ^{44}	最 tsuei^{44}
旬邑	还 xa^{24}	哩很 li^{21}xɛ̃^{52}	最 tsuei^{44}
三原	还 xɑ^{24}	太 tʰai^{44}	最 tsuei^{44}

	1162 更今天比昨天~热	1163 太这个东西~贵,买不起	1164 最弟兄三个中他~高
乾县	还 xa²⁴/xɛ²⁴	太 tʰɛ⁵⁵	最 tsue⁵⁵
岐山	还 xæ̃²⁴	太 tʰE⁵³	最 tsuei⁴⁴
凤翔	还 xa²⁴	太 tʰE⁴⁴	最 tsuei⁴⁴
千阳	还 xa²⁴	太 tʰE⁴⁴	最 tsuei⁴⁴
西安	还 xai²⁴	太 tʰai⁴⁴	最 tsuei⁴⁴
户县	还 xæ³⁵	太 tʰæ⁵⁵	最 tsuei⁵⁵ 顶 tiŋ⁵¹
商州	还 xɑ³⁵	太 tʰai⁴⁴	最 tʃuei⁴⁴
镇安	还 xai³³	太 tʰai²¹⁴	最 tsEi³²²
安康	更 kən⁴⁴ 还 xæ³⁵	太 tʰæ⁴⁴	最 tsuei⁴⁴
白河	更 kən⁴¹ 还 xai⁴⁴	好 xɔu³⁵	最 tsei⁴¹
汉阴	还 χae⁴²	好 χɑo⁴⁵	最 tsuei²¹⁴
平利	更 kən²¹⁴ 还 xai⁵²	太 tʰai²¹⁴	最 tsei²¹⁴
汉中	还 xai⁴²	太 tʰai²¹³	最 tsuei²¹³
城固	还 xa³¹¹	太 tʰai⁴⁴	最 tʃuei²¹³
勉县	还 xɑi²¹	太 tʰɑi²¹³	最 tsuei²¹³
镇巴	还 xai³¹	太 tʰai²¹³	最 tsuei²¹³

	1165 都大家~来了	1166 一共~多少钱？	1167 一起我和你~去
榆林	都 təu^{33} 全 tɕʰyɛ^{213}	一满 iəʔ^{3}mɛ^{0} 总共 tsuɤỹ^{21}kuɤỹ^{52}	一搭儿 iəʔ^{3}tɐr^{33} 一起 iəʔ^{3}tɕʰi^{213}
神木	都 təu^{213}	一满 iəʔ^{4}mɛ^{0} 一共 iəʔ^{4}kuɤ̃^{53}	一搭 iəʔ^{4}ta^{0} 一块儿 iəʔ^{4}kʰuʌɯ^{53}
绥德	都 təu^{213}	一满 iəʔ^{5}mæ^{0} 总共 tsuəỹ^{21}kuəỹ^{52}	一搭里 iəʔ^{5}tɑ^{21}li^{33} 一起 iəʔ^{3}tɕʰi^{33}
吴堡	都 tɑo^{213} 齐 tsʰɛe^{33}	一满 iəʔ^{4}mɤ^{412} 一共 iəʔ^{21}kuəŋ^{53}	一搭儿 iəʔ^{4}tɐr^{412}
清涧	都 təu^{312} 齐 tɕʰi^{42}	一满 iəʔ^{54}mɛ^{53} 一共 iəʔ^{54}kuəỹ^{42}	一搭里 iəʔ^{54}tɑ^{24}li^{0}
延安	都 tou^{24}	一满 iəʔ^{5}mæ̃^{213}	一搭里 i^{21}ta^{24}li^{0}
延川	都 təu^{213}	一满 iəʔ^{54}mɤ^{213} 一共 iəʔ^{54}kuŋ^{0}	一搭里 iəʔ^{21}ta^{35}li^{0}
黄陵	都 təu^{24}	一共 i^{31}kuŋ^{55} 总共 tsuŋ^{52}kuŋ^{55}	一搭里 i^{31}tɑ^{24}li^{0} 一块儿 i^{31}kʰuɐr^{52}
渭南	都 təu^{24}	一共 i^{31}kuəŋ^{44} 满共 mæ̃^{53}kuəŋ^{44}	一搭里 i^{31}tɑ^{24}li^{0} 一齐 i^{31}tɕʰi^{24}
韩城	都 təu^{31} 满 mã^{53}	一满 i^{31}mã^{53} 共总 kuəŋ^{44}tsəŋ^{53}	一块儿 i^{31}kʰuæer^{53}
合阳	都 tou^{31} 全 tɕʰyã^{24}	一共 i^{31}kuŋ^{55} 拥共 yŋ^{52}kuŋ^{55}	一搭 i^{31}tɑ^{31} 一块 i^{24}kʰuæe^{52}
富平	都 tou^{31}	总共 tsuəỹ^{53}kuəỹ^{55}	一搭 i^{31}tɑ^{24}
耀州	都 tou^{21} 全 ɕyæ̃^{24}	一满 i^{21}mæ̃^{52} 总共 tʃuŋ^{52}kuŋ^{44}	一搭里^{21}ta^{24}li^{52} 一块儿 i^{21}kʰuær^{52}
咸阳	都 tou^{31}	一共 i^{31}kuəŋ^{44}	一起 i^{31}tɕʰi^{53}
旬邑	都 təu^{21}	一满 i^{21}mã^{52}	一搭 i^{21}ta^{24}
三原	都 tou^{24}	通满 tʰuəŋ^{31}mã^{52} 一共 i^{31}kuəŋ^{44}	一搭里 i^{24}tɑ^{52}li^{0} 一搭儿 i^{31}tɐr^{24}

	1165 都大家~来了	1166 一共~多少钱?	1167 一起我和你~去
乾县	都 tou^{21}	总共 $tsoŋ^{53}koŋ^{55}$	一块儿 $i^{21}k^{h}uɐr^{53}$
岐山	都 tou^{24}	总共 $tsuŋ^{53}kuŋ^{44}$	一搭 $i^{31}tA^{24}$
凤翔	浑 $xuŋ^{24}$ 都 $təu^{24}$	一共 $i^{31}kuŋ^{44}$ 总共 $tsuŋ^{53}kuŋ^{44}$	一搭 $i^{53}ta^{0}$
千阳	浑 $xuŋ^{24}$ 都 tou^{24}	一共 $i^{31}kuŋ^{44}$ 总共 $tsuŋ^{53}kuŋ^{44}$	一搭 $i^{53}ta^{0}$
西安	都 tou^{24}	满共 $mã^{53}koŋ^{44}$	一块儿 $i^{21}k^{h}uɐr^{53}$
户县	都 $tɤu^{35}$	满共 $mã^{51}kuəŋ^{55}$ 一满共 $i^{31}mã^{51}kuəŋ^{55}$	一搭 $i^{31}ta^{35}$
商州	都 tou^{31}	一共 $i^{31}kuəŋ^{44}$ 总共 $tʃuəŋ^{53}kuəŋ^{44}$	一时 $i^{31}sɿ^{35}$
镇安	都 $təu^{53}$	一共 $i^{21}kuoŋ^{322}$	一路 $i^{21}ləu^{322}$
安康	都 tou^{35}	一共 $i^{31}kuŋ^{44}$	一起 $i^{31}tɕ^{h}i^{53}$ 一路 $i^{31}lou^{44}$
白河	都 $təu^{213}$	一共 $i^{44}kuəŋ^{41}$ 一起儿 $i^{44}tɕ^{h}iər^{35}$	一路儿 $i^{44}lər^{41}$ 一起儿 $i^{44}tɕ^{h}iər^{35}$
汉阴	都 $təu^{33}$	总共 $tsoŋ^{45}koŋ^{214}$ 一起 $i^{42}tɕ^{h}i^{45}$	一路 $i^{42}ləu^{214}$ 一块儿 $i^{42}k^{h}uar^{45}$
平利	都 tou^{43}	总共 $tsoŋ^{45}koŋ^{214}$	一路 $i^{43}lou^{214}$
汉中	都 $təu^{55}$	总共 $tsoŋ^{35}koŋ^{213}$	一路 $i^{21}lu^{213}$
城固	都 $təu^{53}$	总共 $tʃuŋ^{44}kuŋ^{213}$	一路 $i^{31}ləu^{213}$
勉县	都 $təu^{42}$	总共 $tsoŋ^{35}koŋ^{213}$	一路 $i^{21}lu^{213}$
镇巴	都 $təu^{35}$	把零 $pa^{45}lin^{31}$	一路 $i^{31}lu^{213}$

	1168 只我~去过一趟	1169 刚这双鞋我穿着~好	1170 刚我~到
榆林	只 tsɿ^{213}	正 tʂɤɣ̃^{52} 刚 kɑ̃^{33}	才 ts^{h}ɛe^{213} 刚刚 tɕiɑ̃^{33}tɕiɑ̃^{33}
神木	只 tsɿ^{213} 就 tsəu^{53}	正 tʂɤ̃^{53}	刚 tɕiɑ̃^{213} 刚刚儿 tɕiɑ̃^{24}tɕiʌɯ^{53}
绥德	只 tsɿ^{213}	正 tʂəɣ̃^{52} 刚 tɕiɑ̃^{213}	才 ts^{h}ai^{33} 才刚 ts^{h}ai^{33}tɕiɑ̃^{0}
吴堡	则 tsəʔ^{3}	正 tʂɛe^{53}	刚 tɕiɤu^{213}
清涧	就 tɕ^{h}iəu^{42} 刚 tɕiɒ̃^{312}	正 tʂəɣ̃^{42}	刚 tɕiɒ̃^{312}
延安	只 tsɿ^{213}	正 tʂəŋ^{443} 刚 kɑŋ^{213}	刚 kɑŋ^{213}/tɕiɑŋ^{213}
延川	只 tsɿ^{53}	正 tʂəŋ^{53}	刚 tɕiɑŋ^{213}
黄陵	只 tsɿ^{31}	刚 kɑŋ^{24}	刚 kɑŋ^{24}
渭南	只 tsɿ^{31}	刚 kɑŋ^{24} 刚刚 kɑŋ^{24}kɑŋ^{0}	刚 kɑŋ^{24} 刚刚 kɑŋ^{24}kɑŋ^{0}
韩城	只 tsɿ^{31}	刚 kɑŋ^{24}	刚 kɑŋ^{31}
合阳	只 tsɿ^{31} 尽 tɕ^{h}iẽ^{55}	正 tʂəŋ^{55} 刚 kɑŋ^{24}	才 ts^{h}æe^{24} 刚 kɑŋ^{24}
富平	只 tsɿ^{31}	刚 kɑɣ̃^{24}	刚 kɑɣ̃^{24}
耀州	只 tsɿ^{21} 才 ts^{h}æi^{24}	正 tʂəŋ^{44} 刚 kɑŋ^{24}	才 ts^{h}æi^{24} 刚 kɑŋ^{24}
咸阳	只 tsɿ^{31}	刚 kɑŋ^{24}	刚 kɑŋ^{24}
旬邑	只 tsɿ^{21}	刚 kɑŋ^{24}	才 ts^{h}ɛi^{24}
三原	只 tsɿ^{31}	刚 kɑŋ^{31}	才 ts^{h}ai^{24}

	1168 只我~去过一趟	1169 刚这双鞋我穿着~好	1170 刚我~到
乾县	只 tsɿ^{21}	刚 kaŋ^{24}	业个 ȵiə^{53}kuɤ^{21}
岐山	只 tsɿ^{31}	刚 kaŋ^{24}	才 tsʰE^{24} 刚 kaŋ^{24}
凤翔	只 tsɿ^{31} □mæ̃^{24}	刚 kaŋ^{24}	业个 ȵie^{31}kuo^{44} 刚 kaŋ^{24}
千阳	蛮 mæ̃^{24} 只 tsɿ^{31}	刚 kaŋ^{24}	业个 ȵie^{31}kuo^{44} 刚 kaŋ^{24}
西安	只 tsɿ^{21}	刚 kaŋ^{24}	刚 kaŋ^{24} 刚刚儿 kaŋ^{24}kɑ̃r^{24}
户县	只 tsɿ^{31}	刚 kaŋ^{35}	才 tsʰæ^{35} 刚 kaŋ^{35}
商州	只 tsɿ^{31} 就 tsou^{44}	刚刚儿 kaŋ^{35}kɑ̃r^{35}	才 tsʰai^{35} 刚 kaŋ^{35}
镇安	只 tʂʅ^{53}	刚 kʌŋ^{53}	才 tsʰai^{33}
安康	只 tʂʅ^{31}	刚 tɕiaŋ^{35}	刚 tɕiaŋ^{35}
白河	只 tʂʅ^{44}	刚 tɕiaŋ^{213}	刚 tɕiaŋ^{213}
汉阴	就 tsəu^{214}	才刚 tsʰae^{42}tɕiaŋ^{33}	才 tsʰae^{42}
平利	只 tʂʅ^{43}	刚 tɕiaŋ^{43}	才 tsʰai^{43}
汉中	就 təu^{213}	刚 tɕiaŋ^{55}	才 tsʰai^{42} 刚 kaŋ^{55}
城固	只 tsɿ^{311}	刚 tsiaŋ^{311}	刚 tsiaŋ^{311}
勉县	只 tsɿ^{21}	刚 tɕiaŋ^{42}	刚 tɕiaŋ^{42}
镇巴	只 tsɿ^{52}	刚 kaŋ^{35}	刚 kaŋ^{35}

	1171 才你怎么~来啊？	1172 就我吃了饭~去	1173 经常我~去
榆林	才 tsʰεe^{213}	就 tɕiəu^{52}	常 tʂʰɑ̃^{213} 流水 liəu^{24} ʂuei^{0}
神木	才 tsʰEe^{44}	就 tsəu^{53}	肯 kʰɤ̃^{213} 常 tʂʰɑ̃^{44}
绥德	才 tsʰai^{33}	就 tɕiəu^{52}	常 tʂʰɑ̃^{33} 流水 liəu^{33} ʂuei^{0}
吴堡	才 tsʰɑe^{33}	就 tsɤu^{53}	常 tʂʰɤu^{33}
清涧	才 tsʰai^{24}	就 tɕʰiəu^{42}	常 tʂʰɒ̃^{24}
延安	才 tsʰai^{24}	就 tɕʰiou^{443}	常 tʂʰaŋ^{24}
延川	才 tsʰai^{35}	就 tɕʰiəu^{53}	经常 tɕiŋ^{21}tʂʰɑŋ^{35}
黄陵	才 tsʰE^{24}	就 tɕʰəu^{55}	常 tʂʰɑŋ^{24} 经常 tɕiəŋ^{31}tʂʰɑŋ^{24}
渭南	才 tsʰae^{24}	就 tsʰəu^{44}	经常 tɕiəŋ^{31}tʂʰɑŋ^{24} 老 lɔo^{53}
韩城	才 tsʰæe^{24}	就 tsʰəu^{44}	肯 kʰɛ̃^{53}
合阳	才 tsʰæe^{24}	就 tɕʰiou^{55}	常 tʂʰɑŋ^{24} 经常 tɕiŋ^{31}
富平	才 tsʰεe^{24}	就 tiou^{55}	经常 tɕiəɣ̃^{53}tʂʰɑɣ̃^{31}
耀州	才 tsʰæi^{24}	就 tsou^{44}	肯 kʰei^{52} 常 tʂʰɑŋ^{24}
咸阳	才 tsʰæ^{24}	就 tsou^{44}	经常 tɕiəŋ^{31}tʂʰɑŋ^{24}
旬邑	才 tsʰεi^{24}	就 tɕʰiəu^{44}	肯 kʰɛ̃^{52}
三原	才 tsʰai^{24}	就 tsou^{44}	肯 kʰẽ^{52}

	1171 **才**你怎么~来啊?	1172 **就**我吃了饭~去	1173 **经常**我~去
乾县	才 ts^{h}ɛ^{24}	就 tsou^{55}	成天儿 tʂ^{h}ɤŋ^{24}t^{h}iæ̃r^{42}
岐山	才 ts^{h}E^{24}	就 tɕiou^{44}	经常 tɕiŋ^{53}tʂ^{h}ɑŋ^{21}
凤翔	才 ts^{h}E^{24}	就 tsəu^{44}	一劲儿 i^{31}tɕiə̃r^{53} 时常 sʅ^{53}tʂ^{h}ɑŋ^{24}
千阳	才 ts^{h}E^{24}	就 tsiou^{44}	时常 sʅ^{24}tʂ^{h}ɑŋ^{24} 一劲 i^{31}tɕiŋ^{0}
西安	才 ts^{h}ai^{24}	就 tsou^{44}	老 lau^{53}
户县	才 ts^{h}æ^{35}	就 tsɤu^{55}	肯 k^{h}ẽ^{51}
商州	才 ts^{h}ai^{35}	就 tsou^{44}	老 lɑo^{53}
镇安	才 ts^{h}ai^{33}	就 tsəu^{322}	老 lɔo^{35}
安康	才 ts^{h}æ^{35}	就 tsou^{44}	经常 tɕin^{44}tʂ^{h}aŋ^{35} 定定儿 tin^{44}tiər^{53}
白河	才 ts^{h}ai^{44}	就 tsəu^{41}	经常 tɕiən^{21}tʂ^{h}aŋ^{44} 成天 tʂ^{h}ən^{44}t^{h}ian^{213}
汉阴	才 ts^{h}ae^{42}	就 tsəu^{214}	一努起 i^{42}ləu^{45}tɕ^{h}i^{0}
平利	才 ts^{h}ai^{43}	就 tsou^{214}	迟早 tʂ^{h}ʅ^{52}tsau^{445} 古今儿 ku^{45}tɕiər^{43}
汉中	才 ts^{h}ai^{42}	就 təu^{213}	经常 tɕin^{55}tʂ^{h}ɑŋ^{42}
城固	才 ts^{h}ai^{311}	就 tsəu^{213}	常 tʂ^{h}ɑŋ^{311}
勉县	才 ts^{h}ɑi^{21}	就 tsəu^{213}	经常 tɕin^{44}ts^{h}ɑŋ^{0}
镇巴	才 ts^{h}ai^{31}	就 təu^{213}	长期 ts^{h}aŋ^{31}tɕ^{h}i^{55}

	1174 又他~来了	1175 还他~没回家	1176 再你明天~来
榆林	又 iəu52	还 xɛ213	再 tsɛe52
神木	又 iəu53	还 xɛ44	再 tsE53
绥德	又 iəu52	还 xæ33	再 tsai52
吴堡	又 iɑo53	还 xã33	再 tsɑe53
清涧	又 iəu42	还 xɛ24	再 tsai42
延安	又 iou443	还 xæ̃24	再 tsai443
延川	又 iəu53	还 xæ̃35	再 tsai53
黄陵	可 kʰɤ31	还 xæ̃24	再 tse55
渭南	可 kʰə31	还 xæ̃24	再 tsae44
韩城	可 kʰɤ31	还 xɑ24	再 tsæe44
合阳	又 ȵiou55 可 kʰɤ31	还 xɑ̃24	再 tsæe55
富平	可 kʰɤ31	还 xɑ31	再 tsɛe55
耀州	可 kʰɤ21	还 xa24	再 tsæi44
咸阳	又 iou44	还 xæ24	再 tsæ44
旬邑	可 kʰɤ21	还 xa24	再 tsɛi44
三原	可 kʰɤ31	还 xɑ24	可 kʰɤ31

	1174 又他~来了	1175 还他~没回家	1176 再你明天~来
乾县	又 iou^{55}	还 xæ̃^{24}	再 tsɛ^{55}
岐山	可 kʰɤ^{31} 又 iou^{44}	还 xæ̃^{24}	再 tsE^{44}
凤翔	可 kʰɔ^{31}	还 xa^{24}	可 kʰɔ^{31} 再 tsE^{44}
千阳	可 kʰuo^{31}	还 xa^{24}	可 kʰuo^{31} 再 tsE^{44}
西安	可 kʰɤ^{21}	还 xai^{24}	再 tsai^{44}
户县	可 kʰɤ^{31}	还 xæ^{35}	再 tsæ^{55}
商州	可 kʰə^{31}	还 xɑ^{35}	再 tsai^{44}
镇安	又 iəu^{322}	还 xai^{33}	再 tsai^{322}
安康	又 iou^{44}	还 xæ^{35}	再 tsæ^{44}
白河	又 iəu^{41}	还 xai^{44}	再 tsai^{41}
汉阴	又 iəu^{214}	还 χae^{42}	再 tsae^{214} 还 χae^{42}
平利	又 iou^{214}	还 xai^{52}	再 tsai^{214}
汉中	又 iəu^{213}	还 xai^{42}	再 tsai^{213} 又 iəu^{213}
城固	可 kʰə^{53}	还 xa^{311}	再 tsai^{213}
勉县	又 iəu^{213}	还 xɑi^{21}	再 tsɑi^{213}
镇巴	又 iəu^{213}	还 xai^{31}	再 tsai^{213}

	1177 也我~去；我~是老师	1178 反正不用急，~还来得及	1179 没有昨天我~去
榆林	也 iaʔ^{3}	不管咋价 pəʔ^{3}kuɛ^{0}tsua^{24}tɕiɛ^{0} 反正 fɛ^{21}tʂɤɣ̃^{52}	没 mʌʔ^{3}
神木	也 iɛ^{213}	不管咋 pəʔ^{4}kuɛ^{0}tsa^{213} 甚不甚 ʂɤ̃^{53}pəʔ^{0}ʂɤ̃^{53} 反正 fɛ^{21}tʂɤ̃^{53}	没 məʔ^{4}
绥德	也 iɑ^{213}	不管咋价 pəʔ^{5}kuæ^{0}tsuɑ^{21}tɕiɑ^{33} 反正 fæ^{21}tʂəɣ̃^{52}	没 mɤ^{33}
吴堡	也 iɑ^{412}	反正 fã^{21}tʂɛe^{53}	没啦 məʔ^{3}lɑ^{213}
清涧	也 ie^{53}	反正 fɛ^{31}tʂei^{42}	没 mɤ^{24}
延安	也 iɛ^{52}	反正 fæ̃^{21}tʂəŋ^{443} 迟早 tʂʰʅ^{24}tsɔ^{423}	没 mə^{213} 没有 mə^{24}iou^{423}
延川	也 iɛ^{53}	反正 fæ̃^{21}tʂəŋ^{53}	没有 mɤ^{21}iəu^{53}
黄陵	也 iɑ^{52}/iɛ^{52}	反正 fæ̃^{31}tʂəŋ^{55}	没 muɤ^{31}
渭南	也 iɛ^{53}	反正 fæ̃^{31}tʂəŋ^{44}	没 mə^{31}
韩城	也 iɑ^{53}	反正 fã^{31}tʂəŋ^{44}	没 muɤ^{31}
合阳	也 iɑ^{52}	反正 fã^{31}tʂəŋ^{55}	没 mo^{31} 没有 mo^{24}iou^{52}
富平	也 iɛ^{53}	反正 fæ̃^{31}tʂəɣ̃^{55}	没 mo^{31}
耀州	也 iɛ^{52}	反正 fæ̃^{21}tʂəŋ^{44}	没 muo^{21}
咸阳	也 iɛ^{53}	反正 fã^{31}tʂəŋ^{44}	没 mo^{31}
旬邑	也 iɛ^{52}	横顺 ɕyo^{24}ʃɛ̃^{44} 反正 fã^{21}tʂəŋ^{44}	没 mo^{21}
三原	也 iɛ^{52}	反正 fã^{31}tʂəŋ^{44}	没 mɤ^{31}

	1177 也我~去;我~是老师	1178 反正不用急,~还来得及	1179 没有昨天我~去
乾县	也 iə^{53}	反正 fæ̃^{21}ʈɤŋ^{55}	没 muɤ^{21}
岐山	也 iɛ^{53}	反正 fæ̃^{31}tʂəŋ^{44}	没 mo^{31}
凤翔	也 ie^{53}	横顺 çyE^{24}ʂəŋ^{44}	没 mo^{31} 没有 mo^{31}iəu^{53} 没得 mo^{24}tei^{0}
千阳	也 ie^{53}a^{0}	反正 fæ̃^{31}tʂəŋ^{44}	没 mo^{31} 没有 mo^{31}iou^{53}
西安	也 iɛ^{53}	反正 fã^{21}tʂəŋ^{44}	没 mo^{21}
户县	也 iɛ^{51}	反正 fã^{31}tʂəŋ^{55}	没 mɤ^{31}
商州	也 iɑ^{53}	反正 fã^{31}tʂəŋ^{44}	没 muə^{31}
镇安	也 iɛ^{35}	反正 fan^{33}tʂən^{214}	没 muə^{53}
安康	也 ie^{53}	反正 fan^{53}tʂən^{44}	没有 muo^{35}iou^{53}
白河	也 iE^{35}	反正 fan^{35}tʂən^{41}	[没有]miəu^{35} 冇 mɔu^{41}
汉阴	也 iE^{45}	反正 χuan^{45}tʂən^{214}	没 mE^{42}
平利	也 iE^{445}	反正 fan^{45}tʂən^{0}	没有 mo^{43}iou^{445}
汉中	也 iE^{354}	反正 fan^{35}tʂən^{0}	没 mɤ^{42}
城固	也 ŋai^{53}	反正 fan^{44}tʂəŋ^{213}	没 mə^{53}
勉县	也 iɛ^{35}	反正 fɑn^{35}tsən^{0}	没 mɤ^{21}
镇巴	也 iɛ^{52}	反正 fan^{45}tsən^{213}	没 mei^{35}

	1180 不明天我~去	1181 别你~去	1182 甭不用，不必：你~客气
榆林	不 $pəʔ^{3}$	嫑 $piɔo^{52}$	嫑 $piɔo^{52}$
神木	不 $pəʔ^{3}$	不要 $pəʔ^{4}iɔo^{53}$ 甭 $pi\tilde{ɤ}^{53}$	不要 $pəʔ^{4}iɔo^{53}$ 甭 $pi\tilde{ɤ}^{53}$
绥德	不 $pəʔ^{3}$／$pɤ^{33}$	嫑 $piɔɤ^{52}$	嫑 $piɔɤ^{52}$
吴堡	不 $pəʔ^{3}$	嫑 $piɤ^{53}$	嫑 $piɤ^{53}$
清涧	不 $pəʔ^{43}$	嫑 $piɔo^{42}$	嫑 $piɔo^{42}$
延安	不 $pəʔ^{5}$	嫑 $piɔ^{443}$	嫑 $piɔ^{443}$
延川	不 $pəʔ^{54}$	嫑 $piɑo^{53}$	嫑 $piɑo^{53}$
黄陵	不 pu^{31}	嫑 $puɤ^{31}$	嫑 $puɤ^{31}$
渭南	不 pu^{31}	嫑 $pɔo^{31}$	嫑 $pɔo^{31}$
韩城	不 pu^{31}	嫑 $piɑu^{24}$	不要 $pu^{31}iɑu^{44}$
合阳	不 pu^{31}	嫑 $pɔo^{31}$ 别 po^{31}	别 $piɛ^{24}$ 甭 $pəŋ^{24}$
富平	不 pu^{31}	嫑 $pɑo^{31}$	嫑 $pɑo^{31}$
耀州	不 pu^{21}	嫑 $pɔu^{21}$	嫑 $pɔu^{21}$
咸阳	不 pu^{24}	嫑 $pɔ^{31}$	嫑 $pɔ^{31}$
旬邑	不 pu^{21}	不要 $pu^{21}iau^{44}$ 不 pu^{21}	不要 $pu^{21}iau^{44}$
三原	不 pu^{31}	嫑 $pɑɔ^{31}$	嫑 $pɑɔ^{31}$

	1180 不明天我~去	1181 别你~去	1182 甭不用，不必：你~客气
乾县	不 pu^{21}	嫑 $pɔ^{21}$	嫑 $pɔ^{21}$
岐山	不 pu^{31}	甭 po^{31}	嫑 $pɔ^{31}$
凤翔	不 pu^{31}	嫑 po^{31}	嫑 po^{24}
千阳	不 pu^{31}	不了 $pu^{53}liɔ^{0}$	嫑 $pɔ^{24}$
西安	不 pu^{21}	嫑 pau^{21}	嫑 pau^{21}
户县	不 pu^{31}	嫑 pau^{31}	不用 $pu^{31}yŋ^{55}$ 不必 $pu^{35}pi^{31}$
商州	不 pu^{31}	别 $puə^{31}$ 嫑 $pɑo^{31}$	别 $puə^{31}$ 嫑 $pɑo^{31}$
镇安	不 pu^{322}	别 $puə^{53}$	别 $puə^{53}$
安康	不 pu^{35}	嫑 pau^{31}	嫑 pau^{31}
白河	不 pu^{44}	莫 mo^{44}	莫 mo^{44}
汉阴	不 pu^{42}	莫 mo^{42}	莫 mo^{42}
平利	不 pu^{43}	不要 $pu^{43}iau^{214}$	莫 mo^{52}
汉中	不 pu^{42}	嫑 $pɑo^{42}$	嫑 $pɑo^{42}$
城固	不 pu^{53}	嫑 $pɔ^{311}$	嫑 $pɔ^{311}$
勉县	不 pu^{21}	嫑 $pɑɔ^{21}$	嫑 $pɑɔ^{21}$
镇巴	不 pu^{31}	莫 mo^{31}	莫 mo^{31}

	1183 快天~亮了	1184 差点儿~摔倒了	1185 宁可~买贵的
榆林	立马 liəʔ^{3}ma^{0} 趱马 tsɛ^{24}ma^{0}	险差 ɕiɛ^{33}tsʰa^{33} 看乎儿 kʰɛ^{33}xuər^{33}	宁 niɤɣ̃^{52}
神木	快 kʰuEe^{53}	再下儿 tsEe^{53}xʌɯ^{53} 险乎儿 ɕiɛ^{24}xuʌɯ^{53}	宁 ȵiɣ̃^{53}
绥德	立马 liəʔ^{5}mɑ^{0} 快 kʰuai^{52}	参乎儿 tsʰæ^{24}xur^{0} 看乎儿 kʰæ^{24}xur^{0}	能 nəɣ̃^{52}
吴堡	快 kʰuɑe^{53}	看乎儿 kʰie^{21}xur^{53}	宁 ȵiəŋ^{53}
清涧	快 kʰuai^{42}	看乎儿 kɛ^{31}xur^{42}	宁 ȵiəɣ̃^{42}
延安	快 kʰuai^{443}	险乎儿 ɕiæ̃^{24}xur^{53}	宁可 ȵiəŋ^{24}kʰuo^{423} 宁愿 ȵiəŋ^{24}yæ̃^{443}
延川	快 kʰuai^{53}	看乎儿 kʰæ^{21}xur^{53}	宁愿 niŋ^{53}yɛ^{0}
黄陵	快 kʰuE^{55} 马上 mɑ^{52}ʂɑŋ^{55}	差乎儿 tsʰɑ^{55}xur^{55} 稀乎儿 ɕi^{31}xur^{55}	宁愿 ȵiəŋ^{24}yæ̃^{55}
渭南	快 kʰuae^{44}	稀乎儿 ɕi^{31}xur^{24} 差一点儿 tsʰɑ^{31}i^{31}tɕiæ̃r^{24}	哪怕 nɑ^{44}pʰɑ^{44}
韩城	快 kʰuæe^{44}	稀乎 ɕi^{31}xu^{53}	宁可 ȵiəŋ^{24}kʰɤ^{53} 宁愿 ȵiəŋ^{24}yã^{44}
合阳	快 kʰuæe^{55} 就 tɕʰiou^{55}	差一点儿 tsʰɑ^{55}i^{31}tiɑr^{52} 差点儿 tsʰɑ^{55}tiɑr^{52}	宁 ȵiŋ^{24} 宁可 ȵiŋ^{24}kʰɤ^{52}
富平	快 kʰuɛe^{55}	稀乎儿 ɕi^{31}xur^{53} 稀乎乎儿 ɕi^{31}xu^{55}xur^{53}	就是 tiou^{55}sɿ^{55}
耀州	快 kʰuæi^{44} 就 tsou^{44}	稀乎儿 ɕi^{21}xur^{52} 错一点儿 tsʰuo^{44}i^{21}tiæ̃r^{52}	宁愿 ȵiŋ^{24}yæ̃^{44}
咸阳	快 kʰuæ^{44}	稀乎儿 ɕi^{31}xuər^{53}	宁可 ȵiəŋ^{44}kʰɤ^{53}
旬邑	快 kʰuɛi^{44}	稀乎儿 ɕi^{21}xur^{52}	宁愿 ȵiəŋ^{24}yã^{44}
三原	快 kʰuai^{44}	稀乎儿 ɕi^{31}xur^{24}	宁可 ȵiəŋ^{44}kʰɤ^{52} 宁愿 ȵiəŋ^{44}yã^{44}

	1183 快天~亮了	1184 差点儿~摔倒了	1185 宁可~买贵的
乾县	马上 ma^{53}ʂaŋ^{55}	稀乎儿 ɕi^{55}xuər^{53}	宁愿 ȵiɤŋ^{24}yæ̃^{55}
岐山	快 kʰuᴇ^{44}	险乎儿 ɕiæ̃^{53}xu^{24}ər^{31} 争一点 tsəŋ^{31}i^{31}ȶiæ̃^{53}	宁可 ȵiŋ^{24}kʰɤ^{53} 宁愿 ȵiŋ^{24}yæ̃^{44}
凤翔	快 kʰuᴇ^{44}	差一点 tsʰa^{31}i^{0}tsiæ̃^{53} 稀乎 ɕi^{53}xu^{24}	能 ləŋ^{24}
千阳	快 kʰuᴇ^{44}	稀打乎 ɕi^{53}ta^{0}xu^{24} 差一点 tsʰa^{31}i^{0}tiæ̃^{53}	能 ləŋ^{24}
西安	快 kʰuai^{44}	稀乎儿 ɕi^{21}xuər^{53}	宁愿 ȵiəŋ^{24}yã^{44}
户县	快 kʰuæ^{55}	险乎儿 ɕiã^{31}xuɯ^{51} 差一能=能=儿 tsʰa^{55}i^{31}nəŋ^{35}nəɯ^{35}	宁 ȵiŋ^{55} 宁愿 ȵiŋ^{55}yã^{55}
商州	快 kʰuai^{44}	稀乎儿 ɕiɛ^{53}xur^{31}	宁愿 ȵiəŋ^{35}yã^{44}
镇安	快 kʰuai^{214}	稀乎儿 ɕi^{53}xur^{0}	宁愿 ȵin^{33}ʐuan^{322}
安康	快 kʰuæ^{44}	差点儿 tʂʰa^{31}tiar^{53}	宁可 ȵin^{35}kʰɤ^{53}
白河	快 kʰuai^{41} 要 iɔu^{41}	稀打乎儿 ɕi^{21}ta^{0}xuər^{213}	宁愿 ȵiən^{44}yan^{0}
汉阴	要 iɑo^{214}	差点儿 tsʰɑ^{33}tiar^{45}	宁愿 ȵin^{42}yan^{214} 情愿 tɕʰin^{42}yan^{214}
平利	快 kʰuai^{214}	争一点儿 tsən^{43}i^{0}tiar^{445}	宁愿 ȵin^{52}ɥan^{214}
汉中	要 iɑo^{213}	稀乎 ɕi^{55}xu^{0} 争点 tsən^{55}tian^{354}	宁愿 nin^{42}yan^{0}
城固	就 təu^{213}	争点儿 tsəŋ^{53}tiər^{0}	情愿 tsʰiŋ^{31}yan^{213}
勉县	就 tsəu^{213}	稀乎 ɕi^{44}xu^{0} 争一点 tsən^{44}i^{21}tiɑn^{0}	情愿 tɕʰin^{21}yɑn^{0}
镇巴	要 iau^{213}	稀乎儿 ɕi^{35}xuɐr^{55} 稀打乎儿 ɕi^{35}ta^{52}xuɐr^{55}	宁愿 ȵin^{33}yan^{213}

	1186 故意~打破的	1187 随便~弄一下	1188 白~跑一趟
榆林	故意儿把 ku^{52}iər^{52}pa^{52} 专门 tʂuɛ^{33}mɤɣ̃^{213}	或管咋价 xuəʔ^{3}kuɛ^{0}tsua^{24}tɕiɛ^{0} 随便 suei^{33}piɛ^{52}	白 piɛ^{213}
神木	专门 tʂuɛ^{24}mɤ̃^{44} 故意 ku^{53}i^{53} 专心故意儿 tʂuɛ^{24}ɕiɤ̃^{0} ku^{53} iʌɯ^{53}	休管咋价 ɕiəu^{24}kuɛ^{0}tsa^{21}tɕiɛ^{44} 随便 suei^{44}piɛ^{53}	白 piɛ^{44}
绥德	故意儿 ku^{52}iər^{52} 专故意儿 tʂuæ^{21}ku^{52}iər^{0}	何管咋价 xɤ^{33}kuæ^{0}tsuɑ^{21}tɕiɑ^{33} 随便儿 suei^{33}piər^{52}	白 pi^{33}
吴堡	专 tsuɤ^{213} 专门 tsuɤ^{21}məŋ^{33}	休管怎么价嘞 ɕiɑo^{24}kuɤ^{41} tsəʔ^{3}mɑ^{24}tɕiəʔ^{0}ləʔ^{0}	白 pɑe^{213}
清涧	专门 tʂuɛ^{31}məɣ̃^{24} 故意 kʊ^{42}zʅ^{0}	休管咋价 ɕiəu^{31}ku^{53}tsuɑ^{31}tɕi^{0}	白 pʰi^{24}
延安	故意儿 ku^{443}iər^{0}	随管 tsʰuei^{24}kuæ̃^{423} 随便儿 suei^{24}piar^{443}	白 pʰei^{24}
延川	故意 ku^{53}zʅ^{0}	随便儿 suei^{35}piɛr^{0}	白 pʰəʔ^{54}
黄陵	故宁儿 ku^{55}ȵiə̃r^{55} 有意 iəu^{52}i^{55}	随便儿 suei^{24}piæ̃r^{55}	白 pʰei^{24}
渭南	故宁儿 ku^{44}ȵiə̃r^{0} 专门儿 tʃæ̃^{31}mə̃r^{24}	随便儿 ʃei^{24}piæ̃r^{53}	白 pʰei^{24}
韩城	故意子 ku^{44}ȵi^{31}tsʅ^{0}	搞的 kɑu^{53}ti^{0} 随便 suɪi^{24}piɑ̃^{44}	白 pʰɪi^{24}
合阳	故宁子 ku^{55}ȵiŋ^{31}tsʅ^{0} 故宁 ku^{55}ȵiŋ^{31}	随便 ɕyei^{24}piɑ̃^{55}	白 pʰei^{24} 闲 xɑ̃^{24}
富平	故宁 ku^{55}ȵiəɣ̃^{31}	搞的 kɑo^{53}ti^{31}	白 peɪ^{24}
耀州	故意 ku^{44}ȵi^{52}	搞的 kɔu^{52}ti^{0} 随便 suei^{24}piæ̃^{44}	白 pei^{24}
咸阳	故意儿 ku^{44}iər^{53}	随便儿 suei^{24}piɐr^{53}	白 pei^{24}
旬邑	故意儿 ku^{44}iər^{52} 有意 iəu^{52}i^{44}	随便儿 suei^{24}piɑ̃r^{52} 搞的 kau^{44}ti^{0}	白 pʰei^{24} 空 kʰuəŋ^{21}
三原	专门儿 tʃuɑ̃^{31}mə̃r^{24}	随便儿 suei^{24}piɑ̃r^{52}	白 pei^{24}

	1186 故意~打破的	1187 随便~弄一下	1188 白~跑一趟
乾县	故意 ku^{53}i^{55}	随便 sue^{24}piæ̃^{55}	白 pe^{24}
岐山	利故儿 li^{44}ku^{53}ər^{21} 故意 ku^{44}i^{44}	随便 suei^{24}piæ^{44}	白 pʰei^{24}
凤翔	利故阿⁼ li^{45}ku^{0}a^{0} 利利 li^{44}li^{44}	胡㞗马达 xu^{31}tɕʰiəu^{44}ma^{0}ta^{0} 胡㞗 xu^{31}tɕʰiəu^{53}	白 pei^{24}
千阳	利故家 li^{45}ku^{0}æ̃^{0} 利为家 li^{45}vei^{0}æ̃^{0}	胡㞗马达 xu^{31}tɕʰiou^{44}ma^{0}ta^{0}	白 pei^{24}
西安	故意儿 ku^{44}iər^{53}	随便 suei^{24}piã^{44}	白 pei^{24}
户县	单故儿 tã^{35}kuɯ^{0}	随便儿 suei^{35}piə^{51}	白 pei^{35}
商州	故宁儿 ku^{44}ȵiə̃r^{31}	随便儿 ʃuei^{31}piãr^{31} 贸 mɑo^{44}	白 pei^{35}
镇安	单梗⁼儿 tan^{53}kər^{35}	随便儿 sᴇi^{33}piɐr^{322}	白 pɛ^{322}
安康	故意 ku^{44}i^{44}	随便儿 suei^{35}piar^{53}	白 pei^{35}
白河	当故意儿 taŋ^{21}ku^{0}iər^{41}	随便儿 sei^{44}piɐr^{41}	白 pᴇ^{44}
汉阴	有意 iəu^{45}i^{214} 故意 ku^{24}i^{214}	随便 suei^{42}pian^{214}	空 kʰoŋ^{214}
平利	跌故儿 tiᴇ^{52}kur^{214}	随便 sei^{52}pian^{214}	白 pᴇ^{52}
汉中	利巴 li^{21}pA^{0}	随便 suei^{42}pian^{213}	白 pei^{42}
城固	利巴乎 li^{31}pa^{24}xu^{0}	将就 tsiaŋ^{44}tɕiəu^{0} 随便 ʃuei^{31}pian^{213}	白 pei^{311}
勉县	故意 ku^{35}i^{213} □公⁼ tuɑn^{44}koŋ^{42}	随便 suei^{21}piɑn^{213}	白 pei^{21}
镇巴	专门 tsuan^{35}mən^{52}	随便 suei^{33}pian^{213}	白 pɛ^{31} 枉 uaŋ^{52}

	1189 肯定~是他干的	1190 可能~是他干的	1191 一边~走，~说
榆林	肯定 kʰɤɣ̃^{21}tiɤɣ̃^{52} 保险 pɔo^{24}ɕiɛ^{213}	恐怕 kʰuɤɣ̃^{21}pʰa^{52} 可能 kʰuə^{21}nɤɣ̃^{213}	旋 ɕyɛ^{52}
神木	肯定 kʰɣ̃^{21}tiɣ̃^{53} 保险 pɔo^{24}ɕiɛ^{21} 就 tsəu^{53}	敢 kɛ^{213} 可能 kʰuo^{21}nɣ̃^{44}	就 tsəu^{53}
绥德	肯定 kʰɯ^{21}tiəɣ̃^{52} 保险 pao^{24}ɕiᴇ^{213}	敢 kæ^{213} 怕是 pʰɑ^{52}səʔ^{0}	旋 ɕye^{52}
吴堡	肯定 kʰəŋ^{41}tiəŋ^{53} 的当 tiəʔ^{3}tɤu^{53}	敢 kiᴇ^{412} 可能 kʰɤu^{41}nəŋ^{33}	随 suɛe^{33}
清涧	肯定 kʰəɣ̃^{53}tiəɣ̃^{42} 的当 tiəʔ^{4}tɒ̃^{42}	敢是 kɛ^{53}sɿ^{0}	连…带…li^{24}…tai^{42}…
延安	肯定 kʰəŋ^{21}tiəŋ^{443} 保险 pɔ^{24}ɕiæ̃^{423}	敢 kai^{213} 可能 kʰuo^{52}nəŋ^{24}	旋 ɕyæ̃^{443} 边 piæ̃^{213}
延川	肯定 kʰəŋ^{42}tiŋ^{53}	可能 kʰɤ^{53}nəŋ^{35}	一边 iəʔ^{54}piɛ^{213}
黄陵	肯定 kʰẽ^{52}tɕiəŋ^{55} 就 tɕʰiəu^{55}	可能 kʰɤ^{52}nəŋ^{24} 大摸 tɑ^{55}muɤ^{31} 下巴= xɑ^{55}pɑ^{0}	边 piæ̃^{31}
渭南	肯定 kʰə̃^{44}tɕiəŋ^{44} 保险 pɔo^{31}ɕiæ̃^{53}	可能 kʰə^{53}nəŋ^{24}	一满= i^{31}mæ̃^{0} …着…tɕyə^{0}
韩城	肯定 kʰɛ̃^{53}tiəŋ^{44} 就是 tsʰəu^{44}sɿ^{0}	可能 kʰɤ^{53}nəŋ^{24} 心疑 ɕiɛ̃^{31}n̠i^{24}	旋 ɕyɑ̃^{44}
合阳	定 tiŋ^{55} 一定 i^{31}tiŋ^{55}	可能 kʰɤ^{52}nəŋ^{24} 也许 iɑ^{24}ɕy^{52}	伴 pʰɑ̃^{55} 旋 ɕyɑ̃^{31}
富平	肯定 kʰɛ̃^{53}tiəɣ̃^{55}	可能 kʰɤ^{53}nəɣ̃^{24}	伴 pʰæ̃^{55} 旋 ɕyæ̃^{55} 着 tʂʰuo^{31}
耀州	肯定 kʰei^{52}tiŋ^{44} 保准 pɔu^{21}tʃuei^{52}	大模 ta^{44}mu^{52} 估摸 ku^{52}muo^{0}	旋 ɕyæ̃^{44}
咸阳	肯定 kʰɛ̃^{53}tiəŋ^{44}	可能 kʰɤ^{53}nəŋ^{24}	边 piã^{31}
旬邑	就是 tɕʰiəu^{44}sɿ^{44}	大摸儿 ta^{44}muər^{52}	旋 suã^{44}
三原	保准 pɑɔ^{52}tʃuẽ^{52} 指住 tsɿ^{52}tʃʰʒ^{44}	靠捱 kʰɑɔ^{44}ŋai^{24}	旋…旋…suã^{44}…suã^{44}…

	1189 肯定~是他干的	1190 可能~是他干的	1191 一边~走,~说
乾县	肯定 kʰẽ^{53}tiɤŋ^{55}	大摸儿 ta^{55}muər^{53}	边 piæ̃^{21}
岐山	肯定 kʰəŋ^{53}ȶiŋ^{44} 绝对 tɕyɛ^{24}tuei^{44}	可能 kʰɤ^{53}ləŋ^{24} 说不定 ʂɤ^{31}pu^{0}ȶiŋ^{44}	旋 suæ̃^{44} 边 piæ̃^{31}
凤翔	肯定 kʰəŋ^{53}tsiŋ^{44}	可能 kʰɔ^{53}ləŋ^{24}	旋 suæ̃^{44} 边 piæ̃^{31}
千阳	肯定 kʰəŋ^{53}tiŋ^{44}	可能 kʰuo^{53}ləŋ^{24}	旋 suæ̃^{44}
西安	肯定 kʰən^{53}tiəŋ^{44}	可能 kʰɤ^{53}nəŋ^{24}	旋 suã^{44}
户县	肯定 kʰẽ^{51}tiŋ^{55} 靠捱 kʰau^{55}ŋæ^{35}	大模儿 ta^{55}məɯ^{51} 呛不住 tɕʰiaŋ^{31}pu^{31}tsu^{55}	旋 suã^{55}
商州	捱定 ŋai^{35}tiəŋ^{44}	下巴⁼ xɑ^{44}pɑ^{31}	支⁼干⁼ tsʅ^{31}kã^{31} 旋 ɕyã^{44}
镇安	肯定 kʰən^{33}tin^{322} 绝对 tɕiɛ^{35}tEi^{214}	大括摸儿 ta^{322}kʰuə^{21}muər^{35}	一路 i^{21}ləu^{322}
安康	肯定 kʰən^{53}tin^{44}	可能 kʰɤ^{53}nəŋ^{35} 或许 xuæ^{35}ɕy^{53}	旋…旋…suan^{44}…suan^{44}…
白河	肯定 kʰən^{35}tiən^{41}	可能 kʰuo^{35}lən^{44}	一头 i^{44}tʰəu^{44}
汉阴	肯定 kʰən^{45}tin^{214}	莫强说 mo^{42}tɕʰiɑŋ^{45}ʂo^{0} 恐怕 kʰoŋ^{45}pʰɑ^{214}	旋 suan^{214} 边 pian^{33}
平利	肯定 kʰən^{45}tin^{214}	恐怕 kʰoŋ^{45}pʰa^{214}	边 pian^{43}
汉中	肯定 kʰən^{35}tin^{213} 绝对 tɕyɤ^{42}tuei^{213}	恐怕 kʰoŋ^{35}pʰA^{213}	旋 ɕyan^{213}
城固	肯定 kʰən^{44}tiŋ^{213}	恐怕 kʰuŋ^{44}pʰa^{213}	旋 ɕyan^{213}
勉县	肯定 kʰən^{35}tin^{213}	恐怕 kʰoŋ^{35}pʰɑ^{0}	旋 ɕyɑn^{213}
镇巴	肯定 kʰən^{45}tin^{213} 保险 pau^{45}ɕian^{52}	估计 ku^{45}tɕi^{213}	边 pian^{35}

	1192 和我～他都姓王	1193 和我昨天～他去城里了	1194 对他～我很好
榆林	和 xəʔ^{3} 跟 kɯ^{33}	和 xəʔ^{3} 跟 kɯ^{33}	对 tuei^{52}
神木	和 xa^{53} 跟 kɤ̃^{213}	跟 kɤ̃^{213}	对 tuei^{53}
绥德	和 xəʔ^{3} 跟 kɯ^{213}	和 xəʔ^{3} 跟 kɯ^{213}	对 tuei^{52}
吴堡	和 xuəŋ^{33} 跟 kəŋ^{213}	和 xuəŋ^{33} 跟 kəŋ^{213}	对 tuɑe^{53} 待 tɑe^{53}
清涧	和 xɯ^{24} 跟 kəɣ̃^{312}	和 xɯ^{24} 跟 kəɣ̃^{312}	待 tai^{42}
延安	和 xuo^{24}	和 xuo^{24} 跟 kəŋ^{213}	对 tuei^{443} 待 tai^{443}
延川	和 xɤ^{35}	和 xɤ^{35}	对 tuai^{53}
黄陵	和 xuɤ^{24}	和 xuɤ^{24} 跟 kẽ^{31}	对 tuei^{55}
渭南	赶 kæ̃^{31}	赶 kæ̃^{31}	对 tuei^{44}
韩城	和 xuɤ^{24}	和 xuɤ^{24} 跟 kɛ̃^{31}	对 tɪi^{44}
合阳	跟 kẽ^{31} 赶 kɑ̃^{31}	连 liɑ̃^{24} 赶 kɑ̃^{31}	对 tuei^{55} 待 tʰæe^{55}
富平	跟 kɛ̃^{31}	跟 kɛ̃^{31}	对 tueɪ^{55}
耀州	跟 kei^{21} 连 liæ̃^{24}	跟 kei^{21}	对 tuei^{44}
咸阳	跟 kɛ̃^{31}	跟 kɛ̃^{31}	对 tuei^{44}
旬邑	和 xuo^{24} 跟 kɛ̃^{21}	跟 kɛ̃^{21}	对 tuei^{44}
三原	跟 kẽ^{31}	跟 kẽ^{31}	对 tuei^{44}

	1192 和我～他都姓王	1193 和我昨天～他去城里了	1194 对他～我很好
乾县	和 xɤ²⁴ 连 liæ̃²⁴	和 xuɤ²⁴	对 tue⁵⁵
岐山	和 xuo²⁴ 跟 kəŋ³¹	跟 kəŋ³¹ 连 liæ̃²⁴	对 tuei⁴⁴
凤翔	和 xuo²⁴ 跟 kəŋ³¹	和 xuo²⁴ 跟 kəŋ³¹	和 xuo²⁴ 跟 kəŋ³¹
千阳	和 xuo²⁴ 连 liæ̃²⁴	和 xuo²⁴ 连 liæ̃²⁴	和 xuo²⁴ 连 liæ̃²⁴
西安	跟 kən²¹	跟 kən²¹	对 tuei⁴⁴
户县	跟 kẽ³¹	跟 kẽ³¹ 连 liã³⁵	对 tuei⁵⁵
商州	跟 kẽ³¹	跟 kẽ³¹	对 tuei⁴⁴
镇安	跟 kən⁵³	跟 kən⁵³	对 tEi²¹⁴
安康	和 xuo³⁵ 跟 kən³¹	和 xuo³⁵ 跟 kən³¹	对 tuei⁴⁴
白河	跟 kən²¹³	跟 kən²¹³	对 tei⁴¹
汉阴	跟 kən³³	跟 kən³³	对 tuei²¹⁴
平利	和 xo⁵²	跟 kən⁴³	对 tei²¹⁴
汉中	跟 kən⁵⁵	跟 kən⁵⁵	对 tuei²¹³
城固	跟 kən⁵³	跟 kən⁵³	对 tuei²¹³
勉县	跟 kən⁴²	跟 kən⁴²	对 tuei²¹³
镇巴	和 xo³¹ 跟 kən³⁵	和 xo³¹ 跟 kən³⁵	对 tuei²¹³

	1195 往~东走	1196 向~他借一本书	1197 按~他的要求做
榆林	朝 tʂʰɔo^{213} 往 vɑ̃^{213}	和 xəʔ^{3} 跟 kɯ^{33}	按 nɛ^{52} 照 tʂɔo^{52}
神木	往 vɑ̃^{213} 向 ɕiɑ̃^{53}	问 vɤ̃^{53} 跟 kɤ̃^{213}	按 ŋɛ^{53} 照 tʂɔo^{53}
绥德	往 vəʔ^{3}	问 vəɣ̃^{52} 跟 kɯ^{213}	按 ŋæ^{52} 照 tʂao^{52}
吴堡	朝 tʂʰɤ^{33}	和 xuəŋ^{33} 跟 kəŋ^{213}	按 ŋie^{53}
清涧	朝 tʂʰɔo^{24}	跟 kəɣ̃^{312}	按 ŋɛ^{42} 照 tʂɔo^{42}
延安	朝 tʂʰɔ^{24} 往 vaŋ^{52}	跟 kəŋ^{213} 问 vəŋ^{443}	按 ŋæ^{443}
延川	朝 tʂʰɑo^{35}	问 vəŋ^{53}	照 tʂao^{53}
黄陵	往 vɑŋ^{55} 向 ɕiɑŋ^{55}	问 vẽ^{55} 跟 kẽ^{31}	按 ŋæ^{55} 照 tʂɔ^{55}
渭南	给 kei^{44}	问 və̃^{44}	按 ŋæ̃^{44} 照 tʂɔo^{44}
韩城	搁 kɤ^{24}	问 vɛ̃^{44}	按 ŋã^{44} 照 tʂɑu^{44}
合阳	往 vɑŋ^{55} 面 miɑ̃^{55}	到 tɔo^{55} 向 ɕiɑŋ^{55}	按 ŋɑ̃^{55} 照 tʂɔo^{55}
富平	朝 tʂʰɑo^{24}	跟 kɛ̃^{31}	按 ŋæ̃^{55}
耀州	朝 tʂʰɔu^{24} 向 ɕiɑŋ^{44}	问 uei^{44} 向 ɕiɑŋ^{44}	按 ŋæ̃^{44} 照 tʂɔu^{44}
咸阳	往 uɑŋ^{44}	跟 kɛ̃^{31}	按 ŋã^{44} 照 tʂɔ^{44}
旬邑	朝 tʂʰau^{24} 往 vɑŋ^{44}	问 vɛ̃^{44}	照 tʂau^{44}
三原	朝 tʂʰɑɔ^{24} 往 vɑŋ^{44}	问 vẽ^{44}	照 tʂɑɔ^{44}

	1195 往~东走	1196 向~他借一本书	1197 按~他的要求做
乾县	给 ke^{55}	向 ɕiaŋ^{55}	按 ŋæ̃^{55}
岐山	朝 tʂ^{h}ɔ^{24} 往 vɑŋ^{44}	跟 kəŋ^{31} 向 ɕiɑŋ^{44}	按 ŋæ̃^{44} 依 i^{24}
凤翔	往 vɑŋ^{44}	跟 kəŋ^{31} 问 vəŋ^{44}	按 ŋæ̃^{44} 照 tʂɔ^{44}
千阳	往 vɑŋ^{44}	跟 kəŋ^{31}	按 ŋæ̃^{53}
西安	迈 mai^{44} 往 uaŋ^{44}	问 vən^{44}	按 ŋã^{44}
户县	望 vaŋ^{55} 给 kei^{51}	问 vẽ^{55}	按 ŋã^{55} 照 tʂau^{55}
商州	朝 tʂ^{h}ɑo^{35} 往 vɑŋ^{44}	问 vẽ^{44}	照 tʂɑo^{44}
镇安	往 vʌŋ^{35}	问 vən^{322}	照 tʂɔo^{214}
安康	往 uaŋ^{44}	向 ɕiaŋ^{44} 问 uən^{44}	按 ŋan^{44}
白河	朝 tʂ^{h}ɔu^{44} 往 uaŋ^{35}	跟 kən^{213}	按 ŋan^{41} 照 tʂɔu^{41}
汉阴	朝 tʂ^{h}ɑo^{42} 往 uɑŋ^{45}	跟 kən^{33}	按 ŋan^{214} 照 tʂɑo^{214}
平利	往 uaŋ^{214}	问 uən^{214}	按 ŋan^{214}
汉中	往 uɑŋ^{354}	问 uən^{213}	照 tʂɑo^{213}
城固	往 vɑŋ^{44}	问 vən^{213}	照 tʂɔ^{213}
勉县	往 vɑŋ^{35}	跟 kən^{42} 问 vəŋ^{213}	按 ŋɑn^{213}
镇巴	朝 ts^{h}au^{31}	跟 kən^{35}	照 tsau^{213}

	1198 替 ~他写信	1199 如果 ~忙你就别来了	1200 不管 ~怎么劝他都不听
榆林	替 tʰi^{52}	要是 iɔo^{52}sɿ^{52}	不管 pəʔ^{3}kuɛ^{213}
神木	替 tʰi^{53}	要是 iɔo^{53}sɿ^{53} 要 iɔo^{53}	不管 pəʔ^{4}kuɛ^{213}
绥德	替 tʰi^{52}	要是 iɔɤ^{52}sɿ^{52}	不管 pəʔ^{5}kuæ^{0}
吴堡	顶 tiəŋ^{412} 替 tʰi^{53}	要是 iɤ^{53}sɿ^{0}	不管 pəʔ^{3}kuɤ^{412}
清涧	顶 tiəɣ̃^{53}	要是 iɔo^{42}sɿ^{0}	不管 pəʔ^{4}ku^{53}
延安	替 tʰi^{443} 代 tai^{443}	要是 iɔ^{443}sɿ^{443}	休管 ɕiou^{24}kuæ̃^{423}
延川	替 tɕʰi^{53}	如果 ʐu^{35}kuɤ^{0}	不管 pəʔ^{54}kuɤ^{0}
黄陵	替 tɕʰi^{55}	要是 iɔ^{55}sɿ^{55} 如果 zʮ^{31}kuɤ^{52}	不管 pu^{31}kuæ̃^{52}
渭南	替 tɕʰi^{44}	要是 iɔo^{44}sɿ^{44} …的话…tɕi^{0}xuɑ^{44}	不管 pu^{31}kuæ̃^{53}
韩城	替 tʰi^{44} 代 tæe^{44}	要是 iɑu^{44}sɿ^{44}	随管 tsʰɪi^{31}kuã^{53}
合阳	替 tʰi^{55} 给 kei^{55}	要是 iɔo^{55}sɿ^{31} 如果 vu^{24}kuo^{52}	不管 pu^{24}kuɑ̃^{52} 不论 pu^{31}yẽ^{55}
富平	替 tʰi^{55}	再 tsɛe^{55}	咋 tsɑ^{31}
耀州	替 ti^{44} 代 tæi^{44}	要是 iɔu^{44}sɿ^{44} 如果 ʒu^{21}kuo^{52}	不管 pu^{21}kuæ̃^{52} 不论 pu^{21}luei^{44}
咸阳	替 tʰi^{44}	再 tsæ^{44}	不管 pu^{31}kuã^{53}
旬邑	代 tɛi^{44}	要是 iau^{44}sɿ^{44} 如果 ʒʅ^{21}kuo^{52}	不论 pu^{21}lyɛ̃^{44}
三原	替 tɕʰi^{44}	要是 iɑɔ^{44}sɿ^{0} 要 iɑɔ^{44}	不管 pu^{31}kuã^{52} 不论 pu^{31}luẽ^{44}

	1198 替~他写信	1199 如果~忙你就别来了	1200 不管~怎么劝他都不听
乾县	替 tʰi^{55}	如果 ʒu^{21}kuɤ^{53}	无论 u^{24}luẽ^{55}
岐山	替 ȶʰi^{44} 代 tE^{44}	如果 ʐʅ^{31}kuo^{53} 要是 iɔ^{44}sɿ^{44}	不管 pu^{31}kuæ̃^{53}
凤翔	替 tsʰi^{44}	但 tæ̃^{44}	不管 pu^{31}kuæ̃^{53}
千阳	替 tsʰi^{44}	但 tæ̃^{44}	不管 pu^{31}kuæ̃^{53}
西安	替 tʰi^{44}	如果 vu^{24}kuo^{53}	嫑管 pau^{21}kuã^{53}
户县	替 tʰi^{55}	假如 tɕia^{51}zu^{35} 如果 zu^{35}kuɤ^{51}	不论 pu^{31}luẽ^{55} 再 tsæ^{55}
商州	替 tʰi^{44}	要是 iɑo^{44}sɿ^{44}	不管 pu^{31}kuã^{53}
镇安	替 tʰi^{322}	要是 iɔo^{35}ʂʅ^{322}	不管 pu^{322}kuan^{35}
安康	替 tʰi^{44}	如果 u^{35}kuo^{53} 假如 tɕia^{53}u^{35}	不管 pu^{31}kuan^{53} 不论 pu^{31}lyən^{44}
白河	替 tʰi^{41}	要是 iɔu^{42}ʂʅ^{0}	不管 pu^{44}kuan^{35}
汉阴	帮 pɑŋ^{33}	要是 iɑo^{24}ʂʅ^{214}	不管 pu^{42}kuan^{45}
平利	帮 paŋ^{43}	要是 iau^{24}ʂʅ^{214}	不管 pu^{43}kuan^{445}
汉中	替 tʰi^{213}	要是 iɑo^{35}sɿ^{213}	不管 pu^{21}kuan^{354}
城固	代 tai^{213}	假如 tɕia^{44}ʒu^{311}	不论 pu^{31}lən^{24}
勉县	替 tʰi^{213} 帮 pɑŋ^{42}	如果 zu^{21}kuɤ^{35} 要是 iɑɔ^{35}sɿ^{213}	不管 pu^{21}kuɑn^{35}
镇巴	代 tai^{213}	要是 iau^{213}sɿ^{213}	不管 pu^{31}kuan^{52}

参考文献

北京大学中国语言文学系、语言学教研室 2003　《汉语方音字汇》（第 2 版重排本），语文出版社。

北京大学中国语言文学系、语言学教研室 2005　《汉语方言词汇》（第 2 版），语文出版社。

高　峰 2010　陕西榆林话音系研究，《榆林学院学报》第 3 期。

黑维强 2016　《绥德方言调查研究》，北京师范大学出版社。

柯西钢 2013　《白河方言调查研究》，中华书局。

兰宾汉 2011　《西安方言语法调查研究》，中华书局。

刘勋宁 1998　《现代汉语研究》，北京语言文化大学出版社。

刘勋宁、黑维强 2014　绥德话、清涧话古全浊仄声字今声母送气比较，《应用言语学研究》，有限会社タナカ企画。

刘育林 1990　《陕西省志 · 方言志（陕北部分）》，陕西人民出版社。

［日］秋谷裕幸、徐朋彪 2017　《韩城方言调查研究》，中华书局。

孙立新 2001　《户县方言研究》，东方出版社。

王军虎 1996　《西安方言词典》，江苏教育出版社。

吴　媛、韩宝育 2016　《岐山方言调查研究》，中华书局。

邢向东 2006　《陕北晋语语法比较研究》，商务印书馆。

邢向东 2007　关于深化汉语方言词汇研究的思考，《陕西师大学报》第 2 期。

邢向东 2007　陕西省的汉语方言，《方言》第 4 期。

邢向东、蔡文婷 2010　《合阳方言调查研究》，中华书局。

邢向东、王兆富 2014　《吴堡方言调查研究》，中华书局。

邢向东 2020　《神木方言研究》（增订本），中华书局。

邢向东 2021　《近八十年来关中方音微观演变研究》，中华书局。

张成材 1990　《商县方言志》，语文出版社。

张　崇 1990　《延川县方言志》，语文出版社。

张　崇 1993　《陕西方言古今谈》，陕西人民教育出版社。

张　崇 2007　《陕西方言词汇集》，西安交通大学出版社。

周　政 2009　《平利方言调查研究》，中华书局。

周　政、戴承元 2015　《安康方言调查研究》，陕西人民教育出版社。

后 记

《中国语言资源集·陕西》（下文简称《资源集》）是中国语言资源保护工程（下称“语保工程”）陕西省方言调查的成果汇编。

陕西省语保工程于2015年11月启动，2016年3月正式立项。经过三年的艰苦工作，2018年12月完成32个点的纸本记录、音视频摄录，全部通过中国语保中心正式验收，所有材料正式入库。2019年启动《资源集》的编纂，分为语音、词汇、语法、口头文化几大部分，由三位副主编分工负责。各课题组密切配合，反复核对语料，统一规范，提高质量。现已完成全部书稿。全书共四卷七册，包括《语音卷》《词汇卷》《语法卷》《口头文化卷》。

陕西语保工程共有32个调查点（另有濒危方言点4个，未收入《资源集》），先后成立了23个课题组，每个课题组3~5人参与，动员了全省所有的方言调查力量。发音合作人总计140余人。陕西语保团队的力量在全国是比较突出的，课题组负责人都是方言学专业毕业的博士、硕士，担任高校语言学专业教学工作，具有丰富的田野调查经验，调查、研究能力强，而且事业心和责任感很强，保证了语保工程的顺利进行。

在《资源集》即将付梓之际，我们首先要感谢语保团队的所有成员。陕西语保工程能够高质量地圆满完成，首先是因为有一个工作认真、专业性强、富有合作精神的团队。在项目实施过程中，课题组负责人、课题组成员、发音合作人积极配合，相互支持，攻坚克难，一丝不苟，努力做到最好。我们两位首席专家经常为团队成员的忘我工作精神所感动，对他们充满敬意！在此，我们要感谢每位发音合作人，感谢他们的积极配合和辛勤付出。他们理解自己肩上的历史责任，为了家乡的方言能够在国家工程中以最佳的状态呈现出来、保留下来，热情参与，不辱使命，不畏炎热酷暑，克服了重重困难。尤其是面对摄像镜头，因为紧张和压力，发音有一点不到位，画面有一点不符合要求，都必须反复演练，一次次地重新摄录，不厌其烦，直到完全符合规范要求为止。发音合作人是语保工作中最辛苦、最让人感动的人!

陕西省语保工程的实施和《资源集》的编纂，自始至终得到国家语委语信司、陕西省语委的领导和中国语言资源保护研究中心的指导。2016春，教育部语信司司长田立新同志亲临西安，出席了“陕西省语保工程启动会”。陕西省教育厅副厅长、省语委主任王海波同志亲自参加了2016年语保工程启动会和本年度的工程预验收会议，并进行现场办公，提出整改意见，限定时间进度。教育厅副厅长赵昶葆同志接任语言文字的主管工作后，参加了有关的语保工作会议，对推进语保工作提出了指导意见。语工处的处长刘宏恩同志、陈娟同志、李强同志，调研员曹军平同志，经常与首席专家和有关部门进行沟通，解决了语保项目实施中的各种困难。

在陕西语保工程实施期间，一大批专家学者和国家语保中心的工作人员参加了项目的中检、预验收、正式验收，为陕西的语保工作严格把关，保证了工程项目得以高质量完成。他们牺牲了节假日，一路风尘仆仆，夜以继日审读材料、反馈意见，表现出了崇高的责任感和专业精神。“语保永远在路上!”这句话就是语保人的真实写照，令人感动。在此特别感谢中国语保工程首席专家曹志耘教授和北京语言大学赵日新教授、张世方教授、黄晓东教授、王莉宁教授、孙林嘉教授，陕西师范大学乔全生教授，河北师范大学吴继章教授，兰州城市学院莫超教授，湖南师范大学罗昕如教授，河南大学辛永芬教授，天津师范大学支建钢教授，西南大学孙红举教授，杭州师范大学张薇教授。

我们要对陕西人民出版社、本书责任编辑和校对的老师、同学们表示诚挚的感谢!责任编辑王辉同志为提高书稿质量付出了辛勤劳动，她是汉语言文字学专业毕业的硕士，有很好的学术修养，在编辑校对中提出了非常专业的修改意见和建议，使得本书避免了不少问题。参与本书初稿编辑和校对的有陕西师范大学文学院侯治中老师，硕博士俄华楠、莫昱鼎、徐静、蒋学、王润楠、孙翠翠、何怡嘉等。

最后，要特别感谢陕西师范大学文学院的领导。在《资源集》筹措出版经费遇到困难的时候，文学院领导毫不犹豫地拿出了“世界一流学科建设”经费予以支持，从而使本书能够顺利出版。

语保工程是“功在当代，利在千秋，做在当今，流芳后世”的事业。在留声机发明以前，我们的先人们说话是什么样子，今人无从知晓，而语保成果可以使后人听到今天地道的方言腔调，读到准确的语音标注材料。让今天的语言、方言流传久远，让后世看到其真正的面貌，这是多么令人兴奋、神往的事业！1956～1959年，我国曾进行了第一次全国汉语方言普查工作，那时我们中的绝大部分人尚未出生。六十年后的2016～2019年，我们躬逢盛事，参加了浩大的语保工程。作为语言学工作者，能够为国家的语言学事业贡献一份力量，深感荣幸和自豪。

在《资源集》的编纂过程中，本书主编和副主编尽了最大的努力提高书稿的质量，但一定还存在不少问题，恳请专家和读者批评指正，不胜感激之至。

黑维强　邢向东

2023年10月15日